LADENPLANUNG

LADENPLANUNG

Merchandising-Architektur

Strategien für Verkaufsräume:
Gestaltungs-Grundlagen
Erlebnis-Inszenierungen
Kundenleitweg-Planungen

Wilhelm Kreft

Verlagsanstalt Alexander Koch

„Die wahren Museen unserer Zeit sind die Warenhäuser."

Andy Warhol

ISBN 3-87422-639-5

2. überarbeitete und erweiterte Auflage 2002
© 1993 by
Verlagsanstalt Alexander Koch GmbH,
Leinfelden-Echterdingen
Das Werk einschließlich aller seiner Teile ist urheberrechtlich geschützt. Jede Verwertung außerhalb der engen Grenzen des Urheberrechtsgesetzes (auch Fotokopien, Mikroverfilmung und Übersetzung) ist ohne Zustimmung des Verlages unzulässig und strafbar. Dies gilt auch ausdrücklich für die Einspeicherung und Verarbeitung in elektronischen Systemen jeder Art und von jedem Betreiber.

Produktion: Verlagsbüro Wais & Partner, Stuttgart
Gesamtherstellung: Karl Weinbrenner & Söhne GmbH & Co., Leinfelden-Echterdingen

Bestellnummer: 639

Inhalt

A	**Die Einführung**	**11**
A 1	Geleitwort: Schöne Läden lächeln immer	12
A 2	Vorwort: Ein Markt im Umbruch	15
A 3	Der Autor stellt sich vor	18
B	**Die Partner der Ladenplanung**	**23**
B 1	Der Konsument und seine Erwartungen	25
1.1	Die steigenden Bedürfnisse	31
1.2	Die Trends	35
1.3	Die Zielgruppen	41
1.4	Die Senioren	42
1.5	Die Hobbyisten	43
1.6	Die jungen Erwachsenen 15–25 Jahre	44
1.7	Die Jugendlichen 10–15 Jahre	46
1.8	Die Kinder 5–10 Jahre	47
B 2	Das Unternehmen und seine Zukunft	52
2.1	Die Unternehmensphilosophie	54
2.2	Das Marketingkonzept zur Erfüllung der Erwartungen	56
2.3	Die Branche	63
2.4	Der Branchenauftritt: Einrichtung	63
2.5	Die Thekenläden	64
2.5.1	Die Apotheke	65
2.5.2	Die Bäckerei	68
2.5.3	Die Confiserie	70
2.5.4	Die Fleischerei	74
2.5.5	Der Frischemarkt	76
2.5.6	Der Friseur	78
2.5.7	Der Juwelier	80
2.5.8	Der Optiker	83
2.5.9	Die Parfümerie	85
2.5.10	Das Reisebüro	87
2.6	Die Loopläden	88
2.6.1	Für Accessoires	89
2.6.2	Für Blumen	92
2.6.3	Für Bücher	93
2.6.4	Für Dessous	95
2.6.5	Für elektronische Medien	98
2.6.6	Für Heimtextilien	100
2.6.7	Für Glas und Porzellan	101
2.6.8	Für Lebensmittel	103
2.6.9	Für Mode: Damen	105
2.6.10	Für Mode: Herren	109
2.6.11	Für Papierwaren	112
2.6.12	Für Sanitätsartikel	115
2.6.13	Für Schuhe	116
2.6.14	Für Spielwaren	118
2.6.15	Für Sportartikel	120
2.6.16	Für die Technik	121

Inhalt

B 3	Der Innenarchitekt und seine Aufgabe	125
3.1	Die Merchandising-Architektur	130
3.1.1	Feng Shui – Alternative Architektur oder Aberglaube?	136
3.2	Die Zusammenarbeit	138
3.2.1	Das Durchführungsprogramm	142

C	**Das Ziel: Corporate Identity zur Unternehmensidentität**	**151**
C 1	Das Profil	155
C 2	Der Dialog	158
2.1	Zeit der Eloquenz	159
C 3	Der Rang	161
3.1	Der Rationalrang	163
3.2	Der Kompetenzrang	165
3.3	Der Präsentationsrang	166
3.4	Der Erlebnisrang	168
C 4	Die Inszenierung	171
4.1	Die Übersicht: Inszenierungen im Verkaufsraum	171
4.2	Der Verkaufsraum – eine Bühne	173
4.3	Warum Inszenierungen gebraucht werden	177
4.4	Das Architektur-Erlebnis	184
4.5	Die Milieus	185
4.5.1	Mit allen Sinnen	191
4.5.2	Entspannung muss sein	193
4.5.3	Minimalismus	194
4.5.4	Lifestyle	195
4.6	Das Nutzungskonzept: Verkaufsraum	197
4.6.1	Die Dramaturgie der Inszenierungen	204
4.7	Events – Feste feiern, auch wenn sie nicht fallen	210
4.8	Ein Unternehmen inszeniert – NikeTown, Berlin	215
C 5	Ladenplaner inszenieren	223
5.1	Bartels, Hans-Joachim – Schuhhaus Böhmer, Düsseldorf	224
5.2	Blocher, Jutta und Dieter – Engelhorn Sports, Mannheim	226
5.3	Bürger, Klaus-Richard – Aurelia Apotheke, Baden-Baden	230
5.4	Carmellini, Lorenzo & Magnoli, Rocco – Gianni Versace, New York, USA	234
5.5	Emer, Klaus – Juwelier Wagner, Limburg	240
5.6	Kreft, Wilhelm – Dussmann – Das KulturKaufhaus	243
5.7	Rennes, Ernst Ch. van – De Drukkery, Middelburg, NL	246
5.8	Schafflinger, Robert – World of Sports, Fulda	251
5.9	Vries, Jos de – Migros, Zürich, CH	254
5.10	Weber, Klaus-Richard – Dom-Optik, Limburg	256

D	**Grundleitstungsmarketing: Die Geschäftsidee – Corporate Culture zur Unternehmenskultur**	**259**
D 1	Das Management	264
D 2	Die Information	266
2.1	Die Botschaft	267

D 3	Die Mitarbeiter	268
3.1	Die Motivation der Mitarbeiter	269
D 4	Der Raum	272
4.1	Die Raumbegegnung	273
4.2	Feng Shui: Positive Botschaften für die Raumnutzung	276
4.3	Das Raumkonzept	280
4.4	Der Standort	282
4.5	Standorte in Einkaufszentren	286
D 5	Das Sortiment	296
5.1	Der Sortimentsplan	298
5.2	Das Beispiel: Mammut-Buchhandlung	303
D 6	Der Verkaufsraum entsteht: ideell-human fundieren	308
D 7	Die Einrichtung – der technische Ausbau	310
7.1	Heizung und Klima	311
7.2	Beduftung	311
7.2.1	Der beduftete Verkaufsraum	312
7.2.2	Duftstoffe und Gesundheit	316
7.3	Telefon	319
7.4	EDV	320
7.5	Hintergrundmusik	321
7.6	Getränkeautomaten	322
7.7	Warensicherung	324

E Designmarketing: Die Gestaltungsidee – Corporate Design zur Unternehmensdarstellung — 329

E 1	Das Designmanagement	335
1.1	Ästhetische Strategien: Erfolgsfaktor Design	336
E 2	Die Designbotschaft	338
2.1	Die Eröffnungswerbung	341
2.2	Anzeigen und Plakate zur Eröffnung der Buchhandlung Graff, Braunschweig	341
E 3	Die Erscheinungsform der Mitarbeiter	342
E 4	Gestaltungsbereich: Verkaufsraum	343
4.1	Die Verkaufsraumgestaltung: emotional aktivieren	343
E 5	Gestaltungsmittel: Ware	346
5.1	Die Warenbilder	347
5.2	Die Warenbilder emotional	354
5.3	Wo Warenbilder gebraucht werden	357
5.4	Wie Warenbilder entstehen	364
E 6	Gestaltungsmittel: Bilderwelten	369
6.1	Imagefaktor: Bilderwelten	372
6.2	Video im Verkaufsraum	375
E 7	Gestaltungsmittel: Warenträger	379
7.1	Die Ergonomie	384
7.2	Die Regale	388
7.3	Die Nutwände	399
7.4	Die Vitrinen	403
7.5	Die Innenmöbel	406

Inhalt

	7.6	Die Podeste	407
	7.7	Die Tische	409
	7.8	Die Innenregale	411
	7.9	Die Ständer	414
	7.10	Die Stopper	416
	7.11	Der Schaufenster-Ausbau	418
E 8		Gestaltungsmittel: Material	424
	8.01	Die ökologische Verantwortung	424
	8.1	Das Holz	426
	8.2	Das Metall	428
	8.3	Glas und Spiegel	428
	8.4	Die Kunststoffe	428
	8.5	Die Fußbodenbeläge	429
	8.6	Die Deckenverkleidungen und Unterdecken	432
E 9		Gestaltungsmittel: Farbe	435
	9.1	Warum Farbe?	435
	9.2	Farben anwenden!	439
	9.3	Die Verständigung über Farbe	452
E 10		Gestaltungsmittel: Licht	456
	10.1	Die Lichttechnik	462
	10.2	Lichtanwendung	472
	10.3	Lichtplanung – Buchhandlung Holterdorf, Oelde	477
	10.4	Lichtplanung – Buchhandlung Rupprecht, Weiden	480
	10.5	Lichtplanung – Buchhandlung Kirchner, Troisdorf	482

F		Kommunikationsmarketing: Die Einladung – Corporate Communications zur Unternehmenskommunikation	485
F 1		Die Dynamik	492
F 2		Die Sympathie	494
F 3		Die Anmutung	497
F 4		Der Kundenleitweg	498
	4.1	Den Verkaufsraum kognitiv ordnen und erschließen	499
	4.2	Konzept: Leitplanung, eine Strategie	504
	4.3	Beispiel einer Leitplanung	506
	4.4	Die Raum- und Sortimentserschließung	509
	4.5	Die Leitmodifikation	516
	4.6	Der Raum als Kundenleitweg	518
	4.6.1	Die Gänge und Plätze	518
	4.6.2	Die Wände	520
	4.6.3	Die Raumteiler	527
	4.6.4	Säulen und Pfeiler	530
	4.6.5	Die Wandscheiben	538
	4.6.6	Die Raumpodeste	540
	4.7	Der Kundenleitweg, ein Loop	542

F 5		Die Kundenleitweg-Planung	547
	5.01	Der kleine Loop – Buchhandlung Curth, Haßloch	547
	5.02	Die Planung eines Fachgeschäfts für Braut-und Abendmoden	548
	5.03	Der Raum im Raum – Blackwell, Oxford, GB	549
	5.04	Theken im Kundenleitweg	550
	5.1	Die Loop wird geplant	553
	5.1.1	Die Verkaufsraumbereiche im Loop	556
	5.1.2	Die Synkopen	559
	5.1.3	Die Loop-Strategien	560
	5.2	Der Loop im Warenhaus	564
	5.3	Die Orientierung der Konsumenten	568
	5.4	Die Erschließung eines Verkaufsraumes: Papeterie	574
	5.5	Die Erschließung eines Verkaufsraumes: Buchhandlung	579
	5.6	Pfeiler, die leiten – Buchhandlung Gerstenberg, Hildesheim	589
	5.7	Kundenleitweg statistisch ausgewertet	592
	5.8	Die elektronische Auswertung	593
	5.9	Die Verkaufsraum-Bewertung	594
F 6		Die Kundenleitweg-Planung im CAD	598
		Die Kundenleitweg-Simulation: Virtual Reality in der Kundenleitweg-Planung	601
F 7		Die Warenplatzierung	605
	7.1	Die Sortimentseinführung in den Kundenleitweg	609
	7.2	Die Warenleitbilder	614
	7.3	Warenleitbilder im Kundenleitweg – Buchhandlung Horstmann, Bremen	618
	7.4	Dreigeschossige Sortimentsteilung	623
	7.5	Zwei Eingänge – zwei Sortimentszuordnungen	626
F 8		Die Raumerweiterungs-Planung	630
	8.1	Ein Verkaufsraum wächst – Buchhandlung Adam, Garmisch-Partenkirchen	633
	8.2	Ein Schneckenhaus – Buchhandlung Dawartz, Kiel	635
	8.3	Vereinigung zweier Läden	636
	8.4	Zwei Häuser – Buch-Papierwarenhandlung Athesia, Brixen/Südtirol, I	637
	8.5	Erweiterung in das Obergeschoss – Buchhandlung Schmidt, Stadthagen	640
F 9		Die Leitbereiche der Mitarbeiter	646
F 10		Die Leithilfen	650
	10.1	Beschriftungsvielfalt – FOA Schwarz, New York, USA	654
	10.2	Fünf Verkaufsebenen erschließen – Bücher-Pustet, Ingolstadt	655
	10.3	Führung ins Obergeschoss – Zumnorde, Münster	657
	10.4	Eine Treppenwand zur Führung – Schuhhaus Marcus, Münster	658
	10.5	Die Erde führt ins Untergeschoss – Fachbuchhandlung Gleumes, Köln	658
	10.6	Eine Bilderwelt der Schriften – Buchhandlung Graff, Braunschweig	659
F 11		Fassade und Eingang	662
	11.1	Die Fassade unverwechselbar	663
	11.2	Die Fassade öffnet sich	664
	11.3	Die Fassade präsentiert	668
	11.4	Die Eingangslösungen	671
	11.4.1	Eingang: Buchhandlung Naacher, Frankfurt am Main	681
	11.4.2	Eingang: Buchhandlung Bäcker, Solingen	683
	11.4.3	Eingang: Buchhandlung Greuter, Singen	684
	11.4.4	Eingang: Buchhandlung Matthias, Hameln	687
	11.4.5	Eingang: Buchhandlung Kehrein, Neuwied	690
	11.4.6	Eingang: Buchhandlung Decius, Hannover	692

Inhalt

F 12		Der Eingangsbereich	694
	12.1	Rechts oder links erschließen?	696
	12.2	Rechts oder links planen – Buchhandlung, Papierwaren und Reisebüro Grüttefien, Varel	700
	12.3	Die Macht der Diagonale	702
	12.4	Eingangsschräge – Academic Bookshop Blackwell, Bristol, GB	704
	12.5	Diagonal planen – Buchhandlung Horstmann, Bremen	705
	12.6	Diagonal erschließen – Bücherstube am Dom, Köln	709
F 13		Der Markt	712
	13.1	Die Innenmöbel formieren	713
	13.2	Tischvariationen – Buchhandlung des Klosters Sint Andriesabdij, Brügge, B	718
F 14		Der Kassenbereich	720
	14.1	Das Kassenmöbel	725
	14.2	Self-Scanning	737
	14.3	Die Kassenmöbel im Kundenleitweg	741
	14.4	Kassenplätze zur Auswahl – Buchhandlung Utz, Regen	743
	14.5	Kassenplatz-Kommunikation – Joh. Haas, Wels, A	744
F 15		Der Treppenbereich	746
	15.1	Die Treppe im Kundenleitweg	748
	15.2	Eine zentrale oder zwei getrennte Treppenanlagen? Academic Bookshop Blackwell, Sheffield, GB	760
	15.3	Die Treppe im Eingangsbereich	761
	15.4	Eine Treppe erschließt das Untergeschoss – Akademische Buchhandlung Knodt, Würzburg	764
	15.5	Die Treppe bestimmt den Verkaufsraum – Papeterie Athesia, Bruneck/Südtirol	765
	15.6	Die Treppe in der Mitte des Raumes – Buchhandlung Roth, Offenburg	770
	15.7	Drei Verkaufsebenen – Boekhandel C. Kooyker, Leiden, NL	773
	15.8	Die vertikale Erschließung – Schmorl & von Seefeld, Hannover	780
	15.9	Eine Treppen-Inszenierung – Universitätsbuchhandlung Phönix, Bielefeld	782
	15.10	Die Staffelungen	795
	15.11	Fachbuchhandlung mit Reisebüro – Buchhandlung Wittwer und Reisebüro Hetzel, Stuttgart	796
	15.12	Die Staffelhaus-Treppe – Buchhandlung Schmidt, Stadthagen	799
	15.13	Verkauf auf der Treppe – Buchhandlung Spaethe, Moers	801
	15.14	Die Fahrtreppen	802
	15.15	Die Mobilitätsgarantie	805
	15.16	Die Aufzüge	808
F 16		Der Fachbereich	810
	16.1	Die Besprechungsplätze	810
	16.2	Die Arbeitstische für Mitarbeiter	818
	16.3	Die Pulte im Verkaufsraum	820
	16.4	Relaxzonen: Sitzplätze für Kunden	822
F 17		Der Drehbereich im Verkaufsraum	827

G	Zu guter Letzt	831
G 1	Glossar	832
G 2	Gesetze und Verordnungen zur Ladenplanung	847
G 3	Experten-Beiträge	849
G 4	Quellennachweis	850
G 5	Fotonachweis	853

A Die Einführung

A1 Geleitwort:
Schöne Läden lächeln immer

A2 Vorwort: Ein Markt im Umbruch

A3 Der Autor stellt sich vor

Ladenplanungen sind wichtige Innenarchitektur-Planungsprozesse, die eine Teamarbeit erforderlich machen. Der Kundenleitweg, das Design, die Raumgestaltung, das Material, auch Preise und Termine werden im Team besprochen und dem Bauherren vorgeschlagen.

Der Autor in einer Planungsbesprechung mit Mitarbeitern. Das Kreft-Team bespricht eine Planung für Moskau (von links nach rechts: Volker Paulsen, Reinhard Mann, Sylvia Benthin, Wilhelm Kreft, Matthias Kreft)

A Die Einführung

A 1 Geleitwort

Schöne Läden lächeln immer

Prof. Dr. Burkhard Weinges

Gedanken zum kommunikativen Aspekt heutiger Ladenplanung aus der Sicht eines Innenarchitekten, Ladenplaners und Hochschullehrers.

Vorweg: Die Planung von Läden hat bei vielen Architekten und Gestaltern immer noch etwas Anrüchiges, nämlich den Ruch, sich mit der Verführung zum Konsum zu prostituieren. Da bin ich ganz anderer Meinung. Für einen Klarseher wie Andy Warhol z. B. waren Kaufhäuser „Museen des Heute" oder, wenn ich ihn richtig verstehe, meint er, sie seien viel eindeutiger, vielfältiger und ehrlicher als Kunstmuseen, wenn es um das bildhafte Sichtbarwerden gesellschaftlicher Befindlichkeiten geht.

Wenn ein Laden umgebaut oder neu konzipiert werden soll, wird ein komplizierter Prozess in Gang gesetzt, der alle Teilaspekte der Planung, angefangen von den Vorstellungen des Unternehmens, den Marketingüberlegungen zum Sortiment, den eventuell veränderten Kundenwünschen bis zu den Identifikationsmotivierungen der Mitarbeiter mit den Neuerungen, berücksichtigen muss. Das vorliegende Vorwort beleuchtet innerhalb dieser Komplexität hauptsächlich das Segment der Planung des ästhetisch-kommunikativen Aspekts der Gestaltung.

Läden werden heute in der Regel alle fünf Jahre innoviert und alle zehn Jahre umgebaut. Bei Gaststätten ist dieser Rhythmus oft noch kürzer, bei Messeständen wenige Tage und bei Raumkonzeptionen für Events oft nur wenige Stunden. Design gilt heute als verkaufsfördernd und nicht nur bei den Waren, sondern besonders auch beim Verkaufsraum, der möglichst als Bilderwelt inszeniert werden sollte. Jeder weiß das und viele handeln danach. Verkaufsräume werden den neuesten Käuferwünschen angepasst, um sich gegen andere Anbieter des gleichen Sortimentsbereichs durchsetzen zu können. Wer sich bei diesem teuren Marketing-Spiel ausschließt, kommt zu kurz. Die Frage, ob das volkswirtschaftlich oder gar ökologisch eine gute oder schlechte Entwicklung ist, wird dabei wenig gestellt. Auf jeden Fall wird deutlich, dass der kommunikative Aspekt auch der Innenräume eines Ladens von entscheidender Wichtigkeit ist.

In diesem Zusammenhang weist Hans-Peter Liebmann vom Lehrstuhl für Handel, Absatz und Marketing der Universität in Graz darauf hin, dass bei Kunden die Ladengestaltung als ästhetisch-kommunikative Gestaltung zunehmend an Bedeutung gewinnt, d. h. die Art und Weise der Gestaltung viel höher als früher rangiert und bei Kunden als Erlebnisqualität erwartet wird. Identifikationsmöglichkeiten und Erlebnisqualitäten werden als äußerst wichtige Faktoren genannt, nicht nur um Kunden für den Laden im Augenblick des Vorbeikommens zu interessieren, sondern besonders, um sie an ein Stammgeschäft zu binden.

Die Gedanken zum Lächeln von Läden meine ich allgemein für die Planung jeglichen Designs. Meine Notizen gehen von der Prämisse aus, dass designte Objekte ihre Benutzer immer oder vielleicht sogar in der Hauptsache direkt emotional ansprechen müssen. Diese Ansprache kann bei den Kunden sehr unterschiedlich ankommen: mal freundlich oder unverständlich, mal dumm geschwätzig oder sogar mit arroganter Missachtung.

Dieser ästhetische und signalhafte Planungsaspekt von Design ist heute sehr aktuell, zumal die Tendenz, für öffentliche Räume wie Läden, Gaststätten, Messestände u. Ä. verstehbare ästhetische Bild- und Handlungserlebnisse zu inszenieren, offensichtlich immer wichtiger wird.

Die ästhetischen „Sprachen" der Objekte und Räume sind vielfältig, direkt und bei trainierter Erfahrung präzise einsetzbar. Das bedeutet, dass der Einsatz ästhetischer Sprachmittel die Bereitschaft voraussetzt, nicht nur eigene gelernte Designersprachmittel zu gebrauchen, sondern durch analytischen Spürsinn für ästhetische Bedürfnisse flexibel zu sein und aus verschiedenen Bildwelten zu wählen und diese professionell zu gestalten. Designer und Gestalter sind in der Regel auf eine eingeschränkte Formenwelt eingestellt und studieren auch so. Man stelle sich vor, Bühnenbildner würden für die unterschiedlichen Geschichten, denen sie Bildräume schaffen sollen, die gleiche Formenwelt benutzen. Das wäre komisch.

Die Postmoderne der Poppzeit mit ihrer erlösenden Öffnung dessen, was man als Gestalter „darf", mit ihrer Vielgestaltigkeit und Vielwertigkeit bis in die Sensation des Banalen, sollte auch in der Architektur und den Designbereichen mit der abstrakten und adressatenignorierenden Einseitigkeit der ursprünglichen Moderne endlich aufgeräumt haben.

Das klingt nach einer Banalisierung designerischer Arbeit und kann natürlich nicht so gemeint sein. Natürlich muss es auch im Design langfristige ästhetische Konzeptionen geben, die wie ein starker Zeitgeistblitz Zeitbefindlichkeiten mit künstlerischer Tiefe zu formalisieren verstehen. Für Designer ist designkünstlerische Arbeit der notwendige Energie- und Denkbeweger aller Arbeit zwischen den Polen künstlerischer Erfindung der hohen Profession und der praxisnahen Gestaltung für Viele. Auch Designer sollten ohne Scheu auf dem Feld zwischen E- und U-Design spielen.

Heutige Gestaltungs-Tendenzen in der Architektur und der Innenarchitektur – auch in der Ladengestaltung – sind nach den angeblichen Verirrungen der Postmoderne von raffinierter Reduktion. Es ist das Typische E-Design als Orientierungslatte für Zeitschriftenbeiträge und auch der Notengebung in den Hochschulen. Designer können sich damit identifizieren und sich daran freuen, aber die animierende kommunikative Hinwendung einer Gestaltungskonzeption zum Identifikationsvermögen der Adressaten bleibt da oft auf der Strecke. Außerdem „ertragen" solche raffinierten ästhetischen Reduktionen, so herrlich und edel sie am Tag der Fertigstellung der Laden-Räume auch sind, in den wenigsten Fällen die durch die anschließende lebendige Benutzung notwendigen komplexen Unaufgeräumtheiten und Veränderungen. Die Raffinesse ästhetischer Reduktion kann durch das kommunikative Leben besonders auch der eines Ladens sehr schnell kaputt gehen. Kurz: Räume müssen die Menschen ansprechen und nicht fremd sein. Gute und schöne Räume müssen den Benutzer eine Zeit lang akzeptierend anstrahlen – deshalb der Titel „Schöne Läden lächeln immer".

Der Psychologe und Theaterwissenschaftler Christian Mikunda zeigt in seinem Buch „Der verbotene Ort – zur Dramaturgie des Raums" diese Tendenzen zur Erlebnis- und Bildgestaltung in faszinierenden Beispielen aus dem Bereich der Ladengestaltung aus aller Welt. Man erkennt, dass offensichtlich erfolgreiche Ladenkonzepte als Kommunikationsmaschinen gestaltet werden, die natürlich die Menschen anlächeln müssen. Wenn ich „Maschinen" sage, meine ich das auch so, denn wie Maschinen sich bewegen, sind solche Räume oft technisch aufgerüstet und ihre Faszination entwickelt sich aus der Veränderung der Bild- und Handlungsmöglichkeiten der Erlebnisangebote. Der direkte und kommunikative Bezug zum angesprochenen Menschen ist bei Mikunda sehr deutlich.

Der heutige Weg in das Zeitalter der Bilder – oder wie der Kommunikationswissenschaftler und Designtheoretiker Norbert Bolz überspitzt formuliert – in die Zeit nach der Gutenberg-Galaxis – ist auch in der Architektur geöffnet. Die Bild- und Erlebniswünsche der entwickelten Erlebnisgesellschaft, deren Gleichheiten und Unterschiedlichkeiten der Soziologe Gerhard Schulze in seinem Buch „Die Erlebnisgesellschaft" sehr klar und einsichtig beschrieben hat, sind Gestaltungsthema.

Als Markenzeichen werden unverwechselbare Erlebnisangebote nicht immer durch Designplanung erreicht. Ich habe ein wunderbar animierend-kommunikatives Milieu in einem Buchladen in Dublin erlebt. Es entsteht im Wesentlichen durch zwei „gestaltungsfreie" Eigenschaften: Zunächst hat dieser mehrgeschossige Laden eine unglaubliche Unordnung, die aber den Besuchern den geheimnisvollen Reiz zaubert, gleich etwas Wunderbares zu finden, wenn man nur eifrig in den schattigen Ecken des Ladens sucht. Das eindrucksvollste „Corporate Design" des Ladens aber sind seine Gerüche: Auf jeder Etage kann man etwas essen. Ganz oben riecht es nach Suppe darunter nach würzigen Salaten und unten nach alten muffigen Büchern, dem Antiquariat.

Hier stellt sich die Frage, wer überhaupt in der Lage ist, die richtigen Milieus adressatengerecht entstehen zu lassen, die ja oft den Befindlichkeiten und ästhetischen Vorstellungen der planenden Designer überhaupt nicht entsprechen. Erlebnisse und Milieus zu planen, ist eine Kunst.

A Die Einführung

A 1 Geleitwort

Die Informationsflut im Laden und die Gestaltung der Leere

Das große Sortiment ist das Ziel der Kundenwünsche und gleichzeitig oft der Anlass zur Resignation. Man sieht vor Waren die Waren nicht. Gestaltete Erlebnisangebote im Laden erhöhen natürlich zusätzlich die durch das Sortiment ohnehin schon erhebliche Informationsmenge. Über dieses Problem – fürchte ich – helfen auch die schönsten Erlebnis- und Eventangebote nicht hinweg. Vielleicht das Lächeln und die Kompetenz eines Mitarbeiters oder einer Mitarbeiterin.

Bei einem der heutigen Schnäppchen-Läden ist die große Komplexität sicher kein Problem. Hier ist der alte Lagerraum möglich, der „billig-billig" signalisieren soll und im Chaos der Warenanhäufung das aufregende Erlebnis des Suchens und vielleicht Findens verspricht, das ein Flohmarkt so wunderbar leistet. Bei Läden, deren Sortimente auch anspruchsvolle Suchfelder für anspruchsvolle Kunden bereithalten, ist das natürlich viel schwieriger. Hier ist hauptsächlich eindeutige Orientierung im Sortiment, also gute Kommunikationsleistung durch einfache Ordnung wichtig. Das leitet zum „Geheimnis" bzw. besser zum schwierigen Planungsabwägen von Informationshöhe und Ordnung über: Wie muss ein Laden gestaltet sein, damit die Kunden nicht von der Überfülle des Angebots überfordert und damit orientierungsbehindert werden?

Ich meine, dass es bei Ladentypen, die fast unüberschaubare Sortimentwände haben, notwendig ist, den Kunden die Vielfältigkeit des Sortiments in einem einfachen und überschaubaren Rahmen zu präsentieren. Das bedeutet – wie Norbert Bolz formuliert: „die Gestaltung der Leere" bzw. der informationsfreien Fläche, also der ruhigen Zonen um Informationen Platz, Abgrenzung untereinander und Rahmen zu schaffen.

Wenn neben der heute in vielen angebotenen übergroßen Informationsreize und damit Informationsmenge der Waren noch Events und Erlebnisse diese Informationsmenge erweitern, muss die Gestaltung der ruhenden Rahmung, der Leere, d.h. die Gestaltung der eindeutigen formalen Gliederung und Ordnung im Raum mindestens so wichtig genommen werden wie die Unterbringung des Sortiments selbst. Diese eindeutige formredundante Ordnung im Raum ist – meiner Meinung nach – ein wesentlicher Teil der Dramaturgie bzw. der Inszenierungen der Erlebnis- und Orientierungsprozesse im Ladenraum.

Hans-Peter Liebmann sagt, dass ein eindeutiges und klares Ladenlayout als Servicequalität bei der Kundenzufriedenheit sehr hoch rangiert (noch vor der Personalkompetenz!).

Die Gestaltung von Ordnung und Leere, d.h. von Informationsentlastung für gute Orientierung im Sortiment, betrifft natürlich auch die Formgebung der einzelnen Warenträger selbst.

Zu den Mitarbeitern

Raumgestaltung und Erlebnisqualität werden nur wirksam, wenn das Personal im wahrsten Sinn des Wortes mitspielt. Der Kompetenz und Freundlichkeit des Personals wird von dem oben genannten Institut in Graz immer noch der fast höchste Wert in der Skala der Kundenerwartung und Kundenbewertung beigemessen.

Die Freundlichkeit der Mitarbeiter wird auch durch das Arbeitsumfeld bestimmt, in dem sie arbeiten. Es ist deshalb ratsam, Mitarbeiter in die Gestaltungsplanung und Gestaltungsentscheidung neuer Ladenkonzeptionen mit einzubeziehen. Nur so kann bei ihnen Identifikation nicht nur mit dem eigenen Beruf, sondern ebenso mit dem täglichen Berufsumfeld erreicht werden. Man lächelt nur in Läden, mit deren Raumgestaltung und mit dessen Erlebnisangebot man sich identifizieren kann – Verkäufer wie auch Kunden. Der Kunde erlebt diese Räume als schöne Läden im Sinn des höchsten Qualitätsmerkmals von Innenarchitektur – und das hat wenig mit „Stil" zu tun – das Wohlfühlen im Raum.

Nur solche Läden lächeln immer!

A2 Vorwort

Ein Markt im Umbruch

Die Unternehmen besinnen sich auf ihre Stärken und kämpfen um Marktanteile. Wie nie zuvor wird der Käufer umworben. Die Unternehmen bieten im Internet ihre Waren und Dienstleistungen an und veranlassen den Kunden Bestellungen vorzunehmen. Dies erfordert eine neue Art der Besinnung und Konzentration der Ladenplanung. Die Inszenierungen erhalten die Bedeutung eines Erlebnisparks bis hin zu den Events. Gleichzeitig wird die wirtschaftliche Bedeutung für die Erfolgszielvorgabe für die Ladenplanung unumgänglich. Die Ladenplanung ist zum Bestandteil eines Marketingkonzeptes geworden, mit klaren, erreichbaren Zielvorgaben. Der Verkaufsraum muss für den Kunden eine Begegnungsstätte sein und nicht nur der Ort für Waren und Dienstleistungen. Der Verkaufsraum verändert sich zur Bühne für Inszenierungen aus Warenbildern, bildlichen Darstellungen und Events. Diese Entwicklung führt zur stärkeren Emotionalisierung und zur Erweiterung der Informations- und Kommunikationsstrukturen.

Damit erhält die Ladenplanung eine größere Bedeutung.

Immer mehr frei verfügbares Einkommen und immer mehr Freizeit ermöglichen es dem Konsumenten seinen individuellen Träumen zu folgen.

Eine neue Einkaufskultur ist entstanden, die sich sprunghaft entwickelt zum Lifestyle.

Die Suche nach Emotionalität und Individualität als Ausgleich zum High Tech einer hoch entwickelten Industriegesellschaft prägt immer stärker den Lebensstil der Konsumenten. Der Einzelhandel muss sich auf den ständig steigenden Anspruch des Konsumenten einstellen.

Shopping ist nicht nur Ausgleich für Anstrengungen und Alltagsstress, sondern auch bedeutungsvoll als Bedürfnis im Streben nach Unabhängigkeit, Status, Selbstverwirklichung und Selbststilisierung geworden. Das Kaufen ermöglicht die individuelle Selbststilisierung wie die soziale Anerkennung durch die Darstellung des Lebensstils. Erfolgreich kann ein Unternehmen nur dann sein, wenn es die Bedürfnisse seiner Kunden kennt und diese Kenntnisse nach innen und nach außen umsetzt.

Die Tatsache, dass sich die Waren und Dienstleistungen in Qualität und im Preis ständig angeglichen haben, macht es erforderlich, dass die Unternehmen ihre Distributionsstrategie auf das Umfeld der Ware verlagern und individuelle, sich von den Mitbewerbern unterscheidende Verkaufsräume und Inszenierungen schaffen.

Drei Ziele der Verkaufsraumnutzung folgen den Konsumentenerwartungen, sie werden damit auch Ziele der Ladenplanung:

- die Sichtbarmachung der Waren- und Serviceleistungen um wichtige Informationen zu geben und eine unproblematische Grundnutzung zu erreichen
- die Inszenierung, das Erreichen des stimmungsvollen Milieus; mit der Ansprache aller Sinne den Konsumenten emotional zu begeistern und zu binden
- die Kommunikation des Verkaufsraumes, den Kundenleitweg mit Warenleitbildern erreichen durch eine volle Einbeziehung des Konsumenten in die Handlung des Verkaufsraumes als Bestätigung seiner Priorität.

Mit der Erreichung der Marketingziele profiliert sich das Unternehmen durch individuelle Inszenierungen mit aufeinander abgestimmten Leistungen.

Um den Konsumenten zu begeistern, ihn an das Unternehmen zu binden und damit die wirtschaftliche Zukunft des Unternehmens zu sichern ist es notwendig geworden, über den Verkaufsraum, den „Point of Sale", im Zuge einer Ladenplanung, aber auch einer Ladennutzung neu nachzudenken.

Shopping ist eine Begegnungskultur

Längst ist die Welt des Kaufens, die immer von Wünschen und Sehnsüchten begleitet war, zu einer neuen Realität erwacht, in der Träume zur Kultur geworden sind.

Verkaufsräume sind Unternehmenskultur und Begegnungskultur!

Zu den Erwartungen an Waren und Service ist die Erwartung an Information und Emotionalität hinzugekommen.

Die Atmosphäre der „Tante-Emma-Läden" wurde wegrationalisiert. Der Verlust an Emotionalität, an Milieu wird beklagt.

A   Die Einführung

A 1   Vorwort

Die Verkaufsräume setzen technische Perfektion und Variabilität voraus. Sie sind mit den modernsten Mitteln der Kommunikation ausgestattet. Aber zum HighTech gehört der High Touch der emotionalen Lebensqualität.

Kultur- und sozialgeschichtlich ist der Verkaufsraum vom mittelalterlichen Lager ausgegangen und heute bei der bühnenreifen Verkaufsraum-Inszenierung angekommen.

Einzelhandelsunternehmen und Innenarchitekten tragen die Verantwortung für die Begegnungskultur durch die Sichtbarmachung aller Unternehmensleistungen, durch die ehrliche Darstellung des Unternehmens in Rang und Bedeutung.

Die Begegnungskultur im Verkaufsraum ist auch ein nationales Anliegen: Ein Volk, eine Stadt, eine Region stellen sich darin vor, in der Art, wie Waren ausgewählt, angeboten und gekauft werden. Das ist eine Kultur, die wir auch studieren, wenn wir in ferne Länder reisen. Die Kultur Marokkos zeigt sich im Basar und auf dem Markt.

Shopping bedeutet der Welt des Kaufens eine dialogfähige Kultur zu geben. Shopping steht zum Konsum so, wie das gepflegte Speisen zum Hungerstillen, wie schöpferische Arbeit zur Arbeit am Fließband.

Zum Shopping gehört das Begreifen der Ware im wahrsten Sinne des Wortes und das Wieder-Zurückstellen-Können ohne Gesichtsverlust.

Der Wertewandel, der Käufermarkt brachte den Konsumenten die große Freiheit. Alle Waren werden für den Konsumenten in informierenden Warenbildern dargestellt.

Das Ausleben aller Wünsche formt die Kultur, den Zeitgeist. Die Kultur hat das Kaufen und Verkaufen einbezogen und reagiert ebenso sensibel und widersprüchlich wie die gesamte Kulturszene.

Ladenplanung tut Not

Die alte Auffassung, Ladenplanung sei im Wesentlichen Einrichtungsplanung, ist nicht mehr haltbar. Heute werden neue Ideen und umfassende Konzepte vorgestellt, mit denen das Unternehmen seine sich am Markt unterscheidenden Leistungen zeigen kann um damit die Erwartungen seiner Kunden zu erfüllen.

Die Ladenplanung ist der große Augenblick in der Geschichte des Unternehmens, Betriebsengpässe abzubauen und das Image des Unternehmens durch eine erlebnisbetonte zukunftsorientierte Verkaufsraumgestaltung zu stärken.

Die umfassende Ladenplanung ist die einzige Möglichkeit die Leistung des Unternehmens in einer Inszenierung neu zu definieren.

Der Rang und die Profilierung des Unternehmens, Unterscheidungen und Vorteile gegenüber Mitbewerbern, werden deutlich sichtbar.

Ladenplanungen sind heute ein Prozess der geistigen Auseinandersetzung zwischen den Konsumentenerwartungen an Ideen zum Lebensstil einerseits und deren Erfüllbarkeit in den Unternehmen andererseits.

Die Ladenplanung, als Merchandising-Architektur verstanden, ist der wesentliche Faktor, der zur erfolgreichen Ladennutzung führt.

Ladenplanungen mit der klaren Zielsetzung des Marketingkonzeptes, mit den Leistungsforderungen an das Merchandising und an die Innenarchitektur, sind erfolgreicher.

Das Planungsziel muss sein: „nicht nur größer, sondern besser und bedeutungsvoller zu werden als die Mitbewerber!"

Ein Reimaging – das ständige Bemühen das Image zu verbessern – ist erforderlich, indem wir uns zur Ladenplanung fragen: „nützt sie dem Kunden?" Erst wenn wir das deutlich bejahen können, nützt sie auch dem Unternehmen und steigert den Wert des Unternehmens.

Ein neues Denken ist erforderlich, ein ganzheitliches Denken mit der erweiterten Sicht des Managements für die Gestaltungsarbeit und des Innenarchitekten für die ökonomischen Grundlagen des Unternehmens.

„Es gibt einseitig gebildete Architektenköpfe, die versuchen, ständig neue, schönere Möbel zu bauen ohne zu sehen, dass deren Zweck es ist die Ware zu präsentieren."

(Klaus-Richard Weber, Dipl.-Designer-Innenarchitekt, Cöln-Design)

Warenbilder, Warenleitbilder und Kundenleitwege sind Unternehmensleistungen. Sie bedeuten eine fachkompetente „Verarbeitung" der angebotenen Produkte, eine Anreicherung mit Erklärungen und Informationen. Ein Warenbildmarketing und ein Warenbildmanagement entsteht in den Unternehmen.

Der Verkaufsraum ist eine geordnete und geplante Bilderwelt. Das Marketing im Einzelhandel ist ein visuelles Marketing geworden.

Ladenplanung und Ladennutzung, das bedeutet das Denken in Warenbildern.

Ladenplanung bedeutet sich mit dem Konsumenten stärker auseinander zu setzen, seine Trends zu erforschen, die signifikanten, epochalen Veränderungen im Konsumverhalten in den soziologischen Grundlagen im Wertewandel zu deuten und weitere Entwicklungen für Konsumentenerwartungen rechtzeitig zu erkennen und zu vollziehen.

„Die sichtbar gelebten Wertevorstellungen" werden bedeutungsvoll. „Das Verkaufen von Wertinhalten, an die jeder im Unternehmen glaubt (ob kundennah oder kundenfern), wird zentral!"
(Prof. Werner Kirch, Universität München)

Ladenplanung bedeutet für den Innenarchitekten und für das Unternehmen das Suchen nach neuen Möglichkeiten, nach neuen Ideen um den Kunden zu erreichen und um den Zusammenhang zwischen den Ideen für die Warenraumgestaltung und dem Erfolg des Unternehmens zu erkennen.

Allgemein gilt, dass die Marktausschöpfung nicht erreicht ist, insbesondere für Waren und Dienstleistungen des gehobenen Bedarfs und ebenso für Waren außerhalb des täglichen Bedarfs.

Die Ansprüche der Konsumenten an Waren und Dienstleistungen und darüber hinaus an Information, Anregungen und Emotionalität sind schneller gewachsen. Sie wachsen weiter schneller, als dies der Einzelhandel in breiter Form erkannt hat und bisher in der Lage war in seine Vertriebsstrategie und Verkaufsraumnutzung umzusetzen.

Der Einzelhandel versteht sich zu oft noch als Lagerhalter und als Verkäufer von Waren. Der Konsument erwartet aber zunehmend mehr Anregungen zur Lebensqualität, zum Lebensstil.

Der Einzelhandel muss zunehmend dazu übergehen, den Nutzen, den der Kunde durch den Besitz der Ware bekommt in Warenbildern emotional darzustellen.

Dem Textilhandel gelingt dieses Darstellen der Selbststilisierung durch Warenbilder, die zu Inszenierungen zusammengefügt werden. Wenn man bedenkt, dass der Textilhandel seine Türen für ein Jahr schließen könnte, ohne dass ein akuter Notstand an Bekleidung entstände, wird deutlich, dass der Bedarf an Kleidung modeorientiert ist und damit der Kauf emotional vollzogen wird. Die Erwartungen der Konsumenten machen es erforderlich, dass in allen Branchen „Mode" gezeigt wird. Der Einzelhandel muss diesen Erwartungen zukünftig schneller folgen.

Dieses Buch will helfen die Aufgaben der Ladenplanung zu lösen:
– durch das frühzeitige Erkennen der Konsumentenerwartungen und der Trends
– durch aktuelle Zielsetzungen in der Unternehmensleistung: Verkaufsraum
– in der Schaffung eines zielorientierten Marketingkonzeptes im Sinne der Merchandising-Architektur
– durch das Erkennen der Bedeutung des Designs und der Gestaltung für die Profilierung des Unternehmens
– durch das Denken in Warenbildern und in Leitgestaltungen bei allen Beteiligten der Ladenplanung und der späteren Ladennutzung
– durch die Dynamisierung des Managements, durch die ständige Anpassung des Verkaufsraumes an den ständigen Wandel
– durch die Erreichung des kommunikativen, sympathischen Klimas im Verkaufsraum.

Dieses Buch will die Notwendigkeit der Merchandising-Architektur zeigen.

Ich schreibe nicht über die Gestaltung, sondern über die Gestaltungsgrundlagen der Merchandising-Architektur und damit über das Erkennen der Möglichkeiten, die zur Gestaltung führen. Diese erkennen, schätzen und abwägen können, wird zur individuellen Aussage des Innenarchitekten, zu Ideen für individuelle Räume unter der jeweiligen Ausnutzung der individuellen Gegebenheiten. **Vielfalt schaffen, nicht Vorbilder, ist mein Anliegen!**

Die Ladenplanung muss als Aufgabe verstanden werden, die Spaß macht für Konsumenten und Mitarbeiter um eine bessere Lebensqualität zu erreichen.

Ich danke allen, die zur Entstehung dieses Buches beigetragen haben:
den Kollegen,
für die Informationen über ihre Projekte
den Marketing-Managern,
für die Anregungen und Diskussionen
den Autoren,
für die Hinweise in ihren Veröffentlichungen und für überlassene Zitate
den Fotografen,
für das umfassende Fotomaterial, aus dem ich auswählen konnte
den Grafikern,
für die Bearbeitung der Schaubilder
den Mitarbeitern und Studenten,
für die druckreife Bearbeitung von Zeichnungen,
dem Fotografen Andreas Ahnefeld
für die Mithilfe bei der Auswahl der Fotografien,
dem Innenarchitekten Prof. Dr. Burkhard Weinges,
für das Vorablesen
Frau Anja Voges,
für die nicht abreißende Schreibarbeit
und Frau Ute Loewener
die Mithilfe bei den Korrekturen
dem Lektorat des Verlags, Frau Monika Döring und Frau Annette Galinski
für die lange, geduldige Zusammenarbeit.

A Die Einführung

A 3 Der Autor stellt sich vor

Prof. Wilhelm Kreft

Professor *Wilhelm Kreft*, Diplom-Ingenieur. Innenarchitekt, BDIA, DLV, DWB, geb. am 7. Juni 1929 in Stadthagen/Niedersachsen

1956
Raumgestalter, Abschlussprüfung an der Werkkunstschule Hannover
Innenarchitekt in Ladenbaufirmen

1962
„Freier Innenarchitekt", Selbständigkeit mit eigenem Büro

1963
Gründung eines Ladenbauunternehmens

1964
Erwerb eines Grundstückes in Wedemark/Niedersachsen,
Ausbau des Planungsbüros und Aufbau der Produktion; Mitglied des Arbeitskreises Ladenbau im Hauptverband der Holz- und Kunststoff verarbeitenden Industrie – später DLV – Deutscher Ladenbau Verband

1970
Einladung des Arbeitskreises der Buchhandlungen zur Präsentation einer Musterbuchhandlung auf der Frankfurter Buchmesse

1972
Berufung in den Vorstand des Deutschen Ladenbau Verbandes

1973
Mitglied der Architektenkammer Niedersachsen
Berufung in den Arbeitskreis „zur Verbesserung des Erscheinungsbildes der Öffentlichen Bibliotheken", Mitarbeit an der Broschüre „Die Präsentation der öffentlichen Bibliotheken"

1974
Dozent an der Fachschule des deutschen Buchhandels in Frankfurt am Main
Artikel in Fachzeitschriften, Vorträge über neue Präsentationsformen, Warenbilder

A 3 Der Autor stellt sich vor

1981–83
Präsident der „ISO – International Shopfitting Organisation", London und Amsterdam, der Vereinigung der nationalen Verbände der Ladenbauer

1982
Geschäftsführer der Wilhelm Kreft GmbH, Planung und Fertigung von Buchhandlungen und Bibliotheken, Wedemark bei Hannover

1985
Lehrbeauftragter für „Systematische Ladenplanung" an der Fachhochschule Hannover, Fachbereich Kunst und Design – Studienbereich Innenarchitektur

1990
Kommunikative Ladenplanung, Kundenleitwege, Warenbilder für verschiedene Branchen, Mitglied des BDIA

1991
Verstärkt Vorträge, Warenbildseminare

1992
Mitglied des DWB – Deutscher Werkbund

1993
Autor des Buches „Ladenplanung"

1994
Honorarprofessor an der Fachhochschule Hannover, Studienbereich Innenarchitektur

1997
Planung KulturKaufhaus Dussmann, Berlin

2001
Neuauflage des Buches „Ladenplanung".

Dieses Buch ist aus meinen persönlichen Erfahrungen mit Ladenplanungen entstanden und ist auch so zu verstehen.
1962 habe ich mich als freischaffender Innenarchitekt für Ladenplanungen selbstständig gemacht.
Das waren wahrlich andere Zeiten. Der Innenarchitekt wurde von nur wenigen Einzelhändlern gefragt.
Die individuelle Ausstattung der Läden war noch nicht gefordert. Man holte gerade die vorbildlichen Einrichtungen aus den Großstädten in die mittleren und kleinen Städte, denn man wollte genauso sein wie diese fortschrittlichen Fachgeschäfte.
Nach einem Jahr Selbstständigkeit gründete ich einen eigenen Fertigungsbetrieb. Durch meine Tischlerlehre und durch die väterliche Tischlerei hatte ich früh handwerkliche Kenntnisse erhalten, die ich umsetzen konnte. Ich wollte, dass Planung und Herstellung in einer Hand liegen. Das fand ich großartig – daran hat sich bis heute nichts geändert. Durch mein Hobby, dem Modellbasteln, bekam ich Lust auf das Experimentieren. Das Denken in Systemen hat zweifellos dazu geführt, dass ich mich recht frühzeitig auf eine Branche konzentrierte – für mich waren es zunächst die Bäcker und Konditoren.
Hier habe ich viel über Merchandising gelernt, obwohl ich damals dieses Wort in seiner heutigen Marketingbedeutung noch nicht kannte.
Es ging darum, Bäckern und Konditoren durch meine Planung so zu helfen, dass ihre gesamte Ware sichtbar wurde durch ein neues Ordnungsprinzip mit Höhepunkten bis hin zu Faszinationspunkten: frisches Sahnegebäck oder selbst gemachte Pralinen. Ich versuchte so zu arbeiten, dass ich mit den wichtigsten Waren einen „Altareffekt" erreichte, indem ich alle anderen Waren – bis hin zum abgepackten Zwieback – bedarfslogisch unterordnete.
Ich erkannte das Problem des Konditors: Die Frischware musste am gleichen Tage verkauft werden. Damals waren die Frischhaltekühlungen noch nicht so weit entwickelt wie heute. Der Gewinn des Konditors bestand nicht nur im Umsatz, sondern auch darin, dass am Abend möglichst wenig Frischware aus dem Laden in das

A Die Einführung
A3 Der Autor stellt sich vor

Backhaus zurückgetragen wurde und zum großen Teil vernichtet werden musste.

Also habe ich die unterschiedlichen Warenmengen, die im Tagesablauf erforderlich wurden, studiert, unterschieden und geordnet nach Wichtigkeit. Ich habe versucht, den richtigen Standort für die Theke mit der Faszinationsware zu finden. Die wartenden Kunden vor der Theke sollten durch Zusatzware, Effekte und durch das Ausschalten störender Einflüsse so vorbereitet werden, dass das Faszinations-Warenbild als wichtigstes aller Warenbilder erkannt wurde und nicht verfehlt werden konnte.

Auch in die Dekorationen habe ich eingegriffen, sie bestimmt und bemessen. Ich habe die Mitarbeiter auf unlogische Warenplatzierungen hingewiesen und versucht, eine Warenplatzierungsordnung aufzustellen nach Bedarf und nach optischer Wirkung, damit die Warenübersicht für die Kunden verbessert wurde. Meine ersten Versuche der Warenbilder und Warenraumbilder entstanden in dieser Zeit.

Der Erfolg dieser durchgeplanten und durchgestalteten Verkaufsräume sprach sich herum und hat eine ständige Weiterentwicklung meiner Planungen bewirkt.

Schon bald zeigte sich, dass das entwickelte Prinzip der Merchandising-Architektur sich auch auf andere Branchen anwenden ließ. Hinzu kam meine besondere Liebe zum Buch; und sehr schnell kam auch die Erkenntnis, dass ich gerade im Buchhandel mein Wissen besonders gut anwenden konnte.

Die Arbeit für den Buchhandel

Der Buchhandel war wohl eine der letzten Branchen, die in der Neuerungswelle der Nachkriegszeit zum Umbauen kam. Der Buchhandel konnte von den Erfahrungen anderer Branchen lernen.

Es ist heute einfach, aus dem Prinzip der Buchhandlungsplanung heraus in andere Branchen zu wirken. Die kontinuierliche, exakte Planung, die bis ins Einzelne begründet sein muss, schafft ein Basiswissen, über das andere Branchen oft locker hinwegsehen.

Das langjährige Planen an Buchhandlungen schafft eine Planererfahrung, die beim Einkaufen, beim Shopping oft erschaudern lässt: Zu wenig Waren werden auf den Kunden zugeführt, zu viel Waren stecken noch in der alten Lagerordnung. Ein Merchandising-Architektur-Verständnis ist noch nicht weit verbreitet – aber es wird besser! Weil die konsequente Merchandising-Architektur-Planung der Buchhandlungen auch auf andere Branchen erfolgreich wirken kann, entstanden die Überlegungen zu diesem Buch.

Der Buchhandel weist folgende Kriterien auf.

1. Preisbindung:

Der Buchhandel verfügt über eine Preisbindung: Das bedeutet, dass der Wettbewerb über eine Preispolitik ausgeschaltet wird.

Der Wettbewerb besteht aber dennoch. Er findet durch den Vergleich der Leistungen statt:
– die Sortimentsleistung
– die Mitarbeiterleistung
– die Raumordnungs- und Raumgestaltungsleistung
– Warenträger und Design
– Inszenierungen, Events.

Die Ladenplanung ist aufgefordert, die besonderen Leistungen der Unternehmen individuell unverwechselbar herauszustellen. Damit wird das Planungsziel deutlich als Forderung an den Innenarchitekten, das Leistungspaket aus Sortiments-, Mitarbeiter-, Raumordnungs- und Raumgestaltungsleistung, Warenträger und Design, Inszenierung, Events für die Ladenplanung zu berücksichtigen.

2. Alle Verkaufsraumgrößen:

Es gibt kleine, große und ganz große Buchhandlungen – von der kleinen „Lesestube" bis zur Treppen- und Fahrtreppenlösung – über mehrere Geschosse nach unten und nach oben reicht die Nutzung.

Es gibt auf der einen Seite die schnelle und aktuelle Boulevardbuchhandlung und auf der anderen Seite das stille Antiquariat – also ein großer, breiter Fächer mit vielen Möglichkeiten. Hier will sich die ganze Kultur, der Anspruch und der Protest in der Gestaltung widerspiegeln.

3. Die Kundenleitweg-Planung:

Die Buchhandlungen fordern, unabhängig von der Raumgröße, eine individuelle, umfangreiche Kundenleitweg-Planung, die den gesamten Verkaufsraum und Sortiment gleichzeitig logisch erschließt und damit die Ladenplanung bestimmt.

4. Warenplatzierungs-Planung:
Die einzelnen Sortimentsbereiche der Buchhandlung unterscheiden sich: Belletristik, Kunst, Reise, Landkarten, Kinder und Jugend, Wissenschaften, Zeitschriften – das bedeutet Sichtbarmachung dieser unterschiedlichen Bereiche. Eine Warenplatzierungs-Planung als Teil der Sortimentsplanung ist erforderlich.

5. Warenraumgestaltung:
Buchkunden sind Kunden mit dem Anspruch an eine besondere, unterscheidende Gestaltung für die verschiedenen Buchhandlungen mit den unterscheidenden Sortimenten. Die Grundsätze einer guten Gestaltung der Warenraumbilder sind hier existent. Gut gestaltete Buchhandlungen erreichen eine lange Verweildauer ihrer Kunden.

6. Bildliches Gestalten:
Neue emotionale Nutzungen finden in der Buchhandlung Anwendung. Bildliches und szenisches Gestalten bis hin zur Inszenierung machen die Buchhandlung zur Bühne, lebensfroh, lebensbejahend und aktuell.

7. Inszenierung, Erlebnisse:
Buchhandlungen bemühen sich zunehmend um Inszenierungen: den Kunden als Gast zu empfangen und ihm ein Milieu zu bieten, das die den unterschiedlichen Sortimentsbereichen innewohnende Erlebnisfähigkeit in ein Raumerlebnis überträgt.

8. Warenbilder:
Der Buchhandel muss dem Kunden viele individuelle Sortimentsleistungen „bewusst machen". Erschwerend kommt hinzu das gegenüber anderen Waren verhältnismäßig kleine Format und das 30 000 mal mit verschiedenen Titeln in einer mittelgroßen Buchhandlung. Das Warenbild muss hier Botschaft sein und „führen" können als Warenleitbild.
Besondere variable Warenträger für die Nutzung zu Warenbildern müssen vorhanden sein.

9. Aktuell:
Es gibt im Buchhandel immer einen ausgeprägten Neuheitenmarkt, wichtige Novitäten, Aktuelles und Aktionen für den Eingangsbereich. Hier ist eine konsequente Planung der Eingangszone, der Fassade, der Tür und der Schaufenster erforderlich, um die Hemmschwelle abzubauen, um den Kunden möglichst übergangslos in den Laden zu leiten.

10. Schaufenster-Botschaft:
Variable Schaufenster-Prinzipien werden sowohl in der Dekoration als auch im planerischen Auftrag als gesamtes Warenraumbild-Erlebnis neu orientiert durch den Auftrag „In-den-Verkaufsraum" zu ziehen.

11. Locksortiment:
Das Marktsegment der außerhalb der Preisbindung befindlichen Bücher – also Ware, die frei kalkulierbar ist – bedarf zwar einer korrespondierenden Präsentation, ist aber doch ein speziell zu berücksichtigender Sonderfall. Auf die ausnahmsweise marktschreierische Rolle und Lockfunktion muss der Innenarchitekt in hohem Maße Rücksicht nehmen.

12. Bedarfsbündelung:
Ständig neue Sortimentsgruppierungen und Bedarfsbündelungen werden im Buchhandel praktiziert, z. B. Landschaftsbildbände, Reiseführer, Landkarten befinden sich zusammen in der Reiseabteilung.

13. Verschiedene Zielgruppen:
Das breite Spektrum des Sortiments muss verschiedene, oft gegensätzliche Zielgruppen ansprechen mit dem jeweiligen zielgruppengewohnten Komfort. Das bedeutet einmal Abgrenzung in wesentlichen Grundsortimenten, aber auch fließende Übergänge mit Einladung zum Besuch der gesamten Buchhandlung.

14. Neue Trends:
Neue Trends, Meinungen und Ideen zeigen sich im Buchhandel schnell, über alle neuen Trends gibt es sofort Bücher. Im Sortiment ist die schnelle Umsetzung der Trends in Warenbilder wichtig.

15. Mitarbeiter-Arbeitsplätze:
Der Buchhandel stellt hohe Anforderungen an die Mitarbeiter: Arbeitsplätze im Laden, EDV, Kassen. Eine konsequente Arbeitsplatzplanung im Verkaufsraum ist Grundlage für die Motivierung der Mitarbeiter, für den Erfolg des Unternehmens.

Warenraumgestaltung ist im Buchhandel marktrelevant. Durch den starken Wettbewerb und durch die Trends zu großen Einheiten und zu kleinen Vorstadt-Bücherstuben ist ein Markt ent-

A Die Einführung
A 3 Der Autor stellt sich vor

standen, der die fachkompetente Planung notwendig macht für den Wettbewerb: „alles herausholen, was im Sortiment und im Raum steckt."

Nicht die individuell geplanten Projekte, die Denkart Merchandising-Architektur lässt sich auf alle Ladenplanungen übertragen.

Die Planung des Buchhandels-Verkaufsraumes ist Vorbild für Fachgeschäfte in vielen Einzelhandelsbranchen, weil die Ladenplanung eine konsequente Auseinandersetzung mit allen Leistungsbereichen des Marketingkonzeptes fordert, die oft in anderen Branchen nicht so sichtbar sind, aber dennoch bestehen.

Es ist deshalb gut, alle Leistungsbereiche des Unternehmens zu kennen und sie während der Planung anzuwenden. Ein Thekenladen wird selten über einen Kundenleitweg geplant. Um den Kunden durch das ganze geordnete Warenangebot zu führen, schafft nur eine Kundenleitweg-Planung die effektive Erschließung von Sortiment und Raum, auch in einem Thekenladen.

Diese konsequente Ladenplanung durch die Merchandising-Architektur braucht der gesamte Fachhandel.

Immer habe ich es für notwendig angesehen, die Interessen der Konsumenten in die Planung einzubringen – oft genug konträr zum Management. Ich habe mich immer als Konsument gefühlt in den von mir zu planenden Verkaufsräumen. Hohe Anforderungen habe ich gestellt und damit den Unternehmen durch meine Planung geholfen.

Die Arbeit an diesem Buch hat mich mit den Problemen anderer Branchen vertrauter gemacht. Ich habe neue Erfahrungen gesammelt für meine Lehrtätigkeit als Lehrbeauftragter für „Systematische Ladenplanung" an der Fachhochschule Hannover, Innenarchitektur im Fachbereich Kunst und Design.

Merchandising-Architektur, diesen Begriff habe ich für meine Vorlesungen geprägt, um bei den Studentinnen und Studenten die Doppelkodierung für die Ladenplanungen aus Merchandising und Innenarchitektur zu erklären.

Mein Planungsbüro befasst sich in der Hauptsache mit der Planung und anschließender Produktion von Buchhandlungen, Show- und Verkaufsräume für elektronische Medien und Bibliotheken. Planungsaufträge für andere Branchen und für fremde Fertigungen sind zunehmend.

Die Warenraumgestaltung bei prägender Profilierung des Fachhandelunternehmens mit dem Trend zur Inszenierung ist mein Gedanken- und Arbeitsfeld.

Ich fühle mich der Denk- und Arbeitsweise der Merchandising-Architektur und damit der Verflechtung von Ökonomie und Ästhetik verbunden!

Die wichtigen Erfahrungen, die ich während meiner Tätigkeit als Innenarchitekt gemacht habe, habe ich in diesem Buch aufgezeichnet. Dieses Buch trägt deshalb autodidaktische Züge.

Die Beispiele können nicht repräsentativ sein, sie müssen als Denkanstöße verstanden werden. Für andere Unternehmen, Standorte, Räume und Branchen müssen jeweils besondere Marketingkonzepte entwickelt werden.

Ladenplanung ist immer Zukunftsplanung für ein Unternehmen. Es ist immer wichtig und interessant, an der Zukunft eines Unternehmens mitzudenken und mitzuplanen.

Die Zukunftsplanung ist nur dann positiv für das Unternehmen, wenn sie einen positiven Verkaufsraum schafft, mit humaner, lebensbejahender, ökonomischer Kompetenz.

Zur Ladenplanung gehört die Begeisterung, die Emotionalität des Planens, um die Emotionalität des Konsumenten zu erreichen!

Der Konsument folgt zunehmend nicht nur der Ware, sondern der bedeutenderen, unterscheidenden Unternehmensleistung am Markt, die ihm die Gesamtleistung „Verkaufsraum" als Bühne sichtbar macht.

Wilhelm Kreft

B Die Partner der Ladenplanung

B 1 Der Konsument
und seine Erwartungen

B 2 Das Unternehmen
und seine Zukunft

B 3 Der Innenarchitekt
und seine Aufgabe

Die Partner am Point of Sale: Konsument, Unternehmen und Innenarchitekt bestimmen die Unternehmenskultur, das Design und die Kommunikation und damit die Ladenplanung. Das Ziel ist die Inszenierung des Verkaufsraums.

Shopping und Browsing, wie es die Konsumenten wünschen. Das KulturKaufhaus-Dussmann, Berlin, Friedrichstraße öffnet sich über eine Eingangspassage. Planung: Wilhelm Kreft, Volker Paulsen, Sylvia Benthin, Klaus Riesenbeck
Realisierung: Wilhelm Kreft GmbH, Wedemark

B Die Partner der Ladenplanung

Eine wichtige Grundlage für eine erfolgreiche Ladenplanung ist das Erkennen der Partnerschaft zwischen Konsument, Unternehmen und Innenarchitekt.

Die Partner der Nutzung:
In der Nutzung des Verkaufsraumes steht der Konsument mit seinen Erwartungen dem Unternehmen gegenüber:
– Die Erwartungen der Konsumenten werden zum Bedarf.
– Der Bedarf wird durch die Bedarfsforschung des Managements bekannt.
– Das Marketingkonzept wird sich ständig neu anpassen an den Bedarf der Konsumenten.

Die Partner der Planung:
Der Konsument als wichtiger Partner ist direkt mit aufgenommen in die Planung. Auch wenn er nicht mit am Beratungstisch sitzen kann, ist er dennoch anwesend:
– Die Erwartungen des Konsumenten werden als Bedarf vom Unternehmen verstanden.
– Das Marketing des Unternehmens spürt den Bedarf der Konsumenten auf, verarbeitet ihn und schafft ein Marketingkonzept.
– Das erstellte Marketingkonzept ist das Konzept für die Ladenplanung. Der Innenarchitekt wird beauftragt, das Marketingziel zu verwirklichen.
– Das Innenarchitektur-Planungsteam erreicht durch die Merchandising-Architektur das Marketingziel, die Inszenierung.
– Die Inszenierung erreicht den Konsumenten.

Damit ist gewährleistet, dass das Ziel der Planung mit der Nutzung des Verkaufsraumes abgeglichen ist.

Der Verkaufsraum wird vom Konsumenten mit seinen Erwartungen erreicht.

Die qualifizierte Ladenplanung wird mindestens das leisten müssen, was der Konsument erwartet. Die Erwartungen der Konsumenten werden steigen und wieder neuen Bedarf auslösen, die Marketingforschung im Unternehmen wird dies erfahren. Damit wird der Kreislauf neu angeregt, in einem ständigen Trading-up.

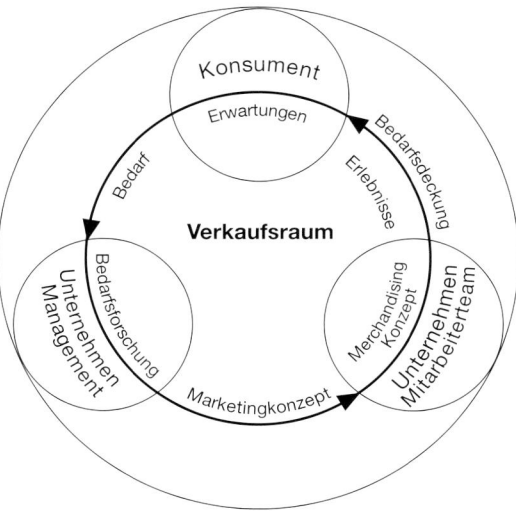

Die Partner der Nutzung

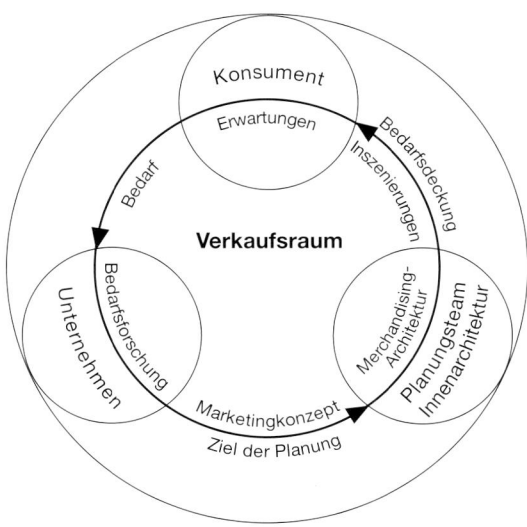

Die Partner der Planung

B 1 Der Konsument und seine Erwartungen

„Besser einkaufen, glücklich leben!"
Ist das Kaufen ein Teil des menschlichen Glücks?
Glückliche Menschen:
Glückliche Menschen sind selbstbewusste Käufer, sind aufmerksam Neuem gegenüber, betrachten neue Waren kritisch, prüfen das interessante Angebot und ihre Erwartungen.

„Der Konsument der Zukunft lernt gut zu leben, statt viel zu haben."
(Bund / Miserio: „Zukunftsfähiges Deutschland" Basel / Berlin 1996)

Das Bemühen der Unternehmen, zum Glück der Konsumenten beizutragen, ist das Bemühen des Marketings.
„Der Kunde ist König"!
Ist er ein glücklicher König?
Dann ist er ein zufriedener und glücklicher Konsument.
Der Konsument – aus der Sicht des Unternehmens der Kunde – bestimmt, wann er was, wie, wo einkaufen will. Es geht nicht allein darum, was der Kunde kauft, sondern immer mehr, wie er einkaufen will. Das bestimmt, wo er einkauft. Der Konsument bestimmt die Sortimente, den Service und das Milieu.

Die Erwartungen der Konsumenten sind der Ausgangspunkt jeder Ladenplanung.
Die Erreichung der Konsumenten durch die Erfüllung dieser Erwartungen ist das Mindestziel jeder Ladennutzung und damit auch der Ladenplanung.

Die Erwartungen der Konsumenten prägen den Einzelhandel. Mit der Änderung der Erwartungen muss sich auch der Einzelhandel ändern.
Welche Erwartungen haben die Konsumenten an den „Point of Sale" und wie muss das Unternehmen tätig werden, um diese Erwartungen zu erfüllen?
Die Konsumentensouveränität besteht darin, dass die privaten Haushalte mit ihrer Kaufkraft Trends und Bedürfnisse entwickeln. Diese Bedürfnisse werden als Erwartungen an die Unternehmen herangetragen und dann zu Kaufentscheidungen.
Ein positives Image des Unternehmens beim Konsumenten wird erreicht durch die erkennbare Erfüllung der Konsumentenerwartungen.

Die so entstandene kommunikative Partnerschaft zwischen Konsument und Unternehmen verkürzt den Zeitraum zwischen Sehen und Entscheiden beim Konsumenten und schafft auf Grund der Anregungen für den Konsumenten den Erfolg im Unternehmen.
Dieses Image ist vergleichbar mit dem Ruf nach Qualität und Zuverlässigkeit, der einem Markenartikel vorauseilt. Unternehmen werden durch Zuverlässigkeit und Qualität bei der Erfüllung von Konsumentenerwartungen ebenfalls eine „Marke"!
Das Unternehmen braucht Marktkenntnis, um die Waren und Dienstleistungen bereitzuhalten, die die Konsumenten erwarten.
Die Unternehmen führen eine Marktbeobachtung als Marketingforschung durch. Diese Marketingforschung ermittelt die Kundenerwartung und entwickelt daraus ihre Strategien.
Drei wesentliche Entwicklungen beeinflussen und bestimmen die Erwartungen der Konsumenten und damit die Marketingstrategien der Unternehmen und die Zielsetzungen in der Ladenplanung.
Diese drei Entwicklungen sind zu den wichtigsten Faktoren am Markt geworden, sie verkörpern nicht nur den Zeitgeist im Einzelhandel, sondern bedeuten ständig neue Impulse:
– immer mehr frei verfügbares Einkommen
– immer mehr Freizeit
– ein zunehmendes Bildungsniveau.

Für den Kunden wird die Sortimentsleistung in Warenbildern präsentiert.
Hirmer, München
Planung: Blocher, Blocher und Partner, Stuttgart

Die wesentlichen Entwicklungen im Käufermarkt

Immer mehr frei verfügbares Einkommen

und

immer mehr Freizeit

und

ein zunehmendes Bildungsniveau

fördern

immer neue Erwartungen

und

immer neue Trends in Richtung Selbstverwirklichung

und damit

immer neue und mehr Waren und Dienstleistungen, die sich in der Qualität nach oben angleichen

B Die Partner der Ladenplanung
B 1 Der Konsument und seine Erwartungen

Immer mehr frei verfügbares Einkommen

Neue Erwartungen und neue Einkaufsgewohnheiten entstehen durch das höhere, frei verfügbare Einkommen. Dieses entsteht in vielen Familien durch die berufstätige Ehefrau.
Das bedeutet:
- mehr Geld zum Ausgeben und höhere Ansprüche
- weniger Zeit zum Einkaufen für die arbeitende Frau
- mehr Männer beim Einkaufen.

Hierdurch ändern sich die Einkaufsgewohnheiten und die Einkaufszeiten.

Die nicht berufstätige Ehefrau versorgt im Allgemeinen die Familie mit mehreren Einkäufen in der Woche, obwohl ein Einkauf pro Woche durchführbar und rationeller wäre. Dies geschieht aus dem Bedürfnis nach sozialen Kontakten.

Familien mit berufstätigen Ehefrauen haben rationellere Einkaufsgewohnheiten für die Güter des täglichen Bedarfs:
- Familienmitglieder kaufen teilweise für sich ein
- die Ehefrau kauft am Wochenende mit mindestens einem Familienmitglied ein. Dieses Familienmitglied befriedigt zusätzlich seine Wünsche.

Diese Veränderungen sind von großer Bedeutung, nicht nur im Lebensmittelhandel. Sie bedeuten Änderung in der Warenstruktur und Änderung in der Warenplatzierung, Änderung in der Animation über Warenbilder, Highlights und Inszenierungen.

Für Shopper die aktuelle Wand.
Kober, Mannheim
Planung: Klaus Riesenbeck, Joachim Debschütz, Olaf Jänel
Realisierung: Wilhelm Kreft GmbH, Wedemark

Immer mehr Freizeit

„Noch nie hatten die Deutschen so viel Freizeit für sich selber. Doch nicht jeder weiß sie auch sinnvoll zu nutzen."
(Focus 23/1995)

Mehr verfügbare Freizeit bedeutet wesentlich mehr Zeit zum Einkaufen, das Einkaufen genießen und Shopping machen.
Shopping bedeutet:
- sich zu informieren, Browsing zu machen, die Ware unverbindlich anzuschauen, sie in die Hand zu nehmen, zu probieren – mit fachkompetenter Beratung, alle Waren wieder zurückstellen und ohne Gesichtsverlust den Verkaufsraum verlassen zu können
- sich in einem Milieu aufzuhalten, das neben der technischen Perfektion – dem High Tech – auch High Touch vermitteln kann.

Shopper lieben den Markt mit dem direkten Zugriff.
Kober, Mannheim
Planung: Klaus Riesenbeck, Joachim Debschütz, Kreft-Team
Realisierung: Wilhelm Kreft GmbH, Wedemark

B 1 Der Konsument und seine Erwartungen

Die Kunden wollen den schnellen Zugriff zur Ware.
Highlights: die aktuelle Pop-CD.
Dussmann – das KulturKaufhaus, Berlin
Planung: Wilhelm Kreft, Volker Paulsen, Kreft-Team
Realisierung: Wilhelm Kreft GmbH, Wedemark

Die Kunden brauchen eine gute Übersicht auch über eine geschossverbindende Treppe.
Peterknecht, Erfurt
Planung: Bernd Fischer, Volker Paulsen, Wilhelm Kreft
Realisierung: Wilhelm Kreft GmbH, Wedemark

Hinweise braucht der Kunde.
Highlights: das aktuelle und neue Buch in der Presse.
KulturKaufhaus Dussmann, Berlin
Planung: Wilhelm Kreft, Volker Paulsen, Sylvia Benthin, Klaus Riesenbeck, Kreft-Team
Realisierung: Wilhelm Kreft GmbH, Wedemark

B Die Partner der Ladenplanung

B 1 Der Konsument und seine Erwartungen

Ein Lifestyle-Ambiente für Lifestyleprodukte.
Dorothé, Darmstadt
Planung: Stephanie Reinhard, Weil am Rhein
Realisierung: Ganter GmbH, Waldkirchen
Systeme Vitrashop

Der Point of Sale ist auf Shopping und somit auf Browsing ausgerichtet. Große beeindruckende Bilderwelten leiten den Kunden.
„Emotions", Nürnberg
Planung: Blocher, Blocher und Partner, Stuttgart
Realisierung: Vitrashop GmbH, Weil am Rhein

Eine neue Sinnlichkeit bestimmt Shopping und Browsing
- das Einkaufen bewusst zu genießen, zum Informieren und zum Auswählen
- auch zum Probieren von Speisen und Getränken
- das Entspannen in Verkaufsräumen, die Begegnung in Cafés und Restaurants.

Das Unternehmen muss die Chance „Browsing" durch die Inszenierung des Verkaufsraumes verstehen und nutzen.
Es muss Möglichkeiten finden, den Kunden mit informierenden emotionalen Waren-Inszenierungen zu einem „Flirt" einzuladen.
Shopping ist deshalb ein Bedürfnis, eines der wichtigsten Freizeitbedürfnisse. Es ist sowohl Information, emotionale Unterhaltung und Erlebnis als auch Bedarfsdeckung.
Der Informationshunger und der Hunger nach Erlebnissen wird zum Auslöser. Die ganze Skala der Forderungen spiegelt sich hier wider:
- der Drang zum angenehmeren Leben, einkaufen ohne Stress
- die Übernahme von Verantwortung einerseits und zum Aussteigen andererseits
- der Wunsch nach alternativem Leben
- die Hingabe zur Selbststilisierung und zur Selbstgefälligkeit.

Der Kunde sucht etwas. Was er genau sucht, weiß er nicht. Das Unternehmen muss Anregungen geben können!
Der Wunsch nach sozialen Kontakten und Begegnungen wird beim gemeinsamen Einkaufen gefördert:
- es entsteht ein Browsing-Gefühl
- die Erwartung zu Anregungen, zu etwas Neuem
- die Erwartung an Sonderangeboten, Überraschungen
- die Erwartung emotionaler Erlebnisse, Musik und Tam-Tam
- der Wille, etwas erleben zu wollen.

Ein zunehmendes Bildungsniveau

Das Bildungsniveau der Konsumenten steigt ständig, nicht nur durch mehr Abiturienten und Hochschulabsolventen. Gemeint ist auch das Produktwissen, insbesondere über die Verwendung der Produkte. Jeder Verkäufer, der mit Hobbyisten zu tun hat, weiß, dass das Wissen über Hobbys gelebt und berufsähnlich angewandt wird. Das gilt für Jugendliche und für Senioren, die oft ihr Hobby zum Beruf machen. Das Sammeln wird zum Luxus, zum Hedonismus gemacht, verknüpft mit einem hohen Kenntnisstand, z. B. beim Sammeln von Antiquitäten.
Längst haben viele erkannt: „Du bist, was du kaufst!"

„Noch nie waren die Deutschen so kenntnisreich in den Kochkünsten und so aufgeschlossen gegenüber den Produkten aus aller Welt wie heute."
(Manfred Kohne, Chefredakteur des „Gault Milau"; Focus 50/97)

Immer neue Erwartungen

Die Erwartungen der Konsumenten gehen über die Erwartungen an Waren- und Dienstleistungen bis zur Information über Waren.
Dieses bedeutet in den Unternehmen: Die Ware wird „verarbeitet und angereichert" durch Informationen und Erklärungen zur Nutzung der Ware. Der Konsument kauft die Ware über die Information, wenn er den Nutzen kennt.
Der Erklärwettbewerb der Unternehmen erreicht das Bedürfnis nach Emotionalität, nach Ereignissen, nach Inszenierungen, nach einem Milieu am Point of Sale, nach Erlebnissen.
Die erforderlichen Warenbilder, in denen die Leistungen des Unternehmens für die Konsumenten dargestellt werden zur Befriedigung der Erwartungen, sind Synergieeffekte aus Warennutzen und ihrer geistigen und sozialen Bedeutung für den Konsumenten und damit Ideenträger, die mit Fantasie und Einbildungskraft zum bildhaften Denken in die Realität des Kaufens führen.
Daraus ergibt sich auch aus den Konsumentenerwartungen heraus die notwendige Abstimmung und der Ausgleich dieser Leistungen im Rang.
Die Merchandising-Architektur ist auch aus den Erwartungen der Konsumenten notwendig.
Die Konsumentensouveränität erreichte den Wertewandel und damit den Wandel vom Verkäufermarkt zum Käufermarkt. Schlagworte ent-

standen: „Handel im Wandel", „Handel bedeutet immer Wandel".

Die Erwartungen der Konsumenten werden von den eigenen Zielen und den derzeitigen Trends bestimmt. Diese Ziele und Trends haben sich durch den Wertewandel verlagert.

Der Wertewandel bringt neue Qualitäten, ein neues Denken vom Überfluss und Materialismus zur Individualgesellschaft mit den vielen Möglichkeiten, aber auch den Minimalismus.

Diese Entwicklung begann schon im Protest der Studenten-Demonstrationen der 60er-Jahre, dem Willen zur Zerstörung der alten Ordnung, im Antikonsumdenken, ebenso wie in der Hippie-Bewegung.

Im New Age wird ein neues, besseres Bewusstsein gefordert für die neuen Werte.

Aber auch die Sehnsüchte, die Entfaltung von Wünschen und Tagträumen schafften eine andere, eine neue Sensitivität.

Immer neue Trends in Richtung Selbstverwirklichung

„Wachträume für Trends, die noch nicht da sind."

„Die Menschen wollen nicht mehr Produkte, sondern die geistige Qualität von Produkten, mehr Emotionalität, soziale und geistige Qualitäten", trägt Gerd Gerken vor, „die Realität ist auf dem Wege zur Hyperrealität".

Der Wertewandel brachte in den Hauptströmungen:
- die individuelle Freiheit mit dem Wunsch nach Selbstverwirklichung, „ich will mich durchsetzen!"
- den Wunsch nach dem persönlichen Glück.

Der Wertewandel bringt ständig neue Erwartungen, neue Inszenierungen und Möglichkeiten für Erlebnisse und bewirkt in den Unternehmen:
- die Fließplanung, das Planen in Zeitabschnitten, die ständige Erneuerung durch Ideen
- die Auflösung der strengen Ordnungen im Sortiment, die Veränderung der Warenbilder zum Spiel, zur Inszenierung des Verkaufsraumes
- den Gag vom Augenzwinkern bis zur Ironie
- die Popkultur in den Verkaufsraum als Volkskultur, „der Lebensstil wird immer wieder neu erfunden", laut Gerd Gerken gehört „zur Protzware das Protzdesign und ‚der Stil' wird die Darstellung des Geistes".

Immer mehr Freizeit bedeutet immer mehr reisen. Die Reiseabteilungen werden ausgebaut.
Buchhandlung Konrad Wittwer, Stuttgart
Planung und Realisierung: Wilhelm Kreft GmbH, Wedemark

Ein zunehmendes Bildungsniveau bringt immer mehr Kunden in die Buchhandlungen. Eine neue Zugänglichkeit zu den Büchern ist für neue Kunden erforderlich. Die Neuerscheinungen und die aktuellen Titel sind auf Thementischen sortiert.
Dussmann – das KulturKaufhaus, Berlin
Planung: Wilhelm Kreft, Volker Paulsen, Kreft-Team
Realisierung: Wilhelm Kreft GmbH, Wedemark

B Die Partner der Ladenplanung
B 1 Der Konsument und seine Erwartungen

Zusammenfassend:

Der Wertewandel bringt die Verlagerung der Qualität von der Materie zum Geist, nicht: Je mehr Ware, je mehr Glück, sondern: Persönlichkeit, Freiheit und ein individuelles Glück werden zur Erwartung.

Sich selbst zu stilisieren, wird wichtig. Sich kleiden in der Kultur, der man angehören möchte.

Der Psychologe Prof. Dr. Otto Wilhelm Haseloff zu diesem wichtigen Wandel in den persönlichen Werten und Zielen:

„Bedürfnisse, zu denen nicht nur triebhafte Vitalbedürfnisse und situationsbedingte Antriebe, sondern auch zukunftsbezogenes Streben in Richtung auf Selbstverwirklichung und beispielsweise in Richtung auf Selbststilisierung gehören, transformieren sich zum größten Teil in Ansprüche und Erwartungen an den Konsum."

Siehe das Kapitel:
B 1.1   Die steigenden Bedürfnisse
B 1.2   Die Trends

Immer mehr Waren

Immer mehr neue Waren und Dienstleistungen, die sich in der Qualität nach oben angleichen

Die Produzenten von Waren sind durch den Wettbewerb gezwungen, ständig bessere und teurere Produktionsanlagen auszulasten und dadurch mehr Waren herzustellen.

Die Marketingstrategien der Produzenten gehen von der Marktsättigung aus. Sie produzieren deshalb zunehmend solche Waren, die in der Qualität angehoben sind, oder sie produzieren preiswertere Waren in Mengen, um jeweils neue Nachfragen zu erzeugen.

Dieses führt dazu, dass am Point of Sale die Waren sowohl im Preis als auch in der Qualität und im Design immer mehr nach oben angeglichen werden oder als Massenprodukte ständig sich im Preis reduzieren.

Obwohl Produzenten auch dazu übergehen, Waren für individuelle Angebote in kleinen Stückzahlen für die verschiedenen, sich in den Erwartungen widersprechenden Zielgruppen herzustellen, verlagert sich die Distributionspolitik der Unternehmen von der Ware weg auf die Umgebung der Ware: Inszenierung der Ware mit Warenbildern.

Das Zusammenwirken von mehr frei verfügbarem Einkommen und mehr Freizeit ist bedeutungsvoll, denn es produziert ständig neue Erwartungen und immer mehr Waren.

Mehr verfügbares Geld führt nicht unbedingt dazu, dass mehr gekauft wird – es wird bewusster gekauft, informierter gekauft, Qualität gekauft.

Die Nachfrage nach hochwertigen und exklusiven Produkten steigt überall da überproportional, wo der gemeinsame Einkauf, das gemeinsame Einkaufserlebnis möglich ist und die Waren in einem gut und wirkungsvoll gestalteten Verkaufsraum in interessanten Inszenierungen, in Erlebnisräumen gezeigt werden.

Die Unternehmen erkennen zunehmend die Bedeutung von Wareninszenierungen, die Weiterführung der Verkaufsraumgestaltung in Erlebniswelten, die zu individuellen, unverwechselbaren Darstellungen der Unternehmen führen.

Zum Shopping fahren viele Konsumenten, die potenzielle Käufer sind, viele Kilometer im PKW.

Gute Infrastrukturen werden bevorzugt. Die Einkaufslandschaft verlangt das Vorhandensein von Parkhäusern. Ein guter Branchenmix setzt voraus, dass Cafés, vornehmlich Eiscafés, Restaurants und Schnellimbisse in der Nähe sind. Denn der gemeinsame Einkauf wird mit einer gemeinsamen Erfrischung und sehr oft mit einem gemeinsamen Essen abgeschlossen.

Die Faktoren: Mehr Einkommen, mehr Freizeit, neue Erwartungen und mehr Waren wirken zusammen. Das Einkaufserlebnis wird heute erwartet.

„In der Einkaufsgesellschaft dominiert der Satz, „Ich tue, was mir gefällt!"

Tuen, was einem gefällt, heißt in der Erlebnisgesellschaft, dass die gewünschte innere Wirkung in einem selbst hervorruft. Man betrachtet die Welt als Speisekarte und stellt sich ein optimales Menü zusammen."

(Professor Gerhard Schulz aus dem Vortrag: „Jenseits der Erlebnisgesellschaft")

1.1 Die steigenden Bedürfnisse

Mehr Freizeit, höheres verfügbares Einkommen und ein zunehmendes Bildungsniveau bewirken, dass die Konsumenten immer neue Bedürfnisse in Richtung Selbstverwirklichung entwickeln.

Der amerikanische Sozialforscher und Mitbegründer der transpersonalen Psychologie Abraham H. Maslow entwickelte eine Bedürfnis-Pyramide für fünf Hierarchien. In diese Bedürfnis-Hierarchie sehe ich auch die Bedürfnisse der Konsumenten eingeordnet.

Das Maslow'sche Prinzip habe ich zu Grunde gelegt für eine Pyramide der Konsumenten-Bedürfnisse. Die Gruppenverteilung ordnet die Bedürfnisse der Konsumenten am Point of Sale und bedeutet keine Wertung der Person. Das Einkommen entscheidet nicht mehr allein, sondern auch das Bildungsniveau, über das was die Konsumenten erreichen wollen, welche Anregungen sie zur Selbstverwirklichung erhalten und nutzen.

Wir nehmen alle an dieser Konsumgesellschaft durch unsere Lebensbedürfnisse teil.

Diese Bedürfnis-Hierarchie lässt sich nur in einer Industrie- und Verbrauchergesellschaft anwenden.

Die Bedürfnisse steigen dann in der Hierarchie auf, wenn die Konsumenten durch mehr Bildung mehr Professionalität erreicht haben und durch mehr Einkommen und mehr Freizeit die Möglichkeit zur Erfüllung dieser Bedürfnisse haben.

Die Konsumententypologie
Die Maslowsche Bedürfnis-Hierarchie

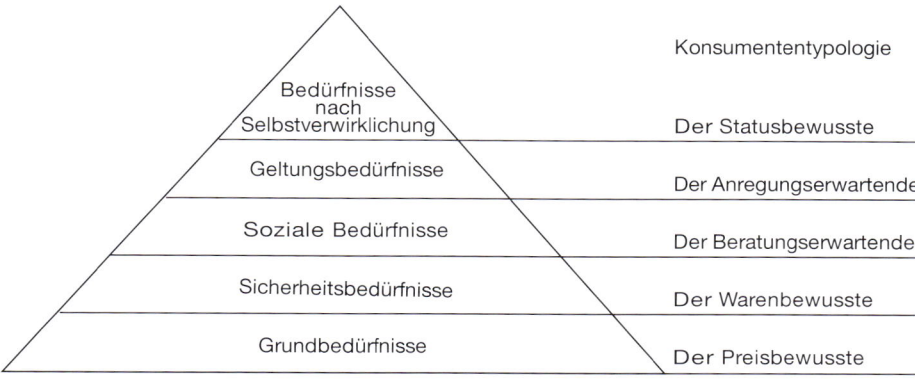

Alte Gemäuer bringen hier die gewünschte Eigenart, die erwartet wird als Bühne für Inszenierungen.
Dettmer & Müller, Celle
Planung: Horst Grehl
Realisierung: Ruppel, Lauda

B   Die Partner der Ladenplanung

B 1   Der Konsument und seine Erwartungen

Die Konsumentenerwartungen der Bedürfnisgruppen

Leistungsbereiche Grundnutzen	Allgemeine Käufererwartungen	Der Preisbewusste	Der Warenbewusste	Der Beratungserwartende	Der Anregungserwartende	Der Statuserwartende
Management	Zuverlässigkeit, gut geführt, immer aktuell	Rationell, beaufsichtigt, sichtbar	Fortschrittlich, lebendig, zeitnah	Leistung spürbar, modern aktuell, Trends erkennbar	Hohe Leistung, Mode bestimmend	Eigenartigkeit, spontane Ideen, dynamische Konzepte
Information	Deutliche Hinweise und Informationen	Klare Hinweise	Informationen über Leistungen	Umfassende Informationen	Deutlich auf Anregungen eingestellt	Status- und lebensstilbildend
Mitarbeiter	Verständnis, betreuend	Organisierte Arbeitsfelder	Fachkompetent	Beratungsgespräch	Überlegene Fachkompetenz	Individuelle Betreuung
Raum	Gute Einbindung, Branchenmix, klare Raumordnung, spürbare Gestaltung, logische Kundenwege durch das Sortiment, Atmosphäre, ein Milieu	Gute Verkehrseinbindung, klare Orientierung, betont einfache Hinweise, Informationen, ordnende Gestaltung	Sichere Parkplätze, Branchenmix, klares Konzept, deutliche Gestaltung, gute Raum- und Sortimentsübersicht, Warenraumbilder „einsetzen"	Gute Geschäftslage, beste Raumausnutzung, erlebnisbetonte Gestaltung, funktionierende Kundenleitwege, durch hohen Anspruch an Waren und Gestaltung in der Verkaufsraumgestaltung	Im anspruchsvollen Umfeld, interessante Lösung, ein gestaltetes Ambiente, Einkaufen ohne Stress, begeisternde Warenraumbilder, Inszenierungen	Stimmungsvolle Inszenierungen mit individueller Prägung, ungewöhnliche Raumnutzung, statusprägende Leistungen deutlich visualisiert
Sortiment	Geordnete Warenplatzierung, Informationen über Waren und Angebote	Preiswerte Waren, deutliche Warenplatzierung	Gute Auswahl, informierende Warenbilder	Fachsortiment, Warenbilder mit hohem Erklärwert	Spezielle Auswahl, Unternehmenstypische Warenbilder	Spitzenprodukte, Lebensstilprägende Warenbilder, Bilderwelten
Einrichtung	Fachkompetenz, warengerecht, ergonomisch, ästhetisch	Nach Branchen geordnet, nützlich, einfaches Design	Branchenkompetenz, ergonomisch, gute Form	Umfassend, Warenordnung erfüllend, Design-Qualität	Branchenspeziell variabel, anspruchsvolles Design	Die besondere Einrichtung, eigener Stil
	Nach Maslow	Grundbedürfnisse	Sicherheitsbedürfnisse	Soziale Bedürfnisse	Geltungsbedürfnisse	Bedürfnisse nach Selbstverwirklichung

Die Bedarfsgruppen-Hierarchie

Die erste und unterste Stufe
Psychologische Grundbedürfnisse:
Zum Hungerstillen, zum Durststillen, sich kleiden, wohnen, sich pflegen, sich informieren.
Konsumententyp: preisbewusst
Schnell und unkompliziert einkaufen können.
Konsumentenerwartungen:
Ein korrektes Angebot, preiswerte Waren im Sortiment und hilfsbereite Mitarbeiter, Informationen und eine Gestaltung mit entsprechenden Hinweisen.

Die zweite Stufe
Sicherheitsbedürfnisse:
Ausbildung, Vorräte sammeln, Vorsorge, Gesundheit, Gebrauchssicherheit der Ware.
Konsumententyp: warenbewusst
Das Suchen nach Qualität und Auswahl, eine kompetente Warenerfahrung wird ständig erweitert.
Konsumentenerwartungen:
Markenprodukte, eine gute Auswahl im Sortiment und Fachkompetenz der Mitarbeiter.
Die Kompetenz, eine ordnende kognitive Gestaltung und eine Kommunikation, die Beachtenswertes deutlich macht.

Die dritte Stufe
Soziale Bedürfnisse:
Beratung, kundenorientiertes Sortiment, besonders für Kinder, behindertengerecht.
Konsumententyp: beratungserwartend
Kontaktbedürfnisse, eine fachkompetente Bedienung und Service sind hier gefragt.
Konsumentenerwartungen:
Eine Erklärbereitschaft, ein Fachsortiment und eine Beratungswilligkeit der Mitarbeiter.
Die Warenbilder, eine spürbare Gestaltung und eine deutliche Leistungsdarstellung in einer Warenraumgestaltung.

Die vierte Stufe
Geltungsbedürfnisse:
Atmosphäre, Anerkennung beim Einkaufen.
Konsumententyp: anregungserwartend
Hier wird Anerkennung erwartet, die persönliche Ansprache durch die Mitarbeiter, Verständnis auch für ausgefallene Wünsche.
Konsumentenerwartungen:
Spitzenprodukte im Sortiment und eine individuelle Betreuung,
die Unternehmensaktivität, ein Design-Kompliment mit emotionalen Höhepunkten, Inszenierungen.

Die fünfte und oberste Stufe
Bedürfnisse nach Selbstverwirklichung:
Erreichung eines neuen Bewusstseins durch die Ware, Lebensstil, Statuswert, Umschulung, auch Hobbys, Sammeln, Bildungsreisen.
Konsumententyp: statusbewusst
Hohe Ansprüche, Produkte mit geistiger und sozialer Qualität.
Konsumentenerwartungen:
Anregungen zur Selbstverwirklichung und Selbststilisierung, eine spezielle Auswahl an Waren, besonders engagierte, kompetente und dialogfreudige Mitarbeiter.
Ein Profil durch eine gestalterische Qualität.
Eine von der Ware und vom Raum ausgehende Inszenierung, ein Erlebnisraum, in dem man sich gern aufhält und verweilt.

B Die Partner der Ladenplanung
B 1 Der Konsument und seine Erwartungen

Der Betriebsberater für Verlage, Ehrhardt Heinold, zu Maslow:

„Nach Maslow muss der Mensch die Stufen der Pyramide der Reihe nach hinter sich bringen, er kann keine Stufe überspringen. Er fällt auf die unterste Stufe zurück, wenn es ihm schlecht geht.

Allerdings darf das Malsow'sche Modell nicht eindimensional gesehen werden. Der Mensch ist ein zu komplexes Wesen, als dass ein so einfaches Modell seine Wirklichkeit widerspiegeln könnte. Vielmehr ist es so, dass der Mensch sich gleichzeitig in mehreren Stufen der Pyramide befindet. Er kann, um mit Maslow zu sprechen, sich der nächst höheren Stufe zuwenden, auch wenn die Bedürfnisse einer Stufe noch nicht hundertprozentig befriedigt sind.

Neue Strömungen der Psychologie betrachten das Maslow'sche Modell wegen seiner Einfachheit mit Skepsis. Wenn man den Menschen als ganzheitliches Wesen nicht aus dem Blick verliert, bietet die Pyramide für den betrieblichen Alltag dennoch hervorragende Ansatzpunkte."

Die Maslow'sche Bedürfnis-Hierarchie lässt sich auch zur Zielgruppenfindung, zur Findung von Konsumententypen benutzen, die Brigitte-Typologie 1986, punktspezifische Typologie.
Der allgemeine Anstieg des Bedarfs bedeutet, dass der Trend bei normaler Wirtschaftsentwicklung im Anspruch ständig steigt. Hierauf haben sich die Unternehmen mit ihrem Marketingkonzept und damit mit der Ladenplanung einzustellen.
Nach der Maslow'schen Pyramide können die Bedürfnisse des Konsumenten in mehreren Stufen gleichzeitig angesiedelt sein beim Kauf eines Artikels.
Ein Beispiel: Ein Kunde kauft einen Pullover
– er erfüllt damit ein Grundbedürfnis, weil er nicht frieren möchte
– fordert er bewusst eine gute Faserqualität, so erreicht er damit das Sicherheitsbedürfnis
– mit der Auswahl von Farbe und Design befriedigt er das soziale Bedürfnis und das Geltungsbedürfnis
– beim Einkauf erwartet er Beratung und Anregung zum Kombinieren mit Hemd, Bluse, Krawatte, Tuch
– indem er eine besondere Marke kauft (der Pullover trägt das Zeichen einer Premiummarke) in der Absicht, einen Lebensstil zu erreichen, wird ein Statuskauf vorgenommen. So trägt der Pullover durch die Selbststilisierung zur Selbstverwirklichung bei.

Vielfältig und recht unterschiedlich nutzen die Konsumenten ihre Möglichkeiten. Sie können Porsche-Fahrer sein, billig Lebensmittel bei einem Discounter einkaufen, danach im Luxus-Restaurant speisen. Viele Kunden gehören immer mehr gleichzeitig mehreren Bedürfnisgruppen an. Sie sind als vagabundierende Kaufkraft von der Marketingforschung in den Unternehmen schwer zu veranlagen.
Prof. Haseloff erzählte mir von einer empirischen Erhebung über Raucher im Auftrage einer Zigaretten-Firma, die eine neue Zigaretten-Sorte auf dem Markt einführte.
Auffallend war die Mehrzahl der Raucher, die zu 90 % eine Marke bevorzugen, 10 % fallen in der Regel auf drei weitere Marken, die zwischendurch wechselnd gekauft und geraucht werden.
– 1 ist die bevorzugte Marke
– 2, 3 und 4 die zwischendurch wechselnd gekauften Marken
– mit 5 tritt eine neue Marke auf, die in der Geschmacksrichtung des Rauchers liegt.

Die Auswahlkette während der Prüfung der neuen Marke läuft wie folgt:
1, 1, 5, 5, 1, 2, 5, 3, 4, 1, 5, 1, 1, 1.
Die Angst etwas zu verpassen, die ständige Suche nach etwas Neuem, nach Information und Geltungsbewusstsein lässt auch den Raucher nicht ruhen, der sich für eine Marke entschieden hat, aber die Mehrheit bleibt „ihrer Marke" treu.
Die Konsumenten verhalten sich individuell. Ihr vielschichtiges Verhalten setzt eine breite Information voraus. Das bedeutet, sie besuchen gezielt verschiedene Geschäfte. Eine Chance für viele Unternehmen „entdeckt" zu werden.
Die verschiedenen Konsumententypen entstehen durch die Selbstentfaltung mit ganz individueller Prägung. Die Konsumenten stellen neben der Er-

Konsumententypen und Zielgruppen nach der Bedarfsgruppen-Hierarchie für Erstanlauf-Sortimente

- Wasser- und Seifentyp
- Mindestpflegetyp
- Hautproblemtyp
- Kosmetikfan
- Aufgeschlossener Kosmetiktyp

(aus „Brigitte" 1986)

wartung nach Waren und Produkten auch die Erwartung nach Erlebnissen, nach einer aktuellen Ästhetik, nach Sinnesbefriedigung.

Trotz all der Wünsche und Sehnsüchte der Konsumenten nach neuen Wareninhalten sind die Ansprüche an die Gestaltung des Verkaufsraumes stärker gestiegen als die Ansprüche an das Sortiment.

Der Selbstverwirklichungsanspruch der Konsumenten muss eine Antwort finden durch einen Selbstverwirklichungs- und Selbststilisierungsanspruch der Unternehmen.

Der Rang, die Bedürfnisstufe, die der Konsument anstrebt, entspricht dem Rang, den der Kunde in seinem bevorzugten Unternehmen erwartet.

1.2 Die Trends

Wer ein Einzelhandelsunternehmen betreibt oder einen Verkaufsraum plant, sollte wissen, wie Trends entstehen und wie schnell sich Trends ändern können.

Unternehmen, die Trends rechtzeitig spüren oder gar auslösen können, haben einen überproportionalen Erfolg am Markt.

Die trendorientierte Sortimentstrategie und die Trend bestätigenden Inszenierungen sind das Thema jeder Ladenplanung, weil sie den alltäglichen Erfolg beeinflussen.

Es gibt immer mehrere Trends gleichzeitig, nicht alle sind für alle wichtig. Den Megatrends kann sich aber niemand entziehen. Das ist zum Beispiel:
- die Gesundheit
- der Rückzug in das eigene Heim (Cocooning)
- Kontakte zu anderen Menschen.

Zusammen bilden sie die Einheit aus Körper, Geist und Seele, in der Menschen geboren werden, leben und lieben. Diese Trends zusammen sind ganzheitlich, allumfassend. Diese Megatrends tragen deshalb viele verschiedene Trends in sich. Viele Trends sind besonders erfolgreich, wenn sie sich in mehreren Megatrends befinden.

Der Körper: Die Vernunft zählt. Alles, was dem Körper gut tut, ist vernünftig.

Der Geist: Das Orten des anderen Menschen, die Begegnung, die Geselligkeit, das Gefühl nicht allein zu sein, gesellschaftliche Kontakte zu pflegen, Schiffe, die sich lautlos in der Nacht begegnen, Entdeckung der Liebe, der sozialen Kontakte, der Kommunikation.

Die Seele: Das Zurückziehen in die eigene Seele, das Gefühl angekommen zu sein, das Heim als sichere Burg, Cocooning, Lifestile, Emotionen, Kraft für das neue Abenteuer und Begegnung.

Kaufauslösend ist die Gesamtheit aller Einflüsse, die das Verhalten der Konsumenten am Point of Sale bestimmen:
- *persönliche:*
sozial, kulturell, psychologisch
- *warengebundene:*
Auswahl, Qualität, Verpackung, Platzierung, Warenbild, Kundenleitweg, Beratung, Erklärung
- *umfeldgebundene:*
Warenraumgestaltung, Design, emotionales Erleben, Image, Profil und Bedeutung des Unternehmens
- *situative:*
Gelegenheit, Wetter, Jahreszeit, genügend Zeit zum Einkaufen, politische Lage, Überraschungen
- *Trend bestätigende, trendauslösende:*
aktuell, status- und lebensstilbetont, selbstentfaltend, selbstverwirklichend und selbststilisierend im Sinne der Erreichung einer neuen Bedürfnisstufe.

Die Beachtung der Trends ist im Sortiment wichtig. Die Trend-Themen müssen im Sortiment sichtbar werden durch Trend-Warenbilder und durch bedeutungsvolle Trend-Inszenierungen und Events.

Die wichtigen Trends geordnet nach der Maslow'schen Bedürfnis-Hierarchie:

Grundbedürfnisse

Essen, trinken, sich kleiden und sich pflegen. Die Grundauffassung eines rationalen, bequemen Lebens mit einem preiswerten Konsum.
Trends:
- preiswert einkaufen
- Sonderangebote
- Gelegenheiten, Schnäppchen-Jagd.

Sicherheitsbedürfnisse

Markenprodukte, Qualität, Information durch Einkaufen in konkurrierenden Unternehmen.

B Die Partner der Ladenplanung
B 1 Der Konsument und seine Erwartungen

Trends:
- die Gesundheitswelle: gesunde Kost, eigener Bio-Garten, gesunde Kleidung, die natürliche Lebensauffassung

„Länger jung bleiben – Wir stellen die biologischen Grenzen zwischen den Altersstufen infrage und ziehen die Linie neu, die die Jugend vom reifen Alter trennt."
(Faith Popcon 1986)

„Eine ganze Generation wird wieder zu einem großen, übermütigen Kind."
(Faith Popcorn 1991)

„Möglichst lange leben – tu das Richtige und du wirst niemals sterben müssen."
(Faith Popcorn)

- mehr Sport treiben: Bewegung, wandern, Rad fahren, reiten, segeln
- die Umwelt: die Auseinandersetzung mit der Umwelt, der Natur, saubere Luft, Energie sparen.

Der Trend „Umwelt" hat sich zu einem starken Trend entwickelt und darüber hinaus entwickelt er sich für immer mehr Menschen zu einer Grundsatz-Philosophie für das Dasein und bestimmt das Leben, die Lebensqualität und den Lebensstil.
Die „Umwelt" als Faktor wirkt auch direkt in die Ladenplanung hinein: Materialverbrauch, Entsorgung, Recycling.
Siehe das Kapitel:
E 8   Das Gestaltungsmittel: Material
dort unter:
E 8.01 Die ökologische Verantwortung

Soziale Bedürfnisse
Bekanntschaften pflegen, Vereine, persönliche Kontakte.
Trends:
- das Demokratieverständnis: verbunden mit einem Sozialbewusstsein zum Mithelfen

„Der wehrhafte Verbraucher – Wir sind total sauer und werden das Zeug nicht mehr kaufen!"
(Faith Popcorn)

- das Heimatbewusstsein, die Beachtung der Regionalität, Heimatgeschichte, sammeln
- die Sammelleidenschaft: Antiquitäten, Kunst, Briefmarken, Münzen, auch Kontakte mit anderen Sammlern
- das Bildungsbewusstsein: Sprachen lernen, sich weiterbilden und umschulen
- das Freiheitsbewusstsein: eine tief sitzende, überzeugende Liberalität, leben und leben lassen, Anerkenntnis der anders Denkenden
- die Androgynität: die Aufhebung der Klischee-Vorstellungen von Mann und Frau in den vorgezeichneten Rollen.

Das wirkt sich im Handel so aus, dass viele Kleidungsstücke und Parfüms, die früher stark geteilt waren in feminin und maskulin, heute einheitlich sind: gleiche Produkte für Damen und Herren. Dieser Trend, der fortschreitet, hat große Konsequenzen auf die Warenplatzierung:
- der Gegentrend zur Androgynität: Stärkere Akzentuierung des Femininen und Maskulinen ist immer vorhanden
- die Geselligkeit: Freundschaften, Kommunikation, soziale Kontakte, der Bedarf nach Gesellschaftsspielen für Erwachsene steigt.

Das bedeutet Aktivität, der ständige Frühling, der frische Wind im Sortiment.
Die frei verfügbaren Haushaltseinkommen fließen immer zu den aktiven Unternehmungen, die am Trend agieren, wie z. B. durch die Leistungsbereiche Freizeit, Sport, Entertainment, die der Handel wieder für sich aktivieren muss. Der Einzelhandel braucht eine Faszinationskraft, die trendbewusst agiert und die Uniformität des Handels überwinden kann.
Die Erlebnisansprüche der Konsumenten werden in den Verkaufsräumen zu Inszenierungen. Sie übernehmen die Trends und bringen sie sicher und überzeugend zum Konsumenten, weil sie gleichzeitig die Erlebnis- und die Informationsansprüche befriedigen! Nur das Unternehmen wird Beachtung am Markt finden und erforderliche Gewinne für sich erzielen, das den Wunsch der Konsumenten nach Emotionalisierung und Faszination beim Kunden erfüllt. Der Konsument erwartet dies auch zur Befriedigung seiner Trendbedürfnisse.
Der „Popcorn-Report – Trends für die Zukunft" von der sozialen Wirtschaftsphilosophin Faith

Popcorn war, als er am Ende der 80er-Jahre erschien, eine Revolution.

Sie hat die gesamte Trendphilosophie neu definiert. Kein Trendforscher kommt an Faith Popcorn vorbei. Leider wird sie zu wenig zitiert, obwohl ihre Gedanken erkennbar sind. Faith Popcorn schuf den Begriff „Cocooning". Cocooning bedeutet: der Rückzug ins eigene Heim, das Heim als Ort der Einkehr und Verbarrikadierung.

„Heute spinnen wir uns in einen Kokon ein, um zu überleben."
(Faith Popcorn, 1991)

„Wir tauchen ab, wir vergraben uns, wir verstecken uns unter den Decken...wir sind zu Hause."
(Faith Popcorn 1986)

Aber gleichzeitig steckt im Cocooning auch der Wille zur Entdeckung, zum Abenteuer, zum Beutemachen und der Wunsch, diese Beute sicher nach Hause in den Kokon zu bringen.

„Entführt mich in ein anderes Leben. Aber holt mich zum Abendessen zurück."
(Faith Popcorn)

„Rollen- und Fantasyspiele sind immer mehr im Trend – Beleg dafür: Der fast sensationell anmutende Erfolg des strategischen Kartenspiels MAGIC, das in Deutschland immer mehr Anhänger findet."
(Uwe Pauli, BuchMarkt 2/98)

- die Mobilität: Reisen, auch Städtereisen zum Shopping, Bildungsreisen, Möbel in Baukastenform – geeigneter für Umzüge, neue Kontakte, man ist nicht nur an einen Ort gebunden, der Tagestourismus für Kurzreisen gewinnt an Bedeutung
- Technik: Faszination für Fortschritt, für High Tech, Computer, Stereoanlagen, Auto, Motorrad
- Abenteuerlust: Erlebnishunger
- der Bedarf an Information: Radio, Fernsehen, Video, Warenbilder, Erlebnisse beim Shopping.

Geltungsbedürfnisse

Wertzuwachs, Cocooning, Demonstration des Erreichten, geistig integer, selbstbewusst

Trends:
- Ästhetik: ein starkes Bewusstsein für die Ästhetik im Alltag, für die gute Form, für Design, Möbel, verbunden mit einem stärkeren Interesse für Kunst, Ausstellungen, für Belletristik, Musik, Theater und Musizieren
- Kreativität: etwas selbst machen, do-it-yourself, basteln, malen, handwerken
- Sammeln als Wertanlage, als Bereicherung und als Selbstdarstellung
- Romantikwelle: die die Anstrengungen am Arbeitsplatz vergessen lassen soll. High Touch besteht neben High Tech, Fantasie, Science-Fiction ist das Gegengewicht zur EDV, zu den hoch technisierten Arbeitsplätzen

Obst und Gemüse. Die natürliche gesunde Ernährung liegt im Trend. Hier kauft das Auge: Nur das große frische Angebot überzeugt.
Edeka – H. W. Paschmann KG., Mühlheim/Ruhr
Planung: Gabriele Masur, Karl-Heinz Wardenbach, Storebest-Team
Realisierung: Storebest, Lübeck

B Die Partner der Ladenplanung

B 1 Der Konsument und seine Erwartungen

Luxus muss sein, Naschen muss sein.
Confiserie Leysieffer, im Hotel Adlon, Berlin
Planung: Leysieffer, Osnabrück

– Wertebewusstsein: der Trend zum Teuren wie zum Billigen, alles über den Wert erfassen, Geld- und Ausgabebewusstsein, das zwischen ganz billig und ganz teuer hin- und herschwenken kann
– das „Neue Zeitalter", auch bezeichnet als „New-Age", der spirituelle Materialismus: Das Bewusstsein für die Jetztzeit ist nicht nur auf die Junioren begrenzt. Viele Menschen finden diese Zeit heute gut, sind einverstanden, sind glücklich, leben in dieser Zeit mit durchaus kritischen Stellungnahmen zu den Zeitfragen. Das genaue Spektrum von der Selbstverliebtheit über eine neue Menschlichkeit bis zum „spirituellen Materialismus" steckt in der individuellen Prägung des New-Age.

Bedürfnisse zur Selbstverwirklichung

Leistungsstreben und Hedonismus. Die Ware über den Grundnutzen hinaus genießen, Cocooning-Bewusstsein.
Schon mehr als ein Trend:
– das Ich-Bewusstsein, gepaart mit dem Statusbewusstsein, der Lebensstil, die Bedeutung von Beruf und Leben, gut essen, gut gekleidet sein, ein Rechtsbewusstsein zu haben, sich auch als Single behaupten zu können und es aus Überzeugung zu wollen.

„Kleine Genüsse – Und wir haben sie, weiß Gott, verdient."
(Faith Popcorn)

„Aussteigen – Haltet die 90er an, ich will aussteigen."
(Faith Popcorn)

– das Private, der Rückzug ins eigene Heim, das Leben in der Familie spielt eine zunehmende Rolle als Kontrast zu Fernreisen und Hektik im Alltag, das ausgeprägte Cocooning-Bewusstsein
– Lebensfreude, frohe Farben, Mode, gepflegt sein, gut gekleidet sein, gut eingerichtet sein

„99 Leben auf einmal – du musst so schnell laufen, wie du nur kannst, um dort zu bleiben, wo du bist. Wenn du woanders hin möchtest, musst du mindestens doppelt so schnell laufen!" sagte die Königin"
(Alice im Wunderland)

– Meditation, die eigenen Kräfte steigern, sich selbst finden, etwas für sich entdecken, sich einem Lebensstil verschreiben und daran wachsen
– das Religionsbewusstsein: Interesse an fremden Religionen, an Esoterik, Transzendenz, Auseinandersetzung mit dem Tod.

Der Selbstverwirklichungswille ist der Hauptmotor für fast alle und für Trends.
Die ganze Skala der Selbstverwirklichung zeigt die Sehnsüchte, die durch Bildung, mehr Freizeit und mehr frei verfügbares Einkommen zu individuellen Forderungen, zu Sehnsüchten, zu Trendauslösern werden und nach Erfüllung drängen.
Alle diese Trends werden mehr oder weniger zu Lebensinhalten. Besonders groß ist der Bedarf, wenn sich mehrere Trends koppeln, wie beispielsweise bei Bildungsreisen.
Vielen Menschen fehlen heute die lebensbestimmenden Herausforderungen, die Bewährung im Beruf. Alles ist vorgeplant, bereits festgelegt. Das trägt dazu bei, dass der Konsument Selbstver-

wirklichung, Individualität in einem anderen Bereich, wie in seinem Hobby, sucht.
Der Entscheidungswille zeigt sich im Konsumverhalten.
Kaufen ist Erfüllung.

Wellness, ein Trend bestimmt einen Konsumententyp.

Wellness, der starke Trend aus den USA, der zu einer neuen Lebenseinstellung wurde, wird noch bedeutungsvoller für ständig neue Konsumenten. Wellness liegt voll auf der Selbstverwirklichungs-Linie. Wellness charakterisiert sich durch:
- rationales und Vernunft-Denken gilt nicht mehr als alleinige Orientierung
- der Gefühlsmensch tritt stärker hervor, Emotionalität wird erwartet, mit allen Sinnen erfolgt die Orientierung, visuell, auch akustisch visuell – Gefühl wird nicht mehr verschwiegen
- die Orientierung erfolgt überwiegend visuell, aufgeschlossen für visuelle Darstellungen, Warenbilder, bildliches und szenisches Gestalten
- positiv, aufgeschlossen, lebensbejahend, Aktivität als Lebensstil – lifestyle-bewusst
- ein Genussmensch, bewusst und gekonnt genießen, auf Prestige bedacht, eitel, Status und Anerkennung suchend, Softnomics werden angestrebt
- human, tolerant – eher liberal
- Umweltbewusstsein in einem verantwortungsvollen Leben muss kein Verzicht auf ein angenehmes Leben bedeuten.

„Wellness bedeutet eine Wertehaltung, die zwischen der Ausrichtung auf materielle und nicht materielle Zielsetzung hin und her pendelt."
(Der GfK-Analytiker Hans-Jürgen Anders)

„Der wahre Luxus muss grün durchwirkt sein."
(Bolke Behrens)

Eskapismus ein Trend

Alle Trends werden durch die Aktivität „eilt" oder „bei Gelegenheit" bestimmt:
- Bedarfsdeckung zum geplanten Zeitpunkt
- Shopping als Freizeitvergnügen – Anreger für Bedarf werden auch Auslöser für Impuls-Konsum für Gelegenheiten und Überraschungen.

Fluchtkonsum gewinnt an Bedeutung: Wichtiger werden alle Einkäufe, die Ersatzbefriedigung sind, der Konsum derjenigen Produkte, die vitale Befriedigung versprechen.

Nicht nur Alkohol, Süßwaren, Gewürze, auch elektronische Medien und sicher auch Bücher und modische Kleidung können ein „Ausgleich" für Frustration, für Lebensbenachteiligung, für Stimmungstief und Depressionen aller Art sein.

Die typischen, für den Einzelhandel wichtigen Formen des Fluchtkonsums sind nach Prof. Dr. Otto Wilhelm Haseloff:
- „der Ferntourismus und die ‚Hau-ab-Reise' mit der immanenten Aufwertung des Alltags. Gesundheits-, Fitness- und Hobbyreisen mit ihren oft unrealistisch übersteigerten Nutzungserwartungen
- die verstärkte Nachfrage nach Automobilen (als Fluchtmittel und als Spielzeug für Erwachsene)
- der Konsum alkoholischer Getränke (der Rausch und Alltagsenthebung vermittelt)
- Viel-Essen, Süß-Essen – Essen als Trost

Immer mehr Freizeit, Trend-Sport und Gesundheit führen zu immer mehr Nachfrage nach Sportartikeln und Sportkleidung.
Neue Verkaufsräume für Sportwaren entstehen, bestehende werden ausgebaut.
Karstadt Göttingen
Planung: Karstadt, Essen
Realisierung: Dula

B Die Partner der Ladenplanung

B 1 Der Konsument und seine Erwartungen

Das Verhalten der Verbraucher: Ursachen und Konsequenzen

Einflussfaktoren	Beobachtbare Änderung	Einfluss auf Kaufprozesse
Bevölkerungsentwicklung	– abnehmende Bevölkerung/Wandel in der Altersstruktur/Zunahme kleinerer Haushalte	– verstärkte Nachfrage nach neuen Produkten/Dienstleistungen – Seniorenmarkt gewinnt an Bedeutung
Einkommen/Vermögen	– steigendes Bildungsniveau – Zunahme der Konsumerfahrung	– konsumkritischeres Verhalten der Konsumenten (Einkaufsprofi) – verstärkte Nachfrage nach neutralen Informationen (Produktnachrichten) – generell zunehmende Informationsnachfrage auf Grund Informationsparadoxon: Konsument hat mehr Infos denn je (Medienfülle) und dennoch Info-Bedarf wie nie zuvor (Produktivität, kritische Einstellung) – verstärkte Preisvergleiche bei unauffälligen Produkten – abnehmende Bindungsbereitschaft (Kunde wandert zwischen Produkten, Marken und Geschäften)
Wertewandel Rückgang traditioneller Werte	– Arbeit nicht mehr im Mittelpunkt – Betonung von Unabhängigkeit, Individualität, Spontanität	– Abnahme von Produkt-, Marken- und Geschäftstreue – Suche nach individuellen Produkten – Schnellere Test-Akzeptanz neuer Produkte/Betriebstypen
Aufkommen eines Wertepluralismus	– ausgeprägte Meinungsvielfalt zu allen aktuellen Fragen	– stark voneinander abweichende Verbraucherwünsche – stark differenzierte Kundenansprüche an Geschäftstypen und Waren
Freizeitorientierung	– Zeitparadoxon: obwohl Konsument mehr Zeit denn je hat, sucht er Zeitersparnis bei Routineangelegenheiten – Convenience-Orientierung	– Routinekäufe müssen schnell und bequem abzuwickeln sein – Nachfrage nach Produkten mit hohem Convenience-Potential (Schnellgerichte…) – Nutzung convenience-orientierter Betriebstypen (one-stop-shopping, Heimlieferer)
Erlebnisorientierung	– Suche nach Spannungs- und Erlebnisfeldern – Realisierung des jeweils nächsthöheren Lebensstandardniveaus durch Lifestyle	– Kauf von hochwertigen Produkten in erlebnisorientiertem Ambiente (High Touch) – Suche nach Produkten/Dienstleistungen, die Erlebnisfelder erschließen – Konsum als Lifestyle (neueste Mode, exotischste Früchte)
Trend zur Selbstverwirklichung	– Anstreben von Selbstverwirklichung in allen Lebensbereichen	– Suche nach individuellen Produkten (maßgeschneidert) – Partizipation an Hersteller- und Handelspolitik – Demonstration von Lebensstil durch Konsum (exklusive Produkte, sozial auffällige Produkte: Individualität braucht die Masse) – Nutzung von Konsumgütern als Bausteine des Lebensgefühls
Gesundheits- und Umweltbewusstsein	– Verbraucher wollen wissen, welche Auswirkungen ihr Verhalten auf sie selbst und die Umwelt hat	– Bevorzugung umweltverträglicher Produkte/natürlicher Produkte – Interesse an der Zusammensetzung der Produkte – Suche nach Fitnessprodukten

Quelle: Gruber, Titze & Partner

– der Konsum von Herren-Magazinen, Frauenzeitschriften und der Erzeugnisse der Yellow-Press (als emotionale und erotische Ersatzbefriedigung)
– die ‚süchtige' Verwendung der Angebote der Unterhaltungselektronik, insbesondere in Gestalt ordinär-infantiler Komik oder sexualisierter Musik-Ekstatik, aber auch Filme oder Fernsehsendungen, die unter dem Namen ‚Action-Film' Gewalttätigkeit aller Art präsentieren
– die gewohnheitsmäßige Benutzung von Tranquilizern und anxiolytischen Medikamenten
– nostalgische Angebote, die rückwärts gewandte Sehnsüchte illusionär befriedigen.

Aufgabe einer wirksamen Warenpräsentation wird es sein, auch die Möglichkeiten der im Produkt und seiner Aufbietung liegenden Ersatzbefriedigung und Ersatzhandlungen wirksam, jedoch ohne Verletzung des Selbstbildes des Konsumenten zu verdeutlichen."

Unternehmen im Trend

Die Marketingforschung verliert mit herkömmlichen Methoden den Überblick und spricht von chaotischen Verhältnissen, von vagabundierender Kaufkraft und vom unberechenbaren Käufer. Unternehmen bekommen die Möglichkeit, die Trends frühzeitig zu erkennen und in ihrem Sinn zu nutzen.

Es heißt nicht mehr: „die Großen schlagen die Kleinen, sondern die Schnellen die Langsamen!"

Dass dieses so ist, drückt die Unternehmen in die Entscheidung: ebenfalls Trend zu werden oder mindestens im Trend zu liegen. Das bedeutet, einen Unternehmens-Überbau zu schaffen für viele Trends, die Möglichkeiten für unterscheidende Trend-Milieus zu schaffen, die dem demokratischen Anspruch mündiger Konsumenten entsprechen: unter den verschiedenen sich widersprechenden Trends auswählen zu können. Damit wird der notwendige Überbau ein strategischer Überbau mit klarer Zielsetzung. Es geht nicht nur darum, im Zeitgeist die Trends zu finden, sondern im Trend den Überbau zu erfinden: vom Marketingkonzept zur Unternehmensidentität durch eine zielgerichtete Trend-Strategie.

Erfinden ist Strategie!

Gestaltete, erfundene, erlebnisorientierte Inszenierungen in Verkaufsräumen, die besondere Milieus und besondere Stimmungen wiedergeben, die Stimmungen, die den Waren eines Sortimentsbereichs innewohnen, sind Situationen mit Waren und Warenträgern in Raumbereichen, die vom Konsumenten empfangen werden und subjektive Prozesse auslösen, die für die Konsumenten zu Erlebnissen werden. Damit wird die Grundlage für im Trend liegende Wareninszenierungen geschaffen.

„,Erlebe dein Leben' – gewinnt an Bedeutung vor ,nutze dein Leben', es begeistert das Erlebnisfähige, nicht das Brauchbare."

(Dr. Erich Küthe)

Deshalb wird die Inszenierung immer mehr gefordert: das Erlebnisdesign als Marketingstrategie. Die Erlebniswelt Browsing wird zur emotionalen Konsumentenerwartung zum erwarteten HighTouch als wichtiger Ausgleich zum High Tech. Erlebnisräume werden als Milieus erfunden und gelebt, um dauernde positive Erlebnisse für Konsumenten und Mitarbeiter zu erreichen. Der Markt ist da, aber er erfordert ein aktives Handeln in Richtung Eigenart und oft auch Eigensinn im Erfinden der Leistungen zur Identität. Die Inszenierung ist das neue Bewusstsein, die neue Strategie im Verkaufsraum. Die neue Strategie verbindet Information und Emotionalität.

Die Unternehmen müssen selbst Trend werden, wenn sie im Trend liegen wollen:
- durch eine Trendbörse für aktuelle Trends
- man muss sich über Trends und Trendwaren im Unternehmen informieren können
- Sympathie erreichen durch das Verständnis der Trends und durch die fachkompetente Behandlung der Trends bei Einbeziehung der Mitarbeiter
- Inszenierungen bringen mehr Warenkontakte. Viele individuelle Leistungen des Unternehmens wirken in der Inszenierung mit.

Für die Konsumenten liegt das Unternehmen im Trend, wenn die Trends erkennbar werden, die der Konsument zur Selbstverwirklichung braucht. Dann steigt der Wert des Unternehmens im Bewusstsein der Kunden. Das Unternehmen wird Marke.

„Es ist chic hier zu kaufen. Hier liegt man im Trend, ich zeige gern, dass ich hier kaufe, denn ich will auch im Trend liegen."

1.3 Die Zielgruppen

„Konsumenten können machen, was sie wollen: In irgendeine Schublade passen sie immer, ob es ihnen passt oder nicht."

(Horst Novak „König Kunde" in einem Spezial der Süddeutschen Zeitung 10/1998)

Zielgruppen bedeuten Marktsegmentierung für einen Konsumentenkreis, an den marketingpolitisch besondere Leistungen gerichtet werden. Hier gilt, je spezieller, je exklusiver die Erwartungen sind, desto kleiner ist die Zielgruppe und desto präziser muss diese in ihren Wünschen defi-

Mode-Damenoberbekleidung, alles kundenzugänglich.
Kaufhaus der Sinne, Ludwig Beck am Rathauseck, München
Planung: Inna Dobiasch, München

niert werden. Zielgruppe ist die spezielle Konsumentengruppe, die mit der exakt an diese Gruppe gerichteten Leistung angesprochen werden soll.

Alle Zielgruppenerkenntnisse, Erfahrungen und Auswertungen sind nur dann erfolgreich, wenn sie über das Marketingkonzept die Ladenplanung mitbestimmen können.

Das Zielgruppenmarketing unterscheidet sich nach der Zielgruppenfindung.

Die soziodemografischen Merkmale:
Alter, Bildung, Geschlecht, Beruf, Einkommen, Familie, soziale Schichtung, Lebenszyklus.

Die bedürfnisorientierten Merkmale:
Die Zielgruppenfindung braucht eine ständige Pflege, weil die Segmentierung der Waren Probleme dadurch aufwerfen kann, dass Warengruppen entfallen können.

Die konsumorientierten Merkmale:
Spezielles Kaufverhalten, Wertung von Sitzplätzen, Wartebereichen, die Bedeutung von Service-Leistungen, Reparaturdienste, spezielle Sortimentsteile wie für Jäger, Sammler, Sportler, Bastler.

Die designorientierten Merkmale:
Die Distribution verlagert sich immer mehr von der Ware auf die Umgebung der Ware und damit auf die Erscheinungsform des Verkaufsraumes insgesamt. Warenbilder, Warenraumgestaltung, Inszenierungen werden erwartet.

Die psychologischen Merkmale:
Alle persönlichen soziologischen Merkmale, Lebensstil, Selbstverwirklichung, Status.

Die ständige Angleichung der Zielgruppen an den Trend, die die Zielgruppe erfassen oder von ihr ausgehen, sind wichtig. Beobachtung und Variabilität in der Anpassung der Waren sowie der Gestaltung sind erforderlich geworden. Zielgruppenspezifische Sortimentsauswahl und Warenplatzierung brauchen eine genaue Beobachtung und Betreuung. Veränderungen dürfen nicht zur Zielgruppenfalle führen, zum Ausbleiben der Zielgruppe, deshalb muss man bei aller Spezialisierung kommunikationsfördernde Übergänge zu anderen Zielgruppen schaffen!

Sekundärmerkmale zur Zielgruppenfindung sind amtliche Statistiken, Datenbanken und die Fachliteratur, insbesondere über Hochrechnungen, demografische Aufzeichnungen über Veränderungen in der Bevölkerung, angewandt auf die Region im Einzugsgebiet des Unternehmens.

Hochrechnungen haben nichts mit Wahrsagerei zu tun. Sie erforschen die Veränderungen der demografischen und der soziökologischen Verhältnisse in der Bevölkerung. Für die Entwicklung der Konsumentenschichten gibt es Berechnungen, die weitgehend als zuverlässig angesehen werden können.

Die Entwicklung der Bevölkerung über Geburts- und Sterbequoten lässt sich exakt veranlagen. Aber auch die Einkommensentwicklung, die Kaufkraftentwicklung und damit das Käuferverhalten allgemein.

Viele Unternehmen stellen über die Hochrechnung die Entwicklung ihrer Stadt, ihres Einkaufszentrums, ihrer Einkaufsstraße fest und ziehen daraus entscheidende Anregungen und Pflichten für ihre Marketingstrategie und für den Marketingzeitplan, die notwendige Investition zur richtigen Zeit ebenso wie die Laufzeit der Investition. Sie erkennen dadurch rechtzeitig die Erfordernisse einer Erneuerung oder Teilerneuerung ihres Verkaufsraumes.

1.4 Die Senioren

Die Senioren sind in ihrer Anzahl zunehmend. Für die Unternehmen, in denen ihre Bedeutung bekannt ist, sind sie „Traum-Kunden". Sie bringen alle wichtigen Eigenschaften eines Konsumenten mit:

– sie haben die Bildung und die Zeit, um Konsum genießen zu können
– sie sind informiert und kritisch
– sie haben genügend Zeit, den Verkaufsraum zu „testen" und ihn voll zu nutzen
– sie sind „angekommen" und sie genießen es
– sie können sich fast alle Wünsche erfüllen. Sie haben Geld zum Ausgeben.

Eigentlich sind Senioren keine besondere Zielgruppe oder sind sie es doch?

Das muss jedes Unternehmen für sich entscheiden.

Über Senioren wird derzeit viel geschrieben. Eine Marktanalyse der Münchener Unternehmensberatung Dr. Schiffner & Partner fällt besonders auf. Hier spricht man von Nachkarrieristen, von 6 Millionen Personen zwischen 55 und 64 Jahren, die oft vorzeitig aus dem Berufsleben ausgeschieden sind. Diese Senioren setzen sich nicht zur Ruhe, sondern sie suchen neue Betätigungsfelder. Dieser „neuen Generation" ist ein materiell sorgloser Übergang in den Lebensabend ermöglicht. Freizeit und Sport sind für diese Menschen ebenso wichtig wie Gesundheit und Abwechslung. Sie nehmen aktiv am Leben teil.

Die „jugendlichen Sechziger" bevorzugen exklusive Markenartikel in Sport, Freizeit, Gesundheit und gesundheitsbewusste Ernährung, Reisen, kollektive Erholung. Der Lebensstil ist konsumfreudig mit vielerlei Interessen und von dem Wunsch beseelt, das Leben frei von Mühsal zu genießen. Allerdings wollen die jugendlichen Sechziger, auch wenn sie ihr Alter durchaus selbstbewusst akzeptieren, nicht von „Seniorenprodukten" und von „Seniorenprogrammen" angesprochen werden.

„Zwar möchten die Oldies, dass auf ihre Wünsche eingegangen wird – aber als Zielgruppe „Senioren" wollen sie nicht eingestuft werden." (Buchmarkt 10/95)

Ulrike Kok, Geschäftsführerin im Kölner Buchhaus Gonski sieht daher in der Errichtung einer Seniorenecke den falschen Ansatz:

Die älteren Kunden dürfen auf keinen Fall den Eindruck kriegen, dass sie als alt und gebrechlich angesehen werden."

(Buchmarkt 10/95)

Die Unternehmen brauchen eine Checkliste zur Überprüfung Ihrer „Seniorentauglichkeit" für ein Seniorenkonzept. Wichtig sind Übersichtlichkeit und Warenpräsentation, denn man muss bedenken, dass das Sehen schwerer fällt, insofern die Beschriftung größer sein, eine richtige Lichtsteuerung existieren oder sogar die Möglichkeit bestehen muss, eine Brille zu leihen. Auch muss bedacht werden, dass die Hörleistung nachlässt, sodass sich hier der Verkäufer im Verkaufsgespräch mit der Lautstärke auf besondere Weise auf seinen Kunden einstellen muss. Gefahrenquellen wie Treppen, Podeste und Stufen müssen altengerecht angelegt sein, Aufzüge sind willkommen. Ausreichend Sitzmöglichkeiten sollten im Laden vorhanden sein und besondere Serviceleistungen vom Unternehmen angeboten werden, wie Espresso, Kaffee und Tee.

„Wer an der hohen Kaufkraft eines Teils der älteren Mitbürger profitieren möchte, darf es beim Seniorenmarketing nicht bei Lippenbekenntnissen lassen."

„Nur wer die älteren Menschen mit all ihren Schwächen als Individuen akzeptiert, kann in diesem Markt erfolgreich sein."

(BBE-Cheftelegramm Nr. 699 / 1. Juni 1995)

1.5 Die Hobbyisten

Jedes Einzelhandelsunternehmen kann glücklich sein, wenn es einen Bereich Hobby im Sortiment hat. Sollte noch kein besonderer Bereich Hobby bestehen, dann bitte prüfen.

Selbst die Fleischerei braucht ihr Angebot für den Hobbykoch. Hier muss man Anregungen geben können für den Berufstätigen, der am Wochenende Hobbykoch wird und interessante neue Rezepte braucht.

Nach einer Woche Kantinenessen will er am Wochenende nicht ins Restaurant. Eine Gruppe trifft sich jedes Wochenende in einer anderen Küche und kocht, brutzelt, probiert Weine und hat Spaß am Zubereiten eines Mahls mit sieben Gängen, hergestellt von sieben Köchen. Natürlich liegt der besondere Reiz für die Crew im Herstellen. Man trinkt, man unterhält sich dabei, entwickelt eine Aktivität. Kreativität strömt. Satt wird man schon beim Probieren.

Hobby, das ist das Leben jenseits des Berufs. Das ist Selbstverwirklichung, hier kann man sich austoben, hier ist man ganz obenauf und fachkompetent. Die Hobbys werden für viele als Ausgleich zum Berufsstress zum zweiten Beruf.

Der Bergsteiger braucht alles an Gerät, an Kleidung, an Büchern und Karten. Da kennt er jemanden in einer Buchhandlung, einen Bergsteiger, der Bücher verkauft, und er fährt in die übernächste Stadt, um sich Rat und Bücher zu holen.

Ein Hobbyist ist Sammler. Er braucht einfach alles. Jedes Buch, ganz gleich, ob englisch, italienisch, französisch oder japanisch. Ganz gleich, ob er das lesen kann oder nicht. Die Abbildungen sind interessant und wichtig. Zu jeder Messe muss der Waffensammler. Jede Ausstellung muss er besuchen.

Hobby ist emotionaler Bedarf. Deshalb wird die Zahl der Hobbyisten immer größer und damit auch die Zahl derer, die Fachkompetenz in Fachgeschäften suchen. Ein Fachgeschäft mit einem Hobbybereich braucht kompetente Mitarbeiter, die sich selbst verwirklichen im eigenen Hobby-Sortiment.

Wichtig ist für die Sortimentsstrategie eines Unternehmens, dass dort, wo ein Hobbybereich in das Sortiment aufgenommen wurde, die Sortimentsqualität allgemein steigt.

Die Sortimentsordnung wird verbessert, die Sortimentsplatzierungen, Kundenleitwege, die Warenbilder werden deutlicher, denn die Erwartungen und Anregungen, die Hobbyisten benötigen, kennt man genau.

Die Hobby-Abteilung braucht ihre eigene Inszenierung. Das Erlebnis, das ganz besonders dem Hobby-Sortiment innewohnt, muss deutlich werden, damit die Hobby-Begeisterung noch steigt, sich festigt und neue Kunden über das Hobby gewonnen werden.

1.6 Die jungen Erwachsenen 15–25 Jahre

„Die Entwicklung hat natürlich auch Konsequenzen für den Handel. Auch er muss sich darauf einstellen, dass man die jungen Kunden in immer früheren Jahren immer ernster nehmen muss. Was heute die Altersbegrenzung zwischen Kindern und Jugendlichen betrifft, so sprechen wir als Jugendforscher von Kindern heute nur noch bis etwa 9/10 Jahren. Ab ca. 10 Jahre beginnt aber schon eine Art Grauzone in der Entwicklung hin zum Jugendlichen. Der Jugendliche fängt bei uns spätestens ab 12 Jahre an, und „Jugend" findet – überspitzt gesagt – dann eigentlich nur noch zwischen 12 und 15 Jahren statt. Ab 16 Jahren setzt bereits eine intensive Orientierung in Richtung junger Erwachsener ein, und spätestens ab 18 Jahre haben wir es mit sehr selbstbewussten Erwachsenen zu tun."
(Brigitte Melzer-Lena, Stores & Shops)

Jedes Jahr kommen 6 bis 8 % neue Kunden in den Markt durch heranwachsende Jugendliche; Jugendliche mit ihrem ersten selbst verdienten Geld, über das sie frei verfügen können. Es sind die Fünfzehn- bis Fünfundzwanzigjährigen.

Der hier oft zitierte bekannte Psychologe und Konsumforscher Prof. Dr. Otto-Wilhelm Haseloff prägte für diese Gruppe den Begriff „Neophile". Er will damit gleichzeitig den Einzelhandel aufrütteln, der bis auf wenige Ausnahmen diese neu in den Markt tretenden Konsumenten fast unbeachtet lässt.

80 % aller Schallplatten und 40 % der Damenmode werden laut Prof. Haseloff von Neophilen gekauft.

Die Unternehmen haben hier noch Aufgaben und das gilt nicht nur für Schallplatten und Mode. Diese jungen Erwachsenen haben ein weites Bedarfsspektrum
– Beruf
– Beginn der Partnerschaft
– Eintauchen in die Politik
– Auseinandersetzung mit der Familie
– allgemeine Wissbegierigkeit
– Lernhilfen und Umschulung.

Man muss die Welt dieser Neophilen verstehen. Man muss ihre Sprache sprechen.

Es gibt starke Gruppenkontakte. Es gibt Trends zu ganz bestimmten Einzelhandelsgeschäften, die dann vom Kundenansturm erfasst werden, wenn sie richtig liegen und diese Zielgruppe verstehen, was sich nicht nur in der Ware, sondern auch in der Gestaltung, im ganzen Ambiente und in der Behandlung ausdrücken muss.

Diese jungen Erwachsenen haben eine eigene Meinung, mit der sie nicht zurückhalten. Sie wollen anerkannt sein und beachtet und das ist auch

B 1   Der Konsument und seine Erwartungen

Gentner im Biegel, Backnang
Planung: Rottmann GmbH,
Weil am Rhein
Realisation: Ganter, Waldkirch
　　　　　　Systeme Vitrashop

Wiese, Detmold
Architekt: Dirk Seyfert
Realisation: Dula

Geretschläger, Bad Leonfelden/A
Architekt: Erich Hoesle
Realisierung: Umdasch

45

eine Frage der Warenraumgestaltung, der entgegengebrachten Sympathie – sie nur zu akzeptieren, ist zu wenig.

Diese jungen Menschen sind nicht nur kritisch, sie haben ihre eigenen Wertvorstellungen mit einem hohen Anspruch an Design und sie kennen sich im Allgemeinen sehr gut aus.

Diese jungen Menschen gehen im Alltag sehr viel sicherer mit Farben, Design und Ästhetik um, als das ältere Erwachsene tun. Sie übertragen deshalb diesen Anspruch auch auf den Point of Sale. Sie wollen hier verstanden werden. Sie brauchen ihre Farben, ihren Glitzer, ihre Nuancierungen, von raffinierten Pastellfarben bis hin zum grell krassen Shocking.

Die Neophilen unterscheiden sich untereinander in verschiedenen Gruppen, die bei Spezialisierung zu neuen Zielgruppen werden: z. B.
– Leder- und Motorrad-Fan
– Jeans-Fan, auch der, der evtl. bis zum violetten Hemd, das Haar passend zum Hemd färbt
– die Lauten mit Transistor-Radio
– die Leisen mit Walkman.

Auch hier gilt: die Steigerung des Anspruches. Das Geld, das verdiente, wird nicht gespart. An die Lebensversicherung wird nicht gedacht. Man will reisen, gut gekleidet sein, im eigenen Stil, den man sich in verschiedenen Geschäften, manchmal auch in verschiedenen Städten, gekonnt zusammenkombiniert, sodass auch kein noch so guter Freund in der Lage ist, nur annähernd ähnlich gekleidet zu sein – Uniformität wird zunehmend abgelehnt.

Viele dieser Neophilen werden in ihren Zielgruppen Meinungsführer, einfach überproportional geschätzt, sie werden Nachfrageführer und bestimmen, wo man kauft – und das ist immer da, wo man akzeptiert wird.

Man spürt an der Gestaltung, am Ambiente, besonders an den Mitarbeitern, dass man verstanden wird und dass das Verstehen nicht gespielt ist.

Prof. Dr. Otto-Wilhelm Haseloff:

„Auch ökonomisch zunehmend bedeutsam wird das Bedürfnis nach Selbstausdruck. Ein neues Interesse an Eleganz und Mode – bei der Jugend avantgardistisch angedeutet bereits durch die Bewegung der Popper – gewinnt laufend an Bedeutung. Mode wird damit auch für diejenigen Frauen wieder wichtig, die sich an eine legersaloppe Tracht gewöhnt hatten.

Die Befriedigung der Bedürfnisse nach Selbstausdruck wird nicht nur durch Kleidung und Hüte, Haartracht und Kosmetik, sondern auch durch Bodybuilding und Aerobic befriedigt.

Ebenso wichtig sind die expressiven Funktionen von Kraftwagen, Wohnungseinrichtungen, Tapeten und Bodenbelägen, von Kunstgegenständen und Antiquitäten. Authentische Expressivität und Individualisierung aber werden vom Nachfrager durchaus auch in der konsumptiv vermittelten Gestaltung alltäglicher und familiärer kommunikativer Situationen gesucht und zunehmend gefunden."

1.7 Die Jugendlichen 10–15 Jahre

Diese Gruppe der Jugendlichen von 10 bis etwa an die 15 Jahren, bis man eine Lehre beginnt, ist vom Einzelhandel am wenigsten erkannt. Hier dreht sich alles um die Schule, Freizeit und Hobbys.

Den Teenagern und Twens steht immer mehr Taschengeld zur Verfügung, auch schon mal in den Ferien selbst verdientes Geld.

Die Erkenntnis von Erwachsenen, den Einkauf die Teenager oder Twens selbst bestimmen zu lassen, gewinnt an Bedeutung.

Aber die, die das Geld haben, bestimmen noch gern und noch oft, wenn sie gemeinsam mit den Jugendlichen einkaufen und diese beraten.

Gerade die Schule, die beginnende Ernsthaftigkeit der Hobbys und die Bestätigung im Sport sind Ansatzpunkte, die im Warenangebot mehr berücksichtigt werden als in der Gestaltung der Verkaufsräume.

Insbesondere die EDV profitiert von der zunehmenden Bedeutung der jugendlichen Konsumenten. Für diese ist nicht nur der eigene PC wichtig, sondern auch das neueste Computerspiel.

Es wird Zeit, dass das Management in den Unternehmen diese Zielgruppe entdeckt und dies im Marketingkonzept berücksichtigt. Allein das Zusammenziehen in Abteilungsbereiche „Kinder

B 1 Der Konsument und seine Erwartungen

und Jugendliche" – so heißt es meistens im Wortgebrauch, selten „Jugendliche und Kinder" – macht deutlich, was hier zu tun ist.

1.8 Die Kinder
5–10 Jahre

„Wer Kinder lieb hat, kann ein bisschen zaubern."
 (Otfried Preußler)

Nicht nur für die Jugendlichen, auch für die Kinder existiert die Welt am PC. Oft wird schon im frühen Kindesalter der Umgang mit dem PC verstanden. Die Kinder werten den Verkaufsraum nach der Zugänglichkeit zum PC.

„Wer Kinder am PC fesseln will, muss sich einiges einfallen lassen."
 (Barbara Landeck, Buchreport Nr. 20)

Erwachsene, die mit Kindern umgehen wollen, tragen Verantwortung. Wie eine neue Studie über Fernsehwerbung für Kinder festgestellt hat, „die Kleinen glauben alles blind."

„Schlechte Nachrichten für Eltern, deren Kinder ohnehin schon zu lange vor der „Glotze" sitzen. Seit Werbestrategen die Jüngsten als besonders attraktive Zieltruppe entdeckt haben, nimmt mit dem Programmangebot auch das Reklame-Trommelfeuer ständig zu."
 (Hannoversche Allgemeine Zeitung,
 16. 3. 1995)

Im Gegensatz zu den Jugendlichen sind die Kinder sehr gut berücksichtigt im Einzelhandel. Die Inszenierung und das Milieu stimmen oft besser als bei den Erwachsenen.
Mit sehr viel Liebe und kreativem Aufwand wird hier die Verkaufsraumgestaltung zur Inszenierung, sodass auch viele Erwachsene gern diese Kinderabteilungen besuchen als emotionalen Höhepunkt des Verkaufsraumes. Sicherlich ist das so gedacht, weil fast alles, was hier gekauft wird, von Erwachsenen gekauft und bezahlt wird.
Es ist so, dass die Erwachsenen von den Kindern in die Kinderabteilungen hineingezogen werden. Wo die guten Kinderabteilungen sind, das spricht sich in der Schule schnell herum.

Gentner im Biegel, Backnang
Planung: Rottmann GmbH,
Weil am Rhein
Realisation: Ganter, Waldkirch
 Systeme Vitrashop

Buchhandlung für Buchhändler,
Wedemark
Design: Kreft GmbH, Wedemark

B Die Partner der Ladenplanung

B 1 Der Konsument und seine Erwartungen

Zum ersten Mal am Steuer;
Kinder beschäftigen ist wichtig!

Das Boot EL 218 wartet auf Kinder.
Buchhandlung Lothar Gnoth, Mühlheim
Planung: Klaus Riesenbeck, Wilhelm
Kreft, Kreft-Team
Realisierung: Wilhelm Kreft GmbH,
Wedemark

Gute Kinderabteilungen sind kein Kindergarten, keine Walt-Disney- oder Asterix-Figurensammlungen und ebenso keine Plüschtierlandschaft. Nichts gegen Plüschtiere, so etwas kann herumstehen für die ganz Kleinen.

Was wollen die Kinder?
Kinder möchten ihren eigenen Bereich haben. Kinder möchten nicht Erwachsene vertreiben müssen. Erwachsene sind so kompliziert und oft muffelig. Kinder wollen ihren Bereich, ihre Welt möglichst störungsfrei, ohne Erwachsene. Wenn Erwachsene mit anderen Kindern kommen, sind sie natürlich akzeptiert.
Kinder wollen eine Fantasiewelt, eine andere Akzeptanz, eine Kinderlandschaft, einen Kinderverkaufsraum, der zweifelsfrei nur für sie gemacht wurde. Rot oder Gelb macht es nicht allein – auch die Formen und die Ergonomie müssen stimmen. Die Beleuchtung muss was vom Zirkus oder Jahrmarkt haben, ein Volksfest, richtig „poppig" und fetzig, etwas Musikberieselung für Kinder. Damit kann man auch Erwachsene fern halten.

B 1 Der Konsument und seine Erwartungen

Kleine Kinder brauchen interessante Spielmöbel, die die Fantasie der Kleinen anregen. Spielmöbel, die Namen tragen, die Kinder behalten können. Kinder wollen sitzen können auf Kinderstühlen, denn sie haben meistens einen langen Fußmarsch hinter sich und sind schon durch mehrere Kaufhäuser gegangen. Da, wo ein Erwachsener einen Schritt macht, machen Kinder zwei. Sie sind praktisch die gleiche Strecke mit dem doppelten Aufwand gelaufen.

Wenn Kinder dann endlich sitzen, möchten sie ein Eis oder etwas zu trinken. Kinder haben immer Durst und immer Hunger auf Eis. Dieses geht nun in den meisten Einzelhandelsunternehmen nicht, es sei denn, es ist eine Cafeteria vorhanden – aber die ist ja in der Hauptsache auch nur für die Erwachsenen da.

Eisgeklecker auf der Ware – das geht nicht. Zum richtigen Wohlfühlen gehört nun mal das Kleckern. Da sich diese Kinderwelt so nicht durchführen lässt, verstehen Kinder, dass man sie mit anderen Attraktionen begeistern will.

Kinder wollen hören und sehen. Wenn Kinder auf Erwachsene warten müssen, hören sie gern Mär-

Baby Walz, Nürnberg
Planung: Schweitzer Projekt AG,
Naturns, Südtirol

Die Rakete ist gelandet.
Librairie Ernster Luxemburg
Idee: Wolfgang Jeske, Hannover
Realisierung: Wilhelm Kreft GmbH,
Wedemark

B Die Partner der Ladenplanung

B 1 Der Konsument und seine Erwartungen

Gentner im Biegel, Backnang
Planung: Rottmann GmbH, Weil am Rhein
Realisation: Ganter, Waldkirch
            Systeme Vitrashop

Bücher für das Kind.
Athesia-Buch, Brixen, Südtirol/I
Idee: Wolfgang Jeske, Hannover
Realisierung: Wilhelm Kreft GmbH, Wedemark

„Der Boxring", ein Laufstall mit luftgepolsterter Turnmatte
Möhler-Apotheke, Igersheim
Design: Klaus Bürger, Krefeld
In der großräumigen Möhler-Apotheke in Igersheim sollten auch die jüngsten Kunden nicht vergessen werden.
Für sie wurde deshalb ein „Boxring" geschaffen, in welchem sie auf der extradicken Turnmatte ungefährdet toben, spielen oder auch Bilderbücher ansehen können. Neben den Kindern sind auch die Mütter (Väter, Omas,...) dankbar für dieses Angebot, denn damit wird ihnen ermöglicht, endlich einmal stressfrei die nötigen Beratungsgespräche in Anspruch nehmen zu können.

Bentalls, Bristol/GB
Planer: Ulrike Dinand
        Friedrich Wilhelm Schaper
Realisierung: Dula

chen oder Musik über Kopfhörer. Das ist viel interessanter als eine Video-Übertragung per Bildschirm, denn dort gibt es nur ein Programm und immer nur für ein Alter. Das müssen dann alle sehen.

Vor etwa 30 Jahren entstanden schon viele Kinderabteilungen. Hier wurde ein Zielgruppen-Marketing verwirklicht mit ersten Inszenierungen und Erlebnisbereichen.

Ambiente und Erlebnis begann in diesen Abteilungen. Hier wollte man über den Kauf hinaus Kinder begeistern, sie beschäftigen und man hat das Richtige getan.

Man hat einen Warenbereich für Kinder geschaffen. Sehr oft war das natürlich die Aufwertung der hintersten Verkaufsflächen, weit weg vom Eingang.

Die ersten Versuche waren noch Kindergärten mit Kaufmöglichkeiten. Kinder zu verwahren und sie zu interessieren, war die Aufgabe. Wer die Eltern schätzt, der musste die Kinder lieben.

Autos, Feuerwehrautos, Eisenbahnen, Raupen, Indianerzelte, Segelboote, später wurden es auch Flugzeuge, Hubschrauber und Raketen, jederzeit bereit, in den Weltraum zu starten: Kinder werden hier zu Konsumenten, auch das sind wichtige Lernvorgänge.

Die Welt der Kinder widerzuspiegeln, betreuend, kindgemäß, ohne erzieherisch zu sein, bedeutet: nicht für kleine Erwachsene, sondern für Kinder zu planen.

Für die Leitsystemplanung und für die Warenraumgestaltung ist das oft eine Aufwertung hinterer Flächen, durch die Bewusstmachung eines interessanten Bereichs und damit Bestimmung eines Endpunktes, eines Drehbereichs, der durch den Verkaufsraum „leuchtet".

Gestalterisch zu spielen, frei von Formzwängen, etwas Neues zu entwickeln, etwas Neues, das Kinder entdecken und Erwachsene motivieren kann, ist die Aufgabe. Die Inszenierung für Kinder ist die Lösung.

Wichtig für die Planung: das Kind ernst nehmen wie den erwachsenen Konsumenten.

Buchhandlung Franz-Mehring-Haus, Leipzig
Planung und Realisierung: Wilhelm Kreft GmbH, Wedemark

B   Die Partner der Ladenplanung

B2   Das Unternehmen und seine Zukunft

Planen bedeutet: Gedanken auf die Zukunft richten!

Immer bleibt die Zukunft Wagnis!

Ladenplanung bedeutet: die Auseinandersetzung mit der Zukunft des Unternehmens für den geplanten Investitionszeitraum, denn im Einzelhandel ist der Verkaufsraum die Primärstation, in der Existenz und Erfolg des Unternehmens erarbeitet, in der Planung schon vorbestimmt werden.

Bei allem Denken, Arbeiten und Planen – für die Zukunft darf die Gegenwart nicht vergessen werden! In der Bewältigung der Gegenwart steckt die Planung und die Investition für die Zukunft.

Die Ladenplanung ist für das Unternehmen das wichtigste Instrument, die eigenen Leistungen und damit die Unterscheidungen zu den Mitbewerbern sichtbar zu machen.

Die Unternehmen brauchen eine schöpferische Vorstellungskraft, Visionen für die Zukunft.

Jede Maßnahme muss dem Ansehen des Unternehmens nützen und den Wert des Unternehmens steigern!

Unternehmen müssen in der Lage sein, im Sinne der Marktführung zu denken und zu handeln, wenn sie diese Marktführung erreichen oder verteidigen wollen.

Die Möglichkeiten und Leistungen für den Kunden und damit der Unternehmensprofilierung müssen erkannt, manifestiert und verfolgt werden. Das gilt auch für die Berufung des Managements, für die Bereitstellung der Zeit, die für die Ladenplanung benötigt wird, und für die Berufung des geeigneten Innenarchitekten.

Das Ziel, welches das Unternehmen erreichen will, muss klar definiert werden.

„Wer nur die Rivalität als Performance versteht kann die Zukunft nicht managen."

(Gerd Gerken, Mensch und Büro 6/93)

Siehe das Kapitel:
B 2.2   Das Marketingkonzept

Leistungen und Wirtschaftlichkeit

Zur Orientierung des Unternehmens rückt immer mehr die Leistung des Unternehmens für den Kunden in den Vordergrund:

– Welche Vorteile bietet die Investition den Konsumenten?
– Wie wird dem Konsumenten der Vorteil deutlich?

Reimaging ist das Zauberwort aus dem Amerikanischen. Es bedeutet für die Unternehmen das ständige, nie abreißende Bemühen, die Leistungen zu verbessern mit der besonderen Herausstellung des Nutzens für den Kunden zur ständigen Verbesserung des Images. Reimaging ist die Initiative des Unternehmens, den Mitbewerber durch die ständige Arbeit am eigenen Image zu überflügeln.

Wolfgang Meves (in dem von ihm gefundenen Meves-System – EKS):

„Je mehr ein Unternehmen an seinen eigenen Gewinn denkt, desto mehr stößt es alle anderen ab, je mehr es jedoch an deren Nutzen denkt, desto stärker zieht es sie an."

Die Humanisierung und die Anerkennung des Konsumenten durch die Erfüllung seiner Erwartungen als Leistung und Profilierung des Unternehmens ist eine wichtige Voraussetzung für den Erfolg und damit für die Wirtschaftlichkeit der Investition.

Aber auch die vom Kunden honorierte Investition muss sich „rechnen lassen" – der Verkaufsraum muss einen Ertrag erwirtschaften.

Der Wirtschaftlichkeitsrechnung stehen der Aufwand und der Ertrag gegenüber:

Der Aufwand:
– der einmalige Aufwand der Investition
– der ständige Aufwand zur Pflege, Erhaltung und Reparatur
– die Nutzungsdauer (Store-Erosion).

Der Ertrag:
– der Mehrertrag bzw. Gesamtertrag, den der Verkaufsraum bewirkt.

Die Wirtschaftlichkeitsrechnung ist nicht einfach:
– Die Investition lässt sich einigermaßen ermitteln, ebenso der Pflege- und Reparaturaufwand.
– Die Nutzungsdauer lässt sich an Erfahrungen rechnen, bleibt aber vor Überraschungen und neuen Zielsetzungen, neuartigen Produkten und Einkaufsgewohnheiten nicht verschont.

Store-Erosion fasst alle Faktoren der physischen Abnutzung und der psychischen Veralterung zusammen:

– Die Ertragsrechnung birgt Probleme und damit erhebliche Unsicherheitsfaktoren. Die größere Sicherheit bieten Ertragsrechnungen durch branchenkundige Betriebsberater.

Im Einzelhandel hat sich auch der Zyklus der Verkaufsrauminvestition wesentlich geändert. Es ist bekannt, dass der Umsatzmehrerlös, wie er noch vor 10 Jahren bestand, heute nicht mehr erreicht wird. Es muss aber ständig investiert und erneuert werden, da sonst im Zuge des stärkeren Wettbewerbs Umsatzeinbußen zu verzeichnen sein werden. Es ergeben sich folgende Zyklen für die Fachgeschäfte des Einzelhandels:

10 Jahre für Grundinvestitionen, an die sehr wesentliche Anforderungen gestellt werden, schon in Hinblick auf eine lange Lebensdauer. Ein Großteil erneuert erst alle 15–20 Jahre, ein kleiner Teil mit dem Generationswechsel. Dieses veränderte Investitionsverhalten führt dazu, dass alle 5 Jahre kleinere Investitionen vorgenommen werden, eine Abteilung, Tische oder Präsentationsregale, Farben, Bodenbeläge, Beleuchtung werden general überholt. Ein Großteil der Investoren sorgt alle zwei Jahre erfolgreich mit Lifestyling für eine Veränderung des Bildes, z. B. durch optische Eindrücke im Verkaufsraum, Auswechseln der Beleuchtung, Farbe und Displays.

Das Unternehmen trifft die Entscheidung zur Investition breit und tief angelegt, begründet in der Erkenntnis des Unternehmensauftrages und der Unternehmensziele, Leistungen für Konsumenten in einem ganz bestimmten, vorgezeichneten Rang, an einem vorbestimmten Standort, in einer ebenso vorbestimmten Größenordnung durchzuführen.

Es sichert seine Bereitschaft zur Investition ab durch den ständigen Nachweis der Notwendigkeit am Markt und durch die Aufgabe, das humane Leistungsprinzip für Konsumenten und Mitarbeiter zu vollbringen.

Das Unternehmen muss deutlich machen können, dass es nach wirtschaftlichen Prinzipien geführt wird, auf der Basis einer Marktfähigkeit.

Dazu gehört auch das Gesetz des Marktes, das richtige Abwägen und Auspendeln zwischen Aufwendung und Preis. Daraus ergibt sich zweifelsohne der Zwang zum Umsatz, zum Erfolg, zum Gewinn, zum Überlebenwollen.

Die Ladenplanung ist als Investitionsplanung durch die Aufrechnung von Aufwand und Erfolgserwartung abgesichert. Jede Investition muss betriebswirtschaftlich begründet und verantwortbar sein.

Der Betriebsberater Johannes Immken:

„Was die Investition kosten darf: Die Frage nach den Kosten steht im Vordergrund der Zielsetzungen und Funktionen einer geplanten Investition. Dies ist jedoch nach meiner Auffassung nicht die wichtigste Frage. Die wichtigste Frage lautet vielmehr: „Was wird es bringen?"

„Alle Betriebsberater wollen Kosten sparen, damit werden alle Unternehmen gleich. Leistung, die profiliert, ist wichtiger zur Rentabilität des Unternehmens."

(Professor Rupert Ley, Econ Verlag: „Philosophie der Unternehmen")

Der Erfolg einer Investition ist wichtiger als die damit verbundenen Kosten. Die Kosten müssen der Erfolgseffizienz angeglichen werden. Dies be-

Die wirkungsvolle Nachfrage nach Waren schafft Arbeitsplätze, Gewinn und wieder neue Nachfrage

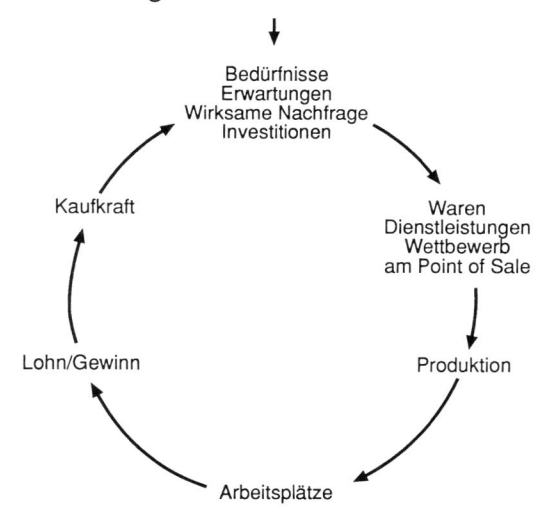

Bedürfnisse
Erwartungen
Wirksame Nachfrage
Investitionen

→ Waren
Dienstleistungen
Wettbewerb
am Point of Sale

→ Produktion

→ Arbeitsplätze

→ Lohn/Gewinn

→ Kaufkraft

Die wirksame Nachfrage bringt den Wettbewerb der Waren
Die Waren brauchen die Produktion
Die Produktion schafft Arbeitsplätze
Die Arbeitsplätze bringen Lohn, Einkommen, Gewinn
Der Gewinn schafft Kaufkraft
Die Kaufkraft erreicht die wirkungsvolle Nachfrage

deutet, dass am Anfang einer jeden Investition eine gründliche Analyse über die Erfolgsaussichten stehen muss. Darauf kann dann die Ertragsplanung fußen.

„Nicht der Preis der Investition, sondern der Erfolg der Investition entscheidet!"

Aus „Der Einzelhandelsberater" 1/91:
Der Fiskus trägt die Kosten mit.
„Ein Ladenumbau ist oft aufwendig und teuer. Durch geschickte Abschreibung oder Aktivierung sollten Sie den Fiskus an den Kosten beteiligen.
Bei Umbaumaßnahmen in ihrem Ladenlokal sollten Sie den Fiskus so weit wie möglich an den entstehenden Kosten beteiligen, indem Sie Ihre Abschreibungs- und Aktivierungswahlrechte voll ausschöpfen. Dazu einige Tips:
– Schreiben Sie noch nicht voll abgeschriebene Gebäudeteile, die Sie durch neue ersetzt haben, einzeln wegen außergewöhnlicher technischer oder wirtschaftlicher Abnutzung auf null ab. Voraussetzung hierfür ist allerdings, dass es sich um selbständig nutzbare Wirtschaftsgüter, zum Beispiel eine komplette Ladeneinrichtung, handelt
– Teilen Sie die Baumaßnahmen in Herstellungs- und Erhaltungsmaßnahmen auf und ziehen sie den Erhaltungsaufwand sofort als Betriebsausgabe ab.
– Schreiben Sie einzelne bewegliche Wirtschaftsgüter, die nicht in engem Funktionszusammenhang mit dem Gebäude, Gebäudeteilen oder der Ladeneinrichtung stehen, gesondert ab. Entweder als geringwertige Wirtschaftsgüter im Jahr der Anschaffung oder verteilt auf die voraussichtliche Nutzungsdauer.

Beispiele hierfür: nicht fest mit dem Gebäude verbundene Regale oder Warengondeln.
Praktische Konsequenz: Die meist hohen Kosten für einen Ladenumbau können durch Ausschöpfen von Abschreibungs- und Aktivierungsrechten zum Teil abgewälzt werden. Es lohnt sich deshalb zu prüfen, inwieweit der Fiskus an der Investition beteiligt werden kann."

„Noch stehen Einzelhändler scharenweise mit dem Unternehmens-Controlling auf Kriegsfuß, weil sich Kompetenz, Freundlichkeit oder pfiffiges Merchandising eben nicht in Zahlenkolonnen widerspiegeln lassen. Jetzt kontern die Erbsenzähler von einst mit verlockenden Friedensangeboten."
(Christoph Schlautmann, Handelsjourna 8/98)

„Das Controlling ist bei uns nicht mehr der Polizist, sondern der Anwalt des Kunden."
(Handelsjournal 8/98, S. 11)

Bitte beachten! Das Steuerrecht kann sich ändern, deshalb vorher beim Fiskus nachfragen, besser noch beim Steuerberater!

2.1 Die Unternehmensphilosophie

„In den Wurzeln liegt des Stammes Kraft und nicht in den Zweigen."
(Volksweisheit)

„Die Unternehmensphilosophie umfasst alle von der Unternehmensführung gewünschten und angestrebten Zielvorstellungen und Unternehmensgrundsätze für die Entwicklung und für das Auftreten eines Unternehmens. Nur insofern sich eine Unternehmensphilosophie tatsächlich auch im Verhalten, Erscheinungsbild und in der Kommunikation des Unternehmens manifestiert, kann sie als Teil der Unternehmenskultur angesehen werden."
(Richard Bachinger)

Die Unternehmensphilosophie ist die Ethik der Daseinsberechtigung des Unternehmens, die Basis für Glauben und Denken im Unternehmen.
Sie bestimmt die Unternehmensidentität und damit die Marketingziele und somit das Marketingkonzept zur Befriedigung der Konsumentenerwartung.
Die Unternehmensphilosophie ist „das Soll" für das Unternehmen zur Erreichung „eines neuen Ist", die Unternehmensidentität.

„Viele Unternehmen leiden an einer pessimistischen Grundeinstellung. Oft fehlt Vertrauen in die Zukunft und der Mut, Veränderungen in Angriff zu nehmen."
(Wirtschaftsblatt, 14.2.1998)

Der Weg zwischen Soll und Ist bedeutet das Handeln, das Verhalten, das Sichäußern in der Unternehmenskultur.
Die Unternehmensidentität besteht aus den drei Ebenen:
– Unternehmenskultur
– Unternehmensdarstellung
– Unternehmenskommunikation.
Siehe die Kapitel:
C   Das Ziel:
       Die Unternehmensidentität
D   Grundleistungsmarketing:
       Die Geschäftsidee
E   Designmarketing:
       Die Gestaltungsidee
F   Kommunikationsmarketing:
       Die Einladung

Ein Manifest

Viele Unternehmen gehen heute dazu über, ihre Philosophie und ihre Ziele in Form eines gedruckten Portraits fest zu halten, das als Imagebroschüre vor allem den Mitarbeitern, den Banken und den Lieferanten und Kunden zur Verfügung steht – als Grundlage einer gelebten Unternehmenskultur.

1. Der Zweck des Unternehmens
– die unternehmenspolitische Aufgabe
– die Zielgruppen, die erreicht werden sollen, fordern eine Festlegung der Waren und Serviceleistungen mit klaren Forderungen an die Verkaufsraumgestaltung
– Prinzipien und Missionen des Unternehmens, hierzu gehört auch die Zielsetzung der Leistungen in Qualität und im Rang
– die Übernahme der Verantwortung. Wer ist für was zuständig?
– Service und Dienstleistungen
– die Aufgabe der Sichtbarmachung des Unternehmensbildes in Form von Leistungen und Image.

2. Das Unternehmen heute
– Welcher Stand ist erreicht?
– Controlling-Mechanismen.

3. Ziele für morgen
Auch Unternehmen, die sich als „oben angekommen" ansehen und eine überlegene Markt führende Position einnehmen, brauchen „Ziele für morgen". Wenn man keine Ideen für neue Ziele hat, hat man schon verloren. Die Konkurrenz schläft nie – sie arbeitet immer schon an Plänen, die den jetzigen Marktführer überrunden sollen.
Deshalb:
– Marktführung täglich neu verteidigen
– sie weiterentwickeln zu neuen Zielen
– Marktführung verpflichtet dazu, alles zu beobachten, alles zu wissen, alles zu können
– Aufgaben und Planung für die Zukunft, Marktbeobachtung, Zielgruppen, Hochrechnungen
– Erwartungen der Konsumenten, Trends
– Entwicklung neuer Vertriebsmethoden
– die Chancen für das Unternehmen in der Zukunft
– Gefahren für das Unternehmen in der Zukunft
– Gefahren, die auf das Unternehmen zukommen können durch Investitionen von Mitbewerbern und durch Veränderungen und Trends am Markt
– Terminkonzepte.

4. Der Weg für die Zukunft
– Pläne für die Zukunft, weit vorausschauend agieren, fremde, ferne Märkte beobachten und ihre Logik erkennen
– Strategien entwickeln
– Investitionen und ihre Rentabilität
– Aufwand und Nutzen
– die Einplanung der Strategie-Änderungen
– Anpassungs-Investitionen.

5. Investitionen und ihre Konzepte
– Zielsetzung der Investitionen
– Marketingkonzept, Investition, Verkaufsraum
– Berufung des Teams
– Auswahl des Innenarchitekten.
Die Maßnahme Ladenplanung wird als Marketingkonzeption festgelegt und kontrolliert. Die Marketingkonzeption wird als Ziel zur Planungsaufgabe auf den Innenarchitekten übertragen.
Siehe das Kapitel:
B 2.2   Das Marketingkonzept

2.2 Das Marketingkonzept zur Erfüllung der Erwartungen

„Der Wandel vom Verkäufer- zum Käufermarkt und damit einhergehend die Verlagerung der existentiellen Probleme für die Unternehmung von einer Produktion der Nachfrage führt zum Grundgedanken des Marketings, nämlich die systematische Marktorientierung des gesamten unternehmerischen Denkens. Marketing kann somit als eine grundlegende Unternehmensphilosophie, als Denkhaltung, bezeichnet werden."
(Prof. Hans-Christian Pfohl)

Die Erkenntnis, dass es in Zukunft immer mehr Wettbewerb geben wird und dass Unternehmen erkennen müssen, was ihre Kunden erwarten, macht die Marketingzielsetzung in den Unternehmen erforderlich. Das Marketingziel ist das Unternehmensziel, der Erfolg aus der Erfüllung der Konsumentenerwartungen.

Die Marketingziele brauchen das Marketingkonzept, die Strategie zur Erreichung dieser Ziele.

Die wichtigsten Marketingziele werden beim Einzelhandel im Verkaufsraum erreicht, also wird das Marketingkonzept auch die Grundlage der Ladenplanung, zur Erreichung dieser Ziele.

Der Innenarchitekt braucht für die Ladenplanung die Identifikation mit den Marketingzielen des Unternehmens. Er muss diese Ziele zu seinem Anliegen machen können. Das ist Ladenplanung.

Die Basis für das Marketingkonzept ist sowohl die Unternehmensphilosophie wie die Kompetenz und der Kapitaleinsatz.

Ohne Orientierung am Markt – ohne Marketingforschung – funktioniert die Marketingplanung nicht. Vermutungen sind keine Basis für Marketingkonzepte, Ladenplanungen und Verkaufsraumnutzungen.

– Wie kann ich in Zukunft den Leistungsstandard halten oder verbessern?
– Wo kaufen die Kunden, wenn sie nicht bei mir kaufen?
– Warum kaufen sie dort?
– Wie kann ich besser sein als meine Mitbewerber?
– Wie erreiche ich die Sympathie der Konsumenten?

Siehe das Kapitel:
F 2 Die Sympathie

– Selbsterkenntnis: Die Marketingforschung muss Vergleiche zu dem eigenen Unternehmen herstellen und zur Bedeutung am Markt.

Das eigene Unternehmen muss ungeschönt richtig analysiert werden mit der Frage: Bin ich die beste Wahl aus der Sicht der Kunden?

Allgemein gilt, dass die Marktausschöpfung nicht erreicht ist. Dies gilt insbesondere für Waren und Produkte des gehobenen Bedarfs und zunehmend auch für Waren außerhalb des täglichen Bedarfs.

Die Unternehmen brauchen eine Faszinationskraft, die deutlich macht, dass die Konsumenten mit ihren Trends verstanden werden – beste Auswahl, bester Service, Emotionalisierung und Erlebnis-Aktivierung durch die Inszenierung des Verkaufsraumes.

Die Unternehmensphilosophie wirkt durch das Marketingkonzept auf die Unternehmensidentität

- Unternehmensphilosophie
  - Unternehmenskultur / Corporate Culture
  - Unternehmensdarstellung / Corporate Design
  - Unternehmenskommunikation / Corporate Communications

M a r k e t i n g k o n z e p t

Management Informationen Mitarbeiter Standort/Raum Sortiment Einrichtung	Designmanagement Botschaft Erscheinungsform Milieu Warenbilder Warenträger	Dynamik Sympathie Anmutung Kundenleitweg Warenplatzierung

Unternehmensidentität
Inszenierung
Corporate Identity

B 2 Das Unternehmen und seine Zukunft

Marketing bedeutet:
- Die Erforschung des Marktes, die systematische und beständige Beschaffung von Marktinformationen ergibt die Marketingforschung
- die Ausrichtung aller Unternehmensleistungen und Erfordernisse auf die evidenten Bedürfnisse und Erwartungen der Konsumenten
- die Schaffung von Präferenzen zur „Erreichung von Wettbewerbsvorteilen durch den gezielten Einsatz des absatzpolitischen Instrumentariums" (Koschnick)
- die Strategien zur Erreichung der Marketingziele durch klare Entscheidungsfindungen, durch den Einsatz modernster Techniken.

Zur Marketingforschung gehört die Beobachtung der Trends. Viele kleine Unternehmen orientieren sich an Fachzeitschriften, Messen, Erfa-Gruppen und vor allem an der exakten Beobachtung des eigenen Marktes.

Die Marketingforschung ist erforderlich für jedes Einzelhandelsunternehmen, denn jedes Unternehmen ist in einem Markt eingebunden, jede Veränderung auch in den Unternehmen durch Änderungen im Sortiment oder gar durch eine Neuplanung des Verkaufsraumes verändern den Markt.

Marketing erfordert zur dauerhaften Erfüllung der Konsumentenerwartungen:
Die Festlegung der
- Marketinginstrumente:
  die Maßnahmen und Politiken zur Erreichung der Marketingziele
- Marketingplanung:
  der Teilbereich der Gesamtplanung des Unternehmens, der Einsatz der marktwirksamen Instrumente für die Marketingziele
- Marketingziele:
  die aus den Unternehmenszielen abzuleitenden Marketingziele
- das Erarbeiten des Marketingkonzeptes:
  die Denk- und Geisteshaltung, die Grundlage des Marketings zur Erreichung der Marketingziele
- des Marketingmix:
  die optimale Kombination der Marketinginstrumente, die koordinierten Aktionen.

Wichtig ist zum Marketingkonzept noch der Faktor Zeit: Für welchen Zeitraum laufen die Marketingziele? Wann ist ein neues Marketingkonzept erforderlich – auch ohne Verkaufsraum-Erneuerungsabsicht, aber als Anpassung an die neuen gewandelten Konsumentenerwartungen.

Änderungen, Umstellungen, Anpassungen werden in immer kürzeren Zeitabständen erforderlich. Der Verkaufsraum wird inszeniert.

Die Veränderungen der Konsumentenerwartungen wirken auch auf die Warenhersteller. Trends, Farben, Verpackungsgrößen werden angepasst.

Die Warenträger, die Einrichtungsteile ändern sich ebenfalls ständig. Sie passen sich den Konsumentenerwartungen ebenfalls in der Nutzung an, im Design bis hin zur modischen Ausprägung und zur aktuellen Farbgebung.

Das Marketingkonzept als Laden-Planungskonzept

Das Marketingkonzept ist die Basis der Ladenplanung. Die Ladenplanung ist ein wesentlicher Teil zur Erfüllung des Marketingkonzepts.

Das Marketingkonzept muss alle Ziele für Konsumenten und Mitarbeiter klar definieren und klar offen legen, wie diese Ziele erreicht werden sollen.

Das Marketingkonzept muss deshalb eine Aktivität entwickeln für die Durchführung, Beobachtung und Kontrolle zwischen Management und Innenarchitekten. Eine Stabs- und Schaltstelle im Unternehmen muss berufen werden.

Es muss im Unternehmen erkannt werden, dass der notwendige Weg zum Marketingziel nur durch die Merchandising-Architektur erreicht wird. Zur Planung muss eine Zusammenarbeit an den dispositiven, kreativen und konstruktiven Faktoren entstehen:
- dispositiv im Sinne von ausgereiften Überlegungen, Planen und Organisieren
- kreativ im Sinne von Gestaltung und Design, von Leitgestaltung und Inszenierung
- konstruktiv im Sinne von praktischen Überlegungen, von der Durchführbarkeit.

Das Marketingkonzept muss das Marketingziel im Unternehmensziel, das Ziel der Verkaufsrauminvestition auch in Kosten, Wirtschaftlichkeit und im Termin erreichen.

B   Die Partner der Ladenplanung

B 2   Das Unternehmen und seine Zukunft

Grundleistungen im Marketingkonzept

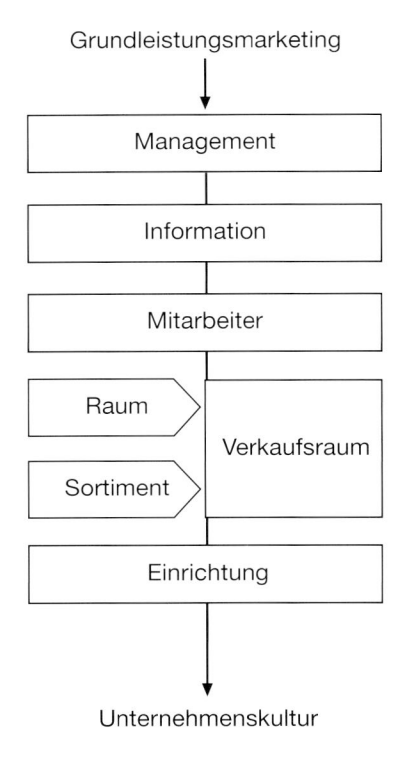

Grundleistungsmarketing
↓
Management
↓
Information
↓
Mitarbeiter
↓
Raum ⟩
Sortiment ⟩ Verkaufsraum
↓
Einrichtung
↓
Unternehmenskultur

Alle Leistungsbereiche des Marketingkonzeptes sind nicht nur selbstständige Marketinginstrumente, sondern gehen zusammen eine gegenseitige Beeinflussung, Abhängigkeit und eine Koordination als Marketingmix ein.

Das Marketingkonzept entsteht als Planungskonzept für die Merchandising-Architektur

Das Marketingkonzept umfasst im Sinne der Unternehmensidentität mindestens die drei Fundamente:
– Unternehmenskultur
– Unternehmensdarstellung
– Unternehmenskommunikation.

Das Marketingkonzept zur Erfüllung der Erwartungen
Die Erfüllung führt zur Unternehmenskultur

Grundleistungs-marketing	Grundlage: Der Konsument erwartet	Strategie: Corporate Culture: die Leistung für den Konsumenten erhöht den Umsatz an Waren	Anwendung: Erreichung der Konsumenten
Management	Einstellung auf die Erwartungen des Konsumenten; Erforschung der Konsumentenwünsche	Förderung der Nachfrage; Erhöhung der Unternehmenstreue; Förderung der Besuchshäufigkeit (Vertriebspolitik); Strategisches Sortiments-Raumkonzept	Marketingziele im Marketingkonzept verwirklichen; Unterscheidungen zu Mitbewerbern
Information	Umfassende Information über die Leistungen und über das Unternehmen	Förderung der Nachfrage, Steigerung des Bekanntheitsgrades	Unternehmensspezielle Informationen und Botschaften im Wert der Mitteilung
Mitarbeiter	Betreuungsanspruch: Anregungen geben	Organisationsplan: Klare Aufgaben	Mitarbeitermotivation; Innovationsschub der Mitarbeiter
Raum	Einordnung in die Umgebung und die Akzentuierung; kundenlogische Raumordnung	Standort-Strategie, Standort-Zielgruppen-Konzept; Verbesserung der Raumnutzung, Übersichtlichkeit erreichen	Die Fassade als Marke; „Natürliche" Raumnutzung im Sortiments-Raumkonzept erhalten, verbessern, fördern
Sortiment	Kundenlogischer Sortimentsplan	Erreichen des Bedarfsverbundes mit den besonderen Angeboten und der Bedarfsbündelung	Grundlagen und Auswahl für Warenbilder
Einrichtung	Zuverlässigkeit, Verpflichtung der Branche, ein Fachgeschäft zu sein	Kompetenz, Sicherheit, Konzept: Branchenidentität, Branchenfortschritt	Branchenleistung erhöhen, Image, ein Branchenauftritt: Branchendarstellung mit Warenbildern und Warenträgern
Unternehmens-kultur	Fachkompetente Leistung; humanes Leistungsprinzip	Stammkunden fördern Befriedigung der Konsumentenerwartungen; Service-Konzepte	Konsumpräferenz erreichen; der Konsument wird Gast!

B 2 Das Unternehmen und seine Zukunft

Die Unternehmenskultur
Sie beinhaltet die Geschäftsidee, das Verhalten des Unternehmens nach außen und innen, die Befriedigung der Konsumentenerwartungen, Kompetenz und Zuverlässigkeit.
Die Unternehmenskultur umfasst im Marketingkonzept die Marketinginstrumente des Grundleistungsmarketings.
Die Corporate Culture erreicht die Abstimmung der Leistungen und erreicht die Unternehmenskultur.

Siehe das Kapitel:
D   Das Grundleistungsmarketing: Corporate Culture zur Unternehmenskultur

Die Unternehmensdarstellung
Das sind die Gestaltungsziele des Unternehmens, das visuelle Erscheinungsbild, die Erfüllung der Konsumentenerwartungen nach Gestaltung und emotionaler Begeisterung.
Hier wird das Grundleistungsmarketing visualisiert.

Das Marketingkonzept zur Erfüllung der Erwartungen
Die Erfüllung führt zur Unternehmensdarstellung

	Grundlage:	Strategie:	Anwendung:
Designmarketing	Der Konsument erwartet	Corporate Design; die Gestaltung erhöht die Verweildauer der Konsumenten	Erreichung der Konsumenten
Designmanagement	Gestaltungsidee unternehmenstypisch	Ausschöpfung der Gestaltungsmöglichkeiten, Visuelles Konzept	Den Rang des Unternehmens im Design darstellen
Designbotschaft	Die erkennbare unternehmensspezielle Gestaltung der Information	Unternehmensimage, Re-imaging durch ein grafisches Konzept unterstützen	Botschaften: in Inhalt und Form eine Unternehmensdarstellung
Erscheinungsform	Mitarbeiter erkennen können	Die Mitarbeiterleistung im Verkaufsraum sichtbar machen	Akzentuierung der Mitarbeiter im zuständigen Bereich und mit der Aufgabe
Verkaufsraumgestaltung	Ein für Ware und Raum einheitliches Gestaltungskonzept, erlebnisbetonte Gestaltung, angenehme Atmosphäre, Erlebnisraum	Ware und Raum prägend gestalten, besondere Formen, Materialien, Farben auswählen, warenbestätigendes Design, beeindruckende Waren- und Raumdarstellung, emotionale Befriedigung durch Highlights, eine Verlängerung der Verweildauer, Kauflust erreichen, ein angenehmes Klima schaffen	Ästhetik, formale Qualitäten erlebbar, ein prägendes, erfüllendes Design, Browsing für den Konsumenten fördern durch Inszenierungen, individuelle, auf Ware und Raum bezogene erlebnisbetonte Verkaufsraumgestaltung
Warenbilder	Anregungen	Impulskäufe ermöglichen	Von der Ware ausgehende, ideenreiche, imageprägende Warenbilder
Warenträger	Sortimentunterscheidungen, Ordnungsprinzipien	Sortimentsbezogen, flexibel – variabel, unterscheidend einordnend	Sortimentsgerecht, ergonomische Warenträger. Qualität in Nutzen und Form erreichen
Unternehmensdarstellung	Gestaltungseigenarten, die die Unternehmensleistungen erkennbar machen	Anspruchsvolle Leistungen in Sortiment und Raum als wiedererkennbares Designkonzept	Die besonderen Unternehmensleistungen im Auftritt erkennbar

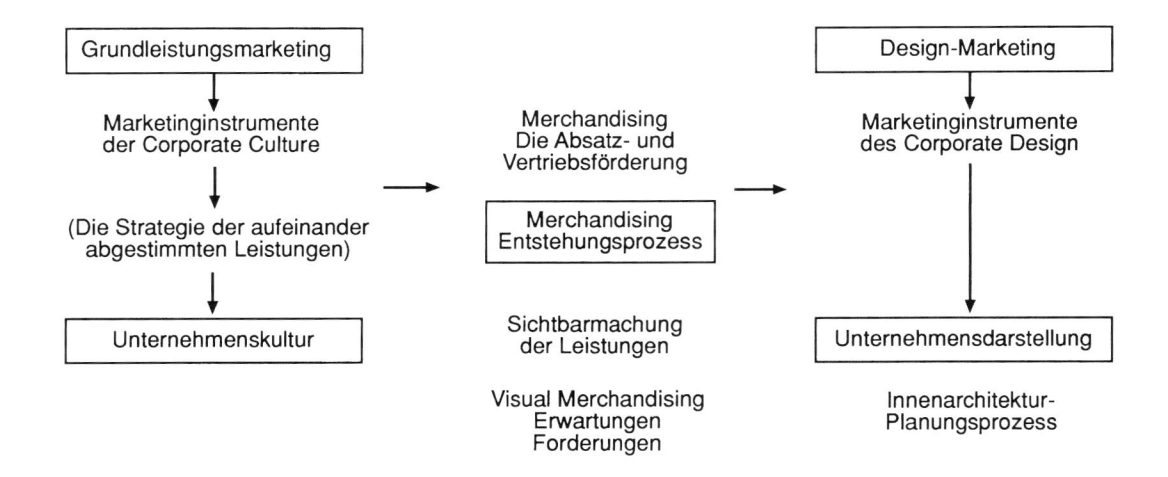

B   Die Partner der Ladenplanung

B2   Das Unternehmen und seine Zukunft

```
         Grundleistungsmarketing                                              Design-Marketing
                  ↓                                                                 ↓
         Marketinginstrumente            Merchandising                       Marketinginstrumente
         der Corporate Culture           Die Absatz- und                     des Corporate Design
                  ↓                      Vertriebsförderung
    (Die Strategie der aufeinander   →   Merchandising           →
     abgestimmten Leistungen)            Entstehungsprozess
                  ↓                                                                 ↓
         Unternehmenskultur              Sichtbarmachung                     Unternehmensdarstellung
                                         der Leistungen

                                         Visual Merchandising                Innenarchitektur-
                                         Erwartungen                         Planungsprozess
                                         Forderungen
```

Grundleistungen visualisieren im Marketingkonzept

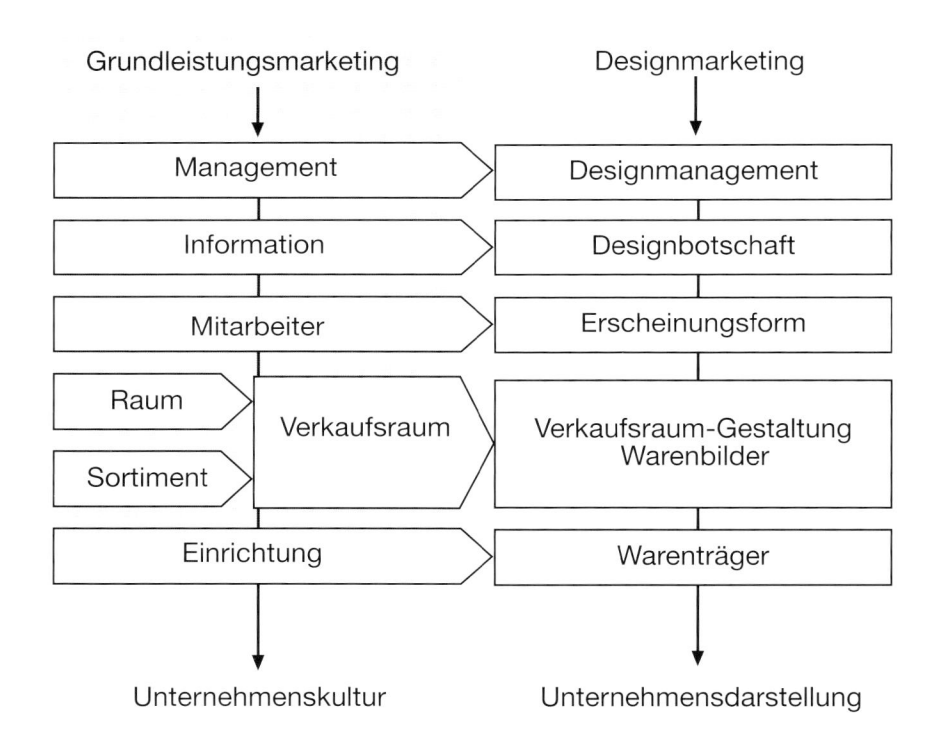

```
Grundleistungsmarketing              Designmarketing
         ↓                                  ↓
    Management                         Designmanagement
         ↓                                  ↓
    Information                        Designbotschaft
         ↓                                  ↓
    Mitarbeiter                        Erscheinungsform
         ↓                                  ↓
  Raum  →                              Verkaufsraum-Gestaltung
         Verkaufsraum                  Warenbilder
  Sortiment →                               ↓
         ↓                                  ↓
    Einrichtung                        Warenträger
         ↓                                  ↓
  Unternehmenskultur                  Unternehmensdarstellung
```

Die Unternehmensdarstellung umfasst im Marketingkonzept die Marketinginstrumente des Designmarketings.
Das Corporate Design erreicht die Abstimmung der Leistungen und die Unternehmensdarstellung. Siehe das Kapitel:
E   Das Designmarketing: Corporate Design zur Unternehmensdarstellung

Die Marketinginstrumente der Corporate Culture und des Corporate Design erreichen die **Merchandising-Architektur** und leiten damit den Innenarchitektur-Planungsprozess ein, den Ausgleich zwischen Ökonomie und Ästhetik. Sie erlangen auch den Ausgleich zwischen Sortiment und Raum und erreichen die **Verkaufsraumgestaltung**.
Die Weiterführung in die Kommunikation ist erforderlich, um den Konsumenten zu erreichen. Die Einladung an den Konsumenten muss erfolgen.
Das Grundnutzenmarketing und das Designmarketing müssen sich für den Konsumenten öffnen und ihn einladen. Das Kommunikationsmarketing wird erforderlich.

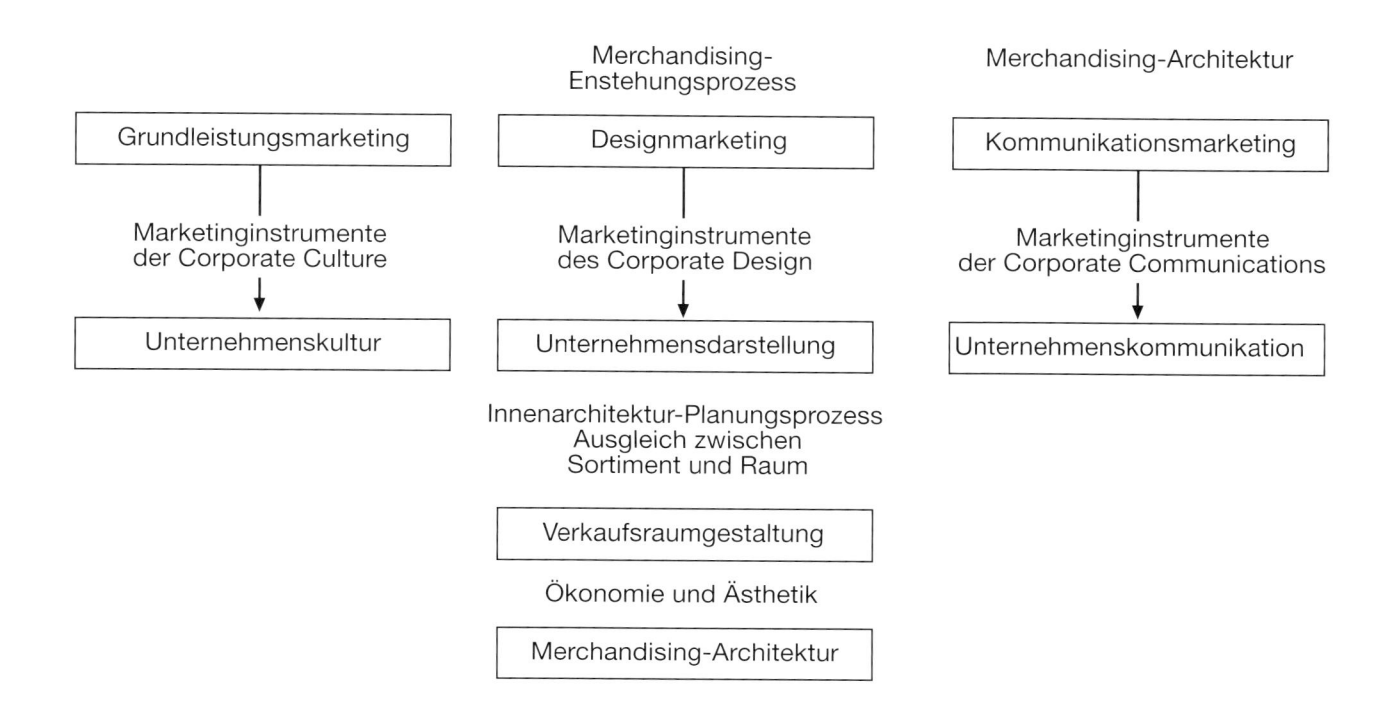

B 2 Das Unternehmen und seine Zukunft

```
                          Merchandising-              Merchandising-Architektur
                          Enstehungsprozess

Grundleistungsmarketing   Designmarketing             Kommunikationsmarketing
        │                         │                           │
Marketinginstrumente     Marketinginstrumente        Marketinginstrumente
der Corporate Culture    des Corporate Design        der Corporate Communications
        ↓                         ↓                           ↓
Unternehmenskultur       Unternehmensdarstellung     Unternehmenskommunikation
```

Innenarchitektur-Planungsprozess
Ausgleich zwischen
Sortiment und Raum

Verkaufsraumgestaltung

Ökonomie und Ästhetik

Merchandising-Architektur

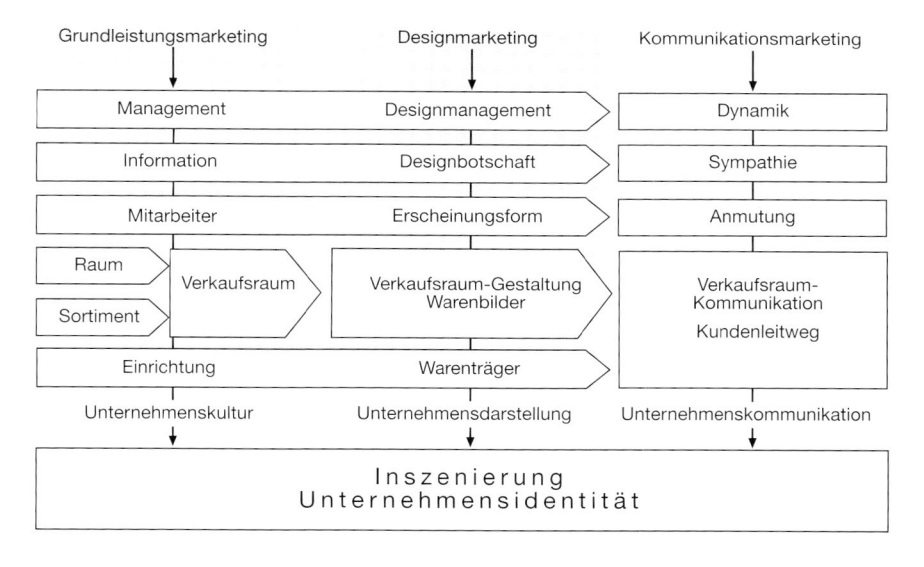

Die Unternehmenskommunikation

Sie enthält die Einladung an die Konsumenten, Werbung, Informationen nach außen und innen, die Erfüllung der Konsumentenerwartungen nach deutlicher Führung durch das Sortiment und durch den Raum, die Erwartung der Aktualität und der Anmutung, die Erreichung der Sympathie.

Die Unternehmenskommunikation umfasst im Marketingkonzept die Marketinginstrumente des Kommunikationsmarketing.

Die Corporate Communications erreicht mit der Abstimmung aller Leistungen die Unternehmenskommunikation.

Siehe das Kapitel:

F Das Kommunikationsmarketing: Corporate Communications zur Unternehmenskommunikation

Marketingkonzept
Die Marketinginstrumente

Grundleistungsmarketing	Designmarketing	Kommunikationsmarketing
Management	Designmanagement	Dynamik
Information	Designbotschaft	Sympathie
Mitarbeiter	Erscheinungsform	Anmutung
Raum / Sortiment → Verkaufsraum	Verkaufsraum-Gestaltung / Warenbilder	Verkaufsraum-Kommunikation / Kundenleitweg
Einrichtung	Warenträger	
Unternehmenskultur	Unternehmensdarstellung	Unternehmenskommunikation

Inszenierung
Unternehmensidentität

B Die Partner der Ladenplanung
B2 Das Unternehmen und seine Zukunft

Zusammen erreichen die drei Ebenen Unternehmenskultur, Unternehmensdarstellung und Unternehmenskommunikation die Inszenierung des Verkaufsraumes, das Ziel der Ladenplanung und damit die Unternehmensidentität. Die Corporate Culture, Corporate Design und die Corporate Communications erreichen zusammen die Corporate Identity.
Siehe das Kapitel:
C   Das Ziel: Corporate Identity zur Unternehmensidentität.

Die Konsumenten-Erwartungen zum Kommunikationsmarketing
Die Erfüllung führt zur Unternehmenskommunikation

Kommunikations-marketing	Grundlage: Der Konsument erwartet	Strategie: Corporate Communications, die Erreichung der Konsumenten erhöht die Anzahl der Kunden	Anwendung: Zur Erreichung der Konsumenten
Dynamik	Neuheiten, Besonderes, Aktuelles, Top mit deutlichen Hinweisen	Positive, fröhliche dynamische Strategie. Das dynamische Konzept	Immer aktuell, zeitnah agieren. Bewegung, Ideen, Spontanität, den Verkaufsraum „bewegen"
Sympathie	Angenehme, positive, ehrliche Hinweise	Deutliche Unterscheidungen im Sympathiewettbewerb an Mitbewerbern	Kompetenz und Informationen, die Sympathie auslösen
Anmutung	Positiver, belebender Eindruck der Mitarbeiter	Innovationen durch Mitarbeiter	Eine Anmutungsqualität erreichen
Kundenleitweg	Sortiments- und Raumerschließung gleichzeitig, Beschriftungen, logische Hinweise	Verbesserung der Übersicht führt zur Einkaufsbequemlichkeit, logische Warenplatzierungen mit deutlichen Wichtungen	Warenleitbilder: Die Übernahme von Warenleitbildern in den Kundenleitweg, deutliche Sortimentsbereiche
Warenplatzierung	Bedarfsbündelungen		Interessante Raumerschließung mit Relaxzonen und Höhepunkten
Leitmodifikation	Sitzplätze, Pulte, Aktualisierung der Angebote	Aktualisierung der Warenträger, Variabilität	Trendgerechte Warenbilder
Unternehmens-kommunikation	Anregungen als ständige Leistung	Kundenleitweg, Stressabbau, Dialogfähigkeit, Imagekonzept	Eine Begegnungskultur!

B 2 Das Unternehmen und seine Zukunft

2.3 Die Branche

Bei der Erarbeitung des Marketingkonzeptes konzentriert man sich auf eine Branche. Deshalb sind Überlegungen zur Branche zu diesem Zeitpunkt erforderlich, um einen branchentypischen Auftritt zu gewährleisten.

Aus vielen Diskussionen weiß ich, dass die Branchenidentität und der damit verbundene Branchenauftritt als etwas so Selbstverständliches angesehen werden, dass man schon nicht mehr darüber spricht, und damit übersieht man unter Umständen Wichtiges.

In einer Zeit, in der Zielgruppendenken und Bedarfsbündelung obenanstehen und die Erfüllung der Konsumentenwünsche immer deutlicher Sortimentsleistung wird, wird die traditionelle Branchengrenze oft überschritten. Dadurch kann eine Verunsicherung des Konsumenten entstehen.

Hier soll nicht gegen die Gliederung des Sortiments in Bedarfsbündelungen und auch nicht gegen das damit verbundene gelegentliche Überschreiten der traditionellen Branchengrenzen gesprochen werden. Aber im Sinne der Unternehmensidentität muss erkennbar bleiben, ob man sich in einem Textilgeschäft befindet oder in einem Schuhgeschäft.

Verbände schlagen Alarm. Apotheker sprechen von einer Apotheker-Ethik, die wiedergewonnen werden muss.

Die große Bedeutung, die der Einzelhandel im Käufermarkt einnimmt, wird vom Fachgeschäft, besser von der branchenspeziellen Fachgeschäft-Idee, erfüllt.

Warenhäuser bemühen sich, eine Ansammlung verschiedener Fachgeschäfte unter einem Dach zu sein.

Branchenidentität ist deshalb eine bedeutende Leistung geworden und damit ein Stück praktizierte Unternehmenskultur.

Es geht dabei nicht nur um die Erwartungen, die Konsumenten an ein branchenspezielles Fachgeschäft haben, sondern auch um die Entwicklung, um den Branchenfortschritt, der die Zukunft der Fachgeschäfte sichern soll.

Die Entwicklung des Unternehmens darf sich nicht von der eindeutigen Branchenzugehörigkeit lösen.

Die Profilierung, die das Unternehmen am Markt erreichen möchte und die mit „ungewöhnlich" umschrieben werden kann, muss auch eine Leistung sein, die den Rang innerhalb der Branche sichert.

Selbst wenn man davon ausgeht, dass es weniger Branchenkonjunkturen, aber mehr Unternehmenskonjunkturen gibt, dann ist es doch wohl so, dass die Konjunktur im Unternehmen auch eine Branchenleistung erreicht und ohne diese nicht möglich wäre.

Unternehmensidentität und Branchenidentität gehören zusammen!

Mit jeder neuen Ladenplanung muss sich die Branche für den Konsumenten weiterentwickeln. Der Branchenauftritt macht die Leistungen sichtbar, die der Konsument von der Branche erwartet:

– der Wettbewerb der Fachkompetenzen am Markt
– die Dynamik, die Aktualisierung der branchenspeziellen Leistungen
– der Branchenfortschritt als Leistung, die Erwartung der neuesten Technik.

Die Branchenidentität als Unternehmensleistung nach außen und nach innen erreicht die branchentypische Gestaltung im Ladenplanungsprozess.

2.4 Der Branchenauftritt: Einrichtung

Der Branchenauftritt bestimmt die Einrichtung, die Warenträger

Viel wird getan für die Unternehmensidentität, für die Corporate Identity.

Dieses geschieht mit der Absicht, das Unternehmen am Markt zu platzieren und eine individuelle Unternehmensausprägung zu fördern.

Dies geschieht auch in der Gewissheit, dass es immer mehr Unternehmenskonjunkturen gibt und weniger Branchenkonjunkturen.

Neben der Unternehmensidentität, die für jedes Unternehmen und damit auch für jede Ladenplanung wichtig bleibt, wird die Branchenidentität zunehmend bedeutungsvoller.

Es darf nicht übersehen werden, dass das Bild, das sich Konsumenten von einem Unternehmen machen, immer mit einer Branche, einem speziellen

Warenbedarf in Verbindung gebracht wird. Deshalb ist es wichtig, dass mit der Unternehmensidentität die Branchenidentität gefordert wird. Beide Identitäten ergänzen und stützen einander. Eine Unternehmensidentität ohne eine starke Branchenkompetenz ist nicht denkbar.

Der stärkere Wettbewerb am Markt macht es erforderlich, dass die Fachkompetenz in Richtung Branchenfortschritt, der mit jeder Ladenplanung neu unter Beweis zu stellen ist, nicht nur nicht leidet, sondern deutlich spürbar für den Konsumenten verbessert wird.

Dieses beweist deutlich das Fachgeschäft, bei dem sich Unternehmensimage untrennbar mit einem Branchenimage verbindet.

Unabhängig vom Stilwandel in den Gestaltungsauffassungen ist in Warenbildern und Inszenierungen technischer Fortschritt zu verzeichnen, der in jeder Ladenplanung branchenkompetent Anwendung finden muss. Der ständig währende typische Branchenauftritt, gepaart mit dem Lebensstil, stillt die Erwartungen und schafft die Bezeichnung branchenkompetent.

Die Verkaufsräume für die Branchen werden unterschieden nach Thekenläden und Loopläden.

Salon Hahn, Wiesbaden
Planung: Olymp-Zentrum
Realisation: Olymp, Stuttgart

2.5 Die Thekenläden

„Theken wird es in 10 Jahren nicht mehr geben", so die Selbstbedienungs-Missionare in den 50er-Jahren. „Das, was es gekühlt geben muss, wird in die Kühlregale kommen." Die abgepackte Ware ist haltbarer und besser zu überschauen. Das wird jeder Konsument erkennen. „Nur im Reisebüro, in der Apotheke und beim Friseur wird es noch die Theke geben, alle anderen Theken sind überholt. Sie stehen im Wege und werden spätestens bei der nächsten Renovierung verschwinden."

…und dann kam der Wertewandel, der Käufermarkt und der Konsument wollten es anders. Die Kundin in der Fleischerei will das Stück Fleisch sehen, von dem ihr Bratenstück abgeschnitten wird, sie will die Wurst und den Lachs im ganzen Stück sehen und statt der 100 g eben 150 g und auch nicht 200 g abgepackt.

Auch der Juwelier, der Optiker und die Parfümerie brauchen im Verkaufsraum die Theke.

Reine Thekenläden wie zu „Tante Emmas Zeiten" gibt es nicht mehr. Unsere heutigen Thekenläden sind Mischformen zwischen Loopladen und Thekenladen, so zu bezeichnende Thekenloopläden. Dennoch ist die Bezeichnung „Thekenladen" zutreffend, weil die Theke der Mittelpunkt ist, der Empfang, die Eröffnung des Verkaufsgesprächs, die Rezeption. Das Kassieren, Verpacken und das Verabschieden des Kunden geschieht in diesen Läden immer mehr an separaten Kassier- und Packtresen.

Theken sind also eine besondere Verkaufsraum-Identifikation. Sie sind Schwerpunkte. Sie sind Warenbild und Warenraumbild zugleich.

Für Kühltheken bedeutet das auch, die Frische darzustellen.

2.5.1 Die Apotheke

Es gibt herrliche alte Apotheken, die gehütet werden, so wie man alte traditionsreiche Gasthäuser hütet.

Modernität, High Tech, ist nicht unbedingt das Zeichen der traditionsreichen Apotheke, eher Zuverlässigkeit und Vertrauen.

Es gibt sie, die modernen Apotheken. Die EDV gehört hier zum Standard. Die großen Schubkastenschränke mit den vielen Medikamenten sind ebenso Standard geworden wie die große, Ehrfurcht gebietende Theke.

Die Apotheke wurde erschlossen für die moderne Vertriebspolitik, erschlossen für Naturkosmetik, Diätkost und Babynahrung. Das alles muss Beratungsintensität ausstrahlen, denn die Ware wird hier in der Apotheke keineswegs einfach nur so mitgenommen.

Hier ist der Branchenauftritt eine wichtige Voraussetzung für die Unterscheidung der Apotheke zur Parfümerie und zur Drogerie.

Die Entwicklung in der Leistung für den Kunden muss so sein, dass der hohe Anspruch der Branchenidentität nicht leidet. Aber der ebenfalls wichtige humane Aspekt der besseren Übersichtlichkeit wird gefordert, erreichbar durch das Einbeziehen von:

- Theke als Sichtmöbel für rezeptpflichtige Ware unter Glas und Freiwahlware, rezeptfrei, im Zugriff des Konsumenten
- Sichtregale hinter der Theke für rezeptpflichtige Ware
- der Freiwahlbereich für rezeptfreie Ware, die die Kunden selbst greifen, aus Regalen und von Tischen vor der Theke
- der Kosmetikbereich, die Kunden werden beraten
- Beratungsbereiche, die nicht von jedermann einzuhören sind
- der Wartebereich, die Kunden sitzen
- das Offizin, der Arbeitsraum der Apotheke.

„Das Zurückstellen der Ware ohne Gesichtsverlust" ist nicht humaner Bestandteil im Anforderungsstandard der Apotheken, des sonst in der Beratungsleistung so hoch angesiedelten Fachgeschäftes.

Nicht die Apotheken-Identität, eher der festgeschriebene Apotheken-Standard, macht die Überzeugung in der Gestaltung von Warenbildern sichtbar. Die Findung über die Branchenkompetenz hinaus, die ganz bestimmte Apotheke als individuelles Unternehmen erkennbar zu machen, ist schwierig, aber eine Aufgabe für den Innenarchitekten. (siehe hierzu die Beispiele in diesem Buch – Hinweise am Ende dieses Kapitels)

In einer Apotheke entwickeln sich kaum Trends, kaum Zielgruppen aus dem Sortiment. Somit besteht nur ein geringer Wettbewerb zwischen den Apotheken.

Marienapotheke, Eriskirch
Planung: Klaus Bürger, Krefeld
Eine Apotheke am Bodensee, deren Sinnlichkeit durch die Spannung warmer und gegensätzlich kühler Materialien erlebt wird. Inspiration zur Materialsprache gab die vor der Tür sich ausbreitende Natur. Das klare Blau des abendlichen Sommerhimmels, die noch schneebedeckten Spitzen der Alpengipfel und natürlich das heimische Obstholz. Massives Birnbaumholz zu frostig, kühlem Glas, glasgeperlter Edelstahl, getragen auf grünlich-weißem Granitboden, klar begrenzt von der blauen Warenträgerwand

B   Die Partner der Ladenplanung

B 2   Das Unternehmen und seine Zukunft

Adler-Apotheke, Freudenstadt
Architekt: Klaus Bürger, Krefeld
Am malerischen Marktplatz von Freudenstadt im Schwarzwald befindet sich die Adler-Apotheke. Die Stadthäuser, die den Marktplatz umkleiden, sind im 19. Jh. neu aufgebaut worden, mit historisierendem Gesicht, unterstrichen durch einen mit schönen Rundbögen geöffneten Arkadengang. Traditionelle Architekturelemente sollen bei dieser Apothekengestaltung mit moderner Formensprache korrespondieren, ein Zwiegespräch auch der Materialien, gediegene, massive Eiche, sehr klassisch, handwerklich verarbeitet, leichte Glas-Stahlkonstruktionen.
Die einfache, klare Formensprache und die Reduktion auf wenige, eindeutige Raumelemente, die die rechtwinklige Gesetzmäßigkeit der vorhandenen Architektur verlassen und somit Spannung erzeugen, werden durch Farbe und Licht unterstützt und in Szene gesetzt. Inzwischen ein Markenzeichen in Freudenstadt: „die blaue Apotheke".

Brunnen-Apotheke, St. Ingbert
Architekt: Cöln-Design, Köln

B 2 Das Unternehmen und seine Zukunft

Diese Gedanken sind deshalb so wichtig, weil Apotheken zunehmend an den nicht-apothekenpflichtigen Waren konzipieren und die Ansicht verbreiten: Apothekenzuverlässigkeit allein ist ausreichend.
Siehe auch das Kapitel:
C 5.3   Bürger, Klaus
            Aurelia-Apotheke, Baden-Baden

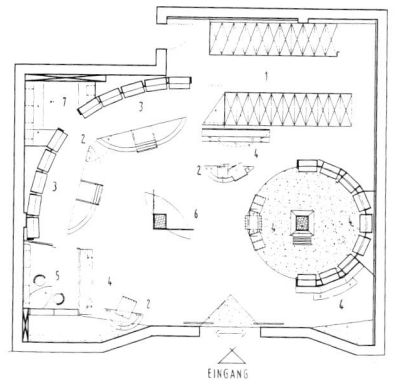

Grundriss
1 Medikamentenschränke
2 Handverkauf
3 Sichtwahl
4 Freiwahl
5 Intensivberatung
6 Wartezone
7 Rezeptur

Fetscher-Apotheke, Dresden
Architekt: Wolf R. Schramböhmer, Neustadt
Realisierung: Brinkmann GmbH, Garbsen
Für die Konzeption der Fetscher-Apotheke wurde das Shop-in-Shop-Prinzip angewendet und mit dem Einsatz unterschiedlich koloriertem Kiesgranulat im Fußboden noch stärker hervorgehoben. Die Freiwahl mit den besonderen Themen der Kosmetik und Wellness wurde in verschiedene Beratungszonen gegliedert. Durch die Schaffung von Teilzonen ergaben sich Inseln, die Produktgruppen trennen und dem Kunden viel Zeit und Raum bieten. Das Design ist zeitlos und ordnet sich mit seinem blauen Hintergrund und dem Einsatz von Erlenholz der Ware unter. Das atmosphärische Design stellt Beratung und Produkt in den Vordergrund. Diese Transparenz wird durch viel Glas, gerade auch durch den großzügigen Schaufensterbereich, hervorragend unterstützt und gefördert. Dadurch ist besonders die Außenwirkung sehr groß. Mehr Werbung ist für diese Apotheke eigentlich nicht nötig. Die innovative Wartezone bietet ausreichende und durch Freiwahl-Elemente verdeckte Sitzgelegenheiten. Der weit gestreckte, halbrund konstruierte HV-Bereich ist mit einer aufgeständerten Glasebene abgedeckt, die Kassenelemente sind durch Mitnahmeartikel abgeschirmt. Die starke Bezogenheit auf Produkt- und Indikationszonen der Offizin ist in diesem Fall auf 75 m^2 Grundrissfläche bemessen. Der Kunde wird systematisch durch die Apotheke geleitet, kann sich die benötigten Informationen konkret beschaffen und dann gezielt kaufen.

B   Die Partner der Ladenplanung

B2 Das Unternehmen und seine Zukunft

2.5.2   Die Bäckerei

Die Bäckerei ist der am meisten aufgesuchte Verkaufsraum nach dem Lebensmittelmarkt. Bäckereien entwickeln sich zunehmend in Lebensmittelmärkten. Die grundlegende Identität des Backwarenverkaufs ist offensichtlich, klar und einfach. In Stammläden gibt es noch unmittelbare Durchgänge von der Bäckerei in den Laden. Abpackraum zum Umpacken auf die Ladenbleche, Kühlmöbel für den Nachschub, klar und übersichtlich, für eine schnelle und einwandfreie Bedienung, ohne Ecken und Winkel.

Funktion, Ordnung und Sauberkeit sind wichtig. Alles muss am richtigen Platz sein, die Bedienung muss funktionieren, abgeräumte Bleche müssen sofort verschwinden und durch neue ersetzt werden.

Das alles muss eine Fröhlichkeit, muss Duft verbreiten – muss überzeugen, Frische und Kompetenz ausstrahlen. Da kommen die frischen Backwaren, dann das Brot und der Kuchen, wenn der Duft nach frischer Backware nachlässt kommt der Kaffeeduft.

Die Backwaren-Theken sind zum Mittelpunkt des Geschehens geworden. Hier drängen sich die Kunden. Das Gebäck ist fein aufgereiht, nach Art und Sorte unterschieden. Eine große Auswahl unterschiedlicher Gebäcke bietet sich dem Auge. Nachmittags werden die Theken leerer, hier und da fehlt ein Blech. Dann sind es nur noch wenige Sahnestücke in der Kühlung und das Hart- und Dauergebäck beherrscht das Bild.

Wichtig ist nun, Ordnung für das Auge zu schaffen, damit der Kunde problemlos auswählen kann. Für die Qualität der Theken ist es wichtig, Übersichtlichkeit zu schaffen. Hierbei gilt nicht nur die ergonomisch exakte Ausarbeitung der Thekenausstellung auf das Auge des Kunden.

Das Brotregal hinter der Theke mit den vielen Brotsorten, vom schwarzen Pumpernickel bis zum Baguette bestimmt ebenso das Gesicht der Bäckerei wie die Regale neben der Theke mit den Süßwaren und abgepackten Backwaren.

Die Entwicklung geht weiter zum Probierstand, zur Degustation, zum sofortigen Verzehr gleich neben der Theke an einem Stehtisch. Der kurze Weg vom Auge zur Zunge wird dann geboten.

Armbruster-Back Shop
Scheck-in-Center, Achern
Planung: Ludwig Lehmann
         Ernst Maier Planungsteam,
         Bad Peterstal-Griesbach
Realisation: Ernst Maier GmbH,
Bad Peterstal-Griesbach

B 2 Das Unternehmen und seine Zukunft

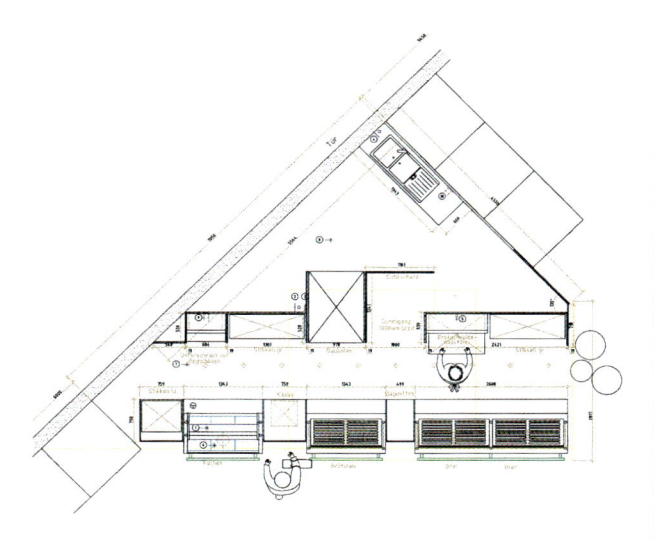

Bäckerei und Konditorei Ganseforth,
Kluse, Emsland
Planung und Realisierung: Norbert
Schmees, Lathen, Emsland
Grundriss 1:50

Internorga 96, Hamburg
Stadt Bäcker
Architekt: Uwe Klatt
Alkü-Team, Kreiensen
Realisierung: Alkü GmbH, Kreiensen

Läden mit einer gewissen Großzügigkeit und einem guten Kundenzuspruch, in denen Backwaren verkauft werden, nutzen mit Erfolg diesen Vorteil der Probierstände.

Der Backofen im Verkaufsraum gewinnt an Bedeutung. Mehrmals am Tag frische Backwaren, Croissants, Brötchen, dies veranlasst manchen Kunden zum Nachmittagskaffee noch einmal vorbeizukommen.

Der Verkaufsraum ist eine Inszenierung. Die Ladennutzung hat eine gute Möglichkeit, die Sinne der Kunden zu erreichen. Die Ladenplanung muss dafür sorgen, das dieses geschehen kann. Dann wird der Verkaufsraum zu einem Erlebnis!

B   Die Partner der Ladenplanung

B2   Das Unternehmen und seine Zukunft

Café Reichert, Köln
Planung: Maier + Pistor, München

2.5.3   Die Confiserie

Die süße Verführung ist auch eine Design-Aufgabe: ein Auftrag an die Inszenierung, ein Auftrag an die Milieugestaltung auch im Sinne einer Corporate Identity.

Die Gesundheits- und Fitnesswelle läuft. Das spüren auch die Confiserien. Alles Kalorienarme wird bevorzugt gekauft – absolut keine süßen Sachen, so die allgemeine Meinung.

Die Confiserien fühlen sich deshalb gefordert, etwas Besonderes zu tun, zur Versüßung des Lebens.

Confiserien werden von Könnern geplant und inszeniert.

Sie müssen klar einen Lebensstil signalisieren und überzeugen, der Zweifel am Süßes-Kaufen gar nicht erst aufkommen lässt.

Süßwaren sind Lebensmittel. Sie werden aber als Genussmittel dargeboten zur erforderlichen Bereicherung des Alltags – oder als Lifestyle auch Fluchtkonsum, sich zu verwöhnen, „man gönnt sich ja sonst nichts".

Confiserien müssen klare Design-Ideen des Lebensstils verkörpern. Sie müssen fröhlich anzuschauen sein. Bereits von außen muss man spüren, dass es ein Genuss sein wird, hier an der Pralinen-Theke zu stehen und die Köstlichkeiten auswählen zu dürfen.

Die nette Verkäuferin, ihre Robe und ihr Häubchen wurden vom Designer mitgestylt, öffnet sorgfältig eine Cellophantüte, die natürlich das Signet des Unternehmens trägt, und mit einer Silberzange greift sie die köstlichen handgemachten Pralinen und schiebt sie sorgfältig in die Tüte.

Die Pralinen werden kunstvoll verpackt und mit farbig glitzernden Bändern beschleift.

Ein liebevolles Geschenk für einen lieben Menschen daheim – oder für sich selbst.

Die Konditoreien

Die Herstellung und Präsentation von Feingebäck und Torten bedeutet ebenso wie die Präsentation der Pralinen die Darstellung des Besonderen.

Ein Warenbild ist erforderlich, das stark von dem Design der Theke und der übrigen Einrichtung bestimmt wird. Wenn sich Feingebäcke im Wesentlichen nicht unterscheiden, so legen doch die

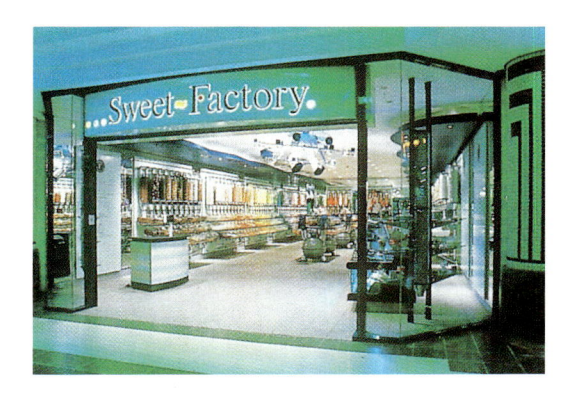

B 2 Das Unternehmen und seine Zukunft

Sweet Factory, London
Das Design des Geschäftes basiert auf einer Mischung aus Industrie- und Jahrmarktoptik, mit der eine lebhafte Atmosphäre geschaffen werden soll, durch die beim Kunden Wirkung, Interesse und ein hoher Anreiz zum spontanen Kaufen erzielt werden sollen.
Die in ihren Farben aufeinander abgestimmten, aus der ganzen Welt stammenden Süßwaren werden in zweckorientierten Auslageelementen höchst vorteilhaft präsentiert.
Die Kunden können genau die von ihnen gewünschte Menge auswählen, indem sie die Süßwaren aus Selbstbedienungsautomaten in großzügig bemessenen Tüten füllen.
Design: Michael Peters, London

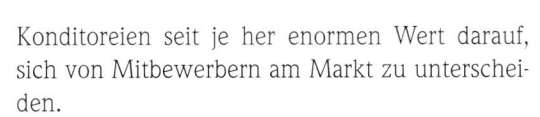

Konditoreien seit je her enormen Wert darauf, sich von Mitbewerbern am Markt zu unterscheiden.
Das alles muss Gegenstand der Verkaufsraumgestaltung sein und sowohl die besondere Identität des Unternehmens darstellen als auch die Branchenidentität: Konditorei.
Konditoreien legen großen Wert auf eine Abgrenzung zu den Bäckereien. Sie möchten nicht verwechselt werden, zumal Konditoreien in der Regel auch ein Café angeschlossen ist. Hier wird besonders der Tür- und Toreffekt deutlich. Bäckereien neigen dazu, sich für jedermann zu öffnen. Sie brauchen die Tür, die breiten unkomplizierten Eingänge. Die Konditorei bevorzugt das Tor, das bewusste, akzentuierte Eintreten in einen besonderen Verkaufsraum mit besonderer Ware, nicht für den alltäglichen Bedarf bestimmt.

B   Die Partner der Ladenplanung

B2   Das Unternehmen und seine Zukunft

Die Confiserie Karl Leysieffer

– Die Farbe violett –

Leysieffer fällt im Markt auf durch seine konsequente Corporate Identity: Da ist das einprägsam geschriebene Signet „Leysieffer" und da ist die Farbe violett. Diese Konsequenz macht neugierig: Was steckt hinter dem Namen „Leysieffer"?

Das Familienunternehmen verfügt über 15 Confiserie-Filialen in guten City-Lagen deutscher Großstädte, darüber hinaus auch in Rottach-Egern und in Westerland auf Sylt.

Bei Leysieffer „stimmt" der einheitliche Auftritt, ist erkennbar in der Darstellung der Unternehmensleistungen: die Warenbilder, die informative Werbung, die Verpackung bis hin zur Kleidung der Mitarbeiterinnen hinter der Theke. Die Unternehmensphilosophie ist erkennbar. Die Qualität der Ware wird als selbstverständlich vorausgesetzt. Ebenso ist die daraus resultierende konsequente Anwendung des Marketingkonzeptes erkennbar. Frau Ursula Leysieffer und ihre beiden Söhne Axel und Andreas stehen dem Unternehmen vor. Ihren Caféhaus-Gedanken, der aus der Confiserie, Konditorei entstanden ist, haben sie weiterentwickelt. Axel Leysieffer sagte mir, dass er sich genau überlegt, wie seine Pralinen, seine Torten am besten wirken. Die Qualität der Ware muss mit der Qualität der Ausstellung der Warenbilder eine Einheit sein. Über die richtige Beleuchtung hinaus hat sich Axel Leysieffer auch viele Gedanken über die Kühlung gemacht – besonders über Pralinen-Kühlung. So werden alle Pralinen-Regale speziell pralinen-gekühlt, kaum spürbar für die zugreifende Hand des Kunden.

Confiserie Karl Leysieffer
im Hotel Adlon, Berlin
Planung: Leysieffer, Osnabrück

Axel Leysieffer gibt seine Ideen an den Haus-Architekten weiter, dessen Namen ich nicht erfahren konnte.

„Die Ladenbaufirmen in meiner Branche sind nicht beweglich genug. Sie können meinen Wunsch nach Eigenart nicht nachvollziehen", meint Axel Leysieffer, „und vor allem die Ladenbauunternehmen im Kühltheken-Bau sind so eigenmarkenträchtig. Ich habe dann das Image eines Ladenbauunternehmers, das mein Image behindert."

Das Unternehmensziel ist, den Zeitgeist des Käufermarktes zu erfüllen, eine breite Demokratisierung von Luxusgütern zu erreichen, nicht nur für die wohlhabenden Zielgruppen, sondern eine neue Öffentlichkeit zu erreichen, den Prestige-Konsum für genussorientierte Verbraucher in einer breiten Öffentlichkeit zu erfüllen. Leysieffer gibt die Möglichkeit, in der gewinnenden, aber statusbetonten Ansprache von neuen Käufern entdeckt zu werden, die für eine Gelegenheit, für ein Geschenk das hochwertige Spitzenprodukt suchen – mit dem Spaß beim Shopping durch aufwändig und attraktiv gestaltete Warenbilder.

B   Die Partner der Ladenplanung

B2 Das Unternehmen und seine Zukunft

Metzgerei Holnburger, Miesbach
Planung: Schwalm, Stuttgart
Realisation:
akf Kühlmöbel GmbH + Co. KG,
Augsburg

2.5.4   Die Fleischerei

Die Branchenidentität „Fleischerei" ist deutlich. Die Wurst- und Fleischtheke, der Fußboden, der leicht zu schrubben ist, die gekachelten Wände mit dem blanken Gehänge für Wurst und Fleisch, der Blick in das Kühlhaus, der Hackblock und der separate Kassentresen.

Die Kühle, die der Fleischwaren-Verkaufsraum ausströmen muss, wirkt wie „amtlich verordnet". Je zuverlässiger die Kühlung in der Theke funktioniert, desto mehr Freiheit besteht in der Gestaltung.

Fleischereien versuchen, sich ein neues Image zu geben, mehr Lebensqualität durch Probierbereiche auszustrahlen. Einen Imbiss mit im Laden aufzunehmen, eine Heiß-Theke, eine Suppen-Theke, Salate – alles kann man probieren.

Im Eingangsbereich stehen Tische und Regale mit Konserven, Fertigsuppen und Fertiggerichten für immer neue Zielgruppen.

B 2   Das Unternehmen und seine Zukunft

Metzgerei Diepold, Unterhaching bei München
Planung: Georg Oberloher
Realisation: akf-Kühlmöbel GmbH+Co. KG

Fleischerei Reimann & Böning
Einkaufszentrum Südharz Galerie, Nordhausen
Planung: Detlef Ebeling, Warburg
Realisation: Alkü GmbH, Kreiensen

B   Die Partner der Ladenplanung

B 2 Das Unternehmen und seine Zukunft

2.5.5   Der Frischemarkt

Der Frischemarkt ist mehr als die Summe der Lebensmittel-Frischbranchen mit gesonderten, speziellen Theken für: Salate, Feinkost und Fisch-Marinaden, Backwaren, Wurst- und Fleischwaren, Frischfleisch, Käse. Hinzu kommt der Wein- und Champagner-Verkauf mit der wichtigen Degustationsbar. Natürlich ist hier nicht der Champagner zu prüfen. Dazu gehören Salate, Lachs und je nach Jahreszeit Hummer und Austern. Das ganze Arrangement bekommt erst seinen besonderen Reiz durch italienische, französische, skandinavische und auch durch orientalische Büfetts.

Der Frischemarkt ist eine Idee, die vom Kunden begeistert genutzt wird. Alle Lebensmittel für den täglichen Bedarf sind hier beisammen und können je nach Saison und Angebot ausgewählt und zusammengestellt werden.

Hier werden Speisezettel geboren. Nicht nur Sonderangebote, auch aktuelle Angebote, „Heute fri-

Wormser Markthalle
Planung: Ernst Wienand
Realisation:
akf Kühlmöbelbau GmbH + Co. KG,
Augsburg

Backtory
Internorga 97, Hamburg
Planung: Inge Pons
        Uwe Klatt
Realisation: Alkü GmbH, Kreiensen

Waro, Regensdorf
Planung: Waro Zentrale
Realisation: Schweitzer Projekt AG, Naturns, Südtirol

B 2 Das Unternehmen und seine Zukunft

sche Austern", schaffen ein Markthallen-Milieu, das auf Kunden eine große Anziehungskraft ausübt. Frischemärkte haben ein großes Einzugsgebiet. Die Kunden kommen von weit her. Natürlich gehören dazu auch die Probierstände an den einzelnen Theken und den verschiedenen Feinkostbereichen. Zum Gesamtsortiment gehören Brot und Wein, Süßwaren, Schokoladen, Reformkost, Vollwertkost, Fertiggerichte, Konserven, Champagner, Prosecco, Sekt, Wein, Kaffee und Tee – alles speziell im Angebot und alles besser inszeniert. Mühelos kann man hier das Dinner für liebe Gäste, für das eigene Hobby und natürlich für sich selbst zusammenstellen. Rezeptdienste, Kochbücher, Geschirr, Pfannen, Gläser, Bestecke, Tischdecken, alles befindet sich in greifbarer Nähe. Alles für die verwöhnte Zunge, inszeniert für das verwöhnte, anspruchsvolle Auge.
Siehe auch das Kapitel:
C 5.9 de Vries:
       Migros-Genossenschaft, Zürich

Edeka-Center
City-Galerie, Germering
Planung: Koslowski,
Realisation: Storebest, Lübeck

Karstadt, Gießen
Planung: Schweitzer Projekt AG,
Naturns, Südtirol
Realisation: Schweitzer, Naturns,
Südtirol

La Plazza
Einkaufszentrum Südharzgalerie, Nordhausen
Planung: Detlef Ebeling
Realisation: Alkü GmbH, Kreiensen

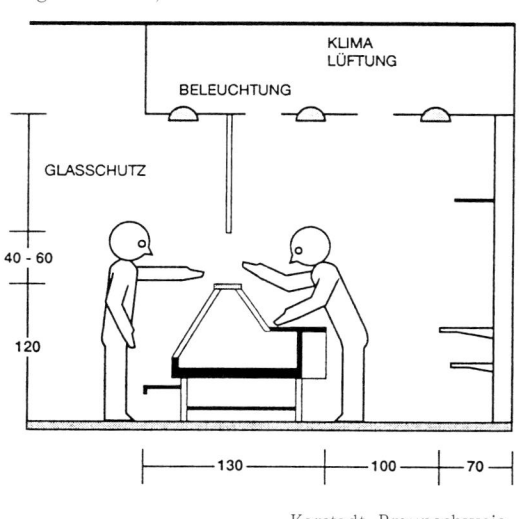

Plaza SB-Warenhaus, Nürnberg
Design: Storebest, Lübeck

Karstadt, Braunschweig
Design: Wescho
Grundriss

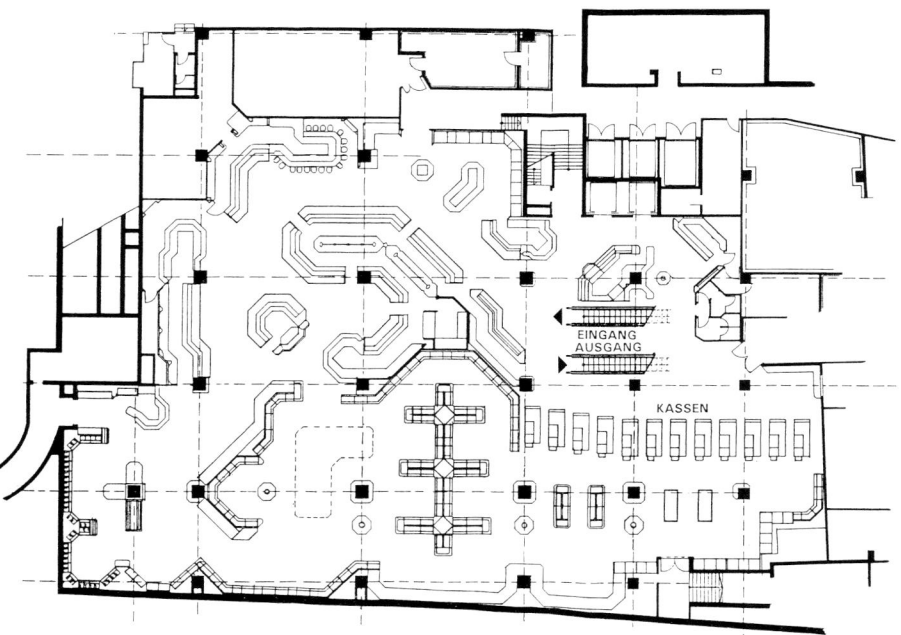

Salon Knosp, Weil im Schönbuch
Planung und Realisierung:
Olymp, Stuttgart

Salon Saussele, Heilbronn
Planung und Realisierung:
Olymp, Stuttgart

2.5.6 Der Friseur

Beim Friseur ist die Theke eine Rezeption, Anlaufplatz für den Termin, Verabschiedungsplatz zum Zahlen. Zur Rezeption gehören die Warteplätze, die Auslage der Zeitungen.

Die Wichtigkeit dieser Warteplätze, die Menge und natürlich die Bequemlichkeit bis hin zu der Zeitschriften- und Zeitungsauswahl wird sehr oft unterschätzt.

Was dann kommt, ist der Salon, der Damensalon, der Herrensalon. Die Identität des Friseurs und das Brancheneigene vollzieht sich in der Gestaltung und der Organisation dieser Salons. Elegante Bilder entstehen hier, sehr viele Spiegel mit Pflanzen, eine Kaffee-Bar, der Duft nach frischem Espresso erleichtert das Warten.

Einsehen kann man diese Salons nicht von den Warteplätzen, aber man spürt sie, sie sind vorhanden, man spürt die Menschen, man hört etwas von den Gesprächen über Wetter und Fußball.

Der technische Aufwand der Salons – Kaltwasser, Warmwasser, Elektro – ist enorm, muss exakt geplant werden, muss Veränderungen unkompliziert erlauben. Der Bedienungskomfort muss sich fachkompetent abwickeln lassen.

Das richtige Licht – die Friseuse braucht es beim Schneiden der Haare und der Kunde braucht so viel Licht, dass er dabei noch sein Magazin lesen kann.

Salon Haargeneration von Dzwikowski-Vietze
Ein Tempel der Schönheit in Berlin-Friedrichstraße
Ein einzigartiger Salon, der mit seinen 500 m² den Rahmen eines normalen Friseurgeschäftes bei weitem sprengt. „Wir haben uns einen lang gehegten Traum erfüllt: Im Herzen des neuen Berlins ein Zentrum zu schaffen für die Kreation und Regeneration gleichermaßen", so Hans-Jürgen Dzwikowski.
Mit dem Salon Haargeneration haben Hans-Jürgen Dzwikowski und seine Frau Kirstin Dzwikowski-Vietze schon heute national wie international Maßstäbe für eine neue Qualität in Sachen Haar, Kosmetik und Beauty gesetzt.
„Dzwikowski-Vietze Haargeneration" vereint ganzheitliche Schönheitsansprüche und hochmoderne Pflegetechniken unter einem Dach. Das stilvolle, alte Prachtpalais, das Mitte des 19. Jahrhunderts als Büro und Geschäftshaus erbaut und später nach Plänen des Architekten Max Dudler aufwändig saniert wurde, strahlt ein heutzutage in der Friedrichstaße selten gewordenes, historisches Flair aus.
Planung: Jürgen Schmidt-André, Bühnenbildner
  Welonda Team, Darmstadt
Realisierung: Welonda

B   Die Partner der Ladenplanung

B 2   Das Unternehmen und seine Zukunft

Goldschmiede Flogaus, Düsseldorf
Planung: Cöln-Design, Köln

Juwelier Albers, Itzehoe
Planung: Cöln-Design, Köln

2.5.7   Der Juwelier

Die Branchenidentität des Juweliers beginnt mit der Fassade. Ein Juwelier muss in der Straße auffallen. Die Schaufenster mit kleinem Gesichtsfeld, an die die Kunden dicht herantreten müssen, sind überschaubar. Die gekonnte Lichtinszenierung, das Glitzern der Pracht vor dunklen oder farbigen im Wechsel liegenden Rückwänden sind auffallend, ohne Einsicht in das Innere des Verkaufsraumes.

Die Eingangstür ist eng und gut gesichert, das macht den Verkaufsraum noch geheimnisvoller. Man schreitet ein, sofort wird man bemerkt, geführt, vorbei an weiteren Kostbarkeiten. Man erfährt, dass derzeit alle Besprechungsplätze besetzt sind, man wird zu leichten Sesseln geleitet: „Möchten Sie sich bei uns ein bisschen umschauen? – Darf ich Ihnen etwas in den Vitrinen zeigen? – Kann ich Ihnen einen Kaffee reichen? – Frau Müller wird gleich für Sie bereit sein."

Die Theke ist eine Rezeptionstheke. Von hier aus schaut man auf die Besprechungsplätze. Die Anordnung ist geschickt, sodass niemand sich behindert fühlt. Immer drei Sitzmöbel stehen um einen Besprechungstisch, die auch Vorlageplätze sind, ein vierter kann bei Bedarf hinzugestellt werden.

Die ausgestellte Ware befindet sich in den Vitrinen. Die Verschlüsse sind sichtbar, sind Image. Sicherheit ist ein Teil der Planung – der Sicherheitsexperte der Versicherung und die Kripo beraten.

Jetzt ist ein Besprechungstisch frei geworden. Frau Müller kommt: „Darf ich Ihnen etwas zeigen?" Ich sitze schon am Besprechungstisch, Frau Müller verschwindet zum Safe, kommt nach einigen Minuten zurück und legt ein Tablett mit Schmuck auf den Besprechungstisch.

Wir werden beobachtet, denn der Mitarbeiter hat stehend den Überblick. Er hat den Vorgang mit angesehen und beobachtet weiter.

Sicherheit ist wichtig. Sicherheit kann man darstellen als Image, als branchentypisch.

Bedeutend ist der Service, Reparaturen, Änderungen müssen am Beratungsplatz angenommen werden – oder geschieht die Annahme und Rückgabe an der Theke?

Siehe auch das Kapitel:
C 5.4 Emer, Klaus
Der Juwelier Wagner, Limburg

Goldschmiede Plätzer, Höchstadt/Aisch
Planung: Heiner Knaup
Ernst-Maier-Team
Realisation: Ernst Maier GmbH, Bad Peterstal-Griesbach

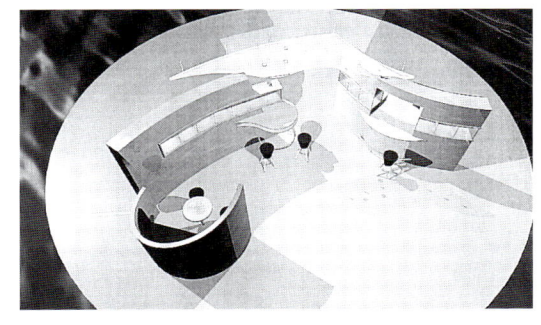

Heitkamp, Kassel
Planung: Cöln-Design, Köln
Realisation: Emde, Grünberg

B   Die Partner der Ladenplanung

B2   Das Unternehmen und seine Zukunft

TÖRQ
Design: Michael Peters, London

Eine neue, außergewöhnliche Ladenkette, die im Bereich des Modeeinzelhandels Schmuck in den Blickpunkt rückt. Bei Modeschmuck handelt es sich im Wesentlichen um ein Produkt „zum Anfassen" und jeder Aspekt der Warenpräsentation trägt dazu bei, TÖRQ so offen, zugänglich und einladend wie möglich erscheinen zu lassen, während er zugleich eine stilvolle und anspruchsvolle Atmosphäre schafft.

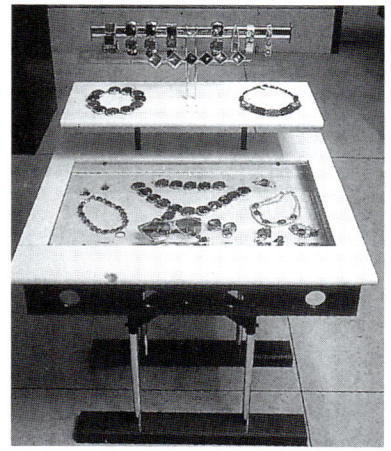

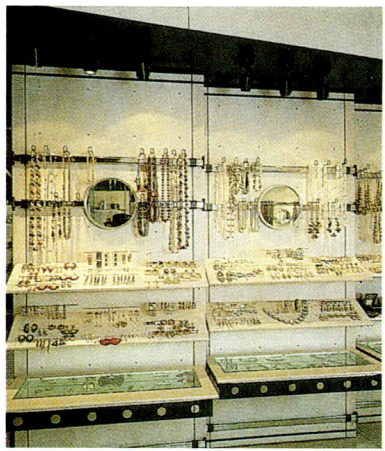

Juwelier Kurtz, Stuttgart
Planung: Wolfgang Platzer, Nürnberg
Realisation: Emde, Grünberg

2.5.8 Der Optiker

Die Werbung im Fenster ist groß, deutlich, branchenspeziell: Hier werden Sehteste durchgeführt und Brillen verkauft. Das ist unübersehbar!

Der Verkaufsraum zeigt eine auch von außen gut einsehbare Freundlichkeit.

Man geht durch einen Vorladen. Viele Brillengestelle sind hier ausgestellt, vornehmlich Sonnenbrillen in lustigen Farben.

Dann folgt die Rezeptionstheke, dahinter die Besprechungsplätze, gut einsehbar, freundlich, mit leichten Sitzmöbeln.

Dahinter befinden sich Räume für den Sehtest, für die Anpassung der Contactlinsen. Diese sind nicht einsehbar. Dazwischen sind Vitrinen für optisches Gerät wie Mikroskope und Lupen.

Sehr viele Spiegel fallen auf. Spiegel zum Probieren der Brillen, bei denen man nicht nur das Gesicht sehen kann, sondern die Brille zum ganzen Menschen.

Optik-Läden wandeln sich. Das Interesse für moderne Warenbilder steigt: die Brille als modisches Accessoires.

Die Inszenierung geschieht mit dem Auftrag, diese Bedeutung der Brille deutlich zu machen. Das Design der Einrichtung spiegelt diesen Auftrag wider und bestätigt die Bedeutung des Auges: eine pfiffige, farbige Einrichtung mit kleinen Designqualitäten, die zum genauen Hinsehen verleiten.

Der Kunde ist aufgefordert, selbst an die Regale heranzutreten und Brillen zu probieren. An den Besprechungstischen wird nur noch die optische Ausstattung der Brille besprochen.

Siehe auch das Kapitel:
C 5.10 Weber, Klaus-Richard
Die DOM-Optik, Limburg

Optik Jonen, Brühl
Planung: Cöln-Design, Köln

B   Die Partner der Ladenplanung

B 2   Das Unternehmen und seine Zukunft

Augenoptik Niebling, Lahr
Planung: Andreas Staiger
Realisation: Emde, Grünberg

Optik Pistor, Eutin
Planung: Cöln-Design, Köln

Optiker Berger, Monheim
Planung: Cöln-Design, Köln

2.5.9 Die Parfümerie

Zusätzlich zur Theke werden die Regale neben und hinter der Theke wichtig. Sie stehen in einer Konkurrenz der verschiedenen Warenbilder untereinander.

Das Angebot zeigt eine Vielfalt in der Darstellung der großen Marken.

Eine nahezu orientalische Geschäftigkeit findet an der Theke statt: Hier probiert man die Cremes, die Düfte, hier ist die Beratung für die dekorative Kosmetik.

In einem Bereich des Verkaufsraumes befindet sich unübersehbar die pflegende Kosmetik. Hier wird die Kundin beraten. Hier wird eine Theke gebraucht. Die Verkäuferin legt der Kundin die Produkte vor.

Im Bereich der dekorativen Kosmetik befinden sich Schminktische. Hier schminkt die Visagistin ihre Kundin neu.

Die dekorative Kosmetik und die Düfte bestimmen die Parfümerie. Die Kundin tritt an die Regale heran, um unter den verschiedenen Rottönen den richtigen Lippenstift herauszufinden.

„Emotions", Nürnberg
Planung: Blocher, Blocher und Partner
Siehe auch die Kapitel:
B 2.6.4 „Emotions", Dessous
B 2.6.15 „Emotions", Sportbekleidung

Parfümerie Cleo, Werdau
Planung: Katherina Grund
Realisation: Dämmler GmbH, Kirchberg, Sachsen

Diese Parfümerie liegt in der Fußgängerzone, dem wieder um Bedeutung ringenden Geschäftszentrum der Kleinstadt. Die Kleinteiligkeit, die Enge und Weite der Straße und anschließender Gassen, die sich zu einem Platz hin öffnen, sollte in der Gestaltung des Ladens Umsetzung finden. Ziel war nicht, aus dem konventionellen Ladenimage auszubrechen, sondern vielmehr Identität zu schaffen.

Lediglich der Rundbogen aus der Fassade taucht hier in abgewandelter Form wieder auf und wird von hinterleuchteten Messinglochblenden umrahmt. Angelehnt an die städtebauliche Situation mündet der großzügige Vorderteil des Ladens in einen abgewinkelten engeren Bereich. Das begrenzte Raumangebot unterstützt die individuelle Atmosphäre und wird durch klare transparente Regalstrukturen eingefasst. Dezente Farbigkeit bildet den Hintergrund zum farbigen Produkt. Großzügig eingesetzte Spiegelflächen und vertikal verlaufende Lichtbänder bilden die Glanzpunkte im Raum.

B   Die Partner der Ladenplanung

B2 Das Unternehmen und seine Zukunft

Geiser AG, Altdorf, CH
Planung: O. Annen, Küssnacht
         Daniele Pozzan, Oberentfelden
Realisation: Umdasch, Amstetten

Gala, Barcelona, E
Planung: Hermann Kleingries, Dula-Team
Realisierung: Dula

„Shu Umera" in „The Crescent",
Dallas, USA
Design: Scott Himmel & Darcy Bonner

Sie braucht einen Spiegel, um den Lippenstift zu probieren.
Parfümerien tun sich sehr schwer, ihre Eigenidentität amtlich zu machen. Die großen Marken, die alle sehr werbeintensiv sind und dazu eine gute argumentativ überzeugende Werbung betreiben – oder grundsätzlich verschiedene, sich ausgrenzende Designauffassungen vertreten, dominieren so stark und bestimmen damit eine Branchenidentität.

Es erscheint wichtig, zu diesen Marken eine Unternehmensidentität in die Gestaltung einzubringen, ein eigenes starkes Design, das als Überbau die unterschiedlichen Designaussagen eint.
Die Düfte, die man schon vor dem Eingang spürt, und diese glitzernde spiegelnde Vielfalt, das Probieren der Düfte, das Betrachten und Prüfen der Flakons, das alles erfasst die Sinne der Kunden und schafft ein Hochgefühl. Die Kunden werden in die Inszenierung hineingezogen.

2.5.10 Das Reisebüro

Das Reisebüro ist ein Verkaufsraum ohne Ware. Branchentypisch ist ein Büro mit Besprechungstheken, an denen man sitzen kann, Auskunft erteilt bekommt und Reisen buchen kann.

Die Katalogschränke mit den voll sichtbaren Katalogen zeigen, was angeboten wird. An den Wänden sind viele Plakate mit schönen Landschaftsmotiven, um die Lust auf das Reisen zu verstärken. Die Sitzmöbel an der Theke, die Wartemöbel bestimmen das Gesicht des Reisebüros.

Viele Kunden kommen, die Informationen brauchen. Die Mitarbeiterin geht zum Katalogschrank und überreicht einen Katalog.

Der andere Kunde will eine Reise buchen. Die Mitarbeiterin hinter der Theke gibt die Reisedaten sofort in den Computer ein. Nach wenigen Minuten ist die Antwort vom Reiseveranstalter zurück. Das Hotel ist leider belegt. Der ganze Buchungsvorgang beginnt aufs Neue. Ein anderes Hotel an einem anderen Ort wird jetzt gesucht und gefunden.

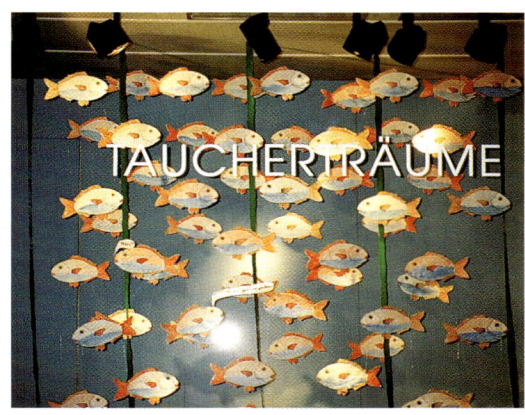

Reisebüro Margrandner, Velden
Schaufenster-Dekoration
Idee + Ausführung Akademie Dorfen, Dorfen
Lola Hack
Reinhilde Luge

Reisebüro am Römerplatz, Zwickau
Planung: Luthe, Rinteln
Realisierung: Luthe, Rinteln

Reisebüro Wagner, Luttringhausen
Planung: Luthe, Rinteln
Realisierung: Luthe, Rinteln

2.6 Die Loopläden

Die Loopläden sind die neue Selbstbedienungs-Generation. Loopläden erreichen die strategische Qualität des Kundenleitweges. Der Loop entsteht aus der Orientierung im Raum und aus der Organisation des Sortimentes. Raum und Sortiment werden durch den Kundenleitweg für den Kunden gleichzeitig erschlossen.

Zum Beispiel der Buchhändler wird immer mehr zum Informationshändler. Er liefert antworten in Printmedien, wie auch in elektronischen Medien.

Die Selbstbedienung hat sich immer weiter verfeinert, hat immer mehr den Kunden verstanden und seine Priorität akzeptiert.

Eine beachtliche, sozialgeschichtliche Entwicklung wurde mit der Herausnahme der Theken eingeleitet und vollendet durch die Entwicklung der Ergonomie zwischen Kunden und Ware. Die Warenträger, die Entwicklung des „sprechenden", informierenden Verpackungscovers folgte, als merkbares Gestaltungsinstrument und Identifikation für eine Ware oder Warengruppe.

Die Entwicklung eines Kundenleitweges, eines Drehbuches, der Highlights ist zum wichtigen Planungsteil für den Loopladen geworden.

Der Kunde wird durch den Loopladen „bewegt". Die Eigenart, die Identität dieser Verkaufsräume macht es deutlich: überzeugende Warenbilder und Highlights, klare Informationen, die den Kunden führen und leiten.

Viele Verkaufsräume lassen sich nur noch als Loopläden steuern. Die planungstechnische Konzentration zur Herstellung der Raumübersicht bedeutet deshalb: unbedingte organisationstechnische und gestalterische Beherrschung des Raumes. Die kundenverständliche Logik, die kundenverständliche Ordnung in der Warenplatzierung, in der Raumerschließung, in der planungstechnischen Festlegung der Loops als Kundenleitweg ist der Auftrag zur Ladenplanung.

Breuninger Exquisit, Stuttgart
Planung: Blocher, Blocher und Partner, Stuttgart

2.6.1 Für Accessoires

Accessoires sind ein großer Wachstumsmarkt. Als Eyecatcher und für Lifestyle-Ideen sind sie wichtiger Bestandteil des Modesortiments und vom Handel sehr begehrt. Andererseits sind sie problematisch, denn sie müssen professionell gepflegt oder geschmackvoll präsentiert werden. (Vitrashop)

Gürtel, Portemonnaies und Brieftaschen, Koffer und hauptsächlich Taschen und, wenn es sein soll, der passende Schuh dazu – das bedeutet unterschiedliche Präsentation und die Zusammenfassung in aktuellen modischen Inszenierungen. Das ist eine interessante Aufgabe für Innenarchitekten.

Selfridges, London, GB
Planung: John Herbert Partnership
Realisation: Dula

Detail, Düsseldorf
Planung: Dieter Thiel, Bern
Realisierung: Vitrashop GmbH, Weil am Rhein

Vogt of Florence, Dortmund, Baujahr 1989
Geschäft für Lederwaren, Accessoires
Planung: Klaus Bürger
Hochwertiges, weiches Ledermaterial von natürlicher Farbigkeit, handwerklich hervorragend verarbeitet, gilt es zu präsentieren.
„Hartes" mattiertes Glas in grüne Lackflächen eingespannt – vereiste Materie assoziierend – stellt herausfordernd den Gegensatz zum weichen Leder dar. Handwerklich ausgeführte Kuben aus Zitronenholz in grüner Lack-Eis-Fläche nehmen die Ledermaterialien warm und weich auf. Eine geschwungene, in Stukko-Venezia-Technik blau gespachtelte Wandscheibe schließt den Raum nach hinten ab und bildet zusammen mit dem Kassentresen den blauen Farbakzent. Ein weißer, farbig punktierter Terrazzoboden vermittelt Großzügigkeit, eine im Boden eingelassene und hinterleuchtete Glasfläche am Eingang trägt Signet und Schriftzug. Blau eloxierte Aluminiumflächen werden auf eingespannte Glasböden aufgelegt und erweitern die Präsentationsfläche. Massivholzarbeiten in den Lackflächen des Kassentresens verbinden die elegante Kühle mit einer aus der Funktion entstehenden, handwerklichen Detailausbildung.

B   Die Partner der Ladenplanung

B2   Das Unternehmen und seine Zukunft

Horstmann & Sander, Hannover

Planung: Blocher, Blocher und Partner, Stuttgart

„Deutschlands größtes Kofferhaus zu sein, reicht uns nicht mehr aus, dem so spannenden Bereich der Accessoires wollen wir eine neue Plattform geben."

Mit dem Werbeslogan: „Accessoires für's Leben" wird firmiert.

„Alles ist anders" heißt es nach dem Umbau und der Neugestaltung des Verkaufsraumes.

Horstmann & Sander vergrößerte auf 2500 m². Hier breitet sich die ganze Welt der Accessoires und Lederwaren aus:

– Taschen
– Reisegepäck
– Kleinlederwaren
– Lederbekleidung
– Schmuck
– Fun- und Geschenkartikel
– Papeterie.

Die große Verkaufsfläche mit vier Verkaufsebenen machte sieben Erlebnisbereiche möglich. Man spricht im Unternehmen von sieben Welten!

Jede der Welten hat ein besonderes Thema und somit die besondere Gestaltung, die dem jeweiligen Waren-Thema innewohnt. So entstanden sieben verschiedene Milieus, die Teile einer abgestimmten Gesamtgestaltung sind, die den Verkaufsraum über vier Geschosse verbindet.

Die geschossverbindende Treppenanlage mit den großzügigen Deckenöffnungen fügt die vier Verkaufsebenen zu einem Gesamtverkaufsraum zusammen.

Der Verkaufsraum hat eine besondere Transparenz, trotz der strengen Zuordnung der Welten besteht eine gute Führung: ein geplanter Kundenleitweg. Der Verkaufsraum kennt keine Engpässe. Verbunden mit den bewusst hellen schlichten Warenträgern, die die vorwiegend schwarzen Lederwaren hervorragend präsentieren, akzentuiert mit einigen Designer-Möbeln, ist eine Verkaufsraum-Inszenierung entstanden, die „Deutschlands größtes Kofferhaus" nicht nur in m² bestätigt.

Natürlich kann man sich auch hier entspannen mit einem Espresso, dessen Qualität gelobt wird und inzwischen stadtbekannt ist.

Die Fassade mit bester Transparenz. Die großen entspiegelten Glasflächen zeigen ohne störende Reflexe die drei oberen Verkaufsebenen und lassen die untere 4. Ebene ahnen

Eine Ausstellungs- und Verkaufstheke

Die geschossverbindende Treppenanlage schafft überall gute Übersichten

Für die 12–20-jährigen auch eine Video-Wand zur Unterhaltung. Eine Akzeptanz und Sichtbarmachung dieser Zielgruppe

B 2 Das Unternehmen und seine Zukunft

2 BUSINESS PARK
*Accessoires für
Arbeit und Büro*
Papeterie
Service Point

1 TRAVEL WORLD
Alles für die Reise
Espresso Bar

OUTDOOR AREA
*Accessoires für Action
unter freiem Himmel*
Camel Shop
Timberland Shop
Schirmcorner

E ERDGESCHOSS
Accessoires fürs Leben
Börse
Taschen
Gürtel
Mandarina Duck Shop

TREND CORNER
Die junge Welt der Trends
Esprit Shop
Fossil Shop

0 DESIGN STORE
*Die Welt der
großen Marken*
Costume National
DKNY
Jil Sander
JOOP!
Miu Miu
Prada
Strenesse

FUN FLOOR
*Mode und Accessoires,
die Spaß machen*
Schulcorner

Travel World
Die Atmosphäre des Flughafens: die Wege an die Check-in-Kasse, das Band mit Koffern und Taschen, darüber der Monitor mit den Abflugzeiten.

Design Store
Die Welt der großen Marken. Design-Produkte in Design-Trägern

2.6.2 Für Blumen

Blumen gehören zum Leben. Sie sind Bedarf für ein glückliches Leben – sie sind Geschenk und das nicht nur für andere.

Das Angebot an Blumen ist immer emotional bedeutend darzustellen. Blumen dürfen beim Einkauf nicht vergessen werden. Blumenläden müssen deutlich sein. Manchmal braucht man Blumen schnell und unvorbereitet, dann muss man sofort wissen wo.

Blumen kaufen kann schon ein Stück Erholung sein, nach dem allgemeinen Einkauf.

Michaela Ordner in ihrem Buch: „Ladenarchitektur – Ganzheitliche Gestaltung eines Blumenfachgeschäftes – Konzeptions- und Arbeitshilfen", das Wichtigste aus ihrem Buch kurz gefasst:

An der Fassade sollte die Möglichkeit bestehen, florale jahreszeitliche Außendekorationen anzubringen.

Schaufenster sind bodenbündig, damit große Boden-Inszenierungen gut präsentiert werden können.

Für größere Außenverkaufsflächen ist ein Sonnen-/Regenschutz vorzuziehen.

Im Verkaufsraum sind Zonen zu schaffen für:
– lose Schnittblumen
– fertige Werkstücke
– Pflanzen
– Kunstgewerbe
– Beratungs- und Schreibplatz
– Werktisch
– Kasse.

Der Verkaufsraum soll seine ständige Umgestaltung durch die Mobilität der Warenträger zulassen und so regelmäßige Neu-Inszenierungen sowohl des Raumkonzeptes als auch des Sortimentes zulassen.

Tische in unterschiedlicher Höhe und Breite erlauben die Positionierung der Vasen für unterschiedlich große Schnittblumen.

In Greifhöhe werden Tische für kleine, blühende Pflanzen positioniert.

Große Pflanzen werden – wie bei der Endnutzung – auf dem Boden stehend präsentiert.

Freistehende und wandgebundene Warenträger für die Darbietung des kunstgewerblichen Sortimentes werden in ihrer Größe, Form und dem Material wohnraumorientiert, feuchtraumtauglich, stark strapazierbar und farbenneutral ausgewählt.

Damit die Ware den Vordergrund der Aufmerksamkeit bildet, müssen die Warenträger flexibel und in Größe, Form und Wirkungsbedarf veränderbar sein.

Jede neue Dekoration stellt neue Anforderungen an eine optimale Präsentation. Dies bedeutet, dass auch Regalböden in unterschiedlichsten Höhen, auch mit geringen Abständen verstellbar sein müssen. So kann ein großes und vielseitiges Sortiment untergebracht werden, das klar sortiert und sauber strukturiert ist und vom Kunden leicht und übersichtlich erkannt werden kann.

Wandregale, die in ihrer Position veränderbar sind, indem sie in eine Wandschiene eingehangen werden, erleichtern eine Umgestaltung des Verkaufsraumes.

Regal-Einsätze für Sonderfunktionen wie Band, Kerzen, Papier, Bücher und Schreibmöglichkeiten sind für freistehende und wandgebundene Regale verwendbar.

Blumen Hauth, Hilpoltstein
Planung: Michaela Ordner

2.6.3 Für Bücher

Die Schaufenster sind thematisch geordnet. Der Kunde wird von einem spanischen Plakat mit einem Bild der Alhambra stark angesprochen.

Der Kunde geht an den Straßentischen vorbei in die Buchhandlung. Er sucht die Reiseabteilung. An der Treppe findet er den Hinweis: „Hobby, Reise, Landkarten – 1. OG".

In der Reiseabteilung steht ein Regal mit der Beschriftung „Spanien", davor „Italien", „Mittelmeerländer", dahinter „Portugal", „Azoren".

„Spanien" ist in dieser Buchhandlung eine Bedarfsgruppe. Hier findet der Kunde Reiseführer, Reisebeschreibungen, Sprachführer, Landkarten, Fotobände und Kochbücher der spanischen Küche.

Der Kunde sucht noch einen Stadtplan von Granada. Er findet ihn nicht. Er braucht die Hilfe einer Mitarbeiterin. Die Mitarbeiterin schaut im Computer nach. Der Stadtplan ist nicht mehr am Lager. „Ich kann Ihnen den Stadtplan bestellen. Dann ist er morgen da."

Das ist buchhandlungstypisch:
- die unendlich vielen Sach- und Fachgebiete mit Beschriftungen in der Gesimsblende, mit der Feinbeschriftung vor jedem Boden, die häufige Rückstellung der Bücher
- das Aufreißen dieser „Buchtapete" durch Frontalpräsentationen, durch Leitsortimente, durch Highlights.

Die Öffnung der Buchhandlung für den Kunden bedeutet Inszenierungen:
- die Faszinationswände für Neuerscheinungen, für Aktuelles
- die Geschenkwand „für das Kind", „für den oder die wir lieben", „für das Geburtstagskind" und „für den, der schon alles hat".

Projekt Ludwigs, Delmenhorst
Planung: Heike Strothmann
Realisation: Brübach Ladenbau, Witzenhausen

B   Die Partner der Ladenplanung

B 2 Das Unternehmen und seine Zukunft

Montanus
Einkaufszentrum CentrO, Oberhausen
Planung: Silvia Secci
Realisation: Linde AG

Hugo Schimmel, Uelzen
Planung: Manfred Kreft
         Rainer Kaetz
         Kreft-Team, Wedemark
Realisation: Wilhelm Kreft GmbH

A & M, Knittelfeld
Planung: Sepp Schneider
         Rudolf Prinz
Realisation: Umdasch, Amstetten

Die Buchhandlung entwickelt sich weiter in der Inszenierung zum Treffpunkt. Die Weiterentwicklung der Dialogfähigkeit führt in eine Begegnungskultur: ein Milieu der Konzentration zur Stimmung mit den flachen Tischen mit den Bücherstapeln, den Neuerscheinungen in jedem Bereich, mit den vorragenden Unterbauten vor den Regalen, auf denen die interessierten, verweilenden Leser zwischen den ausgelegten Büchern sitzen. Viele Buchhandlungen verändern ihr Angebot und Ihre Angebotsform:
– der Markt wird wichtig, das Buch wird Stapelware
– elektronische Bücher werden selbstverständlich – das Hörbuch und die CD-Rom.
Siehe auch das Kapitel:
C 5.7 Van Rennes, Ernst Christian
       De Drukkery, Middelburg, NL

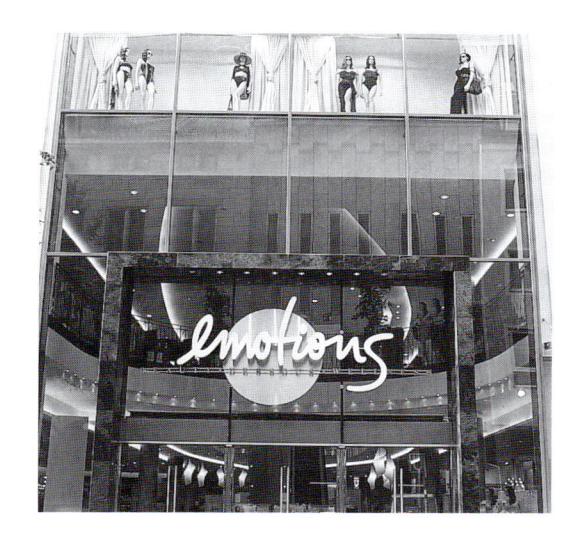

2.6.4 Für Dessous

Eine sinnliche Erlebniswelt wird aufgebaut: eine Inszenierung mit Spannungen für das Geheimnisvolle.

Einladung, Öffnung, das Geheimnisvolle wird mitnehmbar. Ein beratender unaufdringlicher Service begleitet den Kunden.

Alles ist offen, gut sortiert nach Farben, Modellen und Qualitäten.

Eine Show an Wänden und Ständern mit großen Fotodetails geben den Kunden Hilfen.

Eine besondere Stimmung ist inszeniert mit interessanter Lichtführung und Highlights. Ein interessantes Durcheinander von kostbaren Geweben entsteht.

Das Geheimnis ist gewahrt, aber man ist ein Stückchen näher dran, je tiefer man in den Verkaufsraum dringt.

Um diese Stimmung geht es, um eine Inszenierung, nicht um die Einrichtung.

„Emotions", Nürnberg
Planung: Blocher, Blocher und Partner, Stuttgart
Einrichtung: Vitrashop GmbH, Weil am Rhein
Kaufhof startete 1999 mit einem neuen Vertriebskonzept in Nürnberg. Mit „Emotions" ist das nach dem Umbau erweiterte, 2800 m² umfassende Haus ausschließlich auf die Bedürfnisse von Frauen ausgerichtet. Auf drei Ebenen werden Frauen jeder Alters- und Einkommensklasse angesprochen. Die Sortimente – um die Themen „Beauty", „Dessous" und „Wellness" gruppiert – werden konsequent zielgruppenorientiert präsentiert. Die Architekten Blocher, Blocher & Partner, Stuttgart, planten die sinnliche Erlebniswelt mit spannenden Gegenpolen wie „Verspieltheit" und „Purismus". Moderne Materialien und Gestaltungselemente im Kontrast mit antik erscheinenden Mosaiken und Säulen schaffen diese besondere, abwechslungsreiche Atmosphäre.
Ein unaufdringlicher Service prägt das „Emotions"-Konzept: Zunehmende Individualisierung, dem Wunsch nach persönlicher Ansprache und Betreuung wird damit Rechnung getragen. Schönheits-, Mode-, Ernährungs- und Fitnessberatung gehören zum Serviceangebot.
Mit „Emotions" bietet der Kaufhof ein weiteres innovatives Lifestyle-Konzept im Einzelhandel, das auch die Attraktivität der Innenstadt erhöht. (Vitra-Presse-Info)
Siehe auch die Kapitel:
B 2.5.9   „Emotions", Parfümerie
B 2.6.15   „Emotions", Sportbekleidung

B   Die Partner der Ladenplanung

B2 Das Unternehmen und seine Zukunft

Engelhorn. Wäsche und Strümpfe, Mannheim
Planung: Blocher, Blocher und Partner, Stuttgart
Eine großzügige Schaufensteranlage verbunden mit einer Brücke über die abwärts führende Kundentreppe sorgt für Großzügigkeit und Spannung. Eine vergoldete Decke gesäumt von mächtigen baulich vorhandenen Säulen führt in die Tiefe des Raumes, wo sowohl Damen und Herren in individuellen Welten eintauchen können.
Dort im einmaligen Innenhof wird die Atmosphäre licht und sonnig.
Gelbe Wände, farbige Terrassofliesen kombiniert mit gebeiztem Holz bilden das Ambiente der Damen. Ein Minnelied als umlaufendes Spruchband ziert die Wände.
Im Reich der Herren wird die Atmosphäre klarer und strenger, Bodenbeläge sind in Kirschbaumholz.
(Jutta und Dieter Blocher)

B2   Das Unternehmen und seine Zukunft

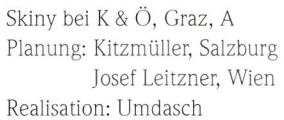

Skiny bei K & Ö, Graz, A
Planung: Kitzmüller, Salzburg
	Josef Leitzner, Wien
Realisation: Umdasch

Palmers- und Wolford-Shop, Berlin
Planung: Palmers und Dula
Realisation: Dula

Dorothé, Darmstadt
Planung: Stephanie Reinhardt, Weil am Rhein
Realisation: Ganther GmbH, Waldkirch
	System Vitrashop GmbH, Weil am Rhein

97

B   Die Partner der Ladenplanung

B 2   Das Unternehmen und seine Zukunft

2.6.5   Für elektronische Medien

CD's, Musikkassetten und Videobänder, der dynamische Markt der Audio-Konserven muss sich darstellen.

Der Schallplatten- und CD-Markt lebt sowohl von der Archivierung der Klassik als auch von der Sichtbarmachung der Neuerscheinungen. Auch das andere Bild, das durch die Hits und durch neue Poptitel bestimmt wird, gehört dazu.

Die Gegensätzlichkeit zweier angeblich so grundverschiedener Medien kennzeichnet das Bild der Verkaufsräume. Dazwischen noch der Bereich Musicals, Jazz, Filmmusik: Das Branchentypische sowie die Fachkompetenz, auch den „Pop" archivarisch zu steuern und der Klassik nicht ein Höhlendasein zu verschreiben, wird wichtiger.

Die Spannung, die verschiedenen Medien in Gestaltung umzusetzen, die Musik, den Rhythmus ordnend, medien-angewandt zu übernehmen, schafft Möglichkeiten vom High Tech bis zum High Touch.

Wichtig ist es, die notwendige, systematische, nach Sachgebieten organisierte Archivierung durch Warenleitbilder für Zielbereiche, für vorteilhafte Cover-Präsentationen deutlich zu machen.

Die CD ist trend- und zielgruppenorientiert. Die Identifikation zwischen Kunde, Ware und Mitarbeiter ist im Bereich Pop und aktueller Musik eine wichtige Voraussetzung für den Erfolg.

Abhörmöglichkeiten reduzieren sich immer mehr. Das „im Stehen-Hören" ist in. Das Hören in Kabinen ist selten geworden. Der Erfolg, immer mehr CD's, nutzt jeden Winkel für noch mehr neue CD's.

Die Warensicherung gehört hier zum Standard. Musikkassetten, CD's und Videos werden in Leerhüllen präsentiert. Erst an der Kasse erhält man den Inhalt.

Siehe auch das Kapitel:
C 5.5   Kreft, Wilhelm:
        Die Oper im Untergeschoss

City-Galerie, Germering
Edeka-Center
Planung: Herr Koslowski
Realisation: Storebest, Lübeck

Müller-Drogerie-Markt, Bochum
Planung: Müller-Planungsbüro
Realisation: Linde AG

B 2 Das Unternehmen und seine Zukunft

Dussmann – Das KulturKaufhaus, Berlin
Planung: Wilhelm Kreft
           Volker Paulsen
           Kreft-Team, Wedemark
Realisation: Wilhelm Kreft GmbH

B   Die Partner der Ladenplanung

B 2   Das Unternehmen und seine Zukunft

2.6.6   Für Heimtextilien

Heimtextilien: Gardinen, Tischdecken, Servietten, Bettwäsche, Frotteewaren, etc. steigen an Bedeutung, nachdem im Cocooning-Trend das eigene Heim wieder entdeckt wurde. Man braucht eben morgens das frische duftende froh farbige Handtuch, dann kann man auch den Tag froh beginnen und gewinnen.

Offene Regale, Großtische – die farbige Pracht der Ware lockt und leitet.

Platz für lustig bezogene Betten und ein Platz für die ständigen Sonderangebote werden in dieser Branche gebraucht.

Bentalls, Bristol, GB
Planung: Ulrike Dinand
　　　　　Friedrich Wilhelm Schaper
　　　　　Dula-Team
Realisation: Dula

Schlüter, Gnarrenburg
Planung und Realisierung: Kunze GmbH, Elmshorn

Sogaro, Mailand, I
Planung: Schweitzer Projekt AG, Naturns, Südtirol
　　　　　Corsie und Naysmith, London
Realisation: Schweitzer, Naturns

2.6.7 Für Glas und Porzellan

Der Loop führt an langen Regalwänden mit Nischen vorbei, Nischen jeweils für ein Geschirrarrangement – Teller, Tassen, Schüsseln, dazu Vasen: alles als wirkungsvolles Warenbild aufgebaut.

Ein anderes Warenbild: eine Szene, eine Tischinszenierung mit passender Tischdecke, mit Servietten, Gläsern, Besteck, die Blumenvasen mit frischen Rosen.

In der Mitte des Verkaufsraumes sind Podeste mit gestapeltem Geschirr, dazwischen Bodenvasen. Eine branchentypische Inszenierung entsteht.

Die formalen und qualitativen Ordnungsprinzipien werden mit Regalen und Tischen genutzt, um die Kleinformatigkeit der Porzellan- und Glasteile in die größere Einheit des Verkaufsraumes zu übernehmen.

Große Fotowände ordnen, informieren, vervollständigen den Kundenleitweg und schaffen eine Orientierung für den Kunden.

Glas und Kristall ist prächtig in Vitrinen aufgebaut. Unterstützt durch ein brillantes Licht werden Highlights gestaltet.

Jelmoli, Zürich, Ch
Planung: Walter Bartholome
Realisation: Dula

Selfridges, London, GB
Planung: John Herbert Partnership
Realisation: Dula

Sogaro, Mailand, I
Planung: Schweitzer Projekt AG Naturns, Südtirol
         Corsie & Naysmith, London
Realisierung: Schweitzer, Naturns

B   Die Partner der Ladenplanung

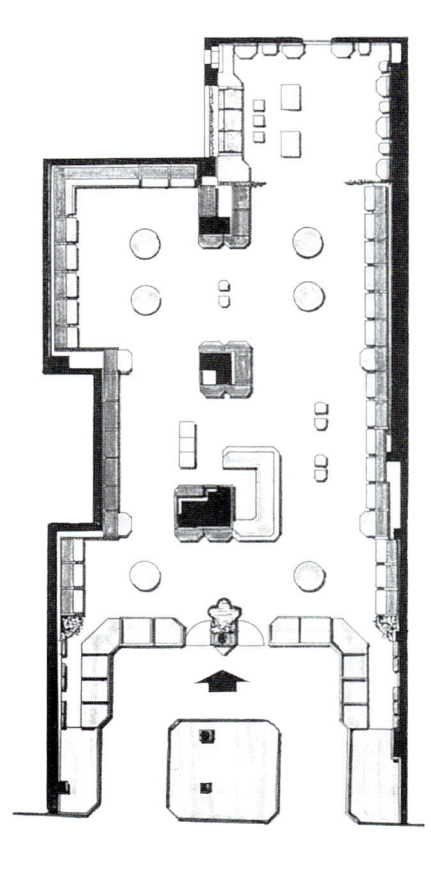

B 2 Das Unternehmen und seine Zukunft

Staatliche, vormals Königliche Porzellan-Manufaktur, Berlin
Design: Cöln Design, Köln

2.6.8 Für Lebensmittel

Lebensmittel in den verschiedensten Angebotsformen werden in Selbstbedienungsläden und Selbstbedienungsmärkten angeboten.

Loopläden sind hier selbstverständlich. Thekenbereiche für Frischfleisch, für Käseprodukte, für Backwaren, für Fisch und Feinkost erweitern das Angebot.

Selbstbedienungsmärkte sind große Verkaufsräume. Eine gute Übersicht und die Ausarbeitung eines Kundenleitweges sind Voraussetzung für die vorteilhafte Nutzung.

Der Markt und Sonderangebotsplätze – eine Art Marktplatz mit Ständen – da ist immer etwas los. Besondere, saisonale Angebote, aber auch Zusatzmärkte aus anderen Bereichen: Geschirr, Töpfe, Pfannen, Tischdecken, Gartengerät aktualisieren den Markt. Ein Weinmarkt, zur Saison ein Spargelmarkt, Obst und Gemüse geben Anlass für saisonale Märkte.

Da stapeln sich die Kisten mit Ananas. Davor ein Anbieter, der die Vorteile der Ananas ausruft. Das alles erinnert an einen Jahrmarkt. Diese Inszenierung kann niemand übersehen. Man hat das Gefühl, man verpasst etwas, wenn man hier nicht zugreift.

Lebensmittelmärkte stehen in einem harten Wettbewerb. Viele Jahre hindurch haben sie versucht, Wettbewerb allein über den Preis zu bewältigen, jetzt über die Ideen.

Man braucht heute viel Platz für Ideen, für Aufführungen, für Inszenierungen.

Siehe auch das Kapitel:
C 5.9   de Vries, Jos:
         Migros Genossenschaft, Zürich

Edeka Warenhaus
Design: Hansa-Kontor, Köln

Gemco, Kowland Hights,
Kalifornien, USA
Design: WalkerGroup, New York

Lucky Stores, San Francisco, USA
Design: WalkerGroup, New York

Edeka
H. W. Pachmann KG., Mühlheim an der Ruhr
Planung: Gabriele Masur
Realisation: Storebest, Lübeck

B Die Partner der Ladenplanung

B2 Das Unternehmen und seine Zukunft

Karstadt, Köln
Planung und Realisation:
Schweitzer Projekt AG, Naturns, Südtirol

Pro Kaufland, Linz-Urfahr, A
Planung: Gerald Haider, Wien
Realisation: Umdasch

Fortum & Maslow, London, GB
Planung: Wolfgang Link
         Dula-Team
Realisierung: Dula

2.6.9 Für Mode: Damen

Die Läden und Boutiquen für Damenoberbekleidung liegen voll in den Modetrends. Status, Selbststilisierung und Lifestyle – hier weiß man wie.

Im Modemarkt muss auch das Unternehmen „in" sein. Hier muss man zu den mit Vorzug aufgesuchten Unternehmen einer Zielgruppe gehören. Zielgruppen, Alter und Qualität spielen hier eine große Rolle.

Die Mode, die Qualität und die Marken, die geführt werden, wirken auf das Einrichtungsdesign und bestimmen den Rang des Unternehmens.

Um Mode darzustellen, ergeben sich zwei grundverschiedene Einrichtungsphilosophien, die beide ihre Berechtigung haben und sehr oft in einem Unternehmen gleichzeitig angewandt werden.

Die eine Philosophie besagt: Die Mode dominiert ganz allein, die Einrichtung hat zurückzutreten. Da, wo Einrichtung noch vorhanden ist – in Trägern, Säulen, Stützen, wollen wir Metall, möglichst rund, möglichst dünn und verchromt, damit durch den Chromspiegel-Effekt über das Einrichtungs-Muss-Minimum hinweggetäuscht wird. Die Benutzung des Gestaltungsfächers von der „Reduzierten Architektur" über die „Anonyme Architektur" bis zur „Null-Architektur" (ein Begriff von Jasmin Grigot), nur die Kleider bilden hier den Raum. Die Kleider und Mäntel hängen förmlich in der Luft.

Die andere Philosophie ordnet, schafft Tempel, Brücken und Baldachine zur Unterstüzung der Inszenierungen durch Einrichtungsteile, die im jeweiligen Modetrend die dazugehörigen Bühnenbilder liefern und darüber hinaus nützliche Böden und Kleiderständer darstellen. Gleichzeitig werden in diesen Türmen und Baldachinen Beleuchtungen, Spots, wie in einer Theaterbühne untergebracht. Die Inszenierung leuchtet. Zunehmend werden Bühnenbildner beauftragt und Autoren-Inszenierungen entstehen.

Das alles ist aufwändig, muss in wenigen Wochen wieder umgerüstet und vielleicht mit dem nächsten Modetrend ganz ausgewechselt werden. Man ahnt die Theaterwerkstatt hinter den Kulissen. Hier arbeitet ein Team von Dekorateuren, Arrangeuren, Malern. Das Umrüsten muss plötzlich über Nacht geschehen. „Nach der glänzenden Aufführung ist der Zirkus am folgenden Tag weitergezogen."

Das dynamische Konzept funktioniert. Die Aufführungen, die Inszenierungen sind genau in den verschiedenen Bereichen festgelegt, der Spielplan abgestimmt auf modische und regionale Ereignisse, auf Inszenierungen, die in der Tageszeitung angekündigt werden.

Was ist typisch an der Mode?

Diese Branche hat ein eigenes Gesicht, ein eigenes Gesetz. Die unendliche Vielfalt der Möglichkeiten schafft ein Unternehmens-Branchenprofil,

Engelhorn Exquisit, Mannheim
Planung: Blocher, Blocher und Partner, Stuttgart

Das 4. Obergeschoss, die ehemalige Verwaltungsetage, des sich jetzt über sechs Geschosse erstreckenden Modehauses für Damen, Herren und Kinder wurde zur neuen Welt der Anspruchsvollen. Hochwertigste Marken, sowohl im Damen- wie im Herrenbereich, mit Shopflächen von Joop/Cerrutti, Windsor, Donna Karan und Escada finden hier ein neues Ambiente. Heller großformatiger Naturstein, kombiniert mit dunklem Holz und hellen Wänden bilden die Grundstimmung. Asiatische Möbel und Kunstgegenstände sorgen für die besondere Note. (Jutta und Dieter Blocher)

Palm, Heilbronn
Planung: Blocher, Blocher und Partner, Stuttgart

Viel Licht in das Eckhaus, das über zwei Eingänge verfügt, bringt die rechtwinklige Fensterfront über den Haupteingang. In der Raummitte führt eine breit geschwungene Stahltreppe nach oben.

Das Haus verfügt über 2500 m² Gesamtfläche und ist in Welten ausgeführt, die jeweils mit einer bestimmten Farbe gekennzeichnet sind: Fashion und Sport im Basement, Herren im Erdgeschoss, Damen im 1. Obergeschoss, Kids im 2. Obergeschoss und Wohnen im 3. Obergeschoss. Das Ambiente ist geprägt durch eine helle lichte Atmoshäre mit sehr - individuellem, auf die Zielgruppe abgestimmtem Anspruch. Es wurden heller Naturstein und helle Hölzer verwendet, Abwechslung durch Mosaikstein und Estrichbeläge, gezielte Farbakzente lockern auf und sorgen für Unterbrechung. (Jutta und Dieter Blocher)

B   Die Partner der Ladenplanung

B 2   Das Unternehmen und seine Zukunft

She und Bogie, Düsseldorf
Planung: Inna Dobiasch
Realisation: Vitrashop GmbH, Weil am Rhein
Die Münchner Architektin Inna Dobiasch hat für She eine Reihe außergewöhnlicher Warenträger entwickelt. Dazu gehören vier Wandelemente – je für Hänge- und Legeware in den Breiten 1250 mm und 700 mm, für den Mittelraum Konfektionsständer in ovaler und in Barrenform, ein kleiner T-Ständer sowie ein Standspiegel. Für frei stehende Wandelemente wurden darüber hinaus Rückwände geschaffen, die sich gut als Abgrenzung zu anderen Abteilungen oder im Schaufensterbereich einsetzen lassen. Insgesamt also ein sehr umfangreiches Einrichtungsprogramm.
Klassisch, einfach und modern, mit einer femininen Note – so sind die She-Warenträger beschaffen. Damit passen sie exakt zur Modelinie von She. Die Farben sind dezent. Das Holz wird struturlackiert, Rahmen sind dunkelgrau, Metallteile chrom. Die Glasteile werden einseitig sandgestrahlt und bringen damit eine blassgrüne Note ein.
Für den Boden wurde helles Parkett gewählt. Die Einrichtung wirkt damit farblich sehr natürlich und zurückhaltend, was sich für die Modefarben sehr positiv darstellt, da sie so immer voll zur Geltung kommen. Die Formen der jeweiligen Mode – ob gehängt oder gelegt – sind aber immer voll erkennbar. Keine andere Form und keine andere Farbe als die Mode selbst bestimmt damit die Modeaussage des Shops.

das genau im Marketingkonzept und in einem Erlebniskonzept definiert sein muss.
Wichtig sind hier die vielen Details, die Farben und das Material des Fußbodens, die Beleuchtung, die Bezüge der Stühle im Wartebereich, die Vorhänge der Umkleidekabinen. Textil zu Textil. Da springt es von Trend zu Trend zur verwandtschaftlichen Identität über.
Siehe auch das Kapitel:
C 5.6   Carmellini, Lorenzo; Magnoli, Rocco
         Gianni Versace, New York

„Dress in", Karstadt
Planung und Realisation: Ruppel, Lauda-Königshofen

Modehaus Gieck, Ludwigsburg
Planung: Cöln-Design, Köln

B2 Das Unternehmen und seine Zukunft

Rigolerio, Chicago, USA
Design: Scott Himmel & Darcy Bonner, Chicago

Modehaus Ortner, Dortmund
Planung: Jochen Bartels
         Dula-Team
Realisation: Dula

B   Die Partner der Ladenplanung

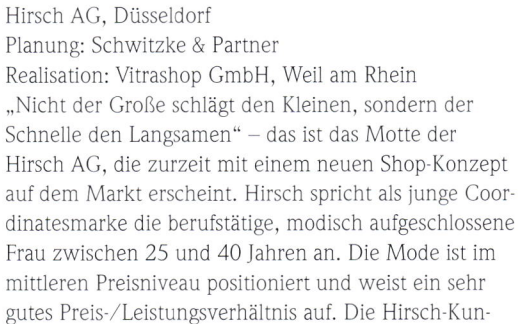

B2 Das Unternehmen und seine Zukunft

Hirsch AG, Düsseldorf
Planung: Schwitzke & Partner
Realisation: Vitrashop GmbH, Weil am Rhein
„Nicht der Große schlägt den Kleinen, sondern der Schnelle den Langsamen" – das ist das Motte der Hirsch AG, die zurzeit mit einem neuen Shop-Konzept auf dem Markt erscheint. Hirsch spricht als junge Coordinatesmarke die berufstätige, modisch aufgeschlossene Frau zwischen 25 und 40 Jahren an. Die Mode ist im mittleren Preisniveau positioniert und weist ein sehr gutes Preis-/Leistungsverhältnis auf. Die Hirsch-Kundin, für die als Kaufentscheidung nicht die Marke im Vordergrund steht, gilt als Smart Shopper. Passend zu Mode und Zielgruppe ist ein System entstanden, bei dem Funktionalität und Variabilität besondere Anforderungen waren.
Einfache, gerade Formen bestimmen das Design. Die Warenträger im Mittelraum – wie Kombiständer, Pyramidentisch und Kreuzwinkelständer – sind so beschaffen, dass in erster Linie die Ware gesehen wird. Das Möbel selbst tritt optisch zurück, nimmt viel Ware auf und dabei wenig Raum in Anspruch." (Vitrashop)

ST. Emile, Düsseldorf
Showroom
Planung: Inna Dobiasch

2.6.10 Für Mode: Herren

Mode für Herren – hier ist es ruhiger als bei den Damen, aber dies hat nur den Anschein. Auch hier ist ständig Bewegung. Aber die modischen Veränderungen sind nie so deutlich von dem entfernt, was gestern noch gültig war.

... und dann die Krawattentheke – gleich 10 muss man kaufen, die gefallen. Hier laufen die Farben und Muster über.

Anzüge, Hosen, Jacken und die passenden Accessoires – alles ist da, alles muss greifbar sein für die Kunden.

Herrenmode, das bedeutet: Ordnung, alles ist aufgeräumt. Neues bestaunt man im Verkaufsraum an Puppen. Die Mengen hängen exakt Ärmel an Ärmel wie es gestern schon gültig war. Das hat eben Stil.

Breuninger Exquisit, Stuttgart
Planung: Blocher, Blocher und Partner

Engelhorn Exquisit, Mannheim
Planung: Blocher, Blocher und Partner

B Die Partner der Ladenplanung

B2 Das Unternehmen und seine Zukunft

Pohland
CentrO, Oberhausen
Planung: Bruno Makowski
Realisierung: Dula

Jelmoli, Zürich, CH
Planung: Walter Bartholomie
Realisierung: Dula

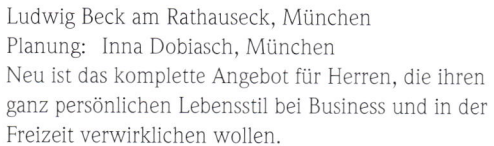

Ludwig Beck am Rathauseck, München
Planung: Inna Dobiasch, München
Neu ist das komplette Angebot für Herren, die ihren ganz persönlichen Lebensstil bei Business und in der Freizeit verwirklichen wollen.
Für diese Herren hat Ludwig Beck seine Abteilung: „Men in Beck" total neu konzipiert. Im Vordergrund stehen zukünftig die geschlossenen Präsentationen der internationalen Marken für Herrenmode und die Darstellung gelungener Lifestyle-Kollektionen. Dazu wie gewohnt eine besondere Auswahl Herren-Business- und Freizeithemden, Strickwaren und die Vielfalt in Qualität, Passform und modischer Gestaltung von Tag- und Nachtwäsche sowie Accessoires.
Alles präsentiert sich in einem eigens gestalteten und für diese Abteilung entworfenen Warenträger in neuem Licht, auf einem angenehm sympathischen Holzboden. Weite des Raumes und individuelle Lösungen für geschlossene Warenpräsentationen vereinen sich auf ideale Weise.
Schlichte Eleganz, reduziert in der Form, klar und leicht im Farb- und Materialkontrast.

„Die bewusste Inszenierung von Verkaufsräumen verleiht dem Produkt einen zusätzlichen Mehrwert und damit einen Wettbewerbsvorsprung."
Innenarchitektur ist auch Marketing. Über die Gestaltung von Verkaufsräumen geschieht gleichzeitig ein Aufschließen neuer Markträume – Innenarchitektur mit einem betriebswirtschaftlich messbaren Stellenwert = Merchandising-Architektur.
Bei Ludwig Beck orientiert sich die individuelle Gestaltung des Interieurs an der Tradition des Hauses, der gelebten Unternehmenskultur, dem Standort, dem Warensortiment, den Zielkunden und den Zielsetzungen des Unternehmens für die kommenden Jahre. Die Räume im Untergeschoss im Kaufhaus am Marienplatz sind die Bühne eines Stückes, in dem das Produkt die Hauptrolle spielt.
Im „Kaufhaus der Sinne" wird die Planung erst dann als erfolgreich empfunden, wenn alle Sinne der Kunden gleichermaßen angesprochen werden. Dazu bedarf es allerdings weder vordergründiger Verspieltheit noch willkürlich aufgesetzter Dekoration.
(Inna Dobiasch)

B Die Partner der Ladenplanung
B2 Das Unternehmen und seine Zukunft

2.6.11 Für Papierwaren

Papierwaren – ein weites Feld:
- Papierwaren
- Schulbedarf
- Büroartikel
- Zeichenbedarf
- Party-Artikel
- Haushaltspapierwaren
- Geschenkpapier
- Glückwunschkarten
- Briefpapier
- Füllhalter
- Rechner und Büromaschinen
- Zeitschriften
- Poster.

Jede dieser Artikelgruppen könnte ein Bereich für sich sein.

Alle diese verschiedenen Artikel laufen über verschiedene Regaltypen, Innenregale und Tische ab. Das Branchentypische der Papierwarenläden, die Unterbringung von sehr viel Ware auf kleinstem Raum, verändert sich. Die Lagerordnungen werden neu überdacht. Das begann schon mit den „Shop-in-the-Shop-Systemen":
- ein Heimbüro-Center
- ein Schulbedarf-Center
- ein Schreibwaren-Center.

Es war immer problemvoll und sehr strapaziös, sich in Schreibwarenläden zurechtzufinden der vielen Waren wegen. Diese waren zwar geordnet und systematisch gut zusammengebracht, das Umsetzen in Warenbilder und schließlich und endlich in Highlights wurde aber in der Verkaufsraumgestaltung als problematisch angesehen.

Hier verändert sich eine ganze Branche. Farbe zieht ein. Ordnungsprinzipien werden neu gefunden. Nicht die Menge der Waren, sondern die überzeugende Darbietung auch der vielen kleinen Waren, wie Radiergummis und Bleistiftanspitzer, das Warenbild, die Information über Ware, die Darstellung der Nutzanwendung, hat den Vorrang.

Athesia, Brixen, Südtirol, I
Planung: Joachim Debschütz
Kreft-Team, Wedemark
Realisation: Wilhelm Kreft GmbH

B 2 Das Unternehmen und seine Zukunft

Dennoch, es gibt überzeugende Beispiele, aber das Prinzip der Merchandising-Architektur, das in vielen Branchen so erfolgreich angewandt wird, muss auch in die Vertriebsstrategie dieser Unternehmen aufgenommen werden.
Die Gestaltung, die Überzeugung, die ordnende Hand, die Verlagerung in eine visuelle Überzeugung ist notwendig geworden. Die Inszenierung, die Emotionalität werden auch in dieser Branche gebraucht, die in der Hauptsache auf Bedarfsdeckung ausgerichtet ist.
Nicht nur die Erfüllung der Kundenerwartungen und die notwendige emotionale Steuerung des Kunden in der Kundenleitweg-Überlegung ist wichtig. Auch viele interessante neue Produkte, bis hin zu Rechnern, Computern und gut designtem Schreibgerät, erwarten die gute Gestaltung, das bessere Design der Warenträger.
Siehe das Kapitel:
F 6.3   Die Erschließung einer Papeterie

Brauns, Bayreuth
Planung: Stephan Brübach
Realisierung: Brübach-Ladenbau, Witzenhausen

Knauber, Bergisch-Gladbach
Planung und Realisierung: Umdasch, Amstetten

Ravensteyn, Utrecht, NL
Planung und Realisation: Werner Schenk, Heilbronn

B Die Partner der Ladenplanung

B 2 Das Unternehmen und seine Zukunft

Büro Dallmer, Landshut
Planung: Wolfgang Grub, Heckendorf

Schäfer Büro Organisation, Hof
Planung: Wolfgang Grub, Hechendorf

Haufler am Markt, Stuttgart
Planung: Wolfgang Grub, Hechendorf

Jakob Erichsen, Flensburg
Planung: Wolfgang Grub, Hechendorf

2.6.12 Für Sanitätsartikel

Sanitätsartikel werden immer mehr gebraucht, weil sie noch notwendiger werden. Gut wenn es dem Gestalter gelingt, über dieses Notwendige an Dienstleistung sensibel hinweg zu führen, um zu einer Lösung zu kommen, die im Design und in der Raumgestaltung überzeugt.

Der besondere Gestaltungsauftrag entsteht hier. Lebensqualität wird gebraucht.

Die Anforderungen an die Einrichtung sind vielseitig: mal Oberbekleidung, mal Wäsche, mal Schuhe, Krankenstühle, Rollstühle.

Das muss geplant werden: Jeder Bereich hat seine Eigenart.

Orthopädie Brillinger, Tübingen
Planung und Realisation: Ruppel GmbH & Co., Lauda-Königshofen
Industriabau unter primärem Einsatz von Stahl, blau lackiert, Glas und Wellblechen an Fassade und Dach. Postmoderne Elemente als Raumteiler, Raumbegrenzer im Innenraum, Putztechnik, stahlblau, lindgrün, zitronengelb.
Die offene Architektur aus Sichtbarmachung der Raumkonstruktion, Installation einer freischwingenden Treppe, transparenter Galeriegestaltung, großzügiger Tageslichteinfall signalisiert einer hoch sensiblen Zielgruppe Offenheit und Modernität, Kompetenz und Technologieverständnis, Willkommensein und Problemverständnis.

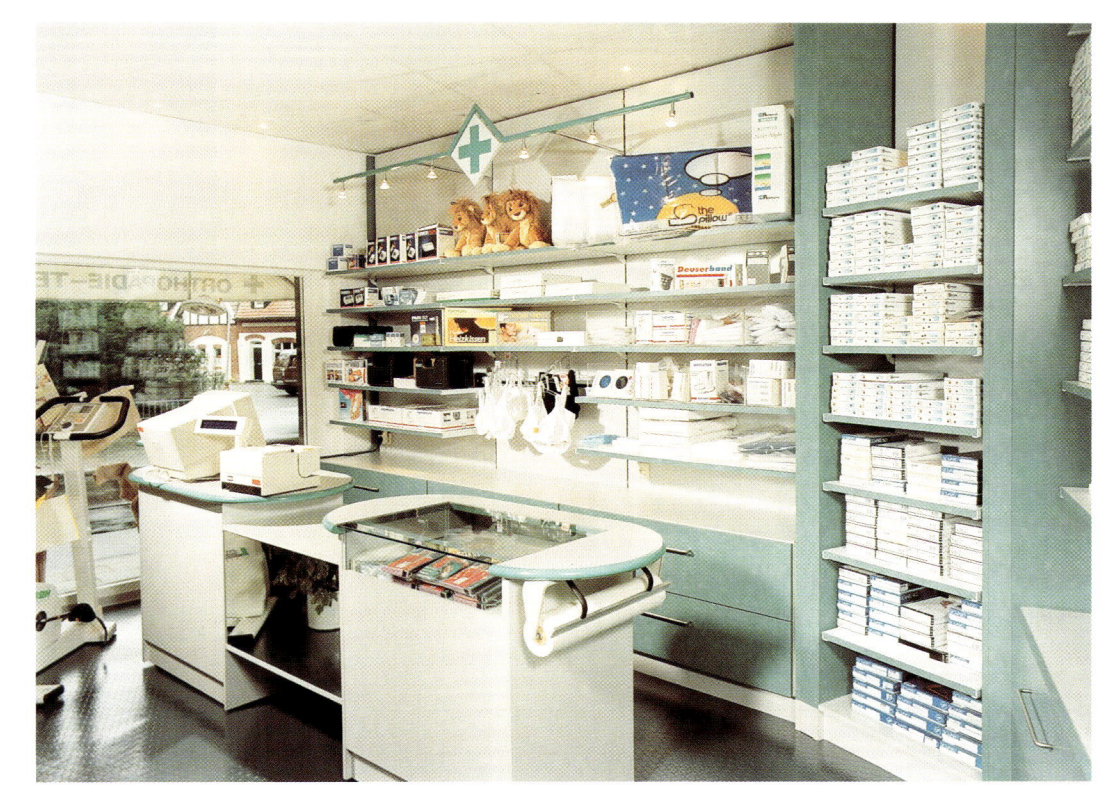

Sanitätshaus Bayersdorf, Herne
Planung und Realisierung: Luthe-Ladenbau, Rinteln

B Die Partner der Ladenplanung
B 2 Das Unternehmen und seine Zukunft

2.6.13 Für Schuhe

Der Schuh zu dem besonderen Anlass ist das Thema der Warenbilder im Schaufenster und im Verkaufsraum.
In Regalen, auf Podesten und Tischen: die Schuhausstellung, die Parade der neuen Modelle. Die Kunden können alles bewundern, greifen, anziehen und testen.
Im Mittelpunkt sind die Probierplätze in geschickter Anordnung. Die Mitarbeiterin verschwindet einen Augenblick. Sie holt die passende, gewünschte Größe und Farbe. Man probiert die Schuhe, man kann ein Stückchen gehen auf Teppich-, auf Stein- oder sich auf Holzböden drehen. Immer klingt der Schuh anders, man kann den Schuh hören.
Wie bei allen modischen Waren, so hat auch hier die Gestaltung eine enorme Spielbreite. Die Ideen zur Inszenierung zeigen auch hier den Rang, die Bedeutung des Unternehmens.
Die Ausweitung auf andere Lederartikel – Accessoires wie Taschen, Gürtel, Handschuhe – werden bedeutungsvoller in der Abteilung „Schuhe für die Dame".
In den Kinderabteilungen ist Fröhlichkeit gefragt.
Siehe auch das Kapitel:
C 5.1   Bartels, Hans-Joachim
        Schuhhaus Böhmer, Düsseldorf

WILD PAIR, Shoe Store im Golf Mill Mall, Niles, Illinois, USA
Design: Sanford B. Stein, Kris Maifeld

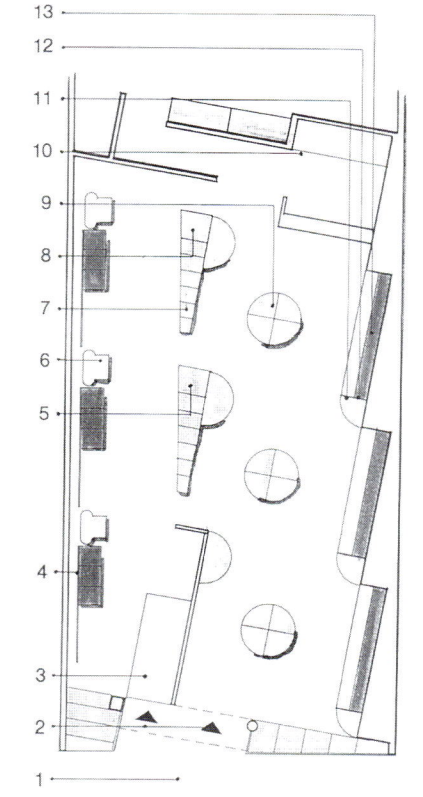

Grundriss
1 Eingangswinkel
   bezogen auf den dominierenden Verkehrsfluss
2 Geteilter Eingang
3 Rampe 1 bis 15
   unten beleuchtet
4 Lochraster
   für Rückwandauslage
5 Abgestufter Auslagenteiler
6 Sitzgelegenheiten
7 Informelle Damenschuhauslage
8 Informelle Herrenschuhauslage
9 Fahrbare Auslagengestelle
10 Überwachungsbereich
11 Informelle Produktauslage
12 Auslagentürme
   mit durchleuchteten Lebensstil- und Produktgrafiken
13 Haupt-Damenschuhauslage

B2 Das Unternehmen und seine Zukunft

Schuhsalon Castros, Nürnberg
Planung: Wolfgang Platzer, Nürnberg
Realisierung: Emde, Grünberg

Lust for Life, Aachen
Planung: Patrik Schalkwijk
         Kaufhof Projekt-Team
         Wolfgang Strobl
         Umdasch-Team
Realisation: Umdasch, Amstetten

Bally International AG
Shopconcept
Planung: Bally-Schönenwerd
Realisation: Cassina in Meda und Vitrashop (International) AG, Birsfelden

Bei Bally Internaional AG in Schönenwerd in der Schweiz wurde ein Konzept realisiert, das den Umbau von ca. 250 der eigenen Bally Shops betraf. Die Planung selbst wurde im Hause Bally vorgenommen, mit der Ausführung wurde Cassina in Meda/Italien beauftragt, die in Zusammenarbeit mit Vitrashop AG, CH-Birsfelden, die Warenträger entwickelten.

Die Shops wirken sehr einladend und weisen eine dem Angebot entsprechende hochwertige, vor allem aber angenehm warme Atmosphäre auf. So fühlt sich der Kunde sofort wohl im Geschäft. Das Licht ist dezent und wird immer gezielt auf die Ware gerichtet. Die Warenpräsentation ist beispielhaft. Die Sortimente werden z.T. gemischt, z.T. werden sie gesondert präsentiert. Plakate lockern die Präsentation auf. Grundsätzlich wird bei Bally auf Visual Merchandising viel Wert gelegt. So werden die Wände laufend umgestaltet, damit deutlich für den Kunden sichtbar ist, wenn neue Ware eingetroffen ist.

B   Die Partner der Ladenplanung

B 2   Das Unternehmen und seine Zukunft

2.6.14   Für Spielwaren

Die Welt des Spielens hat eine Aktualisierung erfahren, die Soziologen und Freizeitforscher vorausgesehen haben: zur Bewältigung von immer mehr Freizeit, zum Frönen von immer mehr Hobbys, zum Suchen nach neuen Inhalten für Geselligkeit, zum Suchen nach pädagogisch wertvollem Spielzeug für Kinder.
Freizeit und Spiel ist ein Motto geworden, das Begeisterung und Enthusiasmus auslöst, bei immer mehr Menschen.
Spielwarenläden machen neugierig. Sie gehören in die Shopping-Bereiche der Innenstädte.

Unter den Läden, die nicht als Einkaufsziel für den Shopping-Bummel angesteuert werden, stehen Spielwarenläden oben an. Dass sie dennoch aufgesucht werden, macht Bedeutung und Auftrag der Spielwarenläden deutlich. Sich immer mehr auf die Freizeit des zufälligen und neugierigen Shopping-Besuchers einzustellen, ist wichtig, denn jeder braucht Spielzeug, nur die meisten spüren das erst, wenn sie durch einen Spielwarenladen gehen.
Der besondere Geschenkaspekt wird hervorgehoben – nicht nur in den Wochen vor Weihnachten.
Die unterschiedlichsten Interessen der Kunden in einem Loop zu ordnen ist branchentypisch.
Die Zielsetzung für die Planung ist Grundlage der erfolgreichen Betreibung:
- die Welt der Spiele als Story in einer umfassenden Ausstellung darzustellen mit interessanten Warenbildern, die Informationen und Erklärungen geben können
- das geschickte Einbeziehen der Mitarbeiter, da, wo Spielzeug und Spiele erklärbedürftig werden.

Wenn Spiele die Fantasie der Kinder und Erwachsenen anregen sollen, dann muss dieses auch Gegenstand individueller Gestaltung werden.
Der ganze Reichtum an Farbe und Form steht hier zur Verfügung. Entfaltungsideen sind Spielideen.

FAO Schwarz, New York, USA
Ein inszeniertes Warenbild. Mit dem „Mitfahrergruß" bittet eine Puppe, mitgenommen zu werden.
Design: WalkerGroup, New York

B2 Das Unternehmen und seine Zukunft

Bentalls, Bristol, GB
Planung: Ulrike Dinand
 Friedrich Wilhelm Schaper
Realisierung: Dula

ELC – Early Learning Centre:
Early Learning Centre verkauft pädagogisch wertvolle Spielwaren. Dieses englische Ladenkonzept wurde auf das westeuropäische Festland geholt und dort von Jos de Vies The Retail Company gemäß den Verbraucherbedürfnissen des westeuropäischen Marktes umgesetzt.
Planung: Jos de Vries The Retail Company B.V., Maarssen

Sokos, Helsinki, SF
Planung: Paul Wansch
 Umdasch-Team
Realisierung: Umdasch, Amstetten

119

B   Die Partner der Ladenplanung

B 2   Das Unternehmen und seine Zukunft

„Emotions", Nürnberg
Sportkleidung
Planung: Blocher, Blocher und Partner, Stuttgart

Karstadt Sport Mega Store, Berlin-Zoo
Planung: Karstadt BTE
Realisierung: Dula

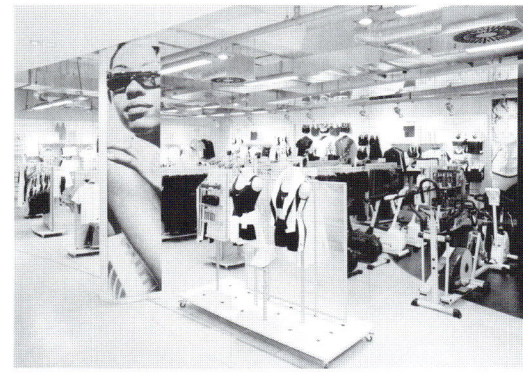

Sportler, Innsbruck, A
Planung: Gerhard Lipp
         Umdasch-Team
Realisierung: Umdasch

2.6.15   Für Sportartikel

Der Sport ist für viele Menschen mehr als eine notwendige gesunde Betätigung und mehr als ein Hobby, also ein Mega-Trend.

So sind die Verkaufsräume für Sportartikel High Touch- und High Tech-Bühnen, also Inszenierungen für einen Markt, der wächst. Nicht nur das Design auch die Technik spielt eine große Rolle: Laufbänder zum probieren der Laufschuhe, eine Kletterwand für werdende Bergsteiger, auch für das Tennisspielen braucht man Probiermöglichkeiten zum Finden des richtigen Schlägers, also gibt es schon die Inszenierungen, in die Kunden einbezogen werden.

Sport erfasst weite Bevölkerungskreise. Das begünstigt große Flächen und damit der Lagergedanke nicht aufkommen kann, wird inszeniert.

Das Fachgeschäft für Sport bis hin zum Fachmarkt draußen vor der Stadt, um den großen Flächenbedarf ökonomisch bewältigen zu können, ist notwendig geworden.

Siehe auch Kapitel

C 4.8   Ein Unternehmen inszeniert
        NikeTown, Berlin
C 5.2   Blocher, Blocher und Partner:
        Engelhorn Sports
C 5.8   Schafflinger, Robert: World of Sport

Voswinkel, Dortmund
Planung: Wolfgang Becht
         Umdasch-Team
Realisierung: Umdasch, Amstetten

2.6.16 Für die Technik

Der Erfolg der Technik gründet sich nach dem Bedarf: Immer mehr Technik im Büro, im Haushalt, im und am Auto. Technische Faszination, die High Tech-Welle gewinnt immer mehr Anhänger. Der Siegeszug der Computer hat noch lange nicht seine Sättigungsgrenze erreicht. Und morgen lösen die besseren Modelle mit noch wesentlich mehr Möglichkeiten die heutigen Modelle ab.

Die Technikläden haben die Aufgabe, neuestes technisches Know-How in die Fußgängerzonen zu tragen und möglichst vielen Kunden zu vermitteln. Technikläden müssen ständig aktuell sein. Der Bedarf an ihnen steigt. Handys sieht man an allen Ohren.

Gerade hier ist der High Touch und das gute Design besonders in. Hier kennt man den Wert der gut gestalteten technischen Geräte, die zu Blickfängen werden. Hier kennt man den Design-Wettbewerb und weiß, die technische Reife, die technische Qualität wird immer mehr Standard. Der Kunde wählt Design-Qualität. Technikläden sind deshalb Design-Ausstellungen, ganz gleich, ob es sich um Auto-Zubehör handelt, um TV- oder Hifi-Anlagen, um Computer oder um Rasierapparate.

Die Variabilität der Einrichtung und die formalen Qualitäten müssen das Ausstellungsgut bewältigen, unterstützen und ordnen, müssen Bezüge und Trennungen herstellen können und müssen auch noch Kulisse sein.

Mobistar:
90 Verbraucherläden und 10 Business Center
Mobistar besitzt ein eigenes Telefonnetz in Belgien. Mit seiner Ladenkette Mobistar Centers ist Mobistar der zweitgrößte Telekomdienstleister in Belgien.
Planung und Konzeption:
Jos de Vries The Retail Company B.V., Maarssen

B   Die Partner der Ladenplanung

B 2   Das Unternehmen und seine Zukunft

T for Telecom:
50 Verbraucherläden und 2 Business Center
T for Telecom ist eine unabhängige Ladenkette in den Niederlanden und bietet Beratung auf dem Gebiet Telekommunikation an.
Planung und Konzeption: Jos de Vries The Retail Company B.V., Maarssen

T-Punkt, Frankfurt am Main
Die Telekom hat im Oktober 1998 mit ihrem T-Punkt auf der Zeil in Frankfurt/Main einen neuen, börsengerechten Auftritt erzielt. Die gesamte Welt der Telekommunikation kann hier von den Kunden erfahren und erprobt werden. Die Beratungsunternehmen Dr. Hintzpeter und Partner, Hamburg, und CD-Plan, Dachau, entwickelten ein Konzept, das von Vitrashop mit einem neu entwickelten Shopsystem umgesetzt wurde. Dieser T-Punkt wurde mit allen Techniken, die heute bekannt sind, und mit dem erforderlichen Maß an human touch ausgestattet. Alle Kernkompetenzen der Deutschen Telekom sind so gespiegelt, dass die Kunden auf spielerische Art Zugang zu den Angeboten finden. Erstmals kann man hier alle Netzleistungen virtuell und life erleben. Die künftigen Käufer – the new generation – werden gezielt durch adäquate Kommunikation, Verkaufsraum-Gestaltung und „gimmicks" angesprochen. Sachlich-rationale Produkte werden auf emotionale Weise vermarktet. Technik als eye-catcher wird nicht nur für „technique-minded people", sondern für die Masse erlebbar. Klarheit im Outlet, präzise Orientierungshilfen und Kundenleitsysteme erleichtern den Weg durch die Angebotsvielfalt. Der Erfolg zeigt sich durch eine hohe Besucherfrequenz und überproportionale Käufe.
(Vitrashop Presse-Info)
Planung: Dr. Hintzpeter und Partner, Hamburg
             CD-Plan, Dachau
Realisation: Vitrashop GmbH, Weil am Rhein

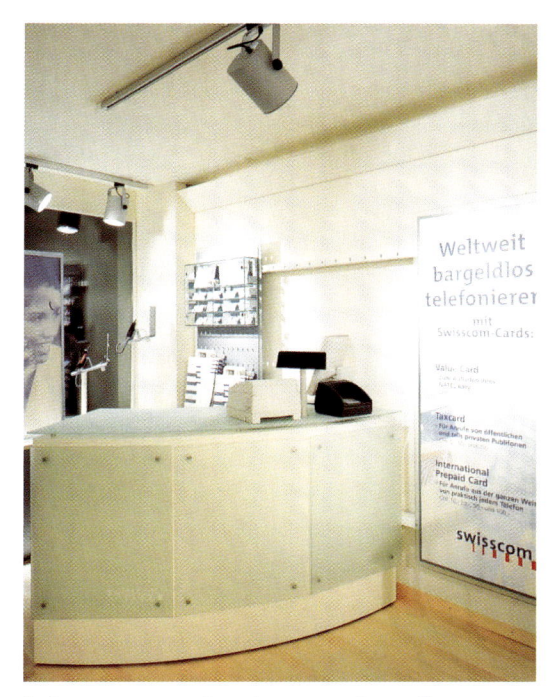

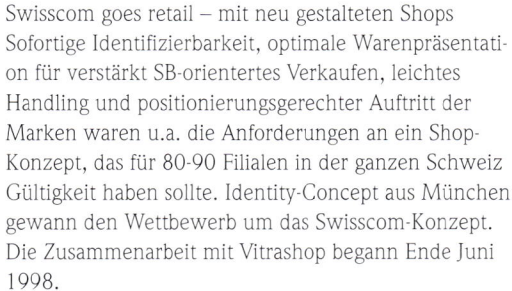

B 2 Das Unternehmen und seine Zukunft

Swisscom goes retail – mit neu gestalteten Shops
Sofortige Identifizierbarkeit, optimale Warenpräsentation für verstärkt SB-orientertes Verkaufen, leichtes Handling und positionierungsgerechter Auftritt der Marken waren u.a. die Anforderungen an ein Shop-Konzept, das für 80-90 Filialen in der ganzen Schweiz Gültigkeit haben sollte. Identity-Concept aus München gewann den Wettbewerb um das Swisscom-Konzept. Die Zusammenarbeit mit Vitrashop begann Ende Juni 1998.
Innerhalb weniger Wochen setzte Vitrashop AG, Birsfelden, das Konzept um. Bereits im September eröffnete der erste Shop in Basel, gefolgt von weiteren in Adliswil, Olten und Lugano. Bis Mai 1999 wurden 15 Shops eingerichtet.
Das neue Swisscom Shop-Konzept bildet eine hervorragende Basis für zukunftsorientiertes Merchandising im Telekommunikationsbereich. Der Kunde genießt die angenehme Verkaufsatmosphäre der hellen, leicht und transparent wirkenden Shops. Die Formen sind einfach und klar; die Metalltöne der Präsentationselemente unterstreichen die Technik-Kompetenz. Für die unterschiedlichen Warengruppen, zu denen auch vielfältiges Zubehör und Informationsmaterial gehören, stehen spezielle Warenträger zur Verfügung. Sie ermöglichen z.B. auch das Testen der Geräte. Beraten lassen kann sich der Kunde an im Mittelraum präsentierten Countern. Die gute Differenzierbarkeit der Ware sorgt im Zusammenwirken mit dem In Store-Kommunikaitonssystem für optimale Kundenorientierung. Emotionalisiert wird der gesamte Shop über Stimmungsbilder und die spannungsreiche Licht- und Schattenwirkung des Beleuchtungskonzepts von Ansorg, Mühlheim.
(Vitrashop Presse-Info)
Planung und Realisierung: Vitrashop AG, Birsfelden

123

B Die Partner der Ladenplanung

B 2 Das Unternehmen und seine Zukunft

A2Z, Housten, Texas, USA
Design: WalkerGroup, New York
In der Handelskette A2Z, einem Unternehmensbereich von Spencer Gifts, Inc., ist ein neuartiges Einzelhandelskonzept realisiert, das auf dem Katalogprinzip der attraktiven Präsentation einzelner Muster oder Produkte unter Beifügung einer Beschreibung und Preisangabe beruht. Der Kunde sieht sich die gut platzierte Ware in Ruhe an und nimmt sich für die von ihm gewählten Produkte Beschreibungskarten, die er später an einem im Hintergrund gelegenen Bedienungstresen gegen die tatsächliche Ware eintauscht.

B 3 Der Innenarchitekt und seine Aufgabe

Die Unternehmen im Einzelhandel brauchen attraktive Verkaufsräume, um Kunden zu erreichen, und gut organisierte Verkaufsräume, um sie zu halten. Der Innenarchitekt braucht innovative Ideen zur interessanten Gestaltung der Verkaufsräume, um den Konsumenten einzuladen und zu motivieren. Die Kunden erwarten die Inszenierung des Verkaufsraumes, die Erlebnisgestaltung. „Der Verkaufsraum als Bühne" erfordert besondere Kenntnisse und Leistungen des Innenarchitekten. Um diesen Aufgaben gerecht zu werden, wird ein umfassender Innenarchitektur-Planungsprozess erforderlich.

Der Innenarchitektur-Planungsprozess bedeutet die Übernahme der Ziele des Marketingkonzepts. Diese Ziele werden zum zentralen Auftrag für den Innenarchitekten.

Der Innenarchitekt wird hier angesprochen als Facharchitekt für den Verkaufsraum – als Merchandising-Architekt, als Ladenplaner.

- Der Ladenplaner verfügt über Marktkenntnisse, unternehmens- und branchenübergreifend, das heißt, er ist nicht betriebsblind und arbeitet mit den Zielsetzungen des Marketingkonzeptes insbesondere am Corporate Design und der Corporate Communications.
- Er koordiniert zur Merchandising-Architektur die Unternehmenskultur mit der Unternehmensdarstellung im Design und die Unternehmenskommunikation
- Er schafft einen Entscheidungskatalog mit Terminen für die Durchführung der baulichen Maßnahmen und die Nutzung des Verkaufsraumes.

Die Gestaltung in der Ladenplanung – die Verkaufsraumgestaltung, die Leitgestaltung, die Inszenierung mit der Milieugestaltung als die wesentlichen Aufgaben des Innenarchitekten – erfordert die Persönlichkeit des Innenarchitekten, um die Persönlichkeit des Unternehmens zu bewahren und zu festigen.

Die Individualität der Planung muss garantiert werden, sie ist ein wesentlicher Punkt des Marketingziels. Gerade dann, wenn die Einrichtungsteile immer mehr Produkte aus der Serie sein werden. Die Inszenierung, die Nutzung, der Umgang mit den Möbeln und Waren bleibt individuell – persönlicher Einsatz des Innenarchitekten.

Für den Laden planenden Innenarchitekten ergeben sich zunehmend mehr Aufgaben und immer größere Spielräume in der Erlebnisgestaltung. Er wird immer mehr Guru, Philosoph. Der Ladenbauer wird zum Kulissenbauer.

„Er hat viele Möglichkeiten, um eigene Spuren zu legen", sagt Hans Hollein, einer der wenigen Architekten, die sich mit dem besonderen Auftrag der Ladenplanung auseinander gesetzt haben.

Gerade die Aufforderung zur Erlebnisgestaltung für die Kunden macht Gestaltungsfreiräume notwendig. Interessant bleibt das Thema, im Gesamtgefüge aus Ware und Raum Ideen zu verwirklichen, um Warenbildwirkungen und faszinierende Warenraumbilder für die Konsumenten zu erreichen.

Individualität, Aktivität und Flexibilität sind Leistungsforderungen. Die Bedeutung der Verkaufsraumgestaltung und Inszenierung für die Unternehmen wächst unaufhörlich.

Die Aufgaben des Innenarchitekten

Der Innenarchitekt muss bei der Ladenplanung beachten:
- **das Unternehmen**, die Unternehmensphilosophie, die Unternehmenskultur, die Unternehmensidentität, den Markt, das Angebot am Markt, die Konkurrenz-Situation
- **die Marketingziele**, das Marketingkonzept
- **das Team**, dabei hat er Sprachprobleme zwischen Management und Planungsteam auszuräumen und zwischen Betriebswirtschafts- und Architektur-Sprache zu vermitteln,

- **die Nutzung** von Design und Kundenleitweg, der Warenbilder und Highlights in künstlichen und künstlerischen Paradiesen
- **die Kosten**, die Wirtschaftlichkeit der Investition planen, die Kosten als Planungsfaktor ständig mit planen, Auswahl der Möglichkeiten wie nach einer Speisekarte mit unterscheidenden Leistungen und Preisen

– die **Durchführung**, die Ausführung, Termine und Kosten. Der Zeitplan, Koordination, Kompetenzen, Bauleitung, Schließzeiten für das Unternehmen, der unverrückbare Eröffnungstermin

Die Merchandising-Architektur, der Planungsprozess, die Planungsphasen, der Entwurf, die Durcharbeitung bis ins Detail sind eine Hauptaufgabe.

Der Entwurf

Die Profilierung des Unternehmens bis zur Entwicklung der Unternehmensidentität bis hin zur Unverwechselbarkeit einer Unternehmenspersönlichkeit bedeutet eine individuelle Unternehmensdarstellung.

Ideen und Entwürfe können nur gut sein, wenn sie durchführbar sind. Die Entwurfsarbeit des Innenarchitekten braucht eine individuell prägende Richtung für diese Qualitäten.

Blömer, Bonn
Planung: Blocher, Blocher und Partner, Stuttgart

- **Spezielle Ideen** entwickeln sich im Sinne einer Merchandising-Architektur aus dem Sortiment, dem Raum und der Nutzung über Planungsphasen zur Inszenierung.
- **Den Rang** des Unternehmens darstellen – Massengeschmack oder individuelles Design – was gehört zum ehrlichen Bild des Unternehmens, der angebotenen Ware und der Serviceleistungen.
- **Die Identität** ist eine Konsumentenerwartung – deshalb schon ausgeführte Ideen nicht reproduzieren. Der Verkaufsraum braucht ein Gesicht, welches ihn in der Unübersehbarkeit des Marktes profiliert.
- **Ideen braucht der Verkaufsraum**, es müssen Zeichen gesetzt werden bis hin zur liebenswerten, für den Konsumenten nachvollziehbaren Verrücktheit.
- **Der Auftrag zum Experiment** ist wichtig; im Sortiment, im Design etwas wagen, ein Entwurf, der in der Unternehmenskultur eingebunden bleibt, schafft Profil, zeichnet eine Unternehmenspersönlichkeit.
- **Die Milieu-Qualität** – sie erreicht die Erlebniswertigkeit, die dem Sortiment und dem Raum innewohnt – das Milieu und gleichzeitig die Ordnung für Waren, Raum und Menschen, die zum Anziehungsfaktor wird und die immaterielle Macht des Unternehmens demonstriert.
- **Angebot und Nachfrage** regeln den Markt für Waren, für den Service und im Allgemeinen die Verkaufsraumgestaltung. Hier muss die Aktualität, die Zukunft eingebaut werden zu mehr Designqualität, die der Kunde will, aber nur im Vergleich auswählen kann. Die materiellen und immateriellen Werte muss das Marketingkonzept treffen und durch die Beratung des Innenarchitekten zur Inszenierung durch Ideen auf der Leistungsbasis Merchandising-Architektur erreichen.

Der Planungsrhythmus

Neugestaltungen der Verkaufsräume werden wegen ihrer großen Bedeutung im Wettbewerb für immer kürzere Zeitintervalle geplant. Das Trading-up bringt immer wieder den notwendigen Umsatzerfolg.

Auch Renovierungstupfer geschehen in immer kürzeren Abständen.

Es sind die neuen, sich ständig entwickelnden Erwartungen der Konsumenten und nicht zuletzt auch der Erfolg einer jeden Ladenplanung, die dazu führen, dass der Verkaufsraum bald wieder aufholen muss.

Die Ladenplanung löst Aufgaben:
- Der Sympathiewert und der Imagewert am Markt entscheiden über den Nutzungswert.
- Der Nutzungswert, die Funktionalität wird gemessen an der Brauchbarkeit, an der Flexibilität.
- Die Emotionalität, das Design, die Gestaltung gehören zur Erwartung.
- Eine Grenze zwischen dem Nutzungswert einerseits und Emotionalwert, Design und Gestaltung andererseits ist nicht vorhanden, dank der Merchandising-Architektur.
- Der Lebensstil, der Anspruch, der Status muss deutlich sein und allgemein verständlich. Die intime Verbindung zum Kunden muss mit der Warenraumgestaltung erreicht werden.
- Die Inszenierung für den Kunden geschieht im Verkaufsraum mit lebendigen Aktionen. Eine Wareninszenierung wird aufgeführt.
- Der Wert des Unternehmens muss durch jede Ladenplanung gesteigert werden.

Die Auswahl des Innenarchitekten

Die Wahl beinhaltet auch die Fragen: Architekt oder Innenarchitekt, freier Innenarchitekt oder ein Innenarchitekt in einem Ladenbauunternehmen.

Im Prinzip kommt es auf den Könner an, der Branchenkenntnisse mitbringt, genügend Zeit investieren kann und sich mit dem Problem des Unternehmens, dem Marketingkonzept, mit Sortiment, Standort, Raum und Branche exakt auseinander setzen kann.

Die Auswahl nach der Berufsbezeichnung ist nicht möglich. Viele Innenarchitekten haben für sich die Berufsbezeichnung Architekt gewählt und eine Reihe bedeutender Architekten hat ausgesprochen gute Branchenerfahrungen durch viele praktizierte Ladenausbauten. In das Bild gehören auch die Innenarchitekten, die kaum eine Ladenbauerfahrung haben, die Einfamilienhäuser bauen und diese Einfamilienhäuser ausstatten.

Durch den stärker werdenden Wettbewerb der Unternehmen wird ein hoher Spezialisierungsgrad für die Ladenplanung vom Innenarchitekten erwartet. Sehr oft lassen die hohen Anforderungen der Merchandising-Architektur keine andere Wahl zu, als den Erfahrensten in der Branche zu beauftragen.

Innenarchitekten in der Ladenplanung spezialisieren sich immer mehr. Die Spezialisierung beginnt schon bei der Ausbildung und setzt sich in der Praxis fort in der Spezialisierung auf bestimmte Branchen des Einzelhandels.

Ein Ladenbau-Innenarchitekt oder ein freier Innenarchitekt? Die Entscheidung sollte nicht auf den überholten Vorurteilen beruhen, dass der Ladenbau-Innenarchitekt nur in Systemen denkt und andererseits der freie Innenarchitekt unbedingt immer etwas Neues entwickeln will.

Die Klischeevorstellungen „nicht von der Stange" oder „alles Komplizierte und nicht erprobte Einzelanfertigung" spielen für die Anforderungen an qualifizierte Verkaufsräume keine Rolle mehr.

Das Unternehmen und das Management müssen wissen:
- dass eine individuelle Planung für jeden Verkaufsraum erforderlich ist
- dass man auf die Serienproduktion nur in Ausnahmefällen verzichten kann
- dass Serienmöbel heute so angelegt und konstruiert sind, dass sie individuell ergänzbar werden, auch durch die Planung freier Innenarchitekten oder der Ladenbau-Innenarchitekten, überall dort, wo das Angebot im Markt nicht ausreicht.

Ohne genaue Kenntnis des Marktes und der Branche kann der Innenarchitekt keine erfolgreiche Ladenplanung durchführen – und dieses muss zur Bewertung und Auswahl mit herangezogen werden.

Die Auswahl des Innenarchitekten sollte nach der Zielsetzung im Unternehmen getroffen werden. Es muss erkannt werden, dass die Ladenplanung eine Aufgabe des Innenarchitekten ist und in die Hände eines erfahrenen Spezialisten gehört.

Das gilt auch, wenn man mal etwas ganz Anderes in Form und Farbe und Emotionalität haben will – als starken Kontrast zum Üblichen in der Branche. Das ist „toll", darüber sollte man sprechen und eine eventuelle Teamarbeit zwischen zwei Innenarchitekten ermöglichen, das passiert öfter, als allgemein angenommen wird.

Zu den wichtigsten Auswahlkriterien muss die Branchenkompetenz gehören, die Verarbeitung von Grundleistungsmarketing und Merchandising, die Kenntnis aus der Position des Sortiments heraus. Der Innenarchitekt sollte die Ware „gestreichelt" haben.

Die einzelnen Branchen haben unterschiedliche Entwicklungen genommen. Die hohen Anforderungen, die der Wettbewerb heute im Käufermarkt an die einzelnen Unternehmen stellt, bedeuten, dass der Laden planende Innenarchitekt Verantwortung mit übernimmt für den Marktvorteil, den das Unternehmen durch die Ladenplanung erreichen muss.

Der Innenarchitekt braucht spezielle Sortimentskenntnisse, das Design und den Umgang mit den Waren und ihre Umsetzung in Warenbilder. Die Leitgestaltung, die Entwicklung des Kundenleitweges und die Milieugestaltung im Sinne der Warenraumgestaltung benötigen nicht nur die Ladenbauerfahrung, auch die Branchenerfahrung.

Der Innenarchitekt muss die Probleme der Branche, für die er tätig ist, genau kennen und muss wissen, wie man diese Waren anbietet, präsentiert und verkauft.

Über Fachkompetenz und Verantwortung

Innenarchitekten in der Ladenplanung sind unternehmensberaterisch tätig für die Einzelhandelsunternehmen in den Bereichen Ideen, Gestaltung, Kommunikation und Nutzung des Verkaufsraumes.

Sie bestimmen weitgehend das Erscheinungsbild des Unternehmens und arbeiten damit an entscheidender Stelle am Erscheinungsbild des Unternehmens mit, sie tragen somit eine hohe Verantwortung für das Gelingen von Ladenplanungen.

Die Gesamtverantwortung für die Ladenplanung muss beim Management liegen und auch dort verbleiben. Das Management legt die Planungsziele fest und trifft die vom Team vorbereiteten Entscheidungen.

In der Überzeugung, dass der Innenarchitekt helfen kann, wenden sich viele Unternehmen mit ihren Verkaufsraumproblemen an ihn.

Damit sind hohe Erwartungen an den betriebsberaterischen Auftrag des Innenarchitekten gebunden.

Ärzte leisten einen hypokratischen Eid, Architekten sind der Tragwerkauslegung des Statikers, der Baukonstruktion, dem neuesten Stand der Bautechnik – nicht zuletzt auch der Ästhetik, dem Zeitgeist der Architektur – verpflichtet.

Wenn man die sich unterscheidenden Aufgabenfelder zwischen Architekten und Innenarchitekten begründen will, dann liegen sie zum Teil auch hier in der Kompetenz der Merchandising-Architektur, nämlich dort, wo Kenntnisse vermittelt werden, wie am Point of Sale Waren angeboten, präsentiert und verkauft werden.

Viele Unternehmen, insbesondere mittelständische Einzelhandelsunternehmen, haben Probleme, sehr oft sogar große Probleme.

Viele, sehr viele Probleme des Unternehmens sind ausschließlich Probleme, die durch eine verantwortliche und Erfolg versprechende Ladenplanung gelöst werden können.

Verkaufsraumprobleme, auch wenn sie noch nicht Existenz-Probleme bedeuten, werden Mitarbeiter-Probleme und in Familienbetrieben auch Familien-Probleme.

Ein großer Teil der im Verkauf beschäftigten Manager und Mitarbeiter leiden unter Engpässen, Funktionsfehlern, Gestaltungsvernachlässigungen, einem fehlenden Gesicht des Verkaufsraumes. Durch diese Probleme fällt es dem Mitarbeiter schwer, sich mit dem Unternehmen zu identifizieren.

Auch Gestaltungsüberziehungen, die so hoch angesiedelt sind, dass das Unternehmen sie in den Merchandising-Leistungen niemals erfüllen kann, gehören dazu.

Viele Probleme entstehen aus der fehlenden Verbindung und dem Ausgleich von Nutzung und Gestaltung, dem Nichtvorhandensein einer Merchandising-Architektur und dem damit verbundenen Denken und Handeln in Warenbildern.

Die Ladenplanung wird ständig bedeutungsvoller. Die Ladenplanung muss überschaubar bleiben. Auch über Zweifel muss gesprochen werden. Die Ladenplanung darf kein Abenteuer werden. Neben der Bedeutung der Gestaltung muss auch die Forderung nach Technik, nach High Tech, bis hin zur Wirtschaftlichkeit gestellt werden. Die Ansprüche nach Erlebnissen am Point of Sale steigen in immer stärkerem Maße. Nur die Unternehmen werden zu den Gewinnern gehören, die Faszination durch eine stärkere Emotionalisierung vermitteln können.

Die Fachkompetenz und Branchenkompetenz des Unternehmens und die Kompetenz und Erfahrung des Innenarchitekten mit Inszenierung müssen die Gewähr geben für das Gelingen der Ladenplanung. Ein Brainstorming zu Beginn der Planung, eine Diagnose des vorhandenen Verkaufsraumes bringt gute Voraussetzungen für den Planungsstart, für ein Sichkennenlernen, für eine Vertrauensbildung und für die Verantwortung.

Die Ladenplanung hat keine seelsorgerische Aufgabe, aber eine psychologische sicherlich. Einer Reihe von Einzelhändlern mit ihren täglichen Problemen und dem Hang zum Verdecken und Vertagen, mit dem das Unternehmen täglich Geld verliert, ist geholfen oder wäre zu helfen durch eine exakte, ehrliche Ladenplanung mit dem Einstieg über die betriebswirtschaftlichen Zahlen.

Der Innenarchitekt hat die Aufgabe, die Problemwelt des von ihm zu beratenden Unternehmens aus dem Umfeld des Marktes zu erforschen.

Für die Tätigkeit des Innenarchitekten genügt es nicht, eine Zielsetzung zu haben, er muss das Problem der Aufgabenstellung erkennen und durch Ermittlungen absichern. Der Innenarchitekt muss in der Lage sein, die Wirtschaftlichkeit des von ihm zu beratenden Unternehmens zu erkennen. Auch muss er sich der Kosten bewusst sein, die er dem Unternehmen zufügt, bevor überhaupt ein Nutzen für das Unternehmen erkennbar wird.

Der Innenarchitekt muss erkennen, was sich das Unternehmen leisten kann und was es sich leisten muss.

Die Einhaltung von Kosten und Terminen gehört zum Ladenplanungsalltag, sie bedeutet die Einhaltung der betriebswirtschaftlichen Erfolgsrechnung.

Die Einhaltung der Termine, das bedeutet:
– kurzmöglichste Stilllegungs- oder Behinderungszeit für den bestehenden Verkaufsraum
– Eröffnung zum geplanten Termin.

Die Bauzeiten müssen realistisch geplant werden. Eröffnungstermine, die verschoben werden müssen, weil der Verkaufsraum nicht fertig wurde, nehmen ein gutes Stück Image, das durch die Eröffnung des neuen Verkaufsraumes erreicht werden soll, schon im Voraus weg.

Wenn sich der Innenarchitekt mit dem Marketingkonzept und den Problemen des Unternehmens, der Branche und des Marktes auseinander setzt, passieren kaum Planungsfehler zum Nachteil der Kunden, der Mitarbeiter und des Unternehmens.

Der Innenarchitekt muss fit sein für seine Aufgabe:
– In Deutschland gibt es eine Reihe von Märkten, Einkaufsstraßen in Toplagen, die der Innenarchitekt kennen sollte. Er braucht ständig neue Brancheninformationen durch Fachzeitungen und Bücher, sowohl über Innenarchitektur und Ladenplanung als auch über Marketing.
– Alles, was Ladenplanung betrifft, Vorträge, Erfahrungsaustauschgruppen, Diskussionen mit Kollegen und im Verband, ist wichtig, ebenso das Aufsuchen deutscher und europäischer Metropolen wie London, Paris, Mailand und von Zeit zu Zeit auch überseeische Projekte, z. B. die Malls in den USA.

Der Innenarchitekt ist Dienstleister, ein Berater für Unternehmen. Diese Position des „freien Berufes" muss deutlich bleiben, auch wenn er ein angestellter Ladenbau-Innenarchitekt ist. Wichtig ist sein Streben nach Selbstverwirklichung.

Der Innenarchitekt hat auch eine ethische Verantwortung, die darin liegt, dem Unternehmen durch seine Planung zum Profil zu verhelfen.

3.1 Die Merchandising-Architektur

Die Merchandising-Architektur beginnt mit der Ladenplanung konzeptionell mit dem Merchandising-Entwicklungsprozess.

Merchandising entsteht bei Überlegungen und Maßnahmen zur Vertriebs- und Absatzförderung aus den Leistungen der Marketinginstrumente des Grundleistungsmarketings.

Merchandising erreicht in seinen Bemühungen auch die Visualisierung der Grundleistungen und beeinflusst alle Leistungen des Designmarketings. Architektur und Innenarchitektur umfasst alle darstellenden Leistungen des Designmarketings.

Die Leistungen der Marketinginstrumente bleiben selbstständige Leistungsbereiche, die eine reale Vereinigung in einer dualen Ordnung als Merchandising-Architektur eingehen und die dritte Marketing-Leistungsebene im Unternehmen, das Kommunikationsmarketing, zur Erreichung der Unternehmenskommunikation auslösen.

Unter „Merchandising" versteht man die Vertriebs- und Absatzförderung der Leistungen des Unternehmens, die eher nutzungsorientiert und ökonomisch ausgerichtet sind. Sie sind hauptsächlich sortiments- und mitarbeiterbezogen.

Merchandising – vertriebsorientiert – bedeutet:
- die Erwartungen der Konsumenten an Waren und Dienstleistungen aufnehmen und erfüllen
- das Sortiment kundenlogisch, bedarfsorientiert ordnen
- Bedarfsbündelungen bilden und fachkompetent betreuen
- über die Sortimentserfüllung hinaus Anregung geben
- den Nutzen der Konsumenten herausstellen
- die Sortimentsleistungen garantieren.

Unter „Innenarchitektur" versteht man die Visualisierung der Leistungen des Unternehmens. Sie ist damit eher darstellungsorientiert durch Design, Gestaltung, Warenbilder und Warenraumgestaltung. Aufgabe der Innenarchitektur ist es, die Merchandising-Bemühungen in Warenbilder und Warenraumbilder umzusetzen.

Innenarchitektur – gestaltungsorientiert – bedeutet:
- die Erwartungen der Konsumenten an Bilder über Waren, den Erlebnisraum und das Milieu gestalten
- die Aufmerksamkeit der Konsumenten erreichen
- in Warenbildern denken und handeln
- daran denken, dass der Konsument „sehend" werden muss; nur was der Konsument sieht, ist für ihn vorhanden.

Merchandising und Innenarchitektur erreichen die Verbindung Merchandising-Architektur und schaffen die Unternehmenskommunikation:
- die Öffnung für den Konsumenten wird erreicht
- die Einladung an den Konsumenten erfolgt
- die Führung des Konsumenten durch Sortiment und Raum gelingt
- die Inszenierung der Leistungen erreicht die Begeisterung der Konsumenten.

Merchandising-Architektur – vertriebs- und gestaltungsorientiert, kommunikativ und inszenierungsorientiert, bestimmt die Funktion und Organisation der Verkaufsräume und bedeutet:
- die Konsumenten erreichen
- die Wünsche erkennen und erfüllen
- alle Leistungen in einem logischen Ablauf ordnen – die logischen Kundenleitwege als Drehbuch planen
- den Einkaufsstress abbauen
- den Lebensstil in Warenrauminszenierungen erreichen
- aktuell sein
- die Sympathie erreichen durch Anmutung und Darstellung der Lebensqualität.

Die Merchandising-Architektur ist kommunikativ in sich. Zwischen Merchandising und Innenarchitektur besteht ein ständig währender kommunikativer Prozess im Sinne eines ganzheitlichen Wissensausgleichs und einer Angleichung in Rang und Qualität.

Darüber hinaus löst die Merchandising-Architektur den bedeutendsten Prozess der Ladennutzung aus: die Corporate Communication bis zur Unternehmenskommunikation.

Die Doppelkodierung aus Merchandising und Innenarchitektur soll die Bezeichnung: Merchandising-Architektur tragen, für die besondere Qualität der Ladenplanung im Innenarchitektur-Planungsprozess.

Die Merchandising-Architektur

```
     Corporate Culture          Corporate Design         Corporate Communications
              |                         |                           |
         M e r c h a n d i s i n g - E n t s t e h u n g s p r o z e s s
              |
      ┌───────────────┐
      │   Sortiment   │
      │ Sortimentsplan│──────┐
      └───────────────┘      │
                             ▼
                    ┌──────────────────────┐
                    │ Warenraum/Verkaufsraum│
                    │ Verkaufsraumgestaltung│
                    │        Milieu        │
                    │      Warenbilder     │
                    └──────────────────────┘
                              │
                              ▼
                    ┌──────────────────────┐
                    │    Kundenleitweg     │
                    │    Warenleitbilder   │
                    │    Warenplatzierung  │
                    │         Loop         │
                    └──────────────────────┘

         M e r c h a n d i s i n g - P l a n u n g s p r o z e s s

  ┌─────────────────┐   ┌─────────────────────┐   ┌──────────────────────┐
  │ Unternehmenskultur│  │Unternehmensdarstellung│ │Unternehmenskommunikation│
  └─────────────────┘   └─────────────────────┘   └──────────────────────┘
         Rang                   Profil                      Dialog

                        I n s z e n i e r u n g
                    U n t e r n e h m e n s i d e n t i t ä t
```

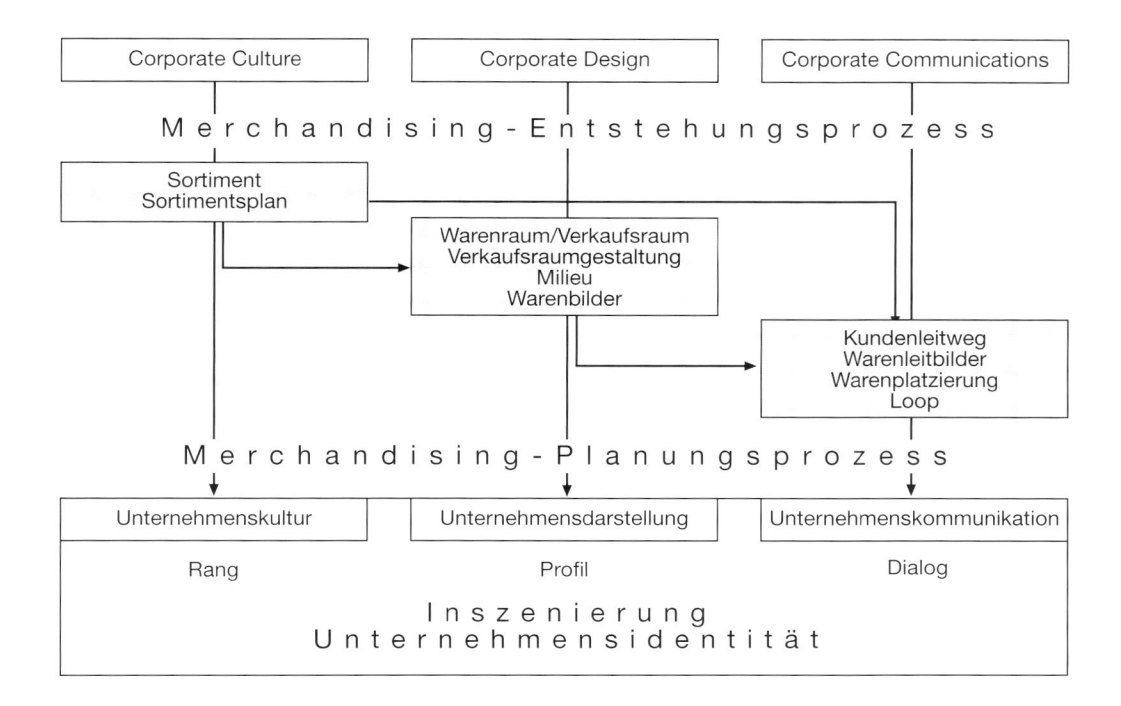

Die Merchandising-Architektur ist eine Disziplin der Innenarchitektur.

Das im Amerikanischen gebrauchte „Visual Merchandising" basiert auch auf dem Innenarchitektur-Planungsprozess: Merchandising-Architektur.

„Visual Merchandising" ist die optisch wirksame Verkaufsförderung, wobei die ganze für die Ladenplanung erforderliche Breite nicht abgedeckt ist.

In der Ladenplanung sind Nutzung und Gestaltung, Merchandising und Innenarchitektur in ihrer polaren Gegensätzlichkeit erforderlich. Jedes braucht das andere, um im Verkaufsraum existent zu sein.

Im Sinne des ganzheitlichen Denkens entsteht die gegenseitige Akzeptanz der notwendigen Pole:
– Ökonomie und Ästhetik
– Sortiment und Raum
– Sortimentsplan und Raumkonzept
– Nutzung und Gestaltung
– Merchandising und Innenarchitektur
– Grundleistungsmarketing und Designmarketing.

Die Aufgabe der Ladenplanung ist es, eine harmonische Einheit zu erreichen: das Zusammenwirken der polaren, gegensätzlichen Faktoren, eine neue synergetische Wirkung, den Synergieeffekt, aus:
– Warenraum
– Verkaufsraumgestaltung
– Merchandising-Architektur
– Kommunikationsmarketing als dritte Ebene aus dem Grundleistungsmarketing und dem Designmarketing – dreieinig wie: Körper, Geist und Seele – und alle drei Ebenen zusammen bilden die Unternehmensidentität.

Siehe das Kapitel:
C   Das Ziel: Corporate Identity zur Unternehmensidentität

B Die Partner der Ladenplanung

B3 Der Innenarchitekt und seine Aufgabe

Vom Marketingkonzept durch Merchandising-Architektur zur Inszenierung und Unternehmensidentität

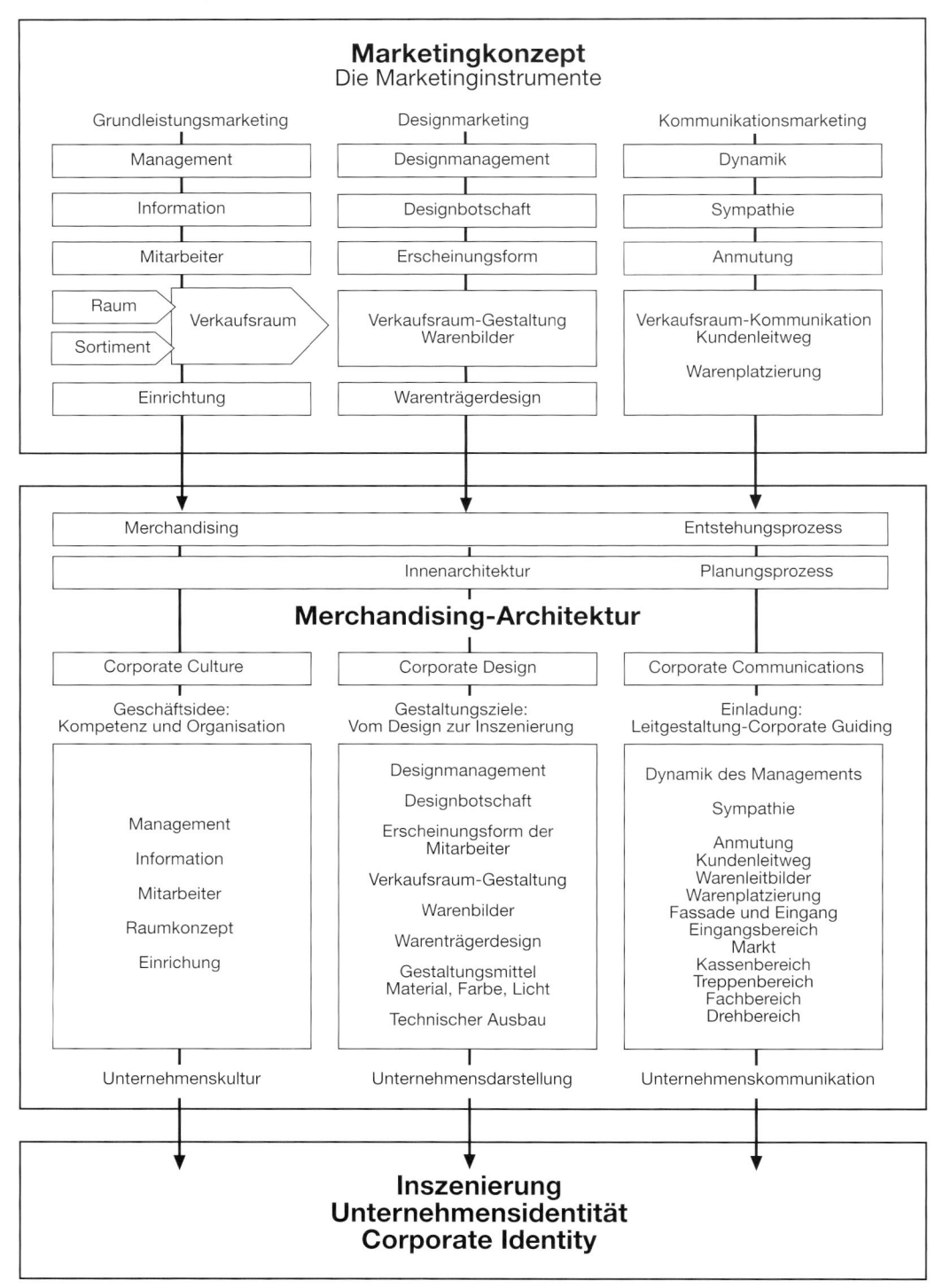

Marketingkonzept
Die Marketinginstrumente

Grundleistungsmarketing	Designmarketing	Kommunikationsmarketing
Management	Designmanagement	Dynamik
Information	Designbotschaft	Sympathie
Mitarbeiter	Erscheinungsform	Anmutung
Raum / Sortiment → Verkaufsraum	Verkaufsraum-Gestaltung / Warenbilder	Verkaufsraum-Kommunikation / Kundenleitweg / Warenplatzierung
Einrichtung	Warenträgerdesign	

Merchandising — Entstehungsprozess
Innenarchitektur — Planungsprozess

Merchandising-Architektur

Corporate Culture	Corporate Design	Corporate Communications
Geschäftsidee: Kompetenz und Organisation	Gestaltungsziele: Vom Design zur Inszenierung	Einladung: Leitgestaltung-Corporate Guiding
Management Information Mitarbeiter Raumkonzept Einrichung	Designmanagement Designbotschaft Erscheinungsform der Mitarbeiter Verkaufsraum-Gestaltung Warenbilder Warenträgerdesign Gestaltungsmittel Material, Farbe, Licht Technischer Ausbau	Dynamik des Managements Sympathie Anmutung Kundenleitweg Warenleitbilder Warenplatzierung Fassade und Eingang Eingangsbereich Markt Kassenbereich Treppenbereich Fachbereich Drehbereich
Unternehmenskultur	Unternehmensdarstellung	Unternehmenskommunikation

**Inszenierung
Unternehmensidentität
Corporate Identity**

„Das weibliche YIN und das männliche YANG bilden polare Gegensätze. Diese beiden Kräfte stehen in ständiger Opposition und ergänzen sich in ihrer Grundsätzlichkeit zu einer harmonischen Einheit. Die Harmonie von YIN und YANG gehört zu den Grundsätzen des Lebens. Jegliche Form von Krankheit ist Ausdruck einer Unstimmigkeit dieser Pole. In der Natur spiegelt sich das Prinzip von YIN und YANG in verschiedenen Erscheinungen wider."

("China und Leben", DEBECO, Kiel)

Die Zusammenführung der polaren, gegensätzlichen Elemente, die in Opposition zueinander stehen, sich ausbalancieren und sich zu einer neuen, bedeutenderen Einheit zusammenzufinden, ohne ihre Eigenständigkeit aufzugeben, ist der Auftrag der Ladenplanung.

In der westlichen Gedankenwelt sind YIN und YANG inzwischen populär geworden und stehen für das Gleichgewicht zweier Wahrheiten in einer ideellen Einigkeit, die zusammenwirken müssen, um ein neues Ganzes zu bilden, wie die Schattenseite und die Sonnenseite eines Tales. Keine Seite darf fehlen oder schwächer sein, sodass ein Gleichgewicht im Zusammenspiel entsteht. In jeder Wahrheit steckt der Keim der anderen Wahrheit, dargestellt in Form eines Kreises.

Erklärung von Johannes Mario Simmel über seinen Roman „Träume den unmöglichen Traum":

„Im Grunde hatte ich mal die Idee, daß man auf den Umschlag ein stilisiertes Ginkgoblatt macht. Um es für jemanden zu erklären, der nicht weiß, was ein Ginkgoblatt ist. Das sind Blätter, die so tief gespalten sind, daß sie aussehen, wie zwei Blätter in einem. Und Goethe hat daraus im „Ost-westlichen Diwan" abgeleitet die Polarisierung — also daß jemand krank – gesund, Frau – Mann, heiß – kalt, Krieg – Frieden, gut – böse. Die Quintessenz ist also, wenn man jemandem sagt, entweder – oder, das ist dumm, sehen Sie, das gibt es nicht. Es gibt nicht nur schwarz und nur weiß und nur gut und nur böse. Es gibt immer beides, denn das Blatt ist ja unten zusammengewachsen, und die Idee ist, Goethe sagt, daß dieses, was er die Polarität nennt, daß beide Teile erst das Ganze ergeben, womit wir leben müssen. Wir können weder mit dem einen allein auskommen noch mit dem anderen. Die beiden Hälften ergeben erst das Ganze. Das habe ich jetzt mehr und mehr erkannt, das es so ist."

Ernst Peter Fischer:

„Da gibt es das Ganze und seine Teile, man kennt den logischen Verstand und die intuitive Einsicht, wir können Dinge rational analysieren und kreativ herstellen und wir unterscheiden das östliche vom westlichen Denken. Es ist schwer, der Versuchung zu widerstehen, solche Zweipoligkeiten auf die Zweiteilung unseres Gehirns zurückzuführen und jeweils einen Pol in einer Hirnhälfte, einer Hemisphäre, anzusiedeln.

Die linke Hälfte galt (und gilt wieder) als männlich, rational, analytisch und westlich, die rechte Hälfte wird als weiblich, intuitiv, ganzheitlich und östlich angesehen. Und das uralte YIN-YANG-Symbol wird als asiatisches Modell dieser Hirnorganisation gedeutet.

Die Tatsache, dass unser Gehirn aus zwei Teilen besteht, überrascht uns eigentlich nicht. Wir sind an Zweiteilungen gewöhnt. Dies ist unter biologischen Gesichtspunkten auch vernünftig, denn wie sollte man sich sonst als längliches Gebilde gradlinig fortbewegen?

Wir haben zwei Arme, zwei Beine, zwei Augen und zwei Ohren, also erwarten wir auch zwei Gehirne, denn Innen und Außen sollten sich irgendwie entsprechen, indem sich die äußere Organisation in inneren Konstruktionen widerspiegelt. Tatsächlich ist der Teil des Gehirns, der von außen durch die Sinne beliefert wird und uns also mit der Welt verbindet, genauso symmetrisch wie die Sinnesorgane selbst".

„Die Tatsache, dass unser Gehirn aus zwei Teilen besteht, überrascht uns eigentlich nicht."

YIN YANG

in der symbolischen Darstellung: "dunkel" und "hell" ringen, durchdringen sich in der Balance und ergeben die Harmonie des Kreises in einer neuen, bedeutenderen Wirklichkeit in der Einheit, ohne ihre Eigenständigkeit aufzugeben.

B Die Partner der Ladenplanung

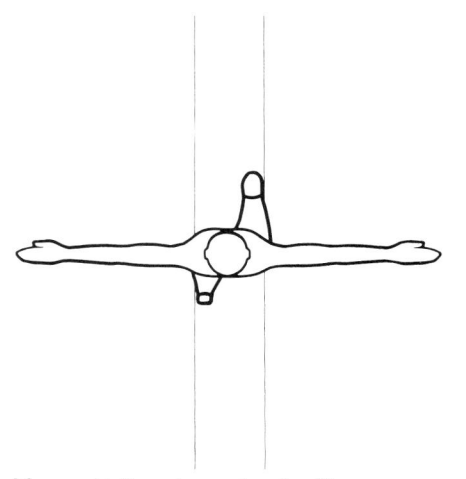

B 3 Der Innenarchitekt und seine Aufgabe

Ein Mann geht über einen schmalen Steg, er muss Balance halten. Die eine Gehirnhälfte treibt ihn vorwärts und bestimmt die Richtung, die andere mahnt zur Vorsicht. Der Mann balanciert mit beiden ausgestreckten Armen und geht langsam, um nicht abzustürzen. Läge das Brett, das der Steg ist, auf dem Boden, so würde die Gehirnhälfte „Vorsicht" ausgeschaltet bleiben und der Mann liefe schnell über das Brett.

Prof. Dr. Georgi Lasanov entwickelte zu Beginn der Sechziger Jahre die Methode des Superlearnings. Superlearning basiert auf der Erkenntnis, dass die beiden Hirnhälften unseres Gehirns nicht identisch sind. Sie erfüllen viel mehr verschiedene Aufgaben und arbeiten nach verschiedenen Funktionsmustern.

Das PLS-Lernstudio für Superlearning:
„Die linke Hälfte ist hauptsächlich für das logische und analytische Denken zuständig, wohingegen die rechte Hirnhälfte vorwiegend auf das kreative und fantasievolle Denken spezialisiert ist. Dazu gehören Träume, Bilder und Erinnerungen. Auch das Langzeitgedächtnis ist vorwiegend in der rechten Hälfte des Gehirns angesiedelt."

„Herkömmliche Unterrichtsmethoden sind vorwiegend auf das logische, rationale Denken ausgerichtet. Sie sprechen damit die linke Gehirnhälfte an.

Beim Superlearning hingegen versucht man auch die rechte Hälfte für den Lernvorgang nutzbar zu machen. Auf diese Weise sollen größere Bereiche der geistigen Leistungsfähigkeit aktiviert werden. Doch wie kann man dies erreichen?

Beim Super-Learning wird es dadurch erreicht, dass der Lernstoff mit Musik unterlegt wird, insbesondere mit klassischer Musik. Außerdem wird der Lehrstoff in einer besonderen künstlerischen Weise vorgetragen. Ein derart aufgenommener Lehrstoff führt zu einem künstlerischen Gesamteindruck, der nicht logisch rational analysiert werden kann. Die linke Gehirnhälfte fühlt sich deshalb für die Verarbeitung dieser Informationen nicht zuständig, der vorgetragene Lernstoff wird somit an die rechte Hirnhälfte verwiesen."

Für den Verkaufsraum, für Merchandising-Architektur kann man die „Erklärung Superlearning" auf die Erkennfähigkeit, die Merkfähigkeit, die Erinnerungsfähigkeit so erklären:

Herkömmliche Waren-Ausstellungsmethoden sind vorwiegend auf das logische, rationale Denken ausgerichtet. Sie sprechen damit die linke Gehirnhälfte an.

Die Merchandising-Architektur wird mit einem Kundenleitsystem erreicht, das das gesamte Warenangebot in besonders gestalteten Warenbildern aneinander reiht. Außerdem wird das Sortiment in einer besonderen Warenraumgestaltung dargestellt. Derart aufgenommene Warenbilder führen zu einem prägenden Gesamteindruck, der nicht logisch rational analysiert werden kann.

Die linke Gehirnhälfte fühlt sich deshalb für die Verarbeitung dieser Informationen nicht zuständig, die vorgetragenen Warenbilder werden somit an die rechte Gehirnhälfte verwiesen.

Wenn die rechte Gehirnhälfte über Bilder angesprochen wird, entsteht eine starke Beachtung, sodass auch die in den Bildern steckenden Informationen mit beachtet werden und die linke Gehirnhälfte mit angesprochen wird. Die rechte und die linke Gehirnhälfte wirken jetzt als feste Einheit zusammen, hierdurch entsteht eine hohe Aufnahmefähigkeit und damit eine hohe Lernfähigkeit, wobei die Aufnahme und Speicherung der Warenbilder unbewusst verläuft.

Die kritische Barriere, die normalerweise durch die logische, rationale Gehirnhälfte aufgebaut wird, wird umgangen durch Bilder, die die ästhetisch orientierte Gehirnhälfte erkennt und als interessant oder emotional beachtet.

Noch einmal Ernst Peter Fischer:

B 3 Der Innenarchitekt und seine Aufgabe

„Eigentlich ist es schön zu erfahren, dass weder eine Art zu denken noch eine Art zu handeln genug sind und dass man offen bleiben muss für eine jeweils andere Art. Das ist die wahre Toleranz. Mein rechtes und mein linkes Ich erlauben mir, die Gegensätze der Welt in mir zu vereinen, um sie alle gelten zu lassen."

Die Gehirn-Forschung ist in dieser Richtung aktuell geworden. „Dualismus" und „Interaktionismus" werden zu Modellen, die die Szene bestimmen. Namen wie Willis Horman, Capi Krishna und der Nobelpreisträger Roger Sperry treten auf. Die Erkenntnisse über die Zweiseitigkeit unseres Gehirns, die Lateralität, ist nicht neu. Wichtig ist die Ganzheitlichkeit, die Aktivierung beider Gehirnhälften.

Vieles ist traditionsbedingt in der Ausbildung. Einseitige Schulung zum Rationalen, zur Existenz, zum Geldverdienen sind allgegenwärtig. Die gestalterische, musische, sensible Seite wird unterdrückt, sodass sie sich nicht oder erst sehr spät entwickeln kann.

„Brotlose Kunst" – „Künstler sind arme Leute, wenn sie etwas können" – stammte aus dieser Vorstellung.

Durch den Wertewandel und durch die beim Konsumenten entstandenen neuen Bedeutungen der Selbstverwirklichung, der Kreativität, den Sinn für Ästhetik und die soziale Harmonie mit der Umwelt wird eine andere Wahrnehmung der Welt im Sinne des ganzheitlichen Denkens gefordert – statt des linearen Denkens, ein komplexes Denken – statt des quantitativen Messens ein qualitatives Werten.

(Gedanken aus Fritjof Capra: Wendezeit)

Im ganzheitlichen Weltbild ist der Mensch existent im Zusammenwirken von Körper, Geist und Seele.

Eine ganzheitliche Sicht ist Voraussetzung für die Arbeit des Laden planenden Innenarchitekten: Neben dem individuellen Design muss auch die optimale Nutzung erreicht werden. Das Konzept der Merchandising-Architektur – das Gleichgewicht von Grundnutzen und visueller Darstellung einer kommunikativen Innenarchitektur – besteht auch in den Erwartungen der Konsumenten.

Es wird immer deutlicher, dass die Ansprüche der Konsumenten an den Point of Sale aus dem ganzheitlichen Denken heraus verstanden werden müssen.

Prof. Dipl.-Ing. Dietrich Kruppa weist auf den Straßburger Arzt und Universalgelehrten Walter Ryff hin, der 1548 eine Übersetzung des Vitruvius veröffentlichte:

„die erste deutsche Übersetzung des Vitruvius, angereichert um das bautechnische Wissen seiner Zeit.

Der einleitende Satz dieses architekturtheoretischen Standardwerkes: ‚Die Architektur soll eine Wissenschaft sein, welche sich aus den unterschiedlichsten Disziplinen zusammensetzt und geschmückt ist mit den verschiedensten Wissensgebieten', blieb bis heute aktuell.

Er ist Grundlage aller gültigen Studienordnungen unserer Tage und Hauptargument in der Diskussion um die Anerkennung der einzigartigen Vielschichtigkeit dieses Faches.

Charakteristisch für sie alle war, daß der angehende Architekt die Ganzheitlichkeit seines Tuns zu verstehen lernte und dafür alle notwendigen Kenntnisse erwerben sollte."

Der mittelalterliche Kirchenbau war die gebaute, in Raum umgesetzte Liturgie, hier bestand diese Ganzheitlichkeit noch in einer Liturgie-Architektur, der ganzheitliche Vorläufer der Merchandising-Architektur. Der mittelalterliche Baumeister kannte die Liturgie genau, er konnte sein Marketingkonzept verwirklichen.

Die Warenbilder hatten hier ihre Vorläufer. Die bildlichen Darstellungen dienten der Liturgie und sie waren Literatur für das Volk, das kaum lesen konnte.

Auch bei einem heutigen Fabrikbau wird die Ganzheitlichkeit gebraucht: eine Produktions-Architektur. Man kann sich nicht vorstellen, dass der Architekt nicht die Fertigung mit all ihren Abläufen studieren und befolgen muss.

Die Basis des ganzheitlichen Denkens ist das ganzheitliche Weltbild. Die einzelnen Ansprüche der Konsumenten sind nur komplex zu deuten. Sie decken alle Wissensbereiche und Denkvorgänge ab. Das ganzheitliche Denken wird zum Schlüssel der Forderungen nach individueller Selbstverwirklichung.

B Die Partner der Ladenplanung

B 3 Der Innenarchitekt und seine Aufgabe

Es muss in den Unternehmen zum ganzheitlichen Verstehen führen. Der Konsument möchte nicht Waren kaufen und danach Emotionalität erfahren.

Der Konsument erwartet die Gestaltung und die Ware gleichzeitig als Warenraumgestaltung. Sortiment und Raum werden gemeinsam gestaltet zu Warenraumbildern. Derart aufgenommene Bildinformation über die Waren und den Raum führen zu einem ästhetischen Gesamteindruck, der nicht nur logisch-rational analysiert werden kann.

Die Ladenplanung entsteht in einem Denkprozess von gegenseitiger Akzeptanz und gegenseitiger Inspiration in der Erfüllung eines Marketingkonzeptes mit betriebswirtschaftlicher und gestalterischer Zielsetzung, um eine harmonische Einheit des Verkaufsraumes zu erreichen.

Der Innenarchitekt braucht das Verständnis für die wirtschaftlichen Belange, für den Gewinn, den das Unternehmen anstrebt, für den Vorsprung und die Unterscheidung am Markt, die das Unternehmen mit seiner Planung erreichen muss.

Der gut gestaltete Verkaufsraum verbindet immer den Handel in der aktiven, aktuellen Form des Merchandising mit der kreativen, kommunikativen Ästhetik der Innenarchitektur in einer Merchandising-Architektur.

Die Notwendigkeit der Merchandising-Architektur als Gestaltungsgrundlage, die Schaffung einer dualen Ordnung für die autonomen Disziplinen der Ökonomie und der Ästhetik muss jetzt erkannt werden.

Die Merchandising-Architektur, die Strategie für den Verkaufsraum, beeinflusst grundsätzlich alle Leistungen des Designmarketings und führt über das Corporate Design zur Unternehmensdarstellung.

In der Aufgabe, die Grundleistungen sichtbar zu machen, wirkt sie grundsätzlich noch auf das Grundleistungsmarketing und beeinflusst die Corporate Culture zur Unternehmenskultur.
Siehe die Kapitel:
- C Das Ziel: Corporate Identity zur Unternehmensidentität
- D Grundleistungsmarketing: Die Geschäftsidee – Corporate Culture zur Unternehmenskultur
- E Designmarketing: Die Gestaltungsidee – Corporate Design zur Unternehmensdarstellung
- F Kommunikationsmarketing: Die Einladung – Corporate Communications zur Unternehmenskommunikation

3.1.1 Feng Shui – Alternative Architektur oder Aberglaube?

Aus Mensch + Büro International, 10/98:

Tödlicher Drachenhauch an der Straßenkreuzung
Die uralte chinesische Harmonielehre für die Gestaltung von Lebensräumen findet hier zu Lande immer mehr Anhänger, aber auch Kritiker.
Feng Shui beschäftigt sich mit einer speziellen Anordnung von baulichen Strukturen und Platzierung von bestimmten Gegenständen mit dem Ziel, Naturkräfte optimal zu nutzen sowie entgegengesetzte und komplementäre Elemente so auszubalancieren, dass die Menschen in dieser Umgebung durch positive Energieströme stimuliert werden. Mit der Verbreitung von Millionen Chinesen in aller Welt hat Feng Shui in viele andere Kulturen Eingang gefunden, besonders stark in Australien, Kanada und den USA. Als Hochburgen der Feng-Shui-Architektur gelten Hongkong, Singapur und Taiwan. Dort ist es sogar völlig selbstverständlich, vor Kauf oder Bau einer Immobilie entsprechende Fachleute zu konsultieren. Man glaubt in diesen Städten fest daran, dass in einer harmonischen Umgebung Leben und Arbeit erfolgreicher verlaufen – womit sich auch anderenorts jeder identifizieren kann. Umgekehrt besagt Feng Shui aber auch, dass Gebäude mit negativem Einfluss den Geschäftserfolg in jedem Fall vereiteln, und seien die Manager und Mitarbeiter noch so tüchtig. Letzteres mutet zwar hier zu Lande als Aberglaube an, aber unzweifelhaft ist zumindest, dass sensible Menschen durch ungünstige Gebäude und Einrichtungen in ihrer Leistung geschwächt werden – ganz zu schweigen von negativen Einflüssen durch Bauchemikalien und Elektrosmog auf die Gesundheit.

Harmonielehre ist keine chinesische Erfindung

Mit Harmonielehre haben sich nicht nur die chinesischen, sondern auch die europäischen Baumeister und Stadtplaner seit mehr als 2500 Jahren beschäftigt. Runde Säulen an Eingang und Fassade gelten bis heute in Europa als einladend-repräsentativ und haben aber auch nach chinesischer Lehre ein gutes Sheng Chi (kosmischer Hauch). Gleiches gilt für Entrées über der Straßenebene, Freitreffen, Wasserbecken vor dem Portal, Rundbögen und Drehtüren, geschwungene Auffahrten etc. Als schlecht platziert gelten hingegen Gebäude mit einer geraden auf den Haupteingang zielenden Straße oder gegenüber dem Kreuzungspunkt einer T-förmigen Straßenführung bzw. in der Spitze einer Y-förmigen Straßenteilung. Durch solche spitzen, scharfen Strukturen entstehen nach Meinung der Chinesen schlechte Energielinien, dramatisch als tödlicher Hauch (Shar Chi) oder Giftpfeile bezeichnet. Dazu gehören auch spitze Kirchtürme und Giebel, Masten, eckige Gebäudepfeiler im Außen- wie im Innenraum sowie scharfe Kanten und Ecken von Möbeln, die in den Raum ragen und nicht durch geeignete Hilfsmittel neutralisiert sind.

Geld fließt wie Wasser

Die fünf Elemente sollten laut Feng-Shui-Harmonielehre immer gleichwertig vorhanden sein: Erde und Metall repräsentiert durch Straße und Gebäude, Wasser als Symbol für Reinigung und Geldstrom, Pflanzen aller Art als Lebenssymbol und Licht (Feuer) als Erfolgsfaktor. Die chinesische Kultur ist besonders reich an Mythologie: Drache, Tiger, Schildkröte und Phönix gelten als die vier himmlischen Tiere, die sich in typischen Landschaftsformen wiederfinden. Sie stehen aber auch für entgegensetzte Prinzipien, die sich zu einem harmonischen Ganzen vereinigen sollten.

Gleichgewicht schafft Wohlbefinden

Am harmonischsten erscheinen eine Reihe gerundeter Berge (Drache) oder sanfte Hügel (Schildkröte). Vor allem im Rücken von Gebäuden und zur Wetterseite bieten sie nicht nur optischen Schutz. Aber auch ein Grundstück in einer flachen Landschaft kann – nicht nur nach chinesischer Auffassung – durch Baum- und Buschgruppen, Aufschüttungen, große Steine und Teiche in eine harmonische Struktur gebracht werden. Schwieriger ist ein Gleichgewicht in Städten zu realisieren. Durch die intensive Beschäftigung der Stadtplaner mit den örtlichen Luft-, Licht- und Klimaverhältnissen, mit intensiver Begrünung, Schaffung von Frischluftschneisen und Erholungsflächen, Verlegung des Verkehrs unter die Erde u.v.m. werden mit und ohne Feng Shui Millionenstädte lebenswert. Nicht umsonst liegen nach wie vor die attraktivsten Städte am Wasser, auch wenn es als Verkehrsweg heute oft keine Rolle spielt.

Karriere für „Nordlichter"

Doch Feng Shui beschäftigt sich keineswegs nur mit Architektur und Städtebau. Nicht minder wichtig ist die Harmonie im Innenraum. Abgesehen von sorgsamer Gestaltung mit Licht und Farbe, Möbeln und Materialien, Pflanzen, Wasserbecken und allerlei Accessoires (Feng Shui-Anhänger lieben z. B. Spiegel, Kristallkugeln, Glockenspiele, Tierplastiken, Springbrunnen und Aquarien) beschäftigen sich Fortgeschrittene auch mit den Himmelsrichtungen und ordnen diesen bestimmte Gegenstände und Lebensziele zu: Der Süden steht für Anerkennung, der Südosten für Wohlstand, der Nordosten für Bildung, der Norden für Karriere – um nur einige berufliche Aspekte zu nennen. Entsprechend den Prioritäten legen Feng-Shui-Anhänger den Arbeitsmittelpunkt in die entsprechende Himmelsrichtung des Gebäudes. Das ist natürlich nur für kleine oder private Büros, Praxen oder Kanzleien, Geschäfte oder Lokale praktikabel. In großen Bürogebäuden ist dies meist nicht zu realisieren, zumal auch die Menschen nach Geschlecht und Geburtsjahr westlichen und östlichen Typen zuzuordnen sind, die unterschiedliche Raumansprüche haben. Aber architektonisch wie innenarchitektonisch lassen sich die allgemeineren Erkenntnisse dieser Harmonielehre umsetzen – auch in bestehenden Gebäuden nicht nur durch mehr oder minder aufwändige Umbauten, sondern bisweilen auch allein durch Umstellung der Möbel und Ergänzung durch spezifische Accessoires.

Glaube kann Berge versetzen

Für Architekten, Bauherren und Innenausstatter kann es durchaus spannend sein, sich mit östlicher Weisheit zu beschäftigen und sie an westliche Gegebenheiten anzupassen. Gerade was die Befindlichkeit der Menschen betrifft, sind die Grenzen zwischen Wissen, Glauben und Aberglauben sehr fließend. Oft tritt, wenn man fest an etwas glaubt, eine positive Wirkung ein. Ein Versuch mit Feng Shui ist völlig unschädlich, man erweitert das Gesichtsfeld und gewinnt durch intensive Beschäftigung mit der Materie ein neues Gefühl für Harmonie. Das wäre die Sache wert.
(Mit freundlicher Genehmigung der Mensch & Büro Verlags GmbH, Baden-Baden)
Siehe das Kapitel:
D 4.2   Feng Shui: Positive Botschaften für die Raumnutzung

3.2   Die Zusammenarbeit

„Ich bin nichts ohne den Kunden, der mich fordert."
(Charles Vandenhove)

Die Ladenplanung bedeutet Zusammenarbeit im Team:
– zwischen Management und Innenarchitekt
– zwischen Architekt und Innenarchitekt.
Neuplanungen wie Umbauplanungen für Verkaufsräume sind da besonders erfolgreich, wo sich ein Team ergibt aus den Aufgaben des Architekten und denen des Innenarchitekten.
Das Unternehmen muss von Beginn an die Zusammenarbeit, die gemeinsamen Entschlüsse fordern und zur Regelung beitragen. Die Sach- und Fachkompetenz, die Hoheitsfelder müssen aufgeteilt werden. Das richtige Funktionieren zwischen Architekt, Innenarchitekt und anderen Fachleuten im Team hängt von der Beauftragung durch das Unternehmen ab.
Das Zweiergespann Architekt und Innenarchitekt schafft höchste Fachkompetenz in allen Bereichen und mit der geregelten Zusammenarbeit auch eine gegenseitige Stützung. Das wird notwendig, nicht zuletzt in allen wichtigen Terminfragen.

Dem Management kommt die bedeutende Aufgabe zu, exakt die Kompetenzbereiche zwischen Architekten und Innenarchitekten zu trennen und die gegenseitige Konsultation für eine notwendige und fruchtbare Zusammenarbeit festzulegen.

Die Zusammenarbeit zwischen Management und Innenarchitekt

Die Ladenplanung ist immer „ein Fall für zwei". Für die Ladenplanung ist der innovative Innenarchitekt erforderlich, das gilt besonders für die Zusammenarbeit mit dem Management.
Zur Ladenplanung gehören zwei, zwei aus unterschiedlichem Lager, die unterschiedliche Standpunkte vertreten müssen: Merchandising und Innenarchitektur.
Am Anfang steht das Gespräch, ein Brainstorming über:
– das Marketingziel
– die Unternehmenszukunft.
– die Unternehmensphilosophie, die Unternehmenskultur und über die angestrebte Unternehmensidentität, durch ein Marketingkonzept
– die Konkurrenzsituation am Markt.
Die Einigung über das Ziel schafft die notwendige Basis für eine vertrauensvolle Zusammenarbeit.
Viele Marketingkonzepte werden in einem solchen Gespräch nicht nur vorgestellt, sondern aufgestellt und durchführbar gemacht.
Die Ladenplanung beginnt immer mit der Zielsetzung: „Das wollen wir erreichen!"
Es gehört zum Gelingen der Ladenplanung, dass sich das Management in die Arbeit des Innenarchitekten hineindenkt und Zeichnungen lesen kann. Ebenso gehört es zum Gelingen, dass der Innenarchitekt die Zielsetzung des Managements versteht. So erreicht das Unternehmen einen Vorteil bei der Erfüllung der Konsumentenerwartungen gegenüber den Mitbewerbern.
Die Zusammenarbeit muss gewollt und geplant sein – nicht der Zufall darf zusammenführen. Eine Voraussetzung zum Gelingen der Ladenplanung sind Ideen und Gedanken der Beteiligten und Entscheidungen, wie zum Beispiel:

- die wechselnden Ansprüche, neue Erwartungen, die ständigen Veränderungen im Zeitgeist, in Umweltfragen, in Aktivitäten
- die Inszenierungen, die Konsumenten einbeziehen.

Die Zusammenarbeit zwischen Architekt und Innenarchitekt

Architekt und Innenarchitekt sind immer dann an der Ladenplanung gemeinsam beteiligt, wenn die Ladenplanung in die Bausubstanz eingreift.
Die Zusammenarbeit zwischen einem ortsansässigen Architekten und einem Spezialisten, der sein Büro oft weit entfernt vom Projekt unterhält, ist für das Unternehmen deutlich ein Vorteil und wird zunehmend beachtet und praktiziert.
Ladenbaufirmen sind auch dazu übergegangen, sich auf eine derartige Zusammenarbeit einzustellen. Die Zusammenarbeit betrifft dann die Arbeit zwischen freien Architekten oder Innenarchitekten und den Ladenbau-Innenarchitekten im Ladenbauunternehmen.

Wie läuft eine solche Zusammenarbeit ab?
- Die Kontaktaufnahme erfolgt vom Unternehmen oder vom Architekten zum Ladenbauunternehmen.
- Ein gemeinsames Meeting zwischen Management, Architekt und Ladenbau-Innenarchitekt über Planungsziele wird durchgeführt.
- Die Planungsaufgaben werden diskutiert, festgelegt und vertraglich vereinbart.
- Kooperation:
  Vereinbarung über die abgegrenzten Planungsbereiche: Leitgestaltung, Kundenleitweg, Warenbilder, Warenplatzierung, Treppen, Eingänge, Kassenplätze
  Einrichtungsplan
  Corporate Design
  Kompetenzen der Zusammenarbeit, Termine, Kosten des Projekts.
- Wettbewerb:
  eine Ausschreibung der Planung mit mehreren Ladenbauunternehmen. Leistungen bis zur Entwurfspräsentation und Kostenaufstellung.
- Kosten der Planungsarbeit feststellen.

Die Zeit der kostenfreien oder unverbindlichen Planungen durch Ladenbau-Innenarchitekten geht zu Ende.
Das HOAI-Gesetz hat hier viel geregelt. Das Management sollte sich informieren.
Dennoch, es gibt kostenlose Planungen, aber sicher keine bedingungslosen Planungen. Planungen für ein kostenloses Angebot sind Bewerbungen eines Ladenbauunternehmens für einen Auftrag auf Lieferung einer Ladeneinrichtung.
Das Angebot wird erstellt mit dem Wissen und „im treuen Glauben", dass einer der Bewerber den Auftrag auf Grund seiner Planung, ausgehend von gleichen Vorgaben und Voraussetzungen, erhält.
Entfällt diese Voraussetzung, wird nach der Beauftragung der Ladenbauunternehmen ein Planer beauftragt: – entfallen die Bedingungen „im treuen Glauben" für eine kostenlose Offerte nachträglich – müssen die Kosten vom Unternehmen getragen werden.
Die Kosten zwischen einem sehr guten und einem weniger guten Innenarchitekten sind kaum oder nur gering vorhanden.
Es empfiehlt sich immer, den besten einzuspannen, das ist fast immer der erfahrenste, oft der begehrteste und der preiswerteste.
Das Management muss warten können oder sich frühzeitig seinen Innenarchitekten auswählen. Der Innenarchitekt muss Zeit haben für das Projekt – das sollte das Management terminlich einkalkulieren.

Das Team arbeitet

Der harte Wettbewerb im Einzelhandel macht es erforderlich, die Ladenplanung von vornherein so anzulegen, dass sie neueste Erkenntnisse verwirklicht und damit das Unternehmen für die Zukunft sichert.
Die Planungsergebnisse, von Fachleuten mit unterschiedlichen Aufgaben getragen und abgesichert, sind fundierter. Die Gefahr besteht aber, dass zu viele mitreden und dass der Entwurf des Verkaufsraumes zerredet und zerpflückt wird.
Wichtig für das Management ist es, die Kompetenzen und Fachbereiche im Einzelnen festzule-

gen. Die Fachberater müssen disziplinär arbeiten, aber interdisziplinär denken und diskutieren.

Nur durch klare Zielvorgaben sind eine Wertung, eine Auswahl und die notwendigen Entscheidungen zu treffen. Ein Arbeitsplan muss verabschiedet werden mit Aufgaben, Planungsphasen, Entscheidungsphasen, guten Korrekturzeiten für neue Beauftragungen und Änderungen in der Zielsetzung und vor allem von Beginn an sind **genaue Terminabsprachen** zu treffen.

Mit der Führung des Teams durch das Management entsteht eine Diskussionsbreite, die es diesem erlaubt, das eigene Unternehmen einmal aus einem anderen Betrachtungswinkel zu sehen.

Viele Managements behalten diese Beratungen aus der Planungsarbeit bei, über den Projektabschluss hinaus und lassen die Spezialisten für das Unternehmen weiter beratend wirken. Die Tätigkeit des Beraters, besonders die betriebswirtschaftliche Beratung, besteht immer mehr in der „Hilfe zur Selbsthilfe".

Das Team
So könnte es aussehen:
- der Teamleiter aus dem Management:
  der Geschäftsführer
- der Architekt:
  Hausbau – Bauleitung, Vergabe der Termine
- der Innenarchitekt:
  Corporate-Design-Einhaltung; Warenbilder; Verkaufsraumgestaltung; Kundenleitwege; Inszenierungsideen vorstellen
  Einführung der Mitarbeiter

und zeitweise auch:
- der betriebswirtschaftliche Berater:
  Finanzierungen; Rentabilitätsrechnung
- der Steuerberater:
  Mitarbeit in der Rentabilität; Abschreibungen
- der Werbefachmann:
  PR-Arbeit; Kommunikation
- der EDV-Berater:
  für die Hardware und besonders für die individuelle Software
- der Lichtberater
- der Marketing-Berater:
  Trendberatung für die Zukunftsentwicklung; Absicherung der Konsumentenerwartungen; Marketingforschung; Marketingkonzept
- der Grafikdesigner:
  Signet; Logo; Beschriftungen; Anzeigen; Prospekt; Eröffnungswerbung
- der für die Corporate Identity zuständige Mitarbeiter im Management
- der Ladenchef:
  der Leiter des Verkaufs im zu planenden Projekt; Vertreter der Mitarbeiter, zuständig für das Sortiment und für Warenbilder, Betriebsrat
- der Dekorateur:
  Koordination von Warenbilder, Inszenierungen.

Alle Überlegungen für die Ladenplanung beginnen und enden beim Konsumenten – nicht beim Unternehmen, nicht beim Management und auch nicht beim Innenarchitekten: Deshalb ist das Marketingkonzept zu verwirklichen.

Das Marketingziel als Planungsziel muss deutlich sein.

Jede Maßnahme, die verabschiedet wird, muss dem Konsumenten nutzen und damit das Image und den Wert des Unternehmens steigern.

Die Teamarbeit ist die große Chance für viele Unternehmen, sich mit einer Ladenplanung „auf Vordermann" zu bringen und damit den Mitbewerbern um Nasenlängen voraus zu sein.

Ein Team aus Spezialisten ist die Forderung. Ein Team, das ehrlich arbeitet, nichts beschönigt und kein Blatt vor den Mund nimmt, das die Vor- und Nachteile abwägt und vorentscheidet und dem Management Empfehlungen geben kann.

Das Management muss die Entscheidungen treffen!

Der Ladenbau plant

Viele Ladenbauunternehmen haben sich spezialisiert. Sie planen und produzieren für eine Branche und für benachbarte Branchen – so im Bereich Lebensmittel oder für den Fachhandel, wie: Textil, Optiker, Juweliere, Fotogeschäfte, Papeterien, Buchhandlungen, Lederwaren, Schuhe.

Alle diese Unternehmen haben in der Spezialisierung ein Branchen-Know-how entwickelt. Sie sind Branchen prägend und besitzen eine Technologie, die sie zu Spezialisten macht. Ihre Produktionen sind patent- oder mustergeschützt. In

B 3 Der Innenarchitekt und seine Aufgabe

Katalogen, Prospekten, auf Fachmessen und in Ausstellungsräumen informieren sie über ihre Produkte und Projekte.

Ladenbauunternehmen hatten früher ihren Auftrag in der Produktion der Einrichtung gesehen. Fast alle Ladenbauunternehmen haben sich neu orientiert und übernehmen aus ihren Kenntnissen heraus auch die Planung der Fachgeschäfte.

Die Wandlung zum Käufermarkt macht eine individuelle Gestaltung erforderlich, die von den Ladenbauunternehmen zunehmend individuell durchgeführt wird.

Die Ladenbauindustrie hat sich dem Käufermarkt und damit den Problemlösungen der Einzelhandelsunternehmen angepasst. Sie hat sich eingerichtet auf eine Zusammenarbeit mit dem Management in den Unternehmen und auf die Zusammenarbeit mit freien Innenarchitekten und Architekten.

Der Kontakt vollzieht sich über den Ausstellungsraum und über Messen.

Die Ausstellungsräume haben nicht nur den Vorteil der Auswahl verschiedener Systeme, sondern auch den der Zusammenstellung des Arrangements: Bodenbeläge und Licht. Warenbilder und Warenraumbilder werden dargestellt.

Ladenbauunternehmen haben erkannt, dass das Lichtstudio im Ausstellungsraum zur Abstimmung der richtigen Beleuchtung für den Verkaufsraum wichtig ist.

Viele Ladenbauunternehmen verfügen über mehrere Ausbausysteme, die preislich enorm differieren können.

Die Warenträger der Ladenbauer, gemeint sind die Serienteile, sind marktrelevant, „ausgekocht und ausgetüftelt". Sie haben auf dem Markt einen Stellenwert. Das ist besonders wichtig im Falle eines Weiterverkaufs; darauf achten auch Banken, wenn man einen Kredit absichern muss.

Die Fachgeschäfte werden individuell geplant und an einem gewünschten Branchen-System ausgerichtet, das vorgeführt werden kann. Variationen sind immer möglich.

Es ist bekannt, dass Ladenbauunternehmen im Sinne der kostengünstigeren System-Produktion denken und dass hierdurch Nachteile entstehen können, wenn eine individuelle, insbesondere originelle Gestaltung gewünscht wird.

Die Ladenbauunternehmen, die einen höheren Anspruch erfüllen, haben erkannt, dass die individuelle Planung und Herstellung ein zunehmend wichtiger, am Markt gebrauchter Leistungsfaktor ist.

Sie verfügen über große Planungsbüros, in denen Innenarchitekten individuelle Planungen durchführen. Der Vorteil besteht darin, dass auch Systemteile ergänzt werden können, um so zu einem individuellen, kostengünstigen Planungsziel zu gelangen. Dies wird zunehmend praktiziert: die Ergänzung der Systemteile durch Einzelanfertigung.

Die Warenträgersysteme werden von hauseigenen und freien Designern entwickelt, auch von international bekannten Designern.

Die Produktgestaltung der Warenträger, zusammen mit der technischen Nutzung durch Variabilität, ist in vielen Ladenbauunternehmen zu einer „wichtigen Frage" geworden.

Die Zusammenarbeit mit dem Ladenbau vollzieht sich über die:

- **Serienproduktion**: die Herstellung von lagermäßig geführten Typen zum Abruf per Katalog, Abruf über außen gefertigte Entwürfe, Vertrieb über hauseigene Verkäufer mit geringem Anteil individueller Produktion
- **eigene individuelle Entwürfe** auf der Basis einer typisierten Modellplanung als Gesprächsgrundlage: die Fertigung projektweise, mit großen, individuellen Möglichkeiten durch die Planung der Ladenbau-Innenarchitekten
- **Zusammenarbeit mit freien Innenarchitekten** schafft die größten überhaupt denkbaren Freiheiten, die vermutlich größer sind, als sie der freie Innenarchitekt allein finden kann. Gemeinsame Erarbeitung der Einrichtung für eine Ladenplanung auf der Basis eines vorgegebenen Entwurfs durch den freien Innenarchitekten. Im Idealfall Zusammenarbeit zwischen einem freien Innenarchitekten und einem Innenarchitekten im Ladenbauunternehmen.

Die Vorteile:
- Branchen-Know-how, Branchenfortschritt, Branchen-Identität

B Die Partner der Ladenplanung

B 3 Der Innenarchitekt und seine Aufgabe

- in Musterräumen, auf Messen, kann etwas angeschaut und auch gesagt werden, was man anders will
- Technik-Know-how – der letzte Stand der Technik kann vorgeführt werden
- ein genauer Termin kann sofort vereinbart werden
- den genauen Preis kann man sofort erfahren, ohne Ausschreibungsverzögerung
- Service, Kundendienst
- Betreuung, auch nach der Lieferung durch eine Vertretung im Gebiet.

3.2.1 Das Durchführungsprogramm

„Der Gedanke,
der nicht Tat wird,
vergiftet die Seele."
(Heiner Müller)

Planung und Realisation müssen eng ineinander verschmelzen. Planung und Realisation brauchen eine gemeinsame Organisation. Die Qualität der Planung muss durchgehalten werden.

Im Management ist man oft der Meinung, dass gute Architekten wie Innenarchitekten auch gute Ausführer sind. „Am Bau" hat sich das längst geteilt – größere Büros haben getrennte Gruppen, die eng zusammenarbeiten.

Dem Management kommen besondere Aufgaben zu mit der „Planung der Planung".

„Wenn man so will: Das ist der Beitrag des Bauherren, den ihm keiner abnehmen kann."
(Gerd Gerken)

Die Freude am Projekt ist nicht nur Freude am Planen, die Freude muss bis zur Übergabe bleiben.

Die Planung im Raffer

Brainstorming
Die Ladenplanung beginnt im Allgemeinen mit einem Gespräch zwischen dem Auftraggeber und dem Innenarchitekten über die Zielsetzung der Investition, über das Marketingkonzept.

In vielen Fällen entsteht das Marketingkonzept erst in diesem Gespräch oder das vorhandene, bereits ausgearbeitete Marketingkonzept wird ergänzt, formuliert und ausgeglichen in den Leistungsbereichen.

Das Ziel: Die Inszenierung muss detailliert angesprochen werden: Die bisherigen Warenbilder, Weiterentwicklungen, Veränderungen im Sortiment, Veränderungen der Waren, neue Bedarfsgruppen, Erläuterungen zum Sortimentsplan sind wichtig für die Warenleitbilder.

Wie kann man die Warenbild-Ideen umsetzen und in die Warenraumbilder einfügen? Keine allgemein gültigen Rezepte sollten benutzt, sondern eigene, individuelle gefunden werden.

Immer bedarf die Dynamik einer besonderen Erörterung. Das zeitnahe Agieren mit Waren und Leistungen erfordert Berücksichtigung.

Ein wichtiger Bereich ist die Branchenidentität:
- wie wird sie erreicht
- wo liegt der Fortschritt in der Branche
- wohin gehen die zukünftigen Entwicklungen?

Welche Voraussetzungen sind gegeben an Technik, EDV, technischen Kommunikationsmitteln für Mitarbeiter.

Im ersten Gespräch war der Innenarchitekt „Auge und Ohr".

Fakten sammeln
Mit der Datenermittlung beginnen die ersten Probleme. Der Innenarchitekt ist jetzt eingeführt und hat viele Fragen.
- Terminkonzept
- Zusammenarbeit – Abstimmung mit dem Architekten
- Wissensausgleich, Kommunikation
- Kompetenzverteilungen
- Kostenlimit
- alle Termine, auch die der Meetings
- Baubeginn und Eröffnung.

Die Präsentation der Planung
Die wirkungsvolle Präsentation des Projekts, die Vorstellung und Planung, ist erfolgreich und führt zu schnellen Entscheidungen, wenn sie weder aus Innenarchitekten- noch aus Unternehmenssicht aufgebaut und vorgetragen wird, sondern „mit den Augen des Konsumenten".

Durchführungsplan zur Ladenplanung

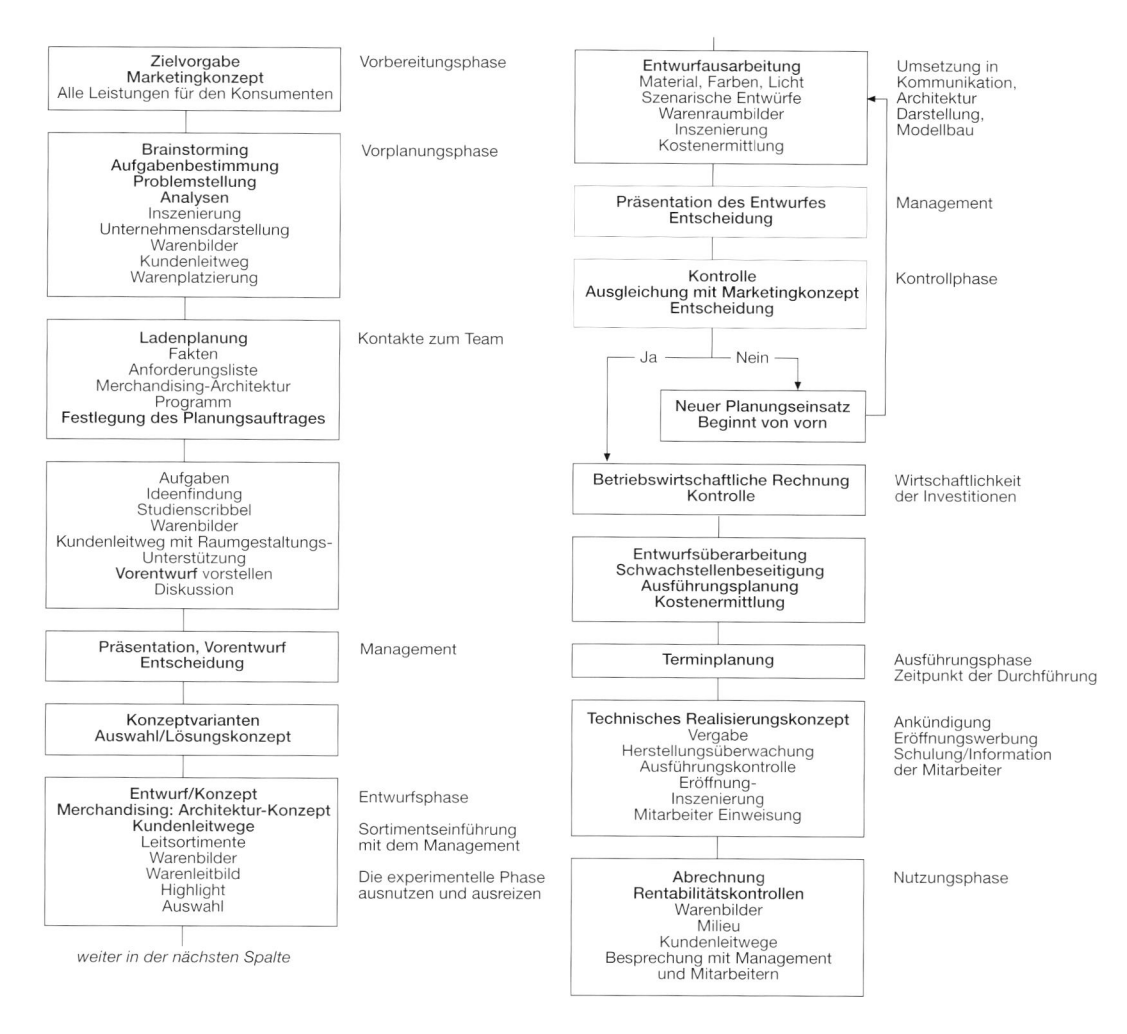

Zielvorgabe / Marketingkonzept / Alle Leistungen für den Konsumenten	Vorbereitungsphase
Brainstorming / Aufgabenbestimmung / Problemstellung / Analysen / Inszenierung / Unternehmensdarstellung / Warenbilder / Kundenleitweg / Warenplatzierung	Vorplanungsphase
Ladenplanung / Fakten / Anforderungsliste / Merchandising-Architektur / Programm / Festlegung des Planungsauftrages	Kontakte zum Team
Aufgaben / Ideenfindung / Studienscribbel / Warenbilder / Kundenleitweg mit Raumgestaltungs-Unterstützung / **Vorentwurf** vorstellen / Diskussion	
Präsentation, Vorentwurf / Entscheidung	Management
Konzeptvarianten / Auswahl/Lösungskonzept	
Entwurf/Konzept / Merchandising: Architektur-Konzept / Kundenleitwege / Leitsortimente / Warenbilder / Warenleitbild / Highlight / Auswahl	Entwurfsphase / Sortimentseinführung mit dem Management / Die experimentelle Phase ausnutzen und ausreizen

weiter in der nächsten Spalte

Entwurfsarbeitung / Material, Farben, Licht / Szenarische Entwürfe / Warenraumbilder / Inszenierung / Kostenermittlung	Umsetzung in Kommunikation, Architektur Darstellung, Modellbau
Präsentation des Entwurfes / Entscheidung	Management
Kontrolle / Ausgleichung mit Marketingkonzept / Entscheidung	Kontrollphase
Ja — Nein → Neuer Planungseinsatz / Beginnt von vorn	
Betriebswirtschaftliche Rechnung / Kontrolle	Wirtschaftlichkeit der Investitionen
Entwurfsüberarbeitung / Schwachstellenbeseitigung / Ausführungsplanung / Kostenermittlung	
Terminplanung	Ausführungsphase / Zeitpunkt der Durchführung
Technisches Realisierungskonzept / Vergabe / Herstellungsüberwachung / Ausführungskontrolle / Eröffnung- / Inszenierung / Mitarbeiter Einweisung	Ankündigung / Eröffnungswerbung / Schulung/Information der Mitarbeiter
Abrechnung / Rentabilitätskontrollen / Warenbilder / Milieu / Kundenleitwege / Besprechung mit Management und Mitarbeitern	Nutzungsphase

Ein Modell zeigt mehr, besonders bei mehrgeschossigen Projekten, die Einbindung der Treppe und die Einbindung der Fassade, das Zusammenspiel zwischen innen und außen.

Material-Collagen mit den Original-Materialien und allen Farben sind nicht ersetzbar.

Die Ausrichtung und Orientierung auf den Konsumenten schafft die beste gemeinsame Verständigung. So, wie schon das Marketingkonzept aufgefasst wird – Sichtbarmachung der Leistung für den Konsumenten – so muss auch in der Präsentation deutlich werden: „Welchen Vorteil hat der Kunde durch die neue Ladenplanung?"

Wenn dieser Satz zum gemeinsamen Nenner zwischen Unternehmen und Innenarchitekt geworden ist, dann ist auch die Planung erfolgreich. Die Einsicht, dass das alles für den Kunden gemacht wird, der nicht mit am Planungstisch sitzt, ist bedeutungsvoll.

Ein Modell zeigt mehr, besonders bei mehrgeschossigen Projekten, die Einbindung der Treppe und die Einbindung der Fassade, das Zusammenspiel zwischen innen und außen.

Material-Collagen mit den Original-Materialien und allen Farben sind nicht ersetzbar.

Die Ausrichtung und Orientierung auf den Konsumenten schafft die beste gemeinsame Verständigung. So, wie schon das Marketingkonzept aufgefasst wird – Sichtbarmachung der Leistung für den Konsumenten – so muss auch in der Präsentation deutlich werden: „Welchen Vorteil hat der Kunde durch die neue Ladenplanung?"

Wenn dieser Satz zum gemeinsamen Nenner zwischen Unternehmen und Innenarchitekt geworden ist, dann ist auch die Planung erfolgreich. Die Einsicht, das das alles für den Kunden gemacht wird, der nicht mit am Planungstisch sitzt, ist bedeutungsvoll.

Uhrenfachgeschäft Gießmann, Krefeld
Deutscher Innenarchitekturpreis 1990
Design: Klaus Bürger, Krefeld

Der Einzelhandels-Berater Spezial Nr. 1/97

Stolperstein Umbau

„Abenteuerliche Verträge, unzureichende Planung und die Zusammenarbeit mit wenig zuverlässigen Firmen sind die Hauptgründe für Schlampereien und Verzögerungen bei Ladenumbauten. Jedem Bauherren empfiehlt sich deshalb besondere Aufmerksamkeit in folgenden Punkten:

1. Auftragsvergabe:
Mit der Auftragvergabe – ob mündlich oder schriftlich – wird ein so genannter Bauvertrag abgeschlossen. Dieser bildet die Rechtsgrundlage der vereinbarten Leistungen auf der Basis nach VOB (Verbindungsordnung für Bauleistungen) und BGB (Bürgerliches Gesetzbuch). Wesentliche Bestandteile des Bauvertrages sind:
– vereinbarte Leistungen (nach Angebot)
– Vertragssumme (nach Einzelpreisen oder pauschal)
– Terminvorgabe für die Ausführungsfrist,
– Vertragsstrafe bei Terminüberschreitung
– Zahlungsvereinbarungen und Modalitäten
– Gewährleistung und Verjährung
– Gerichtsstand.

In der Praxis ist leider zu beobachten, dass zum Teil seitenlang und abenteuerliche Verträge mit Handwerkern abgeschlossen werden. In vielen Passagen entsprechen diese Verträge den Anforderungen an VOB und BGB nicht. Um für beide Vertragspartner einen möglichst sicheren Vertrag abzuschließen, sollten allgemein übliche Formvorlagen verwendet werden.

2. Terminplan:
Vor der Auftragsvergabe muss ein Terminplan für Bauzeit und Bauablauf festgelegt werden. In diesem Plan werden die einzelnen Gewerke aufgeschlüsselt und zeitlich festgelegt. Je genauer der Plan, umso besser sind die einzelnen Bauphasen zu koordinieren und auch zeitlich zu überwachen. Aber Vorsicht: Der Terminplan ist nur soviel wert wie die Zuverlässigkeit der am Bau beteiligten Firmen. Wenn hier ein oder zwei Partner beteiligt sind, die die vorgegebenen Termine nicht einhalten, kann die ganze Zeitplanung ins Wanken kommen. Beauftragen Sie deshalb nach Möglichkeit nur Firmen, die ihr Vertrauen bzw. das Vertrauen ihres Architekten besitzen (auch wenn diese geringfügig teurer sein sollten als andere Anbieter). Denn sie bieten (auch ohne Vertragsstrafe) die beste Gewähr für einen reibungsarmen und termingerechten Bauablauf. Planen Sie außerdem für sich von Anfang an mögliche Verzögerungen ein und lassen Sie etwas Pufferzeit zwischen den einzelnen Bauphasen.

3. Vertragsstrafen:
In Verbindung mit diesen Problemen taucht immer wieder die Frage nach einer Vertragsstrafe auf. Eine Vertragsstrafe ist grundsätzlich ein gutes Instrument, die Firmen zur Termineinhaltung zu bewegen. Sie bewegt sich in der Regel je nach Auftragssumme bei kleineren und mittleren Bauvorhaben zwischen 500 und 2000 Mark je Arbeitstag-Verzögerung. Prozentual zur Auftragssumme sind nach oben Grenzen festgelegt. Die Erfahrung zeigt im Übrigen, dass Vertragsstrafen vielfach zu rechtlichen Auseinandersetzungen führen und mit einem Vergleich enden, also für beide Vertragspartner keine hundertprozentige Sicherheit darstellen.

4. Ruhezeiten:
Unabhängig von baulichen Problemen können auch Probleme im Bereich der Nachbarschaft auftreten, zum Beispiel Lärmbelästigung und Emissionsschutz. Sollten beim Umbau größere Lärmbelästigungen – zum Beispiel durch Abbruch-

B   Die Partner der Ladenplanung

B 3   Der Innenarchitekt und seine Aufgabe

arbeiten – verursacht werden, sind in Wohnbereichen oder Hotelnähe die vorgeschriebenen Ruhezeiten einzuhalten. Auch dieses kann zu Verzögerungen führen.

5. Änderungswünsche:
Nicht zuletzt zeigt sich immer wieder, dass Bauherren während der Bauzeit Änderungswünsche an den Architekten und die Handwerker herantragen. Naturgemäß treten diese Wünsche auf, wenn die Arbeiten begonnen sind und das Werk sichtbar wird, also zu einem extrem späten Zeitpunkt. Änderungen während der Bauzeit verursachen in der Regel Verzögerungen. Zudem ist es schwierig, diese kostenmäßig zu erfassen. Es ist sinnvoll, für alle zusätzlichen Arbeiten ein Nachtragsangebot einzuholen. Da dieses aber aus zeitlichen Gründen nicht immer zu verwirklichen ist, sollte auf jeden Fall ein Nachtragsauftrag schriftlich erteilt werden, entweder auf Grund eines Nachtragsangebotes oder aber so weit wie möglich zu den Preisen und Bedingungen des bestehenden Auftrages. Stundenlohnarbeiten sollten täglich, spätestens jedoch jeden 2. Arbeitstag von einer verantwortlichen Person abgezeichnet werden.

6. Gerichtsstand:
In engem Zusammenhang mit dem Bauleistungsauftrag, Vertragsstrafe, Gewährleistung und Verjährung steht die Festlegung des Gerichtsstandes. Achten Sie darauf, dass ihr eigener Firmensitz als Gerichtsstand anerkannt wird, ansonsten haben Sie ggf. den Nachteil, Ihr Recht an einem für Sie möglicherweise ungünstigen Gerichtsstand suchen zu müssen.

7. Stolperstein Räumungsverkauf:
Eine „normale" Renovierung reicht in keinem Fall aus für die Rechtfertigung eines Räumungsverkaufs, auch wenn die Ware dabei im Wege ist. Es müssen statische Teile oder die Fassade betroffen sein, um die Genehmigung der IHK zu erhalten Allerdings hat sich in der Praxis erwiesen, dass die IHK'n ihren Gestaltungsspielraum für die Genehmigung sehr groß gehalten haben. Was die eine Kammer erlaubt, kann von der nächsten abgelehnt werden. Daher empfiehlt sich grundsätzlich, die gesetzlichen Voraussetzungen zu erfüllen, ggf. den Umbau umfangreicher vorzunehmen, anstatt sich den Umsatz des Räumungsverkaufs entgehen zu lassen.
Weitere Auflage ist, dass der Räumungsverkauf 14 Tage vor Beginn bei der IHK angezeigt werden muss. Dabei ist ein vollständiges und übersichtliches Verzeichnis derjenigen Waren (mit Angabe von Art, Beschaffenheit und Menge) beizufügen, die Gegenstand des Räumungsverkaufs sein sollen. Zur Prüfung dieser Angaben sind amtliche Berufungsvertretungen und von diesen bestellte Vertrauensmänner befugt. Die Einsicht in die Akten bei der IHK, das Anfertigen von Abschriften oder Kopien ist aber jedermann gestattet – also z. B. auch Ihren Konkurrenten und Kunden. Die Veranstaltung darf 12 Werktage dauern. Ganz Clevere beziehen gelegentlich noch einen verkaufsoffenen Sonntag mit ein – aus 12 mach' 13! Aber Vorsicht: Bevor der Umbau nicht abgeschlossen ist, dürfen Sie auf der vom Räumungsverkauf betroffenen Flächen keine Waren mehr verkaufen. Kluge Kaufleute beziehen deshalb heute meistens nicht mehr die gesamte Fläche in den Räumungsverkauf mit ein, sondern beschränken sich auf einen Teilräumungsverkauf auf einen Teil der Fläche.
Dann kann auf der übrigen Fläche durchgehend das Geschäft weitergehen. Einige Punkte, die bei jedem Räumungsverkauf zu beachten sind:
– Da ein Räumungsverkauf immer gut bei Kunden ankommt, beschließen manche Kaufleute, noch kräftig zusätzliche Wa-

re einzukaufen. Manchmal tauchen auch ausgekochte „Räumungsverkaufs-Profis" auf, die das Lager vorher schnell noch bis zur Decke füllen. Dies allerdings gilt als unzulässiges „Vorschieben".
- Unzulässig wäre es auch, wenn Sie während des Umbau-Räumungsverkaufs noch schnell Ware nachbestellten, weil es halt gerade so schön läuft. Denn: Der Räumungsverkauf soll ja nur helfen, die Zwangslage zu beseitigen.
- Der Räumungsverkauf ist zwar nur anzeigepflichtig, das Verfahren aber öffentlich. Einzelhandels-Kaufleute brauchen also keine Genehmigung von irgendeiner Behörde, sie müssen lediglich der zuständigen IHK eine Anzeige von dem geplanten Räumungsverkauf machen.

Werbe-Beschränkungen

In der Werbung müssen Grund und Termin des Räumungsverkaufs genannt werden. Nach Ablauf des Räumungsverkaufs dürfen Sie nicht mehr werblich auf diesen hinweisen. Alle Plakate und Schilder müssen aus Ihren Geschäftsräumen entfernt werden. Auf der angezeigten Umbaufläche darf der Verkauf so lange nicht fortgesetzt werden, bis die Baumaßnahme beendet ist. Für den Fall, dass Sie nach Prüfung aller Voraussetzungen keinen Umbau-Räumungsverkauf durchführen dürfen, gibt es Alternativen, um den beim Umbau hinderlichen Warenbestand abzubauen. Entweder Sie nutzen einen bevorstehenden Saison-Schlussverkauf oder Sie beschleunigen durch Sonderangebote ihren Warenabsatz. Auch hierbei müssen unbedingt die Vorschriften zur Preisreduzierung und -gegenüberstellung beachtet werden.

Fazit:

Bevor Sie einen Umbau-Räumungsverkauf veranstalten, sollten Sie sich mit der gesetzlichen Regelung auseinander setzen. Denn Verstöße können Sie teuer zu stehen kommen."
Einzelhandelsberater Spezial No. 1/97

Investitionsplanung

„Die Investitionszyklen für die Ladenerneuerung werden immer kürzer: Wer konkurrenzfähig bleiben will, muss heute im Schnitt alle 7 Jahre seinem Geschäft ein zeitgemäßes Outfit geben. Keine Kleinigkeit, denn Modernisierungs- und Umbaumaßnahmen verschlingen schnell fünf- bis sechsstellige Beträge, die erst einmal wieder erwirtschaftet werden müssen. Und das ist in „konsummüden Zeiten" wie den vergangenen Jahren alles andere als selbstverständlich. Natürlich erhofft sich jeder Bauherr von einer Modernisierung ein sattes Plus bei Umsatz und möglichst auch Gewinn, doch wie die Kundschaft auf einen neu gestalteten Laden reagieren wird, kann niemand vorab mit Sicherheit sagen. In der Tendenz ist allenfalls festzustellen, dass das aktuell immer noch auf „Tief" stehende Konsumbarometer auch für die nahe Zukunft nicht gerade Gutes verheißt: Jetzt, wo die Verbraucher ihr Geld mehr denn je zusammenhalten, wird auch ein neu gestaltetes Geschäft kaum Kauf-Euphorie auslösen können. Jenseits aller sich durch das Konkurrenzumfeld ergebenden Sachzwänge, die für eine Ladenerneuerung sprechen: Die endgültige Entscheidung über eine geplante Investition sollte deshalb stets auf der soliden Basis nüchterner wirtschaftlicher Überlegungen gefällt werden. Jeder potenzielle Bauherr, der mit einer Modernisierung seines Geschäftes liebäugelt, sollte vorab die Frage stellen, wie hoch bei der veranschlagten Investitionssumme die Umsatzsteigerung sein muss, damit auf Grund der durch die Investition verursachten Mehrkosten keine Gewinneinbuße eintritt. Erscheint ein Erreichen der

B Die Partner der Ladenplanung
B 3 Der Innenarchitekt und seine Aufgabe

notwendigen Umsatzsteigerung nicht möglich, sollte das Investitionsbudget den realistischen Umsatzerwartungen entsprechend nach unten hin revidiert werden. Ein Beispiel zeigt, wie das Budget für eine Ladenerneuerung firmenindividuell geplant und die Investition vorab auf ihre Wirtschaftlichkeit geprüft wird:

Wie viel Mehrumsatz ist nötig

Ein Herrenausstatter mit Standort in 1b-Lage einer Stadt mit 70 000 Einwohner und hochgenrigem Sortiment will sein Geschäft modernisieren. Die Verkaufsfläche beträgt insgesamt 350 m^2, davon liegen 145 m^2 ebenerdig und 205 m^2 im Obergeschoss. Mit in die Umgestaltung einbezogen werden 33 laufende Meter Schaufensterfläche inclusive Geschäftseingang. Der Jahresumsatz des Unternehmens beläuft sich auf 5 Millionen Mark. Die gesamten Baukosten für die geplanten Modernisierungsmaßnahmen werden vom Architekten auf insgesamt 1 064 000 Mark veranschlagt. Geht man davon aus, dass die Investition in sieben Jahren – durchschnittlich über alle Positionen – abgeschrieben wird, entstehen Abschreibungskosten von jährlich 152 000 Mark. Die alte Ladeneinrichtung verursachte jährliche Abschreibungen von 60 000 Mark, war aber zur Investitionszeit auf eine Mark Restwert abgeschrieben. Deshalb entstehen durch die Investition an Mehr-Abschreibungen gegenüber vorher 92 000 Mark (152 000 minus 60 000). Hinzu kommen Finanzierungskosten: Die Hälfte der Investitionssumme war im Hinblick auf die anstehende Erneuerung zuvor als Rücklage im Betrieb angesammelt worden; die andere Hälfte wird zu 6,5 Prozent Zinsen über einen Bankkredit finanziert. Dadurch entstehen jährlich 34 580 Mark an Zinskosten. Addiert man Abschreibungen und Fremdkapitalzinsen, entstehen durch die Investition pro Jahr also 126 580 Mark Kosten. Diese müssen durch entsprechenden Mehrumsatz erwirtschaftet werden, wenn der Gewinn (bislang 5 Prozent vom Umsatz) nicht auf Grund der Investition schrumpfen soll. Die Höhe des notwendigen Mehrumsatzes ermittelt der Herrenausstatter, indem er die Kosten der Investition ins Verhältnis setzt zu Handelsspanne abzüglich variablen Kosten:

Notwendiger Mehrumsatz =

$$\frac{\text{Kosten der Investition p.a.} \times 100}{\text{Handelsspanne} - \text{variable Kosten}}$$

Die Bruttospanne des Unternehmens liegt bei 54 Prozent, die variablen Kosten bei 15 Prozent. Daraus ergibt sich ein notwendiger Mehrumsatz von

$$\frac{126\,580 \times 100}{54 - 15} = 324\,564 \text{ Mark}$$

Wenn der Gewinn nach der Investition nicht geringer ausfallen soll als vorher, muss der Umsatz um diese knapp 325 000 Mark dauerhaft gesteigert werden. Das entspricht einer Zuwachsrate von etwa 6,5 Prozent. Ob tatsächlich die Chance besteht, dass die Investition einen Umsatzschub auslöst, der diese Erwartungen erfüllt – oder, besser noch: übertrifft –, muss jeder Unternehmer im Anschluss an diese Rechnung für seinen individuellen Standort und das geplante Bauvorhaben abschätzen. Auch das sollte – unternehmerisches Fingerspitzengefühl und langjährige Berufserfahrung in allen Ehren – nicht „Pi mal Daumen" beurteilt, sondern im Rahmen einer umfassenden Marktanalyse auf Basis harter Fakten durchkalkuliert werden.
(Mit freundlicher Genehmigung des Verlages BBE Unternehmensberatung GmbH, Köln)

Die Wirtschaftlichkeit der Investition

Man muss über Kosten sprechen. Ladenplanung ist nicht nur eine Funktionsplanung und eine Gestaltungsplanung, sie ist auch eine Kostenplanung.

Erfahrungsgemäß tun sich Innenarchitekten hier sehr schwer. Innenarchitekten sehen sich als Entwerfer und nicht als Rechner. Sie müssen sich aber als Planer sehen und die Notwendigkeit erkennen, auch Kosten zu planen und Kostenübersichten zu geben, bevor die exakten Kosten vorliegen.

Es ist erforderlich, den Entwurfsprozess in den einzelnen Abschnitten immer mit den Kosten zu vergleichen und einen Bezug zum Kostenlimit herzustellen. Das gilt besonders, wenn mehrere Vorschläge gemacht werden.

Die exakte Kostenplanung ist eine wichtige Voraussetzung für die Finanzierung und damit für die Durchführung des Projekts.

In den Kostenplan sind auch die Kosten aufzunehmen:
– der Stilllegung des Verkaufsraums, d.h. der Umsatzverlust während der Bauzeit
– des Umzugs, des Aus- und Einräumens
– der Eröffnungswerbung
– der Eröffnung.

Die Wirtschaftlichkeit gehört in die Team-Beratungen.
Siehe das Kapitel:
B 2 Das Unternehmen und seine Zukunft – dort unter Leistung und Wirtschaftlichkeit

Für die Einrichtungsleistung erwartet man feste Preise für Warenträger, Bodenbeläge, Licht.

Die Materialkosten sind angeglichen, die Herstellungskosten gleichen sich durch die Rationalisierung an den jeweils technisch höheren Stand an.

Preisunterschiede ergeben sich eher durch zusätzliche Kosten wie zum Beispiel Beratungsleistungen. Ladenbauunternehmen sind gezwungen, diese Kosten einzurechnen, deshalb muss man zum Preis die Leistungen genau festlegen.

Der Innenarchitekt muss wissen, dass die erforderlichen Beratungsleistungen auch in Sachen Branchenidentität ihren Preis haben.

Die Terminplanung

Termine treten immer stärker in den Vordergrund.

Es gab früher Ladenplanungszeiten, die liefen einfach „normal" ab. Es wurde erstmal geplant und dann wurde gerechnet und dann wurde über den Durchführungstermin gesprochen. Das alles ist endgültig vorbei.

Termine stehen heute am Anfang jeder Investitionsüberlegung: die richtige Investition zur richtigen Zeit, mit der Eröffnung zu einem bestimmten Datum. Solch klare Vorstellungen treten zunehmend auf.

Das bedeutet:
– Termine sofort einplanen
– bereits die Planungsarbeit muss zu einer Terminsache werden
– mit der kostbaren Planungszeit muss bewusst umgegangen werden
– der Entwurf darf nicht herausgepresst werden
– die Planung braucht Zeit zum Betrachten, zum Infragestellen und auch zur Möglichkeit des Neubeginns.

Deshalb ist exakte Terminplanung nötig mit Luft zum Atmen. Von Anfang an die idealen Endtermine setzen!

Sofort beginnen mit der Idee zur Ladenplanung, das bringt den Startschwung und die Begeisterung. Die logischen Infragestellungen müssen im Planungsprozess geklärt werden. Am Anfang sind nur der Kopf und das Herz gefragt!

Die Umweltbelastung

Die Realisation der Ladenplanung bringt Umweltbelastung mit sich.

Was ist vermeidbar? – Es geht doch auch darum, mit der neuen Planung neue Sympathien zu bekommen.

Die Verletzung der alten Bausubstanz, der Verlust des ehrwürdigen Milieus, nur um eine Perfektion zu erreichen, geht nicht mehr.

Natürlich ist die Technik wichtig, aber auch das emotionale Erleben, das Raumerlebnis, die

B   Die Partner der Ladenplanung

B 3   Der Innenarchitekt und seine Aufgabe

Inszenierung. Es sind viel mehr Ladenplanungen erforderlich, gerade um eine Stimmung, ein Milieu zu erreichen. Die Sympathie des Kunden muss gesteigert werden. Die Unternehmensidentität ist Auftrag.

Die Entsorgung der alten Einrichtung – wer löst das? – Zunehmend der Innenarchitekt.

Der Ladenplanungs-Ordner
Innenarchitekt und Management stellen Ordner zusammen mit allen Unterlagen der Ladenplanung, insbesondere Zeichnungen zum Nachschlagen als Arbeitsunterlage für eine neue Ladenplanung oder Teilumstellungen.

Die nächste Ladenplanung auf Grund des Planungserfolges kommt bestimmt!

Die Eröffnung als Abschluss der Dienstleistung
oben: Die Fassade zur Eröffnung Hugendubel, Nürnberg
links: Die Eröffnung des Dussmann-Kulturkaufhauses, Berlin

C Das Ziel: Corporate Identity zur Unternehmensidentität

C 1 Das Profil
C 2 Der Dialog
C 3 Der Rang
C 4 Die Inszenierung
C 5 Ladenplaner inszenieren

Eine Geschenkwand wurde inszeniert. Ein Tisch mit zum Geschenk verpackten Päckchen ist der deutliche Hinweis.
Idee: Burkhard Weinges
Buchhandlung für Buchhändler, Wedemark
Planung und Realisierung: Wilhelm Kreft GmbH, Wedemark

C Das Ziel: Corporate Identity zur Unternehmensidentität

„Ziel ist die Schaffung einer unternehmensspezifischen Identität, durch die ein widerspruchsfreies, einheitliches Bild der vielfältigen Rollen eines Unternehmens entsteht, ein unverwechselbarer Gesamterscheinungseindruck bei den Konsumenten und Abnehmern, der als homogenes Firmenimage dem Unternehmen zugute kommt."
(Wolfgang Koschnick)

Das Ziel, die gewünschte Unternehmensidentität, wird über die Verwirklichung des beschlossenen Marketingkonzeptes erreicht. Das Bemühen darum, alle Leistungen des Marketingkonzeptes zu vereinen und aufeinander abzustimmen im Sinne einer einheitlichen Unternehmensaussage die Verwirklichung der beschlossenen Ziele des Marketingkonzeptes, bedeutet die Anwendung der Ladenplanung.
Der erreichte Stand der Verwirklichung, der vom Kunden und für den Kunden nachvollziehbaren Leistungen, ist die Unternehmensidentität.
Das heißt, das Unternehmen erfährt seine wahre Identität durch den Kunden.

„Ziel ist die Schaffung einer unternehmensspezifischen Identität, durch die ein widerspruchsfreies, einheitliches Bild der vielfältigen Rollen eines Unternehmens entsteht, ein unverwechselbarer Gesamterscheinungseindruck bei den Konsumenten und Abnehmern, der als homogenes Firmenimage dem Unternehmen zugute kommt."
(Wolfgang Koschnick)

Die Ladenplanung ist für ein Einzelhandelsunternehmen der wesentlichste Teil des Marketingkonzeptes. Alle kundenwirksamen Leistungen müssen dort im Marketingkonzept verankert sein, denn sie sind gewollt und beschlossen.
Das bedeutet:
Das Ziel der Ladenplanung ist erst dann erreicht, wenn die Maßnahmen zur Erringung aller Marketingziele abgeschlossen sind, einschließlich aller Maßnahmen zur Verteidigung seiner Ziele.
Die Unternehmensphilosophie brachte die gewünschten Leistungen als Ziele in das Marketingkonzept ein und bestimmte gleichzeitig den Rang. Die Konsumenten erkennen das Unternehmen an seinen Leistungen. Sie haben eine Vorstellung von den unterschiedlichen Rängen.
Die Leistungen des Unternehmens werden ideell und real vereinigt, im Marketingkonzept abgestimmt und verteidigt in den drei Leistungsebenen. Diese drei Ebenen haben das Ziel, die gewünschte Unternehmensidentität gemeinsam zu erreichen. Sie entstanden aus der Unternehmensphilosophie und werden durch die Konsumentenerwartungen aktualisiert. Diese Erwartungen bestimmen somit die Marketingziele zur Erreichung der Unternehmensidentität und damit das Marketingkonzept mit den drei Leistungsebenen:
– Grundleistungsmarketing – Corporate Culture zur Unternehmenskultur
– Designmarketing – Corporate Design zur Unternehmensdarstellung

Von der Unternehmensphilosophie zur Unternehmensidentität

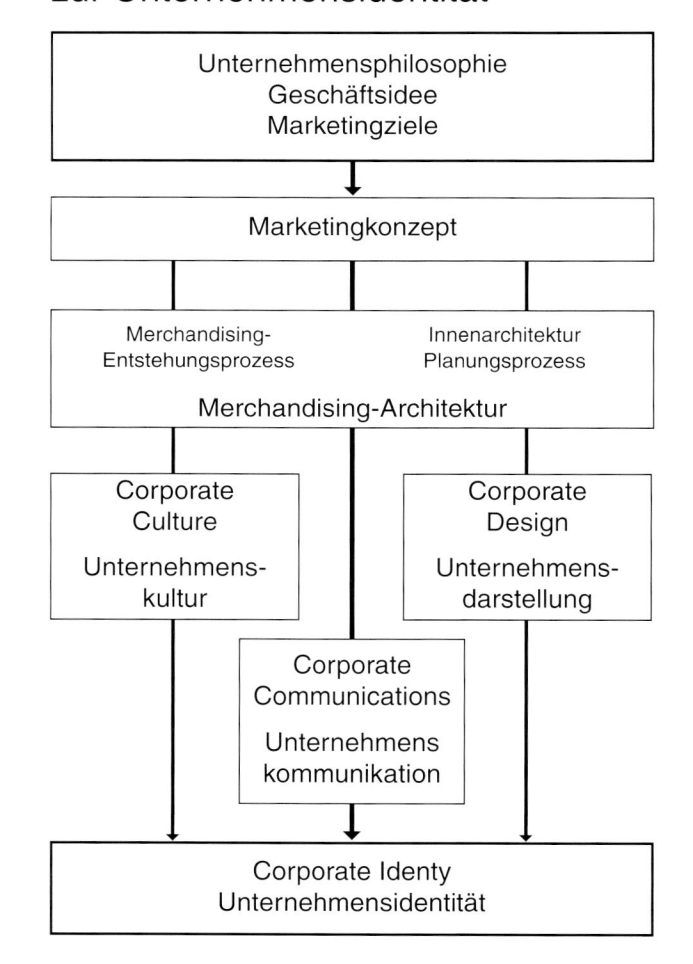

```
┌─────────────────────────────────┐
│   Unternehmensphilosophie       │
│   Geschäftsidee                 │
│   Marketingziele                │
└─────────────────────────────────┘
              │
              ▼
┌─────────────────────────────────┐
│        Marketingkonzept         │
└─────────────────────────────────┘
              │
┌─────────────────────────────────┐
│ Merchandising-   │ Innenarchitektur │
│ Entstehungsprozess │ Planungsprozess │
│     Merchandising-Architektur   │
└─────────────────────────────────┘
         │                  │
    ┌─────────┐       ┌─────────┐
    │Corporate│       │Corporate│
    │Culture  │       │Design   │
    │         │       │         │
    │Unternehmens-│   │Unternehmens-│
    │kultur   │       │darstellung│
    └─────────┘       └─────────┘
              │
         ┌─────────┐
         │Corporate│
         │Communications│
         │         │
         │Unternehmens│
         │kommunikation│
         └─────────┘
              │
              ▼
┌─────────────────────────────────┐
│     Corporate Identy            │
│    Unternehmensidentität        │
└─────────────────────────────────┘
```

C Das Ziel: Corporate Identity zur Unternehmensidentität

Unternehmensidentität entsteht in drei Ebenen

	Grundlage der Konsument erwartet	Anwendung Erreichung der Konsumenten	Strategie
Unternehmens- kultur +	Fachkompetente Leistung, humanes Leistungsprinzip, Stressabbau	Konsumentenpräferenz erreichen, der Konsument wird Gast!	Stammkunden fördern, Befriedigung der Konsumentenerwartungen Servicekonzept
Unternehmens- darstellung +	Warenbilder informieren über Waren	immer aktuell, Kompetenz in Warenbildern zeigen	Anspruchsvolle Leistungen in Sortiment und Raum darstellen, Design-Konzept
Unternehmens- kommunikation ergibt	Sortimentsorganisation, Raumübersicht, Entspannen	Begegnungskultur erreichen – Browsing, Ausgleichung der Leistungen im Rang	Kundenleitweg, Stressabbau, Dialogfähigkeit, Imagekonzept
Unternehmens- identität	Emotionalität, Erlebnisse	Inszenierung des Verkaufsraumes	Corporate Identity – Strategie zur Erreichung der Identität

– Kommunikationsmarketing – Corporate Communications zur Unternehmenskommunikation.

Die drei Corporates vereinen sich zur Corporate Identity.

Die Corporate Identity ist das in den drei Ebenen abgestimmte Bemühen zum Gesamterscheinungsbild des Unternehmens: Was davon tatsächlich erreicht wurde, ist die Unternehmensidentität.

Die Corporate Identity vereint alle Aktivitäten des Unternehmens.

Corporate Culture zur Unternehmenskultur

„Die Strategie koordiniert und integriert die unterschiedlichen Verhaltensweisen, Kommunikationen und Darstellungen so, dass daraus ein abgestimmtes Verhaltenskonzept entsteht, was eine ökonomische Konzentration der kommunikativen Kräfte des Unternehmens bewirkt."
(Clodwig Kapferer)

„Das sichtbar gelebte Wertsystem"
(Peters und Watermann)

Corporate Culture bedeutet das System der Wertvorstellungen und Normen für das gesamte Verhalten des Unternehmens und seiner Mitarbeiter, welches das Erscheinungsbild des Unternehmens prägt; das aufeinander abgestimmte Bemühen um ein Unternehmensimage, das Entwickeln und Aufrechterhalten der Selbstdarstellung des Unternehmens.
Siehe das Kapitel:
D   Grundleistungsmarketing:
     Die Geschäftsidee – Corporate Culture
     zur Unternehmenskultur

Corporate Design zur Unternehmensdarstellung

Das gezielte Streben nach Schaffung eines einheitlichen Erscheinungsbildes ergibt die Sichtbarmachung der Unternehmensleistungen der Unternehmenskultur im Corporate Design zur gewünschten Unternehmensdarstellung.

Das Corporate Design

als der für Design- und Raumgestaltung wesentliche Teil der Corporate Identity, sorgt für das einheitliche Erscheinungsbild des Unternehmens, ist Gestaltungsgrundlage.
Dadurch entsteht der Wiedererkennungseffekt, die Unverwechselbarkeit, die Identität in der Leistung des Unternehmens, das Leitbild ‚Unternehmen'.
Damit verbunden sind die Gestaltungsarbeiten des Innenarchitekten, die Planung des Geschäftshauses durch den Architekten sowie das Grafik-

Die Unternehmensphilosophie wirkt durch das Marketingkonzept auf die Unternehmensidentität

C Das Ziel: Corporate Identity zur Unternehmensidentität

design von der Gestaltung des Briefkopfes über die Veranstaltungswerbung bis hin zur Stellenanzeige.
Siehe das Kapitel:
E Das Designmarketing:
Die Gestaltungsidee – Corporate Design zur Unternehmensdarstellung

Marketingkonzept

D Grundleistungsmarketing	E Designmarketing	F Kommunikationsmarketing
D 1 Management	E 1 Designmanagement	F 1 Dynamik
D 2 Information	E 2 Designbotschaft	F 2 Sympathie
D 3 Mitarbeiter	E 3 Erscheinungsform Mitarbeiter	F 3 Anmutung
D 4 Raum	E 4 Verkaufsraum	F 4 Kundenleitweg
D 5 Sortiment	E 5 Ware	F 5 Kundenleitweg Planung
D 6 Verkaufsraum	E 6 Bilderwelten	F 6 Kundenleitweg Planung CAD
D 7 Einrichtung Technik	E 7 Warenträger	F 7 Warenplatzierung
	E 8 Material	F 8 Raumerweiterungsplanung
	E 9 Farbe	F 9 Leitbereiche der Mitarbeiter
	E 10 Licht	F 10 Leithilfen
		F 11 Fassade und Eingang
		F 12 Eingangsbereich
		F 13 Markt
		F 14 Kassenbereich
		F 15 Treppenbereich
		F 16 Fachbereich
		F 17 Drehbereich
Unternehmenskultur	Unternehmensdarstellung	Unternehmenskommunikation

C 1 Profil
C 2 Dialog
C 3 Rang
C 4

Inszenierung
c
Unternehmensidentität

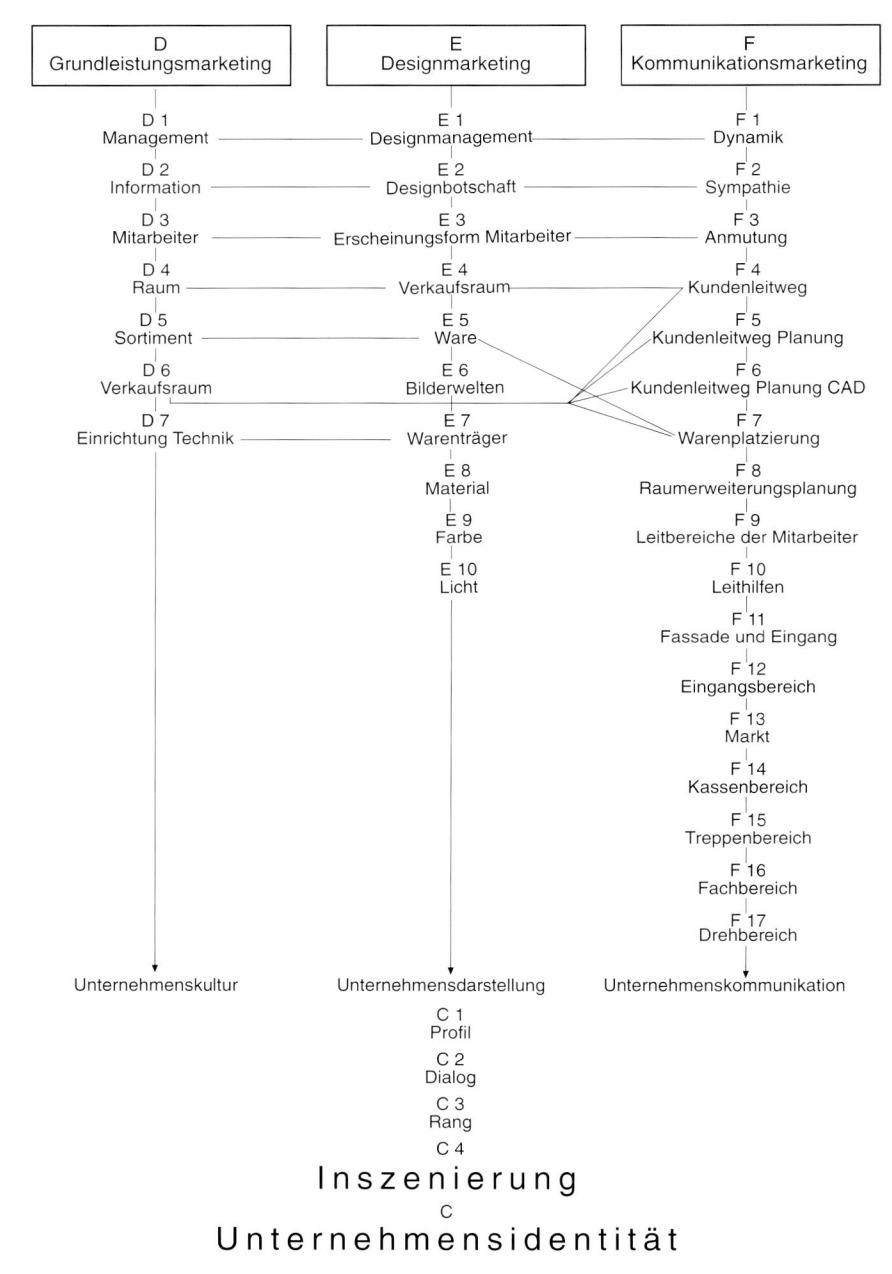

Corporate Communications zur Unternehmenskommunikation

Das gezielte Streben und Bemühen nach einer einheitlichen abgestimmten Kommunikationsform führt zu einem dialogfähigen Verkaufsraum.
Die Leistungen der Unternehmenskultur erreichen die dritte Ebene, den Dialog mit dem Konsumenten durch die Humanisierung des Verkaufsraumes auf der Basis der Priorität des Konsumenten. Stressabbau erfolgt durch die geplante beste Übersicht in einer Leitgestaltung. Die gleichzeitige Erschließung von Raum und Sortiment bedeutet das logische Aneinanderschalten oder ordnende Warenbilder in einem Kundenleitweg.

Die Corporate Communications
ist die formale und visuelle Einheit aller kommunikativen Äußerungen und Darstellungen der nach innen und nach außen gerichteten Aktivitäten.
Die wesentlichen Corporates in der Corporate Communications:

Das Corporate Guiding
Die Leitgestaltung vereint alle Kundenleitsystem-Planungen in der Planungsphase und in der späteren Nutzung des Verkaufsraumes.
Siehe das Kapitel:
F Kommunikationsmarketing:
Die Einladung – Corporate Communications zur Unternehmenskommunikation

Corporate Identity die Unternehmensidentität
verbindet nicht nur die drei Leistungsebenen:
Corporate Culture
Corporate Design
Corporate Communications

Die Unternehmensidentität kann weitere Corporates unter sich schaffen wie zum Beispiel:
Das Corporate Image
zeigt das Bild des Unternehmens, das erreicht werden soll in der Öffentlichkeit, beim Konsumenten, bei Lieferanten, bei Kapitalgebern und Behörden, zur Erlangung von mehr Sympathien.
Siehe auch das Kapitel:
C 3.4 Der Erlebnisrang
C 4   Die Inszenierung

C 1 Das Profil

„Persönlichkeit, das Charisma, ist gefragt, weniger die Methode, das Wissen und das Können."
(Hans von Bergen)

Die Inszenierungen und Milieus brauchen zunehmend größere Freiheiten zu spontanen Aktionen, die dem Unternehmen in seiner Könnerschaft Anerkennung geben.
Das Profil des Unternehmens ist so gefestigt, dass die unbedingte Einheitlichkeit zur Identität nicht gebraucht wird, sondern die Persönlichkeit.
Das Unternehmen profiliert sich über seine Leistungen oder über seine Preise.
Profillose Unternehmen verlieren ständig an Bedeutung!
Alle drei Leistungsebenen zur Unternehmensidentität werden gebraucht:
– besser als andere
– anders als andere
– dialogfähiger als andere.
Das heißt: Die bestehende Identität ist zu verbessern und zu festigen. Es braucht deutliche unverwechselbare Identitätsträger.
Ein Signet, ein Logo, ein Zeichen, eine Charakterisierung ist zu finden, das/die alle und alles verbindet.
Das Zeichen bringt für die Konsumenten das Unternehmen als Marke und verleiht den Mitarbeitern „die Stärke der Gruppe".
Die Unternehmenspersönlichkeit zeigt sich in Taten, die Beachtung finden.
Das Hauptarbeitsfeld für beachtenswerte Taten ist der Verkaufsraum.
Zunehmend neigen Unternehmen dazu, sich mit ihrem Verkaufsraum zu profilieren und ihn zur „Marke" zu erheben. Die Leistungen für ihre Kunden werden damit als „ungewöhnlich" festgeschrieben und für immer versprochen.
Die „Profilierung als Marke" bedeutet, dass die Unternehmensleistungen im Allgemeinen deutlich über dem Durchschnittsniveau am Markt liegen und ständig für die Konsumenten vorhanden sein müssen.
Die „Profilierung als Marke" muss als Forderung des Unternehmens für seine Kunden im Marketingkonzept als heraushebende Qualität manifestiert werden.

„Marken und Menschen haben mehr gemeinsam, als man glaubt: Sie wollen wirken und begehrt werden."
(Thilo von Büren)

„Nur das Beste, sonst nichts!"
(Oscar Wilde)

Hat sich das Unternehmen am Markt profiliert und ist es zur Marke geworden, dann geht von ihm ein Mythos aus. Es gibt eine mythische Wirklichkeit, nichts ist realistischer als der Mythos.
ISO 2000: Die Zertifizierung von Unternehmen auch im Einzelhandel? Es wird Schule machen, besonders für Unternehmen im Dienstleistungsbereich und im Handel. ISO 2000 ist nur der Fachbegriff für TÜV geprüfte Unternehmen.

Die Profilierung bedeutet:
– eine Unternehmensphilosophie als Basis, auf der die Forderung zur Profilierung durch ein charakteristisches Erscheinungsbild mit Ausstrahlungskraft unverwechselbar und wiedererkennbar wird
– sich zu unterscheiden, sich abzuheben von allen anderen Mitbewerbern durch eigene Taten
– eine Einzigartigkeit zu erreichen, die der Konsument oder die Angehörigen der Zielgruppe verstehen und als Besonderes und Einmaliges, als unverwechselbar erkennen
– der Status, der Rang des Unternehmens muss in allen wesentlichen Leistungen ausgeglichen sein und Stabilität für immer versprechen
– das Unternehmen muss deutlich Marktführer sein.

Die Profilierung muss als Dienstleistung verstanden werden, als Kompetenz, als ein inneres und äußeres Leistungsprofil, als Verpflichtung zum Reimaging zur ständigen Erneuerung in den Leistungen für den Konsumenten, zur ständigen Imageverbesserung und zur Festigung der Sympathie.

Die Profilierung entsteht nicht, wenn man das alles will, sondern erst, wenn man es erreicht hat.

Das positive Denken ist geradezu Pflicht, besonders in der souveränen Lösung aller Umweltfragen.

C Das Ziel: Corporate Identity zur Unternehmensidentität

C1 Das Profil

Das Unternehmen darf nicht negativ in die Schlagzeilen geraten. Das gilt auch für Waren und deren Hersteller.

Die Markierung:
Das Unternehmen braucht eine Kennzeichnung:
- ein deutliches Signet mit dem Ziel, Siegel zu sein, Wertmarke, einzigartig. Dies ist wünschenswert in der Unterscheidung zu den Mitbewerbern
- eine Hausfarbe für wichtige Unterstreichungen. Von der Farbe geht immer eine starke Wirkung aus.

Der Rang der Leistungen bestimmt den Rang des Unternehmens:
- alle Unternehmensleistungen müssen im Rang über dem Standard, dem am Markt üblichen Mittelwert liegen
- die Mitarbeiter müssen in gleicher Weise durch die Leistungen an das Unternehmen gebunden sein und gemeinsam danach handeln
- der Raum braucht ein klares, übersichtliches, raumlogisches Konzept und einen logischen Kundenleitweg mit klaren Informationen für ein Einkaufen ohne Stress
- das Sortiment muss betreut sein, die Sortimentsordnung muss erkennbar sein und die Warenplatzierung logisch und verständlich
- dem Bedarf und den Erwartungen der Konsumenten eine Nasenlänge voraus sein
- bei neuen Sortimenten durch hautnahe Aktualität überzeugen
- Konsumenten zu Stammkunden werden lassen durch die Bindung an die „Leistungszusage der Marke".

Die festgeschriebenen Leistungen:
- Leistungsanhebungen nach oben müssen schneller als im üblichen „Trading-up" der Anhebung der allgemeinen Erwartungswerte vollzogen werden
- Glaube und Vertrauen, dass das Unternehmen „up to date" ist, muss erreicht, bewiesen und ständig verteidigt werden
- im Leistungsversprechen muss auch die Leistung des Managements stecken, die eine erreichte unverwechselbare Identität mit Alleinstellungsanspruch in der Branche verteidigen muss.

Das Design:
Das Design als formale unternehmenseigene Qualität der Warenraumgestaltung und der Ware muss gelebt werden als Teil der Unternehmenskultur und in der Design-Forderung des Managements geschützt werden.

Das Design der Warenträger muss einen eigenen Stil kreieren. Material, Farben, Formen und Licht müssen eine warenraumgestalterische Absicht spüren lassen.

Die Warenraumgestaltung, in der sich alle Leistungen des Verkaufsraumes vereinen, müssen den führenden Rang des Unternehmens sichtbar machen. Die Warenraumgestaltung muss eine unternehmenseigene Sprache sprechen und die Emotionalität der Inszenierung erreichen, Milieu, Lifestyle, Lebensqualität, Status sind nicht fest gefügt. Die Marktführung muss ständig verteidigt werden: Unverwechselbare und interessante Warenbilder beweisen die ständige Aktualität.

Die Branchenidentität:
- das Unternehmen muss in der Branche Bedeutung erlangt haben und einen Rang einnehmen
- die Branchenidentität und die Fachkompetenz sind „Spitze" am Markt durch eigene Qualitätskriterien
- die Mitarbeiter müssen geschult sein, vertraut auch mit den neuesten Produkten, fachkompetent, beratend, sie können Anregungen geben
- die Warenträger wie der technische Ausbau müssen auf Leistung ausgelegt sein und Flexibilität zulassen.

Die Dynamik:
- die Dynamik muss eine wesentliche Bedeutung erhalten. Das Management hat die Aufgabe, immer zeitnah und aktuell zu agieren
- ein Spielplan für Veranstaltungen ist erforderlich
- das erfolgreiche Marketing orientiert sich nicht nur an den großen Megatrends, sondern an dem ständigen Wandel in den Erwartungen und Bedürfnissen der Konsumenten. Regionale Anlässe gewinnen an Bedeutung

- die Nachfrage verändert sich ständig, die Nachfrage wächst ständig, ein dynamisches Konzept muss das berücksichtigen.

Die Kommunikation:
- die Kommunikation des Unternehmens muss in der Lage sein, über das Unternehmen und seine Leistungen zu berichten und in den Konsumenten das Bild „der Botschaft über ungewöhnliche und versprochene Leistungen" durch ehrliche Darstellung zu erzeugen und zu erhalten
- die Informationen über das Unternehmen müssen Anregungen geben und zum Dialog auffordern. Zur Profilierung gehört der Dialog
- der anzustrebende hohe Bekanntheitsgrad muss bewirken, dass die Informationen als Leistung „erwartet werden". Der Informationshunger der Konsumenten muss gestillt werden
- erklärende Informationen über die Leistungen des Unternehmens im „Anspruchsfeld der Marke" müssen vom Anspruch her erklärt werden.

- die „Profilierung der Marke" muss im Konsumenten entstehen.

Verkaufsraummarken sind wünschenswert. Die Konsumenten sind „informierte und ausgebildete Konsumenten". Sie erkennen kleinste Unterschiede in der Leistung, aber sie erwarten ständig das Neue und Ungewöhnliche, aber auch die Festschreibung der Leistung – die Zuverlässigkeit, die zur „Marke" gehört.

Verkaufsraummarken sind zu Wegweisern im Konsumalltag geworden. Sie sind Orientierung in allen Branchen und Maßstab für die übrigen Mitbewerber.

Eine Marke wird durch die Akzeptanz der Konsumenten bestimmt und nicht durch das Unternehmen.

Eine gute Marke überlebt immer das Sortiment und das Management.

„Nur wer ein Gesicht hat, den kann man erkennen!"

(Friedrich Lipp, Umdasch, Amstetten/A)

C Das Ziel: Corporate Identity zur Unternehmensidentität

C2 Der Dialog

*Ich wurde empfangen
wie ein Fürst,
und doch bin ich überflüssig,
denn er redet nicht mit mir.
Ich wurde empfangen
wie ein König,
und doch bin ich fremd,
denn er sieht mich nicht an.
Ich wurde empfangen
wie ein Kaiser,
und doch bin ich allein,
denn er versteht mich nicht.*
(Ines Respondek)

Sich zu präsentieren durch einen großartigen Empfang, aber nicht miteinander zu reden, sich nicht zu sehen und sich nicht zu verstehen, das ist das Problem vieler Verkaufsräume.

Das Anbieten und das Verkaufen erfordert den Dialog mit dem Konsumenten.

Die Konsumenten, eher noch die Kunden, suchen zunehmend den Dialog.

Der gelebte Wertewandel, die Priorität des Konsumenten im Unternehmen mit den beachtlichen emotionalen Leistungen, Inszenierungen und Browsing machen die Dialogfähigkeit des Verkaufsraumes erforderlich.

Der notwendige Wissensaustausch am Point of Sale kann nur durch das Miteinandersprechen erreicht werden.

Der humane Fortschritt im Verkaufsraum geht deshalb in Richtung ‚Dialog' und bedeutet für die Ladenplanung: Dialogmöglichkeiten planen. Die Absicherung des Erfolges kann für das Unternehmen nur erfolgen, wenn gesichert wurde, dass alle Veränderungen und der Fortschritt im Unternehmen spürbar vertreten werden und hierfür wird der Dialog mit dem Konsumenten als Anregung, Feinabstimmung und Kontrolle ständig wichtiger.

Die Zukunft der Verkaufsräume liegt in der Begegnungskultur, die auch bedeutet: Ausgleich zwischen Unternehmen und Konsumenten sowie zwischen Konsumenten und Unternehmen.

Die Leistungsebene Kommunikation verschiebt sich zum Gespräch im Verkaufsraum, zum Dialog zwischen Kunden und Mitarbeitern, aber auch zwischen Kunden und Kunden.

Sitzbereiche, Besprechungsbereiche, weniger die Beratungsbereiche, fördern die notwendigen Dialoge. Andere Kommunikationsbereiche sind Kassenbereiche. Hier müssen die Unternehmen zeigen, was sie von Lebensqualität halten.

Die Gestaltung des Verkaufsraumes, die Bestimmung der Atmosphäre, die Darstellung in den Warenbildern ist visuelle Kommunikation. Ein Dialog über Bilder, ein Dialog mit dem Konsumenten erfordert für die Mitarbeiter, zum Dialog bereit zu sein.

Der Erfolg der Ladenplanung hängt davon ab, ob die Kunden „akzeptieren".

Das bedeutet dialogfähig sein und den Kunden an der Ladenplanung beteiligen. Das geschieht durch:
– Marktbeobachtungen, Marktanalysen, Befragungen
– Auswertung der Käufe
– Trendversuche
– Auswertung der Reklamationen
– Veranstaltungen, Modenschauen, Seniorentreffen
– Käuferbeiräte
– „Dankeschön-Karten" mit Anregungsfragen als Warenbeigabe
– EDV „Online" und andere Entwicklungen, wie BTX
– Dialogformen.

Die Unternehmen sind gefordert, neue eigene Dialogformen zu entwickeln. Die Identität wird dadurch entscheidend gefördert und erkennbar.

Die einzelnen Informationsaktivitäten werden aufeinander abgestimmt.

Die Beachtung und die Beobachtung der Konsumenten, insbesondere an zeitnahen, aktuellen Warenbildern, wird immer wichtiger. Das Unternehmen muss wissen, wie es „ankommt".

Das Unternehmen erfährt nur im Dialog mit dem Kunden seine wahre Identität.

Das Warenbild als Frage an den Kunden hat auch für das Unternehmen eine Auswertungsbedeutung. Die Warenbilder informativer zu gestalten, bedeutet immer, ein Kaufargument darzustellen für eine Zielgruppe.

Mit der weiteren sozialen Aufwertung schreitet die Gleichberechtigung am Point of Sale voran.

Kommunikation bedeutet Wissensausgleich.

– Was hat das Unternehmen, was kann mir das Unternehmen bieten? – wird zunehmend vom Konsumenten gefragt.
– Was will der Konsument?

Trends frühzeitig zu erkennen, wird wichtiger als Frage für das Unternehmen.

Eine Dialogfähigkeit herstellen, ist immer die Antwort.

Die Stammkunden sind die eher dialogfähigen Kunden. Sie wollen in „ihren" Unternehmen besondere Privilegien genießen. Die Unternehmens-Kreditkarte ist erst der Anfang.

Sympathie am Point of Sale werden die Unternehmen nur erhalten, wenn die Devise gilt: „Alles für den Kunden". Aber was für den Kunden? – um das ständig zu erfahren, gehört das öfter Miteinandersprechen dazu!"

Das Reimaging wird mehr in den Alltag der Unternehmen einrücken von den Chefetagen an den Point of Sale und heißt: „Nutzung der Technik und der Gestaltung zu mehr Leistung und Dialog mit dem Konsumenten".

Richtig gefragt, macht der Kunde gern mit, wenn er erfährt, dass es um sein Wohl geht.

Die Zukunft mit immer höheren Kosten zur Unterhaltung der Inszenierungen im Verkaufsraum macht es erforderlich, es richtig zu machen und dafür den Dialog mit dem Konsumenten zu suchen.

„Die Zukunft hat schon begonnen."
Siehe die Kapitel:

D 2   Die Information
D 2.1   Die Botschaft
E 2   Die Designbotschaft
F 2   Die Sympathie
F 3   Die Anmutung

2.1 Zeit der Eloquenz

Dipl.-Ing. Dipl. Volkswirt Karl-Heinz Möller, Ahrensburg

Zeit der Eloquenz oder Die Ekstase der Kommunikation

Nach Oliviero Toscani, dem Mann, der für Benetton die Werbung macht, wird es im zweiten Jahrtausend so weit sein, „dass Kommunikation ist." In einer Welt des Dialogs überwinden globale Netzwerke Zeit, Raum und Sprache. Synergetische Effekte und Orchestration schaffen eine große gesellschaftliche Koalition, die, nach ihrem Ursprung im Bereich der Künste, auch die kommerzielle und politische Ebene erreicht hat.

Aus dem Disput entwickelt sich eine Diskurspartnerschaft, die viel weiter greift als der Kompromiss. Sie erreicht eine neue Dimension der Verständigung auf einer höheren Ebene. Baudrillard sieht uns „nicht mehr am Drama der Entfremdung teilnehmen, sondern an der Ekstase der Kommunikation." Das Marketing nimmt diesen Prozess auf und geht neue Wege.

Höhepunkt der „Kommunikations-Ekstase" ist das Netz der Netze, das Web. Rund um den Erdball werden Personalcomputer und Telefone gekoppelt, um Botschaften, Nachrichten, Bestellungen und Rechnungen zu verschicken. Kommunikation in diesem Sinne heißt auf Sendung zu sein, bereit für Empfang, Verbindung, offen für Neuigkeiten – kommunizieren wollen. Eine neue Generation von Kunden und Mitarbeitern geht ans Netz.

Menschen, die ein Geschäft betreten, möchten kommunizieren. Sie sind auf Sendung und Empfang eingestellt. Wie aber erreichen wir die, die kein (oder ein anderes) Geschäft ansteuern, trotzdem aber bereit wären für Kommunikation, eine Botschaft hören wollen? Im Büro, unterwegs, zu Hause?

Computer haben neue Chancen geboren. Chancen, die andere Denkstrukturen und Kreativität fordern. Nachdem Computer in den 80er- und 90er-Jahren Effizienz und Transparenz in die Unternehmen gebracht haben, steht der Anfang des neuen Jahrtausend unter dem Aspekt des elektronischen Handels. Im Rahmen des Electronic Commerce wird der PC mehr als ein Werkzeug sein. Er wird der Kommunikations-Mittelpunkt der Unternehmen und Haushalte.

Wofür brauchen wir in Zukunft überhaupt noch Mitarbeiter für Läden, Kaufhäuser, Einkaufszentren?

Deshalb: Niemals wird das Web ersetzen können, was Einkaufen heute für viele bedeutet: Abwechslung, Unterhaltung, Zeitvertreib, Lebensstil, Identifikation, Vier-Augen-Gespräch, Vertrauen. Es wird immer den Indu-Shopper geben, der die Masse meidet. Die Renaissance der kleinen Fachgeschäfte zum Beispiel, der kleine Handwerksbetrieb, die kleine persönliche Dienstleistung – das wird kommen. In der gesamten Breite jedoch hat sich die Szene radikal verändert. Der Bürger hat seine Macht vergrößert. Die Maus in der Hand ist ökonomischer als ein Elefant, der tanzen kann. Und der Handel und seine Mitarbeiter müssen neue Tanzschritte einstudieren.

Die Welt der Händler ist kompliziert geworden. Der PC macht den Konsumenten zu einem fast gleichwertigen Partner des Händlers, der alles über Qualität, Konkurrenz und Preis weiß. Hier liegt zugleich eine Chance. Für den Aufbau von informellen Kontakten sind die Wirkungen der Computer äußerst positiv. Befreit von Routinestress fühlen sich die Mitarbeiter in der Lage, intensivere neue Formen des Dialogs mit Kunden einzugehen. Im Rahmen eines Merchandising-Architektur-Konzepts erhalten Kunden und Berater Kommunikations-Chancen einer neuen Qualität. Die Effizienz genormter Informationswege (formelle Kommunikation) eröffnen Mitarbeitern im Prinzip wenige Freiräume. Das Denken erfolgt in festgelegten, engen und oft eingleisigen Bahnen. Anders heute: Mit sekundenschnellen Mails, Dialogen, sprachgesteuerten Programmen, Chat-Räumen, Foren und Bildern entsteht ein „human-touch" – ohne dass der Kunde da ist. Im Rahmen eines „human concept" substituiert er nicht die „Face-to-Face-Situation" im Laden, sondern simuliert, ergänzt sie und agiert auf dieser neuen Ebene. Dem mächtigen Kunden steht nun ein ebenso starker, kompetenter Mitarbeiter gegenüber.

Dieser Akt des Handelns schafft eine neue Art der Beredsamkeit, die Sympathie für eine Ware in eine Sympathie für Menschen umsetzt – sie funktioniert digital. Nach der Entwicklung der physischen Ergonomie des Unternehmens folgt eine Phase, in der der Schwerpunkt auf die Gestaltung der psychischen Ergonomie konzentriert wird.

Im Zukunftskonzept des Handels, in dem „Electronic Commerce" und „Electronic Competence" eine Schlüsselrolle spielen, geht es immer um das Individuum. Die am meisten diskutierten Probleme der Gegenwart:
– Kompetenz (Wissen)
– Motivation (Leistung)
– Kommunikation (Kontakt)
– Identifikation (CI)

können gelöst werden, mit einem „human-concept". Die elektronischen Welten bescheren dem Handel eine neue Beredsamkeit. Kunde und Mitarbeiter begeben sich in eine Ekstase der Kommunikation.

C 3 Der Rang

„In der westlichen Welt hat in den letzten Jahren eine Verschiebung stattgefunden, die die Welt des Kaufens und des Verkaufens neu aufteilt. Auf der einen Seite werden immer mehr Waren der Grundversorgung in großen Ladeneinheiten erworben. Auf der anderen Seite wird „Einkaufen" zunehmend als eine Freizeitbeschäftigung betrachtet."
(Matthias Horx)

Die Entwicklung zum Erlebnismarketing ist eine ganz natürliche Entwicklung des Käufermarktes:
– immer mehr Erwartungen der Konsumenten
– immer mehr Leistungen der Unternehmen im Wettbewerb
„Alles für den Konsumenten!"
Die Stationen der bevorzugten Warenangebote der Unternehmen werden im Wandel zum Käufermarkt zu Erwartungen der Konsumenten an Waren und Dienstleistungen.

1950 Speisen und Kleidung
1960 Wohnung, Fernsehen, Kühlschränke
1970 Auto, Reisen
1980 Genuss: Der Drang zum Einfachen entsteht, wie auch der Anspruch mit dem Wertewandel wächst.
1990 Genussvolles Einkaufen wird für viele Konsumenten zum Normalverbrauch, der Käufermarkt entwickelt sich, die Konsumenten erkennen und wollen geistige Qualität der Dienstleistungen, Warenbilder, Präsentationen. Der Kult Wellness entsteht und wird wichtig für den Handel.
2000 Freude am Konsumkauf wird Lebensqualität; Grün ist selbstverständlich geworden, genauso wie umfassende Produktion und Dienstleistung. Ein neues Bewusstsein entsteht: mehr Emotionalität und mehr Information. Der Verkaufsraum wird zur Bühne. Die Unternehmen inszenieren.

„Immer schneller wechseln Trends und Moden im Einzelhandel. Erlebniswelten locken jetzt die Verbraucher. Konsum wird zu einer Ersatzreligion stilisiert."
(Wirtschaftswoche Nr. 49/97; „Göttliches Vergnügen")

Die Leistungen zur Unternehmensidentität bestimmen den Rang des Unternehmens für die Konsumenten.

Der Rang der Leistungen im Verkaufsraum ist Unternehmenspolitik. Das Bewusstsein für einen Rang muss gelebt werden. Die genauen Potenziale und die Grenzen dazu wurden im Marketingkonzept festgelegt.

Wichtig ist, dass sich sowohl die Leistungen des Merchandising als auch die Leistungen der Innenarchitektur als Merchandising-Architektur im Rang angeglichen haben. So wie die Festigkeit einer Kette vom schwächsten Glied bestimmt wird, so bestimmt auch die geringste Leistung den Rang für das gesamte Unternehmen aus der Sicht der Konsumenten.

Verkaufsraumränge sind fließend, sie lassen sich hier nur mit Schwerpunkten bestimmen.

Die Unternehmen werden vom Markt in unterschiedlichen Rängen gefordert und geprägt, sowohl aus der Anforderung der Zielgruppen heraus als auch aus der Individualisierung des Marktes in Erwartungen an Waren und Dienstleistungen, Warensegmente und Betriebsformen.

So entsteht zwischen Warenhäusern, Fachgeschäften, Fachmärkten und Discountern ein unterscheidender Rang am Markt, ausgehend von der Warenauswahl, der Betreuung und der Preispolitik.

Die Branche bestimmt wesentlich den Rang. Für Investoren in allen Branchen wird der nächst höhere Rang erstrebenswert.

Die sich unterscheidenden Betriebsformen wirken in diese Ränge hinein.

Ein Beispiel:
Ein Konsument sucht Geschirr:
– Rationalrang:
  Der Kunde informiert sich über Teller, Schüsseln, Tassen, Gläser und Bestecke, die er in verschiedenen Regalen findet. Er verschafft sich einen Überblick über das Angebot.
– Kompetenzrang:
  Das Unternehmen hat Bedarfsgruppen zusammengestellt. Der Kunde findet einen dekorierten Tisch vor.
– Präsentationsrang:
  Das Unternehmen hat die Bedeutung der Sichtbarmachung erkannt und stellt einen oder

C Das Ziel: Corporate Identity zur Unternehmensidentität

C3 Der Rang

Die Konsumententypologie
Die Maslowsche Bedürfnis-Hierarchie

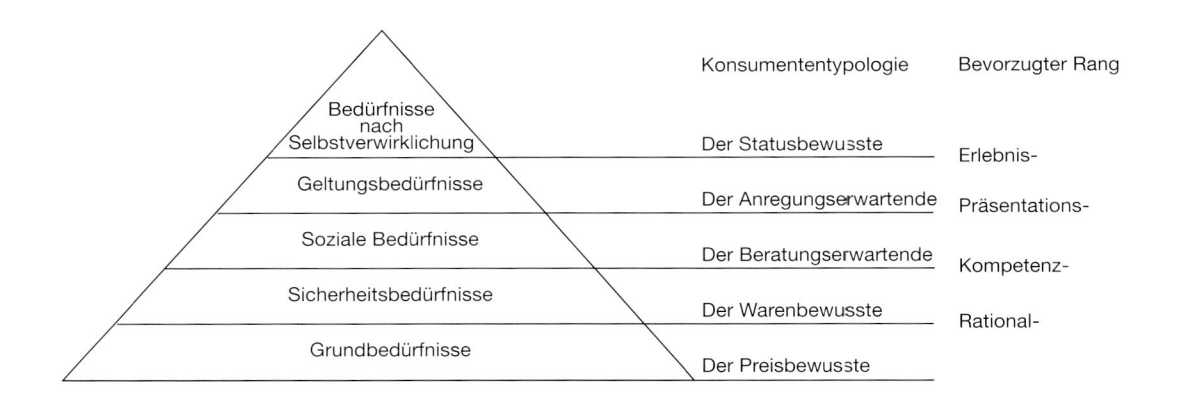

Bedürfnis-Hierarchie	Konsumententypologie	Bevorzugter Rang
Bedürfnisse nach Selbstverwirklichung	Der Statusbewusste	Erlebnis-
Geltungsbedürfnisse	Der Anregungserwartende	Präsentations-
Soziale Bedürfnisse	Der Beratungserwartende	Kompetenz-
Sicherheitsbedürfnisse	Der Warenbewusste	Rational-
Grundbedürfnisse	Der Preisbewusste	

mehrere dekorierte Tische vor, mit denen sich die Konsumenten identifizieren können. Das Unternehmen gibt Anregungen. Eine fachkompetente Beratung steht zur Verfügung.
– Erlebnisrang:
Das Unternehmen inszeniert, zieht den Kunden in die Handlung mit ein, zeigt einen benutzten Tisch. Durch die überzogene und damit deutliche Darstellung einer realen Wirklichkeit wird dem Kunden eine Hilfe zum Orientieren gegeben, zur Sichtbarmachung des Wesentlichen und Ungewöhnlichen.
Der Tisch mit der Geschirrinszenierung wird fachkompetent betreut, im Beisein des Kunden werden nach seinen Wünschen Tischdekorationen zusammengestellt und kommentiert, beraten, informiert und wichtige Anregungen gegeben.

Im Präsentationsrang wurde der Konsument nicht mit einbezogen. Die Passivität des Konsumenten war gewollt, ihm wurde etwas präsentiert. Die Beachtung der Konsumenten wird erwartet. Erst wenn der Konsument einbezogen und zur Aktivität aufgefordert ist, kann man von einem Erlebnisrang sprechen. Die Berührung der Waren durch den Konsumenten wird erwartet.
Der Erlebnisrang braucht die volle Einbeziehung des Konsumenten, damit die emotionale Wareninszenierung zur Erlebnisinszenierung wird.

Erst durch die Aktivierung des Konsumenten entsteht für den Konsumenten ein höherer Nutzen.
Die Innenarchitektur hat die Aufgabe, kommunikativ zu sein, eine Verbindung zum Konsumenten herzustellen. Dazu bedarf sie solcher Ausdrucksmittel, die nicht nur Fans der Innenarchitektur und des Designs verstehen.
Die marketingstrategische Überlegung für ein Designmarketing fordert die Darstellung des Unternehmens, der Unternehmensleistungen im Rang, in einer öffentlich allgemein verständlichen Darstellung.
Der Rang des Unternehmens wird am Standort entschieden und durch den Vergleich am Markt bestimmt. Der Marktführer an einem Standort könnte sich in einer anderen Stadt mit gleicher Leistung durchaus niedriger im Rang platzieren.

Die Einstellung der Unternehmen bestimmen den Rang
Der Rang bestimmt das Marketingkonzept

Typ	einfache Fachmärkte	gutsortierte Fachmärkte	Fachgeschäfte	ausgesuchte Fachgeschäfte
Rang	Rationalrang	Kompetenzrang	Präsentationsrang	Erlebnisrang
Unternehmensidentität	mit der Sortimentsleistung für den Konsumenten; schnell, übersichtlich; preiswert und einfach als Prinzip; Identität: Einfachheit	mit der Branchenleistung; für den Konsumenten die fachkompetente Begegnung; Identität: Kompetenz	mit dem Marketingkonzept; für den Konsumenten eine perfekte Ausstellung ermöglichen; eine Präsentationskultur erreichen; der geplante Auftritt aller Unternehmensleistungen; Identität: Warenpräsentation, alle Waren im Griff	mit der besonderen Sortiments- und Raumleistung; den Konsumenten zur Aktivität auffordern, zum Mitmachen. Der Konsument wird Gast! Eine Begegnungskultur erreichen – Browsing
Management	Waren- und Preisstrategie, Sonderangebote	Kompetenz-Strategie, Neuheiten-Service	Präsentationswettbewerb, aktuell und zeitnah	Inszenierungs-Ideen, Spontanität
Information	klare Hinweise	ständige Information	Information und Anregungen für Zielgruppen	Die Leistungen als Botschaft an die Kunden
Raum	Raumkonzept: der Verkaufsraum signalisiert Einfachheit; starke Warenorientierung; Raumbilder unterstützen die Ordnung	Raumkonzept für Waren: Der Verkaufsraum verkörpert die Fachkompetenz; funktionierende Kundenleitwege; spürbare Raumbilder	überzeugendes Raumkonzept: Eine optimale Übersicht erreichen; der Verkaufsraum, eine Landschaft, in der sich die Leistungen präsentieren	ein variables Raumkonzept: Erreichen einer Einkaufsbequemlichkeit
Sortiment	geordnetes Warenangebot; Warenplatzierung	fachkompetente Sortimentsordnung; Denken und Handeln in Warenbildern	deutliche Bedarfsgruppen-Orientierung; überzeugende Warenbilder	Gepflegte Auswahl; prägende Warenbilder
Branche	Waren- und Preisbezug	Branche erkennbar	besondere Branchenleistung erreichen	die Branche „life"
Einrichtung	Sortiments- und raumordnend; Einfachheit betonen	warengerecht, klares Design	Variabilität erreichen, gutes Design, warenbestätigend	Status-orientiert, Design-Eigenart, prägend
Darstellung des Angebots	bewusst ohne jede emotionale Darstellung, um die Preiswertigkeit...des Warenlagers zu vermitteln	Schwerpunkte mit Präsentation	gute gesteuerte und geplante Präsentationen	erlebnisorientierte Inszenierung des Verkaufsraumes

3.1 Der Rationalrang

Der Rationalrang verkörpert die Rationalform des Warenverkaufes in aller Einfachheit. So wenig Aufwand wie nötig, ist hier Stil:
– schnell – übersichtlich
– preiswert – preisgünstige Gelegenheiten
– bequem, ein gewisser Stress bei „preisgünstig" ist nicht nur ertragbar, sondern auch imagekennzeichnend.

Eine wichtige Zielgruppe wird über den Preis gesteuert. Die große Zahl der Wechselkäufer, die hier preiswert und in einem anderen Unternehmen anspruchsvoll einkaufen will, muss man einbeziehen.

Wenn es das Unternehmensziel ist, besonders billige und besonders preiswerte Waren zu führen, dann ist das auch eine Frage der Gestaltung, insbesondere der Auswahl der Warenträger.

Der Zielgruppe, die in der Hauptsache den Preis im Auge hat, wird auch durch die Gestaltung der Einfachheit der Warenträger diese besondere Preiswertigkeit suggeriert.

C   Das Ziel: Corporate Identity zur Unternehmensidentität

C3   Der Rang

Hier läuft alles mehr nach Quadratmeter-Maximierung ab: „Viel Ware auf den Quadratmeter". Alternativ geführte Unternehmen gehören oft in diesen Rationalrang wegen ihrer anspruchslosen Gestaltung, auch wenn sie nicht unbedingt preiswerte Waren führen. Diese Unternehmen wollen durch die Einfachheit der Einrichtung preiswert erscheinen. Eine freiwillige Einfachheit als Prinzip.

Diese Vertriebspolitik wird selten aufrechtzuerhalten sein – insbesondere dann nicht, wenn diese Unternehmen über die „Billig-Einführungsphase" hinwegkommen und erfolgreich werden.

Die Planung muss Ordnungs- und Organisationsprinzipien erfüllen, die Leitgestaltung werden. Großräume benötigen dringend Kundenleitwege. Die Preiswertigkeit wird eher über das Einrichtungssystem, Regale und Innenregale, nach außen treten. Es wird versucht, die Preiswertig-

Pro Markt, Göttingen
Architektin: Regine Nüske
Realisierung: Storebest, Lübeck

keit durch eine Art Monotonie zu suggerieren, sodass die Steuerung der Kunden über die Beschriftung und über unterscheidende Breiten der Gänge „ablaufen" muss.

Die Gestaltungsaufgabe selbst ist wichtig und interessant. „Preiswertigkeit" als Gestaltungsziel ist keine leichte Aufgabe. Man gewinnt allerdings den Eindruck, dass Innenarchitekten sich hier nicht gerne bemühen oder nicht zur Planung aufgefordert werden.

Es gibt Anzeichen einer Besinnung. Auch Innenarchitekten bekommen den Blick für die notwendigen Discounter. Motor ist der fortschreitende Wettbewerb im Discount-Bereich, sodass auch hier die Gesetze des Marktes die Gestaltungslösung im Wettbewerb entstehen lassen.

Es ist wichtig, über die großen marktstrategischen Bewegungen, die sich deutlich auswirken werden, nachzudenken. Die Trends sprechen für die Discounter einerseits und für die Fachgeschäfte mit emotionalen Ansprüchen andererseits.

Es gibt zwei wichtige Argumente am Markt: entweder der Billigste oder der Beste zu sein. Alle Unternehmen, die mit ihren Leistungen dazwischen liegen, haben Probleme mit der Sichtbarmachung dieser Leistungen für den Konsumenten.

Beim Konsumenten besteht immer ein Preis-Leistungsdenken. Die Billigkeit einer Ware für einen bestimmten Zeitraum oder das Heruntersetzen des normalen Preises löst beim Kunden Zweifel aus, wenn nicht eine plausible Begründung mitgeliefert wird.

Eine Unternehmenskultur und klare Leistungsstrategien wirken für die Sichtbarmachung der Unternehmensleistungen deutlich nach außen.

3.2 Der Kompetenzrang

Der Kompetenzrang entstand schon mit dem Aufkommen der Warenhäuser in der zweiten Hälfte des 19. Jahrhunderts. Der dadurch hervorgerufene Wettbewerb war ein Wettbewerb um die Kompetenz, um fachgerechte Beratung und Lagerung. Er wirkte über die Entstehung der Theken in die Entstehung der Fachgeschäfte bis hin zur Selbstbedienung. Er wirkt in die Boutiquen und in die großen Fachmärkte.

Der große Wettbewerb der Warenhäuser unter-

Modehaus Zwicker, Konstanz
Architekt: Heiner Mütschele, Stuttgart
Realisierung: Ernst Maier, Bad Peterstal-Griesbach

C Das Ziel: Corporate Identity zur Unternehmensidentität

C 3 Der Rang

Edeka-Center, Traunreut
Objektberater: Hr. Koslowski
Realisierung: Storebest, Lübeck

3.3 Der Präsentationsrang

Die Leistung „Sortiment", in wirkungsvolle Warenbilder umgesetzt, wird zur Perfektion geführt. Der Präsentationsrang entstand aus der kontinuierlichen Weiterentwicklung des Kompetenzranges im Wettbewerb.

Er setzt mit der richtigen Anwendung des Wertewandels das grundlegend andere Verständnis im Unternehmen voraus.

Die Präsentation mit der vordergründigen Absicht des größeren Umsatzes kann ein Informationsgewinn für den Kunden sein.

Der Präsentationsrang ist ein ganzheitlich zu verstehender Begriff auf der Basis eines humanen gegenseitigen Verständnisses zwischen Unternehmen und Konsument und zwischen Konsument und Unternehmen. Man erfährt mehr übereinander. Der Informationsweg ist direkter, läuft zweiseitig und wird in dieser Bedeutung auch von Unternehmen zunehmend erkannt.

Die Präsentation ist vorrangig kein Dekorationsstil, sondern ein Lebensstil auf humaner und betriebswirtschaftlicher Grundlage. Er ist verankert in der Unternehmensphilosophie auf der Basis des Ausgleichs von Leistung und Gewinn mit dem daraus resultierenden Anspruch aus Nutzung, Sortiment, Fachkompetenz einerseits und dem Merchandising, der Präsentationsgestaltung, Warenbilder, Kommunikation durch Innenarchitektur andererseits. Der Rang wird gelebt von Konsumenten und Mitarbeitern.

Das Unternehmen und der Innenarchitekt müssen sich klar werden über die ehrlichen Forderungen des Präsentationsranges, wenn er vom Konsumenten erlebt werden soll.

– Wo liegen die Forderungen der Zielgruppen?
– Wie wird der Präsentationsrang im Marketingkonzept definiert?
– Worin bestehen die emotionalen Begegnungen der Kunden über den Einkaufsvorgang hinaus, als besondere Leistung des Unternehmens?
– Welche Bedeutung hat der Präsentationsrang für den Konsumenten und welche für das Unternehmen?
– Wie und wodurch unterscheidet sich die Wirkung gegenüber anderen gleich bedeutenden Unternehmen am Markt?

einander und der enorme betriebswirtschaftliche und werbetechnische Aufwand, der betrieben wird, bringt diese Unternehmen, die mehrere Verkaufsraumränge unter einem Dach vereinen können, in eine Sonderstellung. Der Kompetenzrang ist der heute am weitesten verbreitete Verkaufsraumrang, sowohl für Warenhäuser als auch für Fachgeschäfte.

Der Kompetenzrang verkörpert die Aktivitäten des Unternehmens in der Erreichung der Konsumenten über das „normale" Warenangebot. Mindestens die Marketinginstrumente: Sortiment, Mitarbeiter und Einrichtung sind Grundlage des Kompetenzranges. Das Unternehmen kennt die Macht der fachkompetenten Selbstdarstellung und wird Marketingkonzept.

Wenn nicht weiter auf diesen bedeutenden, weitgehend angewandten Rang, der sich durch gute Einrichtungsleistungen deutlich macht, eingegangen wird, so hängt das mit der inzwischen stattgefundenen Wende vom Verkäufermarkt zum Käufermarkt zusammen.

Im Kompetenzrang zeigt sich schon der Wandel. In der „Kompetenz" steckt noch deutlich das Sortiment, die Nutzung, die Aktivität des Unternehmens.

Das Unternehmen präsentiert sich in der Art, wie es die Ware präsentiert. Oft wird der Kompetenzrang aufgebrochen durch eindrucksvolle Präsentationen.

C3 Der Rang

Der Präsentationsrang wird gebraucht. Er ist eine logische Forderung im Käufermarkt zur Anspruchsbefriedigung der Konsumenten. Lediglich die Ausführung und die Maßnahmen, wie Stimmungen durchgeführt werden, bleiben zu diskutieren. Sie sind zielgruppen- und branchenspezifisch anzuwenden.

Die Wirkung des Präsentationsranges für den Konsumenten „verstanden zu sein" und „erwartet zu sein", bedeutet für den Konsumenten Anerkennung.

Der Kunde, der durch eine aktive und entspannte Atmosphäre, Wertschätzung und Anerkennung erfahren soll, erwartet, dass die Bedürfnisse an fachkompetenter Warenauswahl und fachkompetenter Beratung als Grundvoraussetzung erfüllt sind.

Der Präsentationsrang braucht als eine der wesentlichen Unternehmensleistungen das Kundenleitsystem in seiner vollen Anwendung. Die geforderten Warenbilder brauchen ein Drehbuch, um im vorgedachten Kundenleitweg in der richtigen Reihenfolge nacheinander zu wirken.

Der Wunsch nach Warenraumgestaltung ist ein Konsumenten-Anspruch. Er wurde zur allgemeinen Forderung – zur Forderung nach mehr Sinnlichkeit und nach mehr Prächtigkeit.

Der Wunsch nach mehr Romantik, mehr High Touch, zur Abkehr in der Architektur von allem Formalen und Funktionalen – hin zu einer aktuellen Ästhetik, die wachrüttelt, die aufreißt, die überrascht, die begeistert, die Träume verwirklicht – ist Erfüllung für den Präsentationsrang.

Die Schuhbranche begann mit dem Präsentationsrang. Sie hat es verstanden, ihre langweiligen Schuhkartons aus dem Verkaufsraum herauszunehmen, die als monotone „Tapete" kaum eine Sensibilisierung beim Konsumenten aufkommen ließen. Die Kartons sind im Lager verschwunden. Die Schuhe werden in Gruppen geordnet, nach Bedarf, nach Farben und nach Zuordnungen zu Zielgruppen präsentiert, verbunden mit sehr einladenden Sitzanlagen zum Anprobieren.

Der Präsentationsrang erleidet dadurch keinen Abbruch, dass heute Schuhkartons wieder zurückwandern in den Verkaufsraum – dies allerdings unter ganz anderen Vorzeichen als damals:

oben:
Lust for Life, Aachen
Architekt: Magnus Swaczyna / Kaufhof-Projekt-Team
Innenarchitekt: Patrick Schwalkwijk
Realisierung: Umdasch, Amstetten
Design-Umdasch: Wolfgang Strobl

unten:
Gerngross, Wien, A
Architekten: Peretti + Perette, Wien
Realisierung: Umdasch, Amstetten

C Das Ziel: Corporate Identity zur Unternehmensidentität

C3 Der Rang

Eine Inszenierung: Tankstelle in den
50er-Jahren"
Optic Jonen, Brühl
Planung: cöln Design, Köln

Hier soll nicht mehr gelagert, sondern ein Gegentrend, ein Anderssein praktiziert werden.
Ideen gehören zum Präsentationsrang, viele Ideen – vor allem neue Ideen.
Der Präsentationsrang ist ein Fortschritt für den Konsumenten, ein Ausdruck des Wertewandels zum Käufermarkt. Der Konsument bleibt passiv, staunt, bewundert – es bleibt ein passives Erlebnis.
Erkannt und praktiziert wird die Möglichkeit der aktiven Einbeziehung des Konsumenten in die Präsentation erst im Browsing, – im Erlebnisrang.

3.4 Der Erlebnisrang

Wenn man den Präsentationsrang noch als Konzentration der Informationen über Warenbilder versteht, der Browsing ermöglicht, so kann man den Erlebnisrang als Weiterentwicklung in die Inszenierung verstehen. Nicht mehr das einzelne Warenbild für sich zählt, sondern die Gesamtentwicklung des Verkaufsraumes, die Inszenierung. Browsing ermöglicht dazu die Einbeziehung des Kunden in die aktive Inszenierung. Der Kunde wird zum Handeln motiviert, zum Berühren der Ware. Er soll die Hand aus der Tasche nehmen und die Ware greifen, schließlich begreifen. Die Erweiterung in die aktive Szene, in die Handlung hinein, braucht die Inszenierung und auch die Show, damit der Kunde sein Erlebnis bekommt.
Wertewandel, Internet, Lifestyle, Browsing, Shopping, Inszenierung – die Unternehmen reagieren und zeigen ihr Erlebniskonzept.
Die Freiheit des Konsumenten, die Öffentlichkeit der Verkaufsräume, Informationen, Shopping, Browsing, alle Waren direkt betrachten, anfassen, prüfen und ohne Gesichtsverlust zurückstellen, das ist Browsing, das ist das Warenerlebnis. Dazu gehören die emotionalen Warenbilder der Inszenierung. Shopping, Browsing, Inszenierungen, Erlebnishandlung – das gehört zusammen.
Der ständige Wandel, die dynamischen Konzepte in den Unternehmen sorgen nicht nur für ständig neue Angebote an Waren, auch die Angebote an Bildern, an Darstellungen von Ware und Raum finden zu immer neuen Szenen.
Die Inszenierung ist die Kunst der dramaturgi-

C3 Der Rang

schen Visualisierung der Warenangebote, die Theateraufführungen nicht nachstehen. Immer ein Erlebnis für die Kunden – die Inszenierung des Verkaufsraumes.

Die Aufgabe der Inszenierung im Erlebnisrang ist es zu erreichen, dass der Konsument die Ware erlebt. Neben dem Zeit sparenden Einkauf des täglichen Bedarfs werden zunehmend Waren des gehobenen Bedarfs mit mehr Zeitaufwand eingekauft. Diese Waren müssen durch erlebnisorientierte Wareninszenierungen erklärt werden.

Die Inszenierung der Ware muss über den Grundnutzen hinaus zum Genuss und zum Besitz der Ware anregen.

Die Warenbildeindrücke reihen sich durch die Kundenleitweg-Planung wie im Film aneinander in einer für die Inszenierung gewählten Folge.

Im Erlebnisrang wird der Kunde eingeladen, den Warenraum zu erleben. Das bedeutet:
– Begegnung in der dargestellten Ordnung des Verkaufsraumes
– Aufmerksamkeit – Produktwahrnehmung
– Wertung – Meinungsbildung
– Erinnerungswert
– humaner Entscheidungsprozess: Akzeptanz oder Ablehnung.

Im Erlebnisrang werden Leistungen und die Kompetenz des Unternehmens wie im Präsenta-

Diese Pfeiler inszenieren sichtbar und leiten. Nur ein Pfeiler ist echt.
Kinder- und Jugendbereich
Bücherstube Oelschläger,
Lübbecke/Westf.
Planung und Realisierung: Wilhelm Kreft GmbH, Wedemark

tionsrang sichtbar. Der Erlebnisrang erreicht aber Browsing und schafft ein Milieu und somit die wohlwollende, sympathische Stimmung – mit der Aufnahmefähigkeit für Informationen und Botschaften – eine Inszenierung findet statt.

Die Inszenierung als Selbstverwirklichung und Selbststilisierung des Unternehmens erfolgt durch Sortiment und Raum.

All das, was zur Visualisierung der Unternehmensleistungen führt, ist sichtbar. Neue Ideen und neue Möglichkeiten der Warenbildpräsentationen durch Einbeziehung von Bilderwelten schaffen Kompetenz und Image beim Kunden. Gerade diese Bildinszenierungen geben Anregungen.

Das Unternehmen begeistert den Kunden, begeistert für Neues und Aktuelles.

Die Ladenplanung erreicht im Erlebnisrang das Ziel: der Verkaufsraum als Inszenierung.

Inszenierungen haben Ideen für neue Waren, neue Argumente und neue Darstellungen, Ideen, die beim Kunden „Klick" machen! Schöpferisch neue Wege fördern die Individualität der Unternehmen.

Anregungen für die Milieugestaltung gibt es genügend:
- aus dem Alltag
- aus der Ware selbst, erklären von Verwendungen
- aus einer aktuellen Problemlösung
- aus dem Wunsch des Konsumenten, fit, positiv und glücklich zu sein, eben gut und sorglos zu leben.

Visionäre Warenbilder, visionäre Warenraumbilder, visionäre Innenarchitektur, lustvoll künstliche Paradiese schaffen, eine Bühne für Inszenierungen, architektonische Situationen, Glanz entfalten: ungewöhnliche Lösungen nehmen Einfluss auf die Erwartungen der Kunden.

Die Inszenierung ist oft eine künstliche Wirklichkeit, eine Ehrlichkeit in der fachkompetenten Sachaussage des Sortiments. Die Künstlichkeit ist erkennbar. Ohne große Vorbereitung kann der Betrachter, der Kunde folgen, „herausreißen aus dem Alltag, genießen, kunstvoll genießen, Lust spüren".

Entscheidend ist: Der Verkaufsraum hat eine Ausstrahlung, eine nachhaltige Beachtung beim Konsumenten erzielt.

Der gut gestaltete Verkaufsraum bedeutet:
- eine Verbesserung der Lebensqualität im Verkaufsraum
- eine Verlängerung der Aufenthaltszeit der Kunden im Verkaufsraum
- die Wiederkehrzeit wird verkürzt
- eine Stammkundenbindung wird geschaffen.

Mit dem Erlebnisrang ist eine neue Qualität für Verkaufsräume entstanden und ein neues Bewusstsein. Die Inszenierung ist heute die höchste Leistungsform im Verkaufsraum für den Kunden: das Einkaufen – ein Erlebnis!

Siehe auch Kapitel:

C 4   Die Inszenierung des Verkaufsraumes

C 4 Die Inzenierung

Die Inszenierung ist das Ziel der Ladenplanung
Das Marketingkonzept war in seiner Zielsetzung verbindlich für die Ladenplanung. Für den innenarchitektonischen Planungsprozess wurde sie gebündelt als Merchandising-Architektur mit dem Ziel:
Der Verkaufsraum für die im Marketingkonzept angestrebte Nutzung ist entstanden.
Das bedeutet zunehmend: die Inszenierung des Verkaufsraumes.
Das Marketingkonzept mit den drei Leistungsebenen
Grundleistungsmarketing (siehe Abschnitt D)
Designmarketing (siehe Abschnitt E)
Kommunikationsmarketing (siehe Abschnitt F)
führte zur Sichtbarmachung aller Unternehmensleistungen und damit zur Unternehmensidentität.
Die Inszenierung des Verkaufsraumes, in der das gesamte Leistungsspektrum des Marketingkonzepts vorkommt, ist die Summe aller Leistungen, die Unternehmensidentität.
Erlebnismarketing braucht die Inszenierung
Ein Erlebniskonzept muss zur Erreichung der Kunden aufgestellt werden. Neue Erwartungen führen zur Erweiterung der Informations- und Kommunikationsstruktur und zur Emotionalisierung des Verkaufsraumes und damit zu Veränderungen im Verkaufsraum.
Die Inszenierung des Verkaufsraumes muss zur Chefsache werden.
„Inszenierung" und „Erlebnis" müssen im Unternehmen gedeutet werden und die Frage: „Was ist ein Erlebnis für meine Kunden" muss klar beantwortet und von Mitarbeitern verstanden werden. Erlebnisse, Inszenierungen muss man wollen, denn sie bedeuten Änderungen im Verkaufsraum und im Verhalten der Mitarbeiter.
Das Erlebnis für den Kunden ist die Inszenierung für den Kunden.
Die Inszenierung, die bei den Kunden zum Erlebnis geworden ist, ist ein Teil der Corporate-Identity, weil die Inszenierung ein Unternehmensverhalten darstellt. Daraus resultiert ein Unternehmensimage für hohe Leistungen in der Öffentlichkeit und bei den Konsumenten.

4.1 Die Übersicht: Inszenierungen im Verkaufsraum

Vorbereitung der Inszenierungen
C 4.2 Der Verkaufsraum – eine Bühne
– Shoppen ein Erlebnis
C 4.3 Warum Inszenierungen gebraucht werden
– Databasemarketing
– Informationsmarketing
– Erlebnismarketing
– Internet als Mitbewerber
– Inszenierungen, die Erlebnis werden, sind ein Beitrag zur Lebensqualität.
Alle Leistungen für Inszenierungen
Gebäude und Raum: Die Geburt des Verkaufsraumes
C 4.4 Das Architektur-Erlebnis
Ausstattung: die Qualität des Verkaufsraumes
C 4.5 Die Milieus
– Das Milieu wird zur Ware gemacht
C 4.5.1 Mit allen Sinnen
C 4.5.2 Entspannung muss sein
C 4.5.3 Minimalismus
C 4.5.4 Lifestyle
Nutzung: Inszenierungen im Verkaufsraum –
Erlebnisse für die Kunden
C 4.6 Das Nutzungskonzept: Verkaufsraum
– Szenisches Gestalten
– Inszenierungen planen
– Was sind Inszenierungen im Verkaufsraum?
– Sieben Ratschläge für Sie, zu Ihren Inszenierungen
C 4.6.1 Die Dramaturgie der Inszenierungen
– Geschichten im Handel
– Spannung im Handel
C 4.7 Events, Feste feiern – auch wenn sie nicht fallen
– Event-Marketing zur Verkaufsförderung
C 4.8 Ein Unternehmen inszeniert
– Beispiel: Nike Town, Berlin

C   Das Ziel: Corporate Identity zur Unternehmensidentität

C 4   Die Inzenierung

Gefragt ist, was Witz hat!
Gesehen in Toronto, Kanada

4.2 Der Verkaufsraum – eine Bühne

Am Samstagvormittag steht in einem Lebensmittelmarkt ein schon etwas älterer, erfahren erscheinender bärtiger Mann mit Baskenmütze in einer Winzertracht zwischen Wänden aus Kartons und Kisten gefüllt mit Weinflaschen und erzählt in französelndem Deutsch von einem Rotwein.
Vor ihm ein hastig aufgebauter Tisch, viele Flaschen, volle und leere Gläser, kleine Häppchen. Eine Weinprobe wie so viele, denke ich. Ich brauche keinen Wein, heute nicht!
Aber der Mann, das Weinlager machen mich neugierig: Ich höre seiner Story zu. Er erzählt, dass er aus dem Elsass kommt und als Weinkenner und Aufkäufer für deutsche Lebensmittelmärkte durch ganz Frankreich reise, um die besten Tropfen rechtzeitig zu ordern.
Dabei sei ihm dieses Weingut aufgefallen. Er zeigt Fotos von der Familie des Winzers, vom Haus und dem Weinberg. Er erzählt packend von diesem besonderen Winzer, dem ein besonderer Wein gelungen sei.
Der Erzähler malt ein Bild und mir fällt sofort ein, dass ich bald Gäste habe und dass ich zu diesem Wein diese Story erzählen kann und damit einen besonderen Wein einschenke – das wird meinen Gästen und mir gefallen.
Der Wein hat durch diese Inszenierung eine neue besondere Bedeutung erhalten.
Ich kaufe nicht den Wein, sondern die Story und erhalte dazu den Wein!
Christian Mikunda:
„Ich möchte von einem Freund erzählen. Er ist Buchhändler mit Leib und Seele, Geschäftsführer einer Wiener Innenstadtbuchhandlung am Bauernmarkt, nur einen Steinwurf vom Stephansdom entfernt. Man betritt den Laden, um ein Taschenbuch zu kaufen, und verlässt ihn mit fünf dicken Büchern, nach denen man schon immer gesucht hat. Wie er das macht? Er spaziert mit seinen Kunden freundlich plaudernd durch den Laden, erfährt dieses und jenes von ihren Interessen. Dann greift er nach einem Buch, stellt es hochkant auf und hält über das Buch einen kleinen Vortrag. Etwas später wird das nächste Buch aufgestellt und besprochen, das übernächste und so weiter. Einfühlungsvermögen ist dabei die eine Seite des Erfolges. Die andere Seite ist der große Auftritt, den er jedem der besprochenen Bücher gibt. Immer schon ging dem Erscheinen eines Königs ein Fanfarenstoß voran."

Die Übersicht: Alle Leistungen für Inszenierungen

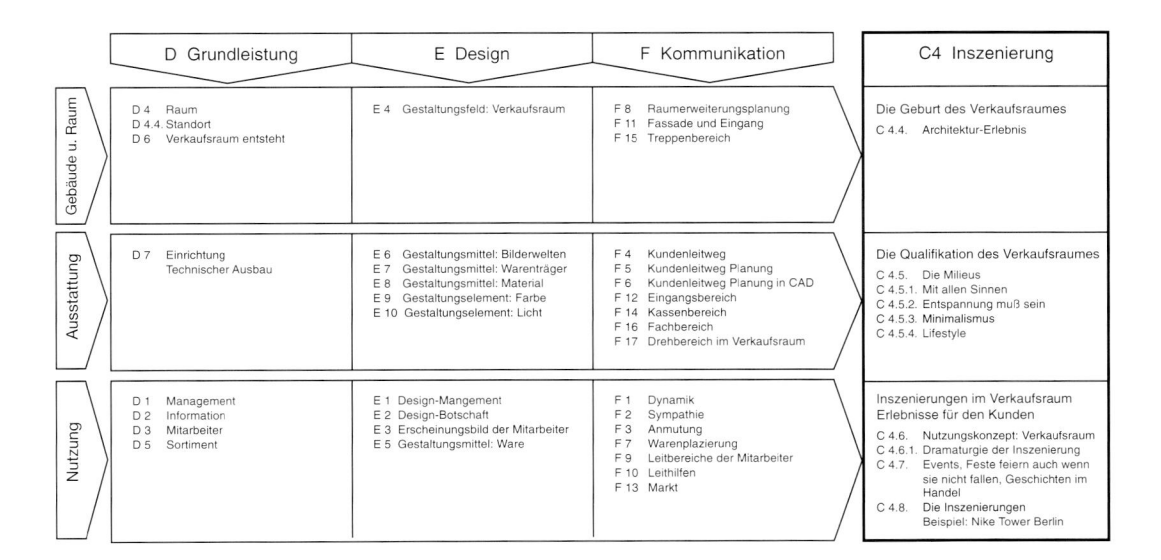

	D Grundleistung	E Design	F Kommunikation	C4 Inszenierung
Gebäude u. Raum	D 4 Raum D 4.4. Standort D 6 Verkaufsraum entsteht	E 4 Gestaltungsfeld: Verkaufsraum	F 8 Raumerweiterungsplanung F 11 Fassade und Eingang F 15 Treppenbereich	Die Geburt des Verkaufsraumes C 4.4. Architektur-Erlebnis
Ausstattung	D 7 Einrichtung Technischer Ausbau	E 6 Gestaltungsmittel: Bilderwelten E 7 Gestaltungsmittel: Warenträger E 8 Gestaltungsmittel: Material E 9 Gestaltungselement: Farbe E 10 Gestaltungselement: Licht	F 4 Kundenleitweg F 5 Kundenleitweg Planung F 6 Kundenleitweg Planung in CAD F 12 Eingangsbereich F 14 Kassenbereich F 16 Fachbereich F 17 Drehbereich im Verkaufsraum	Die Qualifikation des Verkaufsraumes C 4.5. Die Milieus C 4.5.1. Mit allen Sinnen C 4.5.2. Entspannung muß sein C 4.5.3. Minimalismus C 4.5.4. Lifestyle
Nutzung	D 1 Management D 2 Information D 3 Mitarbeiter D 5 Sortiment	E 1 Design-Mangement E 2 Design-Botschaft E 3 Erscheinungsbild der Mitarbeiter E 5 Gestaltungsmittel: Ware	F 1 Dynamik F 2 Sympathie F 3 Anmutung F 7 Warenplazierung F 9 Leitbereiche der Mitarbeiter F 10 Leithilfen F 13 Markt	Inszenierungen im Verkaufsraum Erlebnisse für den Kunden C 4.6. Nutzungskonzept: Verkaufsraum C 4.6.1. Dramaturgie der Inszenierung C 4.7. Events, Feste feiern auch wenn sie nicht fallen, Geschichten im Handel C 4.8. Die Inszenierungen Beispiel: Nike Tower Berlin

C Das Ziel: Corporate Identity zur Unternehmensidentität
C 4 Die Inzenierung

„Bei aller kalkulierten Inszenierung und kognitiven Psychologie: Ist nicht eigentlich die Persönlichkeit des Buchhändlers, ihre oder seine Kompetenz und Überzeugungskraft die eigentliche, die authentische Dramaturgie für einen erfolgreichen Laden? Aber ja!"

„Was macht das Einkaufsparadies zum Erlebnis, zur Ursache für einen Glücksrausch oder hingegen zur langweiligen Tortur? Wie werden Museen oder Präsentationen belebt und zum einzigartigen Event, der in Erinnerung bleibt? Auf die richtige Inszenierung kommt es an, damit Aufmerksamkeit und Eindruck entstehen."
(Christian Mikunda)

Siehe Kapitel:
C 4.6.3 Dramaturgie der Inszenierung

Optiker Lieb, Gaildorf
Innenarchitekten: cöln Design, Köln

„In der Erlebnisgesellschaft dominiert der Satz – Ich tue, was mir gefällt – ein Satz freilich, der sehr verschiedene Lesarten zulässt. Typisch für die Erlebnisgesellschaft, die Situation so zu arrangieren, dass die gewünschte innere Wirkung in einem selbst hervorruft. Man betrachtet die Welt als Speisekarte und stellt sich ein optimales Menü zusammen."
(Gerhard Schulze)

Die Konsumenten erwarten Lebensqualität, Umweltfreundlichkeit, Erlebnisse, eine positive Stimmung und Sympathie – sie setzen ihr Vertrauen in das Unternehmen und glauben an die Kompetenz des Unternehmens. Kunden erwarten, gut und richtig behandelt zu werden und das dieses Unternehmen dafür technisch und gestalterisch die Voraussetzungen hat. „High Tech" und „High Touch" müssen sein.

Lebensqualität und Umweltfreundlichkeit: „grün" wird gefordert für große Verkaufsräume, um im Verkaufsraum einen Bezug zur Natur zu erhalten. Längst gibt es Überlegungen, den Tagesablauf mit zu bestimmen durch das künstliche Tageslicht für die von außen abgeschlossenen Räume ohne natürliches Licht. Von den Morgenstunden bis in die späten Nachmittags- und Abendstunden hinein verändert sich das Tageslicht draußen. Ein künstliches Tageslicht funktioniert entsprechend dem natürlichen Licht. Die Blauanteile zeigen das kühle Morgenlicht, nachmittags, wie in der Natur, kommen die Rotlichtanteile, die umweltverträglich andere Stimmungen verursachen. Der Konsument fühlt sich wohler, wenn er in seinem natürlichen Tagesrhythmus bleibt.

Die künstlich/natürlichen Lichtverhältnisse spielen in den Einkaufszentren eine Rolle. Der Konsument, der sich länger, oft einen ganzen Tag, dort aufhält, braucht die Verbindung mit Außen, auch das ist ein Stück Lebensqualität, wie die Inszenierungen in den Verkaufsräumen der Einkaufszentren.

Shoppen ein Erlebnis
Die Konsumenten wollen shoppen, die Unternehmen müssen sich mit Inszenierungen darauf einstellen, sonst wird der Markt sie vergessen.
Shoppen, Shopping gehen, das ist eine der beliebtesten Freizeitbeschäftigungen der Kunden.

C4 Die Inzenierung

„Tankstelle in den 50er-Jahren"
Optic Jonen, Hürth
Planung: cöln Design, Köln

C Das Ziel: Corporate Identity zur Unternehmensidentität

C 4 Die Inzenierung

Shoppen heißt sich informieren, schnuppern und nicht gleich kaufen. Bescheid wissen, mitreden können – das ist den „Shoppern" wichtig.

Beim Shoppen funktioniert der Lauf durch die interessanten Inszenierungen nur in einigen Verkaufsräumen – aber zunehmend wird mehr inszeniert.

Schauen, fragen, mitreden – Interessantes finden, Bescheid wissen – was ist „in", wo liegen die Trends, Geschenke für sich und andere ansehen und auswählen, Wünsche artikulieren.

Man macht shopping, browsing, will alles prüfen, anfassen, begreifen im wahrsten Sinne des Wortes und ohne Gesichtsverlust die Ware wieder zurückstellen. Das ist einfach toll. Man erfährt so viel und kann auf der nächsten Party gut mitreden und schwupp hat man auch etwas für sich entdeckt und gekauft.

„Je virtueller wir leben, desto taktischer leben wir auch. Wir kaufen schon jetzt zu 50 % mit den Augen und 50 % mit den Händen. Fühlen wird unser wichtigster Sinn."

Bavaria ganz groß inszeniert
Pustet, Landshut
Idee und Realisierung: Wilhelm Kreft GmbH, Wedemark

(Li Edelcoort, Niederländische Trendforscherin)
Dann wird an einem Stand probiert, da ein Prosecco und zwei frische Austern und es geht wieder weiter.

„Und wir haben sie uns, weiß Gott, verdient."
(Faith Popcorn zu den kleinen Genüssen)

Die Frischeläden und die Feinkostbereiche in den Kaufhäusern schaffen Probierstände und Probiertische. Es ist toll, sich beim Shopping, beim Umhergehen zu informieren und gleichzeitig kleine Portionen zu probieren. Auch die Herstellung von Backwaren, Berlinern oder Pfannkuchen im Verkaufsraum zu beobachten, ist interessant – diese Verbreitung der Düfte!

Das ist das Leben, das ist der Alltag, der Erlebnisse erforderlich macht. Das Erlebnis ist Bedarf geworden.

Die erlebnisorientierten Sprüche der TV-Werbung:
Für noch mehr italienische Momente im Leben!
Man gönnt sich ja sonst nichts!
Es fehlt auch nicht die Musik, das Plätschern von Wasser und das Zwitschern von Vögeln. Hier ist Freizeitstimmung, Einkaufsstimmung – hier drängen sich die erlebnishungrigen Konsumenten. Das alles ist eine Inszenierung, der Point of browsing, wie die Amerikaner sagen, viele Sinne gleichzeitig werden hier angesprochen. Hier werden Ware, Informationen, Leistungen des Unternehmens wirkungsvoll zusammen inszeniert.

Nur derjenige wird auf die Dauer optimal verkaufen, der die Menschen mag, der sie versteht und der bereit ist, mit ihnen in Kommunikation einzutreten."
(Prof. Dr. O.W. Haseloff)

Die Unternehmen sind dabei, mehr Erlebnisse in die Verkaufsräume zu holen. Die Einkaufsstraße, die Malls und nicht nur in den USA, sind eine Antwort. Der Einkaufsort soll Marke werden für das große Erlebnis von Laden zu Laden. Er muss zum Shopping einladen! Shopping ist eine Begegnungskultur.

Siehe auch Kapitel C 4.5.1: „Mit allen Sinnen"

Das Geschenk, eine Inszenierung
Buchhandlung für Buchhändler, Wedemark
Planung und Realisierung: Wilhelm Kreft GmbH, Wedemark

4.3 Warum Inszenierungen gebraucht werden

Handel im Wandel! Der Einzelhandel verändert sich deutlich auf Grund:
- gesättigter Märkte
- verändertem Kaufverhalten der Konsumenten
- Internet als Mitbewerber.

Gesättigte Märkte sind ein Problem für viele Unternehmen mit stagnierenden oder gar fallenden Umsätzen bei steigenden Kosten.

Das bringt Resignation, Verkäufe und Konkurse. Diese Zeiten hat es immer wieder gegeben, und sie gehören zum Gesetz des Marktes, aus denen einige Unternehmen gestärkt hervorgehen. Es ist die Zeit für Könner!

Das wirkt sich auch aus auf den Zyklus für Umbauten oder auf die Erweiterungen der Verkaufsräume. Jetzt hilft die zielgerichtete Ladenplanung, die Merchandising-Architektur.

Viele Unternehmen erfahren, dass Ladenplanungen ohne Änderung des Angebotes keine großen Erfolge und Renditen versprechen, wie aufwändig auch immer investiert wurde.

Dies gilt besonders für Fachgeschäfte bis 1000 m². Größere Verkaufsflächen haben andere Gesetze.

C Das Ziel: Corporate Identity zur Unternehmensidentität

C4 Die Inzenierung

Neue Ideen und Kreativität werden gebraucht, die in Ladenplanungen einfließen, besonders Inszenierungen.

Das veränderte Kaufverhalten der Konsumenten führt zu einem neuen Verhalten der Unternehmen, zu neuen Marketingideen, drei werden vorgestellt:

– Databasemarketing:
Databasemarketing ist der Abschied von der Werbebotschaft über Massenmedien zugunsten einer individuellen Werbung, die den Konsumenten direkt erreicht. Das erfordert das genaue Kennenlernen der Konsumenten: Wie sind seine Einstellungen, Interessen, Veranlagungen. Marketingforschung wird direkt am Konsumenten mit Hilfe der EDV durchgeführt. Das ergibt zielgruppengenaue Sortimentsschwerpunkte, für Aktionen und Inszenierungen, um die richtige Ware zum richtigen Zeitpunkt zu haben. Das ist für erfolgreiche Aktionen und Inszenierungen wichtig. So führen diese Aktivitäten früher oder später zur erlebnisorientierten Inszenierung.

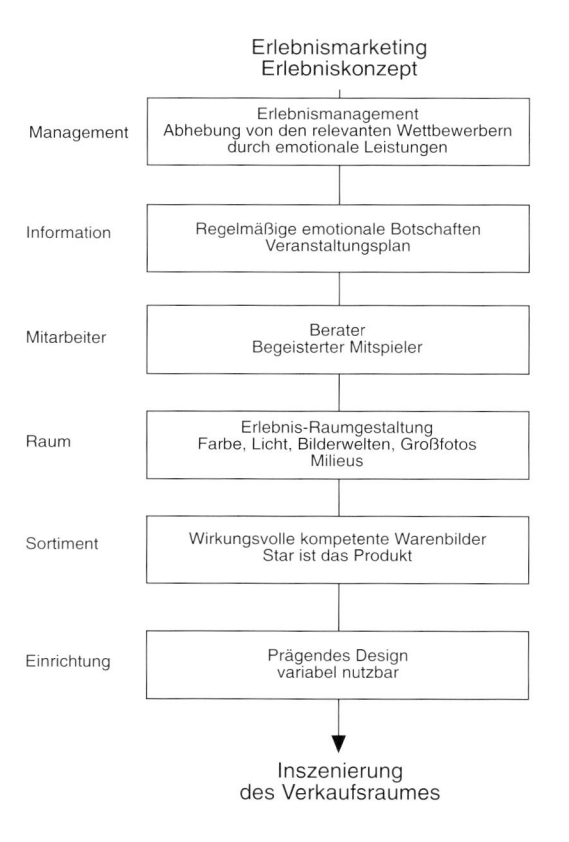

Erlebnismarketing / Erlebniskonzept

Management	Erlebnismanagement – Abhebung von den relevanten Wettbewerbern durch emotionale Leistungen
Information	Regelmäßige emotionale Botschaften – Veranstaltungsplan
Mitarbeiter	Berater – Begeisterter Mitspieler
Raum	Erlebnis-Raumgestaltung – Farbe, Licht, Bilderwelten, Großfotos, Milieus
Sortiment	Wirkungsvolle kompetente Warenbilder – Star ist das Produkt
Einrichtung	Prägendes Design variabel nutzbar

↓ Inszenierung des Verkaufsraumes

– Informationsmarketing:
Informationsmarketing stillt den Wunsch der Konsumenten nach besseren Informationen
- schafft bessere Hinweise und Beschriftungen für Leitsysteme, für Sortimente
- macht Bilderwelten im Sortiment erforderlich zur Orientierung und Gliederung für den Verkaufsraum und für das Sortiment
- schafft ein neues Gestaltungsmittel durch Bilderwelten.

Das Informationsmarketing fördert die Inszenierungen, wenn sie zum Beispiel Großfotos als Blickpunkt für die Ware in eine neue Qualität bringt und damit die Nähe zum Konsumenten erreicht. Prof. Dr. Werner Kroeber-Riel in „Bildkommunikation":
- „Mehr Bilder, größere Bilder, farbige Bilder!"
- „Auffallen, informieren, emotionale Erlebnisse vermitteln"
- „Bei starker Informationsüberflutung sind die Anbieter im besonderen Maße auf die Durchschlagskraft der Bilder angewiesen."
- „Bilder sind schnelle Schüsse ins Gehirn. Um ein Bild mittlerer Komplexität aufzunehmen sind nur eine bis zwei Sekunden erforderlich."
- „Rede nicht über sinnliche Eindrücke, sondern inszeniere diese durch entsprechende Bilder."

Siehe auch das Kapitel:
E 6 Gestaltungsmittel: Bilderwelten

– Erlebnismarketing:
Erlebnismarketing ist der direkte Weg zur Inszenierung, die Gestaltung emotionaler Erlebniswerte zu einer Erlebniswelt. Erlebnismarketing ist besonders geeignet für Produkte mit längerer Auswahlverweildauer. Die Fundierung des Erlebnismarketings ist aus der Kauferholungsforschung und der Erfolgsanalyse abzuleiten. Neben der Sortimentspolitik zum richtigen Zeitpunkt, kommt der emotionalen Komponente eine zunehmend wichtigere Rolle beim Kaufverhalten der Konsumenten zu.

Erlebnismarketing kommt dem Konsumenten entgegen, der sich bereits auf Stressabbau und auf ein emotionales Erleben eingestellt hat.

Der Einzelhandel muss diese Erkenntnisse der Marktforschung nutzen und die Inszenierung der angebotenen Waren erreichen.

Das Geschenk, eine Inszenierung
Buchhandlung für Buchhändler, Wedemark
Planung und Realisierung: Wilhelm Kreft GmbH, Wedemark

4.3 Warum Inszenierungen gebraucht werden

Handel im Wandel! Der Einzelhandel verändert sich deutlich auf Grund:
– gesättigter Märkte
– verändertem Kaufverhalten der Konsumenten
– Internet als Mitbewerber.

Gesättigte Märkte sind ein Problem für viele Unternehmen mit stagnierenden oder gar fallenden Umsätzen bei steigenden Kosten.

Das bringt Resignation, Verkäufe und Konkurse. Diese Zeiten hat es immer wieder gegeben, und sie gehören zum Gesetz des Marktes, aus denen einige Unternehmen gestärkt hervorgehen. Es ist die Zeit für Könner!

Das wirkt sich auch aus auf den Zyklus für Umbauten oder auf die Erweiterungen der Verkaufsräume. Jetzt hilft die zielgerichtete Ladenplanung, die Merchandising-Architektur.

Viele Unternehmen erfahren, dass Ladenplanungen ohne Änderung des Angebotes keine großen Erfolge und Renditen versprechen, wie aufwändig auch immer investiert wurde.

Dies gilt besonders für Fachgeschäfte bis 1000 m². Größere Verkaufsflächen haben andere Gesetze.

C Das Ziel: Corporate Identity zur Unternehmensidentität

C4 Die Inzenierung

Neue Ideen und Kreativität werden gebraucht, die in Ladenplanungen einfließen, besonders Inszenierungen.

Das veränderte Kaufverhalten der Konsumenten führt zu einem neuen Verhalten der Unternehmen, zu neuen Marketingideen, drei werden vorgestellt:

– Databasemarketing:

Databasemarketing ist der Abschied von der Werbebotschaft über Massenmedien zugunsten einer individuellen Werbung, die den Konsumenten direkt erreicht. Das erfordert das genaue Kennenlernen der Konsumenten: Wie sind seine Einstellungen, Interessen, Veranlagungen. Marketingforschung wird direkt am Konsumenten mit Hilfe der EDV durchgeführt. Das ergibt zielgruppengenaue Sortimentsschwerpunkte, für Aktionen und Inszenierungen, um die richtige Ware zum richtigen Zeitpunkt zu haben. Das ist für erfolgreiche Aktionen und Inszenierungen wichtig. So führen diese Aktivitäten früher oder später zur erlebnisorientierten Inszenierung.

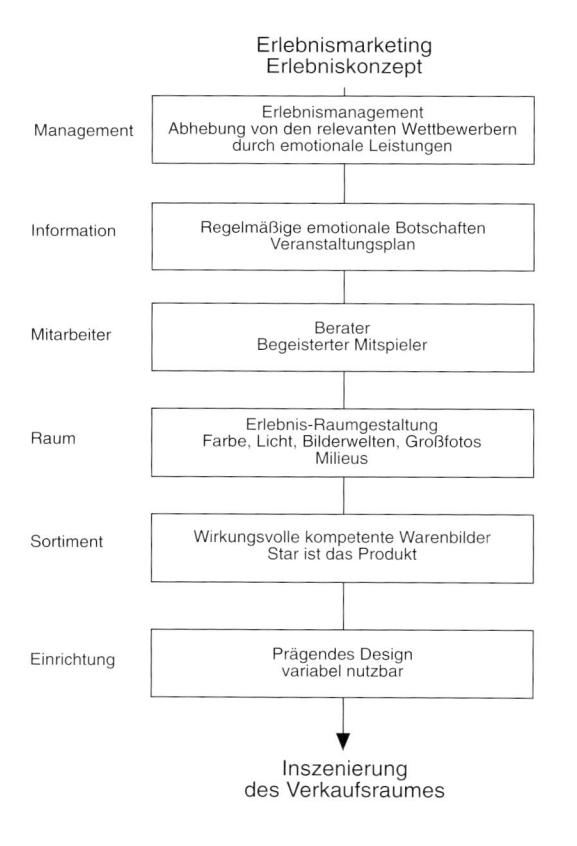

	Erlebnismarketing Erlebniskonzept
Management	Erlebnismanagement Abhebung von den relevanten Wettbewerbern durch emotionale Leistungen
Information	Regelmäßige emotionale Botschaften Veranstaltungsplan
Mitarbeiter	Berater Begeisterter Mitspieler
Raum	Erlebnis-Raumgestaltung Farbe, Licht, Bilderwelten, Großfotos Milieus
Sortiment	Wirkungsvolle kompetente Warenbilder Star ist das Produkt
Einrichtung	Prägendes Design variabel nutzbar
	▼ Inszenierung des Verkaufsraumes

– Informationsmarketing:

Informationsmarketing stillt den Wunsch der Konsumenten nach besseren Informationen
– schafft bessere Hinweise und Beschriftungen für Leitsysteme, für Sortimente
– macht Bilderwelten im Sortiment erforderlich zur Orientierung und Gliederung für den Verkaufsraum und für das Sortiment
– schafft ein neues Gestaltungsmittel durch Bilderwelten.

Das Informationsmarketing fördert die Inszenierungen, wenn sie zum Beispiel Großfotos als Blickpunkt für die Ware in eine neue Qualität bringt und damit die Nähe zum Konsumenten erreicht.

Prof. Dr. Werner Kroeber-Riel in „Bildkommunikation":
– „Mehr Bilder, größere Bilder, farbige Bilder!"
– „Auffallen, informieren, emotionale Erlebnisse vermitteln"
– „Bei starker Informationsüberflutung sind die Anbieter im besonderen Maße auf die Durchschlagskraft der Bilder angewiesen."
– „Bilder sind schnelle Schüsse ins Gehirn. Um ein Bild mittlerer Komplexität aufzunehmen sind nur eine bis zwei Sekunden erforderlich."
– „Rede nicht über sinnliche Eindrücke, sondern inszeniere diese durch entsprechende Bilder."

Siehe auch das Kapitel:
E 6   Gestaltungsmittel: Bilderwelten

– Erlebnismarketing:

Erlebnismarketing ist der direkte Weg zur Inszenierung, die Gestaltung emotionaler Erlebniswerte zu einer Erlebniswelt. Erlebnismarketing ist besonders geeignet für Produkte mit längerer Auswahlverweildauer. Die Fundierung des Erlebnismarketings ist aus der Kauferholungsforschung und der Erfolgsanalyse abzuleiten. Neben der Sortimentspolitik zum richtigen Zeitpunkt, kommt der emotionalen Komponente eine zunehmend wichtigere Rolle beim Kaufverhalten der Konsumenten zu.

Erlebnismarketing kommt dem Konsumenten entgegen, der sich bereits auf Stressabbau und auf ein emotionales Erleben eingestellt hat.

Der Einzelhandel muss diese Erkenntnisse der Marktforschung nutzen und die Inszenierung der angebotenen Waren erreichen.

C4 Die Inzenierung

Das emotionale Erleben von Inszenierungen im Verkaufsraum bedeutet auch die Erreichung einer Loyalität der Erlebniskunden. Sie ist eine gute Strategie, um die Internet-Käufer in den Verkaufsraum zurückzuholen.

Das bedeutet für die Ladenplanung:
Eine Verkaufsraum-Gestaltung nach den neuesten Kenntnissen mit der geplanten Organisation des Verkaufsraumes unter Verwendung technisch perfekter Möbelsysteme ist selbstverständlich und aufgrund guter Information und Kenntnisse weit verbreitet.

Weit verbreitetes und Selbstverständliches bietet nicht den Wettbewerbsvorteil, den der Einzelhandel benötigt.

Erst der bewusste Kick, die individuelle emotionale Erlebnis-Mehrleistung über die selbstverständliche Warenanbietung hinaus, das emotionale Erleben der Warenbotschaft als Inszenierung zieht den Konsumenten an und bindet ihn an das Unternehmen.

„Die Zukunft liegt nicht im Verkauf von Dingen und Statussymbolen sondern im Angebot von emotionalen Dienstleistungen und Symbolen."
(Mathias Horx, 2000x, Der Zukunftsletter, 10/1999)

– Internet als Mitbewerber:
Verkaufsraum im Internet
(Der Einzelhandelsberater 5/2000)
Virtueller Showroom
Ein schwäbisches Modellbau-Fachgeschäft erlaubt via Internet einen genauen Blick in die Verkaufsräume.

500 m² Verkaufsfläche und ein Direktversand-Angebot von 80 000 Artikeln: Wie lässt sich das effektiv im Internet präsentieren? Die Firma Conzelmann Modelltechnik macht es vor.

Eine kleine Produktauswahl des umfangreichen Angebots hat das Unternehmen in seinem Online-Shop zusammengestellt. Wer den Internet-Shop betreten will, hat zuerst die Möglichkeit die „realen" Verkaufsräume genauer in Augenschein zu nehmen. Klickt man mit der Maus auf das Bild des Verkaufsraumes und zieht die Maus nach links oder rechts, so verändert sich der Blickwinkel und man kann sich im Laden umse-

Reisezeit in der Buchhandlung
Hugo Schimmel, Uelzen
Planung: Manfred Kreft, Reiner Kaetz, Kreft-Team
Realisierung: Wilhelm Kreft GmbH, Wedemark

hen. Auch das Hinein- bzw. Wegzoomen ist möglich.

Vorbildlich ist auch die Selbstdarstellung des Unternehmens mit Anschrift, Anfahrtsskizze, Ansprechpartner für Bestellungen, Reparaturen und Informationen sowie Ladenöffnungszeiten. Lediglich die Produktrubriken lassen etwas zu wünschen übrig: Sie sind teilweise nur für Branchen-Insider verständlich und enthalten überwiegend kurze Textpassagen.

Dennoch zeigt sich Conzelmann international: Eine englische Version der Website soll in Kürze verfügbar sein.

Sein Tipp: Mit Breitbandzugängen via Kabel, DSL oder Satelliten werden 3D-Modelle von Läden im Internet in Zukunft noch viel besser darstellbar sein. Doch es lohnt sich, die schon jetzt zur Verfügung stehenden Möglichkeiten auszutesten.

(Mit freundlicher Genehmigung des Verlages der BBE-Unternehmensberatung GmbH, Köln)

Ladeninszenierung und Internet – ein Widerspruch sucht seine Auflösung
Harald Jansen:

Zweifellos war Inszenierung – von wenigen Ausnahmen einmal abgesehen – immer auch eine Frage des Zeitgeistes. Zeitgeist entsteht nicht losgelöst von gesellschaftlichen und technischen Veränderungen, die sich im Laufe der kulturellen Entwicklung in bestimmten Zyklen entwickeln. Protagonisten mit dem Gespür für den richtigen Zeitpunkt sind häufig diejenigen, die nicht nur entscheidende Entwicklungen anstoßen von denen man später reden wird, sondern die, deren Initiativen auch zu handfesten wirtschaftlichen Erfolgen führen.

Im Jahr 2000 hatten etwa 17 Millionen Menschen und potenzielle Kunden in Deutschland Zugang zum multimedialen Teil des Internet, dem WorldWideWeb. Seriöse Prognosen prophezeien 27 Millionen Menschen für das Jahr 2003. Ein wahrlich traumhaftes Einzugsgebiet und eine ungeheure Bühne für jeden stationären Händler, insbesondere für Fachhändler mit geringem Filialisierungsgrad. Der Internethandel stellt nicht nur für den Händler, sondern eben auch für den Ladenplaner eine enorme Herausforderung dar, da sein Schicksal untrennbar mit dem des Händlers verknüpft ist.

Das Internet und der Einfluss auf die Möglichkeiten des Handels und der Akzeptanz des Verbrauchers schwanken zwischen emotionaler „Hype" und (unprofitabler) Ernüchterung. Obschon die Massenmedien der kommenden Entwicklung derzeit reichlich Vorschub leisten, hat in Sachen Internet bisher kaum jemand der führenden – stationären – Händler den ökonomisch adäquaten Weg zum Kunden gefunden.

Die Möglichkeiten der Inszenierung im Internet selbst sind recht begrenzt. Die Schaffung einer Atmosphäre aus Produkten und Ladenbauelementen ist schwerlich möglich, da wir uns dort nur in einem zweidimensionalen Raum befinden, den wir nur mit zwei von sechs Sinnen erfahren können und der nicht aus Atomen, sondern aus zusammen gesetzten Informationen basierend auf 0 und 1 besteht – auch wenn natürlich die multimedialen Elemente in Form von Bildern und Tönen gewisse kreative Spielräume insbesondere im Hinblick auf eine virtuelle Warenpräsentation eröffnen. Aber erst die Kombination aus stationärem Geschäft und Internethandel wird künftig in bestimmten Warengruppen den anspruchsvollen Verbraucher rundum glücklich machen können.

Deshalb, aber auch aufgrund seiner hohen Sortimentskompetenz und seinen langjährigen Beziehungen zu seinen Lieferanten und seine Erfahrungen im Umgang mit Kunden wäre insbesondere der Fachhandel geradezu prädestiniert, eine aktive und führende Rolle zu übernehmen! Statt dessen überlässt er bis dato kampflos das Feld Neulingen, die sukzessive seine Marktanteile erobern.

Zwischen fatalistischer Negation („es ändert sich nichts für mich") der alten und dem Abermillionen-Venture-Capital-Wahn der neuen Ökonomie („wir werden alle reich") für den in Aktion gemessenen partiellen Zukunftserfolg klafft derzeit eine enorme Lücke zwischen emotionalem Anspruch und ökonomischer Wirklichkeit. Die Dramaturgie wird derzeit von reinen Internethändlern geschrieben – insbesondere von denen ohne Handels- und Ladenplanungserfahrung – und von nicht eben wenigen Endverbrauchern bestimmt. „Diese Online-Kunden" sind die zahlenden Besucher, die ihre Bühne wählen, auf der der Anbieter spielt.

Methodisch glaubwürdige Zahlen einer vom amerikanischen stores magazin initiierten Studie belegen: Im Zeitraum August 1998 bis Juli 1999 haben die führenden 100 Online-Einzelhändler in den USA Umsätze in Höhe von rund 7,6 Milliarden US$ erzielt. Geht man davon aus, dass jeder Dollar nur einmal ausgegeben werden kann, müsste dieser Dollar in den Kassen der stationären Händler fehlen. 70% der Umsatzmilliarden gehen an Spezialversender, die Fachgeschäfte des Internets. Dabei sind es nicht einmal solche absoluten Zahlen, sondern die ungeheure Dynamik der Umsatzzuwächse, die dem stationären Händler Kopfzerbrechen bereiten sollte.

Nach Computer-Hard- und Software belegt die Warengruppe Bücher/CDs/Video/DVD mit rund 1,6 Milliarden US$ einen Spitzenplatz der Umsätze und damit einen führenden Rang hinsichtlich des Bedrohungspotenzials für den stationären Handel.

Gemeinhin müsste man annehmen, dass Zahlen wie diese eine Offensive der Intendanten des Handels und deren Partner, den Ladenplanern, auslösen. Zum Beispiel eine projektbezogenen konzertierten Aktion aus Innenarchitekten, Ladenplanern, Ladenbauern und Kunden – dem Händler, um wiederum den Bedürfnissen der Kunden, den Endkunden, entgegen zu kommen. Denn ganz offensichtlich kann in bestimmten Warengruppen das Internet echten Zusatznutzen für den Kunden schaffen, der das Einkaufserlebnis der digitalen Art ausmacht. Zusatznutzen, den der Verbraucher derzeit nur vom heimischen PC aus erhalten kann, obwohl dies genauso gut in einem stationären Geschäft möglich wäre und der Händler den Vorteil unmittelbarer Verfügbarkeit des gesuchten Produktes ausspielen könnte.

Was sind denn konkret die warengruppenspezifischen Zusatznutzen im Internet? Wer beispielsweise einmal eine Musik-CD online gekauft hat, weiß, dass man neben Topaktualität und einer schier unendlichen Auswahl ungeheure Such- und Selektionsmöglichkeiten hat im Gegensatz zu einem herkömmlichen stationären Geschäft, in dem beispielsweise eine gezielte Stichwortsuche nach einem bestimmten Lied wohl schwer fallen dürfte.

Wer wissen möchte, was Leonard Bernstein von Beethoven in seinem ganzen Leben zusammen mit den New Yorker Philharmonikern auf Platte gebannt hat, erhält die Antwort dank Datenbank und Internettechnik in etwa drei Sekunden. Jeder Verkäufer im stationären Geschäft wäre in diesem Zeitraum wohl hoffnungslos überfordert. Immer häufiger gibt es im Internet auch noch einen 30 Sekunden – Clip als Real-Audio dazu – ein ungeheuer bequemer „Reinhör"-Service, der den stationären Handel erblassen lassen könnte. Denn das heißt für den Kunden, dass er in kürzester Zeit eine hohe Entscheidungssicherheit aufgrund von Transparenz, Vergleichbarkeit und der Möglichkeit, das Produkt zu erfahren, erlangt, das schier konkurrenzlos ist.

Warum nutzt man nicht die Vorteile des Internet-Handels und die Vorteile des stationären Handels bei gleichzeitiger Ausschaltung der jeweiligen Nachteile? In beinahe jeder Hinsicht hat die Internetwelt – eigentlich – dem Händler mit hoher Fach- und Sortimentskompetenz die Rolle des Schreibers und Machers zugedacht.

Kaum einer erkennt bisher aber differenziert die Zeichen der sich vermeintlich widersprechenden Meldungen des Marktes und der nur scheinbaren Widersprüche der alten und der neuen Ökonomie, des stationären Handels und des internetbasierten Handels im logistischen Kontext des Versandhandels und der ungeheuren Macht eines integralen Kommunikationsgeflechtes zwischen Händler und Konsumenten.

Es ist schon erstaunlich, wie durch simple Polarisierung im Versand – (inter)national – und stationär – und lokal – Denkweisen die Möglichkeiten immer nur auf einer Seite des (rettenden) Ufers suchen. Statt dessen könnte für einen Ladenplaner als Partner des Händlers versucht werden, alle Zusatznutzen des „heimischen" Internets auch im Laden verfügbar zu machen. Produktinformationen kann man mit der Warenwirtschaft verknüpfen und zusätzliche Zusatznutzen im Laden für die Kundenführung schaffen. Der Ladenplaner könnte die Internettechnik zum integralen Bestandteil des Ladenbaus machen und integrative Ladenbau-/Technikkonzepte differenziert den emotionalen Bedürfnissen anpassen.

C   Das Ziel: Corporate Identity zur Unternehmensidentität

C4 Die Inzenierung

Wichtig ist es, hierzu nicht irgendwelche so genannte „Multimedia-Terminals" in die Ecke zu stellen. In einer Medienhandlung ergäben sich unsägliche Gestaltungsmöglichkeiten. Stöbern in Café-Atmosphäre mit Tischen und Stühlen, die zum Schmökern einladen und im Möbel dank der immer kleiner werdenden Technik gleichzeitig alle Zusatznutzen eines Vorteils einer Mensch-Maschine-Schnittstelle verfügbar haben.

Die zeitgeistorientierte – also die multimediale internettechnik-integrierende – Ladeninszenierung mit direktem Anschluss zum trauten Heim als Konzept einer durchgängigen Kundenintegration wird also fortan entscheidend für Fachhändler bestimmter Warengruppen sein. Ein Umstand, dem bis Dato in der Ladenplanung noch nicht prominent Rechnung getragen wurde. Die nahe Zukunft wird die Auflösung eines nicht vorhandenen Widerspruchs auflösen. Komparsen jedenfalls – soviel steht heute bereits fest – werden den Erfolg nicht bestimmen.

– Inszenierungen, die Erlebnis werden, sind ein Beitrag zur Lebensqualität

Erlebnisse, die die Kunden im Verkaufsraum erhalten, sind Inszenierungen, die so gestaltet und versorgt werden müssen, dass sie von den Kunden einer Zielgruppe als Erlebnis wahrgenommen werden.

Die Wahrnehmung als Erlebnis bei den Kunden bedeutet für die Inszenierung, die Sinne der Kunden müssen erreicht werden, und zwar möglichst viele gleichzeitig. Diese Wahrnehmung bedeutet, dass bei der Auswahl, insbesondere bei Waren des gehobenen Bedarfs eine intensive, starke, tiefe, angenehme Empfindung entsteht, die den Auswahlprozess ungewöhnlich beflügelt im Vergleich zu einem reinen Versorgungskauf. Voraussetzung dafür ist: dass

- sich alle Leistungen des Marketingkonzeptes in der Inszenierung vereinen
- die Erlebnisorientierung als langfristiger Prozess angelegt ist und nicht als kurzfristige Aktion
- die Erlebnis bringenden Inszenierungen und Aktivitäten vom Management und von den Mitarbeitern gelebt werden

- die Erlebnisse für die Kunden strategisch erfolgsorientiert im Erlebnismarketing als Erlebniskonzept geführt werden mit dem Ziel, alle Sinnesorgane der Kunden zur Wahrnehmung einer Erlebniswelt zu erreichen
- das Umfeld, das Ambiente stimmt
- durch Gestaltung, Design und Bilderwelten, Farbe und Licht ein Milieu entstanden ist, das die Besonderheit, die den gezeigten Waren innewohnt, deutlich macht
- der Verkaufsraum ganzheitlich individuell gestaltet wurde, sich abhebt von den Mitbewerbern. Anders als andere ist. Diesen Verkaufsraum darf es nur einmal geben!
- die Produkte und deren Ankündigung ehrlich sind, „neue Ware" muss neu sein, „aktuelles" muss ständig aktuell versorgt werden
- über den Versorgungskauf hinaus, weitere besondere emotionale Bedürfnisse befriedigt werden
- immer besondere, ungewöhnliche, unerwartete, aber interessante Ware vorhanden ist
- eine besondere Kommunikation geboten wird, die über den üblichen Umfang hinaus nützliche Erklärungen und Hilfen bietet.

„Was wollen die Kunden? Wir müssen wissen, was sie wollen, sie verstehen und lieben. Das Erlebnis ist nur dann erreicht, wenn es zu mehr und überzeugenderen Warenkontakten führt. Es bleibt die Frage nach dem Ideal der Einzelhandlung und nach dem Ideal der Kunden."
(Christian Mikunda)

„Erlebnis ist im besonderen Sinne das Erleben, ein seelisches Innewohnen von Inhalten, die als bedeutsam empfunden oder gewertet werden."

Die Inszenierung ist der große Magnet im Verkaufsraum, der die Konsumenten anzieht und in eine Erlebniswelt entführt.

„Entführt mich in ein anderes Leben. Aber holt mich zum Abendessen zurück."
(Faith Popcorn)

Der Verkaufsraum ist Bühne geworden!
Zwei Inszenierungen, die sehr erfolgreich waren. Inszenieren heißt vor allem in Szene setzen. Das fordert handeln, aktiv sein, Ideen verwirklichen, Inhalte rüberbringen zum Kunden.

C4 Die Inzenierung

Erlebnismarketing erreicht neue Hierarchiestufen

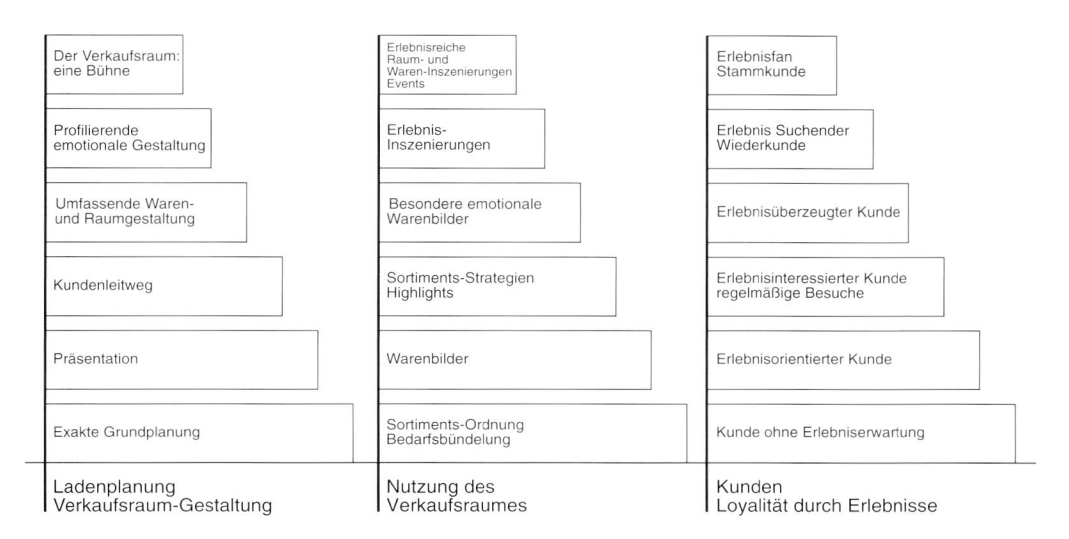

Ladenplanung Verkaufsraum-Gestaltung	Nutzung des Verkaufsraumes	Kunden Loyalität durch Erlebnisse
Der Verkaufsraum: eine Bühne	Erlebnisreiche Raum- und Waren-Inszenierungen Events	Erlebnisfan Stammkunde
Profilierende emotionale Gestaltung	Erlebnis-Inszenierungen	Erlebnis Suchender Wiederkunde
Umfassende Waren- und Raumgestaltung	Besondere emotionale Warenbilder	Erlebnisüberzeugter Kunde
Kundenleitweg	Sortiments-Strategien Highlights	Erlebnisinteressierter Kunde regelmäßige Besuche
Präsentation	Warenbilder	Erlebnisorientierter Kunde
Exakte Grundplanung	Sortiments-Ordnung Bedarfsbündelung	Kunde ohne Erlebniserwartung

Es geht um ein neues Bewusstsein im Verkaufsraum:
– für den Konsumenten ist es das Erlebnis
– für das Unternehmen ist es die Inszenierung

In der Erlebnisgesellschaft boomt es. Das Angebot ist groß: Hier ein Festival, da feiert ein Zoo, da die besondere Veranstaltung im Museum und dort eine Vernissage. Musicals, um die sich Städte bemühen, gehören zu den Highlights der Erlebnisgesellschaft. Es entstehen immer neue Freizeitparks mit unerwartet hohen Besucherzahlen. Längst hat der Handel den Erlebnisdrang erkannt, es bedeutet: Das Leben erleben, intensiver erleben, spannendes Leben, alles ist nur ein Spiel, eine Aufforderung zum Mitspielen. Zielgruppen erkennen ihre Freizeiterlebnisse und entgehen so einer Reizüberflutung. Das Zusammenwachsen von Trends und Erlebnissen ist unübersehbar.

Das Sortiment, die Ware wird inszeniert. Noch nie war der Weg zwischen dem Konsumenten und der Ware so kurz.

Wir sind weg vom Warenlager. Der Verkaufsraum ist Bühne geworden:
– die Ware ist Star
– der Manager ist der Regisseur
– der Ladenplaner ist Ideenfinder, Ideenberater, Philosoph, besser schon Guru
– der Ladenbauer ist Kulissenbauer.

4.4 Das Architektur-Erlebnis

„Der Architekt ist eine Art Regisseur. Unzählige Verhältnisse sind davon abhängig, wie er unsere Umgebung ordnet. Wenn seine Bestrebungen glücken, ist er wie ein guter Gastgeber, der die Leute einlädt zu kommen, und für alles gesorgt hat, sodass die Zusammenkunft auf harmonische Weise verläuft. Aber seine Regie-Tätigkeit ist aus verschiedenen Gründen schwierig. Der eine ist der, dass die Akteure ganz gewöhnliche Menschen sind. Er muss ein Gefühl dafür haben, wie sie natürlich auftreten werden, sonst missglückt das Ganze."

Nicht alle Gebäude für Verkaufsräume sind ideal im Sinne einer Erlebnis-Architektur und damit ideal für Inszenierungen. Hier muss die Raumgestaltung helfen.

Innenräume, die Verkaufräume werden sollen, lassen sich leichter mit der Nutzung zur Inszenierung bringen. Damit müssen Nachteile der Innenräume und der Gebäude überwunden werden. Es ist Aufgabe der Ladenplanung dieses zu erkennen, gegebenenfalls Korrekturen durchzuführen.

Es ist schon viel erreicht, wenn der Eingang akzeptabel ist und wenn die Treppen stimmen oder neue Treppen im Kundenleitweg geplant und installiert werden können.

Säulen und Pfeiler schaffen gute Möglichkeiten für Inszenierungen. Sie sollten so genutzt werden, dass sie zur individuellen Raumwirkung beitragen und somit vielleicht mythisch werden.
Siehe hierzu das Kapitel:
F 4.6.4   Säulen und Pfeiler

Gianni Versace, London, GB
Planung: Carmellini & Magnoli, Mailand

4.5 Die Milieus

Im Verkaufsraum sind Milieus Inszenierungen mit einem Umfeld, abgestimmt auf einen Sortimentsbereich mit einem starken Bezug zur Ware. Milieugestaltungen werden nur dann verstanden, wenn sie die besondere unterscheidende Charakteristik eines Sortimentsbereiches wirkungsvoll darstellen.

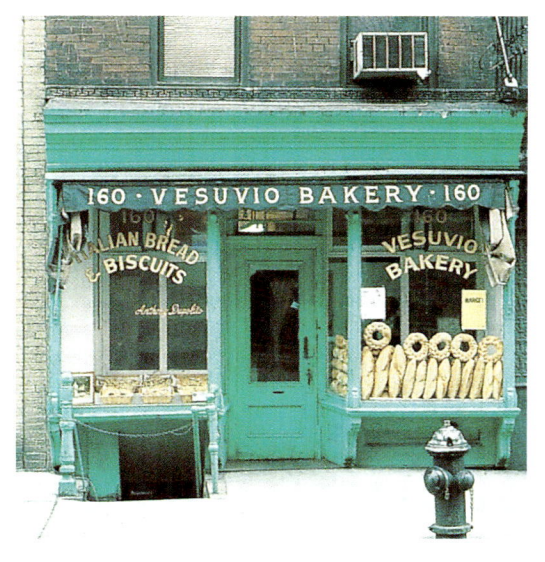

So zeigen sich, wichtig bei größeren Verkaufsflächen, deutliche Orientierungen im Loop für die unterschiedlichen Sortimentsbereiche in den nacheinander folgenden Raumabschnitten, die unterschiedlichen Milieus.

Aus dem Zusammenwirken von Leitgestaltung und Inszenierung, aus Kognitivität und Emotionalität, ergibt sich die Milieugestaltung als besondere Raumgestaltung, um eine gezielte Stim-

Milieus beginnen schon an der Fassade in New York, in Carmel, Kalifornien und in Paris

C   Das Ziel: Corporate Identity zur Unternehmensidentität

C 4   Die Inzenierung

The Old Post Office – Washington DC, USA
Auch die Pakethalle der alten Hauptpost in Washington brachte die besondere Stimmung einer alten Stahlkonstruktion in das Einkaufszentrum.

South Street Seaport
Pier 17 – New York, USA
Architekten: Fulton Market Building and Pier
Pavillon: Benjamin Thompson & Assocates
Aus der dreigeschossigen Lagerhalle am East River wurde ein dreigeschossiges Einkaufszentrum – auch hier trägt das Hafen-Markt-Milieu zum besonderen Erfolg bei.

C 4 Die Inzenierung

Pier 39 – San Francisco, USA
Die alten Lagerhallen aus Holz haben Ihre eigene Atmosphäre. Mit der Ursprünglichkeit des Kaffee-Warenbildes, zusammen mit dem Duft nach frisch geröstetem Kaffee, entsteht für viele der Zauber des Tante-Emma-Ladens.

In San Diego gesehen
Die Atmosphäre einer alten Einrichtung.

mung zu erreichen. Das ist die Aufgabe, die Akzeptanz, die Beliebtheit, die positive Einstellung des Konsumenten zum Unternehmen zu erreichen.

Das Milieu beeinflusst das Verhalten des Kunden:
- beim kaufnahen Verhalten
- beim tatsächlichen Kaufverhalten
- beim Innovationsverhalten
- beim Wiederholungskauf
- bei allen anderen Verhaltensweisen außerhalb des Kaufens.

Das alles führt nach Wolfgang J. Koschnick zur Konsolidierung, zur kognitiven Integration und zur Nachkauf-Kommunikation.

Das Milieu wird inszeniert. Die Stimmungen von Ware und Raum fließen zusammen. Die Ware gibt die ihr innewohnende Eigenart und der Raum gibt die Dimensionen, Bezüge zwischen Wänden und Pfeilern, Böden und Decken.

Welche Szene wird gewünscht, welches Waren- und Raumerlebnis?

Das bedeutet Verlagerung der besonderen Unternehmensleistung in die Gestaltung und dort in die individuell prägende Unterscheidung der Emotionalität, der Milieu-Inszenierungen.

Zu all dem Nützlichen und Erforderlichen und der Perfektion der High Tech wird auch die Romantik, der High Touch, gebraucht. Die bewusste, passende Umgebung für die Ware zum Einstimmen:
- das richtige stimmungsvolle Licht für Ware und Raum
- das warenbestätigende Design der Warenträger
- die richtigen Farben für die passende Stimmung zur Ware.

Nachdem man alle Tante-Emma-Läden wegrationalisiert hat, werden sie heute vermisst. Das eher nostalgische Milieu dieser stimmungsvollen, verträumten und marode erscheinenden Verkaufsräume ist als Inszenierung übergestülpt über die perfekt funktionierende Maschine: Verkaufsraum.

Kunstvoll werden die gewünschten Verkaufsräume erreicht, peinlich genau wird darauf geachtet, dass die richtige Warenstimmung gelingt und der Raum fast unverändert, eher nachteilig schmerzend, aber originell und einmalig bleibt und damit Eigenart, eine unverwechselbare Identität für das Unternehmen inszeniert.

Milieus müssen Spaß machen und die Besucher in die ihnen eigenen Stimmungen einbeziehen und gemütlich zum Verweilen einladen, um den Stress des Alltags vergessen zu lassen.

Die Waren – sie werden bewundert, gegriffen und gekauft als positives Warenraumerlebnis – Browsing in Vollendung!

Milieus beginnen an der Fassade. Schon hier muss das Milieu erkennbar sein, nostalgische Gemütlichkeit oder „astreines" Design. Viele alte Fassaden mit ihrem besonderen Reiz bleiben so erhalten.

Fassaden zeigen Lebensqualität, Stil und Romantik. Der Stil, der Rang wird durchgehalten bis in den Verkaufsraum hinein.

Die Fassade ist Botschaft, ein Versprechen und eine Marke für das Unternehmen zugleich.

Konsumenten, die Milieus bevorzugen, suchen ständig neue Milieus, sie wollen sie schon von außen erkennen und innen nicht enttäuscht werden.

Das Milieu wird zur Ware gesucht

Beim Schmuck wird schon ein Statusgefühl ausgelöst. Das Warenraumbild muss den Anspruch, den Rang zeigen und den Wert der Ware aufnehmen. Das Design bestimmt mit: Ein teurer Schmuck in der einfachen Vitrine wird „billig" aussehen und billiger Schmuck in einer aufwändigen, gediegenen Vitrine „teuer".

Die Identität zwischen Waren und Produkten einerseits und dem Design der Einrichtung andererseits kann immer dann Probleme auslösen, wenn beispielsweise eine Parfümerie jedem Hersteller seine eigene Präsentation per eigenem Regaldesign ermöglicht. Dann muss man die Frage stellen: Ist die Identität des Unternehmens wichtiger?

Wird die Menge der verschiedenen Identitäten der verschiedenen Marken mit dem verschiedensten Möbeldesign vielleicht gerade zur Identität dieses Unternehmens?

Zur Milieugestaltung gehört es, sich nicht nur auf das Auge des Kunden einzustellen, sondern auch auf sein Gefühl.

C 4 Die Inzenierung

In Paris gesehen
Lebensmittel, Konserven, geräucherter Schinken bringen in diesem Feinkostladen die Markthallen-Stimmung.

Armand Thiery, Nimes, F
Design: Grisbi, Paris
Vitra Shop, Weil
Alte Gemäuer schaffen ein stimmungsvolles Milieu auch mit modernen Warenträgern.

C Das Ziel: Corporate Identity zur Unternehmensidentität

C4 Die Inzenierung

Warenmengen sind immer der Stolz der Unternehmen – sehr oft sind sie aber nur „Tapete". Was erfährt der Kunde wirklich?
Mengen lösen beim Kunden nur einmal Staunen aus, danach nur noch Sicherheit, aber keineswegs Emotionalität. Deshalb muss ein Wahrnehmungsklima geschaffen werden, in dem die Gestaltung Regie führt. Was wichtig ist, soll sichtbar sein. Der Kunde muss und will geführt sein „in der Art des Hauses".
Milieu-Inszenierungen haben die Aufgabe:
– die Probleme des Alltags in diesem besonderen Milieu zu lösen durch eine „besondere Stimmung"
– Beispiele für die bessere Bewältigung des Alltags zu geben – durch Lebenskultur, Lebensstil
– eine Begegnungskultur zu erreichen, die für den Konsumenten notwendig und Lebensstil wird
– den Alltag durch Design, Gestaltung und Farben zu verbessern und zu positivieren.

Die besondere Inszenierung des zu erreichenden Milieus muss so gestaltet werden, dass es die Konsumenten und das Unternehmen zusammenführt. Das gilt besonders für Zielgruppen, die ihr Milieu suchen.
Gerade Pop-Art, längst auch bei uns Volkskunst geworden, ist in der Lage, die Warenbilder in vielen gestalterischen Freiheiten und Möglichkeiten rüberzubringen.
Die Sehnsucht nach einer Innenarchitektur ohne Strenge, ohne Zwänge, nach Freude, nach Lust für das Auge ist vorhanden. Eine neue Prächtigkeit ist entstanden. Es geht nicht um die Inszenierung des „schönen Scheins", sondern um die Realität, um die Ehrlichkeit zur Freude, zum positiven Denken, die positive Einstellung zum Lösen der Probleme und nicht zum Verdecken.
Ein Manager, der ein Einzelhandelsunternehmen leitet: „Erst öffnet sich das Herz und dann der Geldbeutel!"
Milieu-Inszenierung ist eine künstliche Wirklichkeit, eine Ehrlichkeit in der fachkompetenten Sachaussage des Sortiments. Die Künstlichkeit muss erkennbar bleiben. Ohne große Vorbereitung muss der Betrachter, der Kunde folgen können, herausgerissen aus dem Alltag, genießen, kunstvoll genießen, Lust spüren.

Die Inszenierung besteht nicht nur aus Präsentation, die interessante Waren erklären kann. Der Kunde erwartet zum Kauf die emotionale Überzeugung, die Befriedigung seiner emotionalen Bedürfnisse seiner Sinne.
Das Unternehmen muss diese Bedürfnisse stillen können, indem es alle Sinne der Konsumenten anspricht und mobilisiert.
Der ästhetische Anspruch an die Art, an die Durchführung und an die Qualität der Gestaltung ist nicht nur bedeutungsvoller geworden, er entwickelt sich klar in die Richtung nach mehr Sinnlichkeit, nach mehr Lust. Man spricht von einer „Ästhetisierung des Alltags", auch von „Wellness", der lustvollen und verantwortlichen Bewältigung des Alltags.
Milieus sind erforderlich, um den ganzen Menschen anzusprechen, ihn schnell aus dem Trott der quälenden Anforderungen des Alltags herauszulösen, um ihm Lust zu ermöglichen durch die Inszenierung von Bildern, Szenen, Stimmungen.
Die nahezu unendlich erscheinenden Möglichkeiten der Milieugestaltung wird der Innenarchitekt kaum eingeschränkt finden durch die Vorgabe aus dem Sortiment. Das Sortiment gibt viele zusätzliche Impulse!
Der Konsument soll nicht nur gewonnen, er soll aktiv einbezogen, begeistert und verzaubert werden.
Milieus werden gewollt und gebaut, weil sie erfolgreich sind – besonders eignen sich alte Gebäude, die als Einkaufszentrum eine neue Nutzung erhalten haben. So zum Beispiel in:
Baltimore „Harborplace" in den ehemaligen Lagerhallen am Hafen
Washington DC „The Old Post Office"
New York „Pier 17" in den ehemaligen Lagerhallen am East River
San Francisco „Pier 39" in den ehemaligen Lagerhallen am Hafen.

> **Mit allen Sinnen**
> Erlebnismarketing bedeutet auch Gedanken und Ideen für Inszenierungen mit dem Ziel, den Konsumenten mit emotionalen positiven Erlebnissen zu binden; deshalb sollen den Konsumenten möglichst viele Sinne gleichzeitig erreichen.
> Raum, Standort, Branche und Sortiment, Gestaltung, Bilderwelten, Farbe und Licht bestimmen in jedem Verkaufsraum individuell und anteilig die Sinne, die den Konsumenten aufs Neue begeistern.
> Es gibt keine andere Präsentation, als die der Inszenierung, die schneller, überzeugend-erlebnisorientiert die Konsumenten erreicht.

Wahrnehmungen im Verkaufsraum

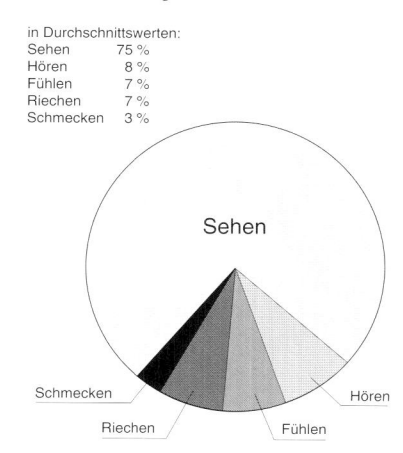

in Durchschnittswerten:
Sehen 75 %
Hören 8 %
Fühlen 7 %
Riechen 7 %
Schmecken 3 %

4.5.1 Mit allen Sinnen

Einkaufspassagen, Einkaufszentren, Malls werden im Sinne von Konsumenten begeisternden Inszenierungen geplant. Stimmungen sollen erreicht werden. Die Ansprache aller Sinne, Erholung und Konsum zugleich, eine emotionale Aktivierung erfolgt.

Eine Harfenspielerin sammelt Straßenpassanten um sich. Ein kleines Restaurant mit Tischen unter Schatten spendenden Bäumen und altem Gemäuer lädt zum Zabayone und Espresso ein.

Aus der Bäckerei gegenüber kommt der Duft von frischem Gebäck. Antiquitätenläden, Boutiquen locken mit ungewöhnlichen Farben, exotischen Kleidern und der neuesten italienischen Schuhmode. Die Menschen flanieren, sie verweilen, um ohne Hektik genießen zu können. Da wird ein Kleid probiert und dort eine Glasvase der Art Nouveau zum Betrachten gegen das Licht gehalten.

Das Stöbern, das Browsing, die Mobilisierung aller Sinne, das Herstellen von Beziehungen zwischen Kunden und Ware erfolgt unmittelbar.

Die Einladung zum Berühren der Ware ist Ziel der kreativen Inszenierung. Die marode Stimmung des Tante-Emma-Ladens ist als Inszenierung auferstanden.

Inszenierungen sind keine Dekorationen. Inszenierungen werden gelebt von den Mitarbeitern und zunehmend auch von den Kunden. Der Kunde will aktiviert werden. Er muss neugierig werden und dann für sich selbst entscheiden können, ob er interessiert ist, ob er mitmacht, ob er einbezogen sein will. Das humane Leistungsprinzip des Unternehmens im Sinne der Unternehmenskultur wird mit Lust erreicht und aufgeführt.

Die Waren werden dargeboten für eine demokratische Auswahl. Der Kunde will und muss frei über Qualität und Preis entscheiden können.

Die Inszenierung mobilisiert: Alle fünf Sinne werden aktiviert, Auswahl der Warenbilder in der Zeitfolge des Kundenleitwegs werden gebraucht.

In den Inszenierungen wirken mehrere Sinne gleichzeitig.

Den Verkaufsraum mit den fünf Sinnen wahrnehmen: ihn sehen, hören, riechen, schmecken, fühlen.

– Den Verkaufsraum sehen

75 % aller Informationen werden über das Auge wahrgenommen. Das Sehen ist die Wahrnehmung für Farben, Formen und Licht, für Unterscheidungen, für Orientierungen, für Highlights. Wirkungsvoll wird das Sehen unterstützt durch andere Sinne. Inszenierungen, insbesondere Warenbilder werden auf das Ansehen hin gestaltet. Die Leistungen im Unternehmen sind so zu planen, dass sie gesehen werden. „Sehen" hat in diesem Buch wegen seiner Wichtigkeit einen breiten Raum.

C Das Ziel: Corporate Identity zur Unternehmensidentität

C 4 Die Inzenierung

Siehe die Abschnitte:
E Designmarketing mit allen Kapiteln

– Den Verkaufsraum hören

Jeder Verkaufsraum ist hörbar. Es entsteht Schall. Schall ist Bewegung, ist Aktivität. Störender Schall muss bewältigt werden, „akustisch behandelt" werden. Jeder Schall muss erklärbar sein. Der selbst verursachte Trittschall bedeutet Sicherheit.
Distanzen müssen sich ergeben zum Redeschall. Nicht jeder muss hören, was verhandelt wird. Verkaufsgespräche dürfen sich nicht gegenseitig stören.
Schall kann auch zum Stimulieren geplant werden, durch Hintergrundmusik.
Im Grunde genommen geht man davon aus, dass Musik zur hektischen Verkaufszeit störend ist, aber morgens früh, der Verkaufsraum ist gerade geöffnet, man ist allein, möchte sich nur umschauen, man ist noch so recht unbeholfen, eine zarte, leise Musik gibt Sicherheit und überdeckt das Gespräch der Mitarbeiter untereinander. Die Mitarbeiter treffen sich neu, man hat etwas auszutauschen, man spricht noch über den gestrigen Abend, auch das ist zu dieser Zeit erforderlich.
Musik kann auch festlich inszeniert werden – ich erinnere mich beim Thema „Musik im Verkaufsraum" an New York. Ein Kaufhaus, – ein weißer Flügel auf einem Podest, der Pianist in Weiß mit roten Handschuhen variiert ununterbrochen Klassik und Jazz – ganz piano – melodiös, einfühlsam, festlich und gekonnt – interessant stimulierend, konzentrierend – Status – Unternehmenskultur.
Mir und sicher vielen anderen Besuchern ist immer festlich, fast weihnachtlich; man denkt an das, was man immer schon kaufen wollte, weil es einem jetzt so gut geht. Für mich sind das die Mitbringsel für alle, denen es daheim nicht so gut geht wie mir jetzt, und das fällt mir alles bei dieser Musik ein.
Die Interpretationen kann man per Kassette kaufen, natürlich eine exklusive Unternehmensleistung, die man auf dem Heimweg im Auto noch einmal hören kann.
Musik kann sehr schnell und unkompliziert unmittelbar Stimmungen vermitteln, schneller noch als die Innenarchitektur, wenn der Designstil der Warenbilder und das Interieur erreicht wird, unterstützt die Musik die Szene, das Milieu.
Siehe das Kapitel:
D 7.5 Hintergrundmusik

– Den Verkaufsraum riechen

Der Duft ist in seiner Bedeutung für die Inszenierung lange unbeachtet geblieben. Störende Gerüche sind ein Übel. Gerüche, die von Waren ausgehen, neuer oder frischer Ware, stören nie, sind immer willkommen bei Textilien, Lederwaren, insbesondere natürlich bei Backwaren.
Der Duft nach frischem Gebäck stimuliert ungemein. Er gehört in den frühen Vormittagsstunden zum Backwaren-Einkauf.
In Amerika hörte ich, dass in einem Modegeschäft mit Vorliebe Espresso gebrüht wird. Der Duft, der sich verbreitet, erhöhe die Konzentration beim Aussuchen der Kleider.

– Den Verkaufsraum schmecken

Auch der Verkaufsraum hat einen Geschmack. Ein Spüren auf der Zunge in Lebensmittelbereichen ist besonders willkommen, gefördert durch den Duft appetitanregender Lebensmittel. Degustierstände sind eine interessante, eine wichtige Inszenierung. Hier steigt der Kunde aktiv mit der Zunge in die Information über Waren ein.

– Den Verkaufsraum fühlen

Durch die Schuhe spüren wir den Fußboden. Es ist ein Unterschied, auf einem Teppich zu gehen oder auf einem Steinfußboden. Dieses Gefühl verrät Branchen.
Wir würden uns nicht wohl fühlen, wenn wir bei einem Fleischeinkauf einen Teppich fühlten. Die richtige Einstellung zur Ware Fleisch könnte nicht aufkommen.
Fühlen wird wichtiger in den modernen Verkaufsräumen durch die Inszenierungen, die so gestaltet werden, dass enge und viele Kontakte zwischen Kunden und Waren entstehen durch das Greifen und Betasten der Waren. Die Hände kontrollieren das, was das Auge gesehen hat.
Eine Ware anfassen, eine Bluse, einen Pelz, eine Beziehung zur Ware aufbauen. Das, was man sieht, bedarf noch des Beweises. Das Auge wurde schon zu oft getäuscht. Fühlen ist beim Einkau-

fen ein nicht zu unterschätzendes Beweismittel. Wenn man die Ware gefühlt hat, hat man die Ware begriffen, im wahrsten Sinne des Wortes.
Das Fühlen im Verkaufsraum beginnt und endet mit dem Händedruck.
Die Inanspruchnahme aller fünf Sinne bedeutet, dass kein Sinn ausgeschaltet bleibt bei der Auswahl der Waren und Produkte.

4.5.2 Entspannung muss sein

Der Kunde entspannt nur dort, wo er sich wohl fühlt.
Das Relaxen wird wichtiger. Einige Inszenierungen sind anstrengend, oft auch überladen an Informationen. Der Power muss Ruhe und Besinnung folgen, Ruhe für den Geist. Der Kunde dankt es dem Unternehmen danach durch mehr Aufmerksamkeit und Konzentration.
Mindestens Getränkeautomaten, solche mit duftendem Espresso, oder besser ein Cafe in der Gesamtinszenierung wäre gut. In Zukunft wird dies in Fachgeschäften mit Verweildauer wie Buchhandlungen und Modeläden so sein müssen.
Ein Verkaufsraum ohne Sitzplätze, das geht nicht mehr. Ausnahmen bilden die Lebensmittelläden, obwohl es dort auch oft von Vorteil wäre.
Wenn man die Inszenierung des Verkaufsraumes auch als Qualität versteht, dann gehören Sitzplätze unbedingt dazu.
Nach dem Relaxen ist der Kunde ein neuer, aufnahmefähiger Kunde.
Relaxen, Entspannen, Sitzen im Verkaufsraum entwickelt sich und hat sichtbar Zukunft.
Die Entwicklung führt zu Sitzlandschaften und runden Sofas, der Gedanke des Krals oder „das am Lagerfeuer sitzen" steckt darin.
Die Entwicklung geht von Getränkeautomaten bis Cafés im Verkaufsraum zu kompletten Restaurants.
Es ist wichtig zu wissen, dass Cafés in größeren Einzelhandelsunternehmen voll im Trend liegen. Sie entwickeln eine Eigendynamik, die dem Unternehmen gut tut, ganz gleich ob man das Café selbst bewirtet oder vermietet.
Mich hat überzeugt und bewegt, wie Gaststätten und insbesondere Restaurants mit ihren Kunden umgehen. Die Gastronomie hat dem Einzelhandel eines voraus, sie spricht von Gästen. Der Einzelhandel immer noch von Kunden. Der Einzelhandel wird es aber verstehen und ist auf dem besten Wege dazu in Zukunft an Gäste zu denken und auch von Gästen zu sprechen.
Ich werde erinnert an ein italienisches Restaurant in meinem Heimatort, in dem ich, wann immer es möglich ist, gern zu Mittag esse. Dieses Restaurant ist eine Aufmunterung für mich – ein Erlebnis. Ich werde auf nette Weise versorgt und darf für eine Stunde meine Sorgen vergessen. Was ist hier das Erlebnis? Sicherlich nicht nur die Einrichtung, sondern die Art, wie diese zwei Brüder, die dieses Restaurant betreiben, mit ihren Gästen umgehen, man ist immer erwartet und wird freundlich begrüßt, wie ein Freund. Immer gibt es für mich eine Überraschung, ein besonderes Gericht, das mir vorgeschlagen wird. Da steht nicht einfach Parmesan auf dem Tisch, sondern da wird der Parmesan über dem Teller des Gastes gerieben. Der eine Bruder beherrscht vorzüglich die Küche und der andere bedient. Es mutet an, als hätte der, der bedient, Ballettunterricht gehabt, wie er die Teller bewegt, wie er durch die engen Gänge hindurch balanciert. Mein Mittags-Erlebnis! Eine gelungene Gesamtinszenierung, die mich immer wieder begeistert.
Das Thema „Entspannen" ist ein wichtiges Thema. Dazu fällt mir eine Story ein, die nachdenklich stimmen soll.
Zu Beginn des 19. Jahrhunderts, als die USA noch eine britische Kolonie waren, kam ein britischer Journalist und Abenteurer in den Westen der heutigen USA, um über die Gewohnheiten der Indianer in seiner Heimat zu berichten. Er lebte seit Jahren in einem Indianerstamm, hatte deren Gewohnheiten und Sprache angenommen und war der Freund des alten Häuptlings geworden.
Eines Tages erklärte ihm der Häuptling, er wolle mit ihm fortreiten, um mit ihm ein neues Land zu sehen.
Die Pferde wurden bereit gemacht. Als die Sonne am höchsten stand, ritten sie los. Sie ritten zusammen drei Tage und drei Nächte ohne Pause. Als die Sonne am vierten Tage den höchsten Stand erreichte, rutschte der Häuptling vom

Pferd und setzte sich an die Schattenseite eines Baumes.
Dort blieb er sitzen, regungslos, stumm, immer auf einen Punkt in der Ferne schauend.
Der Brite war besorgt, schüttelte den Häuptling, als dieser nicht mehr sprach und keinen Laut von sich gab. Er hörte nicht auf zu sprechen und den Häuptling zu bitten. Doch der Häuptling schwieg. Als die Dämmerung des zweiten Ruhetages begann, sah der Häuptling, dass sein Freund immer besorgter wurde.
Da sprach der Häuptling: „Wir sind drei Tage und drei Nächte geritten, jetzt werden wir hier drei Tage und drei Nächte ruhen, damit unsere Seelen, die im Dorf geblieben sind, folgen können."
Siehe auch das Kapitel:
F 16.4   Relaxzonen: Sitzplätze für Kunden

4.5.3 Minimalismus

Ökonomie, Ökologie und Ästhetik: gutes Design, umweltfreundlich zu einem Niedrigpreis. Das ist das, was sehr viele wollen – und sagen und schreiben. Minimalismus ist deshalb ein wichtiger Einrichtungstrend.
Minimalismus ist für mich, für den Ladenplaner, auch eine besonders prägende Form der Unternehmensdarstellung und damit eine Präsentationsform, vielleicht schon ein Präsentationskult, der inszeniert wird.
Neue Werte finden eine neue Nachdenklichkeit mit Ergebnissen: aus dem Willen zum bewussten und stolzen, weil ethisch fundierten Abheben vom unbekümmerten Verbrauch, von der Verschwendung und vom Luxus.
Aber das ist nicht genug. Man hat die neuen Werte gefunden. Die Zuwendung zu den inneren Werten, die den Zweck des Daseins und die Notwendigkeit ausmachen, – so wie ein gutes Design.
Natürlich ist Minimalismus ein Ergebnis. Es handelt sich um Designprodukte und um Warenträger, die auf klare einfache Formen geführt werden, ohne jede überflüssige Verzierung, hergestellt aus unbedenklichen Materialien. Das gesamte ökologische Gedankengut ist anwendbar. Gutes Design in diesem Sinne wird wie ein Triumph gefeiert.

Gerade aus der Reduzierung als Ergebnis einer ethischen Selbstsicherheit erwächst der missionarische Auftrag und der Wille zur Prozession. Damit werden Warenträger und das Design der Warenträger preiswerter.
Der Minimalismus ist informationsstark. Er wirkt immer als ästhetische Größe des gelebten und gekonnten Verzichts, der ethisch eingeordnet ist, und so beeinflusst er das ökologische und ökonomische Verhalten.
Matthias Horx:
– „der Öko-Optimismus wird gefördert, von der Untergangsangst zur effektiven Ökologie"
– „Ökonomisch besteht eine Rezessionskultur: der Schnäppchenkauf als generelles Einkaufsverhalten"
– „Smart-Tech: – eine neue Welle von Vereinfachungstechnologien prägen die Märkte der Zukunft."
Die Flucht in preiswerte Lösungen wird ethisch fundiert aus Beratungsverzicht, dem Überbleibsel des Konsumterrors, zum Suchen und Finden der „inneren Werte" mit der Konzentration auf das Notwendige, auf ein klares Design und auf ein ökologisch vertretbares Material.
Deutlich wird der Minimalismus bei den PKW's gelebt. Es muss nicht mehr das teure, groß volumige, hoch motorisierte Luxusfahrzeug sein. Man erreicht auch Beachtung, vielleicht sogar mehr, durch einfache, klein volumige Fahrzeuge mit gutem Design – in schwarz, das ist die bevorzugte Farbe der Minimalisten.
Es gibt Warenträger, in der Ladenbaufirmen angebotenen reduzierten Leichtform, die aber durchaus ein noch vertretbares Design zeigen.
Die Bezeichnung „light" für Ladeneinrichtungen soll eine Alternative beschreiben, die man bewusst zur Schau stellt. Für viele Unternehmen ist das schon eine Zielgruppenorientierung, besonders dann, wenn „light" in Teilbereichen des Ladens stattfindet.

„Ladenbau light" heißt die Devise, die auf zwei Entwicklungen Rücksicht nimmt.

Aus einer Informationsschrift – Umdasch Shop-Concept 1999:

„Der Einzelhandel ist nicht mehr bereit, noch höhere Einrichtungskosten pro Quadratmeter in Kauf zu nehmen, will aber gleichzeitig keine Abstriche bei Flexibilität der Warenträger und Attraktivität des Gesamtbildes machen.

*Das angeramschte und unübersichtliche Geschäft ist out. Die Ladeneinrichtung tritt atmosphärisch dezent in den Hintergrund, um so ihrer Funktion als „Stiller Verkäufer" bzw. „Warenmanager" zu entsprechen. Denn Firlefanz kostet nicht nur Geld, sondern lenkt darüber hinaus auch von der Ware ab."

Aber immer, so auch hier, entscheidet die Leistung für den Kunden, die Beachtung durch die Orientierungsmöglichkeit für den Kunden, das Erreichen der richtigen Zielgruppe. Wer ein Understatement darstellt, also eine Untertreibung, der muss diese Untertreibung leben. Sie darf nicht vorgetäuscht, nicht gespielt werden und nicht eine reduzierte Aufgabe bedeuten.
Minimalismus ist etwas Anderes als Discount!

4.5.4 Lifestyle

„Die Lust am Design, bis zur Lust am Kitsch und zur Lust an der Ironie – ist ein Beitrag zur Kultur des Designs."

(Burkhard Weinges)

Lifestyle-Haltungen wachsen in Europa schnell durch das Interesse, auch der Konsumenten, am gemeinsamen Markt.
Der Sortimentsplan, der mit der Warenplatzierung das Raumkonzept aufnimmt, bewirkt Warenbilder und wirkt auf das Warenträgerdesign mit deutlichen Vorgaben.
Die Warenbildgestaltung und das Warenträgerdesign werden zur Basis der Verkaufsraumgestaltung.
Frühzeitig muss die Designbasis ganzheitlich geplant werden – als eine Aussage in der Verkaufsraumgestaltung für:
– Sortiment und Raum, also Waren, Gebäude und die Einrichtung
– Merchandising und Innenarchitektur als Merchandising-Architektur
– die Beziehung zwischen Architektur und Innenarchitektur, Gebäude und Raum. Innen und Außen als gestalterische Einheit
– jede Abteilung, jeder Sortimentsbereich oder Raumabschnitt ein individuelles Design-Element als Symbol, typisch für diesen Sortimentsbereich.

In der Lifestyle-Inszenierung wirken ganzheitlich emotional zusammen: Der Raum, die Warenträger und das Sortiment in Warenbildern zu einem Gesamtbild, zu einem Stück Lebensqualität, das die anspruchsvollen Zielgruppen begeistert, verzaubert.
In der Gesamtkonzeption bindet sich das Design in die Nutzung ein. In einem Verkaufsraum ist das Design in der Regel nicht selbstständig, nicht Objekt für sich allein.
Einheitlichkeit, auch in der Vielfalt, ist eine wichtige Basis zur Ordnung des Warenraumes.
Unterscheidungen im Warenangebot sollen allgemein nicht Veränderung der Design-Grundform bedeuten, sondern eine Variation des Grundtyps der Warenträger.
Objektkunst wird „am richtigen Platz" in den Raum einkomponiert als gewollter „Störer", als Aufrüttler, als Fingerzeig oder als Sammelpunkt.

Lifestyle-Design für Einrichtungen

Die Postmoderne prägt die Architektur, die Innenarchitektur und das Design der Einrichtung.
Der Postmodernismus hilft in der Auseinandersetzung der Innenarchitektur des Verkaufsraumes mit der Architektur des Geschäftshauses, insbesondere bei historischen Gebäuden.
Die Postmoderne als Freestyle-Klassizismus ohne einheitliche Stilmerkmale erlaubt eine Vielfalt in der Anwendung und kann erlebnisbetonte Räume suggerieren. Ohne den Umweg über die Leitordnung der Unternehmensidentifikation werden visuelle Markenzeichen geschaffen, die sowohl einheitlich mit dem Gebäude übereinstimmen als auch bewusst gegensätzlich sein können.
Die heutige Auffassung von Innenarchitektur erreicht im Freestyle die Freiheit und die Ästhetik, die den Innenraum bestimmt. Die Verlagerung der Wirkung auf den Zweck des Gebäudes und

damit auf den Innenraum gestattet noch die Einbeziehung der Fassade in die Idee des Innenraumes.

Die Inszenierung ist die Brücke für warenbezogene Diversifikationen im Warenträgerdesign und für die sich unterscheidenden informierenden Warenbilder.

Die Vielfalt der Strömungen in der postmodernen Architektur wird durch die Bauten und durch die Auffassungen der Architekten charakterisiert, zum Beispiel:
– die symbolische Architektur durch Hans Hollein
– der High Tech durch Richard Roger
– die klassische Moderne durch Richard Meier
– der Dekonstruktivismus, frei von der Regel-Architektur, „mit der ewigen Sehnsucht nach dem schöpferischen Chaos" (Atrium), auch als Freestyle bezeichnet, durch Frank O. Gehry.

Die Hauptströmung von Amerika ausgehend, dort als Freestyle bezeichnet, sonst als „freigeistig", als Freestyle-Klassizismus, auch schon als Lifestyle oder Lebensstil für Innenräume, trägt in sich die Planungsphase der Inszenierung. Freestyle ist eine Architektur-Inszenierung. Das ist ein Stil, der jede Etikette der Baukunst negiert und so erst offen wird für kreative Innovationen.

In Amerika als „Neue Welle" und als Pioniertat begrüßt, schafft Freestyle in der Architektur, Innenarchitektur und im Design die Partnerschaft zur Freiheit der Malerei mit den innovativen neuen Ideen in der Schaffung neuer Sehweisen für individuelle Lebensräume in Innenräumen und Verkaufsräumen – „farbbeschwingt", „hell und lichtdurchströmt", „lebensfroh, voller Witz und Humor".

Die Gefahr der visuellen Überfrachtung der Räume und Überforderung der Konsumenten mit „Bildern und Informationen" besteht. Deshalb sind in dieser Freiheit formale Qualitäten gefordert, sie müssen gefunden werden in erlebnisorientierten Inszenierungen, die an der Ware, dem Raum, den Wünschen der Zielgruppe, der Darstellung der Region oder auch an der Unternehmensgeschichte gezeigt werden.

Eine soziologische und psychologische Verankerung der Inhalte und der Anregungen aus Warenbildern muss sein, der Kunde muss folgen können und das gelegentliche Augenzwinkern verstehen.

Die „freigeistige" Ästhetik des Freestyles und der Fundus der Architekturgeschichte in der Postmoderne schaffen die Grundlage für die Verwendung der Raumelemente Säulen, Bogen, Gewölbe und Kuppel für sakrale oder mythische Stimmungen.

Symbolische Bauteile vergangener Kulturen werden als Zitate in die Gestaltung übernommen.

Stil bildende Prägnanzelemente werden benutzt und damit zur prägenden Identität:
– zur Machtdemonstration, den Mitbewerber übertreffen, womit genau das vollzogen wird, was mit dem Ursprung dieser Baukunst bereits vollzogen wurde
– die Stimmung eines Lebensstils übernehmen, der sich auf Erkennbarkeit der alten Mythen, also auf Bildung, berufen kann.

Hierin steckt die Summe aller Möglichkeiten vom Warenträger zur Einrichtung des Lebensstils für die Inszenierung. Alles ist möglich. Die Technik und die „freigeistige" Ästhetik sind vorhanden, sind bekannt, stehen durch Kenntnis, durch akademisches Studium abrufbar zur Verfügung und es wird verfügt über ein unendliches Repertoire an Möglichkeiten, wie bei einem Arzt, der die richtige Mixtur für die Seele zusammenmixt. Große Räume werden geteilt durch sich unterscheidende Systeme und durch gegensätzliche Architektur. Das alles geschieht in der gestalterischen Sicherheit einer symbolischen Gesamtkomposition mit Abschnitten der ruhigen, relaxen Musik im Wechsel mit dramatischen Trommelwirbeln.

Die Dynamik, der ständige Wechsel, der Wettbewerb mit immer neuen Ideen, Scheinwelten, Gags und Verrücktheiten ist Popkultur.

Der Wertewandel, der Käufermarkt, die ständig neuen Trends zeigen, dass es nicht nur die Produkte und die Dienstleistungen sind, die vom Konsumenten erwartet werden, sondern auch die Emotionalität als Leistung des Unternehmens. In der Erwartung nach Emotionalität stecken Erwartungen nach geistigen Qualitäten, nach der Darstellung der sozialen Bedeutung der Ware in Warenbildern, in Lebensstilbildern.

Lifestyle, der Lebensstil, verankert den Zeitgeist sozial. Der Lebensstil erreicht den Weg vom materiellen Besitz der Ware zum sozialen Nutzen.

C4 Die Inzenierung

Der Lebensstil bringt das persönliche Glück in einer individuellen Gesellschaft mit vielen Möglichkeiten. Die Gesellschaft der Selbstverwirklicher und Selbststilisierer.

Diese Freiheit, die sich im Design und in der Warenraumgestaltung als Pop-Art zeigt, hat ihre freien, nicht mehr an sture Systeme gebundenen Warenträgergenerationen. Das Auswiegen der technischen Vor- und Nachteile bringt einen hohen Stand der Nutzung und die große Freiheit im Design.

Laut Gerd Gerken existieren zurzeit vier große Designtrends: das Anti-Design, das Intelligenz-Design, das New-Erotic-Design, das Design des Hyper-Realismus.

Das Anti-Design: der Chic der Auflösung

Es handelt sich um den Auflösungslook. Aufgelöst wird das ordentliche, gute Vernunftsdesign, also die Dominanz des Rationalen.

Das Intelligenz-Design: der Chic der neuen Technik

Hier geht es um den Glamour von Super-High Tech. Das ist mehr als das derzeit übliche Techno-Design a la Porsche und Braun, das demnächst in die kleinere Nische des Cool-Designs rutscht. Aber das eigentliche Intelligenz-Design ist die Formalisierung der 2. Moderne.

New-Erotic-Design: der Chic des sozialen Beifalls

Hier geht es um eine Ausformung einer Waren-Sexualität, wie sie typisch für die kommende Belle Époque sein wird, die sich um den Beginn des 3. Jahrtausends wie eine Edel-Aura herumlegen wird. New-Erotic-Design, das bedeutet die bewusste Inszenierung der Formen ganz im Hinblick auf Kult-Produkte und geistige Eliten. Der Designer wird hier zum Glaubens-Designer und zum Kult-Stilisten. Philippe Starck, der bewusst die Rolle des ersten Pop-Designers in der Welt spielt, geht hier erste Pfadfinderwege. Für die Kunst hat es viele Jahre zuvor Andy Warhol getan.

Das Design des Hyper-Realismus: der Chic des Wegwerfens

Das ist die Gestaltung der 2. Wegwerf-Ära. Aber hier wird nicht das Produkt weggeworfen, sondern der modische Zeitwert des Produktes.

4.6 Das Nutzungskonzept: Verkaufsraum

Die Ladenplanung im Sinne der Merchandising-Architektur hat in der ganzen Planungsphase die Nutzung mitgesehen. So ist der Kundenleitweg und die Warenplatzierung sehr stark von der Nutzung bestimmt worden. Das bedeutet, dass die Nutzung ohne große Probleme erfolgen kann.

Die aktuelle und strategische Nutzung der Trends, Novitäten durch Warenbilder und Highlights sind festzulegen. Das ist die Basis, der Beitrag zu den Inszenierungen.

In engem Bezug der Sortimentsthemen zu den Inszenierungen entsteht der Auftrag der Inszenierungen, die Anzahl der Kontakte zwischen Kunden und Ware zu erhöhen.

Der Weg der Kunden durch das Sortiment wird als Story durch eine Warenbildfolge erzählt – ein Drehbuch entsteht. Dieses Drehbuch prägt sich beim Kunden ein.

„Beuys lebt"
Joseph Beuys in seiner Heimat
Daniel & Haibach, Voerde/Niederrhein
Planung und Realisierung: Wilhelm Kreft und Frank Popp

C Das Ziel: Corporate Identity zur Unternehmensidentität

C 4 Die Inzenierung

In der kognitiven Psychologie spricht man davon, dass wir auf unsere „Brain Scripts", also auf unsere Drehbücher im Kopf, zurückgreifen, um alltägliche Situationen zu bewältigen, so auch bei einem Besuch im Verkaufsraum.

„Brain Scripts" sind Lebensbewältigungsmechanismen, die uns signalisieren, wie eine Geschichte zu verstehen ist und wie man sich in einer Situation zurechtfindet. Sie sind dafür verantwortlich, dass wir im Restaurant nicht überrascht sind, wenn die Suppe vor dem Dessert serviert wird und der Kellner für seine Dienste ein Trinkgeld erwartet. Für jede alltägliche Situation besitzen wir ein dazu passendes „Brain Script": für das Überqueren der Straße, den Kauf eines Autos, das Feiern von Festen und den Besuch eines Restaurants oder Verkaufsraumes. Im Laufe der Zeit haben wir tausende davon erlernt und gespeichert, die unbewusst täglich zur Anwendung kommen, so auch im Verkaufsraum. Wenn der Kunde die Reihenfolge, den Kundenleitweg durch Raum und Sortiment akzeptiert, wird der Kundenleitweg logisch und zum Brain-Script. Deshalb ist die Planung des Kundenleitweges als Drehbuch so wichtig. Der Kunde wird aufnahmefähiger, weil er sich auf die Ware konzentrieren kann.

Die Nutzung muss diese Natürlichkeit des Kundenleitweges erhalten, besser fördern durch wirkungsvolle Inszenierungen, die sich beim Konsumenten einprägen.

Wichtig bleibt, dass die Ware bzw. die Warenwelten, die im hauseigenen oder im allgemeinen Trend liegen an den wichtigen Plätzen des Verkaufsraumes, die im Kundenleitweg als Highlight ausgewiesen sind, inszeniert werden.

Der Ware, die im Trend liegt und deshalb zum Sortimentsschwerpunkt wird, steht die fantasievollste Inszenierung am wirkungsvollsten Platz zu. Erfolgreiches noch erfolgreicher machen zu können, bringt den großen Erfolg. Die Abhebung in eine emotionale, fantasievolle Inszenierung ist angebracht und wird immer mehr vom Kunden erwünscht.

Die Grenzen fantasievoller Inszenierungen sind die Grenzen des Unternehmens in seiner Beachtung durch die Konsumenten.

Die Dramaturgie der Inszenierungen muss in dem Unternehmen reifen – das gilt besonders für Events, die gefeierte Ereignisse im Unternehmen sein sollten.

Siehe hierzu das Kapitel:
C 4.6.1 Die Dramaturgie der Inszenierungen

Szenisches Gestalten

Szenisches Gestalten ist der Aufbau von Szenen unter Einbeziehung von lebensgroßen Puppen, aber auch von Großfotos und Großdias in die Warenbilder und damit in das Geschehen des Verkaufsraumes.

Der Verkaufsraum wird Bühne. Puppen spielen eine Szene. Puppen sitzen im neuesten Dress auf Stühlen, auf denen sonst Kunden sitzen, stehen an der Kasse, um hier besonders dicht am Publikumsverkehr zu sein, praktisch zum Anfassen nah, um die neuesten Kleider oder Anzüge vorzuführen.

Das szenische Gestalten spielt zunehmend auch in Branchen außerhalb der modischen Oberbekleidung eine wichtige Rolle.

Besonders Kinder wollen in ihren Abteilungen immer mehr gestaltete Szenen. Schaukelpferde und Feuerwehrautos haben an Bedeutung verloren. Indianerzelte und Raumschiffe mit szenischen Darstellungen sind es heute.

Szenisches Gestalten bedeutet immer eine besondere Aktivität, die im Verkaufsraum Platz benötigt, und dieser Platz muss geplant werden!

Ideen und die besondere Innovationskraft der Mitarbeiter werden hier gefordert. Diese Inszenierungsleistungen setzen ein volles Engagement voraus.

Die gespielten Szenen im Verkaufsraum sind und bleiben etwas Besonderes.

Auch hinterleuchtete Großfotos und Großdias gewinnen im Verkaufsraum ständig an Bedeutung. Hinzu kommen die wirkungsvoll gezeichneten oder gemalten Bilder.

Beispielsweise beim Verkaufen von Ledertaschen: eine ganze Reiseszene für interessante Gepäcknutzung: Auf einem überfüllten Bahnsteig transportieren Gepäckträger elegante Taschen zum Zug. Eine Bildfolge schafft Faszinationspunkte und bringt die Ware Ledertaschen in den Mittelpunkt des Geschehens.

Bilder lassen sich in allen Branchen einsetzen. Sie lockern den Raum auf, schaffen Orientierungen,

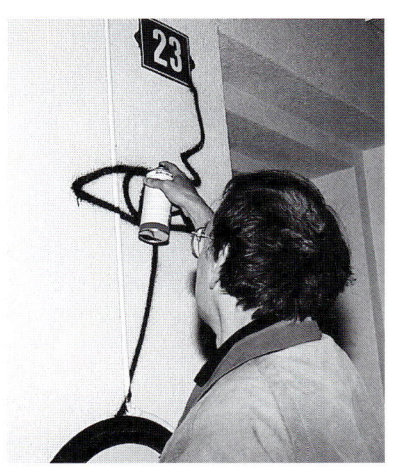

C 4 Die Inzenierung

Buchhandlung und Galerie Nievergelt, Zürich, CH
Der berühmt gewordene Sprüher Harald Naegli kam zur Eröffnung und sprühte Graffitis an Fassade und an die Regale. Das war natürlich geplant, um dem Verkaufsraum einen besonderen Kick zu geben. Eine Inszenierung, die dieses Unternehmen interessanter macht.
Planung und Realisierung: Wilhelm Kreft GmbH, Wedemark

eine Identität. Sie sind auswechselbar und bleiben damit immer aktuell.
Bei Großfotos überwiegt wieder „schwarzweiß". Spezielle Schwarzweiß-Effekte sind „in", meint man in der Kosmetik.
Schwarz muss nicht unbedingt schwarz sein, sondern der dunklere Ton der Einrichtung. Die speziellen Chamois-Töne stellen den Duft dar. Die Farbe würde mehr den Stil der Kleider zeigen.
Das besondere Warenbild, das den Konsumenten einstimmt auf die Atmosphäre und das die Warenplatzierung zeigt, ist Raumgestaltung.
Jedes Bild muss eine Botschaft enthalten. Wenn es interessant ist, betrachtenswert und zur Infor-

C   Das Ziel: Corporate Identity zur Unternehmensidentität

C 4   Die Inszenierung

Die Inszenierung
„Max und Moritz"
„Max hat schon mit Vorbedacht eine Angel mitgebracht."
Frankfurter Buchmesse
Planung und Realisierung: Wilhelm Kreft GmbH, Wedemark

mation beiträgt, ist der inhaltliche Zweck erfüllt.
Gerade der Bereich zwischen der Greifhöhe im Regal und dem Beginn der Decke, aber auch Pfeiler, Wandvorsprünge, Wandabschnitte zwischen Sortimenten mit Teilungsfunktion eignen sich gut für gemalte oder fotografierte bildliche Darstellungen.
Die Aufgabe, den Konsumenten anzusprechen, ist wichtig, vor allem aber ihm Einführungen und Hinweise zur Nutzung zu geben.
Über ganz andere Inhalte – und nicht vordergründig kommerzielle – kann per Raumgestaltungselement informiert werden: über die Herstellung der Ware, über das Unternehmen, über die Geschichte des Unternehmens, über die Geschichte der Stadt, der Region.
All dies ist geneigt und geeignet, auf die Bedeutung des Unternehmens und seine Fachkompetenz hinzuweisen. Die Kunden spüren dieses bildliche Gestalten als für sie gemacht. Sie spüren auch den Aufwand.
Die Orientierungskraft dieser bildlichen und szenischen Darstellungen wird begrüßt.
Wichtig für den Innenarchitekten ist es, diese Bildwerke in der Bedeutung für die interessante aussagekräftige Raumgestaltung zu erkennen.
Die Wahl der richtigen Orte für bildliche Darstellungen sollte zusammen mit der Warenplatzierung und der Leitgestaltung geschehen und durch die Warenraumgestaltung bestimmt werden.
Bilder sind:
– unübersehbar
– optischer Informationsträger
– Wegweiser und Hinweiser
– Warenbild, insbesondere für Kleinwaren, die ohne vergrößernde Abbildung schwer auffindbar sind.

Oft sagt ein Bild mehr als tausend Worte und es wird ohne Mühe „mitgenommen", denn der Erinnerungs- und Orientierungswert ist sehr hoch.
Siehe das Kapitel:
E 6   Gestaltungsmittel: Bilderwelten

Inszenierungen planen
Ein gut und sorgfältig eingerichteter Verkaufsraum reicht nicht mehr aus.
Die Erreichung einer individuellen, emotionalen erlebnisorientierten Inszenierung des Verkaufsraumes wird zunehmend wichtiger.
Die Kompetenz der Unternehmen wird deutlicher. Die im Unternehmen erarbeiteten Inszenierungen bedeuten Stärkung der Individualität und damit eine deutlichere Abgrenzung zu den Mitbewerbern und eine Steigerung der Rentabilität.
Management und Mitarbeiter werden besonders gefordert, um eine neue Qualität für den Verkaufsraum zu finden. Den Waren und Dienstleistungen des Unternehmens eine neue Nähe zum Konsumenten zu geben, ist das Ziel.
Die Nutzung der Verkaufsräume für das tägliche Angebot an Waren und Dienstleistungen schafft unendliche Möglichkeiten für Inszenierungen. Damit entsteht eine breite Auswahl für die erforderliche individuelle Aussage.
Es muss immer wieder gesagt werden:
„Die Zeit der Lagerregale für Waren ist vorüber; heute ist die Ware der Star, sie wird inszeniert!"

C 4 Die Inzenierung

Die Trends zu inszenieren ist besonders vorteilhaft. Viele Unternehmen, die einsteigen in die Inszenierungen, beginnen hiermit.

Inszenierungen brauchen Trends und Trends brauchen Inszenierungen.

„Trends werden angeleiert, verstärkt, abgeblasen, man springt auf Trends auf, surft auf ihnen, springt zum nächsten Trend über, alle reden ständig über in und out, eine kulturgeschichtliche Besonderheit entsteht. Trends werden zu öffentlichen Ereignissen mit aufeinander eingespielten Akteuren. Medien, Werbebranche, Designer, Stars, Publikum. Wir alle beteiligen uns an Trendspielen, deren Reiz in ihrem Episodencharakter liegt."

(Prof. Dr. Gerhard Schulze)

Trends bedeuten Motorik, Dynamik, viele Trends bewegen sich in Richtung Fortschritt, Freiheit, Selbstverwirklichung. Die Erreichung neuer Ziele, Emotionalität und Genuss sofort zur Erreichung von Lebenszielen, zu einer neuen Lebensqualität.

Das ist das Leben schlechthin, das ist der Alltag, der den gesamten Einzelhandel formt.

Trends aktivieren Erlebnis-Inszenierungen.

Es ist wichtig, die Themen und die Ware, die im Trend liegen, wirkungsvoll zu zeigen.

(Foto: ungewöhnliche Inszenierungen)

„Wenn alle von einer Sache etwas wollen, gibt es dafür einen Grund."

(Faith Popcorn)

Was sind Inszenierungen im Verkaufsraum?

Inszenierungen sind:
- verwirklichte Ideen zur Sichtbarmachung der Leistungen des Unternehmens, um sie den Konsumenten emotional als Erlebnis nahe zu bringen
- Produktpräsentationen als sinnlich–intelligente Wegweiser zur Lebensqualität
- gestaltete Milieus, die die Stimmungen wiedergeben, die dem jeweiligen Sortiment innewohnen, die die Stimmungen dieser Milieus auf die Konsumenten übertragen und die Sinne des Konsumenten erreichen

Ungewöhnliche Inszenierungen, wie diese Thriller-Ecke, prägen ein Unternehmen und tragen zur Profilierung bei.
Buchhandlung für Buchhändler, Wedemark
Design: Wilhelm Kreft GmbH, Wedemark

C　Das Ziel: Corporate Identity zur Unternehmensidentität

C 4　Die Inzenierung

- eine Synergie aus Verstand und Gefühl, um eine Produkt zu erklären
- eine direkte Unterstützung der Ware. Es wird überzeugend informiert aus der Ware heraus, für die Qualität der Ware an den Konsumenten. Inszenierungen verkürzen den Weg zwischen Konsument und Ware und schaffen mehr Kontakte.
- Ordner im Verkaufsraum. Ihre starke Informationskraft in den einzelnen Warengruppen verschafft ihnen diese für die Funktion des Verkaufsraumes so wichtige Qualität
- emotionale Aktivitäten im Verkaufsraum, die alle visuellen und verbalen Leistungen erfassen und steuern. Die Emotionalisierung der Warenbotschaften ist durch eine prägende Gestaltung gelungen, oft noch gestärkt durch argumentierende Bildern. Bilder zum Hinsehen, die die Ware beweisen.

Inszenierungen sind:
Mehr als ein gut geplanter und gut gestalteter Verkaufsraum. Die Inszenierungen machen den Verkaufsraum zur Bühne, die Ware zum Star. Erlebnisse für den Konsumenten sind das Spielprogramm und die Mitarbeiter sind Mitspieler und Berater. Inszenierungen verzaubern.

„Lass dich begeistern, verzaubern, spiel mit!"

Sieben Ratschläge für Sie, für Ihre Inszenierungen

Ihr Verkaufsraum ist das Gesicht Ihres Unternehmens. Dieses Gesicht kommuniziert mit den Kunden. Ihr Verkaufsraum kommuniziert immer, auch dann, wenn sich dieses Gesicht nicht bewegt und stumm bleibt.
Sie wollen Bewegung, Aktivität in Ihrem Verkaufsraum?
Dann brauchen Sie emotionale positive Ideen und Strategien für den Verkaufsraum: Sie brauchen Inszenierungen. Prüfen Sie für sich die sieben Ratschläge.

Erreichen Sie die positive Stimmung
Sie wollen Ihre Kunden in eine positive Stimmung bringen, den Stress vermeiden, eine hohe Aufnahmefähigkeit erreichen, erlebnisfähig werden. Dann darf das Inszenieren für sie nicht Stress sein.
Mit der Inszenierung vermitteln Sie Überzeugung, Kompetenz. Inszenieren ist dann ein Problem und man sieht es, wenn Sie im Stress stehen. Werden Sie gelassener, begegnen Sie dem eigenen Stress. Inszenierungen brauchen Überlegungen, Ideen, Reifeprozesse. Schaffen Sie sich die Seelenruhe für das wichtige Thema „Inszenierung". Lernen Sie erkennen, was Sie inszenieren können und was nicht. Finden Sie das heraus, was Sie mit Ihren Inszenierungen sagen wollen. Erkennen Sie den richtigen Zeitpunkt, die Aktualität Ihrer Inszenierung.

Mehr Ideen in die Inszenierungen einbringen
Zur Qualität gehört die Auswahl der Möglichkeiten. Wichtig dazu ist es: mehr Zeit zu haben für Vorbereitungen. Die Zeit nehmen für Inszenierungen! Der Stress, der Zeitdruck entsteht und steigt weiter, wenn das beschleunigt werden soll, was sich nicht beschleunigen lässt. Inszenierungen richtig einplanen mit der Möglichkeit der Umplanung, der Neuorientierung „Nicht Zeit sparen, Zeit nehmen!" Das heißt Übergangszeiten bzw. Pufferzonen einplanen!

C 4 Die Inzenierung

Beziehen Sie Ihre Mitarbeiter in die Vorbereitungen der Inszenierungen mit ein

Für die Inszenierungen müssen Sie Ihre Mitarbeiter gewinnen. Inszenierungen müssen von allen gelebt und nicht nur verstanden werden. Nutzen Sie die Chancen einer Motivation durch Aufgabenteilung oder Aufgabenverteilung. Schaffen Sie Bindungen und aktivieren Sie gemeinsam. Schaffen Sie gemeinsam diese Bindung zum Kunden und damit eine sichere Grundlage für Inszenierungen als Grundbasis:
die Bindung an die Lebensqualität
die Bindung zur Natur; Gesundheit, Umwelt
die Bindung an die Tradition des Unternehmens.

Nutzen Sie die Vielseitigkeit des Sortiments

Inszenierungen müssen das ganze Sortiment zeigen. „Wer vieles bringt, wird für jeden etwas bringen" und die Inszenierungen sprechen nicht immer nur von der selben Sache, oft nur von dem Aktuellen. Viele Unternehmen leiden unter der Eingleisigkeit ihres Handels. Mit den Inszenierungen können Sie ausbalancieren und auch weitere Mitarbeiter aktivieren. Werden Sie durch eine Vielseitigkeit interessanter für Ihre Kunden!

Erreichen Sie die Leichtigkeit der Inszenierungen

Inszenierungen müssen selbstverständlich aussehen, wenn Sie überzeugen sollen. Die Anstrengungen darf man nicht spüren. Inszenierungen brauchen ein spielerisches Element.

„Sigmund Freud hat „Arbeit und Liebe" als die beiden Anker der psychischen Gesundheit betrachtet, aber jenseits dieser beiden Kräfte gibt es ein drittes, häufig gering geschätztes Element unseres Lebens: das Spiel. Spiel ist, so definieren es die Psychologen, eine autonome, intrinsisch motivierte Tätigkeit."
(Heiko Ernst)

Inszenierungen brauchen dieses Spiel. Das Einbeziehen der Kunden wird so leichter. Von Spiel, Spaß und Lust muss wieder die Rede sein.

Erkennen Sie die Aktualität der Themen

Finden Sie heraus, was wichtig ist, für Ihre Kunden, für besondere Zielgruppen, für Sie, für Ihre Familie, für die Mitarbeiter, für das Unternehmen. Wie Sie auch inszenieren, aktuell muss es immer sein. Schneller zu sein als die Mitbewerber wird immer wichtiger besonders für Fachgeschäfte oder kleine Unternehmen.

„Wir sind nicht die Größten aber die Schnellsten."

Nutzen Sie aktuelle Berichterstattungen. Schauen Sie über die Grenzen, zu anderen Branchen, in andere Städte. Schauen Sie sich um.

Nehmen Sie die Inszenierungen wichtig!

Konzentrieren Sie sich auf Ihre Inszenierungen, seien Sie ganz bei der Sache. Interesse ist der Schlüssel zur Konzentration. Inszenieren Sie das, was Sie mit Interesse verfolgen. Geben Sie das ab an andere Mitarbeiter, was Sie im Augenblick ohne Überzeugung vermitteln können.

Sie müssen davon ausgehen, dass Sie das Interesse der Kunden an eine Inszenierung nur dann erreichen, wenn bei der Entstehung der Inszenierung ein Interesse und damit eine Konzentration auf das Thema der Inszenierung bestanden hat.

„Interesse und damit Konzentration können sich nur dort entfalten, wo wir emotional positiv involviert sind."
(Heiko Ernst)

Dr. Christian Mikunda

4.6.1 Die Dramaturgie der Inszenierungen

Ideen und die Umsetzung dieser Ideen sind wichtig!
Shop-O-Tainment, die sinnliche Inszenierung: „Einzigartigkeit ist im Zeitalter, in dem alle Produkte einander so ähnlich sind wie zwei Waschmittel, nur durch Dramaturgie erreichbar oder gar nicht."
Dr. Christian Mikunda, Mediendramaturg in Wien, leitet Seminare über Werbung und Marketing-Dramaturgie. Will man über Inszenierungen im Verkaufsraum berichten, dann muss man Dr. Christian Mikunda sprechen lassen:

Geschichten im Handel
Der Einzelhandel, eine Branche, die Geschichten erzählt? Aber ja! Schon von weitem winkt ein großer Baum, „Lost Forests" heißt der Shop in dem viele verwunschene Plüschtiere im Halbdunkel von großen Bäumen hängen, daneben kleine Zettel auf denen zu lesen steht, was diese Tierchen in den Wald gebracht hat, in diese mystische Welt, die längst verschüttete Geschichten wach ruft.
Erlebnisplanung hier in der Mall of America in Minneapolis, der größten Shopping Mall der USA, das bedeutet unter anderem, den Drehbüchern in unserem Kopf einen Tritt zu versetzen, die gespeicherten Geschichten aufzurufen und wahr werden zu lassen. Hierzulande werden oft Schaufenster zu Bühnen kleiner Theaterstücke. Ein einzelner Stöckelschuh, ein umgekipptes Rotweinglas, nur wenige Signale genügen, um das Drehbuch in unserem Kopf anzuklicken, das Brain Script, wie die Psychologen sagen, das uns verstehen lässt, was eigentlich gespielt wird. Sobald der Konsument dazu gebracht wird, sich auf diese Weise einen Reim auf eine Sache zu machen, fühlt er sich aktiviert und involviert, bereit für die Botschaften des Marketing. Man hat ihm ein psychologisches Extra dazugegeben, ein Erlebnis, das über die bloße Präsentation der Ware hinausgeht: im Schaufenster, am Point-of-Sale.

Die Geschichtenmaschine anwerfen
Wir alle haben im Laufe unseres Lebens tausende Brain Scripts erlernt, die uns sagen, was zu einer bestimmten Situation, im Kopf durch ein Signal aufgerufen, beginnt in uns zu arbeiten, wir machen uns einen Reim auf eine Sache, die Geschichtenmaschine läuft. Dazu muss man sich aber erst einmal bewusst sein, welche typischen Elemente das Brain Script, das man verwenden möchte, auszeichnet. Ein vielfach prämierter norwegischer Werbespot zeigt eindrucksvoll, wie der Trick funktioniert:
Da bläst ein Windstoß einem etwas rundlich aussehenden Mann um die fünfzig den Hut vom Kopf. Aus purer Bosheit überfährt ein junger Rocker im Cabrio das geliebte Stück und walzt es platt. Noch ahnt man nicht, worum es geht. Es ist nun etwas später und der hilflose kleine Mann mit dem Hut sitzt am Steuer seiner Straßenbahn, als er plötzlich hellauf zu lachen beginnt. Das Cabrio des Widersachers parkt tatsächlich rechtswidrig auf den Schienen. Während man den Slogan des Werbespots liest, hört man das Krachen des Aufpralls: „Make Way for the Tram!"
Das Lachen des Straßenbahnfahrers, die Erinnerung an das, was mit seinem Hut geschah und das Krachen des Blechs sind Hinweise, die in ihrem Zusammenspiel Sinn ergeben. „Rache ist süß" ist das Brain Script, mit dem wir die Geschichte verstehen. Einem vorerst Hilflosen wird eine Ungerechtigkeit zugefügt, er erhält Gelegenheit zur Rache und er genießt sie auch. „Ungerechtigkeit", „Rache" und „Freude" sind jene prinzipiellen Aspekte, die erwartet werden, damit wir eine „Rache ist süß" – Geschichte registrieren. Man könnte sich hunderte, auf den ersten Blick ganz unterschiedliche Handlungen einfallen lassen, die nach diesem Prinzip funktionieren, aber immer müssten dabei „Ungerechtigkeit", „Rache" und „Freude" eine Rolle spielen.

Plop, plop
Und jetzt der Handel: Was gehört zu einem Tennisspiel? Richtig: Menschen, die ihre Köpfe rechts und links und wieder zurück bewegen, das charakteristische Plop, Plop des aufspringenden Balls und eine Stimme, die Dinge sagt wie „Fünfzehn-Null".

„Plop, plop" dringt das charakteristische Geräusch eines aufspringenden Tennisballs an unser Ohr, wenn wir die Tennisabteilung der „Nike Town" in Chicago betreten. Dieser Ton ist in jener Verschmelzung von Shopping Mall und Museum des amerikanischen Edelturnschuherzeugers der typische Fingerzeig, der das Tennis-Script aufruft. Ein besonders signalhaftes Element des Tennis-Scripts wurde ausgewählt, um das Sportereignis, für das man schließlich die Ausrüstung kauft, am Point-of-Sale präsent zu machen. Manchmal genügt dem Marketing eben ein einziges, besonders signalhaftes Element, um die Illusion in Gang zu bringen. Wie bei einem Kinderspiel wird dabei die bloße Vorstellung der Situation für bare Münze genommen, die Geschichte, die man erzählt bekommt, wird sozusagen als „wahr" akzeptiert.

Dramaturgischer Event

Eine Situation, die nicht einmal ansatzweise vorhanden ist – das Tennisspiel – wird gegenwärtig gemacht. Eine dekadente Form des Entertainments, etwas für die jungen Müßiggänger der heutigen Zeit? In der katholischen Liturgie findet sich eine erstaunliche Parallele. Während der Wandlung wird aus der Hostie, so das Dogma früherer Tage, vor den Augen der Gläubigen der Leib Christi, aus dem Wein das Blut Christi. Viele religiöse Zeremonien sind Events. Durch die Übereinkunft, so zu tun als ob, werden vergangene oder zukünftige Situationen erlebbar und im Falle der Wandlung ist das eben „Das letzte Abendmahl".

Das Schaufenster des Zürcher Juweliers „Carat" etwa, zeigte im Frühjahr sehr schönen Goldschmuck. Aber wie sieht der Schmuck aus, wenn er getragen wird?

Ganz anders und noch viel besser. Deshalb zeigt ihn Carat am Arm, am Finger, um den Hals schöner Damen und eine hält einen Ring sogar spektakulär mit zwei Fingern. Die Damen sind noch dazu barbusig und entstammen einem berühmten italienischen Renaissance-Gemälde, das als Druck im Schaufenster hängt und mit dem echten Schmuck kombiniert wird. Dramaturgische Events sind also gegenwärtig gewordene „Drehbücher im Kopf", die eine emotionale Einschätzung einer Situation ermöglichen.

Themen-Shops

Durch thematisch gestaltete Welten lässt man sich in fremde Situationen gänzlich hinein versetzen, versinkt in ihnen. Dahinter steckt die alte Sehnsucht, alles hinter sich zu lassen und, vielleicht mit einer Zeitmaschine, in eine ganz andere Umgebung einzutauchen. Hinter der „Themen"-Strategie steht ein Mechanismus, der am besten in einem von Walt Disneys Themenparks erforscht werden kann. Wer bei Disney Abfallkörbe sieht, die wie Elefantenfüße aussehen und Angestellte, die Khakianzüge mit Tropenhelmen tragen, der spürt geradezu den Hauch des Abenteuers. Der Besucher befindet sich im Adventureland des Disneyparks. Das Thema stellt sich ein, weil alles, was man mit dem Thema „Abenteuer" verbindet, an diesem Ort ständig bestätigt wird, einen in sich geschlossenen Zirkel bildet.

Im Adventureland ist alles abenteuerlich, im Frontierland dominiert Wildwest-Ambiente: In der Architektur, der Country-Musik und beim Essen im Saloon, die käuflichen Namensschilder für die Wohnungstür zu Hause werden natürlich aus Holz geschnitzt. Die „Themen"-Strategie greift dann, wenn man allmählich die Inszenierung als eigene Umwelt akzeptiert. Dazu muss das Thema bis ins Letzte konsequent durchgeführt werden. Im Adventureland sind sogar die Schilder, die auf den Toiletten „Women" und „Gentlemen" anzeigen, thematisch gestaltet: etwa als Gaucho im mexikanischen Teil der Abenteuerwelt. Der Unterschied zu allen anderen dramaturgischen Kunstgriffen besteht darin, dass in diesem Fall die Inszenierung nicht die „theatralische Bühnenshow" ist und es die normale Welt drum herum auch noch gibt, sondern die Show wird zu unserer Welt, in der wir, zumindest für eine begrenzte Zeit, zu Hause sind. Die Konsequenzen sind verblüffend. Nach und nach beginnt das Publikum seine ihm zugedachte Rolle zu spielen, beginnen die Brain Scripts der Inszenierung tatsächlich zu leben, die „Drehbücher im Kopf" sich selbst umzusetzen. Zusätzlich zum Ambiente wird also auch das zum Thema gehörende Lebensgefühl geweckt.

C Das Ziel: Corporate Identity zur Unternehmensidentität

C4 Die Inzenierung

Das Landhaus in der U-Bahn-Station

Im unterirdischen „Forum Les Halles" von Paris stößt man zwischen Metro und Schnellbahnstation unvermittelt auf drei Verkaufsräume, die den Konsumenten in ein französisches Landhaus versetzen. Gleich am Eingang steht ein Traktor, ein Besen lehnt an der Wand. Daneben ist das Schlafzimmer mit dem Bett, rot weiß kariertes Tuch, dem Nachtkästchen, einem Wecker, Bilder an der Wand. Alles, was man sieht, kann gekauft werden. Die Dekoration des Shops ist zugleich die Ware. Themen-Shops bieten zwei unüberbietbare Marketingvorteile: Der Konsument wird für die Zeit des Einkaufs in eine andere Welt versetzt und empfindet das als psychologisches Extra, als Zusatznutzen zum eigentlichen Kaufnutzen. Die Inszenierung zeigt die Ware in ihrem zukünftigen Verwendungszusammenhang, sodass im Käufer leichter die Vorstellung entsteht, die Ware auch wirklich zu brauchen. So sieht man den Wecker nicht in irgendeinem Regal, sondern gleich neben dem Bett. Das entsprechende „Brain Script" für „Aufstehen am Morgen" wird präsent und der Bedarf nach diesem schönen roten Wecker, den man sich jetzt schon gut bei sich zu Hause vorstellen kann, wird vielleicht geweckt.

Haben Sie Fantasie

Der Trick mit den Geschichten funktioniert mit den meisten Sortimenten, für die man sich ein wenig mehr Zeit nimmt, also weniger für alle Produkte des täglichen Bedarfs, für Lebens- und Waschmittel. Und wenn man nur sorgfältig in sich hinein hört, sodass klar ist, was zu einem bestimmten Script dazugehört und was nicht, wird man auch den Hauptfehler dieser Erlebnisstrategie umschiffen, nämlich mehrere Drehbücher im Kopf zugleich im Konsumenten loszutreten, sodass dieser nicht mehr weiß, was nun tatsächlich gemeint ist. Also: Haben Sie Fantasie, erzählen sie Geschichten.

Spannung im Handel

Was soll das nun wieder? Ein Shop ist doch kein Kriminalfilm. Was also soll Spannung mit dem Einzelhandel zu tun haben? Mehr, als man auf den ersten Blick vermutet. Denn sowohl die lustvoll eingesetzte Spannung, der man sich gerne aussetzt, als auch das Gegenteil, die Entspannung, die man genießt, sind heute unverzichtbare Bestandteile in der Ladendramaturgie vieler Shops, Kaufhäuser und Shopping Malls. Und so wurden in der „Mall of America" in Minneapolis ganze Besucherströme von einem kleinen, improvisierten Spielzeug angelockt, das da einfach vor dem Geschäftsportal eines Shops für esoterisch angehauchte Naturprodukte lag. Eine realistische Täuschung, der buschige Schwanz eines Waschbärs, zappelnd in einem Sack, machte Lust, mehr von diesem Shop zu sehen. Hinter dem Effekt stand eine kleine Plasikkugel, in der sich ein Motor drehte, darüber wurde ein „brown bag" gestülpt und ein täuschend echter Schwanz eines „Waschbären" angeklebt, außen rum ein Gummiring und fertig war der „Teaser", der den Konsumenten dazu bringt, näher zu kommen, zu schauen, was sich denn da verbirgt, dem „Anreiz" nachzugehen und schließlich den Shop zu betreten, der sich verheißungsvoll eingeführt hat.

Die Kunst, etwas spannend zu machen

Spannung entsteht durch kalkuliert eingesetzte Verzögerungstaktik. British Telecom zeigt in einem Werbespot, wie's geht. Da wird ein kleiner Junge mit Brille von seinen Eltern dazu gezwungen, die Großmutter anzurufen und ihr ein Geburtstagsständchen zu bringen. Er ist darüber sichtlich unglücklich und singt widerwillig sein „Happy Birthday". Als das Lied an die Stelle kommt, an dem der Adressat der Glückwünsche genannt werden muss – „Happy Birthday Dear …"– stockt er. Jeder von uns weiß, wie es weitergehen muss, die Eltern sprechen ihm stumm das „Grandma" vor, das Orchester spielt die entscheidenden Takte an. Allein, er verweigert uns das Wort. An diesem Punkt ist die Spannung für den Zuschauer kaum mehr auszuhalten. Doch er weiß, die Spannungslösung muss unmittelbar bevorstehen. Also genießt er den Zustand tatsächlich. Der Junge singt endlich mit zitternder Stimme sein „Dear Grandma" und alle seufzen erleichtert auf. Da nach einer solchen Tortur immer ein wenig physiologische Restspannung überbleibt, folgen unmittelbar noch Spannung lösende, komische Akzente: Der Großvater sagt mit tonloser Stimme: „Your Grandma is very happy", während diese gerührt ins Telefon schluchzt. Und schließlich – ein sicherer Lacher – bekommt der Junge auf einen musikalischen Akzent hin von seinen Eltern einen Lolly in den Mund gesteckt: das Bestechungsgeschenk.

Spannung entsteht immer dann, wenn eine Erwartung losgetreten wird, deren Eintreten aber für eine gewisse Zeit auf sich warten lässt. Jeder weiß: Zu einem Geburtstagsständchen gehört die Nennung des Namens des Adressaten. Man erahnt, antizipiert, diesen Namen. Die so genannte „kognitive Dissonanz" zwischen dieser Ahnung und der Realität, die uns deren Erfüllung erst einmal vorenthält, erzeugt das Spannungsgefühl. Egal, welcher Antizipationsmethode man sich bedient, letztlich geht es dabei immer um dasselbe Prinzip.

Die Angel auswerfen

Was machte der Zirkus früher, wenn er in die Stadt kam? Er zog mit einigen Wagen, Artisten und Tieren durch die Straßen und gab einen Vorgeschmack von dem, was den zahlenden Gast abends erwartete. Der erstand im Idealfall eine Eintrittskarte, um die aufgebaute Erwartung einzulösen. Der Zeitraum zwischen dem Vorgeschmack, dem Teaser, und der Vorstellung ist der Verzögerungsfaktor, der die knisternde Spannung im Zuschauer hervorrief. Ähnlich funktioniert der „Waschbär im Sack" von dem schon die Rede war. Die amerikanische Kette „Enter-Train-ment", anspielungsreiche Wortmischung aus Entertainment und „Train", Zug, verwendet einen Teaser, der Väter wie Söhne gleichermaßen anzieht. „Enter-Train-ment" verkauft Spielzeugeisenbahnen und alles, was Herzen von Modelleisenbahnfans noch höher schlagen lässt. Also fahren hoch über dem Eingangsportal kleine Züge aus dem Geschäft heraus, an der Fassade entlang und wieder in den Laden hinein. Wie hypnotisch angezogen folgt man dem Zug, dem Vorboten des Sortiments, ins Geschäft.

Eng verwandt mit dem Teaser ist das Prinzip der verführerischen Fährte, der "Clues". SONY betreibt in den USA aufwändige Shops, in denen die neuesten Produkte des Konzerns ausgestellt werden und auch gekauft werden können. Quer durch eine solche Sony Gallery in Manhattan läuft eine im Boden versenkte blaue Neonlinie. Gespannt folgt man dieser Fährte, geht Treppen hinunter, hört Musik, geht weiter auf der Linie, stoppt. Dort wo die Linie aufhört, steht ein enorm großes Fernsehgerät, das Flaggschiff aller „SONY"-Produkte. Die Linie bringt einen hierher. Wie ein Waldläufer war man der Fährte gefolgt.

Der verbotene Ort

Seine Formel lautet „Was man nicht so ohne weiteres bekommt, steigt unweigerlich im Wert". So ist es eben auch mit einem Ort, von dem man zwar eine ungefähre Vorstellung hat, der Zugang zu diesem Ort aber erschwert wird. In den Tempeln des alten Ägypten ging der Blick vom ersten Innenhof des Tempels quer durch die ganze Anlage bis zum Heiligtum, in dem es geheimnisvoll grün leuchtete. Während der erste Hof noch allgemein zugänglich war, stand der zweite Hof nur mehr dem Pharao und allerhöchsten Würdenträgern offen, jeder weitere Hof überhaupt nur mehr den geweihten Priestern. Das Prinzip des Verbotenen Ortes funktioniert also so, dass eine innere Vorstellung eines Ortes deutlich aufgerufen wird, die Anwendung dieser Vorstellung aber durch Verbote und Regeln verzögert wird. Jeder englische Club verschafft sich durch den erschwerten Zugang einen Hauch von Exklusivität. Um rein zu kommen, muss man wissen, wie man um alles in der Welt Mitglied wird. Auch um bei einer exklusiven Diskothek in New York die Gesichtskontrolle an der Tür zu passieren, sollte man wissen, welches Outfit gerade gefragt ist, muss man sich geschickt anstellen. Und wenn eine innere Vorstellung eines Ortes verzögert wird, entsteht zwangsläufig die Spannung steigernde Antizipation. Wertsteigerung ist das Ziel dieses Kunstgriffs.

Oft wird in der Wirtschaft die Exklusivität eines Ortes benützt, um eine Hemmschwelle aufzubauen, die überwunden werden muss. Issey Miyake, der in Paris lebende japanische Modeschöpfer, unterhält in Zürich eine Boutique, die nach dem Prinzip des Verbotenen Ortes gestaltet wurde. Man steht vor dem Laden und überlegt, ob man das Wagnis auf sich nehmen soll, die Schwelle zu überschreiten. Denn ein großer Lichtkeil wie ein Schiffsbug, der auf den potenziellen Kunden zeigt, verstellt jeglichen Blick auf das Innere des Geschäfts. Sonst ist da nur Holz an Boden, Decke und Wänden, eine Schranktür ist leicht geöffnet, gerade mal ein einziges Kleid ist da andeutungsweise zu sehen. Wir nehmen allen Mut zusammen und gehen hinein. Kaum sind wir drinnen, fühlen wir uns dazugehörig und in unserem Selbst aufgewertet. Wer es schafft, einen Verbotenen Ort zu erobern, fühlt sich dabei ein wenig als Auserwählter. Zweifellos ist das demnach ein Prinzip, das sich vor allem für die Inszenierung hoch preisiger oder exklusiver Waren eignet, für Schmuck, Designerkleidung, wertvolle Accessoires.

Verloren im Labyrinth

Mit der Spannung im Einzelhandel geht es dem Kunden wie dem sprichwörtlichen Hund, der auf Trab gebracht wird, indem man ihm die Wurst vor die Nase hält. Eine Zeitlang ist das ein angenehmes Spiel, man genießt die Spannung. Doch es darf nicht zu lange hinausgezögert werden, sonst verliert der Hund das Interesse. Und wenn man die Wurst am Ende gar nicht bekommt, möchte man wütend zubeißen, so geschehen in einem skandinavischen Möbelhaus in Wien. Man hatte für eine enorme Summe die Verkaufs- und Ausstellungsräume komplett umbauen lassen. Früher wanderte man im ersten Stock, wo der Rundgang begann, durch einen Wandelgang von szenisch inszenierten Wohnlandschaften, der als „Korridor ohne Ausweg" den Käufer von A nach Z schleuste. Danach stieg man ins Erdgeschoss hinunter, wo man sich frei zwischen einzelnen Abteilungen bewegen und Kleinmöbel, Geschirr und Ähnliches zusammensuchen konnte. Nach dem Umbau wurde der „Korridor ohne Ausweg" auch auf die untere Verkaufsebene ausgedehnt, die jetzt ebenso szenisch inszeniert ist. Die doppelte Weglänge durchzustehen, ist dem Konsumenten offensichtlich zu viel. Wer sich eine Stunde hinstellt, sieht an einem bestimmten Punkt auffällig viele Kinder weinen, Ehepaare streiten und manche Käufer drehen sogar um und gehen lieber zum Eingang zurück, als sich weiter auf den ungewissen Marsch zu den Kassen zu begeben. Erwartungen müssen eben auch eingelöst werden. Spannung und Entspannung gehören zusammen.

Restspannung abfeiern

Der Kaufakt selbst ist Spannung lösend, wie alle wissen, die sich einmal eine Kleinigkeit gegönnt haben, um den aufgestauten Frust eines nicht so optimal gelaufenen Tages weg zu kaufen. Diese Fähigkeit, Restspannung abzufeiern, die zum prinzipiellen Potenzial jedes Ladens gehört, wird in Merchandising Shops strategisch genutzt. Wer irgendeine der Attraktionen in Disneyland verlässt, wird, wie nach jeder Attraktion in einem Vergnügungspark, unweigerlich durch den Merchandising Shop geschleust. Dort kauft man dieses T-Shirt, jenes schillernde Lesezeichen mit Hologramm, Kleinigkeiten, die dem Spannungsabbau gut tun. Aus diesem Grund enden auch alle modernen Museen in solchen Shops. Nach dem langen Marsch durch die Ausstellungssäle erhält der Tourist im Merchandising Shop Gelegenheit, ein wenig Spannung wegzukaufen: im Louvre in Paris, im Deutschen Museum in München, überall. Und wie man hört, machen manche Museen mit ihrem Shop mehr Umsatz als mit dem Eintrittsgeld. Museen, Restaurants und Musicaltheater platzieren ihren Merchandising Shop deshalb strategisch am Ausgang, denn die Spannung kauft man weg, wenn man den Ort verlässt und nicht mittendrin. So ist also sowohl die lustvoll erlebte Spannung, die den neugierigen Konsumenten in den Laden bringt, als auch die Entspannung, die so mancher Einkauf kleiner Mitbringsel ermöglicht, Bestandteil der modernen Ladendramaturgie.

1.
Wir leben im Zeitalter der Unwiderstehlichkeit, in dem das Erlebnis als psychologisches Extra, als Geschenk an den Kunden, dem eigentlichen Verkauf dazugegeben wird.

2.
Was im Konsumenten abläuft, wenn er ein Erlebnis hat, erklärt die „Strategische Dramaturgie" mithilfe altbewährter Kunstgriffe von Film und Theater und moderner Erkenntnisse der kognitiven Psychologie.

3.
Verpackung färbt auf Verpacktes ab! In den Nike Towns schweben Sandalen scheinbar schwerelos auf unsichtbaren Glasregalen vor einem riesigen Aquarium und erscheinen dadurch besonders

leicht. Durch ein solches „Placement" können schwer darstellbare Produkteigenschaften, wie etwa Leichtigkeit, allein durch die Wahl des richtigen Umfelds zum Ausdruck kommen.

4.

Die Konsumenten hungern wieder nach Meinung und Verstehen! Ein Buchhändler in Paris schreibt Botschaften auf Pappe und enthüllt damit, was sich zwischen den Buchdeckeln seiner Lieblingsbücher verbirgt. SONY stellt neue HIFI-Geräte in Plexiglasversionen vor und enthüllt so das beeindruckende Innenleben seiner Produkte. Der Kunstgriff der „dramaturgischen Enthüllung" bringt durch einen Eingriff die verborgene Stärke von Produkten ans Tageslicht und macht sie so oft überhaupt erst verkaufbar.

5.

Nutzen sie die Drehbücher im Kopf, denn Läden können Geschichten erzählen! Guess am Rodeo Drive in Beverly Hills zeigt Bademäntel und Bettwäsche durch Szenarien hoch über der Warenpräsentation als Bestandteil witziger oder sentimentaler Geschichten. Solche „dramaturgischen Events" machen den Verwendungszusammenhang einer Ware am Point-of-Sale gegenwärtig und durchlebbar.

6.

Europäische Läden müssen extrovertierter zeigen, was sie anbieten! Durch dramaturgische „Header", gebaute Schlagzeilen auf der Fassade oder beim Eingang der Warenhausabteilung, die wie die mittelalterlichen Zunftzeichen funktionieren, ist auf einen Blick erkennbar, was der Laden anbietet. Ein riesiger Kupferkessel mit herausquellendem Zuckerwerk auf der Fassade sagt: „Hier ist ein Candy Shop."

7.

Werfen Sie die Angel nach dem Kunden aus! Bei „Enter-Train-ment" geht der neugierige Kunde wie von selbst dem kleinen Zug in den Laden nach, der auf der Fassade des Shops entlangfuhr. Solche „Teaser" treten die Antizipation des Kunden los, spannen die Erwartung, die dann im Laden eingelöst wird.

8.

Diversifizierende Ladenkonzepte leben vom Wechsel von Spannung und Entspannung! Im Buchhandlungscafé nach dem Buchkauf oder umgekehrt, es entspannt das Stöbern in der Buchhandlung nach dem Frühstück im Café.

9.

In Shopping Malls feiert Entertainment Restspannungen ab! Einkaufen ist anstrengend und hinterlässt immer Restspannungen. Essen, Trinken und die Aktivierung von Körpergefühl und Spieltrieb feiern diese Restspannungen ab. Deshalb verbinden sich Shopping Malls mit Themenparks inklusive Achterbahnen wie in der Mall of America in Minneapolis oder haben Kaufhäuser wie das Takashimaya Timessquare in Tokio Entertainmanet Levels, wie die dortige Sega Welt.

10.

Jeder bewirtschaftete Ort braucht eine Promenade! Sie bringt, neben anderen Signalen, den Kunden dazu, eine „innere Landkarte" des Verkaufsortes zu erlernen und damit lustvoll zu navigieren. So entsteht das Kundenverhalten des Mallings, des Promenierens, das den Kunden am Verkaufsort heimisch macht.

11.

Themenshops geben dem Kunden die Gelegenheit, die Produkte im Shop spielerisch als Bestandteil einer Traumwelt auszuprobieren. Gemeinsam mit dem Produkt versinkt man in einer Traumwelt, lebt die „Drehbücher im Kopf" aktiv aus. Im Indiana-Jones-Merchandising-Shop knallt man mit der Peitsche, setzt sich den „Indy-Hut" auf und kauft schließlich die mexikanischen Korbwaren.

12.

Trendläden entstehen durch Spiele mit der Wahrnehmung! Eine österreichische Buchladenkette für junge Leute lässt durch den Kunstgriff der „geborgten Sprache" die minütlich aktualisierten Bestsellerlisten mittels Flughafen-Rattertafel veröffentlichen. Wenn der Kunde mit mehreren Bezugsebenen zurechtkommen muss, spielerisch gezwungen wird, sich geschickt anzustellen, wird der Laden smart, entwickelt Esprit.

13.

Auch hinter der Lust am Schnäppchen steht ein Erlebniskonzept! Hedonismus versus Aldi-Ismus, das ist kein Widerspruch wie jeder weiß, der einmal bei „Everything's $ 1" eingekauft hat. Denn auch die Fähigkeit, den Mehrwert eines preisgesenkten Angebots einzuschätzen, ist eine Ge-

C   Das Ziel: Corporate Identity zur Unternehmensidentität

C 4   Die Inzenierung

Der israelische Schriftsteller Ephraim Kishon bei einer Dichterlesung im Forum bei Gerstenberg.
Siehe auch das Kapitel:
F 5.6   Pfeiler, die leiten

schicklichkeitsleistung, die unsere „Media Literacy" auslöst – die Geschicklichkeit, mit Medien und Konsum umzugehen.

4.7   Events – Feste feiern, auch wenn sie nicht fallen

Die Ideen für die Inszenierung der Waren werden immer aufwändiger. Es ist gelungen, ein Warenthema wirkungsvoll zu zeigen.
Und jetzt wünscht man sich, dass viele, viele Kunden, Interessenten und Schaulustige kommen, um zu staunen, zu loben und zu kaufen.
Es musste etwas Neues geschehen. Das Merchandising, die Verkaufsförderung, sagt deutlich: „Ich muss die potenziellen Käufer informieren", besser in Form einer Botschaft: „Tue Gutes und sprich darüber!", bedeutet: „Ich lade ein zu meiner Veranstaltung!"
Gut, wenn diese Veranstaltung ein Motto hat, ein Datum oder sonst einen Grund. Ganz einfach, weil die Veranstaltung, ein Ereignis ist und als Event bezeichnet wird, einen Namen braucht, damit sich diese unterscheidet von den vielen anderen Events. So passiert es: Ein Event-Marketing entsteht mit deutlichen Zielen. Der Terminkalender ist bald eng gefüllt.

Allmählich nehmen Trends die Merkmale dessen an, was man seit Neuestem als „Event" bezeichnet. Darum sagt man Event und nicht einfach Ereignis. Ich glaube, dass mehr dahinter steckt als bloßes Insidergetue. Man braucht einen neuen Begriff für ein neues Phänomen. Event etabliert sich als Bezeichnung für Ereignisse besonderer Art."
(Gerhard Schulze)

„In der Ausgleichungstendenz von Trends und Events könnte ein Stück Zukunftsinformation liegen. Meine Leitthese besagt, dass wir in langsamen kollektiven Lernschritten, aber noch nicht am Ende dieses Weges angekommen sind. Eine Station auf diesem Wege war und ist die Erlebnisgesellschaft."

Trends werden zu Ideen für Events und Events sind Ereignisse, die die erforderliche Dynamik in die Verkaufsräume bringen.

C 4 Die Inzenierung

Buchhandlung Schmidt, Stadthagen
Der Buchhändler rief und alle, alle kamen!
Mehr als 4000 kamen: Michael Gorbatschow machte es möglich.
Die Presse und das regionale Fernsehen NDR III waren dabei und berichteten. Eine tolle PR.
Siehe hierzu Kapitel: F 8.5
Die Erweiterung in das Obergeschoss

C Das Ziel: Corporate Identity zur Unternehmensidentität

C4 Die Inzenierung

Bei wachsender Gleichheit der Angebote von Waren, Services und Preisen bei konkurrierenden Unternehmen wird es für das Unternehmen immer wichtiger, bei den potenziellen Kunden Aufmerksamkeit durch besondere nicht erwartete Veranstaltungen zu erregen und sich vorteilhaft von den Mitbewerber am Markt durch gut inszenierte Feste Aufmerksamkeit zu erreichen.

Mit Warenbildern in Schaufenstern, auf Tischen und in Regalen, mit Anzeigen, Prospekten und Sonderangeboten werben viele Unternehmen. Das ist alles wichtig und darf nicht fehlen. Aber diese wichtigen Werbemaßnahmen allein sind nicht herausragend genug, um die Aufmerksamkeit des wichtigen, aber verwöhnten Kunden zu gewinnen. Zusammen müssen diese Werbemaßnahmen wirken unter einem besonderen Motto, zu dem man einladen kann.

Irgendein Fest läuft immer, zu dem besonders geschmückt und geflaggt werden kann. Immer feiern, immer inszenieren und die Kunden in Hochstimmung bringen. Feste feiern, auch wenn sie nicht fallen. Einen Anlass findet man immer.

Event-Marketing zur Verkaufsförderung
(Der Einzelhandelsberater 11/1994)
Ein prall gefüllter Veranstaltungskalender ist der letzte Schrei. Events, bei denen das eigentliche Verkaufen scheinbar in den Hintergrund gerückt ist, sollen für Image, Frequenz und volle Kassen sorgen.

Im sich verschärfenden Wettbewerb der 90er-Jahre nimmt die strategische Verkaufsförderung im Einzelhandel einen noch größeren Stellenwert ein als in der Vergangenheit. Bei wachsender Gleichheit der Angebote/Standorte kommt es für jeden Einzelhändler wieder mehr darauf an, sich bei den Verbrauchern nachhaltig ins Gespräch zu bringen, um sich von der Konkurrenz wirksam abzusetzen.

Mit Anzeigen, Preisen, Serviceleistungen und über das Schaufenster werben viele das ganze Jahr über. Das allein gilt nicht als herausragend, auch wenn man hier besonders gut abschneidet. Darüber hinaus gilt es, werbliche Ausnahmesituationen vorzusehen, und zwar in dem Sinne über die eigene Werbenorm deutlich hinauszuwachsen.

Solche Höhepunkte einzuplanen heißt also, Werbeaktivitäten zu entfalten, die außerhalb der Routine liegen, damit die Kunden die Besonderheit auch wahrnehmen und sich von ihr schließlich einbinden lassen. Es geht um so genannte Events: Ereignisse mit Bühnencharakter, bei denen der kommerzielle Zweck im Hintergrund bleibt und es in erster Linie auf Imageverbesserung ankommt.

Dabei muss der Begriff „event" nicht immer gleich so ausgelegt werden, als müsse man nun unbedingt so etwas wie einen verkleinerten Jahrmarkt einschließlich Zirkuszelt veranstalten. Für umfangreiche Aktionen sind die meisten Etats viel zu klein, allenfalls bei Neueröffnungen oder Firmenjubiläen ausreichend bemessen. Das Durchführen von Aktionen ist aber auf gar keinen Fall eine Frage der Betriebsgröße. Von maßgeblichem Gewicht sind die Ideen, eben nicht die Werbeetats.

Welche Arten von Veranstaltungen aber gibt es, welche sind Erfolg versprechend hinsichtlich der werblichen Zielsetzung, zu welchen Anlässen bieten sich Events an? Jubiläen, Neueröffnungen, Wiedereröffnungen nach Renovierung sind traditionelle Gelegenheiten zu einem großen Fest. Doch auch die Jahreszeiten und Feiertage bieten genügend Anlässe für eine Aktion. Karneval oder Fasching, Frühlingsanfang und Osterfest setzen erste thematische Impulse.

Im Sommer kann Ferienstimmung verbreitet werden durch ein Sommerfest mit vielen Attraktionen oder ein Ferienspektakel für die Daheimgebliebenen. Spiel, Spaß und Spannung werden zum Ereignis für die ganze Familie. Im Herbst kann etwa das Erntedankfest thematisch aufgegriffen werden und der Winter ist von der Advents- und Weihnachtszeit geprägt (Christkindl-Markt, Auftritt des Nikolaus mit Geschenkverteilung an Kinder, dem längsten Christstollen der Stadt).

Unabhängig von konkreten Anlässen können sie je nach Branche die Demonstration von Handwerkskunst oder Hobbyaktivitäten präsentieren. Das Herstellen von Marionetten, das Bemalen von Eiern, das Knüpfen von Teppichen, das Töpfern von Vasen und Schüsseln...

Den Arbeitsgängen vom Rohstoff bis zum fertigen Endprodukt zuzuschauen, lädt die Kunden zum

Verweilen ein. Oder sie bringen die Atmosphäre fremder Länder in ihre Geschäftsräume, die für die jeweilige Nation typisch ist. Eine Japan-Woche, Haar- und Schminkkunst, Ikebana, Kalligraphie, Papierfalten u.a. in Szene gesetzt. Die „Einkaufsreise" durch Mittelmeerländer gibt ihnen Gelegenheit, die Länder mittels eines Vertreters vorzustellen: französischer Musiker, israelischer Silberschmied, griechischer Ikonenmaler, tunesischer Vogelkäfigbauer, türkischer Schuhputzer. Sie verbreiten Urlaubsstimmung, die bei den Kunden positive Gefühle auslöst.

Die Idee, mit sensationellen Attraktionen oder Showstars die Werbetrommel zu rühren, hat sich schon für viele Einzelhändler als äußerst zugkräftig erwiesen. Man denke nur an den in den 60er- und 70er-Jahren prominenten Fassadenkletterer Armin Dahl, der damals von etlichen Einzelhandelsgeschäften engagiert wurde, um im wahrsten Sinne des Wortes bei den Kunden für Aufsehen zu sorgen. Solche Aktionen – egal, ob sie von großen oder kleinen Namen getragen werden – sind auch heute noch sehr gute Möglichkeiten, Interesse bei den Kunden zu wecken und zusätzliche Käufer ins Geschäft zu holen. Ob man im Einzelfall nun Roberto Blanco, Reinhold Messner, die Prinzessin zu Schaumburg-Lippe oder Doppelgänger einer prominenten Person zu Werbezwecken verpflichten möchte, bleibt dem Geschmack der angepeilten Kundengruppe bzw. dem eigenen Geldbeutel überlassen.

Nun wird ein Bühnen-Auftritt zum Zweck der Verkaufsförderung – eben der „event" – im Einzelhandel nicht nur von Persönlichkeiten geprägt, die jeder kennt. Auf dem Sektor der Schnittstelle zwischen Kunst und Kommerz tummeln sich weitaus mehr unbekannte als bekannte Künstler, in der Regel Musiker. Sie sind die gängigste Attraktion, um Kunden anzulocken – vom Leierkasten ab 50 Mark Gage über unbekannte Schlagersternchen bis hin zur namhaften Show-Band, welche aber meist die räumlichen, technischen sowie finanziellen Kapazitäten von Fachgeschäften sprengen dürfte, dafür aber für Werbegemeinschaften eine Alternative sein kann.

Doch es muss beileibe nicht immer Musik sein. Die Einsatzmöglichkeiten der auftrittgewohnten Stars sind mannigfaltig. Neben künstlerischen Darbietungen (Gesang, Tanz, Pantomime) sind auch Talkshows oder Moderation: Sie können thematisch engen Bezug zum Einzelhandelsgeschäft bzw. seinem Sortiment haben. Dies ist zum Beispiel dann der Fall, wenn die Aktion anlässlich von Sortimentsneuheiten, wegen eines vollendeten Umbaus oder eines Geschäftsjubiläums durchgeführt wird.

Unproblematisch vorzubereiten und daher gut geeignet für Attraktionen mit Prominenz sind Autogrammstunden, die besonders von jungen Kunden geschätzt werden. Stars – bekannte und solche, die es noch werden möchten – kommen meist gerne zu solchen Gelegenheiten, da auch für sie ein werblicher Nutzen dabei herausspringt. Ein Rahmenprogramm ist bei der Autogrammstunde in aller Regel nicht nötig. Autogrammkarten stellt der Künstler meist selbst, darüber hinaus kann vorher ein zusätzlicher Firmenaufdruck vereinbart werden.

Zauber- und Illusionsshows haben eine lange Tradition und ziehen die Zuschauer, insbesondere Kinder, immer wieder nachhaltig in ihren Bann. Nachteile für den Einzelhandel ergeben sich daraus, dass die Zuschauer einer Zaubershow sich ganz darauf konzentrieren müssen, diese also nicht als Hintergrundgeschehen während des Einkaufs (wie etwa eine musikalische Darbietung) geeignet ist. Sie sollten daher mit dem Zauberkünstler vereinbaren, dass seine Darbietung einen begrenzten Zeitrahmen (höchstens 30 Minuten) nicht übersteigt. Die Zauberer, die für einen Auftritt um die 1500 Mark plus Mehrwertsteuer fordern (weitere Auftritte kosten einen geringen Aufpreis), bieten eine bunte Palette an: lustige Zaubertricks, Zaubern mit Kindern, Entfesselungsshows. Einige von ihnen integrieren auf Wunsch Sortimentsteile des Hauses in ihre Show und lösen dadurch unterschwellige Kaufimpulse aus.

Kleinkunst und Gauklereien mit teilweise minimalem Platzbedarf lassen sich in vielerlei Variationen in den Laden holen. Ein Blick in das Angebot der Spezialagenturen: Bauchredner, Meerschweinchen-Roulette, Robotermensch, Scherenschnitt-Künstler...

Relativ neu im Bereich der verkaufsfördernden Attraktionen sind die, bei denen die Kunden

C Das Ziel: Corporate Identity zur Unternehmensidentität

C4 Die Inzenierung

nicht nur zum Zuschauen, sondern zum Mitmachen aufgefordert werden. Dies trägt der Tatsache Rechnung, dass die Verbraucher heute auch in ihrer Freizeit aktive Beschäftigungen bevorzugen. Darüber hinaus wenden sich viele solcher Angebote an Kinder mit dem Ziel, auch deren Eltern zum längeren Verweilen im Geschäft bzw. der Einkaufszone zu animieren.

Bei solchen Mitmach-Aktionen ist zu beachten, dass sie meist einen hohen Platzbedarf haben und insoweit die Raumkapazität eines Fachgeschäfts schnell sprengen. Sie sind daher eher für Werbegemeinschaften geeignet, die sie im Freien organisieren. Das Wetter muss freilich halbwegs mitspielen. Freiluft-Attraktionen sind daher meist saisonabhängig.

Da gibt es etwa überdimensional große, bunte Plastiktiere, die mit Luft gefüllt werden. Auf einer Sprungfläche in ihrem Bauch können Kinder und Erwachsene toben. Für 1000 bis 2000 Mark plus Mehrwertsteuer/Tag können sie gemietet werden. Einen sportlichen Wettkampf unter großen und kleinen Kunden kann man in Form eines amerikanischen Rodeos mit einem elektronisch betriebenen Stier veranstalten (Tagesmietpreis zwischen rund 1000 und 2000 Mark einschließlich des Moderators, der auch die Preisverleihung an besonders sattelfeste Kunden vornimmt). Kinderbelustigungen werden in mannigfaltiger Form für fast alle Altersstufen angeboten, sei es die Kleinkind-Wasserbahn, sei es die Kindermotorradbahn in verschiedenen Größen. Für die Veranstaltung einer Werbegemeinschaft bieten sich auch ein Mini-Truck für Fahrten durch die Fußgängerzone an oder Kinderkarussells, die man bei verschiedenen Veranstaltern tageweise mieten kann.

(Mit freundlicher Genehmigung des Verlages der BBE-Unternehmensberatung GmbH, Köln)

4.8 Ein Unternehmen inszeniert

Inszenierung des Verkaufsraumes, vor Jahren nur für wenige Unternehmen wichtig und von diesen Unternehmen in der Bedeutung als wichtiger Schritt zu überzeugenderer und anziehender Leistung erkannt und gelebt, ist für sehr viele Unternehmen wichtig geworden.

Man spricht zwar nicht immer von der Inszenierung, mehr von dem was durch die Inszenierung erreicht werden soll: das Erlebnis für die Kunden.

Die Unternehmen wissen, dass ihre Verkaufsräume „Kunden überzeugend in Ordnung" sein müssen, um Inszenierungen und glaubwürdige Erlebnisse zu vermitteln.

NikeTown gilt mit allen seinen Niederlassungen als Richtung weisend für Inszenierungen.

Außenansicht

NikeTown, Berlin
Eröffnung: 3. April 1999
Größe: 3500 m² Verkaufs- und Eventfläche auf zwei Ebenen
Design: Nike Retail Design
General Manager: Klaus Kurz
Marketing Manager: Ines Rupprecht
Mitarbeiter: 100 Frauen und Männer, die meisten selbst aktive Sportler
Fotografie: Andreas Ahnefeld – Aufnahmetag: 9. Juli 2001

NikeTown greift das Konzept der bekannten deutschen Auto-Ausstellungsräume auf, mit breit angelegten, einladenden offenen Schaufenstern.

Konzept:

Mit seiner zentralen Lage in der Tauentzienstraße 7b–c bietet NikeTown, Berlin ein einzigartiges Geschäftsumfeld, in dem auf zwei Etagen die europäische Nike-Kollektion mit Sportschuhen, Textilien und Zubehör angeboten wird. Gäste können auf einer Verkaufs- und Erlebnisfläche von insgesamt 3500 m² verschiedene abgetrennte Pavillons besuchen, die jeweils einer bestimmten Sportart gewidmet sind. Hier erfährt der Besucher nicht nur Wissenswertes über berühmte Sportler, sondern bekommt auch anschaulich die Funktionsweise verschiedener Materialien und Produkte zu sehen. Dabei wird Berlin eine der wenigen europäischen Städte sein, in denen es NikeTown gibt.

Die speziell für Berlin entworfene und ausgestattete Filiale mit den Themenschwerpunkten Fußball, Running und Women's Fitness wird auch als Veranstaltungsort für Events mit Athleten und Kids dienen. Sollte ein Besucher nicht wissen, wo er seine neuen Laufschuhe ausprobieren soll, so helfen die insgesamt 100 Mitarbeiter gerne mit Informationen über Lauftreffs und andere Sportveranstaltungen in und um Berlin aus. Jeder Bereich beruht auf einem Schlüsselkonzept, gefolgt von Elementen. Das Schlüsselkonzept ist das Hauptthema des Pavillons, d.h. die Information, die der Kunde aus diesem Bereich mitnehmen soll. Die Elemente sind Bilder, Text und Ton, die die Geschichte der Marke vermitteln.

C   Das Ziel: Corporate Identity zur Unternehmensidentität

C4 Die Inzenierung

Die Theke für Sportuhren direkt im Eingang

Eingangshalle „Town Square" im Sommerschlußverkauf

Schlüsselkonzept: Die Nike Stadt

Die wichtigste Botschaft von NikeTown, Berlin lautet: Nike steht im Zentrum des internationalen Sports. Unsere Innovation und Technologie sowie unsere Leidenschaft für den Sport inspirieren uns zu der Entwicklung von Produkten, die von Athleten rund um den Globus benutzt werden können, um ihre Leistung auf dem Spielfeld, dem Tennis Court oder auf der Rennbahn zu verbessern.

NikeTown ist der Ort, an dem Nikes Tradition, Leidenschaft, Technologie und Inspiration zusammentreffen: ein Ort, an dem sich alle Athleten und Sportarten zu Hause fühlen. Jeder Pavillon repräsentiert eine bestimmte Sportart, wobei sich Gestaltungselemente, Produkt und Information gezielt auf den bedarf des Athleten dieser Sportart konzentrieren.

Eingangsbereich

Eingang zur Verkaufsarena, einer eindrucksvollen zweigeschossigen Halle. Wohin auch immer der Kunde schaut, sieht er eine andere Sportart: Basketball, Laufsport, Fußball u.v.m., praktisch alles, was Nike zu bieten hat. Der „Marktplatz" – wie in jeder kleinen Stadt – vereinigt alle Elemente in sich und wird somit zum zentralen Treffpunkt.

Elemente:

Videowand: Die 4,80 m x 5,70 m große Videowand fällt dem Besucher sofort ins Auge. Alle 30 Minuten verwandelt die Videoshow das Store mit synchronisierten Lichteffekten, Ton und Video und präsentiert interessierten Besuchern die Marke.

Ordnende Architektur in der Eingangshalle

C4 Die Inzenierung

Athletenhalle

Athletenhalle/Jordan-Galerie

Die Athletenhalle ist den fünf besten Athleten gewidmet, mit denen Nike zusammenarbeitet. In der Halle sind Fotos von Michael Jordan, Michael Johnson, Ronaldo, Marion Jones und Pete Sampras zu sehen und spannende Storys über die Motivation und Inspiration dieser Star-Sportler zu hören. Diese Halle erinnert an die Walhalla, an die Ruhmeshalle bei Regensburg.

Elemente:
- **Michael Jordan Abendessen:** Hier wird gezeigt, wie sich Michael Jordan auf seine Spiele vorbereitete – mit einem 650 g – Steak und einem Glas Ginger Ale
- **Marion Jones gefaltete Sachen:** Die Weltklassesprinterin bereitet sich sorgfältig auf ihre Rennen vor: Sie legt ihre Sachen bereit und legt einen Blitzstart hin.
- **Michael Johnsons Ohrringe:** Nur Michael Johnson wusste bei seinem Start bei den Olympischen Spielen 1996, wer seine Glücksbringer waren. Der Diamantstecker, den er bei seinem 400 m-Rennen trug und die beiden goldenen Ohrringe aus dem 200 m-Lauf sind in diesem Schaukasten ausgestellt.
- **Foto von Ronaldo und der brasilianischen Mannschaft:** Als Ronaldo und sein Team bei der WM-Qualifikation gegen Bolivien antreten musste, hielten er und seine Teamkollegen sich beim Einlaufen auf den Platz an den Händen fest, um allen zu demonstrieren, dass sie ein echtes Team waren. Ronaldo blieb am Ende der Reihe, sodass er seine Hand frei hatte, um das Kreuz zu schlagen, wie es seine Art ist.

Balkon in der Athletenhalle

- **Pete Sampras' Spind:** Um sich mental auf Wimbledon und andere große Turniere vorzubereiten, sorgt Pete Sampras dafür, den gleichen Spind zu bekommen wie im Vorjahr – weit weg von den anderen Spielern und allem, was ihn während seiner Jagd nach dem Titel ablenken könnte.

In der Athletenhalle
Blick von Balkon

C   Das Ziel: Corporate Identity zur Unternehmensidentität

C 4   Die Inzenierung

Sehen und Staunen

Der Schuh im Mittelpunkt

Laufsport Herren

Laufen ist das, was das Unternehmen Nike am besten kann. Es repräsentiert sowohl Nikes Tradition also auch Nikes Zukunft als globale Marke. Der Laufsport ist größtes Sportsegment des Unternehmens und Laufschuhe waren das erste Produkt, das der erste Athlet für Nike getragen hat.

Elemente:
– Der Pavillon befindet sich direkt am Eingang des Stores, um seine Bedeutung für Unternehmen und Marke zu unterstreichen.
– Schuhwand und Bank wurden den Tragflächen eines Flugzeuges nachempfunden – die aerodynamische und stromlinienförmige Gestaltung vermittelt das Gefühl des Fliegens. Die Kunden können mit einem interaktiven Display mehr über den Umfang der Laufsportprodukte und die verschiedenen Eigenschaften – Stabilität, Dämpfungselemente, geringes Gewicht usw. erfahren.

PRS (Product-Transportsystem) und die Schuhröhren:

Mit diesem System können die NikeTown-Mitarbeiter innerhalb von Sekunden dem Kunden mitteilen, ob das gewünschte Modell verfügbar ist. Das System umfasst außerdem durchsichtige Schuhröhren, die die Schuhe aus dem Lager in den Verkaufsraum befördern. Die Vorlage dafür lieferten die „Jetsons", eine amerikanische Raumfahrt-Cartoon-Serie für Kinder.

Rechts und links der Vitrinen die PRS-Transportröhren

C4 Die Inzenierung

Golf

Nike Golf kombiniert die Eleganz von Nick Price mit der Kraft und dem Stolz von Tiger Woods zu einer völlig neuen Sichtweise von Golf. Der Pavillon zeigt die ganze Palette der Nike-Golfkollektion.

Elemente:

- **Schuhwand:** Die Golfschuhwand soll den Golfspielern einen tieferen Einblick in die Persönlichkeit und Mentalität des Nike-Athleten Tiger Woods vermitteln. „Blättern sie die Fragen durch und schauen Sie, ob Sie die Frage zu Tiger und seiner Sichtweise des Spiels beantworten können".
- **Tiger Woods Video:** Das interaktive Video vermittelt Einsicht in die Zusammenarbeit zwischen Tiger Woods und Nike und wie er die Designer herausfordert, Schuhe, Bekleidung und Ausrüstung für den Golfsport zu entwickeln, die sein Spiel tatsächlich voran bringen.

Oben: Zum Golf
Unten: Alles zum Golf

C   Das Ziel: Corporate Identity zur Unternehmensidentität

C 4   Die Inzenierung

Im Tennis-Pavillon

Highlight Tennis

Tennis Herren

Ob auf öffentlichen Tennisplätzen oder auf dem Rasen in Wimbledon – Nikes Tennisausrüstung hilft den Spielern, ihre Spitzenleistung zu erreichen. Besondere Aufmerksamkeit wird dabei stets der Bewegungsfreiheit und der Schweiß- und Feuchtigkeitsregulierung gewidmet.

Elemente:

- **Schuhwand:** Hier wird nicht nur die ganze Palette der Nike-Schuhe vorgestellt, sondern die traditionelle Tenniswelt wird durch den nachempfundenen Zaun aus Kettengliedern humorvoll betrachtet. Die gebogene Form der Schuhwand ergänzt die runde Form des Pavillons.
- **Court-Boden:** Der Boden des Pavillons für Herrentennis weist die typischen Markierungen eines Tennis-Court auf und simuliert durch seinen Belag den roten Sand der deutschen Freiluft-Tennisplätze.

Vision iming

Ziel des Bereiches Vision/Timing ist es, den Kunden zusätzlich Informationen über Nikes Ansatz bei der Sportausrüstung zu geben – „Wir verbessern die Leistung durch Verbesserung der Technologie".

ZWEITE ETAGE

Laufsport-Damen

Dieser Pavillon bietet das ganze Spektrum der Laufsport-Produkte, die Nike spezifisch für Frauen entwickelt hat. Der Pavillon greift das aerodynamische Luftkissenthema des entsprechenden Herren-Pavillons auf und stellt die Faktoren Tempo und Bewegung heraus.

Elemente:
- **Air-Bänke** – Die Schuhbänke bieten dem Kunden nicht nur einen Platz an, um sich hinzusetzen, sondern demonstrieren gleichzeitig die unglaublichen Dämpfungseigenschaften von Zoom Air. Die Kunden können Gewichte auf ein Zoom Air Polster aus Schaumstoff fallen lassen, der üblicherweise in den Produkten der Konkurrenz verwendet wird, um den Unterschied festzustellen, den Zoom Air durch die Dämpfung in den Schuhen bewirkt.
- **Produkt-Displays** – auf der Schuhwand befinden sich Tafeln, auf denen die Eigenschaften eines bestimmten Schuhs und die Vorteile für den Kunden hervorgehoben werden. Der erste Schuh, der vorgestellt wird, ist der Air Gauntlet.

Tennis-Damen

Spielerinnen wie Lindsay Davenport und Monica Sales haben das Damentennis verändert – Power, Stärke, Genauigkeit und Stil charakterisieren heute das Spiel. Hauptziel dieses Pavillons ist es, die technischen Fortschritte zu vermitteln, die Nike mit seinen Produkten erzielt hat und über die breite Palette der Produktauswahl für die Tennisspielerinnen zu informieren.

Elemente:
- **Schlägersitze** – die Nike-Athletinnen Amanda Coetzer, Lindsay Davenport und Monica Seles und die von ihnen bevorzugten Schuhe werden auf der Schuhbank vorgestellt.

Alles für die Damen

Wechselnde Warenträger-Systeme ordnen

Training Damensport

Frauen sind Athleten. Sie kämpfen in vielen verschiedenen Sportarten und haben die unterschiedlichsten Motivationen für den Wettkampf. Der Damensport-Pavillon in NikeTown, Berlin spricht die Athletin direkt an und fragt: „Was motiviert dich?"

C Das Ziel: Corporate Identity zur Unternehmensidentität

C 5 Ladenplaner inszenieren

Wichtiges „for the kids"

Alles „for the kids"

Kinder

Wir alle haben angefangen, Sport zu treiben, weil es Spaß gemacht hat – der Kids-Pavillon in NikeTown Berlin vermittelt den Spaß am Sport durch ein witziges, von Kindern inspiriertes Design. Das Produkt in diesem Pavillon besteht nicht einfach nur aus einer verkleinerten Ausgabe der Schuhe oder Modelle für Erwachsene. Nike entwickelt Produkte, die ganz spezifisch auf die körperlichen Voraussetzungen und Spielgewohnheiten von Kindern zugeschnitten sind.

Elemente:
- **Sportlerkarten:** Lustige Sammel- und Tauschkarten zeigen den Athleten als Kind und auf dem Platz.
- **„Wer ist der Schnellste":** Dieses Display informiert die Kinder über die unglaublichen Geschwindigkeiten, die ihre Lieblingssportler erreichen. Die Kinder können erraten, wie schnell ein Tennisball beim Aufschlag sein oder wie schnell ein Rennwagen fahren kann und prüfen, ob sie richtig geraten haben, indem sie einen Ball aufheben, der ihnen die Antwort gibt.
- **Dia:** Das helle orangefarbene Dia an der Decke erinnert an den Spaß beim Spiel in der Kindheit.
- **Kleinkinder:** NikeTown Berlin bietet eine Auswahl von Schuhen und Bekleidung für Kleinkinder an.

5 Ladenplaner inszenieren

Inszenierungen im Verkaufsraum sind ein viel diskutiertes Thema geworden.
Inszenierungen sind individuell und unerschöpflich.
Neun bekannte Ladenplaner, die mir bei der Entstehung dieses Buches durch Diskussion und Zusendung von Fotografien geholfen haben, hatte ich gebeten, jeweils ein eigenes Projekt „Inszenierungen" auszuwählen und vorzustellen. Ich begebe mich auch mit einem eigenen Beitrag in diesen Kreis.
Diese zehn Inszenierungen können Beispiel sein.

Nr.	Architekt	Firma	Projekt	Branche
C 5.1	Bartels, Hans-Joachim	Dula, Ladenausstattung, Dortmund	Schuhhaus Böhmer, Düsseldorf	Schuhe
C 5.2	Blocher, Jutta und Dieter	Büro Blocher, Blocher und Partner, Stuttgart	Engelhorn Sports, Mannheim	Sport und Freizeit
C 5.3	Bürger, Klaus-Richard	Bürger-Innenarchitektur-Design, Krefeld	Aurelia Apotheke, Baden-Baden	Arznei
C 5.4	Carmellini, Lorenzo & Magnoli, Rocco	Lorenzo Cormellini & Rocco Magnoli – Studio SPATIUM, Mailand	Gianni Versace, New York, USA	
C 5.5	Emer, Klaus	Emer-Team-Innenarchitekten Backnang	Wagner, Limburg	Schmuck
C 5.6	Kreft, Wilhelm	Wilhelm Kreft GmbH, Wedemark	Die Oper im Untergeschoss, Dussmann – Das KulturKaufhaus, Berlin	CD-Handlung
C 5.7	Van Rennes, Ernst Christia		De Drukkery, Middelburg, NL	Medien, Restaurant
C 5.8	Schaflinger, Robert	Umdasch Shop-Concept, Amstetten	World of Sport, Fulda	Sport und Freizeit
C 5.9	Vries, Jos de	Jos de Fries The Retail Company, BV, Maarssen	Migros, Zürich, CH	
C 5.10	Weber, Klaus-Richard	Cölndesign Weber + Österreicher Innenarchitekten, Köln	Dom-Optik, Limburg	

C Das Ziel: Corporate Identity zur Unternehmensidentität

C 5 Ladenplaner inszenieren

Hans-Joachim Bartels

Das architektonische neu gestaltete Eingangsportal präsentiert sich einladend und offen. Bereits hier (vom Straßenraum her) wird der erste Sichtkontakt hergestellt und der Blick in die Höhe zum vollverglasten Trendfloor gelenkt.

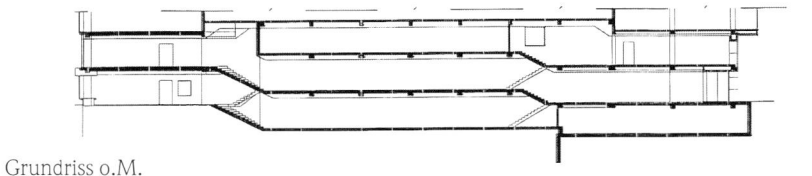

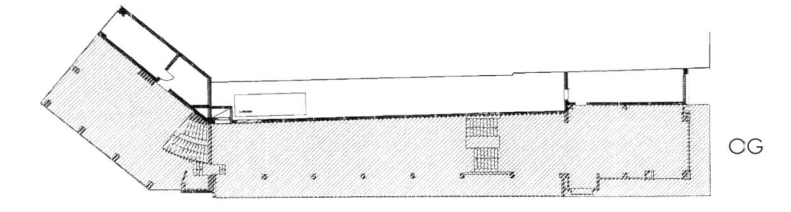

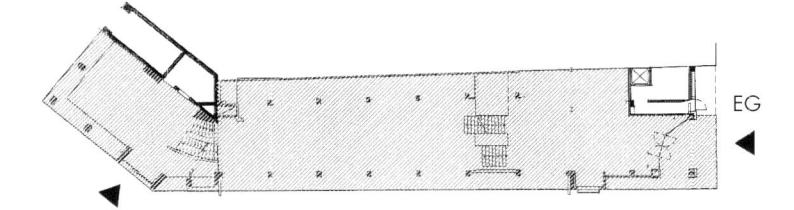

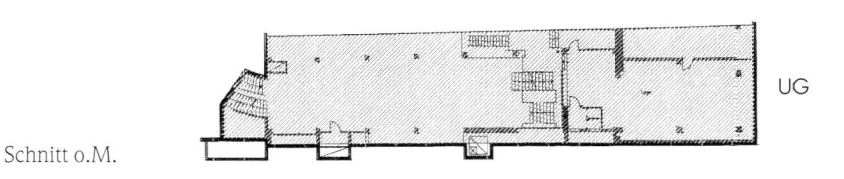

Grundriss o.M.

CG

EG

UG

Schnitt o.M.

5.1 Bartels, Hans-Joachim

Dula-Planung
Dustmann & Co.GmbH

Das Projekt: Schuhhaus Böhmer
F.W. Böhmer KG. Düsseldorf

Realisation: Dula-Werke, Dortmund

Eröffnung: Juli 1998,
　　　　　　Kinderland April 1998

Verkaufsfläche: 1000 m²
Fotograf: Dula-Werksfotograf

Exklusive Schuhmode zwischen Tradition und Moderne

Einladend, offen und hell, unter neuesten ladenbautechnischen Gesichtspunkten konzipiert und gestaltet: so präsentiert sich das traditionsreiche Familienunternehmen Böhmer seit Juli 1998 an seinem Stammsitz an Düsseldorfs Haupteinkaufsstraße, der Schadowstraße. Auf drei Bauabschnitte verteilt, erfolgte innerhalb von sechs Monaten eine Komplettrenovierung des Geschäftes, die sowohl die rund 1000 m² Verkaufsfläche als auch die Fassade umfasste. Das Gesamtkonzept für das neue Erscheinungsbild und die Gesamtplanung für Inneneinrichtung, Beleuchtung und Decke erstellten die Innenarchitekten und Lichtplaner von Dula in Dortmund.
Das neu gestaltete Eingangsportal zieren drei hohe Sandsteinpfeiler, die den Blick von außen in die Höhe auf die vollverglaste Trendfloor-Abteilung im ersten Obergeschoss lenken. Der wechselseitige Sichtkontakt zwischen Innen und Außen war ein zentrales Element bei der Grundrissplanung der Dula-Innenarchitekten, wodurch ein neues, weites Raumgefühl im Inneren entstand.
Die Mischung von einfallendem Tageslicht und effektvoller Kunstlichtbeleuchtung durch den Wechsel von Schaufenster- und Wandflächen schafft räumliche Verbindungen, die den Kunden durch die verschiedenen Abteilungen führt.

Die Inszenierungen:

In der Damenabteilung dominieren fließende, organische Formen, die sich zumeist als Bogensegmente in den Warenträgern wiederfinden und den sonst klaren vertikalen und horizontalen Linien der Wandflächen eine spielerische Note verleihen. Transparenz und Leichtigkeit finden ihre Fortsetzung in der Wahl der verwendeten Materialien: naturbelassenes Birkenholz für Regalträger und Wandflächen in Kombination mit satinierten Glasregalböden.

Eine geradlinigere, strengere Formgebung prägt die exklusive Herrenabteilung. Anthrazitfarbene, hochglanzlackierte Kassettenfächer in Verbindung mit geradlinigen Birnbaum-Holzregalen und Podesten betonen den maskulinen Charakter.

Cool, puristisch, schlicht und sachlich präsentiert sich die junge Schuhmode in der neu geschaffenen Trendfloor-Abteilung. Blanker Stahl, Drahtglasflächen und ein bühnenähnliches Beleuchtungskonzept unterstreichen die Eigenständigkeit des ausgefallenen und trendigen Schuhsortiments für jugendliche Kunden.

Kinderland

Mit der Eröffnung des „Kinderland", das an der Rückfront des Geschäfts über einen separaten Eingang verfügt, war die erste Etappe abgeschlossen. Die Kinderschuhabteilung trägt zu Recht den Namen „Kinderland". Kleine Besucher finden hier eine Mischung aus Kinderzimmer und Abenteuerspielplatz. Auf einer kleinen hölzernen Brücke können die neuen Schuhe direkt ausprobiert werden. Der ebenerdige Eingang, dessen Türen durch eine Sensor-Automatik gesteuert werden, garantiert auch Müttern mit Kinderwagen „freie Durchfahrt".

Das Lichtkonzept

Beachtung verdient das neuartige Lichtkonzept, mit dem die Dula-Lichtplaner besondere Rücksicht auf die ökologischen Erfordernisse nehmen. Eine ausgeklügelte Computersteuerung regelt die dimmbare Beleuchtung, wodurch bis zu 20 % der Stromkosten eingespart werden. Durch das Dimmen wird die Lebensdauer der angeschlossenen Niedervolt-Beleuchtung um ein Vielfaches verlängert. Instandhaltungs- und Wartungskosten werden so reduziert und als Nebeneffekt die Klimaanlage entlastet. Alles in allem ein Projekt, das unter architektonischen und wirtschaftlichen Aspekten exemplarisch ist.

Der in der Eingangszone (Empfangszone) platzierte Kassenbereich ist auch ohne aggressive (massive) Beschriftung gut erkennbar. Die kundenfreundlich gestalteten Zahlplätze, jeweils mit einem großen Packtisch versehen, gewährleisten einen reibungslosen Ablauf.

Transparenz und Leichtigkeit prägen das Bild der speziellen Damen-Pumpsabteilung. Sie findet Ihre Fortsetzung in der Wahl der verwendeten Materialien: naturbelassenes Birkenholz in Kombination mit satiniertem Glas.

Die Herrenabteilung präsentiert sich in geradliniger, strenger Formgebung. Pfeilerumbauten wurden geschickt als Vocalpoints ausgebildet. So wird eine Zonenbildung erreicht, welche dem Kunden die Orientierung erleichtert.

Ein separater, ebenerdiger Eingang ermöglicht auch Müttern mit Kinderwagen „freie Durchfahrt".

Die Kinder-Schuhabteilung ist mit ihrem Ambiente als Abenteuerland ganz auf die „Kunden von morgen" abgestimmt.

C Das Ziel: Corporate Identity zur Unternehmensidentität

C 5 Ladenplaner inszenieren

5.2 Blocher, Jutta und Dieter

Blocher, Blocher und Partner, Freie Architekten und Innenarchitekten BDA Stuttgart

Das Projekt: Engelhorn Sports

Fotograf: Nikolaus Koliusis, Stuttgart

Jutta und Dieter Blocher

Erlebnishandel praktiziert am Beispiel von Engelhorn in Mannheim

Die Rezession der vergangenen Jahre hat nicht nur viele bewegt, sich dem Druck des Marktes zu beugen, sondern auch dazu geführt, dass sich Unternehmen, darunter auch die zwei mächtigen Konzerne, grundsätzliche Gedanken über alternative Zukunftskonzepte machen.

Während innovative Klein- und Mittelunternehmer durch geschärftes Firmenprofil und Rückbesinnung auf Serviceleistungen und persönliche Kundenpflege ihre Position festigen konnten und neue Kundenleitbild geprägte vertikale Flächenbetreiber sich erfolgreich am Kuchenschmaus beteiligen, entstand durch die dramatische Verschmelzung der Großfilialisten die Chance, mit komplett neuen Konzepten die infolge der Fusionen nunmehr überschüssige Verkaufsfläche mit neuen großflächigen Erlebniskonzepten zu aktivieren. Der Trend ermöglicht eine optimale Transformation von Themenwelten infolge ausgeprägter Vermittlungsmöglichkeit und Kompetenz.

Vor allem die Großflächenanbieter werden ihr Gesicht und ihre Verkaufsstrategie in den nächsten Jahren gewaltig verändern. Die Konzerne haben begonnen, themenbezogene Welten auf großzügigsten Flächen in eigenen Häusern aufzubauen. Dort, wo der eigene Flächenbedarf in überschüssigen Immobilien nicht mehr gegeben ist, werden gemischte Handelsflächen in neuen innerstädtischen Zentren, so genannten Urban Entertainment Centers, entstehen. Sie werden, und das ist das Entscheidende, die Waagschale der Innenstadt im Vergleich zur grünen Wiese positiv beeinflussen.

Andererseits konnten führende, mittelstandsgeprägte Einzelhandelsunternehmen durch gezielten Ausbau ihrer „Platzhirschfunktion" mit sehr unternehmergeprägten Modellen ihre Vormachtstellung ausbauen.

Beispielhaft entwickelte sich Engelhorn in Mannheim als Platzhirsch im Rhein-Neckar-Raum in den letzten Jahren zu einem der bedeutendsten Trendsetter in Sachen Erlebnishandel.

Seit 1992 baute Engelhorn seine Vormachtstellung von 10 000 m² auf derzeit 25 000 m² Verkaufsfläche aus. Diese außergewöhnliche Entwicklung führte zu einer innerstädtischen Zentrumsverlagerung zugunsten des stark unternehmergeprägten Hauses. Im Zuge der fortlaufenden Expansion entstanden, aufbauend auf das Stammhaus für Damen,- Herren- und Kinderbekleidung, zusätzliche Spezialhäuser für Sport, Young Fashion, Wäsche und Strümpfe rund um den Kaputzinerplanken-Platz. Diese unterschiedlichen Themenhäuser bestechen jeweils durch ein ureigenes zielgruppenorientiertes Ambiente. Ein ausgeprägter Servicegedanke überzeugt mittels mutiger Konzepte wie Bonus bringender Vorteilskarte, Kundenkarte oder Rückgabegarantie, bindet Kaufkraft und steigert für den Kunden die Attraktivität des Unternehmens.

Inzwischen sprühen die u.a. von Engelhorn eingekreisten Kaputzinerplanken vor Spontanität und Agilität. Gastronomie und Straßencafes paaren sich mit von Engelhorn initiierten Aktionen wie Bauern- oder Weihnachtsmarkt, Promotions und Sportevents. Ein wesentliches Stück Stadtkultur hat sich in diesem Quartier u.a. auch durch die von Engelhorn geförderte, Image bildende Architektur entwickelt.

Stellvertretend als Beispiel einer erlebnisorientierten Themenwelt profiliert sich das Sporthaus Engelhorn Sports mit seinem neuen, den Sporteinzelhandel anführenden Innovationshaus als Europas größtes Erlebnis-Sporthaus auf 7500 m² Verkaufsfläche.

Das Sporthaus präsentiert sich weltoffen mit nahezu voll-transparenter Fassade. Dadurch ist die innere Innovation des Hauses schon vom Stadtraum aus spürbar.

Die Fassade ist mehrschichtig aufgebaut. Hinter der gläsernen Haut verbergen sich partiell Holzlamellen, welche der technisch kühlen Haut eine haptisch warme Komponente verleihen.

Zusätzlich schaffen hinter den Lamellen eingestellte Rückwände von innen den nötigen Hintergrund für die Warenpräsentation, lassen aber

C 5 Ladenplaner inszenieren

C   Das Ziel: Corporate Identity zur Unternehmensidentität

C 5   Ladenplaner inszenieren

Schnitt o.M.

typischer Grundriss o.M.

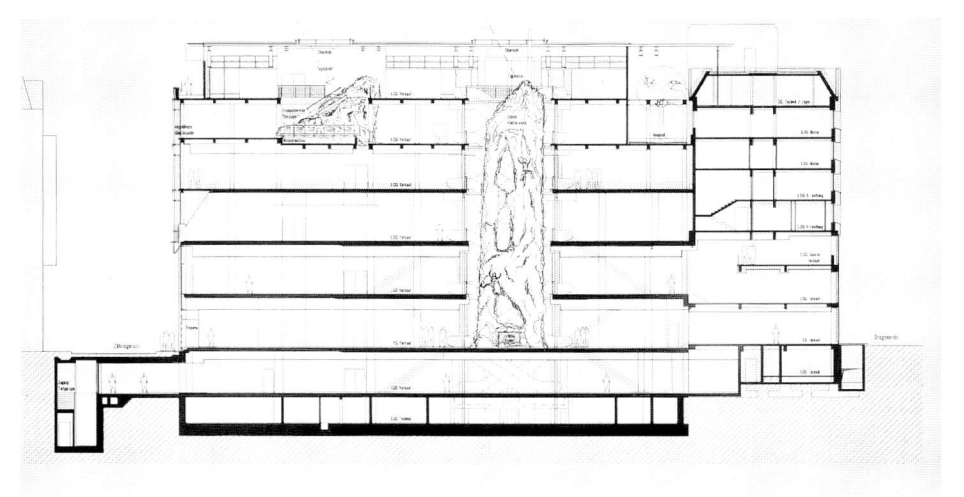

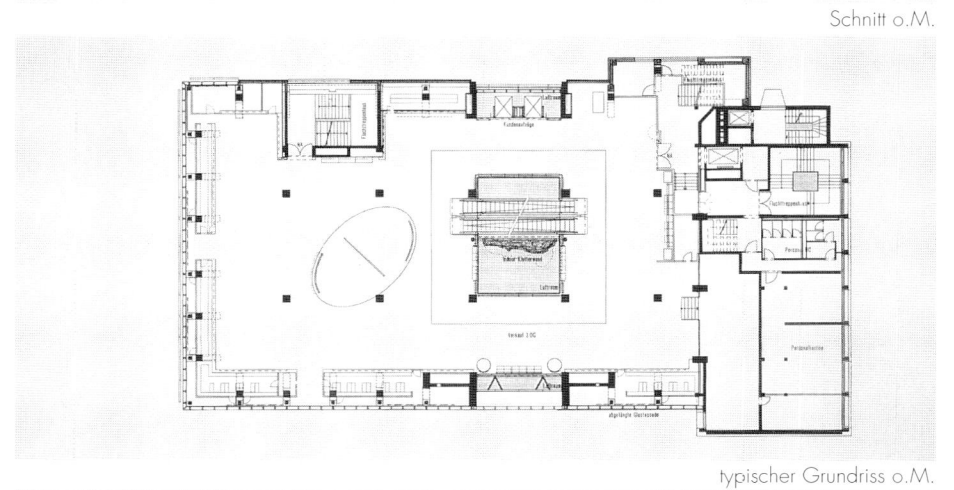

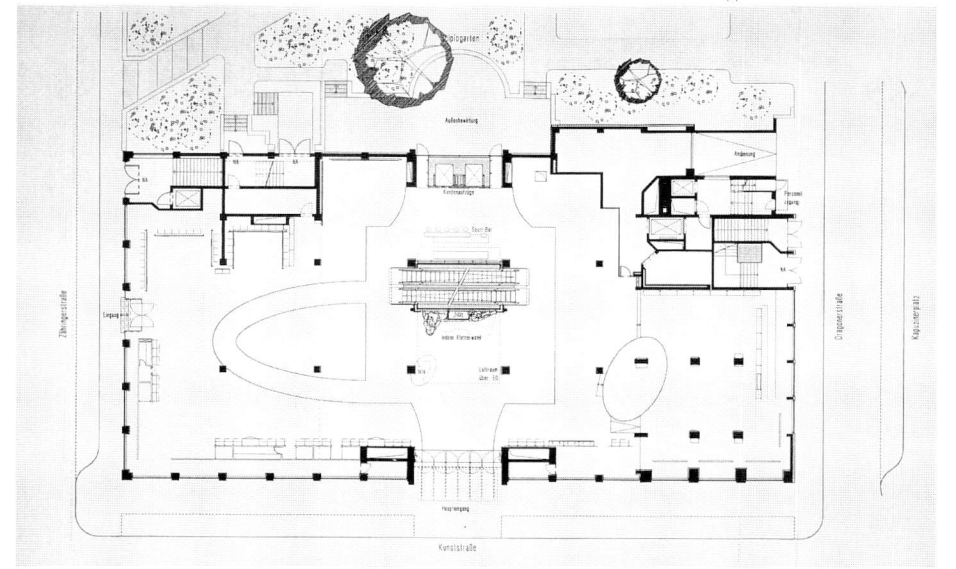

Grundriss Erdgeschoss o.M.

dennoch generell ausreichend Durchblicke in den Stadtraum. Dramaturgisch sind im Kontrast zur transparenten Hülle die Zugangstüren semitransparent gestaltet, man erahnt nur, was einen von innen erwartet, lediglich das neue Engelhorn Logo ermöglicht den vollen „Durchblick".

Wer die Tür öffnet, wird überwältigt von einer 27 m hohen naturalistisch ausgebildeten Kletterwand im zentralen Luftraum des 7-geschossigen Gebäudes.

An deren Fuß flackert ein echter Kamin und verzaubert schon hier die „Hütte".

Den hinter der Kletterwand verborgenen Rolltreppenturm erahnt man lediglich infolge der in den Fels aus Glasfaserbeton eingeschnittenen „Durchschüsse". Die Kompetenz strotzende Kletterwand ist absolutes Highlight, einzigartige internationale Kletterevents, aber auch Showobjekt, Ort für tägliche Trainingsmöglichkeit für Jedermann.

Die vertikale Schichtung des 7-geschossigen Hauses ermöglicht ideale Plattformen verschiedenster Themen- und Erlebniswelten. Jahressport, Trendsport, Sport Fashion, Schuh-Land, Fahrrad und Golf sowie eine über zwei Ebenen angeordnete Outdoor-Abteilung erzählen jeweils eine eigene Geschichte und stellen sich in ureigener Identität dar.

Soweit wie möglich kann hier der Kunde die Ware testen. Eine fast sämtliche Problemzonen abdeckende Schuhteststrecke in einer regelrechten Bergwelt mit Wasserfall und Keukarpfen-Teich lässt keine Entscheidungslücke. Eine ähnliche Strecke wurde für Biker geschaffen. Ein Isomatten-Testbett oder eine Rucksackpack-Station imponieren, unter einer Abzugshaube wird der Campingkocher ausprobiert, in einem Becken mit Schmutzwasser der Trinkwasserfilter für mögliche Expeditionen. Im Gebläse, das einen Wind mit 50 km/h erzeugt, wird die Passform der Brille getestet. Ein Golfsimulator sowie ein Putting Green sorgen für die ideale Testmöglichkeit der Golfbegeisterten.

Serviceleistungen, mit in den Verkauf integrierten Einrichtungen wie Fahrrad-, Tennis-, Skiwerkstatt, Nähatelier, Taschenaufbewahrung, bringen Glaubhaftigkeit in die Qualität der Produkte und Vertrauen ins Verkaufsgespräch.

Im aufgerauten Estrich der Gangzonen sind, verteilt über zwei Etagen, Fußspuren vom Greifvogel bis zum Elefanten als Rallye für Kinder eingedrückt.

In einem Original-Heustadl werden Softdrinks gereicht, im Übrigen ist hier fast alles zu kaufen, was ein Abenteurer braucht, vom Zelt übers Geschirr bis zum Erste-Hilfe Paket bei Schlangenbissen sowie Reiseliteratur, Land- und Expeditionskarten quer über den Globus. Kompetenz pur.

Wer schlapp ist vom Bummeln, gönnt sich einen Power-Riegel oder eine Vitamin-Spritze an der Fitness-Bar, gastronomisch wird im Sommer der Außenpark mit einbezogen.

Dieses „Spielfeld" schafft unendliche Kompetenz, ist Imagebringer und ständiger Unterhalter. Das Angebot ist oder scheint so umfassend zu sein, dass der Kunde gar nicht auf die Idee kommt, noch zum Mitbewerber zu gehen.

Die überzeugende Kombination von Retail und Entertainment erzeugt maximale Kompetenz und Kauf-Stimulation, es entsteht ein themenbezogenes Erlebnis-Shopping auf höchstem Niveau. Jeder Besuch des Hauses soll zu einem emotionalen Spitzenerlebnis werden. Bewusst blieb der Schuhroboter im „Karton", mit anderen Worten sollte es keine offensichtliche Verkaufsmaschine werden.

Es lebe der Sport und der Mensch. Die Scheine an der Kasse wiederum werden per Rohrpost direkt zur Bank geschossen – Umsatz und Ertrag blieben wohl bemerkt bei der Planung nicht unberücksichtigt.

(Dieter Blocher)

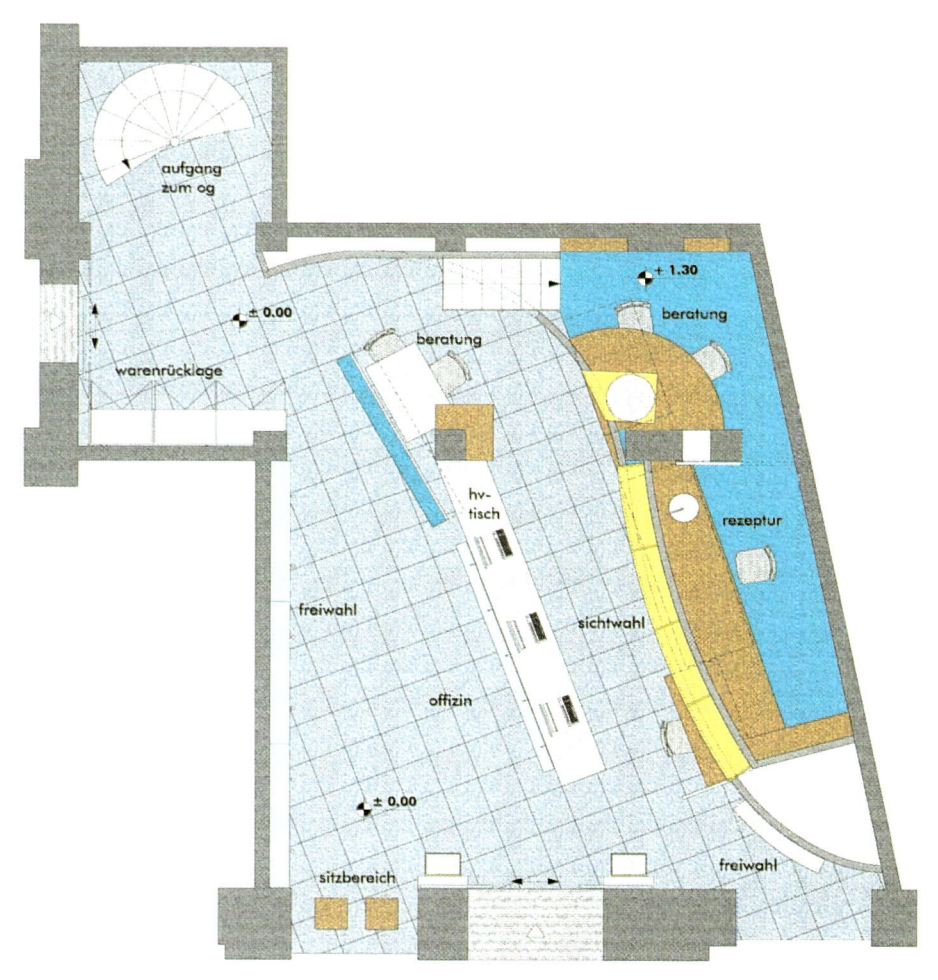

C Das Ziel: Corporate Identity zur Unternehmensidentität

C 5 Ladenplaner inszenieren

5.3 Bürger, Klaus-Richard

Das Projekt: Aurelia-Apotheke, Baden-Baden
Bauherrin: Frau Welk

Innenarchitekturbüro: Klaus-Richard Bürger, Krefeld

Mitarbeit: Achim Venzke

Fertigstellung: Januar 1998

Circa 24000 Apotheken in Deutschland „zieren" Stadt und Land. Heerscharen von Beratern für Management und Marketing versuchen diesen Markt mit ihren Ideen zu bereichern. So genannte Erfahrungsgruppen von Apothekeninhabern werden vom größten Teil der Apotheker zum Erfahrungsaustausch genutzt, deren Coach wiederum ein Berater ist. Spezialisierte Apothekenunternehmen und so genannte Apothekenplaner sind in Vielzahl unterwegs, alle in der segensreichen Absicht, die Apotheker auf ihren immer schwieriger werdenden Markt vorzubereiten und fit zu machen.

Was sieht man nun als Kunde (und der Kunde ist hier alle Altersgruppen und alle sozialen Gruppen) in einer Apotheke?

Alle Beratungsintensität mündet leider in einer entsetzlichen Uniformität. Eine Apotheke ist einfach eine Apotheke – viele Regale, viel Ware und was sonst noch? Genau hier steckt das Problem. Die Ware ist in allen Apotheken gleich, die Preise sind in allen Apotheken gleich, die jeweiligen Sonderangebote sind in allen Apotheken relativ gleich. Und auch alle Apotheker sind …, nun ja, der eine ist etwas fröhlicher als der andere und zum fröhlichen Team geht man vielleicht etwas lieber.

Aber generell unterscheidet man nichts Wesentliches, denn auch die Architektur der Apotheken ist ziemlich gleich, hier ein wenig mehr Holz, dort ein wenig mehr Kunststoff, etwas älter oder etwas jünger im Stil der Zeit. 70er- und 80er-Jahre ziemlich dunkel, 90er-Jahre ziemlich hell, grob = konservativ oder modern = zeitgemäß. Letztendlich ein Raum, der irgendwie mit Ware mehr oder weniger gefüllt ist.

C5 Ladenplaner inszenieren

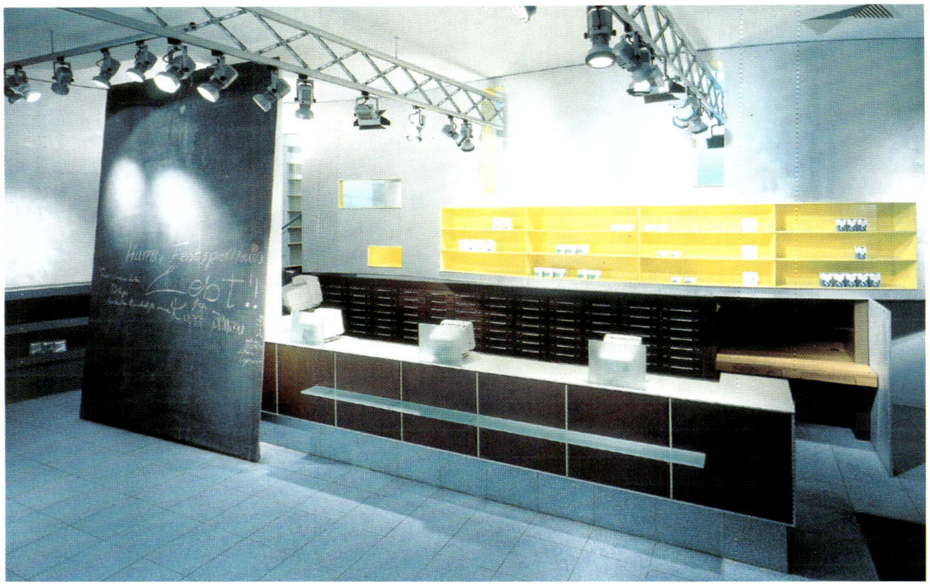

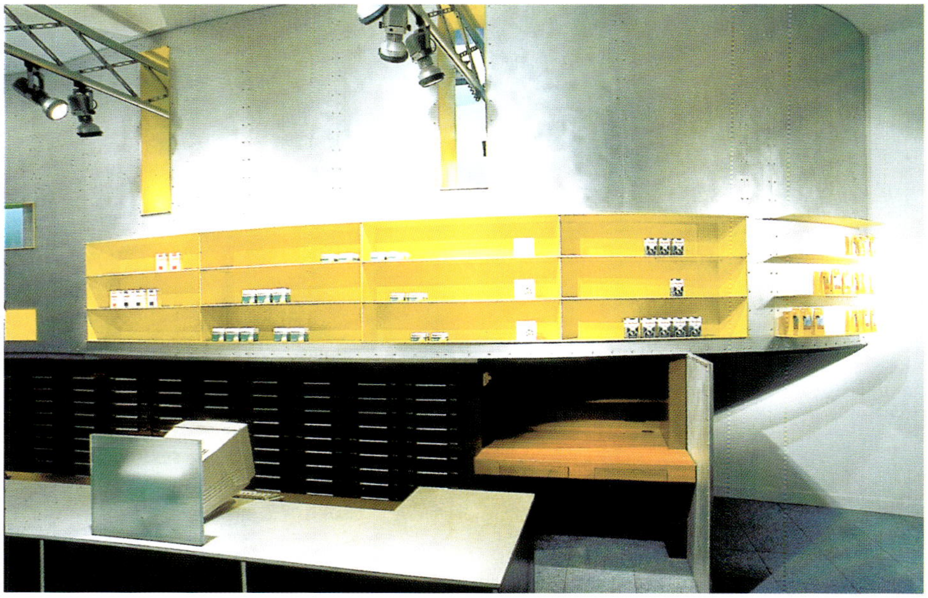

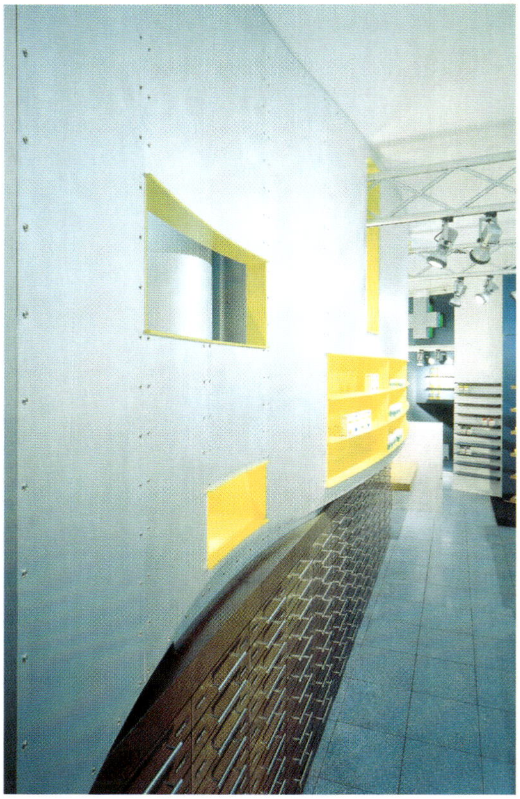

C 5 Ladenplaner inszenieren

Was also kann der arme Apotheker wirklich tun, um sich von der Konkurrenz, die fast nebenan sitzt, zu unterscheiden?
Hier beginnt die Arbeit meines Büros. Wir erschaffen anhand von individueller Architektur und Innenarchitektur eine besondere, herausragende Apotheke. Individuell heißt einzigartig und muss so auch in der Architektursprache übersetzt werden. Hierzu gehören Fragen wie:
Wo wird das Projekt erstellt
(Dorf, Kleinstadt, Stadt)
Welches Umfeld ist vorhanden?
Historische Bausubstanz oder...?
Was ist der Apotheker für ein Mensch, welche Lebensart?
Welche Ausstrahlung, welche Vorlieben?
Individuell heißt für mich, so zielgenau auf Umfeld und Mensch einzustimmen und dafür ein neues präzises „Kleid" zu kreieren. In dieser so geschaffenen Architektur müssen sich der Apotheker, das Team und die Kunden wiederfinden und emotional angesprochen fühlen.
Die Architektur für unser Projekt in Baden-Baden ist für diese recht konservative Stadt ein visuelles Wagnis, welches fast in den Rang einer Provokation gerät. Mit unserer Kundin, einer entsprechend mutigen Frau, galt es, eine Apotheke zu planen, die sich optisch bemerkbar macht, die jung, frech und frisch auf die Menschen wirkt, sie sozusagen visuell anstößt, sogar „anmacht". Hier ist das provokative Anderssein Geschäftsidee und Marketingauftritt. Diese Apotheke macht selbstbewusst von sich reden und behauptet sich eigenständig.

Aussage der Apothekerin Frau Welk:
„Wir wollen mit unserer neuen Apotheke ein Zeichen setzen für unsere Kunden und last not least für Baden-Baden. Wir, das heißt mein Team und ich haben Freude an unserer Arbeit, Freude an den Menschen, die zu uns kommen und denen wir helfen dürfen. Wir möchten unseren Kunden so begegnen, wie sich unsere neue Apotheke darstellt: Offen, heiter, unangepasst kreativ, sensibel und kompetent. Wir glauben und hoffen, dass sich diese positive Atmosphäre auf unsere Kunden überträgt, sodass der Weg in unsere neu gestaltete Apotheke vergnüglich ist und mit guten Gefühlen angereichert wird."

Noch einige Worte zur Architektur:
Das alte Postgebäude inmitten von Baden-Baden wurde zu einem Geschäftshaus umgebaut. Da Frau Welk sich Standortvorteile gegenüber ihrer alten Apotheke erhoffte, mietete sie hier einen Raum an. Dieser Raum war für die Geschäftsanforderungen einer Apotheke sehr schwierig zu planen: zu klein, keine rechtwinklige Raumform, kräftige Stützen, enger Kostenrahmen.
Unser Entwurf musste das Raumangebot intelligent ausnutzen, was nur zu erreichen war durch die konsequente Ausnutzung der Raumhöhe von circa 4 m. So entstand über den Apotheken-Schubschränken (Höhe ca. 1,10 m) eine zweite Ebene für Besprechungsraum und Rezeptur. Eine geschwungene, aluminiumbeplankte Wand umfasst und integriert mit ihrer Form: Freiwahl, Kinderspielbereich, Arbeitsplatz, Rezeptur, Sichtwahl, Besprechungsraum, Wandvorsprünge und zwei Stützen aus der darüber liegenden Etage.
Die 2,5 m breite und 4 m hohe, rostige Cortain-Stahlplatte „ziert" nicht nur den Raum, sondern leitet die Hereinkommenden vom hausinternen Eingang zum Handverkaufstisch. Durch sie erhält auch der dahinter liegende Arbeits- und Besprechungsplatz die notwendige Intimität. Es freut uns, dass diese Platte mittlerweile zur Kommunikationsfläche wurde. Hier drücken sich Mut, Lust und Unmut der Kunden aus, sozusagen eine aktuelle Widerspiegelung von Zeitgeschehen.
Abschließend sei noch gesagt, dass diese Art von Inszenierung von Jung und Alt gut angenommen wurde und dass sich die Umsatzerwartung der Apothekerin mehr als erfüllt hat.

C   Das Ziel: Corporate Identity zur Unternehmensidentität

C5   Ladenplaner inszenieren

5.4 Carmellini, Lorenzo & Magnoli, Rocco

Studio Associato di Architettura
Lorenzo, Carmiellini e Rocco Magnoli, Milano

Das Projekt: Gianni Versace
New York, USA

Das Flaggschiff des Gianni-Versace-Imperiums in der Vanderbilt-Villa an der 5th Avenue, New York

Gianni Versace's Flaggschiff befindet sich in der Fifth Avenue 647. Die Boutique hat einen bestimmten Markstein von New York City eingenommen. Versace präsentiert auf 2800 m² die verschiedenen VERSACE Mode- und Accessoire-Linien in wohnlich gestalteten Salons vom Feinsten:

Erdgeschoss:	VERSACE Accessoires und Parfumes,
Mezzanin:	Schmuck,
2. Stockwerk:	VERSACE Damenbekleidung,
3. Stockwerk:	VERSACE Herrenbekleidung,
4. Stockwerk:	VERSUS Modelle,
5. Stockwerk:	VERSACE HOME COLLECTION: CASA

Das Gebäude wurde 1902–1905 von den Architekten Hunt & Hunt als Teil eines Stadtreihenhauses erbaut.
Studio Associate hat das Gebäude bis zu seiner ursprünglichen neoklassizistischen Schönheit restauriert und ihnen das ursprüngliche vertraute Interieur zurückgegeben. Die Marmorfassade wurde auf diese Weise konserviert und wiederhergestellt.
Das architektonische Wiederinstandsetzungs- und Restaurierungsprojekt ist sofort einstimmig vom „Landmarks Preservation Committee" in New York gebilligt worden, das die Aufgabe hat, die historischen Gebäude zu schützen.
Die Fassade aus Marmor und Sandstein war das Schlüsselelement, auf das sich die Restaurierung konzentriert hat. Dieser Prozess hat mehr als ein Jahr gründlicher Untersuchungen, Vermessungen, Planungen und Tests vor Ort mit sich gebracht.

Architekt Rocco Magnoli &
Designer Lorenzo Carmellini, Milano

Die Fassade: Versace Fifth Avenue Mansion originalgetreu rekonstruiert

Innenräume

Das neue Versace Flaggschiff bringt die wohnliche Pracht in Erinnerung, die die 5th Avenue südlich der 59. Straße in den früheren Jahren dieses Jahrhunderts charakterisierte als der Boulevard noch aus prachtvollen Herbergen und kleinen diskreten Geschäften bestand.
Die Einrichtung des Flaggschiffs soll den Eindruck eines großen und exklusiven europäischen Modehauses vermitteln, welches sich neben dem Luxus, der Qualität und dem individuellen Service auch dem Brauch, verschiedenen Plätzen und Orten ihre architektonische und historische Bedeutung zu geben, verschrieben hat.
Eine der Voraussetzungen für die Planung des Restaurierungsprojektes war es, die tatsächliche Identität des von Hunt & Hunt zu Anfang des Jahrhunderts verwendeten Marmors herauszufinden: Mittels Verwendung eines Vergrößerungsglases hatte man die Herkunft des Materials in den Archivfotos des Gebäudes entdeckt. Die Menge des für die Restaurierung erforderlichen Marmors wurde dann in Carrara, in Italien, gefunden und für die Restaurierungsarbeiten verwendet.
Neu hinzu kam nur die Konstruktion eines sechsten Stockwerkes, das etwas zurückliegt im Verhältnis zur Fassade, die sich zur 5th Avenue zeigt. Charakteristisch ist hierfür das Bild eines kleinen Pavillons, eine Art Bezugnahme auf die klassischen Bilder.

Die Ordnung der Innenräume

Die Boutique von Versace dehnt sich über alle fünf Stockwerke des Gebäudes aus. Hier sind sämtliche Kollektionen des Modeschöpfers zum ersten Mal in einer großen Ausstellung vereinigt. Der Typ des „palastartigen Geschäftes", wie es schon in London und Paris experimentiert wurde, präsentiert sich auf eine noch vollständigere Art und Weise, wobei Architektur und Mode in einer räumlichen und formellen Einheit miteinander verbunden sind.
Die Innenbereiche des Geschäfts wurden kreiert mit dem Ziel die Atmosphäre eines Wohnhauses wieder herzustellen.

Die Restaurierung der Innenbereiche hat eine genaue Untersuchung der vorhandenen Strukturen mit sich gebracht, die man, wo immer es möglich war, wieder gewinnen wollte. So wurde die Bogenstruktur der Dachräume aufrechterhalten. Die Idee stammt aus den Anfängen des zwanzigsten Jahrhunderts vom Ingenieur Roebling, der auch die Pläne für die berühmte Brücke von Brooklyn lieferte. Diese Bauweise besteht aus einer gemischten Struktur von Stahlträgern und Ziegelsteinen. Dies ermöglicht die Reduzierung der Stärke der Konstruktion in den sehr hellen Dachräumen.

Die erforderliche Befestigung wurde durchgeführt ohne das Schema und die ursprünglichen Materialien zu ersetzen, beziehungsweise zu beschädigen.

Die typische Anordnung der Räumlichkeiten präsentiert im Grundriss eine Unterteilung in drei Bereiche, die sich in jedem Stockwerk wiederholen. Der mittlere Bereich, in dem sich die Aufzüge und die ornamentale Treppe befinden, führt in jedem Stockwerk zu zwei großen, seitlich gelegenen Sälen – einer zur 5th Avenue hin und einer zur anderen Seite.

Die Empfangsräume orientieren sich zur 5th Avenue hin und sind regelmäßig geschnitten. Charakteristisch werden sie durch eine streng und sparsam angebrachte klassizistische Dekoration. Charakteristisch für die Salons, die auf der entgegengesetzten Seite des Palastes in den höheren Stockwerken liegen, sind räumliche Fantasien, attraktiv gestaltet.

Studio Associate hat im Gebäude die beeindruckende Bogenstruktur des Fußbodenbelages erhalten und dem zeitgemäßen Wohntrend angepasst. Alle Räume an der 5th Avenue wurden nicht großartig modifiziert. Sie zeigen neoklassizistische Ornamente und Verzierungen.

Erschließung: Treppe – Stockwerke

Das Schlüsselelement der inneren Anordnung ist die große Marmortreppe, die neben der Zubringerfunktion die sichtbare, äußere Basis darstellt, um die die Empfangszimmer angeordnet sind.

Das extravagante, elegante Aussehen, bedingt durch den Marmor und die geschwungene Form der Stufen, wird noch unterstrichen durch die ornamentale Balustrade aus Bronze und Kirschholz

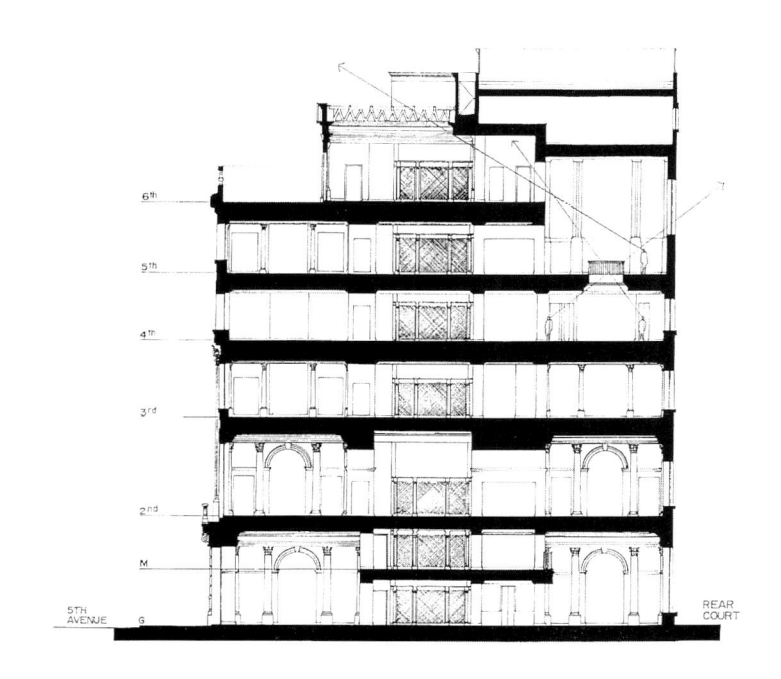

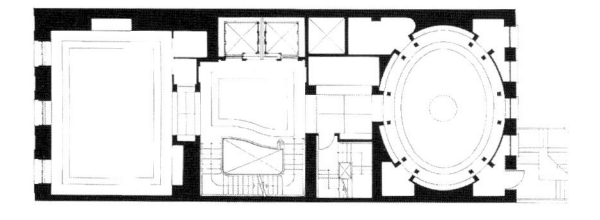

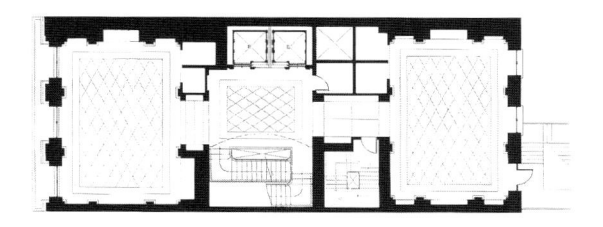

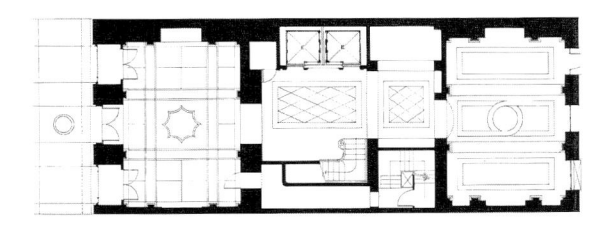

C   Das Ziel: Corporate Identity zur Unternehmensidentität

C5 Ladenplaner inszenieren

Die Eintrittshalle: neo-klassische Motive im Boden

Im vierten Stockwerk: Der zentrale Durchblick schafft die visuelle Verbindung zum oberen Stockwerk. Der Boden in Marmor-Terrazzo mit den verschiedenen Staffelungen der Farbe grau.

Blick vom „Mezzanine" der Eingangshalle

Aufsicht auf das dekorierte Treppenhaus

C5 Ladenplaner inszenieren

Die Außensicht des VIP-Raumes, eine Art Minitempel auf der Terrasse an der 5th Avenue.

Der „VIP-Room" im 6. Stockwerk ist Versaces profiliertestem Klientel gewidmet.

Das 5. Stockwerk mit der „Home-Collection". Der Boden ist charakterisiert durch einen hölzernen „carpet", der um den zentralen Bereich gezogen ist.

sowie durch das Licht aus dem Dachfenster, das sich im letzten Stockwerk befindet.

Das Treppenhaus wurde mit zwei neuen Aufzügen, die der Periode des alten Hauses nachempfunden wurden, ergänzt. Die Kabinen bestehen aus Glas und Kirschholz.

Auf der zum Innenhof gerichteten Seite wurden Rauminhalte im Innenbereich, die nicht voraussehbar sind, neu geschaffen: ein ovaler Raum im 3. Stock mit einem Auge, das zum 4. Stock offen ist. Der Raum im 4. Stock, mit zweifacher Höhe, ist durch die runde Öffnung sichtbar und mit dem 3. Stock sowie durch eine Galerie mit dem Obergeschoss verbunden. Das 3. Stockwerk öffnet sich mit sehr hohen Fenstern mit Stahllisenen zur „Skyline" der Stadt hin; ein Memorandum des Bausystems ist in die Hängedecke mit Parallelgewölbe eingeprägt.

Die Idee der nicht voraussehbaren Räume als Überraschung ist so etwas wie eine Prämie für denjenigen, der bis nach oben vordringt, um sämtliche Räumlichkeiten des Gebäudes zu erforschen.

Im ersten, zweiten und dritten Stock

finden wir Mosaikfußböden mit eleganten, klassizistischen Motiven, die wie kostbare Teppiche auf dem Marmor des restlichen Fußbodens liegen.

Die Säulen, Rahmen, Farben, Wände und Feinbearbeitungen lösen sich auf in einer schlichten (nüchternen) Atmosphäre, ziemlich weit entfernt von den üppigen Dekorationen der Paläste in Paris, London und Mailand.

Jedes Stockwerk weist Farbtöne und Dekorationsdetails auf, die mit den verschiedenen Kollektionen harmonisieren.

Im vierten Stock

befindet sich auch die Kollektion „Versus". Typisch sind hier die kälteren Materialien und ein eher „zeitgenössisches" Image, wenn auch im Rahmen klassischer Regeln. Hier finden wir Nickel anstelle von Messing, Fußböden sind „Seminato" feinkörnig strukturiert anstelle von Mosaik und Schwarz-Weiß-Töne, die aggressiver wirken.

Im fünften Stock befindet sich die Kollektion „Casa", die in einem Raum mit doppelter Höhe untergebracht ist. Auf der zur Straße liegenden Seite erinnert der Verkaufsraum an eine richtige Wohnung, die in dem zu Beginn des Jahrhunderts üblichen Stil eingerichtet wurde, mit Möbeln der Epoche und von Versace entworfenen Stoffen.

Charakteristisch für den nach hinten liegenden Saal ist ein Auge, das wie ein Bullauge in den Fußboden geschnitten ist und den Blick zum unteren Stockwerk freigibt, wobei sich genau in der Mitte des Fußbodens des darunter liegenden Stockwerkes, in dem sich die Versace Jeans Couture befindet, eine Verkleinerung desselben auftut. Ebenfalls auf dieser Seite wird der Raum außerdem durch die Galerie des sechsten Stockwerks charakterisiert.

Die Fußböden sind aus Kirschholz, ausgeschmückt mit Mäander-Designs und eingerahmt von Marmorbändern, die wie Teppiche wirken. Es ist ein gemütliches und angenehmes Ambiente, passend zur eleganten Einrichtung und den Stoffen. Die Säulen werden geometrischer und stellen dekorative Details in Metall dar, zur Erinnerung an „Art-Deco", das die Atmosphäre in New York in den Jahren des futuristischen Rausches prägte – eine Anlehnung an die New Yorker Art-Deco-Ästhetik, insbesondere in Bezug auf die unmittelbare Nähe des Gebäudes zum Rockefeller Center.

Sanfte Cremetöne des Marmorfußbodens, säulenförmige Wände und Details aus Metall ziehen sich in der Gestaltung durch das ganze Haus und ermöglichen so eine visuelle Verbindung zu den verschiedenen Umgebungen, die für die einzelnen Versace-Linien entwickelt wurden.

Das sechste und letzte Stockwerk

wurde für die wichtigsten Kunden geschaffen. Hier befindet sich auch eine kleine Bar, von der aus man Zugang zur Terrasse hat, die über der 5th Avenue liegt.

Hier öffnet sich das Dachfenster zu den gemalten dekorativen Motiven, die auf den Fassaden der umliegenden Gebäude vorhanden sind.

In jedem Raum befinden sich Variationen des Mosaikstreifens. Diese bestehen aus kostbarsten Mosaiken im Eingang, aus „Damier"-Rauten Weiß auf Gelb, Grün oder Rosa beziehungsweise Weiß auf Weiß. Eine Ausnahme bildet der 3. Stock mit dem ovalen Zimmer, in dem der

C 5 Ladenplaner inszenieren

Fußboden in Terrazzo ausgeführt ist, in einem Grauton, abgestuft von dunkel bis hell an den Kanten, durchsetzt mit Knospen aus weißem Marmor, die in der Mitte aufbrechen, sowie der 4. Stock mit der „Home Collection", wo der zentrale Fußboden aus einem Parkettboden besteht, der im Fischgrätenmuster verlegt wurde mit geschwungenen Mäandern, was die Proportionen des Zimmers unterstreicht.

Das Dachgeschoss im 6. Stockwerk, welches einen speziellen Salon für Veranstaltungen beherbergt, wurde der Frontfassade nachempfunden. Das Design knüpft an die neoklassizistischen Traditionen an.

Das diffuse Licht, das vom oberen Dachfenster verbreitet wird, lädt dazu ein, die oberen Stockwerke zu entdecken. Jeder der Räume, die zur Straße oder zum Innenhof, dem „rear court" ausgerichtet sind, ist streng von Lisenen unterteilt: Korinthische in den ersten drei Stockwerken, um die Eleganz der Fassade in den Innenbereich einzubringen; kalte Stahlstäbe im 4. und 5. Stockwerk.

Der höchste Raum ist der interessanteste: Ein gewölbtes Dachfenster, das sich zur Terrasse über der 5th Avenue hin öffnet, versorgt ihn mit Licht. Dorthin gelangt man nur mit dem Aufzug, die Treppe reicht nur bis zum 4. Stock, damit sie nicht übertrieben lang wird, aber auch deshalb, um dem höheren Mezzanin einen geheimnisvolleren exklusiven Anstrich zu verleihen.

Plankarte
(Berater und Mitarbeiter)

Unternehmen: ACCORD CONSTRUCTION INC.
Mr. Jay Eichel
506 Eighth Avenue, New York NY 10024

Bauingenieure: ROBERT SILMAN ASSOCIATES, P.C.
Mr. Joseph F. Tortorella
88 University Place, New York NY 10003

Ingenieure für die Mechanik: LILKER ASOCIATES CONSULTING ENGENEERS PC
Herrn Bruce Lilker
15 West 36th Street, New York NY 10018

Berater für die Fassadenreinigung: INTEGRATED CONSERVATION RESOURCES, INC.
247, West 30th Street, New York NY 10001

Berater für die Aufzüge: VERTICAL SYSTEM ANALYSIS
Mr. Ed Voll
56 West 22 Street, New York NY 10010

Fußböden: FANTINI MOSAICI
Via Delio Tessa 1, Mailand

Einrichtungen: LISAR S.p.a.
Via Boccaccio 68 / 72,
Karbonate 22070
(Como)
CERRUTI CONTRACT
Via Torino Varedo 20039
(Mailand)

Dekorationsgips: LABORATORIO SERGIO BASSI
Piazza F. Carrara 7,
Mailand 20141

Dekorationen: FONTANA DECORAZIONI
Via Bartolini 20,
Mailand 20155

Lorenzo Carmellini & Rocco Magnoli

C   Das Ziel: Corporate Identity zur Unternehmensidentität

C5 Ladenplaner inszenieren

5.5 Emer, Klaus

Emer Team, Innenarchitekten BDIA, Backnang

Das Projekt: Juwelier Wagner, Limburg

Fotograf: Frank Herrmann, Stuttgart

Einkaufen als authentisches Erlebnis – Erlebnisarchitektur für ein Juweliergeschäft in Limburg

Die ambitionierte Zielsetzung und somit Vorgabe für den Innenarchitekten war der Entwurf eines Juweliergeschäftes mit Weichenstellung für das neue Jahrtausend. In bester Lage am Neumarkt wurden hierfür Ladenräume mit 210 m² Fläche und einer Schaufensterfront von 15 m angemietet.

Bevor überhaupt der erste Bleistiftstrich auf der Skizzenrolle gezogen wurde, fand intensives Brainstorming zur Ziel – Positionsbestimmung statt:

– Was wünscht sich der Kunde von morgen beim Einkauf?
– Wie haben sich die Einkaufsgewohnheiten durch den Wertewandel in der Gesellschaft geändert?
– Wie können wir Emotionalität bei den Kunden wecken?
– Wie können wir das Einkaufen als unterhaltsamen Teil der Freizeitbeschäftigung mit hohem Erlebniswert gestalten?
– Wie können wir die Geschmacks- und Gefühlswelten verschiedener Zielgruppen (z.B.: die Aktiven – die Konservativen – die Jungen – die Frischen – die Hedonisten usw.) ansprechen?
– **Kurz gesagt: Wie können wir das Einkaufen zum authentischen Erlebnis machen?**

Extrakt der Ergebnisse des Brainstormings:

Einkaufserlebnisse bewusst zu initiieren und zu lenken, bedeutet Erlebnissituationen und Erlebniswahrnehmung so zu steuern, das **angenehme** und vor allem **aktivierende Erlebnisse** gespeichert und im Bewusstsein zusammengefügt werden. Zunehmende Produktivität und veränderte Konsumgewohnheiten, z.B. mehr Spontankäufe, mehr modische Orientierung und mehr Lust auf emotionale Erlebnisse führen zu einer völligen Veränderung der Verkaufsphilosophie.

Klaus Emer

Blick von außen

Grundriss 1:200

C 5 Ladenplaner inszenieren

Die Ladengestaltung von morgen muss uns über die Gefühlsebene, die Emotion ansprechen!

Damit geht bei der Gestaltung von Verkaufsräumen die Suche nach mehr Natürlichkeit, Ursprünglichkeit und Einfachheit (archetypische Gestaltung) einher um eine Sinnlichkeit zu schaffen, die Wärme, Gemütlichkeit und Geborgenheit („Cocooning") vermittelt – kurzum die menschlichen Sinne anspricht. Der Kunde von heute (und erst recht der nach dem Jahr 2000) wünscht sich Nähe zum Produkt und das in einem Rahmen, der durch abwechslungsreiches, kultiviertes Design und Ambiente, durch interessante Szenarios, optische, haptische und auch olfaktorische (über den Geruchssinn) Reize seine Sinne erfreut:

Das Kauferlebnis avanciert zum Event – gleichsam einer Bühneninszenierung.

Das Gestaltungskonzept:
- **Ambiente:** Klar, geordnet, warm, ruhig, hell, transparent, behaglich, freundlich, offen, einladend, sympathisch, aktiv.
- **Verkaufsraumkonzeption:** Klar erkennbare Segmentierung in drei verschiedene Hauptbereiche:
- Im „klassischen Bereich" Ausrichtung sowohl auf die „Konservativen" als auch auf die „Aktiven" (die besonders für Gestaltung und Design sensibilisiert sein). – Völlige Flexibilität der Ladenzone, ständige Integration von Kunstobjekten (Bilder – Grafiken – Skulpturen), aber auch zusätzlich Installationen für Vernissagen, Modenschauen usw. – Herausstellen von Service-Kultur durch Einrichtung eines Uhrmachers – Direktservice (mit integrierten Geräten, die für die Besucher interessant sind)
- **Trend-Shop: Zielgruppe: „Die Frischen" und die Jugend** spritzig, erlebnisbetonte Atmosphäre, designorientiert, originell, dynamisch, sportlich, lebensfroh. Besonders als Ansprache für junge Zielgruppen, Abbau von Schwellenangst, Abbau des Vorurteils: „Der Juwelier ist nur etwas für Ältere oder Reiche", Herausstellen von Innovationsfreudigkeit, Modekompetenz und Offenheit.
- **Kommunikationsforum:** Rezeption mit Kundenempfang, Service, Info-Center, Empfehlungen,

(innen)

Veranstaltungshinweise und Konzertkarten-Verkauf (Ticketing). Einrichtung einer Bibliothek zu den Themen „Schmuck-Uhren-Silber", multimediale Präsentation usw. einschließlich großzügiger, separierter Sitzgruppe.

Das architektonische Konzept:
Die Fassade:
- Zentrale Anordnung eines „Portals" mit kleiner Eingangspassage. Spannungsvoller Gegensatz zwischen massiven Putzflächen und schmalen, horizontalen Vitrinen, zur Präsentation der neuesten Kreationen. Völlige Transparenz zum Verkaufsraum mit Einblick in die Goldschmiede.
Architektonischer Trick: Die bisher außen liegenden zwei Eingangsstufen wurden durch Tieferlegen des Gewölbekellers in den Verkaufsraum verlegt.
- Vertikale Gliederung der Fenster, auch die darüber liegende klassizistische Fassade sensibel abgestimmt. Zusammenfassung der Schaufenster und des „Portals" durch zwei L-förmige Edelstahl – „Spangen" mit integrierten Schriftzügen. Ein äußerst graziles Vordach aus bedruckten Glas-Segmenten schützt vor Regen und Sonneneinstrahlung und erhöht die Fernwirkung der Fassade. Dezente, reduzierte und spannungsvolle Architektur durch Kontrast zwischen fein strukturierte Putzflächen zu seidenmattem Edelstahl und mattem, toskanischen Naturstein.

Der Verkaufsraum:
- Links vom Eingang der **„Trend-Shop"**. Völlig mobil konzipiert. Im Multe-Media-Tower werden die neusten MTV- und VIVA-Video-Clips präsentiert. Verschiebbare Wände zur Präsentation von Plakaten, Grafiken, Holografien usw. – Mit **Aktionsfenster** (z. B. zur Dekoration eines „Smart", Motor- oder Fahrrädern, Surfbrettern usw.). Material-Kontraste zwischen furniertem und lackiertem Holz, lackierten und angerosteten Stahlflächen, gewachstem Parkett und hoch florigem Textilbelag.

Die Rezeption als Kommunikationsbereich für Service, Information, Karten- und Bücherverkauf bildet eine Verbindungsspange zum **„Klassik – Bereich"**. – Der weite, großzügige Schwung der rechten Ladenseite mit integrierten horizontalen und vertikalen Vitrinen führt gezielt in die Tiefe des Ladens. Die Beratungstische sind mittels mobiler Diskretionselemente aus geätztem Glas voneinander getrennt.

- Großzügig verglaste Fenster auf der gegenüberliegenden Wand geben Einblick in die **Goldschmiedewerkstatt**, sodass sich der Kunde von der künstlerischen und handwerklichen Kompetenz der Goldschmiede überzeugen kann. Weitere fachspezifische Informationen findet der Interessierte in der anschließenden **Bibliothek**. Ungestört kann sich der Leser oder Betrachter eines Video-Clips auf eine schneckenhausähnliche Sitzinsel zurückziehen. Oder aber er lehnt sich bei einem Glas Sekt oder einer Tasse Espresso aus der angrenzenden Cafeteria entspannt zurück und genießt die perfekte architektonische Inszenierung eines außergewöhnlichen Juweliergeschäftes.

C5 Ladenplaner inszenieren

5.6 Kreft, Wilhelm:

Innenarchitekt BDIA, DWB
Planungsbüro Kreft, Wedemark

Großfotos: Dieter Krüger,
FotoFactory, Georgsmarienhütte

Das Projekt: Dussmann – Das KulturKaufhaus
Friedrichstraße, Berlin

Realisation: Wilhelm Kreft GmbH, Wedemark

Eröffnung: 31. Oktober 1997

Fotograf: Andreas Ahnefeld, Stadthagen

Die Oper im Untergeschoss
Ein Kulturkaufhaus für Printmedien und für elektronische Medien auf einer Gesamtfläche von 4700 m² im Zentrum der Hauptstadt.

Prof. Wilhelm Kreft

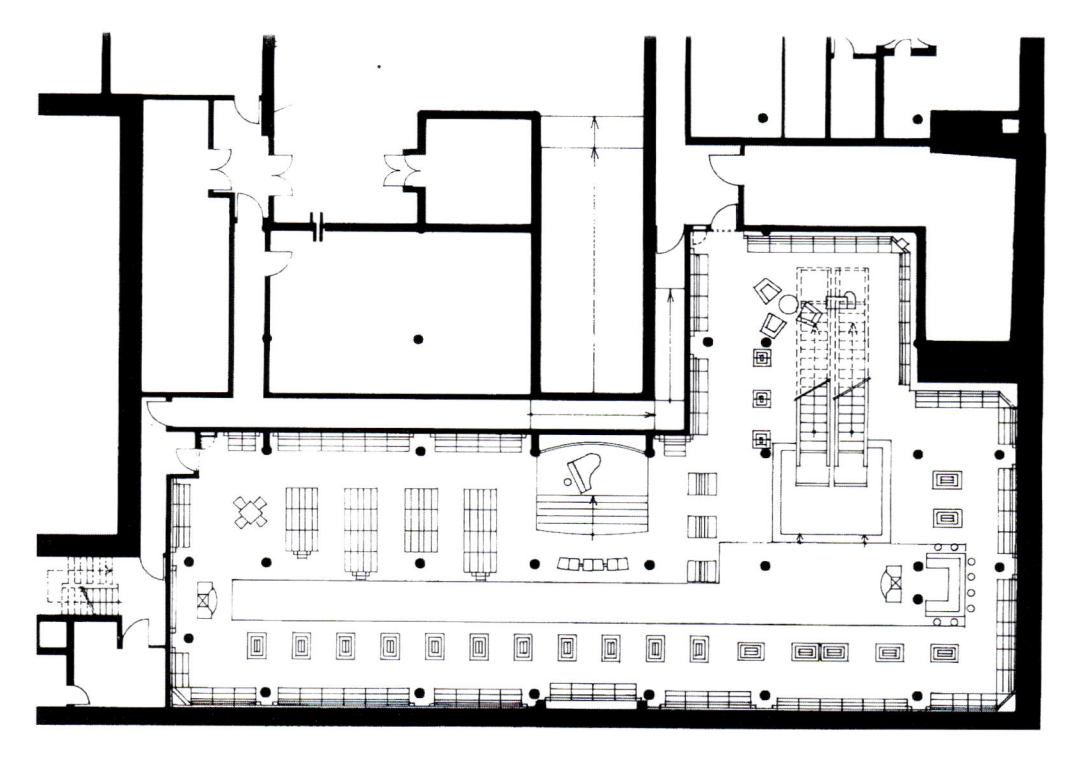

Hier kommt man an

Der Kundenleitweg durch die Klassik

C   Das Ziel: Corporate Identity zur Unternehmensidentität

C 5   Ladenplaner inszenieren

Auf einer Bühne steht ein Beckstein-Flügel von 1900 für Konzerte, im Hintergrund das Schinkelsche Bühnenbild aus „Die Zauberflöte": Der Palast der Göttin der Nacht.

Da wo sich in unmittelbarer Nähe die großen Bühnen von internationalem Rang mit den großartigen Inszenierungen befinden, hat ein Kulturkaufhaus den Auftrag etwas Besonderes zu bieten.
Diese Erkenntnis war die Basis für Inszenierungen!
Von Beginn an stand fest, dass die klassische CD ins Untergeschoss gehört, erreichbar über eine Fahrtreppe, mit rückwärtiger Einfädelung aus dem Untergeschoss. Das sind zunächst keine guten Voraussetzungen. Hier muss der Kundenleitweg und eine gute Information im Erdgeschoss dafür sorgen, dass die Fahrtreppe zum Untergeschoss gefunden wird.

Die Hör- und Infotheke im Eingangsbereich

Das Untergeschoss hat auch etwas Gutes: Man ist unter sich, getrennt vom großen Gedränge des Kaufhauses und man hat gute Möglichkeiten der Unterbringung, denn es gibt lückenlose Wände ohne Fensterunterbrechungen, eine Höhle wie Zuschauerraum und Bühne der Oper. Es schien mir wichtig diese Höhle am unteren Ende des großen KulturKaufhauses zu einem Höhepunkt zu machen. Hier sollte die Musik durch Konzentration, Besinnung und Relaxen einen neuen Zugang bekommen.
Schon von der Fahrttreppe, auf der man vom Erdgeschoss in das Untergeschoss geführt wird, landet man in einem großen, breiten, klassischen Bühnenbild. Man ist in der Oper angekommen. Die Vorstellung läuft!
Hier in der Mitte Berlins wird durch die Nähe der klassizistischen Theaterbauten Friedrich Schinkels ist der klassizistische Geist überall spürbar. Diesen klassizistischen Geist Schinkels wollte ich als deutliches Zitat in diese „Oper im Untergeschoss" einbringen.
So steht am Beginn das Schinkelsche Bühnenbild zur Oper Olympia. Das Bühnenbild zeigt den Innenraum des Artemision in Ephesus in der Oper „Olympia", so wie ihn Schinkel entworfen hat. Außerdem wurde sein berühmt gewordenes Bühnenbild „Palast der Königin der Nacht", das Schinkel für eine Aufführung der Zauberflöte entwarf, verwandt als Hintergrund einer echten Bühne, auf der zu bestimmten Zeiten Klassik live zu hören ist. Umlaufend an allen Wänden befinden sich ein Fries, der die Wände bis hinein in die Nischen zu einem Raum zusammenführt und zusammenhält.
Wie im übrigen Haus sind auch hier die Wände anthrazit und der Fußboden rot. Das Dussmann-Rot fand hier Einzug, die Kundenleitwege im anthrazit mit kleinen roten Quadraten, Säulen und Decken weiß.
Die Wände, das sind die Regale mit CD's, Videos und Musikbüchern. Sie werden beherrscht und bestimmt durch den umlaufenden Fries und so klassisch eingestimmt auf den Inhalt, den die Regale aufnehmen. Eine weitere Säulenreihe wurde aus dekorativen Gründen vor der Hauptausstellungswand aufgestellt.

244

C5 Ladenplaner inszenieren

Statisch ist nur die Säulenreihe in der Mitte des Raumes notwendig. Um die Wirkung eines festlichen Säulenraumes zu bekommen, wurde diese zweite Säulenreihe vor der Wand aufgestellt. Das so hergestellte strenge klassizistische Prinzip nutzt auch der Teilung des Angebots und damit der Übersicht.

Auch die Tische haben dieses Opernmilieu. Sie haben keine Beine wie sonst im Haus, sondern verspiegelte Unterflächen, die diese Tische schwebend machen und den Raum festlich spiegeln.

Die Autorin Britta Arnold schreibt hierzu in der EULE: „Wer sagen will, er sei bei Dussmann gewesen, muss das Untergeschoss erlebt haben."

Oft Stiefkind großer Architekturobjekte wurde das Untergeschoss im Kulturkaufhaus zu einem Mekka der Sinne, besonders der Augen und Ohren. Schon auf der Rolltreppe zieht das Untergeschoss mit einer riesigen Fotowand, auf der die Abbildung eines Bühnenbildentwurfs von Schinkel zu sehen ist, die Besucher in seinen Bann. Wer schließlich die Augen von dieser Malerei lösen kann, darf eintauchen in den kompletten Hörgenuss. Hier ist die Klassik-CD-Abteilung mit rund 50 000 Titeln untergebracht. Klassik-Videos, Opernführer und, wie übrigens auch im ganzen Haus verteilt, Anhörstationen von exzellenter Qualität.

Das Untergeschoss ist auffällig intensiv besucht. Die Leute halten sich gern hier auf. Zum Jahresende war es keine Seltenheit, dass Kunden mit einem Stapel CD's im Wert von DM 500,00 und mehr das Haus verließen weiß man bei Dussmann zu berichten.

Wiederum im Untergeschoss wird der Anspruch des Hauses, Kultur nicht nur zu reproduzieren, sondern auch live anzubieten, besonders deutlich. Auf einer Bühne steht ein Bechstein-Flügel von 1900 für Konzerte, im Hintergrund das Schinkelsche Bühnenbild aus „Die Zauberflöte", das die Atmosphäre großer Musikhäuser verbreitet. In einem schöneren Ambiente kann man Musik auf Scheiben eigentlich nicht verkaufen.

Britta Arnold

So steht am Beginn das Schinkelsche Bühnenbild zur Oper Olympia: Der Innenraum des Artemision in Ephesus.

C Das Ziel: Corporate Identity zur Unternehmensidentität

C 5 Ladenplaner inszenieren

5.7 Rennes, Ernst Ch. van

Interiorarchitekt
Zutphen, NL

Das Projekt: De Drukkery, Middelburg, NL
Buchhandlung, Papeterie, CD-Shop,
Brasserie / Galerie

Eröffnung: 28. Mai 1998

Bauherrn und Betreiber:
Gesellschafter: Dick Anbeek

Ideenberatung: Anne Douwe Knobbe
Grafiken: SRP Snelders / Roth & Partner,
Middelburg NL
Fotograf: Kees de Grave /Oost-Souburg, NL

Läden: Offene Handelsgesellschaft
De Ruiter & Fanoy
Brasserie: Offene Handelsgesellschaft,
Goossen

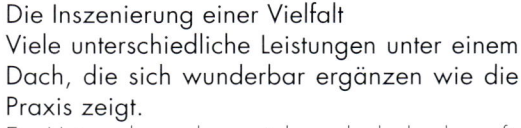

Ernst Ch. van Rennes

Die Inszenierung einer Vielfalt
Viele unterschiedliche Leistungen unter einem Dach, die sich wunderbar ergänzen wie die Praxis zeigt.
Ein Unternehmen kann sich auch dadurch profilieren, dass für die Kunden Kombinationsleistungen erbracht werden, also das Ausstellen in der Galerie und das Verkaufen in den Läden, verbunden mit sitzen, rasten, sich erfrischen und speisen.
Sehen, hören, riechen und schmecken: Vier Sinne werden hier gleichzeitig befriedigt. Da sich diese Läden gut zum Browsing eignen, kommt auch das Fühlen hinzu. Dass es sich hier um Bücher, Videos und CD's, verbunden mit einer Galerie und einer Brasserie handelt, macht dieses Unternehmen für weite Bevölkerungskreise interessant und besuchenswert.
Am zentralen Platz der Stadt befand sich eine große Druckerei. Diese Druckerei hat die Enge der Stadt gespürt und musste ausgesiedelt werden. Eine Buchhandlung und ein Restaurant bewarben sich diese Fläche zu nutzen. Für einen allein war die Fläche zu groß und man überlegte sich: „Warum gehen wir nicht zusammen und machen etwas Gutes daraus mit einer gemeinsamen Idee?"

Im Eingangsbereich

In der Buchhandlung

Die CD's

C5 Ladenplaner inszenieren

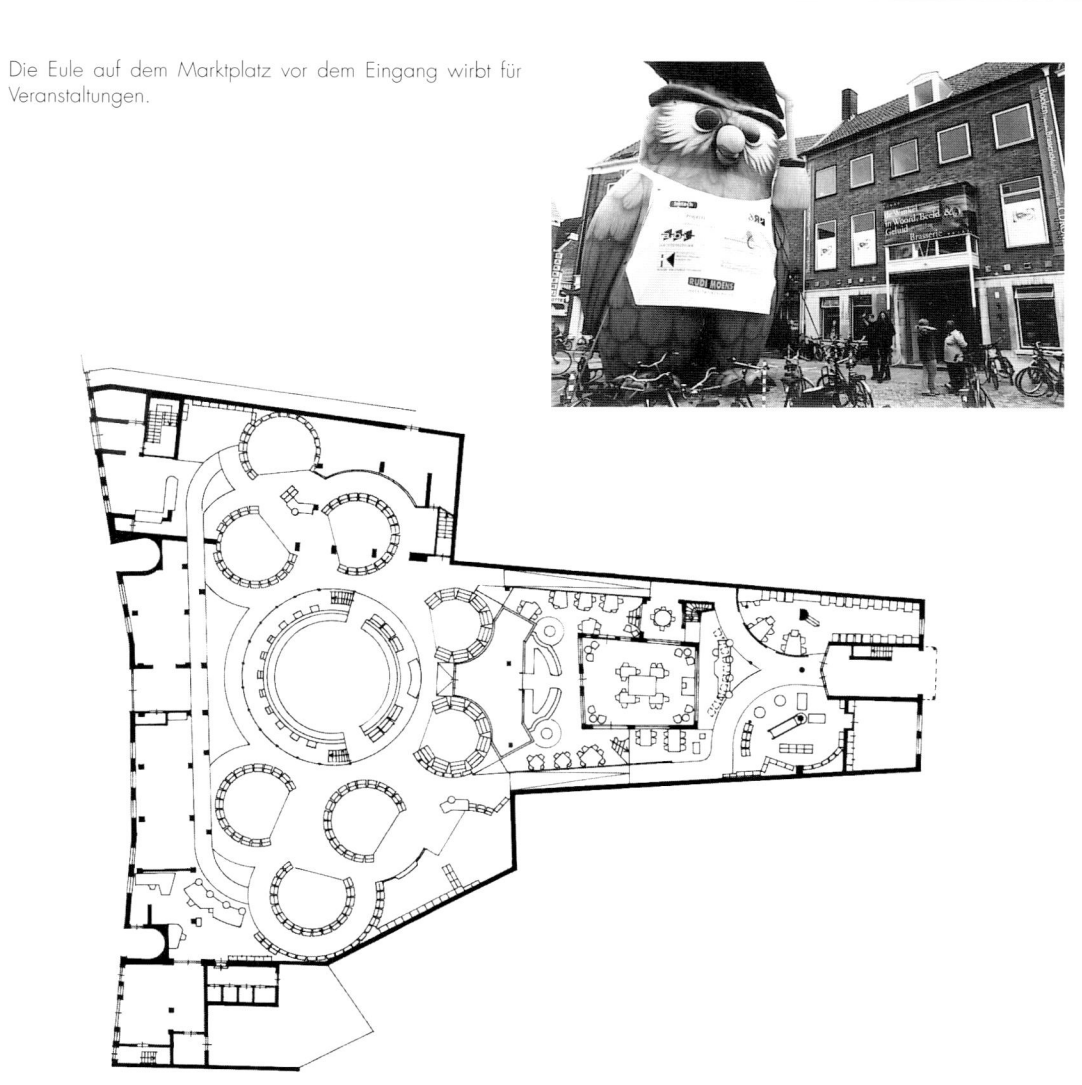

Die Eule auf dem Marktplatz vor dem Eingang wirbt für Veranstaltungen.

Im Restaurant

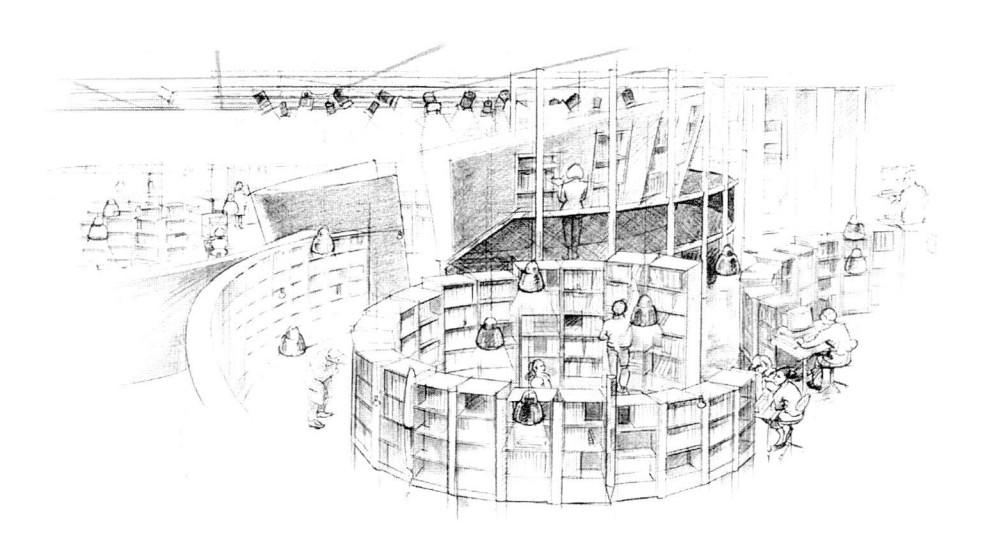

C   Das Ziel: Corporate Identity zur Unternehmensidentität

C 5   Ladenplaner inszenieren

Die alte Druckmaschine dient noch für Familien-Drucksachen.

Events: Aus den Veranstaltungen

C5 Ladenplaner inszenieren

Altes Fabrikdach und neues Licht

„De Drukkery" in Middelburg ist ein interessantes Beispiel, das „hingehauen" hat und hoffentlich Schule machen wird. Fabrikhalle, Schrägdach mit darunter gehängten Beleuchtungssystemen, Emporen, kleinen Treppen, Schrägen für Rollstühle und einem großen Loop: Egal wie man einsteigt, man kommt immer zum Ausgangspunkt zurück und hat alles, wirklich alles gesehen.

Und was man sieht ist interessant. Man kann verweilen, ausruhen, ein Eis essen, Cola oder ein Bier trinken und natürlich auch vorzügliche Weine. Man kann speisen, lesen und hören. In der Mitte des Raumes befindet sich die Küche, die einen exzellenten, sehr kompetenten Duft verbreitet und dennoch nicht aufdringlich ist. Aber trotz aller internen Aktivitäten unterstützt die Küche das Ausstellen und präsentieren von Büchern und erinnert in den vielen interessanten Abteilungen dieser Buchhandlung an das Speisen.

Der Espresso ist vorzüglich, nachdem man einen großen „Salat Niçoise" und anschließend einen Fruchtsalat zu sich genommen hat. Beim Schlürfen des Espressos kann man sich schon nicht mehr vorstellen, dass es Buchhandlungen gibt, in denen man nicht einmal einen Espresso bekommen kann.

C Das Ziel: Corporate Identity zur Unternehmensidentität
C 5 Ladenplaner inszenieren

Alles ist so selbstverständlich, als wäre es schon immer so gewesen. Ach, wie viel Vorbehalte gibt es noch gegen solche Art Institutionen! Oder wird man erfahrene Kunden befragen, um ihre Wünsche zu erfahren? Wir wissen aus vielen Gesprächen, dass die Kunden sehr viel schneller sind in ihren Wünschen und Vorstellungen, von durchaus machbaren Wünschen.

Kann man sich dadurch profilieren, dass man diese Wünsche kennt, ihnen nachgeht, vielleicht auch ein bisschen nachhilft oder schon voraus denkt? Auf jeden Fall liegt man im Trend: länger verweilen in einer Buchhandlung. Viele kommen über Mittag oder möchten auch zum Abend bleiben, sodass auch Speisen angeboten werden. Voraussetzung ist aber, dass die Speisen vorzüglich sind und auch kleine Gerichte angeboten werden und der Kunde auch bei einem guten Wein entspannen kann.

Das ist noch nicht genug des Guten. Jeden Samstag tritt eine Musikgruppe im Restaurant auf. Dafür wurde extra ein Mittelraum geschaffen in einem früheren Atrium, das mit Glas überdacht wurde. Es soll eben alles ein Erlebnis sein und die Kunden verwöhnt werden, die hier auch ihren Bedarf decken an Zeitschriften und Büchern, zumindest schauen sie in die vorteilhafte Ausstellung der Bestseller mit der darüber liegenden Videowand, die exakt und immer aktuell informiert. Auch kann der Bedarf an Schreibwaren, insbesondere Postkarten und Glückwunschkarten gedeckt werden.

Dick Anbeek gibt bereitwillig Auskunft, denn er ist Stolz auf das, was hier geschaffen wurde: „Es gibt ganze Besucherströme niederländischer und ausländischer Einzelhändler. Diese Investition hat sich gelohnt. Sie hat sich sogar sehr gelohnt, wir haben gute Zahlen. Wir sind hervorgegangen aus einer Buchhandlung mit 320 m². Jetzt sind wir eine Institution mit 1500 m² ‚De Drukkery'."

Davon entfallen auf
Bücher:	900 m²
CD:	150 m²
Brasserie:	150 m²
PBS:	160 m²
Die Druckerei, hier ist etwas behalten worden für schnelle Familiendrucksachen	30 m²
EDV-Abteilung:	80 m²
Nebenräume, Küche, Lager:	30 m²

Der Umsatz:
Buch:	70 %
CD:	10 %
Brasserie, einschließlich Weinverkauf:	10 %
Elektronische Medien:	5 %
Papeterie:	5 %

Die Inszenierung erkennt man im Grundriss: Der große Kreis in der Mitte ist die Galerie. Vorne das große Rechteck ist das Atrium mit Restaurant. Aber das ist nur ein Teil des Restaurants, es geht noch drumherum weiter. Man muss vom Eingang durch den Markt. An den Zeitschriften und den Bestsellern, an der Beratungs- und der Empfangstheke vorbei, gelangt man auf der rechten oder linken Seite in das Restaurant. Dann geht es rechts wie links weiter in die Buchhandlung mit fünf Kreisen, ein weiterer gehört der Papeterie und ein wiederum weiterer der CD-Abteilung.

Dieses Konzept hat Schwung und Dynamik. Ein starkes und selbstbewusstes Milieu, „de Drukkery" zeigt Eigenart, die profiliert. Eine gute Idee, die hier umgesetzt wurde und die großen Zuspruch verdient.

5.8 Schafflinger, Robert

Das Projekt: World of Sport, Fulda

Realisation:
Umdasch Shop-Concept, Anstetten, A

Team: Architekt: Bernd Keib

Merchandising + Requisition:
Claus Aschenbrüder

Fotograf: Arno Aichner

Bauherr und Betreiber:
Peter Fricke und Rolf Auchter

Eine Inszenierung für den Sport

Wie eine Acht führt der wie eine Straße sichtbare Loop durch das unübersehbare Warenangebot und ordnet es für die Kunden. Der Loop war von Beginn der Planung an in der Vorstellung des Bauherren und der Architekten.

Man wollte einen Erlebnismarkt, die Bühne, die Inszenierung der Waren, um Begeisterung, die in dem jungen Unternehmen Peter Fricke und Rolf Auchter steckt, Gestalt werden zu lassen. Deshalb heißt es in der Hauszeitschrift Umdasch „Shop-aktuell" Nr. 81 im Auszug:

Der Innenraum

Kulissen statt Ladenbau

Am Standort von World of Sport im Süden Fuldas hat sich zuletzt eine passable Fachmarktszene mit zunehmender Frequenz entwickelt. Dem zweckmäßigen Hallenbau ist eine markante Fassade vor- und ein kleines Büro auf-

Robert Schafflinger

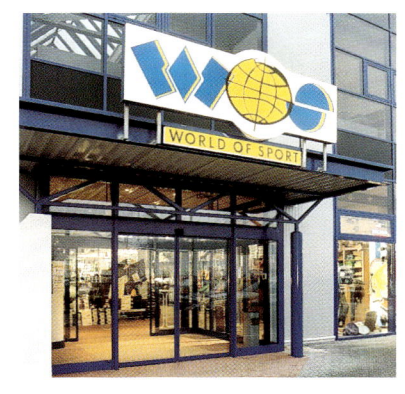

Blick auf den Eingang

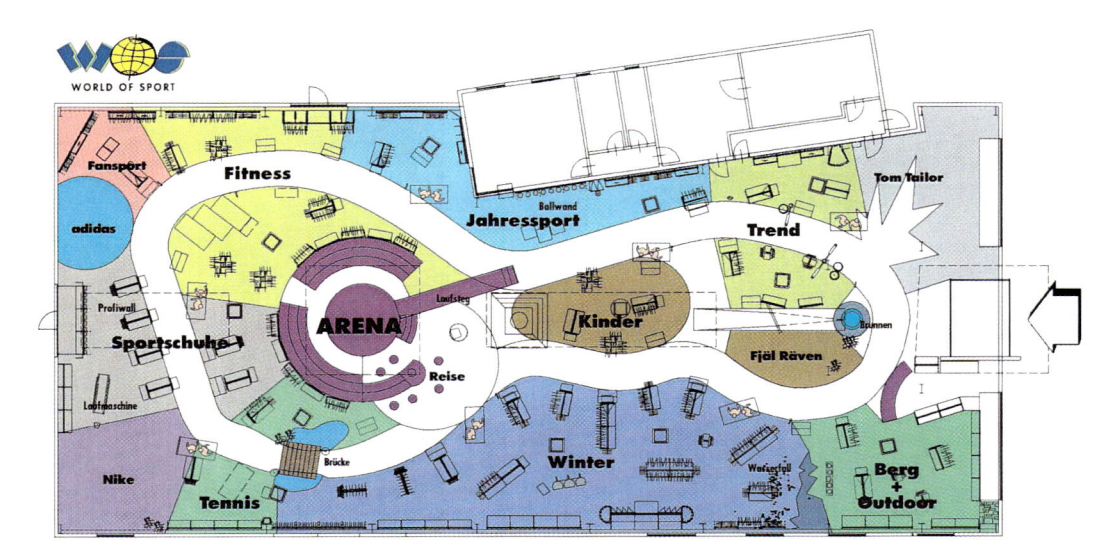

C Das Ziel: Corporate Identity zur Unternehmensidentität

C 5 Ladenplaner inszenieren

gesetzt. Die Erlebnisinszenierung wird durch einen organisch gestalteten Loop erschlossen, auch die differenzierte Bodengestaltung dient der Gliederung. Jeder Sortimentsbereich hat seine eigene Kulisse, die Raumhöhe von fünf Metern hat dabei dem Inszenierungsspielraum gut getan. Jede Kulisse besteht aus einem „doppelten Warenbild". Hoch über Kopf auf Fernwirkung eingestellt sind es dreidimensional gestaltete Sportbilder mit markant herausgearbeiteten Rahmen. Darunter sind dann die eigentlichen Warenbilder, konzipiert nach den Regeln der Warenbildgestaltung und des Visual Merchandising, arrangiert.

Eine Reihe von gestalterischen Gags unterstützt milieuspezifisch die Präsentation und Atmosphäre: Eine Originalgondel der alten Stubnerkogelseilbahn aus Bad Gastein, ein E-Leitungsmast aus Eisen, ein Wasserfall, eine Kletterwand, die Brücke über den Krokodilteich, ein Kinderspielplatz. In einer eigenen Arena, ausgestattet mit Tribünen, finden laufend Aktionen statt. Dort flattern ständig Fahnen, beflügelt von einen künstlich erzeugten Wind.

Vielfach sind die Wände besonders heraus gearbeitet (Ziegel, Holz natur und lackiert, Metall). Im Mittelraum ermöglicht die Kombination von klassischen Gondeln mit Stufenpodesten originelle Variationen von Hänge- und Legepräsentation. In der Schuhabteilung setzt das Lochblechprogramm FLAT gestalterische Akzente.

Fachmarkt oder Fachgeschäft?

Am Schaufenster von World of Sport ist zu lesen: Sportartikel-Fachmarkt für Groß- und Einzelhandel. In der Praxis handelt es sich jedoch um ein sehr eigenständiges Betriebstypenkonzept, dessen Grenzen zwischen Fachmarkt und Fachgeschäft fließend sind. Standort und Baukörper deuten in Richtung Fachmarkt. Preisaggressivität und die Verkaufsfläche (1200 m^2) liegen in der Mitte. Sortiment sowie Personal- und Servicequalität weisen Fachgeschäftsniveau auf. Wohl einmalig aber ist das mutige Erlebnis- und Entertainmentkonzept, das nach Grundsätzen der Laden-Dramaturgie erarbeitet wurde. Hollywood lässt grüßen."

Reinhard Peneder

C Das Ziel: Corporate Identity zur Unternehmensidentität

C5 Ladenplaner inszenieren

Jos de Vries

Food Court

5.9 Vries, Jos de

Overmars Kampers, Willem
The Retail Company B.V.,
Maarssen, NL

Projekt: Migros Genossenschaft
Zürich-Limmat, CH

Für die Corporate Identity von Migros wurde ein helles, übersichtliches und niedrig schwelliges Lay-out gewählt. Jede Abteilung hat ein eigenes Ambiente, wobei sich jedoch ein roter Faden durch alle Abteilungen zieht, sodass diese insgesamt eine Einheit bilden. Das Thema lautet „Synthese" bzw. die Wahrung des zusammengesetzten Ganzen. Die Suche nach dem richtigen Verhältnis zwischen Kommerz, Kultur und Ursprung, zwischen Produkt und Konsument, zwischen Farbe und Material, und zwar für alle Produktgruppen in den Bereichen Food, Near Food, Non Food und Fastfood.

Das neue Gesamtkonzept kommuniziert nicht nur mittels der zahlreichen Hausmarken das so genannte „Migros-Gefühl", sondern der Konsument erlebt dieses Gefühl in der gesamten Filiale: Warm, hell, fröhlich, abwechslungsreich, überraschend, übersichtlich, modern, praktisch und vor allem qualitativ im richtigen Verhältnis. Spezifisch zugeschnitten auf die Genossenschaft Migros Zürich mit dem Standort Limmatplatz folgt der Entwurf von Erdgeschoss und Untergeschoss mit einer Gesamtfläche von 9000 m² freie Verkaufsfläche.

Erdgeschoss: 4000 m² freie Verkaufsfläche Migros Food Court:

Ein American Foodcourt mit 750 Sitzplätzen im mediterranen Ambiente. Der Marktplatz/die Oase ist umringt von Foodcountern mit verschiedenen authentischen Countern/Themen sowie Pizzeria, Coffee & Bakery, Sandwicheria, Fisch Hause, Swiss Hause, Fit & Well, Potatoe Hause, Chickeria, Asien Hause und Mediterranean Countrys.

Die Themen sind dekorativ visualisiert worden, wobei neue Kunden begeistert und zusätzliche Frequenzen geschaffen werden. Take-away- und Restaurant-Kunden sollen angesprochen werden.

C5 Ladenplaner inszenieren

Die Warenträger müssen multifunktional einsetzbar und die Themen jederzeit veränderbar sein. Bestehendes Leadersortiment wird integriert und neu positioniert. Die effiziente Bewirtschaftung der Themen muss sichergestellt sein.

Souterrain: 5000 m² freie Verkaufsfläche Migos-Läden

Ein großzügiges Lay-out mit direktem Kundenleitweg, übersichtlich und mit Selbstständigkeit. Ursprünglich mit Produkten und Authentizität verbunden, wobei sich der Kunde immer und überall im Laden wohl fühlt. Neu, frisch, eigenständig, ehrlich und konsequent, wobei die Ware immer im Vordergrund steht. Erlebnis und Unterhaltung im Food-Bereich für Brot, Früchte und Gemüse, Fleisch und Fisch, Charcuterie, Käse, Koch- und Degustation-Promotionen. Trockenwaren, Kolonial, Tiefkühl und Molkerei. Im Non-Food-Bereich für Damen-, Herren- und Kinderwelt, Haushalt und Hartwaren, Kosmetik und Hygiene, Migros Studio und gesamte Promo-/Saisonfläche.

Willem Overmars-Kampers

Läden

C Das Ziel: Corporate Identity zur Unternehmensidentität

C5 Ladenplaner inszenieren

Klaus-Richard Weber

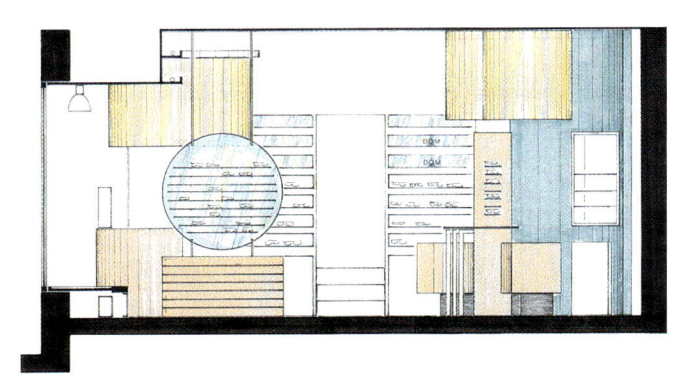

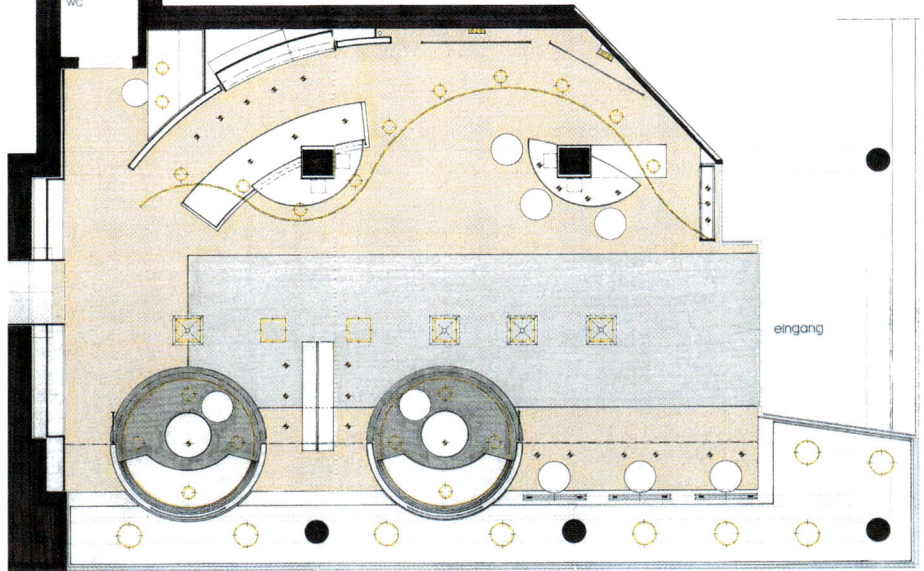

Grundriss

5.10 Weber, Klaus-Richard

Cölndesign
Weber+Österreicher
Innenarchitekten AKNW

Das Projekt: „Dom-Optik", Limburg
Realisation: Juli 1999

Wie sehen wir Inszenierung?
Inszenierung bedeutet für uns das 100% zielgenaue Platzieren einer Geschäftsidee im Markt. Eine Unzahl von relevanten Faktoren muss dafür im Vorfeld geklärt werden.
Der eigentliche Gestalter ist erst zum Schluss gefragt. Zu Beginn einer Planung erarbeiten wir intensiv mit den Bauherrn den eigentlichen Sinn und Zweck des Vorhabens. Erst wenn wir die Aufgabenstellung richtig verstehen, können wir planen.
Hierzu gehören Fragen wie:
– Welches Sortiment wird angestrebt?
– Wie sieht das dazu passende Zielpublikum aus?
– Wie ist die örtliche Wettbewerbssituation?
– Wie ist das Investitionsvolumen?
– Welche Alters-/Zeitgeistschicht soll angesprochen werden?
– Wenn diese groben Fragen geklärt sind, beginnt die Feinarbeit, die eigentliche Inszenierung.
Bei dem vorliegenden Geschäft Dom Optik, Limburg, ergaben sich nach den Vor-Recherchen folgende Anforderungskriterien:
– Neues Optikerfachgeschäft in einem total gesättigtem regionalem Markt
– bestehendes Geschäft desselben Inhabers ca. 300 m entfernt, daher Gefahr der Eigen-Konkurrenz
– klare Trennung beider Auftritte
  Brillenfassungen im ausgeprägten Markenbereich mit hochwertiger Tendenz
  starkes Designbewusstsein im Zeitgeist
  wenig Ware offen zeigen
  Hervorheben der qualitativen Beratung
  Atmosphäre schaffen, die nicht vergleichbar mit anderen regionalen Anbietern ist.
Ideales Kundenprofil:
ca. 25–50 Jahre,

C 5 Ladenplaner inszenieren

progressiv-zeitgeistige Orientierung. Gut verdienend, offen, aufgeschlossen, wertbewusst.
Aus diesen „Erfolgskriterien" entwickelten wir die Grundlagen der Inszenierung:
– Ruhiges, klar überschaubares Raumgefüge
– reduzierte Formen, ohne in den Über-Purismus zu verfallen
– auch runde und fließende Formen, um keine zu harte Umgebung zu schaffen
helle, lichte Raumwirkung mit wenig Farben
– die Brille soll für sich wirken, ohne viel Beiwerk und Dekoration
– Wohlfühl-Atmosphäre ohne Plüsch
– Entwickeln eines eigenen Firmenlogos.
Die Realisierung aller dieser Vorgaben ist die eigentliche Inszenierung. Die Pläne und Fotos dokumentieren das Ergebnis. Ca. sechs Wochen nach Eröffnung sehen wir alle Erwartungen an Image und Umsatz mehr als erfüllt.
Im Bodenbereich arbeiteten wir mit einem Streifen hellem Kunststein, der mit kleinen farbigen Glassplittern vermischt ist. Der restliche Boden besteht aus hellem Ahornparkett bis auf die zwei Kreise der Beratungsinseln. Hier wurde ein schwarzer Langflorteppich mit einer handwerklichen Optik verlegt.
Die Decke besteht aus glattem, gestrichenem Rigips mit zwei Stufen in Rundungen zum Schaufenster. Zwei Stoffzylinder, die aus der Decke herunterhängen und von innen illuminiert sind, betonen die Beratungsinseln. Auf der anderen Seite bewegt sich ein ebensolches Stoffband in sanften Schwüngen durch den Raum. Diese Elemente geben dem Raum viel Weichheit trotz der anderen teilweise harten Formen. Die Einbauten selbst bestehen aus amerikanischem Ahorn, Edelstahl, gerilltem Aluminium und gesandstrahltem Plexiglas. Die wechselbare Brillenpräsentation aus Aluminium und schwarzem Gummi wurde eigens von uns entwickelt. Das einzige farbige Element ist eine gebogene Wandscheibe hinter der Rezeption, die vor Ort gespachtelt wurde. Im Boden sind Edelstahl-Hülsen eingearbeitet, in die zeitweise spitz zulaufende Tischvitrinen eingesteckt werden können.

Die gesamte Atmosphäre ist gezielt und bewusst auf Grundlage der vorher entwickelten Kriterien geschaffen.

Hier wurde nicht mit Verkaufsdruck gearbeitet, sondern mit einem gezielt inszenierten „SOG". Wir schaffen einen Unterdruck, der direkt in das Unterbewusstsein der Kunden reicht, die in diesem Zeitgeistgefühl leben.

Das Geschäft ist dann visualisierter Ausdruck ihres Lebensgefühls.
Wenn diese Kunden das Geschäft verneinen, müssten sie gleichzeitig ihre eigene Lebenseinstellung infrage stellen. Und das wird nicht geschehen. Daher der „SOG".

D Das Grundleistungsmarketing: Die Geschäftsidee – Corporate Culture zur Unternehmenskultur

D 1 Das Management
D 2 Die Information
D 3 Die Mitarbeiter
D 4 Der Raum
D 5 Das Sortiment

D 6 Der Verkaufsraum entsteht: Ideell-human fundieren
D 7 Die Einrichtung – technischer Ausbau –

Das Grundleistungsmarketing, die Geschäftsidee als Unternehmenskultur, basiert auf der Grundeinstellung zur Leistung: „alles für den Kunden" und der ganzheitlichen Anwendung dieser Präferenz.

Museumsbuchhandlungen sind besondere Standorte, besondere Räume und in jeder Weise etwas Besonderes.
Die Buchhandlung in der Sempergalerie in Dresden
Planung: Wilhelm Kreft, Bernd Fischer, Andrea Schröer
Realisation: Wilhelm Kreft GmbH, Wedemark

D Das Grundleistungsmarketing: Die Geschäftsidee – Corporate Culture zur Unternehmenskultur

C Unternehmensidentität
- C 1 Profil
- C 2 Dialog
- C 3 Rang
- C 4 Inszenierung
- C 5 Ladenplaner inszenieren

D Unternehmenskultur Grundleistungsmarketing
- D 1 Management
- D 2 Information
- D 3 Mitarbeiter
- D 4 Raum
- D 5 Sortiment
- D 6 Verkaufsraum
- D 7 Einrichtung Technik

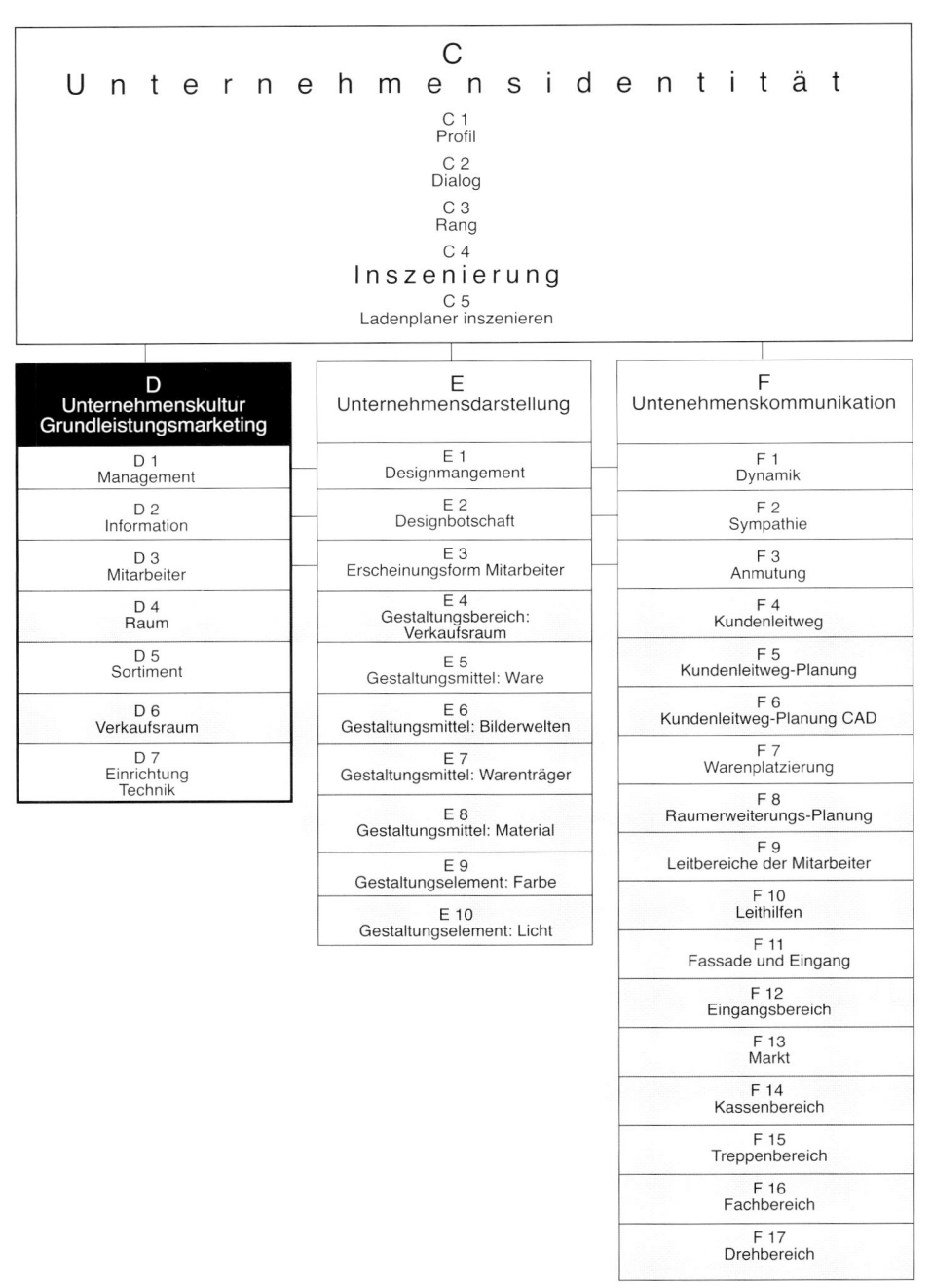

E Unternehmensdarstellung
- E 1 Designmangement
- E 2 Designbotschaft
- E 3 Erscheinungsform Mitarbeiter
- E 4 Gestaltungsbereich: Verkaufsraum
- E 5 Gestaltungsmittel: Ware
- E 6 Gestaltungsmittel: Bilderwelten
- E 7 Gestaltungsmittel: Warenträger
- E 8 Gestaltungsmittel: Material
- E 9 Gestaltungselement: Farbe
- E 10 Gestaltungselement: Licht

F Unternehmenskommunikation
- F 1 Dynamik
- F 2 Sympathie
- F 3 Anmutung
- F 4 Kundenleitweg
- F 5 Kundenleitweg-Planung
- F 6 Kundenleitweg-Planung CAD
- F 7 Warenplatzierung
- F 8 Raumerweiterungs-Planung
- F 9 Leitbereiche der Mitarbeiter
- F 10 Leithilfen
- F 11 Fassade und Eingang
- F 12 Eingangsbereich
- F 13 Markt
- F 14 Kassenbereich
- F 15 Treppenbereich
- F 16 Fachbereich
- F 17 Drehbereich

„Ein Geschäft, bei dem man nichts als Geld verdient, ist kein Geschäft."
(Henry Ford)

„Unternehmenskultur ist bewusst und unbewusst: Werte und Verhaltensregeln sind sowohl in den ‚Köpfen' als auch in den ‚Herzen' der Mitglieder verankert."
(Richard Bachinger)

Der Grundnutzen als Grundnutzenmarketing wird im Marketingkonzept orientiert. Alle Leistungen werden in der Corporate Culture aufeinander abgestimmt. Es entsteht die Unternehmenskultur als Grundbestandteil der Unternehmensidentität.

Der Wertewandel erreichte ein neues Denken, eine neue Einstellung zur Ökologie und zu unser aller Leben – damit auch eine neue Einstellung zur Wirtschaft und zum Fortschritt.

Der Käufermarkt fordert von den Unternehmen Ethik und Kultur.

Prof. Heinrich Nordhoff sagte schon 1966:

„Den Wert des Unternehmens machen nicht Gebäude und Maschinen und auch nicht seine Bankkonten aus. Wertvoll an einem Unternehmen sind nur die Menschen, die dafür arbeiten, und der Geist, in dem sie es tun.

Maschinen kann man nach Katalog kaufen, so schön, so teuer, wie man sie bezahlen kann: Aber den Geist, den Stil, das Unwägbare eines Unternehmens kann man für kein Geld der Welt kaufen, das muss man selbst schaffen!"

Die Wertvorstellungen werden zur Voraussetzung, zum Erfüllungswillen in den Unternehmen, zu neuen Verhaltensweisen in der Erfüllung der Konsumentenerwartungen.

„Zukünftig sind nicht mehr die Menschen für das Unternehmen da, sondern die Unternehmen müssen für die Menschen da sein!"
(Gerd Ammelburg)

Die Unternehmenskultur ist die Unternehmensordnung, die Deutung der Existenz und der Ziele sowie der daraus abgeleiteten Normen für das Verhalten.

Das Ende der Verschwendung erfordert in der Unternehmenskultur neue Überlegungen für neue Werte.

Wer sind wir? Jedes Unternehmen hat seine eigene Kultur.

Jedes Unternehmen braucht eine Grundlage über den Sinn und Zweck des Unternehmens, den guten Geist und Charakter um daraus Vertrauen zu spenden und Sympathie zu erreichen. Wie bestimmen wir unsere Zukunft, unsere Ziele?

Wie weit ist sich der „König-Kunde" seiner heutigen Lage mit all seinen Möglichkeiten und seiner Macht bewusst?

Der Konsument erkennt seine Chance zunehmend deutlicher im Zuge seiner Erwartungsanhebung zur Selbstverwirklichung!

Inwieweit erkennt das Unternehmen seine Chance in der eigenen bewusst gewordenen Selbstverwirklichung den Selbstverwirklichungswillen der Konsumenten zu erfüllen?

Die Unternehmenskultur schafft eine Lebenseinstellung im Unternehmen durch die Summe der gemeinsam getragenen Werte. Ganz bewusst beruft sich das Unternehmen auf seine Tradition und seine Entwicklung zur eigenen Selbstverwirklichung mit Perspektiven für die Zukunft.

Die Klimaverbesserung, ein Humanprinzip:
– das soziale Verhalten
– neue Wertsystem-Qualität, Normen, Ränge, Führungsstil, Ablösung der Hierarchien, das ganzheitliche Verstehen
– die Einordnung in die Umwelt
– die ehrliche Gestaltung.

Die Unternehmenskultur ist die Basis zur Erreichung der Unternehmensziele, der Unternehmenspersönlichkeit.

Die Unternehmenskultur nimmt Einfluss auf die Bereiche des Merchandisings und beeinflusst besonders stark im Innenarchitektur-Planungsprozess das Marketingkonzept und damit die Ladenplanung unmittelbar.

In einer humanen Form zu kommunizieren, ohne vorgefertigte Schemata und ständig gleich praktizierte Abläufe, ist eine Unternehmensleistung, die Grundlage und Zielsetzung für jede Verkaufsraumleistung im Innenarchitektur-Planungsprozess ist. Der Rang, die Profilierung des Unternehmens, das Kundenleitsystem, die Warenbilder und die Inszenierungen haben hier ihre Basis.

Das bedeutet, die Unternehmensphilosophie als Unternehmenskultur ist im Verkaufsraum sichtbar zu machen – als Idee, zur Förderung der Begegnungen zwischen den Menschen und zwischen den Menschen und der Ware – zwischen Menschen, Ware und Raum.

Die Verpflichtung des Unternehmens, die Ethik in den Verkaufsraum zu übertragen, ist ein Teil, den das Management einbringen muss in die Planungsarbeit.

Ein Humanprinzip

„Nur uppen Markt lernst du de Lüe richtig kennen, da zeijet alle öhren wahren Charakter."
(Aus meiner schaumburg-lippischen Heimat)

Die Unternehmenskultur basiert auf der Erkenntnis der Präferenz „alles für den Kunden" und der ganzheitlichen Anwendung dieser Präferenz.

Die Beachtung humaner Prinzipien, Regeln und Strukturen im Verkaufsraum erleichtert dem Kunden die Bindung an das Unternehmen.

Der humane Rang kann die Folgen unsozialer Begegnungskulturen und Hindernisse im Ablauf wie Vandalismus und Diebstahl abfangen. Zum richtigen Verständnis des Konsumenten gehört die Humanisierung des Verkaufsraumes. Sie ist ethische Grundlage der Verkaufsraumgestaltung geworden.

Das soziale Verhalten:
– die Humanisierung des Verhältnisses Unternehmen zu Konsumenten auf der gerechten Basis Leistung zu Preis
– die Preispolitik des Unternehmens vernünftig gestalten. Herabgesetzte Preise erklären. Der Kunde darf nicht durch einen Niedrigpreis „hereingelegt" werden
– soziales Verhalten zeigen, an Behinderte denken, rollstuhlgerecht, nicht immer alles nur an der Vorschriftengrenze bewegen. Für Sitzmöglichkeiten sorgen
– eine Vertrauensbasis für persönliche Ansprechbarkeit erreichen

- Browsing und Erlebnisse erreichen, die unverbindliche Betrachtung und Prüfung der Ware
- eine Marketingkultur erreichen, ein Grundleistungsmarketing mit breitem Angebot, aus dem der Konsument auswählen kann, ein ehrliches Bildermarketing, das nur das verspricht, was das Angebot halten kann
- deutliche Hinweise auf Sonderangebote geben
- für die Abrechnung an den Kassen: Kaum Warteschlangen, zugänglichen Prospekt- und Katalog-Service ermöglichen
- zwanglose Kontakte fördern (BAT)
- Rückzugsmöglichkeiten aus dem Beratungsgespräch bieten, ohne Diskriminierung und schlechtes Gewissen (BAT)
- besondere Maßnahmen ergreifen für die Kunden, die zu „starken Uhrzeiten" kommen müssen, oft nach anstrengender Berufsarbeit, sie brauchen „ein besonderes Herz"
- die „Geldrückgabegarantie" erhalten. Sie ist nach Meinung der Experten eine der bedeutendsten Leistungen des Einzelhandels neben der Selbstbedienung
- für ausreichend Kunden-WCs sorgen
- Arbeitsplätze für Mitarbeiter so einrichten, dass sie Spaß machen
- sich einsetzen für die Interessen der Kunden, auch bei Herstellern von Waren, bei Lieferanten und Behörden.

(Die mit BAT gekennzeichneten Formulierungen stammen vom BAT Freizeitforschungsinstitut)

Die Ökologie, die Einordnung in die Umwelt:
- auch das Unternehmen muss sich als Teil der Natur und der gesamten Schöpfung verstehen und demzufolge verantwortlich handeln
- ein aktives Umweltbewusstsein. Ökologische Gesichtspunkte werden beim Kaufverhalten stärker beachtet. Die Unternehmen werden in ihrer Sortimentspolitik Auswirkungen spüren, die bis auf die Hersteller durchschlagen.

Für die Ladenplanung ist es wichtig die Unternehmenskultur mit vertretbaren Zielen festzulegen und die Mitarbeiter dafür zu gewinnen.

„Es geht nicht mehr ohne ein sanftes Management."
(Gerd Gerken)

Sinn der Ladenplanung kann es nicht sein nur größer zu werden, sondern besser und damit bedeutungsvoller!

Kompetenz und Organisation

Am Anfang steht die Idee zum Verkaufsraum, zum Unternehmen.
Die Idee braucht zur Umsetzung die Kompetenz zur Schaffung der Unternehmensorganisation.

Die Kompetenz

„Viele sind berufen, aber wenige sind auserwählt."
(Neues Testament: Matthäus 22,14)

Selbstständig werden und selbstständig sein mit einem eigenen Unternehmen, das ist für viele verlockend.
Was gehört dazu, um es zu schaffen über Kapital und Kredit hinaus – für die Ladenplanung – für das erste Marketingkonzept?
Der Wille zum Unternehmen, sich den Gesetzen des Marktes zu stellen, braucht nicht nur die Gelegenheit, einen Verkaufsraum an geeigneter Stelle mieten zu können, sondern mehrere Faktoren gelten.

Die Geschäftsidee
Eine Notwendigkeit vom Markt her, eine Verbesserung für den Markt, etwas Neues – welchen Vorteil hat der Konsument? Wie muss die Ware in diesen Räumen angeboten werden?

Die Kompetenz
Die Kompetenz zur Unternehmensführung – das ist wesentlich mehr als die ebenfalls erforderliche Fachkompetenz, der Wille zur ungewöhnlichen Leistung für Konsumenten, das klare Prinzip für Mitarbeiter, ein Humanprinzip für das Fundament: Unternehmenskultur und der Wille zum Durchhalten, zum Abschluss der Ladenplanung mit dem Erreichen der Inszenierung des Verkaufsraums.

D   Das Grundleistungsmarketing: Die Geschäftsidee – Corporate Culture zur Unternehmenskultur

Das Projekt
Man muss vom Start weg zeigen, wer man ist – man kann und darf sich nicht mehr ändern, sonst ist man immer ein Neuer, der neu gründet.
Die Identität zählt, wird beachtet und eingestuft: Sortimentswahl, Mitarbeiter, Warenträger, Organisation, Kommunikation und Gestaltung.
Nichts spricht dagegen vorsichtig zu investieren und klein zu beginnen, aber es muss gezeigt werden, was man will. „Flagge zeigen, die Identität zeigen." Zum Unternehmen gehört das langfristige Planen und das kurzfristige Entscheiden!
Der Innenarchitekt sollte bei ersten konkreten Überlegungen dabei sein: Anmieten der Räume, Finden der Identität, Festlegen der Investition.
Wenn vorsichtig investiert wird, dann in eine Einrichtung, die man ergänzen kann, die aber in der Grundkonzeption steht:
– ergänzen dokumentiert den Erfolg
– ändern, dokumentiert: Die Identität stimmt nicht, man versucht den Neuanfang.

Die Branche
Hier muss man Fachkompetenz zeigen, sich unterscheiden reicht nicht aus. Man muss besser sein, man muss den Branchenfortschritt zeigen, dieses erwartet man von Newcomern besonders.

Der Standort
Es ist sehr wichtig einen guten Standort zu haben. Man darf aber mit den anderen Leistungen nicht gleichgültig werden, denn mit dem Standort ist auch die richtige Zielgruppen-Ansprache verbunden und das betrifft das Grundleistungsmarketing ebenso wie das Gestaltungs- und Kommunikationsmarketing.

Die Organisation

Der Start in den Markt erfordert das Einsetzen aller Leistungen des verkaufsorientierten Grundleistungsmarketing in das Marketingkonzept.
Das sind die Marketinginstrumente: Management, Information, Mitarbeiter, Standort, Raum, Sortiment, Branche.
Eine Marketingorganisation ist erforderlich mit dem Auftrag:

– die Organisationsstruktur im Marketingkonzept mit Zielen verankern
– die Führungsstruktur deutlich machen in der Realisation durch das Management
– die Koordination aller Marketinginstrumente, den Rang bestimmen durch die Abstimmung der Leistungen untereinander
– die Erhöhung der Kreativität und der Innovation in der Organisation erreichen
– den Merchandising-Entstehungsprozess einleiten als Grundlage für das Designmarketing im Sinne der Merchandising-Architektur.

Ein Organisationsplan legt für das Management und für die Mitarbeiter die Aufgaben verbindlich fest und regelt die Beziehungen untereinander.
Die Qualität der Organisation liegt allein im solidarischen Gefüge und damit im Führungsstil, im Betriebsklima, in der Anerkennung der Mitarbeiter und ihrer Leistung, der klaren Zielvorgabe und Selbstverwirklichungsmöglichkeit der Mitarbeiter und des Managements auf der Basis eines humanen, leistungsbewussten Miteinander.
Der Möglichkeit zum Mitdenken, Mitsprechen, Mithandeln und dem frühen Erkennen der kreativen Nutzungsmöglichkeiten des Verkaufsraumes liegt die motivierende Aufforderung zur Mitarbeit zu Grunde. Wesentliche Teile der erfolgrei-

Die Branche, hier muss Fachkompetenz gezeigt werden
Buchhandlung Kurt Heymann, Hamburg
Planung: Volker Paulsen, Kreft-Team, Wedemark
Realisierung: Wilhelm Kreft GmbH, Wedemark

chen Ladenplanung werden von dieser Mitarbeit bestimmt.

Die Chance, Engpässe durch die Ladenplanung abzubauen darf nicht verpasst werden.

Die Ladenplanung erhält über die Organisation die wichtigen Daten aus dem Marketingkonzept.

„Erfolgreiches Management ist das Ergebnis eines dualen Verständnisses von Unternehmensführung. Die zweite geistig-metaphysische Wirklichkeit jenseits der Welt der harten Fakten beinhaltet die geheime Kraft des Managers und die eigentliche Energiequelle."

Gerd Gerken und Günther A. Luedecke

Management ist die wichtige Leistung im Marketingkonzept. Das Management muss sich selbst einbringen und einbeziehen in das Marketingkonzept, in die Ladennutzung und damit auch in die Ladenplanung.

Es verantwortet und kontrolliert die Einhaltung der Marketingziele, der Marketingstrategien und damit auch das Marketingkonzept.

Zunehmend bedeutungsvoll ist die Aufgabe als zuverlässiger Hüter der Unternehmenskultur. Der Führungsstil, die Ethik und die Sympathie werden geforderte Leistungen.

Die Distributionspolitik

Alle Leistungen des Marketingkonzeptes, die mit dem Vertrieb der Ware direkt oder indirekt in Verbindung stehen, gehören zu den verantwortlichen, zielorientierten Leistungen der Absatzförderung, des Merchandising. Dazu gehören auch alle Aktivitäten für die Kommunikation, die Werbepolitik und das Designmarketing.

Aufgabe des Managements ist es die Rahmenbedingungen zu schaffen, für deren Durchführbarkeit zu sorgen und die Planung, Organisation und Koordination vorzunehmen.

Die Distributionspolitik, die Entwicklung des Merchandising und die Preispolitik bestimmen den Service.

- Wie wird beraten?
- Wie wird verkauft?
- Welcher Anspruch entsteht an die Erklärung der Ware?
- Welcher Anspruch entsteht an die Warenbilder zur Individualisierung?
- Welcher Service wird gebraucht zur Kundenbindung?
- Wie werden Kunden systematisch zu Stammkunden?

Das Controlling

Der **Konsument** hat einen Anspruch auf die gewohnte Leistung und Qualität, sie darf nicht unterschritten werden. Die Leistungen des Unternehmens müssen angeboten werden, ständig im Vergleich zur Marktposition der Mitbewerber beobachtet werden und es müssen Lösungen zur Behauptung am Markt gefunden werden. Bei Marktführern besteht ein „Aufruf zur Spitzenleistung".

Der Führungsauftrag

Die Führung muss man wollen! Die Führung muss deutlich sein, auch für Konsumenten.

Zum Führen gehört das Ziel und die Strategie das Ziel zu erreichen. Das erfordert Aktivität. Das Ziel muss den Mitarbeitern und den Konsumenten „klar" werden. Die Information muss einbezogen werden.

Das Personal muss mitdenken, mitarbeiten und damit zu Mitarbeitern werden. Die Information über die Ladennutzung entsprechend der Ziele gilt insbesondere für die Ladenplanung. Die Ladenplanung ist positiv und fortschrittlich. Dadurch ist die Einbeziehung stark motivierend.

Jede Motivation muss kreativ sein und den Willen zur Verbesserung in sich tragen – den Willen zum Ändern.

Der Wertewandel, der die Beachtung innerer Werte als „bedeutend" in den Verkaufsraum brachte, schaffte neue Werte am Point of Sale.

Die Priorität der Konsumenten wurde deutlich gefestigt und im Zuge dieser Humanisierung wurde auch der Mitarbeiter „bedeutender".

Diese Entwicklung muss zur neuen Orientierung des Verhältnisses zwischen Management und Mitarbeiter führen. Überall, wo dies nicht kontinuierlich geschehen ist, schafft der Zeitpunkt der Ladenplanung eine gute Chance, da davon auszugehen ist, dass der Mitarbeiter-Innovationsschub gebraucht wird und die Mitarbeiter-Aufgaben neu definiert werden müssen. Nicht nur das so genannte Betriebsklima – die Unternehmenskultur im Allgemeinen und das Gelingen der Ladenplanung im Besonderen – hängt von der Humanisierung des Point of Sale ab.

Das Marketingkonzept legt den Sollzustand fest und damit die Rolle des Managements in der Ladenplanung und späteren Ladennutzung: die Führungsaufgabe, die Unternehmenspolitik, Strategien, Normen und Strukturen der Unternehmenskultur.

„Die Stärke einer Unternehmenskultur liegt in ihrer relativen Harmonie mit den unternehmenspolitischen Notwendigkeiten."
Knut Bleicher

Neue Führungskonzepte sind erforderlich, die „harte" Lenkung zu den Pflichten löst sich ab durch „weiche" motivierende Zusammenarbeit, um die qualifizierte Mitarbeit der Mitarbeiter zu bekommen: Motivation, Verständnis, Korpsgeist und Sympathie für das Unternehmen und für seine Ladenplanung, die für alle alles verbessern muss.

Auch der sich qualifizierende Mitarbeiter ist auf dem Weg zur Selbstverwirklichung, die das Unternehmen dringend benötigt, und das schon während der Ladenplanung.

Der Marketingauftrag

Der harte Wettbewerb am Markt fordert den vollen Einsatz für die Interessen des Unternehmens. Immer mehr Unternehmen treten durch besondere Leistungen in den Markt ein.

Die Entwicklung zu Unternehmenskulturen ist auf die Aktivität des Managements zurückzuführen:
– Investitionspolitik
– Planungen auf Grund einer guten zukunftsorientierten Abschätzung des Marktes.

Zur Marktabschätzung gehört immer auch die richtige Investition zur rechten Zeit.

Das Management muss schneller agieren – nicht nur die langfristige Planung ist erforderlich, das schnelle Handeln ist gefragt. Die Aktionen folgen in immer kürzeren Abständen.

Dem Gesetz des Marktes gehorchen heißt sich ständig weiterzuentwickeln und durch Ideen und Investitionen den Mitbewerbern am Markt voraus zu sein. Zu vorsichtige Lösungen, Teillösungen oder Kleinlösungen ändern oft nicht das Grundproblem des Unternehmens. In den meisten Fällen gilt es die große Lösung anzustreben, aber sie auch richtig abzusichern:
– ideell, besonders durch einladende Motivation der Mitarbeiter, schon aus der Erkenntnis heraus, dass der Innovationsschub der Mitarbeiter eine Stärkung der Ladenplanung bedeutet
– durch ein dynamisches Management, neue Erkenntnisse, Ideen
– durch eine Ladenplanung, die dem Unternehmen ein besseres Image und mehr Sympathien verschafft und damit eine höhere Beachtung am Markt
– finanziell und wirtschaftlich.

Der Erfolg eines Unternehmens ist am Markt ein wichtiger Imageträger. Die Erfolgsfaktoren, die alle vom Management gesteuert, beobachtet und kontrolliert werden müssen, sind Leistungsfaktoren, von denen die Konsumenten unmittelbar profitieren können. Daraus ergibt sich:
– die Auswahl der Waren und Sortimente im Angebot, der Sortimentsplan, das Merchandising
– die Nutzung des Raumes für das Sortiment, die Warenbilder, die Warenraumgestaltung bis zur Inszenierung, das Designmarketing
– die Mitarbeiter in die Verkaufsraumorganisation einfügen zur Steuerung von Sortiment und Raum, die Marketingstrategie.

Siehe zum Thema Management die Kapitel:
E 1   Das Designmanagement
F 1   Die Dynamik des Managements
D 2   Die Information

D Das Grundleistungsmarketing: Die Geschäftsidee – Corporate Culture zur Unternehmenskultur

D 2 Die Information

Informationen werden vom Konsumenten erwartet. Die Unternehmen leisten in Waren und Informationen.

Die Konsumenten brauchen Informationen. Sie erwarten viele Informationen, die den Lebensstil fördern, prägen und bestätigen. Das bedeutet für das Unternehmen:
– nicht mehr schweigend leisten
– über sich sprechen: Unternehmen sind immer interessant, die Unternehmensgeschichte verbindet, schafft Vertrauen, Unternehmensgründer sind interessante Menschen, auch außerhalb von Jubiläen
– persönliche Kontakte aufbauen, Vertrauen aufbauen für einen humanen Dialog gegenseitiger Anerkennung.

Die Konsumenten einer Zielgruppe müssen den Verkaufsraum als „für mich gemacht" verstehen und akzeptieren können. Das Unternehmen muss hier nicht nur Information leisten, es muss auch beobachten, wie die „Leistung Information" ankommt.

Das Unternehmen schuldet dem Konsumenten die Informationen.

Die Akzeptanz des Unternehmens durch den Konsumenten erfordert Informationen über die Leistungen des Unternehmens und über das Unternehmen selbst.

Der Markterfolg erfordert ein Werbe- und Informationskonzept. Die Zeit der Ladenplanung bietet besondere Chancen dazu.

Der Satz „für den Kunden ist nur die Leistung vorhanden, über die er etwas erfährt!", ist so wichtig, dass er in jedem Kapitel neu gesagt werden müsste.

Die Aufgabe der Information kann man so aussprechen:

„Tue Gutes für den Kunden und sprich darüber!"

Hinter der Ladenplanung steckt im Marketingkonzept eine Aufwertung des Unternehmens am Markt. Die Konsumenten haben den humanen Anspruch, diesen Nutzen, der für sie mit der Ladenplanung erreicht werden soll, auch zu erfahren.

Die Leistung „Information" wird oft verkannt: „Werben können wir immer noch, erst wird mal der Verkaufsraum gebaut" ist ein bedeutender Fehler, der oft nur schwer wieder aufgeholt werden kann. Es gibt aber auch Unternehmen, die direkt darauf warten, wieder mit einem „Umbau für unsere Kunden" Schlagzeilen machen zu können.

Das Vertrauen des Konsumenten zu erreichen, dass diese Ladenplanung für ihn gemacht wurde, damit er, der Konsument, eine größere, bessere und neue Leistung bekommt, ist Aussage und Beweis durch die Information.

Die Ladenplanung spricht für das Unternehmen. Sie spricht für den Fortschritt und verbindet damit eine Imageverbesserung im Sinne von:
– aktuell, das Unternehmen möchte sich auf den neuesten Stand bringen
– Zuverlässigkeit, Glaubwürdigkeit, der gute Ruf wird bestätigt
– Branchenkompetenz, denn die neueste Technik wird eingeführt
– Kommunikation, der Dialog mit dem Kunden, der Wissensausgleich
– das Humanprinzip der Unternehmenskultur, bessere Leistungen für den Konsumenten, bessere Informationen im Verkaufsraum, Beschriftungen, bessere Treppen, Kundenleitsystem, Sitzgruppen.

Experten sprechen vom Zeitalter der Information. Sie sprechen von Softnomics: Das bedeutet, das Informationsprodukt über das Produkt, die Ware veredeln durch Information über die Ware. Diese Informationen sind nur dann wirkungsvoll, wenn sie den Nutzen, die Anwendung für den Konsumenten zeigen können.

Softnomics bestätigen das soziale Prestige, das der Ware innewohnt.

Informationen schaffen nur dann Vertrauen, wenn sie eine ehrliche Aussage sind. Nur Zuverlässigkeit schafft Stammkunden.

Siehe die Kapitel:
C 2   Der Dialog
D 2.1   Die Botschaft
E 2   Die Designbotschaft
F 2   Die Sympathie

2.1 Die Botschaft

Alle wichtigen Informationen müssen als Botschaft wirken. Die Botschaft ist ein Liebesbrief an Konsumenten.

In der Botschaft muss ein Versprechen stecken, das vom Unternehmen eingelöst werden muss.

Die Botschaft bringt das Bild des Unternehmens zum Konsumenten, das Profil, den Rang, die Unternehmensidentität und erreicht beim Konsumenten das unverwechselbare besondere Bild des Unternehmens.

Die Botschaft hat das Ziel die Verbindung zum Konsumenten zu pflegen und in einer unregelmäßigen Regelmäßigkeit die Aufmerksamkeit für das Unternehmen zu erhalten.

Die Botschaft hat den Auftrag Einladungen auszusprechen: „Wir sollten uns öfter sehen!" ... und warum? Sie muss das rüberbringen wie in einem Liebesbrief, muss ein Feuerwerk zünden für alle Sinne, die den Verkaufsraum erfassbar und begreiflich machen.

Die Botschaft hat die Aufgabe von der Inszenierung zu schwärmen und selber Inszenierung zu sein.

Sie muss beim Konsumenten Sympathie für das Unternehmen erreichen. Das Bild, das die Botschaft über das Unternehmen im Kunden erreichen will, muss über die allgemeine Imagestrategie hinausführen und ein sinnliches Bild zur Identifikation oder als Ziel für den Kunden darstellen.

Alle „Botschaften" beweisen: Eine Botschaft ist die besondere Information, die Wichtigkeit des Unternehmens für den Kunden, das Engagement, sehr oft auch die Besessenheit von einer Idee und der ganze Zauber einer positiven Einstellung, die Lebensart macht.

Das Denkschema einer Botschaft, nach Heribert Meffert:

„Denkschema eines Kommunikationssystems
- Wer (Unternehmung, Werbungsbetreibender)
- sagt was (Werbebotschaft)
- unter welchen Bedingungen (Umweltsituation)
- über welche Kanäle (Medien, Werbeträger)
- zu wem (Zielperson, Empfänger, Zielgruppe)
- mit welchen Wirkungen (Werbeerfolg)?"

Siehe die Kapitel:
D 2   Die Information
E 2   Die Designbotschaft
F 2   Die Sympathie
D 3   Die Mitarbeiter

D3 Die Mitarbeiter

„Wenn du ein Schiff bauen willst, so trommle nicht die Männer zusammen um Holz zu beschaffen, Werkzeuge vorzubereiten, Aufgaben zu vergeben und die Arbeit einzuteilen, sondern lehre die Männer die Sehnsucht nach dem weiten, endlosen Meer."

Antoine de Saint-Exupéry

Das Mitarbeitermarketing regelt im Unternehmen die Mitarbeiterorganisation, alle Maßnahmen und Strategien zwischen dem Unternehmen und den Mitarbeitern.

Erfolgreiches Mitarbeitermarketing regelt die Organisation und die harmonischen Beziehungen zwischen Unternehmen und Mitarbeitern.

Der Käufermarkt schafft neue Anforderungen und Erwartungen an die Mitarbeiter – von einem Mitarbeiterimage wird gesprochen. Die Unternehmenskultur schafft ein Humanprinzip nach außen und innen.

Die Unternehmen praktizieren die Arbeitsplatz-Harmonie und die Fürsorge für die Mitarbeiter durch:

- interessante Arbeitszeiten, human und attraktiv
- Stressreduzierung durch Arbeitsplatzstudien, Arbeitsteilungsprinzipien, komplette neueste Technik an den Arbeitsplätzen auch im Verkaufsraum, besonders an Kassen- und EDV-Arbeitsplätzen
- interessantes, bestätigendes, akzeptiertes Design für Arbeitsplätze
- Mitarbeiterbeteiligung an der Ladenplanung
- Weiterbildung und Training allgemein und für Warenbilder und Designmarketing im Besonderen
- mehr Spaß am Arbeitsplatz.

Die Ladenplanung ist eine Zukunftsplanung für alle Mitarbeiter – sie fordert zu einer besonderen Aktivität und zur Identifikation mit dem Unternehmen und den strategischen Planungszielen heraus.

Das Unternehmen im Wettbewerb braucht loyale, Mitverantwortung tragende Mitarbeiter. Eine natürliche, interessante, zwanglose Disziplin entsteht durch die Mitarbeit.

Die Mitarbeiter der Inszenierung sind fachkompetent, sie denken und handeln aus ganzheitlicher Sicht und tragen entscheidend zum Erlebniskauf bei.

Die Qualität der Ware und die der Beratung ist selbstverständlich, darüber wird im Fachgeschäft nicht mehr gesprochen.

Das Beraten und das Verkaufen ist interessant, lebendig im Umgang mit den Konsumenten. Ein positives Denken, eine positive Einstellung ist erforderlich:

- ja zum Leben
- ja zu den Kunden
- ja zur Leistung und zur Verantwortung.

Die Kunden „lieben" wird zum zentralen Anliegen.

Positive Mitarbeiter können freundlich und hilfsbereit sein:

- „danke für Ihren Einkauf"
- „hier ist meine Karte", „rufen Sie mich bitte an, wenn sie noch Fragen haben"
- „ich wünsche Ihnen einen Guten Tag".

Der Leistungsbereich Mitarbeiter – fest verankert als wichtiges Marketinginstrument im Marketingkonzept – wird in vielen Unternehmen, insbesondere in der Mitarbeit an der Ladenplanung, unterschätzt.

Die Unternehmen erkennen immer, dass:

- man gute Geschäftslagen für den Standort des Verkaufsraumes bekommen kann, wenn man wartet und bereit ist, Mieten zu zahlen
- man auch das erforderliche Kapitel und die Kredite bekommt
- die Probleme gering sind, die richtige Ware für ein Spezialsortiment zu bekommen
- auch der richtige Innenarchitekt für die beste Ladenplanung gefunden wird.

Aber die richtigen Mitarbeiter – viele Unternehmen scheitern hier; gute Mitarbeiter lassen sich nicht einfach multiplizieren.

Gute Mitarbeiter müssen gepflegt, ausgewählt und aufgebaut werden. Sie brauchen eine feste Verankerung im Unternehmen.

Alle Leistungsbereiche wirken sich auf das Marketinginstrument Mitarbeiter aus und sind wichtig für die Ladenplanung.

Die Unternehmenskultur

Nur zufriedene Mitarbeiter können Kunden zufrieden stellen, bedeutet auch, dass zufriedene

Kunden den Mitarbeiter zufrieden machen können. Die Norm für ein humanes Leistungsprinzip, das nach außen und nach innen wirken muss und die Begegnungskultur im Verkaufsraum ermöglicht, bedeutet, dass auch die immateriellen Werte der Mitarbeiter zu beachten sind.
– Achtung und Förderung der Mitarbeiter und ihre soziale Absicherung
– Eindeutige Arbeitsplatzbeschreibungen, klare Aufsichten und Unterstellungen
– Beteiligung der Mitarbeiter an Entscheidungsprozessen
– Ständige Information zur Förderung der Kommunikation in beide Richtungen
– Motivation der Mitarbeiter für die Ladenplanung um den erforderlichen Innovationsschub zu erreichen.

Auch hier muss darauf hingewiesen werden, dass die Ladenplanung der große Augenblick in der Geschichte des Unternehmens ist Engpässe abzubauen, und die Chance Mitarbeiter durch ihre Beteiligung an der Ladenplanung an das Unternehmen zu binden.

Die Dynamik
Die Bewegung im Verkaufsraum erfordert den Spiel- und Terminplan für Veranstaltungen, ein aktueller Aktionsplan ist notwendig. In den Organisationsplan muss der Mitarbeiter einbezogen sein.

Die Information
Die betreuende und beratende Tätigkeit der Mitarbeiter erfordert die Bereitschaft zur Kommunikation mit den Kunden und dem Unternehmen.

Der Raum
Die Verteilung der Mitarbeiter im Verkaufsraum muss im Organisationsplan vorgesehen sein. Die akzentuierte Darstellung und die Sichtbarmachung der Aufgaben bedeuten die Einbeziehung in das Kundenleitsystem und in die Warenraumgestaltung.

Die Warenbilder
Das Denken und Handeln in Warenbildern muss die Arbeit der Mitarbeiter bestimmen. Die Auswahl, Steuerung und Betreuung erfordert die Organisation.

Die Branche
Fachkompetenz und Branchenverhalten wandeln sich zum Branchenfortschritt und öffnen sich zum Teil zu anderen Branchen mit der erforderlichen Kompetenz. Die Mitarbeiter werden trainiert mit den neuesten Trends und den Waren, die Trends nach sich ziehen umzugehen. Damit bleibt eine ständige Fachkompetenz erhalten.

Sortiment
Die Warenplatzierung, die Versorgung des Verkaufsraumes mit Waren und das Denken in Warenbildern, Merchandising gehören zur Sortimentskenntnis der Mitarbeiter.

Die Einrichtung
Die erforderlichen Arbeitsmöbel brauchen eine besonders exakte ergonomische Konstruktion um die Dialogfähigkeit der Mitarbeiter zu fördern.

Die Corporate Identity
Das Unternehmensbewusstsein, ein starkes „Wir-Gefühl", wird bei den Mitarbeitern gefördert und damit auch die Einbeziehung in die Ladenplanung. Die Identifikation mit allen Leistungen ergibt sich auch durch die Einbeziehung in das gesamte Erscheinungsbild des Unternehmens.
Das gute Design verbindet die Mitarbeiter mit dem Unternehmen.
Siehe die Kapitel:
D 3.1   Die Motivation der Mitarbeiter
E 3   Die Erscheinungsform der Mitarbeiter
F 3   Die Anmutung
F 9   Die Leitbereiche der Mitarbeiter

3.1   Die Motivation der Mitarbeiter

„Die Menschen wollen Verantwortung übernehmen."
Reinhard Mohn

John W. Herbert, Carl Knauber GmbH, Bonn bei einem Vortrag anlässlich einer Besichtigung:
„Jeder ist wichtig, jeder entscheidet mit. Ich möchte gerne über die Selbstständigkeit in unseren Filialen sprechen. Doch zuerst möchte ich sagen, unser Hauptthema bei Knauber ist die Kun-

denbegeisterung. Wir sagen das und wir meinen das. Und wir können nur die Kunden begeistern, wenn die Mitarbeiter begeistert sind. Lassen sie mich mit einem Zitat anfangen, das für mich den Handel klassifiziert. Es kommt von J. Kyburzs von der Migros in der Schweiz, ein recht unscheinbarer Mann mit einer unglaublichen Dynamik. Er sagt: „Der Handel ist eine Sache der moralischen Beziehungen, des unabdingbaren Willens, zu dienen und Handel ist eine Sache des Herzens."

Unser Sortiment: Heimwerker, Garten-, Zoo- und Bastellland.

Wir behandeln unsere Kunden wie einen Gast. Wenn sie unsere neuen Märkte sehen, finden sie ein großes Schild: „Zu Gast bei Knauber". Wir wollen alle unsere Mitarbeiter mit der Idee infizieren unsere Kunden wie einen Gast zu behandeln.

Unsere Grundsätze beherzigt jeder

Ich war damals 1984 im neuen Möwenpick in Düsseldorf. Ich habe deren Image-Grundsätze gelesen und sie haben mir sehr gut gefallen.

Das Erste, was wir gemacht haben bei Knauber im Zentralteam, wir haben unsere Grundsätze erarbeitet:
- Der Kunde ist für uns die wichtigste Person, wir behandeln ihn so wie wir selbst gern behandelt sein möchten.
- Liebe zum Detail.
- Mit unserem Sortiment setzen wir Maßstäbe.
- Unsere gesunde Preisleistung ist der Garant für unseren Wettbewerb.
- An Warenpräsentation, Sauberkeit und Ordnung stellen wir höchste Ansprüche.
- Ungewöhnliche Serviceleistungen sind für uns völlig normal.
- Wir machen nichts so gut, dass es nicht noch besser gemacht werden könnte.

Das heißt, wir sind ständig unterwegs in anderen Märkten um zu sehen, was die dort machen. Aber man lebt nicht vom Kopieren alleine, Innovation und Kreativität sind bei uns ausdrücklich erwünscht.
- Bevor wir eine Mark ausgeben, müssen wir erst eine verdienen.

Das ist symbolisch gemeint. Wir informieren unsere Mitarbeiter über die Zahlen, auch die Auszubildenden, Umsatz, Handelsspanne, Warenbestand.
- Bei allem steht der Mensch im Mittelpunkt.

Das sagen wir und das meinen wir auch. Ich diene gerne. Dienen ist für mich Respekt und Anerkennung für jede Person. Ist es nicht schön, wenn wir in ein Hotel gehen, man wird hervorragend bewirtet und sehr gut behandelt. Was Service anbelangt, sind wir hier in Deutschland wirklich eine Dritte Welt? Wir haben es heute gehört, was in einem Sportgeschäft passierte, wenn man 20 Minuten vor Geschäftsschluss kommt. Ich gebe nicht den Mitarbeitern dafür die Schuld."

Hoch qualifizierte Verkaufsräume brauchen zu den kommunikativen Warenbildern auch die Begegnung zwischen Menschen. Die Warenbilder zeigen die Leistung des Sortiments. Die Leistung der Mitarbeiter muss ebenso deutlich werden, auch in den Warenbildern.

Mitarbeiter leisten Bedeutendes zur Unternehmenskommunikation. Ebenso wie die Warenbilder Kommunikationsziele verwirklichen und von der Kommunikationsstrategie überlegt eingesetzt werden, muss auch die Kommunikationsstrategie die Mitarbeiter einbeziehen um einen Innovationsschub für den Verkaufsraum auszulösen.

Motivation durch Innovation muss den zwischenmenschlichen Kontakten im Verkaufsraum einen Sinn geben.

In der humanen Einstellung zwischen Unternehmen und Mitarbeitern entwickelt sich die Unternehmenskultur als Führungsstil mehr und mehr auch zu einer Struktur der Mitarbeitermotivation, der Förderung und der Bindung der Mitarbeiter an das Unternehmen.

„Die Kundenbeziehungen können nicht besser sein als die Beziehungen zwischen Führung und Mitarbeitern."

Gertrud Höhler

Der vollzogene Wertewandel beeinflusst nicht nur die Kunden, sondern auch die Mitarbeiter. Die Maslow'sche Bedürfnis-Pyramide findet auch hier Anwendung: Anerkennung und der Weg zur Selbstverwirklichung am Arbeitsplatz profilieren Mitarbeiter.

D 3 Die Mitarbeiter

Die Motivation zur Leistung und Verantwortungsbereitschaft erfordert die Identifikation mit dem Unternehmen und den Unternehmenszielen.

Zur Motivation ist erforderlich:
– ein humanes Achtungsprinzip der Rechte und der sozialen Absicherung
– eine klare humane Führungspraxis, die Ziele des Unternehmens deutlich machen
– die Kunst Mitarbeiter zu loben und auch die richtige Kritik
– die klaren Arbeits- und Vertretungsbereiche
– eine breite Information, verbunden mit der Kommunikation nach oben und nach unten
– die Möglichkeit zur Weiterbildung und zum Training im Unternehmen und durch das Unternehmen
– die Mitarbeit an den wichtigen Entscheidungsprozessen.

Für Unternehmen wird es wichtig, die Mitarbeiter als „bedeutenden Faktor" mit einzubeziehen in die Investition für die Ladennutzung und damit auch für die Ladenplanung.

Viele Verkaufsräume sind dadurch problemvoll, dass die Mitarbeiter nicht rechtzeitig in die Planung einbezogen wurden und praktisch in einen neu geplanten Verkaufsraum gesteckt wurden. Die Mitarbeiter haben nicht ihren Beitrag zur Ladenplanung geleistet. Sie sind somit unmotiviert. Die Ladenplanung ist ein ausgezeichnetes Motivationsinstrument zum Mitdenken und zur Beteiligung der Mitarbeiter. Zu diesem Zeitpunkt lässt sich die Mitarbeitermotivation gut in die strategische Unternehmenspolitik einfügen.

Den Schritt zur Motivation muss das Unternehmen tun. Diese Chance der Ladenplanung und Mitwirkung an der Beseitigung von Engpässen sollte nicht vertan werden.

Ohne den Innovationsschub der Mitarbeiter fehlt der Ladenplanung etwas sehr Wichtiges.
Der erforderliche Innovationsschub, der für die Investitionen des Unternehmens und für den Erfolg der Investition des Unternehmens entscheidend sein kann, ist ein Teil der Ladenplanung.
Der auch hier stattfindende humane Ausgleich im Zuge gegenseitiger Akzeptanz schafft zunehmend Verständnis und ein Kommunikationsklima für den gerechten Ausgleich zwischen Pflicht und Leistung:
– die positive Einstellung, Freude an der Leistung, Stress überwinden
– die ausgewogenen, geplanten Leistungen, frei werden für Gespräche, freie Gehirnkapazität schaffen
– die Zuwendung zum Kunden erreichen, die Begegnung fördern, Interesse, Informationsbereitschaft, Sympathie erreichen
– das flexible Grundverhalten wird wichtiger, ein mobiles Handeln
– die Zeit zum Träumen, Visionen erfinden für Warenbilder.

Hinzu kommt die besondere Bereitschaft, die Ladenplanung mit den gefundenen und praktizierten Warenraumbildern ständig zu verteidigen und sich das Gesicht, die konzeptionelle einheitliche Aussage des Verkaufsraumes nicht verschandeln zu lassen durch fremde, nicht zur Ladenplanung zählende Warenträger.

Es geht um neue Ziele mit den Mitarbeitern!
Die Weiterbildung der Mitarbeiter wird immer wichtiger, wie zum Beispiel das Computer-Wissen. Es genügt nicht, dass nur verkauft wird. Der anspruchsvolle Kunde fordert die Fachkompetenz des Mitarbeiters, seine Freundlichkeit und sein Interesse am Unternehmen.

Die Leistung des Mitarbeiters muss über das Verteilen und Verkaufen der Ware hinausgehen, sie muss Freude und Emotionalität vermitteln können.

Der interessierte Mitarbeiter gibt mehr als nur die vom Unternehmen „gekaufte" Zeit.

„Was jemandem keinen Spaß macht, das macht er auf die Dauer nicht erstklassig. Deswegen ist es für jeden Einzelnen sehr wichtig herauszufinden, was ihm liegt und was nicht, damit er sich nicht Berufsziele setzt und Arbeitsplätze anstrebt, die im Grunde gar nicht zu ihm passen."
(Gertrud Höhler)

Siehe die Kapitel:
D 2   Die Information
E 3   Die Erscheinungsform der Mitarbeiter
F 3   Die Anmutung
F 9   Die Leitbereiche der Mitarbeiter

D Das Grundleistungsmarketing: Die Geschäftsidee – Corporate Culture zur Unternehmenskultur

D 4 Der Raum

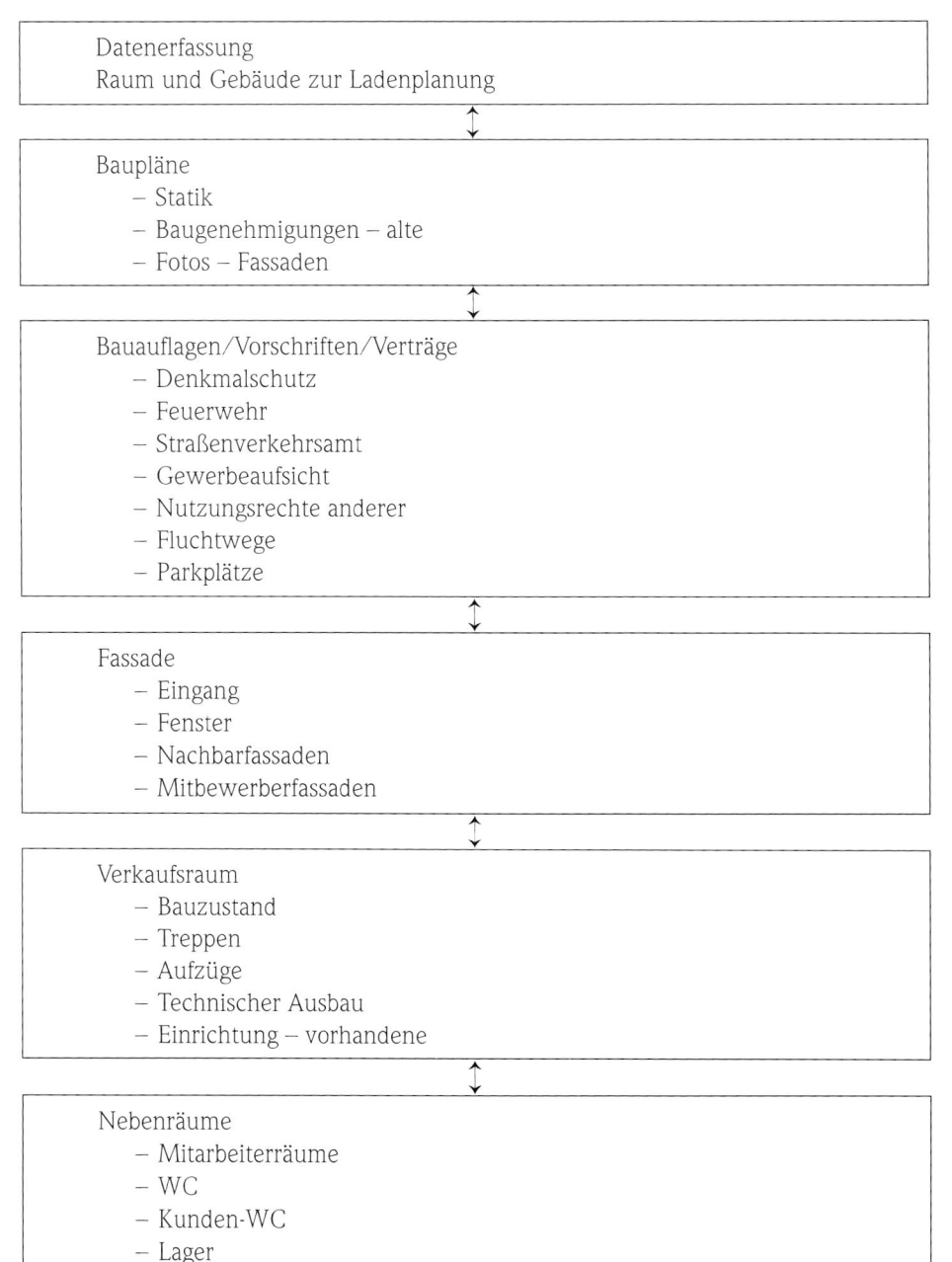

```
┌─────────────────────────────────────────┐
│ Datenerfassung                          │
│ Raum und Gebäude zur Ladenplanung       │
└─────────────────────────────────────────┘
                    ↕
┌─────────────────────────────────────────┐
│ Baupläne                                │
│     – Statik                            │
│     – Baugenehmigungen – alte           │
│     – Fotos – Fassaden                  │
└─────────────────────────────────────────┘
                    ↕
┌─────────────────────────────────────────┐
│ Bauauflagen/Vorschriften/Verträge       │
│     – Denkmalschutz                     │
│     – Feuerwehr                         │
│     – Straßenverkehrsamt                │
│     – Gewerbeaufsicht                   │
│     – Nutzungsrechte anderer            │
│     – Fluchtwege                        │
│     – Parkplätze                        │
└─────────────────────────────────────────┘
                    ↕
┌─────────────────────────────────────────┐
│ Fassade                                 │
│     – Eingang                           │
│     – Fenster                           │
│     – Nachbarfassaden                   │
│     – Mitbewerberfassaden               │
└─────────────────────────────────────────┘
                    ↕
┌─────────────────────────────────────────┐
│ Verkaufsraum                            │
│     – Bauzustand                        │
│     – Treppen                           │
│     – Aufzüge                           │
│     – Technischer Ausbau                │
│     – Einrichtung – vorhandene          │
└─────────────────────────────────────────┘
                    ↕
┌─────────────────────────────────────────┐
│ Nebenräume                              │
│     – Mitarbeiterräume                  │
│     – WC                                │
│     – Kunden-WC                         │
│     – Lager                             │
│     – Zuwege für Anlieferungen          │
└─────────────────────────────────────────┘
```

Unverkennbar ist die Verlagerung der Distributionsstrategie von der Ware auf die kaum erkennbare Unterscheidung der Ware auf den Raum.

Der Kaufentschluss hängt immer weniger nur vom gepflegten Warenangebot und der fachkompetenten Beratung ab. Das Warenangebot und die Beratung sind selbstverständliche Leistungen geworden, Kauf entscheidender wird das Umfeld, in dem der Kauf stattfindet.

Der Leistungsbereich: Der Raum ist neben dem Sortiment die wichtigste Grundlage der Unternehmensleistung. Raum und Sortiment verbinden sich untrennbar zur Warenraumgestaltung, in dem sie die Warenbilder und damit auch die Möbel bestimmen.

Die Merchandising-Leistungen, die sortimentsorientiert sind, brauchen die Visualisierung im Raum, die raumorientierte Innenarchitekturleistung, die Merchandising-Architektur.

Die Raumstrategie wird damit neben der Sortimentspolitik ein wichtiges Instrument in den Marketingüberlegungen des Unternehmens.

Mit der Raumplanung entstehen die Planungsgrundlagen:

– die Aufteilung für Sortimente in Sortimentsbereiche, ein Raumkonzept für den Warenraum, Loop, Kassenbereich, Servicezonen, Relaxzonen, Raumbereiche für Verwaltung, Personal, sanitäre Anlagen
– die Erschließung des Raumes und des Sortiments mit einem Kundenleitweg – vom Eingang bis in alle Sortimentsbereiche
– die räumliche Dimension für die Gestaltung des Sortiments, für Warenbilder
– die Grundlage für die Warenraumgestaltung, für Warenraumbilder
– die Bühne für die Inszenierung, die emotionale Darstellung aller Leistungen der Merchandising-Architektur.

Die Raumstrategie fordert Leistungen über das Marketingkonzept, damit werden Grundlagen für die Warenraumgestaltung festgelegt, die auch das Einrichtungsdesign, Materialien, Farben und Licht auswählen.

Der Trend in der Raumstrategie führt zur Vergrößerung der Präsentations- und Verkaufsfläche, zu Erweiterungen auch auf Kosten der Nebenräume. Die Unternehmen streben kürzere Belieferungsintervalle an. Viele Lieferungen gehen sofort in die Warenträger der Verkaufsräume.

Große Warenlager werden auch wegen der hohen Kapitalbindung abgebaut.

Siehe hierzu das Kapitel:

D 4.4   Der Standort

4.1 Die Raumbegegnung

„Wir alle leben in Räumen. Jeder Mensch lebt in einem Raum. Unser Bewusstsein, unsere Intelligenz und unsere Sinne bilden seine Wände."
  Duane Michalls, 1983

Individuelle Ladenplanungen erfordern ein exaktes Studium der Planungsgrundlage Raum durch den Innenarchitekten.

Ideen, ideale Planungsansätze stecken bereits in den Möglichkeiten, die der Raum zeigt. Dabei wird auch die vorteilhafte Möglichkeit der Erschließung und Nutzung sichtbar.

Raum, Proportion und Bild zusammen mit Licht, Spannung und Wichtung machen das Raumerlebnis aus. Übertragen auf das Sortiment entstehen Funktion, die Strategie, die vorteilhafte Sortiments- und Raum- oder auch Raum- und Sortimentserschließung. Auch notwendige Raumkorrekturen werden sichtbar, gesteuert und weiter verfolgt, wenn das Ziel die erforderliche Leistung erreicht oder nicht wesentlich gesteigert werden kann.

Viele erfahrene Innenarchitekten, die vom Waren-Mengengerüst des unterzubringenden Sortiments ausgehen, kommen über die Einrichtung zur Gestaltung. Andere Innenarchitekten steigen über die Raumgestaltung ein und kommen danach zur Warenplatzierung für das Sortiment.

Viele Innenarchitekten in Ladenbauunternehmen gehen von Möbelsystemen und der Sortimentsverteilung aus.

Das Ergebnis bestimmt die Qualität der Ladenplanung und nicht die Methode.

Dennoch, ich gehöre zu keiner dieser Gruppen.

Ich registriere sehr wohl alle Daten des Sortiments, die Sortimentsmengen und den Sortimentsplan mit den Bedarfsbündelungen.

Für mich beginnt die Planungsarbeit mit der Raumbegehung. Ich schreite den Raum ab, um ihn zu erfahren. Mit der Begegnung beginnt für mich die Ideenfindung.

Ich entwickle ein Kundenleitsystem zur Raumerschließung und die Warenplatzierung gleichzeitig. Aus einem Guss entstehen die Warenraumbilder und das Drehbuch, der Kundenleitweg in der Grundlage und damit die wesentlichen Ideen für die Warenraumgestaltung.

Es ist kein großes Problem, wenn der Raum noch „auf dem Papier" ist. Dann sehe ich mir möglichst den Standort an und schon beginnt die Raumvorstellung anhand des Planes und die Idee wächst, wie der Raum am besten vom Eingang her zu erschließen ist.

Die ersten Überlegungen für die Entwicklung des Kundenleitweges entstehen:
– Wirkung des Raumes nach außen,
– gut einsehbare Raumteile,
– Säulen, Pfeiler und Wandabschnitte in ihrer Bedeutung,
– Zugang und Abgang zur Treppe,
– eine übersichtliche Warenplatzierung.

Es ist empfehlenswert bei der Ladenplanung für die Augen des Konsumenten Raum und Sortiment zu erschließen. Raumwirkungen, die auf das Sortiment im Kundenleitweg übertragen werden, müssen studiert werden.

Der vorgefundene Raum darf kein Diktat sein. Die Verkaufsraumstrukturen führen immer mehr von den traditionellen Lagerregal-Mentalitäten weg zu Warenbildern und zur Wareninszenierung. Der Raum hat damit die Aufgabe übernommen das stimmungsvolle Milieu zur Ware zu sein. Die Warenraumgestaltung wird den Wert der Ware mitbestimmen.

Wird ein Raum vorgefunden, der nicht zusagt, dann muss man versuchen den Raum „neu zu bauen". Das bedeutet, dass die Wände, die vorgefunden werden, als Raumbegrenzung nicht mehr bindend sind. Ein Raum entsteht innerhalb der Grenzen des vorgefundenen Raumes. Über die Nutzungsmöglichkeiten hinaus wird der Raum auch nach der Raumwirkung gewertet.

Folgende Faktoren bestimmen die Raumwirkung:
– die Lage des Eingangs
– die Fensterfront
– die Art der Fenster- und Türöffnungen
– die raumbegrenzenden Wände
– die geschlossenen Wände und Öffnungen
– der Raum in den Dimensionen, Größe und Format
– der Raum durch die Form des Grundrisses, als kubische Raumform
– Raumvorsprünge und -versprünge

- die Distanzen, Entfernungen
- die Anbauten
- die Wandstrukturen
- die Winkel der Ecken
- die Rundungen
- der Fußboden und die Decke
- Höhen,
  die Distanzen zwischen Fußboden und Decke
- die Raumteilungen aller Art
- die Podeste
- das Fußbodenmaterial
- das Deckenmaterial
- die Körper im Raum: Pfeiler und Säulen, Wandscheiben im Raum, Kamine, Treppen, Stufen, Podeste
- die Emporen in zweigeschossiger Bauweise
- die Mehrgeschossigkeit, Raumerweiterungen nach unten und nach oben
- die Einblicke nach unten und nach oben
- die Treppen, Treppenanlagen und Aufzüge
- das Licht und die Farben,
  Beleuchtung,
  Tageslicht,
  Himmelsrichtung,
  Lichtquellen,
  Helligkeit allgemein und Schattenbildungen,
  Farbe – Farbkontraste,
- die Akustik,
  Schall,
  störender Lärm von außen,
  entsteht Lärm im Haus?
  Trittschall vom Fußboden,
- die Temperatur,
  warm oder kalt,
- der trockene Raum
  oder wird eine Feuchte festgestellt,
- der Duft,
  Gerüche.

Die Gesamtwirkung aus den bestimmten Faktoren, der erste Eindruck aus Sehen, Ergehen, Hören, Riechen und Temperaturfühligkeit ist der Raum – ist der Raum sympathisch?

Der Raum ist Basis des Sortiments und aller anderer Aktivitäten, nicht nur Begrenzung der Inszenierung, auch Maßstab, Größenordnung für alle Darstellungen.

Gestaltung in Warenraumbildern heißt Lebensqualität erreichen für den Augenblick, das bewusste Erleben dieses Augenblicks, der Auswahl eines Kleidungsstückes, einer Brille oder eines Schmuckstückes. Das Leben ist zu bereichern schon beim Auswählen der Waren. Der Raum muss diese Inszenierung ermöglichen. Der Raum gibt aus seiner Wirkung, zusammen mit dem Sortiment, die Impulse für den Entwurf, für die Warenraumgestaltung.

Wird der große, anonyme Laden gebraucht, muss der Innenarchitekt den kleinen Laden gegebenenfalls groß wirken lassen. Braucht der Innenarchitekt eine ganz besondere Intimität, ein fassbares Maß für den Augenblick der Warenauswahl, dann muss er einen großen Raum kleiner wirken lassen und Nischen bieten. Braucht der Innenarchitekt ein Quadrat, ein Rechteck oder eine Rundung? Mit diesen Fragen beginnt die Gestaltungsplanung, die zur Warenraumgestaltung, zur Leitgestaltung und zur Inszenierung führt.

Den Raum eine Weile einwirken lassen, aus verschiedenen Raumbereichen heraus, von wichtigen Punkten des vorgedachten Kundenleitweges, ist hilfreich. Der Raum muss erkannt werden für die Möglichkeiten der Sortimentsplatzierung. Jeder Raum hat eine Ordnung. In diese tritt das Sortiment ein und wird selbst Ordnung im Raum.

- Stimmen die Verhältnisse zwischen Raum und Sortiment?
- Wie wird die Sortimentsmenge bewältigt?
- Wie werden Sortimentsgruppen, eine Sortimentsordnung und Sortimentslogik erreicht?

Viele Fragen treten auf:
- Ist der Raum fähig, das Sortiment aufzunehmen und den Sortimentsplan zu erfüllen?
- Wie steht der Eingang im Kundenleitweg?
- Wie lassen sich die Raumbereiche nutzen?
- Ist ein freier Umgang mit dem Raum möglich?
- Was hindert?
- Führt der Kundenleitweg ungehindert durch alle Raumbereiche?
- Sind die Raumgliederungen, Wände und Säulen sortimentsordnend?
- Welche Wände, welche Raumabschnitte fallen unmittelbar ins Auge für Warenleitbilder?
- Wo ergeben sich ideale gegenüberliegende Wände für korrespondierende Sortimente?
- Welche diagonalen Durchsichten ermöglicht der Raum?

- Wie wirkt der Raum insgesamt, ist er fröhlich oder zu dunkel?
- Werden die funktionellen und ästhetischen Bedürfnisse befriedigt?
- Ermöglicht der Raum neue Raumentwicklungen?

Der Versuch sollte gemacht werden, Säulen, Pfeiler oder Wandvorsprünge ordnend zu nutzen. Säulen haben wichtige Aufgaben: Sie sind Tragwerk für den Raum, sie symbolisieren Sicherheit. Mit der Aufgabe das Sortiment im Raum unterzubringen muss die notwendige Säule im Raum auch eine notwendige Säule im Sortiment werden – sie kann Sicherheit im Sortiment symbolisieren. Wertungen treten auf und erste Ideen. Der Raum ist durch die Mittel der Bautechnik entstanden. Durch die Bautechnik kann der Raum auch wieder verändert werden.

Überall da, wo Kunden gegen Wände oder Säulen laufen, wo Verbindungen zwischen Räumen nicht kommunikativ sind, wo das Auge des Kunden keinen Weg finden kann, steht dem Kundenleitweg etwas im Wege.

Es muss erkannt werden, was man nicht ändern kann – aus bautechnischen Gründen, weil eine Änderung zu kostspielig ist. Man muss aber auch erkennen, was man nicht ändern sollte. Der natürliche, auch durch die Gebäudestatik vorbestimmte Raum hat ein in sich geschlossenes statisches Gesetz, das erhalten werden sollte.

Die Raumgröße entscheidet viel. Das richtige Maß, die Idylle oder die Macht des gigantischen Raumes, die von „Natur" vorgegebene Raumwirkung aus der Größe und Form heraus, bestimmt die Ladenplanung. Das große Unternehmen hat den Wunsch zur Idylle, zum kleinen, überschaubaren Bereich, und das kleine Fachgeschäft möchte „groß" erscheinen. Die „normalen" Verkaufsräume mit handlichen und überschaubaren Warengrößen, die sich in branchenüblichen Größen bewegen, sind kein Problem. Ungewöhnlich kleine Räume oder ungewöhnlich große Räume sind immer eine Herausforderung für den planenden Innenarchitekten.

Immer muss der Raum für den Kunden fassbar werden. Der Raum muss erkennbar werden und erkennbar bleiben. Große Räume sind nicht immer leicht „in den Griff zu bekommen". Es müs-

Der Raum muss gespürt werden und die Möglichkeiten, die er bietet, müssen gesehen werden.
Buchhandlung Kiepert,
Berlin-Zehlendorf
Planung: Volker Paulsen, Kreft Team
Realisation: Wilhelm Kreft GmbH,
Wedemark

sen Beziehungen entwickelt werden. Wo Wände fehlen, sind Säulen vorhanden. Es müssen Grundsätze entstehen, zum Durchziehen, zum Führen durch den Raum und zum Festhalten. Der kleine Abschnitt ist wichtig und der große Raum muss erhalten bleiben, er ist ebenso wichtig für die gesamte Übersicht. Die Eindrücke mehrerer Raumbereiche müssen ineinander fließen um in den einzelnen Bereichen unterschiedliche Akzente erhalten können.

Komplizierte, nicht auf einen Blick überschaubare oder vom Auge nachvollziehbare Räume können auch eine Chance sein. Mehrraumböden sind bei richtiger Beachtung interessante Raumlösungen.

4.2 Feng Shui: Positive Botschaften für die Raumnutzung

Die Unternehmensberater und Feng Shui-Experten Margrit Lipczinsky und Helmut Boerner, Konstanz:

Stellen wir uns folgende Szenerie vor: Ein freier Platz in einer Großstadt, umgeben von Gebäuden. Eines davon – ehemals vornehme Stadtvilla – beherbergt einen Buchladen. Rechts und links wird dieses Haus von wesentlich höheren, modernen Gebäuden eingerahmt. Gegenüber steht der mächtige Hauptsitz einer Bank, der täglich seinen Schatten wirft. Hinter der Stadtvilla befindet sich dagegen eine abschüssige Rasenfläche.

Die Atmosphäre im Buchladen ist schwer und gedrückt. Dies wirkt sich nicht gerade günstig auf die Kauflust der Kunden aus. Der Inhaber passt in diesen Laden: Er scheint ständig eine zentnerschwere Last zu tragen. Weder sprüht er vor Freude Bücher verkaufen zu dürfen, noch vermag er seine Kunden zu begeistern und zu inspirieren.

Da er mit der Zeit geht, sorgt er regelmäßig für Bücherbilder, Inszenierungen und Events. Doch auch diese passen sich wie verhext der Atmosphäre an, wirken angespannt, wo sie Unbeschwertheit ausdrücken sollen, und oberflächlich, wo es eigentlich um Bedeutsamkeit geht. Trotz aller Bemühungen bleibt der Geschäftserfolg gering.

Die Stadtvilla hat „schlechtes Feng Shui". Sie wird im übertragenen Sinn von den Nachbargebäuden „erdrückt" und ständig weiter an den Abgrund geschoben. Die Energie, die der Inhaber einsetzt, ist die einzige Gegenkraft, die sozusagen den Absturz verhindert. Aber er trägt schwer daran. Wer in Häusern mit schlechtem Feng Shui arbeitet oder wohnt, ist nicht zu beneiden. Kunden, die hineingehen, kaufen weniger als woanders, weil sie nicht bleiben möchten.

Verkaufsfördernde Maßnahmen wirken nicht überall gleich. Wieso sind identische Bücherbilder nicht da und dort genauso erfolgreich? Die Antwort lautet: Sie erreichen zwar als vordergründige Information das Bewusstsein des Kunden, vermitteln ihm Ideen und wecken vielleicht einen Kaufwunsch. Für das Unbewusste in der Kundenpsyche sind sie aber lediglich ein Eindruck unter vielen anderen.

Die Werbung in unserem Buchladen suggeriert dem Kunden: „Hier gibt es die neuen Bestseller!" Aber zugleich leidet der Laden darunter, dass sich der Schatten des gegenüberstehenden Gebäudes daraufwirft, während dahinter der Abgrund lauert. Selbst wenn der Kunde, der auf den Laden zusteuert, dies gar nicht oder nur subliminal registriert, lautet die Botschaft an das Unbewusste: „Dieser Laden ist bedroht. Gefahr!" Und diese Botschaft hat erheblich tief reichendere Wirkung auf das Verhalten als der Kaufwunsch!

Solche Botschaften an das Unbewusste sind eng mit den unsichtbaren Energie- und Informationsfeldern in einem Laden – dem Thema des Feng Shui – verknüpft. Die Feststellung, dass Menschen sich in einem bestimmten Umfeld instinktiv wohl fühlen, in einem anderen dagegen bedrängt und unruhig, findet hier ihre einleuchtendste Erklärung. Daraus resultiert unser Ansatz Tiefenpsychologie und Feng Shui in der übergeordneten „Raumpsychologie" zusammenzuführen. (Weitere Einzelheiten dazu siehe Lipczinsky/Boerner: Büro, Mensch und Feng Shui, München 2000.)

Welche Ratschläge geben wir unserem Buchhändler?

Befindet sich ein Laden zwischen zwei übermächtigen Gebäuden, so muss er betont werden. Der Name sollte etwas markanter sein, der Eingang muss gestalterisch stärker herausgestellt werden, die Fassade benötigt eine Hervorhebung. Die Botschaft muss lauten: „Dieses Gebäude ist zwar kleiner als seine Nachbarn, hat es aber faustdick hinter den Ohren und ist genauso sicher wie sie!"

Unser Buchhändler vergrößert den Eingang seines Ladens optisch durch seitlich aufgestellte Pflanzen und gewinnende Werbung. Zwischen dem Gebäude und der Rasenfläche dahinter werden Bäume gepflanzt (er könnte auch einige schwere Findlinge aufstellen). Damit wird ein solides „Backing", ein „Rückenschutz" kreiert. Als Gegengewicht gegen den Schattenwurf des Frontgebäudes dienen zwei Spiegel in den Schaufenstern, die das Bild des übermächtigen Gegenübers abwehren und reflektierend gegen den Himmel werfen.

Diese Maßnahmen verändert nun das „Bewusstsein" des Gebäudes, seine Energie, sein Feng Shui. Damit wandelt sich automatisch die Botschaft für das Unbewusste des Kunden: Nicht mehr „Haus am Abgrund, das mich mitzureißen droht", sondern „Haus mit solidem Schutz, dem ich mich anvertrauen kann!"

Unser Buchhändler berücksichtigt durch die Umgestaltung des Eingangs auch, dass der Verkaufsraum bereits weit draußen beginnt. Der Kunde betritt den Laden in dem Moment, in dem er ihn zum ersten Mal von außen sieht. Dieser „Außen-Innenraum" des Ladens sollte so weit wie möglich reichen. Standort und Umgebung erhalten damit über die betriebswirtschaftliche Bedeutung hinaus eine weitere Dimension: Sie sind integrale Bestandteile des Energiefeldes eines Ladens und der Botschaften, die auf das Unbewusste jedes Kunden einwirken.

Häuser müssen uns Sicherheit und Schutz vermitteln. Durch dieses über die Jahrtausende immer wieder erfahrene archetyische Bild wurde im kollektiven Unbewussten ein untrennbares Band zwischen Haus und Mensch geknüpft. Diese starke psychische Affinität ist so mächtig und aussagekräftig, dass beispielsweise Träume und Imaginationen über Häuser Rückschlüsse auf die psychische Befindlichkeit des Träumers ermöglichen.

Feng Shui betrachtet deshalb ein Gebäude im übertragenen Sinn wie einen Menschen. Die Affi-

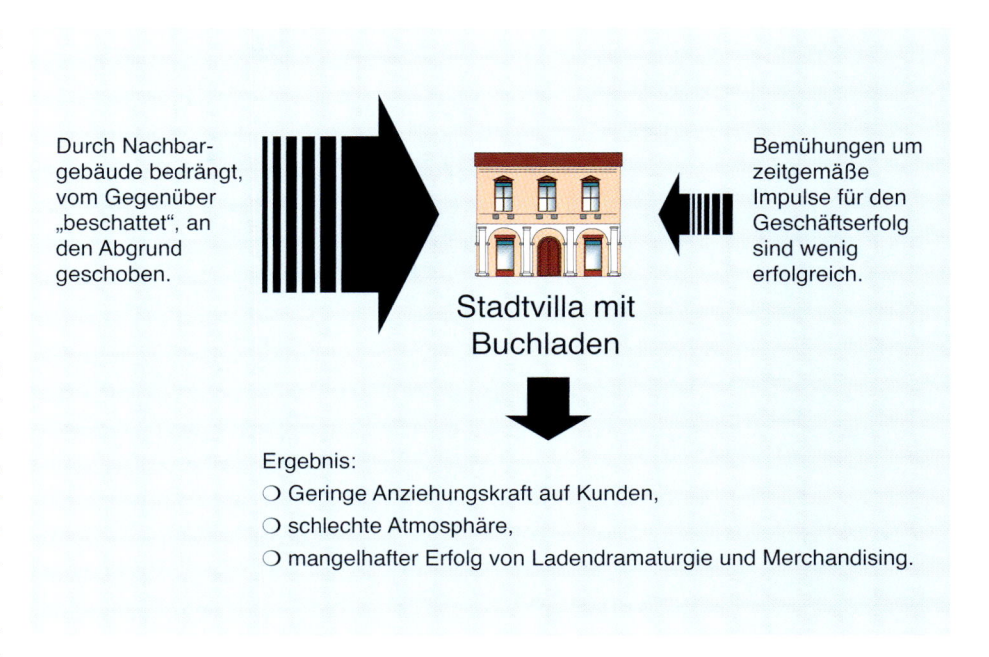

Durch Nachbargebäude bedrängt, vom Gegenüber „beschattet", an den Abgrund geschoben.

Stadtvilla mit Buchladen

Bemühungen um zeitgemäße Impulse für den Geschäftserfolg sind wenig erfolgreich.

Ergebnis:
○ Geringe Anziehungskraft auf Kunden,
○ schlechte Atmosphäre,
○ mangelhafter Erfolg von Ladendramaturgie und Merchandising.

nität zwischen beiden bewirkt, dass der Zustand eines Ladens unmittelbar auf die geschäftliche Situation und den Inhaber einwirkt. Treffend ausgedrückt: „Ihr Laden sind Sie!"

Die Analogie zwischen Gebäude und Mensch hat viel mit Resonanz zu tun: In einem minimalistisch-kühlen und arrogant erscheinenden Gebäude neigen manche Mitarbeiter zu einer ebenso abweisenden Tendenz. Bizarre und aggressive Einrichtungen und Dekorationen erzeugen eine hitzige, „geladene" Atmosphäre. Der Anblick sichtbarer Versorgungsleitungen und sichtbares Kabelgewirr reizt zu Streit (denken Sie an „bloßliegende Nerven").

Die Begegnung mit einem Gebäude erhält darum ähnliche psychologische Gesichtspunkte wie diejenige mit einem Menschen. Beispielsweise stellt die Fassade das „Gesicht" dar. Ist diese Fassade klar, heiter und sauber, so empfängt der Betrachter die gleichen subliminalen Eindrücke, als ob ihm ein Mensch mit einem klaren, heiteren und gepflegten Antlitz gegenübertritt. Die Botschaft für das Unbewusste lautet in beiden Fällen: „Dieses Haus (oder: Dieser Mensch) ist gepflegt, es (er) heißt mich durch seine Offenheit willkommen und freut sich über mich."

Eine weitere Analogie zwischen Mensch und Gebäude betrifft die Schaufenster: Sie sind wie

Augen. Werden Schaufenster ständig durch Markisen oder Jalousien halb verdeckt, so vermittelt der Laden die Botschaft: „Schläfrig, geringes Interesse an Kunden!"

Ist der Eingang zu klein oder in irgendeiner Weise verstellt, so gleicht er einem Menschen, der ständig seinen Mund verdeckt und die Information vermittelt: „Er hat etwas zu verbergen, will nicht mit mir kommunizieren, mag mich nicht." Erinnern wir uns: das Unbewusste reagiert weitaus sensibler auf derartige Botschaften als das Bewusstsein!

Wichtig ist auch: Wie ist der Name des Ladens dargestellt? Vergleichen wir wieder den ersten Eindruck von einem Haus mit dem ersten Eindruck von einem Menschen. Wie wirkt jemand, der seinen Namen mit großen Lettern auf einem überdimensionalen Schild quer über die Brust trägt? Wie jemand, dessen Namensschild so klein ist, dass sein Erkennen fast eine Lupe nötig macht? Welchen Eindruck macht es auf uns, wenn ein Namensschild hochkant steht, sodass wir es nur mit schmerzhaft verrenktem Kopf lesen können? Namen sind Identitäten; Identitäten schaffen Sicherheit. Ein gut lesbarer, horizontal angebrachter Name ist wichtiger Teil einer Vertrauen erweckenden Botschaft für das Unbewusste des Kunden.

Im Eingang ergibt sich eine gravierende negative Mitteilung an das Kunden-Unbewusste, wenn der Name des Ladens auf dem Sauberlauf steht oder im Boden eingelegt ist. Wieso ist einem Ladeninhaber gleichgültig, dass sein Name ständig mit Füßen getreten wird? Alle Kunden tragen dadurch den unbewussten Eindruck der Entwertung und Entwürdigung des Ladens hinein.

Nun gehen wir mit unserem Buchhändler durch seinen Laden.

Ziel des Feng Shui ist positive Botschaften zu gestalten. Dafür setzt die fernöstliche Lehre unter anderem ein ausgeglichenes Kräftespiel von Yin und Yang im Raum ein, die Vitalenergie „Qi", das universelle System der „Fünf Wandlungszustände" oder „Fünf Elemente", die darauf beruhenden unterschiedlichen Richtungsqualitäten oder „günstigen und ungünstigen Sektoren", die Zeitqualität eines bestimmten Tages sowie die acht Raumbereiche des „Bagua". Alle haben wesentliche Bedeutung für die Gestaltung von Läden, die sich durch eine unverwechselbare Persönlichkeit abheben.

Das Yin-Yang-Konzept zeigt, dass jede Einseitigkeit auf die Dauer nachteilig wirkt. Da unsere Zeit so sehr von Hektik, Informationsvielfalt, Erfolgsdruck und nicht selten Aggressivität geprägt wird, wäre ein Ausgleich sehr wichtig. Doch das Gegenteil ist in der Regel der Fall: Der bereits vorhandene Yang-Überschuss wird durch rein lineare Strukturen der Einrichtung, durch minimalistisches Design, „angreifende" Formen, aufdringliche oder aggressive Dekorationen noch verstärkt.

Besser wäre es, die Yang-Betonung durch einige Yin-Aspekte abzumildern, wie geschwungene, abgerundete Formen, attraktive Pflanzen, weiche Stoffe, dezente Farben und Inszenierungen. Alle Inszenierungen benötigen um ihre Wirkung zu erhöhen eine Nuance „Leben": Pflanzen, Jahreszeitenakzente, Naturelemente, Licht. Oder vielleicht ein kleines Wasserspiel. Wasser hat für jeden Menschen unbewusst die Bedeutung lebensspendender Kraft. Brunnen ziehen deshalb Menschen an. Außerdem intensiviert leicht sprudelndes Wasser erheblich den Qi-Strom. Deshalb wirkt ein Brunnen bei einem Eingang so einladend.

Die Vitalenergie Qi ist – darin sind sich fast alle der sonst in vielem divergierenden Feng Shui-Schulen einig – der wichtigste Faktor für Kundenwohlgefühl und Geschäftserfolg. Das Qi erhöht die Konzentration, Inspiration und Stresstoleranz von Kunden und Personal. Der Qi-Fluss sollte harmonisch, das heißt sanft und hindernisfrei, verlaufen. Oft wird er aber blockiert oder er verläuft zu rasch und unausgewogen. Einfluss darauf hat als Erstes die Eingangsgestaltung.

So wie ein Mensch durch Mund und Nase seine Atemluft erhält, so „atmet" ein Laden die Qi-Energie durch den Eingang. Daher sollte der Eingang offen und frei sein umso viel Energie wie möglich hineinzulassen und gleichzeitig zu suggerieren: „Herzlich willkommen! Sprechen Sie mich an!" Warenständer, Sonderaktionen, Werbedisplays genau vor oder im Eingangsbereich sind dagegen ein Angriff auf das Energiefeld des Ladens: Eigentor! Möchte man nicht ohne sie auskommen, so dürfen sie nur auf der Seite stehen.

Vom Eingang des Ladens an sorgt ein vitalisierender Qi-Fluss für Frische und energetische Aufladung. Schnurgerade Verkaufsachsen formen jedoch „angreifende Qi-Pfeile". Besser wäre es das Qi leicht geschwungen bis in die hinteren Ladenbereiche zu lenken, indem an Verkaufsachsen rechts und links jeweils versetzt zueinander kleine, halbrunde Warentische aufgestellt werden (die sich auch für Werbung gut eignen). Ist eine solche Gestaltung aufgrund von Brandschutzbestimmungen nicht möglich, dann kann ein ähnlicher Effekt so erzielt werden: Rechts und links versetzt angebrachte halbrunde Bodenmarkierungen, geschwungene Bodenmarkierungen in Längsrichtung, geschwungene Lichtleisten an der Decke.

Treppen sind generell Qi-Bahnen, also Energiebeförderer. Allerdings sollten sie Setzstufen haben. Grazile und luftige Treppenkonstruktionen sind zwar reizvoll, führen aber kein Qi nach oben und erzeugen außerdem oft unbewusst Gefühle der Unsicherheit. Im Übrigen sollten Treppen – im Sinne einer progressiven Geschäftsentwicklung – stets eine ungerade Anzahl von Stufen haben (einschließlich abschließendem Auftritt). Bei geringen Höhenunterschieden ermöglichen Rampen einen harmonischeren Qi-Fluss.

In den hinteren Ladenbereichen ist oft eine energetische Auffrischung durch „Qi-Inseln" notwendig. Dies ist der richtige Ort für Sitzgelegenheiten, Brunnen und Wasserspiele, Pflanzen und Inszenierungen, Warenbilder und Events, Mobiles und ansprechende elektrische Art-Objects, Lichtspiele und Video-Shows. Licht gilt im Feng Shui als Symbol für Vitalität, Erfolg, Reichtum und Sicherheit und ist zudem Energie.

Feng Shui verwendet große Sorgfalt darauf, die „günstigen" und „ungünstigen" Sektoren im Laden nach dem System der „Fünf Elemente" (Holz, Feuer, Erde, Metall und Wasser) und den ihnen jeweils zugeordneten Himmelsrichtungen zu bestimmen. Die günstigen Sektoren werden – so weit irgend möglich – für die Positionierung von Kassen, Beratungszonen und Verkaufsrenner genutzt. Das gleiche System der „Fünf Elemente" dient zur Auswahl von Farben und Formen sowie

Der Gesamtzustand des Gebäudes hat Einfluss auf den psychischen, energetischen und physischen Zustand der Menschen darin sowie auf den Geschäftserfolg.

Die einzelnen Gebäudebereiche stehen in Analogie zu den Körperteilen des Menschen. Ihr Zustand beeinflusst Einzelaspekte des Geschäftserfolges.

Gebäude	Mensch	Einwirkung auf Erfolgsfaktoren
Tür	Mund	Vitalität, Kundenstrom
Eingangsbereich	Atemweg	Kundenbegrüßung
Fenster	Augen	Geschäftsperspektive
Flure	Blutbahnen	Warenumschlag
Versorgungsleitungen	Nervenstränge	Atmosphäre, Betriebsklima
Dachgeschoss	Denken	Strategische Planung
Keller, Lager	Unbewusstes	Vorrat oder Ballast
Außenwand	Haut	Außenauftritt, Anziehungskraft
Außengestaltung vorn	Auftreten	Unterstützung
Außengestaltung hinten	Schutz	

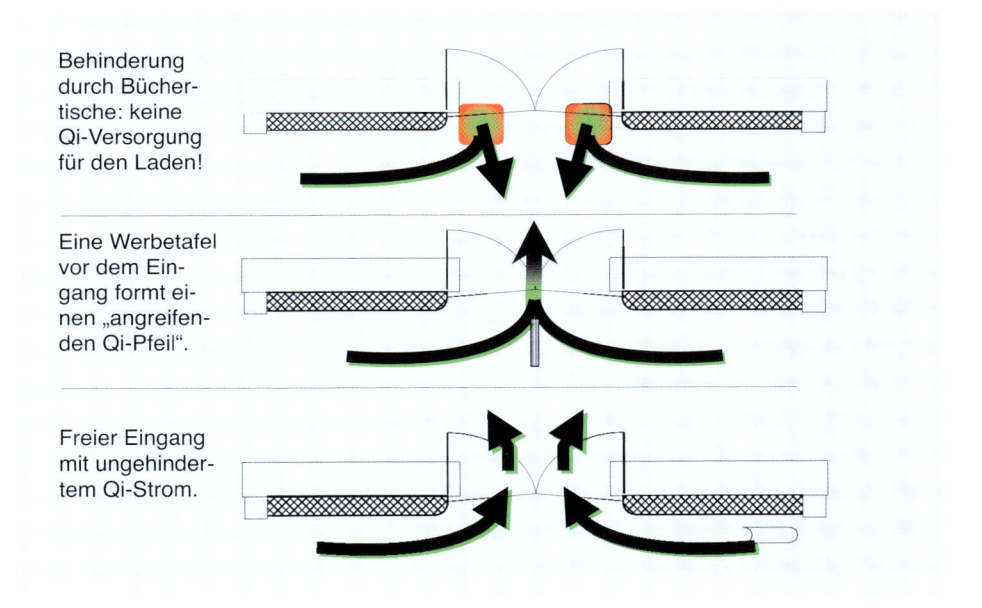

Behinderung durch Büchertische: keine Qi-Versorgung für den Laden!

Eine Werbetafel vor dem Eingang formt einen „angreifenden Qi-Pfeil".

Freier Eingang mit ungehindertem Qi-Strom.

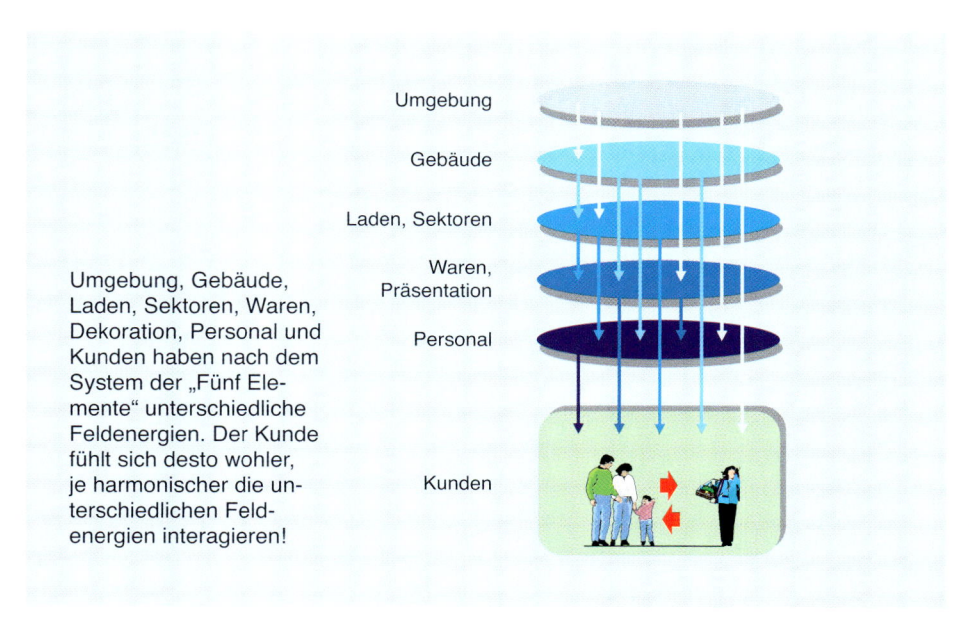

D Das Grundleistungsmarketing: Die Geschäftsidee – Corporate Culture zur Unternehmenskultur

D 4 Der Raum

Umgebung
Gebäude
Laden, Sektoren
Waren, Präsentation
Personal
Kunden

Umgebung, Gebäude, Laden, Sektoren, Waren, Dekoration, Personal und Kunden haben nach dem System der „Fünf Elemente" unterschiedliche Feldenergien. Der Kunde fühlt sich desto wohler, je harmonischer die unterschiedlichen Feldenergien interagieren!

zur Vermeidung von Farbkombinationen, die einen „energetischen Konflikt" und damit im übertragenen Sinn ein ständiges Unwetter erzeugen, dem sich unbewusst kein Kunde gern aussetzt. Generell gilt: Kunden fühlen sich desto wohler, je harmonischer alle Elemente und ihre unterschiedlichen Feldenergien untereinander interagieren.

Die einzelnen Ladensektoren werden außerdem nach dem „System der Acht Lebenssituationen" („Bagua") mit den grundlegenden archetypischen Lebensthemen jedes Geschäftes verknüpft: strategische Planung, Unternehmenskultur, Kernkompetenzen, Geschäftserfolg, Image, Betriebsklima, Marketing, Beziehungen zu Kunden und Dienstleistern. Dann wird versucht dieses Raster in Übereinstimmung mit der Themenabfolge und Warengruppen-Positionierung zu bringen. Ergibt sich dabei eine „freundliche" Resonanz zwischen Warengruppe und jeweiligem Sektor, dann wird der Umsatz unterstützt.

Zum Schluss unseres Rundganges prüfen wir das Lichtdesign: Werden Kunden und Personal durch ungünstig angebrachte Spots geblendet? Ist die Raumbeleuchtung zu gleichförmig? Wechseln „intelligente" Lichtakzente mit den Tageszeiten? Werfen einzelne Spots einen gleißenden Lichtstrahl auf Gehirn und Kronenchakra der Kunden – und verjagen sie dadurch?

Unser Buchhändler ist zufrieden. Sein Blick ist weitaus schärfer geworfen für die Botschaften, die sein Laden vermittelt. Die Kunden fühlen sich sicherer als vorher. Negative Impulse durch bedrückte Atmosphäre, schlechte Orientierung, Überfülle und Servicefehler unterbleiben in Zukunft. Der Laden hat „gutes Feng Shui" gewonnen. Merchandising-Architektur, Ladendramaturgie und Kommunikationsmarketing sind von vornherein wirkungsvoller. Die Geschäftstätigkeit verläuft erfolgreicher als früher.

Für die Ladengestaltung ergibt sich daraus die Folgerung: Die Einrichtungsfaktoren Funktionalität und Ästhetik werden durch den Faktor Raumpsychologie ergänzt und bereichert. Sowohl die Botschaften des Raumes an das Unbewusste als auch die verschiedenen Energien und Kraftfelder, mit denen sich Feng Shui befasst, werden einbezogen. (Weitere Einzelheiten dazu siehe Lipczinsky/Boerner: Shop Design für erfolgreiche Läden, München 2001.)

Gleichzeitig schafft die Raumpsychologie notwendige Impulse für neuen Erlebens- und Handlungsraum, für Ladendramaturgie und Events als Sprung zum mehrdimensionalen Kauferlebnis. Die Erscheinungen des stetigen Wandels und Wechsels sind primäre Aspekte der Natur. Struktur und Symmetrie haben demgegenüber „nur" sekundäre Bedeutung – eine alte, im „Tao" gespiegelte chinesische Einsicht –

Feng Shui: positive Botschaften für die Raumnutzung.

4.3 Das Raumkonzept

Die Warenplatzierung, die Sortimentsverteilung im Raum, bewirkt ein Raumkonzept: Eingang, Schaufenster, Treppen, Kassenstandort, Podeste, Säulen, Pfeiler, Wände selbst und alle anderen normalen und ungewöhnlichen Raumteiler nehmen Einfluss auf die Warenplatzierung.

Warenplatzierung und Raumkonzept stehen sich kommunikativ gegenüber, um im Ausgleich eine Einheit zu werden als Warenraum.

Schon mit dem Gedanken der Einheit von Sortiment und Raum in einem Raumkonzept erhält der Raum seine Bedeutung für das Sortiment.

D 4 Der Raum

Buchhandlung Kiepert
Schönhauser-Allee-Arcaden, Berlin
Planung: Volker Paulsen, Kreft-Team
Realisation: Wilhelm Kreft GmbH,
Wedemark

Citti-Center, Flensburg
Planung: Volker Paulsen, Kreft-Team
Realisation: Wilhelm Kreft GmbH

So ergeben sich Ideen, die dem Sortiment und dem Raum nützen, zum Beispiel:
- für die Fassade,
- für den Eingang,
- für die Treppe ins Ober- oder Untergeschoss
- für Raumerweiterungen,
- vielleicht kann sogar ein Dachgarten einbezogen werden
- oder die Treppe ein wirkungsvolles Tageslicht aus einer Dachverglasung erhalten.

Wichtig ist, dass die Raumvor- und die Raumnachteile auf die Bedeutung des im Raum unterzubringenden Sortiments richtig übertragen werden, damit das Sortiment mit seiner Bedeutung sichtbar gemacht werden kann.

Die Innenarchitektur, die Raumordnung, die natürlichen Raumteilungen, die man oft nicht ändern kann, und die Wichtungen im Sortiment selbst erfordern nicht nur eine Berücksichtigung bei der Planung der Raumerschließung durch den Kundenleitweg, sondern auch bei der Warenplatzierung und der Sortimentserschließung.

Besonders die Größe der Raumabschnitte spielt eine Rolle. Sie muss sich auf die Menge der Ware umsetzen, damit eine von der Ware ausgehende Stimmung und Raumatmosphäre entstehen kann. Natürlich kann man hier raumgestalterisch einiges hinzufügen und verändern.

Von Warenmengen gehen ganz bestimmte Wirkungen aus.

Besonders bei Schmuck zeigt sich: Eine Warenfülle kann Qualität in Menge darstellen. Im Grunde gilt aber die Formel: Das große Angebot lässt die Ware im Auge des Konsumenten preiswert erscheinen, wenig Ware wirkt seltener und damit exklusiver.

Das bedeutet, dass bei wachsenden Verkaufsflächen die Anzahl der Warenleitbilder und der Highlights zunehmen muss, um das Sortiment sichtbar zu machen.

Das Raumkonzept wirkt auf die Technik des Raumes und bestimmt den „Technischen Ausbau". Siehe die Kapitel:

C 4   Die Inszenierung
D 4   Der Raum
D 4.1 Die Raumbegegnung
D 6   Der Verkaufsraum entsteht: Ideell-human fundieren
D 7   Die Einrichtung – technischer Ausbau
E 4   Gestaltungsfeld: Verkaufsraum
E 4.1 Der gestaltete Warenraum – emotional aktivieren
F 4   Der Kundenleitweg Den Verkaufsraum kognitiv ordnen und erschließen

4.4 Der Standort

„Drei Dinge sind für den Erfolg im Einzelhandel wichtig: erstens der Standort, zweitens der Standort und drittens noch einmal der Standort."
Der Einzelhandelsberater

„Der Standort ist weiterhin der Werbefaktor Nummer eins."
(Bruno Tietz)

Die Entscheidung ‚Standort' ist eine der wichtigsten Entscheidungen, die das Unternehmen treffen muss.

Der Standort, die Eingliederung und Einordnung in eine Umgebung, für einen Branchenmix, ist wichtig für das Unternehmen. Die verkehrstechnische Erschließung bestimmt das Einzugsgebiet und die Nähe der Warenhäuser, die Verkehrsanbindung und die Parkhäuser bestimmen den Wert der Lage.

Der stärkere Wettbewerb und der Wandel zum Käufermarkt, verbunden mit der Bedeutung der Kundenerwartungen an das Freizeiterlebnis Shopping, haben die Leistung „Standort" bedeutungsvoller gemacht.

Das Sortiment wird durch den Standort beeinflusst, bestimmt und begrenzt mit der Raumgröße für Aktivitäten und Leistungsmöglichkeiten.

Gute Lagen bewähren sich schneller als weniger gute Lagen.

Die sehr guten Lagen werden für viele Fachgeschäfte unerschwinglich. Interessant ist deshalb die Ausweitung der guten Lagen durch städtebauliche Maßnahmen. Zweite und sogar dritte Lagen werden zunehmend durch Passagen, Fußgängerzonen, bessere Verkehrseinbindung und Parkhäuser aufgewertet.

Nicht nur die Innenstädte, die sich immer mehr zu teuren Mietlagen bewegen, auch das Umland gewinnt neue Standortvorteile. Überall wird der Branchenmix für unterschiedliche Bedarfsgruppen wichtiger, deshalb: Die Läden der Nachbarschaft in den Vororten beachten!

Die Konzentration von Einzelhandelsgeschäften verschiedener Branchen wird in Einkaufsstraßen, Fußgängerzonen, Passagen und Einkaufszentren eine höhere Bedeutung erlangen. Jedes Unternehmen wird auch andere Unternehmen brauchen. Die Einkaufszentrum-Gemeinschaft der Unternehmen wacht darüber, dass die Infrastruktur anspruchsdeckend erhalten bleibt.

Ein Standortkonzept ist erforderlich, hierzu gehört die richtige Bewertung des eigenen Standortes.

Standortbeobachtungen zeigen deutlich den Verdrängungswettbewerb. Es ist notwendig geworden, den eigenen Standort von Zeit zu Zeit, insbesondere vor Investitionen auf den zukünftigen Ertrag hin zu überprüfen. Die Lebensmittelbranche war nur Vorreiter:

- Verkaufsflächen wachsen, damit muss auch das Einzugsgebiet wachsen
- kleine Läden, bis hin zum Kiosk, brauchen neue Ideen, sie haben alle neue Chancen
- Ideen werden gebraucht, nicht nur große Flächen – Ideen, um die Leistungen sichtbar zu machen
- Informationen, Botschaften, Image und Sympathie werden zur Lebensfrage
- Design als Lebensqualität, das Milieu mit dem Charme der Tante-Emma-Läden, Inszenierungen mit funktionierenden Warenbildern sind ebenso wichtig in der Merchandising-Architektur wie das Marketingkonzept für das Sortiment mit Segmentierungen und Spezialisierungen.

Kleine und große Fachgeschäfte in unterschiedlichen Rängen und Betriebstypen sind erforderlich in der Einkaufslandschaft.

Die Standortbewertung

Fünf Faktoren, die Probleme sein können, wenn sie nicht erfüllt oder zumindest geklärt werden, bewerten den Standort:
- die steigenden Konsumentenerwartungen an Standort, Raumgröße und Raumordnung
- die explodierenden Mieten, die für die Branche erwirtschaftbar sein müssen
- die Verkehrseinbindung sowohl für den fließenden als auch für den stehenden Verkehr
- der Branchenmix, die Nachbarschaft zum ergänzenden Einzelhandel und zur Gastronomie
- die grüne Wiese, die flächenintensiven Verkaufsräume als Möglichkeit und als Konkurrenz.

Erforderlich ist es den Standort mit allen seinen realen Möglichkeiten zu erkennen, zu analysieren und daraus wichtige Folgerungen für die Ladenplanung zu ziehen.

Hierzu gehört auch die richtige Bewertung des eigenen Gebäudes: die Fassade, Eingang und Fenster. Die Auffindbarkeit und die Erkennbarkeit, die Lage auf der Gehseite, der Sonnen- oder Schattenseite einer Straße, Eckgrundstücke oder Kopfgrundstücke, werden wichtiger.

Die Standortbewertung braucht den Aspekt für die Zukunft: die Orientierung an Kaufkraftdaten mit Konsumgüter-Hochrechnungen. Hier helfen die örtlichen Handelskammern, der BBE (Unternehmensberatungs GmbH in Köln) und die GfK (die Gesellschaft für Konsumforschung).

Kaufkraftkennziffern, die Gliederungszahlen mit denen Kaufkraftunterschiede für Regionen vergleichbar gemacht werden, liefert z.B. auch die GFM.

Die große Nachfrage nach guten Standorten hat die Mieten in den letzten Jahren enorm steigen lassen. Das wiederum ist ein Zeichen dafür, dass die Standortwahl für die Aktivitäten und für die Strategien der Unternehmen und damit für deren Zukunftsplanung einen wichtigen Platz eingenommen hat.

Voraussetzungen für eine Standortbewertung sind:
- die vorhandenen Passantenströme
- die Mitbewerber, die Einbeziehung von Mitbewerbern in die Überlegung, Entfernung, Rang und Gewicht dieser Mitbewerber, Größe, Leistung, Zielgruppen-Erreichbarkeit
- eine Konkurrenzanalyse, das Wissen über Marktanteile der Konkurrenz auch in verschiedenen Sortimentsbereichen wird gebraucht. Der Konkurrenzforschung mithilfe von Beratern folgt die ständige Konkurrenzbeobachtung.

D Das Grundleistungsmarketing: Die Geschäftsidee – Corporate Culture zur Unternehmenskultur

D 4 Der Raum

```
Datenerfassung: Standort zur Ladenplanung

Veranlagung der Umgebung –
Jenseits der allgemeinen Bewertung der Geschäftslage
```

↕

```
Einordnung in die Fassaden-Umgebung
Fassade
    Eingang
    Fenster
    Logo
    Erkennbar aus welcher Entfernung
Nachbarfassaden
    Auffallende Fassaden
    Architektur
    Qualitäten
    Rang – Profilierung
    Leuchtwerbung
Mitbewerber
```

↕

```
Einbindung in den Verkehr
    Fußgängerzone
    Straße – Überwege
    Haltestellen
    Schlechtwetterschutz
Parken
    Wo?
    Parkplätze am Haus
    Parkhäuser
Haltestellen
    Bus
    U-Bahn
    Straßenbahn
```

Wichtig für den Standort sind:
- die Nachbarschaft, Infrastruktur der gesamten Einkaufsgegend zur zielgruppenabhängigen Erwartungserfüllung
- der Branchenmix, die Nachbarschaft, die durch Veränderungen, durch neue Verkaufsräume und andere Aktivitäten, auf die Bedeutung des eigenen Unternehmens wirkt
- die Lage zu wichtigen Einzelhandelsunternehmen, Kaufhäusern und Märkten: Verbrauchermärkte, Fachmärkte. Kaufhäuser schaffen aus eigener Kraft gute Lagen, das gelingt sonst nur sehr gut eingeführten Einzelhändlern
- die Verkehrseinbindung, das gute Erreichen des Standortes. Auch hier gilt es die zukünftige Entwicklung zu beachten, insbesondere die der Parkhäuser, Bushaltestellen
- Fußgängerzone, Fußgängerüberwege, Zebrastreifen, Parkhäuser, öffentliche Verkehrsmittel
- die Lage zu wichtigen Verkehrsstationen: Bahnhof, Flughafen, Tankstellen
- die veränderte City
- die Lage zu wichtigen Gebäuden, die sich durch die Verkehrseinbindung zur Lage des eigenen Unternehmens verändert haben kann: Behörden, Krankenhäuser, Schulen, Institute, Universität, wichtige Firmen
- Hochrechnungen, Zukunftsentwicklungen in der Bevölkerung, Analyse der Kaufkraft und des Konsumentenverhaltens.

Alle Veränderungen können sowohl Verbesserungen als auch Verschlechterungen der Standortsituation bedeuten.

Alle Fakten, insbesondere die der Durchführbarkeit bei gemieteten Verkaufsräumen sowie die des Denkmalschutzes, spielen ebenfalls mit bei der Bewertung des Standortes.

Ein Standortmarketing

Die Standortfrage wird für die Unternehmen in Zukunft noch bedeutungsvoller. Die ständig steigenden Mieten fordern ständig neue Überlegungen im Merchandising und zur Rentabilität.

Die Standortwahl mit dem Standortmarketing ist zu einem Marketinginstrument geworden. Auf Veränderungen muss sofort dynamisch reagiert werden.

D 4 Der Raum

Das Management muss das Umfeld im Blick behalten. Veränderungen in der Einkaufslandschaft des Umfeldes finden immer häufiger statt – alle Unternehmen verwirklichen neue Ideen. Die Kunden nehmen Veränderungen sofort auf.
Veränderungen in der Einkaufsumgebung geben wichtige Informationen für das Unternehmen. Sehr oft bedeuten Veränderungen beim Mitbewerber Veränderungen in der eigenen Agitation. Für ausbleibende Kunden gibt es Gründe. Das Unternehmen muss sie kennen.
Auch dann, wenn man nicht einen neuen Verkaufsraum bezieht, müssen zum Zeitpunkt der Ladenplanung Standortkonzepte als Teil des Marketingkonzeptes überlegt werden.
Das bedeutet auch:
– neue Möglichkeiten in die Ladenplanung einzubringen
– neue Marktsegmente zu erkennen.
Darum muss die Planung immer das Beste aus dem Standort machen:
– die Ausbildung der Fassade: Das Unternehmen darstellen, das Unternehmen in seiner Bedeutung erkennbar machen
– die Bedeutung des Verkaufsraumes: Die Gestaltung des Verkaufsraumes nach außen tragen
– die Fassade als Marke: Als Träger der Unternehmenspersönlichkeit ausbauen.
Die Standortüberlegungen, die Standortstrategien in den Unternehmen werden zunehmend an Passantenströmen orientiert und weniger an branchenspeziellen Marktbesetzungen.

Die Datenerfassung
Für das Marketingkonzept und für die Ladenplanung ist eine Datenerfassung zum Standort erforderlich, speziell unter den Gesichtspunkten Anpassung an das Umfeld:
– Fassaden, der Rang, Gestaltungen, Qualität der Warenbilder und die Vertriebspolitik der Nachbarn, bis hin zur Dynamik
– Infrastruktur, Verkehrseinbindung und Parkhäuser, insbesondere deren Lage.

Einbindung in die Einkaufsumgebung

    Branchenmix
    Einkaufsgemeinschaft
    Fußgängerzone
    Nachbarschaften

    Behörden
    Schulen
    Bahnhof
    Parkhäuser – Parkplätze
    Hotels, wichtige
    Kaufhäuser
    SB-Märkte
    Fachmärkte
    Mitbewerber

↕

Werbung der Umgebung

    Gemeinschaft mit Nachbarn
    Werbung der Nachbarn
    Werbung der Mitbewerber

↕

Zukunft der Umgebung und des Standortes

    Hochrechnung der Bevölkerung
    Geplante Veränderungen
    Fußgängerzone
    Überwege
    Verkehrsänderungen
    Schließungen/Stilllegungen
    Ämter
    Unternehmen
    Planungen: – Neubauten – Umbauten
    Mitbewerber
    Wichtige Einzelhandelsunternehmen
    Kaufhäuser

Die Datenerfassung zum Standort ist auch zu sehen unter dem Gesichtspunkt Marketingforschung: Zielgruppen, Kaufkraft, Branchenmix, Mitbewerber, Entwicklung des Einzugsgebietes. Eine Foto-Dokumentation ist für die Planungsarbeit am Projekt empfehlenswert.

4.5 Standorte in Einkaufszentren

Passagen und Einkaufszentren werden für Shopping und Browsing bedeutungsvoller.
Die Konsumenten finden neben dem Branchenmix die gute Verkehrseinbindung mit Parkhäusern, dazu ein Freizeitangebot mit Cafes, Restaurants und oft schon mit Kindergärten.
Die Kunden bevorzugen zunehmend solche Zentren, die Emotionalität, Shopping mit Atmosphäre vermitteln können.
Die Malls in den USA finden international große Beachtung. Sie gelten als Konsumkathedralen, als „Fluchtburgen vor dem Alltag".

Diese Malls sind interessante Studienobjekte für die Entwicklung der Märkte und Einkaufszentren, die in den USA auch für Europa und Japan vorgezeichnet werden. Freestyle und Lifestyle sind Popart, Volkskulturen mit starker Individualisierung und ständigen Veränderungen.

Einkaufszentren werden Shopping-Paradiese!
Die Chancen der Einkaufscenter und Passagen:
– gemeinsamer Auftritt mit anderen Einzelhandelsunternehmen und Cafés und Restaurants, gemeinsame Werbung, gemeinsames Marketing, gemeinsame Events, professionelles Management. Das Einkaufsziel wird eine Marke.
– Branchenmix, Angebotsvielfalt, Angebotsbündelung
– Erlebnisshopping, dessen zweckbestimmte Architektur und Innenarchitektur
– witterungsunabhängiges Einkaufen
– gute Verkehrseinbindung
– Parkplätze ausreichend und mühelos erreichbar.

Der täglich neue Blumenschmuck auf der Kärntner Straße in Wien, der zu den bedeutenden Standorten in Europa gehört.

D4 Der Raum

Die amerikanischen Vorbilder:

Winter Garden im Financial-Center, New York, USA

Eaten Center, Toronto, Kanada
Architekten: Bregman + Hamann and
Zeidler Roberts Partnership, Architects,
Don Mills und Toronto

The Crescent, Dallas, USA
Shepherd & Partners and John Burgee
Architects with Philipp Johnson, Design

D   Das Grundleistungsmarketing: Die Geschäftsidee – Corporate Culture zur Unternehmenskultur

D 4   Der Raum

Horton Plaza, San Diego, USA
Architekten: The Jarde Partnership,
Los Angeles

D 4 Der Raum

Stanley Korshak, Street of Shops in
"The Crescent", Dallas, USA
Design: Scott Himmel & Darcy Bonner

"The Garden of the Palm Beaches"
Palm Beach, Florida, USA
Architekt: James P-Ryan Associates,
Farmington Hills

D Das Grundleistungsmarketing: Die Geschäftsidee – Corporate Culture zur Unternehmenskultur

D 4 Der Raum

„The Garden of the Palm Beaches"
Palm Beach, Florida, USA
Architekt: James P-Ryan Associates,
Farmington Hills

D 4 Der Raum

Die europäischen Nachfolger:

Elbe Park, Dresden

Charly's Farm, CentrO in Oberhausen

Die Goethe-Galerie in Jena

D   Das Grundleistungsmarketing: Die Geschäftsidee – Corporate Culture zur Unternehmenskultur

D 4   Der Raum

Einkaufszentrum Berlin
Arkaden, Potsdamer Platz

Welcome to Bluewater

Europas größtes Einkaufszentrum (Jahrgang 1999), südöstlich von London in der Stadt Dartford mit einer Fläche von 150 000 qm hat im Schnitt täglich 80 000 Besucher. 300 Firmen sind hier gestartet, davon 40 verschiedene Restaurants, Bars und Cafés, ein Multiplex-Kino mit 12 Kinosälen für 3000 Besucher. Dieses Einkaufszentrum dürfte „Schule machen".

„Damit der gemeinsame Einkauf für Paare möglichst stressfrei verläuft, hat der Einzelhandel außerdem das Konzept des „Männerkindergartens" entwickelt und die Geschäfte so angeordnet, dass sich in der Nähe der vor allem für Frauen interessanten Einkaufsbereiche mit Boutiquen und Haute Couture stets auch für die Männer eine „Zufluchtstätte" findet, zum Beispiel in Form von Computerläden, Heimwerkershops oder Gaststätten. Auch aus architektonischer Sicht hat Bluewater einiges zu bieten: So wurden die einzelnen Shopping-Malls jeweils in unterschiedlichen Stilrichtungen gestaltet. Zur Verschönerung des Centers hat man verschiedene Künstler und Bildhauer mit der Schaffung von 50 Originalkunsthandwerken beauftragt."
aus: Stores & Shops 3/99

D Das Grundleistungsmarketing: Die Geschäftsidee – Corporate Culture zur Unternehmenskultur

D 4 Der Raum

Läden in zwei Ebenen

40 verschiedene Restaurants, Bars und Cafés

D 4 Der Raum

Interessante neue Fassaden, die den Verkaufsraum nach außen bringen. Die Bilderwelten sind auch hier unübersehbar.

Theater- und Wareninszenierungen ganz dicht zusammen

Der Kletterfelsen

Relaxen und dann geht es weiter

D 5 Das Sortiment

„Nur die Ware macht den Markt!"
Philip Rosenthal

Die Ware, die Information über Waren und der Kauf sind die Hauptgründe, aus denen Konsumenten einen Verkaufsraum aufsuchen.

Alle Überlegungen der Ladenplanung beginnen und enden mit dem Sortiment. Raum und Sortiment oder Sortiment und Raum müssen in den Köpfen der Planer zu einer Einheit werden – zum Verkaufsraum.

Der Umgang mit dem Sortiment im Verkaufsraum hat für die Ladenplanung eine entscheidende Bedeutung. Vor allem gibt der Raum für das Sortiment Grenzen und Eigenarten vor, die auf das Sortiment wirken müssen.

Die Abhängigkeit, die Sortiment und Raum miteinander eingehen, ist überdeutlich. Der Warenraum entsteht ideell schon bei den ersten Gestaltungsüberlegungen aus der engen Verflechtung. Der Innenarchitektur-Planungsprozess der erforderlichen Merchandising-Architektur bestätigt die Einheit: Warenraum.

Für die Ladenplanung besteht das Sortiment aus:
– **dem Was**, dem Sortimentsplan, der Sortimentsauswahl und der Mengen
– **dem Wo**, der Warenplatzierung, wo werden welche Waren im Raum platziert
– **dem Wie**, den Warenbildern, wie wird das Sortiment für den Konsumenten sichtbar.

Das Sortiment muss im Marketingkonzept eine deutliche Zielsetzung erfahren und damit im Rang festgelegt werden. Dies bedeutet sowohl die Auswahl im Preis- und Qualitätsniveau als auch die Festlegung einer Merchandising-Strategie. Das Unternehmen muss wissen, was es wo wie verkaufen will.

Dennoch, kein Leistungsbereich wird so stark diskutiert – und das auch während der Ladenplanung. Dass das Sortiment ein bedeutendes Marketinginstrument ist, erfährt auch der Innenarchitekt.

Die Sortimentspolitik, die alltägliche Anwendung im Sortiment, die ständig neue Anpassung an die Konsumentenerwartungen, an Trends und an Zielgruppen mit Segmentierungs-Kriterien erfordert einen sehr weiten Spielraum, der in die Ladenplanung bis zur Warenplatzierungsstrategie, Wareninszenierung und Leitmodifikation einfließen muss.

Das Management muss im „Tagesbefehl" die Dynamik und Aktualisierung bestimmen können.

Das Management braucht Spielräume für die Sortimentspolitik in der Sortimentsplanung, Warenplatzierung, in den Warenbildern und Wareninszenierungen.

Zu wenig wird über die Grenze der Möglichkeiten gesprochen, über die Größe der Bühne für die Wareninszenierung.

Grundsätzlich will das Management sehr viel Ware unterbringen. Der Innenarchitekt muss das Design – das heißt die Warenbilder und ihre Dialogfähigkeit mit dem Konsumenten – vertreten. Die Verständigung hierüber ist Ladenplanung.

Der Wertewandel hat die Priorität des Konsumenten gebracht. Seine Wünsche, Bedürfnisse und Erwartungen bestimmen die Sortimente, das Was, Wo und Wie.

Der Wertewandel hat die Sortimente, die Verkaufsräume und die Unternehmen verändert. Seit der Einführung der Selbstbedienung im Einzelhandel in den Fünfzigerjahren standen die Unternehmen noch nicht wieder vor so eingreifenden Veränderungen für
– Sortiment,
– Warenbilder, die Sichtbarmachung des Sortiments,
– Warenträger,
– Warenraumgestaltung.

Die Sichtbarmachung des Sortiments für den Konsumenten hat die größte Bedeutung erhalten: Warenbilder, Warenraumgestaltung.

Die Sortimentspolitik ist eine Warenbild-Strategie geworden.

Die Anwesenheit der Ware in logisch geordneten Mengen, die Auswahl und Qualitäten sind überall am Markt selbstverständlich. Die Distributionspolitik verlagert sich im Wettbewerb ebenso wie das Nachfrageverhalten der Konsumenten von der Ware auf die Visualisierung, die Sichtbarmachung der Ware in Warenbildern.

Es gilt der Grundsatz: Nur die Ware ist vorhanden, die der Kunde sieht.

Die Ware wird im Verkaufsraum „verarbeitet" durch:

D 5 Das Sortiment

- Informationen und Erklärungen über den Nutzen der Ware
- ordnen und platzieren der Ware in Bedarfszusammenhängen und Bedarfsbündelungen und Reihenfolgen
- Sichtbarmachung der Ware in Warenbildern, Warenleitbildern, Highlights
- ordnen der Ware über Warenbilder in Kundenleitwegen, die Sortiment und Raum erschließen und die Erwartung einer guten Sortiments- und Raumübersicht ohne Stress befriedigen
- die Übernahme der Warenbilder in die Raumgestaltung, die Sichtbarmachung der Bedeutung der Ware durch die gestalterische Raumordnung, durch die Warenraumgestaltung und durch Inszenierungen.

Die Sortimentspolitik und die Preispolitik des Unternehmens wirken sich in all ihren Möglichkeiten, Veränderungen und saisonalen Schwankungen in Verkaufsräumen und damit auch auf die Ladenplanung aus.
Nicht nur das Sortiment, auch die Sortimentspolitik bedarf der Beachtung.

Das Sortiment erkennen

Ein Sortiment in dem Verkaufsraum logisch geordnet unterzubringen, ist die zentrale Aufgabe des planenden Innenarchitekten.
Das Auswählen, Erfassen, Wichten und Ordnen des Sortiments muss erfolgen.
Der Innenarchitekt muss sich mit der Branche des Unternehmens und mit dem Sortiment auseinander setzen. Die Mengen und die Wichtungen werden vom Unternehmen vorgegeben, organisiert nach Warengruppen.
Welche Ware ist wichtig und für besondere Warenbilder, für Highlights vorgesehen? Hinter Glas, gekühlt – oder müssen die Kunden die Ware greifen können um sie mit ihren Händen und durch ihre Hände begreifen zu können?
Die Fragen müssen geklärt werden:
- wird die Ware fachgerecht gelagert
- welche Verpackungen – Die Verpackungseinheiten und Formate werden durch den ständigen Wettbewerb der Hersteller und als Folge von Trends öfter geändert

- welche Ware ändert sich in welcher Saison
- wie kommt der Kunde an die Ware
- wie entstehen kompetente, aussagekräftige Warenbilder?

Der Innenarchitekt ist aufgefordert, nicht nur in Regalen, Theken und Tischen zu denken – er muss die Bildwirkung der Ware studieren, Formate, Formen und Farben – er muss in Warenbildern denken.
Die Ware wird ein wichtiger Gestaltungsfaktor. Regale, Theken und Tische müssen dazu geeignet sein die Ware zu ordnen, zu sortieren, zu präsentieren.
Die vorteilhafte Anbietung der Ware wird Ausgangspunkt für die Ergonomie der Warenträger-Überlegungen.
Besondere Beachtung braucht die Saisonware, die unter den Bezeichnungen „Aktuell", „Neu" oder „Aktion" geführt wird. Sicher wird der Platz im Verkaufsraum außerhalb der Saison nicht verwaisen, aber er wird saisonal durch andere Waren und Produkte mit anderen Maßen, Farben und Zugehörigkeiten beschickt werden müssen.
Die nahezu unendlichen Möglichkeiten in der Gestaltung und in der notwendigen, individuellen Behandlung von Sortiment und Raum machen es erforderlich, dass sich der Innenarchitekt mit dem Sortiment auseinander setzt.
Folgendes muss beachtet werden:
- die Eigenart der Ware
- Formate – Größe der Ware, der Verpackung
- Design der Ware, der Verpackung
- Farbe der Ware, der Verpackung: Die Menge der Farbtupfer – ist die Farbe Auswahlfaktor in der Präsentation und ist die Farbe Orientierungsfaktor für einen Bereich? Welche Vielfarbigkeit tritt auf? Verändert sich die Farbe in wesentlichen Sortimentsbereichen und wird dort zum eigenen Ordnungsfaktor?
- wie wird warengerecht gelagert, gekühlt, präsentiert? Wie kommt die Ware voll in den Blick des Kunden? Wie vollzieht sich der Kontakt zwischen Ware und Kunden?
  Ergonomisch: in welcher Höhe erfolgt der Kontakt? Nicht nur sehen – auch greifen in der Sehgreifhöhe?

Traditionell wurden Sortimente geordnet nach:
- Warengruppen, auch als Sortimentsarten be-

zeichnet. Sie bestimmen die Sortimentsbreite. Ein Warenhaus hat eine große Sortimentsbreite.
- Artikeln, auch als Sorten bezeichnet, im Sortiment bestimmen sie die Sortimentstiefe. Ein Fachgeschäft hat im Allgemeinen nicht die Sortimentsbreite, aber die Sortimentstiefe durch eine große Auswahl von Artikeln in wenigen Waren.

5.1 Der Sortimentsplan

Der Sortimentsplan liefert wichtige Daten für die Ladenplanung.
Der Sortimentsplan bestimmt:
- die Auswahl
- die Erweiterung
- die Bedarfsbündelung
- die Mengen
- die Wichtung
- die Reihenfolge.

Die Auswahl

Die klassischen Branchensortimente öffnen sich zunehmend.
Trends, Zielgruppen und Anlässe ändern die Auswahl, die Mengen, die Wichtung und die Platzierung.
Trendbestimmte Bedarfsbündelungen erweitern das Sortiment aus anderen Branchen.
Die Sortimentsinnovationen sind bedeutungsvoll für die kommunikativen Beziehungen:
Trend – Sortiment
Sortiment – Unternehmen
Unternehmen – Zuverlässigkeit
Erwartung – Trendauslösung/Trendbestätigung.

Die Trends bestimmen das Sortiment
Die Konsumentenerwartungen und Trends werden in der Sortimentspolitik immer mehr umsatzorientiert und nicht mehr lagerorientiert, im Bewusstsein, ein geschlossenes Angebot zu erhalten.
Die Umsatzorientierung bedeutet eine exakte Beobachtung des Marktes, Beobachtung der Trends in ihrer nahezu vorhandenen Komplexität und in ihrer Exotik. Das erklärt die Segmentierung vieler Sortimente, ebenso wie die Spezialisierung.
Trends, Mode, Neuerscheinungen führen zu neuen Sortimentsgesichtern und zur Entstehung von Trendshops und Trendbereichen für Geschenke, Gesundheit, Bio, Regionales – ständig entstehen neue.
Trends in immer kürzeren Zeitabständen verändern das traditionelle Sortimentsdenken der Fachgeschäfte.
Die Grundstrukturen der Sortimentsordnung bleiben oft erhalten, aber die Veränderungen, die neuen Sortimentshöhepunkte, werden deutlicher.
Alte Sortimentsstrukturen werden ohne Trendberücksichtigung empfunden
- als wenig fortschrittlich
- als Gängelei
- als Anti-Konsumhaltung.

Sortimente mit Überraschungen, die starre Ordnung ohne Unordnung auflösen können, bringen das Lebensgefühl der Freiheit. Gezielte Unordnungen gewinnen an Bedeutung.
Der Zeitgeist zeigt sich im Lebensstil – in einer Popkultur mit starker sozialer Verankerung mit den Softnomics, in der Ware mit der sozialen Aussage. (laut Gerd Gerken)
Die Identifikation des Konsumenten mit dem Sortiment bestimmt über die Auswahl des Sortimentes auch die Identifikation mit dem Unternehmen.
Schneller als der Zeitgeist zu sein, wird wichtiger – das gilt nicht nur für die Modebranche: immer aktueller, schneller als die Mitbewerber mit Neuheiten, die richtige Ware zur richtigen Zeit.
Das Aufsteigen in der Bedürfnishierarchie zeigt Wirkung bei Fachgeschäften, durch Segmentierungen und Spezialisierungen.
Die Zeitschrift „Capital", Heft 12/88, S. 242, Stereoanlagen, jeweils:
- Der Einstieg   DM   6000,–
- Der Aufstieg   DM   12100,–
- Die Avantgarde DM   36600,–
- Der Traum   DM 212500,–

Der Einstieg – die Grundausstattung – das bedeutet schon Sicherheit und nicht billiges Massenprodukt.
Der Aufstieg – das ist Sicherheit, das Ringen nach sozialer Anerkennung.

Die Avantgarde – hier ist die soziale Anerkennung erfolgt, die Anregung und sicherlich für viele auch der Status erreicht.

Der Traum – hier ist der Status schon überschritten. Hier ist man schon transzendent, Geld spielt absolut keine Rolle mehr. Immaterielle Werte und materielle Werte fließen hier zusammen. Oder der immaterielle Nutzen ist so hoch, dass der materielle Wert absolut keine Rolle mehr spielt – deshalb Transzendenz, angekommen sein.

Die Trends führen zur größeren Individualisierung:
- das Herstellermarketing wird deutlicher, die Hersteller greifen direkt in die Trends ein oder folgen ihnen – durch die Herausstellung ihrer Marken
- eine Vielzahl neuer Produkte in immer kürzeren Folgen – zum Beispiel Vollwertprodukte
- neue Märkte, neue Zielgruppen sollen und werden durch neue Produkte angesprochen.

Hieraus ergibt sich die Frage: „wohin mit den neuen Produkten?", das Ergebnis wird oft heißen: „die Breite erweitern, die Tiefe verkleinern".

Neue Produkte erfordern:
- eine Schulung der Mitarbeiter
- neue Aktivitäten, Werbung für andere Zielgruppen
- eine neue Ordnung der Warengruppen-Gliederung.

Nicht nur Waren, sondern Problemlösungen durch Waren werden angeboten, Waren werden verbunden mit Dienstleistungen, Informationen und Erklärungen.

Diese Entwicklung führt zu Bedarfslösungen, zu einer marketingorientierten Programmpolitik mit dem Ergebnis: Sortimentsplan, Programme als Leistung für den Kunden.

Die Entwicklung zur Bedarfs- und Serviceorientierung bedeutet, Sortimente für:
- Bedarfsanlässe
- Termine, Saisons
- Selbstverwirklichungsgruppen, speziell über allgemeine Hobbys hinaus
- designorientierte Produktgruppen
- Fluchtkonsumgruppen
- Qualitätsanhebung durch bessere Warenauswahl.

Sortimentsoptimierung ist das andere betriebswirtschaftliche Modell zur trendabhängigen Bedarfs- und Serviceorientierung mit den Begriffen nach Wolfgang J. Koschnick:
- Cash-Cows erzeugen bei niedrigem Marktwachstum und hohem Marktanteil ein Cashflow, das wesentlich über dem für die Erhaltung ihres marktanzugebenden Betrages liegt.
- Starprodukte erzielen hingegen ein hohes Marktwachstum bei gleichzeitig hohem Marktanteil. Zur Aufrechterhaltung ihres Marktanteils oder ihres weiteren Aufbaus sind Erweiterungsinvestitionen erforderlich, die durch die Produkte selbst vielfach nicht gedeckt werden. Sie bringen jedoch bei gegenwärtigem Wachstum die Aussicht auf künftigen Gewinn.
- Nachwuchsprodukte sind durch niedrigen Gewinn und einen relativ niedrigen Marktanteil gekennzeichnet, sie erfordern daher gegenwärtig Investitionen, versprechen jedoch künftiges Wachstum und späteren Gewinn.
- Problemprodukte (Arme Hunde) hingegen sind durch niedriges Wachstum und niedrigen Marktanteil gekennzeichnet.

„Eine sorgfältige Sortimentsanalyse ist die Voraussetzung für die in allen Handelsunternehmen erforderliche ständige Sortimentsbereinigung, die allerdings nicht allein auf ausschließlich produktbezogenen, betriebswirtschaftlichen Erwägungen beruhen sollte."

(Wolfgang J. Koschnick)

Die Erweiterung

Durch Anbauten, Umbauten und Umzüge, die eine Ladenplanung erfordern, sind immer neue Sortimentsüberlegungen erforderlich.

Sehr oft ist die notwendige Erweiterung des Sortiments das Ziel der Erweiterung. Wichtig ist die Erfahrung, dass eine Erweiterung des Sortiments fast immer Auswirkungen auf fast alle anderen Bereiche hat. Diese Auswirkungen sind erforderlich und wünschenswert.

Deshalb muss mit der Planung das gesamte Sortiment durchgecheckt werden. Mögliche Änderungen bestehender Sortimente müssen geprüft werden:

D Das Grundleistungsmarketing: Die Geschäftsidee – Corporate Culture zur Unternehmenskultur

D 5 Das Sortiment

Markt
- neue aktuelle Sortimente außerhalb der Branchen-Sortimente (non-books)
- gute Weine
- Designprodukte
- Gesundheitsprodukte
- Kalender
- orientalische Produkte

Freiräume für
- Aktuelles in anderen Bereichen
- Aktionen
- Veranstaltungen, Events, Inszenierungen sammeln
- Beispiele inszenieren
  Trendshop
- Aussortieren der „normalen" Sortimente (Geschirr zum Kaffee und zum Tee)
- New-Age-Lifestyle-Waren – Design-Produkte auch hier

Geschenke-Shop
Ideen für Geschenke zeigen – „statt Blumen"

Die Bedarfsbündelung

Eine besondere Qualität der Sortimentsauswahl ist die Bedarfsbündelung.
Schon die Bezeichnung ‚Bedarfsbündelung' zeigt den Käufermarkt. Gemeint ist die Zusammenführung von Waren, quer durch alle Warengruppen unter einem Motiv, das von den Erwartungen der Konsumenten vorgegeben ist.
Die Strukturierung und Wichtung des Sortiments in Leitsortimente und in Warenleitbilder muss noch eine weitere Dimension erhalten, sowohl durch ungewohnte Warengruppierungen als auch durch ungewohnte Warenzusammenführungen – sowohl saisonal oder zu einem besonderen Gag oder Anlass als auch zu ungewöhnlichen Bedarfsbündelungen, die das bisherige Sortimentsgefüge verändern. Sie ist konsequent durchzuführen, damit das Sortiment über den Fachbereich des Unternehmens hinaus erweitert werden kann und neue Warengruppen aufgenommen werden können, die zur Bedarfsbündelung gehören.

Das Sortiment ist ganz neu zu sehen, nicht in den alten Lagerordnungen, sondern voll auf den neuen Bedarf erkundet. Neu orientieren heißt: Käufermarktstrategie „par excellence".
„Toll, wie hier Kunden verwöhnt werden und wie hier Informationen, Erklärungen, Anregungen eingespielt werden!" Wie leicht sich hier der Kunde zurechtfindet in seinen Träumen und über Anregungen hinaus Status, Selbstverwirklichung, Selbststilisierung erreichen kann.
Auch vom Inhalt her, von der Bedeutung der inneren Werte und der inneren Bezüge, spiegeln sich hier die Trends und werden zu Themen für Bedarfsbündelungen:
- Freizeit
- Gesundheit
- Regenwetter, wie erreicht man trotzdem eine Fröhlichkeit
- Herbst
- Winter
- Weihnachten

Die unendlich vielen Themen, die ganze Fülle des Lebens, jeden Tag neu, jeden Tag erleben, die Anlässe sind unerschöpflich.

Die traditionellen Warenplatzierungen lösen sich immer mehr auf.
Die Grenzen einzelner Warensortimente nach den ursprünglichen Produzenten- oder Formatordnungsprinzipien werden überwunden. So ändert sich die traditionelle Sortierungsordnung immer mehr zum Käufer hin, zur Inszenierung.
Kleine Beispiele:
- der Kandis gehört zum Tee, dazu das Teegebäck
- die Bluse zusammen mit dem passenden Rock, Tuch und Hut, Gürtel und Tasche
- der Paris-Reiseführer zusammen mit dem Bildband und dem Stadtplan von Paris auf einem Tisch.

Ein Beispiel von Dr. Wolfgang Oehme:
Das Sortiment „Fitness/gutes Aussehen" wendet sich an die Zielgruppe Übergewichtige/Figurbewusste. Wenn es geschlossen präsentiert werden soll, müsste das wie folgt aussehen:
- Halbfettmargarinen im abteilungseigenen Kühlregal – bisher in der allgemeinen Wandkühlung
- kalorienreduzierte Joghurts und Desserts gleichermaßen im abteilungseigenen Kühlregal

D 5 Das Sortiment

- kalorienreduzierte Konfitüren, Fertiggerichte et cetera im Regal – bisher im Regal bei den entsprechenden Warengruppen
- kalorienreduzierte Tiefkühl-Menüs in der abteilungseigenen Tiefkühltruhe – bisher in der allgemeinen Tiefkühl-Abteilung in der Truhe oder im Schrank
- kalorienreduzierter Käse – Sb-verpackt (anders geht es nicht) – im Kühlregal – bisher in der Käseabteilung
- Light-Biere, Light-Säfte und Light-Limonaden im Regal – bisher im Regal in der entsprechenden Warengruppe.

Bedarfsbündelungen bringen die Dimension der Kommunikation in den Verkaufsraum. Die unter dieser Qualität aktivierten Warenbilder sind:
– aktuell und dynamisch
– informierend
– mitarbeiter-bearbeitet,

verstanden als Umsetzung des immer seltener stattfindenden Verkaufsgesprächs für Waren des täglichen Bedarfs in die visuelle Kommunikation, mit aktuellen und informierenden Warenbildern.

Der Erfolg hängt allein von der erreichten Dialogfähigkeit mit dem Kunden ab. Die Warenbilder der Bedarfsbündelung müssen in Inhalt und Form übereinstimmen:
- Die Fachkompetenz muss gezeigt werden in der Branchenidentität.
- Die Identität des Kunden mit der Kompetenz des Unternehmens ist der zu erreichende Dialog.
- Die Identifikation des Kunden mit der Ware ist nicht immer möglich, die Identifikation mit der Art der Darstellung und der Gestaltung ist wichtig.

Die Mengenerfassung

Die Mengenerfassung muss nach Warengruppen erfolgen. Je feingliedriger diese Gruppen geführt werden, desto besser. Berücksichtigt werden auch die besonderen Warenmengen für die Saison, für Depots und für Aktionen.

Der Sortimentsbedarf wird vom Unternehmen nach Zielgruppen und Hochrechnungen für Zielgruppen ermittelt und als organisierter Sortimentsbestand in die Ladenplanung eingefügt.

Es ist wichtig für die einzelnen Planungsphasen, für die Besprechungen zwischen Management und Innenarchitekt, dass zu jeder Planung auch die Mengen aufgeführt werden.

Mit „Mengen", die es zu erfassen gilt, sind Standmengen im Verkaufsraum gemeint, nicht etwa Umsatzmengen oder Umsatzanteile. So wichtig diese Zahlen für die Wirtschaftlichkeit eines Unternehmens sein mögen, für die Ladenplanung, für das Sortiment werden nur die Unterbringungsmengen, kurz die Standmengen, gebraucht.

Für das Management ist es gut, wenn der Innenarchitekt kontrollierende Vorstellungen mit einbringen kann und wenn er die Sensibilität der einzelnen Waren und Warengruppen über Warenbilder und damit interessante Ideen einfügen kann.

Besteht das Unternehmen bereits, wird umgebaut oder erweitert, so sollte die Mengenerfassung immer in „ist" und „soll" erfolgen.

Auch hier gibt es Diskussionspunkte, wenn vorgefasste Zahlen über die Warenmenge nicht mit der Raumwirklichkeit zusammengehen.

Erfahrungsgemäß wird vom Raum zu viel erwartet, die Sortimentsmengen werden immer zu hoch angesetzt. Die Öffnung der Sortimente in Warenbildern benötigt mehr Platz. Weniger Ware ist deshalb oft mehr.

Das Management muss erkennen, wo Schluss ist mit der Warenmenge. Die Leistung der Unternehmen geht von der Menge der Ware weg zur besseren Sichtbarmachung, zu interessanten Warenbildern.

Sortiment und Raum, das heißt Sortiment und Fläche, müssen ausgewogen sein für das branchentypische Bild:

- zu viel Ware, enge Räume, die überlaufen, gelten für preiswerte Waren
- weniger Ware, großzügige Räume wirken exklusiv, gelten für teure Waren.

Das Sortiment bestimmt das Sortimentsgenre, die Atmosphäre und das branchentypische Bild.
Sortimente sind einem ständigen Wandel unterworfen. Schwerpunkte innerhalb der Sortimente ändern sich schnell – und das nicht nur saisonal. Der härtere Wettbewerb zeigt sich! Die Bereiche für aktuelle Waren, für Neuheiten oder Aktionen, die über Zeitungsanzeigen gesteuert werden, werden im Verkaufsraum immer größer.
Aktionen nehmen in vielen Unternehmen schon den gesamten Erdgeschossbereich ein, bei kleineren Fachgeschäften zumindest den Eingangsbereich.
Wichtig ist, dass der Innenarchitekt das Sortiment nicht als etwas Feststehendes betrachtet.
Zum Sortiment gehören Kataloge und Prospekte für den Konsumenten:
- Gute Prospekte und Kataloge haben einen hohen Stellenwert.
- Je höher der Bedarf angesiedelt ist, umso sicherer wird der Kunde nach einem Prospekt oder Katalog fragen.
- Prospekte liefern wichtige Informationen, die mitgenommen werden. Viele Käufe werden daheim beraten.
- Der richtige Prospektdienst entlastet die Mitarbeiter.
- Prospekte sind eine wichtige Serviceleistung, deshalb sind gute Voraussetzungen zu schaffen. Die Kasse ist nicht immer die richtige Lösung für den Prospektdienst. Prospekte gehören zu der Ware, über die im Prospekt informiert wird.

Die Reihenfolge

Die Reihenfolge, die Sortimentsfolge nach Bedarf, die Zusammengehörigkeit und Abhängigkeit muss festgelegt werden – am besten durch eine Übersichtszeichnung. Der logische Zusammenhang, die Abhängigkeit und Korrespondierbarkeit einzelner Sortimente wird deutlich und zwischen Management und Innenarchitekt diskutierbar.

Siehe die Kapitel:
F 7   Die Warenplatzierung
F 7.1 Die Sortimentseinführung in den Kundenleitweg

Die Reihenfolge im Sortiment wird Planungsgrundlage und in das Kundenleitsystem eingebracht, das die Raum-Sortimentserschließung erreichen muss.
Die Vorbestimmung der Räume für die verschiedenen Sortimentsbereiche wird immer kundenlogisch sein. Es muss eine Flexibilität in der Sortimentsverteilung für die Planungsarbeit bestehen bleiben, denn nicht immer können Raumvorbestimmungen für die Sortimentsbereiche „klappen". Die Planung braucht hier Spielraum.
Dazu ergibt sich sehr oft in der Planung auch die Überlegung, dass manche Sortimente doppelt in verschiedenen Räumen und verschiedenen Geschossen durch Bedarfsbündelungen sortiert werden müssen.
Der Sortimentsplan benötigt neben der Reihenfolge auch eine Gliederung nach:
- bedienungsfreier Ware
- bedienungsintensiver Ware.

Die bedienungsfreie Ware wird hauptsächlich im Eingangsbereich platziert.
Die bedienungsintensive Ware benötigt die Beratung durch Mitarbeiter und muss im Verkaufsraum entsprechend platziert sein.

Die Wichtung

Die Beurteilung des Sortimentes nach den Wichtigkeiten:
- Imagesortimente, die das Unternehmen für den Kunden deutlich sichtbar führen muss
- Leitsortimente, die sich auch saisonal verändern können, für Warenleitbilder, Highlights.

Wichtige Sortimente mit Warenleitbildern gehören nicht nur in den Beginn des Verkaufsraumes, sie müssen sich systematisch über alle Verkaufsraumbereiche verteilen. Sie brauchen einen inneren Zusammenhang, der über die Kundenleitsystem-Planung erreicht wird.
Die Wichtigkeit im Sortiment bestimmt die Platzierung im Raum. Wichtige Sortimente gehören

auf gut einsehbare Plätze im Raum, damit sie „leiten" können. Sie ziehen Nebensortimente nach und erschließen sie.

Ein Beispiel: Ein Tisch mit Globen in einer Buchhandlung könnte zu einem Leitsortiment werden für einen ganzen Bereich „Reise". Die Globen sind so zu platzieren, dass sie von allen Kunden gesehen werden. Globen sind im Buch-Warensortiment andersartig, faszinierend und signalisieren „Reise". Sie ziehen die Kunden an und in den Reisebereich hinein und erfüllen so eine Orientierung und eine bessere Beachtung der Abteilung. Wichtungen im Sortiment werden zur Grundlage der Warenplatzierung.

Die Blickpunkte für Leitsortimente sind in Warenleitbildern so anzulegen, dass sie sich gut unterscheiden, auffallen und den Kunden veranlassen sich mit den Blickpunkten zu beschäftigen.

Dies ist schon der Übergang von der Sortimentsstrategie des Managements in die Kundenleitsystem-Planung des Innenarchitekten, die Merchandising-Architektur.

5.2 Das Beispiel: Mammut-Buchhandlung

Der Sortimentsplan

von Sortimentsleiter Peter M. Brinkers

Der strategische Sortimentsplan – so, wie es vom Management erarbeitet und dem planenden Innenarchitekten übergeben wurde. Dieser Sortimentsplan ist Ausdruck einer gezielten Sortimentsstrategie.

Mammutbuchhandlung

Konzept und Marketingplan:
Kernkonzept:
Ausgangspunkt:
Die Buchhandlung wird nach einem neuen Buchhandlungskonzept neu eingerichtet:

Wichtigste Kennzeichen:

Attraktiv – Dominant – Spezialist

Hauptlinien der Vorgehensweise:

1. Akzente:

Deutliche Akzentpräsentationen erleichtern eine gezielte Auswahl, treiben zu Impulskäufen an ohne den Kunden direkt mit der Breite des Gesamtangebotes zu konfrontieren.

2. Spezialismen:

Innerhalb des Gesamtkonzeptes werden starke Segmente aus dem Sortiment zu Superspezialismen ausgebaut, die neue Zielgruppen ansprechen müssen.

3. Wettbewerbsunterscheidung:

Das Einzigartige des Unternehmens, also das was sich vom traditionellen Buchhandel unterscheidet, in exklusiven Sortimentsteilen und Äußerungen zum Ausdruck bringen.

4. Ausarbeitung:

Die Akzentpräsentationen müssen auf attraktive Weise einen Sortimentsteil für den Kunden visualisieren.

Die Attraktion und Deutlichkeit muss weitgehend zu Impulskäufen führen (besonders durch nicht regelmäßige Buchkäufer und neue Zielgruppen).

Die Ausstrahlung muss immer hochaktuell oder thematisch attraktiv sein.

Die gewählten Präsentationsteile brechen die Massenhaftigkeit der gesamten Abteilung.

Visual Merchandising (zum Beispiel Küchenattribute bei Kochbüchern) verdeutlichen die Sortimentssegmente. So wird die Atmosphäre und das Ambiente je Produktkategorie verstärkt.

1. Akzentpräsentation

(a) Aktuell

Neu erschienene und sonstige aktuelle Titel, die massenhaft präsentiert werden

(b) Thematische Präsentation

Monatliches Unternehmens-Thema als wirtschaftlich wettbewerbsunterscheidendes Programm

(c) Bücher Top-10

Dominante Präsentation eines Bestseller-Angebotes für „eilige" Buchkäufer

(d) Englischsprachige Tops

Starkes Angebot für große Zielgruppen

(e) „Labelshops" von Literatur

Verlags-Präsentation mit hohem „emotionellem" und qualitativem Wert

(f) Unternehmens-Auswahl preisgünstige Auflagen

Wichtiges Wachstumssegment, kommt enorm bei (ständiger) massenhafter Präsentation an

2. Spezialismen

Der Unternehmens-Buchhandel ist oft besser und bietet mehr als die allgemeinen Buchhandlungen oder Fachgeschäfte.
Wenn dies alles deutlicher visualisiert und erklärt wird, gibt es starke Wachstumschancen.
Steigerung der autonomen Anziehungskraft und Erweiterung von Zielgruppen müssen zu den gewünschten Umsatzzielen führen.

3. Belletristik
– Wachstum des (Auto-)Biografienteils
– exklusive Ausgaben
– preisgünstige Auflagen

4. Literaturgruppen

(a) Kochbücher

– der Superspezialist an Ort und Stelle
– besser und mehr als anderswo
– exklusiver Import und Unternehmens-Specials (eigener Katalog)

(b) Kinderbücher

– eine eigene Welt
– eine aparte Atmosphäre, niedriges Mobiliar, Leseecke
– stark abweichend vom „Erwachsenengeschäft"
– breites Sortiment
– deutliche Alterskategorien
– mehr als nur Bücher; character merchandising
– Unternehmens-Specials

(c) Reise

– alles auf dem Gebiet von Reisebüchern und Reiseführern
– breit gefächertes Angebot von Landkarten usw.
– Schwerpunkt exotische Reiseziele
– Reiseliteratur (als deutliches Wachstumssegment)
– nicht saisongebunden
– Unternehmens-Specials

(d) Taschenbuch

– USA Import, aktuell und breit
– Top-10
– Export-Auflagen zu niedrigen Preisen
– Penguin-Buchgeschäft

(e) Anleger/Management

– Karrierebücher für Männer und Frauen
– Computerbücher
– Börsen- und Anlegerliteratur

(f) Newage/New Science

– Holismus und Quantenphysik
– Gesellschaftsinformation
– alternative Strömungen

(g) Kunst und Design

– Architektur
– Formgestaltung
– Ausstellungskataloge

(h) Kreative Hobbys

– Anknüpfen beim Zeichen- und Maltrend
– komplett, deutlich, segmentiert
– Freizeitideen

(i) Sportliche Hobbys

– Golf, Tennis
– Wassersport
– Fitness
– mehr und besser als die Konkurrenz

(k) Sonstige Rubriken

Für die sonstigen Rubriken gilt: deutlichere Segmentierung durch Detailrubrizierung.
Im Gesamtkonzept Akzent auf Cover-Präsentation und Möglichkeit zu Volumenpräsentationen

5. Neue Produkte
- Hörbücher (Bücher auf Kassetten)
- Video How – To (Hobbys)

6. Gewählte Zielgruppen
- Hauptsächlich für „heavy users" (starke, wichtige Konsumenten)
- Leser/Käufer der höheren Wohlstandsklassen
- „Impulskäufer"
- Organisation nach aktuell/Preis/Thema
- Verkaufsmix

7. Warenplatzierung und Lay-out
Im Lay-out deutliche Aufmerksamkeitspunkte und Produktionscluster:
Top 10 allgemeine Literatur
Top 10 Taschenbuch
Aktuell
Themen
Englischsprachige Top 10
Labelshops
Preisgünstige Auflagen
- im Lay-out „Shop in Shop" – Aufstellungen von Superspezialismen: unter anderem Kochbücher, Reisebücher usw.

8. Atmosphäre (Ambiente)
- Image eines professionellen Sortimentbuchhandels, dies alles mit typischen Kaufhauselementen verstärkt, wie Dekorationsmittel, wodurch insbesondere Aktionen zusätzlich betont werden
- großer, dominierender Buchhandel, der als eine Gesamtheit beim Kunden ankommen muss
- der Kunde muss sich frei fühlen, Bücher zu nehmen und einzusehen
- spezifische Stimmungselemente unter anderem bei Jugendbüchern (eine eigene Welt, niedrige Möbel, Leseecke)
- visuelle Stimmungselemente: grafische Abbildungen und/oder Attribute zur Verdeutlichung der Titel von Superspezialismen
- Möglichkeiten für den Kunden sich zu setzen (angepasst an die Rubrikatmosphäre)

9. Warenträger
- zweckmäßiges und professionelles Büchermobiliar
- darin reichliche Möglichkeiten für:
Cover-Präsentation
Bulkpräsentation (Massen)
Flexibilität (richtiges Aufmaß)
Signing
- wohltemperierte Ausführung des Mobiliars und Wahl von ruhigen Farben für Böden und Wände
- ausreichendes Lichtniveau auf Wänden und Mittelmobiliar (die richtige Lichtfarbe kritisch prüfen)

10. Warenbilder
Die Präsentation ist von Rubrik zu Rubrik verschieden:
- völlige Cover-Präsentation bei großen Formaten und Kunstbüchern
- Rückenpräsentation, abgewechselt mit Umschlägen von, zum Beispiel: Bestseller und/oder neuerschienenen Büchern

Innerhalb der Rubriken so viel wie möglich alphabetisch auf Namen der Verfasser.
Innerhalb einiger Hobby-Rubriken, zum Beispiel Kochbüchern oder Reiseführer, zu Teilsegmenten zusammengefasst.
Im Allgemeinen: so viel wie möglich Cover-Präsentation = größere Verkaufschance = lebhafteres Geschäftsbild

(a) Display-Materialien

Ausgangspunkt:
- keine Lieferanten-Displays
es sei denn:
- Saison-Display, thematisches Display
immer gilt:
- zentrale Koordination und Prüfung
- passend im Hausstil
Präsentation spezifisch für Aktuell-Titel

(b) Aktuellpräsentation
- ausschließlich Cover-Präsentation
- Möglichkeiten für Bulk-Präsentation (Massen)
- verschiedene Niveaus
- auffallendes Signing

(c) Thematische Präsentation
- hauptsächlich Covers mit vereinzelter Rückenpräsentation
- flexibel

(d) Top 10 allgemeine Literatur

(e) Top 10 Taschenbücher
- auffallendes Signing
- massenhaft gestapelt
Covers

(f) Labelshops literarischer Verleger
- Logo stark visualisiert (beleuchtet)
- Top 10 von Bestseller (Evergreens) und 10 bis 20 neuerschienene Titel
- Stapelpräsentation von maximal 40 Büchern
- Identität im Rahmen der Unternehmens-Möbel

(g) Unternehmens-Auswahl preisgünstiger
Auflagen
- ständige massenhafte Präsentation
- ständiges Signing

11. Präsentation spezifisch für Spezialismen

(a) Literarischer Buchhandel
- eine Kombination von Covers und alphabetischer Rückenpräsentation

(b) Kochbücher
- segmentiert in möglichst viele Teilthemen einfach/vegetarisch/exotisch usw., etwa 20 Segmente sind denkbar: dies erhöht den professionellen Appeal
- rein segmentiert anzubieten erhöht das spezialistische Image, ist kommunikativ interessant für den Kunden
- muss zum Kaufimpuls führen

(c) Kinderbücher
- eine ganz eigene kleine Welt, zugänglich für die Jugend, ohne Erwachsene abzuschrecken
- niedriges Mobiliar, maximal 1,50m
- Möglichkeiten für die Präsentation von Bilderbüchern
- character merchandising (non books)

(d) Reisebücher
- spezifisches Mobiliar für Landkarten, für Atlanten, für kleine Führer

(e) Taschenbücher
- viele Covers
- fortlaufendes Alphabet
- Serienpräsentation

(f) Anleger/Management
- in Segmenten präsentiert
- viel Covers
- geschäftliche Atmosphäre

(g) Newage/New Science
- in Segmenten präsentiert
- breites/untiefes Sortiment, verlangt viel Rückenpräsentation

(h) Kunst und Design
- viel Cover-Präsentation
- Raum für große Formate

(i) Kreative Hobbys
- Sportliche Hobbys- nach Themen segmentiert- Kombination von Covers und Rückenpräsentation

(j) Büchermarkt (nicht ständig)
- vorzugsweise außerhalb der Abteilung
- aggressive Vorgehensweise
- Marktatmosphäre (Buden)
- deutlich erkennbare Unternehmens-Vorgehensweise

12. Warenbildstrategie
- Wegen der Gleichförmigkeit des Produktes entsteht in Buchgeschäften oft ein eintöniges Bild (Bibliothekenatmosphäre).
- Die in Unternehmen verlangte attraktive Präsentation richtet sich vor allem auf das Durchbrechen der Eintönigkeit (ohne zu einem Durcheinander zu führen).

Für jedes Produkt gelten als Grundsätze einer optimalen Präsentation:

a) auffallend, das heißt: attraktiv, lebhaft und interessant sein

b) deutlich, das heißt: Übersichtlich für den Kunden; logische Präsentationen müssen zu einer problemlosen Wahl führen

c) informativ, das heißt: Kommunizieren Sie vor allem; bringen Sie den Kunden auf einen Gedanken und durch die Kombination von a)–c) wird die eindringliche, überzeugende Präsentation erreicht, die den Kunden leicht zu einem Ankauf führt.

Die Warenbilder müssen im Buchhandel vor allem mit großen Akzenten wirken: zum Beispiel die amerikanische Freiheitsstatue mit Ausgaben. (Vor allem nicht: auf jedem Brett ein Länderfähnchen.)

Visual Merchandising muss als Hauptrubrizierung „ohne Worte" für alle Superspezialismen dienen. Zum Beispiel:
- Kochbücher mit großen Kochattributen
- Kunst & Design mit Stuhl von Rietveld
- Sportliche Hobbys mit Surfbrett
- Video zur Unterstützung mit Produktvoranzeigen, unter anderem: Jugendbücher und Hobbys.

Abrechnungstechnik:

Abrechnungspunkt
- getrennt vom Info-Stand
- mehrere Kassen einsatzfähig, abhängig von der Betriebsamkeit
- antizipieren auf Barcodetechnik mit Lesefeder und verfeinerte Umsatz-/Vorregistrierung je Rubrik

Verlustbekämpfung:

Es wurde beschlossen die Abteilung mit einem System zu schützen. Die Anforderungen, die an ein Bücherschutzsystem gestellt werden müssen:
- das Buch darf nicht beschädigt werden
- das am wenigsten kosten- und arbeitsintensive System verdient den Vorzug.

Anmerkung: Der Firmenname im Text wurde durch „Unternehmen" ersetzt.

D 6 Der Verkaufsraum entsteht: ideell-human fundieren

Mit der Aufnahme der Ware in den Raum entsteht der Warenraum. Die Ware im Raum für den Kunden zur Wirkung zu bringen, bedeutet Merchandising. Der Verkaufsraum ist entstanden: ideel-human fundiert.

Die Ware im Raum zur Wirkung zu bringen, ist die Aufgabe der Ladenplanung.

Die erfolgreiche Nutzung des Verkaufsraumes bedeutet: durch die Ladenplanung eine hohe Beachtung der Ware durch Warenbilder zu erreichen.

In den Augen der Konsumenten vereinen sich die Warenbilder und der Raum zu einem Bild. Die Ware im Raum: Warenbilder und Raumbilder fließen ineinander zu Warenraumbildern, eine Synergie entsteht.

Deshalb besteht auch diese Gleichzeitigkeit von Warenbildern und Raumbildern für die Ladenplanung.

Die Warenraumbilder sind ein notwendiger Bestandteil der Ladenplanung.

Die Warenraumbilder dokumentieren die Leistungsfähigkeit und die Attraktivität des Unternehmens im Verkaufsraum.

Die ideell-humane Grundlage für den Verkaufsraum bekommt eine Designkodierung und damit eine Grundlage für das gesamte Designbemühen, im Warenraum die Warenraumgestaltung, bezeichnet auch als Verkaufsraumgestaltung.

Sie schafft die allgemeine Grundlage für Aktivierung, also für den Warenraum als gestalterische Akzentuierung für das
– gestalterische Moment, für die
– gestalterische, individuelle und prägende Aussage.

Siehe hierzu das Kapitel:
E 4.1   Die Verkaufsraumgestaltung: Emotional aktivieren

Die Marketingziele des Verkaufsraumes werden erst erreicht, wenn die Verkaufsraumgestaltung weitergeführt wird mit den Leistungen des Kommunikationsmarketings. Die gleichzeitige Erschließung von Raum und Sortiment für den Konsumenten durch den strategischen Kundenleitweg muss sein.

Siehe hierzu das Kapitel:
F 4.1   Den Verkaufsraum kognitiv ordnen und erschließen

Ideell-human fundieren

Die individuellen Marketingziele der Unternehmen erfordern eine individuelle Ausrichtung der Leistungsbereiche, die als Marketinginstrumente in das Marketingkonzept eingehen.

Das Sortiment wird in einen vorbereiteten Raum gebracht und dort raum- und sortimentsordnend sichtbar.

Das Sortiment und der Raum werden ein Warenraum und erfüllen damit die Grundlage für den Verkaufsraum.

Das Sortiment ist überlegt und geordnet. Es gibt eine Reihenfolge, eine Wichtung in Bedarfsgruppen für den Konsumenten. Leitsortimente werden strategisch bestimmt.

Der Raum nimmt dem Sortiment die uneingeschränkte Freiheit.

Der Innenarchitekt muss die Begegnung Sortiment und Raum finden und ordnen. Nur die Ladenplanung kann den Vollzug der Einheit steuern und erreichen und so zu einer Einheit führen, die dem Unternehmen den bestmöglichen Erfolg bringt.

Der Respekt vor dem Sortiment wird ohne Reibung mit den ästhetisch gestalteten Informationen der Warenbilder gesteigert.

Die Warenbilder gehen in den Raum ein. Sie werden in ihm sichtbar und bestimmen ihn. Ein Austausch findet statt zwischen Raum und Warenbild, zwischen Warenbild und Raum. Es muss gelingen, dass die Warenbilder und der Raum ineinanderfließen und eine synergistische Einheit werden.

Für den Konsumenten entsteht eine Begegnung mit ständig wechselnden Warenbildern. Die Konsumenten erwarten die Veränderung, den Wandel mit ständig neuen Anregungen, mit neuen Werten und Entdeckungen für den Lebensstil.

Der Weg durch den Verkaufsraum zeigt zugleich erwartete und unerwartete Warenraumbilder. Die erwarteten Bilder werden bestätigt und abgesichert.

D 6 Der Verkaufsraum entsteht: ideell-human fundieren

Die Visualisierung des Merchandising, das visuelle Marketing war immer ordnend für Informationen vorhanden, nur jetzt wird es emotional überzeugend erwartet.

Das Merchandising benötigt zur Nutzung seiner Sichtbarwerdung und Wirkung auf die Konsumenten die strategische Ladenplanung. Der Innenarchitektur-Planungsprozess verwirklicht die Planungseinheit von Merchandising und Gestaltung zu Merchandising-Architektur und damit die ideelle und praktische Einheit von Sortiment und Raum zum Warenraum.

Aus der Synergie von Ware und Raum wird der Warenraum, der gestaltete, visuell greifbare, spürbare Raum, in dem die Sinne die richtige Identifikation der Waren gefunden haben. Sortiment und Raum können nicht willkürlich gewählt werden.

Das Wesen des Sortimentes und auch das Wesen des Raumes müssen erreicht werden.
Wünsche und Vorstellungen müssen oft reduziert werden. Man muss spüren, wie weit man gehen darf, ohne dass sich Ziele aufheben. Man muss auch Ziele neu definieren, das Mögliche ausschöpfen. Hier geht es nicht nur um Mengen, die das Sortiment mitführt, sondern auch um Raumbestimmungen, die erreicht werden müssen, um den Rang des Unternehmens durch die Synergie von Sortiment und Raum sichtbar zu machen.
Ladenplanung bedeutet den Austausch von Energien, ein Zusammenziehen auf die Einheit von Sortiment und Raum zu einer kundenführenden Leitgestaltung als Schnittpunkt. Je weiter die Planung die Einheit voranträgt, desto sicherer wird die Qualität und der Erfolg erreicht.

Die strategische Ladenplanung
Die Vereinigung der Leistungsbereiche: Raum und Sortiment
Der Verkaufsraum entsteht

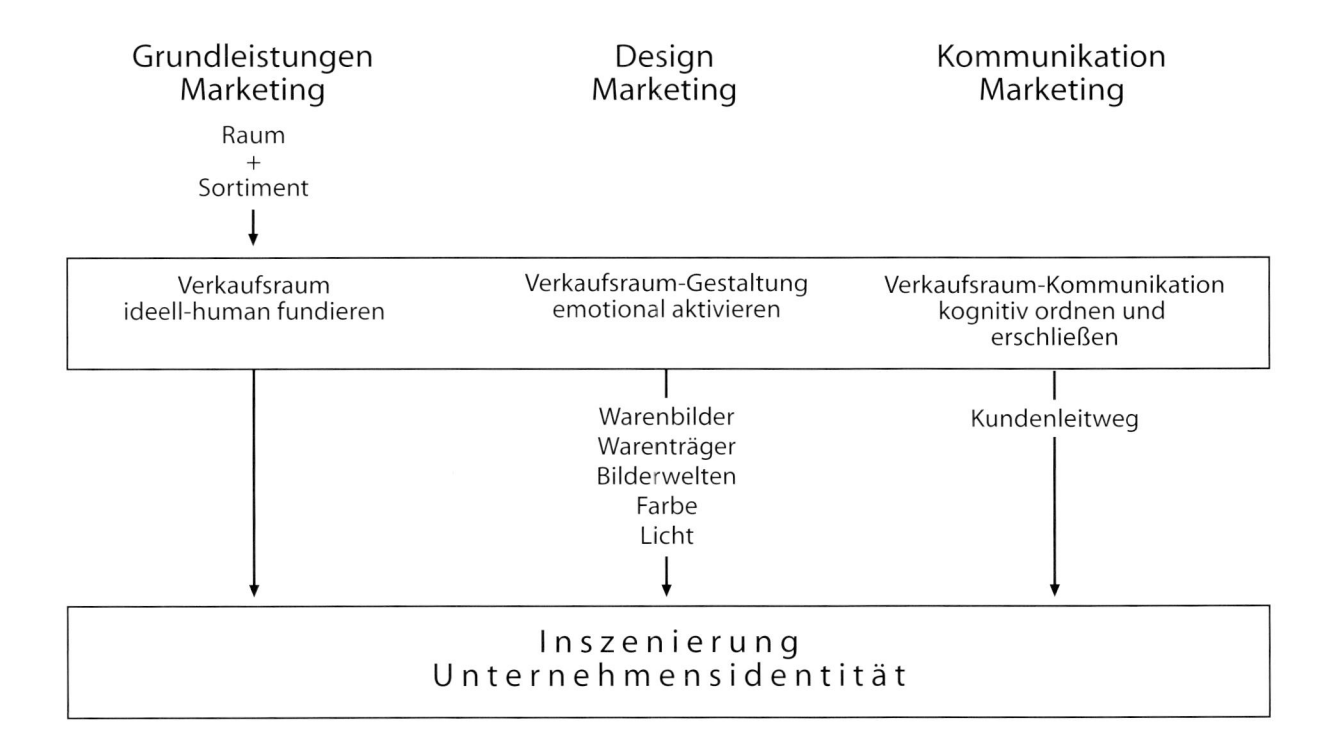

Grundleistungen Marketing	Design Marketing	Kommunikation Marketing
Raum + Sortiment ↓		
Verkaufsraum ideell-human fundieren	Verkaufsraum-Gestaltung emotional aktivieren	Verkaufsraum-Kommunikation kognitiv ordnen und erschließen
	Warenbilder Warenträger Bilderwelten Farbe Licht	Kundenleitweg

→ **Inszenierung Unternehmensidentität**

D 7 Die Einrichtung – der technische Ausbau

Die hohen Erwartungen an den Verkaufsraum setzen die Nutzung moderner Technik voraus.
Verkaufsräume sind Hochleistungsräume mit hohen Anforderungen an den technischen Komfort. Technische Mängel, unzureichende Technik, Störanfälligkeit untergraben das Wohlbefinden der Konsumenten und der Mitarbeiter und stören damit die Verkaufsraumnutzung nachhaltig.
Zum High-Touch das Hightech bedeutet qualifizierte, geplante und richtig eingesetzte Technik als Ergänzung oder als Anforderung an die Einrichtung.
Die Technik, die technischen Geräte werden zum unverzichtbaren Bestandteil der Einrichtung.
Der richtige Einsatz der Technik ist ein wesentlicher Teil der Ladenplanung, damit die ökologische Sicherung und kostengünstige Lösung erreicht wird.
Der technische Ausbau erreicht:
- die hohe Gebrauchsfähigkeit, Zuverlässigkeit und Sicherheit
- die Bequemlichkeit, Komfort und Wohlbefinden
- die Verbesserung der Nutzung und der Kommunikation.

Der technische Ausbau muss über die Erhöhung des Gebrauchswertes hinaus das Image des Unternehmens verbessern. Deshalb die Frage: Was hat der Konsument vom technischen Ausbau?
Alle drei Ebenen der Unternehmensidentität werden als Qualitätsmerkmale vom technischen Ausbau bestimmt.
- Die Unternehmenskultur, das Unternehmensverhalten wird bestimmt vom Wohlbefinden durch Heizung, Klima, Lüftung – die Organisation durch die EDV, durch Kassensysteme und durch die Methode der Warensicherung.
- Die Unternehmensdarstellung, durch den formalen Anspruch an die technischen Geräte, an die Erscheinungsform, aber auch an das Licht und an die Musik und Hintergrundmusik.
- Die Unternehmenskommunikation wird unterstützt durch Telefon, EDV und Video.

Das Design, die gestalterische Erscheinungsform der Technik, muss vom planenden Innenarchitekten mitbestimmt werden.
Für den technischen Ausbau gilt:

- immer den neuesten Stand der Technik erreichen und halten, auch durch rechtzeitige Erneuerung
- das Design der Geräte, einbaubar oder addierbar zur Einrichtung; Technik soll akzeptiert werden, nicht überproportional dominieren
- Umweltfreundlichkeit und Verträglichkeit
- humane Geräte, keine Überproportionierung versuchen
- Zukunftssicherheit spart Kosten
- Wartungsverträge voraussetzen, technische Zuverlässigkeit ist wichtig.

Die Technik muss akzeptiert sein. Die technischen Voraussetzungen müssen ohne jeglichen Abstrich erfüllt werden. Technik darf jedoch nicht dominieren und den gestaltungs- oder warenwirtschaftlichen Nutzungszweck behindern.
Die humanen Voraussetzungen und die Voraussetzungen für Umweltfreundlichkeit haben Priorität. Hier ist die Unternehmensethik gefordert Vorstellungen zu entwickeln, die sich nicht am Rand von Mindestvorschriften bewegen, sondern die klare Aussagen und Stellungnahmen zur Human-Nutzung der Technik, zum Wohl der Konsumenten und der Mitarbeiter sind.
Umweltfreundlichkeit und Umweltverträglichkeit bis hin zur Auswahl der Werkstoffe und der Technik bestimmen die Profilierung des Unternehmens mit.
Wichtig ist, dass der Architekt zukunftssicher baut und erkennt, dass die Technik im Verkaufsraum schnell voranschreitet. Das gilt für die Beleuchtung, für Heizung und Klima, für die Steuergeräte und die Regeltechnik. Hier müssen Geräte auswechselbar werden oder addierbar.
- Wo wird die Technik untergebracht?
- Wer von den Mitarbeiter ist in die Technik eingewiesen und hat die Aufgabe auf die Technik zu achten, und wo hat dieser Mitarbeiter seinen Arbeitsplatz?
- Was lässt sich vollautomatisch oder vollelektronisch regeln und steuern?
- Wie wird die Akustik bewältigt, wie wird störender Schall gebändigt?
- Wie wird die richtige Temperatur erreicht und überwacht?

Der Architekt muss eine zukunftssichere Technik für den Verkaufsraum planen. Er kommt nicht ohne die Beratung der Industrie oder der Fachberater aus.

Der Bereich „Licht" wurde unter „Design" eingeordnet.

Siehe das Kapitel:

E 10   Gestaltungselement: Licht

7.1   Heizung und Klima

Marketingkonzepte, die zur Warenraumgestaltung und zum Wohlfühlen der Konsumenten führen und damit zur Erhöhung der Verweildauer im Verkaufsraum, bleiben unvollständig, wenn nicht die Raumluftqualität mit einbezogen wird. Die Heizung, die Lüftung, die Klimatisierung ist die Beste, über die man nach Ingebrauchnahme nicht mehr sprechen muss.

Die Unterbringung der Geräte und die perfekte Regeltechnik brauchen besondere Aufmerksamkeit.

Man kann nicht von einem Einkaufserlebnis sprechen, das die Verweildauer des Kunden erreichen will, wenn man Heizungs- oder Lüftungsprobleme hat. Deshalb muss die Zuverlässigkeit und die Wartungsfreundlichkeit mitgeplant werden. Die Auswahl der richtigen Heizung, Klimatisierung und Belüftung muss am Projekt im Planungskonzept gefunden werden.

Türluftschleieranlagen ja oder nein – eine Notwendigkeit für automatische Türanlagen. Die Klimaanlage muss man voraussetzen.

Das Raumklima sollte neben der Temperatur – heizen im Winter und kühlen im Sommer – und neben der Luftzusammensetzung, der Herausfilterung von Staub auch die relative Luftfeuchtigkeit regeln. Zum unbeschwerten Aufenthalt der Kunden und Mitarbeiter ist eine relative Luftfeuchtigkeit zwischen 40 und 50 % angenehm. Die allgemeine Temperatur im Verkaufsraum sollte zwischen 19 und 22 °C liegen, beim Frisör im Damensalon zwischen 20 und 24 °C, in Verkaufsräumen mit temperaturempfindlichen Waren bei 16 °C.

Zur Berechnung der Lüftung, Heizung oder Klimaanlage darf die Wärmeabstrahlung der Beleuchtung und die Temperaturanforderung der EDV nicht vergessen werden.

7.2   Beduftung

„Der Geruchssinn ist der ursprünglichste unserer Sinne, man könnte auch sagen, der animalischste. Gerüche beeinflussen die Stimmung und die zwischenmenschlichen Sympathien. Gerüche verbreiten Botschaften: Botschaften von Gefahr, Wohlergehen, Zufriedenheit, Arbeit. Wenn es im Haus nach Braten riecht, ist es wahrscheinlich Sonntag, und mit dem Duft des Kaffees beginnt für viele Menschen der Tag.

Wenn man das Fenster öffnet, weht leider selten der Duft von frischem Heu ins Zimmer – es strömt Gestank herein, von der Müllverbrennungsanlage, der Tankstelle, dem Siloturm, dem Wochenendverkehr. Schlossereien, Tischlereien oder Schlachthöfe: sie alle verströmen ihre spezifischen „Duftnoten". Ihnen ist man ziemlich ausgeliefert. Im Inneren der Wohnung aber kann man Gerüche beeinflussen."

Friedrun Pleterski in ihrem Buch:

„Wohnen mit allen Sinnen" Wien: Brandstätter 1998

Jedes Ding hat seinen eigenen Geruch. In jedem Verkaufsraum mischen sich die Gerüche zu einem branchenüblichen Mix. Man weiß seit langem, dass der typische Geruch der Branche dazugehört, um Warenkompetenz bewusst zu spüren.

„Der Geruch ist der von einem Stoff, Gegenstand oder Lebewesen ausgehende spezielle Duft, der durch den Geruchssinn des Geruchsorgans wahrgenommen wird.

Der Duft ist der Geruch, vorwiegend angenehmer Art."

Brockhaus

Der Duft ist ein Faktor der Ladenplanung geworden. Er ist wichtig zur Erreichung aller Sinne der Konsumenten.

Der Duft orientiert, er beeinflusst und stimmuliert die Konsumenten.

Die Qualität der Raumluft, zu dem nicht nur Heizung und Klimatisierung gehört sondern auch der Duft, wird zum Raumluft-Marketing.

Es ist erforderlich, sich mit Duft und Geruch zu beschäftigen, mit dem Ziel branchentypische

Düfte zu erreichen und zu erhalten, vor allem, um störende und fremde Gerüche zu vermeiden.

„Eine gute Raumluftqualität kann nur erreicht werden, wenn positiv wirkende olfaktorische Wirkstoffe (Duftstoffe) in Abhängigkeit von Luftvolumen, Lufttemperatur und -feuchte zur Schaffung einer olfaktorischen und thermischen Behaglichkeit der Raumluft zugeführt werden. Der professionelle Einsatz derartiger Stoffe darf jedoch nur über raumlufttechnische Anlagen erfolgen, da andernfalls keine ständig gleichbleibende Konzentration in der Raumluft gewährleistet ist."

Aus einer Werbeschrift von DVK air vitalizing

7.2.1 Der beduftete Verkaufsraum

Wolfgang Stimmel:
Können wir mit dem Einsatz von Düften Verkaufsräume emotionalisieren?
Der Einsatz von Düften als integrierter Bestandteil der Ladenplanung
Seit langem sind wir daran gewöhnt, dass die Güter unseres täglichen Gebrauchs mit Duftadditiven und Aromen versehen sind. Hierbei wird dem Duft sogar eine gewisse Funktionalität zugewiesen: Wenn es nicht nach „xyz" riecht, ist es nicht sauber etc.
Als Trend etabliert sich zur Zeit, verstärkt und bestätigt durch wissenschaftliche Studien, der Einsatz von Düften am Point of Sale. Daraus ergibt sich die weiterführende Frage für den Planer, inwieweit Düfte Verkaufsräume emotionalisieren können und somit integrierter Bestandteil der Ladenplanung sind.
Um auf diese Thematik konkret eingehen zu können, erscheint es notwendig, einen kurzen Exkurs zu unternehmen, um die Funktionsweise unseres Geruchsempfindens zu verstehen:
Unserer Nase wurde erst in jüngster Zeit wieder mehr Beachtung in ihrer Funktion des Geräuscheaufnehmens geschenkt. Tatsächlich hat sie auch „nur" eine Rezeptorfunktion. Aber immerhin gehen wir der Nase nach und können unser Gegenüber entweder riechen oder nicht – im besonderen wie auch im übertragenen Sinn.
Der eigentliche Riechvorgang bzw. die Informationsverarbeitung findet im Gehirn, in einer sehr komplexen Region statt, dem sogenannten limbischen System. Dieser Gehirnteil spielt für die Speicherung von Erinnerungen und die gefühlsmäßige Bewertung von Düften eine besondere Rolle. Berücksichtigen wir, dass Geruchserfahrungen grundsätzlich gemacht werden müssen und in keiner Weise Wahrnehmungen dieser Art angeboren sind, so bekommt unsere Duft-/Geruchsempfindung eine (fast) ungeahnte Dimension.
In unserem Sprachgebrauch wird das positive Wahrnehmungserlebnis mit Duft, die negative Ebene eher mit Geruch bezeichnet. Die Wahrnehmung, Verarbeitung und Speicherung der Düfte erfolgt:
– zum Teil unbewusst
– schnell und direkt
– ganzheitlich und assoziativ
– emotional
– lustbetont
– nonverbal
und wird mit der Leistung von anderen Sinnesorganen verknüpft. So riecht es
– nach Orange (Auge)
– süß (Geschmack)
– scharf (Tastsinn).

Nicht unerwähnt bleiben darf eine Besonderheit unserer menschlichen Konditionierung. Im Rahmen der emotionalen Verknüpfung der Duftinformationen erfolgt ein Datenaustausch mit der bewusstseinsebene. Hier können die leitenden Nervenbahnen einen Duftimpuls auch so weit abschwächen / blocken, dass sich unser Bewusstsein weigert, sich damit zu beschäftigen. Es kommt zur ablehnenden Reaktion. Hier erreichen wir die fließende Grenze von unbewusster und bewusster Wahrnehmung. Jeder Mensch hat eine andere Wahrnehmungssensibilität und zusätzlich eine andere Geruchsempfindung.
Trotzdem lassen sich Riechstoffe in Gruppen einteilen, die in der Wirkung und Empfindung weitestgehend als gleich beurteilt werden. Dies ist wichtig, um im Rahmen der Raumbeduftung eine breite Akzeptanz zu erzielen. Aber als eine der wichtigsten Prämissen ergibt sich aus vorgenanntem, dass sich die Riechstoffintensität nur knapp an der Wahrnehmungsgrenze bewegen sollte. Ein vordergründiger, aufdringlicher Effekt ist zu

vermeiden. Somit wird deutlich, dass der Einsatz von Riechstoffen einer emotional gelenkten Beurteilung folgt.

Eine Verknüpfung mit hauptsächlich visuell und damit eher objektiv zu beurteilenden Design-Elementen erscheint daher zunächst schwierig.

Grundvoraussetzung für den Einsatz von Riechstoffen in einem Raum – um eine zielgerichtete Wirkung zu erreichen – ist, dass alle raumbestimmenden Faktoren optimal, logisch und harmonisch aufeinander abgestimmt sind. Der dann auf diese Raumsituation abgestimmte Duft geht eine Symbiose ein und ist regelrecht als Krönung der Raumgestaltung zu betrachten.

Welches sind die wichtigsten Faktoren, die in einer unmittelbaren Wechselwirkung mit eingesetzten Raumdüften stehen:

– Branche
– Warenangebot
– Raumausstattung/Materialien
– Warenarrangement
– Farben
– Beleuchtung
– Temperatur/Luftfeuchtigkeit
– Jahreszeit
– Klima
– Geographische Gegebenheiten

Jede Branche, jede Warenlieferung, jede Produktionsstätte bedingt einen spezifischen Eigengeruch. Das gleiche gilt für die verwendeten Materialien bei der Raumausstattung und gar das Bauwerk selbst. Warenarrangements lassen regelrechte Geruchsstraßen entstehen.

Farben bedingen eine bestimmte Duft-/Geruchsassoziation. Beleuchtung wird mit Wärme-/Kälteempfindungen verknüpft und die Temperatur ist neben der relativen Luftfeuchtigkeit der Faktor, der die Wahrnehmungsintensität von Riechstoffen bestimmt.

Mit den Jahreszeiten werden unsere Vorlieben für Durftkategorien bestimmt (Frühlingsdüfte passen nicht im Herbst oder Winter). Klima und geographische Gegebenheiten bedeuten verschiedene Mentalitäten und damit auch unterschiedliche Duftvorlieben.

Alle vorgenannten Einflussfaktoren auf die Geruchswahrnehmung und -empfindung stehen nicht nur untereinander, sondern auch zum eingesetzten Duft in einer Wechselbeziehung. Wir bewegen uns unbewusst in einem sogenannten olfaktorischen Umfeld.

Der Einsatz von Riechstoffen mit aktiven und inaktiven Einflussfaktoren.

Je nach Zielsetzung, mit der Duft eingesetzt werden soll, wird der Kunde aktiviert.
Leitmotive:
– Abbau von Schwellenangst; denn das Betreten eines fremden Raumes stellt eine gewisse Stresssituation dar.
– Schaffen einer Wohlfühlatmosphäre: bedeutet eine längere Verweildauer der Kunden.
– Schaffen einer unverwechselbaren Atmosphäre: Duft, unterschwellig wahrgenommen, schafft Wiedererkennungseffekte und Identifikation.
– Schaffen eines Kundenleitsystems; der Kunde geht einer Duftspur nach.

Eine Untersuchung der Universität Paderborn hat in einer identischen Raumsituation, jedoch einmal mit und einmal ohne Dufteinsatz, Veränderungen der folgenden Parameter ergeben:
mit Duft:
– Bummeln und Erkunden
– Produktkontaktbereitschaft
– Beratungsbereitschaft
– Kaufbereitschaft.

Unterschiedliche Branchen benötigen unterschiedliche Düfte

Hier kann die Maslow'sche Bedarfspyramide zugrunde gelegt werden, der unterschiedliche Duftkategorien zuzuordnen sind.

Im Textilbereich mit Wühltischen oder auch Schnäppchenmärkten, selbst im Lebensmittelhandel wird mit leichten, frischen Duftkompositionen Aufmerksamkeit und Konzentration erreicht. Hingegen wird im anspruchsvollen Schmuckhandel eine schwere Duftkomposition mit erotischer Note benötigt. Hier geht es neben dem Statusmoment auch um einen gewissen hintergründigen Leitgedanken.

Wie flächendeckend bzw. raumfüllend eine Beduftung sein soll und sein darf, ist auch unter einem physiologischen Aspekt zu betrachten. Unsere Nasenschleimhaut ist bei längerer Verweildauer in einem Raum mit einer Duftnote nach ca. 5 Minuten gesättigt.

Sehr oft scheint aufgrund des Warensortiments der Einsatz von sogenannten Assoziativdüften sinnvoll. Eine viel gestellte Frage aus dem Lebensmittelbereich. Hier hat sich – durch Pawlow'sche Erkenntnisse bedingt: Wer hungrig zum Shopping geht, kauft mehr ein – die Logik entwickelt, dass wiedererkannte Düfte zu Spontaneinkäufen führen. Dies hat jedoch gleichzeitig einen entscheidenden Nachteil. Wenn diese Düfte penetriert werden, d.h. zu lange und zu intensiv wahrgenommen werden, kehrt sich der Effekt um in eine Sättigung, ohne dass Konsum oder Kauf stattgefunden hat!

Als störend empfundene Gerüche:
- Materialausdünstungen (Warensortiment wie Einrichtungsmaterialien)
- Kunden (Schweiß in Umkleidekabinen, Sanitärbereich)
- Tabakrauch
- von außen kommende Gerüche wie Essen etc.

Diese haben Einfluss auf die Raumwahrnehmung und werden als Streßfaktoren empfunden. Sie sollten über geeignete Maßnahmen und Technologien eliminiert aber niemals mit Duftstoffen kaschiert werden.

Welche Technologien stehen zur Zeit zur Verfügung?

Flächendeckende Beduftung ist über die Einspeicherung des Duftes bzw. die Installation in die Klimaanlage bzw. Belüftungssysteme möglich.
Dieses Verfahren ist durchaus umstritten, da sowohl hygienische Bedenken als auch Haftungsrisiken bestehen. Duftstoffe können Nährboden für Keime sein und sind andererseits teilweise aggressive Stoffe, die Dichtungen etc. angreifen können.

Standgeräte mit unterschiedlichen Verdunstungstechniken der Duftstoffe

Die Installation der Geräte ist immer mit der Standortfrage, der Platzfragen, des Stromanschlusses verbunden. Als Reichweite werden bis ca. 2000 m³ angegeben. In unmittelbarer Nähe des Gerätes kann der Duft als zu intensiv empfunden werden.

Kleine Systeme, die in Regalen oder gut in Dekorationselementen unterzubringen sind:

Diese haben jedoch nicht so eine große Reichweite und stehen eher für eine so genannten Inselbeduftung und das Legen der Duftspur, mit der der Kunde geleitet werden soll.

Neueste Entwicklungen bei den stationären Geräten gehen von einer Deckenabhängung aus. Hier wird mit stärkerem Gebläse ab 3 m Aufhöhe nach unten als auch seitlich der Duftstoff in die Raumluft ausgebracht. Auch hier wird eine verstärkte Raumverteilung des Duftes durch evtl. gegebene Belüftungsanlagen erreicht. Unter vorgenannten Techniken gibt es neben reinen Beduftungsgeräten auch Systeme, die die Raumbeduftung mit einer effizienten, teilweise biologischen, Geruchseliminierung gekoppelt haben. Dies erscheint – wie oben erwähnt – insofern äußerst sinnvoll, als unangenehme aber vordergründige Gerüche beseitigt werden, ohne dass mit dem eingesetzten Duft überlagert wird.

Der zunehmende Einsatz der Raumbeduftung wird in nächster Zukunft auch die Weiterentwicklung von Beduftungstechnologien vorantreiben. Schon heute sind einzelne Beduftungssysteme so modifizierbar, dass sie in Modulsysteme der Ladeneinrichtung integriert werden können. In der Regel sind die vorgenannten Technologien nicht wartungsintensiv und die Duftstoffbevorratung auf ca. vier bis sechs Wochen angelegt. Auch ein Wechsel der Beduftung ist problemlos und kurzfristig gegeben.

Als mit wichtigster Punkt ist zum Schluss die Qualität der Duftstoffe zu betrachten. Erscheint die Kostenfrage letztendlich immer sehr schwerwiegend, so ist sie doch auch mit dem Qualitätsfaktor bei den Düften gekoppelt. Einerseits scheint es in unserem Kosumverhalten, den Trend zu geben, einfacher, leichter und schneller, so dass natürliche komplexe Düfte und Duftkombinationen weniger gefragt sind. Andererseits treffen uns Düfte und die diese auslösenden emotionalen Reaktionen unser tiefstes, inneres Empfinden, so dass wir – auch geprägt von Natur und Umweltbewusstsein – immer stärker auf den Einsatz von natürlichen Duftessenzen bestehen werden.

Die Duftpsychologie wird uns im Detail bestätigen, was schon länger bekannt ist:

„Kein Tag ist glücklich ohne Wohlgeruch"
(altägyptisches Sprichwort)

Nicht unberücksichtigt bleiben sollte der Aspekt der Verträglichkeit / Unbedenklichkeit der Raumbeduftung für den Menschen. Alle Duftstofflieferanten haben sich den IFRA-Normen (= International Fragrance Association) unterworfen. Diese internationale Vereinigung der Duftstoffhersteller unterzieht alle hergestellten Düfte genauesten Untersuchungen hinsichtlich der Verträglichkeit der Duftstoffe für Mensch und Tier. Trotzdem bleibt eine einzelne allergene Reaktion nicht ausgeschlossen.

Darüber hinaus hat auch heute das Zitat von Paracelsus Gültigkeit: „Die Menge allein bestimmt, ob etwas Medizin oder Gift ist."

In keinem Fall sollte versucht werden, nach eigenem Gutdünken und persönlicher Vorliebe Düfte zusammenzustellen und die Atmosphäre damit zu schwängern.

Vielmehr gilt es, sich zunächst über die Zielsetzung – was wann wie erreicht werden soll – klar zu werden. Im zweiten Schritt kann man sich dann unter Einbezug der Mitarbeiter den von der Anbieterseite vorgeschlagenen Duftkompositionen nähern.

Zunächst wird sich in der Raumbeduftung der Grundsatz durchsetzen – erlaubt ist, was gefällt (Zeitgeist / Geschmack...) – einfache, hochqualitative Duftkombinationen und natürliche Düfte als (energiegeladene) Impulsgeber zur Änderung menschlichen Verhaltens.

Und es gilt darüber nachzudenken – ähnlich wie bei klimatisierten oder überwachten Räumen – ein entsprechendes Informationsschild anzubringen.

Gestaltungsmittel „Duft"
Voraussetzungen
Die Gestaltungsmittel müssen stimmig sein, einschließlich der Faktoren Personal und Warenpräsentation. Die Raumbeduftung versteht sich als Krönung der vorangegangenen Maßnahmen. Duft und Emotion sind eine nicht trennbare Einheit. Durch Duft darf keine unterschwellige Erwartungshaltung geschaffen werden, die von den Grundsatzfaktoren nicht gehalten werden können.

Der Duft ist mit der Branche, dem Raum und seinen Bestimmungsfaktoren abzustimmen.
Duft und Eigengeruch der Ware (Obst/Gemüse, Leder, Holz...) und fremdartige Materialausdünstungen wie z.B. bei Teppichböden müssen abgestimmt werden.

Tatsachen der Geruchswahrnehmung
Die Wahrnehmungsbereitschaft von Düften
– läuft entgegengesetzt der sogenannten menschlichen Leistungskurve
– ist ab Mitte 20 aufwärts gesichert, unter 20 Jahren aufgrund der körperlichen Konstitution unausgewogen
– unterscheidet sich je nach sensorischen Veranlagungen
– korrespondiert zwischen Farbe und Duft, Duft und Farbe
– ist abhängig von der Tageszeit und diese bestimmt die Art des Duftes
– ist abhängig von der Jahreszeit
– ist abhängig von der Branche und gegebenenfalls Abteilung
– ist abhängig von der Qualität der Produkte
– ist abhängig von der Notwendigkeit (Versorgungskauf, Selbsterfüllung...)
– ist milieugesteuert.

Technische Umsetzbarkeit
a) Bestimmungsfaktoren:
– Raumgröße
– Angebotsstruktur und -vielfalt
b) techn. Möglichkeiten:
– Raumluftzirklulation
– Koppelung mit Belüftungssystemen (Effektivität, Grenzen)
– Standgeräte/Wandgeräte
– in Regale und Displays integrierte Technologie
c) optimale Einsatzorte
d) Duft als direkter und indirekter Kommunikationsfaktor
e) Duft als Leitgestaltung in Form einer Duftspur

„Die Augen sind die Wege des Menschen, die Nase ist sein Verstand."
Hildegard von Bingen

DIOTIMAT®
Quelle: Siemens Landris – Staefa Division

7.2.2 Duftstoffe und Gesundheit

Dr. H.-Peter Dirks:

Gerüche und Düfte werden durch das Riechepithel in der oberen Nasenhöhle mit 10–20 Millionen Geruchsrezeptoren, sowie von der gesamten Nasenhöhle mit freien Nervenendigungen des Trigeminus-Hirnnerven hier als sensorische Irritation wahrgenommen. Die meisten Geruchstoffe aktivieren beide Systeme.

Wir reagieren einerseits mit Schutzreflexen auf diese chemischen Reize wie Luftanhalten, laufender Nase, Augentränen, Husten, Atemnot, auch Kopfschmerz, aber auch mit Schläfrigkeit, Kopfschmerzen u.a. Befindlichkeitsstörungen.

Andererseits sind wir in der Lage über tausend qualitativ unterschiedliche Reize zu differenzieren. Nach Aktivierung in Riechzellen erfolgt Umschaltung zum Zentral-Nerven-System mit direkter Zuschaltung zum limbischen System. Diese unmittelbare Verbindung mit dem limbischen System erklärt die starke emotionale und affektive Komponente der Geruchswahrnehmungen. Geruchswahrnehmungen können so Lust- und Unlustgefühle auslösen und die Affektlage des Organismus verschieben.

Duftstoffe wirken auf das Riechsystem (olfaktorisches System) durch Intensität, Hedonismus und Adaption.

Duftstoffe, Stimuli für Verkaufsförderung und Kommunikation und Förderer für Wohlbefinden und Gesundheit der Mitarbeiter

In USA und Japan – längst bewährt – zeigen Duftstoffe in Verkaufsräumen und auf angebotener Ware positive Effekte auf Verkaufszahlen und Konsumbereitschaft. Der europäische Marktführer für „Duftstoffmarketing" Grorymab aus der Schweiz hat ähnliche Zahlen in Europa vorgelegt.
Fazit: Modernes Marketing wird neben innenarchitektonischer Ladengestaltung unter Einbeziehung von Effekten, Licht, Farben und persönlicher Kundenbetreuung auf Erfolgselemente wie Beschallung und Düfte nicht verzichten wollen. Warenhausketten binden Kunden durch „corporate smell".

Ziele der Beduftung heute aus Sicht eines Herstellers:
(Fa. Grorymab AG, Wangen a.d.Aare/CH)
- Abbau von Schwellenangst beim Betreten eines Raumes oder Geschäftes
- Schaffen einer angenehmen Atmosphäre
- Unterstützung des Erlebniskaufs
- Steigerung der Kauf- und Konsumbereitschaft
- Kundenbindung durch Corporate Smell
- erhöhte Motivation der Mitarbeiter
- Förderung der Konzentration und Aufnahmefähigkeit
- Lösung der Raucher-/Nichtraucherproblematik
- Beseitigung von unangenehmen Gerüchen aller Art
- größere Gesprächsbereitschaft
- Förderung der Kreativität
- Verringerung der Fehlerquote
- Abbau von Krankheitstagen beim Personal
- Mehr Wohlbefinden und Großzügigkeit bei Kunden und Mitarbeitern.

D 7 Die Einrichtung – der technische Ausbau

Technische Voraussetzungen der Luftreinhaltung und Beduftung:
Luftreinigung mit Geruchsbeseitigung und Beduftung in geringsten Konzentrationen möglichst unter der Wahrnehmungsschwelle.
Am Beispiel der Fa. Grorymab, Wanden an der Aare, CH:
1. Stufe:
Luftreinigung mit Grob und Feinstfilter für die Entfernung von:
– Schmutzschwebeteilchen
– Pollen
– Rauchpartikel
– Keine Verschmutzung im Gerät oder der Duftstoffe
2. Stufe:
Entduftung mit einem Abkömmling des Maiszuckers zur Eliminierung von:
– Tabak und Rauchgerüchen
– Sanitärgerüchen
– Küchengerüchen
– Modergerüchen
– Tiergerüchen
3. Stufe:
Beduftung mit ätherischen Ölen für die Steigerung:
– des Wohlbefindens
– der Leistung
– der Kauf- und Konsumbereitschaft
– des Umsatzes
– des Erlebniseinkaufs
– Verringerung der Krankheitstage

Anmerkung: Staubförmige und staubgebundene Teilchen werden abgebunden in der Luftreinigung. Chemische Noxen wie SO_2, CO, CO_2, NO, NO_2, O_3, leichtflüchtige KW und ähnliche VOC's, Benzol, Xylol, Styrol, CKW, Terpene, Alkohole, Chlor und andere gasförmige Luftschadstoffe werden damit nicht eliminiert. PCB und PCP haben heute nicht mehr den toxikologischen Stellenwert. Probleme stellen manchmal Insektenschutzmittel, besonders Pyrethroide aus Verlegeware dar. Eine Verpflichtung der Deklaration von Duftstollen ist wünschenswert. Die europäische Kosmetikindustrie (COLIPA) und die Monenklatur der Cosmetic, Toiletry and Fragance Association (CTFA) mit ihrer INCI zeigt hier Ansätze. Da kosmetische Mittel noch nicht offenbart werden, haben bisher die Duftstoffe nur Gruppenbezeichnungen.

Baurecht, Bundesimmissionsschutzgesetz (BImSchG), Ad-hoc-AG der Inneraumlufthygiene-Kommission (IRK), die AGLMB arbeiten der Gesundheitsministerkonferenz zu. Richtwerte für Innenraumluft mit „lowest observed adverse effect level" (LOAEL). Für Duftstoffe gilt auch, dass keine nachteilige Wirkung gesehen wird „no observed adverse effect level" (NOAEL). Definition der WHO für Adversität. Zu berücksichtigende Verordnungen in Ausstellungs- und Verkaufsräumen u.a.: Lebensmittel- und Bedarfsgegenständegesetz (LMBG), Bedarfsgegenständeverordnung (BGVO), Chemikalienverbotsordnung, Chemikaliengesetz, TA-Luft, Geruchsimmissionsrichtlinien der Länder (z.B. GIRL in NRW).

Regulatorische toxikologische Bemühungen erlauben nicht aus lebenslang tolerierbaren Aufnahmemengen immer eine Gesundheitsgefahr abzuleiten. Definierte Exposition und die Beobachtung gesundheitlich nachteiliger Wirkungen weisen allerdings auf konkrete Gesundheitsgefahren hin. Unerwünschte Nebenwirkungen sind dann zu melden, Meldepflicht nach Chem.G. beim Arzt, speziell Allergologen, Umweltmediziner, beim Gesundheitsamt, Lebensmittelaufsichtsbehörde, chemische Untersuchungsämtern je nach Fall. Verbraucherverbände u.a. sind mit aktiv. Risikodimensionen werden häufig überschätzt.

Gerätesicherheit:
– Kein Verteiler von Bakterien, Schimmelsporen, Rauch und unangenehmen Gerüchen.
– Keine Duftstoffkonzentration, die Allergiker, Menschen mit einem MCS-Syndrom und Menschen mit nasal wie bronchial überempfindlichen Schleimhäuten reizt.
– Einhalten der Lufteinhalte-Verordnungen der Länder für Arbeitsplätze und Innenräume, wie z.B. in Deutschland der TA Luft (Technische Anleitung zur Reinhaltung der Luft mit VW-Vorschriften zum Bundes-Immissionsschutzgesetz und 4. BImSchV).

Innenraumluft und Gesundheit
Menschliche Reaktion auf Geruchsstimuli

Voraussetzung für den Erfolg einer Beduftung:
- Keine Effekte mit krankheitsfördernden Eigenschaften
- Keine endokrin disruptiven Eigenschaften der Duftstoffe
- Mißempfindungen durch Gerüche sind häufig verbunden mit Beschwerden wie beim SBS (sick building syndrome).
- Menschen mit MCS (multiple chemical sensitivity) Syndrom reagieren oft heftig auf geringe Duftreize auch von Wohlgerüchen!
- Symptome sind für MCS und SBS gemeinsam meist
    - Kopfschmerzen
    - Reizungen der Augen, in Atemwegen Nase, Kehlkopf, Luftröhre und Bronchien,
    - Müdigkeit
    - Verwirrheit
    - Reizbarkeit und
    - Konzentrationsstörungen

Siehe:
- Anmerkung zum MCS aus dem Handbuch für Arbeitsmedizin
- Anmerkung zum SBS aus dem Handbuch für Arbeitsmedizin.

Studien zum Einfluss von Stimuli auf den Geruchssinn:

Zahllose Duftstoffe sollen das Wohlbefinden des Benutzers, der Menschen allgemein positiv beeinflussen. Dies ist auch der Anspruch der Aromatherapie. Zugleich wünschen nicht wenig Menschen keinerlei Düfte in Ihrer Umgebung. Sie versuchen gesetzliche Regelungen zu erwirken, die diese Form der Werbung kontrolliert. Sie plädieren für duftfreie Zonen, wo in Gebäuden und Gebäudeteilen kein Durftstoff und Parfüm getragen werden darf. „Stamping out perfume". Hintergrund dieser Meinung ist der Glaube, dass Duftstoff-Exposition negative Gesundheitseffekte und auch eine Auslöserolle in der Entwicklung eines „MCS-Syndromes" sein kann. Dieses selbst ist objektiv schlecht zu fassen, stört aber erheblich die Befindlichkeit des Betroffenen.

Der hedonistische Ansatz, Düfte und Wohlgerüche fördern Wohlbefinden und Gesundheit ist nicht immer zu bestätigen. Duftstoffe, auch wohlriechende haben recht unterschiedliche Auswirkungen (zu messen in neurologischen und psychologischen Testverfahren). Toxikologisch sind kaum Untersuchungen möglich und vorhanden. Viele Substanzen haben Dufteigenschaften in sehr niedrigen Konzentrationen, so sind auch toxische Eigenschaften oft unter der Nachweisgrenze. Sicher angenehme Düfte in niedrigsten Konzentrationen haben bei Mitarbeitern wie Kunden Symptome eines MCS Syndromes ausgelöst, was nicht vermutet wurde.

Insgesamt ist die Zahl der Publikationen über gesundheitfördernde und -schädigende Einflüsse von Wohlgerüchen verschwindend gering. Ganz im Gegensatz dazu steht die breite Anwendung der Duftstoffstimuli gezielt wie ungezielt. Ähnliches gilt für die Aromatherapie, die ebenfalls vorwiegend durch wiederbelebte Tradition und Anekdotenwissen gestützt ist.

Psychologisch werden mit Düften, Erinnerungen und Assoziationen geweckt, die Einfluss nehmen auf unser Verhalten. Zitrusöl und Lavendel sind angenehme Düfte. Bei Zitrusöl in der Innenraumluft kommt es zu weniger gesundheitlichen Klagen verglichen mit denen, die keinerlei Duftexposition hatten. Eine Versuchsanordnung mit Schokoladenduft und Baby-Puder-Geruch zeigt nur bei Baby-Puder-Duft eine signifikant niedrigere Rate von Befindlichkeitsstörungen. Hinweise auf Frische und Reinlichkeit durch Zitronenduft und auf Geborgenheit durch Baby-Puder-Duft sind erklärbare Assoziationen. Apfelduft verursacht Entspannungsgefühl und zeigt auch entsprechende Kriterien im EEG (Hirnstromkurve). Die Verbindung mit einer Arbeitswelt und einem Duft kann unbewusst konditionieren. Z.B. Stressarbeit und spezieller Duft im Raum führt in einem anderen, gleichartig bedufteten Raum zu vermehrten Ängsten vor Stressarbeit („Duft-Konditionierung").

Prospektive Studien aus den Jahren 1985–1998 belegen alle Effekte:
1. Wohlgerüche haben keinen Einfluss auf das Verhalten und Wohlbefinden
2. Wohlgerüche haben negativen Einfluss auf das Verhalten und Wohlbefinden
3. Wohlgerüche haben positiven Einfluss auf das Verhalten und Wohlbefinden

Somit sind trotz unterschiedlicher Testverfahren die Aussagen widersprüchlich. Es sind noch keine generellen Empfehlungen möglich, Duftstoffstimuli als ein Muss einzusetzen.

Es lohnt sich immer an eine kleine Gruppe überempfindlicher Menschen unter Kunden wie unter Mitarbeitern zu denken. Keiner kann heute sagen, ob – Wohlgerüche allgegenwärtig – in unterschiedlicher Art und Konzentration nicht langfristig höhere allergische und pseudoallergische Sensibilisierungsraten verursachen. Dann hätten wir eine neue Erhöhung der Anfälligkeit unter Allergikern und unter disponierten Menschen mit hyperreaktiven Atemwegsschleimhäuten und überempfindlicher Haut erzeugt. Das würde die Furcht vor SBS oder MCS stärken.

Schlussendlich muss aber für Räume mit hohem Besucher- und Kundendurchsatz für frische Luft und Luftreinigung gesorgt werden. Die unterschwellige Beduftung wird sich durchsetzen aus marketingstrategischen Gründen.

Aufgabe von allen Beteiligten ist das Maß für Sicherheit ob Kundin, Kunde, Klient(in), Besucher(in), Mitarbeiter(in), sicherheits-technischer Aufsicht, Mediziner(in), Psychologe(in) und planenden Architekt(in)en und Innenarchitekt(in)en. Dann darf auch manche Duftmarke überzeugen. Nie soll angenehmer Duft zu Schaden führen.

Weiterführende Literatur:
Essentielle und bedeutende Werke:
- Richard B. Gammage, Barry A. Berven:
  Indoor Air and Human Health
  CRC Lewis Publishers, 2nd ed. 1996,
  ISBN 1-56670-144-9
- A. Beyer, D. Eis
  Praktische Umweltmedizin, Springer Loseblatt Systeme 1995-2000
  Springer Heidelberg 1994-2000,
  ISBN 3-540-66637-0
- B. J. Alloway, D. C. Ayres
  Schadstoffe in der Umwelt
  Spektrum, Heidelberg, 1996
- H. Ludwig
  TA Luft – Technische Anleitung zur Reinhaltung der Luft
  Rehm, Jehle Rehm 1994, ISBN 3-8073-1104-1
- J. Konietzko, H. Dupuis
  Handbuch der Arbeitsmedizin Bd. 1-4,
  Ecomed Loseblattsammlung 1989–2000
  ISBN 3-609-70342-3
- A. B. Kay
  Allergy and Allergic Diseases, Vol. 1&2
  Blackwell Science 1997, ISBN 0-86542-867-0

7.3 Telefon

Die möglichen Plätze für einen Telefonanschluss im Verkaufsraum werden mit der Planung festgelegt. Die Planung der Telefonanlage, die Steuerung der Informations- und Auskunftsplätze für Anfragen von außen, Service- und Reparaturdienste gehören zur Verkaufsraumplanung.

Die Zukunftssicherheit des Verkaufsraumes macht es erforderlich auch Telefax einzuplanen. Die technische Erneuerung und die Zugänglichkeit der Technik für immer neue und breitere Benutzerkreise und des damit verbundenen Informations- und Kommunikationsvorteils ist nicht mehr aufzuhalten.

Kundentelefon im Verkaufsraum
Schmorl & von Seefeld, Hannover
Design: Jachmmann

Zur Zukunftssicherheit gehört auch die Verlegung der richtigen Leerrohre in genügender Zahl und Dimensionierung an alle möglichen Telefonplätze. Das Leerrohr muss überall anzapfbar sein.
Telefonanlagen im Verkaufsraum sind besser als Sprechanlagen, sie sind vertrauter und diskreter. Die drahtlosen Telefone setzen immer auch normale Telefone voraus.

Das öffentliche Telefon im Verkaufsraum!
Das Telefon auch für den Kunden? Es muss überlegt werden, ob das ein wichtiger Vorteil ist.
Das Münztelefon für Kunden ist auch wichtig. Kunden müssen eben mal telefonieren und dann sollten nicht Mitarbeiter gefragt werden müssen oder Kassen- und Informationsplätze behindert werden. Die Telefongesellschaften beraten!

Handys verändern auch im Verkaufsraum das Telefonieren der Kunden.
Das Handy ist immer dabei – und immer gebrauchsbereit. Das macht es nicht mehr notwendig, für Kunden-Telefone im Verkaufsraum zu sorgen. Für die Mitarbeiter und deren Verknüpfung im Telefonnetz des Unternehmens hat das Handy kaum Auswirkung.

7.4 EDV

Die elektronische Datenverarbeitung ist in den Verkaufsraum eingezogen. Viele warenwirtschaftliche Vorgänge, Bestellvorgänge, aber auch Platziervorschläge, erfolgen über die EDV ebenso wie Informationen über den Bestand der Ware im Verkaufsraum und im Lager. Die Kopplung zwischen Kassenabrechnung und Warenwirtschaft ist für alle Unternehmen des Einzelhandels wichtig.
Wichtig ist hier für den Innenarchitekten die Zielvorgabe des Managements:
– was wird mit der EDV angestrebt
– an welchen Arbeitsplätzen werden EDV-Geräte untergebracht und welche
– wo liegt das endgültige Ausbauziel der EDV?
Wichtig ist es für den Innenarchitekten zu wissen, dass der technische Fortschritt im Bereich der EDV schnell erfolgt.
Nicht nur alles erfassen, koordinieren und wichtige Zusammenhänge per Knopfdruck sichtbar machen, sondern die totale Vernetzung wird angestrebt. Die sich daraus ergebende schnelle Übersicht und Vereinfachung erhöht die Lebensqualität. Insofern scheint die EDV-Entwicklung abgeschlossen, aber immer wieder geschehen Überraschungen, die sofort genutzt werden.

Eine etwas längere Planungsphase kann schon dazu führen, dass die ersten Angaben überholt sind. Um solchen Überraschungen aus dem Weg zu gehen, muss die EDV in Planungsgesprächen im Ausbau terminlich festgelegt werden.
Auch das Management sollte die Notwendigkeit erkennen, dass der Ausbau der EDV für die Ladenplanung klar festgelegt wird mit Zuwachs, denn in absehbarer Zeit wird die EDV mehr leisten müssen. Das gilt auch für kleine Unternehmen. Gerade dort wird die EDV gebraucht. Die EDV wird in Zukunft überall in den Verkaufsräumen mehr leisten als heute erwartet wird.
Es ist gut alle potenziellen EDV-Plätze mit Leerrohren unter dem Estrich untereinander zu verbinden getrennt von Stromzuführungsleitungen und Telefonleitungen. Ein Mehrkammerkanal ist erforderlich um die EDV-Leitung zu schützen. Die Bautechnik entwickelte aufnehmbare Doppelboden-Techniken mit Hohlraum für nachträgliche Kabelführung.
Bildschirme werden zunehmend zum „Warenbild". Der Konsument sieht, was es gibt, und der Printer sorgt dafür, dass er das Gesehene „schwarz auf weiß besitzt und getrost nach Hause tragen kann".
Der EDV-Bildschirm löst im Verkaufsraum eine Faszination für Konsumenten aus. Sie wollen das Angebot sehen, und zwar auf dem Bildschirm und möglichst ausgedruckt mit nach Hause nehmen. Für Buchhandlungen wird das immer wichtiger.
Ein EDV-Arbeitsplatz im Verkaufsraum übernimmt wichtige Kundeninformationen und fördert dadurch den Verkauf. EDV-Arbeitsplätze dieser Art benötigen eine ergonomische Gestaltung, die es ermöglicht, dass der Konsument gemeinsam mit dem Mitarbeiter in den Bildschirm schauen kann.
Die EDV erfüllt darüber hinaus auch die Funktion den Kundenstamm zu führen und zu pflegen. Die Möglichkeit, dass Konsumenten in Fachgeschäften in den Adressenstamm aufgenommen werden können, ist dann wichtig, wenn beispielsweise ein Konsument in einer Buchhandlung in die Interessentenkartei für ein bestimmtes Fachgebiet aufgenommen werden möchte.
Es wird zugesichert, dass der Konsument für sein Interessengebiet ständig über neue Bücher infor-

miert wird. Der Konsument wird Zeuge, wie sein Name mit seiner Adresse in die EDV eingegeben wird und auf dem Bildschirm erscheint. Ein sehr wirkungsvoller Effekt.
Siehe das Kapitel:
F 16.2 Die Arbeitstische für Mitarbeiter

7.5 Hintergrundmusik

Die Devise „alles für den Kunden" lässt das Management nicht ruhen. Gehört Musik zum Wohlbefinden der Kunden? Stört Musik die Konzentration oder schafft Musik Verweilatmosphäre und sogar Kaufanreize?
Eine ausgewählte Hintergrundmusik hat die Kraft Ruhe zu vermitteln und die Konzentration der Kunden zu fördern.
Trotzdem ist Hintergrundmusik umstritten!
Hintergrundmusik muss man ganz genau prüfen. Einfach mitmachen, weil es andere tun oder weil man meint Spitzenreiter zu sein, ist mit Sicherheit falsch.
Hintergrundmusik wird auch bei Kunden umstritten bleiben!
Die Ansprache aller Sinne der Konsumenten, also auch des Hörens, sollte nicht falsch gedeutet werden in der Annahme, dass eine Hör-Lücke zu schließen sei.
Die Formel „Musik macht müde Kunden munter" ist schlimm. Der humane Anspruch des Konsumenten wird dann nicht verstanden. Wenn man es nicht versteht, den Kunden durch Warenbildideen durch interessante Informationen munter zu machen darf es Musik nur dann schaffen, wenn man Musik verkaufen will.
Das richtige Musikprogramm entscheidet!
Für Hintergrundmusik muss genau überlegt werden:
– welche Branche
– welches Unternehmen
– welcher Zeitpunkt
– welche Musik folgert daraus?
In einem Jeansladen, der hauptsächlich von Neophilen aufgesucht wird, wird Rockmusik vermisst werden. Wem soll die Hintergrundmusik gefallen? Weiß man wirklich, welche Musik der Zielgruppe gefällt? Zustimmung ebenso wie Ablehnung, auch in der gleichen Zielgruppe, fordert zu Diskussionen.
Mitarbeiter sind oft überfragt: „Was war das für eine Melodie?", „Kann ich die CD bei Ihnen kaufen?"
Dennoch ist es unverkennbar, dass die allgemeine Aversion gegen Hintergrundmusik im Verkaufsraum schwindet. Besonders Butiken neigen zum Experiment mit ganz besonderer Auswahl: „Klassik ganz leise, am liebsten italienische Opern. Das passt gut zu unserem Anspruch."
Die Technik ist fortschrittlich, zuverlässig, bedienungsfreundlich, Tonbandgeräte oder Compactdisk-Wechsler, ganz speziell eingerichtet für den Dauerbetrieb.
Die Raumgrößen und die Raumformen bestimmen die Anzahl der Lautsprecher.
CDs oder Bänder kann man im Leihservice erhalten. Damit wird eine ständige Abwechslung und Aktualisierung garantiert. Wenn man eigene Programme zusammenstellt, darf man die GEMA nicht vergessen. Auskunft erteilen die Einzelhandelsverbände. Anmeldungen über diese Verbände bewirken eine Gebührenreduzierung.
Wenn man so viel Technik nicht will – aber Musik braucht – muss ein Flügel aufgestellt werden. Für einige Stunden am Nachmittag kommt ein Pianist, zarte Melodien begleiten das Geschehen im Verkaufsraum – das bringt eine besondere Stimmung zum Verweilen, zum Einkaufen und signalisiert schon einen gewissen Luxus.

Digitaler Satelliten Empfänger / Decoder
Zur automatischen Steuerung der Musikprogramme für Verkaufsatmosphäre

Satelliten-Hintergrundmusik

Der zunehmende Bedarf an Hintergrundmusik für Verkaufsräume führt zur größeren Nachfrage und damit auch zur Entwicklung neuer Techniken und Möglichkeiten.

Hintergrundmusik ist ein raumgestaltendes Element. Genauso wie Licht, Farben, Formen und Worte wirken auch Tonfolgen und Melodien auf die Psyche des Menschen. Das vorrangige Ziel der Musikprogramme ist es ein harmonisches Raumambiente zu schaffen in dem der Mensch sich wohl fühlt.

Die digitale Satellitentechnik von MUZAK bietet ihren Kunden eine optimale Übertragungsqualität und die Auswahl aus 6 verschiedenen Musikkanälen, von Klassik über rein Instrumental, von Soft-Pop bis Pop/Dance. Es besteht sogar die Möglichkeit – mittels eines vom Kunden bestimmten Sendeplanes – durch die 6 Programme zu „surfen". Durch den über Satelliten fern steuerbaren Empfänger können die Programme der Kundenstruktur entsprechend individuell gestaltet werden.

Zusätzliche MUZAK-Werbekanäle ermöglichen die sofortige Realisierung eines unternehmenseigenen Instore-Radios. Mit der Erfahrung von MUZAK werden verkaufsfördernde Ideen und Konzepte problemlos über die Satelliten umgesetzt.

Technische Ausrüstung:
- eine 60 cm Durchmesser Satellitenantenne mit digitaler Elektronik für Eutelsat 7° Ost W 3
- ein MUZAK digitaler Empfänger mit integriertem Decoder
- ein bestehendes oder noch zu installierendes Lautsprecher-System.

Auskunft: MUZAK Funktionelle Musik GmbH
Werftstraße 23, 40549 Düsseldorf

7.6 Getränkeautomaten

Die Kunden müssen sich entspannen, denn Einkaufen ist anstrengend. Wenn man möchte, dass diese Kunden nicht das Haus verlassen, dann braucht man mindestens einen Gertränkeautomaten für Kaffee.

Kaffee ist ein Zugmittel. Einkaufen und Kaffeetrinken gehören zusammen.

Man kann das alles auch so sehen und Getränkeautomaten für selbstverständlich halten:
Einen Sitzbereich und dazu Getränke – die Kunden sind begeistert!

Natürlich ist eine Cafeteria besser, aber das geht nicht immer. Die dann notwendige Bedienung läßt sich nicht immer rechnen ... aber ein Getränkeautomat, der geht immer.

Die Branche entscheidet:
- verweilen die Kunden länger im Verkaufsraum,
- ist die Auswahl anstrengend oder zeitraubend,
- kommen die Kunden vornehmlich in den späten Nachmittagsstunden, nach Büroschluss, dann sind Getränkeautomaten unerläßlich.

Die neue Erlebniswelt für Kaffee-Genuss

Silke Strothmann, Kraft Jacobs Suchard, Bremen:
Ein innovatives Kaffee-Vermarktungskonzept für den Bereich „Kaffee als Service" bieten wir als Ausser-Haus-Service unseren Kunden im Bereich Gastronomie an. Die „Jacobs Coffee Bar" erfüllt die Wünsche der Gäste nach Kaffee-Spezialitäten außer Haus. Unter dem Motto „Cafe als Cocktail" sorgt die attraktive Café-Bar nicht nur für Abwechslung und Genuss in der Szene-Gastronomie; auch in Verkaufsräumen, Praxen oder Boutiquen macht die Café-Bar eine prima Figur.

Sie liefert auf Wunsch frisch gebrühten Espresso, Café Creme bzw. Schümli aus frisch gemahlenen Kaffebohnen sowie die Spezialitäten Cappuccino, Café Amaretto, Café Vanille und Café Schokolade. Die Vielfalt des Angebots und die Qualität des Genusserlebnisses überzeugt selbst verwöhnte Kaffee-Liebhaber.

D 7 Die Einrichtung – der technische Ausbau

Jacobs Coffee Bar
Modul Mini incl.
Coffee Bar Porzellanbecher

Neben Gaumenfreude bereitet die Café-Bar auch den Augen ein Fest. Das aktuelle, zeitgemäße Café-Bar Design macht den Kaffee-Ausschank zum Anziehungspunkt. Im Baukastensystem lässt sich die Coffee Bar dem individuellen Bedarf, den Kundenwünsche, dem Ambiente sowie den räumlichen und personellen Möglichkeiten optimal anpassen.

Kernstück der Systemfamilie ist das Modul „High Class", das in Verbindung mit einem zusätzlichen Versorgungs- und Entsorgungsmodul sowohl als Selbstbedienungsangebot realisiert werden kann als auch – mit einer dekorativen Theke kombiniert – zur hochfunktionellen Bedienungseinheit wird.

Für den Einsatz in kleineren Läden sind die Module „Compact" und „Mini" ausgelegt. Sie können in bereits bestehende Theken, Bars oder Ladentheken mühelos integriert werden. Bei separater Aufstellung eignen sie sich aber ebenso zur Selbstbedienung. Die Bedienung und Handhabung der Coffee Bar ist in jeder Größe kinderleicht.

Neben den Automaten und den entsprechenden Kaffee-Spezialitäten bieten die Jacobs-Kaffeeexperten auch attraktives Zubehör für die Coffee Bar, mit der sich in jedem Objekt eine attraktive Kaffee-Ecke einrichten lässt.

D   Das Grundleistungsmarketing: Die Geschäftsidee – Corporate Culture zur Unternehmenskultur

D 7 Die Einrichtung – der technische Ausbau

Technische Daten:
System: Jacobs Coffee Bar

Die kleinste:
Mini / Standard-Modul
H: 690 mm
B: 510 mm
T: 405 mm
Gewicht ca. 69 kg

Die größte:
High Class-Modul
H: 2650 mm
B: 2370 mm
T: 760 mm
Gewicht ca. 400 kg
Unterschrank Standard
(Jacobs-Coffee-Bar-Design, schwarz)
H: 900 mm
B: 500 mm
T: 390 mm
Gewicht: 20 kg

Unterschrank rollbar
H: 980 mm
B: 1070 mm
T: 500 mm

Tassenwärmer (anthrazit)
H: 350 mm
B: 310 mm
T: 340 mm
Fassungsvermögen ca. 50 Tassen

Entkalkungssystem T 28
Höhe 580 mm, Durchschnitt 200 mm
Kapazität bei 10° dH ca. 5500 Liter

Wasseranschluss:
Wasserdruck   min 15 max 8 bar
Wasseranschluss 3/8' oder 3/4' außen

7.7 Die Warensicherung

Zur Ladenplanung gehört auch das Nachdenken über die Warensicherung durch ein Warensicherungssystem. Die Warensicherungssysteme nutzen nicht viel, wenn sich die Organisation nicht grundsätzlich hierauf einstellt. Eine gute Ladenplanung hilft Diebstähle zu verhüten. Die Planung sorgt dafür, dass die Konsumenten und die Mitarbeiter eine gute Übersicht erhalten. Das hilft Diebstähle gering zu halten.
Überall dort, wo eine direkte Betreuung erwartet wird und diese Betreuung durch die Mitarbeiter auch erfolgt, ist ein Diebstahl schwierig.
Aber was passiert, wenn der Laden überfüllt ist? Viele Diebstähle werden ja gerade zu zweit durchgeführt: Eine Person bindet den beaufsichtigenden Mitarbeiter in ein ablenkendes Verkaufsgespräch und die zweite Person handelt.

Wichtig ist der gestalterische Aspekt. Möchte man eine diskrete Warensicherung oder braucht man die Warensicherung deutlich als Fingerzeig um damit abzuschrecken.

Manches Management möchte den Peinlichkeiten einer Ermittlung gegen einen Kunden aus dem Wege gehen und gebraucht Abschrecker-Kameras oder Sensortor-Attrappen am Ausgang.

Über die verschiedenen Techniken und Systeme einer zuverlässigen Warensicherung müssen sich das Unternehmen und der Innenarchitekt informieren. Es gibt gute, informative Literatur über die einzelnen, sehr unterschiedlichen Systeme der Warensicherung.

Soll ein Warensicherungssystem eingeführt werden, dann ist die Planung des Verkaufsraumes der richtige Zeitpunkt, denn jede Installation hinterlässt Spuren an der Einrichtung.

Mir scheint nur ein diskretes Warensicherungssystem akzeptabel. Warensicherung ist notwendig geworden – leider. Will man sich nicht sofort entscheiden, dann sollte man sie immer mit einplanen.

Für die Ladenplanung bedeutet das oft, so zu planen, dass eine Warensicherungsanlage nachgerüstet werden kann.

Den Fachmann zu fragen, ist wichtig, da die Entwicklung am Markt ständig voranschreitet.

Anton Kaltenleitner, der Fachmann und Verkaufsleiter bei Sensormatic, Ratingen:

Das Problem der Inventurdifferenzen

Der Handel sieht sich bereits seit Jahren dem Problem der Inventurdifferenzen gegenüber. Laut der jüngsten Studie der Bundesarbeitsgemeinschaft der Mittel- und Großbetriebe des Einzelhandels (BAG) verloren 1998 die deutschen Handelsunternehmen im Schnitt 1,2% des Bruttoumsatzes infolge von Inventurdifferenzen. Dabei können die Ursachen für Inventurdifferenzen höchst unterschiedlicher Natur sein: Ladendiebstahl, Lieferantenbetrug, administrative Fehler sowie Mitarbeiterdiebstahl. Um dem Problem wirkungsvoll zu Leibe zu rücken, muss ein Lösungskonzept all diese Aspekte berücksichtigen. Schwachstellenanalysen des Ladenlokals wie auch der administrativen Abläufe sollten daher immer am Anfang der Erarbeitung von Maßnahmen stehen. Der Ladenplanung kommt eine große Bedeutung zu, wenn es darum geht, Ladendieben das Leben schwer zu machen. Unübersichtliche Ecken und schwer einsehbar Bereiche können schon bei der Planung der Inneneinrichtung vermieden werden. Daher sollte bereits in der Planungsphase eine solche Analyse stattfinden um diese Aspekte von Anfang an zu berücksichtigen und so spätere aufwändige Umbauten zu vermeiden.

Die Ladenplanung alleine kann jedoch Ladendiebstahl durch Kunden oder Mitarbeiter nicht verhindern. Heute gibt es eine ganze Reihe unterschiedlicher technischer Methoden, die an die jeweiligen Gegebenheiten angepasst, sehr gute Ergebnisse liefern.

Welche technischen Methoden zur Verhinderung von Inventurdifferenzen gibt es?

Die wohl bekannteste Methode zur Verhinderung von Ladendiebstahl ist die elekronische Artikelsicherung kurz: EAS. Hierbei handelt es sich um Detektionseinheiten bzw. Antennen, die ein elektromagnetisches Feld aufbauen. Gerät ein Sicherungsetikett in dieses Feld, wird es von den Antennen erkannt und Alarm ausgelöst. Nach diesem Prinzip funktionieren alle gängigen Warensicherungssysteme. Unterschiede zwischen den unterschiedlichen Typen von Warensicherungsanlagen begründen sich in der verwendeten Technologie. Die wichtigsten sind die akustomagnetische (AM), die elektromagnetische (EM) und die radiofrequente (RF)Technologie. Unterschiede zeigen sich in verschiedenen Leistungsmerkmalen. Wichtig für den Handel sind vor allen Dingen Merkmale wie die maximale Durchgangsbreite, die mit zwei Antennen erreicht

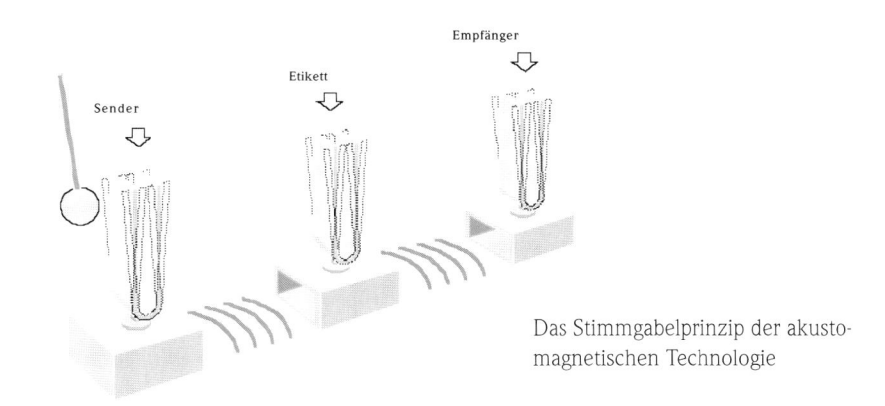

Das Stimmgabelprinzip der akustomagnetischen Technologie

D Das Grundleistungsmarketing: Die Geschäftsidee – Corporate Culture zur Unternehmenskultur

D 7 Die Einrichtung – der technische Ausbau

Mit akustomagnetischen Sicherungsetiketten quellengesichert: „Goodlife" von Lancaster

Mega-Max

werden können, die durchschnittliche Detektionsrate, mit der das System aktive Sicherungsetiketten erkennt, Fehlalarmfreiheit und die Zuverlässigkeit mit der die Sicherungsetiketten deaktiviert werden können.

Unter diesen Aspekten betrachtet, zeigt die Akustomagnetische Technologie die größte Leistungsfähigkeit und Flexibilität. Durchgangsbreiten von 2 m und mehr sind nur mit AM zu verwirklichen. Auf Grund des speziellen „Stimmgabelprinzips" mit der das System arbeitet, werden hervorragende Detektionsraten und nahezu Fehlalarmfreiheit erreicht. Nicht zu vergessen ist auch der Aspekt der zuverlässigen Deaktivierung: Bezahlt ein Kunde seine Ware an der Kasse und wird das Etikett nicht deaktiviert, löst er am Ausgang Alarm aus.

Eine solche Situation ist sowohl für den Kunden als auch für das Geschäft ausgesprochen unangenehm und peinlich und muss daher unter allen Umständen vermieden werden. Dies sind die Aspekte, die beim Vergleich der verschiedenen Technologien auf jeden Fall berücksichtigt werden müssen, da sie sich in erheblichen Maße auf den Kunden im Verkaufsraum auswirken.

Bei der Entscheidung für ein EAS-System muss aber darüber hinaus gedacht werden. Wichtig sind auch Wirtschaftlichkeitsaspekte. Seit einigen Jahren ist im Zusammenhang mit EAS immer mehr die so genannte Quellensicherung zum Thema geworden. Bei der Quellensicherung werden die Sicherungsetiketten bei der Produktion der Ware direkt beim Hersteller in das Produkt oder die Verpackung eingebracht. Dies hat für den Handel gleich mehrere Vorteile. Er spart sich erhebliche Personalkosten, die beim Etikettieren in der Filiale entstehen. Der Hersteller kann wesentlich effizienter etikettieren als der Handel, da er das Etikett unsichtbar ins Produkt einbringen kann. Ein potenzieller Ladendieb kann so nicht mehr erkennen, welche Produkte gesichert und welche ungesichert sind. Sein Risiko entdeckt zu werden, steigt damit erheblich. Da bei der Quellensicherung alle Produkte diebstahlgesichert sind, kann die Ware nun offen präsentiert werden, anstatt sie in Vitrinen zu verschließen. Die Kaufwahrscheinlichkeit beim Kunden steigt deutlich. Die genannten Vorteile der Quellensicherung beeinflussen sowohl die Kosten- als auch Einnahmeseite des Handels. Die Entscheidung für ein EAS System macht somit nur unter Berücksichtigung der Quellensicherung Sinn.

Inzwischen gibt eine ganze Reihe von Herstellern, die ihre Produkte mit akustomagnetischen Sicherungsetiketten ausstatten. Beispiele hierfür finden sich in den verschiedensten Branchen, wie z.B. Lancaster, Fuji, Novartis und eine Reihe von Lieferanten der Max Bahr Baumärkte.

Zukunftsvision RFID – Transpondertechnologie

Während die Quellensicherung heute von vielen Herstellern bereits realisiert ist, gilt die Transpondertechnologie oder RFID (radio frequency identification) noch als Vision für die Zukunft. Die

Entwicklung auf diesem Gebiet ist so viel versprechend, dass sie für den Handel insbesondere was die Logistik angeht, enorme Potenziale bereithält.

Das RFID-Etikett ist dabei letztlich als eine transportable Datenbank zu verstehen, die mit dem Produkt gekoppelt ist. Gegenüber dem Barcode hat der Einsatz von RFID mehrere Vorteile: Es ist nicht nur wesentlich schneller zu lesen, sondern auch genauer. Ein RFID Etikett kann durch Kartonagen hindurch erkannt werden und ist unempfindlich gegen Verschmutzung und Temperaturschwankungen. An verschiedenen Punkten in der Logistikkette kann das Etikett mit neuen Daten beschrieben werden. So ergeben sich uvielfältige Anwendungsmöglichkeiten eines solchen Etiketts.

Unter dem Namen smartEAS gibt es heute akustomagnetische Warensicherungsetiketten, die mit der „Intelligenz" von RFID versehen sind. Auf diese Weise können bestehende akustomagnetische Warensicherungssysteme weiter genutzt werden und gleichzeitig die großen Vorteile von RFID für die Logistik und Inventur umgesetzt werden.

EAS und Ladenplanung. Welche Lösungen eignen sich für unterschiedliche Branchen?

Unterschiedlichste Systemvarianten ermöglichen es dem Handel oder Ladenbauer optimal auf die jeweilige Situation abgestimmte EAS-Lösungen zu integrieren. Je nach Branche bieten sich folgende Möglichkeiten:

Videoüberwachung

Videoüberwachung in Innen- und Außenbereich schützt vor Diebstahl in den Geschäftsräumen und Lagern und überwacht sowohl Parkplätze als auch Ein- und Ausgänge. Besonderen Wert muss dabei nicht nur auf die Auswahl der Systeme gelegt werden, sondern vor allen Dingen darauf, wo die Videoüberwachungsanlage ansetzen soll. Einer Systeminstallation sollte daher immer eine sehr genaue Sicherheits- und Schwachstellenanalyse vorausgehen um sicherzustellen, dass die wirklichen Problembereiche überwacht werden. Wichtig ist hier auch die Kenntnis über die Taktiken und Tricks der Diebe, seien es Kunden, Mitarbeiter oder Lieferanten.

Floor-Max

Ultra-Post

D Das Grundleistungsmarketing: Die Geschäftsidee – Corporate Culture zur Unternehmenskultur

D 7 Die Einrichtung – der technische Ausbau

Eine grundsätzliche Überlegung bei der Konzeption einer Videoüberwachungsanlage ist auch die, inwiefern sie abschreckender Natur sein soll oder ob sie für Beobachtungszwecke vorgesehen ist. In beiden Fällen muss die Videoanlage funktionsfähig sein, da Dummy-Installationen, die ausschließlich der Abschreckung dienen, sehr schnell als solche erkannt werden und somit den gewünschten Nutzen verfehlen. Die Entscheidung darüber, ob eine versteckte oder offene Überwachung gewünscht wird, nimmt naturgemäß Einfluss auf die optische Gestaltung der Ladeninneneinrichtung.

Speed Dome Kuppelkamera

Ganzheitliche Lösungen gegen Inventurdifferenzen

Die dargestellten technischen Möglichkeiten sind die Elemente, die nach eingehender Analyse der Ausgangssituation zu einem ganzheitlichen Sicherungskonzept zusammengefügt werden. Nur ein maßgeschneidertes Konzept kann dem Handel den gewünschten nachhaltigen Erfolg im Kampf gegen Inventurdifferenzen garantieren. Konsequent durchgeführt, gibt es nur wenige Investitionen, die einen so schnellen Return-on-Investment versprechen, wie die Einführung ganzheitlicher Warensicherungskonzepte.

Fix-Kamera

E   Das Designmarketing:
     Die Gestaltungsidee –
     Corporate Design zur
     Unternehmensdarstellung

E 1 Das Designmanagement
E 2 Die Designbotschaft
E 3 Die Erscheinungsform
     der Mitarbeiter
E 4 Gestaltungsbereich:
     Verkaufsraum

E 5 Gestaltungsmittel: Ware
E 6 Gestaltungsmittel: Bilderwelten
E 7 Gestaltungsmittel: Warenträger
E 8 Gestaltungsmittel: Material
E 9 Gestaltungselement: Farbe
E 10 Gestaltungselement: Licht

Marienapotheke, Eriskirch-Mariabrunn
Planung: Klaus Bürger

E Das Designmarketing: Die Gestaltungsidee – Corporate Design zur Unternehmensdarstellung

C Unternehmensidentität		
C 1 Profil		
C 2 Dialog		
C 3 Rang		
C 4 Inszenierung		
C 5 Ladenplaner inszenieren		

D Unternehmenskultur Grundleistungsmarketing	E Unternehmensdarstellung Designmarketing	F Unternehmenskommunikation Kommunikationsmarketing
D 1 Management	E 1 Designmangement	F 1 Dynamik
D 2 Information	E 2 Designbotschaft	F 2 Sympathie
D 3 Mitarbeiter	E 3 Erscheinungsform Mitarbeiter	F 3 Anmutung
D 4 Raum	E 4 Gestaltungsbereich: Verkaufsraum	F 4 Kundenleitweg
D 5 Sortiment	E 5 Gestaltungsmittel: Ware	F 5 Kundenleitweg Planung
D 6 Verkaufsraum	E 6 Gestaltungsmittel: Bilderwelten	F 6 Kundenleitweg Planung CAD
D 7 Einrichtung Technik	E 7 Gestaltungsmittel: Warenträger	F 7 Warenplatzierung
	E 8 Gestaltungsmittel: Material	F 8 Raumerweiterungsplanung
	E 9 Gestaltungselement: Farbe	F 9 Leitbereiche der Mitarbeiter
	E 10 Gestaltungselement: Licht	F 10 Leithilfen
		F 11 Fassade und Eingang
		F 12 Eingangsbereich
		F 13 Markt
		F 14 Kassenbereich
		F 15 Treppenbereich
		F 16 Fachbereich
		F 17 Drehbereich

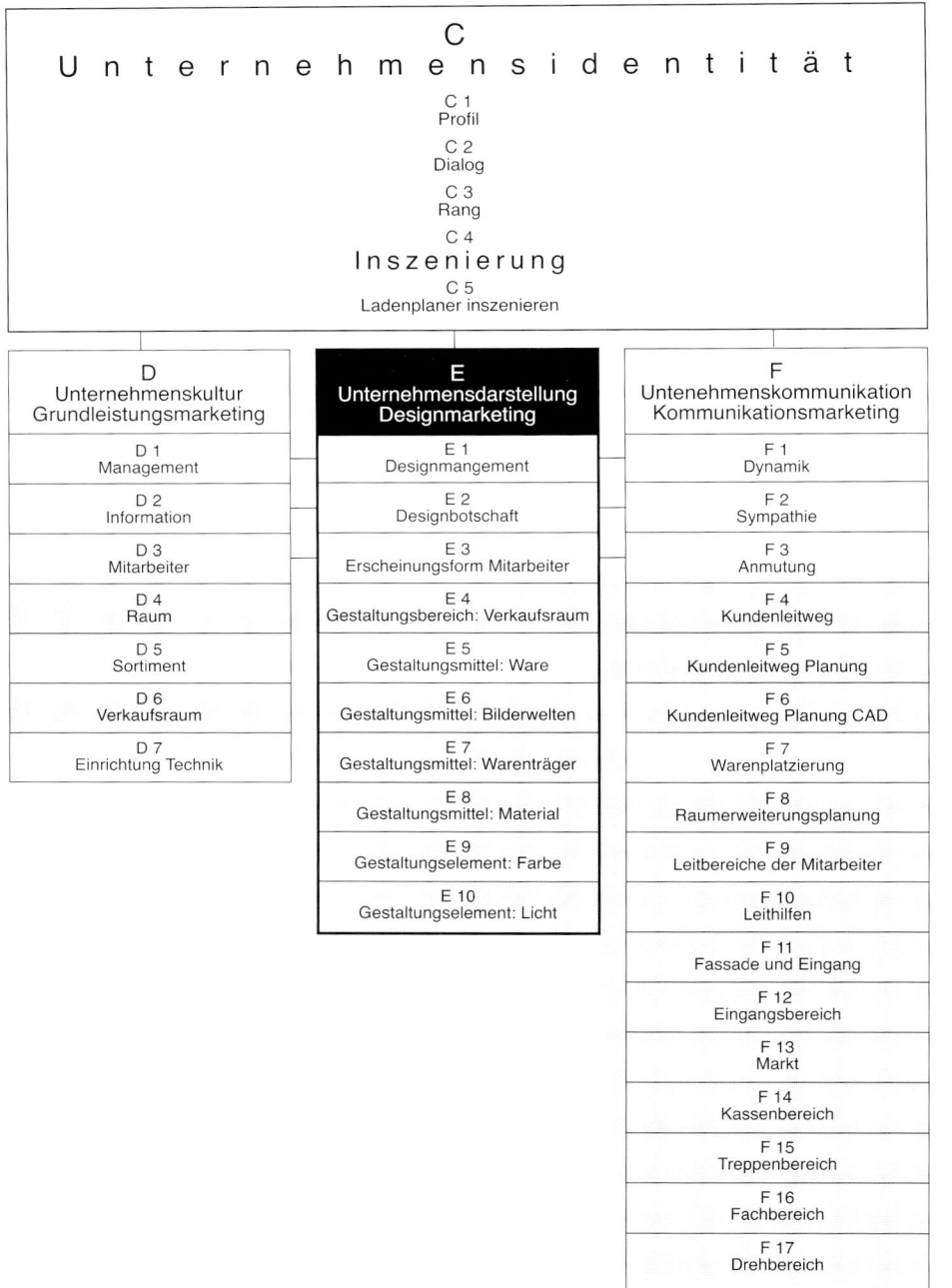

Das Corporate Design vereint alle Designleistungen, setzt sie durch und verteidigt sie.

Das Grundleistungsmarketing wird mit dem Designmarketing neu orientiert und qualifiziert. Das Design soll die Grundleistungen für den Konsumenten sichtbar machen.

Alle Designleistungen werden im Corporate Design aufeinander abgestimmt und verwirklicht.

Das Ziel des Corporate Design ist die Unternehmensdarstellung, das Erscheinungsbild in der Unternehmensidentität zu prägen und zu heben.

Mit der Sichtbarmachung der Grundleistungen ist der Auftrag verbunden, durch diese Leistungen ein profiliertes unverwechselbares Gesicht des Unternehmens zu schaffen, das sich aus den übrigen Gesichtern am Markt im Wettbewerb herausheben kann.

Zum Erfolg ist es erforderlich, nicht nur anders, sondern auch besser als andere zu sein!

Ladenplanungen machen eine Überprüfung der bisherigen Unternehmensdarstellung erforderlich. Die Zielvorstellung sollte im Marketingkonzept manifestiert sein.

Die Festlegung der Darstellung im Rang in Abstimmung mit Unternehmenskultur und Unternehmenskommunikation ist wichtig.

Zwischen den drei Ebenen, die zur Unternehmensidentität führen, muss ein enger Kontakt im Sinne eines Ausgleichs im Rang bestehen, zum Beispiel:

– vom Sortiment zum Warenbild, zur Warenplatzierung und damit zum Warenleitbild im Kundenleitbild
– von der Einrichtung zum Design der Warenträger und zur Leitmodifikation
– vom Raum zur Verkaufsraumgestaltung und zur Leitgestaltung im Kundenleitweg.

Der Kundenleitweg fängt alle Maßnahmen im Grundleistungsmarketing und im Designmarketing in der Unternehmenskommunikation auf und ist somit die Grundlage für die Inszenierung des Verkaufsraumes.

Alle Veränderungen im Erscheinungsbild werden nicht nur Begeisterung, sondern ebenso Irritationen hervorrufen. Ein gewachsenes Milieu, auch mit Engpässen, kann nur durch neue sinnliche Werte, durch ein neues Milieu abgelöst werden, in dem Charakteristiken des alten Milieus erhalten bleiben dürfen.

Die Ladenplanung muss im Bereich Corporate Design die Qualität der emotionalen Argumente mit den deutlich sichtbaren akzeptierten Gestaltungsverbesserungen für Konsumenten und Mitarbeiter erreichen.

Das Design in der Zuordnung zu Warenbildern trägt sehr viel zur Identität des Unternehmens bei.

Design ist die Botschaft und die Einladung für eine Lebensqualität. Das Design führt über die visuelle Erschließung zur Anerkennung und damit zur Kommunikation. Design findet neue Beziehungen und festigt bestehende. Also ist Design mehr als der formale Anspruch!

„Ich diskutiere nicht über eine Darstellung, sondern über eine Haltung."
(Ettore Sottsass)

Design ist immer ein Statement, ein Bekenntnis des Unternehmens nach innen und nach außen. Corporate Design bedeutet in der Ladenplanung:
- Lebensqualität, als ästhetisch-soziales Konzept für einen anspruchsvollen Lebensstil, eine soziale Anhebung
- Status, vom Warennutzungswert zum optischen Designwert der Form der Ware und der Warenträger; Betonung symbolischer und psychologischer Merkmale gegenüber allem Praktischen.

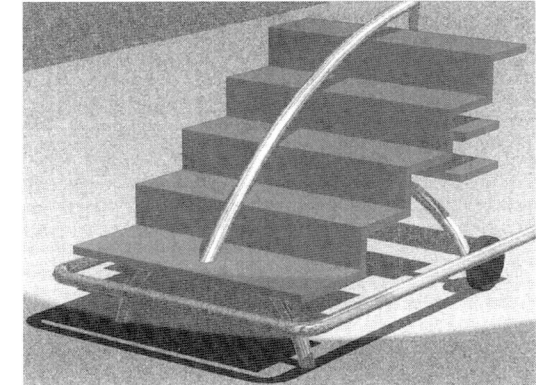

Fahrbarer Treppentisch
Design: Gernot Premper, Kreft-Team, Wedemark

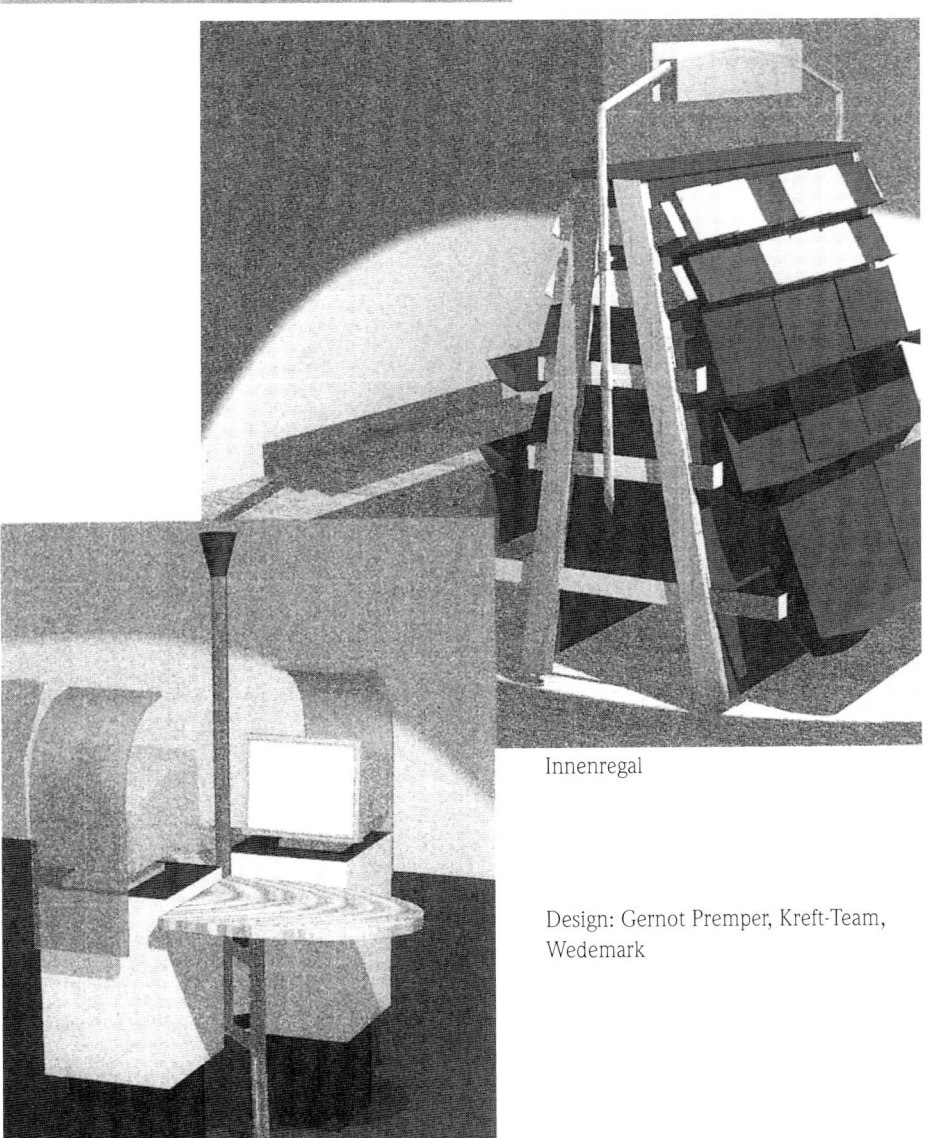

Innenregal

Design: Gernot Premper, Kreft-Team, Wedemark

EDV-Arbeitstisch

E   Das Designmarketing: Die Gestaltungsidee – Corporate Design zur Unternehmensdarstellung

Mann – o – Mann Vitrinen
Prototypen
Design: Cöln-Design, Köln

Das Design braucht für seine umfassende Bedeutung einen Corporate-Anspruch als Corporate Design:
- innovativ-koordinierend orientiert als Designgrundlage
- zielgerichtet-führungsorientiert als Designmanagement
- praktikabel-orientiert als Mitarbeiterleistung: Erscheinungsform
- innovativ-experimentell orientiert als Warenraum, Warenraumgestaltung
- kreativ-ordnend orientiert als Design für alle Warenträger
- kreativ-experimentell als Auswahl von Form, Material, Farbe und Licht
- emotional-überzeugend als Warenbilder
- kommunikativ-verbindend orientiert als Designbotschaft
- emotional-begeisternd als Inszenierung.

Corporate Design als Grundlage für die Gestaltung bietet Normen und Daten für die Verkaufsraumgestaltung in den Teilbereichen Warenbilder, Warenträger, Gestaltungsgrundlagen wie Material, Farbe, Licht, Milieu und Inszenierungen.

Zur ehrlichen Darstellung des Unternehmens führen in der Verkaufsraumgestaltung Sortiments- und Raumanspruch, Kundenleitweganspruch und die Ansprüche zu Inszenierungen.

Dabei soll mit der kommunikativeren Leitgestaltung, mit einem Kundenleitweg orientierungsfreundlich zum einfachen und bequemen Einkaufen ohne Stress beigetragen werden.

Bei Inszenierungen ist vom richtigen Maß, vom richtigen Zuschnitt der Räume auszugehen. Gigantismus zieht nicht mehr, Spannungsverhältnisse zwischen Breite, Länge und Höhe müssen glaubhaft bleiben – trotz Inszenierungsgags.

Das Corporate Design erreicht die Bewältigung der Aufgaben:
- Durchsetzung der Merchandising-Architektur, kommunikativ im Innenarchitektur-Planungsprozess
- die Ausführung der Ladenplanung als Durchführungsprogramm: Gestaltung.

Der Innenarchitektur-Planungsprozess mit dem späteren Nutzungskonzept muss zwischen Management und Innenarchitekt erreicht werden.

Das Zusammentreffen zwischen Unternehmen mit dem Management und dem Innenarchitekten muss erfolgen. Der geistige Prozess der Ladenplanung braucht diesen unmittelbaren Kontakt zum „Anschieben"!

Merchandising und Innenarchitektur müssen sich treffen.

Mit der Verständigung über Merchandising-Architektur wird der Innenarchitektur-Planungsprozess eingeleitet.

Das Designmanagement muss selbstverständlich werden!

Das „Wir-Gefühl" im Unternehmen muss für die Mitarbeiter erreicht werden. Das gute Design bindet auch die Mitarbeiter an das Unternehmen. Der Philosoph Tom Morris in seinem Buch „Aristoteles auf dem Chefsessel":

„Wie Konsumenten den Verkaufsraum empfinden, beeinflusst ihre Akzeptanz, ihre Konzentration und wird, wenn beides erreicht ist, zur Lebensqualität.

Die ästhetische Dimension: Erst der gestaltete Ort: Verkaufsraum, an dem etwas Entscheidendes durch die Gestaltung geschieht, gibt dem Konsumenten das Bewusstsein zum richtigen

E Das Designmarketing: Die Gestaltungsidee – Corporate Design zur Unternehmensdarstellung

Handeln und damit dem Verkaufsraum die Kraft zum Funktionieren. Wahrheit, Schönheit, das Gute und Einheit: Die vier zeitlosen Tugenden jeder produktiven Beziehung oder Organisation, die vier Grundlagen dauerhafter menschlicher Spitzenleistung, weil sie unsere Wahrnehmung der Welt beeinflussen und formen.

Denken Sie einen Augenblick daran, wo und wann Sie sich am entspanntesten, am ruhigsten, erholtesten, gestärktesten und inspiriertesten fühlen. Morgens auf dem Golfplatz? Am Meer, versunken in das glitzernde Spiel der Sonnenstrahlen auf den Wellen? Wenn Sie im kühlen Schatten eines Baumes an einem stillen Fluss stehen und die Angel auswerfen? Oder wenn Sie auf einem Berggipfel sitzen und die Täler zu ihren Füßen und die hinter Ihnen aufragenden Berge betrachten? Vielleicht aber auch, wenn Sie in einem eleganten Restaurant an einem schön gedeckten Tisch sitzen und ein exzellentes Essen genießen. Oder, so Sie vom Glück begünstigt sind, zu Hause in Ihren eigenen vier Wänden oder bei der Arbeit in Ihrem Garten. Wie dem auch sei, es ist sehr wahrscheinlich, dass Sie einige Ihrer zutiefst befriedigenden Erfahrungen persönlicher Erholung und Erneuerung in einer Umgebung großer Schönheit erleben."

„Das Schöne ist ebenso nützlich wie das Nützliche. Vielleicht sogar noch mehr."
(Victor Hugo)

Schönheit befreit. Sie erfrischt, erneuert und inspiriert. Die meisten Top-Manager wissen das und handeln zumindest hin und wieder danach. Aus diesem Grund wählen sie für wichtige Treffen Orte großer Schönheit aus. Um einen Schlüsselkunden für sich einzunehmen oder die Zukunft zu planen, braucht man eine möglichst schöne Umgebung, einen Ort, der dazu beiträgt, dass das Bestmögliche in uns angesprochen und aktiviert wird. Wir alle wissen intuitiv, dass Schönheit Bedeutung besitzt, etwas in Bewegung bringt, dass sie eine unübertreffliche Wirkung auf den menschlichen Geist haben kann, dass sie ungeahnte Kräfte in uns freisetzt, unsere Gedanken zu neuen Einsichten anregt und uns mit unseren höchsten Idealen verbindet.

„Architektur ist die Kunst, die die vom Menschen errichteten Bauten unabhängig von ihrem Zweck so anordnet und verschönert, dass ihr Anblick seine spirituelle Gesundheit, seine Kraft und sein ästhetisches Empfinden fördert.
(John Riskin)

Es geht darum, den Alltag zu verlassen und eine Lebensqualität zu erreichen und zu sichern. Im Verkaufsraum kommt hinzu, dass die Informationen fließen und auf das Neue und Wichtige mit gestalterischen Mitteln hingewiesen wird. Das alles ist Gestaltung, Design, das Bemühen um Lebensqualität. Design ist Lebensqualität."

Das Design

„Dass Design eine Waffe im Konkurrenzkampf ist, ist unbestritten. Nur was das für eine Waffe ist und wie man sie handhabt, ist unklar."
(Rido Busse)

Der Wertewandel und der Käufermarkt brachten eine gute Zeit für das Design. Design wird von einer breiten Käuferschaft im Verkaufsraum unabhängig vom Rang erwartet.

Der Käufermarkt brachte auch die Priorität der Konsumenten und damit die Beachtung der Erwartungen.

Das bedeutet für die Unternehmen, die Konsumenten zu gewinnen durch Erfüllung der Erwartungen: Designmarketing als Leistung. Der gekonnte Umgang mit Formen, Materialien, Farben und Licht wird zur Marketingförderung für neue Marketinginstrumente, ein Corporate Design zur Unternehmensdarstellung als wichtige Ebene der Unternehmensidentität.

Käufermarkt, das bedeutet auch, den Kunden durch Design zu begeistern, ihm einen emotionalen Gewinn durch die Gestaltung zu ermöglichen, mit der Absicht, die Aufmerksamkeit für das Unternehmen zu erreichen und Erinnerungswerte zu schaffen mit der Erreichung der Unternehmensidentität.

Das heißt für die Entwicklung des Designs:
– Individualität für die Darstellung des Unternehmens, ein neues zu betrachtendes Bewusstsein

E Das Designmarketing: Die Gestaltungsidee – Corporate Design zur Unternehmensdarstellung

Philippe Stark:
„Man muß auf meinen Stühlen nicht sitzen können, ich will zeigen, welcher Kulturklasse man angehört."

Memphis,
das bedeutet gestalterische Eskapaden mit deutlich prägender Symbolsprache: respektlos und heiter.

- neue Formen, Ästhetik, zielgruppengerecht, das richtige Design zum Rang
- Variationen der Grundform, Vielfältigkeit von der sanften bis zur starken Form für die sortimentsspezifisch-therapeutische Designanwendung
- Ästhetik als Bereicherung für das Auge, Lebensqualität
- Design, technisch funktional, entwickelt für den Bedarf, organisch und optimal ergonomisch, materialgerecht und wirtschaftlich herstellbar.

Der Bedarf an gutem Design ist groß, jeder Designer pflegt sein individuelles Design. Die Lebensqualität, sich mit schönen Dingen zu umgeben, bleibt Anspruch der Fachgeschäfte.

Das Design hat die Aufgabe erhalten, den Lebensstil zu vermitteln und über den Besitz der Ware hinaus Anregungen zu geben für die Pflege des eigenen Lebensstils und zur Förderung der Selbstverwirklichung und Selbststilisierung.

Es gibt keine Profilierung des Verkaufsraumes, keine Qualität in der Ladenplanung ohne eine klare Designqualität in Richtung Lebensqualität.

Das bedeutet, alle Einrichtungsteile, insbesondere Warenträger, aber auch Teppiche und Leuchten, als Serienprodukte oder speziell zu entwerfende Produkte, sind den Grundsätzen des Corporate Design unterworfen.

Das Objektdesign als eigenständiges Kunstobjekt – jenseits des Gebrauchswertes? – ist willkommen in der Inszenierung, um Höhepunkte oder Akzentuierungen durch Objektkunst zu schaffen. Objektkunst jenseits der Nutzung als Warenbild braucht eine deutliche Designqualität.

Formerlebnis durch das Aufbrechen der strengen Formen soll Lebensfreude und Lust zeigen!

Das Design braucht die Verständlichkeit für den Gebrauchswert. Die Kunst braucht diese Verständlichkeit nicht unbedingt. Design braucht die Nutzungsfähigkeit, die Kunst nicht.

Design als Kunstobjekt braucht eine Antwort, es darf nicht als Frage im Verkaufsraum unbeantwortet bleiben. Der Kunde muss den Sinn nachvollziehen können.

Der Designer Philippe Starck: „Man muss auf meinen Stühlen nicht sitzen können, ich will zeigen, welcher Kulturklasse man angehört" zeigt die Denk- und Erwartungsrichtung der etablierten Designer und den Reiz für das Schöne, angeblich Nutzlose!

Das Möbel als Kunstobjekt steht im Dialog mit dem Raum. Kunstobjekte schaffen Sehorte und bieten Identifikationsangebote im Raum.

Der Memphis-Stil, kompromisslos und extrem, wird variiert und findet auch Einzug in die Verkaufsräume. Das Verlangen nach ungewöhnlicher Darstellung begleitet die Entwicklung vom Warenlager hin zur Inszenierung.

Memphis, das bedeutet gestalterische Eskapaden mit deutlicher, prägender Symbolsprache: respektlos und heiter.

„Memphis-Möbel, das ist ein grellbunter, effektvoll gemixter Cocktail aus den verschiedensten Materialien, Farben und Mustern."
(Dorothea Müller)

Die Einbindung des Designs in die ganzheitliche Gestaltungsphilosophie schafft auch für das Design eine neue Bedeutung – Zeitgeist, nicht Mode ist wichtig.

Gestaltung, Design, die gute Optik, die ästhetische Form, verbunden mit Ergonomie und hoher Gebrauchsfähigkeit, werden zunehmend zur Grundsatzfrage der Unternehmen.

E 1 Das Designmanagement

Das Management erkennt zunehmend die Bedeutung des Designs und der Gestaltung für das Unternehmen. Hierzu gehört auch die ideell-humane Bedeutung des Designs als geistige Haltung einer Lebensqualität.

Das Designmanagement regelt die Beziehungen zwischen Design und Marketing, auch über die Ladenplanungsphase hinaus. Zu den wirtschaftlichen Aufgaben des Managements treten im Einzelhandel wichtige Designaufgaben, die zunehmend Beachtung finden. Nicht nur die Bedeutung der Warenbilder und deren strategische Steuerung ist erkannt.

Dem Management muss bekannt sein, dass das Design den Rang des Unternehmens mitbestimmt und entscheidend Einfluss nimmt auf das Verhalten der Konsumenten am Ort des Verkaufens.

Die Glaubwürdigkeit eines ehrlichen Designs wird gebraucht. Das heißt: Design muss gelebt sein, selbstverständlich geworden sein.

Das Design muss für das Unternehmen ganzheitlich definiert sein und für eine visuelle Transparenz sorgen in einem umfassend geplanten Designprogramm, als Corporate-Design-Strategie ständig gepflegt werden.

Das Designmanagement sorgt für die Ganzheitlichkeit des Corporate Design und schafft die Einbindung der Unternehmensdarstellung in die Unternehmensidentität.

Design ist Chefsache!

Design muss im Management über eine durchsetzungsfähige Persönlichkeit vertreten werden. Es muss:
– erkannt, entwickelt und umgesetzt werden
– vorgelebt werden
– eingehalten und verteidigt werden durch Überzeugung und Informationen.

Es sind nicht immer ästhetische Gründe, sondern noch mehr ökonomische Zwänge, die das gute Design akzeptieren.

Das ist oft ein Anfang für eine bessere Unternehmensdarstellung, wenn auch durch die Hintertür. Es bleibt die Hoffnung auf das Designverstehen aus dem Umgang mit dem Design.

Der Weg zu besseren Formqualitäten bedeutet der Weg zum besseren Image und zu mehr Akzeptanz.

Im Marketingkonzept wird „Design" als gestalterischer, kreativer, formaler Anspruch im Innenarchitektur-Planungsprozess verstanden. Designmanagement bedeutet Auftrag für das Management, das Design als Aussage der Unternehmensdarstellung zu fordern, zu fördern, zu verteidigen und zu leben.

Eine der täglichen Aufgaben des Designmanagements sind die Warenbilder, deshalb wird oft vom Warenbildmanagement gesprochen.

Designmanagement ist von der Nutzung her auch ein Warenbildmanagement, das bedeutet:
– Zusammenfassung und erforderliche Abstimmung von Wareneinkauf und Warenbildstrategie
– gezielte Warenauswahl, Platzierung, Leitmodifikation.

Das Warenbildmanagement ist vergleichbar mit einer Zeitungsredaktion, die aus den Nachrichten die wichtigsten auswählen, platzieren und darstellen muss.

Das Management erreicht die Vereinigung der inhaltlichen und der formalen Aufgaben im Corporate Design.

Die Anforderung an die Gestaltung muss den Erwartungen an Waren und Beratung entsprechen. Je höher und ästhetischer der Warenanspruch ist, desto ausgeprägter ist auch der Anspruch an das Design, an die Warenbilder.

Vom exklusiven Fachgeschäft erwartet man einen eigenen Image prägenden, extravaganten Stil, der den Warenwert noch überziehen darf. Profilierung ist gefragt, eine selbst stilisierende Darstellung.

Je mehr sich Waren und Produkte ähnlich werden, umso mehr muss im Unternehmen das Bedürfnis nach individueller und eigenwilliger Unterscheidung in der Gestaltung der Verkaufsräume entstehen.

Das Corporate Design zur Erreichung des einheitlichen Erscheinungsbildes wird für Management und Innenarchitekten verpflichtend.

Das Management gibt vor und legt mit dem Innenarchitekten die Ziele, Maßstäbe, Qualitäten für das Design fest.

E Das Designmarketing: Die Gestaltungsidee – Corporate Design zur Unternehmensdarstellung

E 1 Das Designmanagement

Das Aufgabenfeld des Managements umfasst die Ziele des Designmanagements, verbindet und führt sie im Corporate Design als Abstimmung:
- der Designbotschaft für Informationen und Botschaften
- der Erscheinungsform der Mitarbeiter im Verkaufsraum
- der Verkaufsraumgestaltung in der gestalterischen Zusammenfassung von Sortiment und Raum
- der Inszenierung, als emotionale Gestaltung
- der Warenbilder zur Sichtbarmachung des Sortiments
- über Design der Warenträger und der Einrichtung
- der Auswahl der Gestaltungsmittel: Material, Farbe, Licht.

Siehe die Kapitel:
D 1   Das Management
F 1   Die Dynamik des Managements

1.1 Ästhetische Strategien: Erfolgsfaktor Design

Zu viel wird über Rezession gesprochen – zu wenig über Strategien, die geeignet sind, drohende Umsatzeinbrüche zu verhindern.

Unternehmen profilieren sich durch Aktivitäten und Strategien, durch ihre Ideen, wie sie das Sortiment sichtbar machen, mit Leben erfüllen und damit unterscheidbar machen. „Leistung sichtbar machen" heißt die Forderung in dieser Zeit!

Dies ist die Zeit für Könner! Es gibt keine Branchenkonjunkturen mehr, sondern nur noch Konjunkturen der Unternehmen. Die Unternehmen, die handeln, Ideen leben und verstehen, diese Ideen im Verkaufsraum umzusetzen, sind die Könner.

Ideen investieren!

Wertewandel, Käufermarkt – diese Veränderungen im gesellschaftlichen Leben haben zum Beispiel am Point of Sale der Buchhandlungen ein titel- und auflagengesättigtes Sortiment geschaffen, durch das der Kunde nur noch gut orientiert „durchsteigen" kann. Die gleichwertige Angebotspalette braucht deshalb visuelle Unterscheidungen. Buchpräsentationen – die Warenbilder – werden gebraucht.

Buchpräsentationen, wo auch immer – auf Tischen, im Regal oder Schaufenster – können als Bücherbilder nur dann erfolgreich sein, wenn sie informieren und emotional wirkungsvoll ansprechen, also bewusst gestaltet sind.

Die Bertelsmann-Studie 1993 bringt keine neuen Erkenntnisse, aber sie beweist:

„Zwei Drittel aller Kaufentscheidungen fallen erst in der Buchhandlung – die Warenpräsentation am Point of Sale spielt also eine entscheidende Rolle."

„Spannend war das Informationsverhalten der Käufer. Auf die Frage: „Wie sind Sie zum ersten Mal auf das Buch aufmerksam geworden?", antworten nämlich 57% der befragten Käufer, dass dies erst in der Buchhandlung geschehen sei!"

Niels Staehler: „Der gläserne Käufer" Buchmarkt 5/93, Seite 54

Erfolg ist planbar durch Designstrategien

Die Frage: „was kann oder muss ich für den Erfolg unternehmen?", wird immer im Unternehmen gestellt werden, bevor das Nichtinvestieren teurer wird als das Investieren:
- „Wie können meine Sortimentsleistungen und damit auch meine Mitarbeiterleistung – eben meine Fachkompetenz – besser sichtbar werden?"
- „Wie kann ich mich besser, Erfolg versprechender mit meinen Leistungen profilieren, um die Sympathien der potenziellen Käufer zu erreichen?"
- „Welchen unmittelbaren Nutzen haben meine Kunden von den geplanten Warenbildern?"

Zur Wirtschaftlichkeit gehört der Erfolg und der Erfolg setzt die höhere Akzeptanz durch die Kunden voraus:
- Ideen zur Lebendigkeit, zur Lebensqualität. Den Verkaufsraum lebendiger machen, dynamisch, aktuell
- Trends der Kunden erkennen, eigene Trends finden, besser noch erfinden
- Design als Erfolgsfaktor erkennen, Design und Warenbilder wirkungsvoll einsetzen.

E 1 Das Designmanagement

Hugo Schimmel, Uelzen
Planung: Manfred Kreft, Reiner Kaetz,
Wilhelm Kreft, Kreft-Team
Realisierung: Wilhelm Kreft GmbH,
Wedemark

- Design zur besseren Kommunikation mit dem Kunden
- Events inszenieren, Feste erfinden, Milieus erreichen
- eine neue Einstellung zum Kunden finden – der Kunde wird immer mehr Gast.

Zusammenstellung der Designaktivitäten, damit Design ein Erfolgsfaktor wird.
Aufgabe – den Verkaufsraum inszenieren:
1. Dramaturgische Verkaufsraumgestaltung, Branchenidentität für das Fachgeschäft, Farbe und Formen, Licht
2. Leitwege für den Kunden
3. Warenbilder, Sortimentsdifferenzierungen, Produktgruppendarstellung, Wahrnehmungsproblematik, Markenvisualisierung
4. Zielgruppen-Design
5. Inszenierungen, Events, Highlights für Waren und Dienstleistungen
6. Informationsaufgaben, Werbewelten, Ästhetik der Werbung, das Designbewusstsein.

Siehe das Kapitel:
C 4   Die Inszenierung

E Das Designmarketing: Die Gestaltungsidee – Corporate Design zur Unternehmensdarstellung

E2 Die Designbotschaft

„Das Logo, das Signet ist das Basiselement des Corporate-Identity-Design."
(Bernd Keller)

Die Botschaft ist die Information mit dem deutlichen, für den Konsumenten wichtigen Inhalt: Das, was die Botschaft über die Information hebt, ist das Versprechen. Ein Liebesbrief ist nur dann ein Liebesbrief, wenn er eine Botschaft in der Form eines Versprechens enthält. Auch Design ist eine Botschaft und damit besteht ein formaler Anspruch, um
- den Inhalt der Botschaft gestalterisch zu unterstützen,
- den Konsumenten emotionale Botschaften zu liefern,
- die Eigenart der Botschaft als Identität des Absenders deutlich zu machen.

Jede Botschaft muss damit eine Designbotschaft sein.
Diese braucht die Festlegung des Inhalts:
- die Designstrategie, festgelegt im Corporate Design
- das Umsetzen von Wirkungsstufen durch Werbemittel
- die dramatische Idee, die Nutzung kreativer Spielräume zur Erreichung des Konsumenten.

Die Informationslawine rollt unaufhörlich. Welche Informationen werden beachtet und fördern den Bekanntheitsgrad des Unternehmens?
Informationen mit Identifikationssignalen haben eine größere Chance, beachtet zu werden.
Die Wirkung der Designbotschaft erstreckt sich auf:
- Werbungen, Schriften, Prospekte
- Fassade
- Beschriftungen der Kraftfahrzeuge
- Verpackungen, Tüten, Tragetaschen, Einwickelpapiere, auch auf das bessere so genannte „Geschenkpapier"
- Anzeigen
- Briefbogen
- Freistempler
- Informationen aller Art.

Gebraucht wird eine Werbung, die durch Eigenart glänzt und die nicht durch optische Tricks und verbale Sprüche in der Informationsmasse untergeht.

„Waren es vor zehn Jahren im Durchschnitt etwa 800 Botschaften am Tag, die die Werbung verbreitet, so sind es heute ca. 1200 und in zehn weiteren Jahren können es gut 2000 Werbespots sein, die der Konsument am Tag empfangen kann. Werbung der Zukunft kann nur dann erfolgreich sein, wenn wir Verstand und Gefühl gemeinsam ansprechen. Und nur über Gefühlswelten, die einen echten Produktvorteil darstellen und Träume und Sehnsüchte beim Konsumenten erwecken."
(Dr. Thomas Tostmann)

Das erstrebenswerte Ziel eines Corporate Designs fordert das einheitliche Erscheinungsbild, auch für die Botschaft, für die Werbung, als Prinzip.
Das wichtigste Identifikationssignal ist das Logo, Signet oder Warenzeichen. Ein prägnantes Logo bringt den einfachsten und eindeutigsten Rückschluss auf das Unternehmen.
Träger der Designbotschaft ist das einprägsame, unverwechselbare Logo, Signet, und die Unternehmensfarbe.
Die Information braucht die Koordination, die Einbindung und die Qualität des Corporate Design, um als Information des erkennbaren Absenders beachtet zu werden. Die notwendigen und vom Konsumenten zur Orientierung erwarteten Informationen sind Inhalte, die der Form, abgestimmt im Corporate Design, bedürfen; verbunden mit dem Logo des Absenders, um schnell und überzeugend die offerierte Leistung glaubwürdig zu machen. Das Unternehmen unterschreibt mit dem Logo und garantiert für die dargebotene Leistung. Das Logo ist Garant, damit ist die Leistung versprochen.

Eine Fassade in Athen
Die Fassade wird als Träger von Botschaften entdeckt. Die auswechselbaren Tafeln werden der Saison angepasst.

E 2 Die Designbotschaft

Die Designbotschaft umfasst die gesamte Gestaltung der Öffentlichkeitsarbeit. Von der Information über die Werbung bis zur Stellenanzeige. Sie ist abgestimmt mit dem Design der Verkaufsraumgestaltung:
- gemeinsame Basis in der Unternehmensidentität, im Marketing- und Planungskonzept
- gemeinsame Planung im Sinne des Corporate Design, das gilt auch für ein gezieltes und bewusstes Verlassen des Corporate.

Die Fassade wird als Träger von Botschaften entdeckt. Neben dem Signet steht der Fahnenschmuck, der auf ein Ereignis hinweist.

Die Qualität ist davon abhängig, ob die Ziele des Designmarketings das Image des Unternehmens festigen und den Konsumenten erreichen. Die Öffentlichkeitsarbeit durch Informationen und Botschaften, die erwartet werden, und das Interesse der breiten Öffentlichkeit an einem guten Design fallen in der Beachtung der Designbotschaft zusammen.

Tragetaschen werden weggeworfen – interessante, originelle, gut designte werden noch weiter benutzt. Tragetaschen vermitteln eine wichtige, stolze, überzeugende Designbotschaft an das Straßenbild: „auch ich kaufe bei ..."

Corporate Advertising regelt die gesamte Werbung, die Informationsmethoden ebenso wie das Grafikdesign der Gestaltung. In ihm stecken somit Elemente des Corporate Design und der Corporate Communications. Die Zielrichtung ist das Corporate Image, der Inhalt trägt die Grundlage der Corporate Culture.

Das Corporate Image, das angestrebte Erscheinungsbild, das das Unternehmen mit all seinen Aktivitäten bei den Kunden, Lieferanten, Banken sowie in der gesamten Öffentlichkeit erhalten soll, erhält mit der Designbotschaft seinen Rang und die erforderliche Identität. Es besteht immer der Wunsch nach einem Corporate Image.

Wirkliche Imageprobleme haben wenige Unternehmen. Dennoch, Imageverbesserungen durch die Designbotschaft können viele Unternehmen gebrauchen. Deshalb ist es wichtig, Imagekonzeptionen zu finden.

Zur wichtigen Botschaft wird zunehmend die Imagebroschüre. Gut gestaltet ist sie eine Designbotschaft, die das Unternehmen als Marke vorstellt. Ein Unternehmensmanifest, ein Versprechen an die Konsumenten:
- wer sind wir
- unsere Ziele, wie erreichen und wie verteidigen wir sie
- unsere Verpflichtung und Garantien für die Konsumenten
- unsere Geschichte.

Das Image wird bedeutend gefördert und gefestigt.

„*Es wird zum wichtigsten Ergebnis werblicher, marktpsychologischer und absatzwirtschaftlicher Bemühungen.*"
(Standardlexikon für Markt- und Konsumforschung; K. G. Saur-Verlag München 1995)

Siehe die Kapitel:
D 2   Die Information
D 2.1 Die Botschaft
F 2   Die Sympathie

E Das Designmarketing: Die Gestaltungsidee – Corporate Design zur Unternehmensdarstellung

E2 Die Designbotschaft

Anzeigenmotive

Eröffnung der Buchhandlung Graff, Braunschweig
Design: wirdesign, Braunschweig

Litfasssäule

Eröffnungsplakat

2.1 Die Eröffnungswerbung

Die Eröffnungswerbung ist wichtig, sie gehört zu jeden Neubau und auch zu jeden Umbau: das erste Event im neuen Verkaufsraum: Man hat einen wichtigen Anlass zu feiern!

Viele, viele einladen, alle potenziellen Kunden und noch mehr, morgens, mittags und abends! Gestalten sie eine tolle Eröffnung.

Gehen Sie davon aus, dass die Eröffnung nicht nur für Sie wichtig ist. Überzeugen Sie, dass dieses neue Geschäft auch für Ihre Kunden wichtig ist!

Es soll Unternehmen geben, die nur deshalb umbauen, weil sie eine Eröffnung feiern wollen, so sagt man.

Die Eröffnungswerbung, dazu gehört die Information über den Umbau und damit eine wichtige Botschaft:

Wir versprechen Besserung!
Wir bauen für Sie!

2.2 Anzeigen und Plakate zur Eröffnung der Buchhandlung Graff, Braunschweig

Die Entwicklung von der Buchhandlung zum erlebbaren Medienhaus wird auch im aktualisierten Corporate Design und den begleitenden Kommunikationsmaßnahmen zur Eröffnung erkennbar.

1 Litfaßsäule
1 Eröffnungsplakat
7 Anzeigenmotive
1 Buchumschlag – Geschenk für Kunden am Eröffnungstag.

Buchumschlag

E3 Die Erscheinungsform der Mitarbeiter

Die Weiterführung der Merchandising-Leistungen in die Darstellung nimmt auch die wichtige Leistung der Mitarbeiter mit in die Erscheinungsform. Die Erscheinung der Mitarbeiter hat ein persönliches und ein unternehmensspezifisches Element. Beide Elemente wirken zusammen als gesamte Erscheinungsform.

Persönlich ist die gepflegte Form, die gute Selbstdarstellung. Dies ist nicht selbstverständlich, aber in einem Unternehmen mit einer überzeugenden Identity, in der Mitarbeiter mit ihrer Leistung ein Marketinginstrument darstellen, notwendig.

Welche Wege gibt es? Nicht viele!

Gerd Gerken fordert:

„Entfaltungshilfen geben für den ‚Persönlichkeits-Ausdruck'", er spricht vom Ego-Objekt, vom Lern- und Individualisations-Service. Darüber hinaus müssen Identifikation und Zugehörigkeit zum Unternehmen dargestellt werden.

– Das Namensschild

  schafft beim Kunden Vertrauen. Die persönliche Ansprache schafft wichtige Kontakte und den Rahmen für kompetente Gespräche.

– Die Kleidung

  sollte dem Stil, dem Rang des Unternehmens entsprechen. Dies gilt auch für den modischen Wert.

– Gleiche Kleidung

  darf keine Uniform sein. Hier ist in den Unternehmen so viel falsch gemacht worden, dass Frust entstehen musste. Kleidung sollte eine Aufwertung, eine Robe sein, die persönliche Variationen zulässt.

Die gesamte Entwicklung muss zur gleichen Kleidung führen: zusammen mit der Aufwertung der Mitarbeiter als Berater, Dienstleister und Animateure, auf die man nicht verzichten kann.

Es geht nicht nur um die Erscheinungsform, sondern um die Unterscheidungsform der Mitarbeiter zu den Konsumenten.

Wie oft bin ich als Mitarbeiter in einem Verkaufsraum angesprochen worden. Was geht in einem Konsumenten vor, der hilflos ist und die wichtigen Mitarbeiter nicht erkennen kann. Ist ein Konsument, der sich geirrt hat, nicht auch ein enttäuschter Konsument?

Der Wettbewerb um mehr Leistung für den Konsumenten, das Buhlen um Sympathie, muss den Mitarbeiter einbeziehen, weil er für die Konsumenten und damit auch für die Unternehmen immer wichtiger und außerdem auch immer teurer wird.

Das Mitarbeiterverhalten, die Mitarbeiteraufgaben sind wichtig für die Erscheinungsform des gesamten Unternehmens.

Die Mitarbeiter werden deutlich als Akteure einbezogen in die Inszenierungen.

Viele Ideen zu den Inszenierungen kommen von den Mitarbeitern.

Die Umsetzung des Verkaufsgespräches in die visuelle Kommunikation der Warenbilder hat ein Umdenken – ein Denken in Warenbildern – zur Folge.

Das Verkaufsgespräch ist nicht ‚out'. Das Warenbild ist auch ein Verkaufsgespräch – umgesetzt in eine visuelle Darstellung.

Zum Warenbild tritt die Erscheinungsform des Mitarbeiters im Verkaufsgespräch im gleichen Rang hinzu.

Mitarbeiter, die gestalten dürfen, zeigen eine fröhliche Selbstsicherheit: Ästhetik, Design, Gestaltung schaffen ein neues Bewusstsein.

Deutlich zunehmend erreichen Mitarbeiter mehr Selbstverwirklichung. Es kann nur gut sein, wenn sich Mitarbeiter und Konsumenten auf demselben „Trip" befinden.

Das Designmanagement gibt Anregungen zur Erscheinungsform.

Das Management muss den Mitarbeitern deutlich machen können, dass ein positives Verhalten zum Leben der Mitarbeiter und persönlichkeitsbetonte Darstellung in der Unternehmensidentität der Anerkennung durch die Konsumenten und damit auch dem persönlichen Erfolg förderlich ist.

Designmanagement ist zu einem Begriff geworden. Vielleicht spricht man auch bald von Designmitarbeitern.

Siehe die Kapitel:

D 3   Die Mitarbeiter
D 3.1   Die Motivation der Mitarbeiter
F 3   Die Anmutung
F 9   Die Leitbereiche der Mitarbeiter

E4 Gestaltungsfeld: Verkaufsraum

Die Verkaufsraumgestaltung: die aktuelle Nische zwischen zwei Säulen.
Beltz, Weinheim
Planung: Jürgen Wagner, Reinhard Mann, Kreft-Team
Realisierung: Wilhelm Kreft GmbH, Wedemark

Anerkennung des Raumes, die Eigenartigkeit muss erhalten bleiben. Pfeiler, Durchgänge, Gewölbe müssen nicht unbedingt verändert werden. Sie sollen als „einmalig" bejaht werden und in die Ladenplanung betont eingehen.

– informieren:

Der kommunikative Ausgleich zwischen gestalterischer Aktivität und Konsumentenerwartung ist zielgruppenrelevant, ist eine Leistung des Unternehmens. Nur über die Forderung des Konsumenten und seine volle Anerkennung als Mensch, nicht nur als Käufer, kann das Unternehmen in Richtung „Selbstverwirklichung" weiterkommen.

– aktivieren/positivieren:

Durch Aktivität Freude und Optimismus zu erzeugen, ist ein wesentliches Anliegen.
Der Optimismus darf nicht vorgetäuscht werden – es müssen wirkliche Problemlösungen, Service und Fachkompetenz geboten werden. Lebensfreude entsteht nur dort, wo das Einkaufen kein Problem mehr ist.

– überraschen:

ungewöhnlich, abenteuerlich, Abwechslungen erreichen.
Jede Planung sucht neue Qualitäten, neue individuelle Ausrichtungen, neue gestalterische Freiheiten.

Verkaufsraumgestaltung mit Großfotos zur Orientierung.
Fachbuch Jura
Dussmann – Das KulturKaufhaus, Berlin
Planung: Wilhelm Kreft, Volker Paulsen, Kreft-Team
Realisierung: Wilhelm Kreft GmbH, Wedemark

Gerade das Ungewöhnliche erhält in der Verkaufsraumgestaltung einen Sinn!

Emotionales Warenerlebnis im Raum bedeutet:
– sich in einer Inszenierung zu bewegen
– die ideenreich, lebendig und dynamisch gestaltet ist
– in der Aktivitäten ablaufen, die den Konsumenten einbeziehen.

Es muss „was los sein" im Verkaufsraum. Der Erlebnishunger der Konsumenten ist Bedarf, Rausch, Verlangen nach einem positiven aktiven Lebensstil, Ausgleich für Arbeit und High Tech.

Siehe hierzu das Kapitel:
C 4   Die Inszenierung
D 6   Der Verkaufsraum entsteht: Ideell-human fundieren
F 4.1   Warenraumkommunikation: Kognitiv ordnen

E Das Designmarketing: Die Gestaltungsidee – Corporate Design zur Unternehmensdarstellung

E 5 Gestaltungsmittel: Ware

Der Verkaufsraum ist der Raum, in dem das Sortiment eingebunden ist.

Das bedeutet Sichtbarmachung der Sortimentsleistung für die Kunden. Die Präsentation der Ware entsteht in Warenbildem als sichtbar gemachtes Merchandising, als „visuelles Merchandising".

Durch die Warenbilder erhält der Verkaufsraum eine neue Qualität und eine enorme Informationskraft.

Warum Warenbilder:
- Sie liegen in der geschichtlichen Entwicklung der Präsentation im Verkaufsraum, im Ringen um die Aufmerksamkeit der Kunden.
- Sie sind erforderlich für Shopping und Browsing.
- Sie individualisieren die Sortimentsleistung der Unternehmen.
- Sie erklären die Ware.
- Sie lösen Faszination und Begeisterung beim Kunden aus.
- Sie motivieren Mitarbeiter, da sie ein interessantes Arbeitsfeld darstellen.
- Sie dienen der Einführung neuer Sortimente.
- Sie werden zur Durchführung von Bedarfsbündelungen gebraucht.
- Sie geben Hinweise auf Sonderangebote.

Was sind Warenbilder:
- die gestalterische Darstellung der Sortimentsleistung
- Imagefaktor durch die Kompetenz der Warenbilder
- Erlebnisfaktor und damit Grundlage für Inszenierung
- Höhepunkte im Sortiment
- Erfolgskontrollen für das Unternehmen.

Was hat der Kunde von Warenbildern:
- gute Übersicht im Sortiment, wo ist was
- ein täglich neues lebendiges Angebot im Lebensmittelmarkt, sodass die Kaufentscheidungen aus dem Angebot aktuell am Point of Sale fallen
- Waren- und Preisvergleich
- Hinweis auf besondere Angebote

Orthopädie Fachgeschäft
Gestaltung: Akademie Dorfen
Projektarbeit: Verena Wöhlk

E 5 Gestaltungsmittel: Ware

- Informationen, Erklärungen über Waren
- Stressabbau.

Was Warenbilder leisten:
- die Sichtbarmachung des Sortiments
- die für den Kunden sichtbare Organisation des Sortiments
- die Erschließung des Sortiments und des Raumes für den Kunden (Kundenleitweg)
- Highlight sein, auf Bedeutendes hinweisen
- Entlastung der Mitarbeiter
- Ideen, Trends schnell „rüberbringen", immer aktuell sein
- Zielgruppen direkt ansprechen.

Wann sind Warenbilder erfolgreich:
wenn
- sie die Zahl der Kontakte zwischen Kunden und Ware erhöhen
- die Kunden problemlos geführt werden
- sie Erinnerungswerte schaffen
- sie die „Art des Hauses rüberbringen"
- sie „als Kommunikation mit den Kunden" genutzt werden.

5.1 Die Warenbilder

Warenbilder zeigen die Leistung des Sortiments. Warenbilder sind das Gesicht des Unternehmens. **Die Unternehmen erfahren ihre wahre Identität nur von den Konsumenten und nur dann, wenn das Unternehmen, wenn die Leistung erkannt wird. Warenbilder gehören zu den Leitungen die erkannt werden.**
„In Warenbildern denken und handeln" ist als zentrales Anliegen dieses Buches immer wieder gefordert.
Warenbilder sind die bessere Orientierung. Sie fördern den Stressabbau, durch Erleichterung beim Suchen der gewünschten Ware. Anspruchsvolle Konsumenten äußern wachsende Kritik beim Beratungsniveau. Viele werden auch zu Beratungsverweigerern. Warenbilder helfen hier, sie helfen bei der Orientierung. Die Inhalte der Warenbilder werden gut und schnell verstanden.
Die Konsumenten haben gelernt, mit Warenbildern umzugehen. Diese werden erwartet.

Immer neue Warenbilder entstehen, neue Bilderwelten mit neuem Zeitgeist. Warenbilder, gegenständlich oder abstrakt. Eine ganze Welt der gestalterischen Möglichkeiten findet Zugang in die Welt der Warenbilder.
Die Bilderwelt ist sensibel und individuell, vom Entdecken bis zur speziellen Botschaft für eine Zielgruppe. Ideen werden dringend gebraucht, neue Impulse, Innovationen, Lösungen, die neue Lebensqualitäten finden und neue Sehweisen ermöglichen.
„Mit Bildkompositionen, Collagen, Fotomontagen werden die Geschmacks- und Gefühlswelten der Verbraucher erfasst, Collagen bei der Produkt- und Kollektionsentwicklung, in der Werbung, im Management und zur Selbstdarstellung des Unternehmens."
Es gilt, das große, unübersehbare, chaotische Sortiment systematisch zu ordnen und für den Konsumenten nach logischen Gesichtspunkten sichtbar werden zu lassen.
Die Warenbilder wirken kommunikativ, sie schaffen im Verkaufsraum die Dialogfähigkeit mit dem Kunden.
Unternehmen unterscheiden in ihren Warenbildern:

Hut Breitner, München
Gestaltung: Akademie Dorfen
Projektarbeit: Studenten-Team

E Das Designmarketing: Die Gestaltungsidee – Corporate Design zur Unternehmensdarstellung

E5 Gestaltungsmittel: Ware

– erwartete Warenbilder mit klaren vertrauten Warendefinitionen, Informationen und Erklärungen
– unerwartete Warenbilder, mit denen das Unternehmen Handlungsspielräume nutzt, die die Zielgruppen gewähren, für die schon erforderlichen Anregungen zu neuen Inhalten. Der Überraschungseffekt ist allerdings nur bei billiger Ware gefordert.
– Eine kontinuierliche Weiterentwicklung der Waren im Lifestyle ist ein Gebot für „teure Stücke".

Die Bedeutung der Warenbilder im Merchandising-Entwicklungsprozess zur Absatzförderung ist unumstritten. Wichtig ist aber dazu die Aufnahme in den Kommunikationsprozess, das Erkennen der Warenbilder, die als Warenleitbilder entstehen und als Teil der Leitgestaltung die Orientierung erreichen auf einer Basis der Identität des Konsumenten mit den Warenbildern.

Die Ware, die man zum Verkauf bereithält, vorteilhaft zu zeigen, ist ein Grundprinzip des Merchandising. Die ausgestellte Ware im Vergleich zu prüfen, ist ein Urbedürfnis der Konsumenten. Das Wissen darüber, welche Ware man wann, wo und wie zeigt, ist das Wissen über den Erfolg am Markt.

Das wichtige Marketinginstrument Sortiment triumphiert in Warenbildern!

Die Warenbilder verkörpern die Unternehmensidentität durch die drei Ebenen:
– Unternehmenskultur:
der Inhalt der Warenbilder, die Warenauswahl, die Bedarfsbündelung, der Informationswert
– Unternehmensdarstellung:
die Gestaltung der Warenbilder, das Design, die Warenträger
– Unternehmenskommunikation:
die Dialogfähigkeit der Warenbilder, die Leitgestaltung, die Orientierungsfähigkeit.

Warenbild-Leistungen

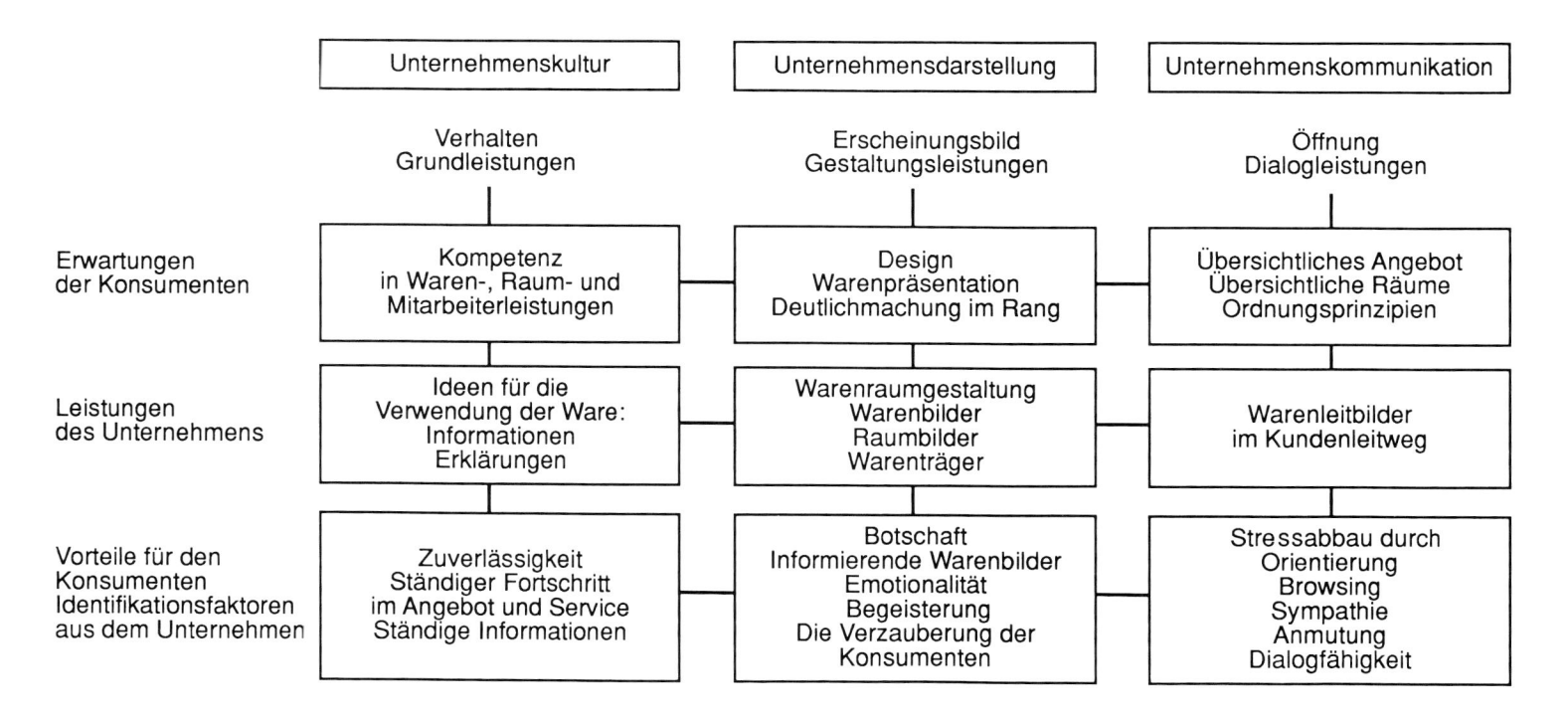

	Unternehmenskultur Verhalten Grundleistungen	Unternehmensdarstellung Erscheinungsbild Gestaltungsleistungen	Unternehmenskommunikation Öffnung Dialogleistungen
Erwartungen der Konsumenten	Kompetenz in Waren-, Raum- und Mitarbeiterleistungen	Design Warenpräsentation Deutlichmachung im Rang	Übersichtliches Angebot Übersichtliche Räume Ordnungsprinzipien
Leistungen des Unternehmens	Ideen für die Verwendung der Ware: Informationen Erklärungen	Warenraumgestaltung Warenbilder Raumbilder Warenträger	Warenleitbilder im Kundenleitweg
Vorteile für den Konsumenten Identifikationsfaktoren aus dem Unternehmen	Zuverlässigkeit Ständiger Fortschritt im Angebot und Service Ständige Informationen	Botschaft Informierende Warenbilder Emotionalität Begeisterung Die Verzauberung der Konsumenten	Stressabbau durch Orientierung Browsing Sympathie Anmutung Dialogfähigkeit

E 5 Gestaltungsmittel: Ware

Die Ware sehen

Wir alle sehen ständig in Bildern, wir erkennen uns in Bildern und wir denken in Bildern.

80% aller unserer Wahrnehmungen kommen über die Augen in uns hinein. Wir sind auf das Bildersehen spezialisiert. Bilder können identifizieren, Erinnerungen wach halten, uns begeistern, verzaubern und auch enttäuschen.

Verkaufsräume werden so geplant, dass sie aus Bildern bestehen, als fortlaufende Bildergeschichte, die die Sortimentsleistungs-Story erzählen.

Das Merchandising braucht und schafft Warenbilder.

Warenbilder sind ein typisches Erzeugnis der Merchandising-Architektur, weil sie sowohl die Merchandising-Aussage der Ware enthalten müssen als auch die Aussage der Bildgestaltung.

Erfolgreich sind die Warenbilder als Marketinginstrument, weil sie alle drei Grunderwartungen der Konsumenten erfüllen können:

– das Warenangebot, geordnet durch Warenbilder
– die Informationen über Waren durch erklärende Warenbilder
– die Emotionalität durch die erlebnisbetonte Warenbildgestaltung.

Die Warenbilder werden geführt und überlegt in einer Strategie, die die Konsumenten erreichen soll. Sie folgen damit dem Sortimentsplan und dem Raumkonzept.

Strategisch bedeuten Warenbilder immer eine Segmentierung aus dem Sortimentsplan, im Wissen, dass das Unternehmen nicht alles haben kann und dass der Konsument in seiner Aufnahmefähigkeit Grenzen hat.

Dennoch, alle wichtigen Trends in den Bedürfnisstufen nach Maslow und im Fluchtkonsum nach Haseloff sollten vertreten und aufzufinden sein, mindestens in einem Warenbild. Jede Zielgruppe erwartet ihre Warenbilder.

Die Warenbild-Redaktion arbeitet wie eine Zeitungsredaktion. Die Warennachrichten werden verteilt in die Rubriken. Die Leser wollen immer das Neueste geordnet in Rubriken erfahren und nicht lange suchen müssen. Die aktuellen Warenbilder sind vorn auf der Titelseite und bis zur letzten Seite müssen die Themen, unterstützt durch Bilder, interessant bleiben. Warenbilder brauchen Basis-Warenträger.

Warenbilder und Warenträger haben eine Wechselbeziehung:

– Steht die Ware im Vordergrund?
– Muss das Design der Warenträger die Ware deutlich machen?

Sport Hübner, Kaiserslautern
Planung: Ina Sauer, Vitrashop, Düsseldorf
Realisierung: Vitrashop GmbH, Weil am Rhein

E Das Designmarketing: Die Gestaltungsidee – Corporate Design zur Unternehmensdarstellung

E 5 Gestaltungsmittel: Ware

Rue du Faubourg St- Honoré, Paris
Gestaltung: Akademie Dorfen

Intersport Koislmaier, Freising
Gestaltung: Akademie Dorfen
Projektarbeit: Sigid Riegler

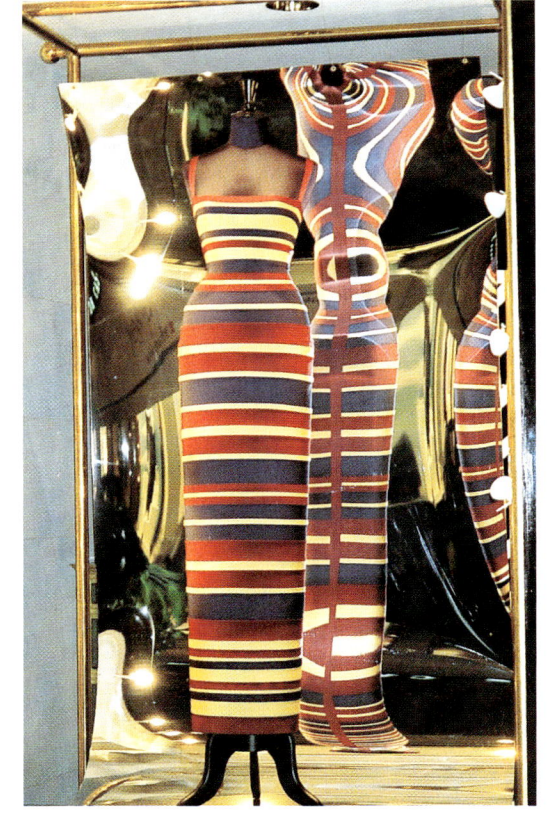

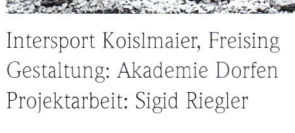

Palmers, Freising
Gestaltung: Akademie Dorfen
Projektarbeit: Sandra Teiwes

Viele Warenbilder gleichen sich im Wechsel spannungsvoll aus. Die Warenträger bestimmen den Wert der Ware und damit ihre Begehrlichkeit. Welches Warenträgerdesign wird gebraucht, um den Wert der Ware deutlich zu machen? Dieses wird zunehmend mehr vom Zeitgeist, mindestens aber vom Trend bestimmt.

Warum Warenbilder?

Ein Warenlager braucht ein Ordnungssystem mit Beschriftungen, damit die Lageristen das Lager überblicken können. Wenn man aus dem Lager einen Verkaufsraum machen will und statt der kompetenten Lageristen die Konsumenten die Ware aus dem Regal nehmen, ist die Beschriftung „zu wenig". Der Konsument erwartet ein Warenangebot, geordnet und überschaubar.

Wie wird die Ware wirkungsvoll und warengerecht gezeigt und die von der Ware ausgehende Werbekraft berücksichtigt? Die Ware muss geordnet gelagert und nach einem geordneten System für den Konsumenten auffindbar werden. Die wirkungsvolle Ausstellung der Ware wird gebraucht. Deshalb sind Warenbilder nötig.

Warenbilder tragen immer besondere Botschaften, einen Inhalt, eine Information an den Konsumenten.

Am Markt besteht ein Warenbild-Wettbewerb!
Die Unternehmen brauchen eine auf die Erwartungen der Konsumenten und auf die Erfüllung dieser Erwartungen geplante Warenbildstrategie. Die Warenbilder müssen den Konsumenten erreichen. Die erforderliche Kommunikation setzt die gegenseitige Anerkennung und Identifikation voraus.

Das Unternehmen muss in der Warenbildstrategie beim Konsumenten mit positiven Warenbildern
– auffallen
– ansprechen
– informieren
– fest halten
– aktivieren
– begeistern
– überzeugen.

E5 Gestaltungsmittel: Ware

Auffallen

Warenbilder müssen im Riesenangebot an Waren das Warenangebot ordnen und sichtbar machen. Sie müssen deutlich in Aussage, Gestaltung und Qualität sein. Warenbilder müssen individuell und speziell sein, auffallen und einen Erinnerungswert besitzen für die Ware und für das Unternehmen. Im Buchhandel sorgen Warenbilder, dort heißen sie Bücherbilder, für das Auffallen der Bücher:
- Weil das Buch, durch das kleine Format kaum für sich selbst werben kann
- Das Buch braucht das sensible Design der Bücherbilder, um mit den Inszenierungen auch die Eigenart des Sortimentsbereiches darzustellen und die dem Bereich innewohnende Erlebnisbezogenheit zu fördern und damit für die Kunden selbst zu einem Erlebnis zu werden.

Ansprechen

Warenbilder müssen die Verbindung zum Konsumenten finden, den Konsumenten auf einer kompetenten Ebene ansprechen. Warenbilder müssen dem Konsumenten das Entdecken bieten. Die Idee nur anzureißen, sodass der Konsument mit seiner Kreativität das Warenbild vollenden kann, ist eine Frage der Qualität. Dies ist besonders wichtig für die Ware mit geistigem oder/und ästhetischem Inhalt, wie Bücher, Schallplatten etc. Die Ansprache muss lustvoll ästhetisch sein und neugierig machen, damit der Entdecker auch entdecken kann.

In bedeutenden Unternehmen setzen sich immer mehr die leisen, nur anreißenden Warenbilder durch. Sie werden so unternehmensspeziell durchgeführt, dass es auch für nicht Kaufwillige interessant ist, die netten, überzeugenden Warenbildideen zu sehen.

„Der Schönheit ist es vergönnt, am meisten bemerkt zu werden."
(Sokrates)

Abraxas Buchladen, Freising
Gestaltung: Akademie Dorfen
Projektarbeit: Elisabeth Huber

Informieren

Die Erwartungen der Konsumenten gehen über die der Waren- und Dienstleistungen hinaus zur Information.

Dieses bedeutet in den Unternehmen: Die Ware wird angereichert durch Informationen und Erklärungen zum Benutzen der Ware. Der Kunde kauft die Ware durch die Informationen über die Ware.

Der Erklärwettbewerb der Unternehmen erreicht und stillt das Bedürfnis nach Information. Viele Waren brauchen Erklärungen, um als Neuheit oder als Verbesserung erkennbar zu sein.

Eine Erklärung über den Nutzen: Diese Erklärung wird mit in das Warenbild aufgenommen. Shopping und Browsing machen es erforderlich, dass die Ware auch ohne Betreuung „selbst sprechend" ausgestellt und angeboten wird.

Die Ware gleicht sich am Markt im Angebot, im Design und im Preis immer mehr an, sodass sich der eigentliche Wettbewerb immer mehr von der Ware weg bewegt, hin zur Umgebung der Ware:

E Das Designmarketing: Die Gestaltungsidee – Corporate Design zur Unternehmensdarstellung

E5 Gestaltungsmittel: Ware

Pressevertrieb Jos, München
Gestaltung: Akademie Dorfen
Projektarbeit: Teamarbeit

Information, Erklärung der Ware, Werbung für die Ware in Warenbildern und Warenträgern.
Die Ware muss im Unternehmen verarbeitet und angereichert werden durch Informationen und Erklärungen. Der Nutzen und der Vorteil, der Rang und Status der Ware müssen deutlich werden. Unternehmen treten deshalb zunehmend in Erklär-Wettbewerbe ein.
Der Erklärwettbewerb hat den Preiswettbewerb ausgelöst!

Fest halten
Warenbilder tragen eine Mitteilung für Konsumenten, die wichtig, mindestens aber interessant sein muss an Inhalt und Gestaltung. Damit erhält sie einen Erinnerungswert.

Aktivieren
Warenbilder können Browsing erreichen und fördern. Die Ware in die Hand nehmen und prüfen können, wird noch wichtiger. Das inaktive Fernsehen fordert aktive Warenbilder im Verkaufsraum.

Begeistern
Warenbilder können den Einzelnen herausreißen aus dem Alltag, den Erlebniswert, der in der Ware steckt, wecken und fördern durch gekonnte überzeugende Darstellung. Das Erlebnisprofil wird wichtiger als das Leistungsprofil.
Modebilder, die Warenbilder der textilen Oberbekleidung für Damen und auch für Herren, brauchen immer wieder neu die Begeisterung für die neue Mode in neuen Warenbildern, besser: Modebildern
1998 hat man im Textilhandel in Deutschland gezählt:
– 88 % aller Damen und 75 % aller Herren bekommen für den Kauf, den sie getätigt haben, ihre Anregungen im Laden, nachdem sie das Angebot in den Modebildern durchgesehen haben.

Überzeugen
Warenbilder müssen das breite Angebot zeigen. Sie erreichen durch die Auswahl die Demokratisierung des Angebotes und geben Anregungen zur humanen und harmonischen Auswahl, indem Produkte zu einem Thema zur Auswahl in einem Warenbild ausgestellt werden.
Die Warenbildstrategie muss mit klaren Zielen die Konsumenten erreichen:
– mit **mehr Sympathie**
   durch ein starkes Identifikationspotenzial:
   Das Entdecken der Bilder praktizieren, Lebensstil praktizieren, Träume verwirklichen, deutlichere Gestaltungsaspekte, Design, Warenträgerdesign, Material, Farben, Licht und Raum, Relaxzonen zur Entspannung.
– mit **mehr Anregungen**
   durch gezielte Botschaften, Ratschläge für den Lebensstil, Status:
   Den sozialen Wert der Ware deutlich werden lassen. Stil zeigen! Die Ware dramatisieren, in Szene setzen – inszenieren.
– mit **mehr Akzeptanz**
   stärker und schneller auf Trends reagieren:
   Auch die Gegentrends zeigen und erklären, sich kompetent geben, die Akzeptanz durch die Auswahl dem Kunden überlassen, Erinnerungswerte schaffen.

Die erforderlichen Warenbilder, in denen die Leistungen des Unternehmens für die Konsumenten dargestellt werden zur Befriedigung der Erwartungen, sind Synergieeffekte aus Warennutzen und ihrer geistigen und sozialen Bedeutung für den Konsumenten. Sie sind damit Ideenträger, die mit Fantasie und Einbildungskraft zum bildhaften Denken in die Realität des Kaufens führen. Alle Erwartungen werden im Unternehmen als Erwartungen an die Merchandising-Leistungen, den vorwiegend sortiments- und mitarbeiterorientierten Leistungen, gesehen, ebenso wie an die Innenarchitektur, die vorwiegend design- und leitgestaltungsorientierten Leistungen.

Der Nutzen, den sich Unternehmen durch hohe Investitionen versprechen, kann nicht erreicht werden, wenn der Konsument nicht aus seiner Passivität gelöst wird. Er will auf Ideen kommen. Er braucht Informationen für Anlässe, Anregungen für ein Wochenende mit Gästen, für Geschenke nicht nur zu Weihnachten. Ständig ist er auf der Suche nach Anregungen, die den Status oder den Lebensstil zeigen.

Die Warenbilder helfen dem Konsumenten, sie werden in jedem Verkaufsraum von ihm erwartet.

Die Warenbildziele

Die Konsumenten stellen das Unternehmen vor immer neue Aufgaben, die zu neuen, jeweils aktuellen Antworten in humane und beachtete Warenbilder führen müssen.

Warenbilder müssen dialogfähig sein – ihr Erfolg bei den Konsumenten muss erkennbar sein. Die breiten Verknüpfungen im Marketing mit Sortiment, Design und der Kommunikation machen die Warenbildziele, auch in ihrer ständigen Aktualisierung, zu Grundzielen der Ladenplanung, zur Erreichung eines hohen Nutzungsgrades.

Warenbildziele sind erst dann erreicht, wenn:
– die Grundleistung Warenbild, Sortiment, Information als Warenbotschaften in Warenbilder so umgesetzt sind, dass potenzielle Konsumenten sie beachten.

Das bedeutet: Leistungen sichtbar machen durch eine stärker gegliederte Angebots-Palette, Trends herausstellen, Bedarfsbündelungen erreichen.

Die Warenbilder als Optimierungsinstrument für den Wareneinkauf und Vertrieb im Unternehmen erkennen und anwenden.
– die Gestaltungsleistung Warenbild, die Idee, die bildliche und szenische Gestaltung ankommt.

Das bedeutet: ständig aktive Gestaltungsschwerpunkte, Umsetzung und Sichtbarmachung der Sortiments- und Informationsleistungen. Inhalt und Form, zur Sortimentskompetenz die Warenbildkompetenz. Warenträger, Licht, Farbe und Großfotos.

Die Warenbilder als Innovationssystem für die dynamischen kreativen Aktivitäten der Mitarbeiter.

Pressevertrieb Jos, München
Gestaltung: Akademie Dorfen
Projektarbeit: Teamarbeit

Salon Huber, Velden/A
Gestaltung: Akademie Dorfen
Projektarbeit: Studenten-Team

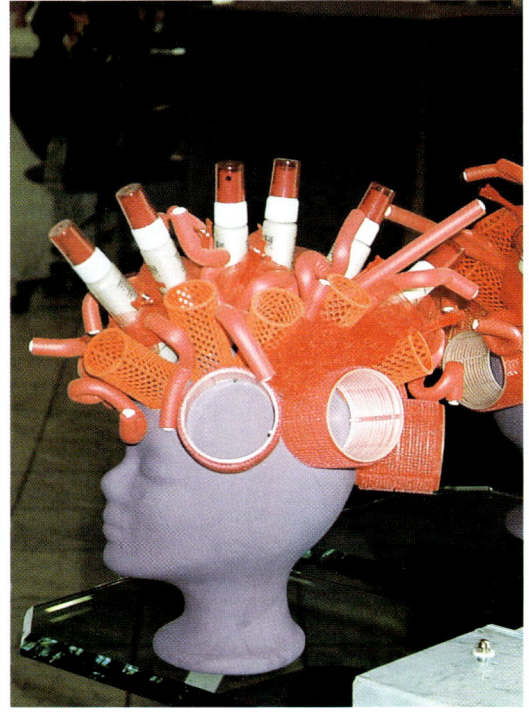

– die Kommunikationsleistung Warenbild, die Erreichung der Bildorientierung von den Konsumenten verstanden wird.

Das Unternehmen muss über Warenbildargumente den Dialog mit dem Konsumenten eröffnen. Zum Erfolg des Unternehmens gehört die Kenntnis und Auswertung des Warenbilderfolges.

Die Warenbilder als Kommunikationsobjekte dienen der Lösung der Kommunikationsprobleme mit den Konsumenten. Das muss von den Konsumenten verstanden werden.

Ich wiederhole deshalb aus dem Anfang dieses Kapitels:

Die Unternehmen erfahren ihre wahre Identität nur von den Konsumenten und nur dann, wenn das Unternehmen durch die Warenbilder erkannt wird.

Siehe die Kapitel:
B 3.1   Die Merchandising-Architektur
E 5.2   Die Warenbilder emotional
E 5.3   Wo Warenbilder gebraucht werden
E 5.4   Wie Warenbilder entstehen

5.2 Die Warenbilder emotional

„Man sieht nur mit dem Herzen gut."
(Antoine de Saint-Exupéry)

Warenbilder – Traum und Wirklichkeit

Mit Warenbildern muss das Unternehmen den Einkaufsstress abbauen und den Traum vom Einkaufen verwirklichen können.

Träume verwirklichen bedeutet für das Unternehmen, es muss mehr bieten, als der Konsument im Allgemeinen erwartet. Dies gilt sowohl für das Sortiment und den Service als auch für die Inszenierung dieser Leistungen in einer emotionalen Qualität.

Alle Träume der Kunden zeigen sich in Bildern!
Alle Träume sind wichtig! Träume werden in der Welt des Einkaufens zur Realität.

Träume werden in den Unternehmen realisiert durch Anregungen. Anregungen machen sehend, Anregungen aktivieren, Anregungen führen zu neuen Träumen.

Anregungen führen vom Einkaufsstress weg, sie bringen die Aktivität und die Begeisterung für Browsing und Shopping, wenn die Anregungen, die „etwas zu sagen haben", Botschaften sind, die sich erfüllen.

Die hohe Aufgabe einer Anregung ist es, durch ihren Schein über die Realität des grauen Alltags hinwegzuhelfen und zu einer neuen erreichbaren Realität, zu einer selbstverwirklichenden Lebensqualität zu führen.

Ist der Schein der Ware oder der Nutzen der Ware die Wirklichkeit? Die Träume werden geboren und viele davon werden ausgeträumt am Point of Sale.

Diese zweite Wirklichkeit ist die Inszenierung, die Einbindung der Konsumenten mit Raum und Ware in eine Handlung. Eine Inszenierung erfüllt die Träume vom Einkaufen ganzheitlich!

Die Ehrlichkeit in der Art der Botschaft über die Leistungen des Unternehmens wird in der Inszenierung erklärender, informierender und durchsichtiger für den Konsumenten, auch in erkannten Überziehungen.

Wir brauchen alle mehr Träume!

Die Lebensstil-Warenbilder

Die Warenbilder sind Ausdruck eines Lebensstils. Lebensstil-Warenbilder wollen nicht nur informieren oder erklären, sie wollen begeistern, verzaubern und vor allem von einem für viele neuen, aber angestrebten Lebensstil berichten.

Lebensstil-Warenbilder sind fröhlich, positiv und immer ehrlich und exakt, selten Operette oder Komödie. Viele Warenbilder sind ein Stück, das das Leben schreibt und mit dem man sich identifizieren können muss; man sieht ihnen an, dass es gut ausgeht, dass alles glücklich macht und Status ist, „den ich mir leisten kann oder schon immer leisten wollte!"

Die Unternehmen brauchen mehr Fröhlichkeit, mehr positives Leben, mehr Sympathie. Die Szene Verkaufsraum wird gelebt, ist Lebensstil überzeugend und längst schon eine Popkultur.

Lebensstilbilder brauchen einen Beachtungsmoment im Vorbeigehen (optische Verstärkungen, durch szenische Darstellungen).

Nur die wirkungsvollen Lebensstil-Warenbilder erreichen die Aktivierung, die Einbeziehung des Konsumenten. Der Konsument kann die Ware entnehmen, prüfen und ohne Gesichtsverlust zurück stellen. Der Kunde bleibt König!

Wenn es gelingt, erlebnisbetont, in vielen Fällen auch lustbetont, dem heutigen oder erstrebenswerten Lebensstil entsprechend Warenbilder zu gestalten im Schaufenster, auf Tischen, Innenmöbeln und Ständern, dann wird die Beachtung des Konsumenten nicht nur für die Ware, sondern auch für das Unternehmen erreicht.

Der dargestellte Lebensstil muss von der angesprochenen Zielgruppe erkannt werden. Warenbilder sind als „hier werde ich verstanden" zu verstehen.

Warenbilder für Zielgruppen bedeuten: Es sind Lebensvorgänge und Nutzungen dargestellt, mit denen sich die Angehörigen einer Zielgruppe identifizieren. Warenbildstrategien an alle Konsumenten verpuffen sehr leicht, sie werden unglaubwürdig. Je höher das Niveau des Unternehmens, desto sorgfältiger erfolgt die Auswahl für die Zielgruppe.

Barilla Nudeln
Gestaltung: Akademie Dorfen
Projektarbeit: Tina Maria Kunze

E   Das Designmarketing: Die Gestaltungsidee – Corporate Design zur Unternehmensdarstellung

E 5   Gestaltungsmittel: Ware

Zauberblume KG
Gestaltung: Akademie Dorfen
Projektarbeit: Gabi Bayerschmidt

Warenbilder für Zielgruppen, bedeuten immer Spezialisierung, leicht erkennbar von der angesprochenen Zielgruppe. Wer alle ansprechen will, erreicht unter Umständen niemanden.

„Es gilt, sich eine unverzichtbare Erkenntnis moderner Kommunikationsforschung zu vergegenwärtigen. Sie besagt: nur, sofern Botschaften den Sprachgewohnheiten und Denkweisen der Zielgruppe hinreichend entsprechen und nur, sofern sie auf die Lebensthematik der jeweiligen Zielgruppe bezogen sind, nur dann werden Botschaften bemerkt, in ihrer Bedeutung dekodiert und gespeichert sowie in eigene Handlungspräferenzen transformiert und mündlich weitergegeben."
  (Prof. Dr. O. W. Haseloff)

Verkaufsräumen, die perfekt organisiert sind, fehlt sehr oft die sanfte, herzliche Liebenswürdigkeit, die kleine Unordnung, um eine Gemütlichkeit zu zeigen, in der man sich wohl fühlt.
In der Buchhandlung findet eine gezielte Unordnung mit interessanten neuen, wertvollen Büchern auf diese Art eine besondere Beachtung. Es schaut so aus, als hätte gerade jemand dieses Buch angesehen und wieder aus der Hand gelegt. Interessant ist immer das, was andere vorher auch schon interessant gefunden haben.
Siehe hierzu die Kapitel:
E 5.3   Wo Warenbilder gebraucht werden
E 5.4   Wie Warenbilder entstehen
F 7.2   Die Warenleitbilder

E 5 Gestaltungsmittel: Ware

Bilderwelten im Verkaufraum wirken hier nach außen. Das Besondere des Verkaufsraumes wird so nach außen gebracht. Die Art und Organisation des Verkaufsraumes wird so vorgestellt und der Konsument wird vorbereitet und erwartungsvoll gestimmt.
Beispiel: Buchhandlung Graff, Braunschweig
Bilderwelten: Dieter Krüger
Realisation: Hinrichs Fotofactory, Georgsmarienhütte
Planung: Wilhelm Kreft, Volker Paulsen, Sylvia Benthin
Realisation: Wilhelm Kreft GmbH, Wedemark
Eröffnung: November 1999
Siehe auch Kapitel:
F 10.6   Eine Bilderwelt der Schriften

5.3 Wo Warenbilder gebraucht werden

Warenbilder für Schaufenster, Tische und Regale

Der Verkaufsraum muss eine Warenbild-Inszenierungseinheit sein, eine Sprache sprechen mit Höhepunkten und Akzentuierungen bis hin zu Faszinationspunkten und zu dramatischen Highlights.

Wichtig ist, dass eine Warenbild-Dramaturgie in einer logischen Warenbildfolge entsteht mit Akzenten:
– Schaufenster
– Tische oder Ständer
– Regale.

Die Warenbilder im Schaufenster, auf Tischen oder in Regalen haben jeweils andere Aufgaben. Die jeweils andere Aufgabe der Möblierung und Wirkung im Raum bringt andere Nutzungen und damit andere Aufgaben für Warenbilder. Das bedeutet: Warenbilder, die sich von der Aufgabe her unterscheiden.

Tisch-Warenbild.
Buchhandlung für Buchhändler, Wedemark
Design und Realisierung: Wilhelm Kreft GmbH, Wedemark
Dekoration: Teilnehmer eines BücherBilder-Seminars

E   Das Designmarketing: Die Gestaltungsidee – Corporate Design zur Unternehmensdarstellung

E 5   Gestaltungsmittel: Ware

Tisch-Warenbilder sind wichtig – und oft mit einfachen Mitteln herzustellen. Die Bücher drehen hier zum Kundenleitweg und lassen sich einfach aufstellen.

Das Bild im Regal ordnet und führt zu den Transistorradios. Denn die Produkte sind zu klein, um auf sich aufmerksam zu machen.
Design: Walker Group, New York

Ein wirkungsvolles Warenbild im Regal.
Daniel & Haibach, Voerde/Niederrhein
Planung und Design: Wilhelm Kreft GmbH, Wedemark

Schaufenster – der Konsument geht vorbei

Das Warenbild dazu ist Blickpunkt, bedeutet auffallen – sofort ist erfassbar, um was es geht. Schnelle Information, wichtige Botschaften.

Das Schaufenster ist das erste Warenbild, auf das die Konsumenten treffen. Damit hat das Schaufenster eine besondere Bedeutung. Es ist Teaser, es muss wachsen können und neugierig machen auf den Verkaufsraum.

Freudige Neuerscheinungen begrüßen, Aktuelles, das ist wichtig – unternehmensspeziell: Die Kompetenz muss gezeigt werden.

Für Konsumenten ist es enttäuschend, sie fühlen sich „hereingelegt", wenn große Ideen im Schaufenster-Warenbild geboren werden, während der Verkaufsraum still vor sich hin „plätschert".

E 5 Gestaltungsmittel: Ware

Viele Warenbilder sind von der Akademie Dorfen freundlicherweise zur Verfügung gestellt. Die Akademie Dorfen ist eine Einrichtung des Bildungszentrums Bayrischen Handels e.V. für Merchandising, Warenpräsentation und Schauwerbung in 84405 Dorfen.

Tische – der Konsument hat den Verkaufsraum betreten

Das Warenbild dazu ist Short-time-seller: mit Überraschungen, den Schwerpunkt vom Schaufenster wiederholen, aktuell, jetzt zum direkten Zugriff eingerichtet. Die Brücke, der Zusammenhang muss deutlich sein, damit der Konsument, der im Fenster angesprochen wurde, nicht lange suchen muss.

Impulse geben für den direkten Zugriff – Highlights, ein „head". Die Warenbilder müssen schnell verstanden werden und neugierig machen, der Lebensstil muss dargestellt werden und zum Weitergehen einladen.

Alles ist ausgerichtet auf Browsing!

Regale – der Konsument orientiert sich

Das Warenbild dazu ist fachbezogen und thematisch organisiert. Die Warenbilder dienen der Orientierung und der Kommunikation, als Wissensausgleich. Den Konsumenten ansprechen, ihn auf Besonderes in diesem Bereich hinweisen, Neuheiten und Aktuelles erklären, Bedarfsbündelungen erreichen.

Die Warenbilder sind deutlich, nicht aggressiv – eher mit sanften Übergängen für den verweilenden, kommunizierenden Konsumenten eingerichtet, ausgerichtet auf Anregungen.

Die Schaufenster-Warenbilder

Abends nach Geschäftsschluss sind die Innenstädte belebt. Window-Shopping ist wieder wichtig geworden.

Der Vorteil der Schaufenster-Warenbilder ist, dass sie auch nach Geschäftsschluss bewundert werden können, der Nachteil ist, dass der Kunde die Ware nicht in die Hand nehmen kann.

Wandwarenbild Eisenbahn.
Buchhandlung für Buchhändler, Wedemark
Design und Realisierung: Wilhelm Kreft GmbH, Wedemark
Dekoration: Teilnehmer eines Bücher-Bilder-Seminars

Das Warenbild im Regal darf auch aktuell und festlich sein.

E   Das Designmarketing: Die Gestaltungsidee – Corporate Design zur Unternehmensdarstellung

E 5   Gestaltungsmittel: Ware

Schaufenster-Warenbild zum Thema Mexiko.

Schaufenster-Warenbild Fliegen.
Buchhandlung für Buchhändler, Wedemark
Design und Realisierung: Wilhelm Kreft GmbH, Wedemark
Dekoration: Teilnehmer eines Bücher-Bilder-Seminars

Viele Unternehmen leben vom Schaufenster, sie brauchen die Möglichkeit, wirkungsvolle Botschaften an die Straßenpassanten zu geben.

In vielen Branchen besteht der Wunsch nach mehr Öffentlichkeit, in der der ganze Verkaufsraum zum Schaufenster geworden ist.

Die Bestrebung, dass der Verkaufsraum Schaufenster wird, ist groß. Die neue Fenstergeneration kann das für viele Branchen ermöglichen.

Alles, was über die Warenbilder gesagt wurde, gilt auch für das Schaufenster mit seinen Warenbildern. Viele Schaufenster werden als Warenleitbild, als Highlight verstanden, um in das Gesamtwarenangebot einzuleiten.

Was die Warenbilder im Schaufenster so griffig macht, ist die Dynamik, die Aktualität, immer auf der Suche nach Ideen, nach Originalität.

Längst ist nicht mehr die Menge an Ware entscheidend, sondern das Gesicht, die Idee, die Profilierung des Unternehmens.

Inhaltliche Aussagen über Waren oder Unternehmensleistungen brauchen eine klare Zielsetzung. Weil der Trend in den Schaufenster-Warenbildern mehr in die Richtung spezieller Unternehmensleistungen geht, werden Ideen-Schaufenster immer wichtiger.

Zur Schaufenster-Warenbild-Strategie gehören die wichtigen fünf „I's":

– **Information**
  Eine wichtige Mitteilung, eine Botschaft schaufenstergerecht umsetzen. Der Informationsgehalt an eine Zielgruppe muss vorhanden sein, wie eine aktuelle Meldung in der Tageszeitung.

– **Inhalt**
  Das Warenbild muss etwas „zu sagen haben", Anregungen geben können, etwas auslösen können, induktiv zu Schlussfolgerungen kommen.

– **Idee**
  Kreativität ist erforderlich, neu vom Inhalt und neu in der Art der Ausführung. Die Hand des Gestalters darf sichtbar sein, auch durch „Weglassen" und im „Nur-Andeuten".

E 5 Gestaltungsmittel: Ware

- Impulse

  Impulse entstehen dort, wo Emotionalität ausgelöst wird. Hier muss die Mitteilung schon ungewöhnlich sein, unerwartet oder erwartet und versöhnend. Die Mitteilung muss positiv sein. Positive Impulse brauchen das Schaufensterals Medium.

- Image

  Eine Visitenkarte des Unternehmens. Das Unternehmensprofil, Fachkompetenz, die Leistung zeigen. Keine vorgefertigten Lieferanten-Warenbilder verwenden. Nur die eigenen Ideen profilieren!

Siehe die Kapitel:
E 7.11   Der Schaufenster-Ausbau
F 11   Fassade und Eingang

Schaufenster-Warenbilder brauchen Ideen, die dem Straßenpassanten schnell ins Auge fallen.
Buchhandlung Westphalen, Flensburg

361

E   Das Designmarketing: Die Gestaltungsidee – Corporate Design zur Unternehmensdarstellung

E 5   Gestaltungsmittel: Ware

Spaziergang über die Fifth Avenue in New York, USA

Kate's Papeterie, New York
Archiv Akademie Dorfen

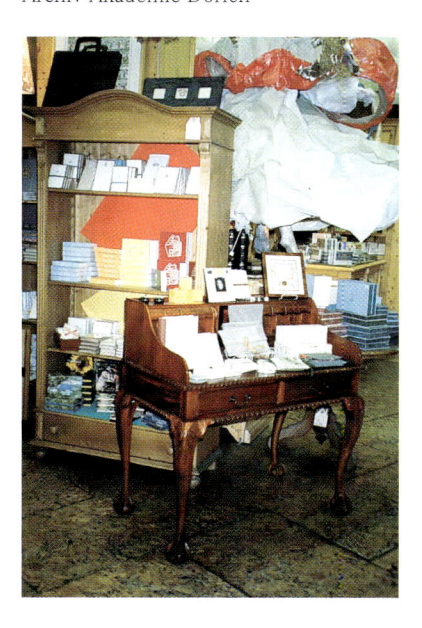

Schaufenster-Warenbilder in Nordamerika

Die USA und auch Kanada kennen einen totalen Wettbewerb im Einzelhandel, stärker als hier in Europa.
Das Werben um die Gunst des Kunden zeigt sich besonders im Schaufenster-Wettbewerb.
Die Warenbotschaft, ein wirkungsvolles Warenbild im Fenster, getragen von einer Idee, die aufmerksam macht und die Leistungsfähigkeit zeigt, das gilt nicht nur für die Großen.

E 5 Gestaltungsmittel: Ware

Emporio Armani, New York
Archiv Akademie Dorfen

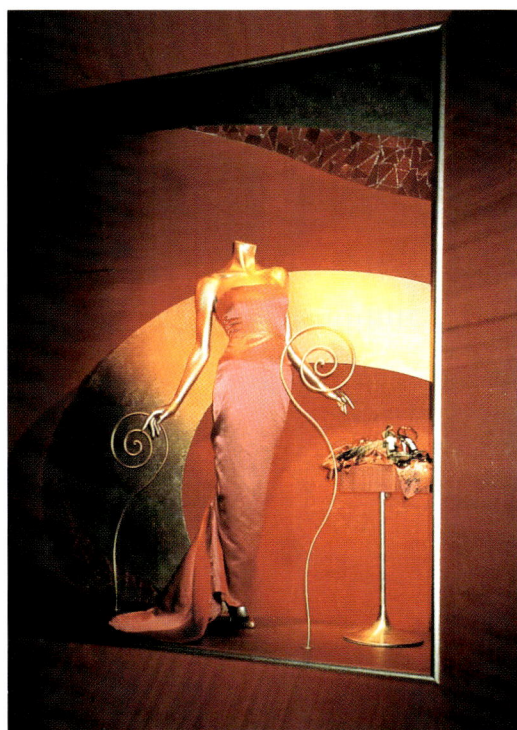

Sakes, New York
Archiv Akademie Dorfen

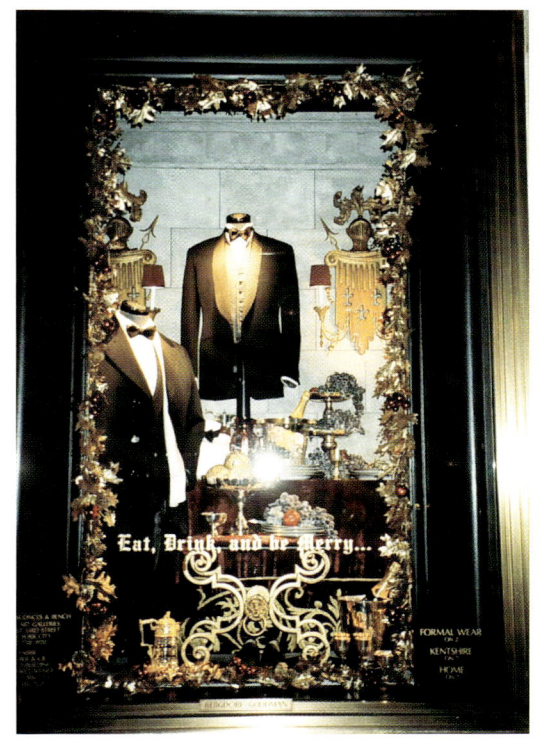

Bergdorf Goodman, New York
Archiv Akademie Dorfen

5.4 Wie Warenbilder entstehen

Das Unternehmen braucht das Bewusstsein für die Bedeutung der Warenbilder.
Zu den Warenbildern gehört das Engagement der Information. Es ist deshalb so wichtig, weil eigene Innovation, Erlebtes, Erlebbares eingebracht werden muss, um wirkungsvolle Warenbilder entstehen zu lassen.
Das Management hat hier die Aufgabe, Ziele zu entwickeln. Es sollte so sein, dass ein Warenbilder-Veranstaltungsplan entsteht: was, wo, wann, wie, welche Produkte, an welchem Ort, zu welchem Termin, mit welcher Idee, Ansage, Ziel.
Mit dem Einkauf der Ware muss sofort überlegt werden, wie diese Ware visuell im Verkaufsraum, im Regal, auf den Tischen und im Schaufenster in Warenbilder umgesetzt und gestaltet werden kann. Ständig in Warenbildern zu denken und zu handeln ist Pflicht. Warenbilder sind auch Kleiderbilder, Modebilder oder Bücherbilder, je nach Branche oder Warenart.
Der Verkaufsraum als Bühne setzt dieses Denken und Handeln in Warenbildern voraus. Das Denken in Bildern drückt sich in der Verkaufsraumgestaltung aus.
Auch der Innenarchitekt muss in Warenbildern denken und dieses Denken in den Planungsprozess hineinführen. Er muss es immer wieder zur Sprache bringen, damit die erforderliche Nutzungsplanung Bestandteil der Raum- oder Gebäudeplanung wird.
Die Planungsphasen laufen ohnehin schon als „Bilder im Kopf", als räumlicher Bildentstehungsprozess ab.
Der Innenarchitekt nimmt die Ware in seine Raumvorstellung auf und setzt sie in Warenbilder und Warenraumbilder um.

Warenbilder im Einsatz

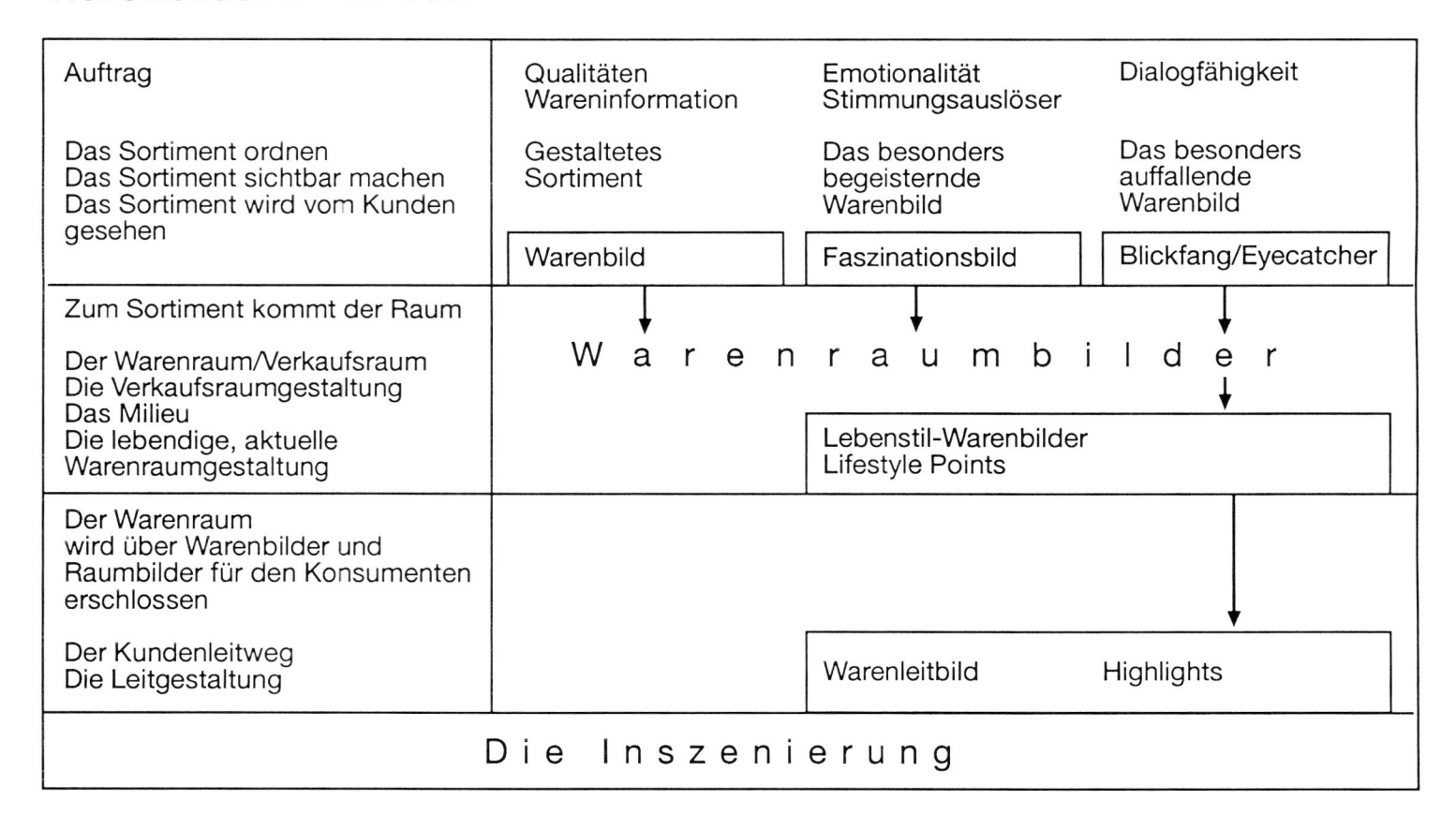

Auftrag	Qualitäten Wareninformation	Emotionalität Stimmungsauslöser	Dialogfähigkeit
Das Sortiment ordnen Das Sortiment sichtbar machen Das Sortiment wird vom Kunden gesehen	Gestaltetes Sortiment	Das besonders begeisternde Warenbild	Das besonders auffallende Warenbild
	Warenbild	Faszinationsbild	Blickfang/Eyecatcher
Zum Sortiment kommt der Raum Der Warenraum/Verkaufsraum Die Verkaufsraumgestaltung Das Milieu Die lebendige, aktuelle Warenraumgestaltung	↓ W a r e n r a u m b i l d e r ↓		
		Lebensstil-Warenbilder Lifestyle Points	
Der Warenraum wird über Warenbilder und Raumbilder für den Konsumenten erschlossen Der Kundenleitweg Die Leitgestaltung			↓
		Warenleitbild	Highlights
D i e I n s z e n i e r u n g			

WARENBILD-LEISTUNGEN

	UNTERNEHMENSKULTUR	UNTERNEHMENSDARSTELLUNG	UNTERNEHMENSKOMMUNIKATION
	VERHALTEN GRUNDLEISTUNGEN	ERSCHEINUNGSBILD GESTALTUNGSLEISTUNGEN	ÖFFNUNG DIALOGLEISTUNGEN
ERWARTUNGEN DER KONSUMENTEN	KOMPETENZ IN WAREN-, RAUM- UND MITARBEITERLEISTUNGEN	DESIGN WARENPRÄSENTATION DEUTLICHMACHUNG IM RANG	ÜBERSICHTLICHES ANGEBOT ÜBERSICHTLICHE RÄUME ORDNUNGSPRINZIPIEN
LEISTUNGEN DES UNTERNEHMENS	IDEEN FÜR DIE VERWENDUNG DER WARE: INFORMATIONEN ERKLÄRUNGEN	WARENRAUMGESTALTUNG: WARENBILDER RAUMBILDER WARENTRÄGER	WARENLEITBILDER IM KUNDENLEITWEG
VORTEILE FÜR DEN KONSUMENTEN IDENTIFIKATIONSFAKTOREN MIT DEM UNTERNEHMEN	ZUVERLÄSSIGKEIT STÄNDIGER FORTSCHRITT IM ANGEBOT UND SERVICE STÄNDIGE INFORMATIONEN	BOTSCHAFT INFORMIERENDE WARENBILDER EMOTIONALITÄT BEGEISTERUNG DIE VERZAUBERUNG DER KONSUMENTEN	STRESSABBAU DURCH ORIENTIERUNG BROWSING SYMPATHIE ANMUTUNG DIALOGFÄHIGKEIT

Nur diese Nutzung des Verkaufsraumes führt ihn zur konsequenten Ladenplanung.

Er muss die Ware „streicheln", er muss sie begreifen und aufnehmen in seinen Raum. Er muss bei der Gestaltung mit der Ware Fachkompetenz besitzen und gewohnte Branchen-Arrangements kennen. Das fachkompetente Arrangement muss der Innenarchitekt in die Bilder, in sein Raumszenarium hinüberbringen.

Warenbilder dienen, über ihren Informationswert für Waren hinaus, auch der visuellen Raumerschließung. Sie sind Warenleitbilder im Kundenleitweg.

Die Aufgabe Warenbild heißt:

Mehrere unterscheidende Warenbilder für unterschiedliche Waren in allen Bereichen des Verkaufsraumes anlegen, sodass der gesamte Verkaufsraum abgestrahlt wird und eine Erschließung der Verkaufsbereiche via Warenbilder erfolgt.

Die Sortimentserschließung in Warenbildern erfordert, dass die Melodie, mit der der Kunde durch das Warenangebot bewegt wird, Akkorde haben muss durch:

– Änderung im Rhythmus durch deutliche Akzentuierungen, unterscheidendes Warenträgerdesign
– szenarische Darstellungen.

Der Innenarchitekt hat die Aufgabe, aktive Raumbilder zu schaffen. Die Ware muss in ihrer Veränderung eingeplant sein, ebenso das Engagement und die Kreativität der Mitarbeiter und Dekorateure. Der Verkaufsraum braucht die Dynamik der sich ständig verändernden Warenraumbilder.

Mit der Festlegung der Raumgestaltung muss davon ausgegangen werden, dass die Ware und die Warenbilder hinzukommen und auch gestalterisch dominieren müssen. Die Gestaltung des Innenarchitekten darf also noch nicht komplett sein.

Die Mitarbeiter müssen mit ihrem Engagement und ihrer Kreativität angesprochen werden, sie müssen ständig noch etwas hinzufügen können und das Warenbild vollenden.

Viele beachtliche Ladenplanungen durch bedeutende Architekten leiden hier – sie sind mit der Raumgestaltung durch die Einrichtung festgelegt worden. Das Einrichtungsdesign ist formal überzeugend, aber übermächtig.

E Das Designmarketing: Die Gestaltungsidee – Corporate Design zur Unternehmensdarstellung

E 5 Gestaltungsmittel: Ware

WARENBILDER
QUALITÄTEN IN DER ÜBERSICHT

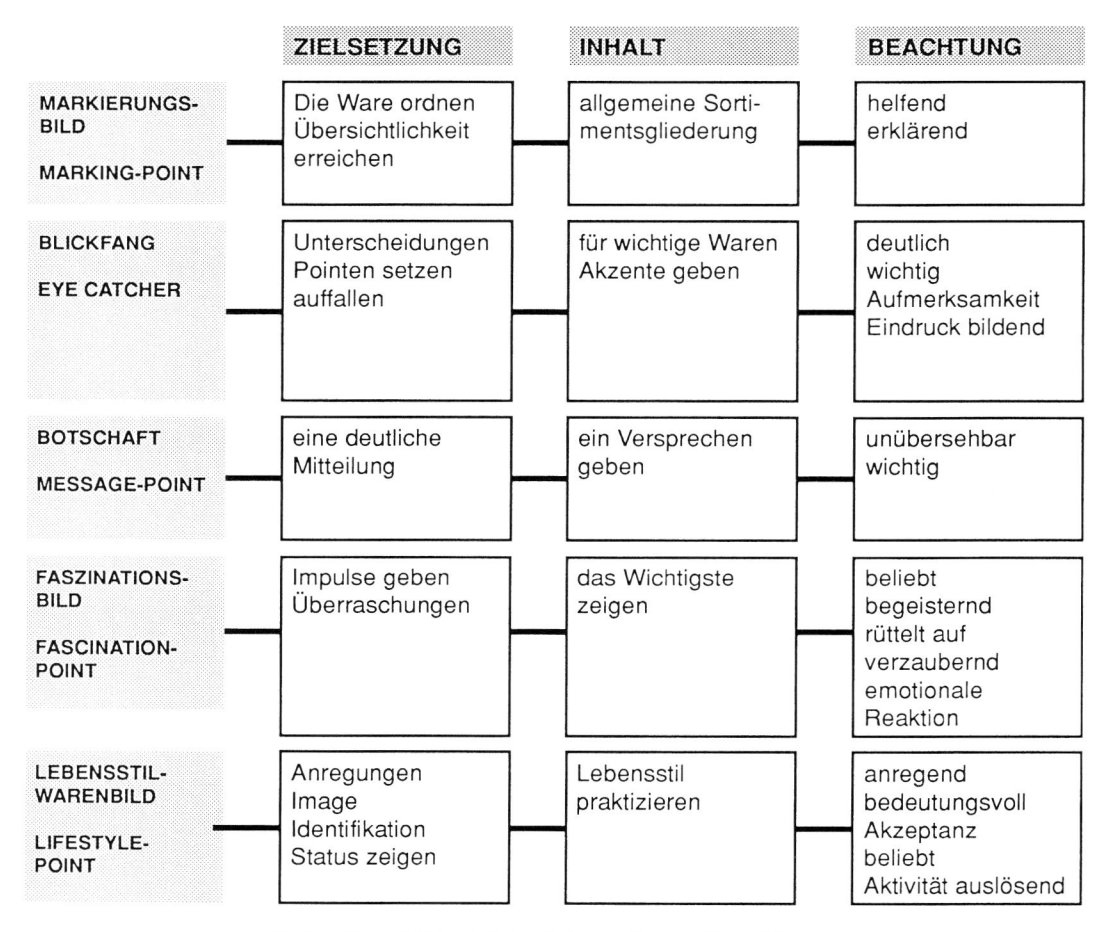

	ZIELSETZUNG	INHALT	BEACHTUNG
MARKIERUNGS-BILD / **MARKING-POINT**	Die Ware ordnen Übersichtlichkeit erreichen	allgemeine Sortimentsgliederung	helfend erklärend
BLICKFANG / **EYE CATCHER**	Unterscheidungen Pointen setzen auffallen	für wichtige Waren Akzente geben	deutlich wichtig Aufmerksamkeit Eindruck bildend
BOTSCHAFT / **MESSAGE-POINT**	eine deutliche Mitteilung	ein Versprechen geben	unübersehbar wichtig
FASZINATIONS-BILD / **FASCINATION-POINT**	Impulse geben Überraschungen	das Wichtigste zeigen	beliebt begeisternd rüttelt auf verzaubernd emotionale Reaktion
LEBENSSTIL-WARENBILD / **LIFESTYLE-POINT**	Anregungen Image Identifikation Status zeigen	Lebensstil praktizieren	anregend bedeutungsvoll Akzeptanz beliebt Aktivität auslösend

* alle Warenbilder leisten Informationen über Waren

* alle Warenbilder müssen im Kundenleitweg Warenleitbilder - Highlights werden

Das Merchandising wurde nicht aufgenommen, verstanden, ausgeglichen als Merchandising-Architektur. Die Warenbilder erreichen kaum noch das Interesse der Kunden.
Die Mitarbeiter, die die Warenbilder vollenden, müssen in den Planungsprozess einbezogen sein. Der Innenarchitekt übernimmt es, seine Gestaltung mit den Möglichkeiten der späteren kreativen Nutzung für Warenbilder vorzustellen.
Ein Umdenkungsprozess hat Management und Mitarbeiter ergriffen. Erkannt ist, dass Mitarbeiter nicht nur für das wichtige Verkaufsgespräch erforderlich sind, sondern zunehmend das „visuelle Verkaufsgespräch", die Warenbilder versorgen.
Die Mitarbeiter sehen zunehmend ein neues interessantes Arbeitsfeld in der ständigen Erneuerung der Warenbilder. Die gestalterische Arbeit schafft emanzipierte Mitarbeiter, die sich durch ihre kreative Tätigkeit bestätigt sehen und eine neue Identifikation und Bindung mit dem Unternehmen erhalten.
Die Mitarbeiter sind gefordert, durch diesen Umdenkungsprozess die visuelle Kommunikation mit

E 5 Gestaltungsmittel: Ware

dem Konsumenten zu erreichen. Das überzeugende Verkaufsgespräch wird in Warenbilder umgesetzt, dennoch muss der Dialog mit dem Konsumenten erreicht und durch Warenbilder gefördert werden.

Für die Planung muss unterschieden werden zwischen:
– festen, an den Ort gebundenen Warenbildern
– wandernden Warenbildern, die an verschiedenen, wechselnden Plätzen auftreten
– natürlichen Warenbildern, die in Beachtungszonen liegen, die man nicht übersehen kann
– künstlichen Warenbildern, solche Warenbilder, die erst entstehen durch die besondere Gestaltung, zum Signal und damit durch Unterscheidung und Akzentuierung wichtig werden, weil die Planung erkannt hat, dass das Sortiment hier einen Höhepunkt – zum Beispiel ein Highlight – braucht.

Die Planung schafft neue Sehgewohnheiten durch neue Sehqualitäten.

Warenbilder entstehen aus einem Anlass, Warenbilder haben ein Ziel – Inhalt und Form müssen dort hinführen:
– im Inhalt schaffen sie eine Identität zwischen den Konsumenten und den Erwartungen.

Wichtig, insbesondere für die Planung großer Verkaufsräume, ist die Unterscheidung in Qualitäten.

Die wirksame Differenzierung muss in der Warenbilder-Planung vorgedacht werden.

Das Einstellen des Innenarchitekten auf die Augen des Konsumenten, auf das Sehen sowohl in den Browsingbereichen, wo Anregungen und Informationen besonders gesucht werden, als auch im übrigen Verkaufsraum ist die Grundlage für die unterscheidenden Qualitäten.

Die Aufnahmefähigkeit der Konsumenten ist wichtig. Sie wird durch eine gute Planung gesteigert. Highlights werden sofort in der Wirkung gemindert, wenn sie zu oft auftreten.

„Es wird verstärkt versucht, durch wissenschaftliche, insbesondere wahrnehmungs-psychologisch orientierte Untersuchungen den Reaktionsmechanismen auf die Spur zu kommen, um daraus Gestaltungsregeln ableiten zu können."
(Ludwig Berekoven)

Der Planer bedenkt:
nicht nur die Konsumenten, auch die Unternehmen brauchen ihre Selbststilisierung, ihren erkennbaren Rang am Markt.

Zu den Warenbild-Ideen gehört die Freude zur Gestaltung, die Fantasie und die Vorstellungskraft der Mitarbeiter, wie Konsumenten durch Warenbilder zu begeistern sind.

Siehe die Kapitel:
E 5   Gestaltungsmittel: Ware
E 5.1   Die Warenbilder
E 5.2   Die Warenbilder emotional
E 5.3   Wo Warenbilder gebraucht werden
E 5.4   Wie Warenbilder entstehen

Blickfang artglas
Gestaltung: Akademie Dorfen
Projektarbeit: Studenten-Team Bernd Rittmann

E   Das Designmarketing: Die Gestaltungsidee – Corporate Design zur Unternehmensdarstellung

E 5   Gestaltungsmittel: Ware

Markierungsbild
Modehaus Rosa, Schweinfurt
Planung: Blocher, Blocher & Partner, Stuttgart

Faszinationsbild
Brautmoden
Gestaltung: Akademie Dorfen
Projektarbeit: Larissa Volskd

E 6 Gestaltungsmittel: Bilderwelten

Immer mehr Unternehmen entdecken den Handel per Internet. E-Commerce – Versandhäuser verzeichnen Zuwachsraten von 300 bis 400 %. Die klassische Einkaufssituation, in der sich der Käufer in ein Geschäft begibt und dort der Verkäufer hinter dem Tresen auf ihn wartet wird bald der Vergangeheit angehören.

Waren und Dienstleistungen werden zunehmend mit dem Computer von zu Hause aus bestellt. Homeshopping, in dem Kunden ihre Cyberberaterin per Internet um Rat bitten, ist längst keine Vision mehr, sondern bereits Gegenwart. Die Entmaterialisierung wird auch jene Räume verändern, in denen bisher aus einer Fülle von Waren ausgesucht werden konnte.

Verkaufsräume waren in der Vergangenheit im Wesentlichen Orte, an denen Menschen Kontakt zur Ware bekamen und an denen Waren verteilt wurden. Die Verkaufsräume der Zukunft werden Begegnungsstätten sein, in denen sich Menschen treffen.

Szenarien werden aufgebaut, in denen der Kunde – durch Print und elektronische Medien vorbereitet – sein ganz individuelles Einkaufserlebnis hat. Verkaufsräume werden die einzigen Orte sein, in denen alle Sinne des Menschen wieder aktiviert werden.

Hier werden die Ankündigungen der Werbung und des virtuellen Beratungsgesprächs überprüfbar. Bei der Gestaltung von Verkaufsräumen werden Bilder eine immer stärkere Rolle spielen: Bilder, die nicht Abbild von etwas sind, sondern für das Image des Produktes, der Dienstleistung oder des herstellenden Unternehmens stehen.

Bilder markieren Zugehörigkeiten und kommen so dem Bedürfnis nach der Gruppe, nach der Identifikation mit der Szene entgegen. Sie senden Signale und positionieren, sie verlängern die Kommunikationskette, die in den elektronischen und den Printmedien als Erstkontakt geknüpft wurde. Verkaufsräume werden zukünftig mehr sein als Verkaufsräume. Sie sind Stimulanz und Orte, an denen man sich mit Gleichgesinnten in einer inszenierten Welt trifft. Das Einkaufen geschieht en passant, denn alle notwendigen Dinge hat man bereits per Internet geordert. Bilder – seien sie nun beweglich oder still – positionieren sich in der Kummunikationsvielfalt. Nike stimuliert durch Filme auf Großbildleinwänden Aktivität, Aktualität und Vitalität. Benetton greift durch seine Großbilder in den Läden die Kommunikationskampagne wieder auf und schafft so Identität. Auf den Bildschirmen in den Medienkaufhäusern laufen die aktuellen Musikvideos und signalisieren der Klientel Aktualität, schaffen durch dieses Medium die Brücke zur vertrauten Umgebung in den eigenen vier Wänden.

Das große stille Bild wird überall dort eingesetzt, wo eine entspannte Atmosphäre gewünscht ist, in der die Bilder das Vertrauen in die Qualität der Ware und der Dienstleistung unterstreichen.

Also wird man hier das Großfoto einsetzen, das durch seine Bildqualität die Produktqualität der angebotenen Ware unterstreicht. Die Film- oder Bildinhalte müssen klug gewählt sein, um in der Masse konkurrierender Bilder Bestand zu haben. Grauen in den Filmen von Hitchcock geschieht nicht auf der Leinwand, sondern in den Köpfen der Zuschauer. Nicht die Reproduktion der Ware sollte Bildinhalt sein. Bilder müssen Assoziationen auslösen, die jeder Betrachter vor seinem Erlebnishorizont zu Storys verdichtet. So entstehen

Wöhrl-Plaza, Ulm
Planung: Planungsgruppe Michel, Ulm
Realisierung: Ganter, Waldkirch
Systeme: Vitrashop, Weil am Rhein

Bilder machen ein Sortiment deutlich
Une heure pour soi, Frankreich
Design und Realisierung: Vitrashop, Paris

E Das Designmarketing: Die Gestaltungsidee – Corporate Design zur Unternehmensdarstellung

E 6 Gestaltungsmittel: Bilderwelten

Ein Bild für einen hohen Sturz über einer Treppe, die nach unten führt.
Buchhandlung Kurt Heymann, Hamburg
Künstler: Blau, Hamburg

Bindungen zu Marken und jenen Orten, an denen Marken ihren Auftritt haben.

Die neuen Verkaufsräume und Begegnungsstätten bringen neue Qualitäten der Ruhe, Besinnung und Konzentration. Sie schaffen neue Sehweisen und damit auch neue Kommunikationen. Erlebnisse werden hier erwartet. Sie informieren und bereiten den Kunden auf ein Erlebnis vor.

Bilder werden hier gebraucht als Beweise.

Diese Bilder unterstützen die Warenbilder, machen sie leuchtender, aktueller, informativer. Sie können und wollen Warenbilder nicht ersetzen, aber sie geben an anderer Stelle Hinweis auf Ware und Warenbild. Dieser doppelte Beweis überzeugt viele Kunden. Durch die Überzeugungskraft der Bilder sind viele neue Kunden gewonnen worden.

Immer sind diese Bilder Fenster, die es dem Kunden gestatten, in die Welt hinaus zu schauen, ohne den Gedanken an die Ware zu verlassen. Sie holen zusätzliche Information und Beweise, dass diese Ware sich bewährt im Verkaufsraum und vermitteln damit selbstbewusst den neuen Trend.

Bilder werden gebraucht für:
Die Verkaufsraumgestaltung

Die Gestaltung hat ein neues, wichtiges Mittel. Das Bild kann eingesetzt werden als Akzentuierung in langen Regalwänden, ebenso auch dramaturgisch zur Steigerung von Warenbildern und zur allgemeinen Orientierung in großen Verkaufsräumen. Aufgrund seiner starken Präsenz hat sie damit auch Leitaufgaben.

Die Inszenierung

Die Entwicklung weg vom mittelalterlichen Warenregal hin zur bühnenhaften Inszenierung erhält natürlich durch Bilder einen enormen Aufschwung. Ladenbauer werden sich immer mehr als Kulissenbauer verstehen und die Ladeninhaber als Regisseure, die die Aufgabe haben ein Stück aufzuführen. Damit wird die Ware als Star bestätigt. Wichtig werden die ganzheitlichen Überlegungen zur Gestaltung.

Die Erlebnisbilder

Bilder in Regalen, die für Kunden näher am Erlebnis sind als nur Regale, auch wenn sie mit Ware bestückt sind. Das Bild wird wichtiger, weil die Erlebniswertigkeit des Verkaufsraumes stärker gefordert wird. Der Kunde hat einen Anspruch auf einen Unterhaltungswert.

Das Milieu

Bilder können wie Kulissen eingesetzt werden und über Art und Inhalt ein gewünschtes Milieu vermitteln, das die Produktgruppen besonders bestätigt.

Die Ordnung

Bilder, das ist ein ganz wichtiger Auftrag, schaffen Ordnung. Es gibt viele Verkaufsräume, die alles haben, von diesem alles haben sie jedoch zu viel. Bilder schaffen Ordnung. Bilder bringen, besser als Schrift, eine begreifliche, kundenbegreifliche Ordnung. Bilder sind ein Ordnungsgesetz. Man kann sie nicht überlisten. Sie sind streng, wenn die Ordnung fehlt und versöhnlich, wenn die Ordnung stimmt.

Man muss wissen, dass die Ordnung eine der einfachsten aber wichtigsten Verkaufssteigerungsmöglichkeiten ist, die mit verhältnismäßig gerin-

E 6 Gestaltungsmittel: Bilderwelten

Sinn Leffers
Fußboden in der Bademodenabteilung. Der Eindruck der Wasserfläche wurde durch die Technik der Kaschierung (rückseitige Verklebung des Großfotos auf Acryl) und durch die Positionierung der Figur verstärkt.
Idee: Hinrichs Fotofactory
Realisierung: Hinrichs Fotofactory

ger Investition durchzuführen ist und spontan Erfolg hat. Aber die Ordnung sollte dem Kunden verständlich sein.

Die Informationen

Information scheint ein wichtiger Punkt zu sein, der sofort einfällt, wenn man diese Bilder sieht und mit ihnen arbeitet. Dies lässt sich so begründen:
– Information muss sein und ist vom Kunden gewünscht.
– Dem Kauf geht die Information, Auswahl und Überzeugung voraus.
– Die Bildinformation ist die stärkste. Sie ist die schnellste und nachhaltigste. Sie schafft Erinnerungswerte.
– Aktuelle Bilder haben Überzeugungskraft und den großen Vorteil, schnell zu sein, schnell, weil sie auswechselbar sind und den neuesten Trend dem Kunden argumentativ nahelegen können.

Eddi Bauer, Münster
Eine Vorliebe für amerikanische Countrykluft. Das Großdia, das vom Eingang her den Laden visuell dominiert, stimmt in die Situation ein, in der die Textilien getragen werden, die man bei Eddi Bauer erwerben kann.
Idee und Realisierung: Hinrichs Fotofactory

371

E   Das Designmarketing: Die Gestaltungsidee – Corporate Design zur Unternehmensdarstellung

E 6   Gestaltungsmittel: Bilderwelten

Hugendubel, München
Die eingebaute Modulwand aus Leuchtkästen verbindet optisch die Etagen der Buchhandlung am Karlsplatz und führt zum Leseplatz zwischen den Verkaufsetagen. Das Bild – hier kurz nach der Eröffnung – nimmt die Visualisierung „Die Welt der Bücher", die in den Printmedien kommuniziert wurde, wieder auf.
Planung: Dieter Krüger,
Stüter – Tillmann & Kaiser
Realisierung: Hinrichs Fotofactory

Die Botschaften
Alle wichtigen Bilder im Verkaufsraum tragen eine Botschaft, ein Versprechen, das das Unternehmen an seine Kunden gibt.

Die Kommunikation
Bilder vermitteln zwischen Ware und Konsumenten und festigen diese Beziehung. Sie sind in der Lage, den Käufer sicherer zu machen, weil sie überzeugen können. Damit entsteht eine Identifikation der Käufer mit dem Verkaufsraum dem Unternehmen. Bilder sind in der Lage, alle Kommunikationsmittel zu verbinden und ihnen ein neues Corporate zu geben.

Marks & Spencer
Planung: Marks & Spencer und Dula
Realisierung: Dula

Das Image
Gute Bilder, steigern das Image des Unternehmens, auch wenn sie vorerst nur den Wert der Produkte steigern. Dabei müssen sie eine individuelle Aussage treffen und die Meinung des Unternehmers wiedergeben. Wichtig ist, dass die Bilder eine gute Betreuung erfahren, also ständig auf den neuesten Stand gebracht werden.

6.1   Imagefaktor: Bilderwelten

Dieter Krüger

Bilder sind allgegenwärtig. Ob als Anzeigen in Zeitschriften und Zeitungen, Großflächen im Augenbereich an den Fassaden der Architektur, oder bewegliche Bilder in den elektronischen Medien; sie überfluten uns mit Ihren Botschaften. Vom Krieg bis zur Talkshow, von der Umweltkatastrophe bis zur Unternehmensdarstellung, jede Information wird medienwirksam auf- und zubereitet. Jedes Ereignis – und sei es auch noch so banal oder grausam – wird auf den Unterhaltungswert heruntergekocht beziehungsweise hoch gejubelt. Der Zuschauer degeneriert zum Infokonsumenten, der zwar unglaublich viel erfährt, aber immer weniger versteht. Mediengerecht verpackt wird dem Betrachter das Ereignis „Welt" konsumgerecht in zumutbaren „Häppchen" zum Feierabend serviert. Was zumutbar ist, bestimmen die Medien selbst. Infotainment ist angesagt, Einschaltquoten sind gefragt, nicht was gesendet wird, sondern dass gesendet wird zählt. Was real ist, bestimmen die Medien.

Die Wahrnehmung unserer Umwelt wird zunehmend ersetzt durch den Konsum der aufbereiteten Kommunikation. Wir werden uns daran gewöhnen müssen, dass die Wahrnehmung unserer Umwelt durch visuelle Botschaften verstellt ist. Wir haben keine Chance ihnen zu entkommen. Die Halbwertzeit der Bilder aus aller Welt, die wir Nachrichten nennen, wird immer geringer. Die Schere zwischen Aufnahmekapazität und Bildermenge geht immer weiter auseinander. Immer mehr Bilder treffen auf immer geringere Bereitschaft, sie zu akzeptieren und zu „verankern".

E6 Gestaltungsmittel: Bilderwelten

Ein Großfoto für Kinder.
Dussmann – Das KulturKaufhaus, Berlin
Planung: Dieter Krüger/Wilhelm Kreft
Realisierung: Wilhelm Kreft GmbH,
Wedemark und Hinrichs Fotofactory

Den Bildern aus aller Welt kann es gleichgültig sein, ob sie beim „Seher" haften bleiben oder schnell wieder in Vergessenheit geraten. Jeder weiß: Was heute aktuell ist, ist der visuelle Müll von morgen. In der Kunstwelt der Werbung hingegen sollen die visuellen Botschaften differenzieren, haften bleiben, Käufe provozieren. Die Tatsache, dass sich Produkte immer ähnlicher werden, macht die Kommunikation für sie immer schwerer. Produkte unterscheiden sich – wenn überhaupt – nur noch im Microbereich und sind für den Anwender kaum wahrzunehmen, geschweige denn nachzuvollziehen. Technische Zusammenhänge werden immer komplexer und sind nur noch für den Experten verständlich. Also müssen Bilder gefunden werden, die das Image des Produktes transportieren. Diese Bilder müssen gut sein, wenn sie sich in der Flut der miteinander konkurrierenden Botschaften behaupten wollen. Diese Bilder müssen Sehgewohnheiten brechen, um bestimmte Vorteile eines Produktes, einer Unternehmung oder einer Dienstleistung nachhaltig in die Erinnerung des Betrachters zu pflanzen. Je besser das gelingt, umso größer ist die Chance, nicht nur gesehen, sondern wahrgenommen zu werden. Aufmerksamkeit ist zwar zur knappen Ressource geworden, sie ist aber die Voraussetzung für eine Reaktion.

Gute Bilder stimulieren unser Bewusstsein und sind längst nicht mehr das, was sie einmal waren, nämlich Abbild von etwas, was so schon einmal existierte, bevor es das Bild davon gab. Gute Bilder erzählen, entfalten vor dem Erlebnishorizont jedes Betrachters eine Handlung, die es so noch nicht gibt.

Sie sind die individuellen Projektionsflächen für die Bestätigungen, Wünsche und Sehnsüchte der Betrachter. Mehr als je zuvor sind Bilder bereits die Welt und nicht ihr Abbild. Sie lassen ganz individuelle Deutungen zu, denn es ist nicht mehr möglich, die Masse zu erreichen. So erklärt sich auch die ständig wachsende Zahl immer speziellerer Medien. Jeder möchte in seinen eigenen Spiegel schauen. Leser, Kunden, User gehen immer häufiger frei gewählte Gemeinschaften ein, in denen sie sich als Mitglied einer Szenerie verstanden wissen und in der sie sicher und kompetent miteinander kommunizieren können. Das Spektrum reicht von der Zugehörigkeit zu einer Kirchengemeinschaft, über die Mitgliedschaft zu

E Das Designmarketing: Die Gestaltungsidee – Corporate Design zur Unternehmensdarstellung

E6 Gestaltungsmittel: Bilderwelten

Aktuelle Bücher mit aktuellen Köpfen.
Buchhandlung für Buchhändler,
Wedemark
Planung und Realisierung: Wilhelm Kreft GmbH, Wedemark,
Dieter Krüger mit Hinrichs Fotofactory

einem Fanclub bis zum Dr. Oetker Back-Club. Man trifft sich im Internet, ist im „Global Village" zu Hause. Längst ist der Computer kein Instrument mehr, das das, was wir schon immer getan haben, auch tut, nur eben schneller, sicherer und effektiver. Nein, der Computer hilft uns, weltweit vernetzt zu sein, die Grenzen von Zeit und Raum zu überwinden und im ständigen Kontakt mit dem Weltwissen zu stehen. Ob es uns nun passt oder nicht: Der Computer und das Fernsehen prägen die Erlebniserwartungen der Menschen nachhaltig und verändern ihr Wahrnehmungsverhalten dramatisch. Die Kommunikation folgt neuen Regeln. Magazine, die überleben wollen, müssen die Methode des „gedruckten Fernsehens" beherrschen. Zeitungen vitalisieren ihre Texte und Bilder. Die TV-geschulte Aufnahmebereitschaft des Publikums verlangt nach neuen Reizen.

Keine Kommunikationskategorie bleibt von dieser Entwicklung verschont: kein Museum, kein Unternehmen, kein Theater, kein Verkaufsraum, kein Messestand, kein Raum, in dem Kommunikation stattfinden soll. Die Besucher denken nicht daran, ihre Erlebniserwartungen an der Garderobe abzugeben, sie vor der Tür zu parken. Die visuellen Reize nehmen ständig zu, das „verwöhnte" Publikum schraubt die Erwartungen immer höher. Wer im Mainstream der Kommunikation mitschwimmt, wird übersehen. Kommunikation hat heute mehr denn je die Aufgabe, Pfeiler im Datenstrom zu positionieren. So paradox das klingt: in der lauten Bilderwelt führt der Weg zur Aufmerksamkeit über die kluge Reduzierung. Die Medien bieten unendliche Chancen, um mit jeder erdenklichen Identität im Internet zu flanieren, dennoch sind sie zutiefst inhuman. Sie reduzieren die Wahrnehmung der Welt auf den Blick durch das kleine Fenster des Bildschirms. Die Sehnsucht der Menschen wächst nach Orten der Begegnung. Immer wichtiger und interessanter werden Räume, die eine „Face-to-face"-Kommunikation ermöglichen und wenn möglich fördern. Wegeleitsysteme mit ihren standardisierten Piktogrammen, einst eine wichtige Stufe in der Designentwicklung, haben ihre beste Zeit hinter sich. Ihre pure Ordnungsfunktion steht der Forderung nach neuen Erlebniswelten entgegen. Bilder emotionalisieren, schaffen Identität, beflügeln, leiten und lassen verharren. Hier liegt ein unendliches Potenzial der Differenzierung für den Einzelhandel vom Verteiler zum profilierten Dienstleister.

Produkte und Produktkombinationen sind austauschbar, kopierbar, Image ist beständig und differenziert. In Zeiten des Überangebots, in denen Waren jeder Art überall zu erstehen sind, wird der Ort des Verkaufs zum entscheidenden Wettbewerbsvorteil. Wem es gelingt, sich von der Mc.Donaldisierung der Ladenkonzepte zu befreien, der ist auf dem richtigen Weg. Kunden erwarten heute von einem Ladenkonzept, dass es funktioniert. Kein Kunde kauft sich heute ein Produkt, das nicht genau seinen Ansprüchen gerecht wird. Verbraucherzeitschriften helfen ihm, sich zu informieren. Sein Wissen ist die beste Voraussetzung für den richtigen Kauf.

Aber kauft er auch im richtigen Verkaufsraum? Viele Artikel – vom Schraubenzieher bis zur Kunst – sind schon heute in den virtuellen Räumen des „Global Village" zu kaufen. Immer mehr Menschen nutzen diese äußerst bequeme und Zeit sparende Möglichkeit der Recherche und des Einkaufs. Denn Zeit ist Luxusgut. So wie sich Produkte durch Ästhetik, Design und Image voneinander unterscheiden – die drei wesentlichen

E6 Gestaltungsmittel: Bilderwelten

Entscheidungsfaktoren für den Kauf eines Produktes – so werden sich die Kunden für oder gegen den Besuch in einem ganz bestimmten Laden entscheiden. Nicht weil sie in erster Linie ein ganz bestimmtes Produkt kaufen wollen – das können sie überall – nein weil ihnen die Atmosphäre, das Klima, der Service, die Menschen gefallen. Der Kauf geschieht nebenbei. Die eigentliche Motivation, seine Behausung zu verlassen, ist die freie Verfügung über die Zeit und mehr zufällig wird ein Einkauf daraus. Die Funktionalität des Raumes wird als „state of the art" vorausgesetzt.

Nichts langweilt den Kunden mehr als die ständig wiederkehrenden geklonten Läden, die den Städten den zeitgeistlichen Einheitslook verpassen. Läden sind die dreidimensionale Realisation einer Unternehmenskultur, einer Dienstleistungskultur, einer Servicekultur. Sie sind die Widerspiegelung der Szene, in der sich die Kunden wohl fühlen. Je mehr das Image eines Verkaufsraums den Vorstellungen des potenziellen Kunden entspricht, umso leichter wird die Entscheidung, in gerade diesem Verkaufsraum zu kaufen. Einkaufen ist heute Ausdruck von Lebensqualität. Werbung ist Kunst, Salzstreuer sind Designobjekte. Auto fahren ist längst nicht mehr die optimale Fortbewegung von A nach B, sondern die Inkarnation von Sinn und Sinnlichkeit. Produkte müssen heute überraschend neu und ungewöhnlich präsentiert werden, sollen sie Käufer finden. Bilder, Images übernehmen dabei den visuellen Teil der stimulierenden Inszenierung. An die Stelle eines nüchternen funktionalen Ordnungsprinzips tritt immer mehr eine Bilderwelt, die Orientierung und Atmosphäre zugleich vermittelt. Einkaufen wird zum Erlebnis. In den Zeiten der visuellen Überreizung liegen die Chancen in der guten Idee und der klugen Reduzierung. Vom äußeren Erscheinungsbild über die Inszenierung der Produkte im Inneren, von der Ausstrahlung der Menschen im Verkaufsraum bis hin zum Kassenzettel muss das Image des Verkaufsraums wirken. Wer sich heute allein auf die „Ausstrahlung" imageträchtiger Marken verlässt, wird austauschbar.
Siehe die Kapitel:
C 5.6 Wilhelm Kreft: Das KulturKaufhaus
F 10.6 Eine Bilderwelt der Schriften

6.2 Video im Verkaufsraum

Zum Gestaltungsmittel: Zu den Bilderwelten gehören auch das bewegte Bild, Videos und Film. Der Einzug von Videogeräten in den Verkaufsraum ist unverkennbar. Es sind nicht nur Modenschauen, die in Boutiquen gezeigt werden oder Kochvorführungen in Buchhandlungen, um Kochbücher anzubieten.
Alle Waren und Produkte, die einen höheren Erklärungsbedarf haben, können mit Video neue Möglichkeiten der Präsentation finden.
Der selbstverständliche, private Umgang mit Video und Videorekordern hat die Berührungsängste abgebaut und die Geräte zu einem vertrauten und anerkannten Imformationsmittel gemacht.
Ganz gleich, ob nun Software verkauft wird oder Erklärungen für den Gebrauch der Waren und Produkte gegeben werden, Video ist „in". Wenn man bedenkt, dass die Unternehmen bemüht sind, die Vertriebspolitik mehr auf den Nutzen der Ware abzustellen, dann kann Video helfen. Informationen sind wichtig. Informationen erwartet der Kunde. Die Informationenwelle rollt weiter.
Ob man Multimediawände mit mehreren Fernsehgeräten übereinander und nebeneinander benötigt, muss für jeden Verkaufsraum separat entschieden werden. Sicher werden auch in den meisten Unternehmen wenige Bildschirme in verschiedene Abteilungen ausreichend sein.
Video ja oder nein?
Während der Ladenplanung ist es noch nicht so wichtig, sich zu entscheiden, aber Videoanschlüsse sollte man vorsehen und die möglichen Standorte in der Planung berücksichtigen, aber dabei keineswegs Schaufenster und die vorderen, von außen einsehbaren Verkaufsraumbereiche vergessen. Belebend und nützlich sind Bildschirme im Eingangsbereich:
in einer Säule mit Hinweisen für den Raum und den aktuellen Informationen via Bildschirm.
Um Video im Verkaufsraum bemüht sich die ProSieben Media AG durch neue digitale Medien und wurde zu einem der führenden Unternehmen in Europa. Ihre Tochter CM Community Media bietet spezielle Lösungen für Verkaufsräumen.

E Das Designmarketing: Die Gestaltungsidee – Corporate Design zur Unternehmensdarstellung

E 6 Gestaltungsmittel: Bilderwelten

Zum Verkauf der Videos.
Dussmann – Das KulturKaufhaus, Berlin
Planung: Wilhelm Kreft, Volker Paulsen, Kreft-Team
Realisierung: Wilhelm Kreft GmbH, Wedemark

Der zuständige Fachmann für kundennahe Konzeptionen und Realisationen des Medienangebotes, Uwe Kleinheinrich, schreibt, hop-TV nach Maß:

„Reichten vor einigen Jahren noch Endlos-VHS-Bänder, um in Baumärkten die Vorzüge der tropffreien Deckenfarbe ans Herz zu legen, so setzen die Produzenten von Instore-TV mittlerweile auf DVD- und Cdi-Systeme, um zum Beispiel audiovisuelle Kochtipps an der Supermarkttheke zu geben. Beide Ansätze haben einen Nachteil: Nach wie vor müssen Bildträger, egal ob analog oder digital, mit der guten alten Post von A nach B befördert werden, um TV-Programme ‚Instore' ausstrahlen zu können. Programmaktualität und Flexibilität bleiben dabei oft auf der Strecke. Eine Lösung dieses Problems verspricht e:max, das nach Aussagen des Anbieters media art einmalig sein soll und nicht einmal in den USA Vorbilder hat.

Auf aktuelle und hochwertige Programme im ‚Pro-Sieben-Look' setzt e:max, die auf die einzelnen Stores und Shops maßgeschneidert werden können. Aktuelle Musikclips und Kurzreportagen, aber auch zeitgemäß verpackte Verbraucherinfos sollen das verstaubte Image von Instore-TV aufpolieren. Nomen est Omen sagt sich auch Johannes Mettler, Geschäftsführer der media art, und folgt dem guten Ruf der großen roten Sieben. ‚Als Tochter der ProSieben Media AG sind wir verpflichtet, qualitativ anspruchsvolle Programme zu präsentieren.'

Um diesen Anspruch zu erfüllen, hat die media art in Zusammenarbeit mit Siemens und Astra-Net eine eigene technische Plattform für e:max entwickelt. Herz des Systems ist die so genannte ‚e:max-Workstation', ein PC mit integrierter Satelliten-Empfangskarte, ISDN-Modem und einer Festplatte von 16 Gigabyte. Mit der Workstation sollen aktuelle und individuelle Instore-TV-Programme empfangen, gespeichert und zeitlich ungebunden ausgestrahlt werden und zwar kinderleicht, wie Johannes Mettler betont.

Auf der e:max-Homepage bestellen die Kunden der media art eine individuelle Auswahl aus Musikclips, aktuellen Reportagen und Verbraucherinfos. Via Satellit werden die jeweiligen Bestellungen in den Shops und Stores auf die e:max.Workstation übertragen und digital gespeichert. Die Videos können zu jeder Zeit von der

Festplatte abgerufen, per Mouseclick zu individuellen Programmen zusammengestellt und je nach Zielgruppe in den Shops ausgestrahlt werden. So können nachmittags die Kids mit den neuesten Musikclips aus den Charts unterhalten werden, während der junge Berufseinsteiger bei seinen Feierabendeinkäufen aktuelle Reisetipps bekommt.

Die Kosten für dieses individuelle Hochglanzmedium will der Anbieter durch einen ganz besonderen Trick konkurrenzfähig halten: Die e:max-Programmangebote und deren Übertragung sind kostenlos, da werbefinanziert. In festgelegten Intervallen werden TV-Spots in das laufende Programm eingespielt, die dank moderner Satellitentechnik nach Outlets und Regionen differenziert geschaltet werden können. Daher ist Konkurrenzwerbung ausgeschlossen und es werden gezielt die jeweiligen Produktpaletten der unterschiedlichen Outlets beworben.

Durch diese Differenzierung bietet e:max einen Ausweg aus einem altbekannten Dilemma: Neue Produkte werden von vielen Handelsgeschäften erst dann gelistet, wenn die Markteinführung durch TV-Werbekampagnen begleitet wird. Viele Anbieter scheuen allerdings die hohen Kosten für die Schaltung von Fernsehspots, bevor die Akzeptanz des neuen Produkts erwiesen ist. Mit e:max können Spots gezielt in denjenigen Outlets ausgestrahlt werden, die das Produkt in ihre Listung aufnehmen sollen. Bei einem TKP von 25 DM ist das vergleichsweise günstig und verringert das finanzielle Risiko bei Produktneueinführungen. Natürlich kann e:max klassische TV-Kampagnen nie ersetzen. Nationale Bekanntheit erreicht man immer noch am effektivsten durch die Schaltung von Fernsehspots bei den großen Sendern. Als Werbemedium ‚below the line' ist das System jedoch eine interessante Ergänzung.

Auch für die Shop-Betreiber soll sich das neue Medium rechnen. Diese zahlen einen einmaligen Anschaffungspreis für die e:max Hardware, der auch in Leasingraten beglichen werden kann. Als Gegenwert erhalten die Händler Monat für Monat bis zu 100 Programmbeiträge, bestehend aus Musikclips, aktuellen Kurzreportagen sowie Tipps und Trends frei Haus. Ist das System einmal gekauft, so kann der Anwender sein eigenes Programm nach Kundenwunsch stricken. Zusätzlich kann er zukünftig über einen integrierten Schriftgenerator eigene Verkaufsaktionen und Veranstaltungen im Shop promoten.

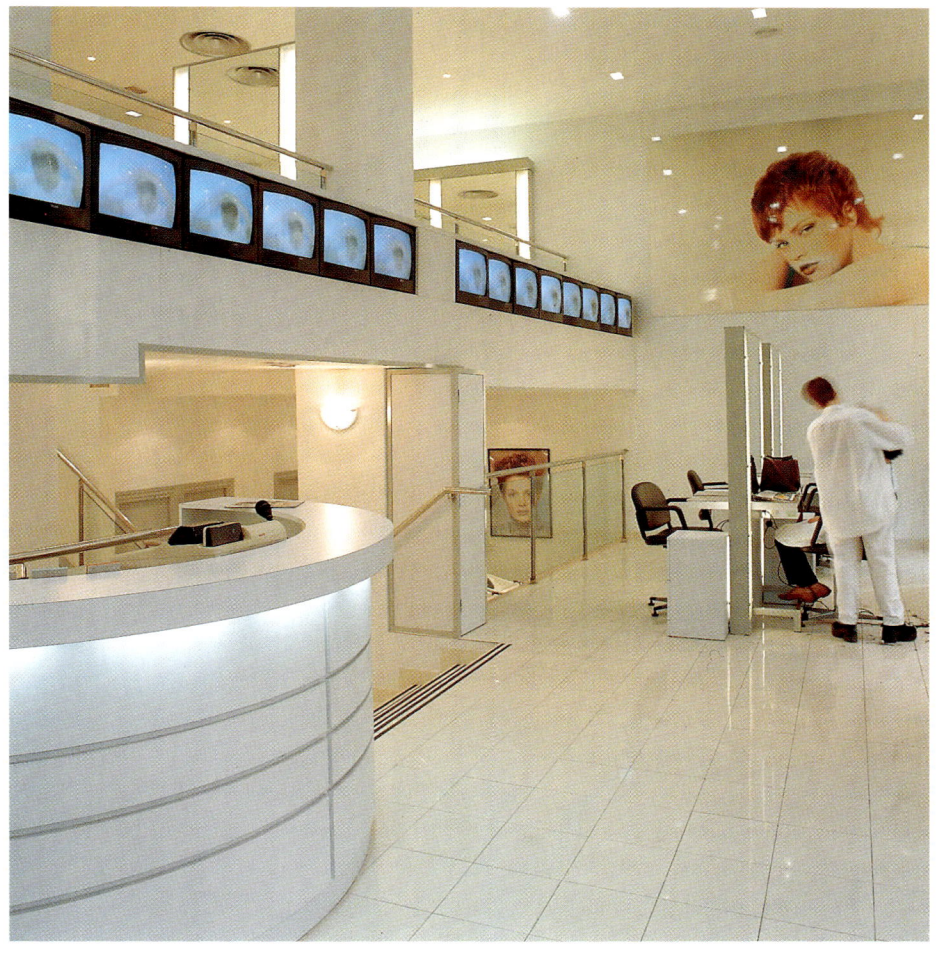

Textilhändler auf e:max

Wer mehr will, der lässt eigene Kurzmoderationen und Produkthinweise produzieren, platziert diese per Mouseclick zwischen den Videos und fertig ist das hauseigene Kundenmagazin. So können die Betreiber einzelner Shops oder die Kommunikationsabteilungen großer Handelsketten mit e:max ihre individuellen Instore-Channels ausstrahlen und das zu vergleichsweise niedrigen Kosten. ‚Mittelfristig wird e:max in allen relevanten Handelsketten in Deutschland vertreten sein', schätzt Johannes Mettler das Potenzial seines neuen Instore-TV ein und verweist auf den

Video als Unterhaltung.
Jean Louis David, Madrid
Planung: Felix Giner, Sonia Mustienes, Dula-Team
Realisierung: Dula

E   Das Designmarketing: Die Gestaltungsidee – Corporate Design zur Unternehmensdarstellung

E 6   Gestaltungsmittel Bilderwelten

e:max als Mittel zur Verkaufsförderung im Textilhandel.

e:max im Textilhandel.

Textilhandel. Die Trendsetter unter den großen Textilien setzen e:max seit März dieses Jahres erfolgreich in ihrem neuen Pariser Megastore ein. Installationen in London und weiteren Stores werden folgen. Der Textilhandel folgte mit der e:max Installation zwei Trends, die sich in der Handelslandschaft immer deutlicher abzeichnen. Zum einen soll durch den Einsatz von Multimedia am Point of Sale der tägliche Einkauf wieder zu einem sinnlichen Erlebnis werden. Vorbei sind also die Zeiten der eintönigen Regalschluchten und des Shoppings nach Stoppuhr. Zum anderen werden Werbemaßnahmen direkt am Point of Sale zunehmend wichtiger: Laut der ‚Consumer Buying Habits Study' von POPAI werden mittlerweile 70 Prozent aller Kaufentscheidungen erst im Shop getroffen. Johannes Mettler sieht genau hier die Stärken von e:max: ‚Mit e:max tragen wir die Kraft der bewegten Bilder an den Point of Sale. So schaffen wir visuelle Einkaufserlebnisse für den Konsumenten und fördern durch gezielte Werbung am Ort der Kaufentscheidung die Umsätze.'

Ob e:max diese hohen Ansprüche einlöst, wird die Zukunft zeigen. Die Anfänge jedenfalls sind verheißungsvoll. Das jugendlich-peppige Unterhaltungs- und Informationsmix von e:max hat mit dem Instore-TV vergangener Tage nur noch wenig zu tun. Und was gut ist für den Kunden, muss auch gut sein für den Umsatz. Die Tage des tropfenfreien Hobbyhandwerkers im Endlos-VHS-Einsatz scheinen also endgültig gezählt zu sein". (Auch erschienen in stores & Shops 2/99.)

E7 Gestaltungsmittel: Warenträger

Das Warenträgerdesign bedeutet für das Unternehmen, Darstellung durch seine Sortimentsleistung, die durch die Warenträgerleistung ermöglicht und verbessert wird. Das Design der Warenträger ordnet die Waren und bestimmt ihren Wert.

Zum Warenbild eine neue Unterscheidbarkeit mit weniger faktischen Merkmalen und mehr Design und symbolischen Qualitäten zu schaffen, bedeutet Auswahl der Warenträger nach Wirkung in der Verkaufsraumgestaltung.

Der Konsument, dem die Darstellung des Unternehmens im Design immer wichtiger wird, weil er Design zum Warenangebot als Lebensqualität erwartet, kommt dem Auftrag des Designmanagements kommunikativ entgegen.

Das gute Design, als Unternehmensidentität verstanden, als das ehrliche Design, das den Rang des Unternehmens spiegelt, ist Dialog, ist Begegnungskultur zwischen Erwartung und Erfüllung. Das heißt, das Design des Verkaufsraumes wird auch zum Auswahlfaktor, wenn Konsumenten „ihr Unternehmen" auswählen. Durch die Art und Qualität des Designs werden die Zielgruppen bestimmt.

Das Warenträgerdesign schafft Innovationen für Warenbilder:
– die Ergonomie und durch sie die Optimierung der Leistungssteigerung
– das Corporate Design als Visitenkarte für Individualität und Vielfalt der Darstellung der Unternehmensidentität.

Diese Entwicklung hat einen Design-Reichtum geschaffen, der zu ständig neuen Design-Überraschungen führt.

Bei aller Vielfalt sind auch Trends unverkennbar. Der italienische Trend ist aufgefrischt, er ist europäisch, weiter geworden. Zum amerikanischen Trend mit den unbegrenzten Möglichkeiten ist deutlich der japanische Trend hinzugekommen, der auf einer guten Tradition aufbaut und eine hoch stilisierte Einfachheit entwickelt. Aber Memphis bleibt unverkennbar Memphis!

Die Ware bestimmt das Design

Die Ware ist Ausgangspunkt, sie bestimmt die Funktion und Flexibilität der Warenträger. Die Warenträger ordnen die Ware.

Design: Niedermaier, Chicago, USA

Design: Wilhelm Kreft GmbH, Wedemark

Design: Niedermaier, Chicago, USA

E   Das Designmarketing: Die Gestaltungsidee – Corporate Design zur Unternehmensdarstellung

E 7   Gestaltungsmittel: Warenträger

Die Qualität des Designs entsteht aus der Verbindung von Ästhetik und Gebrauchswert.

Die Gefahr, die Ästhetik nur als ökonomischen Imagewert zu betrachten, ohne deren Bedeutung zu erkennen, wird geringer.

Die gute Form und die hohe Gebrauchsfähigkeit sind Voraussetzung. Es genügt nicht, nur die formale Qualität eines Warenträgers zu erreichen, er muss auch eine hohe Gebrauchsfähigkeit besitzen und den Entwicklungsanspruch rechtfertigen.

Der Warenträger ist nur dann sinnvoll gestaltet, wenn die Besonderheit der Ware erkennbar bleibt und der Wert der Ware bestätigt wird.

Die Ergonomie muss beachtet werden: Gebrauchsfähigkeit in Bezug auf den stehenden oder gehenden Konsumenten, aber auch gelegentlich auf den sitzenden Konsumenten muss erfüllt werden.

Bei der Entwicklung von Warenträgern werden die Grenzen der Ergonomie sehr schnell erreicht. Der Ausweg, der oft genug gegangen wird in der Komfortabilität, ist erkennbar.

Im Entwerfen der Warenträger steckt spürbar der ursprüngliche Seriengedanke, der Gedanke der heute zur industriellen Fertigung entwickelt wurde.

In der Zeit der individuellen Ausstattung der Verkaufsräume werden zunehmend für Zielgruppen, die stilvoll einkaufen wollen, anspruchsvolle, individuelle Formen gesucht, Warenträger in kleinen Stückzahlen gefertigt oder als kostbare Einzelanfertigungen. Die neue Prächtigkeit zeigt sich im Design.

Zeitgemäßes, aktuelles Design ist originell und gediegen: brav, solide, sensibel, ungewöhnlich, frech, avantgardistisch, prächtig oder extravagant. Die Aussage muss Absicht des Innenarchitekten sein und nicht zufällig entstehen, sie muss dem Wert der Ware angemessen sein.

Die Aufgabe der Warenträger ist es, die Ware begeistert aufzunehmen, hochzuheben und sie dem Kunden zu reichen. Dieser Auftrag wird allzu oft verdrängt durch ein Möbeldesign, das in einer Beachtungskonkurrenz zum Sortiment steht.

Design-Qualität im Verkaufsraum bedeutet, die Ware als ständigen Bestandteil zu akzeptieren und zu dienen – als Einrichtungsbestandteil.

Das „andere" Regal, weg vor der Norm ist wichtig und kann Highlight werden. Design und Realisierung: Wilhelm Kreft GmbH, Wedemark

E7 Gestaltungsmittel: Warenträger

Gutes Design ist immer an den Zweck einer vorteilhaften Nutzung gebunden.

Unnötige Entwicklungen, die nur den Designer präsentieren, geschehen sehr oft aus Unkenntnis des Marktes, der Warenpräsentation, der ergonomischen Nutzung.

Der deutliche Trend zu individuellen Warenträgern besteht, er zeichnet die Warenraumgestaltung mit neuen Ideen aus, durch:
- die Forderung nach kreativen, einprägsamen Warenbildern
- die warengerechte Nutzung bis zur Erreichung von Ordnungssystemen, die von der Ware ausgehen
- die originell gestalteten Anschlüsse an Fußboden, Decken, Pfeiler, Ecken.

Die Warenbilder zu optimieren durch die Einbeziehung von Bildwänden für Highlights, wird zusätzlich wichtig. Die Entwicklung neuer Einrichtungsteile geht in diese Richtung. Möglichkeiten ergeben sich und werden genutzt zum gekonnten Überziehen der Formen, um einen Trommelwirbel zu entfachen, der als besonderes Highlight für besonders exklusive Produkte gebraucht wird.

Die Kreativität und die Individualität in der Nutzung prägt die Entwicklung der Warenträger und bestimmt immer deutlicher eine branchenkompetente, enge Segmentierung, die das Warenträgerdesign wesentlich bestimmt.

Die fachgerechte Unterbringung, die geforderten Warenbilder, das Erscheinungsbild als Element der Warenraumgestaltung machen einen Anforderungskatalog für Warenträger erforderlich. Dieser Katalog muss aufnehmen:
- die Ware muss angemessen und Markt bestätigend gezeigt werden
- die Ware und das Material der Warenträger müssen eine dauerhafte Beziehung eingehen
- das Design, das Material, Farbe und Licht müssen von der Nutzung bestimmbar variabel sein.

Der Nutzwert muss festgelegt werden:

1. in der Technologie durch:
- die Unterbringung der vorbestimmten Warenmengen
- ein gefundenes Ordnungsprinzip
- die Grundausstattung für Warenbilder

Dem Besonderen einen besonderen Platz: Individuell gestaltetes Regal für die Bibliophilen
Buchhandlung für Buchhändler, Wedemark
Design: Wilhelm Kreft, Kreft-Team

E   Das Designmarketing: Die Gestaltungsidee – Corporate Design zur Unternehmensdarstellung

E7 Gestaltungsmittel: Warenträger

ANSPRÜCHE AN EINEN WARENTRÄGER
COMPACT-DISC

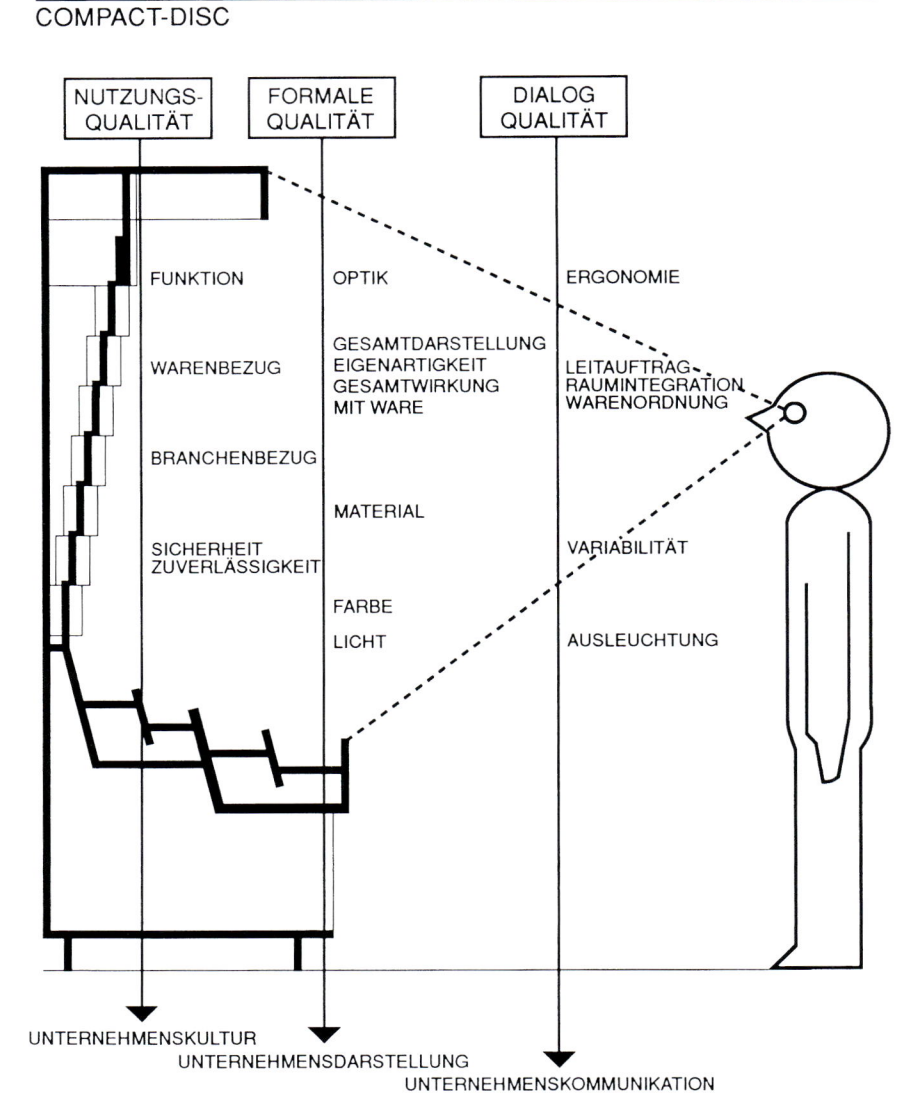

NUTZUNGS-QUALITÄT	FORMALE QUALITÄT	DIALOG QUALITÄT
FUNKTION	OPTIK	ERGONOMIE
WARENBEZUG	GESAMTDARSTELLUNG EIGENARTIGKEIT GESAMTWIRKUNG MIT WARE	LEITAUFTRAG RAUMINTEGRATION WARENORDNUNG
BRANCHENBEZUG	MATERIAL	
SICHERHEIT ZUVERLÄSSIGKEIT		VARIABILITÄT
	FARBE	
	LICHT	AUSLEUCHTUNG

UNTERNEHMENSKULTUR
UNTERNEHMENSDARSTELLUNG
UNTERNEHMENSKOMMUNIKATION

Bang & Olufsen
Design: Schwarz
Cedic, Heilbronn

- Variabilität
- die Austauschbarkeit des Zubehörs
- gutes steuerbares Licht
- Aufnahme von Displays, Großfotos bildlicher und szenischer Darstellungen
- Beschriftungen und andere Hinweismöglichkeiten.

2. in der Wirtschaftlichkeit
- im Leistungs- und Preisvergleich
- in der zu erwartenden Lebensdauer
- im Wiederverkaufswert; die Einrichtung soll umziehen können.
- Ansprüche an die Warenträger sind einmal vom Nutzer, der Kunden- und Unternehmensseite, zum anderen von der Herstellerseite zu stellen.

Anforderungen an die Produktion:
- die Warenträger müssen produzierbar sein
- die Kosten der Produktion müssen marktrelevant bleiben.

Technik und Design

Die Erreichung interessanter und wirkungsvoller Warenbilder mithilfe der Warenträger wird immer bedeutungsvoller und löst den traditionellen Lagerauftrag für Regale ab. Der Anspruch an Warenbilder bestimmt die Technik und das Design aller Warenträger.

Die Bedeutung der Warenträger ergibt sich aus:
- der warengerechten Nutzung
- der Organisation der Waren
- der unterscheidenden Form, Gestaltung, Ergonomie
- der Flexibilität und Variabilität.

Warenträger sind Designelement der Verkaufsraumgestaltung und müssen als solche erkannt werden.

Die Veränderungen, die saisonal schon in der Ware stecken, durch Flexibilität und Verstellbarkeit, gehören zum System. Die Verwendbarkeit für Warenbilder, die Akzentuierung, bestimmt die Technik, die Entwicklung der Module im System. In der Technik und im Design wird die Verbindung zum Fußboden, zur Decke, zur Beleuchtung und die verschiedenen Einsatzmöglichkeiten von Holz, Kunststoffen, Glas und Metall wichtig. Ebenso muss man mit Heizungen, Lüftungen und Klimageräten unkompliziert umgehen können.

Warenträger, dieser Begriff, der immer mehr gebraucht wird, macht deutlich: Die Ware wird getragen zum Ansehen und Lagern der Waren. Die Ware gibt den Auftrag.

Der Warenträgermarkt ist unüberschaubar groß. Bei der Auswahl muss man genau die Anforderung kennen und sie nach Branchen ordnen und definieren.

Wichtige Auswahlkriterien sind:
- die Branchenidentität
- das gute Design
- die gute Anwendungsmöglichkeit für Warenbilder
- in Modulen anbaubar, auch später ergänzbar
- Einrichtungsteile für eine individuelle Warenraumgestaltung.

Die Unternehmen wollen sich in den Ausstattungen der Verkaufsräume unterscheiden. Das heißt für Ladenplaner und Ladenbauunternehmen, insbesondere solche, die eine Branche bedienen, eine Modellpolitik zu garantieren, die dem Verlangen nach Individualität in der Branche stark verpflichtet ist.

Die Planungsarbeit des Innenarchitekten darf keineswegs eingeschränkt sein. Die Grundsysteme müssen Variationen mit einem sehr breiten kreativen Spielraum zulassen, auch für Ergänzungen. Wenn ein individuelles System als Marketingziel eigens für ein Unternehmen zu dessen Profilierung entwickelt werden soll, dann ist es wichtig, erst den Einrichtungsmarkt zu erforschen und mit den Wünschen nach einer geeigneten Produktion zu koordinieren.

Vom Preis einmal abgesehen: Exotische Einrichtungen, wenn sie nicht gleichzeitig einen hohen technischen Rang ermöglichen, sind sehr schnell modisch überholt.

Die Innenarchitekten müssen erkennen, dass hier ein Wandlungsprozess eingetreten ist. Der Verkaufsraum wird heute als Bühne verstanden, das bedeutet Waren-Inszenierungen und nicht Warenträger-Inszenierungen.

Die Attraktivität des Verkaufsraumes wird messbar aus der Wandlung heraus, aus der Verwendbarkeit für Inszenierungen, aus der schnellen Erneuerungsfähigkeit.

Siehe die Kapitel:
B 2.3   Die Branche
B 2.3.1 Der Branchenauftritt: Einrichtung
C 4   Die Inszenierung
C 4.5   Die Milieus
C 4.5.4 Der Lifestyle
F 4   Der Kundenleitweg

7.1 Die Ergonomie

Der Mensch ist das Maß auch im Verkaufsraum. Menschen machen für Menschen den Verkaufsraum. Am Point of Sale ist alles auf das Sehen und Greifen durch den Menschen eingerichtet. Sonst kann der Verkaufsraum nicht funktionieren.

Die Ergonomie sorgt dafür, dass die Kunden optimal die Waren sehen und greifen können. Daraufhin müssen die Warenträger konstruiert werden und verstanden sein. Neben der Konstruktion wird die Ergonomie zur Grundlage des Designs.

Die Ergonomie entscheidet! Für den Erfolg der Ware ist das Warenbild wichtig. Das bedeutet: Die vom Unternehmen im Regal oder auf dem Tisch zur Verfügung gestellte Fläche im Bezug zum sehenden und greifenden Konsumenten entscheidet.

Die Ergonomie findet deshalb zunehmend stärkere Beachtung, weil das Angebot an Waren größer ist als die Nachfrage. Hierdurch entsteht der Wettbewerb, der die Produktivität des Verkaufsraumes und der Warenträger strategisch-effektiv nutzen muss.

Das Unternehmen besitzt mit der richtigen Anwendung der Ergonomie Macht.

Ein Beispiel:

Sehr schnell findet man im Schokoladenregal die ideale Höhe aus Sehen und Greifen, die Sehgreifhöhe, heraus.

Hier liegt seit langer Zeit die Schokoladenmarke A, die alle Umsätze der übrigen Marken schlägt. Es ist gleichzeitig eine Marke, für die keine besondere Werbung betrieben wird, weder vom Hersteller noch vom Unternehmen.

Die werbestarken Marken, die bewusst gekauft werden, werden im gleichen Regalabschnitt darüber und darunter platziert. Diese Marken laufen sehr gut, abhängig von Fernsehspots.

Nun macht das Unternehmen einen sehr guten Schokoladen-Abschluss mit einer neuen, bisher noch nicht geführten Marke B. Die Konditionen sind besser als die der Marke A.

Mit Eintreffen der Schokolade B ergeht die Anweisung, die Schokolade A nunmehr auf eine ungünstigere Position zu legen und die Schokolade B in die beste Sehgreifhöhe zu bringen.

Das Ergebnis: Die Schokolade A wird kaum noch verlangt. B läuft nun genauso gut wie A vor der Umsetzungsaktion.

Die Beachtung der Ergonomie ist ein Gebot der Leistung für den Kunden. Die Nutzung muss von der Verantwortung der Unternehmen für den Kunden getragen werden.

Die Ergonomie ist in der Anwendung den folgenden Kapiteln zugeordnet:

E 7.5   Die Innenmöbel
E 7.12 Der Schaufenster-Ausbau
F 4   Der Kundenleitweg: Gänge und Plätze
F 12.1 Das Kassenmöbel
F 13.1 Die Treppe im Kundenleitweg (Treppenbreiten)
F 13.2 Die Fahrtreppen
F 13.14 Die Aufzüge
F 14.2 Die Arbeitstische für Mitarbeiter

Die Regal-Ergonomie

Eine ergonomische Nutzungsordnung ist gerade für das Regal besonders wichtig.

Regale sind auch Wandfüller, wichtig für Warenbilder und bestimmender Teil des Warenraumbildes.

Sie werden zur Aufnahme der Ware genutzt, außer im Sehgreifbereich auch in den Teilen, die für den Kunden schwer zugänglich sind – ganz unten und ganz oben. Die Anordnung soll:

– Warenbild sein, den Kunden ansprechen, ins Auge fallen und den direkten Zugriff durch den Kunden ermöglichen

– Warenleitbild sein, Informationsträger durch die Ware und zusätzlich

– den Kunden leiten können im Kundenleitweg.

Die Sehnutzung dient der Orientierung. Regale werden ausgestattet, auch zum Tragen von Displays, szenischen Darstellungen, Erklärungen und Hinweisen – Informationen aller Art.

Zur genauen Ausrichtung der Regale auf den Verwendungszweck ist das Erkennen der einzelnen ergonomischen Zonen, insbesondere der ergonomisch so wichtigen Sehgreifzone erforderlich.

E 7 Gestaltungsmittel: Warenträger

Der Entwurf der Regale, die Bewertung der Regale, geschieht für die Sehgreifhöhe. Die Nutzung der Regale für Warenbilder bedeutet günstige Voraussetzungen durch Variabilität, Flexibilität in der Sehgreifhöhe.

Die Sehgreifhöhe ist die Zone, in der die Waren in den Warenbildern so präsentiert werden, dass sie sowohl im Hauptsehbereich als auch im Hauptgreifbereich der Kunden liegen.

DIE REGALZONEN

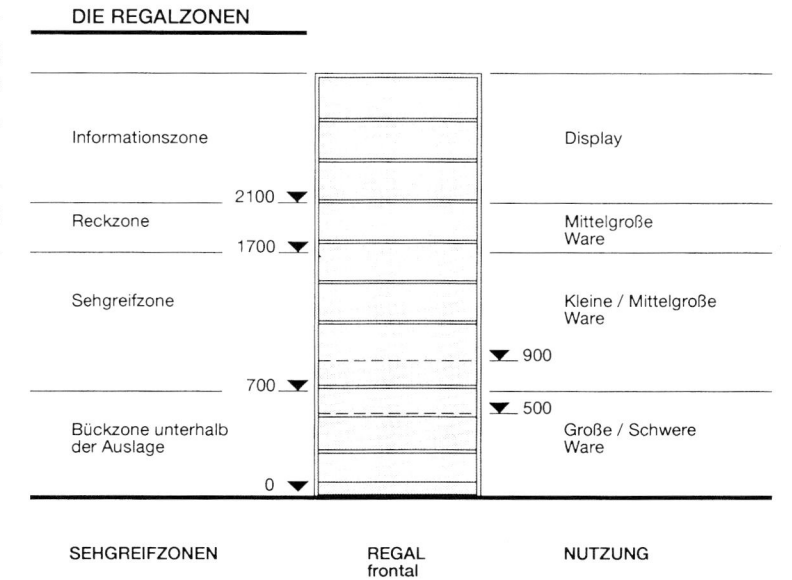

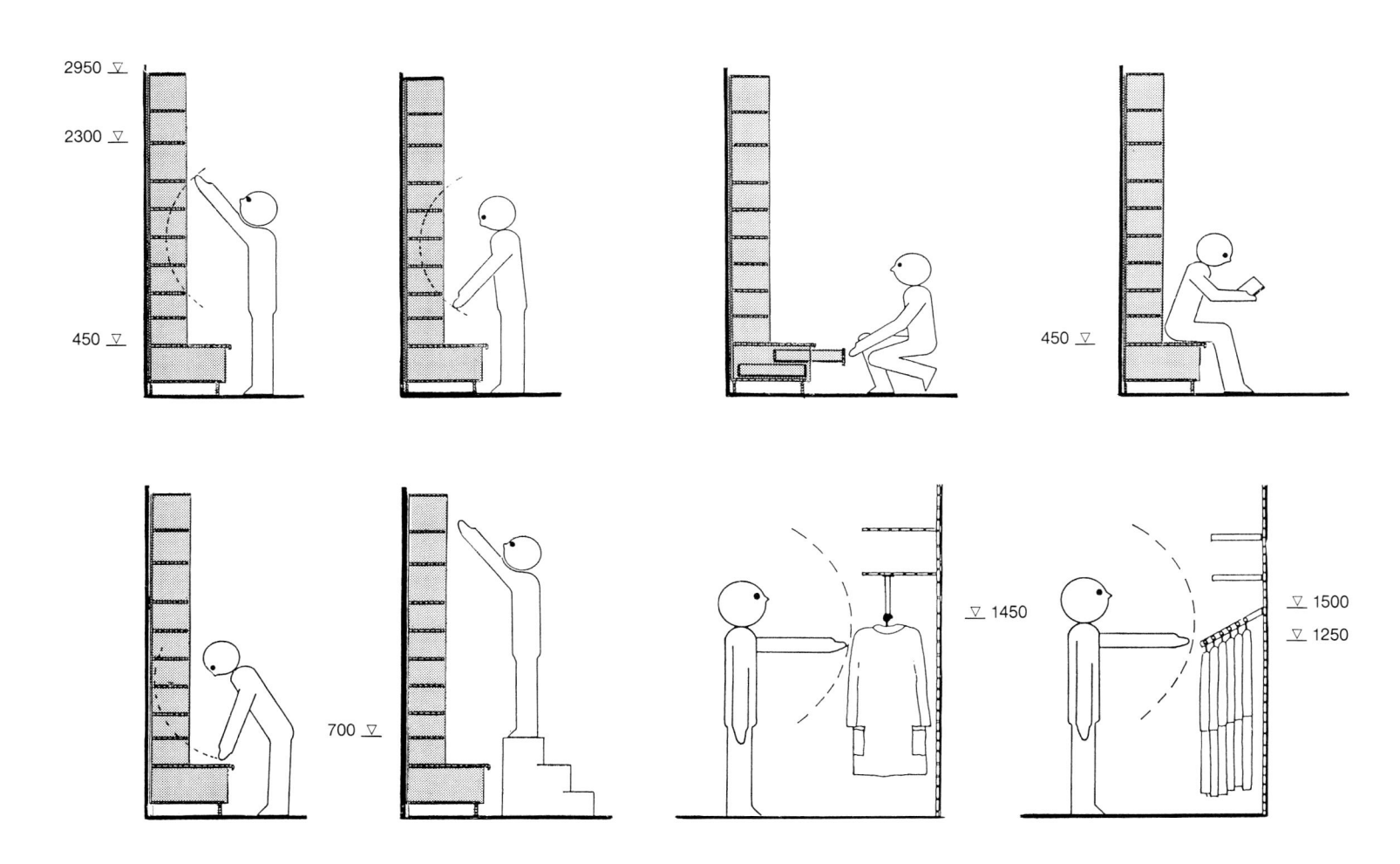

SEHGREIFZONEN	REGAL frontal	NUTZUNG
Informationszone		Display
2100		
Reckzone		Mittelgroße Ware
1700		
Sehgreifzone		Kleine / Mittelgroße Ware
	900	
700	500	
Bückzone unterhalb der Auslage		Große / Schwere Ware
0		

E   Das Designmarketing: Die Gestaltungsidee – Corporate Design zur Unternehmensdarstellung

E 7   Gestaltungsmittel: Warenträger

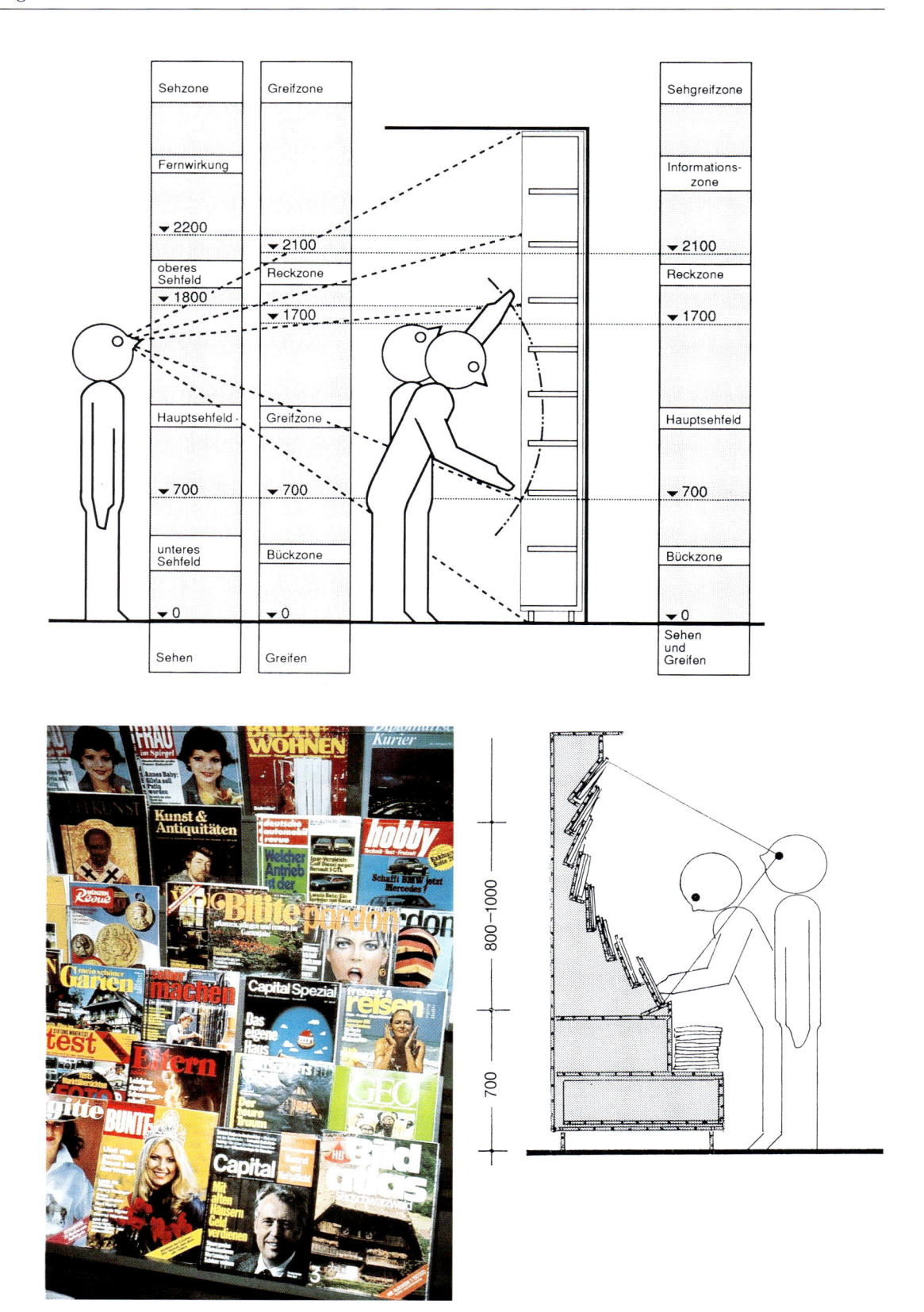

E7 Gestaltungsmittel: Warenträger

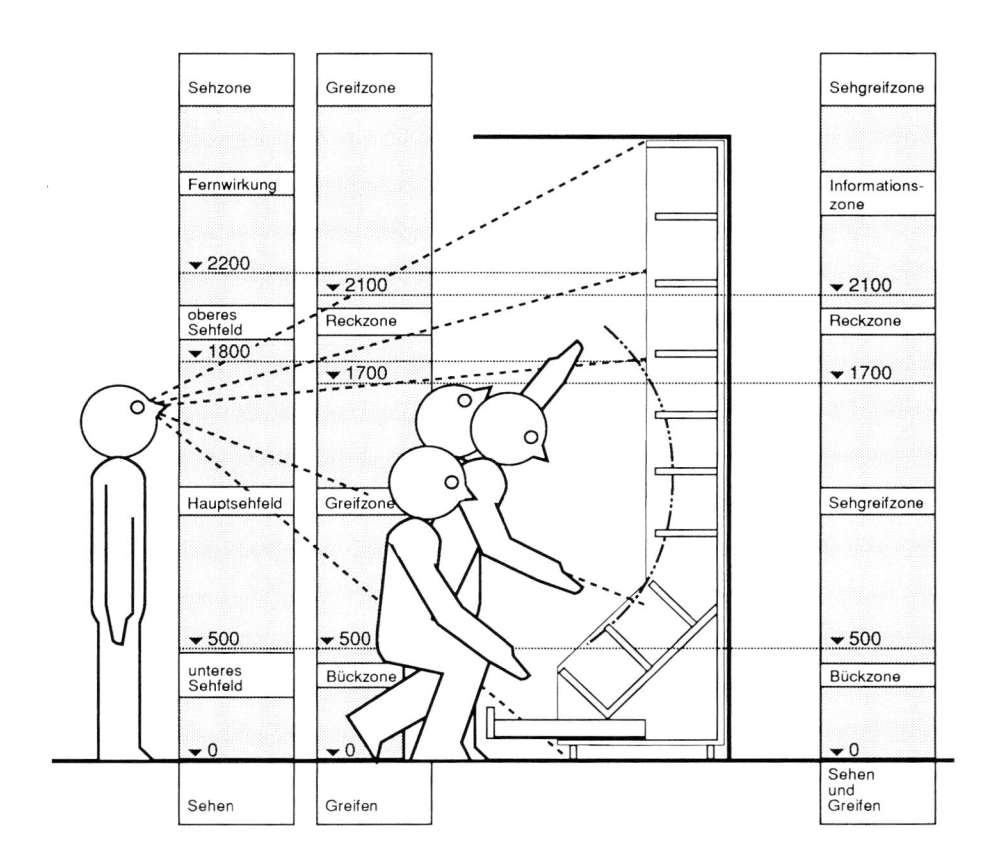

Zur Gesimshöhe

Gesimshöhen sind ergonomische Höhen. Ideale Gesimshöhen liegen zwischen: 2200 mm obere Kante und 2050 mm untere Kante. 2050 mm bedeutet, das Gesims kann über Innentüren weiterlaufen.

Das Gesims ist so etwas wie der obere Abschluss der Greifhöhe, bis hierher greift der Kunde.

Die Gesimshöhen sind oft ein waagrechtes Band, das die Warenbilder aneinanderreiht wie an einer Wäscheleine. Das Auge des Kunden wird hier „umdrehen" und sich wieder auf die Warenbilder in der Sehgreifhöhe richten. Jedem Kunden ist klar, darüber befindet sich das Lager oder gibt es Informationen für die Fernwirkung.

Bis zur Gesimshöhe ist das Regal im Sehgreifbereich für den Konsumenten nutzbar. Sie sollten also nicht zu tief liegen.

Viele Gesimsblenden werden zur Beschriftung der Warengebiete benutzt, die sich in diesem Regal befinden. Dann sind solche Beschriftungen für die Fernwirkung eingestellt und dürfen durch Konsumenten, die am Regal stehen, nicht verdeckt werden.

7.2 Die Regale

Alle sprunghaften Entwicklungen im Verkaufsraum haben das Regal nicht ersetzt, sehr wohl wurde das Regal ergänzt durch Spezialteile und durch neue Regalentwicklungen.

Das Regal ist selbstständig geworden, es folgt nicht mehr unbedingt der Wand, Regale stehen auch frei im Raum.

Das Regal hat sich weiterentwickelt. Die Grenzen der traditionellen Materialien für die Herstellung sind längst überwunden. Metall, Holz, Glas, Kunststoffe schaffen gemeinsam neue Möglichkeiten im Wettbewerb der originellen Lösungen.

Die Aufgabe, die Ware aufzunehmen, zu verwahren und zu ordnen, spannende, interessante Warenbilder zu ermöglichen, die Zugabe von Informationen und Erklärungen zu erlauben und gleichzeitig Teil der Verkaufsraumgestaltung zu sein ist groß.

In einer Zeit der individuellen Ausprägungen, in der die Forderung nach Eigenart besonders wichtig ist, steht eine Vielfalt von Regaltypen zur Verfügung, die die Marktübersicht erschwert.

Regale werden ausgewählt nach:
- der Nutzung
- dem Design
- dem Gebrauchswert, der Flexibilität und Variabilität
- dem Zubehör, den Einsätzen
- dem Materialanspruch.

Unterschieden werden Regale nach ihren tragenden Teilen: Seitenregal, Stützenregal, Rückwandregal

Seitenregal

Es ist praktisch aus einem Anbausystem entstanden. Diese rationellere Bauweise wirkt noch wie ein Kastenregal.

Die Seite wird gebraucht, wenn es um Warenordnung und -unterteilung geht. Die Seitenbauweise hat einen sichtbaren Materialanteil.

Stützenregal – traditionell

Dieser Regaltyp ist am weitesten verbreitet, in allen Branchen ist er zu finden. Es gibt deshalb auch eine sehr breite Palette an Möglichkeiten und eine große Vielfalt die genutzt wird.

Es gibt die Stützenregale „traditionell", die im Wesentlichen von den technischen Möglichkeiten bestimmt werden. Wichtig sind aber auch die Entwicklungen des Stützenregals, die deutlich designbestimmt sind.

Die tragende Funktion hat eine Stahlstütze übernommen, die an der Wand steht, oft auch an der Wand befestigt wird. Viele Konstruktionen sind auch freistehend.

Die Stahlstützen sind geschlitzt oder perforiert. Man kann Träger einhängen. Eine gute Verstellbarkeit ist gewährleistet und damit eine große Variabilität.

Das Regal ist fast nicht sichtbar, nur die Böden und Einsätze wirken nach außen. Die Anwender haben eine große Variationsbreite, Kuben und Kästen können eingehängt werden wie Böden. Das Modulsystem lässt sich fortsetzen bis in Deckenkonstruktionen hinein.

Das Designer-Regal ist eine besondere Entwicklung des Stützenregals. Das Design bestimmt das Regal, das sich nicht mehr dem Zweck Warenträger zu sein dem Warenbild unterordnet, sondern neben dem Warenbild selbstsicher auftritt.

E 7 Gestaltungsmittel: Warenträger

Lydia Fashion, Heilbronn
Design: Orschler, Stockstadt

Rückwandregal

Eine stabile Rückwand ist der tragende Teil. Die Rückwand ist gelocht oder geschlitzt. Geschlitzt ist die häufigste Form – also praktisch die Nutwand ist der Ausgangspunkt. Dazu gibt es viel Zubehör- Böden, Träger, Kästen, Schränke, auch Bügel und Stangen und auch Flächen für Spiegel, Plakate, Großfotos. Dieses Regal ist für die Mode, Damen- und Herrenoberbekleidung entwickelt mit dem reichen Zubehör für alles, was zur Mode gehört wie Accessoires. Diese Regale sind dabei auch andere Branchen zu erobern.

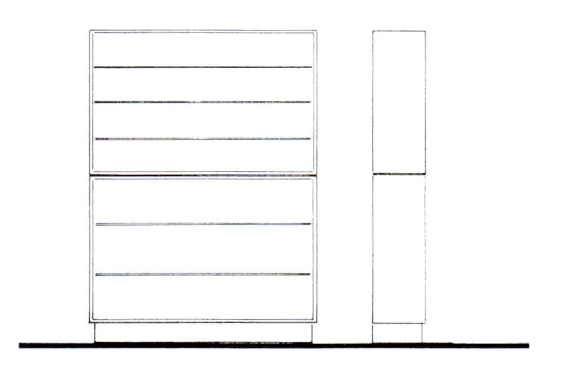

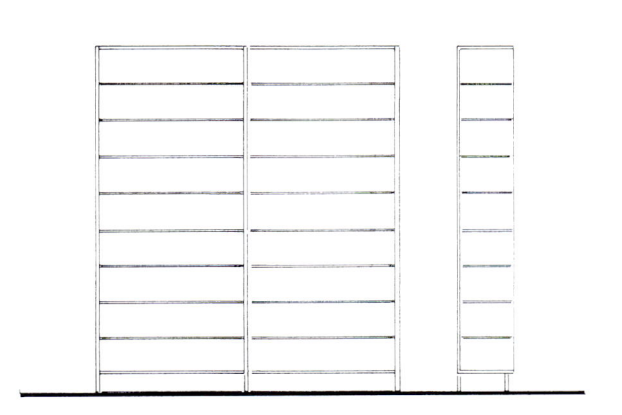

E   Das Designmarketing: Die Gestaltungsidee – Corporate Design zur Unternehmensdarstellung

E 7   Gestaltungsmittel: Warenträger

Moderne Seitenregale mit verschiedenen Einsätzen für eine Reiseabteilung Buchhandlung für Buchhändler, Wedemark
Planung und Realisierung: Wilhelm Kreft GmbH, Wedemark

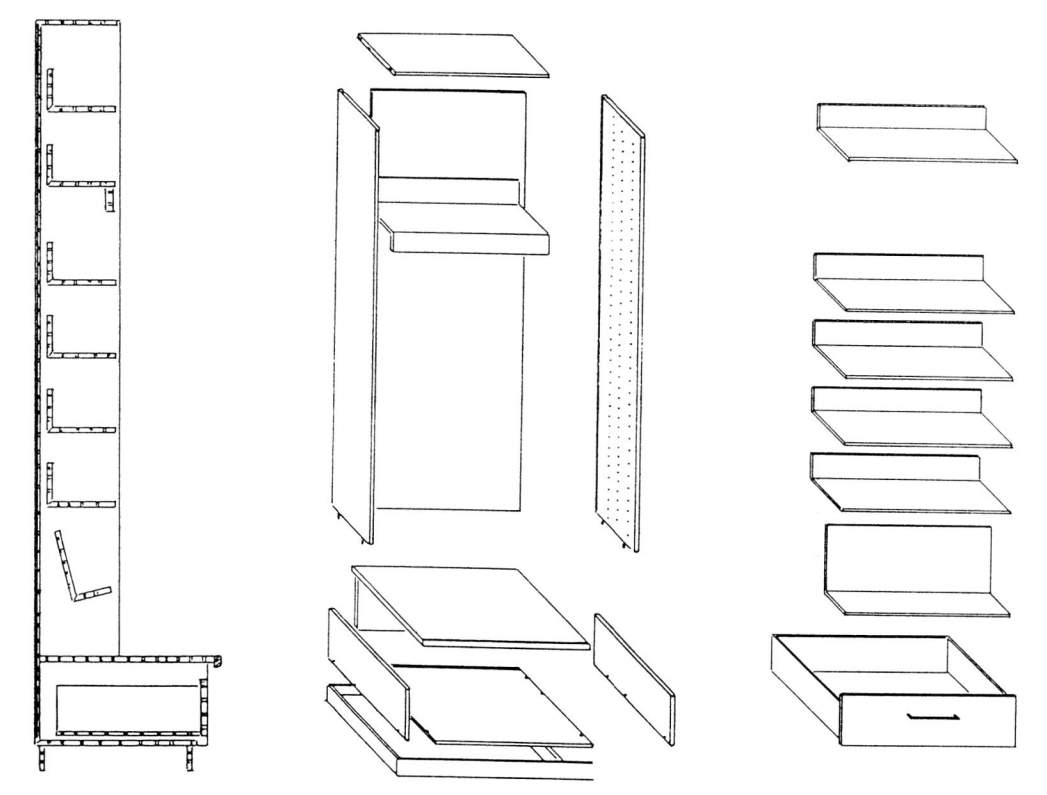

Das Seitenregal und seine Einzelteile

E7 Gestaltungsmittel: Warenträger

Design: Wilhelm Kreft GmbH,
Wedemark

E   Das Designmarketing: Die Gestaltungsidee – Corporate Design zur Unternehmensdarstellung

E 7   Gestaltungsmittel: Warenträger

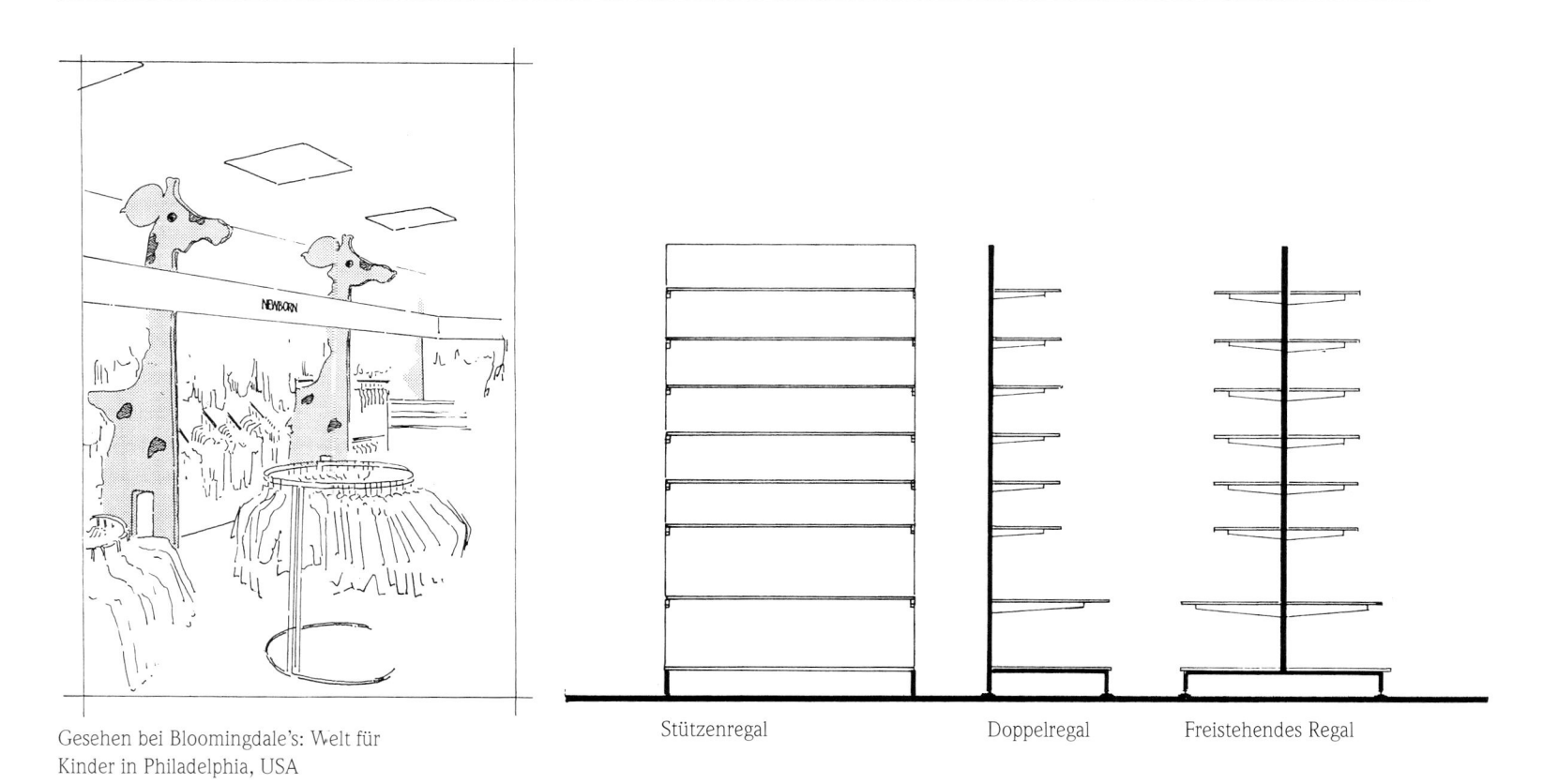

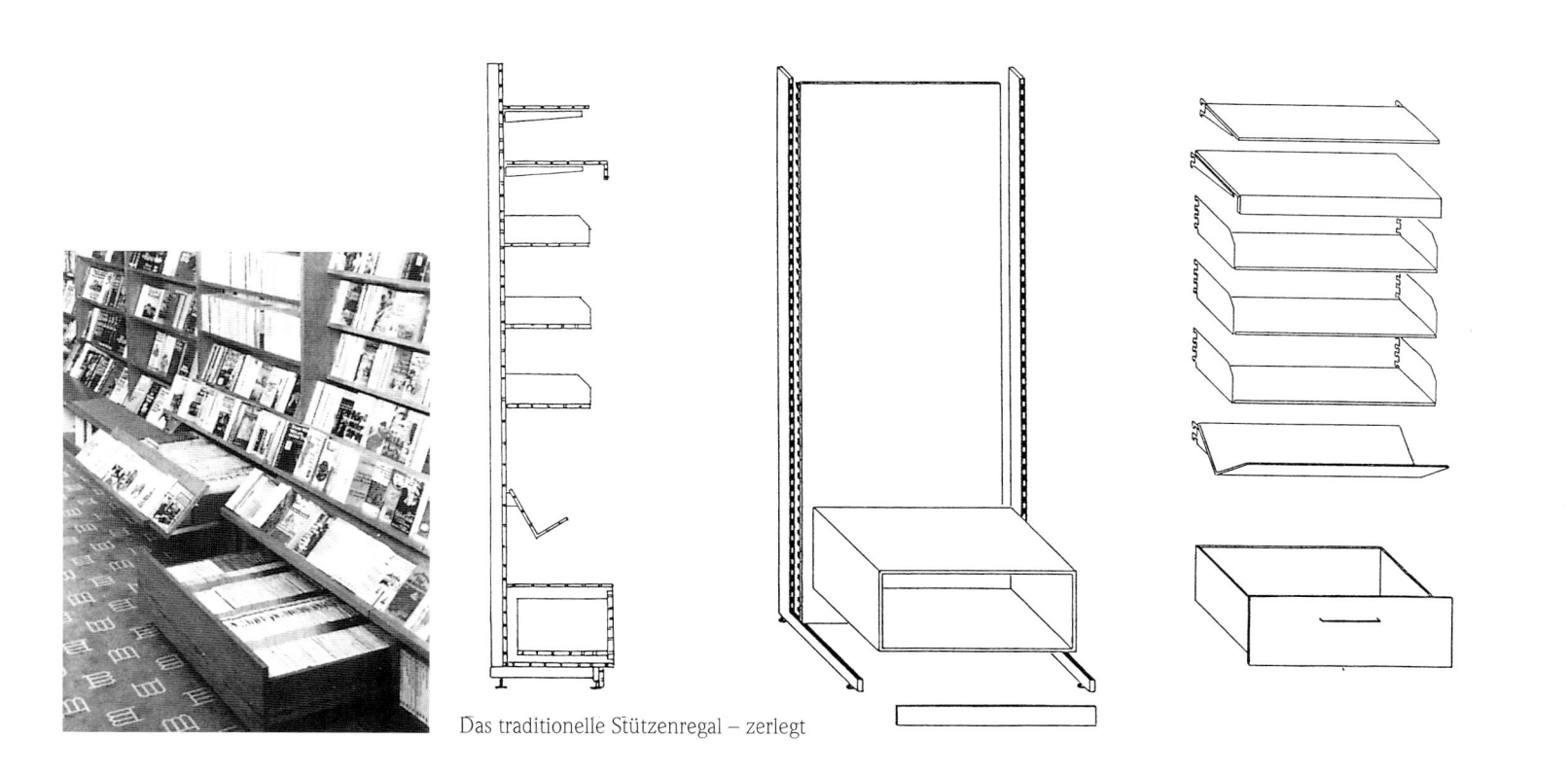

Gesehen bei Bloomingdale's: Welt für Kinder in Philadelphia, USA

Stützenregal

Doppelregal

Freistehendes Regal

Das traditionelle Stützenregal – zerlegt

E 7 Gestaltungsmittel: Warenträger

Das Stützenregal für Bücher und CD's
Typ: Fabel
Design: Wilhelm Kreft GmbH, Wedemark

Design: Wilhelm Kreft GmbH,
Wedemark

Ein modulares Regalsystem. Die Grundelemente können wahlweise als Horizontalträger oder Vertikalsäule eingesetzt werden. Die Konstruktionsverbindung ist ein echtes Kapitell mit Anbindungsmöglichkeiten in sechs Richtungen.
Design: Quattrochiho und De Pas, D'Urbino und Lomazzi, Alessandria, Italien

E   Das Designmarketing: Die Gestaltungsidee – Corporate Design zur Unternehmensdarstellung

E 7 Gestaltungsmittel: Warenträger

Das Stützenregal mit Fotorückwand
Dussmann – das KulturKaufhaus, Berlin
Design: Wilhelm Kreft GmbH,
Wedemark

Glückwunschkarten-Regal
Design und Realisierung: Werner Schenk, Heilbronn

Comics muss man an einer Wand zeigen.
Buchhandlung Konrad Wittwer, Stuttgart
Idee und Realisierung: Wilhelm Kreft
GmbH, Wedemark
Künstler: Wolfgang Jeske, Hannover

E 7 Gestaltungsmittel: Warenträger

Stahlstützen für Hängeware mit Edelstahladaption an einer „immateriellen" Glasfläche, 12 mm Sekurit, raumhoch eingespannt.
Pro Fashion Modevertriebsgesellschaft mbH
Design: Klaus Bürger, Krefeld

E   Das Designmarketing: Die Gestaltungsidee – Corporate Design zur Unternehmensdarstellung

E 7   Gestaltungsmittel: Warenträger

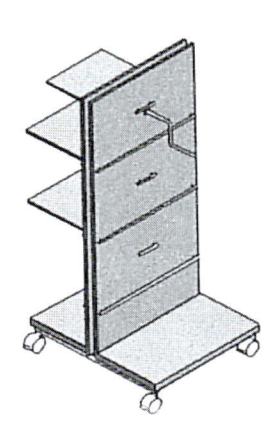

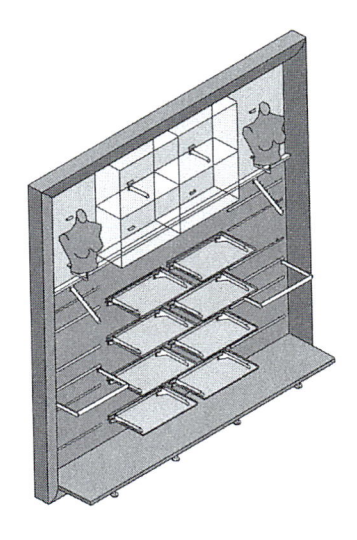

Stripes System Vitrashop
Stripes macht die Horizontale zum Prinzip der Einrichtung. Feine Streifen oder Linien setzen den Akzent im Raum. Die Auswahl an Farben und die Materialien (Holz, Glas, Metall) bestimmen die Ambiance.

System Stripes
Breuninger, Karlsruhe
Planung: Blocher, Blocher & Partner, Stuttgart
Realisierung: Vitrashop, Weil am Rhein

E 7 Gestaltungsmittel: Warenträger

System Stripes
Breuninger, Karlsruhe
Planung: Blocher, Blocher & Partner, Stuttgart
Realisierung: Vitrashop, Weil am Rhein

E   Das Designmarketing: Die Gestaltungsidee – Corporate Design zur Unternehmensdarstellung

E7   Gestaltungsmittel: Warenträger

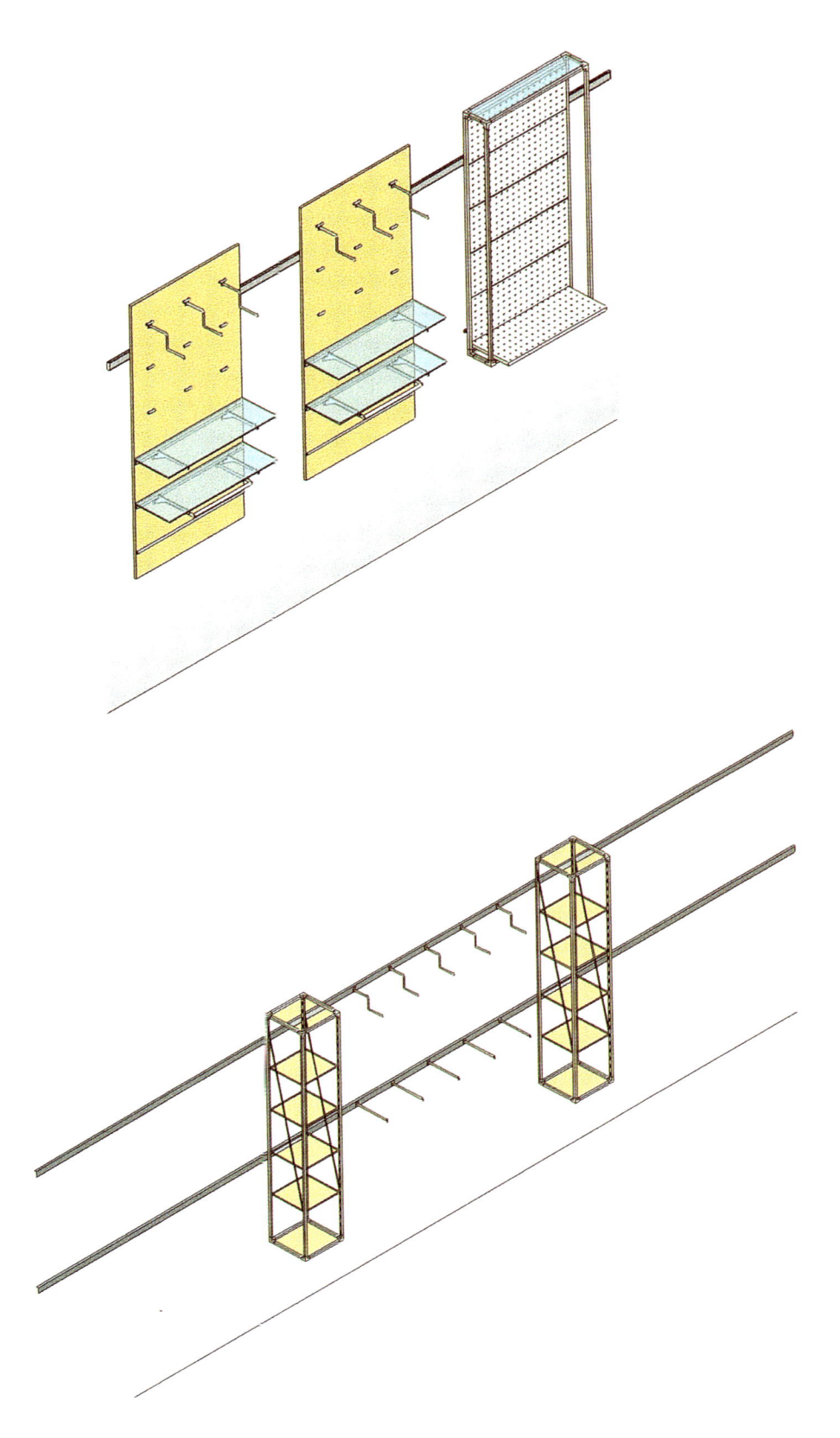

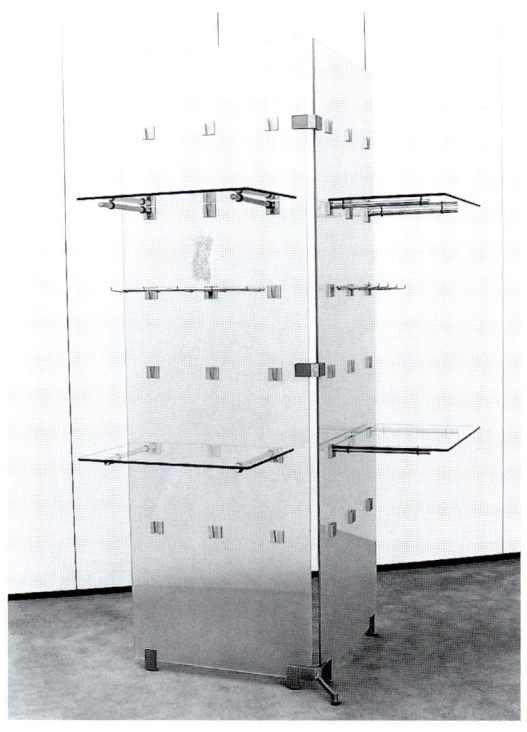

Paravant-Systeme aus satiniertem Glas mit UV-verklebten Adaptern zur Aufnahme verschiedenster Warenträger
Design: Ruppel Geschäftseinrichtungen

Shaker Rail
System Vitrashop
Ein Band liniert die Wand – streng, ökonomisch, funktional. Das Pegboard der Shaker war Vorbild für das neue Rail. Es nimmt alles auf, was für die Warenpräsentation gebraucht wird: von einzelnen Abhängearmen und Screens bis hin zu ganzen Modulen. Alles kann einfach an das Shaker Rail gehängt werden. Oder schnell verschoben oder abgehängt – ganz nach Wunsch und Warenmenge. Verschiedene Materialien und Farben gestalten das Rail individuell und passend zum Sortiment. Mit dieser neuen Art der Präsentation lässt sich die Ware optisch von der Wand und „schwebt" davor, scheinbar ohne Möblierung, als Anziehungspunkt im Raum.

7.3 Die Nutwände

Die Nutwände, auch als Lamellenwände, Verbretterungen oder als Schlitzwände bezeichnet, sind von der Nutzung her betrachtet Regale. Nicht mehr die Seite oder die Stütze, sondern die Rückwand hat die tragende Funktion übernommen. Diese Nutwände haben sich zu Regalen vervollständigt.
Siehe hierzu:
E 7.2   Die Regale, Rückwandregal

Die Rückwände sind waagerecht geschlitzt, zum Einhängen von Trägern, Böden, Kästen, Haken. Von der Rückwand her lässt sich wieder ein komplettes Regal aufbauen.
Die Leichtigkeit, die diese Nutwände ausstrahlen, macht deutlich, dass nicht mehr die Menge der Ware wichtig ist, sondern die Qualität des Warenbildes.
Dominierend ist der Effekt, die starke Betonung der waagerechten Schlitze und die lockere Einhängung aller Teile. Die große Variationsbreite lässt sich geradezu spielerisch anwenden.
Nicht nur Abteilungen, ganze Verkaufsräume werden zunehmend in diesem Nutwandstil eingerichtet.

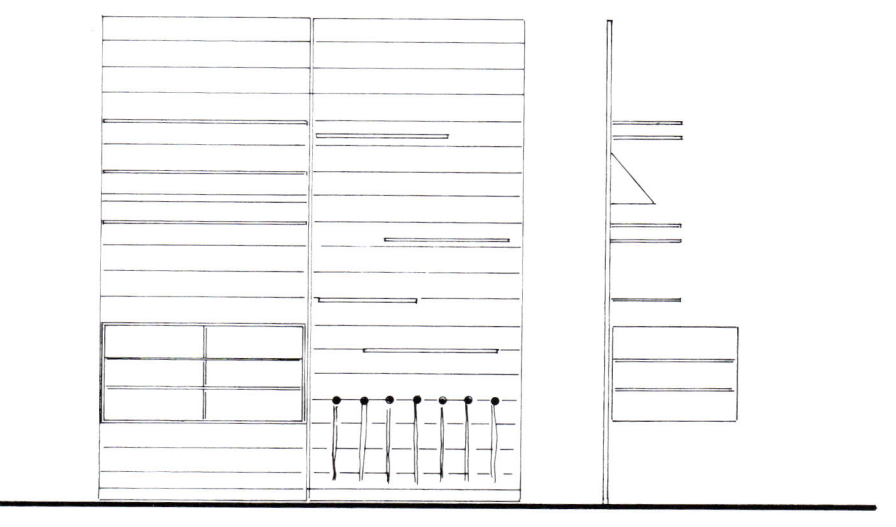

Nutwände mit reichhaltigem Zubehörprogramm

Die Vorteile sind deutlich erkennbar. Sie kommen dem Streben nach größter Variabilität entgegen. Eine neue leichte Nutzungsauffassung etabliert sich.

Betty Barclay Showroom
Design: Vitrashop, Weil

E   Das Designmarketing: Die Gestaltungsidee – Corporate Design zur Unternehmensdarstellung

E 7   Gestaltungsmittel: Warenträger

System: Trendstore

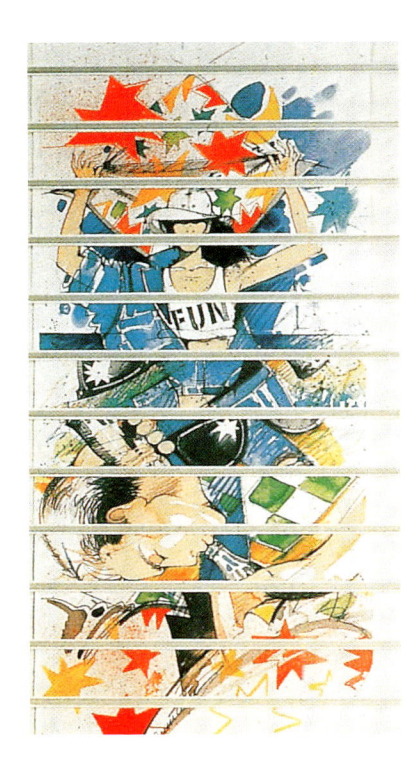

Gestalterisch übernehmen die Wände wieder Leitfunktionen. Die waagerechten Schlitze sind eine deutliche Akzentuierung, vor der sich Ware gut abhebt. Die Ware löst sich von der Wand und schwebt. Sie wird leichter, zugänglicher als in einem Regal.
Die Warenbilder haben neue Variationen durch die Nutwände erhalten. Die Leitfunktion, die solche grafisch gestalteten Wände übernehmen, ist für die Findung des Kundenleitweges wichtig.
Die leichten, beschwingten und interessanten Wände fordern einen entsprechenden Kontrast im Rauminnern, denn das Wall-System, das auch für Innenmöbel angewandt wird, wird selten gleichzeitig an der Wand und als Innenmöbel verwendet. Zu der leichten Wand entsteht nun das schwere, kompakte Innenmöbel.
Wo Wände zur Ergänzung werden und die Aktivitäten sich mehr in der Mitte des Verkaufsraumes abspielen, sind Nutwände einsetzbar.

E7 Gestaltungsmittel: Warenträger

Nutwände aus Metallprofilen – das bedeutet besonders enge Nutabstände
Design und Realisierung: Wilhelm Kreft GmbH, Wedemark

E   Das Designmarketing: Die Gestaltungsidee – Corporate Design zur Unternehmensdarstellung
E 7   Gestaltungsmittel: Warenträger

Betty Barclay
Die Rückwände sind nicht durch Schlitzungen unterbrochen, sondern nur durch die punktuellen Aufnahmemöglichkeiten des Zubehörs dezent gerastet.
Planungen: Blocher, Blocher & Partner, Stuttgart
Realisierung: Vitrashop GmbH, Weil am Rhein

Modehaus Rosa, Schweinfurt
Planung: Blocher, Blocher & Partner, Stuttgart

Buchhandlung für Buchhändler, Wedemark
Planung und Realisierung: Wilhelm Kreft GmbH, Wedemark

Die Einsatzmöglichkeiten sind vielfältig, dementsprechend steigt die Nachfrage. Auch die Variabilität als Gestaltungsfaktor für Warenbilder schafft neue Anwendungen.

Dekorstreifen aus Schichtstoff, PVC oder durch bedruckte Papiere werden seitlich zwischen den Aufnahmeleisten eingeschoben. Dadurch lassen sich Nutwände jedes Mal individuell gestalten.

Sie haben eine wichtige Bedeutung für Inszenierungen, auch für szenische Darstellungen – Plakatierungen, Großdias, Displays, Fotowände – sie können mühelos zu Highlights werden.

7.4 Die Vitrinen

Vitrinen werden immer zu besonderen Warenbildern.

Im Bestreben nach Produktnähe, die Schranken zwischen Ware und Konsumenten abzubauen, akzentuiert sich der entgegengesetzte Weg der „Ware hinter Glas" für das Besondere, für Status. Durch reduzierte Zugänglichkeit neugierig zu machen und den Reiz der ungewöhnlichen Ware zu verbreiten, ist Aufgabe der Vitrinen.

Das Bild aus den Kindertagen wirkt mit jeder Vitrine weiter, als man vor Bewunderung die Nase an der Schaufensterscheibe platt drückte.

Das Wertvolle soll für jeden Konsumenten sichtbar werden. Eine Vitrine, die unter Verschluss gehalten wird, muss ja wertvolle Schätze bergen.

Für den Konsumenten wird zur Orientierung immer wichtiger, dass er solche Höhepunkte im Sortiment erfährt.

In vielen Sortimenten haben Vitrinen so etwas wie einen Altar-Effekt, darüber hinaus auch oft einen Schlusspunkt-Effekt in der Preisstrategie.

Vitrinen erfüllen eine wichtige Funktion, auch dann, wenn der Luxus, der den teuren ausgestellten Stücken innewohnt, kaum nachgefragt ist.

Der Konsument möchte das Stück aus der Vitrine in seine Hände nehmen. Jetzt wird der Schlüssel geholt, die Vitrine wird geöffnet, die Zeremonie nimmt ihren Lauf. Das wertvolle Stück wird auf einen Tisch gestellt, der Kunde kann es betrachten und für eine Weile bleibt er mit dem prächtigen Stück allein.

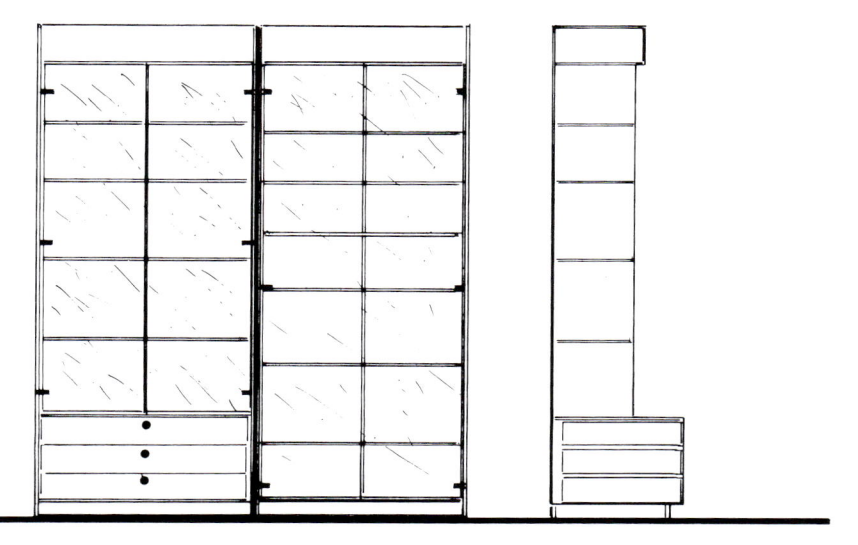

Die Vitrine in der Regalfront
Cormenius, Heidelberg
Planung: Klaus Riesenbeck, Kreft-Team
Realisierung: Wilhelm Kreft GmbH, Wedemark

Vitrinen im Seitenregal

E   Das Designmarketing: Die Gestaltungsidee – Corporate Design zur Unternehmensdarstellung

E7   Gestaltungsmittel: Warenträger

Buchhandlung für Buchhändler,
Wedemark
Planung und Realisierung:
Wilhelm Kreft GmbH, Wedemark

Goldschmiedekunst Heitkamp, Kassel
Planung: Cöln Design, Köln
Realisierung: Emde, Grünberg

Kauft der Kunde oder kauft er nicht? Ist er dieser Vitrinen-Zeremonie erlegen?
„Nicht für mich", sagt der Kunde „für einen Jubilar, der es verdient." Das justament, ist der Sinn solcher Vitrinen.
Durch den Reiz des mit Anstrengung Erreichbaren, schon hier im Verkaufsraum, bestimmt das wertvolle Stück per Vitrine das Milieu. Alle schauen hin, alle sind fasziniert: „Wie würde dieses Stück erst bei mir zu Hause wirken!"
Die Tatsache, dass in diesem Fachgeschäft etwas Besonderes auch besonders aufbewahrt wird, weckt erst das Interesse für das Besondere.
Es ist ein Kundenanspruch, Extravagantes zu sehen und bei besonderen Anlässen, die bestimmt kommen werden, danach zu verlangen.
Das Image des Unternehmens und die Bedeutung des Fachgeschäftes wurden erneut gefestigt.
Die Anzahl der Vitrinen entscheidet. Der Wert der ausgestellten Waren fällt mit der Anzahl der Vitrinen.
Von der Größe des Verkaufsraumes hängt es ab, ob es eine oder mehrere Vitrinen sein sollten: für Wertvolles nicht mehr als drei Vitrinen, eine ungerade Zahl als Blickfeld. Das Besondere braucht

E 7 Gestaltungsmittel: Warenträger

Juwelier Zeus, Bad Homburg
Planung: Cöln Design, Köln

Buchhandlung für Buchhändler, Wedemark
End-Realisation: Wilhelm Kreft GmbH, Wedemark

Juwelier Kurtz, Stuttgart
Planung: Wolfgang Platzer, Nürnberg
Realisierung: Emde, Grünberg

E Das Designmarketing: Die Gestaltungsidee – Corporate Design zur Unternehmensdarstellung

E 7 Gestaltungsmittel: Warenträger

eine Mitte. Wenn die Vitrinen miteinander korrespondieren, dann im überschaubaren Raum und im Sortiment.

Die Vitrinen sind im Kundenleitsystem Warenleitbild.

Vitrinen sind längst nicht mehr nur an den Wänden untergebracht. Viele stehen frei im Raum, ringsum verglast, der Inhalt bewegt sich, die Tableaus drehen sich. Andere Vitrinen haben Stehtischhöhe, man schaut von oben auf die Pracht.

Vitrinen, das bedeutet sehr oft störende Reflexe durch aufkommendes Tageslicht, welches die Leuchtkraft der Vitrine beeinträchtigen kann.

Zur Ware in der Vitrine gehört die richtige Beleuchtung. Häufig kann die richtige Lichtanwendung erst vor Ort genau eingestellt werden. Es empfiehlt sich, mehrere Lichtquellen zur Verfügung zu haben, die man wahlweise zuschalten kann.

Die Ladenplanung muss durch die Auswahl des richtigen Standortes helfen.
Siehe das Kapitel:
E 10.1 Die Lichttechnik

7.5 Die Innenmöbel

Die Innenmöbel werden auch als Mittelraum-Möbel bezeichnet. Die Vergrößerung der Verkaufsflächen lässt sich oft nur realisieren durch eine Vergrößerung der Innenflächen. Durch die aktive Nutzung der Innenflächen ist die Bedeutung der Innenmöbel ständig gestiegen.

Sie ergeben Vielfalt durch eine größere Variationsbreite, als diese durch Theken oder Wandregale bisher möglich war.

Wenn man die Theken einmal herausnimmt, die ja an sich auch Innenmöbel sind, bleiben im Grunde genommen vier Gruppen, die alle ihre Entwicklung haben: Podeste, Tische, Innenregale, Ständer.

Podeste

Sie sind eine Entwicklung aus den Kisten, die mit Ware gefüllt in der Mitte des Raumes gestapelt wurden.

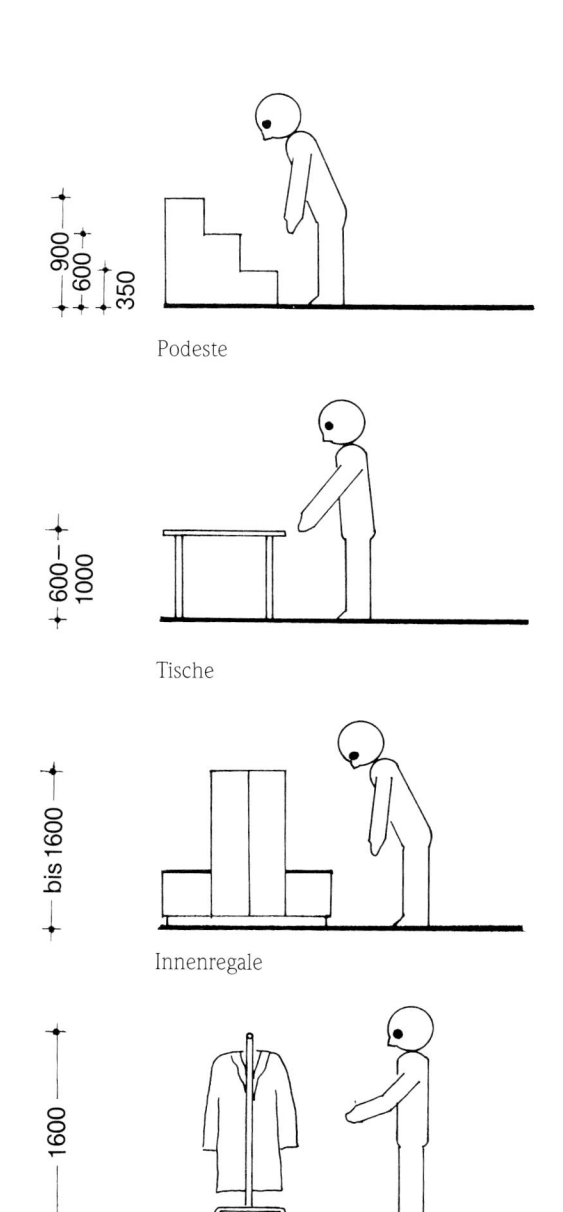

Podeste

Tische

Innenregale

Ständer

Tische

Sie sind reduzierte unverglaste Theken für verpackte Ware, für den direkten Kundenzugriff.

Innenregale

Das Wandregal, in der Höhe für eine gute Übersicht reduziert, steht in der Mitte des Raumes.

Ständer

Die Kleiderständer und Kleiderregale, bisher an den Wänden untergebracht, stehen im Raum, von allen Seiten frei zugänglich, viele sind drehbar.

Stopper

Stopper, sind die Innenmöbel mit dem besonderen Auftrag: auffallen, im Weg stehen, eben „stoppen". Sie sind „Freistil" ohne jede technische Bindung, nicht einzuordnen.

Für Podeste und Tische, für Möbel, auf denen die Ware aufgelegt oder aufgestellt wird, ist die ergonomisch richtige natürliche Höhe zum Sehen und Greifen zu erreichen:

– Ware, die zu hoch gezeigt wird, wird gesehen, aber nicht berührt
– Ware, die zu tief gepackt wird, zu der der Konsument sich bücken muss, verliert deutlich an Wert – sie wirkt billig, auch als im Preis heruntergesetzte Ware.

Viele Innenmöbel sind fahrbar. Damit sie sich nicht unkontrolliert bewegen, sind sie durch eine Arretierung gesichert.

Sie sind flexibel und dadurch vielseitig einsetzbar: für spezielle Waren, in Größe, Abmessung, Format für ergonomische Nutzung.

Die Innenmöbel sind stark branchengebunden und verkörpern so eine Branchenidentität.

Das Denken in Warenbildern ist hier oberstes Gebot.

Die Zuordnung der Ware auf den Kunden, die Einrichtung auf das, was der Kunde sehen muss, macht eine große Variabilität erforderlich. Diese ist deshalb ein weiteres Gebot für alle Mittelmöbel. Damit wird eine wesentliche Grundlage für die Durchführung von Wareninszenierungen erfüllt.

Die Zuordnungsvielfalt, die Anordnung mehrerer, auch unterschiedlicher Mittelmöbel in der Art eines Marktes, wird für alle Verkaufsraumbereiche genutzt, insbesondere für die Fachbereiche. Hier werden wirkungsvolle Warenbilder mit hohem Informations- und Erklärwert gebraucht.

Was will man erreichen?

– Soll die Ware auf einem Podest stehen – nur wenige Zentimeter über dem Fußboden?
– Soll die Ware für den Kunden in gewohnter Tischhöhe präsentiert werden?
  Tische, die zum Mittelpunkt werden oder auch zusammengerückt zu großen Formationen, kompakt nach unten geschlossen oder freischwebend, stellen immer wieder eine andere Beziehung zwischen Konsumenten und Ware her.
– Benötigt man Innenregale, halbhohe Regale für die vielen Kleinteile, die hier gut übersichtlich und ergonomisch ausgerichtet zur Auswahl nebeneinander aufbewahrt werden?
– Oder braucht man Ständer aus Stahlrohr für Blusen, Hosen, die frei im Raum aufgehängt werden, für jeden sichtbar, geordnet zu Formationen, zusammengeführt zur Bedarfsgruppe – ein modisches Ensemble: Kleid, Schuhe, Hut und Tasche?

Das alles können Innenmöbel – vom Podest bis zu freistehenden Türmen, die Säulen ersetzen.

7.6 Die Podeste

Unter Podesten versteht man Kastenwürfel, nach oben geschlossen, aus allen Materialien praktisch verwendbar, sehr oft grell farbig, aber auch leuchtende Glaskästen, so genannte Leuchtpodeste.

Podeste sind ein Block stapelbar.

Sie sind oft mit einem stoßfesten Material überzogen, wie zum Beispiel ein Teppichbelag. Empfindliche Hölzer oder Glas brauchen einen Sockel zum Schutz, als Untertritt.

Es können damit Arrangements gestaltet werden. Eine komplette, veränderbare Terrassenlandschaft für Warenbilder am Haupt-Kundenleitweg, im Eingangsbereich, im Markt oder überall dort, wo es darum geht, Ware als Short-time-seller zu zeigen.

Podeste sind aufgrund der verschiedenen Höhenordnungen besonders gut zur Unterbringung von

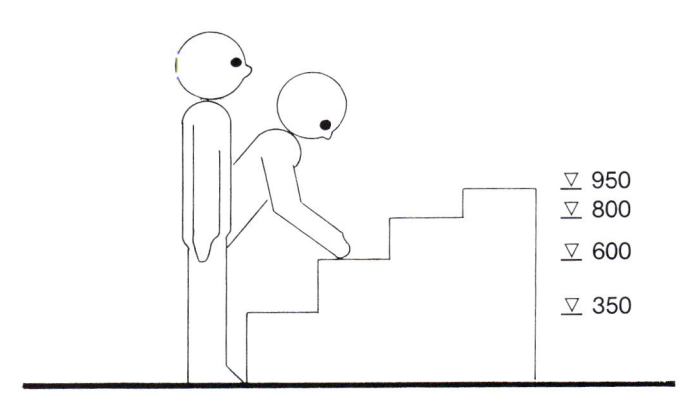

E   Das Designmarketing: Die Gestaltungsidee – Corporate Design zur Unternehmensdarstellung

E 7   Gestaltungsmittel: Warenträger

Die üblichen Podesthöhen

Bedarfsgruppen geeignet. Waren in verschiedenen Größen, Farben werden zu einer Gesamtgruppe inszeniert, je nach Größe und Bedeutung in die richtige ergonomische Betrachtung, in die richtige Sehgreifhöhe gebracht.
- 350 mm: ein tiefes Podest für größere Gegenstände, Vasen, die nicht unmittelbar auf dem Fußboden stehen sollen.
- 600 mm: eine niedrige Tischhöhe für Ware, die von oben betrachtet werden muss.
- 800 mm: Tischhöhe, die Ware ist gut im Griff. Der Bezug zu einer Tischhöhe gibt eine Vertrautheit für den Kunden, eine allseits gute Betrachtung, lässige Entgegennahme in der Sehgreifhöhe.
- 950 mm: Übertischhöhe, die Ware wird hervorgehoben, herausgehoben, in Augenhöhe gebracht für besonders wichtige Ware.

Kleinere Gegenstände, die die Nähe des Auges benötigen, brauchen immer die spezielle Ausstellungshöhe durch das Podest.

Carson Pirie Scott, Chicago, USA
Design: Niedermaier, Chicago

7.7 Die Tische

Der Tisch, ein traditionelles Innenmöbel, wurde verdrängt in einer Zeit, als es darum ging, Warenfülle zu zeigen.

Der Tisch ist zurückgekehrt!

Etwas auf den Tisch legen, das ist immer etwas Besonderes. Das Kleid, das interessant drapiert auf dem Tisch liegt, der Rock hängt schräg über die Tischkante hinab, die Ärmel zum Greifen nahe, dazu die Tasche, das Halstuch. Das ist der Unterschied zum Kleid, das gut sichtbar an einem Ständer hängt.

Für die Gestaltung der Warenbilder haben Tische einen bedeutenden Platz eingenommen. Sehr oft werden antike Möbel verwendet, aber auch interessante Glaskonstruktionen. Tische freigestellt, in einem besonderen Design akzentuiert gegenüber der übrigen Einrichtung, schaffen die Inszenierung für den Lebensstil.

Tische verwendet man:
- schwebend mit Mittelfuß: Der Teppich läuft praktisch unter dem Tisch ungehindert durch. Die Platte trägt schwebend wie auf einem Tablett den Kunden die Ware entgegen.
- gestützt, bewusst mit den vier Füßen wird die Platte getragen. Der Tisch hat eine deutliche Verbindung zum Fußboden, eine Stabilität. Die Ware, die er trägt, bleibt fest, stabil, einzuordnen.
- als Block, podestartig ist der Boden angehoben. Er hebt die Ware hoch – fest, unverrückbar – im Blick bleibt die Auslageplatte.

Spiegelnde oder reflektierende Flächen an den Seiten zeigen den Fußboden, die Schuhe und Beine der Kunden. Sie bringen Bewegung. Sie nehmen dem Block die Wucht.

Tische haben Aufbauten: die Stapelung der Ware erfolgt mit der Ware selbst, mit Kartons, Verpackungen oder mit Podesten in verschiedenen Höhen.

Der Aufbau zu Stufen-Pyramiden erlaubt eine große Variationsbreite. Interessante Warenbilder werden ermöglicht.

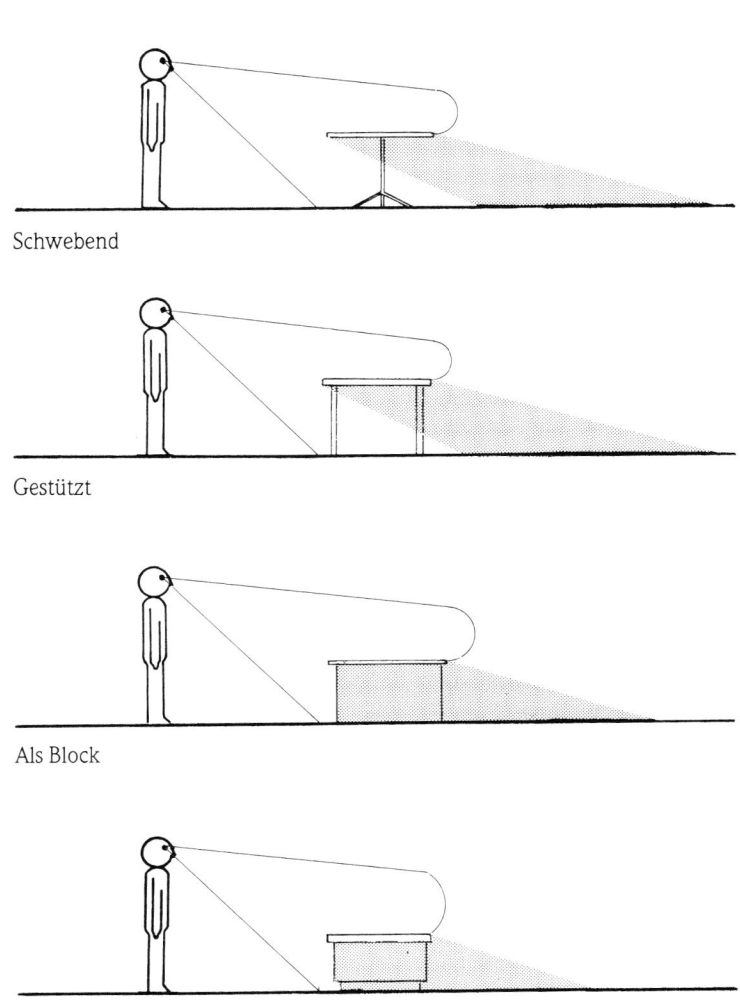

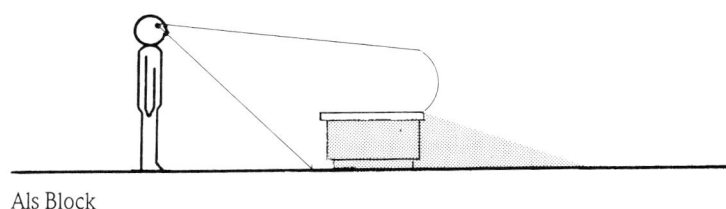

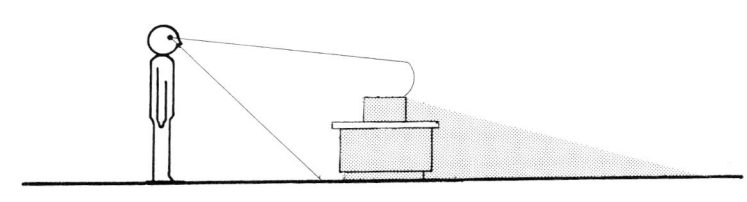

Schwebend

Gestützt

Als Block

Als Block

Mit Podesten

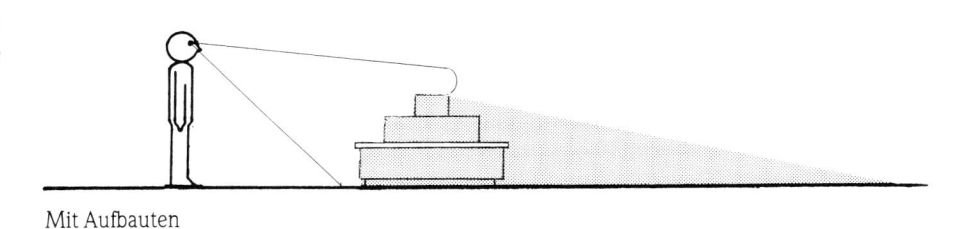

Mit Aufbauten

E   Das Designmarketing: Die Gestaltungsidee – Corporate Design zur Unternehmensdarstellung

E 7   Gestaltungsmittel: Warenträger

Buchhandlung für Buchhändler,
Wedemark
Planung und Realisierung:
Wilhelm Kreft GmbH, Wedemark

Betty Barclay
Shop-System
Planung: Blocher, Blocher & Partner,
Stuttgart
Realisierung: Vitrashop, Weil am Rhein

Tische auf der Treppe im Eingang zu einem neuen
Raum ziehen die Kunden in den neuen Raum
Kaufhaus Sulingen, Sulingen

Vitrinentisch
Design: Inna Dobiasch

Die Tischhöhen von:
    400 mm
meist   500 mm
besser 600 mm
als vertraute niedrigere Tischhöhe, bis hin zu den
gewohnten Esstischen:
    700 mm
bis   800 mm
höchstens 900 mm
um noch Tisch-Ähnlichkeit zu zeigen.
Der Tisch als vertrautes, sympathisches Innenmöbel muss als Tisch genutzt werden. Er darf nicht unten zugestapelt werden.

E7 Gestaltungsmittel: Warenträger

7.8 Die Innenregale

Für die Innenregale gibt es kein festes, auf Nutzung und Maße bezeichnetes Design wie bei Tischen, Podesten oder Ständern. Regale, die von der Wand befreit sind, bieten Möglichkeiten, die die Nutzung der Wandregale überschreiten, vor allem durch die allseitige Zugänglichkeit.

Die Maße ergeben sich aus der Funktion als Warenträger nach dem ergonomischen Prinzip, das gerade bei Innenregalen Anwendung findet für die Werbewirksamkeit, die Einordnung zum Kundenleitweg und zur Übersichtlichkeit im Raum.

Zu beachten ist: Wird mit dem Innenregal ein Blickfang aufgebaut oder gibt es dahinter ein weiteres Innenregal, das noch gesehen werden muss in der Anordnung einer Terrassenlandschaft?

Im Regelfall ergeben sich funktionale Höhen zwischen 130 und 160 cm. Darüber hinaus sind es dann in der Höhe schon Wandregale, die zur Wandwirkung in den Raum gestellt werden.

Modehaus Gieck, Ludwigsburg
Planung: Cöln Design, Köln

Dillons Artbookshop, London
Design: Fitch, London und Wilhelm Kreft GmbH, Wedemark
Realisierung: Wilhelm Kreft GmbH, Wedemark

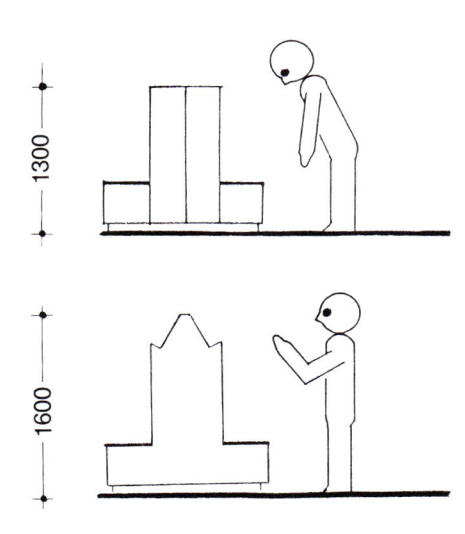

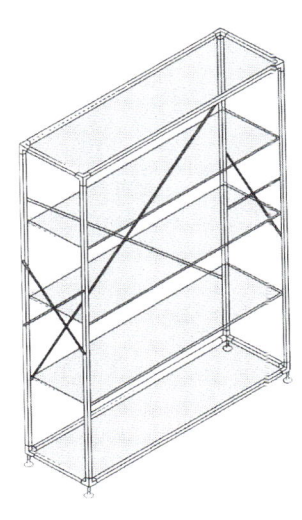

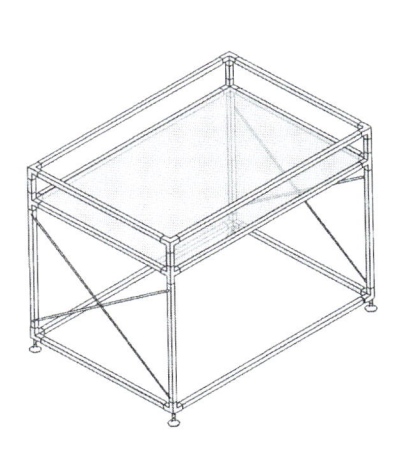

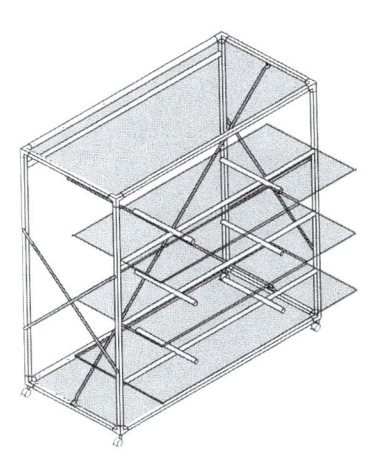

E   Das Designmarketing: Die Gestaltungsidee – Corporate Design zur Unternehmensdarstellung

E 7   Gestaltungsmittel: Warenträger

Kado System: Vitrashop
Elementar und puristisch in der Form, fein und edel im Material - Kado bestimmt den Raum durch klare Strukturen. Es vermittelt Wertigkeit, die sich auf die Ware überträgt. Das Material ist Edelstahl mit einer fein geschliffenen, matten Oberfläche.
Kernelemente des Systems sind verschiedene Eckverbinder, die sich mit den Verbindungsrohren zu vielen Konfigurationen zusammenfügen lassen. Aufbauten werden ohne Schrauben, in kurzer Zeit montiert. Ein besonderes Zubehörteil ist das Lochblech-Tablar: Es ist technisch so ausgerüstet, dass es durch eine einfache Verstellung in die Horizontale zum Paneel wird. Auf diese Weise kann es zum Legen wie zum Hängen von Accessoires-Artikeln genutzt werden.
Design: Antonio Citterio (mit Glen Oliver Löw)

System Kado
Sinn Leffers, Koblenz
Planung: Blocher, Blocher & Partner, Stuttgart
Realisierung: Vitrashop, Weil am Rhein
Innenraummöbel System Kado
Wandregale System Stripes

E7 Gestaltungsmittel: Warenträger

Buchhandlung für Buchhändler,
Wedemark
Planung und Realisierung:
Wilhelm Kreft GmbH, Wedemark

Innenregale müssen auch abgewinkelt werden können
– eine Modellstudie
Design und Realisierung: Wilhelm Kreft GmbH,
Wedemark

Innenregal für Software
Dussmann – das KulturKaufhaus, Berlin
Planung: Wilhelm Kreft, Volker Paulsen, Kreft-Team
Realisierung: Wilhelm Kreft GmbH, Wedemark

413

E   Das Designmarketing: Die Gestaltungsidee – Corporate Design zur Unternehmensdarstellung

E 7   Gestaltungsmittel: Warenträger

Innenregal Reise
Landkarten, Reiseführer, Globen
Vorder- und Rückseite
Design und Realisierung:
Wilhelm Kreft GmbH, Wedemark

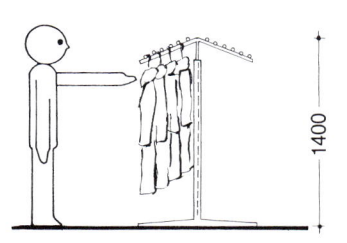

7.9   Die Ständer

Aus der Welt der Stahlrohr-Möbel entlehnt, wurde der Ständer als wesentlich praktikabler und wirkungsvoller für eine vorteilhafte Innenraumnutzung, galt es doch, die großen Flächen für Kleider und Anzüge zu nutzen.
Besonders die Sichtbarmachung der Mode konzentrierte sich mehr auf die Innenraumnutzung.
Das Design „entdeckte" die Ständer. Mit einer Fülle von Kreationen wurde das Bild von Mode, Modernität, Avantgarde und Extravaganz, Pracht und Luxus prägend für das Unternehmen.
Ein Wettbewerb der Ständer-Kultur entstand.

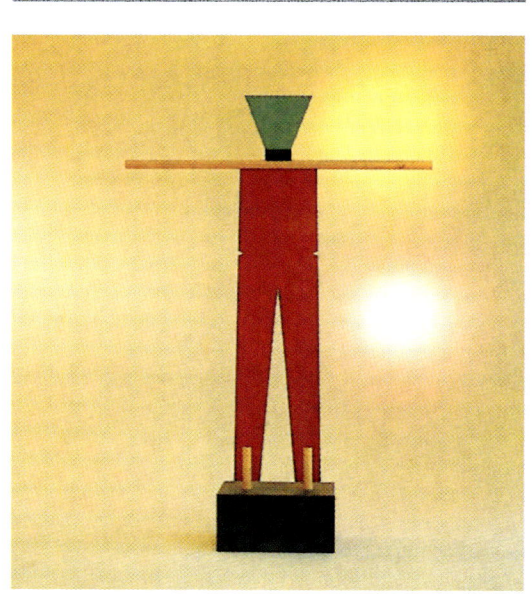

E7 Gestaltungsmittel: Warenträger

Feldpausch, Zürich, Schweiz
Design: Paper und Partner AG, Basel
Vitrashop, Weil

Ständer Eschenbach Optik
Design: H. Schwarz
Cedic, Heilbronn

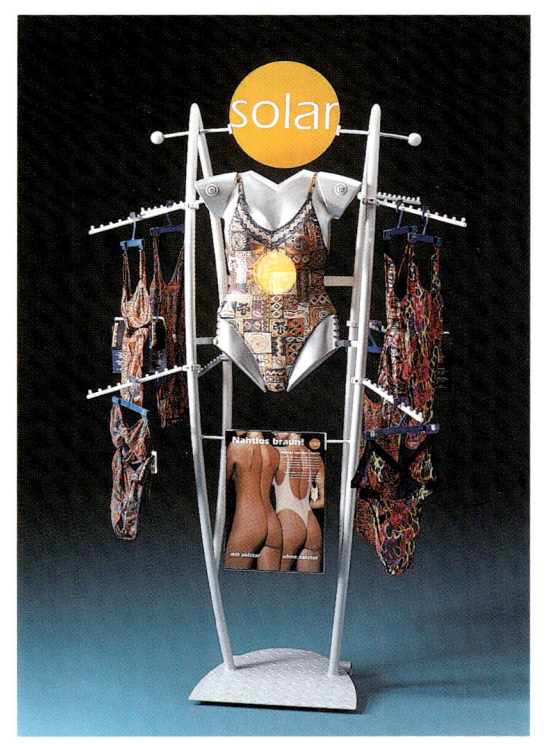

Ständer Solar Fashion
Design: Claudia Mogler
Cedic, Heilbronn

E   Das Designmarketing: Die Gestaltungsidee – Corporate Design zur Unternehmensdarstellung

E 7   Gestaltungsmittel: Warenträger

Ständer Dim Rosy
Design: Claudia Mogler
Cedic, Heilbronn

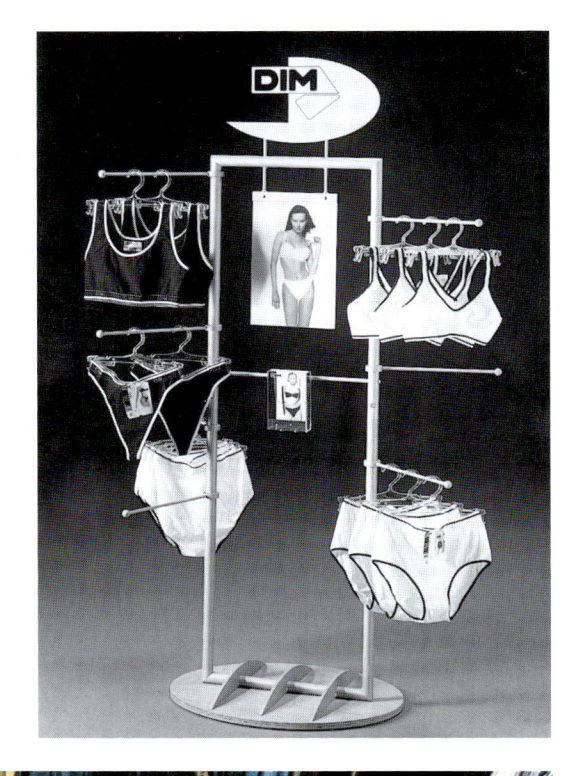

Betty Barclay
Shop-System
Planung: Blocher, Blocher & Partner, Stuttgart
Realisierung: Vitrashop, Weil am Rhein

7.10   Die Stopper

Viele Hersteller produzieren Stopper. Jeder hat seine Bezeichnung. Da gibt es Display, Ständer, Störer, Blickfänger, Champignon aber auch Platzhirsch.

Bei Planern, insbesondere bei Innenarchitekten, sind diese Stopper nicht beliebt. Sie stören das Bild und passen meistens überhaupt nicht in die gestalterische Konzeption, sie bringen Unruhe – das sollen sie. Aber diese Merchandising-Möbel sind verkaufsaktiv und oft sogar sehr verkaufsaktiv. Sie sind, und das ist wichtig, deshalb vom Unternehmen gewünscht.

Es ist nun sehr viel wichtiger und einfacher für die Gesamtkonzeption, wenn man mit Beginn der Planung bereits damit rechnet, dass solche Stopper kommen werden und man dafür eine besondere Zone einrichtet – wahrlich kein Getto, aber einige dieser Möbel bringen eine tolle Auflockerung, wie ein großer Blumenstrauß. Denn sie sind fast immer gut designd und gehen auf das Produkt, das sie aufnehmen sollen, für das sie werben, sehr gut ein. Sie sind hervorragend ergonomisch gestaltet.

Wir alle sollten lernen, mit Ihnen zu leben. Manchen öden Verkaufsraum haben sie schon reicher gemacht.

Fast alle Stopper sind firmen- und produktgebunden. Somit sind Stopper nur von Lieferanten der Ware zu bekommen, viele kostenlos, wenn man den Stopper komplett mit Ware bestellt.

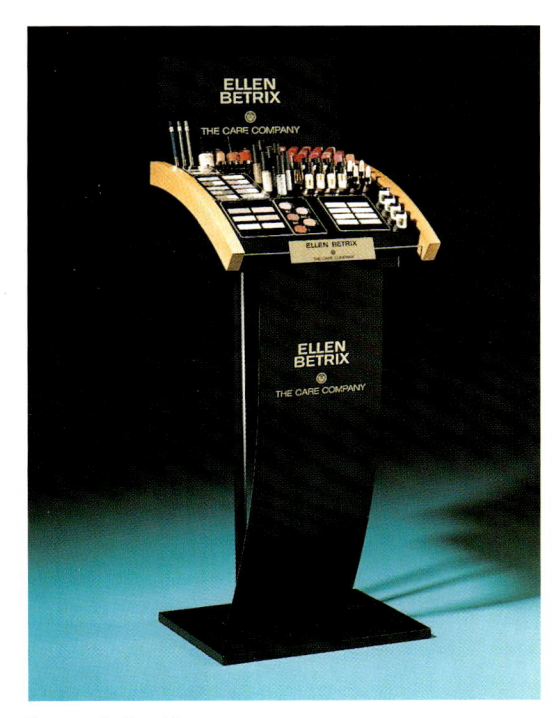

E 7 Gestaltungsmittel: Warenträger

Procter & Gamble
Betrix
Design: Hr. Boxan
Cedic, Heilbronn

Samsonite, Stopper
Design: Hans Joachim Bartels / Dula
Realisierung: Dula

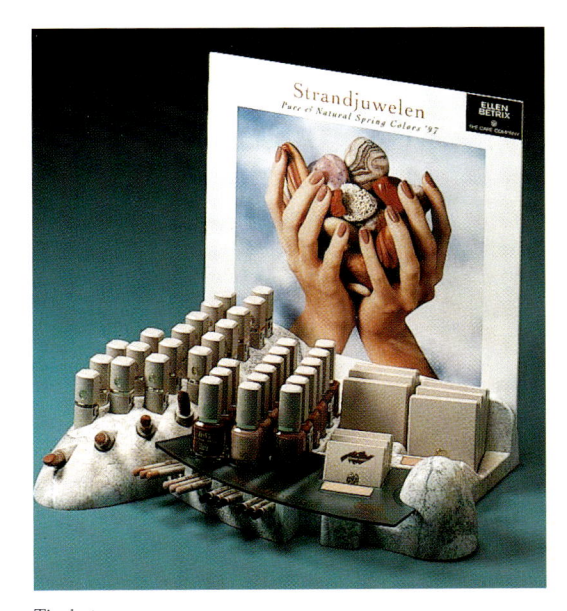

Tischstopper
Procter & Gamble
Betrix
Design: Hr. Boxan
Cedic, Heilbronn

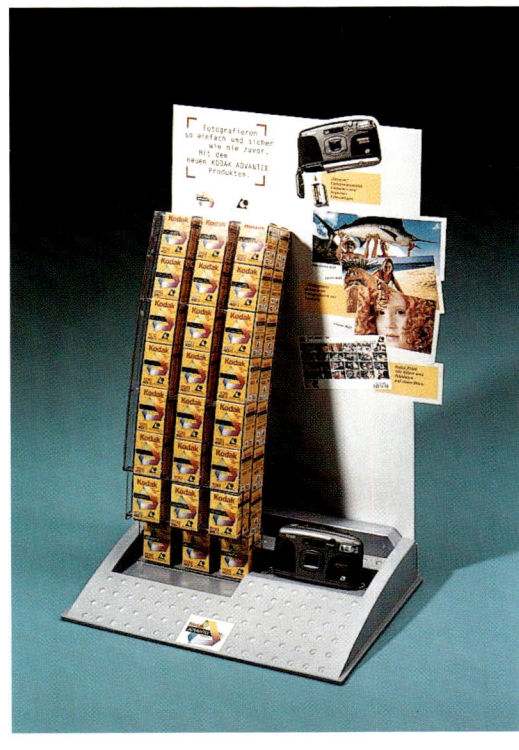

Kodak
Tischstopper
Design: H. Boxan
Cedic, Heilbronn

7.11 Der Schaufenster-Ausbau

Die Inszenierung, die erreicht werden muss zur aktiven Einbindung des Kunden in das Geschehen am Point of Sale, fordert lebendige Warenbilder schon im Schaufenster.

Wenn nicht Gründe der Warenunterbringung dafür sprechen, sollte das Schaufenster nicht einen Extra-Ausbau erfahren.

Die Öffnung des Verkaufsraumes heißt, ihn zur Straße zu verglasen, damit man von außen die Inszenierung sehen kann.

Die Passage vor dem Fenster ist Haupt-Kundenleitweg, auf den sich der Fassadenbereich und Verkaufsraumbereich, von außen einsehbar, gut einrichtet mit übersichtlichen, informierenden und erklärenden Warenleitbildern.

Das ist wichtig für Unternehmen und Branchen, die die Schwellenangst abbauen wollen. Solche Unternehmen und Branchen, die bewusst auf einer Schwelle bestehen, schaffen diese mit einer Schaufenster-Separierung, mit mehr oder weniger Blick durch das Schaufenster in den Verkaufsraum.

Man geht sehr wohl bei den Unternehmen, die die Schwelle abbauen wollen, davon aus, durch das Fenster einen großzügigen Einblick in den Verkaufsraum zu gewähren und damit Warenart, Verkaufsform und insbesondere die Waren-Inszenierung in ihrer Eigenart werbend und einladend darzustellen. Wohl wissend, dass der Wunsch beim Kunden, in dieses Unternehmen einzutreten, ständig neue Informationen aus dem Verkaufsraum braucht. So wird mit dem Abschluss des Schaufensters zum Verkaufsraum erreicht, dass der Statusgedanke des Unternehmens, die Bewusstmachung des Besonderen zum Schaufenster-Warenbild hinzugefügt wird.

Schaufenster-Ausbauten werden nach wesentlichen Grundarten unterschieden.

Das freie Schaufenster

Es dient szenischen Darstellungen, zum Beispiel durch Puppen, Lichttechnik und dekorationsfähige Decke, sonst keine Ausbauten.

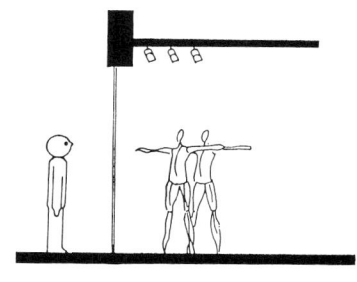

Die Schaufenstermöbel

Tische oder Regale stehen im Schaufensterbereich auf dem Fußboden des Verkaufsraumes. Die Fensterscheibe ist herunter geführt bis in Fußbodennähe. Die Schaufenstermöbel selbst sind zweiseitig orientiert, das heißt von der Straßenseite und von der Ladenseite benutzbar.

Die Schaufensterauslage

Sie besteht aus einem Auslageboden mit ladenseitiger Verkleidung unterhalb bis auf den Fußboden. Ein Schaufenster praktisch ohne Rückwand, ein Boden für die Dekoration. An der Rückseite können Regale stehen oder von der Schaufensterdecke Tafeln abgehängt sein.

Der Schaufensterkasten

Dies ist ein geschlossener Kasten mit Schaufensterboden, Seiten und einer zu öffnenden Rückwand. Diese traditionelle Bauweise hat inzwischen sehr viele Variationen erlebt und wird mit teilgeöffneten und teilgeschlossenen Rückwänden angewendet.

Schaufenster-Ausbauten in der Wahl der Grundart sind abhängig von:

- der Fassade
  Vom Gebäude und vom Verkaufsraum, aber auch von der Fassadensituation.
- den Passanten
  Zielgruppen haben Warenbilderwartungen. Je höher der Anspruch, desto mehr wird die Bühne verlangt. Das heißt, wenig Schaufenster-Ausbau, damit viele Möglichkeiten durch effektive Warenbilder erreicht werden können. Fehlende Ausbauteile werden aufwändiger, aber variabler durch Dekorationsteile ersetzt. Dieser Anspruch muss durch kompetente Mitarbeiter oder Dekorateure erfüllt werden.
- der Branche
  Warenabhängig durch Größen, Formate, Farben und Design der Waren.
- dem Warenbild
  Welche Dekorationsart wird im Unternehmen praktiziert?

Ständige Änderungen und Vielfalt sind nützlich und liegen im Grundwesen der Schaufenster-Warenbilder: „Durch Vielfalt viele unterschiedliche Zielgruppen und Themen ansprechen!"

Das freie Schaufenster

E7 Gestaltungsmittel: Warenträger

Ein Schaufenster in Wien mit einem besonderen Reiz.

Die Einheit mit dem Verkaufsraum muss erreicht werden und erhalten bleiben!
Auch die Nutzung ist wichtig für die Art des Schaufenster-Ausbaus: Wird genagelt, geheftet, geklebt, tapeziert, oder die Ware mit Zubehörteilen eingehängt, wird ein „fertiges" Fenster gewünscht, das nur noch mit Ware zu beschicken ist?
Der Trend zur Bühne bedeutet, das Aufgezählte wird gleichzeitig gebraucht, dazu noch „das Besondere", das man mit dem Dekorateur besprechen und finden muss.
Vielfalt, die individuelle Leistung des Unternehmens, soll sich schon in der Art der Warenbilder im Schaufenster zeigen!
Die Konstruktion bestimmt auch die einfache Pflege des Schaufensters.
Der Schaufensterboden muss ohne Probleme in die tägliche Raumpflege miteinbezogen werden können. Daher wird das Auslegen mit Teppichboden bevorzugt.

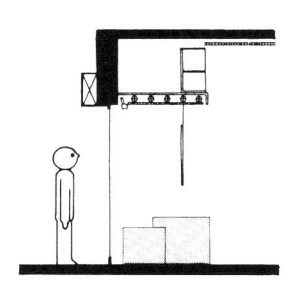

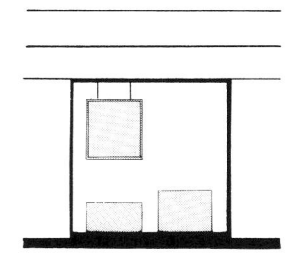

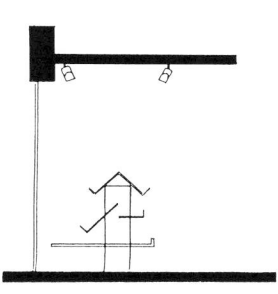

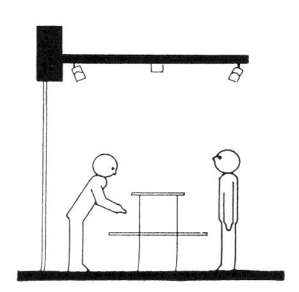

Die Schaufenstermöbel

Die Schaufenster-Maße

Die Größe der Schaufenster, die Größe der einzelnen Warenbild-Abschnitte, hängt von der Ware ab. Es gilt, die Aufmerksamkeit des Kunden zu steigern. Sammelsurienfenster sind überholt. Oft braucht man viele kleine Fenster, um damit verschiedene Bereiche aus dem Sortiment getrennt zur Ausstellung zu bringen.
Um die Aufmerksamkeit des Passanten zu bekommen, muss das Fenster branchenspezifisch übersichtlich bleiben.

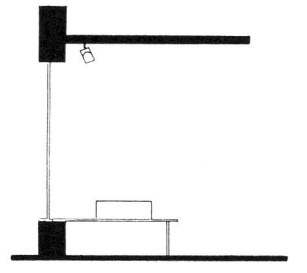

Die Schaufensterauslage

E   Das Designmarketing: Die Gestaltungsidee – Corporate Design zur Unternehmensdarstellung

E 7   Gestaltungsmittel: Warenträger

Der Schaufensterkasten

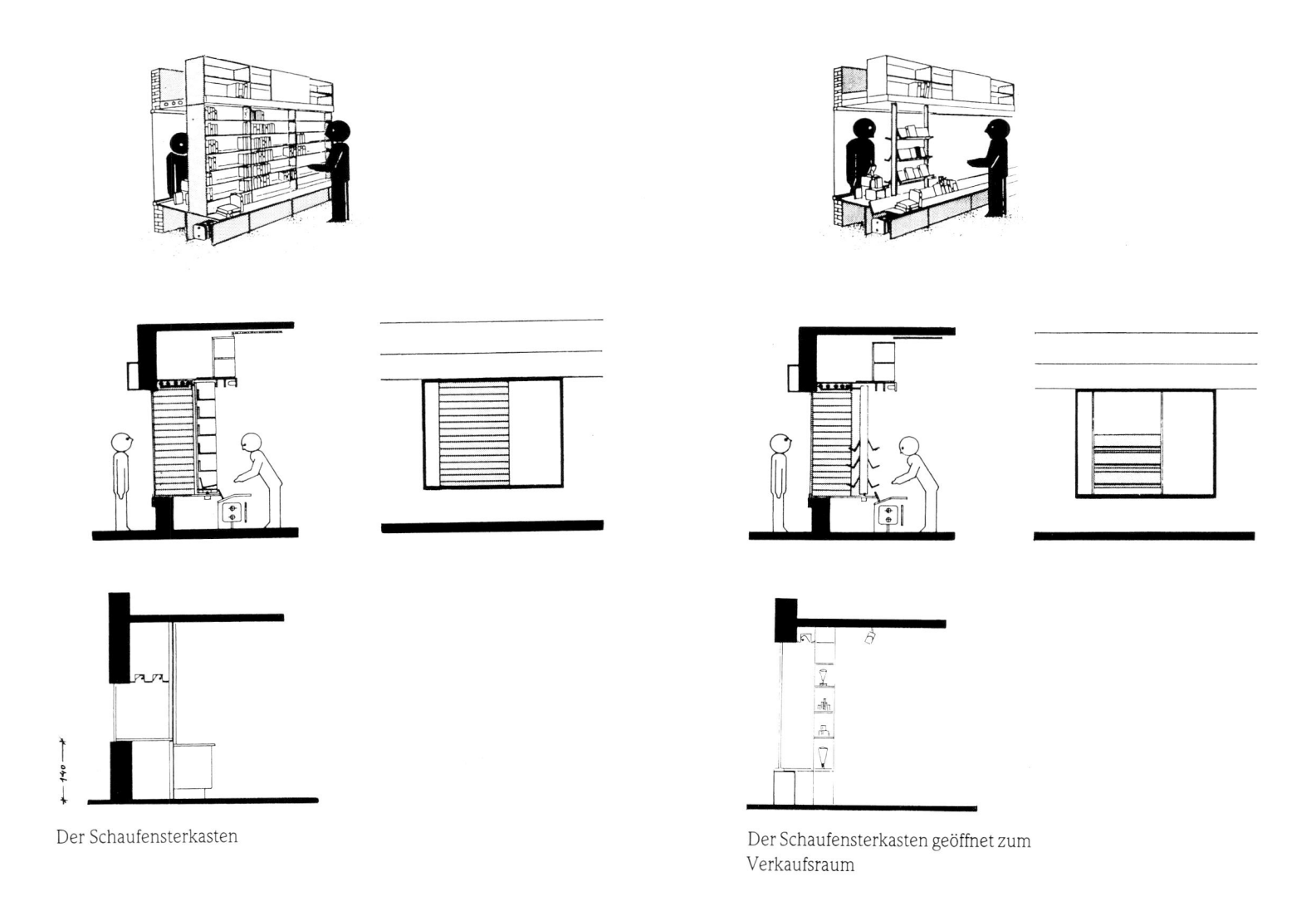

Der Schaufensterkasten geöffnet zum Verkaufsraum

Schaufenster sind ergonomisch richtig für die Ware auf „Augenhöhe" zu bringen.

Die Auslagen-Höhe wird der Ware angepasst – für Bücher 50 bis 60 cm Höhe, beim Juwelier sind oft 140 cm angebracht.

Das Juwelier-Fenster sollte klein sein, die Wirkung der Ware muss erreicht werden. Die Beleuchtung wird dicht an die Ware herangeführt, damit die Schätze effektvoll funkeln.

Im Buchhandel geht man davon aus, dass ein Fenster nicht breiter als zwei Meter sein darf – das ist der Rahmen für ein Motto, sonst wird das Fenster nicht mehr überschaubar.

Bei der Konstruktion des Schaufensters muss die Unterbringung der Heizung berücksichtigt werden. Die großen Fenster müssen auch im Winter beschlagungsfrei gehalten werden. Sie brauchen eine gute Belüftung und eine Warmluftversorgung. Die Heizung kann mittels unter der Auslagefläche eingebauter Radiatoren oder Konvektoren geschehen sowie unterflur eingebauter Heizelemente, bei bis zum Boden gehenden Scheiben.

E 7 Gestaltungsmittel: Warenträger

Nutzhöhe Schaufensterdecken	210
Höhe	240 cm
Auslagenhöhe	45-65 cm

Labels on diagram:
- Blende zur Beschriftung
- Zwischendecke
- Spiegelrasterleuchte Grundbeleuchtung
- Spot Akzentbeleuchtung
- Rückwand (dekorierbar)
- Seitenwand (dekorierbar)
- Auslageboden Tiefe 50-150 mm
- Podestaufmauerung
- Hochschrank oder Verkleidung
- Gesims
- Lichtrohre
- Regal (schiebbar)
- Auslagen
- Verkleidung
- Isolierung
- Verkaufsraum

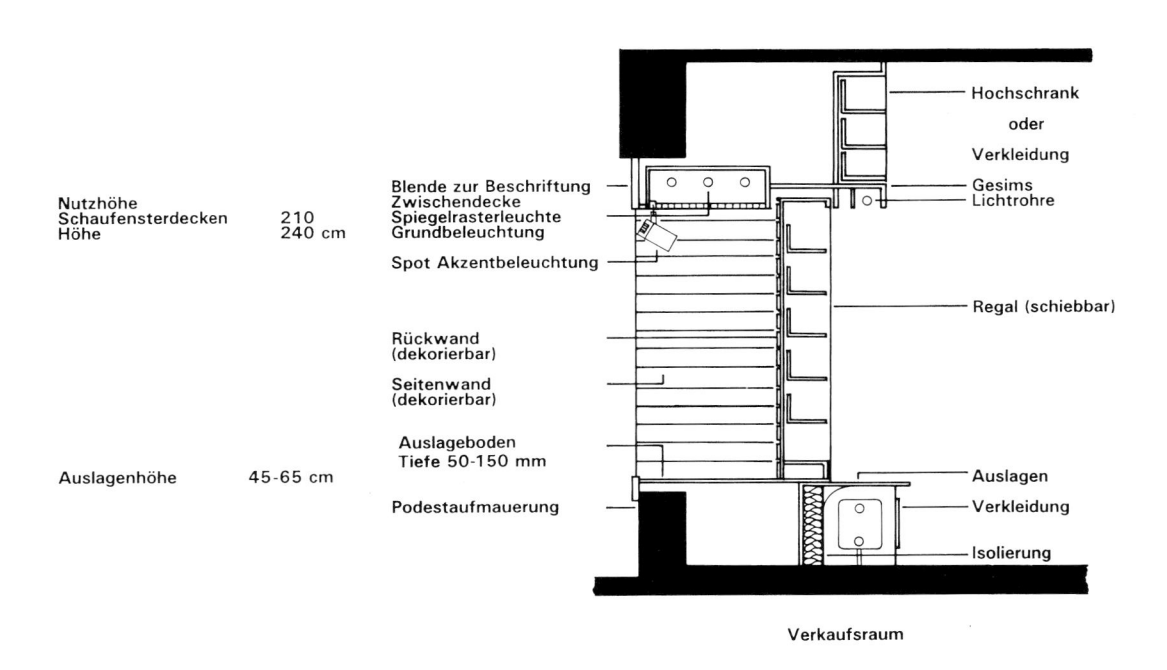

Schaufenster-Rückwände

Schaufenster-Rückwände haben die höchste Beachtung durch den Kunden.
Oft werden Regale gebraucht. Regale benötigen Zwischenräume zum Einsteigen. Diese Zwischenräume geben den Einblick in den Laden frei.
Um einen besonderen Komfort zu erreichen, werden diese Regale an der Schaufenster-Rückwand schiebbar oder drehbar ausgestattet.
– Das fördert die Variabilität und ergibt ein immer geändertes Rückwandbild.
– Eine höhere Aufmerksamkeit der Straßenpassanten wird erreicht.
– Die einzelnen Fensterabschnitte können der Präsentations-Absicht zugeordnet werden: mit offener, mit teilgeschlossener, mit geschlossener Rückwand.

Die Rückwand sollte schaufenster- und ladenseitig beschickbar sein.
Der vorbeigehende Passant, der oft gar nicht mehr die neue Ware registriert, nur noch die großen Veränderungen, wird durch diese starke optische Veränderung der Rückwand angesprochen.
Halbhohe Fensterrückwände sollte man vermeiden, das waagerecht geteilte Bild ist für den Straßenpassanten ergonomisch unlogisch.

Die Verkaufsraumseite

Die Schaufenster-Rückseite zum Verkaufsraum braucht eine besondere Beachtung, denn sie gehört in den aktiven Eingangsbereich. Eine schaufenster- und ladenseitige Nutzung muss geplant werden.

Licht und Decke
Bedeutend für das Schaufenster ist die Beleuchtung. Sie muss sorgfältig geplant und auch mit dem Dekorateur abgesprochen werden.
Das Licht zum Szenenbild muss überlegt werden. Zusätzliche, zuschaltbare Spot-Beleuchtung zur Schaufenster-Grundbeleuchtung wird eingeplant. An der Schaufensterdecke sollte auch eine Hängevorrichtung vorhanden sein für Plakate und Dekorationsteile, damit nicht alles an der Rückwand befestigt werden muss, sondern hängen kann.
Gitter unterhalb der Allgemeinbeleuchtung des Fensters sind empfehlenswert.
Siehe auch die Kapitel:
E 5.3   Wo Warenbilder gebraucht werden
E 10.1   Die Lichttechnik
F 11   Fassade und Eingang

Computertisch mit Rückwand
Design und Produktion:
Wilhelm Kreft GmbH, Wedemark

E Das Designmarketing: Die Gestaltungsidee – Corporate Design zur Unternehmensdarstellung

E 7 Gestaltungsmittel: Warenträger

Schaufenster ohne Ausbau
Ermenegildo Zegna, Mailand

Die offene Schaufensterrückwand
Schmorl & von Seefeld, Hannover
Planung und Realisierung:
Wilhelm Kreft GmbH, Wedemark
System: Vitrashop

Schaufenster-Anlage im Einkaufzentrum mit offenen
und geschlossenen Schaufenster-Rückwänden
Bücher Bruckmann, Main-Taunus-Zentrum,
Sulzbach/Taunus
Planung: Jürgen Wagner, Kreft-Team
Realisierung: Wilhelm Kreft GmbH, Wedemark

E 7 Gestaltungsmittel: Warenträger

Schaufenster-Anlage mit offenen und geschlossenen
Schaufensterrückwänden/Schaufensterregalen
Lothar Gnoth, Mühlheim
Planung: Klaus Riesenbeck, Kreft-Team
Realisierung: Wilhelm Kreft GmbH, Wedemark

Das offene schiebbare Schaufensterregal
Buchhandlung Cordes, Kiel
Planung und Realisierung:
Wilhelm Kreft GmbH, Wedemark

Schaufenster-Rückwand mit schiebbaren Regalen von
der Verkaufsraum-Seite
Design und Produktion:
Wilhelm Kreft GmbH, Wedemark

E8 Gestaltungsmittel: Material

Die Auswahl der Materialien und der Farben sowie die Einplanung des Lichts sind wesentliche Faktoren der Verkaufsraumgestaltung.

Die vom Material ausgehende Wirkung ist bedeutungsvoll für die Gestaltung, insofern treten frühzeitig Materialüberlegungen auf.

Umweltfreundliche Materialien gewinnen ständig an Bedeutung. Die Unternehmen verlangen zunehmend natürliche Materialien, das gilt auch für Oberflächen, Farben und Lacke. Gleichzeitig wachsen die Vorschriften und Bestimmungen für künstliche Werkstoffe.

Die Verwendungsmöglichkeiten und die materialgerechten Konstruktionen müssen in der Fachliteratur nachgeschlagen werden.

Das Verhältnis von Material und Form ist ein ständig währender Prozess in der argumentativen Aussage für eine Zeit.

Der handwerkliche Teil der Materialverwendung ist technisch objektiv festlegbar, der gestalterische Teil entzieht sich und lässt sich nur sozialpsychologisch subjektivieren. Die Herstellung und die Idee zur Form bleiben im Material eng verbunden.

Designer und Innenarchitekten entwickeln ein sinnliches Verhältnis zum Material. Aus diesem Verhältnis entstehen wichtige Kreativitäten.

Design, Farben und Materialien sind für den Innenarchitekten die wesentlichen Mittel, mit denen das Ziel erreicht werden soll.

Die Charakteristik und die spezifischen Eigenschaften der Materialien bestimmen die Auswahl und die Verwendung.

8.01 Die ökologische Verantwortung

Produzenten werden für die Entsorgung oder Wiederverwendung der Materialien, aus denen ihre Produkte gemacht sind, verantwortlich gemacht werden. Die Autoindustrie muss dann z.B. für die Beseitigung bzw. Wiederverwendung der ausgedienten Autos sorgen.

Andere Planungs-, Produktions- und Benutzungsprozesse entstehen, die Material- und Energieverbrauch genauso verkoppelt sehen müssen wie die Entstehungs- und Entsorgungskosten sowie die dabei eventuellen anfallenden Verbrennungsprobleme: Recycling. Planung, Produktion und Gebrauch werden ein Kreisprozess.

Für den Ladenbau heißt das, dass die schwierige Entsorgung von Kombinationsmaterialien, z.B. laminierte Spanplatten, die Verwendung dieser Werkstoffe fragwürdig werden lässt.

Vielleicht sind die Entsorgungsgebühren solcher Materialien eines Tages so hoch, dass sich die Unikatproduktion auch bei hoch inszenierten Läden nicht mehr lohnt. Eventuell ist es lohnender, gewisse Warenträger oder Möbel für notwendige Innovationsphasen aus einem Inszenierungsfundus außerhalb des Unternehmens zu leasen und sie neu zu kombinieren.

Interessante Forschungen in dieser Richtung – für alle möglichen Zweige der Industrieproduktion – betreibt u.a. das Institut für Produktdauer-Forschung in Genf.

Materialien stehen so in einem neuen Licht der Öffentlichkeit, beim Kunden und insbesondere beim Hersteller und damit auch beim Planer:
– Produktinformation ist wichtig
– Für die Entwicklung neuer Warenträger mit neuen Materialien sind wichtig neben der Ästhetik, die Nutzung, Handhabung sowie die Lebensdauer und die Beseitigung.

„Wenn man heute das Spannungsverhältnis „Design + Ökologie" diskutiert, sieht man sich mit der Frage konfrontiert, was die Öko-Bilanz besser optimiert: entweder der sinnvolle Umgang mit Produkten qua Beschaffenheit oder eher die Reduktion auf die sinnvolle ökologische Produktion, d.h. die Optimierung der Öko-Bilanz bei Produkten? Es ist die Versöhnung beider Konzepte, die die Öko-Bilanz nachhaltig optimiert. Einem Publikum, durch erzieherische Anleitung dazu befähigt, sinnvoll mit Produkten umzugehen, sollten Produkte an die Hand gegeben werden, bei denen die Optimierung der Öko-Bilanz schon im Produktionsstadium einsetzt und sich bis in die Nachgebrauchsphase kontinuierlich fortsetzt."

(Aus der Dokumentation 3. Forum und Ökologie der „Design-Werkstatt Haus Assel")

E 8 Gestaltungsmittel: Material

Eine Materialatmosphäre: feuerrotes Bubingalholz an kühlen Lackflächen, alte Farspachteltechniken zu polierten spiegelnden Aluminiumflächen, warmer rauher Sandstein zu schwarzem eisigen Granit und dazu ein Bodenmosaik: ein Sternenkranz aus blattgoldbelegten und mit einer dünnen Glasschicht geschützten Mosaiksteinchen.
Alte Heslacher Apotheke, Stuttgart
Design: Klaus Bürger, Krefeld

Ökologie-Kriterien im ganzheitlichen Planungsprozess von Design

„Ganzheitliches Denken ist auch ganzheitliches Planen und Bedenken aller beim Planungs- und Nutzungsprozess entstehenden Wirkungen und Auswirkungen.

In diesem Sinnzusammenhang wird auch das Thema ‚Material/Materialverbrauch' zunehmend ökologischen Planungskonzepten unterzuordnen sein. In einer Zeit des ästhetischen Massenverbrauchs, in der gestalterische Lösungen, zum Beispiel im Ladenbau, im Gaststättenbau und ähnlichem, für nur wenige Jahre realisiert werden, um dann neuen ästhetischen Vorstellungen zu weichen, wird Materialverbrauch nicht nur zum Ressourcen-, sondern auch zum nicht mehr verantwortbaren Müllproblem.

In zunehmendem Maß wird in solchen Bereichen des Designs, in denen kurze ästhetische Verfallzeiten üblich sind, die Unikatproduktion zurückgehen müssen. An ihre Stelle werden Designgestaltungen zu treten haben, die als ästhetisch flexible Systeme entwickelt werden, die mit wenig Material- und Energieaufwand ästhetisch schnell verändert und innoviert werden können, ohne das Ganze wegwerfen zu müssen.

Das wird notwendig werden, da man davon auszugehen hat, dass das visuelle Innovationsverhalten des Verbrauchers zumindest nicht in naher Zukunft zu größerer Bescheidenheit zurückkehrt bzw. sich weiterentwickelt."

(Prof. Burkhard Weinges)

8.1 Das Holz

Holz war einmal der wichtigste und fast alleinige Werkstoff im Ladenbau.

Trotz der vielen hinzugekommen neuen Materialien – Stahl für Großobjekte, insbesondere für SB-Läden, und Kunststoffe – hat die Holzeinrichtung einen respektablen Platz behalten für die Ausstattung des Fachgeschäftes.

Wenn man heute Holz sagt, geht man von Holz-Furnier aus, obwohl auch die Massivholzverarbeitung noch besteht.

Holz, das bedeutet viele Möglichkeiten, Farben von blassgelb bis fast schwarz.

Holz signalisiert: Naturverbundenheit, in vielen Fällen auch Solidität und Tradition, Bewegung in der Fläche, profilierte Kanten.

Die Kombination mit Metall und Kunststoff schafft dem Holz eine sehr breite Anwendungspalette, besonders für individuelle Einrichtungen. Nadelhölzer, Obsthölzer, Maserhölzer verkörpern verschiedene Einrichtungsstile – von rustikal bis elegant.

Der Innenarchitekt nutzt die Wirkung dieser Hölzer.

Alles ist im Verkaufsraum verwendbar, von der ruhenden Holzfläche bis hin zur starken Maserung, zu gezirbelten und Wurzelmaser-Hölzern.

Die Veränderung durch Lichteinwirkung, besonders an den hellen Hölzern, muss beachtet werden.

Gerade die neue Prächtigkeit mit der Aufgabe, Einrichtung wieder bewusst zu machen für elegante Warenbilder und eine bewusste Warenraumgestaltung, bringt die Verwendung der wertvollen und markanten Hölzer, die das Unternehmen prägen.

In vielen Einrichtungen bleiben nur wenige Flächen sichtbar, die Holz zur Wirkung bringen können. Nur noch an Theken, Schubladen und Raumtüren kommen Hölzer durch ihre Maserung zur Geltung. Man verwendet für diese wenigen Flächen Holz.

Zu bedenken ist für eventuelle Veränderungen oder Nachlieferungen, dass es das genau passende Holz vermutlich später nicht mehr gibt. Nachfärben oder beizen kann man nur bei wenigen Hölzern. Obsthölzer oder markante Exoten wie Markassa oder Palisander werden durch den Wuchs, die Maserung und die Farbe bestimmt. Wenn der Stamm „aus" ist, gibt es dieses Gesicht der Maserung nicht mehr.

Für Hölzer gibt es modische Trends. Es gibt Hölzer, die für eine Zeit stehen, für einen Einrichtungsstil. So gab es die Nussbaum-, die Mahagoni- und die Teak-Zeit.

Eiche, Buche und Esche sind sehr beliebte Harthölzer, weil Furniere und das Massivholz für Anleimer zur Verfügung stehen. Diese Hölzer werden kaum noch lackiert verwandt, sondern

E 8 Gestaltungsmittel: Material

Salon Knosp, Weil im Schönbuch
Planung: Architektenteam Olymp-Zentrum, Stuttgart

gebeizt. Hier hat der Innenarchitekt gute Möglichkeiten, Farbstimmungen mit anderen Farben und Materialien im Raum zu treffen.

Mahagoni und Teak entstammen den Regenwäldern. Eine Verwendung sollte deshalb aus umwelt-ökologischen Gründen geprüft werden. Umwelt- und politisches Bewusstsein ist Unternehmenskultur. Dieses Verhalten wird von den Konsumenten und der Öffentlichkeit zunehmend beachtet.

8.2 Das Metall

Metalleinrichtungen aus Stahl haben ihre große Bedeutung durch die Massenherstellung für Selbstbedienungsmärkte bekommen. Es gibt sie heute vom Einfachsten bis hin zum High Tech.

Mit Metalleinrichtungen kann man am meisten erreichen in Bezug auf Warenlagerung, Verstellbarkeit und mit der Einhängung von Böden und den verschiedenen Elementen.

Die einfachen Einrichtungen sind mit der Warenbeschickung fast unsichtbar, nur die Bodenvorderkanten bleiben sichtbar.

Die Farbe der Metallteile kann man weitgehend bestimmen.

Es gibt keinen Hersteller mehr, der nicht sein Metall-Programm mit Holz- oder Kunststoffteilen ergänzt.

Stahlteile, Träger und Stützen haben im gesamten Ladenbau heute ihren Platz, auch im typischen Holz-Ladenbau. Sie werden überall da eingesetzt, wo es um große Gewichte geht. Stahl steht dann meist im Hintergrund und wird durch Holz- oder Kunststoffteile verdeckt.

Natürlich gibt es auch die eleganteren Metalleinrichtungen, verchromt kombiniert mit Leichtmetall oder in Edelstahl für den Textil- und Boutiquenbereich. Sie verkörpern Eleganz und sind aus Verkaufsräumen für Mode nicht mehr wegzudenken.

Metall steht auch für Oberflächenhärte und Strapazierfähigkeit, das gilt ganz besonders für die verchromten Ausführungen. Chrom ist die harte Oberfläche im Verkaufsraum.

Der Trend besteht für Chrom, Messing, Kupfer und Edelstahl. Edle Metallverarbeitungen – edles Design – wird gezeigt zur Akzentuierung der Warenbilder.

8.3 Glas und Spiegel

Gerade in Verbindung mit Metall lassen sich Glas und Spiegel raumbestimmend verwenden. Ganzglasvitrinen mit stoßfestem Glas, Glasböden, Glasseiten, Riffelungen – getönt, milchig oder farbig. Verspiegelte Säulen und Deckenteile sorgen für Eleganz und Flimmer im Bodenbereich mit ständig wechselnden Warenangeboten.

Durch die Vielfalt der ausgestellten Ware, die wirken soll, tritt die Einrichtung durch Flächen mit aufgesetzten Spiegeln auf ein Mindestmaß zurück.

Spiegel blenden immer wieder Menschen ein und bringen Bewegung in den Verkaufsraum.

Spiegel bewirken Illusionen, verdoppeln und lassen den Raum unendlich erscheinen.

Die Glas- und Spiegelbearbeitung wendet viele Techniken an. Die Oberflächen bringen interessante Effekte:
– chemisch behandelt
– satiniert
– geschliffen
– geraut.

8.4 Die Kunststoffe

Deutlich sichtbar ist der ständig wachsende Anteil der Kunststoffe in den Verkaufsräumen. Kunststoffe sind überall dort nicht mehr wegzudenken, wo penible Sauberkeit gebraucht wird.

Sie sind oft wichtige Farbträger der Einrichtungen.

Kunststoffbeschichtete Spanplatten finden überall dort Anwendung, wo hohe Abriebfestigkeit, Lichtechtheit, Chemikalienbeständigkeit, Sauberkeit etc. benötigt wird. Hergestellt werden sie aus Spanplattenkernen, die unter Angabe von Leimen bzw. Harzen mit dünnen Hochdruck-Schichtpressstoffplatten (HPL=high pressure laminates) verpresst werden. HPL-Platten sind im Schnitt zwischen 6 und 2 mm dick.

Monti Cravatte, Krefeld
Design: Klaus Bürger

HPL-Platten werden vor allem aus Papier, einem nachwachsenden Rohstoff und Kunstharzen hergestellt, wobei der Papieranteil mehr als 60 Gewichtsprozent ausmacht. Unter der Einwirkung von hohem Druck und Hitze entsteht ein nicht weiter reagierendes, neues stabiles Material. Sogar für den Kontakt mit Lebensmitteln sind HPL-Platten behördlich zugelassen. Bedingt durch ihren hohen Diffusionswiderstand bilden sie eine gute Sperre gegen eventuelle Restemissionen aus dem Trägermaterial.

HPL-Platten können problemlos entsorgt werden. Kunststoffe bringen im Kantenbereich Probleme. Die Kantenverarbeitung in Schichtstoff bedeutet, dass bei einer Beschädigung die ganze Kante in voller Länge ausgewechselt werden muss.

Nach wie vor ist es somit problematisch, je nach Einsatzbereich der Platten, einen adäquaten Kantenschutz zu gewährleisten. Nachdem in den vergangenen Jahren Postformingelemente eingesetzt wurden, um diesen Schutz zu erreichen, ist in diesem Bereich ein Rückgang zu verzeichnen. Bei Forming werden nicht nur Flächen, sondern ebenfalls die Kanten mit dem Beschichtungsmaterial unter oben genanntem Verfahren versehen. Schwerpunkte im Kantenschutz bilden heute Materialien wie beidseitig abgerundete Kunstoffkanten aus Polypropylen (PP), ABS oder PVC. In verstärktem Maß werden ebenfalls Furnierkanten aus ein oder mehreren Lagen bestehend, Massivholzleisten, lackierte MDF-Leisten oder Acrylprofile als Kantenschutz zum Einsatz gebracht.

Eine kunststoffbeschichtete Oberfläche sollte einen Holzanleimer erhalten, wenn die Kante, wie zum Beispiel bei einer Arbeitsplatte, stark strapaziert wird. Das bedeutet: Eingriff in die formale Aussage.

Der Nutzen der Kunststoffverarbeitung liegt in der Festigkeit und Strapazierfähigkeit der Oberfläche.

Durch ein großes Angebot am Markt sind viele Farben und Dekore möglich.

8.5 Die Fußbodenbeläge

Viele Blicke gehen zum Fußboden. Mit keinem anderen Raumteil haben wir ständigen Körperkontakt. Die Raumwirkung über den Boden ist wichtig.

Viele Materialien stehen zur Auswahl, harte Fußböden, sanfte und weiche.

Wir erzeugen Schall, Trittschall – stört dieser Schall? Er kann einen ganzen Raum ausfüllen und stören. Die Verkaufsgespräche werden unterbrochen durch das Klapp-klapp-klapp.

Ist der Fußboden trittsicher? Raue Oberflächen sind sicherer, zeigen aber weniger vom Farbspiel des Steines.

Dunkle Böden bringen Sicherheit – auf hellen Böden schweben die Menschen.

Der Fußboden hat durch die große Fläche eine wichtige Bedeutung für die Raumwirkung. Räume werden durch den Fußboden dokumentiert und Umgänge sichtbar. Die Fußbodenstruktur, die Farbe des Fußbodens verbindet.

Man kann nicht in die Nische hineinschauen, aber man sieht, wie der Fußboden um die Ecke in die Nische „fließt". Der Fußboden hat etwas Verbindendes und etwas Zusammenhaltendes, das man nutzen kann.

Der Boden kann auch trennen, kann Abschnitte dokumentieren, immer dann, wenn sich das Material, die Struktur oder die Farbe im Boden ändert.

Die Industrie stellt heute eine große Anzahl verschiedener Fußbodenmaterialien her. Die Übersicht fällt schwer. Dazu kommt die Erkenntnis, dass es dem idealen Fußboden, „der alles kann", nicht gibt. Die Auswahl geschieht im sorgfältigen Abwägen von Vor- und Nachteilen. Der geeignete Fußbodenbelag muss ausgewählt werden. Nicht jeder Boden ist verkaufsraumgeeignet. Die Anforderungen und Nutzungen entscheiden.

Die wesentlichen Gesichtspunkte für die Auswahl sind: der Gestaltungsanspruch und die Wirtschaftlichkeit.

Wirtschaftlichkeit bedeutet nicht nur Lebensdauer und Kosten miteinander in Verbindung zu bringen, sondern auch die Kosten für Pflege und Reinigung einzubeziehen.

E   Das Designmarketing: Die Gestaltungsidee – Corporate Design zur Unternehmensdarstellung

E 8   Gestaltungsmittel: Material

Viele dieser Überlegungen werden dadurch überholt, dass man viel häufiger und in kürzeren Abständen unabhängig vom Verschleiß den Fußbodenbelag auswechseln möchte, um deren Verkaufsraum ein neues Gesicht zu geben.

Der Wandel der Atmosphäre am Point of Sale und der Versuch des Unternehmens, immer aktuell zu sein, bedeutet, dass man davon ausgeht, dass der Bodenbelag nach wenigen Jahren ausgewechselt wird. Textilbelag ist verhältnismäßig einfach zu erneuern für ein neues Gesicht.

Kombinationen unterschiedlicher Fußbodenmaterialien spielen eine Rolle, auch zum Festlegen der Kundenwege im Loop, einer Hauptlaufzone für Kunden. Es gehört heute zum Komfort eines Schuhgeschäftes, unterschiedliche Böden wie Stein und Teppich zu verwenden, um bei der Anprobe einen richtigen Gehversuch mit den ausgewählten Schuhen vornehmen zu können.

Zum kreativen Einsetzen der Fußbodenbeläge muss man die technischen Möglichkeiten kennen.
(Siehe hierzu: Frick, Knöll, Neumann, Weinbrenner: „Baukonstruktionslehre" Teil 1)

Teppich

Teppichböden müssen für den Verkaufsraum geeignet sein. Sie brauchen die vorgesehene Strapazierfähigkeit: „objektgeeignet", „rollstuhlgeeignet", „treppengeeignet".

Teppichböden sollten eine Musterung tragen – eine Kleinmusterung ist ideal, um die Empfindlichkeit zu mindern.

Bei der Wahl eines Teppichbodens muss man eine besondere Eingangslösung finden. Im Eingangsbereich hat man keine Fußbodenmatten mehr. Man wählt Stein oder schafft eine „Sauberlaufzone" aus einem besonders strapazierfähigen Teppichmaterial. Hier werden Wasser und der grobe Schmutz von den Schuhen abgenommen. Dieser Bereich muss immer so groß sein, dass der Kunde mit beiden Füßen darüber gehen muss.

Der große Vorteil des Teppichbodens liegt darin, dass er den Schall fängt und den Verkaufsraum ruhiger macht. Viele Kunden fühlen sich wohler, wenn sie keinen Trittschall verursachen.

Teppichböden gibt es in einem breiten Angebot, in vielen Farben und Mustern. So lässt sich sicher und schnell die richtige Farbe finden.

Holz

Holzfußböden als Parkett in Echtholz oder als Laminat in Holzimitation erleben eine Renaissance. Sie symbolisieren Naturverbundenheit, Ursprünglichkeit sowie Rustikalität und zeigen die Schönheit des Materials.

Hölzer haben sich auch den dünnen Bauhöhen (Stärken) der Teppiche und der Fliesenbeläge angepasst.

Laminatböden erhalten eine Melaminharz-Oberfläche. Sie sind damit fester in der Oberfläche und weitgehend resistent gegen Kratz- und Schleifspuren sowie gegen Flecken.

Bembé-Parkettböden im wiedererstandenen Kornhaus in Freiburg.
Designer-Boutiquen Étoile und Lisa
Planung: Karl-Heinz Bau
Innenarchitekt, Freiburg

Kork

Kork-Bodenbeläge sind die große Alternative: trittsicher und von einer rustikalen Eleganz.
Korkfußböden gibt es in vielschichtigem Aufbau. Auch kann ein Korkträger mit einem Echtholzfurnier und einer Spezialversiegelungsschicht dauerhaft kaschiert sein.
Die Stärke bereitet keinerlei Anpassungsprobleme zu anderen Böden.

Stein

Die Vorliebe für natürliche Materialien verleiht dem Stein im Innenraum eine große Bedeutung. Der Stein, das sind hauptsächlich Granit, Marmor, Solnhofener Platte, Sandstein und andere. Sie sind ein starkes Gestaltungsmittel und verstärkt geeignet als Fußboden in Verkaufsräumen, besonders für den Eingangsbereich und als Unterscheidungsmaterial für den Loop.

Keramik

Keramik-Bodenbeläge, das sind Klinker, Fliesen und Terrakotta. Keramik ist erforderlich für Frischebereiche und wird auch für andere Bereiche als zusätzliches Material entdeckt.

Kautschuk

Kautschuk-Bodenbeläge finden immer mehr dort Verwendungsmöglichkeit, wo Stein nicht einsetzbar ist, aber Schutz vor eindringender Feuchtigkeit gebraucht wird. Kautschuk ist trittsicher, besonders die Böden mit Noppen. Kautschuk vermittelt Großzügigkeit mit einem technischen Flair.
Kautschuk-Bodenbeläge haben eine extrem lange Lebensdauer und sind umweltverträglich, frei von PVC, Asbest und Weichmachern.

Linoleum

Linoleum findet wieder mehr Einsatz mit neuen Farben und Mustern durch den Umstand, dass es ein reines Naturprodukt ist.

Kunststoffe

Kunststoffbodenbeläge sind in großer Farb- und Musterauswahl und in Imitationsoptik von Holz und Stein zu bekommen.

Ein Fußboden aus Buntschiefer
Adler-Apotheke, Schmallenberg/
Sauerland
Planung: Klaus Bürger

Kautschuk-Bodenbelag
Normament 925 Oberfläche Schiefer

Bodenbeläge

	Dessin-Vielfalt	Strapazierfähigkeit	Lebensdauer	Trittsicherheit	Schalldämmung	Wärmeleitfähigkeit	Fußwärme	Elektrostatische Aufladung	Entflammbarkeit	Lichtbeständigkeit	Ergänzbarkeit	Pflege, leichte Verschmutzung	Pflege, schwere Verschmutzung
Teppich	1	2	3	1	1	3	1	3	3	2	3	2	4
Holz-Parkett	2	2	3	3	3	5	2	1	3	4	5	2	3
Laminatboden	2	2	3	3	4	5	3	2	2	2	3	2	2
Kork	3	3	3	3	3	4	3	2	3	2	3	3	3
Stein	2	1	1	3	5	1	4	1	1	1	4	2	2
Keramik	2	2	2	4	5	1	4	1	1	1	3	2	2
Kautschuk	3	1	2	2	3	4	3	1	2	2	2	3	3
Linoleum	3	2	3	3	3	3	3	2	3	2	3	3	4
Kunststoff	3	2	3	3	3	3	4	2	2	2	2	3	3

[1] - ideal [2] - empfehlenswert [3] - befriedigend [4] - mäßig [5] - nicht empfehlenswert

Die Industrie bietet deutlich bessere, umweltfreundlichere Beläge. Die verschiedenen Produktarten der Hersteller haben unterschiedliche Eigenschaften. Kunststoffbodenbeläge eignen sich für jeden Zweck. Alle verbindet die gute Haltbarkeit und die Pflegeleichtigkeit.

8.6 Die Deckenverkleidungen und Unterdecken

Decken haben im Verkaufsraum an Bedeutung gewonnen, einmal durch die individuelle Gestaltung und zum anderen durch die individuelle Lichtplanung. Wie die Fußböden übernehmen auch die Decken Leitaufgaben.

Viele technische Leitungen sind heute vom Fußboden weg in die Decke verlagert. Das ist kostengünstiger in der Verlegung und bei späteren Änderungen oder Ergänzungen der Leitwege leichter zu erreichen.

Decken müssen mit der Beleuchtung zusammen geplant werden.
Folgende Gesichtspunkte sind wichtig für die Deckenplanung:
– Die frühzeitige Bedeutung der Lichtplanung für den Verkaufsraum einschließlich seiner Veränderungen, auch die Lüftung oder Klimatisierung der Leuchten muss beachtet werden.
– Die Versorgungsleitungen müssen (sie sollten für Veränderungen und Reparaturen zugänglich bleiben) abgedeckt werden.
– Die Decke wird zunehmend für Dekorationen benutzt, zum Beispiel zum Abhängen von Flaggen, Girlanden oder Plakaten. Für die Inszenierung werden Studiodecken gebraucht.
– Mit zunehmendem Anspruch an die Gestaltung will man die Decke nicht „leer" lassen.
– Die Bedeutung der Decke für die Ordnung des Raumes: Die Decke ist die größte zusammenhängende und auch überschaubare Fläche im Verkaufsraum.

Für diese große zusammenhängende Fläche, die raumbestimmend ist, gibt es eine breite Palette an Möglichkeiten von Spiegel- und Flimmer-Effekten bis zur drückenden Decke aus Holz.

Noch nie gab es so viele Möglichkeiten für Raumdecken und noch nie standen so viele industriell gefertigte Deckensysteme zur Verfügung, sodass selbst mit industrievorgefertigten Decken ein großer individueller Spielraum bleibt, der sich gut abstimmen lässt mit der geplanten Deckenbeleuchtung.

Wo der Raum es zulässt, ist man nicht mehr bereit, gerade Decken im Verkaufsraum einzuziehen, sondern nimmt Faltungen, Rundungen, Wölbungen, Profilierungen vor.

Raumteilungen werden wirksam an Decken vollzogen. Einen besonderen Pfiff haben Spiegeldecken, insbesondere matt verspiegelte Decken, die Bewegung in den Raum bringen.

Echtes Tageslicht aus der Decke, also die so genannte „Tageslichtdecke" ist immer willkommen und ist ein Geschenk für den Verkaufsraum.

Zum kreativen Einsetzen der Deckenverkleidungen muss man die technischen Möglichkeiten kennen.
(Siehe hierzu: Frick, Knöll, Neumann, Weinbrenner: „Baukonstruktionlehre" Teil 1)

E8 Gestaltungsmittel: Material

Die wichtigsten Deckenverkleidungen und Unterdecken

Rohdecke:
Unverkleidete Geschossdecke, roh oder mit Anstrich und offener Installationsverlegung.

Gipskartondecke:
Installation verdeckt montiert, eine Nachinstallation ist schwierig.
Ausführungen:
- tapeziert, um Unregelmäßigkeiten abzudecken
- gespachtelt, um eine glatte hochwertige Oberfläche zu bekommen.

Mineralfaserdecke:
Preiswerte Zwischendecke, die eine verdeckte Nachinstallation möglich macht, mit offenen und verdeckten Tragesystemen.
Ausführungen:
- glatt
- rau
- strukturiert.

Alu-Paneeldecke:
Preiswert mit verdeckter Installation, die Beleuchtung ist systemgebunden, durch Schlitze hinterlüftet, Nachinstallation möglich, als Klimadecke möglich.

Alu-Rasterdecke:
Eine offene Decke, der Luftraum bleibt erhalten, Schallschutz durch aufgelegte Matten möglich – aufwändig!
Systemleuchten erforderlich.

Holz-Paneeldecke:
Große Ausführungsbreite durch die verschiedensten Hölzer mit entsprechenden Preisunterscheidungen, Nachinstallation schwierig.

Folien-Lichtdecke
System „atensio-Lux"
der Kluth, Hilden

Deckenverkleidungen

	Dessin-Vielfalt	Flexibilität	Beleuchtungsveränderungen	Optischer Eindruck	Wärmedämmung	Schalldämmung/Akustik	Beständigkeit/Pflege	Neutrale Raumbeeinflussung	Brandschutz	Zugänglichkeit zur Haustechnik	Montage	Kosten
Rohdecke	5	4	3	4	5	5	4	5	4	1	-	-
Gipskartondecke - tapeziert	4	4	4	3	2	3	3	2	2	4	3	3
- gespachtelt	2	4	4	2	2	3	3	3	2	4	3	4
Mineralfaserdecke - glatt	4	2	2	3	2	3	3	2	2	2	2	2
- rau	3	2	2	3	2	2	3	3	2	2	2	2
- strukturiert	3	2	2	3	2	2	3	3	2	2	2	2
Alu-Paneeldecke	4	4	3	3	3	4	2	4	2	3	2	2
- als Klimadecke	4	3	4	3	3	4	2	4	2	3	2	3
Alu-Rasterdecke	2	2	2	2	3	3	3	3	3	2	3	3
- als Klimadecke	2	2	2	2	3	3	3	3	3	2	3	4
Holz-Paneeldecke	2	4	4	2	2	2	3	4	4	4	3	4
Holz-Rasterdecke	2	2	2	2	2	2	3	3	3	2	3	4
- als Klimadecke	2	2	3	2	2	2	3	3	3	2	4	5
Lichtdecke - Glas	3	4	4	2	3	4	3	4	3	2	3	5
- Folie	2	4	4	2	3	3	3	4	3	4	3	5
Edelstahldecke	3	3	3	2	3	4	2	4	2	2	4	5
- als Klimadecke	3	3	4	2	3	4	2	4	2	2	4	5

[1] - ideal [2] - empfehlenswert [3] - befriedigend [4] - mäßig [5] - nicht empfehlenswert

E Das Designmarketing: Die Gestaltungsidee – Corporate Design zur Unternehmensdarstellung

E 8 Gestaltungsmittel: Material

Gewölbte Lichtdecke mit integrierter Luftzuführung
System Forum von KAB
Koch-Akustik-Bau, Velbert

Holz-Posterdecke:
gleiche technische Eigenschaften wie die Alurasterdecke.

Lichtdecke-Glas:
Gestalterischer Höhepunkt, sehr aufwändig, auch in der Unterhaltung, Nachinstallation möglich.

Lichtdecke-Folie:
Auch Spanndecke genannt, größere Felder als die Glasdecke, kann problemlos installiert werden, etwas Besonderes!

Edelstahldecke:
Sehr aufwändig, nicht brennbar, leichte Nachinstallation, Leuchtensystem gebunden, als Klimadecke möglich.

E 9 Gestaltungsmittel: Farbe

„Doch mehr Lob wird der verdienen, der Farben kauft und malt mit ihnen!"

(Wilhelm Busch)

Die Sprache macht es deutlich: „farblos", das bedeutet eintönig, nicht auffallend. „Farblos" heißt soviel wie langweilig, sicher aber immer einfach. Der Verkaufsraum, das ist die angebotene Ware, die strahlen muss. Fußboden, Decke und Wände können die Einstufung „farblos" nicht verkraften. Farbe bedeutet nicht nur die Farben durch deckende Anstriche, sondern auch die natürlichen Farben der Materialien wie Holz und Stein mit der Oberfläche glatt und rau, Struktur und Musterung.

Farbe – Textur – Licht

Farbe in Architektur und Design wirkt nie als Farbe allein, sondern immer im Wirkungsverbund mit der Materialbeschaffenheit und -textur, auf der Farbe erscheint (z.B. stumpf-glänzend). Die Licht- bzw. Beleuchtungsqualität wird durch die Farbe erst sichtbar!

Siehe hierzu das Kapitel:

E 10   Gestaltungselement: Licht

9.1   Warum Farbe?

Warum also Farbe? Weil es Aufgaben gibt, die nur Farben erfüllen können.

Die Farben gliedern sich nach den drei Aufgaben, die sie erfüllen können:

- als Grundfarbe, als Ordnungs- und Gliederungselement
- als Element zum Wohlfühlen, als emotionale Aufgabe mit ästhetischer Erfahrung aus der Natur und der Mode
- als Wiedererkennung, als Corporate Colour, als Kommunikations-Aufgabe.

Die Farbe als Ordnungs-Gliederungselement

Die Farbe ist ein besonders geeignetes Gestaltungselement zum Herausheben, zum Gliedern. Die Farbe der Warenträger ist oft stärker als die Form der Warenträger und, wenn es gebraucht wird, oft auch stärker als die Ware selbst.

Farbe ist damit ein Ordnungsfaktor. Farbe kann gliedern, teilen, aber auch Zusammenhänge deutlich machen.

Löwen-Apotheke, Lemförde
Planung: Klaus Bürger

E   Das Designmarketing: Die Gestaltungsidee – Corporate Design zur Unternehmensdarstellung

E 9   Gestaltungsmittel: Farbe

Beck am Rathauseck
Planung: Inna Dobiasch

Ein Kassenpool muss auffallen
Design und Produktion:
Wilhelm Kreft GmbH, Wedemark

Farbe macht schnell wahrnehmbar, Farbe macht bewusst, Farbe schafft Erinnerungswerte.
Die Farben im Raum folgen im Grundsatz der natürlichen Ordnung:
– die Wände sind oft Warenwände, daher die Farben der Waren mit den Farben der Warenträger und der Hinweisschilder beachten
– die Decken, der Himmel, Technik verbergend, Licht aufnehmend, die Decke wird immer mehr die raumbestimmende Farbe tragen, hell bis dunkel in Richtung Höhle
– der Boden dunkel, die Erde auf der wir uns sicher bewegen, die Stabilität die eigentlich gebraucht wird, es sei denn man will schweben.

Die Farbe kann als Ordnungselement erreichen:
– Ordnen und Gliedern der Waren, dazu braucht man Kontraste oder stärkere Farben, die sich „beißen"
– Auffallen, dazu braucht man die Signalfarbe, den Effekt des Wachrüttelns
– Wichtiges wichtig machen durch ungewöhnliche Farbkombinationen als Gegensatz zur Harmonie der Farben
– Aufmerksamkeit auf sich ziehen und von Raum-Nachteilen ablenken.

Die Wirkungen der Farben sind von großer Bedeutung für die Nutzung des Verkaufsraumes und damit für die Verkaufsraumgestaltung.
Die alten Farbharmonien waren so etwas wie ein symmetrischer Ausgleich. Sie bestehen noch, aber nicht ausschließlich. In den Verkaufsräumen werden Farben deutlicher angewandt und auch bewusst aggressiver als im Wohnbereich.
Der Verkaufsraum ist der Anwendungsbereich für:
– Farbkontraste
– Farbharmonien
– Farbdisharmonien.

Es entstehen mit der Farbgestaltung objektive Gesetzmäßigkeiten, unabhängig von der emotionalen Qualität der Farben, die teilweise schmeicheln können, aber auch in anderen Bereichen disharmonisch sind und gerade noch erträglich, um aufzufallen, und den Kunden zu schütteln.

E 9 Gestaltungsmittel: Farbe

Die Farbe als Element zum Wohlfühlen
Durch die bewusste Auswahl der Farben für den Verkaufsraum beeinflusst man alle Menschen im Verkaufsraum, indem man Stimmungen erzeugt. Um die Stimmung zu erzeugen, die geplant also gewollt ist, braucht man Erfahrung.

Wie Farbe zum Wohlfühlen beitragen kann:
- Stimmung erzeugen, der Stimmungsfaktor Farbe ist bedeutungsvoll, siehe hierzu die Tabelle: Die natürliche Wirkung der Farben
- Stimulieren, dazu gehört das Anregen am Beginn eines neuen Warenbildes bis zur ruhigen, entspannenden Weiterführung
- Grün in den Verkaufsraum bringen, es gibt zu wenig grün, zu wenig Bäume. Kann der Verkaufsraum „grün" zeigen? Vielleicht ein Möbel, besser eine Wand.

Mit dem Befinden der Menschen durch Farben beschäftigt sich die Farbpsychologie, die zu wichtigen Erkenntnissen über die verschiedenen Farben gelangt ist.

Längst sind die Wirkungen der Farben psychologisch eingeordnet.

Marienapotheke, Eriskirch-Mariabrunn
Planung: Klaus Bürger

Jonen Hörakustik, Mechernich
Planung: Cöln-Design

E Das Designmarketing: Die Gestaltungsidee – Corporate Design zur Unternehmensdarstellung

E 9 Gestaltungsmittel: Farbe

Die natürliche Wirkung der Farben	
rot	warm, aktiviert, macht deutlich, stärkt Leben, Liebe, Kraft, Gefahr, Feuer, Signal
violett	dominierend, ernst, schwer, spirituell, Würde, Macht, Magie,
blau	kühl, distanziert, technisch, schafft Klarheit, Ferne, Weite, Himmel, Treue
grün	ergeben, einfügsam, zeigt Natürlichkeit, passiv, beruhigend, entspannend, Hoffnung, Ausgleich, Naturverbundenheit
gelb	strahlt, hell, heiter, bringt Licht, Kommunikation, Kontakt, Konzentration, Geistigkeit, Toleranz
orange	deutlich, laut, wirkt anregend, aufmunternd, Gefahr
braun	dunkel, schwermütig, solide, sich zurückziehen, zeigt Erdgebundenheit, Erde, Geborgenheit, Bremse
weiß	klar, sauber, bringt Helligkeit, Reinheit, Unschuld, Urwissen
grau	unterordnend, unklar, finster, hintergründig, unentschieden, Basis, Untergrund, Schatten, Selbstverleumdung, Angst
schwarz	traurig, endgültig, elegant, Trauer, Urwollen
helle Töne	offen, einladend, heiter, schafft Weite, weil sie sich vom Betrachter entfernen
dunkle Töne	konzentrationsfördernd, schafft Enge, weil sie sich dem Betrachter nähern

Die Farbe als Element zur Wiedererkennung als Corporate Colour

Die Farbe prägt – ausgefallene Farben sind stark wie ein Signal.
Farben sind individuell und haben deshalb einen Wiedererkennungseffekt.

Die Farbe als Corporate Colour kann:

– der Wiedererkennung dienen, Hinweise geben, Zeichen setzen, zusammenhängende Beschriftungen deutlich machen
– verbinden, für die Dokumentation von Zusammengehörigkeit bis hin zur direkt verbindenden Farblinie. Farbe kann die Bereiche im Verkaufsraum verbinden oder trennen
– Leitaufträge im Verkaufsraum übernehmen, als Orientierungen im Sinne eines Kundenleitweges
– die Corporate Identity wirkungsvoll unterstützen
– die Wiedererkennung erreichen: Fassade, Signet, Innenraum, Briefbogen, Plakat, Dekorationen; die Unternehmensfarbe, die Hausfarbe als Einheit – eine Corporate Colour.

Deutliche Farben bedeuten schnelle Impulse. Deshalb kann man mit diesen Farben etwas unterstreichen und Waren sichtbar machen.
Die Hausfarbe des Unternehmens, wenn sie intensiv ist, sollte spärlich verwendet werden, auch eventuell durch ein bewusstes Auslassen im Ver-

Adler-Apotheke, Mönchengladbach
Planung: Klaus Bürger

kaufsraum. Die Hausfarbe bleibt dann dem Signet vorbehalten.

Je deutlicher Farbe ein bestimmendes Gestaltungselement wird, desto bewusster muss sie angewandt werden.

- *Farbe ist schneller als der Gedanke.*
- *Farbe ist komplexer als andere Informationen.*
- *Farbe ist ein belebendes Element (Vitamin) ohne Nebenwirkungen.*
- *Die Lebensfarben sind rot und blau, gelb ist die vermittelnde Idee.*
- *Der Farbkreis ist die qualitative Bedingung für Harmonie.*

(Professor Dr. Dr. Harald Brost ist Kunsthistoriker und Farbtheoretiker an der Kunsthochschule in Frankfurt/Main)

9.2 Farben anwenden!

Alle Farben werden zu etwas sehr Persönlichem mit der Anwendung.

In der Ladenplanung ist man mit dem Auswählen der Farben beim Dessert angekommen.

Wie findet man die richtigen Farben? Gibt es überhaupt die „richtige" Farbe? Die Farbauswahl, das „Stehen" zu bestimmten Farben, ist immer sehr persönlich.

Farben, der Umgang mit Farben und das Denken in Farben sind mir immer wichtig gewesen. Ich wäre gern Maler geworden, um mit Farben ständig umgehen zu können. Ich ertappe mich oft dabei, dass ich wie ein Maler in farbigen Bildern denke. Die Farbe ist zuerst da und das Bild entsteht erst im Nachhinein.

Da ist der Bauherr, den ich berate, dem ich helfen möchte, seine Materialien und Farben zu finden. Ich muss Farben argumentativ begründen können.

Die entscheidenden und wichtigen Farben empfinde ich emotional und lasse mich dabei vom Raum, vom Licht und von der Bestimmung und sicher auch von der augenblicklichen Laune leiten.

E Das Designmarketing: Die Gestaltungsidee – Corporate Design zur Unternehmensdarstellung

E 9 Gestaltungsmittel: Farbe

Das Funktionale der Farbe schließe ich nicht aus. Ich gebe mich aber mit der Funktion nicht zufrieden, versuche zu steigern und zu übersteigern. Dabei habe ich die Eigenart des Unternehmens und die Zielgruppe im Auge.

Nur deutliche Farben sind im Allgemeinen für den Kunden sichtbar und sichtbar müssen die Farben sein, um einen Auftrag übernehmen zu können.

Da 90 % und oft auch mehr der wahrnehmbaren Einrichtungsfarbe auf die Hauptfarbe fällt bzw. auf die Farbe des Hauptmaterials, braucht der Verkaufsraum auch deutliche Farben, deutlicher als im Warenbereich.

Rot, das ist klar, ist die Auffallendste.

Grün, das ist Entspannung.

Blau streben viele der Bauherren an. Aber oft ist blau allein zu kühl, zu vornehm. Es müssen wärmere Farben hinzu genommen werden.

Gelb übersieht der Kunde leicht. Es sollte deshalb leuchten können. Gelb wird zu sparsam verwendet – schade!

Helle Farben, insbesondere pastellige Grautöne, lassen sich besser bei künstlichem Licht einsetzen als weiß. Eine kleine Farbnuancierung der Hauptfarbe sollte dem Grau beigemischt werden, um auch damit schon die Verbindung zur Hauptfarbe einzuleiten.

Die Hauptfarbe greift in das Geschehen direkt ein.

Ausgehend vom gewünschten Warenraumbild wähle ich:
– helle und dunklere Farben
– starke Kontraste und schwache Nuancierungen
– dominierende Haus-Farben mit Komplementärfarben
– modischen Trends in der Farbauswahl kann ich mich nicht ganz verschließen.

Da gibt es noch die vielen Farbtheorien, die wissenschaftlichen Erarbeitungen. So spannend sie auch sein können, ich beachte sie nicht.

„Es gibt mehr Farbtheorien als Farben. Vergessen wir die Theorie, machen wir ganz einfach einen Spaziergang durch die Natur, die Stimmungen, Jahreszeiten und Details, durch die Tierwelt und das Pflanzenreich. Fragen wir: In welcher Landschaft möchte ich leben? Welche Stimmung ist angenehm? Welche Pflanzen sprechen mich an?"

(Friederam Pleterski ist Mitarbeiter des Buches „Wohnen mit allen Sinnen", Leben im Dialog mit der Natur)

„Meine Theorie geht von einer sehr elementaren Lebensphilosophie aus. Für mich ist die Farbe ein Ausdrucksmittel wie die Sprache auch. Mit der Farbberatung verglichen, würde das heißen, dass beispielsweise nur noch Gedichte geschrieben werden dürfen, bei denen sich alles auf „Plautz" oder „Blum" reimt. Für mich heißt das, die Persönlichkeitsvielfalt des Kunden in ein Korsett zu zwängen."

(Professor Dr. Dr. Harald Brost)

Nun, wie beginne ich, wie wähle ich zuerst die Hauptfarbe, wie finde ich das Hauptmaterial, welche Holzart?

Mein Weg in die Farbenwelt des Verkaufsraumes:
– Ich versuche mit dem Bauherrn, die Hauptfarbe festzulegen. Dabei berücksichtige ich seine Wünsche und Einschätzungen sowie seine bisherigen Farben und die Diskussion darüber. Ich akzeptiere die persönliche Entscheidung des Bauherrn. Der Verkaufsraum ist ein Teil von ihm, von seiner Persönlichkeit. Die Farbe hat hier einen wichtigen Auftrag.
– Ich begehe den zu planenden Raum: Licht, Tageslicht, Raumdimension, Deckenhöhe, Pfeiler, Säulen, Wandscheiben, der geplante Kundenleitweg.
– Die weiteren Farben schlage ich vor, immer mit Bezug zur Hauptfarbe.
– Die Vorliebe für natürliche Materialien mache ich deutlich, wenn sie möglich sind, auch für natürliche Farben, mit den Kontrastfarben dazu, zur Bestätigung des Hauptmaterials.
– Die Erfahrung aus ausgeführten Projekten, die studierten Wirkungen, Erfahrungen aus der Malerei, aus der Natur.

E 9 Gestaltungsmittel: Farbe

- Das Grundwissen: Farbkreis, Komplementärfarben und Ittensche Kontrastlehre, auf die ich noch ausführlich eingehe.
- Collagen zur eigenen Bestätigung und zur Argumentation für den Bauherrn.
- Mut und der Wille zur Gestaltung gepaart mit Verantwortung.

Es gibt keine Rezepte und das ist gut so. Das schafft gestalterische Freiräume für Stimmungen, immer auf der Suche nach dem Angemessenen und auch dem Besonderen.

Die Farben im Verkaufsraum sollen ordnen und das unterstreichen, was wichtig ist.

Kunden erkennen bewusst, aber auch unbewusst, die Bedeutung der Farben im Verkaufsraum. Die Erfahrungen, die Kunden mit Farben gemacht haben, bleiben in Erinnerung und werden zum Brainscript.

So entstanden wichtige Brainscripts zur Farbzuordnung, die man kennen sollte:
- für einige Branchen
- für einige Zielgruppen.

Der Farb-Brainscript für einige Branchen:
Mode:
Die Farben der modischen Waren sind die, die gerade „in" sind. Diese Farben müssen dominierend gezeigt werden. Die Einrichtung tritt zurück und ist nur funktional wahrnehmbar.
Fachgeschäfte:
- Alle Fachgeschäfte, in denen Ware mit Beratung geboten wird, wie z.B. Optiker und Buchhandlungen, zeigen, dass auch die Einrichtung und damit die Farbe der Einrichtung wichtig sind. Je wertvoller die Ware ist, umso mehr tritt die Einrichtung zurück. Naturmaterial wie Holz etc. wird bevorzugt, abgesetzt mit Farben in großen Räumen und starke Farben. Beim Juwelier wird die Einrichtung Holz, oft dunkel und damit bewusst edel, bevorzugt.
- Lebensmittel:
SB, das Weiß und Hellgrau der Einrichtung zeigt und dokumentiert Sauberkeit, hinzu kommen Farben für Hinweise und Beschriftungen. Auch Kassenmöbel können sich deutlich farbig absetzen.
- Bäckereien:
Alle Farben der Natur, um Natürlichkeit deutlich zu machen und die Farben der Backerzeugnisse von Hellgelb über Braun bis schokoladenfarbig. Gesteigert durch die Verwendung von Orange, Rot, in Pastelltöne bis Blaugrün. Weiß wird hier gemieden. Es steht für Masse, Konfektion, für nicht handwerklich.
- Confiserien:
Confiserien brauchen mehr die besondere Präsentation und damit das Unterstreichen der Ware, die Konzentration und die Aufmerksamkeit auf das Besondere. Natur in der Hauptsache gilt auch hier, aber die Steigerung in Kontrasten: hell-dunkel, Farbe-an-sich und simultan. Daraus ergibt sich Rotpastell von Rosa bis Bordeauxrot und die Steigerung bis in interessante Abstufungen über Purpur bis Violett.
- Fleischereien:
Aufmerksam wird die Präsentation in der Auslage vom Kunden betrachtet. Alles muss einfach nachvollziehbar sein. Sauberkeit ist das oberste Gebot für diese leicht verderbliche Ware. Frische muss gezeigt werden. Das geschieht auf blankem, natürlichem Metall, wie Edelstahl, das einen guten Kontrast gibt zum Fleisch, zu Fleischwaren und zu den Salaten. Dazu passen Naturmaterialien wie Stein und Keramik. Farben, die kühlen, das sind vor allem Blautöne von Türkis bis Violett. Ein dunkleres Rot hat sich als Branchen-Farbe für Fleischereien eingeführt, besonders für die Fleischtheke im SB-Markt.

Der Farb-Brainscript für Zielgruppen:
Kinder:
„Kinder mögen es bunt" – also alle Farben. Das ist falsch. Kinder wollen ihren Bereich abgegrenzt haben von den Erwachsenen und sie haben ein gutes, ungetrübtes Verhältnis zur Farbe, zu reinen Farben, zu einer Dominanz und der dazugehörigen Komplementärfarbe. Die Farbe kommt aus der meist sehr farbigen Ware für Kinder.
Gesundheitstrend:
Alle Farben der Natur, Gelb bis Braun – Pastelltöne werden bevorzugt, aber zusätzlich und unterscheidend zur Bäckerei Gelbgrün, ein Maigrün, das an das Erwachen der Natur erinnert.

Nur als allgemeine Grundlage gelten die Farb-Brainscripts. Wenn man etwas Besonderes will, steigert man die Farben und erreicht besondere bis fremde, exotische Farbstimmungen. Im Verkaufsraum muss immer etwas Herausfallen. Eine Pointe muss er haben, ein Ziel, eine Eigenartigkeit, die es nur hier gibt. Farbe hat auch den Auftrag, zur Profilierung des Unternehmens beizutragen. Das ist die Herausforderung für das Gestaltungselement Farbe. Mit extravaganten Farben kann man sich profilieren, Eigenarten deutlich machen und eine besondere Zielgruppe ansprechen.

Auch wenn ich emotional über Farben, so „aus dem Bauch heraus" entscheide, habe ich mein Brainscript, um die nächsten Farben zur Hauptfarbe zu finden. Ich suche erst einmal Kontrastfarben. Kontraste sind im Verkaufsraum besonders wichtig. Hier muss man sichtbar machen.

„Durch den bewussten Einsatz von Farbe erschaffe ich für mein Projekt nach Kenntnis des Umfeldes und der Funktion die Atmosphäre, die ich haben muss, um den Raum zu einem profitierenden Erlebnis werden zu lassen."
(Klaus Bürger)

Die Entwicklung von Kontrasten und Zusammenstellungen in Collagen mit Materialien, führe ich auf die Farbkontrastlehre von Johannes Itten zurück. Ich habe Johannes Itten noch während meines Studiums kennen und schätzen lernen dürfen. Ein Seminar bei Itten hat mich „zur Farbe" gebracht.

Es erscheint mir wichtig, auf die Kontrastlehre des Johannes Itten hinzuweisen und ihn hier kurz zu zitieren mit den von ihm deutlich gemachten sieben Kontrasten aus seinem Buch „Die Kunst der Farbe".

Die von Johannes Itten aufgestellten sieben Kontraste geben sieben unterschiedliche Stimmungen wieder. Verkaufsräume können sich nicht auf einen Kontrast einstellen. Multifunktionale Kontraste werden wegen der notwendigen Verwendung mehrerer Farben im Verkaufsraum gebraucht.

Die Sieben Farbkontraste

Aus: Johannes Itten: „Die Kunst der Farbe"
In gekürzten Zitaten:
Von Kontrasten spricht man dann, wenn zwischen zwei vergleichenden Farbenwirkungen deutliche Unterschiede oder Intervalle festzustellen sind. Wenn sich diese Unterschiede ins Maximale steigern, so spricht man von entgegengesetzt gleichen oder polaren Kontrasten.

So sind Groß-Klein, Schwarz-Weiß, Kalt-Warm in ihrer höchsten Steigerung polare Kontraste. Unsere Sinnesorgane können nur durch das Mittel des Vergleichens Wahrnehmungen machen. Eine Linie wird von uns als lang empfunden, wenn eine kürzere zum Vergleich daneben ist. Die gleiche Linie erscheint kurz, wenn eine längere zum Vergleich daneben steht. Ebenso können Farbenwirkungen durch Kontrastfarben gesteigert oder geschwächt werden.

Goethe, Bezold, Chevreul und Hölzel haben auf die Bedeutung der verschiedenen Farbkontraste hingewiesen. Chevreul hat ein ganzes Werk über den „Contraste Simultané" geschrieben. Eine anschauliche und übungsmäßig praktisch erarbeitete Einführung in die eigentümlichen Wirkungen der Farbkontraste fehlte bis heute. Diese Durcharbeitung der Farbkontraste bildet einen wichtigen Teil meiner Farbenlehre.

Die sieben Farbkontraste sind:
– Farbe-an-sich-Kontrast
– Hell-Dunkel-Kontrast
– Kalt-Warm-Kontrast
– Komplementär-Kontrast
– Simultan-Kontrast
– Qualitäts-Kontrast
– Quantitäts-Kontrast.

Der Farbe-an-sich-Kontrast

Der Farbe-an-sich-Kontrast ist der einfachste der sieben Farbkontraste. Er stellt an das Farben-Sehen keine großen Ansprüche, weil zu seiner Darstellung alle Farben ungetrübt in ihrer stärksten Leuchtkraft verwendet werden können.

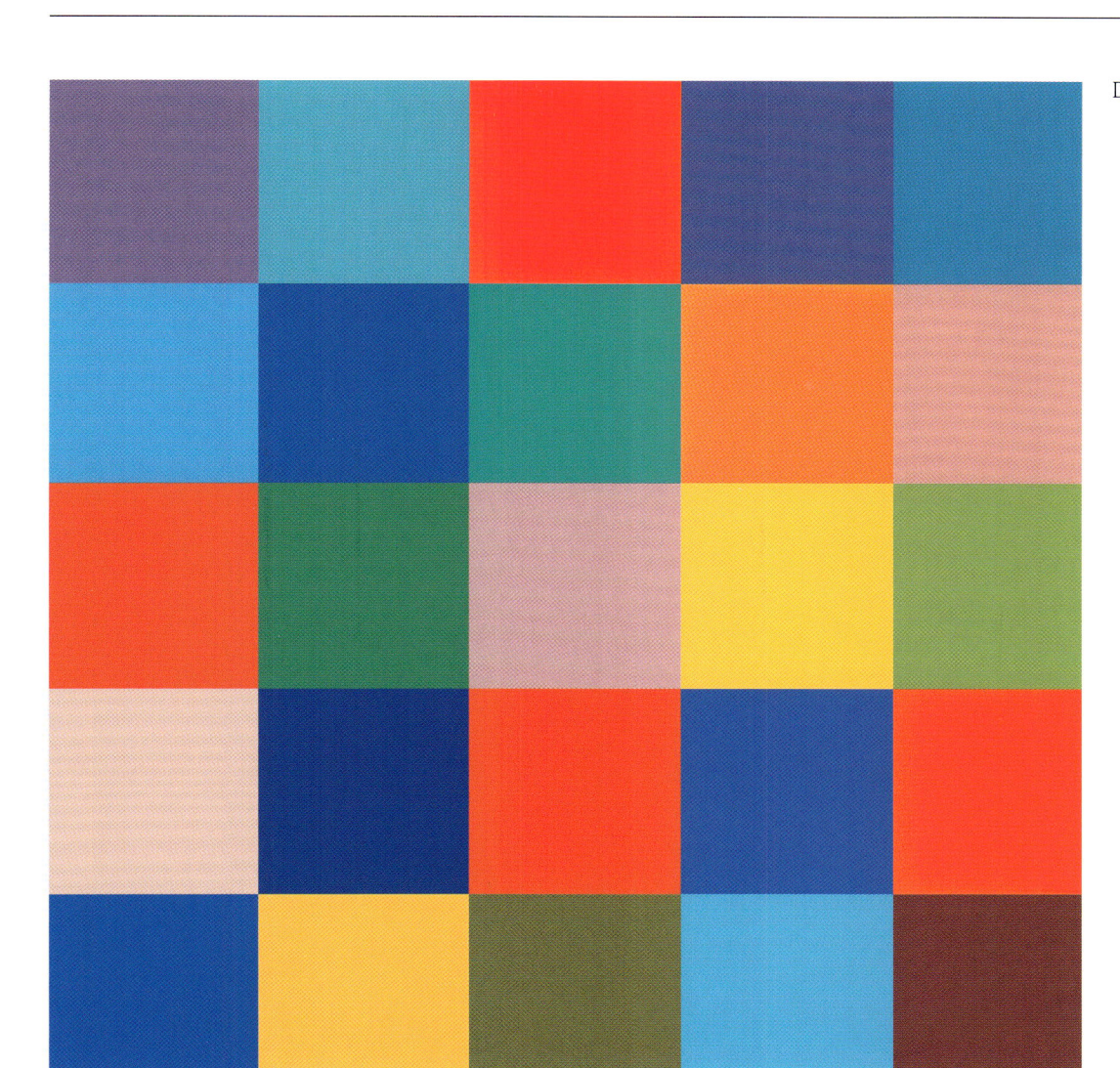

Der Farbe-an-sich-Kontrast

Der Hell-Dunkel-Kontrast
Licht und Finsternis, Hell und Dunkel als polare Kontraste sind für das menschliche Leben und die ganze Natur von großer, grundlegender Bedeutung.
Für den Maler sind die Farben Weiß und Schwarz das stärkste Ausdrucksmittel für Hell und Dunkel. Schwarz und Weiß sind in ihren Wirkungen in jeder Hinsicht entgegengesetzt, zwischen beiden liegt das Reich der Grautöne und der Farben. Sowohl die Hell-Dunkel-Probleme des Weiß, Schwarz und Grau wie die Hell-Dunkel-Probleme der reinen Farben und deren Beziehungen zueinander müssen so gründlich wie möglich erforscht werden, denn daraus ergeben sich wichtige Hinweise für jede gestalterische Arbeit.

Der Kalt-Warm-Kontrast
Es mag befremden, aus dem optischen Empfindungsbereich der Farben eine Temperaturempfindung ablesen zu wollen.
Bei der Betrachtung des Farbkreises zeigt sich, dass Gelb die hellste und dass Violett die dunkelste Farbe ist, das heißt zwischen diesen beiden Farben liegt der stärkste Hell-Dunkel-Kontrast. Im rechten Winkel zu der Achse Gelb-Violett stehen Rotorange und Blaugrün, das sind die beiden Pole des Kalt-Warm-Kontrastes.

E   Das Designmarketing: Die Gestaltungsidee – Corporate Design zur Unternehmensdarstellung

E 9   Gestaltungsmittel: Farbe

Der Hell-Dunkel-Kontrast

Der Kalt-Warm-Kontrast

Der Komplementär-Kontrast
Zwei pigmentäre Farben, die zusammengemischt ein neutrales Grauschwarz ergeben, bezeichnen wir als komplementäre Farben. Physikalisch sind zwei farbige Lichter, die miteinander gemischt weißes Licht ergeben, ebenfalls komplementär. Zwei komplementäre Farben sind ein seltsames Paar. Sie sind entgegengesetzt, fordern sich gegenseitig, steigern sich zu höchster Leuchtkraft im Nebeneinander und vernichten sich in der Mischung zu Grau – wie Feuer und Wasser.

Der Komplementär-Kontrast

Der Simultan-Kontrast
Mit dem Simultan-Kontrast bezeichnen wir die Erscheinung, dass unser Auge zu einer gegebenen Farbe immer gleichzeitig, also simultan, die Komplementärfarbe verlangt, dass sie sich selbsttätig erzeugt, wenn sie nicht gegeben ist. Diese Tatsache beweist, dass das Grundgesetz farbiger Harmonie die Erfüllung des Komplementärgesetzes in sich schließt. Die simultan erzeugte Komplementärfarbe entsteht als Farbempfindung im Auge des Betrachters und ist nicht real vorhanden. Sie kann nicht fotografiert werden. Der Simultan-Kontrast und der Sukzessiv-Kontrast haben vermutlich die gleiche Entstehungsursache.

Der Qualitäts-Kontrast
Unter dem Begriff der Farbqualität verstehen wir den Reinheits- oder Sättigungsgrad der Farben. Als Qualitäts-Kontrast bezeichnen wir den Gegensatz von gesättigten, leuchtenden Farben zu stumpfen, getrübten Farben. Die prismatischen Farben, welche durch die Brechung des weißen Lichtes entstehen, sind Farben größter Sättigung oder größter Leuchtkraft.

Der Quantitäts-Kontrast
Der Quantitäts-Kontrast bezieht sich auf das Größenverhältnis von zwei oder mehreren Farbflecken. Er ist also der Gegensatz „viel und wenig" oder „Groß und Klein".

E   Das Designmarketing: Die Gestaltungsidee – Corporate Design zur Unternehmensdarstellung

E 9   Gestaltungsmittel: Farbe

Der Simultan-Kontrast

Der Qualitäts-Kontrast

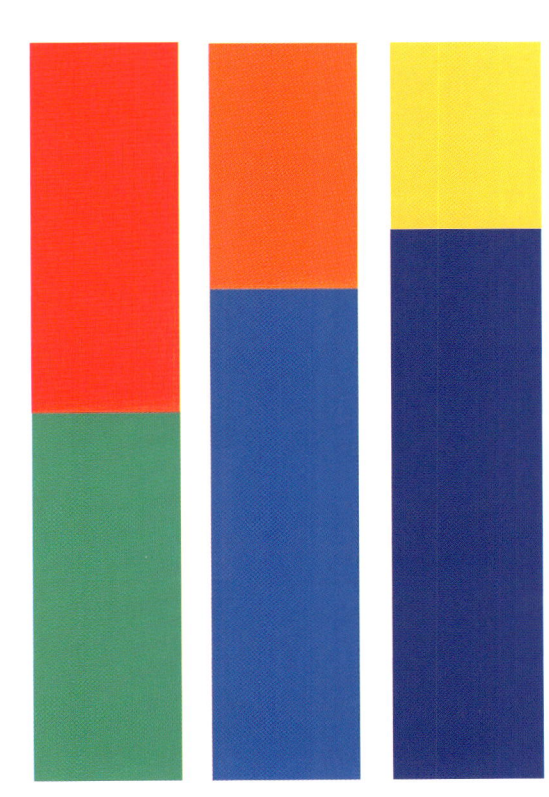

Der Quantitäts-Kontrast

Weitere Kontraste:
Materialienkontrast:
Durch die Verwendung eines andersartigen Materials.
Kontrast durch Strukturen und Musterungen:
In der Oberfläche.
Kontrast der Oberfläche:
Glatt oder rau.

10 Collagen

Die Farben und Materialien, die ich auswähle, trage ich in einer Collage zusammen.
Die Übersicht geordnet nach den Hauptfarben bzw. Hauptmaterialien:
Die Hölzer:
1 Ahorn
2 Buche
3 Erle
4 Eiche
5 Kirsche
6 Mahagonie
7 Nussbaum
Die Farben:
– Hellgrau
– Blau
– Grün.
Die Materialien:
Holz: Naturholzfurnier, lackiert
Farben: Laminate-Schichtstoff, Westag AG –
    Nummern mit A laut Farbpalette in matter
    Oberfläche
    Kollektion 1999
Teppich: Perlon, Rips Firma Anker – Nummer
    mit G laut Musterbuch
    Kollektion 1999
Stein: Granit, poliert und auch rau mit der Handelsbezeichnung
Alle Farben und Materialien der Collagen wurden emotional spontan ausgewählt und zusammengestellt. Die Collagen sind intuitiv entstanden innerhalb weniger Minuten und ohne jede nachträgliche vernünftige Überlegungen und Korrektur. Allein der Wille stand fest, ein bestimmtes Holz mit einer oder mehreren Farben oder eine Hauptfarbe mit anderen Farben zusammen zu bringen, um bestimmte Stimmungen zu erhalten.

E   Das Designmarketing: Die Gestaltungsidee – Corporate Design zur Unternehmensdarstellung

E9 Gestaltungsmittel: Farbe

Collage warum:
Eine Farbkomposition mit den Materialien entsteht, die Gesamtwirkung ist sichtbar.
Festlegung der Farben und Materialien durch Originalproben.
Zusammenstellen zur Kontrolle.
Ein gutes Verständigungsmittel mit dem Bauherrn und den Mitarbeitern.
Die Kontraste zur Hauptfarbe bzw. zum Hauptmaterial werden sichtbar.
Die Kontraste innerhalb der Zusatzfarben werden abgestimmt.

J Signalfarbe	F Fußbodenfarbe 1	G Fußbodenfarbe 2
B Hauptfarbe Variante 1	A Hauptfarbe Hauptmaterial	D Hauptfarbe Kontraste
E Hintergrundfarbe	C Hauptfarbe Variante 2	H Sonderfarbe

Die Verwendung Farben und Materialien ordne ich von A bis J nach ihrer Aufgabe:

A   Hauptfarbe, das Hauptmaterial
    Die Einrichtung macht immer den größten Anteil aus, oft 90 % der Wandflächen. Die Hauptfarbe bei der Verwendung von Holz ist die Farbe des Holzes. Von dieser Hauptfarbe ausgehend bauen sich alle Varianten und Kontraste auf.

B+C Variante 1 und Variante 2
    Varianten bis hin zu Kontrasten sind zum Teil erforderlich zum Absätzen der Hauptfarbe, heller oder dunkler. Diese Varianten werden auch gebraucht, um Einrichtungen in der unterschiedlichen Funktionalität deutlich zu machen.

D   Die Kontrastfarben zur Hauptfarbe mit Varianten
    Die Kontrastfarben sind erforderlich, um die Wirkung der Hauptfarbe oder des Hauptmaterials zu unterstreichen.

E   Die Hintergrundfarbe
    Die Rückwand, die bei Regalwänden nur teilweise sichtbar ist, braucht einen Kontrast zur Hauptfarbe, z.B. um einen Kubus deutlich zu machen oder auch um Tiefe zu zeigen.

F   Fußboden 1
    Auf dem alles steht, eine große Fläche.

G   Fußboden 2
    als Variante zu F, für eine zu F unterscheidende Funktion, z.B. für die Betonung eines Loops oder einer besonderen Warenzone.

H   Die Sonderfarbe
    Für besondere Anlässe oder besondere Möbel, die auffallen müssen. Spezielle Abteilungen, z.B. für Kinder, die in die Grundüberlegung der großen Farbkomposition eingefügt bleiben.

J   Die Signalfarbe
    Für Beschriftungen, Hinweise, für die Betonung des Wichtigen, für Säulen und Pfeiler, eine Farbe, die mit überlegt werden muss, auch dann wenn sie nur in geringer Menge verwandt wird.

Die Deckenfarbe

Eine Farbe für die Decke wurde nicht zugeteilt. Decken in Verkaufsräumen sind sehr oft weiß oder weiß mit leichter Tönung, um das Licht der Deckenbeleuchtung gut reflektieren zu können. Soll die Decke eine Farbe erhalten, dann möglichst im vorgesehenen Farbspektrum.

Die Collagen
Kontraste zur Hauptfarbe
Kontraste zur Farbe des Hauptmaterials
  0 = ohne wesentlichen Kontrast

Kontraste nach Itten:
  1 = Farbe-an-sich
  2 = hell – dunkel
  3 = warm – kalt
  4 = komplementär
  5 = simultan
  6 = Qualität
  7 = Quantität

Weitere Kontraste:
  8 = Material
  9 = Struktur, Musterung
  10 = Oberfläche-glatt-rau

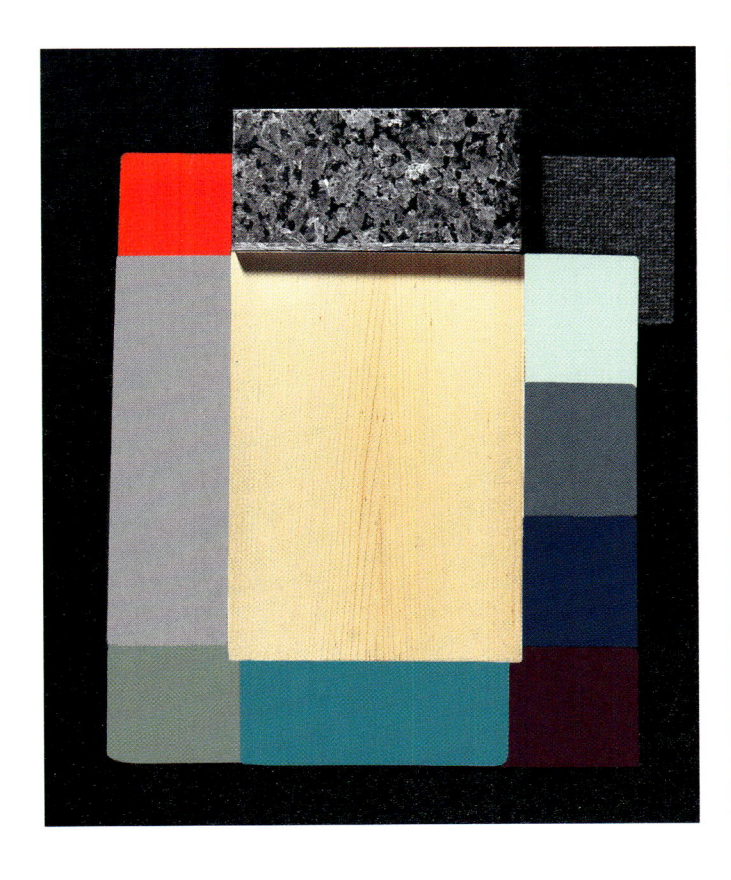

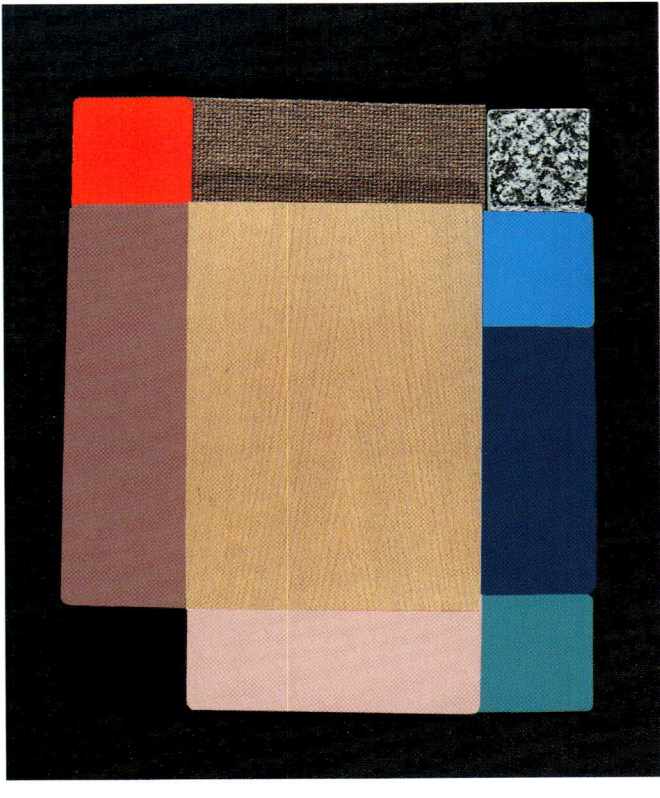

E   Das Designmarketing: Die Gestaltungsidee – Corporate Design zur Unternehmensdarstellung
E 9   Gestaltungsmittel: Farbe

E 9 Gestaltungsmittel: Farbe

9.3 Die Verständigung über Farbe

„Architekten und Designer interessiert primär die ästhetische Wirkung von Farben. Im Mittelpunkt farbgestalterischer Überlegungen steht daher nicht so sehr die exakte farbmetrische Definition optischer Oberflächeneigenschaften, sondern die subjektive Abschätzung, Beschreibung und Kommunikation der visuellen (Gesamt-)Wirkung dieser Eigenschaften. Das NCS bietet bislang als einziges Farbsystem eine allgemein verständliche Methode, um das Aussehen (und damit auch die ästhetische Wirkung) von Farben sprachlich und visuell hinreichend genau zu beschreiben und mitzuteilen. Die neue Ausgabe macht das NCS darüber hinaus zu einem vollwertigen Farbstandard, den Ansprüchen industrieller Produktion gerecht wird. Dies ist in jedem Fall zu begrüßen, da hierdurch die technische Umsetzung farbgestalterischer Vorstellungen erheblich erleichtert wird. In Relation zu den Unannehmlichkeiten und Kosten, die durch unpräzise Farbstandards verursacht werden, ist die Investition in die neue NCS-Farbmustersammlung gewiss sinnvoll. Je früher diese Umstellung vollzogen wird, desto besser für alle Beteiligten."

(Dr. Leo Oberascher, Designberater, Farbgestalter und Psychologe)

NCS, Natural Color System, hat sich weltweit zur Farbbestimmung durchgesetzt. Architekten, Designer, Innenarchitekten und Ladenbauer brauchen ein solches System, um sich über Farben verständigen zu können.

Herbold von Pappenheim – von NCS stellt NCS vor:

Für die Verständigung über Farben bedienen wir uns meist eines Vokabulars, mit dem wir unsere Vorstellung und Empfindungen zu einer Farbe möglichst genau zu benennen versuchen.

Angaben wie Marineblau, Olivgrün, Orange usw. sind die typischen Farbbezeichnungen der Umgangssprache.

Die Fachsprache der Denkmalpfleger, Maler, Farbmetriker/Chemiker, Architekten etc. fügt dieser Vielfalt von Bezeichnungen noch weitere Wortschöpfungen hinzu, um das Wirrwarr zu komplettieren.

Nur die typischerweise einsilbigen Farbbezeichnungen für die empfindungsmäßigen Grundfarben Gelb, Rot, Blau, Grün, Weiß aber auch Grau und Braun sind abstrakt, also ohne einen gegenständlichen Bezug, und kommen einer allgemeinen Vorstellungskraft am leichtesten entgegen. Aber was genau ist z.B. Olivgrün?

Jeder Mensch hat eine sehr subjektive Vorstellung über das Aussehen dieser Farben und bei seinem vergleichsweise kümmerlich ausgeprägten Erinnerungsvermögen fällt diese Vorstellung meist unsicher aus. Auch dann, wenn er exakt die Farbe einer gerade zuvor betrachteten grünen Olive wiedererkennen soll. Ein Versuch mit 100 farbtauglichen Probanden, die aus 40 unterschiedlichen kräftigen Rotnuancen das allseits bekannte „Coca Cola Rot" herausfinden sollten, belegt diese menschliche „Gedächtnisschwäche" mit einer „Erfolgsquote" von nur 2 % in beeindruckender Weise.

In den Bereichen der Sprache oder der Musik bestimmt ein definiertes Vokabular oder die Notenschrift die Bedeutung oder den eindeutigen Sinneseindruck. Nur für den Bereich der Farbe konnte man sich bis heute nicht auf eine einheitliche, international gültige „Farbschrift" einigen, obwohl dies gerade für den professionellen Anwender, den kreativen Farbdesigner ebenso wie den Coloristen, im Farblabor für die tägliche Kommunikation über Farben sehr hilfreich wäre! Zwar existieren auf dem Markt eine Vielzahl von unterschiedlichen, herstellerabhängigen Farbkarteien oder anderer, selten systematisch geordneter Farbsammlungen, aber eine verbindliche „Meterkonvention" im Sinne einer ISO Norm oder einer DIN gibt es nicht.

Eben jenes Deutsche Institut für Normung sah sich deshalb schon 1986 veranlasst, ein Farbsystem zur Anwendung zu empfehlen, welches den Anforderungen einer umfassenden und unmissverständlichen Farbsprache am besten gerecht werden konnte.

E 9 Gestaltungsmittel: Farbe

Was ist NCS?

Mit dem NCS (Natural Color System) – zu Deutsch, das natürliche Farbsystem, ist es gelungen, Farben systematisch so zu ordnen und zu bezeichnen, wie das menschliche Auge sie empfindet.

Es basiert auf der Gegenfarbtheorie des Physiologen Ewald Hering (1884–1918):

Anders als im grafischen Vierfarbdruck, in dem jede Farbe durch Mischen von Rot, Blau, Gelb und Schwarz zu entwickeln ist, geht diese Theorie von sechs elementaren, menschlichen Farbempfindungen aus:

Gelb, Rot, Blau, Grün, Weiß und Schwarz.

Alle anderen Farben können durch eine geringere oder größere Ähnlichkeit zu diesen sechs Grundfarben beschrieben werden.

Diese Theorie wurde in den 30er-Jahren in Schweden weiterentwickelt und führte in den 50er-Jahren zum „Hesselgren Farbatlas", mit dem erstmals dem schwedischen Malerhandwerk eine allgemein gültige Farbkarte zur Verfügung stand.

Anfang der 60er-Jahre wurde diese Farbforschung von einem interdisziplinären Kreis von Designern, Ingenieuren und Psychologen dann zum heute existierenden NCS weiterentwickelt.

Die Resultate von nahezu 50000 experimentellen Versuchen, in denen Menschen die Verwandtschaft der sechs Grundfarben beurteilen mussten, wurden nach entsprechender Auswertung mit objektiven physikalischen Farbmessungen verglichen. Mit diesen Untersuchungen konnte der Nachweis erbracht werden, dass jeder normal sehende Mensch Farben gleichartig empfindet, also das Modell des NCS im Gehirn trägt.

Die Verwandtschaften/Ähnlichkeiten der bunten und unbunten Farben zueinander werden in einem dreidimensionalen Körper verdeutlicht, an dessen Vertikalachse sich die reine Grauleiter (mit Weiß an der Spitze und Schwarz am unteren Ende) und im Horizontalschnitt der Farbkreis mit den vier bunten Farben Gelb (Y), Rot (R), Blau (B) und Grün (G) befindet.

Der Farbkreis ist 40-teilig und in Quadranten aufgeteilt. In diesen Quadranten befinden sich jeweils zehn Farben, die aus zwei bunten Grundfarben zusammengesetzt sind (z.B. Y90R = Gelb mit 90 % Rot;

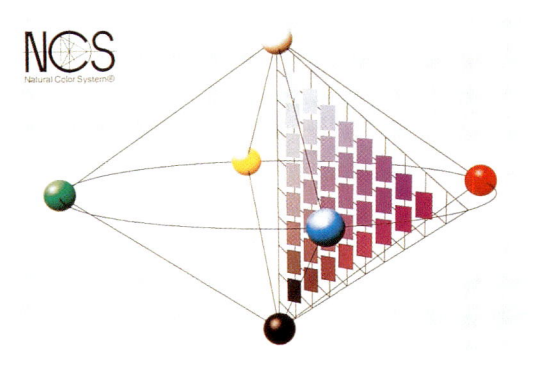

DER NCS-FARBKREIS

Zu jedem dieser 40 Bunttöne erhält man in einem Vertikalschnitt NCS Farbdreiecke, in denen bis zu 60 Nuancen mit ihren unterschiedlichen Schwarz-, Weiß- und Buntanteilen angegeben sind (z.B. 4020 = 40 % Schwarz-, 20 % Buntanteil (von dem Buntton Y90R), der Rest – 40 % Weißanteil – wird nicht angegeben;

Die im NCS angegebenen %-Angaben beziehen sich nur auf visuelle, nicht auf materielle Anteile (Farbpasten, Weißdispersion o.Ä.) und können deshalb natürlich nicht für die Ausmischung einer Farbe herangezogen werden!

Allen NCS Bezeichnungen haben wir ein „S" vorangestellt, welche diese Farben der „Second Edition" zuordnet, einer seit 1995 verbesserten und erweiterten Ausgabe der alten Edition.

Die „Grammatik" des NCS Farbsystems lässt sich räumlich als Körper aus zwei Doppelkegeln vorstellen. Um einzelne Farben zu lokalisieren, wird dieser NCS Farbkörper in zwei Projektionen dargestellt: Farbdreieck und Farbkreis.

Der NCS Farbkreis resultiert aus einem horizontalen Schnitt durch den Farbkörper und dient der Benennung der Bunttöne (z.B. Y90R). An der Peripherie des Farbkreises sind die vier bunten Grundfarben analog den Himmelsrichtungen einer Windrose angeordnet.

E Das Designmarketing: Die Gestaltungsidee – Corporate Design zur Unternehmensdarstellung

E9 Gestaltungsmittel: Farbe

Das NCS Farbdreieck, ein vertikaler Schnitt durch den Farbkörper, dient der Bestimmung der Farbnuancen (z. B. 2030). Die obere Ecke entspricht reinem Weiß, die untere Ecke reinem Schwarz und die rechte Spitz der bunten Vollfarbe.

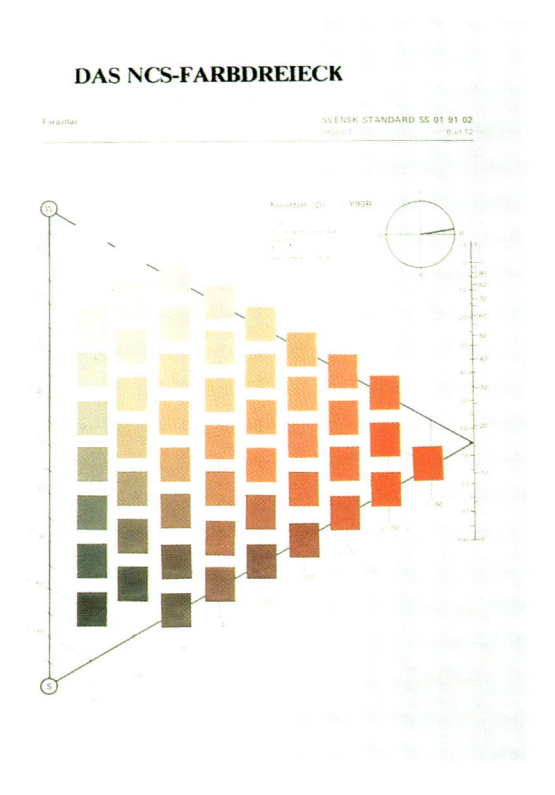

DAS NCS-FARBDREIECK

Die Geheimnisse der Farbharmonie sind nur lückenhaft erforscht. Einige Phänomene sind jedoch bekannt und werden – bewusst oder unbewusst – gestalterisch eingesetzt. Jeder Farbgestalter kennt die Bunttongleichheit als Farbverwandtschaft („Ton in Ton"). Weniger bekannt ist die enge Verwandtschaft der Nuancengleichheit und die entfernteren Verwandtschaften der Bunt-, Schwarz- bzw. Weißgleichheit.

Die räumliche Anordnung der Farben im NCS lassen diese Verwandtschaften in den NCS Farbdreiecken als einfache geometrische Sachverhalte erscheinen. Farbwirkungen können buchstäblich quantifizierbar gemacht werden. Statt von einem „Stich" gelblicher oder „ein wenig pastelliger" ist es nun z. B. möglich, einem grüngelben Buntton (G50Y = Grün mit 50 % Gelbanteil) mit 10 % in der NCS Systematik diesen zusätzlichen „Stich" gelblich zu verleihen (G60Y = Grün mit 60 % Gelbanteil). Die 20%ige Verringerung des Schwarz- und des Buntanteils (z.B. von 3050 nach 1030) innerhalb eines Bunttons führt zwangläufig zum gewünschten „pastelliger" eines Farbtons.

Nicht zuletzt wegen dieses logischen Aufbaus sowie seiner praktischen Anwendbarkeit als Arbeits- und Verständigungsmittel für den kreativen oder technischen Einsatz wurde das NCS bereits 1979 in Schweden und mittlerweile auch noch in weiteren europäischen Ländern als Industrienorm eingeführt.

Überall, wo es um die eindeutige Vorgabe oder Bestimmung von farbigen Oberflächen geht, können die 1750 Standardfarben des Systems eingesetzt werden.

NCS in der Praxis

Die Bezeichnung Olivgrün reicht dann eben nicht mehr aus, wenn die Produkte oder Verpackungen eines Unternehmens genau die gleiche Farbe aufweisen sollen, selbst wenn sie in anderen Ländern hergestellt werden.

Ähnliche Genauigkeit ist dort erforderlich, wo Farben im Bauwesen, bei Innenausstattungen oder Anstrichen zum Tragen kommen.

Architekten und Designer stützen sich daher auf die fein nuancierten und systematisch geordneten Muster, um den genauen Farbton für ihre Kunden zu finden.

Die Arbeit mit dieser vereinheitlichenden, branchenunabhängigen Farbsprache wäre sicherlich nur eine theoretische Übung, wenn nicht zahlreiche industrielle Hersteller – insbesondere in der Farb- und Lackindustrie, aber auch in anderen Branchen – ihre Produktkollektionen zunehmend nach dem NCS anbieten könnten. Auch die Möbelindustrie oder Innenausbaubetriebe können durch das Angebot von Holzlacken oder dekorativen Möbeloberflächen in NCS Farben kreative Raumkonzepte umsetzen.

E 9 Gestaltungsmittel: Farbe

Arbeitsmittel

Eine Farbsprache kann in der Praxis nur dann funktionieren, wenn den miteinander „kommunizierenden" Parteien auch die entsprechenden, absolut identischen und standardisierten Farben vorliegen.

Dem Architekten, Designer, Handwerker, Farbmetriker, Dozenten einer Ausbildungsstätte oder Kundenberater im Fachgeschäft stehen eine ganze Reihe von unterschiedlichen Farbmustersammlungen als Album, Atlas, Karteiregister, verschieden dimensionierte Musterfächer sowie Einzelmuster (DIN A9m A6, A4) in einer matten sowie hoch glänzenden Version (NCS Brillant) zur Verfügung.

Digitale Farbdatenbanken für die Bildbearbeitung am Computer, Schulungsmaterial, z.B. für Farbseminare oder andere Ausbildungszwecke, sowie ein mobiles, elektronisches Farbmessgerät für die schnelle Identifikation von NCS Farben an beliebigen Objekten vor Ort ergänzen das Programm. Um nun schlussendlich zu klären, was wirklich Olivgrün ist, würde die Farbmessung einer grünen Olive wahrscheinlich einen Wert um NCS S 5030 G70Y oder S 5040 G70Y ergeben!

Zum nahezu perfekten Instrument im planerischen kreativen Umgang mit dem Thema Farbe wurde das NCS nicht zuletzt dank seiner großen Reichweite von 1750 Referenzmustern – der größten vergleichbarer Systeme. Die Muster selbst sind nicht gedruckt sondern UV-unempfindlich lackiert und in unterschiedlichen, anwendungsfreundlichen Planungsinstrumenten aufbereitet.

Die digitale Erfassung von Farbtönen ermöglicht eine schnelle und objektive Farbbefundung als Grundlage für die Dokumentation und neue Farbkonzepte.

E Das Designmarketing: Die Gestaltungsidee – Corporate Design zur Unternehmensdarstellung

E 10 Gestaltungsmittel: Licht

Das Licht macht die Ware sichtbar und den Verkaufsraum erfassbar.
Licht ist notwendig als:
- Mindestleuchtdichte = Helligkeit
- Mindestkontrast = Unterschied
- Mindestzeit = Wahrnehmung

Das Sehen setzt Licht voraus – Licht, um zu erkennen, zu erfassen.
Die Bedeutung des Sichtbarmachens und damit die Bedeutung der Lichtplanung und der Lichtgestaltung im Verkaufsraum hat in der Weise zugenommen, wie neben der Bedeutung der Ware die Bedeutung des Umfeldes, die gestalterische Einheit der Warenraumgestaltung, das Erleben von

Natürliches Licht zeigt die Blumen in ihrer schönsten Farbenpracht, wie es unser Auge in der Natur gewöhnt ist (Spektrum Nr. 1).

Leuchtstofflampen mit hohem Farbwiedergabeindex zeigen alle Farben natürlich und nur mit einem leichten Blauton (Spektrum Nr. 3).

Spektrum:
Spektrale Strahlungsverteilung von Lichtquellen.

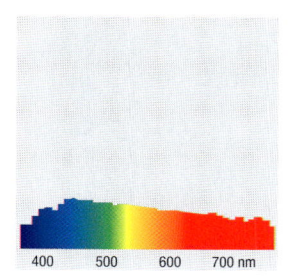

$R_a = 100$

1. Das kontinuierliche Tageslichtspektrum, das alle Lampen zu erreichen versuchen.

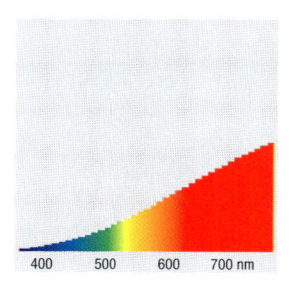

2. Glühlampen sind im roten Teil des Spektrums sehr stark, im blauen Teil jedoch schwach. Sie werden vom Menschen bevorzugt, sind aber in der Leuchtwirkung wenig effizient.

E 10 Gestaltungsmittel: Licht

Ware und Raum, in Warenbildern und Warenraumgestaltung gefordert wurde.
Das Licht ist wesentlicher Faktor der Warenraumgestaltung in der Einheit von Material, Farbe und Licht.
Wie der Verkaufsraum über das Auge sichtbar werden soll, ist bedeutungsvoll für die Ladenplanung.

*„Licht zum Hinsehen, –
Licht zum Sehen, –
Licht zum Ansehen!"*
(Erco)

Lichtinszenierungen setzen Kenntnisse über Lichtanwendungen und Erfahrungen in den Lichtqualitäten und –quantitäten voraus.

Eine Natriumdampf-Hochdrucklampe HST ergibt ein starkes Rot, erscheint aber sehr natürlich (Spektrum-Nr. 7).

Halogen-Metalldampflampen HIT verlieren ein wenig im roten Bereich, erzielen aber immer noch eine gute Farbwiedergabe (Spektrum-Nr. 6).

Leuchtstofflampen mit niedrigem Farbwiedergabeindex (Standard-Lampen) ergeben eine schlechte Farbwiedergabe, besonders für den roten Bereich (Spektrum-Nr. 5).

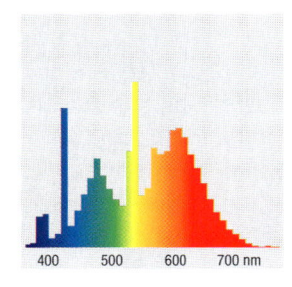

$R_a = 90$
3. Mehrbanden-Leuchtstofflampen haben breitere Wellenspektren und daher einen ausgezeichneten Farbwiedergabeindex. Diese Lampen sind in den Versionen Warmweiß, Neutralweiß und Tageslichtweiß erhältlich.

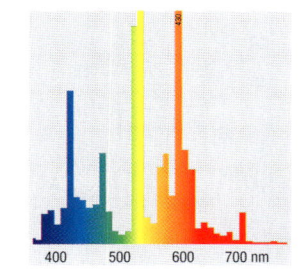

$R_a = 80$
4. Drei-Banden-Leuchtstofflampen haben die Spitzen im blauen, grünen und roten Bereich und bieten eine gute Farbwiedergabe. Auch diese Lampen sind in den Versionen Warmweiß, Neutralweiß und Tageslichtweiß erhältlich.

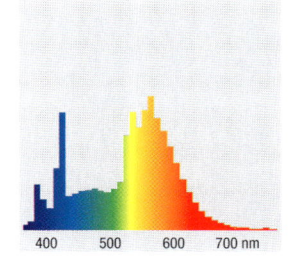

$R_a = 50, 60, 70$
5. Gewöhnliche Leuchtstofflampen sind zwar stark im gelben, grünen und blauen Spektralbereich, jedoch schwach im roten Bereich. Diese Lampen sind in den Versionen Warmweiß, Neutralweiß und Tageslichtweiß erhältlich, allerdings alle mit schlechter Farbwiedergabe.

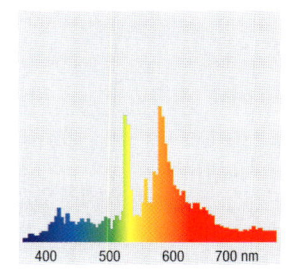

$R_a = 80$
6. Halogen-Metalldampflampen HIT sind in zunehmenden Maße für Innenbeleuchtungszwecke geeignet, besonders in den Ausführungen mit Keramikbrenner – CDM.

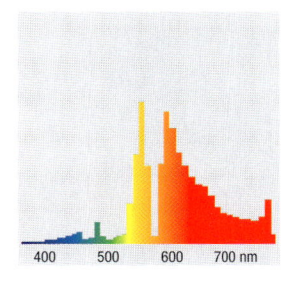

$R_a = 80$
7. Natriumdampf-Hochdrucklampen HST werden bereits in großem Umfang im Handel eingesetzt. Obgleich stark im roten Teil des Spektrums, erscheinen sie weiß.

Bildquelle:
„Licht und Raum",
Zumtobel/Staff

E Das Designmarketing: Die Gestaltungsidee – Corporate Design zur Unternehmensdarstellung

E10 Gestaltungsmittel: Licht

Die Inszenierung fordert unter den vielen Möglichkeiten, das Licht nach der Gestaltungsabsicht, der Bedeutung der Warenbilder und der Warenraumgestaltung auszuwählen.

Die Industrie hat sich speziell auf die Anforderungen der Ladenplanung eingestellt. Sehr unterschiedliche Lichtarten stehen für die Lichtgestaltung zur Verfügung. Das heißt:
– für die Warenbilder das erforderliche Licht, um die Bedeutung der Ware zu zeigen
– für die Warenraumgestaltung das richtige Licht zur Erreichung der gewünschten Stimmung.

Licht macht nicht nur sichtbar, Licht schafft die Stimmungen, das Milieu.

Dem Laden planenden Innenarchitekten ist zu empfehlen, einen kompetenten Lichtplaner zur Mitarbeit zu berufen. Es gibt nur ganz wenige Innenarchitekten, die den Markt überschauen und die jüngsten Entwicklungen und Trends erkennen und kennen.

Über die grundsätzlichen Möglichkeiten heutiger Lichtplanung muss jeder Laden planende Innenarchitekt informiert sein. Er muss wissen, was man alles mit Licht erreichen kann. Die alljährliche größte Lichtschau der Welt, jetzt in Frankfurt/Main, macht die rasanten Entwicklungen Jahr für Jahr deutlich.

Wichtig ist, dass das Licht von Anfang an in die Gesamtplanung einbezogen wird und dass nicht eine fertige Ladenplanung ausgeleuchtet werden muss. „Aus einem Guss" ist hier wichtig.

Licht im Verkaufsraum

Licht im Verkaufsraum bedeutet nicht nur Beleuchtung mit künstlichem Licht. Auch das Tageslicht, das natürliche Licht wird geplant. Das natürliche Licht ist immer Grundlage, Ausgangspunkt aller Lichtüberlegungen. Das bedeutet, wo es möglich ist, sollte natürliches Licht unbedingt genutzt werden. Die humane Natürlichkeit durch Tageslicht sollte Gestaltungsgrundlage sein. Man weiß heute, dass zum Wohlbefinden des Kunden die Tageslichtorientierung gehört: Morgenlicht, Mittagslicht und Abendlicht. Die Entwicklung der lichttechnischen Planung versucht, sich diesem Zyklus auch bei fehlendem Tageslicht anzupassen.

Tageslichtzonen im inneren Verkaufsraum sind auch bei eingeschossiger Bauweise kostenaufwändig, aber empfehlenswert und beliebt über Treppen, Sitzplätzen und über besonderen Angeboten. Ihr Erfolg hat dazu geführt, dass Tageslicht in Lichtdecken imitiert wird durch Milchglas vor tageslichtähnlichen Leuchtstoffröhren. Kein Verkaufsraum kommt ohne künstliches Licht aus. Wenn das natürliche Licht Planungsbasis ist, sollte das künstliche Licht im Sinne und in der Art des natürlichen Lichtes angewendet werden. Das heißt Licht mit:
– gewohnten Helligkeiten
– gewohnten, nahezu natürlichen Schattenbildungen.

Haufler, Stuttgart
Design: Wolfgang Grub und Peter Rudolf, Hechenforf

E 10 Gestaltungsmittel: Licht

Dom-Drogerie, München
Design: Wolfgang Grub und
Peter Rudolf, Hechenforf

Diese „natürliche" Lichtanwendung macht vertraut und ist gewohnt. Aus ihr heraus wird jede weitere Steigerung der Warenleitbilder und der Highlights mit besonderer Akzentuierung unterscheidend möglich.

Zur Aufnahme dieser Tageslichtarchitektur und zur Weitergabe an den Verkaufsraum gehört die große Transparenz, die Verwendung von hellen Farben und das Vorhandensein von Grünpflanzen.

„Licht sagt nichts. Licht macht nur sichtbar", trifft nicht mehr zu. Licht ist selbst Gestaltungsmittel.

„Die schwierige Aufgabe besteht darin, das Licht so zu verteilen, dass bestimmte Partien besonders hell erleuchtet erscheinen, andere in etwas gedämpftem Licht und wieder andere in völligem Schatten. So wie der Maler in seinen Bildern mit Zwischentönen und Schatten arbeitet, sollte auch der Beleuchtungsmeister lernen, mit diesen Mitteln des Lichtes umzugehen."
(Jean Georges Noverre)

Das Lichtdesign unterscheidet:
– Allgemeine Beleuchtung: Sie ist die Grundbeleuchtung, die den beleuchtungstechnischen Ausgleich schaffen muss für das fehlende Tageslicht, im Sinne von Tageslicht.

E   Das Designmarketing: Die Gestaltungsidee – Corporate Design zur Unternehmensdarstellung

E 10   Gestaltungsmittel: Licht

Dillons-Artbookshop, London GB
Design: Fitch, London
Wilhelm Kreft, Wedemark
Realisierung: Wilhelm Kreft GmbH, Wedemark

– Bereichsbeleuchtung: Die Leuchten- und Lampenart wird den unterschiedlichen Anforderungen in den verschiedenen Bereichen des Verkaufsraumes angepasst. Das wird erreicht mit der Lichtstärke und der Lichtfarbe.
– Akzentbeleuchtung: Die zusätzlichen Leuchten, Strahler und Spots zum „Herausheben" von Präsentationen.

Eine Mischung dieser Beleuchtungsarten schafft die integrierte Lichtplanung der Ladenplanung. Abwechslung ist wichtig – aktivieren und entspannen schafft Aufmerksamkeit und Konzentration der Kunden.

Die Warenbilder

Zur guten Ausleuchtung von Warenbildern wird sehr oft Licht aus unterschiedlichen Lichtquellen genutzt, um einmal die Fläche und zum anderen die dekorative plastische Schattenbildung zu erreichen. Wenn darum gerungen wird, die Warenbilder zu verbessern, Aktivität und Stimuli zu erreichen, um den Aufenthalt der Kunden im Verkaufsraum angenehmer zu machen, dann trägt Licht sehr viel dazu bei.

Die Warenleitbilder

Zur Unterstützung des besonderen Warenleitbildes wird auch das besondere Licht gebraucht. Das bedeutet die Unterscheidung zur übrigen Raumbeleuchtung.
Lichtverfremdung, starke Helligkeit durch Spots und Scheinwerfer sind erforderlich zur Akzentuierung und zum Nachweis von Warenleitbildern, den Highlights. Sie wirken nur, wenn sie die Ausnahme bleiben.

Die Lichtaufgaben

Für die Warenraumgestaltung erfüllt das Licht im Verkaufsraum wichtige Aufgaben:

– **ordnen:**
  zur Unterstützung der Raumgliederung und der Warenordnung durch unterscheidende Lichtqualität und Lichtdichte
– **leiten:**
  zur Unterstützung der Kundenleitwege durch „Markierung" der Leitwege
– **stimulieren:**
  zur Unterstützung der Raumatmosphäre durch Stufung und Akzentuierung
– **locken:**
  zur Unterstützung der Warenplatzierung durch Herausheben
– **faszinieren:**
  zur Unterstützung der Präsentation.

Die Wirtschaftlichkeit

Die Lichtplanung greift über den Rahmen der Investitionskosten auch in die Nutzungskosten ein und damit in die Wirtschaftlichkeit. Stromtarife, Lampenkosten und die Lebensdauer der Lampen müssen berücksichtigt werden.
Der Aspekt der Energieeinsparung ist bei den Neuentwicklungen der Industrie stark beachtet worden. Die Sanierung der althergebrachten Beleuchtung finanziert sich für viele Verkaufsräume – auch die höhere Lichtausbeutung – innerhalb weniger Jahre.
Siehe die Kapitel:
E 10.1   Die Lichttechnik
E 10.2   Die Lichtanwendung
E 10.3   Lichtplanung: Holterdorf
E 10.4   Lichtplanung: Rupprecht
E 10.5   Lichtplanung: Kirchner

E 10   Gestaltungsmittel: Licht

Der gesamte Bereich „Licht" wurde mit Herrn Klaus Riesenbeck erarbeitet; er war maßgeblich an diesem Abschnitt beteiligt. Herr Riesenbeck ist Innenarchitekt und Spezialist für Beleuchtung im Innenarchitekten-Team der Wilhelm Kreft GmbH, Wedemark.

Schaufenster-Ausleuchtung
Mit Leuchtstoffflutern und Temperatur-Strahlern
aus „Licht und Räume", Zumtobel Staff

„Vogt of Florence", Düsseldorf
Design: Klaus Bürger, Krefeld
Über getrennte, verschiedene Lichtkreise kann, je nach Stimmung und Außenlichtverhältnissen, die Beleuchtungssituation gesteuert und verändert werden. Unterschiedliche Halogenleuchten geben blendfreies Licht; schwenkbare Halogenstrahler beleuchten die Ware; kleine Halogen-Lichtpunkte geben Dekorationslicht. Im mittleren Bereich wurden Halogen Downlights mit farbigen Glaseinfassungen der Firma Leucos eingesetzt, im übrigen Raum Halogen Downlights der Firma Iguzzini. Die Beleuchtung ist architekturnachführend und betont gesetzt.

E   Das Designmarketing: Die Gestaltungsidee – Corporate Design zur Unternehmensdarstellung

E 10   Gestaltungsmittel: Licht

Haarstudio Stoll, Worms
Design: Welonda, Darmstadt
Eine Metall-Lamellen-Decke mit eingebauten Langfeld-Leuchtstofflampen. Unter der Lampendecke über der Rezeption hängt eine Staff-Spiegel-Decke mit eingebauten Niedervolt-Leuchten.

10.1 Die Lichttechnik

Gute Beleuchtungsanlagen werden durch viele Faktoren bestimmt. Die bewerteten Faktoren nennt man lichttechnische Größen. Sie werden in ihrer Summe bewusst oder unbewusst in der Lichtplanung angewendet.

- Lichtstrom:
  Der Lichtstrom ist die gesamte Lichtleistung der Lichtquelle.
  Maßeinheit: Lumen (lm)
  Griechische Kurzbezeichnung: φ
- Lichtstärke:
  Die Lichtstärke ist das Maß für die Lichtausstrahlung in einer bestimmten Richtung.
  Maßeinheit: Candela (cd) – sie wird in der Regel in einem Polar-Diagramm dargestellt.
  Kurzzeichen: I
- Beleuchtungsstärke:
  ist das auf einer Fläche auftreffende Licht.
  Maßeinheit: Lux (lx). Dabei geht es um die Festlegung der Nennbeleuchtungsstärke für die unterschiedlichen Sehaufgaben. Es werden horizontale und vertikale Beleuchtungsstärken unterschieden.
  Hier gibt es feste Regularien in der DIN 5035.
  Kurzzeichen: E
- Lichtfarben:
  Die Vorwahl der Lichtfarben, ob warm-weiß, neutral-weiß, tageslicht-weiß sind unabdingbare Voraussetzungen, denn sie beeinflussen das Raumklima.
- Farbwiedergabe:
  Die Farbwiedergabe beschreibt die farbliche Darstellung von Objekten durch künstliche Lichtquellen. Hier ist die richtige Vorentscheidung und Wahl zwischen den Farbwiedergabestufen 1a, 1b, 2a, 2b, 3 und 4 zu treffen. Die Lichtfarbe und die Farbwiedergabe entscheiden über das Raumklima von kalt bis warm.
- Leuchtdichte:
  Die Leuchtdichte ist die lichttechnische Grundgröße, die das menschliche Auge von einer Fläche oder aus dem Raum wahrnimmt. Die Leuchtdichte wird hauptsächlich im Außenbereich benutzt oder bei diffusen, reflektierenden Flächen im Innenbereich. Die Leuchtdichte hat mehr Aussagekraft über eine Beleuchtungsanlage als die Beleuchtungsstärke.
  Maßeinheit: Candela pro Flächeneinheit (cd/m^2)
  Kurzzeichen: L
- Leuchtrichtung:
  Die mit der Leuchtrichtung bestimmte Schattigkeit ist verantwortlich für das plastische Sehen von Gegenständen und Strukturen. Die Anordnung der Leuchten bestimmt die Lichtrichtung und Schattenbildung.

  Blendungsbegrenzung: Es werden zwei Arten von Blendungen unterschieden: die Direktblendung und die Reflexblendung. Bei der Direktblendung wird durch schlecht platzierte Leuchten eine direkte Blendung erzielt. Dies entspricht einer zu hohen Leuchtdichte. Bei der Reflexblendung wird durch reflektierende Störungen, bedingt durch Lampen, Leuchten, Fenster oder spiegelnde Flächen, eine direkte Blendung erreicht, die in ihrer Wirkung der Direktblendung gleicht. Die Blendung kann verhindert werden durch richtige Lampen und Leuchtenauswahl, Platzierung der Leuchten und Oberflächenwahl der Objekte

Spektrale Strahlungsverteilungen

Warmweiß < 3.300 K

Temperaturstrahler

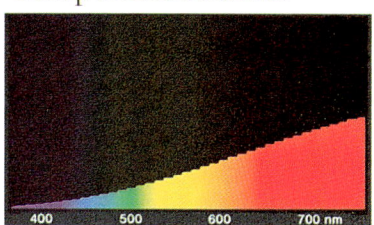

Glühlampenlicht Bildhöhe entspricht
600 mW
1000 lm · 10 nm

Neutralweiß 4.000 K

Tageslichtweiß > 5.000 K

Leuchtstofflampen

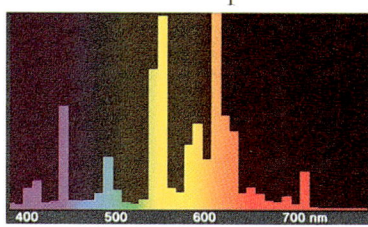

Lichtfarbe 41-827
LUMINUX® PLUS INTERNA

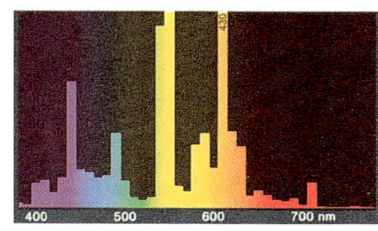

Lichtfarbe 21-840
LUMINUX® PLUS Coolwhite

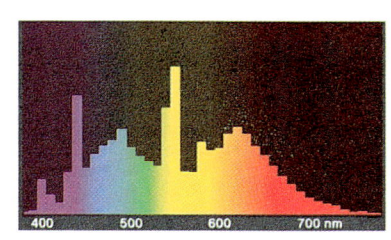

Lichtfarbe 12-950
LUMINUX® DE LUXE Daylight

Hochdrucklampen

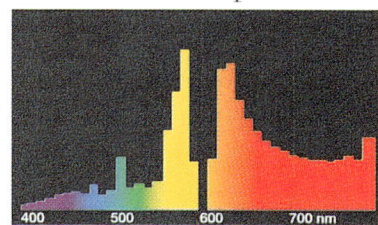

COLORSTAR DSX® 2700K

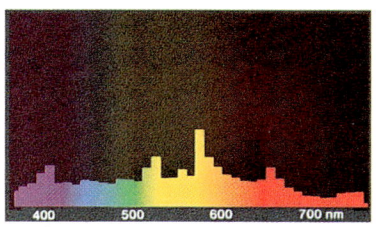

HQI®.../NDL

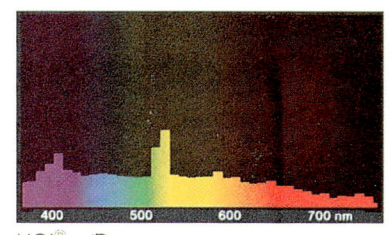

HQI®.../D

- **Gestaltungskomponente:**
  Hierbei geht es um die Qualität und Dynamik des Gesamtkonzeptes, gleich dem Lichtdesign (auch Lichtarchitektur genannt). Das hat nichts mit addierten lichttechnischen Formeln zu tun, sondern hier wird in erster Linie die Kreativität gefordert. Und dieses braucht viel Erfahrung.
- **Wirtschaftlichkeit:**
  Über die Wirtschaftlichkeit einer Beleuchtungsanlage zu sprechen, ist nicht einfach. Hier liegen oft die größten Widersprüche, ob das Geplante wirklich wirtschaftlich und amortisationsfähig ist. Lampenwirtschaftlichkeit: Siehe Tabelle S. 473.

Nachfolgend stehen hier in der Wertigkeit der planerischen Verantwortung einige Kriterien:
- die richtige Beleuchtungsstärke entsprechend der Sehaufgabe ist zu installieren. Diese ist mitverantwortlich für die Leistungsbereitschaft und Sicherheit der Menschen
- Lampen hoher Lichtausbeute sind einzusetzen
- Leuchtmittel mit langer Nutz-/Lebensdauer sind einzuplanen
- Lampen mit den geringsten Wiederbeschaffungskosten sollten gewählt werden
- Leuchten mit einem hohen Betriebswirkungsgrad sind zu bevorzugen
- die optimale Lichtausbeute einer Leuchte, z. B. bei der direkt strahlenden, sollte bevorzugt werden

Bildquelle:
Handbuch für Beleuchtung.
ECOMED

E   Das Designmarketing: Die Gestaltungsidee – Corporate Design zur Unternehmensdarstellung

E 10   Gestaltungsmittel: Licht

- die vernünftigste Beleuchtungsform sollte genutzt werden
- eine für viele Objekte tageslichtabhängige Lichtregelung ist möglichst zu installieren
- helle Raumbegrenzungen sind zu schaffen. Sie beeinflussen im Positiven den Raumwirkungsgrad (hier ist der Konsens mit den Innenarchitekten wichtig)
- Leuchten mit elektronischen Vorschaltgeräten sollten bevorzugt werden. Der verringerte Stromverbrauch die höhere Lebensdauer verbessern die Wirtschaftlichkeit
- ein guter und ehrlicher Planer (dazu braucht man fundiertes Fachwissen) wird sich immer um ein wirtschaftliches Konzept und eine vernünftige Investitionsgröße bemühen
- montage- und wartungsfreundliche Systeme bestimmen später bei der Unterhaltung der Anlage die Wirtschaftlichkeit und deren Wartungsintervalle
- Energieverbrauch ist nicht nur in Betriebskosten zu sehen, sondern wichtig sind auch geringere Grundlast, weniger Kühllast, niedrigere Leitungsquerschnitte, weniger Schaltleistungseinheiten. (Überarbeitete Aufstellung nach Staff (Deutsches Architektenblatt, Heft 7/88, Seite 1030)).

Die Lampentechnologien sind die Basis der Beleuchtung, man unterscheidet:

Temperaturstrahler
- Glühlampen
  - Allgebrauchslampen (mit der internationalen Codierung ILCOS = A)
- Halogen-Glühlampen
  - Halogen-Glühlampen (QT)
  - Niedervolt-Halogen-Glühlampen (QT-ax, QT-tr, QR-CB)

Entladungslampen
- Niederdruck-Lampen
  - Leuchtstofflampen 7 mm
  - Leuchtstofflampen (T16)
  - Leuchtstofflampen 26 mm (T26)
  - Kompaktleuchtstofflampen (T, TC)
- Hochdrucklampen
  - Quecksilberdampflampen (HME)
  - Natriumdampflampen (HAST)
  - Halogenmetalldampflampen (HI, CDM)

In Kürze kommen dazu Schwefeldampflampen und LED (Halbleiterlichttechnik-Light-emitting diodes)

Diese vorgenannten Gruppen entsprechen einem Bezeichnungssystem, das sich international durchgesetzt hat.

Innerhalb dieser Gruppen werden Lampen weiter klassifiziert in die verschiedenen Formen der Kolben und Ausführungsarten. Ergänzende Merkmale sind der Durchmesser der Lampe und die Wattage. Ausgedrückt in einer Zahlenangabe mit Schrägstrich, z.B. die Bezeichnung QR-CB 51 50 Watt/12 gx 5,3 steht dann für Halogenglühlampe mit Quarzreflektor in Cool-Beam-Ausführung, 51 mm Reflektordurchmesser, 50 Watt 12 Volt mit dem Stiftsockel gx und 5,3 mm Stiftabstand.

Die Leuchten und die Lampen

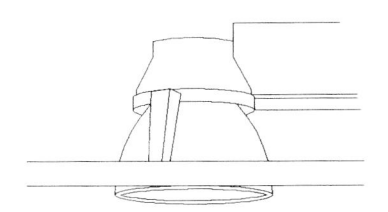

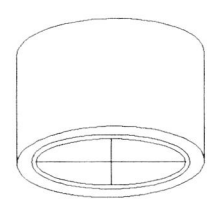

Downlights
Auf-, Einbau- und Pendel-Downlights. Bei Downlights ist das Licht nach unten gerichtet. Es kann beweglich oder asymmetrisch sein und ist damit

E 10 Gestaltungsmittel: Licht

geeignet für das Grundlicht oder zur Ausleuchtung einzelner Objekte.
Bevorzugte Lampentypen: Kompaktleuchtstofflampen, Hochdrucklampen, Halogenlampen, Niedervolt-Halogenlampen und Allgebrauchslampen.

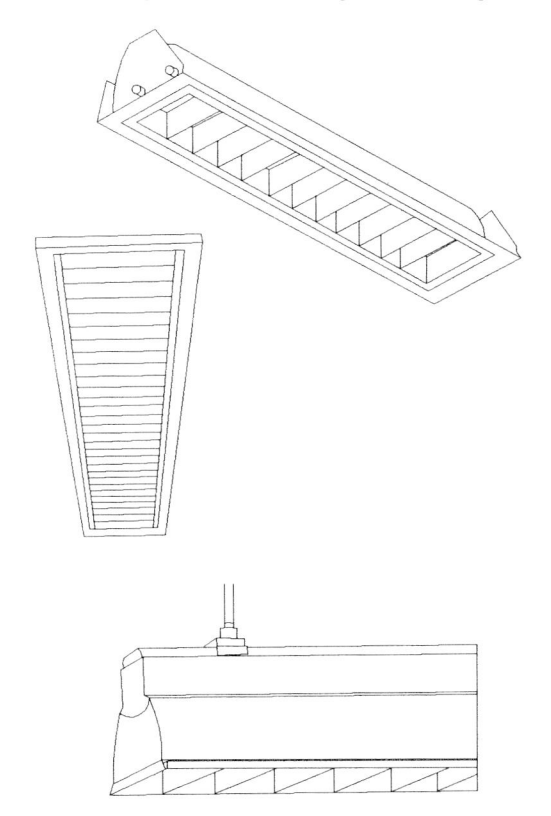

Raster – Spiegelrasterleuchten
Auf-, Einbau und Pendelleuchten in runder, quadratischer und rechteckiger Form. Die Lichtverteilung ist breit strahlend, meist blendfrei und gut geeignet zur Ausleuchtung von Räumen, Arbeitsbereichen, Bildschirmarbeitsplätzen und als Schaufenstergrundlicht.
Hauptverwendete Lampentypen: Kompaktleuchtstofflampen und Leuchtstofflampen.

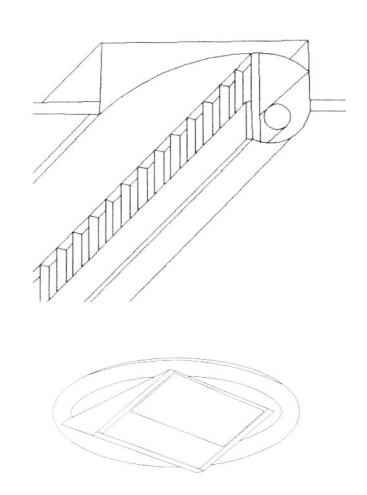

Wandfluter
Ein- und Aufbauversionen dreh- und schwenkbar oder in abgependelten Systemen in linearer Form.
Gut geeignet für: vertikale Wandausleuchtungen oder Großobjekte, bestückt mit Leuchtstofflampen, Kompaktleuchtstofflampen und zweiseitig gesockelten Hochdrucklampen.

Stromschienen, Strahler und Punktauslass
1- und mehr-Phasen-Stromschienen, Punktauslässe, Beleuchtungsstative.
Stromschienen sind ein Grundmodul und müssen mit Strahlern, Flutern und Adaptern ergänzt werden. Alle Systeme gibt es in 220 Volt oder Niedervolt-Technik. Die Stromschiene lässt eine Veränderung in der Horizontalen zu. Sie sind für Decken, Wände und Böden geeignet, haben jedoch dann unterschiedliche technische Voraus-

E   Das Designmarketing: Die Gestaltungsidee – Corporate Design zur Unternehmensdarstellung

E 10   Gestaltungsmittel: Licht

setzungen. Der Punktauslass ist fest fixiert. Das Beleuchtungsstativ erlaubt, ohne vorherige Installation ein variables System für Strahler und Fluter aufzubauen.

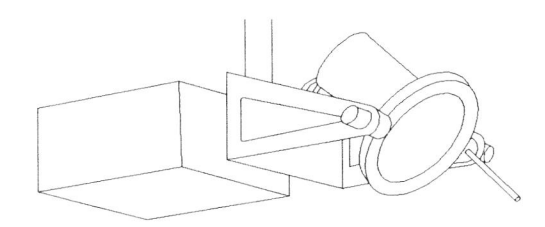

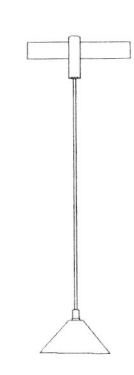

Strahler für Stromschiene

Die Gehäuseformen der Strahler sind recht unterschiedlich rund, quadratisch oder filigran. Je nach Lampentyp ausgestattet mit Vorschaltgeräten und Trafos. Bei Niedervolt-Systemen zum Teil reduziert bis auf die Grundtechnik. Das Licht des Strahlers wird gebündelt und kann als Flut, Mittelflut oder Spotausstrahlung genutzt werden. Strahleraufsätze verändern das Licht oval, farbig oder als Kontur. Aufwändige Systeme können elektronisch gesteuert oder nach Programmabläufen die Szene unterschiedlich ausleuchten.
Bevorzugte Lampentypen:
Halogen-Niedervolt-Lampen, Hochdrucklampen, Halogen- und Allgebrauchslampen.

Flexible Schienen und Seilsysteme

Dekorative Niedervolt-Systeme in wandgespannter oder abgependelter Version, in gradlinig oder auch individueller Form. Horizontal wie vertikal einsetzbar. Die Systeme können zwei- oder mehrphasig ausgebildet werden. Benötigen jedoch zusätzliche Elemente wie Travos, Abhängungen, Adapter und Strahler.
Geeignet als gestalterischer Lichthöhepunkt, der gegebenenfalls auch oft verändert werden muss. Hauptverwendeter Lampentyp: Halogen-Niedervolt-Lampen unterschiedlichster Variation.

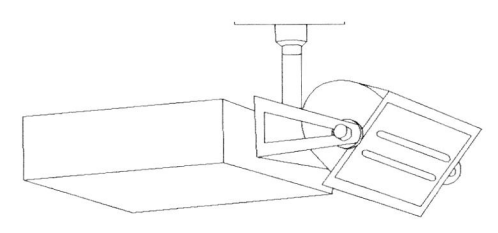

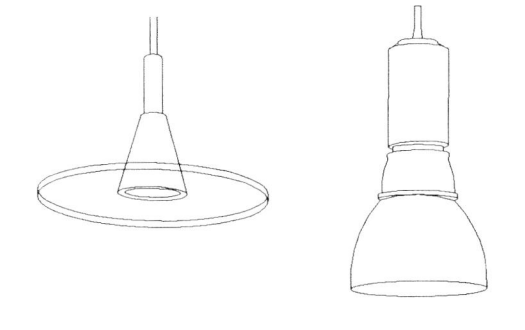

Fluter für Stromschiene

Die Formen sind wiederum sehr unterschiedlich – von oval über drei- bis rechteckig. Durch die Ausstattung mit einem Rinnenspiegel sind die Dimensionen jedoch größer. Sie werden für großflächige Ausleuchtung von Wänden und Objekten eingesetzt. Als Lampentyp verwendet man hier Leuchtstofflampen, Kompaktleuchtstofflampen und zweiseitig gesockelte Hochdrucklampen.

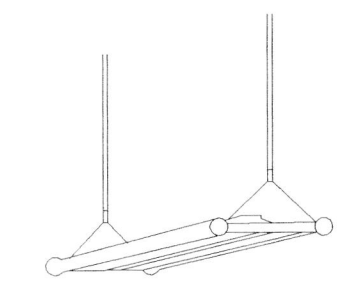

E 10 Gestaltungsmittel: Lichtft

Pendelleuchten

In unterschiedlichsten Größen, Formen und Materialien werden Pendelleuchten verwendet. Als Lampen für Direktbeleuchtung von Aktionsbereichen wie Sitzgruppen sehr geeignet. Pendelleuchten erzeugen Lichtinseln oder eignen sich gut für dekorative Lichthöhepunkte. Niedervolt-Halogen-Lampen, Allgebrauchslampen finden am meisten Verwendung in diesem Leuchtentyp. Hallenleuchten, meist runde, großvolumige Metallleuchten, als Pendelleuchten erst ab einer bestimmten Raumhöhe einsetzbar. Das Licht wird normalerweise auf den Boden gelenkt, kann aber bestimmte Lichtanteile streuen. Hallenleuchten verwendet man in großen Räumen als Grundlicht oder zur Ausleuchtung von Treppenräumen. Die Leuchte wird meistens mit Hochdrucklampen bestückt.

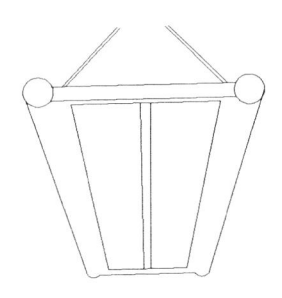

Arbeitsplatzleuchten

Einzelleuchte, abgependelt oder angeschraubt an flexiblen Leuchtenarm von rund, heute meist rechteckig gestreckt. Die Leuchte sollte flexibel am Arbeitsplatz montiert sein, um sie je nach Tätigkeit verändern zu können. Meistens bestückt mit Halogen-, Niedervoltlampen oder Kompaktleuchtstofflampen.

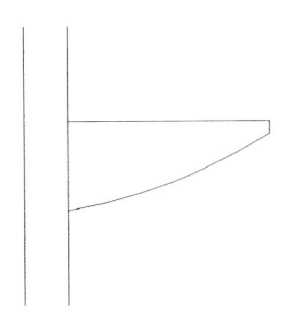

Uplights

Wand- oder Stehleuchten mit einem Rinnenreflektor zur Decke oder Boden gerichtet in anspruchsvollem Design.
Uplights werden benötigt, um indirektes Licht in Räumen zu erzeugen.
Besonders geeignet für historische Gebäude. Hier werden als Lampen Allgebrauchs-, Halogen-, Niederdruck- oder Hochdrucklampen, seltener Leuchtstofflampen eingesetzt.

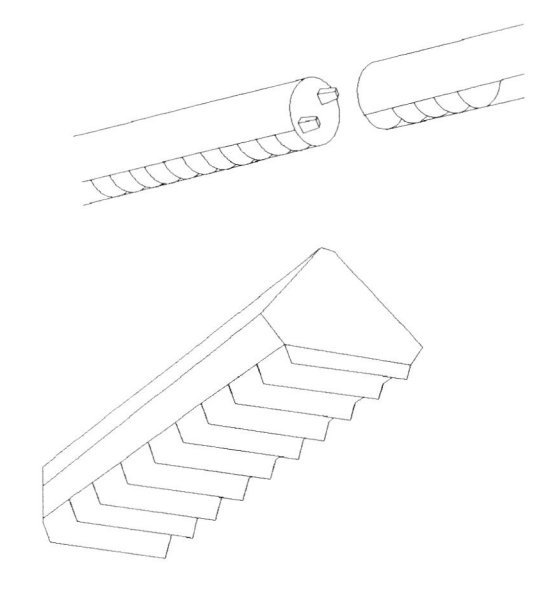

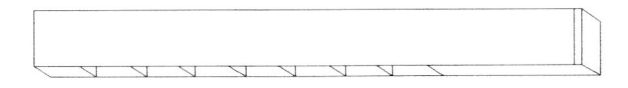

Lichtrohre

Abgependelte Rohrsysteme in runder, ovaler, dreieckiger, quadratischer, sechs- und achteckiger Form sowie Sonderformen mit den unterschiedlichsten Durchmessern. Das Licht tritt parallel zum Rohr direkt oder indirekt aus. Das Lichtrohr kann ergänzt werden mit Strahlern, Flutern, Lautsprechern usw. Lichtrohre eignen sich besonders für die Nachinstallation, erzeugen jedoch einen hohen Aufmerksamkeitswert. Grundlampentyp des Rohrsystems sind Leuchtstofflampe und Kompaktleuchtstofflampe.

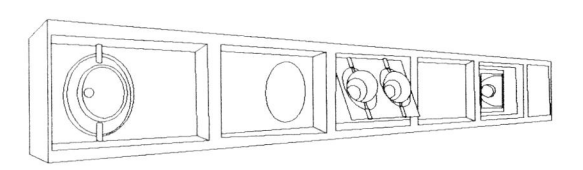

E Das Designmarketing: Die Gestaltungsidee – Corporate Design zur Unternehmensdarstellung

E10 Gestaltungsmittel: Licht

Lichtkanäle
Lichtkanäle sind erweiterte multifunktionale Lichtrohre. Sie bestehen aus einem Grundkanal, der ergänzt wird durch Modulfelder. Modulfelder decken den Kanal ab und können beinhalten Strahler, Fluter, Lautsprechereinsätze, Rasterleuchten oder neutrale Felder. Die Module können jederzeit flexibel untereinander getauscht werden. Die Anwendung eignet sich insbesondere für Schaufenster und Show-Rooms. Bestückt werden die Modulfelder im Wesentlichen mit Halogen-, Niedervolt-Halogen-, Leuchtstoff-, Kompaktleuchtstoff-, Natrium- und Metalldampflampen.

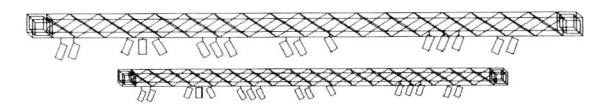

Lichtstrukturen
Paneel-Lichtstrukturen:
Sie sind Rohrsysteme oder Gitterträger, parallel oder gerastert verwendet. Sie haben ein eigenes Stützensystem und sind mit Stromschienen ausgestattet. Sie werden bevorzugt benutzt zur Ausleuchtung von Ausstellungen und Sonderaktionen mit variablem Charakter. Als Lampen setzt man hier Leuchtstoff- und Kompaktleuchtstofflampen in Lichtrohren oder Halogen-, Halogenniedervolt- und Hochdrucklampen in Strahlern sowie Flutern ein.

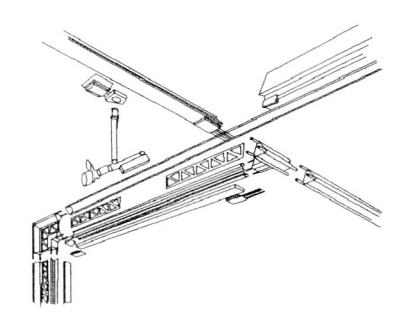

Weit gespannte Lichtstrukturen:
Variable Paneel- oder Rastersysteme, selbsttragend, mit innen liegenden Stromschienen oder Lichtrohren, kombinierbar mit Strahlern, Flutern und Hallen- und Rasterleuchten. Einsatz für variable Museums- und Messeausleuchtung, bestückt mit den Lampentypen Leuchtstoff-, Kompaktleuchtstoff-, Halogenniedervolt- und Hochdrucklampe.

Stufen- und Bodeneinbauleuchte
Als Ein- und Anbauleuchte seitlich der Stufe oder auf dem Weg – Form rund und quadratisch.
Diese Leuchten werden benutzt, um Treppen und Wege deutlicher zu markieren und auszuleuchten. Des Weiteren sind sie anzuwenden in der Ausleuchtung von Wänden von unten nach oben.
Diese Leuchtentype gibt es befahrbar und wasserdicht. Als Lampen werden die LED's, Allgebrauchs-, Halogen- und Halogenniedervolt-Leuchten sowie Kompaktleuchtstofflampen eingesetzt.

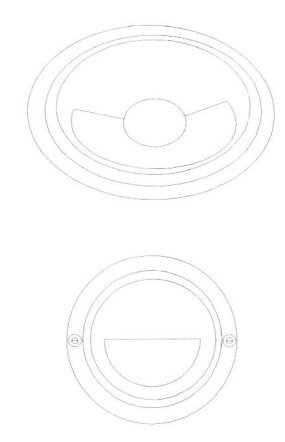

E 10 Gestaltungsmittel: Licht

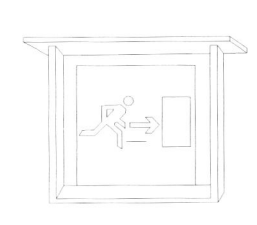

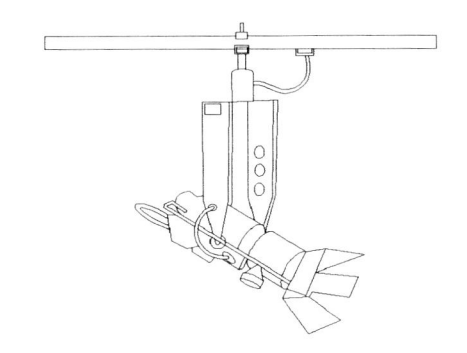

Rettungszeichenleuchte, Piktogramme, Hinweisleuchten

Die Form der Rettungszeichenleuchte in Größe und Form ist vorgeschrieben. Sie sind quadratisch oder rechteckig. Piktogramme und Hinweisleuchten gibt es in den vielfältigsten Formen und können auch kombiniert werden mit Downlights oder eigenständige Systeme sein. Diese Leuchten zeigen Funktionen auf oder haben wegweisende Funktion. Bei den Rettungszeichenleuchten kommen nur Allgebrauchs- oder Kompaktleuchtstofflampen nach Vorschrift infrage. Bei den Piktogramm- und Hinweisleuchten werden im Wesentlichen Kompaktleuchtstofflampen verwendet.

Lichteffekte – Lichtwirkungen

Sie können je nach Anforderung und Idee durch unterschiedlichste Lampen erzeugt werden: Allgebrauchslampe mit ihren Sonderformen, Halogenlampen, Halogenniedervoltlampen, Halogenmetalldampflampen, Natriumdampflampen, LED's, Leuchtstofflampen, Neonlampen, Laserlicht.
Sie werden in ihrer handelsüblichen Form verwendet oder technisch modifiziert und unterstützt mit technischen Leuchten oder Geräte wie: wie Scheinwerfer, Linsenvorsätze, Farbfilter, Lauflichter, Lichtschlangen, Lichtfasern, Scheinwerfer mit Gobos und Flutleuchten. Der Fantasie sind hier keine Grenzen gesetzt. Denn jede Art von Lichtquelle, ob starr oder beweglich, rhythmisch oder programmablaufgesteuert, kann für die jeweilige Lichtinszenierung oder Präsentation verwendet werden, in Abstimmung mit dem jeweiligen Einsatzort.

E   Das Designmarketing: Die Gestaltungsidee – Corporate Design zur Unternehmensdarstellung

E10   Gestaltungsmittel: Licht

Lampen	Anschlusswert einschließlich Vorschaltgerät (nicht elektronisch)	Lichtstrom nach Angaben des Herstellers	Lichtmenge Lumen pro Watt einschl. Vorschaltgerät-Verlustleistung	Mittlere Lebensdauer nach Angaben des Herstellers	Durchschnittlicher Netto-Einkaufspreis für 1 Stück Leuchtmittel, Stand 1992	Vergleichswert des Lichtstromes einer Allgebrauchslampe (AGL) 100 W zu den anderen Leuchtmitteln in %	Vergleichswert des Energieeinsatzes zwischen einer Allgebrauchslampe (AGL) und anderen Leuchtmitteln bei gleichem Lichtstrom	Vergleichswert der Betriebskosten einer Allgebrauchslampe (AGL) 100 W mit anderen Leuchtmitteln bei gleichem Lichtstrom. Basis der Berechnung: Betreibszeit 3 Jahre bzw. 12 000 Stunden durchschnittliche Stromkosten – Leuchtmittelersatz ohne Montage
	Watt	Lumen	Lm/W	Std.	DM	%	%	%
Allgebrauchslampe	100	1340	13,4	1000	1,25	100	100	100
Großkolbenlampe	100	1100	11	2000	8,60	82	122	139
Kuppenspiegellampe	100	530	5,3	1000	6,49	39,5	253	315
Reflektorlampe	100	1080	10,8	1000	3,96	81	124	140
Halogen Hi-Spot PAR 30	75	2200	22,0	3000	20,60	164,2	61	77
Halogen Hi-Spot PAR 32	100	3500	35,0	3000	20,60	261,2	38	48
Halogen-Glühlampe einseitig gesockelt	100	1600	16,0	2000	12,10	119,4	84	103
Halogen-Glühlampe zweiseitig gesockelt	100	1600	16,0	2000	8,90	119,4	84	97
Halogen-Glühlampe zweiseitig gesockelt	300	5600	18,6	2000	7,10	417,9	72	72
Niedervolt-Halogen-Glühlampe	5/12 V	60	12	2000	2,50	4,5	112	236
Niedervolt-Halogen-Glühlampe	10/12 V	140	14	2000	2,50	10,4	96	147
Niedervolt-Halogen-Glühlampe	20/12 V	350	17,5	2000	2,70	26,1	77	97
Niedervolt-Halogen-Glühlampe	50/12 V	975	19,5	2000	2,70	72,8	69	74
Niedervolt-Halogen-Glühlampe	75/12 V	1575	21,0	2000	4,90	11,75	64	70
Niedervolt-Halogen-Glühlampe	100/12 V	2400	24,0	2000	4,90	1,79	56	59
Niedervolt-Halogen-Glühlampe Kaltlichtreflektor	35/12 V	nicht vergleichbar	nicht vergleichbar	3000	10,70	nicht vergleichbar	nicht vergleichbar	nicht vergleichbar
Niedervolt-Halogen-Glühlampe Kaltlichtreflektor	50/12 V	nicht vergleichbar	nicht vergleichbar	3000	10,70	nicht vergleichbar	nicht vergleichbar	nicht vergleichbar
Niedervolt-Halogen-Glühlampe m. Metallreflektor	35/12 V	nicht vergleichbar	nicht vergleichbar	4000	17,78	nicht vergleichbar	nicht vergleichbar	nicht vergleichbar
Niedervolt-Halogen-Glühlampe m. Metallreflektor	50/12 V	nicht vergleichbar	nicht vergleichbar	4000	17,78	nicht vergleichbar	nicht vergleichbar	nicht vergleichbar
Kompakt-Leuchtstofflampe Sockel [27 Dulux	20	1200	60	12 000	13,77	89,6	22	38
Kompakt-Leuchtstofflampe Sockel [27 Dulux, Compakta	25	1200	48	12 000	11,95	89,6	28	32
Kompakt-Leuchtstofflampe Sockel [27, Globe	18	850	47,2	12 000	15,65	63,4	28	36
Kompakt-Leuchtstofflampe TC-D einseitig gesockelt	18	1200	67	10 000	11,90	89,6	20	25
Kompakt-Leuchtstofflampe TC-D einseitig gesockelt	13	900	69,2	10 000	11,45	67,2	19	26
Kompakt-Leuchtstofflampe TC-D einseitig gesockelt	26	1800	69,2	10 000	12,40	134,3	19	22

E10 Gestaltungsmittel: Licht

Lampen		Anschlusswert einschließlich Vorschaltgerät	Lichtstrom nach Angaben des Herstellers	Lichtmenge Lumen pro Watt einschl. Vorschaltgerät-Verlustleistung	Mittlere Lebensdauer nach Angaben des Herstellers	Durchschnittlicher Netto-Einkaufspreis für 1 Stück Leuchtmittel, Stand 1992	Vergleichswert des Lichtstromes einer Allgebrauchslampe (AGL) 100 W zu den anderen Leuchtmitteln in %	Vergleichswert des Energieeinsatzes zwischen einer Allgebrauchslampe (AGL) und anderen Leuchtmitteln bei gleichem Lichtstrom	Vergleichswert der Betriebskosten einer Allgebrauchslampe (AGL) 100 W mit anderen Leuchtmitteln bei gleichem Lichtstrom. Basis der Berechnung: Betriebszeit 3 Jahre bzw. 12 000 Stunden durchschnittliche Stromkosten – Leuchtmittelersatz ohne Montage
		Watt	Lumen	Lm/W	Std.	DM	%	%	%
	Kompakt-Leuchtstofflampe TC-DEL einseitig gesockelt	13	900	69,2	10 000	12,35	67,2	19	27
	Kompakt-Leuchtstofflampe TC-DEL einseitig gesockelt	18	1200	66,2	10 000	12,70	89,6	20	25
	Kompakt-Leuchtstofflampe TC-DEL einseitig gesockelt	26	1800	69,2	10 000	13,20	134,3	19	23
	Kompakt-Leuchtstofflampe TC-EL / TC-L einseitig gesockelt	11	900	82	10 000	6,40	67,2	16	20
	Kompakt-Leuchtstofflampe TC-EL / TC-L einseitig gesockelt	18	1200	67	10 000	12,10	89,6	20	25
	Kompakt-Leuchtstofflampe TC-EL / TC-L einseitig gesockelt	24	1800	75	10 000	12,60	134,3	18	21
	Kompakt-Leuchtstofflampe TC-EL / TC-L einseitig gesockelt	36	2900	80	10 000	14,35	216,4	17	19
	Kompakt-Leuchtstofflampe TC-EL / TC-L einseitig gesockelt	40	3500	87,5	10 000	16,15	261,2	15	17
	Kompakt-Leuchtstofflampe TC-EL / TC-L einseitig gesockelt	55	4800	87,2	10 000	17,30	358,2	15	16
	Leuchtstofflampe Lumilux T 26	18	1350	75	12 000	5,05	108,2	18	19
	Leuchtstofflampe Lumilux T 26	36	3350	93,0	12 000	5,05	257,5	14	14
	Leuchtstofflampe Lumilux T 26	58	5200	89,7	12 000	5,55	408,0	15	15
	Leuchtstofflampe T 5	14	1250	89,3	12 000	11,90	93,3	15	19
	Leuchtstofflampe T 5	21	1950	92,8	12 000	12,40	145,5	14	17
	Leuchtstofflampe T 5	26	2700	96,4	12 000	12,40	201,5	14	16
	Leuchtstofflampe T 5	35	3400	97,1	12 000	12,40	253,7	14	15
	Metallhalogen-Dampflampe CDM-T	35	2400	68,6	10 000	127,00	179,1	20	54
	Metallhalogen-Dampflampe CDM-T	70	6400	91,4	9000	107,00	388,1	15	27
	Metallhalogen-Dampflampe CDM-T	150	14 000	93,3	9000	129,00	1045,0	14	18
	HiT-DE oder CDMT-DE	70	6300	90	9000	83,00	470,2	15	24
	HiT-DE oder CDMT-DE	150	13 500	90	9000	95,00	1007,5	15	18
	Natrium-Dampflampe HST	100	4800	48	6000	106,00	358,2	28	51

E Das Designmarketing: Die Gestaltungsidee – Corporate Design zur Unternehmensdarstellung

E 10 Gestaltungsmittel: Licht

Farbwiedergabe
System: Zumtobel Staff, Lemgo
aus „Licht und Räume", Zumtobel Staff

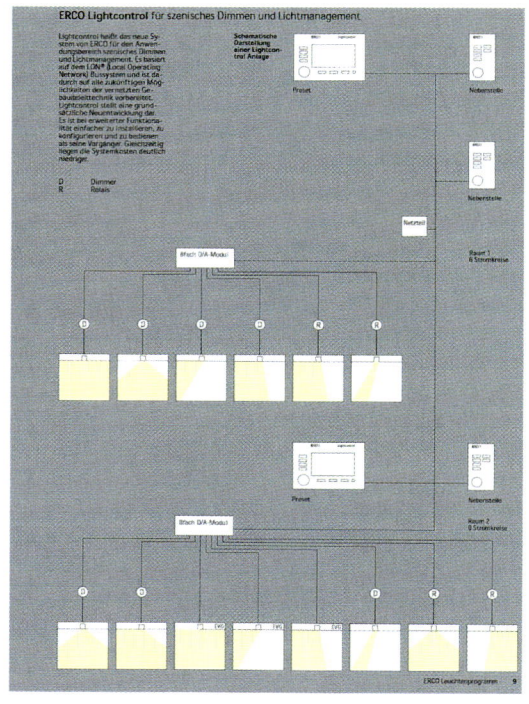

Erco Light control
Leuchtenprogramm Erco 2001

Lichtsteuerung, Lichtmanagement

Die Technik des Programmierens von Licht hat unterschiedliche Anforderungen und verschiedene Einsatztechniken. Die einfachste Art Licht geplant, gerichtet und flexibel in Szene zu setzen, geschieht über Punkt-, Infrarot- oder programmgesteuerte Systeme. Lichtmanagement umfasst komplexere Systeme, die tageslichtabhängige Steuerung und Gebäudelichttechnik kombinieren und damit Licht, Geräte, Steckdosen, Jalousien, Heizungen und Sicherheitssysteme über Busleitungen computergestützt steuern. Die Infrarot- und Funktechnik ist die einfachste Form, um Lichtszenen je nach Tagesablauf oder Situation per Fernbedienung anzupassen.

Sie eignen sich für Schaufenster, Verkaufsraum und Aktionsbereiche. Die programmgesteuerte Lichtsteuerung ist dagegen schon aufwändiger und beinhaltet mehrere Lichtszenen, die gesteuert ablaufen oder über Fernbedienung abgerufen werden können. Sie eignen sich insbesondere für Schaufenster, Vortragsräume und Aktionsbereiche. Lichtmanagement ist eine komplexe Anlage, die über PC gesteuert wird und doch individuell beeinflusst werden kann durch Taster, Bewegungsmelder, Fernbedienung und Tageslichtsteuerung. Sie eignet sich insbesondere für Geschäftshäuser, Hotels, Kongresshallen, Schulen, Museen, Kirchen und Mehrzweckhallen.

10.2 Lichtanwendung

Was versteht man unter „gut ausgeleuchtet – das richtige Licht am richtigen Platz"?
Licht, das über die Grund- und die Sicherheitsausleuchtung laut DIN 5035 Teil 1 und 2 hinaus verwendet wird, ist individuelle Gestaltung. Licht wird aus seinen berechneten Kriterien beurteilt und bleibt dabei statisch ohne seine Möglichkeiten der dynamischen und farbigen Emotionen. Die professionelle Lichtplanung unterstützt den Gestaltungsgedanken und wird die Absicht der Merchandising-Architektur, Warenbilder und Warenraumbilder atmosphärisch richtig übersetzen. Die gekonnte Akzentuierung, das Spiel von Licht und Schatten, das Einsetzen der richtigen Lichtfarbe steigert oder überhöht die Qualität der Ladenplanung und bedeutet die Einbeziehung eines Lichtexperten.

E10 Gestaltungsmittel: Licht

Schaufensterausleuchtung mit flexiblen Lichtkanal und veränderbare Modulfeldern, hier mit Leuchtstofflampen und Niedervolt-Halogen-Einsätzen.
System: Zumtobel/Staff

Werkfoto: Zumtobel/Staff

Der Einsatz der Lampen

1 ideal
2 empfehlenswert
3 befriedigend
4 mäßig
5 nicht empfehlenswert

	Glühlampen	TC-Lampen	Leuchtstofflampen	Halogen	NV-Halogen	CDM-/HiT-Lampen	HST-Lampen
Einsatz	4	2	3	3	2	1	3
Aktion	3	4	4	2	1	1	2
Regal	5	2	1	4	3	2	3
Grundlicht	5	2	1	4	4	2	3
Spot	3	5	5	3	2	1	3
Arbeitsplätze/Theke	3	2	2	3	3	4	5
Nebenraum	1	2	2	5	5	5	5

Die Wirtschaftlichkeit der Lampen

1 ideal
2 empfehlenswert
3 befriedigend
4 mäßig
5 nicht empfehlenswert

	Kosten Leuchtmittel	Farbwiedergabe	Lichtausbeute - Energieeinsatz	Lebensdauer	Handling	Zusatzkosten Vorschaltgerät
Glühlampen	1	2	5	5	1	1
Leuchtstofflampen	2	2	1	1	3	3
Halogenlampen	4	2	4	4	4	2
Niedervolt-Halogen	3	1	3	3	5	3
TC-Lampen	4	2	1	2	2	3
CDM-/HiT-Lampen	5	2	1	1	3	5
HST-Lampen	4	3	2	2	2	5

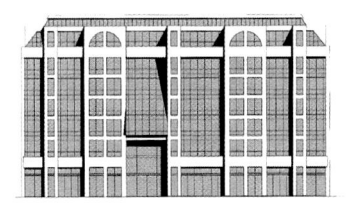

Fassade

Die Fassade muss Interesse wecken, durch Unterscheidung zum Nachbarn auffallen. Der „Stil des Hauses", die Unternehmensidentität, die Profilierung muss sich in der Fassade zeigen. Das Signet, Logo muss gut erkennbar sein. Deshalb entsteht die Frage nach der Ausleuchtung. Differenzierung zum Nachbarn, wie wirkt das Schaufenster und der Eingang in der Fassade mit? Ist die gesamte Fassade prägend, einzigartig, ist die Fassade gleich die Marke, muss die Marke leuchten?

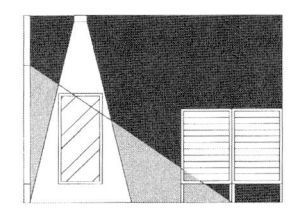

Schaufenster

Nicht das Schaufenster als Gesamtes soll hell sein, die Ware muss ausgeleuchtet werden. Die stärkere Lichtakzentuierung im Schaufenster muss mit dem Verkaufsraum eine Einheit bleiben. Man kann nicht aus dem hellen Fenster, aus dem hellen Fassadenbereich in einen dunklen Verkaufsraum gehen.

Der Auftrag muss lauten:

Nicht viel Licht, sondern viele Möglichkeiten unterschiedlicher Art und unterschiedlicher Lichttechnik im Fenster unterbringen. Die Fenster sind Bühnen. Licht- und Schattenbildung müssen für die Inszenierung eine wirkungsvolle Plastizität erreichen, die dem Straßenpassanten, der in wenigen Sekunden am Fenster vorbeigeht, etwas zu sagen hat und das sich durch Warenbildideen und nicht durch überzogene Helligkeit präsentiert.

Schaufenster müssen gegen Tageslicht geschützt werden, um Blendeffekte zu vermeiden. Ein heller Schaufensterhintergrund mindert den Blendeffekt. Der Tageslichtschutz verhindert auch ein Ausbleichen der Ware.

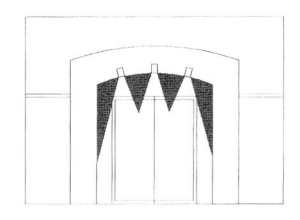

Eingangsbereich

Tür oder Tor ist auch für Licht die Frage. Öffnen, eine Schwelle abbauen. Einlagen locken mit viel Licht oder dezent. Das Unternehmen, den Verkaufsraum als etwas Besonderes sichtbar machen. Die Unternehmens- und die Branchenidentität, der „Stil des Hauses" wird Licht. Die Adaption des Auges an veränderte Lichtverhältnisse muss „natürlich" bleiben. Auch die Eingangsplanung ist Teil der gesamten Lichtplanung.

Die gestalterische Bedeutung des Eingangs, das Bewusstmachen, der Toreffekt wird durch Licht unterstützt.

Verkaufsraum

Die Menge an Ware, die unterschiedlichen Produkte in Format, Farbe und Design werden gestaltet, geordnet in Warenbildern, Warenleitbildern, in Highlights und Faszinationspunkten. Die ordnende, akzentuierende und heraushebende Lichtregie ist unumgänglich. Hierzu kommt die unterschiedliche Betonung der einzelnen Raumbereiche und die Betonung der Kundenleitwege. Grundsätzlich gilt:

Licht auf Regale und Mittelmöbel, die Ware zeigen und eine gute Ausleuchtung der Wege, Höhepunkte durch Lichteffekte.

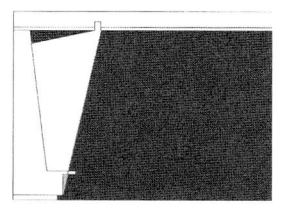

Wandflächen

Die Wände begrenzen den Raum. Auch in Loop-Läden mit hohem Innenmöbelanteil haben

Wandflächen Orientierungsaufgaben.
Die Wandflächen werden wieder entdeckt für Warenbilder, insbesondere Warenleitbilder. Akzentuierte Beleuchtung schafft Höhepunkte. Warenstrukturen werden sichtbar, beleuchtete Rückwände schaffen interessante Effekte.

Aktionszonen

Hier gilt es, die Ware durch Lichtstärke, Lichtfarbe und gutem Anstrahlwinkel herauszuheben. Eine flexible Ausleuchtung, die gut handhabbar ist, wird gebraucht. Faszinationspunkte, so genannte Höhepunkte im Sortiment, brauchen eine Lichtunterstützung. Die Lichtsteigerung bis in Aggressivität, die Lichtfarbenveränderung bis zur Verfremdung, die Lichtbewegung wie Lauflicht und bewegter Laserpoint gehören zur Inszenierung dazu.

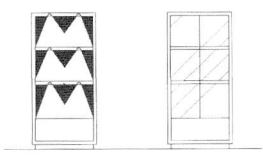

Vitrinen

Hier soll Faszination durch wertvolle Ware entstehen. Helles Licht auf kleinen Flächen wird gebraucht aus Spezialleuchten mit wenig Wärmeentwicklung. LED-Technik, mit Linsen versehene Glasfaserkabel, Niedervolthalogenlicht und Miniaturleuchtstofflampen finden für diesen Bereich Anwendung. Die Lichtfarbe muss auf das Ausstellungsgut abgestimmt werden. Eine ehrliche Farbwiedergabe und hohe Plastizität, um auch für kleines Ausstellungsgut eine gute Fernwirkung zu erzielen, ist die Forderung.

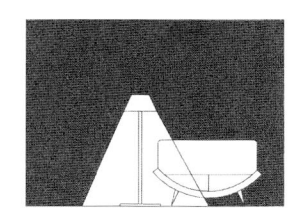

Ruhebereiche

In großen Verkaufsräumen gehören Ruhebereiche zur Entspannung. Hier wird gedämpftes, warmes Licht gebraucht, möglichst senkrecht von oben kommend. Die Lichtstärke sollte zum Lesen angepasst sein. Interessant ist die Tageslichteinbindung.

Lesebereiche

Hier ist eine höhere, ruhige Lichtstärke gefordert, um auch älteren Menschen das Lesen zu ermöglichen. Gegebenenfalls kann hier das Licht aus Stand- oder Tischleuchten individuell zugeordnet werden.

Anprobierbereiche

Im Modebereich – hierzu gehören Bekleidung, Schuhe und Schmuck – werden Spiegel benötigt. Die Anordnung muss blendfrei vorgenommen werden. Zur Anprobe gehört auch die ehrliche Farbwiedergabe. Hierfür ist das Niedervolthalogenlicht und Tageslicht geeignet.

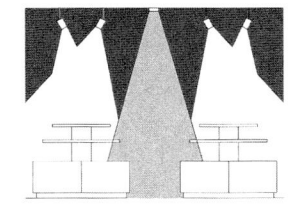

Gänge

Die Helligkeit der Gangbereiche soll unter der der Verkaufsfläche liegen, damit ein wirkungsvoller Kontrast entsteht. Auch die Lichtqualität gleich Farbe kann hier gesenkt werden, jedoch die Führungsabsicht des Loops beziehungsweise der Gänge zur Ware soll noch deutlich erkennbar bleiben, besonders im Eingangsbereich.

E Das Designmarketing: Die Gestaltungsidee – Corporate Design zur Unternehmensdarstellung

E 10 Gestaltungsmittel: Licht

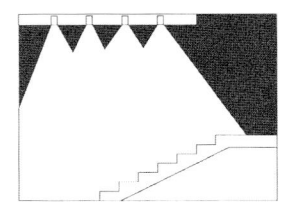

Treppen
Hier ist das Licht wichtig für die Sicherheit. Stufen müssen ohne Schattenausbildung ausgeleuchtet werden. Betonung von Antrittsstufen und seitlichen Leuchten sind hier Orientierungshilfen.

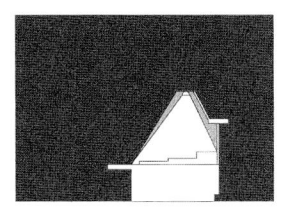

Theken – Frischebereich
Akzentuiertes Licht mit höherer Beleuchtungsstärke und guter Lichtfarbe wird benötigt. Die Belastung der Ware durch Wärme muss beachtet werden. Hier finden Leuchtstoffröhren, eingebettet in Reflektoren, unter den Glasflächen Anwendung und zusätzliches akzentuierendes Licht mit Natriumdampflampen aus dem Deckenbereich.

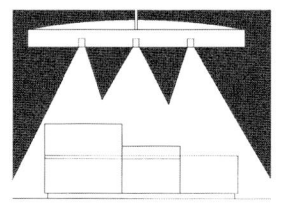

Kassenbereiche und Serviceteken
Die Kasse, gleichzeitig als Arbeitsplatz muss gut ausgeleuchtet sein und dem Kunden einen positiven Eindruck vermitteln. Hier ist blendfreies, für anspruchsvolle Sehaufgaben ausreichendes Licht gefragt. Rasterleuchten im Deckenbereich oder abgependelte Leuchten finden hier ihre Anwendung.

Die Lichtanwendung
Das Licht unterstützt den Eindruck „Nest" und „Höhle"
Die natürlichen Gegenstände im Sortiment zwischen bedienungsloser und bedienungsintensiver Ware braucht auch den Gegensatz von Nest und Höhle und die damit jeweilige Einstimmung durch das Licht.
Zu der Warenplatzierung „Nest" gehört der Tageslichteffekt ‚Normalweiß', zur „Höhle" der Nachteffekt im ‚Warmton'.
Das Licht kann so das jeweils erforderliche Milieu zur Einstimmung der Kunden auf Warenart und Warengattung als Sehkomfort sensibel darstellen.
Die Wirkung „Nest" oder „Höhle" wird noch durch die gewählten Farbtöne dahingehend unterstützt, dass Normalweiß den Raum optisch vergrößert und ein Warmton den Raum eher kleiner, intimer erscheinen lässt.
Die Warenbilder und Warenleitbilder, jeweils im Nestbereich oder im Höhlenbereich, werden so in Bedeutung, Information und Aussage gestärkt. Mit der richtigen Lichtwahl werden Stimmungen, Milieus erreicht: vom hellen Sonnenlicht bis hin zur Charakteristik „Weihnachtslicht".

E 10 Gestaltungsmittel: Licht

10.3 Buchhandlung Holterdorf, Oelde

Planung: Klaus Riesenbeck
              Gernot Premper
              Kreft-Team
Realisierung: Wilhelm Kreft GmbH, Wedemark

Eine zweigeschossige Buchhandlung in einem Fachwerkhaus, zweiseitig geöffnet zum Marktplatz.

Das stark entkernte Fachwerkgebäude mit vielen kleinen Fensterflächen und zwei Eingängen benötigte eine auf das Haus genau zugeschnittene Beleuchtungsplanung. Ziel war es, dem nach außen unscheinbar wirkenden Gebäude innen einen modernen, zeitgemäßen Kontrast entgegenzusetzen. Besondere Schwierigkeiten bedeuteten die geringe Raumhöhe und die Verbindung des Erd- und Obergeschosses.

Leuchte	Leuchtmittel/Bestückung	Einsatzbereich	Zeichen
Strahler-Stromschiene	Niedervolt-Halogen-Lampe 100 Watt	Akzentleuchtung Schaufenster	
Down-Light schwenkbar	Niedervolt-Halogen-Lampe 12 Volt 100 Watt	Akzentbeleuchtung	
Einbau-Stahler	Niedervolt-Halogen-Lampe 12 Volt 100 Watt	Akzentbeleuchtung	
Pendelleuchte	Niedervolt-Halogen-Lampe 12 Volt 35 Watt	Funktionsmöbel-Beleuchtung	
Einbau-Wandfluter	Natrium HST 70 Watt oder Kompaktleuchtstofflampe 2 x TC 9 Watt	Wandfluter oder Fensterfluter	
Einbauleuchte Down-Light	Halogen-Metalldampf-Lampe 70 Watt	Aktionsbereich	
Einbau-Down-Light	Kompaktleuchtstofflampe 2 x TC 26 Watt	Grundlicht	

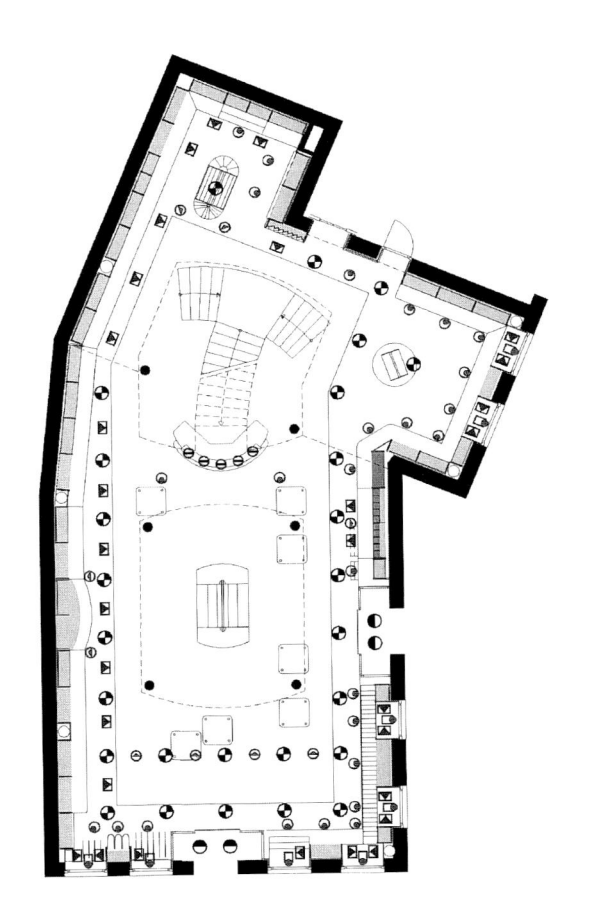

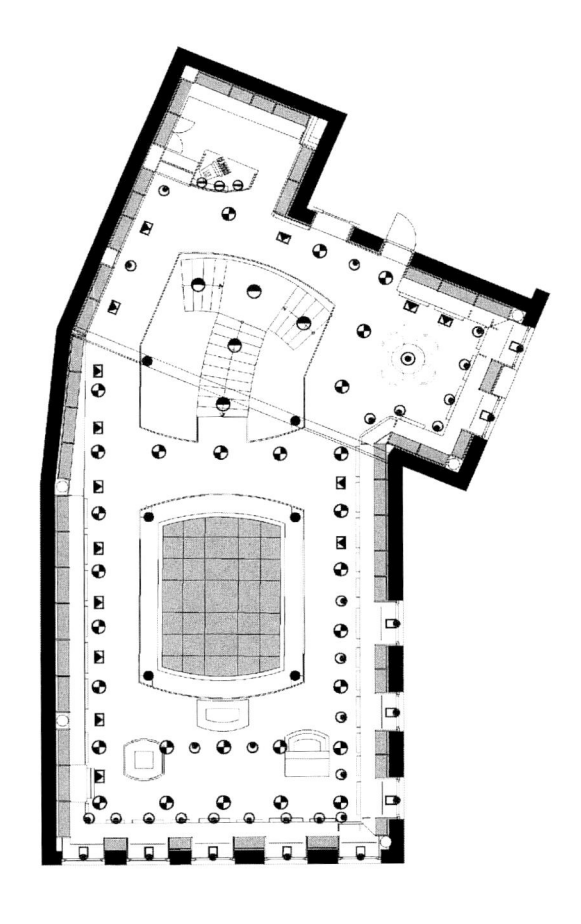

E   Das Designmarketing: Die Gestaltungsidee – Corporate Design zur Unternehmensdarstellung

E 10   Gestaltungsmittel: Licht

E10 Gestaltungsmittel: Licht

Die hohe Anzahl der Fenster und Schaufenster im Erd- und Obergeschoss in unterschiedlichen Größen wurde bestückt mit Grund- und Akzentlicht. Das Schaufenster-Grundlicht besteht aus rechteckigen Downlights mit Leuchtstofflampen, das Akzentlicht mit abgependelten schwenk- und drehbaren Niedervolt-Halogenleuchten, die mit Hilfe von Adaptern an unterschiedlichen Punkten eingesetzt werden können. Die niedrigen Eingangsbereiche bei den Automatiktüren sind mit eingebauten Downlights Leuchtstofflampen vorgesehen. Das Grundlicht des Raumes in beiden Etagen ist ausgestattet mit zweiflammigen Einbaudownlights, für die eigens eine Gipskartondecke mit Stuckprofilen eingezogen wurde. Besonderer Höhepunkt des Innenraumes als zusätzliche Unterstützung für das Grundlicht ist eine Lichtdecke, die tageslichtabhängig gesteuert wird. Die Regalwände sind mit schwenkbaren Wandflutern mit HST-Lampen-Bestückung ausgestattet. Die Highlights innerhalb der Regale und Aktionsmöbel sind mit dreh- und schwenkbaren eingebauten Halogen-Niedervolt-Leuchten akzentuiert. Lese-, Kassen- und Servicebereich werden mit abgependelten, abgeschirmten Halogen-Niedervolt-Leuchten im Lichtniveau angehoben.

Die hier eingesetzte Mischlicht-Technik erzeugt in dieser Buchhandlung eine angenehme Atmosphäre und lässt die Materialien Buche, Edelstahl, Glas und Textil angenehm wirken. Die akzentreiche Ausleuchtung der Schaufenster mit den vergrößerten Cool-Beam-Reflektoren bei den Halogen-Niedervolt-Leuchten ermöglicht es der Buchhandlung, abends und besonders in der Winterzeit in einer anheimelnden Weise zu wirken.

E   Das Designmarketing: Die Gestaltungsidee – Corporate Design zur Unternehmensdarstellung

E 10   Gestaltungsmittel: Licht

10.4 Buchhandlung Rupprecht, Weiden

Planung: Klaus Riesenbeck
              Gernot Premper
              Kreft-Team
Realisierung: Wilhelm Kreft GmbH, Wedemark

Dreigeschossige Buchhandlung in einem Eckgebäude im Zugang zur Fußgängerzone

Das Gelände um das Gebäude herum ist abfallend. Somit ergeben sich zusätzliche kleine Fenster im Untergeschoss. Drei Wandflächen des Erdgeschosses sind mit Schaufenstern verglast und zwei Seiten des Obergeschosses sind mit Fenstern ausgestattet. Die Beleuchtungsplanung soll die attraktive Lage des Gebäudes unterstützen und die großzügige Atmosphäre des Raumes und Sortimentes nach außen wirken lassen. Der Eingangsbereich, die Treppen und der Kundenleitweg wurden mit Einbaudownlights, HIT-Lampen bestückt, ausgeleuchtet bzw. in

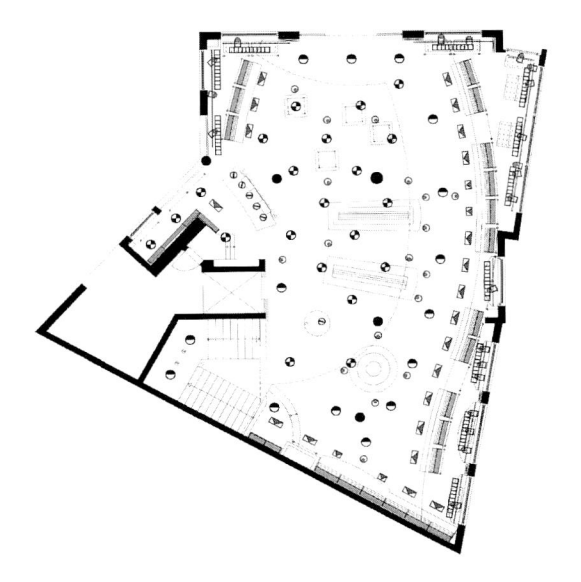

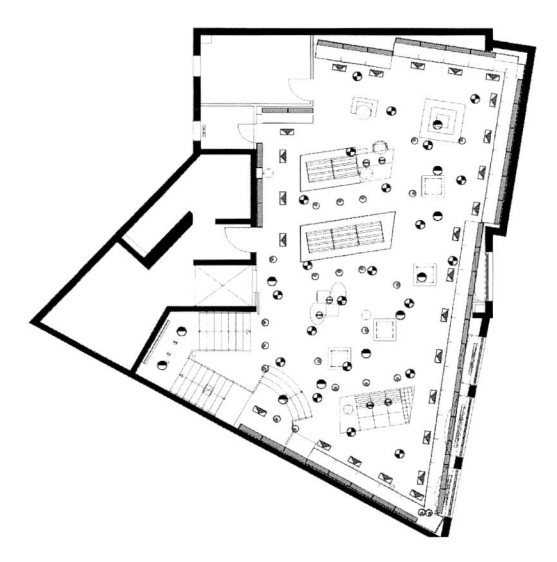

Leuchte	Leuchtmittel/Bestückung	Einsatzbereich	Zeichen
Fluter-Stromschiene	Niedervolt-Halogen-Lampe 12 Volt 100 Watt	Akzentleuchte Fenster	
Down-Light schwenkbar	Niedervolt-Halogen-Lampe 12 Volt 100 Watt	Akzentbeleuchtung	
Einbaustrahler	Niedervolt-Halogen-Lampe 12 Volt 100 Watt	Akzentbeleuchtung	
Pendelleuchte	Niedervolt-Halogen-Lampe 12 Volt 35 Watt	Funktionsmöbel-Beleuchtung	
Wandfluter	Kompaktleuchtstofflampe 2 x 26 Watt	Regalwandbeleuchtung	
Einbauleuchte Down-Light	Halogen-Metalldampf-Lampe 70 Watt	Aktionsbereich	
Einbau-Down-Light	Kompaktleuchtstofflampe 2 x TC 26 Watt	Grundlicht	
Einbau-Raster-Leuchte	Leuchtstoff-Lampe 2 x 36/58 Watt	Grundlicht Schaufenster	

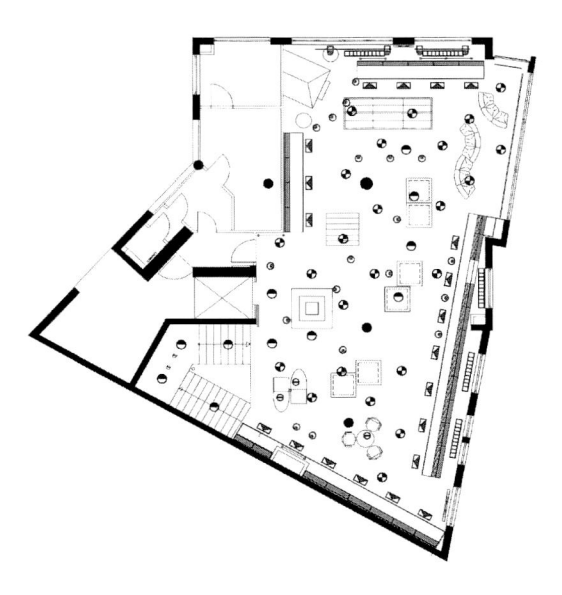

E10 Gestaltungsmittel: Licht

ihrem Verlauf nachgezeichnet. Das Schaufenstergrundlicht wurde mit zweiflammigen, in zwei Phasen zu schaltenden Spiegelraster-Leuchten ausgestattet. Zusätzlich wurde das Schaufenster mit einer Dreiphasen-Stromschiene für Akzentlicht bestückt. Als Leuchten sind hier Halogen-Niedervolt-Strahler und CDMT-Fluter, dreh- und schwenkbar, vorgesehen. Bei den Schaufenstern im Untergeschoss sind die Halogenstrahler-Niedervolt seitlich angeordnet. Das allgemeine Grundlicht in den drei Verkaufsräumen ist vorgesehen mit Downlights, mit Kompaktleuchtstoff-Lampen bestückt. Die geraden und geschwungenen Wandregalflächen sind mit beweglichen Wandflutern mit Kompaktleuchtstofflampen ausgestattet. Die Höhepunkte an den Wandflächen, die Betonung der Highlights oder bestimmter Sortimentsbereiche wird mit Wandflutern CDMT-bestückt oder mit eingebauten dreh- und schwenkbaren Halogenniedervolt-Leuchten erreicht. Besondere Aktionsbereiche wie die Kartenabteilung im Untergeschoss, die Novitätentische im Erdgeschoss sowie das Kinderaktionsmöbel werden besonders mit Niedervolt-Halogen-Strahlern herausgehoben. Die Pultanlagen in den jeweiligen Etagen sind mit abgependelten farbigen Halogenleuchten akzentuiert. Bei der geschwungenen Kassenanlage im Erdgeschoss zeichnen die abgependelten Halogenleuchten die Form nach. Die hier vorgesehene Beleuchtungsanordnung fügt sich harmonisch und zurückhaltend in das Gesamtkonzept ein und unterstreicht mit warmen Lichtfarben die Materialien der Buchhandlung wie Granit, Erlenholz, gemusterter Teppichboden, grüne und blaue einbrennlackierte Metallböden sowie Mattaluminium und Edelstahl.

481

10.5 Buchhandlung Kirchner, Troisdorf

Planung: Klaus Riesenbeck
Olaf Jänel
Kreft-Team
Realisierung: Wilhelm Kreft GmbH, Wedemark

Boulevard-Buchhandlung in einer mittelgroßen Stadt in der Fußgängerzone

Besondere Voraussetzungen des Verkaufsraums:
- weitgeöffnete Eingangszone
- gestaffelte Raumanordnung
- doppeltgeschwungene Regalfront.

Die benachteiligte Lage innerhalb der Fußgängerzone wurde mit großer Transparenz der Straßenfront kompensiert. Die Beleuchtungsplanung sollte diese Gedanken unterstützen. Die fast voll zu öffnende Straßenfront lässt den vorderen Verkaufsraum als Schaufenster erscheinen. Der variabl anzuordnende überdachte Büchermarkt im Eingangsbereich ist mit HIT-Leuchten stark hervorgehoben. Lediglich im rechten Eingangsbereich ist über eine Stromschiene mit Anbaustrahlern ein variables Beleuchtungssystem mit Halogen- und CDMT-Strahlern vorgesehen. Die Grundausleuchtung des Verkaufsraumes wird mit rasterförmig angeordneten runden Downlights, Leuchtstofflampen bestückt, erreicht.

Die umlaufenden Regalwände werden mit Einbau-Wandflutern, mit Leuchtstofflampen-Bestückung, hervorgehoben. Die Highlights an den Wänden und Mittelpfeilern werden gesondert hervorgehoben mit Einbauleuchten, in denen jeweils drei kardanisch aufgehängte, somit sehr flexibel anzuordnende 70 Watt CDMT-bestückte Strahler angeordnet sind. Dieses Beleuchtungssystem wurde auch bei den sortimentsbestimmenden Mittelmöbeln im Eingangsbereich und im weiteren Verkaufsraum verwendet. Besonders hervorzuhebende Bereiche innerhalb der Wandflächen und der Innenmöblierung werden mit Niedervolt-Einbau-Strahlern akzentuiert. Die Kassenanlage, die Service-Möbel und die Sitzgruppe ist mit abgependelten Halogenleuchten markiert und ausgeleuchtet.

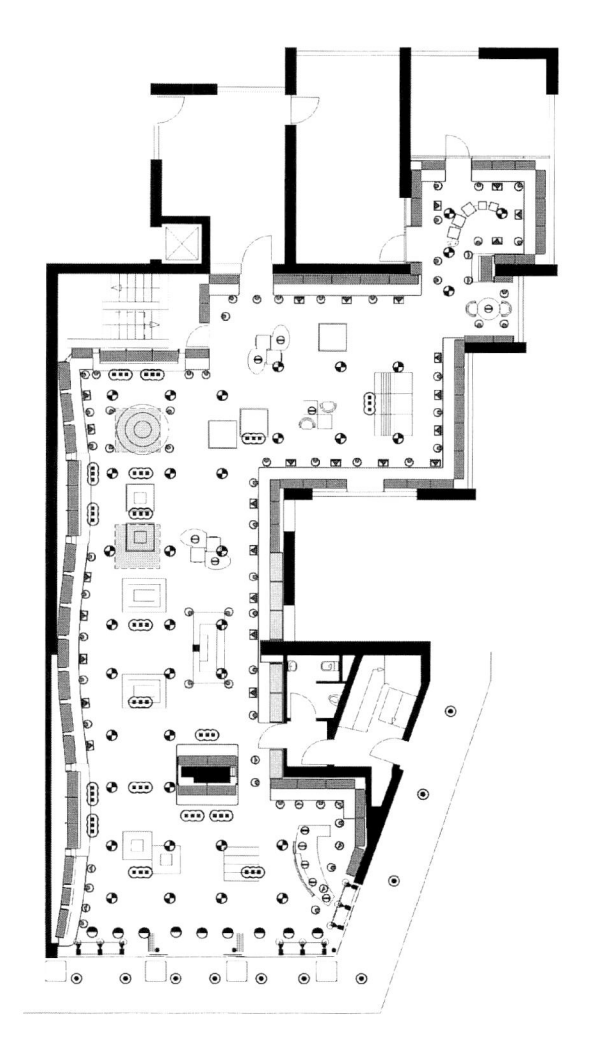

Leuchte	Leuchtmittel/Bestückung	Einsatzbereich	Zeichen
Strahler-Stromschiene	Niedervolt-Halogen-Lampe 12 Volt 100 Watt	Akzentbeleuchtung Schaufenster	
Down-Light schwenkbar	CDMT-Lampe 3 x 70 Watt	Highlight-Ausleuchtung	
Down-Light schwenkbar	Niedervolt-Halogen-Lampe 12 Volt 100 Watt	Akzentbeleuchtung	
Einbau-Stahler	Niedervolt-Halogen-Lampe 12 Volt 100 Watt	Akzentbeleuchtung	
Pendelleuchte	Niedervolt-Halogen-Lampe 12 Volt 35 Watt	Funktionsmöbel-Beleuchtung	
Wandfluter	Kompaktleuchtstofflampe 2 x 26 Watt	Regalwandbeleuchtung	
Einbauleuchte Down-Light	Halogen-Metalldampf-Lampe 70 Watt	Aktionsbereich	
Aufbau-Down-Light	Halogen-Metalldampf-Lampe 70 Watt	Aktionsbereich	
Einbau-Down-Light	Kompaktleuchtstofflampe 2 x TC 26 Watt	Grundlicht	

E10 Gestaltungsmittel: Licht

Die hier vorgesehene Beleuchtung erlaubt dem Unternehmen die Beleuchtung gruppenweise nach individuellen Stärken je Jahreszeit einzusetzen.
In diesem Verkaufsraum wurde sehr viel akzentreiches Licht gesetzt, um in der Fußgängerzone Dominanz zu zeigen.

F   Kommunikationsmarketing:
    Die Einladung – Corporate Communications
    zur Unternehmenskommunikation

F 1   Die Dynamik
F 2   Die Sympathie
F 3   Die Anmutung
F 4   Der Kundenleitweg
F 5   Die Kundenleitweg-Planung
F 6   Die Kundenleitweg-Planung
      im CAD
F 7   Die Warenplatzierung
F 8   Die Raumerweiterungs-Planung
F 9   Die Leitbereiche der Mitarbeiter
F 10 Die Leithilfen
F 11 Fassade und Eingang
F 12 Der Eingangsbereich
F 13 Der Markt
F 14 Der Kassenbereich
F 15 Der Treppenbereich
F 16 Der Fachbereich
F 17 Der Drehbereich
      im Verkaufsraum

Der Kundenleitweg wird durch Licht
in der Decke unterstützt.
Kaufhaus Klingenthal, Paderborn
Planung: Blocher, Blocher und Partner,
Stuttgart

F Kommunikationsmarketing: Die Einladung – Corporate Communications zur Unternehmenskommunikation

Der Kommunikationsprozess

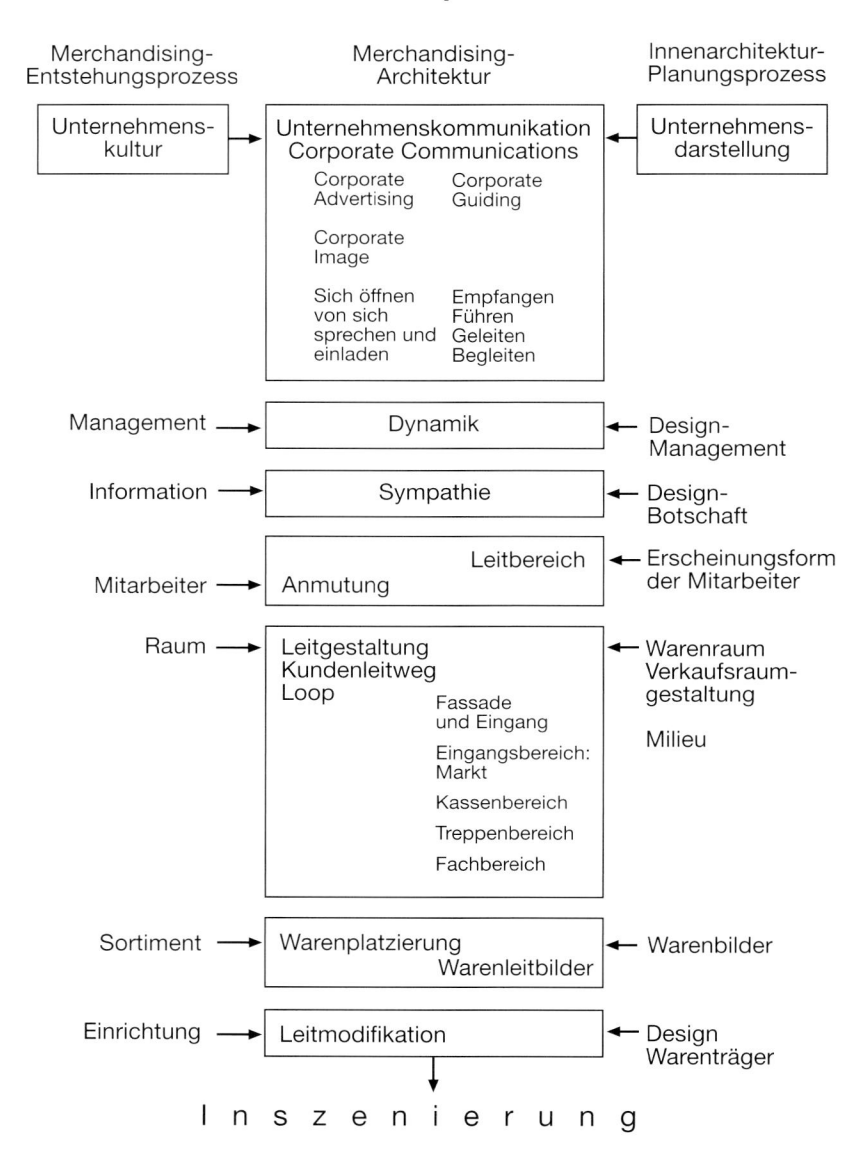

```
Merchandising-              Merchandising-              Innenarchitektur-
Entstehungsprozess          Architektur                 Planungsprozess

[Unternehmens-]  →   Unternehmenskommunikation    ←  [Unternehmens-
   kultur               Corporate Communications       darstellung]
                      
                      Corporate      Corporate
                      Advertising    Guiding
                      
                      Corporate
                      Image
                      
                      Sich öffnen    Empfangen
                      von sich       Führen
                      sprechen und   Geleiten
                      einladen       Begleiten

Management    →       Dynamik                       ←  Design-
                                                       Management

Information   →       Sympathie                     ←  Design-
                                                       Botschaft

                                    Leitbereich
Mitarbeiter   →       Anmutung                      ←  Erscheinungsform
                                                       der Mitarbeiter

Raum          →       Leitgestaltung                ←  Warenraum
                      Kundenleitweg                    Verkaufsraum-
                      Loop                             gestaltung
                            Fassade
                            und Eingang
                                                       Milieu
                            Eingangsbereich:
                            Markt
                            
                            Kassenbereich
                            
                            Treppenbereich
                            
                            Fachbereich

Sortiment     →       Warenplatzierung              ←  Warenbilder
                      Warenleitbilder

Einrichtung   →       Leitmodifikation              ←  Design
                                                       Warenträger
                              ↓
              I n s z e n i e r u n g
```

Corporate Communications führt zur Unternehmenskommunikation, die im Einzelhandel immer die bewusste, strategisch vorbereitete Einladung an den Konsumenten bedeutet.

Zur Einladung des Konsumenten hat sich der Sortimentsraum organisiert und geschmückt mit dem Auftrag, Botschaften an den Konsumenten zu geben, die ihn überzeugen von der Vorstellung der Unternehmensleistungen, indem sie ihn durch den Warenraum leiten und begleiten.

Zur Leistung Unternehmenskultur und zur Leistung Unternehmensdarstellung tritt jetzt die Leistung Unternehmenskommunikation – damit schließt sich der Ring der Marketingleistungen, die das Unternehmen für den Konsumenten vollbringen muss.

Die Unternehmenskommunikation erreicht schließlich die Dialogfähigkeit mit dem Konsumenten und damit die Dynamik der ständigen Erneuerung.

„Dass wir miteinander reden können, macht uns zu Menschen."
  Karl Jasper

„Information ist leicht, Kommunikation ist schwer. Der Unterschied ist, dass Kommunikation immer erst dann erfolgt ist, wenn der Empfänger Information aufgenommen und verstanden hat."
  Alexander Demuth

Geschäfts- und Gestaltungsidee führen zur Planung. Nun muss die Kommunikationsidee dazukommen. Die Erweiterung des Grundnutzenmarketings und des Designmarketings müssen zur Einladung an den Konsumenten führen und damit zur Erweiterung des Marketings in die neue Qualität des Kommunikationsmarketings.

Kommunikationsmarketing umfasst nicht nur den Dialog mit dem Konsumenten, sondern die gesamte Vorbereitung hierzu. Die Einstellung der gesamten Marketingbemühungen auf die potenziellen Konsumenten von der Unternehmensphilosophie bis zum beratenden Gespräch mit dem Konsumenten bedarf der Planung.

Dieses gesamte Bemühen um den Vorteil für den Konsumenten, um seine Priorität und um seinen

Nutzen – diese ethische Reife und Einstellung des Unternehmens ist Kommunikationsbasis.

Das Kommunikationsmarketing gibt die Ziele vor und löst den Kommunikationsprozess aus zur Erreichung der Unternehmenskommunikation.

Der Kommunikationsprozess hat die Aufgabe, die ständige Verbindung zum Konsumenten zu finden und die Verständigung einzuleiten; er muss die Dialogfähigkeit nach außen zwischen Unternehmen und Konsumenten und nach innen zwischen Management und Mitarbeiter erreichen und Methoden zur ständigen Anpassung entwickeln.

Das Kommunikationsmarketing wird im Marketingkonzept entwickelt. Alle Bemühungen werden in der Corporate Communications aufeinander abgestimmt, verwirklicht und verteidigt. Es entsteht die Unternehmenskommunikation!

„Kommunikation ist die Kunst, so „Guten Tag" zu sagen, dass auch „Guten Tag" dabei ankommt."
  WOB Marketing-Kommunikation; Buchmarkt 11/94/Seite 101

Die Merchandising-Architektur braucht das Kommunikationsmarketing

Jeder Verkaufsraum ist ein Kommunikationssystem. Kommunikation im Verkaufsraum bedeutet ein Netz aus Informationen und Feed-backs, das Konsumenten und Mitarbeiter verbindet. Kommunikation im Verkaufsraum bedeutet auch Wissenstransport durch Warenbilder und Gespräche. Jeder Verkaufsraum, Fassade, Eingang und Schaufenster haben einen Zweck, zu dem sie so gebaut wurden, wie sie sind. Sie haben damit ein Gesicht, eine Form bekommen.

Nur die Merchandising-Architektur schafft die Verbindung von Zweck und Gesicht, von Inhalt und Form mit der Absicht zu nutzen und Beachtung zu finden.

Mit diesem Auftrag verstehen sich Verkaufsräume nicht mehr technisch-rational wie Warenlager. Verkaufsräume wollen einen Anspruch, Lebensqualität in Ästhetik ausdrücken und gezielt Einladungen an die Konsumenten aussprechen.

Eingänge sind gestaltete Kommunikation: Selbstdarstellung und einführende Öffnung. Verkaufsräume sind gleichzeitig Warenausstellung und Erlebnis und das macht die Einladung zur Kommunikation erst erfolgreich. Das sich darstellende Unternehmen muss erkannt und damit auch anerkannt werden können. Es muss die fachkompetente Spezialisierung und den sich daraus ergebenden Marktanspruch darstellen können wie Humanität, Emanzipation und die Priorität des Konsumenten.

Die Einladung erfolgt an die Konsumenten durch Informationen und Botschaften über das Unternehmen und über die Leistungen des Unternehmens.

– Den ständig neuen Anlass zur Einladung gibt das Management durch die Strategie des dynamischen Konzeptes.
– Im Sympathie-Wettbewerb entsteht die überzeugende Einladung an den Konsumenten. Das dient auch der Imageförderung, denn die Kompetenz und die besondere Leistung des Unternehmens für den Konsumenten muss mit der Einladung deutlich sein.
– Die Mitarbeiter erreichen die Qualität der Anmutung, die erforderlich ist um Gäste zu empfangen und mit Anregungen zu verwöhnen und auch Anregungen von Kunden zu bekommen und zu verarbeiten.
– Die Kundenleitweg-Gestaltung erreicht den Einstieg in die Planung des Verkaufsraumes, des kommunikativen Warenraumes, durch den Verbund im Corporate Guiding:
– Lay-out, die Entwürfe zur Raum- und Sortimentserschließung, den Kundenleitweg.
– Ordnen, Orientierung der Konsumenten im Raum.
– die Warenplatzierung, die Ware sortiments- und raumlogisch ordnen
– Leitmodifikation, die Warenbilder und Bilderwelten in der Leitqualität.

Die Leitgestaltung, verbunden im ständigen Austausch mit allen Kommunikationsleistungen, steht im Kommunikationsprozess in ständiger Verbindung. Impulsgebung und Rückwirkung zu den übrigen Marketinginstrumenten des Grundleistungsmarketings und des Designmarketings sind unerlässlich.

F Kommunikationsmarketing: Die Einladung – Corporate Communications zur Unternehmenskommunikation

Die Unternehmenskommunikation

Dieser ständige Prozess ist die Dynamik, die das Management betreiben muss, zur ständigen Aktualisierung aller drei Ebenen zur Erreichung der Inszenierung des Verkaufsraums und der Unternehmensidentiät

Siehe die Kapitel:
C 4   Die Inszenierung
F 4   Der Kundenleitweg
F 7   Die Warenplatzierung
F 9   Die Leitbereiche der Mitarbeiter

Die Kommunikationsstrategie

Alle Maßnahmen des Kommunikationsmarketings im Unternehmen nach außen und nach innen wirken über eine aufeinander abgestimmte und zusammenwirkende Kommunikationsstrategie.
Die Strategie zur Erreichung und Einhaltung der Unternehmenskommunikation ist die Corporate Communications.

Die indirekte Kommunikation
bedeutet das Bemühen in der klassischen Werbung des Unternehmens, das man unter Print- und sprachlicher Kommunikation versteht, unter Public Relations (PR)

– die Öffentlichkeitsarbeit
– die Steigerung des Bekanntheitsgrades zur Sympathieweckung ebenso wie zur Imageprofilierung
– die Prospekte, Kundenzeitschriften, Briefe
– die Videos
– die öffentlichen Vorträge.

Der starke Wettbewerb beschleunigte die Entwicklung zum Käufermarkt, dieser erfordert die Werbung nicht nur indirekt, sondern auch direkt und holt die Kommunikation verstärkt in die Verkaufsräume.

Die direkte Kommunikation
Zur Absatzförderung werden im Verkaufsraum spezielle Kommunikationsstrategien erforderlich als Merchandising-Architektur-Strategien:
– Warenbilder, mit Verpackungen und Displays, **als auslösende Kommunikation**
– Kundenleitweg, Loop
  als Mittler, Instrument der Kommunikation zwischen Konsument und Warenraum

- Warenraumgestaltung, Design
  als Medium der vermittelnden, der ordnenden, erkennenden und anerkennenden Kommunikation
- Inszenierungen, die Emotionalität erreichen,
  als identifizierende Kommunikation
- Dialog, das Miteinandersprechen, die Dialogfähigkeit erreichen,
  als gleichzeitige, visuelle und sprachliche Kommunikation,
  auch als Mittel der Verständigung und zur auslösenden Marketingforschung.

Eine Kommunikationsstrategie am Point of Sale nutzt die Kenntnisse der Psychologie und der Verhaltenswissenschaft.

Die Kenntnis über die notwendige und zielorientierte Kommunikation erreicht die Platzierung im Marketingkonzept und bringt ständig neue Vorgaben für Trends und Marketingziele.

Die Kommunikationsstrategien reagieren auf die Erwartungen der Konsumenten:
- durch Botschaften auf den Hunger nach Informationen
- mit Erklärungen auf den Bedarf nach Hinweisen zur Nutzung der Waren
- durch Highlights auf die Besonderheiten im Sortiment
- durch Browsing auf den Wunsch nach Aktualität, Lebensstil und Lebensqualität
- durch die spürbare Einladung zum Dialog auf den Wunsch nach Verständigung
- durch ein funktionierendes Leitsystem auf die geforderte, optimale Orientierung im Raum und Sortiment zum Stressabbau
- durch ästhetische Milieus und Inszenierungen mit dem Wunsch nach Emotionalität und nach gutem Design als Lebensqualität.

Kommunikationsstrategien erfordern:
- eine Werbeplanung
- eine Weiterentwicklung der Imageplanung als Reimaging, als ständig aktive Verbesserung für den Konsumenten: „welchen neuen Vorteil hat der Kunde?"
- den Kundenleitweg als Kundenempfang und als strategische Leitplanung. Nicht nur Stressabbau, auch Überzeugung durch Leistungen
- das ständige Trading-up, auch terminliche Zielsetzungen zur Anpassung an die Konsumentenerwartungen und zur Wertsteigerung des Unternehmens.

Das Kommunikationsmarketing verbindet die Leistung, die das Paket „Marketingkonzept" verschnürt und als Botschaft über alle Leistungen des Unternehmens zu den potenziellen Kunden befördert. Es soll als Botschaft ein Versprechen geben auf Leistungen und vom Unternehmen schwärmen, soll einladen und die Waren vorverkaufen.

Unter den vielen Definitionen, die der Begriff „Kommunikation" zulässt, wird hier die Einladung als Leistung für die Öffentlichkeit, für den Konsumenten und potenziellen Kunden verstanden. Vertraut wird auf alle Kommunikationsinstrumente für den Transport von Informationen, die mit den Sinnen wahrnehmbar sind.

Die Aufforderung zur Kommunikation, die vom Unternehmen allgemein und vom Verkaufsraum im Besonderen ausgeht, wirkt nach innen und nach außen und schafft Wissensebenen durch Information in beide Richtungen in Form von Wissensausgleich.

Nach innen bedeutet „Mitarbeiter-Kommunikation": Motivation und Innovationsauslösung.

Nach außen bedeutet „Das Unternehmen und seine Leistung sichtbar machen für den Konsumenten": Corporate Image.

Die Konsumenten erwarten Informationen über die Leistungen des Unternehmens. Informationen prägen den Zeitgeist und den Lebensstil.

Corporate Communications

„Corporate Communications ist strategisch aufgebaute Kommunikation mit dem Ziel, die Einstellung der Öffentlichkeit gegenüber einem Unternehmen einer Organisation oder Institution zu beeinflussen oder zu verändern.

In dieser Definition stecken drei zentrale Begriffe: Kommunikation, Strategie und Einstellungswandel. Sie machen deutlich, wodurch sich Corporate Communications von der Produktwerbung unterscheidet. Das Ziel ist Einstellungsänderung oder Einstellungswandel."

Alexander Demuth

F Kommunikationsmarketing: Die Einladung – Corporate Communications zur Unternehmenskommunikation

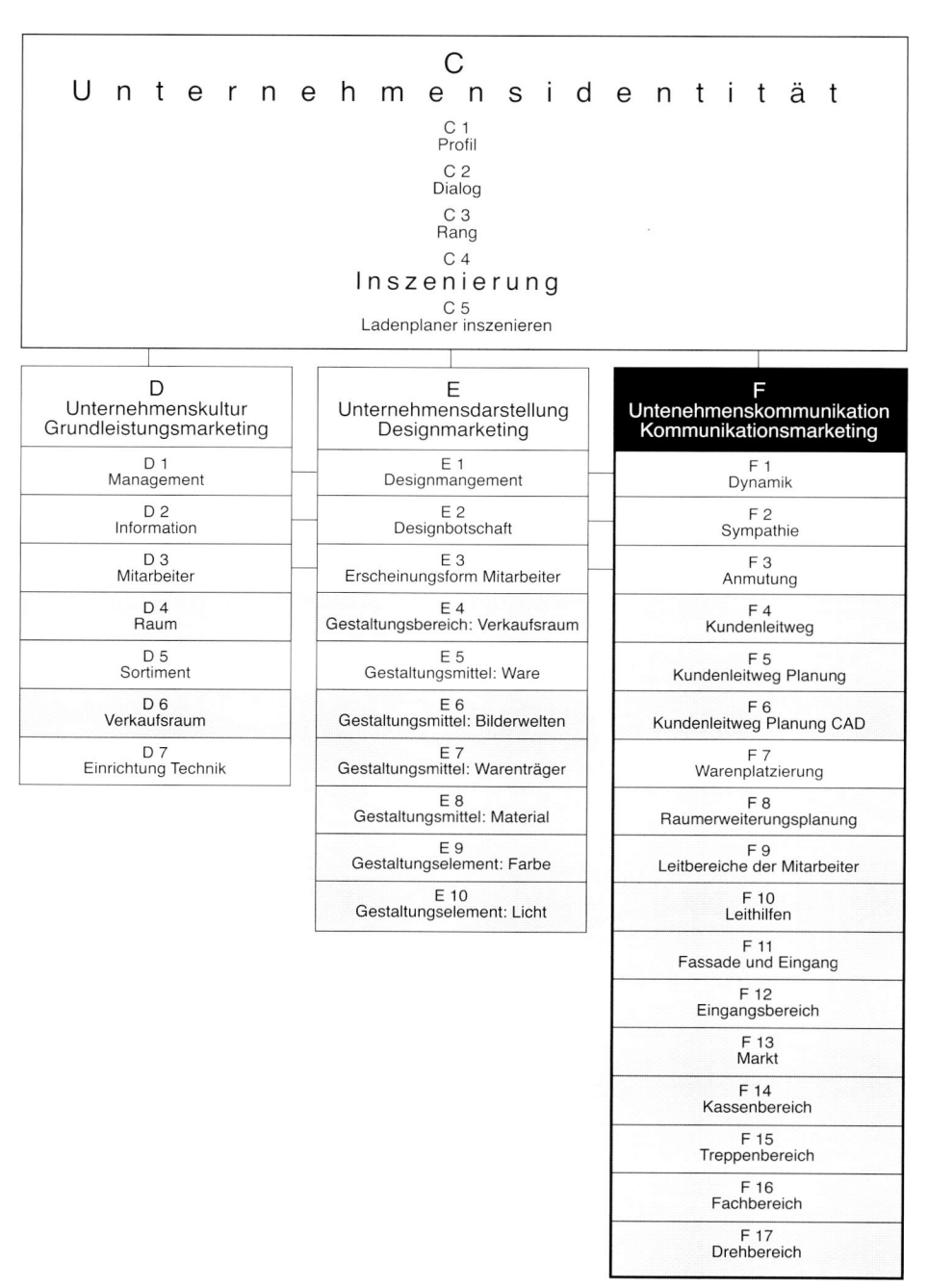

C Unternehmensidentität		
C 1 Profil		
C 2 Dialog		
C 3 Rang		
C 4 Inszenierung		
C 5 Ladenplaner inszenieren		
D Unternehmenskultur Grundleistungsmarketing	**E** Unternehmensdarstellung Designmarketing	**F** Untenehmenskommunikation Kommunikationsmarketing
D 1 Management	E 1 Designmangement	F 1 Dynamik
D 2 Information	E 2 Designbotschaft	F 2 Sympathie
D 3 Mitarbeiter	E 3 Erscheinungsform Mitarbeiter	F 3 Anmutung
D 4 Raum	E 4 Gestaltungsbereich: Verkaufsraum	F 4 Kundenleitweg
D 5 Sortiment	E 5 Gestaltungsmittel: Ware	F 5 Kundenleitweg Planung
D 6 Verkaufsraum	E 6 Gestaltungsmittel: Bilderwelten	F 6 Kundenleitweg Planung CAD
D 7 Einrichtung Technik	E 7 Gestaltungsmittel: Warenträger	F 7 Warenplatzierung
	E 8 Gestaltungsmittel: Material	F 8 Raumerweiterungsplanung
	E 9 Gestaltungselement: Farbe	F 9 Leitbereiche der Mitarbeiter
	E 10 Gestaltungselement: Licht	F 10 Leithilfen
		F 11 Fassade und Eingang
		F 12 Eingangsbereich
		F 13 Markt
		F 14 Kassenbereich
		F 15 Treppenbereich
		F 16 Fachbereich
		F 17 Drehbereich

Die Corporate Communication für den Verkaufsraum steht auf der Basis der Merchandising-Architektur-Ziele für die Unternehmenskommunikation durch die Festlegung:
– der Kommunikationsinstrumente als Marketinginstrumente
– der kommunikationspolitischen Aktivitäten, Strategien
– des Kommunikationsmix, die Abstimmung der Maßnahmen sachlich und zeitlich.

Alle Kommunikationsleistungen wirken zusammen und abgestimmt in der Corporate Communications, im:
– Corporate Image, verbunden mit dem Corporate Advertising
– Corporate Guiding, der Leitgestaltung
– Corporate Lifestyle, den Inszenierungen und dem Milieu.

Die gesamten kommunikationspolitischen Entscheidungen, Strategien und Aktivitäten des Unternehmens werden aufgebaut und koordiniert unter der Corporate Communications mit den Zielen:
– das Unternehmen zu öffnen und den Konsumenten einzuladen
– die Leistungen des Unternehmens zu zeigen, zu informieren und zu erklären
– die Einstellung der Öffentlichkeit zum Unternehmen zu beeinflussen, gegebenenfalls zu ändern
– die Kommunikation zwischen Ware, Raum und Konsumenten, Sortiment und Raum für den Konsumenten zu erschließen
– die Dialogfähigkeit im Unternehmen nach außen und nach innen zu fördern.

Die Corporate Communications erhält ihren Auftrag aus dem Kommunikationsmarketing im Marketingkonzept.

Corporate Advertising

Das ist die Einladung zum Besuch, zum Dialog im Verkaufsraum. Die Realisierung der Marketingideen, Ideen zur Sichtbarwerdung, zur Individualisierung. Vorstellung von Dialog-Techniken, die Werbung allgemein.
Siehe die Kapitel:
E 2 Die Designbotschaft
E 2.1 Eröffnungswerbung

Corporate Guiding

ist alles das, was zum Leiten und Führen der Konsumenten gehört, ideell und aktiv: Der Kundenleitweg, das Drehbuch für Warenbilder und Warenleitbilder, Stressabbau beim Einkaufen.

Corporate Lifestyle

Hier dienen Warenbilder als Basis für emotionale Gestaltungen – Leitaufträge werden emotional gefestigt, ausgehend von der Einladung zum aktiven Verhalten im Verkaufsraum, zum Browsing.

Sympathie – Corporate Image

Image – das Bild vom Unternehmen
Man muss die Leistungen des Unternehmens zeigen, das Unternehmen vorstellen, Rang, Profil, Persönlichkeit als Identität, eine Sympathie für das Unternehmen erlangen.

Die Unternehmenskommunikation soll die Identität des Unternehmens ausstrahlen und die angestrebte Wirkung erreichen.

Das tatsächliche Verhalten des Unternehmens prägt das Bild als Ist-Image.

Die in der Unternehmensphilosophie entstehenden Ziele bewirken das Soll-Image, die Marketingziele.

Die Erreichung der Unternehmensidentität durch human-intelligente Lösungen gibt die Fähigkeit, das Ist-Image, das tatsächliche Verhalten Handeln und Darstellen als Image zu sehen.

„Reimaging" wird wichtiger als Strategie: Das ständige Bemühen die Leistungen des Unternehmens für die Konsumenten zu verbessern.

Jede Leistung für den Konsumenten muss dem Unternehmensimage dienen.

Siehe das Kapitel:

F 2   Die Sympathie

Das Bild vom Unternehmen:
man muss die Leistung des Unternehmens zeigen.
Nike Town, Berlin
Design: Nike Retail Design

F Kommunikationsmarketing: Die Einladung – Corporate Communications zur Unternehmenskommunikation

F1 Die Dynamik

Die Dynamik ist die Leistung des Managements zur Erreichung der Kommunikationsziele und zur Erhaltung und ständigen Aktualisierung der Kommunikation im Unternehmen.

„Wer Kunden oder Mitarbeiter für seine Ziele gewinnen will, der darf nicht nur informieren, der muss kommunizieren."

„Das lateinische „communicare", von dem sich unsere „Kommunikation" ableiten lässt, bedeutet „etwas gemeinsam machen". Wenn Sie ein Geschäft, das Sie mit einem Partner abschließen, als etwas betrachten, das Sie „gemeinsam machen", und wenn Sie diese Einstellung auch Ihren Kunden und Mitarbeitern gegenüber haben, werden Sie bestimmt erfolgreich sein."

aus einer Werbeschrift: „Kommunikation und Business";
Verlag Norbert Müller, München

Dynamik ist nicht nur die sachliche und zeitliche Abstimmung aller Kommunikationsmaßnahmen, sondern auch die ständige Aktualisierung der Inhalte und der Kommunikationsmittel.
Das Marketing erreicht in der Corporate Communications für den Konsumenten die ständige Aktivität der Leistungen: die Dynamik.
Durch den Wettbewerb am Point of Sale, durch immer neue Ideen für Waren in dem immer schneller werdenden Neuheitenmarkt mit ständig auffrischenden Informationen und neuartigen Gestaltungsideen für Warenbilder ist Bewegung in die Verkaufsräume gekommen.
Der Verkaufsraum darf nicht stillstehen. Man muss kommunizieren:
– dem Zeitgeist entsprechen, ständig im Fluss sein, schneller wechselnde Warenbilder mit den positiven Aktivitäten unserer Zeit versehen
– Veranstaltungen, ein Eventmarketing, zielorientiert konsequent anwenden
– die Bedeutung der schnell fließenden Zeit für das Unternehmen erkennen
– den aktuellen Lebensstil sozial verankern, die Zielgruppen erkennen und sie für das Unternehmen gewichten und bestätigen
– dem Trading-up folgen, den Fortschritt optimieren im ständigen Besserwerden.

Das Management muss heute eine spürbare Garantie für Anregungen, Kontinuität und Fortschritt geben.
Nicht dem Erfolg nachlaufen, den andere gemacht haben, sondern eigene Wege gehen. Dynamisch sein!
Es ist erforderlich, die Dynamik als Leistungsbereich mit Anforderungen an alle Marketinginstrumente des Marketingkonzeptes zu erkennen.
Markt führende Unternehmen sind der Zeit voraus, sie lösen selber Trends aus!
Sie erfinden neue Betriebsformen für neue Inszenierungen und geben kommunikativ mit dem Konsumenten ermittelte Produkterwartungen an Hersteller weiter.
Der Faktor Termin ist wichtig!
Die schnellen Trends, der Zeit voraus zu sein, erfordern ein Zeitmanagement. Die Termine: „Wann etwas geschieht" ist genauso wichtig, wie „was geschieht".
Innovationsvorsprünge sind Zeitvorsprünge!
Die Investition zur richtigen Zeit und die Laufzeit der Investitionen greifen in die Ladenplanung ein. Ein Zeit- und Terminbewusstsein gehört zum dynamischen Konzept.
„Der Erste sein" wird wichtiger!
Die Dynamik ist immer zeit-, termin- und zukunftsorientiert für: konsumorientierte Trends, flexible Warenträger und Einrichtungen, neue, kreative Gestaltungsideen, Expansionen, Risikofaktoren.
Die Konsumentenansprüche steigen kontinuierlich und Trends verändern sich schneller. Trends entwickeln sich weiter zu neuen, sowohl widersprüchlichen Trends als auch zu solchen mit höheren Erwartungen.
Die Nachteile vieler Ladenplanungen bestehen darin, dass sie zu starre, zu denkmalhafte, festgeschriebene Einrichtungen schaffen, ohne die Dynamik, die Veränderung, die Weiterentwicklung, das stetige aktuelle und zeitnahe Agieren durch aktuelle Warenbilder zu berücksichtigen.
Die Zielsetzung der Dynamik muss im Marketingkonzept exakt definiert werden.
Dynamik im Verkaufsraum, das heißt:
– modern, aktuell bleiben
– Neues spontan umsetzen
– zeitnah, frisch und positiv agieren

F 1 Die Dynamik

- neue erstrebenswerte Lebensbilder in Warenbildern zeigen
- Status, lebensstilprägende Argumente aufnehmen
- Anregungen in kürzeren Zeitabschnitten geben, auch schnellerer Wechsel der Schaufenster-Warenbilder.

Durch die Dynamik kommt Schwung, Lebendigkeit, Freude und Lust in den Verkaufsraum. Dieses ist wichtig, besonders für die Entfaltung und Ausnutzung der Möglichkeiten zu Warenbildern.

Ständig interessant, neu, aktuell sein und Anregungen geben können wird noch wichtiger!

Dazu gehört das Bewusstsein für das Trading-up, das Wissen und die Erfahrung darüber, dass sich alle Leistungen des Unternehmens – und nicht nur die Leistung des Warenangebotes, sondern auch die der Warenraumgestaltung – im Anspruch nach oben bewegen.

Der Kunde erwartet mit jeder neuen Planung Verbesserungen für sich.

Das dynamische Konzept bedeutet für die Ladenplanung, den Bedarf an Grundfläche und Einrichtungen zu planen für:
- Veranstaltungen über ein gezieltes Eventmarketing
- besondere Präsentationen und Warenbilder für aktuelle Produkte
- szenarische Darstellungen, Inszenierungen und Events.

Erfolgreiche Events erfordern ein Eventmarketing: einen Terminkalender mit exakten Vorbereitungen.

Eventmarketing besteht aus der Definition der Veranstaltungsziele und der wesentlichen Inhalte, also aus Ideen, Konzepten und Marketing.

Events gibt es:
- zur Einführung neuer Produkte
- zum Saisonbeginn
- zum Jubiläum
- zu Symposien
- zu Ausstellungen
- zum Tag der offenen Tür
- zu Stöberpartys
- zu Dichterlesungen
- zur Weinprobe

und natürlich zur Eröffnung des neuen Verkaufsraumes.

Die Dynamik ist ein wichtiger auslösender und bewahrender Faktor in der Unternehmenskommunikation. Der zunehmend stärkere Wettbewerb bestimmt die Entwicklungstendenz bei Produkten, die immer ähnlicher werden. Bei zunehmender Marktsättigung müssen sich die Unternehmen zunehmend auf kommunikativen und emotionalen Wegen bewegen für:
- höhere Etats für die Kommunikation, Werbung, Information
- ständig neue Ideen, Gags
- neue Möglichkeiten für neue Waren und Dienstleistungen
- stärkere Trendforschung zum Zeitgeist, Lifestyle
- die richtigen Termine zur Aktion und Events, um den Mitbewerbern voraus zu sein
- individuell prägende Gestaltung, die Designqualitäten erkennen
- Verstärkung der Aktivitäten in Richtung Sympathie, Anmutung, Dialog.

Das alles erfordert eine Dynamik zur Kommunikationsstrategie. Dynamik bedeutet die notwendige Kommunikation mit den Kunden ständig aktuell in Bewegung zu halten.
- Systematische Planung – auch mit kurzfristigen Entscheidungen, um ständig aktuell zu sein
- Gleichzeitiger Einsatz aller Marketing- und Kommunikationsinstrumente
- Abstimmung der Leistungen aufeinander, Kommunikationsmix
- Controlling, Beobachtung der Einsätze – Etatverteilung auf neue Ideen
- Eine Datenbasis mit sorgfältigen Daten schaffen für Entscheidungen.

Dynamik ist als ständig aktive Managementleistung zu erkennen!

Siehe die Kapitel:
D 1   Das Management
E 1   Das Designmanagement

F2 Die Sympathie

„Ein erfolgreicher Tag verdient eine Belohnung. Ein erfolgloser braucht Trost."
BMW-Werbung 1997

„Verständnis für jede Situation bringt Vertrauen – Vertrauen ist der Beginn einer Sympathie."

Kundenzufriedenheit, Kundenbindung, Kundenliebe – darum geht es, der Sympathie-Wettbewerb besteht. Wenn alle Unternehmen im Wettbewerb alles wollen und erreichen, dann bleibt nur noch die individuelle und emotionale Kommunikation: die Erreichung der Sympathie. Diese erlangt ein Unternehmen nur, indem nicht nur der genannte Leistungskatalog sichtbar wird. Man muss zeigen und sagen, wer man ist.

„Da sich Produkte immer ähnlicher werden, müssen sie sich zunehmend auf kommunikativem und emotionalem Wege vom Wettbewerbsangebot differenzieren – so weit eine Regel des Marketings."
Absatzwirtschaft 4/95

Zunehmend schneller als je zuvor gleichen sich die bedeutenden Unternehmen in ihren Grundleistungen für die Konsumenten im Rang dem Marktführer an.

In den Unterscheidungen am Markt wird es wichtiger, über die erwarteten Leistungen hinaus die Sympathie der Konsumenten zu erreichen und zu erhalten.

Die Unternehmen erkennen die Wirkung der individuellen Designleistungen für die Sichtbarmachung der Grundleistungen zur Erreichung der Dialogfähigkeit und als Sympathie-Effekt. Daraus erwächst die unverwechselbare Unternehmensidentität zum Image.

Die Grundleistung „Information" wurde zur „Designbotschaft" in der Leistungsebene Designmarketing und nun in der Leistungsebene Kommunikationsmarketing zur „Sympathie". Das bedeutet, der Auftrag der Information und Werbung in der Leistungsebene Kommunikation ist es, die Sympathie des Kunden für das Unternehmen zu gewinnen.

Sympathie ist ein Marketinginstrument, das vom Management erkannt und als Corporate Image zu ihrer Erreichung in alle Strategien einbezogen werden muss.

Zur Kompetenz und Konzeption braucht das Unternehmen die Geschäftsidee, die auch die Frage zur Existenz beantworten muss: „Was haben die Konsumenten davon, und wie erreiche ich, dass die Konsumenten meine Leistungen schätzen und lieben?"

Das Management entwickelt die Dynamik zur ständigen Aktualisierung des Verkaufsraumes, und das Management entwickelt die Strategie, die auf die Erreichung der Sympathie als besonderen Inhalt einer Botschaft an die Konsumenten abzielt.

Das Management vereinigt alle Imageleistungen und aktiviert, aktualisiert ständig diese Leistungen in einem Konzept.

Langfristig planen und kurzfristig schnell agieren, das Ereignis, den neuen Trend im Voraus spüren, das ständige Fließen und Sich-Verändern ist die wichtige Leistung des Managements zur Inszenierungsaktivität. Die Sinne mobilisieren können, schafft Sympathie, schafft Unternehmenstreue.

Die Sympathie, die durch die ausgesandten Botschaften erreicht und gefestigt wird, schafft Clubatmosphäre.

Die Sympathie nach außen und nach innen durch die Botschaft über die gelebte Unternehmenskultur und über die Designbotschaft zum Design als Lebensqualität zu erreichen, wird ständig wichtiger.

Wenn die Ladenplanung abgeschlossen werden soll, muss das Management die Frage stellen: „Sind die Erwartungen von Kunden und Mitarbeitern, die in das Marketingkonzept eingeflossen sind, erreicht?"

Wie erlangt man die Sympathie bei Kunden und Mitarbeitern gleichzeitig mit dem gleichen Verhalten?

Die Zielrichtungen des Corporate Image heißen:
- Sympathie
  durch Unternehmenspersönlichkeit, Unternehmenskultur zur Identifikation mit dem Unternehmen
- Sympathie
  durch Design, Warenraumgestaltung, Milieu, sich wohl fühlen
- Sympathie
  durch Warenbilder, Warenleitbilder, Lebensstil-Warenbilder zur Information

- Sympathie
  durch Botschaften, Kundenleitweg zum Stressabbau
- Sympathie
  durch Motivation, Innovation, Dialog zur Kompetenz
- Sympathie
  durch Leistungen im Humanprinzip und des Umweltprinzips zur Anerkennung
- Sympathie
  durch eingehaltene Leistungsversprechen zur Zuverlässigkeit

Sympathie heißt:
- Ein unangefochtenes Image zu erreichen
- dieses Image zu verteidigen
- die Leistungen für die Kunden ständig zu verbessern.

Sympathie wird erreicht durch:
- Überzeugend sichtbare Leistungen
- Warenbilder als Teil einer Warenraumgestaltung
- das prägende Design aller Einrichtungsteile
- die Inszenierung der Waren
- einen Kundenleitweg zur stressfreien Organisation des Warenraumes
- die Mobilisierung der Sinne für ein besonderes Milieu, das bereits in der Fassade ablesbar ist.

Der ständige Dialog mit den Konsumenten ist Voraussetzung für die Sympathie.

Mit den zunehmenden Qualitäten der Ladenplanungen, die immer bessere Verkaufsräume hervorbringen, wird es Konsumenten zunehmend schwerer fallen, das leistungsfähigere Unternehmen auszuwählen.

Alle Leistungen nähern sich an. Man könnte da und dort kaufen. Entscheidet der Standort oder der Branchenmix?

Immer öfter entscheidet die Sympathie: „Wo kauft man lieber?"

Im Sympathiewettbewerb ist Sympathie Managementauftrag.

Wie kann man Sympathie erreichen, steuern und erhalten?

Ein Imageprofil zum direkten Imagevergleich mit dem Hauptmitbewerber kann das Marketingkonzept, die Ladenplanung und die spätere Nutzung wesentlich beeinflussen.

Der Fragenkatalog sollte dem Marketingkonzept entsprechen und über eine Punktbewertung geführt werden. Konsumenten, insbesondere Kunden, aber auch Vertreter von Lieferanten werden befragt.

Wichtig ist es, Sympathie in den Informationen, Botschaften und in den Warenbildern mit zu versenden: Die Freude und das Engagement, das ansteckt, muss mit „rüberkommen".

Sympathie erreichen ist mehr, als den Nutzen für den Konsumenten deutlich zu machen.

Sympathie erreicht man durch das Wie, wie man den Nutzen deutlich macht.

Das Reimaging, das ständige Bemühen der Image-Verbesserung hat seinen besonderen Wert im ständigen Bemühen um Sympathie durch Leistungen für die Konsumenten.

Zu allen Anstrengungen und Leistungen, die „Sympathie" auslösen oder bedeuten, gehört die Qualität und die Selbstverständlichkeit, mit der die Leistungen, die zum Lebensstil und zur Lebensqualität führen und die über den Alltag hinausreichen, erbracht und aufgezeigt werden.

Siehe die Kapitel:
D 2 Die Information
D 2.1 Die Botschaft
E 2 Die Designbotschaft

Das Unternehmensimage wirkt nach innen und nach außen

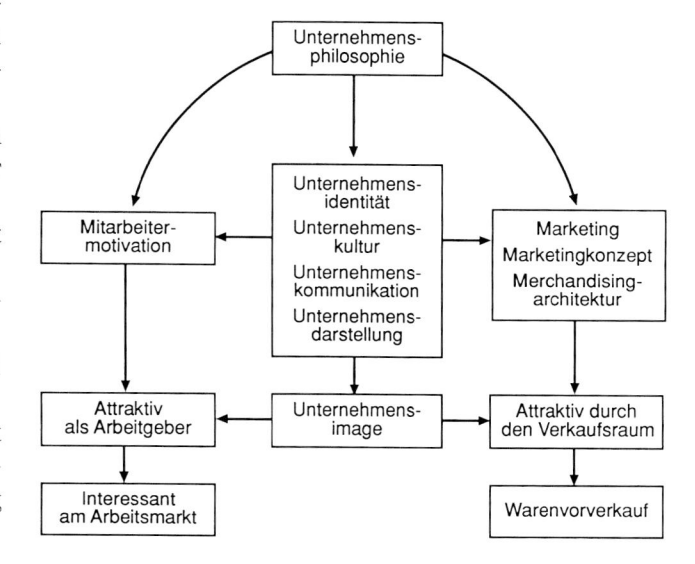

F   Kommunikationsmarketing: Die Einladung – Corporate Communications zur Unternehmenskommunikation

F2 Die Sympathie

DAS IMAGEPROFIL
DAS UNTERNEHMEN IM VERGLEICH ZU MITBEWERBERN

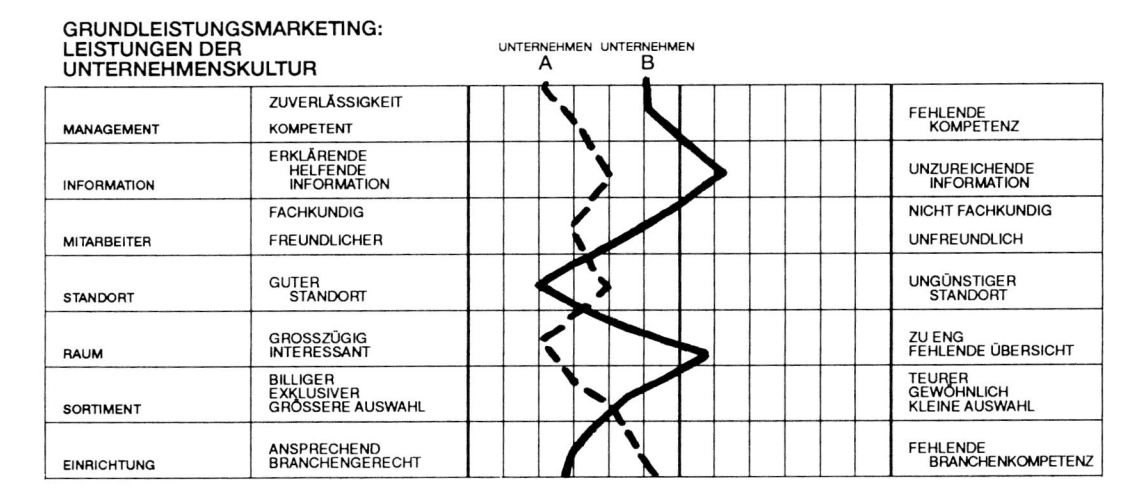

	FRAGEN VON	5 4 3 2 1	1 2 3 4 5	FRAGEN BIS

GRUNDLEISTUNGSMARKETING:
LEISTUNGEN DER
UNTERNEHMENSKULTUR

UNTERNEHMEN A   UNTERNEHMEN B

MANAGEMENT	ZUVERLÄSSIGKEIT KOMPETENT		FEHLENDE KOMPETENZ
INFORMATION	ERKLÄRENDE HELFENDE INFORMATION		UNZUREICHENDE INFORMATION
MITARBEITER	FACHKUNDIG FREUNDLICHER		NICHT FACHKUNDIG UNFREUNDLICH
STANDORT	GUTER STANDORT		UNGÜNSTIGER STANDORT
RAUM	GROSSZÜGIG INTERESSANT		ZU ENG FEHLENDE ÜBERSICHT
SORTIMENT	BILLIGER EXKLUSIVER GRÖSSERE AUSWAHL		TEURER GEWÖHNLICH KLEINE AUSWAHL
EINRICHTUNG	ANSPRECHEND BRANCHENGERECHT		FEHLENDE BRANCHENKOMPETENZ

DESIGNMARKETING:
LEISTUNGEN DER
UNTERNEHMENSDARSTELLUNG

MANAGEMENT: DESIGNMANAGEMENT	DESIGN GEFÖRDERT		FEHLENDES DESIGNBEWUSSTSEIN
INFORMATION: DESIGNBOTSCHAFT	ÜBERZEUGEND EIGENARTIG		FEHLENDE IDENTITÄT
MITARBEITER: ERSCHEINUNGSFORM	ÜBERZEUGENDE DARSTELLUNG		NICHT ERKENNBAR
RAUM WARENRAUM- GESTALTUNG	ÜBERZEUGENDE INTEGRATION EIN MILIEU		FEHLENDE EINHEIT ZWISCHEN WARE UND RAUM
SORTIMENT: WARENBILDER	DAS SORTIMENT WIRD ÜBERZEUGEND DARGESTELLT		SORTIMENT OHNE DARSTELLUNG
EINRICHTUNG: WARENTRÄGER- DESIGN	PRÄGENDES DESIGN		FEHLENDES DESIGN

KOMMUNIKATIONSMARKETING:
LEISTUNGEN DER
UNTERNEHMENSKOMMUNIKATION

MANAGEMENT: DYNAMIK	STÄNDIG AKTUELL		NICHT AKTUELL
INFORMATION: SYMPATHIE	UMFASSENDE VERSTÄNDLICHE SYMPATHISCHE INFORMATION		OHNE ÜBERZEUGUNG
MITARBEITER: ANMUTUNG	ÜBERZEUGENDER AUFTRITT		NICHT ÜBERZEUGEND
RAUM: LEITGESTALTUNG	LOGISCHE RAUM- UND SORTIMENTS- ERSCHLIESSUNG		EINKAUFSSTRESS UNÜBERSICHTLICH
SORTIMENT: WARENPLATZIERUNG	KLARE BEDARFSGRUPPEN- GLIEDERUNG		SORTIMENT OHNE ERKLÄRENDEN ZUSAMMENHANG
EINRICHTUNG: LEITMODIFIKATION	WECHSELNDE WARENTRÄGER- NUTZUNG		FEHLENDE NUTZUNGSANPASSUNG ZWISCHEN WARE UND WARENTRÄGER

F 3 Die Anmutung

Die Animation, die Notwendigkeit, Anregungen zu geben, stillt das Bedürfnis der Konsumenten nach Informationen und Betreuung durch die Mitarbeiter.

Diese Erkenntnis basiert auf der Erfahrung, dass ein Buchhändler, der mitteilt, in seinem Verkaufsraum alle lieferbaren Titel dem Kunden sofort bieten zu können, um seine Existenz bangen muss. Er hat zu fürchten, dass der Versandhandel sein Hauptkonkurrent sein wird, weil dieser viel müheloser und ohne umständliche Wege in der Lage ist, geforderte Titel zu liefern.

Der Erfolg, Anregungen geben zu können, basiert auf zwei Grundsätzen:

– der Buchhändler kann gar nicht alle lieferbaren Titel am Lager haben
– selbst ist die Initiative zu ergreifen und ein dynamisches Konzept zu entwickeln, welches den Kunden über seine einmal gefassten Titelwünsche hinaus die Trend-Warenbilder der vorausgedachten Käufererwartungen vorstellt; dem Kunden werden Anregungen gegeben im gewünschten Bereich.

Diese Aktivität des Unternehmens erkennt der Kunde als Anregung und bei richtiger Markt- und Trendforschung als Anerkennung – mit dem Eindruck, „hier werde ich verstanden" oder zumindest „hier besteht Fachkompetenz". Wenn die Anregungen in der Lage sind, die Erwartungen des Konsumenten zu erfüllen und darüber hinaus genau die Anregungen zur Selbstverwirklichung, zur Selbststilisierung, zur Erreichung des Lebensstils zu ermöglichen, werden sie den Kunden an das Unternehmen binden und das Unternehmen profilieren.

Anregungen müssen Animationen sein. Sie müssen gekonnt sein und Erklärungen und fachkompetente Informationen in sich tragen. Hierzu muss vor allem die Beratungskompetenz der Mitarbeiter so umgesetzt werden, dass eine Anmutung, ein sympathischer Dialog entsteht.

Das heißt, die Anmutung braucht eine Qualität, in der der Konsument das Unternehmen mit seinen Leistungen als sympathisch empfinden kann. Der deutliche Fingerzeig des Animierens, die fachkompetente Anregungskompetenz, wird gebraucht, aber die sympathische Umsetzung durch die Mitarbeiter erfolgen. Nicht nur die dynamischen Voraussetzungen, die das Management schafft, sind wichtig für den Erfolg, auch das Ringen um Sympathie, um die sich Mitarbeiter zunehmend mehr bemühen müssen, wird wichtiger.

Die Kunden wollen nicht nur beachtet, sondern geliebt werden.

Viel eher werden die Konsumenten sich ihre Anregungen dort holen, wo das Unternehmen über die Fachkompetenz hinaus auch Sympathie vermitteln kann.

Zur emotionalen Inszenierung und zur Sympathie gehört die Einbeziehung der Mitarbeiter, die lebensbejahende Atmosphäre am Arbeitsplatz. Dazu gehört der Optimismus, die Fröhlichkeit. Lebensstil kann nicht nur auf Warenbilder und Warenträger begrenzt sein, er muss auch im Verkaufsraum gelebt sein und Anmutung und Sympathie erzeugen können.

Anmutung ist für den Kunden Kommunikation und die Basis für den immer wichtiger werdenden Dialog. Damit dient die Anmutung den Kunden als eine fachkompetente Mitarbeiterqualität und damit auch dem Unternehmen.

Siehe die Kapitel:

D 3   Die Mitarbeiter
D 3.1 Die Mitarbeitermotivation
E 3   Die Erscheinungsform der Mitarbeiter

F4 Der Kundenleitweg

Die Entstehung des Kundenleitweges und der Warenleitbilder

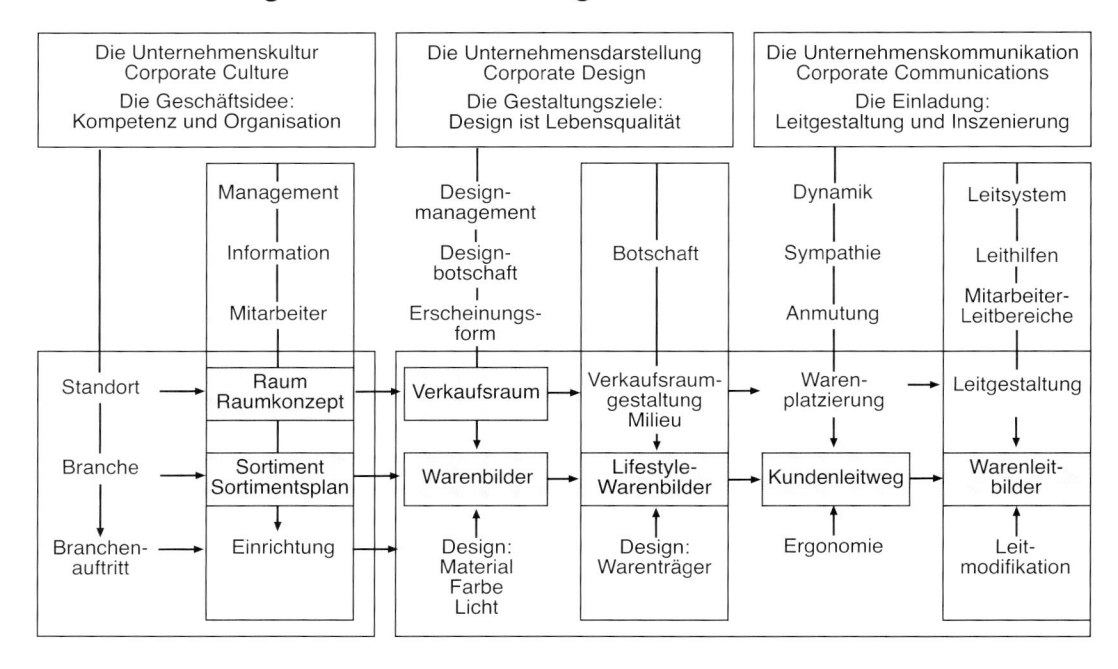

Die Unternehmenskultur Corporate Culture	Die Unternehmensdarstellung Corporate Design	Die Unternehmenskommunikation Corporate Communications
Die Geschäftsidee: Kompetenz und Organisation	Die Gestaltungsziele: Design ist Lebensqualität	Die Einladung: Leitgestaltung und Inszenierung

	Management	Design-management		Dynamik		Leitsystem
	Information	Designbotschaft	Botschaft	Sympathie		Leithilfen
	Mitarbeiter	Erscheinungsform		Anmutung		Mitarbeiter-Leitbereiche
Standort	Raum Raumkonzept	Verkaufsraum	Verkaufsraumgestaltung Milieu		Warenplatzierung	Leitgestaltung
Branche	Sortiment Sortimentsplan	Warenbilder	Lifestyle-Warenbilder		Kundenleitweg	Warenleitbilder
Branchenauftritt	Einrichtung	Design: Material Farbe Licht	Design: Warenträger		Ergonomie	Leit-modifikation

Das Wesentliche der Verkaufsraum-Kommunikation ist der Kundenleitweg. Er schafft Berührungen und Reibungen zwischen Kunden und Ware, Unternehmen und ebenso zwischen Unternehmen und Ware, Kunden.

Diese Beziehungen zu kultivieren und zeitaktuell zu aktivieren, ist zur Aufgabe geworden.

Die gesamte Strategie des Verkaufsraumes ist mit dem Kundenleitweg verbunden. Diese Schlüsselbedeutung des Kundenleitweges hat erreicht, dass der Kundenleitweg nicht nur eine gestalterische Beachtung gefunden hat, sondern auch eine betriebswirtschaftliche.

In der Geschichte des Verkaufsraumes waren zuerst die Grundleistungen vorhanden – gefolgt vom Wettbewerb und dem allgemeinen Wohlstand.

Die Individualität des Verkaufsraumes wurde zunehmend wichtiger und damit die Gestaltung der Einrichtung, der Warenträger und das Sichtbarmachen der Sortimentsleistung in den Warenbildern.

Allerdings war alles noch relativ statisch. Der Kundenleitweg reihte die Warenbilder aneinander und brachte damit die Bewegung in den Verkaufsraum. Diese neue Dimension führte dazu, dass der Kundenleitweg wegen seiner individuellen Leistungsdichte an den Anfang aller Planungen gestellt wurde. Er bestimmt die Warenbilder, die Warenplatzierungen und sehr oft auch die Warenauswahl.

Der Innenarchitekt erkennt seine strategische Bedeutung für die Verkaufsraumgestaltung. Im Kundenleitweg werden zu den Warenbildern auch die Raumleitbilder, die Highlights zur Orientierung gebraucht. Markante Raumteile und auffallende Warenbilder übernehmen den Auftrag: ordnen, teilen und leiten.

Viele Kunden halten den Kundenleitweg für selbstverständlich und haben ihn als logisch – „es muss so sein" – in sich aufgenommen und als Brainscript abgespeichert.

Der Kundenleitweg wirkt mit seiner Leistung auch in die Inszenierung hinein und ist dort ein wichtiger Garant für erfolgreiche Inszenierungen. Natürlich werde ich oft nach dem mathematischen Beweis gefragt, nach einer empirischen Erhebung, nach einer Kontrolle des Kundenleitweges.

Siehe hierzu das Kapitel:
F 5.5   Der Loop wird überwacht

Ich suche eine gestalterische Lösung, das heißt: Ich führe den Kunden durch meinen geplanten Verkaufsraum anhand von Warenbildern, deren jeweilige Bedeutung ich gestalterisch ausarbeite. Nachdem im Unternehmen Erfahrungen gesammelt wurden, erfolgt dann mit dem Management und den Mitarbeitern eine Bewertung des geplanten Kundenleitweges.

4.1 Den Verkaufsraum kognitiv ordnen und erschließen

Im Kommunikationsmarketing ist die Leitgestaltung einer der wichtigsten Faktoren für die erfolgreiche Nutzung des Verkaufsraumes. Damit wird die Leitgestaltung zu einer der wichtigsten Grundlagen der Ladenplanung. Sieht man die Ladenplanung unter strategischen Gesichtspunkten, dann ist die Leitgestaltung, mit der Planung des Kundenleitweges, die wichtigste Grundlage.
Im Management wächst das Bewusstsein für die Bedeutung der Leitgestaltung und damit für den Kundenleitweg zur gleichzeitigen Erschließung von Sortiment und Raum für den Konsumenten.
Die Leitgestaltung erreicht den Konsumenten, wenn es gelingt ihn mit der Fassade einzuladen, aufzunehmen und ihn durch den Verkaufsraum zu leiten. Die Leitgestaltung muss im Sinne des Konsumenten fungieren.
Die Leitgestaltung ist die kommunikative gestalterisch-strategische Basis für die Ladenplanung über den Kundenleitweg.

Die Leitgestaltung hat für die Verkaufsraumgestaltung eine kognitiv ordnende und eine erschließende Aufgabe.

Die sortiments- und raumordnende Gestaltung dient als Gliederung und als fachkompetenter Bezug:
– den Raum in Bereiche gliedern im direkten Bezug zur Sortimentsgliederung
– die visuelle Raumerschließung erreichen durch Warenleitbilder im Kundenleitsystem
– eine Raumübersicht erreichen, Raumlandschaften gestalten und Gleichförmigkeit vermeiden. Plätze – Marktplätze – schaffen, Säulen, Türme,

Die Leitgestaltung für den Konsumenten

Die Leitgestaltung initiiert und schafft den erforderlichen Verbund der Elemente der Ladenplanung	Kommunikationsleistungen für den Konsumenten	Grundlagen und Rückwirkungen aus und auf	
Corporate Guiding	Kommunikationsmarketing Corporate Communications	Grundleistungsmarketing Corporate Culture	Designmarketing Corporate Design
Raumaufteilung, Entwürfe: Layout	Den Konsumenten einbeziehen, das Raumkonzept auf den Konsumenten ausrichten	Standort Raumkonzept	Verkaufsraumgestaltung
Ordnen und orientieren: Kundenleitweg	Die Erschließung des Warenraumes, Stressabbau durch optimale Funktionalität	Raumkonzept Sortimentsplan	Warenraum Verkaufsraumgestaltung Warenleitbilder
Ware sortiments- und raumlogisch: Warenplatzierung	Die besondere Beziehung zur Ware herstellen durch eine Sortiments- undRaumfolge	Sortimentsplan	Warenbilder Warenleitbilder
Warenträger in Warenbild- und Leitqualität: Leitmodifikation	Die aktuelle Anpassung der Warenträger an die Erfordernisse des Kundenleitweges und die Warenplatzierung	Branchenauftritt Einrichtung	Warenbilder Warenträger Material Farbe Licht
– ideell-human fundieren – emotional aktivieren – kognitiv ordnen Verkaufsraum-Kommunikation	Den Konsumenten in die Handlung einbeziehen, für die Sinneswahrnehmungen gestalten, Zusammenführung aller Kommunikationsleistungen	Einrichtung	Milieu Lifestyle

Mittelmöbel und Regale zu einer Komposition mit guten Übersichten und interessanten diagonalen Durchsichten vereinen
- jedem Raumabschnitt eine Identifikation geben im Design, in Warenbildern als kommunikatives Orientierungsprinzip zum Sortimentsbereich.

Die Leitgestaltung initiiert und schafft den erforderlichen Verbund der Leistungen in einem Corporate Guiding:

- die Raumaufteilung, die Entwürfe:

  das Lay-out

  muss das Raumkonzept auf den Konsumenten ausrichten

- ordnen und orientieren:

  der Kundenleitweg

  die Erschließung des Warenraumes für den Konsumenten erreicht Stressabbau durch optimale Funktionalität

- die Ware sortiments- und raumlogisch:

  die Warenplatzierung

  die besondere Beziehung zwischen Konsument und Ware ist herzustellen durch eine Sortiments- und Raumfolge

- die Warenträger in einer Warenbild- und Leitqualität:

  die Leitmodifikation

  die aktuelle Anpassung der Warenträger an die Erfordernisse des Kundenleitweges und die Warenplatzierung

- aktiv gestalten:

  die Inszenierung

  bedeutet den Konsumenten in die Handlung des Verkaufsraumes einzubeziehen, für seine Sinneswahrnehmung zu gestalten. Das bedeutet auch die Zusammenführung aller Leistungen des Marketingkonzeptes. Die Inszenierung des Verkaufsraumes ist das Ziel der Ladenplanung und des Marketingkonzeptes.

Die aktive Ladenplanung im Sinne der Merchandising-Architektur führt zur Leitgestaltung, zum Corporate Guiding und beginnt von der Raumerschließung, aufgezeichnet in Grundrissentwürfen. Ein Lay-out für die Verkaufsraum-Nutzung entsteht.

Corporate Guiding ist die strategische Leitgestaltung mit dem Ziel, das Kommunikationsmarketing im Verkaufsraum durchzusetzen, den Verkaufsraum zu öffnen, zu ihm einzuladen, in ihm die Waren zu ordnen und erreichbar zu machen, den Konsumenten zu leiten, mit ihm im Dialog zu stehen um ihn zu verstehen.

Im Corporate Guiding verbinden sich alle Leistungen des Unternehmens, die den „Konsumenten leiten". Das Corporate erreicht die Abstimmung der Leistungen aufeinander und alle Maßnahmen zur Erreichung dieser Leistungen und deren Einhaltung.

Die Corporate Communications braucht ein Corporate Kundenleitsystem, das Corporate Customers Guiding, in Kurzform: Corporate Guiding.

Zum Corporate Guiding gehört die Regie, das richtige Abwägen der Maßnahmen, das Ringen um die Aufnahmefähigkeit und das Steigern der Aufnahmefähigkeit der Konsumenten.

Der Erfolg des Corporate Guiding zeigt sich in der Art, wie Konsumenten Warenbildern begegnen und mit welcher Logik und Natürlichkeit sich die Konsumenten im gestalteten Verkaufsraum bewegen.

Es gehört zum Leistungsziel des Unternehmens, die Leistungen geordnet übersichtlich und logisch anzubieten.

Jeder verirrte Kunde ist ein enttäuschter Kunde!

Die Ziele des Corporate Guiding sind:

- Präferenz des Konsumenten, Stressabbau, Abbau der Reizüberflutung, die Erhöhung der Aufnahmefähigkeit
- Übernahme der Regie für Warenbilder, Warenraumbilder und Inszenierungen, das Ordnen und Leiten durch die Gestaltung, dynamische Zeitabläufe, aktuelle Konzepte, Dialog
- fachkompetente Nutzung für das Sortiment in einer logischen Sortimentsfolge, Warenleitbilder, das richtige Warenbild am richtigen Platz.

Mit der Raumaufteilung werden die Funktionsbereiche festgelegt, je nach Anforderung und Bedarf. Alle Funktionsbereiche bestehen aus Warenflächen, Verkehrsflächen und besonderen Kontaktzonen zwischen Konsumenten und Mitarbeitern. Die Funktionsbereiche haben keine klaren Angrenzungen. Sie greifen ineinander, das ist wesentlich für den Erfolg. Fast alle Verkaufsräume enthalten die Funktionsbereiche:

- Fassade und Eingang
- Eingangsbereich

- Markt
- Kassenbereich
- Treppenbereich
- Fachbereich
- Drehbereich, als wichtige Umkehrfunktion im Loop.

Der Anteil des Verkaufsraumes verbraucht etwa drei Viertel der Flächen, mit jeweils branchenspezifischen Unterschieden. Der Anteil ist eher steigend zulasten der Nebenräume.

Die Nebenräume bestehen in der Regel aus:
- dem Lager, das möglichst klein gehalten wird und von Außenlager und Belieferungsintervallen abhängt. Die Bedeutung steigt teilweise durch die Entlagerisierung des Verkaufsraumes zugunsten der Inszenierungen und durch den steigenden Anteil zu exklusiver Ware, die nur dieses Unternehmen führt und in größeren Einheiten lagert
- Verwaltung
- Serviceräume
  (z. B. für telefonische Bestellungen)
- Mitarbeiterräume
- Sanitäre Räume.

Die Warenraum-Komposition

Die Warenraumgestaltung mit den emotionalen Inszenierungen und ästhetischen Milieus ist ganzheitlich als Komposition zu verstehen.

Die Qualität der Leitgestaltung: Lay-out, Kundenleitweg, Warenplatzierung und Leitmodifikation sind die Grundlage der Inszenierungen der erlebnisorientierten Warenraumgestaltung.

Bei der Leitgestaltung als funktioneller Grundlage für die stressfreie Nutzung des Verkaufsraumes durch den Kunden ist neben einer prägenden Gestaltung des Verkaufsraumes für den Kunden sofort spürbar, ob der Verkaufsraum für ihn „gemacht" wurde oder für den Händler um möglichst viel Ware unterzubringen.

Die Leitgestaltung muss also die Verbindung zum Kunden finden und die Verständigung ermöglichen.

Funktion und Gestaltung, Merchandising und Architektur müssen als Synergieeffekt zusammenwirken zu einem Ziel: Den Kunden zu begeistern und den wirtschaftlichen Erfolg für das Unternehmen zu garantieren. Das alles sagt der Begriff: Merchandising-Architektur.

Die Leitgestaltung muss also die Verbindung zum Kunden finden und die Verständigung ermöglichen. Die Leitgestaltung nutzt hierzu alle Leistungen, wie sie im Corporate Guiding zusammengeführt sind, zur Warenraum-Komposition.

Kommunikative Verkaufsräume sind die Verkaufsräume, die die Betrachter und Konsumenten durch Sortiment und Raum führen und ihn einbeziehen in die lebendige Gestaltung mit den Warenbildern, in den zeitlichen Ablauf des gestalteten Leitens.

Zur Leitgestaltung gehört die Vision, der Traum vom idealen, kommunikativ gestalteten Warenraum.

Die Planung wird im Kopf vollzogen. Denken Sie sich in den idealen Warenraum für Ihre Konsumenten und verwirklichen Sie ihn!

Der Lebensstil, die Trends und der Lifestyle spielen hier hinein, auch mit den besonderen Ansprüchen an Kommunikation und Design, an ästhetische Flexibilität und ebenso an das gefundene ästhetische Milieu, aber immer auf der Basis des sorglosen Findens.

Was ist eigentlich ein Regal oder ein Tisch – welcher Leitanspruch, welcher Gestaltungsanspruch besteht?

Dabei wird wichtig:
- das Material zur Ware finden
- die Ordnung und Gliederung der Waren bestimmen
- das Design finden zum Wert der Ware
- die Zielgruppe und der Zeitgeist.

Rido Busse spricht von „verbrauchter Ästhetik", wenn das Produkt nicht mehr dem Zeitgeist entspricht.

Gerade das Abwägen und Ausbalancieren der Gestaltungsmittel zwischen der Akzentuierung des Sortiments durch Highlights und der Ordnung des Raumes, der Flächen und Wände sowie der warenerlebnis-bestimmenden Warenbilder im Mengenverhältnis zwischen Tischen und Ständern in den Innenflächen und den Wandflächen ist die Komposition. Sie ist wichtig für die Einstimmung des Konsumenten und zur Erreichung seiner Aufmerksamkeit.

Alle Sinne des Konsumenten anzusprechen durch eine umfassende ganzheitliche Gestaltung von Raum, Sortiment und den vermittelnden Warenträgern, wird nur durch das Zusammenwirken der Leistungen und Leitgestaltung im Corporate Guiding möglich.

Die Sinne des Konsumenten erreichen bedeutet emotionale Gestaltung auf der Leistungsgrundlage von Raum, Sortiment und Warenträgern: die Inszenierung, Kommunikation mit dem Konsumenten. Die Leitgestaltung sollte Grundlage sein. Das gestalterische Ereignis muss die fachkompetente Basis der Nutzung im kommunikativen Kundenleitweg mit sich führen, sonst wird der Aspekt des verkaufstechnischen Anliegens verlassen und das Projekt wandert dann aus der vertriebsorientierten Ladenplanung heraus.

Es ist unverkennbar, dass der Gestaltungsanteil in der Leitgestaltung mit dem zunehmenden Anspruch der Konsumenten an Emotionalität gewachsen ist und noch weiter wachsen wird.

Die Komposition hat auch die Aufgabe, für den Konsumenten sinnliche Erwartungsräume zu schaffen und damit Gegensätze zu gestalten, die den Warenraum für unterschiedliche Anlässe sinnlich begreifbar und damit erfassbar machen.

Der Verkaufsraum soll vermitteln zwischen zwei sinnlichen Gedankenräumen, die als wichtige Verkaufsraumteile in jedem Verkaufsraum enthalten sind:

Nest und Höhle.

Groß, übersichtlich, mit Ausblick – als ‚Nest', dann wieder dunkler und enger für die Konzentration des Kunden – also ‚Höhle'.

Hierin steckt eine weitere Anwendung der ganzheitlichen Gedanken von Yin und Yang.

Die Leitgestaltung hat auch den Auftrag, vom Nest zur Höhle zu führen und wieder zurück.

Der amerikanische Architekt Carl-August Bembé schreibt in seinem Buch „Von der Linie zum Raum – Gedanken zur heutigen Architektur":

„Die Höhlenmenschen hatten bei allem Bedenken. Sie häuften Vorräte auf und planten für die Zukunft. Sie liebten das Zwielicht, dunkle Farben, dicke Wände und hüteten das Feuer. Auch hatten sie Umgang mit Geistern.

Die Nestbewohner hingegen liebten die Gegenwart. Sie bauten leichte Hütten zwischen den Zweigen, die Luft war ihr Aufenthalt, im kühnen Bogen schwangen sie sich von Ast zu Ast und lachten über die Höhlenmenschen.

Auch heute noch verlieben sich Höhlenmenschen meist in Nestbewohner und umgekehrt. Doch wenn es an den Bau des eigenen gemeinsamen Hauses geht, können sie sich nicht so leicht einigen.

Die Höhlenmenschen wollen ein festes, dickes Haus, möglichst aus Stein, mit gemütlichen halbdunklen Ecken. Die Nestbewohner wollen jedoch hoch über dem Dachboden wohnen und auf einem leichten Gerüst mit viel Licht und Sonne. Der Architekt muss nun versuchen, ein Heim zu schaffen, in dem sich die beiden wohl fühlen können.

Für den Architekten liegen nun die Lösungen in der Synthese des Geschlossenen mit dem Offenen. Der gute Grundriss vereinigt die Möglichkeit des sich Abschließens mit der des Öffnens, Geborgenheit und Ausgesetztsein; und den Anspruch des Innenraumes mit jenem der umgebenden Natur."

Das Nest: Das ist der Eingangsbereich, der Vor-Laden. Schnell geht es durch den Eingang an das Sonderangebot, an die unproblematische, durch Werbung schon vorverkaufte Ware.

Alles ist freundlich, offen, hell, aktiv. Alles ist eingerichtet auf Shopping, auf Browsing, man muss alles anschauen und prüfen können, ohne Gesichtsverlust die Ware wieder zurückstellen können.

Eine weitere Aufgabe des Eingangsbereiches ist es, zu animieren für die Höhle und nach dorthin weiterzutransportieren.

Das zu erreichen, ist ein wesentlicher Sinn der Einführung mit dem Ausblick, den der Nestbereich in die Höhle bietet.

Die Rückwirkungen der kommunikativen Leitgestaltung auf die einstigen Grundlagen des Marketingkonzeptes, auf die Marketinginstrumente des Grundleistungsmarketings und Designmarketings sind selbstverständlich und erwünscht. Sie sorgen für eine ständige Dynamisierung, für die Ganzheitlichkeit und für den notwendigen Ausgleich im Rang.

F4 Der Kundenleitweg

Hierin liegt ein weiterer Beweis für die Notwendigkeit im Sinne einer ganzheitlichen Merchandising-Architektur zu denken, zu planen und zu handeln.

Nicht nur die absatz- und vertriebsorientierten Gesichtspunkte des Merchandising, auch die akquisitorische, innenarchitektonische Umsetzung in eine wirksame Warenraum-Inszenierung darf sich nicht der Strategie der Ladenplanung entziehen. Sie muss deshalb den humanen Ausgleich zwischen Merchandising und Innenarchitektur erreichen durch eine Befolgung der Leitgestaltung im Sinne der Merchandising-Architektur: Ware und Raum, die Warenbilder und die Architektur sind in Einklang zu bringen!

Die Leitgestaltung und der daraus entstehende Kundenleitweg mit all seinen Faktoren, so auch die Gedanken über „Nest und Höhle", tragen die Konsumenten in sich, als Brain-Script fest verankert.

Unterschieden nach Branchen und Rängen tragen die Konsumenten das Bild vom perfekten Verkaufsraum für den jeweiligen individuellen Anspruch in sich. Die Erfahrungen aus der oft bitteren Wirklichkeit und auch die Verkaufsraumerlebnisse werden mit dem Brain-Script abgeglichen. So entsteht ein Bewusstsein für den Verkaufsraum, das durch ständig neue Erlebnisse aktualisiert wird. Die Anerkennung der Leistung Verkaufsraum, über die netten wirkungsvollen Überraschungen bis hin zur Ablehnung, werden so gesteuert.

Siehe das Kapitel:
C 4   Die Inszenierung

Treppen sind wichtige Gelenke im Kundenleitweg, sie schaffen aktuelle Aussichten und Durchsichten.
Buchhandlung Graff, Braunschweig
Planung: Wilhelm Kreft, Volker Paulsen, Sylvia Bentheim, Kreft-Team
Realisierung: Wilhelm Kreft GmbH, Wedemark

4.2 Konzept: Leitplanung, eine Strategie

Die Warenraum-Strategie zur Erreichung der wirkungsvollen, auf den individuellen Bedarf abgestimmten Nutzung aller Raumbereiche erfordert die individuelle Leitgestaltung:
- der Entwurf und die Auswahl des besten und geeignetsten Lay-outs
- das Finden des orientierungsstarken und Raum- und Sortiment erschließenden Kundenleitweges
- die Einordnung einer logischen Warenplatzierung
- die geplante Veränderung durch die ständige Anpassung an das aktuelle Geschehen durch eine ständige Leitmodifikation
- die Erreichung der Warenraumgestaltung in ihrer emotionalen, erlebnisorientierten Qualität als Fest, die Inszenierung.

Die Warenraum-Strategie am Beispiel der wichtigsten Planungsstationen zur Erreichung der geeignetsten Raumerschließung und Warenplatzierung:

Die Aufgabe:
Das Finden des orientierungsstarken und Raum und Sortiment erschließenden Kundenleitweges und damit die Auswahl der wirkungsvollen besten Raumnutzung.
Der Eingang liegt als Vorgabe fest. Die Treppe zum Untergeschoss soll die vertikale Verbindung im Sortiment verbessern bei gleichzeitiger Nutzung im Erdgeschoss.
Die Möglichkeiten:
Planungsstationen vom Einfachen, Naiven bis zur Raum und Sortiment beherrschenden Strategie, individuell und intelligent.

Das Zusammenwirken von Eingang, Treppe, den Warenleitbildern A, B, C und weiter mit dem Kassenpool. Die Treppe wird vom Eingang direkt gesehen und angegangen, – im Untergeschoss führt die Treppe auf eine Wand, das ist ungünstig.

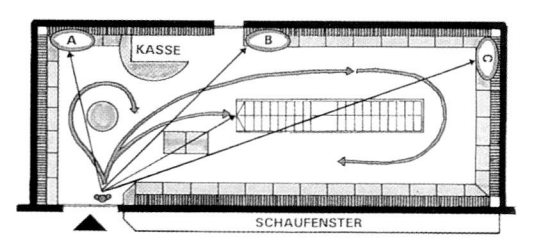

1. Der Kassenpool steht im besten Sehbereich und teilt den Kundenleitweg. Nach dem Loop muss der Kunde zurück zur Kasse. Die Kasse dominiert, starke Informationsposition.

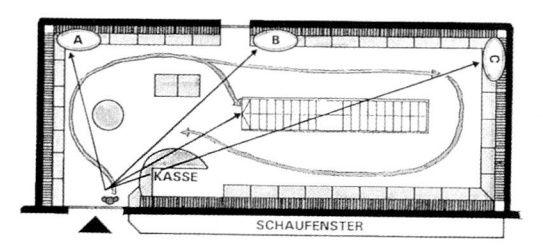

2. Der große wirkungsvolle Eingangsbereich, lückenlose Sortiments-Aneinanderreihung, Kasse logisch am Ende des Loops.

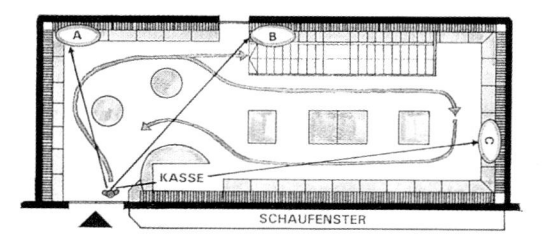

3. Die Kasse dominiert, Treppe frei, aber erst auf den zweiten Blick sichtbar, geteiltes Sortiment.

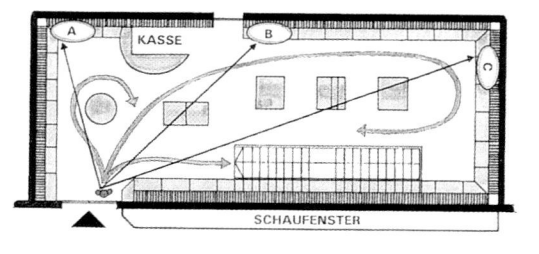

4. Die Treppe ist wichtig, das Sortiment wird mit der Treppe nach unten geführt, Sortiment im Erdgeschoss geteilt, Kasse logisch am Ende des Loops.

F4 Der Kundenleitweg

Die Treppe wird „im Loch" gedreht, von hinten über das Warenleitbild C erschlossen, da von den herunterkommenden Konsumenten das Untergeschoss gut übersehen wird.

Die Treppe zum Untergeschoss braucht deutliche Hinweise neben Warenleitbildern, auch vom Eingang gut sichtbare Schrifttafeln, Displays.

Die zweiläufige Treppe bringt eine gute Raumnutzung des Erdgeschosses und eine gute Raumerschließung für das Untergeschoss. Die Treppe zeigt im Antritt zum Eingang und erschließt das Untergeschoss mit den Augen des herabsteigenden Konsumenten.

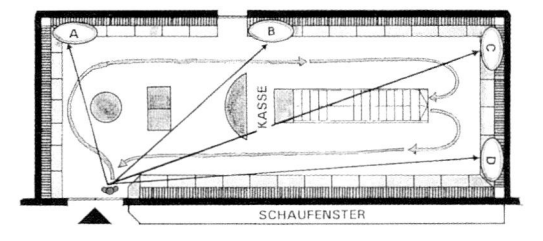

5. Der große Eingangsbereich, die zentrale Kasse ermöglicht den geschlossenen, großen Loop im Erdgeschoss, die Treppe nach unten funktioniert nur über wirkungsvolle Warenleitbilder C und D.

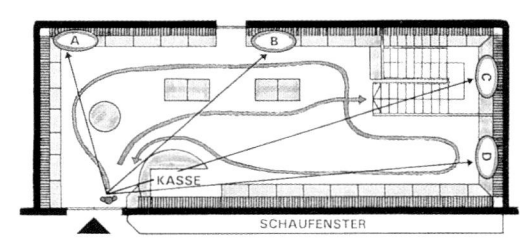

8. Die Treppe raumlogisch gut sichtbar vom Eingang.

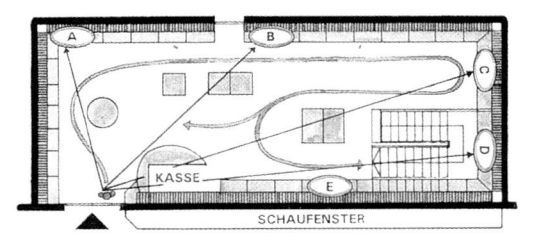

11. Die Treppe nach unten führt in ein weniger wichtiges Sortiment, aber mit guter Erschließung über das Warenleitbild E und D.

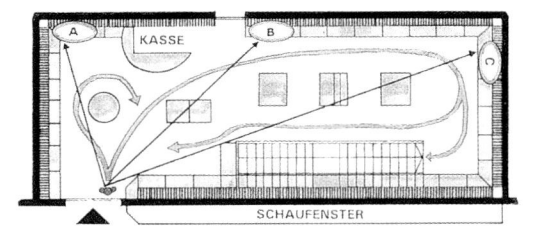

6. Der Kassenpool teilt den Loop, trotzdem große Nutzung im Erdgeschoss, die rückwärts anzutretende Treppe nach unten nicht bedeutend.

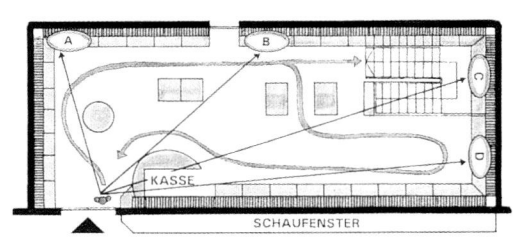

9. Die Treppe erschließungslogisch über die Einführungswand mit den Warenleitbildern B und C.

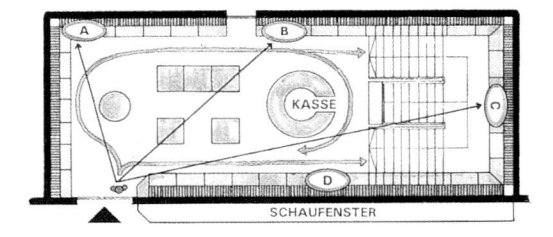

12. Die ideale, kundenlogische Doppelerschließung des Untergeschosses über die Warenleitbilder B und D. Die zentrale Kasse schafft freie Regale und damit eine gute Nutzung und einen logischen Loop.

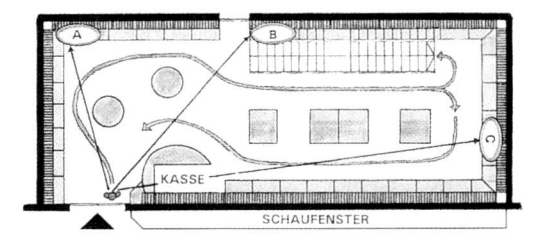

7. Die rückwärts anzutretende Treppe nach unten funktioniert nur über das Warenleitbild C, Loop geteilt, Kasse am Ende des Loops.

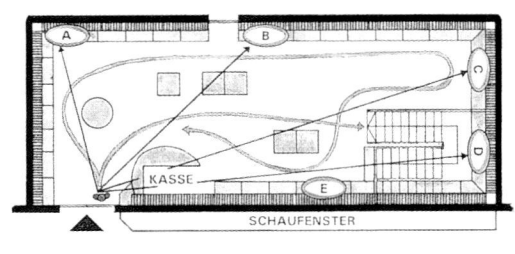

10. Die raumlogische Treppe nach rechts ermöglicht ein wirkungsvolles Sortiment im Erdgeschoss.

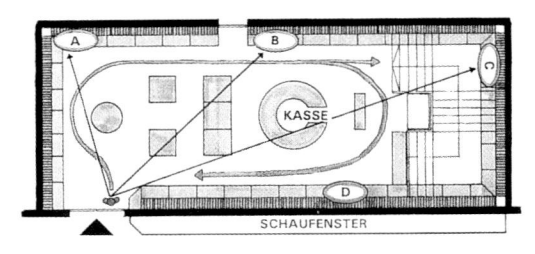

13. Die große Raumnutzung im Erdgeschoss und die ideale Erschließung des Untergeschosses verbinden sich mit einer unbehinderten Warenplatzierung, ein logischer Loop mit wirkungsvollen Warenleitbildern.

Jeder verirrte Kunde ist ein enttäuschter Kunde!
Das Corporate Guiding erreicht:
- Präferenz des Konsumenten,
  Stressabbau, Abbau der Reizüberflutungen, die Erhöhung der Aufnahmefähigkeit
- die Regie
  für Warenbilder und Warenraumbilder, Inszenierungen, Ordnen und Leiten durch Gestaltung, dynamische Zeitabläufe, aktuelle Konzepte, Ermöglichung des Dialogs
- fachkompetente Nutzung
  für das Sortiment in einer logischen Sortimentsfolge, Warenleitbilder, das richtige Warenbild am richtigen Platz.

Siehe die Kapitel:
F 4   Der Kundenleitweg
F 4.5   Die Leitmodifikation

4.3   Beispiel einer Leitplanung

Die Buchhandlung Koller zieht um in ein Einkaufszentrum der Innenstadt und hat Eingänge sowohl vom Marktplatz als auch vom Forum des Einkaufszentrums.
Die Buchhandlung wird dreigeschossig geplant:
- Erdgeschoss
- Galerie
- Obergeschoss.

Nach der Diskussion über die Ziele entsteht gemeinsam das neue Marketingkonzept und die Leitgestaltung als Strategie- und Planungskonzept zur Ladenplanung.

Die Bereiche der Buchhandlung Koller:
Fassade und Eingänge, Eingangsbereich, Markt, Kassenbereich

Ziele und Aufgaben werden erreicht durch:
1. Eine Buchhandlung zeigen:
auffallen vom Marktplatz und vom Forum, eine deutliche Branchenidentität signalisieren.
2. KOLLER zeigen
Fachkompetenz, Eigenart:
KOLLER Logo, Rang der Warenbilder und der Einrichtung – prägende Eigenart,
Fachkompetenz durch Themen und deren Bewältigung in Warenbildern.
3. Einladen, öffnen:
Größe der Öffnung muss die Wichtigkeit und die Bedeutung der Buchhandlung zeigen.
4. Einleiten, einführen,
die Kunden müssen die Buchhandlung verstehen:
Kundenleitweg, Aufbau des Sortiments und der Warenträger. Inszenieren, die sympathische Art der Buchhandlung vorstellen.
5. Themenleistungen vorstellen mittels der Sortimentsstrategie:
Aktuelle dynamische Warenbilder und Highlights, auch Knaller, im Kundenleitweg, in logischer Folge für den Kunden, variabler Aktionsraum mit ständig wechselnden Warenbildern und Tisch-Stellungen.
Die Sortimente der oberen Verkaufsebenen brauchen im Markt ihre Platzierung auf Thementischen.
6. Information geben:
Umfassende Information über das Sortiment, über KOLLER durch Hinweise, Reihenfolgen, Gewichtungen in Sortiment und Einrichtung
7. Ein Konzept zeigen:
Die Buchhandlung als Einheit in idealer, logischer, kundenverständlicher Sortimentsteilung vorstellen: Die Komposition der Buchhandlung sowohl in der sortimentsgerechten Mengenabstimmung zwischen Regal- und Tischflächen, Zuordnung der Mitarbeiter-Arbeitsplätze, Infostation und Kassen, in der ideellen und vor allem in der kognitiven Teilung der Geschosse, die dem Kunden als logisches Ganzes erscheinen soll: die drei Ebenen einer Einheit.
Erdgeschoss:
Einladen, öffnen
- Fachkompetenz
- Anregungen geben
- die Gesamt-Buchhandlung zeigen und weiterführen in die oberen Verkaufsebenen
- Information.
Galerie:
das Herz, das Bild der Buchhandlung,
die Sympathie festigen.
Obergeschoss:
- vollziehen
- Leistungsstärke zeigen
- verweilen
- umfassende Information.

8. Die Gesamtdarstellung, drei Ebenen vorstellen, Größe, auch räumlich darstellen, eine prägende Warenraumgestaltung entwickeln:
Gesamtkomposition der Buchhandlung, die drei Ebenen, für drei sich unterscheidende Aufgaben der Buchhandlung, in die sich die Sortimente einordnen.
Vertikale Verbindung deutlich machen. Treppenlösung, bei der das Auge steuert, Geschosse in der Wirkung von außen prüfen.
Modell bauen!
Logische Folge deutlich machen. Grafische Hinweise im Treppenbereich und Aufzug.
Prospekt über die Aufgaben, Warengruppen und Sortimentsverteilung.
Die Gestaltungselemente durchgängig als einheitliche Gestaltung mit Variationen in den Geschossen als Orientierungshilfen.
Die Gestaltungselemente sind Bestandteil der Merchandising-Architektur, also sowohl von ökonomischem als auch von ästhetischem Nutzen.

Die Säulen:
Insbesondere im Viereck um die Treppe, werden raummarkant gefördert.

Die Materialien:
Naturholz – Obstholz – empfohlen: Schweizer Birne. Metallbögen, als System universell verwendbar, einbrennlackiert, Hausfarbe.
Die Farben:
Die Hausfarbe Corporate Colour – zu Einwickelpapier – Bücherbeutel und Logo.
Empfehlung: ein mittleres Königsblau mit leichtem Rotanteil – ins Violett spielend.
Unterscheidende Tönungen zur Hausfarbe heller oder dunkler per Geschoss: – nuanciert in der Galerie, bestätigend im Obergeschoss, deutlich im Erdgeschoss.

Die waagerechten Formen:
Ein Olivenblatt – konstruiert aus Kreiselementen, Verwendung als Treppenauge, halb als Buchten, Nischen zu den Fassaden hin, als Tischform für Präsentationstische, als Kassenform und ebenfalls als Auslagen-Abschluss der Regale und als wiederkehrende Form im Teppich. Einen Vorschlag erarbeiten.

Die senkrechten Formen:
Abschlüsse als Krone nach oben für freistehende Regale an den Fassadenfronten teilweise für geplante Highlights, die Silhouette der Giebelform KOLLER als Logo.

Marketingkonzept

Ausgleich der Leistungen (Marketinginstrumente) im Innenarchitektur-Planungsprozess (Merchandising-Architektur) der strategischen Ladenplanung zur Erreichung einer Koller-Identity als unverwechselbares Koller-Profil als Marke

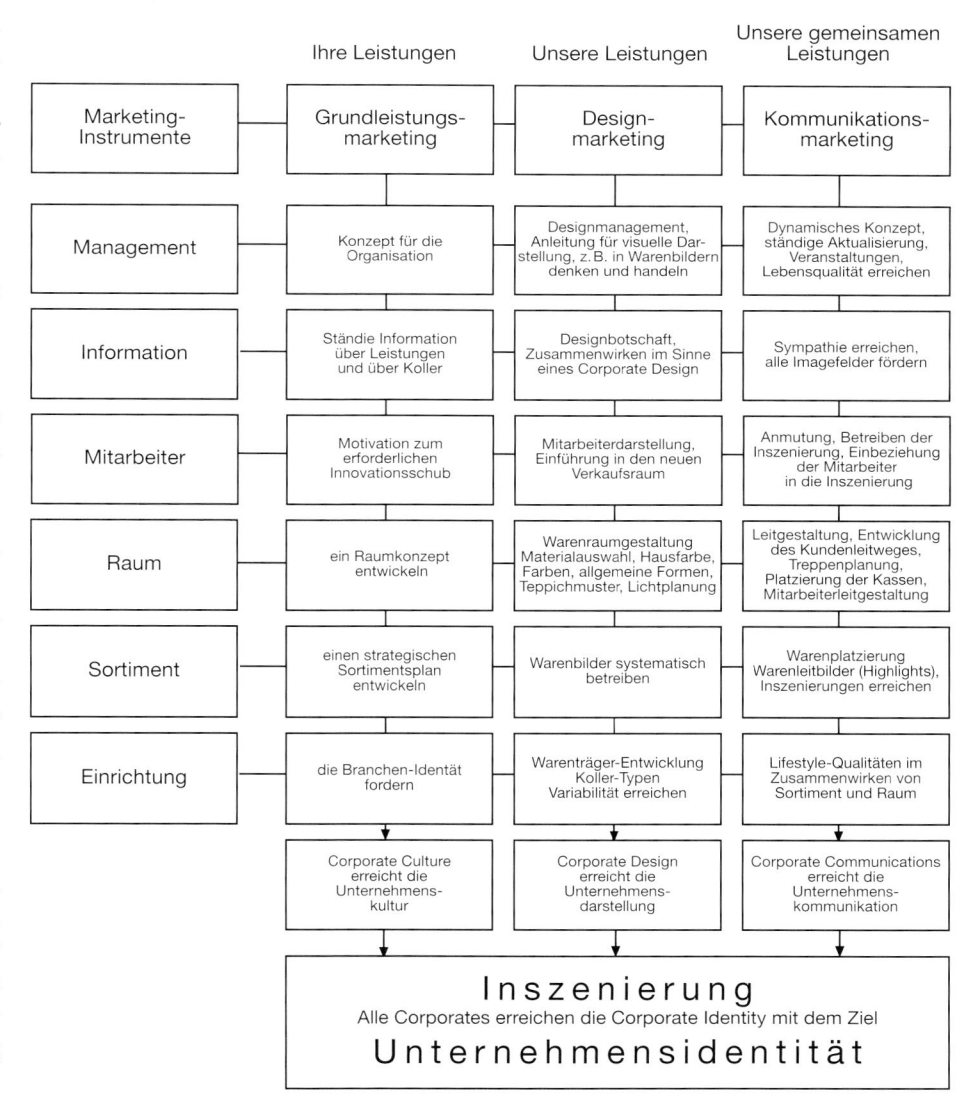

Marketing-Instrumente	Ihre Leistungen Grundleistungs-marketing	Unsere Leistungen Design-marketing	Unsere gemeinsamen Leistungen Kommunikations-marketing
Management	Konzept für die Organisation	Designmanagement, Anleitung für visuelle Darstellung, z.B. in Warenbildern denken und handeln	Dynamisches Konzept, ständige Aktualisierung, Veranstaltungen, Lebensqualität erreichen
Information	Ständie Information über Leistungen und über Koller	Designbotschaft, Zusammenwirken im Sinne eines Corporate Design	Sympathie erreichen, alle Imagefelder fördern
Mitarbeiter	Motivation zum erforderlichen Innovationsschub	Mitarbeiterdarstellung, Einführung in den neuen Verkaufsraum	Anmutung, Betreiben der Inszenierung, Einbeziehung der Mitarbeiter in die Inszenierung
Raum	ein Raumkonzept entwickeln	Warenraumgestaltung Materialauswahl, Hausfarbe, Farben, allgemeine Formen, Teppichmuster, Lichtplanung	Leitgestaltung, Entwicklung des Kundenleitweges, Treppenplanung, Platzierung der Kassen, Mitarbeiterleitgestaltung
Sortiment	einen strategischen Sortimentsplan entwickeln	Warenbilder systematisch betreiben	Warenplatzierung Warenleitbilder (Highlights), Inszenierungen erreichen
Einrichtung	die Branchen-Identät fordern	Warenträger-Entwicklung Koller-Typen Variabilität erreichen	Lifestyle-Qualitäten im Zusammenwirken von Sortiment und Raum
	Corporate Culture erreicht die Unternehmens-kultur	Corporate Design erreicht die Unternehmens-darstellung	Corporate Communications erreicht die Unternehmens-kommunikation

Inszenierung
Alle Corporates erreichen die Corporate Identity mit dem Ziel
Unternehmensidentität

Treppenbereich, Vertikale Verbindungen, Treppen und Aufzug

Ziele und Aufgaben werden erreicht durch:
1. Die räumliche Größe und Kompetenz der Buchhandlung muss überall sichtbar sein.
   Die großen Öffnungen im Treppenbereich, ein Olivenblatt, weil formal auslaufende Spitzen bleiben sollen.
   Eine Entwicklung aus zwei Kreissegmenten. Von den Fassaden eine gute Einsicht. Die Erreichung einer optischen Verbindung zur Dokumentation der funktionalen und architektonischen Einheit. Die Dreigeschossigkeit muss überall fühlbar sein.
2. Die vertikalen Verbindungen, die Treppen und der Aufzug müssen deutlich sein, informieren und saugen können.
   Die Treppen in der Olivenblattform ermöglichen auch beim Geradeausblick den Blick auf den oberen Austritt der Treppe.
   Der Aufzug als vertikale Etagenverbindung. Aufzug für alle Geschosse – Büro, Bestellwesen, Aufenthaltsraum, Sanitäre Räume, Büroetage und Parkhaus zum und vom KOLLER-Parkplatz.

Die Bereiche auf der Galerie

Zwischengeschoss: Markt, Kassenbereich, Fachbereich

Ziele und Aufgaben werden erreicht durch:
1. Die optische und funktionale Einheit mit dem Erdgeschoss, die ideelle, funktionale und symbolische Anhebung auf dem Weg nach oben:
   durch die Bestimmung der Druchblicke, Treppenführung und der Lage des Aufzuges.
   Wegen der geringen, aber gut ertragbaren Raumhöhe ist die Galerie einbezogen in das Erdgeschoss.
2. Das richtige Image-Sortiment auf der Galerie um die Sympathie für KOLLER zu festigen:
   Das KOLLER-Image-Sortiment, Reise und Reise-Hobbys gehören nach hier in einer Qualität, unterstützt durch überzeugende Warenbilder und ein spezielles prägendes Warenträger-Design.
3. Die richtige erfassbare Raumgröße, die zum Verweilen, aber auch zum Weitergehen ins Obergeschoss einlädt. Eine Verbindung zum Reisebüro KOLLER:
   Der richtige Rundumblick, der Loop über das Auge erfassbar. Über eine Treppe wird der zusätzliche Bereich für Hobbys außerhalb der Reise optisch geteilt, ohne dass die Einsicht und der Zugang gestört werden.

Die Bereiche im Obergeschoss

Markt, Kassenbereich, Fachbereich, Drehbereich

Ziele und Aufgaben werden erreicht durch:
1. Die bedienungsintensiven Sortimente, durch Anregungen auflockern, Größe und Leistung dokumentieren:
   Platzierung der Leistungs-Sortimente mit hohem Regalanteil, Orte für Highlights festlegen, Themenbezogene Tische,
   Kundenleitweg-Planung, als Loop.
2. Das Eingangsangebot im Obergeschoss:
   durch spezielle Tische für aktuelle Sortimente entsprechend den Eingängen im Erdgeschoss.
3. Das Sitzen – verweilen, erholen:
   durch Verweilatmosphäre zum Relaxen, feste und mobile Sitzplätze planen.
4. Der Info-Schwerpunkt:
   die Info-Theke mit zukunftssicherem Hochleistungszuschnitt für die EDV-Entwicklung – mit Printer,
   Sitzen auf Barhockern,
   Service,
   Abholung bestellter Bücher.
5. Das Moderne Antiquariat separat:
   das Moderne Antiquariat mit spezieller rustikaler Einrichtung im separaten Verkaufsraum, (Verbindung für Mitarbeiter möglich),
   als Marktambiente in Verbindung zu den Cafés des Presseclubs im Forum.

4.4 Die Raum- und Sortimentserschließung

„Sehen führt zum Einsehen,
– zum Hineinsehen in sich selbst
– und in objektive Zusammenhänge"
Konrad Lorenz

Die Wahrnehmung durch das Auge ist im Verkaufsraum die wichtigste.
Das Sehen steuert das Gehen durch den Verkaufsraum. Die Augen finden den Weg durch das Sortiment. Das Auge sieht Warenraumbilder. Das Sehen steuert das Auswählen und das Greifen der Ware.

Der Kundenleitweg wird vom Innenarchitekten mit den Augen des Konsumenten, der den Verkaufsraum betritt und ihn wieder verlässt, geplant.

Die Augen des Konsumenten sehen den Warenraum in einer Bilderfolge nacheinander. Die Konsumenten orientieren sich vorwiegend an Warenbildern, insbesondere an den Warenbildern, die einen Leitauftrag für Sortiment und Raum haben, den Warenleitbildern.

Kundenleitwege werden geplant zur effektiven Raumnutzung, auch um unattraktive Verkaufszonen aufzuwerten, die von den Konsumenten wenig frequentiert werden, wie:
– Verkaufsraumflächen, die nicht vom Eingangsbereich einsehbar sind
– Nischen, schlecht einsehbare Sackgassen
– unübersichtliche Verkaufsräume ohne ein erkennbares Ordnungsprinzip
– Verkaufsräume mit einer unübersehbaren Warenfülle ohne Unterscheidungsmerkmale
– Verkaufsräume mit nicht einsehbaren Ober- oder Untergeschossen.

Die Konsumentenfrequenzen bestimmen die unterschiedlichen Wertungen der Warenraumbereiche.

Die strategische Ladenplanung ist deshalb in der Grundlage eine Kundenleitweg-Planung zur effektiven Raumnutzung bei Optimierung der Raumzuteilung und der Raumerschließung durch:
– die gleichzeitige Erschließung von Raum und Sortiment durch informierende Warenbilder
– Übersichtlichkeit von Sortiment und Raum, um den Einkaufsstress zu minimieren
– eine Anwendung der Sortimentspolitik, die sich auf die Qualitäten der verschiedenen Verkaufszonen einstellt.

Eine Strategie Kundenleitweg entsteht, ein Element der umfassenden Leitgestaltung im Zusammenwirken wird hier aktiv und deutlich als Corporate Guiding im Erfinden der idealen Verkaufsabläufe.

Der Kundenleitweg ist die Aneinanderreihung des vorgedachten idealen Verkaufsgeschehens in allen Bereichen des Verkaufsraumes.

Die Konsumenten-Steuerung über seine Augen geschieht mit dem Wissen, dass für den Konsumentem bei der Begehung des Raumes per geplantem Kundenleitweg ganz natürlich wichtige und weniger wichtige Raumabschnitte entstehen. Diese wichtigen oder weniger wichtigen Abschnitte müssen erkannt sein und genau mit den wichtigen oder weniger wichtigen Sortimentsteilen beschickt werden.

Der Kundenleitweg
Der Einstieg in den Innenarchitektur-Planungsprozess beginnt mit der Zusammenführung von Sortiment und Raum

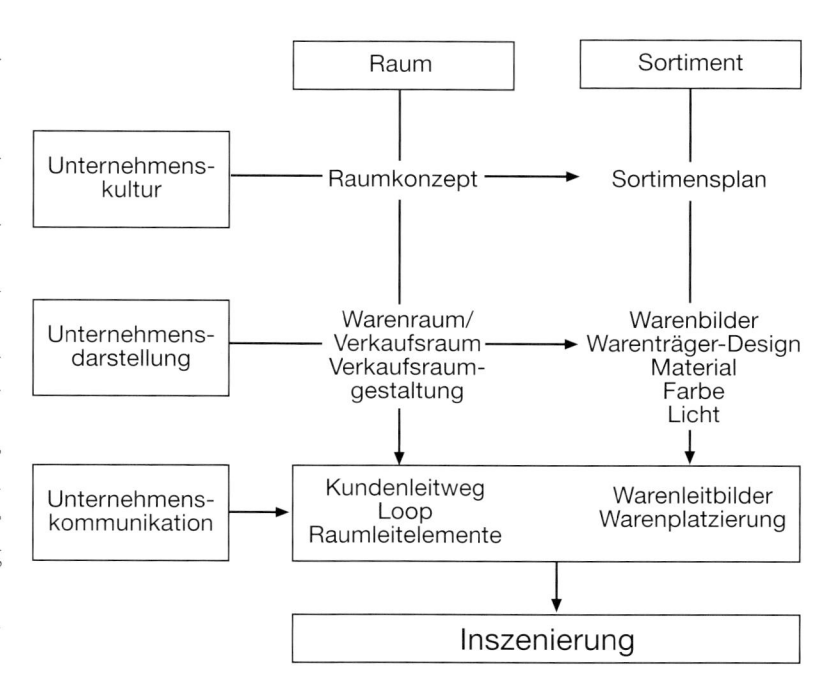

	Raum	Sortiment
Unternehmens-kultur	Raumkonzept →	Sortimensplan
Unternehmens-darstellung	Warenraum/ Verkaufsraum Verkaufsraumgestaltung	Warenbilder Warenträger-Design Material Farbe Licht
Unternehmens-kommunikation	Kundenleitweg Loop Raumleitelemente	Warenleitbilder Warenplatzierung
	Inszenierung	

Es ist unmöglich, eine vollständige Beachtung aller Waren zu erreichen. Zur Erreichung einer hohen Aufnahmefähigkeit der Konsumenten gehört die Erkenntnis, dass eine Ware nur deshalb als „wichtig" auffallen wird, weil andere Waren nicht auf den ersten Blick gesehen werden. Das Finden dieser Leitware wird in Warenleitbildern präsentiert, damit eine logische Sortimentserschließung entsteht.

Der geplante Kundenleitweg muss human sein und auch die Priorität des Konsumenten akzeptieren.

Der Kundenleitweg darf niemals ein Zwangsweg werden.

Große Verkaufsflächen erhalten mehrere Kundenleitwege mit Kennzeichnung, die in verschiedene Sortimentsbereiche führen. Durch deutliche Warenleitbilder werden diese Unterschiede im Sortiment sichtbar für den Kunden.

Sehr wohl muss es einen geplanten Hauptkundenleitweg geben, der als wichtigster Weg breiter ist und bedeutet, dass mit diesem Weg alle Raumteile und Sortimente erschlossen werden.

Die Stadt Venedig liefert ein gutes Beispiel einer Erschließung: Der Canale Grande als Hauptkundenleitweg, der alle Kanäle wie Kundenleitwege erschließt.

Der Wertewandel, der Käufermarkt mit den Erwartungen an Informationen, an Shopping und Browsing bringt neue Sehgewohnheiten mit neuen Dialogen, auf die sich die Unternehmen mit neuen Ladenplanungen und geänderten Nutzungsstrategien einstellen müssen.

Neue Sehgewohnheiten, das heißt:
– den Kunden durch ein geplantes und gesteuertes Sehen führen, durch den Kundenleitweg.
– den Warenbildern eine neue Sehqualität geben, sie ansehenswert und erinnerungsfähig gestalten

Neue Sehgewohnheiten heißt für die Ladenplanung: Den Konsumenten zum Sehen, zum Hinsehen verleiten und dem Konsumenten durch Design und Warenbilder Freude und Identifikation ermöglichen.

Das erhöht die Chance mit der formalen Aussage auch der inhaltliche Aussage eine größere Beachtung zu schenken, die der Orientierung des Konsumenten dient.

Die geplanten Kundenleitwege durchziehen als Hauptleitwege mit Erschließungsauftrag und als abzweigende Nebenleitwege den gesamten Warenraum. Auch hintere, abseitige Flächen erhalten so eine Aufwertung.

Die Achsen und Knotenpunkte der Erschließung, geplant mit dem Kundenleitweg, werden so auch zu Achsen der Gestaltung.

Sehr oft sind einfache, natürliche Raumerschließungen am wirkungsvollsten – deshalb ist es möglich, das Urprinzip des Leitens anzuwenden:

– niemals zu viele und sich überlagernde Informationen zulassen
– die Einheit des Warenraumes erhalten durch eindeutige Hinweise, die sich sowohl am Raum als auch am Sortiment orientieren: am Sortiment wareninformierend und anregend, am Raum ordnend und leitend.

Der Kundenleitweg funktioniert über viele Elemente, die im Corporate Guiding aufeinander abgestimmt sind.

Das sind:
– die Lage des Eingangs, den Konsumenten in den Kundenleitweg einführen
– die Warenleitbilder, Highlights, Header, die Lock- und Imagesortimente
– der Informationspool zum Dialog und zur Festigung der Kompetenz
– die psychologisch richtige Stellung der Kasse im Kundenleitweg
– die Lage der geschoss- und sortimentsverbindenden Treppe
– die Erschließung der Fachsortimente, Betreuung, Service, Sitzzonen für Konsumenten, Besprechungs- und Servicezonen
– der Drehbereich als aufmerksam machender Drehpunkt im Loop.

Die Festlegung der Anforderungen an den Kundenleitweg sind eine wichtige Grundlage für die Funktion und Kommunikation im Verkaufsraum und auch für die Warenraumgestaltung, für Inszenierungen und für ästhetische Milieus. Die notwendige Unterstützung in seiner Funktion erhält der Kundenleitweg durch die Gestaltung, den Leitgedanken, das heißt durch die Sichtbarmachung, im Corporate Design von
– Warenbildern

– Farben und Licht
– Auswahl und Anordnung der Warenträger
– Formen, Materialien.

Die Einordnung des Kundenleitweges als wichtiges Instrument der Unternehmenskommunikation bedeutet auch die Einordnung der Bemühung für den Kundenleitweg als Corporate Guiding in die Corporate Communications:
– Förderung der Dialogfähigkeit mit dem Konsumenten – Mitarbeiterkontakte, Ruhezonen und Kassenzonen,
– die Integration der Konsumenten erreichen, Inszenierungen, Lebensqualität, Lifestyle, Begegnungskultur, Dialogfähigkeit.

Die Kundenleitweg-Planung bedeutet in einigen Unternehmen die systematische Beobachtung der Kunden auf ihrem Weg durch den Warenraum, verbunden mit Kundenfrequenz-Analysen und Kundenlauf-Studien mit Kundenleitweg-Analysen.

„Ziel dieser Untersuchungen ist es, durch die geschickte innenarchitektonische Gestaltung der Verkaufsräume den Kundenstrom aufgrund der Ergebnisse dieser Studien so zu gestalten, dass die Kunden möglichst lange in ihnen gehalten werden, weil zu vermuten ist, dass mit zunehmender Aufenthaltsdauer die Zahl der Sichtkontakte mit vielen Produkten erhöht und damit die Wahrscheinlichkeit von Impulskäufen gesteigert wird. Auch die Länge der Kontaktstrecke gilt dabei als Einflussgröße für Impulskäufe."
Wolfgang J. Koschnick

Kann der Innenarchitekt sicher sein, dass die Konsumenten den von ihm geplanten Weg benutzen werden?

Der Innenarchitekt kann nicht in jedem Fall sicher sein!
Der Kundenleitweg muss natürlich und vor allem logisch geplant werden. Er muss für den Kunden sichtbar und verlockend sein. Dann kann man sicher sein, dass ihn mehr als 2/3 aller Kunden benutzen oder zumindest teilweise benutzen.
Es gibt Konsumenten, die den Leitweg erkennen und sich genau entgegengesetzt verhalten; auch diese Konsumenten werden geleitet – der erfahrene Innenarchitekt berücksichtigt das.

– Loopwege haben immer zwei Richtungen – die Hauptrichtung als Hauptkundenleitweg muss logisch sein, sie hat einen breiteren Gang vom Eingang weg. Gehen die Konsumenten anders herum oder bewegen sich vorwiegend auf Nebenleitwegen, so ist auch das möglich. Die Planung berücksichtigt auch diese „anderen" Wege.
– Locken in den Hauptleitweg durch aktuelle Informationen oder aktuelle Waren, die eindeutig „am Anfang stehen".
– Die Lage des Eingangs bringt den Konsumenten auf den „richtigen" Weg.
– Die Stellung der Kasse beeinflusst ebenfalls die Kunden-Einfädelung.
– Die Lage der Treppe, der neue Eingang führt zu einem neuen Verkaufsraum am richtigen Platz.
– Gangkreuzungen, Entscheidungspunkte, Knotenpunkte, Leitwegkreuzungen oder Gabelungen, die mehrere Entscheidungen zum Weitergehen ermöglichen, müssen Informationen geben – am besten über Highlights mit klarer Ansage, wohin die Wege führen.

Geplante Kundenleitwege brauchen alle Verkaufsräume, ganz gleich ob große oder kleine, Theken- oder Loopläden.

Wie bewältigt der Innenarchitekt den Planungsschwerpunkt: Kundenleitweg, das Drehbuch für den Warenraum?

Eine Checkliste aller Leitsystem-Aktivitäten ist erforderlich:

Ordnen
Die Sortimentsordnung, die Warenplatzierung, die Raumordnung, das Warenraumgestaltungs-Konzept. Die Warenraumgestaltung stärkt die Funktionen in der Raumerschließung und damit im Kundenleitweg.

Informieren
Die Informationssysteme, die gewohnten Plätze für aktuelle Angebote. Kundenleitwege bedeuten nicht Hinweisschilder. Hinweisschilder können nur den Kundenleitweg unterstützen.

Leiten

Das Leitwegkonzept, das fest oder variabel durch die Ladenplanung bestimmt wird:
- Eingang
- Ordnung des Eingangsbereiches
- Orientierungshilfen
- Kasse, Info
- Gänge und Plätze
- Theken-Kontakte
- Beratungsplätze
- Sitzplätze
- Treppen
- Leithilfen
- Servicestationen.

Kognitive Gestaltungsanwendungen zum Leiten

- Auswahl der Einrichtungssysteme und die warengerechte Anwendung
- Stellung und Ordnung der Einrichtungsteile, der Grundrissplan – das Lay-out
- Design, ein formaler und ein ergonomischer Bezug zur Ware
- Auswahl von Material, Farben und Licht
- einen Verkaufsraum als Bühne aufbauen. Eine klare Warenordnung vornehmen. Warenbereiche raumgestalterisch eindeutig gliedern, je nach Aktualisierungsgrad, nach Märkten und Warenlandschaften durch Unterscheidung in der Gestaltung.

Die Anregung

durch ungewöhnliche Blickfänge, die der Konsument als besondere Leistung aufnimmt:
- Warenleitbilder
- Konzentration durch Licht
- bildliches und szenisches Gestalten
- Unterbrechungen im Rhythmus
- Veränderungen.

Gebraucht werden die überzeugenden Warenbilder, die vergleichenden und erklärenden Warenbilder und die Warenleitbilder, gebraucht werden Faszinationspunkte.

Die Entspannung

Den Einkaufsstress abbauen, soziale Kontakte ermöglichen, Shopping, Browsing, die Ruheplätze am richtigen Ort, Mitarbeiterkontakte. Besprechungsplätze erkennen und schützen.

Die Einbeziehung

Den Konsumenten einbeziehen in Veranstaltungen, Inszenierungen. Eine Begegnungskultur erreichen, Verweilatmosphäre schaffen.

Die Kundenführung – ganz gleich, ob sie nun zart, einfühlsam oder robust vorgenommen werden soll, ob die Warenleitbilder, die Highlights in schneller Folge nacheinander stehen oder zwischengeschaltete Erholungsphasen eingefügt werden – ist vom Innenarchitekten immer im Kundenleitweg so zu entwickeln, dass der Konsument dem Ablauf ohne Ermüdung, begeistert und mit Spannung folgen kann.

Der Kundenleitweg kann verschiedene Formen haben:
- gerade, breite Gänge sorgen für Tempo, für einen schnellen Durchlauf der Kunden
- Zickzackwege, Abwicklungen und Kurven bedeuten langsamen Durchlauf
- Plätze, Nischen fördern das Verweilen und damit die Konzentration.

Der Kundenleitweg ist eine Leistung des Kommunikationsmarketings im Unternehmen und damit eine kompetente Botschaft an den Konsumenten als Instrument der Sortimentspolitik und der Raumstrategie, er ist damit auch eine Steuerungsleistung, überwacht durch das Management.

Wichtig ist, dass die Konzeption, der Kundenleitweg, „eindeutig steht" und verteidigt wird.

Viele Unternehmen neigen bedauerlicherweise dazu, mit schnellen Werbeangeboten durch zusätzliche Lieferanten-Möbel den geplanten Kundenleitweg und damit den Erfolg zu verstellen.

Der Kundenleitweg ein Drehbuch

Die Arbeit des planenden Innenarchitekten muss die Arbeit eines Drehbuchautors sein.

Vorgedachte ideale Verkaufsabläufe, Visionen der idealen Erschließung erleichtern die Einführung des Konsumenten in das Sortiment und die Führung des Konsumenten durch das Sortiment. Das Führen, das Leiten der Konsumenten, der Kundenleitweg entsteht so auf den Grundlagen der logischen Sortiments- und der logischen Raumordnung in der Gewissheit, dass damit auch die optimale Aufnahmefähigkeit des Konsumenten erreicht wird. Diese noch zu steigern, ist eine gestalterische Aufgabe.

Das Drehbuch besteht aus aneinander gereihten, sich unterscheidenden Warenleitbildern mit verschiedenen Warenbotschaften, mit Zwischenräumen und deutlichem Raumbezug.

Die Sehgewohnheiten des Films entsprechen den Sehgewohnheiten des menschlichen Auges. Alle paar Sekunden werden die Augen durch Lidschlag geschlossen. Damit erfolgt die Vorbereitung auf ein neues Bild. Etwa 5% sehen wir im Film nicht, trotzdem hat der Film einen Leitweg, einen roten Faden der zusammenhängend eine Story vom Anfang bis zum Schluss erzählt.

Der Kundenleitweg wird über „Drehbuch" geplant mit der Kenntnis der Aufnahmefähigkeit der Konsumenten.

Ein „Kameramann", der den Auftrag hat, einen Film über das Sortiment zu drehen, wird nicht anders vorgehen. Er sucht sich einen Kundenleitweg für sein Drehbuch. Er wird ebenfalls in Bildern denken, in einer logischen Reihung nacheinander. Er erzählt mit dem Film seine Story über das Sortiment, die sich der Konsument in der geplanten Reihenfolge im Kundenleitweg ergehen muss.

Die Kundenleitwege erzählen die spannenden Geschichten der Sortimente. Sie sind die Komposition der Mittel: Sortiment – Warenbilder, Raum – Architektur, Warenträger – Design, Material, Farben und Licht, Warenbilder – Kundenleitwege.

Zur spannenden Geschichte gehört:
– die Story wird gut und vollständig erzählt
– der betrachtende Konsument kann folgen
– die Waren-Story wird sogar spannend erzählt, der Konsument wird neugierig
– die Story hat Handlungshöhepunkte
– es gibt eine Pointe
– es besteht eine Geschlossenheit in sich
– der Konsument hat für sich Informationen erfahren können.

Für das Drehbuch ist wichtig:
– Ort der Handlung – der Warenraum
– Inhalt der Story: Sortiment mit erklärender Ordnung, Wissen über Konsumentenerwartung
– Befriedigung der Erwartung über Warenbilder, Warenleitbilder, Warenraumgestaltung.

Daraus entsteht der Kundenleitweg!

Die Aneinanderreihung der Bilder im Drehbuch des Kundenleitweges bedeutet eine Erlebniskette für den Konsumenten. Eine logische Reihenfolge versteht der Konsument. Der Konsument speichert diese logische Reihenfolge. Sie wird damit zum Brainscript.

Die Kundenleitweg-Logik

Gefundene Kundenleitwege durch den Warenraum müssen „logisch" sein, sie müssen dem Konsumenten „selbstverständlich" erscheinen, als beste Möglichkeit die Ware zu erreichen. Gut geplante Kundenleitwege sind immer logisch.

Der Konsument trägt in sich eine Sortiments-Verständnis- und eine Raum-Verständnislogik.

Aus beiden kombiniert der Konsument für sich ein logisches Leitsystem, eine Raum-Sortimentslogik eher als eine Sortiments-Raumlogik. Die überwiegende Zahl der Konsumenten orientiert sich erst am Raum, an Wänden, Säulen und Pfeilern und dann konsequent am Sortiment.

Dieses Vorgehen hilft auch beim Spaziergang im Park und beim Wandern im Gebirge. Beim Start programmiert der Mensch Grundwissen und Zielvorstellungen für eine Orientierung.

Das ist der Grund dafür, dass viele Schriftschilder und Hinweise übersehen werden, weil sie unlogisch sind oder am falschen Platz den Konsumenten unvorbereitet treffen oder die Rauminformationen stärker sind.

Schilder sind nur dann erfolgreich, wenn sie zur Vertiefung der logischen Orientierung beitragen und nicht zur Änderung. Wenn Änderungen erforderlich sind, dann müssen sie als „logische Kundenleitwege" geplant werden. Schilder und Hinweise sind kein Ersatz für fehlende Kundenleitweg-Planung.

Zur Raumlogik und Sortimentslogik kommt als wesentliche Logik die Kundenlogik, fachkundig als Brain-Script bezeichnet, die die Raumlogik und die Sortimentslogik ableitet und bestätigt, aber darüber hinaus ein dominantes Eigenleben führt.

Unterschieden nach Branchen und Rängen tragen die Konsumenten das Bild vom perfekten

Verkaufsraum für den jeweiligen individuellen Anspruch in sich. Die Erfahrungen aus der oft bitteren Wirklichkeit und auch die positiven werden mit dem Bild im Gedächtnis abgeglichen. So entsteht ein Bewusstsein für den Verkaufsraum und es wird ständig durch neue Einkaufserlebnisse aktualisiert. Die Anerkennung der Leistung Verkaufsraum, über die netten wirkungsvollen Überraschungen bis hin zur Ablehnung, werden so gesteuert.

Brain-Script bedeutet, dass der Konsument ein Bild des idealen Sortiments- und des idealen Raumkonzeptes in sich trägt. Da dieses nicht individuell, sondern allgemein-logisch ist, muss diese Kundenlogik für den Kundenleitweg Planungsgrundlage werden.

In der Ladenplanung muss die Sortimentslogik beachtet werden. Sie bestimmt die logische Reihenfolge der Ware, das „Vorn" und das „Hinten" im Warenraum. Der Konsument fordert eine Sortimentslogik, er weiß um die Anordnung:

vorn:
– Sonderangebote
– Neuheiten
– durch Werbung vorverkaufte Ware

hinten:
– die bedienungsintensive Ware
– das Spezialsortiment.

Je ungewöhnlicher der Wunsch des Konsumenten ist, desto weiter hinten im Warenraum sucht er die Erfüllung.

Die Ware staffelt sich von vorn nach hinten, von der unproblematischen zur problemvollen Ware. Mit jedem Betreten des Warenraumes wird die gespeicherte Erfahrung um neue Informationen erweitert und beim Durchgehen „abgerufen".

Mehrgeschossige Verkaufsräume werden durch Treppen und Aufzüge erschlossen:

Erdgeschoss:
– normales, allgemeines Sortiment

Obergeschoss:
– die Ware wird wertvoller, spezieller

Untergeschoss:
– die Ware wertet sich ab – oder sie muss dort sein, weil sie „dunkler", „kühler" und konzentrierter zu lagern ist.

Nur klare Hinweise bestätigen die im Konsumenten wohnende Logik (Brain-Script):

– im Erdgeschoss = Damen-Oberbekleidung
– im Obergeschoss = Herren-Oberbekleidung
– im Untergeschoss = Kinder-Kleidung.

Der Konsument nutzt die Raumlogik.

Der Warenraum in seiner Wirkung zeichnet dem Auge des Konsumenten zu seiner Erfassung einen logischen Weg vor. Dem Auge folgen die Füße. Ist dieser Weg der ideale Weg durch das Sortiment?

Die Erschließung des Raumes über das Auge geschieht mit der inneren Brain-Script-Logik durch Auswahlreihenfolgen nach Kontrasten und Akzenten wie Größenunterschiede, Farben, Licht, Materialien, aber auch nach Zugänglichkeiten, Entfernungen und Gangbreiten.

Der ideale Kundenleitweg wird vom eintretenden Kunden sofort entwickelt, im Hauptblickfeld aus dem Mix von:
– Raumbild – Warenraumbild
– Warenleitbildern
– Orientierungshinweisen für Sortimente und Räume
– Informationen.

Findet der Konsument am Eingang bereits das von ihm erst weiter hinten erwartete Spezialsortiment, so ist dieses Unternehmen ein Spezialgeschäft. Ein allgemeines Sortiment erwartet der Konsument dann nicht mehr.

Das große Schild am Eingang mit der Ankündigung, dass sich das „allgemeine Sortiment" im Untergeschoss befindet, übersehen viele Konsumenten, weil das große Schild nur eine unter vielen Informationen war, die der Konsument beim Betreten des Warenraumes erfuhr.

Die Ladenplanung muss die innere Logik des Brain-Scriptes erkennen und nutzen. Das bedeutet, sie muss die notwendigen Veränderungen in Sortiment und Raum so durchführen, dass die Logik des Kundenleitweges erreicht wird oder erhalten bleibt.

Die Unternehmen haben sich weitgehend auf das Brain-Script der Kunden eingestellt, nicht zuletzt durch ausgewertete Umsatzerfolge für Warenstandorte.

Was ist zu tun, wenn die kundenlogische Anordnung nicht erreicht werden kann?

Eine reizvolle Aufgabe für die Ladenplanung kann sich ergeben, die variabel gehalten werden sollte. Das Unternehmen muss wissen, dass es „Wasser auf den Berg pumpen" muss.

Das Sortiment ist in seiner unendlichen Vielfalt für den Konsumenten ein Chaos. Ein Teil der Konsumenten will das Sortiment trotz Ordnungsbemühen des Unternehmens und der Mitarbeiter chaotisch erleben.

Chaos und Unordnung lösen bei diesen Konsumenten einen enormen Reiz aus, besonders im Shopping, im Browsing mit dem Wunsch zum Durchstöbern. Boutiquen, Antiquariate und Tante-Emma-Länden mit dem Hang zur Unordnung laden ein zum Entdecken.

Auch chaotische Warenfolgen haben eine Logik, haben eine Richtung, die gelenkt wird und die kreative Aktivität der Konsumenten anspricht. Aber nur dann, wenn das chaotische System oder die gezielte Unordnung zum Sortiment, zur Zielgruppe und zum Rang des Unternehmens passt.

Die Aufnahmefähigkeit der Konsumenten steigern

Der Erfolg des Kundenleitweges braucht das Erkennen und die Beachtung des Leitweges durch den Konsumenten und damit auch die besondere Beachtung des Managements, um immer aktuell zu bleiben.

Um die Aufnahmefähigkeit zu erreichen und gegebenenfalls noch zu steigern, muss darauf geachtet werden, dass keine Überfütterung mit Warenangeboten und Informationen entsteht, insbesondere nicht mit solchen, die nicht den Warenbildern oder der Kundenführung dienen.

Der Erfolg eines Warenraumes hängt weitgehend davon ab, ob die Aufnahmefähigkeit der Konsumenten erreicht, erhalten und an den wichtigsten Plätzen gesteigert werden kann. Die Warenleitbilder im Regal und auf Innenmöbeln unterstützen die Kundenführung.

Die Aufnahmefähigkeit ist über klare Orientierungen zu steigern, so durch unterscheidende Einrichtungsteile, durch eine Unterbrechung in der Gestaltungseinheit. Ungewöhnliche Warenträger sind dann erfolgreich, wenn die Ware ebenfalls ungewöhnlich ist. Es muss für den Kunden „klar sein", was wichtig ist.

Die Besonderheiten der Warenbilder lassen sich so weit führen, dass ganze Dekorationen bis hin zur bildnerischen und zur szenischen Gestaltung aufgeführt werden. Sie werden von den Konsumenten stark beachtet.

Licht macht sichtbar. Interessante, differenzierte Ausleuchtungen fördern die Beachtung durch den Konsumenten.

Je spezieller die Zielgruppen und je exklusiver die Waren sind, umso ausgeprägter sind auch die Erwartungen nach Ruhe und Konzentration für einen einwandfreien, ungehinderten Einkauf ohne Stress.

Eine Steigerung der Aufnahmefähigkeit bedeutet die Herausnahme aller störenden Einflüsse und das Hinlenken der Konsumentenaugen auf die wesentlichen Highlights.

Für den Konsumenten muss ein Wahrnehmungsklima entstehen, das es ihm ermöglicht, auf die Warenbilder im Kundenleitweg zu reagieren.

Die Ladenplanung muss diese Forderung erreichen mit der Wichtung der Warenbilder durch unterschiedliche Qualitäten, vom einfachen Warenbild bis zum Faszinations-Warenbild. Emotionalität steigert die Aufnahmefähigkeit.

Der Verkaufsraum hat Ladenbereiche mit höchster und weniger guter Beachtung. Diese sorgen dafür, dass der Konsument vom Verkaufsraum wirklich etwas erfährt, denn ständige Hochstimmung ist nicht durchführbar. Nach wenigen Metern würde die Beachtungskurve schnell absinken.

Der Konsument muss mit wichtigen Waren überrascht werden. Die wichtigen Waren müssen an den wichtigen Beachtungsplätzen stehen, damit die Orientierung des Konsumenten zuerst an diesen erfolgt.

4.5 Die Leitmodifikation

Ständig neue Trends und die damit verbundenen ständigen Veränderungen in der Aktualisierung schaffen für die Nutzung der Verkaufsräume Probleme, die als Planungsvorgabe für mögliche Veränderungen in der Ladenplanung Berücksichtigung finden müssen.

Die Dialogfähigkeit im Verkaufsraum, die in einem aufeinander abgestimmten Kommunikations-Mix erreicht wird, bestimmt im Wesentlichen die Leitgestaltung. Durch die Erschließung von Raum und Sortiment erreicht der Kundenleitweg die Warenplatzierung, bestimmt die Einsortierung der Waren in die vom Kundenleitweg erschlossenen Raumbereiche. Die Inszenierung schafft die emotionalen kommunikativen Ziele der Warenraumgestaltung. Die Leitmodifikation erreicht die Anpassung der Warenträger an das kommunikative Prinzip.

Die Grundleistungen Sortiment und Raum werden durch das sortimentspolitische und dynamische Konzept des Managements ständig aktualisiert und damit in Bewegung gehalten.

Dieses dynamische Konzept befriedigt die Erwartungen der Konsumenten nach ständiger Aktualität.

Die Leitmodifikation ist das kommunikative Marketinginstrument der Einrichtungsteile. Die Leitmodifikation bestimmt die Anforderungen und die Funktion die variable und flexible Qualität der Warenträger.

Trends, die das Sortiment beeinflussen, bewirken eine ständige Veränderung der Warenbilder, Warenleitbilder, Aktionen und Inszenierungen.

Die Leitmodifikation versteht sich so als konsequente Weiterführung des Leistungsbereiches Warenträger in der Zielsetzung und Qualität der Kommunikation.

Die Anforderung aus den Leistungen: Dynamik, Sympathie und Anmutung, aus Kundenleitweg und Warenplatzierung in der Erreichung von ständig aktuellen Warenbildern und Warenleitbildern bewirkt die Steigerung der Leistungen infolge der ständigen Anpassung.

Die ständige Anpassung der Warenträger an die Erwartungen der Konsumenten, an aktuelle Waren und Neuheiten wird im Wettbewerb um die Gunst und Sympathie der Konsumenten wichtiger. So werden Eingangsbereich, Markt, Kassenbereich, Fach- und Drehbereich weitgehend von der Leitmodifikation in der Art der Zusammenführung der Warenträger durch die erweiterten Aufgaben der Präsentation der aktuellen Ware bestimmt: als Warenleitbild, als Highlight oder Header.

Der Wettbewerb im Einzelhandel macht es erforderlich, Marketingkonzepte in kürzeren Zeiträumen zu überprüfen und sie durch Sortimentstrategien und dynamische Konzepte über die Warenträger ständig zu aktualisieren, schneller als eine Neuplanung der Einrichtung realisiert werden kann.

Das Management ist beauftragt, durch neue Warenplatzierungen und durch angepasste Bedarfsbündelungen erfolgreiche Sortiments- und Warenträgerkombinationen im Verkaufsraum zu finden.

Die Leitmodifikation muss es zum Beispiel schaffen, wegen einer Trendbestätigung sehr schnell eine kleine Menge wichtiger Waren deutlicher zu präsentieren als die große Menge jetzt weniger wichtiger Waren.

Nur die bereitwillige schnelle Anpassung an Trends – im Einzelhandel als Opportunität bezeichnet – erreicht für das Unternehmen einen bedeutenden Erfolg.

Die sich im Einzelhandel immer mehr durchsetzende Profilierung, die Unternehmensleistungen über Warenbilder und Design vorzustellen, trägt in sich die Forderungen der Anpassung an Trend bestimmende Veränderungen der Warenbilder.

Die empfohlene Sehweise, über Warenbilder zu Warenträgern zur Warenraumgestaltung und zur Inszenierung zu gelangen, macht das Marketinginstrument Leitmodifikation notwendig. Einrichtungen dürfen nicht als etwas Fertiges gesehen werden. In der Variabilität bis hin zur vollständigen Veränderung liegt die Vielfalt der Möglichkeiten, die heute für Wareninszenierungen gebraucht werden.

Unternehmen gehen immer öfter davon aus, dass die Warenträger so variabel und flexibel in der Grundausstattung geplant sind, dass eine lange Gebrauchszeit garantiert werden kann. Das ist aber nur dann denkbar, wenn die Nutzung per

Warenbild in eine unendliche Vielfalt von Möglichkeiten vorgedacht wird und das dekorative Element angepasst, erneuert und damit modifiziert werden kann.

Dieses bedeutet, dass ein Großteil der Warenträger mit der Qualität und Variabilität nicht mehr erneuert wird, weil er veränderbar und ergänzbar wird.

Erst durch Shoperosion oder durch ein überholtes Design, das man nicht mehr anschauen will, vollzieht sich der Wunsch nach Erneuerung.

Im ständigen Trading-up wird die Leitmodifikation auch durch einen Austausch oder durch eine Ergänzung erreicht, insbesondere durch freistehende Möbel, die eher gewechselt werden können und damit der ständigen Anpassung an Trends, insbesondere an Mega-Trends, gehorchen. In vielen Unternehmen wird ein saisonaler Austausch von Innenmöbeln erfolgreich durchgeführt. Dies gilt besonders für Unternehmen mit geringen Stellmöglichkeiten.

Durch die Leitmodifikation wird auch die emotionale Erwartung der Konsumenten nach ständig neuen Warenbildern gestillt.

Die Leitfunktion ist die Konsequenz aus der ideellen und humanen Grundlage: „in Warenbildern denken!", getrieben durch das dynamische Konzept der ständigen, aktuellen Anpassung und der damit verbundenen Anwendung der Warenträger.

Siehe die Kapitel:
B 2.3   Die Branche
B 2.4   Der Branchenauftritt: Einrichtung
B 2.5   Die Thekenläden
B 2.6   Die Loopläden
E 7   Gestaltungsmittel: Warenträger

Der Einflussbereich des Marketinginstrumentes Leitmodifikation

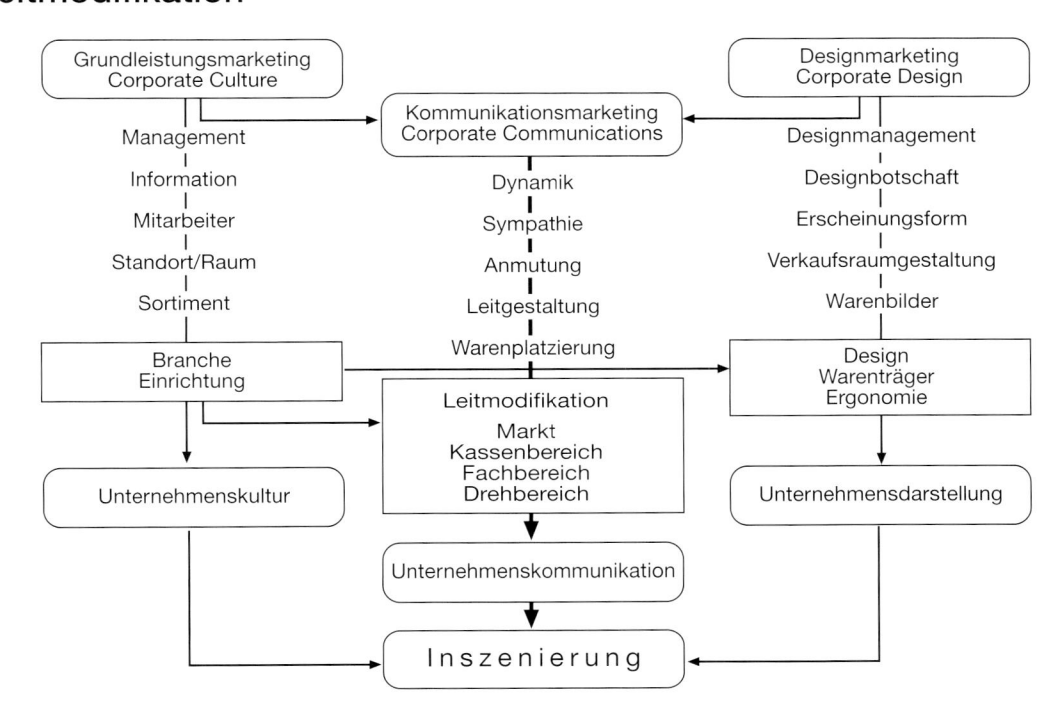

4.6 Der Raum als Kundenleitweg

Der Kundenleitweg hat den Auftrag, das Sortiment und den Raum gleichzeitig zu erschließen. Der Innenarchitekt erkennt für die gestalterische und funktionelle Bedeutung der Verkaufsraumgestaltung die Kundenleitweg-Planung. Im Kundenleitweg werden Gänge und Plätze zu den Warenbildern und Raumelementen zur Orientierung gebraucht.
Markante Raumelemente übernehmen den Auftrag zum Ordnen, zum Teilen und zum Leiten:
– Gänge und Plätze
– Raumgrenzen, Wände
– Raumteiler wie Säulen, Pfeiler, Wandscheiben, Raumpodeste.

Natürliche als auch künstliche Raumteile werden zu Raumleitelementen im Kundenleitweg.

4.6.1 Die Gänge und Plätze

Die Leitplanung, die alle Kundenleitwege festlegt, geht von einer Kundenfrequenz aus und legt mit der Bedeutung der Kundenleitwege auch die Gangbreiten fest.
Der noch unentschlossene Kunde hält den breiten Gang für wichtiger und benutzt ihn öfter.
In sehr großen Verkaufsräumen muss die Länge der Gänge bestimmt werden und damit auch die Geh-Geschwindigkeit der Kunden. Längere, gerade Führungen sollen vermieden werden, es entstehen sonst Rennstrecken. Zu viel Gang-Zickzack schadet der Übersichtlichkeit.
Kunden, die in einen unübersehbaren Slalom geschickt werden, werden leichter nervös, besonders zu hektischen Verkaufszeiten ist dann der Stress wieder da. Es wird dann nicht mehr von Kundenleitwegen, sondern von Unternehmensleitwegen gesprochen.
Haupt-Kundenleitwege: breiter
und Nebenkundenleitwege: Schmaler ist die Lösung. Deutliche Informationen müssen gegeben werden!
Wichtig ist, dass die Logik der Gänge und Gangsysteme mit unterschiedlichen Breiten dem Kunden im Durchgehen „klar" wird, ohne großen Aufwand an Erklärungen. Warenart und Verweilen, Konzentration und Information bestimmen die Grundriss-Psychologie.
Die Zeiten der Quadratmetermaximierung sind vorbei. Gänge werden deshalb eher breiter. Schmale Gänge wirken einfach und signalisieren Unterteilung des Sortimentsbereiches.
Wenn Gänge enger sein müssen als üblich, dann sollte man die Ware nicht so tief unten im Regal oder unten im Tisch platzieren.
Die Warenbilder, Warenleitbilder werden zum Gang hin angelegt. Eine besondere Aufmerksamkeit genießen Eckpunkte. Abzweigungen am Loop – vom Haupt-Kundenleitweg in einen Nebenleitweg – bestimmen Highlights unter Berücksichtigung der Haupt-Laufrichtung.
Die Orientierung zum Gang in größeren Verkaufsräumen erfolgt in der Anlage eines Terrassenbildes – oft auch als Arenawirkung bezeichnet. Eine wirkungsvolle Terrassenlandschaft wird geschaffen, wenn nach vorn zum Hauptgang flache Möbel mit flacher Auslage stehen und wenn sich vom Gang weg terrassenförmig eine Landschaft aufbaut.
Unterschiedliche Markierungen der Gänge sind nicht in allen Branchen empfehlenswert. Nachteile ergeben sich, wenn man variieren will. Gerade für Inszenierungen wird Flexibilität in der Anordnung der Innenmöbel gefordert.
Zu den Gängen kommen in großen Verkaufsräumen Plätze. Sie sind eine besonders wichtige Orientierungshilfe. Plätze werden in Kreuzungsbereichen der Gänge angelegt, wo der Kunde zwischen mehreren Gängen wählen kann, aber auch in Raumecken, wo der Kunde seine Geh-Richtung ändern muss. Plätze sind besondere Orientierungszonen und oft als Verweilzonen gedacht. Die Unterbringung von Sitzmöbeln unterstreicht dies.
Der Wechsel zwischen Gängen und Plätzen hat Orientierungsstärke, die sich dem Konsumenten gut einprägt.
Plätze dienen der Kommunikation, können sehr gut Sitzmöbel aufnehmen, Verweilzonen schaffen und Kontakt-, Kommunikations- und Erlebnisbereiche sein. Die Auflockerung durch Pflanzen ist eine interessante Abwechslung.
Nicht alle Verkaufsräume lassen sich optisch über Wände erschließen. Dies gilt insbesondere für

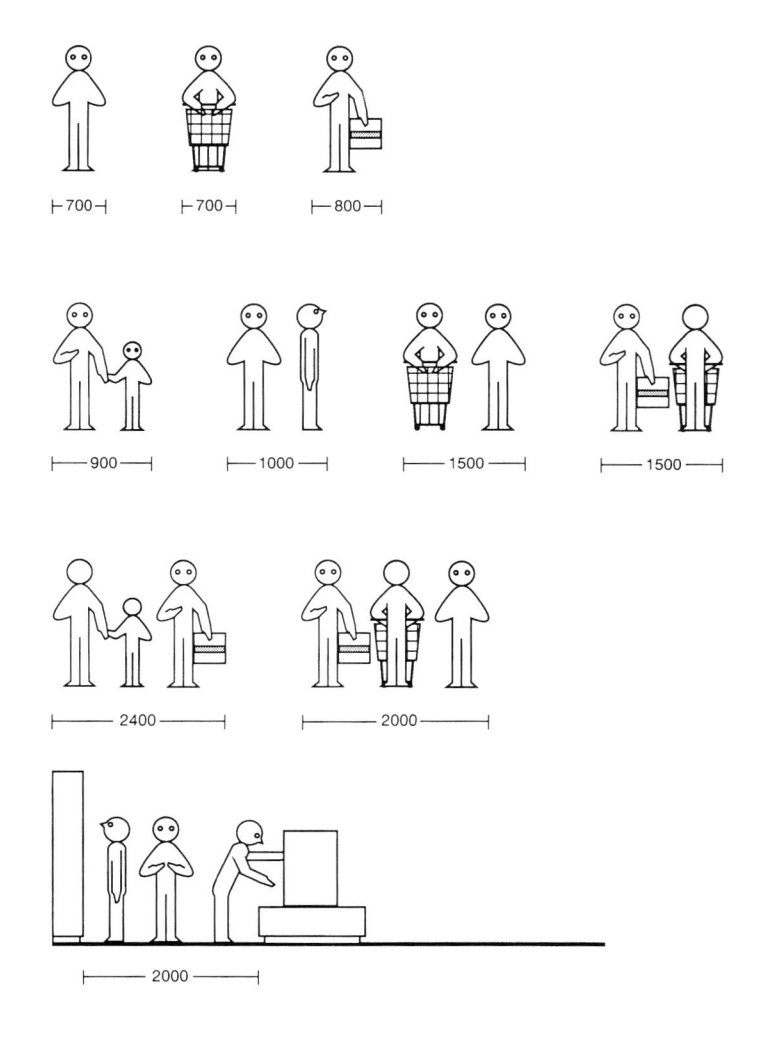

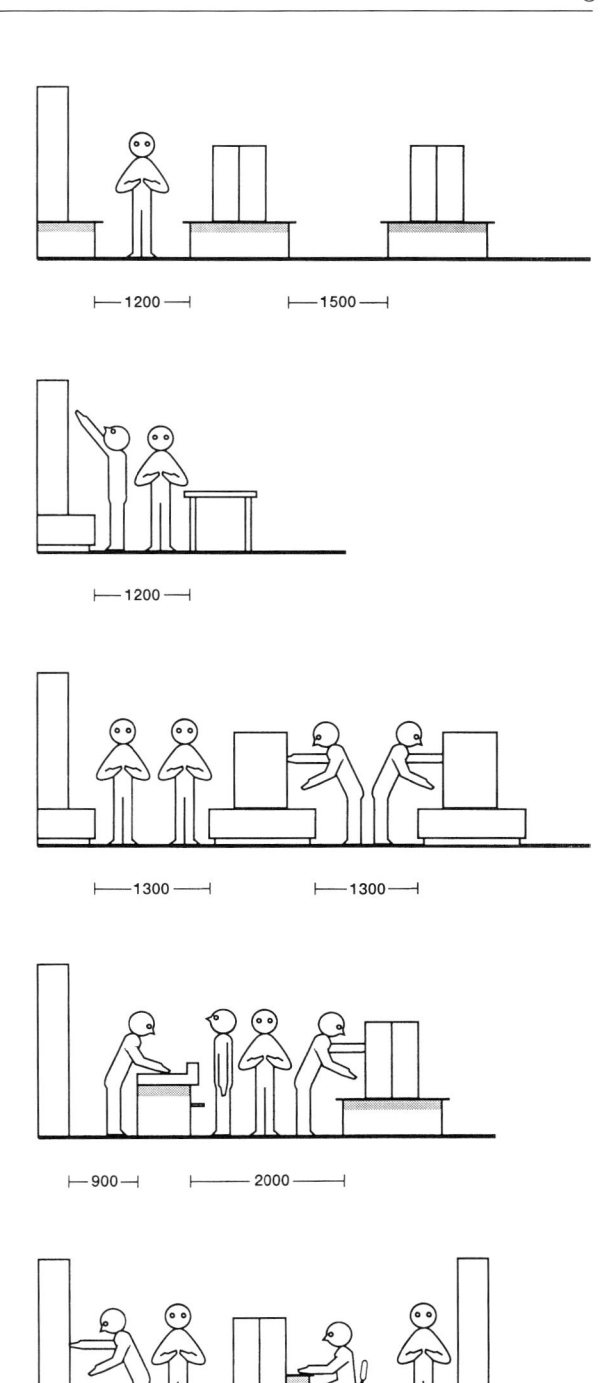

F4   Der Kundenleitweg

große Verkaufsräume, bei denen der Abstand der Parallel-Wände zu groß ist und nicht mehr auf den Kunden wirken kann.

Etwa bei 10 m Abstand der Wände muss man Mittel-Orientierungen versuchen. Die Führung muss hier über Säulen, über Mittel- oder Innenmöbel erfolgen. Die entstehenden Achsen und die Diagonalen werden umgesetzt, sie erhalten Bestimmungen und Zuordnungen. Das Kundenleitwegnetz ist vergleichbar mit dem Straßenverkehrsnetz.

Wie im Straßenverkehr muss auch hier zwischen Ankündigungen, Wegweisern, Highlights und dem eigentlichen Weg immer ein Erkennungszeitraum liegen.

Der Kunde folgt den geraden Kundenleitwegen und auch den diagonalen, weniger den Abzweigungen um 90° nach rechts oder nach links. 90°-Abzweigungen ordnen sich dem Geradeaus-Leitweg unter.

Am Ende des Ladens entsteht eine Wand. Der Konsument muss nun eingeladen werden, einen anderen Weg zu gehen als den, den er gekommen ist. Deshalb ist für die Raumbestimmung diese Abschlusswand wichtig, die besonders in kleineren Läden auffällt, in vielen Fällen sogar raumbestimmend ist. Rundungen, am besten Halbkreise, bringen die ideale Wirkung für diesen Drehbereich. Unterstrichen wird dieser Dreheffekt durch runde Innenmöbel. Die Beachtung dieser Drehbereiche durch den Kunden wird im Allgemeinen von den Unternehmen unterschätzt.

Siehe das Kapitel:

F 15.1 Die Treppe im Kundenleitweg

4.6.2 Die Wände

In den Fachgeschäften des Einzelhandels haben die Raumgrenzen eine raumorientierende Funktion und damit einen Kundenleitweg-Auftrag.

Traditionell haben die Wände zur Aufnahme raumhoher Regale gedient. Sie waren notwendig, denn der Hauptteil der Ware wurde in den Regalen gelagert. Der raumbestimmende Faktor der Wände ist in den Fachgeschäften geblieben, auch wenn sich in einigen Branchen wichtige Ware von den Wänden weg in die Mitte der Verkaufsräume verlagert hat.

Die Wände begrenzen den Raum, die Wände überragen die Mittelmöbel, die Wände sind überall sichtbar, hieraus ergeben sich Aufgaben.

Die Wände werden genutzt zum Verkünden, für Warenbilder dazu benötigen sie Flexibilität. Damit hat der ursprüngliche alleinige Auftrag der Warenlagerung eine weitere Aufgabe erhalten, die die Wände und Warenträger verändert hat.

Das Thema Sortiment wird in der Wand als Warenbildthema geführt. Es erhält Variationen des Grundthemas – oder es wird bewusst als Unterscheidung gestaltet.

Unterscheidungen, Leitbildeffekte sollen stören und aufrütteln, auf etwas Besonderes hinweisen und leiten.

F4 Der Kundenleitweg

Wände schaffen:
– Klarheit
  eine Ordnung
– Großzügigkeit
  eine Übersicht
– Bewegung
  durch Faltungen, Vorsprünge
– Zusammenhänge
  durch Eckverbindungen.

Die ruhigen Wände
Flexibilität durch Bodenveränderung. Einhängungen verändern die Wandregale und schaffen neue Grundlagen für Warenbilder.

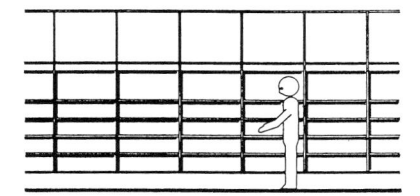

Es gibt die Methode der ruhigen Wände, den Raum in seiner natürlichen Größe und Funktion zu erhalten und die Inszenierungen einzubeziehen durch interessante Warenbildlösungen und durch Faszinationspunkte. Der ruhige Ausgangspunkt ermöglicht große Flexibilität und ständige Anpassungsmöglichkeit an dynamische Konzepte. Die akzentuierten Wände bringen per Warenträger oder Display Hinweise, in die sich Waren einordnen.

Die akzentuierten Wände

1. Proportionierung der Sehgreifhöhe für Warenbilder

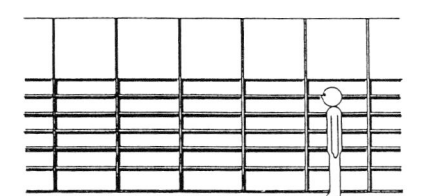

2. ruhend, der Ausgang für kreative Warenbilder

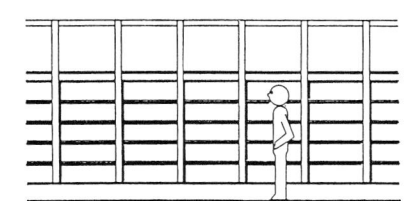

3. trennende Seiten

4. Akzentuierung für verschiedene Warengruppen

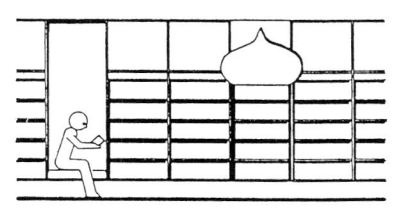

5. deutliche Dominante

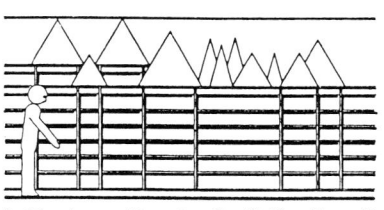

6. Rhythmus über der Greifhöhe überträgt sich auf die Ware darunter

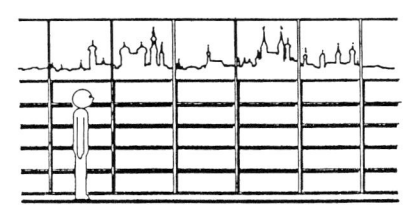

7. eine Stadt-Silhouette, eine Geste an die Region

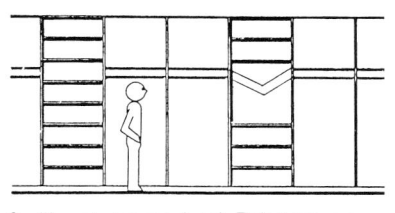

8. Akzentuierung durch Polarisierung

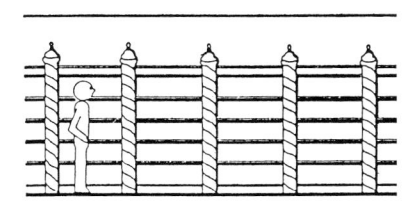

9. eine starke Trennung

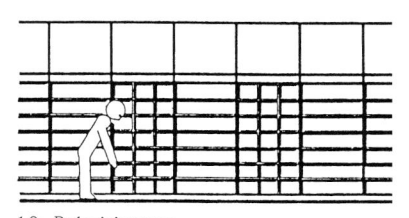

10. Polarisierung

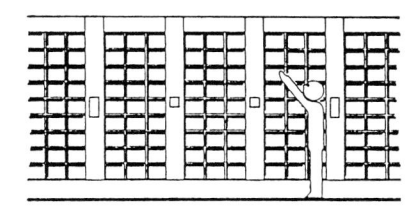

11. Reihung

521

F   Kommunikationsmarketing: Die Einladung – Corporate Communications zur Unternehmenskommunikation

F4   Der Kundenleitweg

Unterscheidende Warenbilder für unterschiedliche Aufgaben
Decius, Hannover
Design: Wilhelm Kreft GmbH, Wedemark

St. Emile
Show Room, Düsseldorf
Design: Inna Dobiasch

Gerry Weber
Die Wand für die Marken
Design: Schwitzke & Partner
Realisierung: Dula

Interessante Silhouette oberhalb der Greifhöhe
Gesehen in Edmonton/Kanada

F4 Der Kundenleitweg

Sehfelder zur Wand

Im Kundenleitweg
60 Grad = Hauptsehfeld
120 Grad = Beachtungsfeld zum Vergleich:
1,00 m Abstand zur Wand seitlich
2,00 m Abstand zur Wand frontal
Wände schaffen Beziehungen
– zwischen Konsumenten und Wand
– zwischen Konsumenten und Regal
– zwischen Konsumenten und Ware
zur Raum- und Sortimentserschließung durch Kundenleitwege

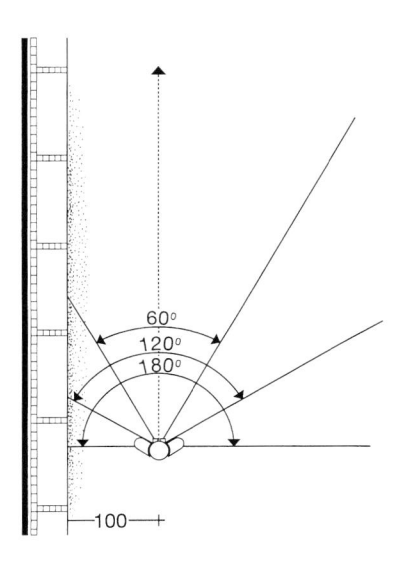

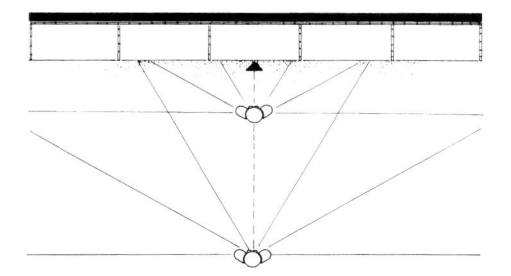

Die Distanz bestimmt die Warenbildgrößen

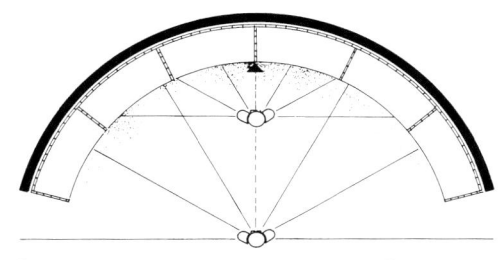

Gleicher Abstand von einem Punkt schafft gleiche Warenbildgrößen

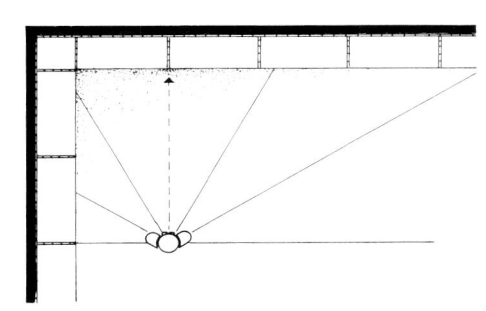

90-Grad-Ecken schaffen neue Regalabschnitte

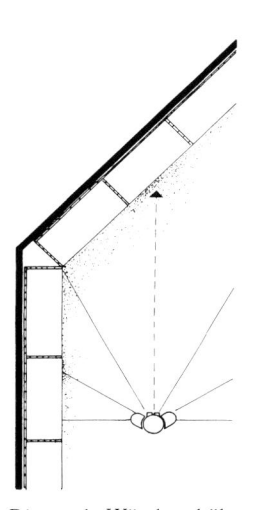

Diagonale Wände erhöhen die Aufmerksamkeit

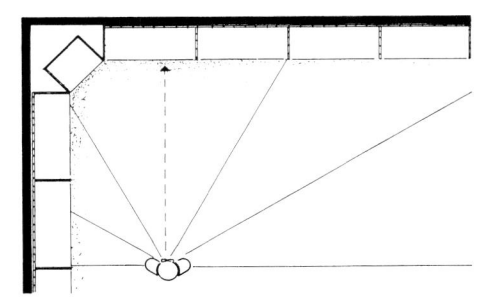

45-Grad-Ecken schaffen einen Übergang:
– eine Verbindung zwischen den Wänden
– eine bessere Führung der Konsumenten

Ausgänge in hintere Räume

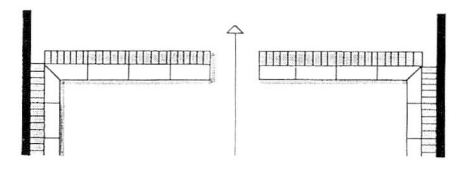

zentral = wichtig

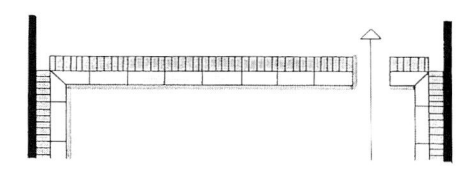

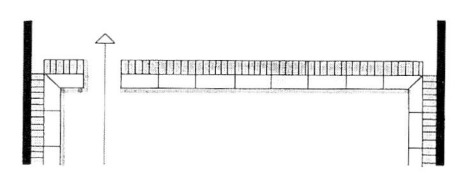

seitlich = praktisch, im Gang am Regal
Der Kunde am Regal schaut in die hinteren Räume, eine Tür bleibt meist offen.

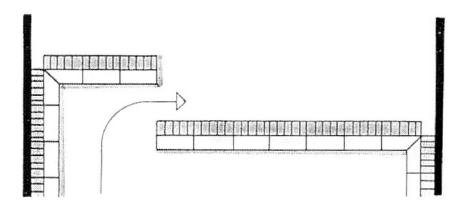

verdeckt = unauffällig wie eine Theaterkulisse

Die bewegten Wände

Eine Methode will die natürlichen Raumgrenzen verändern, sich Vorsprünge erlauben, Faltungen, die besonders auffallen sollen, oder sägezahnartige Blickpunkt-Verbesserungen durchführen, die nur auf bestimmte Punkte wirken. Wenn sich dieser Punkt nicht auf natürliche Weise ergibt an einem Thekenabschnitt, an einem Kassen- oder Informationspool, wird eine Blickidealisierung vollzogen, die kaum den erforderlichen Ablauf in der Aktualisierung der Warenbilder vollziehen kann.

Jede Zuwendung auf den Konsumenten, die Botschaft an der Wand durch ein vorgezogenes Regal zu erreichen, bedeutet Sichtschatten für den verdeckten Abschnitt.

Der sich bewegende Konsument, der Ablauf in eine bestimmte Richtung, die Entstehung eines Loops, entspricht dem natürlichen Bewegungszyklus eines Konsumenten. Das Ergehen eines Sortiments, das Erleben von Warenbildern erfordert die Planung. Diese Planung muss entdecken, ob bewegte Wände besser sind, weil sie den Leitauftrag besser erfüllen können.

Bei der Planung solcher Wände muss immer überlegt werden:
- ob es sich um eine momentane modische Absicht handelt, die irgendwann geändert werden muss; wenn geändert, wie?
- ob nicht die dramaturgische Lösung, also das Warenbild, die bessere Lösung ist. Die Aufmerksamkeit ist größer und kann damit jederzeit geändert werden.

Bei Nischen, auch schon bei Sägezähnen muss an den gegenläufigen Konsumenten gedacht werden, der sozusagen die Regale, die im Sichtschatten liegen, nun als nicht beachtenswert empfindet.

Das Experiment ist wichtig, aber immer wieder muss man fragen: Welchen Vorteil hat der Konsument?

Die Bedeutung der Warenleistung und der visuellen Leistung muss deutlich sein. Die stärkere visuelle Leistung, die besonders für wirkungsvolle Highlights in den Wänden gebraucht wird, muss die Botschaft einer für das Sortiment wichtigen Ware vermitteln.

F4 Der Kundenleitweg

Gefaltete Wände
bedeuten:
höhere Aufmerksamkeit für Teilbereiche und Sichtschatten in den nachfolgenden Bereichen. Eine genaue Sortimentsplanung ist erforderlich.
Gefaltete Wände sind nur in einer Richtung vorteilhaft. Das bedeutet, ganz eindeutige Zielrichtungen im Kundenleitweg.
Der Hauptnachteil liegt für größere Faltungsbereiche in der exakten, kaum zu verändernden Sortierung der Ware durch die geschaffenen Grenzen.
Gestalterisch entstehen unruhige Wände, die bei gezielter Anwendung Aufmerksamkeit erreichen.

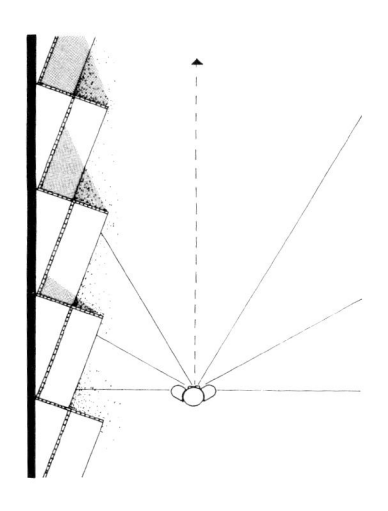

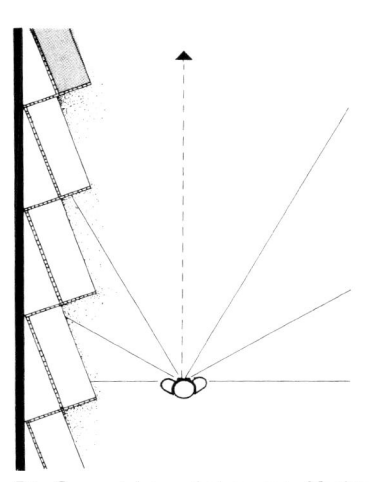

Die Gegenrichtung hat enorme Nachteile.

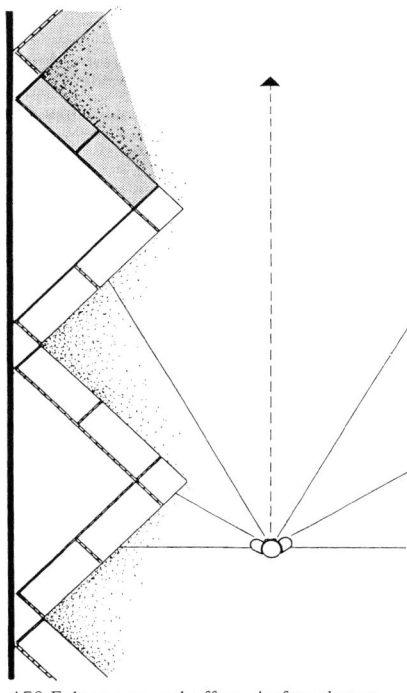

45°-Faltungen schaffen Aufmerksamkeit in Teilbereichen des Verkaufsraumes und wirken mit unterschiedlichen Warenbildern auf beide Richtungen.

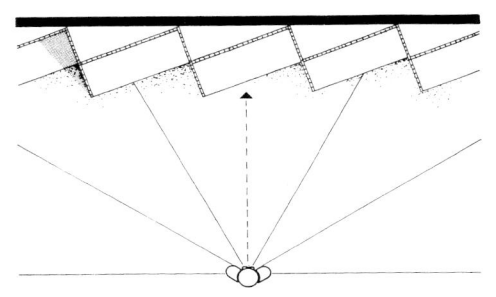

Auch aus dieser Sicht ein Sehnachteil gegenüber einer geraden Wand.

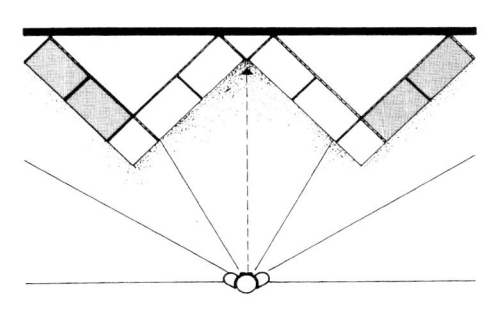

Ein Nischen-Effekt ergibt sich aus dieser Richtung.

F Kommunikationsmarketing: Die Einladung – Corporate Communications zur Unternehmenskommunikation

F4 Der Kundenleitweg

Nischen
- vergrößern das Warenangebot
- ordnen und begrenzen
- schaffen Intimität
- bringen weniger Übersicht

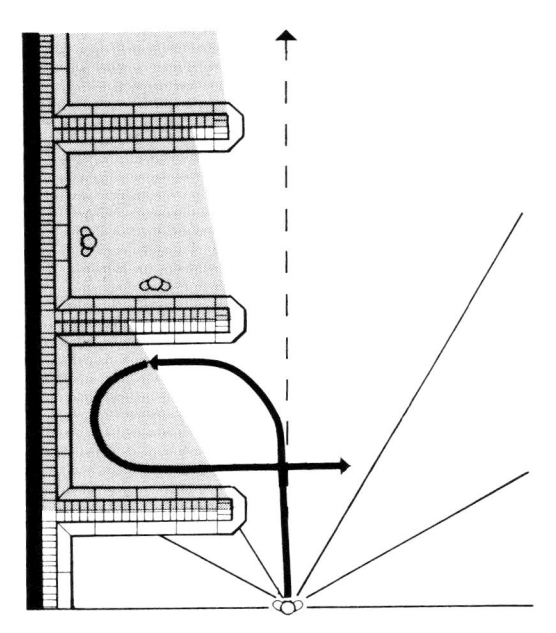

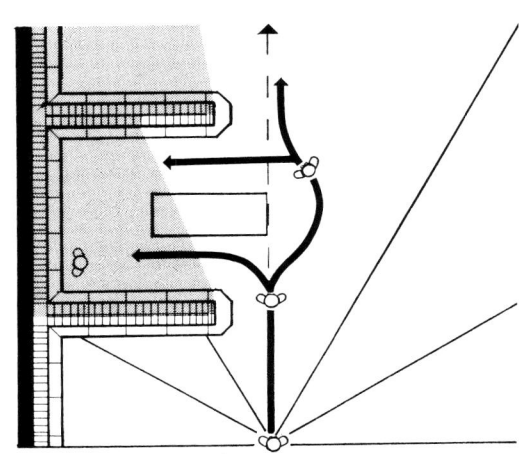

Ein Tisch, die vorgestreckte Hand in den Kundenleitweg
- zieht in die Nische hinein

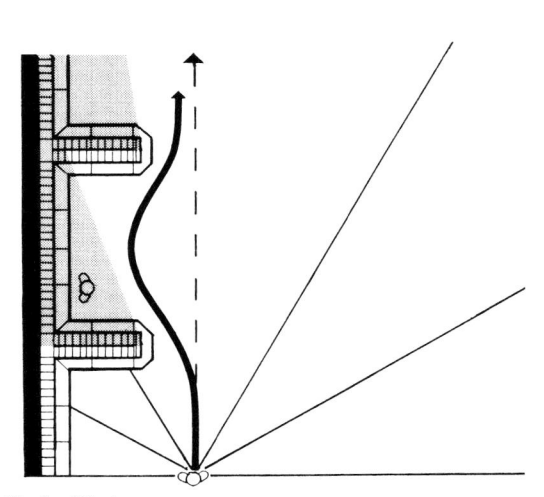

Flache Nischen
verlieren nicht den Bezug zur Wand.

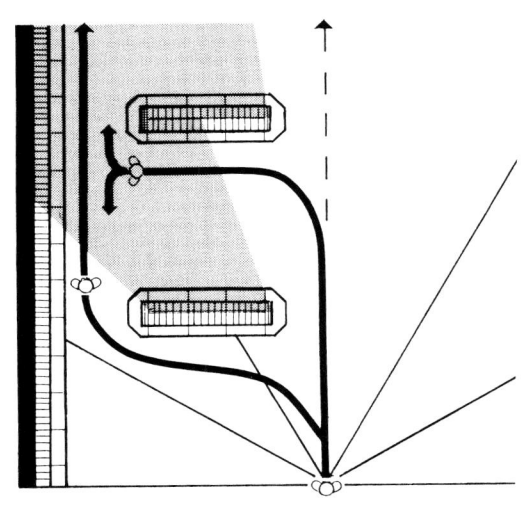

Nischen mit durchlaufenden Wänden:
- bringen mehr Kontakt
- schaffen bessere Übergänge im Sortiment.

4.6.3 Die Raumteiler

Es gibt natürliche Raumteilungen, die durch Mauern und Wandvorsprünge entstehen, durch freistehende Wandscheiben, große Kamine sowie durch Säulen und Pfeiler. Von allen diesen Raumteilern gehen Wirkungen aus, die für die Ladenplanung bedeutungsvoll sind.

Die vorgefundene Raumteilung, die zum Haus gehört, muss in der Ladenplanung immer eine Beachtung finden.

Raumteiler haben einen festen Bezug zum Raum und zu den Wänden und damit zum Kundenleitweg. Oft überträgt die Leitwegplanung besondere Leitfunktionen auf diese Raumteiler. Sie werden zu Raumleitbildern.

Im Sortimentsplan wurde festgelegt, wie weit eine Teilung im Raum erforderlich ist und wie weit der Kunde Warenbereiche überblicken muss.

Je hochwertiger das Warenangebot ist, desto eher neigt das Unternehmen zu kleinen Bereichen, die über die logische Sortimentsfolge im Loop erschlossen werden.

Kleine Bereiche werden gebraucht, um eine besondere von der Ware ausgehende Stimmung für eine Warengruppe zu erreichen, um Konsumenten zu sensibilisieren und zu konzentrieren um störende Einflüsse fern zu halten.

Die Wirkung, die Atmosphäre von Ware und Raum ist wichtig. Das Warenraumbild braucht ein Maß, ein Verhältnis vom Konsumenten zur Ware und zum Raum.

Sensibel gestaltet wird das Verhältnis vom Konsumenten zur Ware und zum Raum in einer Abteilung mit hochwertigem Schmuck.

Gestaltet wird die Stimmung für den Besprechungsplatz „Schmuck". Die Vitrinen um den Platz herum sind Schutz.

Der Wert der Ware hat eine Beziehung zum unmittelbaren Erleben der Ware durch Nähe und zur Atmosphäre aus Design, Material, Farben und Licht. Die Erlebniswertigkeit, die zur Ware gehört, muss erreicht werden.

Wichtig ist zu erkennen, dass kleine Raumabschnitte in den Unternehmen gewinnen, die hochwertige, den Lebensstil bestimmende Ware zeigen.

Wenn man solche intimen, nahezu privaten Raumabschnitte schaffen will, kann man den Grad der Öffnung des Zuganges und der Durchlässigkeit der Blicke bestimmen durch vorhandene Pfeiler, Wandscheiben und Wandvorsprünge oder man erreicht dies durch künstliche Raumteilungen durch Trennwände, Regale oder Vitrinen. Probleme entstehen durch Wandvorsprünge oder Wände, die separate Räume oder Nischen bilden, die man gar nicht will und die man nicht herausnehmen kann. Dann müssen diese Probleme, die man nicht „im Raum" lösen kann, „im Sortiment" gelöst werden durch Umstellung des Sortimentsplanes, durch neue Warenraumbild-Ideen. Ein Wandvorsprung muss sortimentslogisch werden:

– vor den Wandvorsprung gehört ein allgemeines Sortiment
– dahinter ein anderes, spezielleres Sortiment,
– immer das Brain-Script des Kunden beachten.

Dass beides zusammengehört, wird optisch durch eine gestalterische Verbindung erreicht – sortimentstechnisch durch die konsequente Weiterleitung. Die Klammer ist das gemeinsame Warenraumbild. Einige Wandvorsprünge im Verkaufsraum können interessant sein, wenn sie „Natur" sind und nicht gewollt oder aufgezwungen wirken.

Die Idee muss sein: Raumnachteile zu positivieren, einen besonderen Anlass für einen besonderen Teilraum zu finden. Schon mancher Raumnachteil wurde dadurch zum Vorteil.

Mit welcher netten Überraschung kann man den Konsumenten führen?

F   Kommunikationsmarketing: Die Einladung – Corporate Communications zur Unternehmenskommunikation

F4   Der Kundenleitweg

Die „natürlichen" Raumteiler

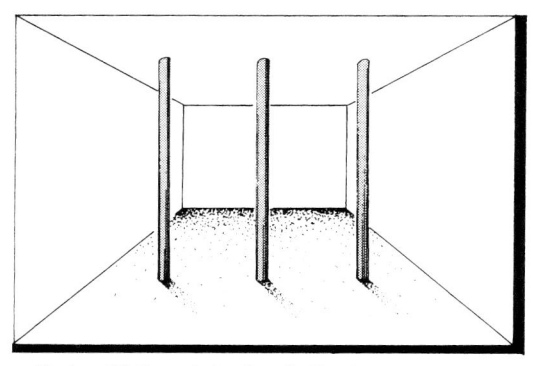

– Säulen, Pfeiler – freistehende Kamine
 Siehe das Kapitel:
 F 4.6.1   Säulen und Pfeiler
 F 5.9   Pfeiler, die leiten

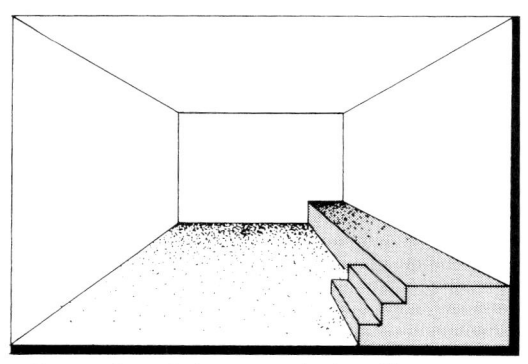

– Raumpodeste, Bühnen, verschiedene Ebenen
 Siehe das Kapitel:
 F 4.6.6   Die Raumpodeste

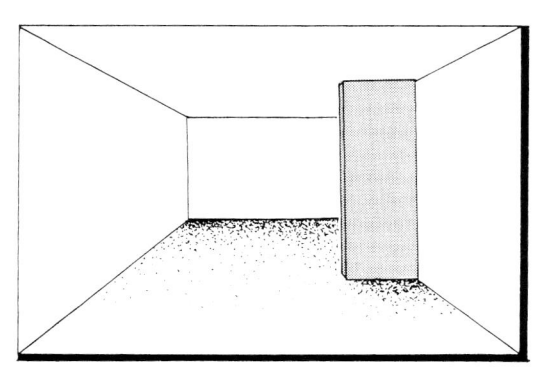

– Wandscheiben – auch freistehend
 Siehe das Kapitel:
 F 4.6.5   Die Wandscheiben
– Eingänge, Fenster
 Siehe das Kapitel:
 F 11   Fassade und Eingang
– Treppen, Emporen
 Siehe das Kapitel:
 F 15   Der Treppenbereich

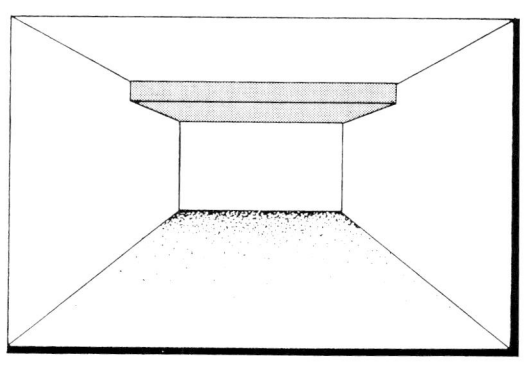

– Deckenversprünge, Teilabhängung einer Decke
 Siehe das Kapitel:
 E 8.6   Die Deckenverkleidung und Unterdecken

F4 Der Kundenleitweg

Die „künstlichen" Raumteiler

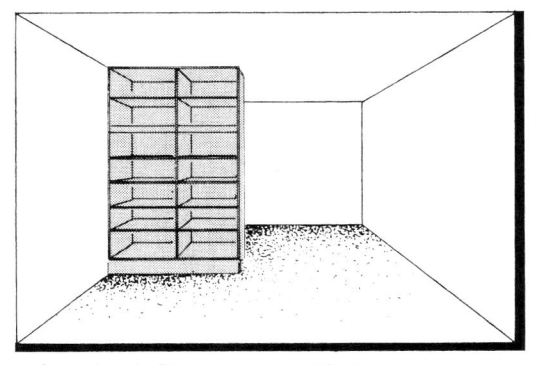

– freistehende Regalwände und Vitrinen

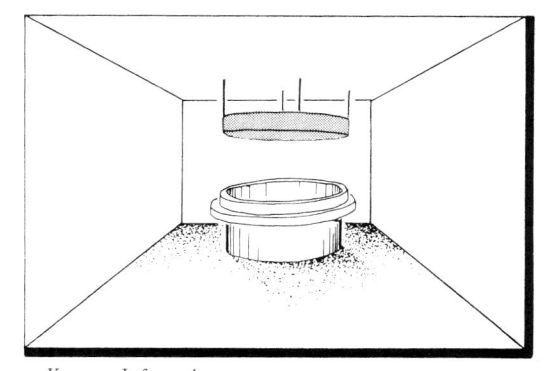

– Kassen, Infopools
  Siehe das Kapitel:
  F 14   Der Kassenbereich

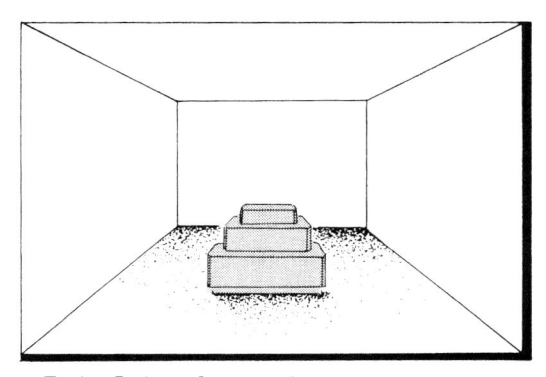

– Tische, Podeste, Innenregale
  Siehe die Kapitel:
  E 7.5   Die Innenmöbel
  F 13   Der Markt

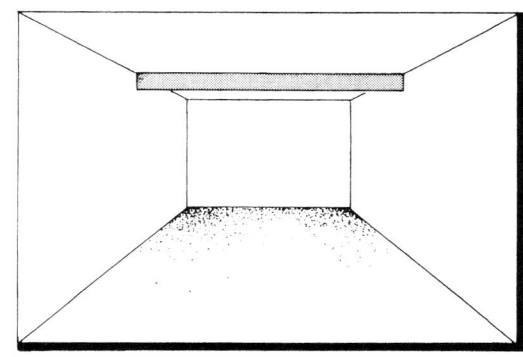

– Schürzen, Baldachine

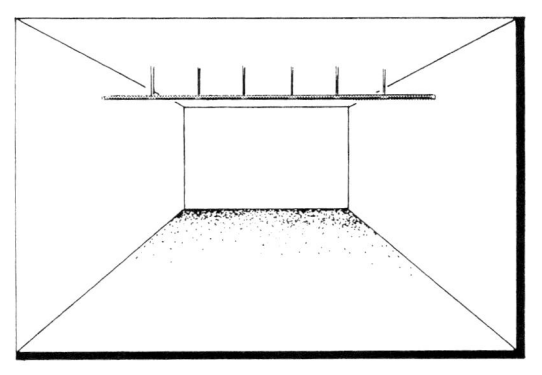

– abgehängte Leuchten

Buchhandlung für Buchhändler,
Wedemark
Planung und Realisation:
Wilhelm Kreft GmbH, Wedemark

4.6.4 Säulen und Pfeiler

Säulen und Pfeiler sind die häufigsten natürlichen Raumelemente. Säulen bedeuten Sicherheit, eine Notwendigkeit in der Konstruktion größerer Räume, ein Triumph der Technik.

Pfeiler haben eine verwandtschaftliche Beziehung zur Wand. Pfeilerreihen wirken aus bestimmten Blickwinkeln wie Wände. Erst, wenn sich der Betrachter bewegt, werden die Zwischenräume zu großen, gähnenden Öffnungen.

Es ist ein wesentlicher Unterschied, ob man Säulen, runde Körper, oder Pfeiler, eckige Körper, vorfindet.

Die Wirkung der Säulen muss man studieren. Anders als beim Pfeiler will der Blick die Säule umschließen, die Rundung nachvollziehen. Man muss an den Säulen vorübergehen. Es treten immer wieder andere Beziehungen auf durch den Zwischenraum zwischen den Säulen und zwischen Säule und Wand.

Säulen und Pfeiler wurden über viele Jahrzehnte in der Ladenplanung als störend empfunden. Die Entwicklung ging dahin, möglichst große Räume ohne Säulen und Pfeiler zu schaffen. Die Bedeutung dieser natürlichen Raumteiler ist heute erkannt: Säule und Pfeiler als Raumordner und als Raumorientierung.

Säule und Pfeiler spielen eine bedeutende Rolle in der Orientierung und damit in der Loopplanung und in der Warenraumgestaltung.

Eine Säule im Raum ist auch eine Säule im Sortiment!

Was für den Raum notwendig ist, ist auch für das Sortiment wichtig: der Warenraum.

Die Säule wirkt wie eine vorgestreckte Hand in den Kundenweg hinein. Jede freistehende Säule hat eine große Wirkung. Es ist Aufgabe der Ladenplanung, diese Wirkung auch zu nutzen.

In Fachwerkhäusern, in denen das Tragwerk aus Holz im Raum steht, wirkt das besondere, ästhetische Milieu. Das Fachwerk ist willkommen. Wichtig ist, dass immer die besondere Situation und die Atmosphäre erhalten werden. Individualität, Unterscheidungen können genutzt werden. Beachtung müssen Mittelpfeiler und Mittelsäulen finden. Mittelpfeiler, mehr noch Mittelsäulen, sind natürliche Drehpunkte, Doppelsäulen ergeben Toreffekte.

Säulen, die in Gängen stehen, sind natürlich schwierig. Erst, wenn sich wirklich keine andere Möglichkeit ergibt, muss die Säule weg, es sei denn, man will

– einen Bremseffekt
– ein Festhalten im Raum vor der Säule
– eine Verzögerung für eine besondere Aufmerksamkeit.

Dann ist die Säule geradezu erforderlich, auch im Gang.

Mit der Herausnahme einer Säule wird der Raum verletzt. Das natürliche Raumgefüge stimmt nicht mehr. Das bleibt spürbar wie die Herausnahme eines Zahns aus einem Gebiss. Es entsteht eine Lücke.

Deshalb Vorsicht, die Herausnahme der Säule nur beschließen, wenn es gar nicht anders geht. Das gilt natürlich auch für Kamine, Pfeiler und Wandscheiben.

In einem großen Verkaufsraum werden die Säulen zu notwendigen Orientierungen. Die Säulen sind ein willkommenes Erschließungselement.

Bei Skelettbauten findet man Pfeiler, sicher in guten und vertretbaren Abständen. Die Pfeiler gehören zum Bau. Sie bilden Richtungen, Raumabschnitte, sie sind gebaute Mathematik, ein Ergebnis.

Pfeiler wird Säule.
Höchste Beachtung garantiert diese Säule.
Design: Wilhelm Kreft GmbH,
Wedemark

F4 Der Kundenleitweg

Vogelsang, Hannover
Planung: Cöln Design, Köln

Das Sortiment ist in diese Raumabschnitte zu übertragen. Die Aufgabe heißt nun, das Sortiment so zu gliedern, dass Sortimentsbereiche entsprechend dem Bauraster entstehen können. Säulen und Pfeiler werden erforderlich zum Ablesen des Raumes und des Sortiments.

Durch den Rhythmus im Säulenraster bekommt der Raum ein Maß. Von den Säulen entwickelt sich eine Raumwirkung. Auch Zwischenräume, Wandabstände, zeigen Wirkung. Säulen strahlen Sicherheit aus und damit Vertrauen. Die Sicherheit im Raum überträgt sich auf die Nutzung des Sortiments.

Zu wichtigen Positionen für die Sortiments- und Raumerschließung können Säulen und Pfeiler werden.

F Kommunikationsmarketing: Die Einladung – Corporate Communications zur Unternehmenskommunikation

F4 Der Kundenleitweg

Die Gründe und Möglichkeiten für Säulen und Pfeiler.

Sortiment:
- zur Sortimentsgliederung, – für Informationen oder erklärende Warenbilder, die Säule sollte als vorgestreckte Hand erkannt werden, die dem Konsumenten mit Ware und Information gereicht wird.

Raum:
- zur Orientierung im Raum
- für Hinweise zur Raum- und Sortimentsgliederung
- zur Erreichung der Kundenleitwege übernehmen Säulen Raumleitbild-Aufträge
- Säulen als Informationsträger mitten im Raum, direkt am Kundenleitweg
- um wandähnliche Beziehungen aufzubauen.

Milieugestaltung:
- zur Orientierung – zur Raumgliederung – sie bleiben frei und nackt stehen in der ganzen Würde, die ein so wichtiger, notwendiger Raumbestandteil ausstrahlt
- Säulen, mit denen nichts geschieht, die einfach Säule sein dürfen, sind wunderbar. Von ihnen geht Ruhe und Konzentration, Teilung in einem fassbaren Maß aus
- Säulen sind verspiegelt, sie werden ihrer Macht und ihrer Würde beraubt, aber sie spiegeln Raumabschnitte und Menschen, sie bringen Bewegung für alle, die vorbeigehen
- Säulen oder Pfeiler erreichen durch ihre speziellen Eigenschaften, indem sie „frei stehen" und „alles überragen", für die Kundenleitweg-Planung eine Bedeutung, denn sie werden immer gesehen. Das bedeutet, wenn man keine Säulen oder Pfeiler hat, plant man sie ein – künstliche Säulen am richtigen, notwendigen Platz
- diese „künstlichen" Säulen müssen nicht immer an die Decke reichen, sie müssen nicht immer streng parallel sein. Sie können auch Kegel, Kegelstumpf, eine Pyramide oder ein Pyramidenstumpf sein
- der Obelisk wird geboren, insbesondere als Träger für Unternehmens-Signets. Der Verkaufsraum, eine Marke, der Triumph eines Unternehmens zeigt sich. Helden, Götter, Obelisken – eine Heldengalerie. Die Inszenierung hat den Obelisk längst entdeckt.

Ein Verkaufsraum wird ohne Säulen oder Pfeiler im Allgemeinen nicht besser in der Nutzung.
Die Säulen und Pfeiler als etwas Selbstverständliches zu sehen, bringt eine wichtige Raumidentifikation.

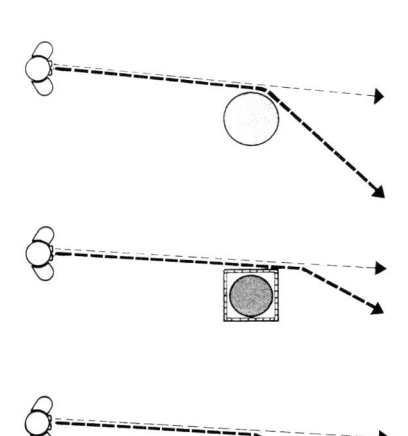

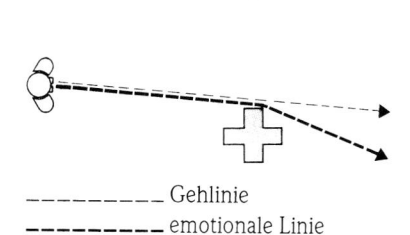

———— Gehlinie
- - - - - - emotionale Linie

F 4 Der Kundenleitweg

Die Zwischenräume zwischen Säulen und Pfeilern:

Wechselnde Durchsichten schaffen wechselnde Sichten zum Raum – diese Lebendigkeit schafft interessante Lösungen in der Leitwegplanung.

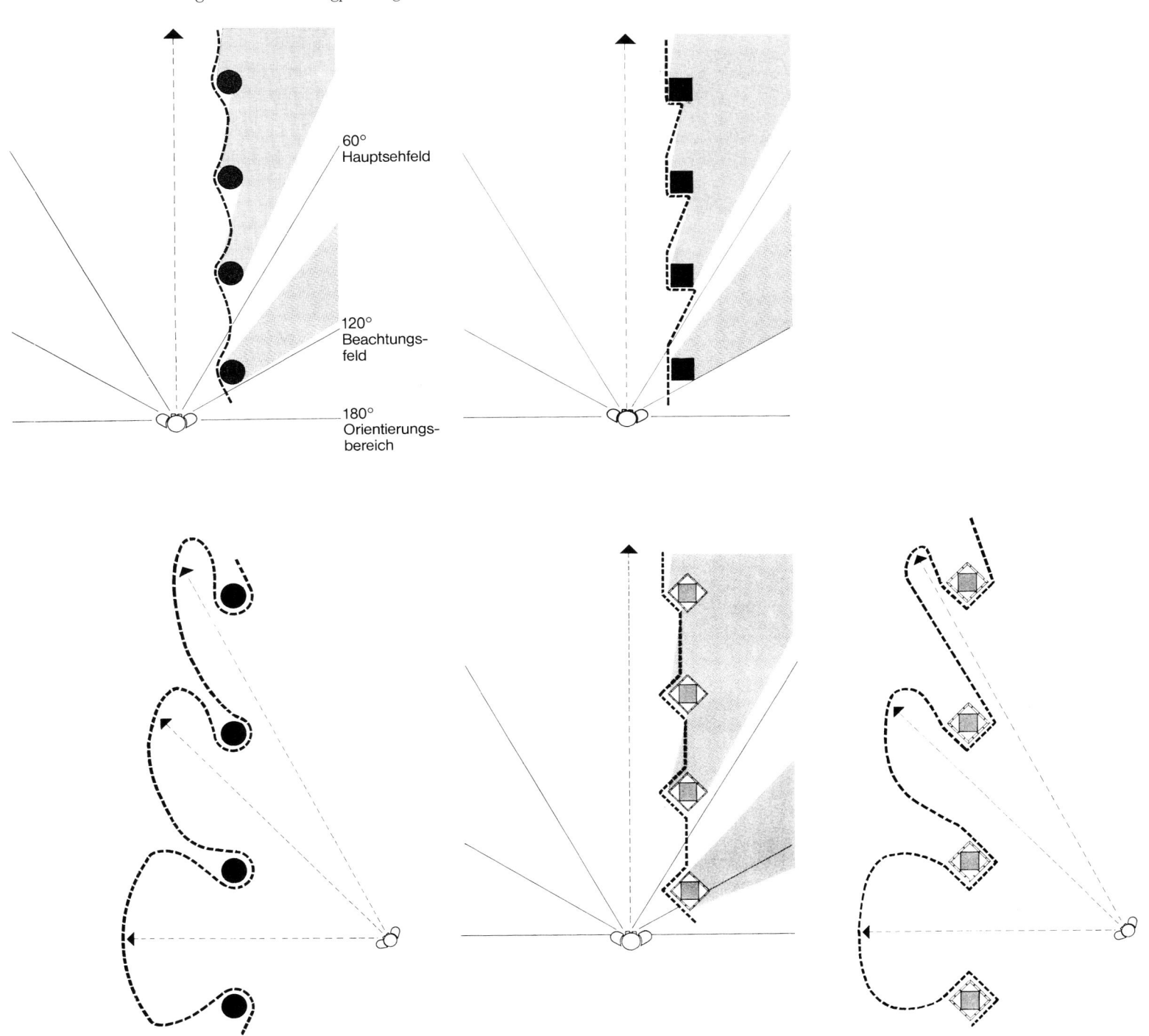

60° Hauptsehfeld

120° Beachtungsfeld

180° Orientierungsbereich

F   Kommunikationsmarketing: Die Einladung – Corporate Communications zur Unternehmenskommunikation

F4   Der Kundenleitweg

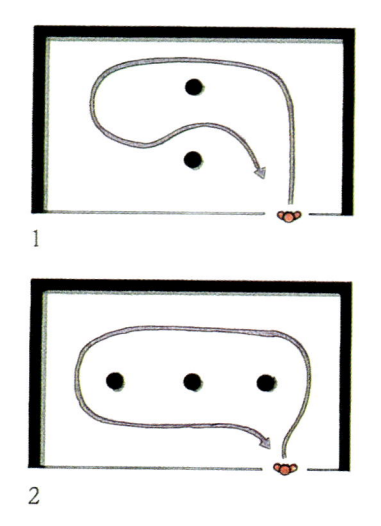

Säulen und Pfeiler beeinflussen den Kundenleitweg:

1. Die Stirnwand wird zuerst gesehen, sie beeinflusst den Lauf der Kunden. Auf dem Rückweg werden die Säulen zu einem Tor.
2. Durch die Vorbestimmung des Kundenlaufes durch die Stirnwand wird die Säulenseite umgangen.
3. Eine Säule, die den Raum bestimmt, hat einen Dreheffekt und behindert den Durchlauf zur Stirnwand.
4. Eine Säulenreihe wird umgangen, erst auf dem Rückweg wird zum Ausgang abgekürzt.
5. Zwei Säulen ergeben einen Toreffekt, durch den der Kunde bevorzugt schreitet.
6. Ist der Toreffekt vom Eingang aus nicht erwünscht, so muss das Tor durch ein Möbel geschlossen werden.

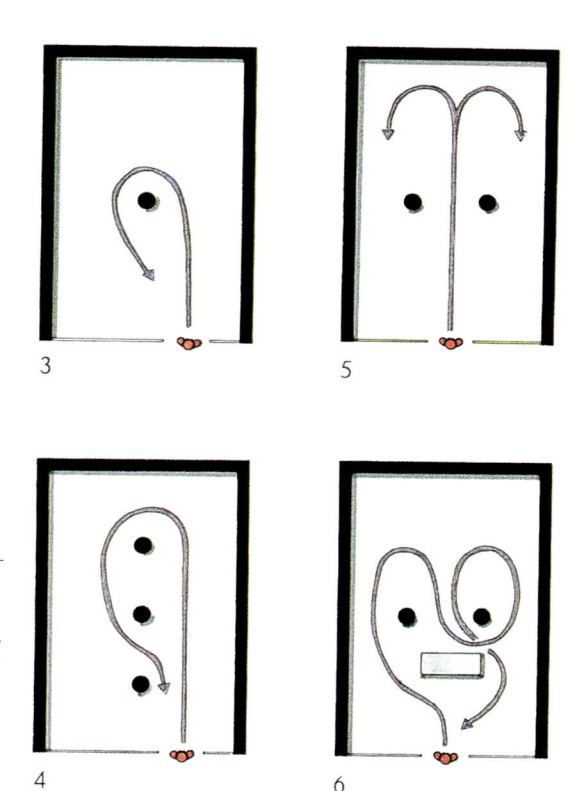

Löwen-Apotheke, Lemförde
Planung: Klaus Bürger

Mythische Säulen

Säulen und Pfeiler haben in der Geschichte große Aufgaben erfüllt. Sie waren als alles überragende Baukörper bestimmt, die Menschen zu beeinflussen.

Mit der Beherrschung der Statik bekamen die Säulen in den Kulturen ethische und ästhetische Aufgaben, die Sinne der Beschauer zu wecken und einzustimmen in eine festliche, mythisch göttliche Wahrheit außerhalb des plagenden Alltags.

Die Welt des Kaufens, die die Emotionalität als Kundenerwartung längst in der Marketingforschung als erforderlich diagnostiziert hat, hat die Säulen und Pfeiler wiederentdeckt für die emotionale Warenraumgestaltung.

Die Lifestyle-Gestaltung und auch die Popart lieben die Säule. Besonders die ägyptischen Papyri- oder Bildsäulen – und ganz besonders die Palmensäulen werden variiert. Aber auch dorische, ionische Säulen – weniger die korinthischen – finden Eingang, dazu auch alle Kapitele der historisierenden Zeit, des Jugendstils und des Art Decos.

Die Säulen werden als klassische Zitate ohne Veränderung übernommen oder in Popart nachempfunden und mit Symbolen oder Branchenidentität und vor allem der Unternehmensidentität versehen.

Die Säule steht für das Besondere, für das Festliche – für Luxus.

Die Säulen haben den Auftrag die Sinnlichkeit zu wecken, eine neue Innerlichkeit, Prächtigkeit und Macht zu zeigen und bereit zu machen für eine anerkennende Aufnahmefähigkeit.

Säulen, Palmen – Fernweh für ein Reisebüro in Wien oder eine regionale Symbolik für Florida. Das Krokodil wird zur Säule – einmalig, ungewöhnlich, abenteuerlich, überraschend und erschreckend, auch ein deutlicher regionaler Akzent. Die Symbolik lässt viele Deutungen zu für die vielen, sich unterscheidenden Erwartungen der Konsumenten.

„Innenansicht der Säulenhalle im Tempelpalast von Philae. Gerade die farbigen Rekonstruktionen, die den Reichtum auf die Frische der Details noch unterstreichen, waren von Einfluss." (Daidalos)

„Fantastische Teilrekonstruktionen des Jupiter Serapis-Tempels in Possuoli bei Neapel. In Piranesis Manier hat Robert die wieder aufgerichteten Säulen Tholos und des Umgangs so behandelt, als habe in später Zeit der natürliche Verfall eingesetzt. Geborene Ruinen, behalten die Figuren und Säulen die Aura des Fremden und Mysteriösen." (Daidalos)

Links:
Burdines, Coral Square, Florida, USA
Design: Walker Group, New York

Rechts:
Burdines, Coral Square, Florida, USA
Design: Walker Group, New York

Die Säulen führen zu Tempeln

Man spricht von „Kathedralen des Konsums".
Wird der Konsum eine Religion – oder eine Ersatzreligion?
Spürt der informierte und aufgeklärte Kunde die Grenze?
Der Kunde will diese Emotionalität. Er dankt überschwänglich durch „mehr Käufe als erwartet". Das dynamische, aktuelle Fließen, ständig „etwas Neues", ist in, ist diesem Zeitgeist ein Stück voraus, auch in der Emotionalität und Exklusivität.
Kunden, die durch Technik und Stress am Arbeitsplatz und nicht nur dort, geplagt werden, suchen die Romantik und den emotionalen Komfort beim Einkauf.
Der Trend zum einfachen Konsum bei den Waren des täglichen Bedarfs steigert den Wunsch nach hochwertigen Waren des gehobenen Bedarfs in exklusiver Umgebung.
Mythische Säulen stehen in einem Verbund zueinander, zunehmend bilden sie Tempel in einem überschaubaren Quadrat, Rechteck oder in einem Kreis. Alle Säulen sind mit einem Architrav, der mit den Säulen eine Tragwerkeinheit darstellt, verbunden.

Otto Beck, Bludenz/A
Planung und Realisierung: Umdasch Shop-Concept, Amstetten/A

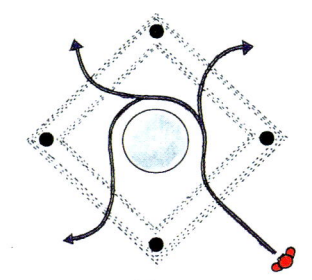

1. Die Viergruppe mit Mittelpunkttisch

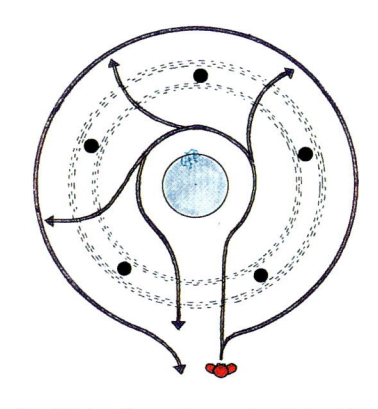

2. Der Fünfsäulen-Tempel setzt deutliche Akzente

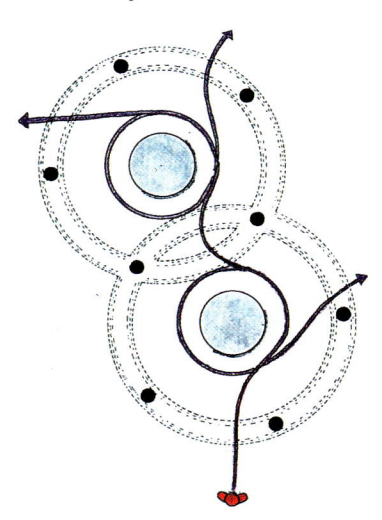

3. Diagonale Erschließungs-Richtungen werden durch überschneidende Ringe erreicht

Tempel werden als Einstimmung oder als Ordnungsfaktor gebraucht. Der Tempelbezirk ist immer etwas Besonderes und zeigt besondere Waren.
Siehe hierzu Kapitel:
F 5.6   Pfeiler, die leiten

F4 Der Kundenleitweg

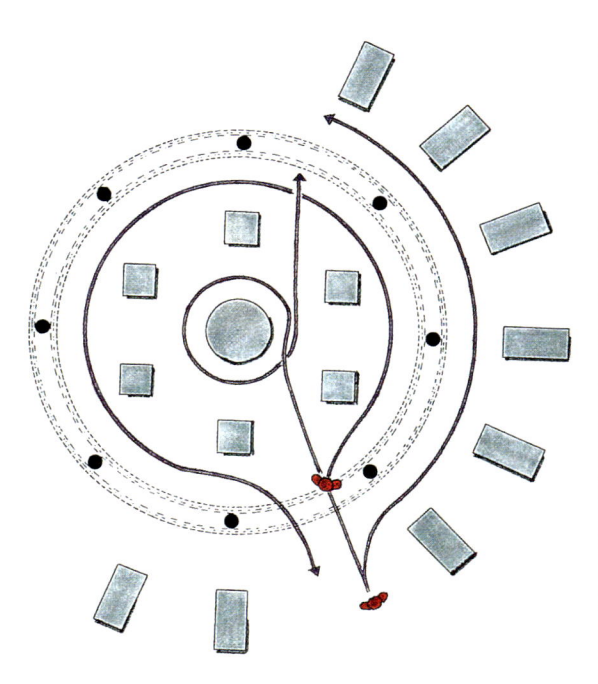

4. Große Rundtempel beherrschen und ordnen größere Verkaufsräume. Der Loop wird deutlich.

Gianni Versace, Mailand
Planung: Carmellini & Magnoli

5. Ein Tempel für eine besondere Zielgruppe – hier für Kinder.

4.6.5 Die Wandscheiben

Wandscheiben ergeben sich aus bautechnischen Notwendigkeiten, sehr oft bei Anbauten im Zuge einer Erweiterung, wenn die Lasten, die statisch abzufangen sind, nicht auf Säulen übertragen werden können.

Anders als bei Säulen und Pfeilern, deren Notwendigkeit einleuchtet, werden Wandscheiben im Allgemeinen nicht verstanden, sie tragen den Makel „bautechnisch nicht bewältigt".
Wichtig sind alle Überlegungen für den Kundenleitweg. Denn wie der Konsument die Wandscheibe einordnet, ist wichtig.

Die Raumerschließung über Wandscheiben
Die Wandscheibe mit der rechten Wand vereint.
Die Wandscheibe teilt die Wand.
Die Wandöffnung schafft die Möglichkeit zu einem deutlichen Warenleitbild im zweiten Raum.

Die Wandscheibe mit der linken Wand vereint.
Die Wandscheibe teilt die Wand oder das Fenster.

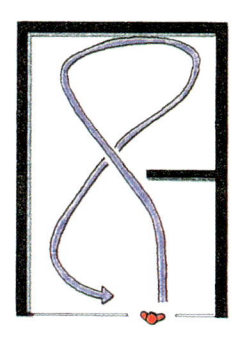

1. Die Erschließung rechts über die Wandscheibe durch die Öffnung

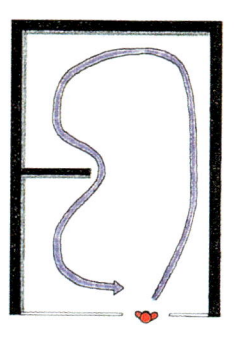

4. Die Erschließung rechts

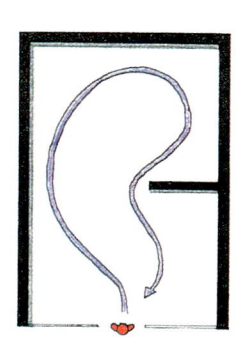

2. Die Erschließung links

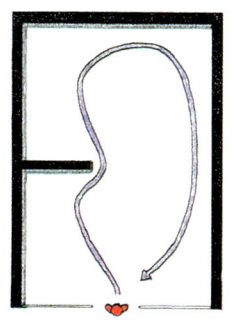

5. Die Erschließung links über die Wandscheibe durch die Öffnung

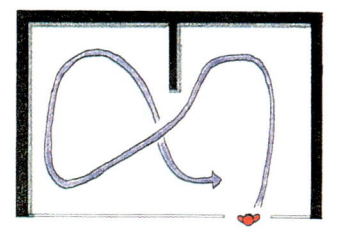

3. Die Erschließung über die Wand vis-á-vis zur Öffnung

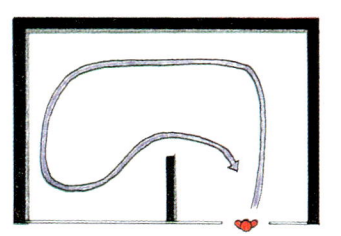

6. Die Erschließung über die Wand vis-á-vis

Die Bedeutung der markanten Wandscheibe für den Raum und die damit verbundene große Auffälligkeit muss sich umsetzen lassen für das Sortiment, vielleicht als besonderer Platz für das Sortiment, das man nicht übersehen soll.

Die Wandscheibe freistehend
Die Wandscheibe teilt den Raum

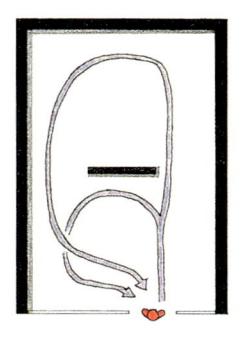

7. Die Erschließung führt um die Wandscheibe herum. Ein starkes Warenbild auf der Wandscheibe lenkt vom Durchgang ab.

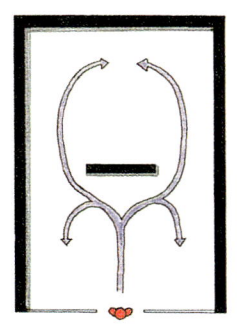

8. Der mittige Eingang führt zur unentschiedenen Rechts- oder Links-Lösung.

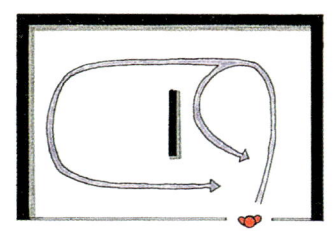

9. Die Erschließung über die Wand vis-á-vis.
Ein starkes Warenbild auf der Wandscheibe lenkt vom Durchgang ab.
Wandversprünge und Wandscheiben können zu interessanten Unterbrechungen werden.

Wandversprünge und Wandscheiben können zu interessanten Unterbrechungen werden

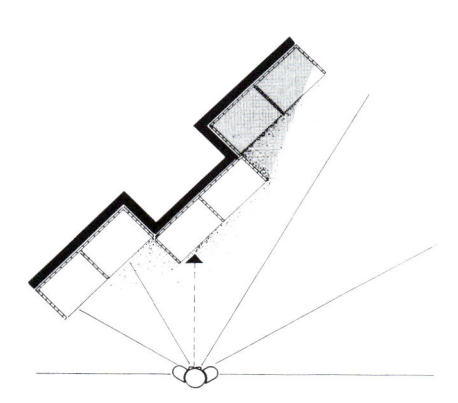

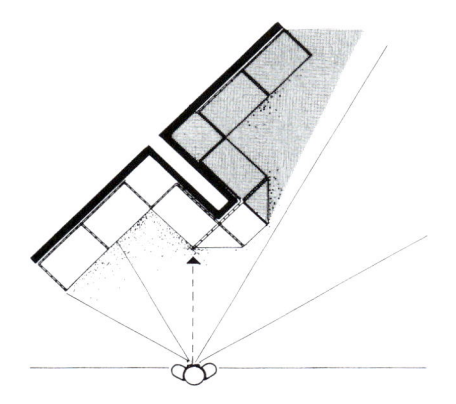

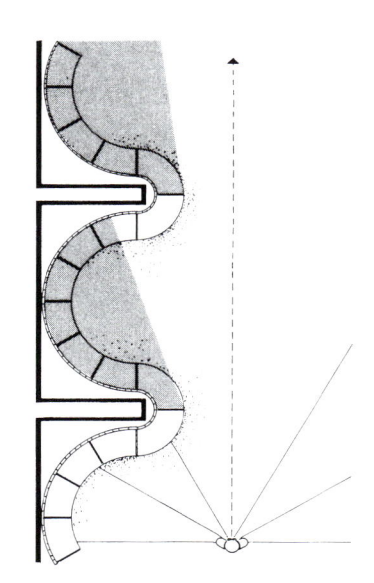

4.6.6 Die Raumpodeste

Oft werden zur Raumteilung vorhandene „natürliche" Raumpodeste genutzt oder Raumpodeste werden „künstlich" geschaffen.
Raumpodeste, Bühnen, Stufen im Verkaufsraum, entstehen durch versetzte Geschosse.
Man war und ist nicht mehr der Ansicht Räume auf ein Bodenniveau bringen zu müssen.
Podeste als angehobene Raumteile in das Raumkonzept einzufügen, hat immer Bedeutung gehabt!
Raumpodeste spielen in der Raumgestaltung eine Rolle als Bühneneffekt. Sie werden dafür auch bewusst gebaut oder „nachgerüstet".
Viele Häuser wurden noch bis zum Zweiten Weltkrieg, vornehmlich in Kleinstädten, mit Treppen vor der Ladeneingangstür gebaut. Man wollte damit Regenwasser und Schmutz fern halten.
Diese Stolperstufen müssen weg!
Nur in den seltensten Fällen ist man in der Lage, das Straßenniveau anzuheben. Sehr viel öfter wird der vordere Keller unter dem Verkaufsraum geopfert oder zumindest wird der Boden über dem ersten Kellerraum auf Fußwegniveau neu einbetoniert. Damit werden die zwei oder drei Stufen in das Ladeninnere verlegt. Die Stufen stören in vielen Fällen auch hier, aber nicht so sehr wie direkt im Eingangsbereich. Der Eingang ist einladender, wenn der Kunde in den Verkaufsraum gelangen kann ohne Stufen zu steigen. Die optische Verbindungshöhe spielt eine wichtige Rolle. Auf gleicher Höhe schaut alles normal aus. Stufen im Verkaufsraum haben den Vorteil, dass sie einen neuen Bereich schaffen.
Nachteilig wirken sich Stufen für Ältere und behinderte Menschen aus. Hier hilft eine Bodenschräge, die zudem für die Versorgungswagen zur Regalbeschickung sinnvoll ist.
„Behindertengerecht" ist eine Leistung, die das Unternehmen unbedingt erbringen und leisten muss, auch dann wenn es nicht behördlich gefordert wird. Image oder Verständnis einer Unternehmensphilosophie, das ist ganz gleich: Der Behinderte darf sich im Verkaufsraum seiner Behinderung nicht bewusst werden.
Zu beachten ist: Bei Stufen muss man an die Sicherheit der Kunden und der Mitarbeiter denken. Das gilt im hohen Maße für Einstufen-Lösungen, die man durch Bodenangleichungen möglichst ausgleichen soll. Überall dort, wo das nicht geht, muss man für gutes Licht sorgen.
Aber es empfiehlt sich nicht bei wenigen notwendigen Stufen auf diese zugunsten einer Schräge zu verzichten. Stufen sind „normaler" als Schrägen. Diese kann der Kunde nicht gut erkennen und wird durch den sich plötzlich anhebenden oder absenkenden Boden gestört.
Der ladenplanende Innenarchitekt muss versuchen die Stufen im Verkaufsraum zur Markierung eines neuen Raumabschnittes zu nutzen, ganz gleich, ob die Stufen nach oben oder nach unten führen.
Führen sie nach unten, so hat man, von oben kommend, die bessere Übersicht über den Raum, eine bessere Aussicht auf die Ware.
Führen die Stufen nach oben, dann muss der Kunde den Raumabschnitt wie eine Bühne erfahren.

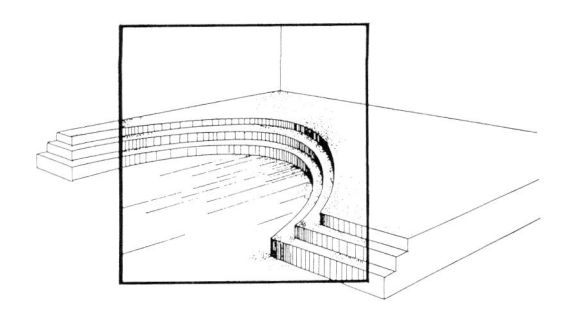

Eine Bühne schaffen:
Das Podest als raumgestalterische Akzentuierung. Man neigt dazu, das Raumende zur besseren Übersicht anzuheben.

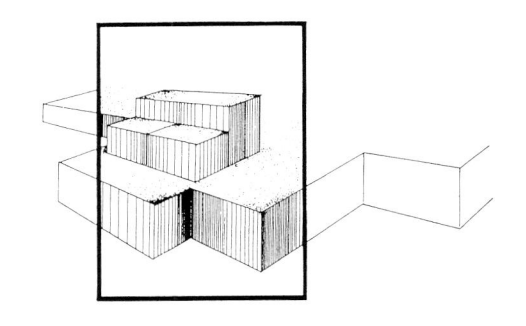

Podeste oder Tische informieren über den Beginn des neuen Raumes auf dem Podest. Sicherheit ist sehr wichtig!

Sicherheit muss ernst genommen werden:
man darf keine Stolperstufen schaffen, deshalb Abgrenzungen exat überlegen und ausreichend mit Licht versorgen.

Eine Bühne schaffen:
das Podest als raumgestalterische Akzentuierung. Man neigt dazu, das Raumende zur besseren Übersicht anzuheben.
Podeste oder Tische informieren über den Beginn des neuen Raumes auf dem Podest. Sicherheit für Kunden und Mitarbeiter ist sehr wichtig!

Wo können sich behinderte oder ältere Menschen festhalten?
Ab drei Stufen wird ein Geländer erforderlich.
Tische müssen im Raumpodestbereich auf den Beginn des neuen Raumes, auf die Augenhöhe, eingestellt werden. Auch Regale an den Wänden brauchen entsprechende Übergänge.
Die Ladenplanung muss versuchen, die gewollten oder unvermeidbaren Stufen und Raumpodeste im Verkaufsraum in die Warenplatzierung und in die Kundenleitweg-Planung aufzunehmen.
Um einen Sehvorteil zu erreichen, werden Raumpodeste oft „künstlich" eingeplant. Man möchte einen Raumabschnitt anheben. Man möchte größere Aufmerksamkeit erreichen: „den Warenbereich auf ein Podest heben".
In Textilläden kennt man Rondelle, zweistufig bis höchstens dreistufig, dazu auch noch mit einem Dach oder Baldachin versehen. Diese Podeste erinnern an barocke Gartenarchitektur für Plastiken oder Tiere. Die Bezeichnung „Vogel-Point" hat sich erhalten.

Leuchtketten, die man in die Vorderkanten der Stufen einlassen kann, erhöhen die Sicherheit. Sie signalisieren „Vorsicht!".

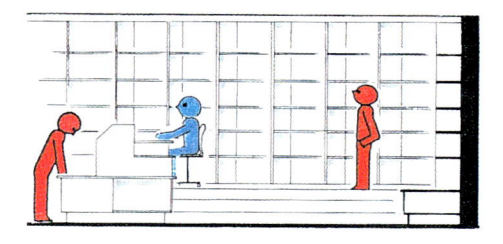

Links:
Kurt Heymann, Hamburg
Planung: Volker Paulsen, Kreft-Team
Realisierung: Wilhelm Kreft GmbH, Wedemark

Rechts:
Konrad Wittwer, Stuttgart
Planung: Wilhelm Kreft, Reinhard Mann, Kreft-Team
Realisierung: Wilhelm Kreft GmbH, Wedemark

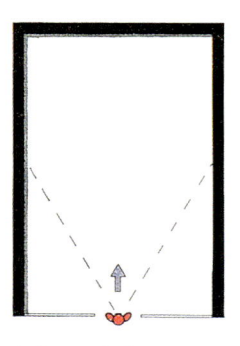

1. Der tiefe Raum
Staffelung der Raumeindrücke hintereinander, schnelle und klare Raumerschließung.

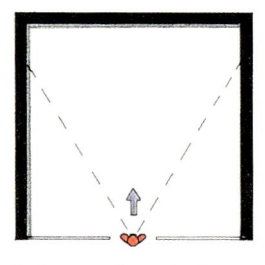

2. Der quadratische Raum
Konzentration der Raumeindrücke in der Mitte des Raumes.

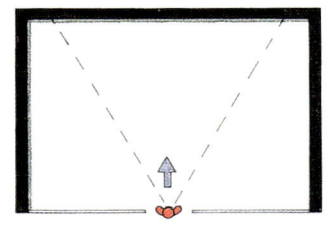

3. Der breite Raum
Raumeindrücke nebeneinander, unklare Raumerschließung rechts oder links?

4.7 Der Kundenleitweg, ein Loop

Der Warenraum besteht aus Warenbildern und Raumbildern, die zusammen gesehen die Warenraumbilder und gestaltet die Warenraumgestaltung, die Verkaufsraumgestaltung, ergeben.

Die Warenbilder werden ein unverzichtbares Element der Sortimentspolitik und als Warenleitbilder ein Element der Raumstrategie. Der gleichzeitige Planungsvorgang von Sortimentspolitik und Raumstrategie braucht die gleichzeitige Erschließung von Raum und Sortiment in Warenraumbildern, die aneinander gereiht werden als Kundenleitweg.

Der Kundenleitweg ist auf Leitelemente aus dem Sortiment und aus dem Raum angewiesen.

Die Warenbilder, die das Sortiment darstellen, bekommen die neue raumorientierende Qualität der Warenleitbilder. Besonders wichtige Dinge, wie Highlights und Header werden dargestellt und wirken so raum- und sortimentsorientierend. Hinzu kommen die Leitelemente aus dem Raum, wie Säulen, Pfeiler, Wände, Podeste ebenso wie Eingang, Treppen und Kassenmöbel.

Alle Leitelemente aus Sortiment und Raum werden in der Leitgestaltung zu Leitbildern und mit der Strategie des Kundenleitweges zu einem Leitbildloop.

Der Loop ist der für den Kunden schnell nachvollziehbare Weg durch das Sortiment und durch den Raum – vom Eingang durch alle Warenraumbereiche und zurück.

Man muss den Loop als Führung durch den Warenraum, als Vorstellung der Gesamtleistungen des Unternehmens verstehen, dann wird seine große strategische Bedeutung für das Unternehmen klar.

Die Form und die Größe der Verkaufsräume bestimmen den Loop. „Normale" Verkaufsräume mit handlichen und überschaubaren Warenmengen bereiten im Prinzip keine Probleme in der Loopplanung. Das ist anders bei größeren Flächen.

Fast alle großen Flächen sind für Konsumenten orientierungsschwach. Beschriftungen, die oft genug gegen die Kundenlogik Brain-Script verstoßen, sind schon unverkennbares Zeichen für Kaufhaus und damit Flair einer Orientierungsschwäche. Die Raumgröße allein macht nicht mehr den Vorteil am Markt.

Die meisten vermietbaren Ladenflächen sind als „Tiefe Räume", so genannte Handtuchläden gebaut, 4–8 Meter breit und 10–12 Meter tief.

Das bedeutet für die Loopplanung, zwei mögliche Erschließungswege führen in die Tiefe des Ladens: Der Loop hilft dem Konsumenten auch im hinteren Bereich des Warenraumes die Ware zu finden.

Die Raumerschließung

Alle Verkaufsräume erreichen beim Eintreten durch ihre Form und Dimension wirkungsvolle Raumeindrücke, die auf den eintretenden Kunden wirken.

Das Raumerlebnis weckt Stimmungen bei den Kunden, die sich auf die Raumnutzung auswirken.

Wichtig sind:
– Raumform
  die Raumgestalt: Rechteck, Quadrat, Rundungen
– Raumgröße
  die Ausdehnung des Raumes, Raumhöhen, Decken, Gewölbe, überschaubarer Raum, nicht einsehbarer Raum
– Raumproportion
  als Ausdehnungsverhältnis, Fenster, Anteil an natürlichem Licht
– Raumrichtung
  Ausdehnung in die Tiefe des Gebäudes oder parallel zur Fassade
– Raumgrenzen
  Wände, Böden, Decke, Pfeiler, Säulen, Kamine, Treppen.

Die Lage des Einganges: Die Erschließung durch den Eingang beeinflusst entscheidend die Raumwirkung und die Raumnutzung.

F4 Der Kundenleitweg

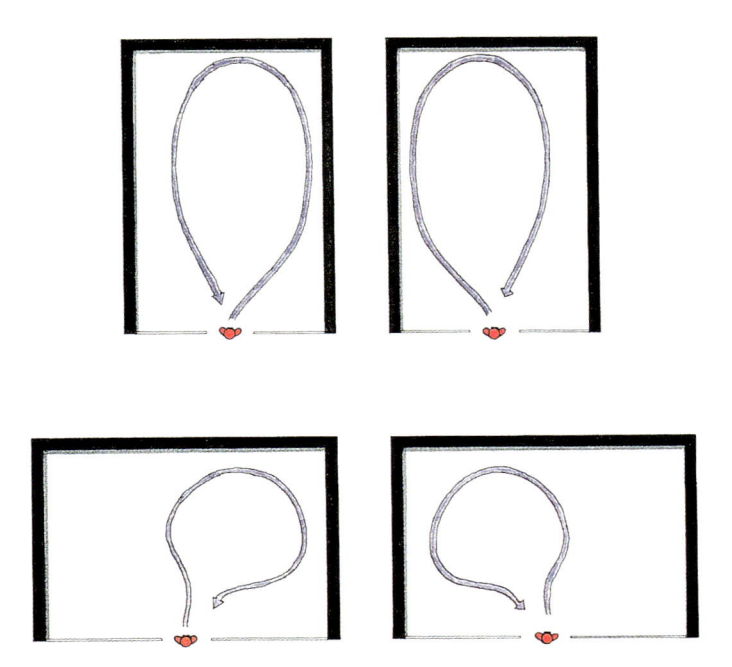

Mittiger Eingang
Unentschiedene Erschließung, der Konsument geht entweder nach rechts oder nach links in den Loop und vernachlässigt die jeweils andere Raumseite.

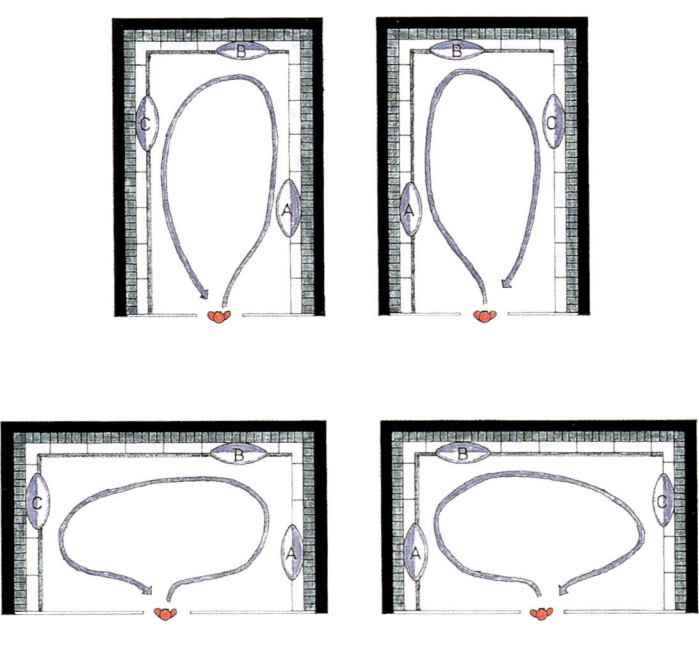

Lösung
Die Steuerung des Loops über deutliche Warenleitbilder beeinflusst den Weg des Konsumenten durch den Verkaufsraum.

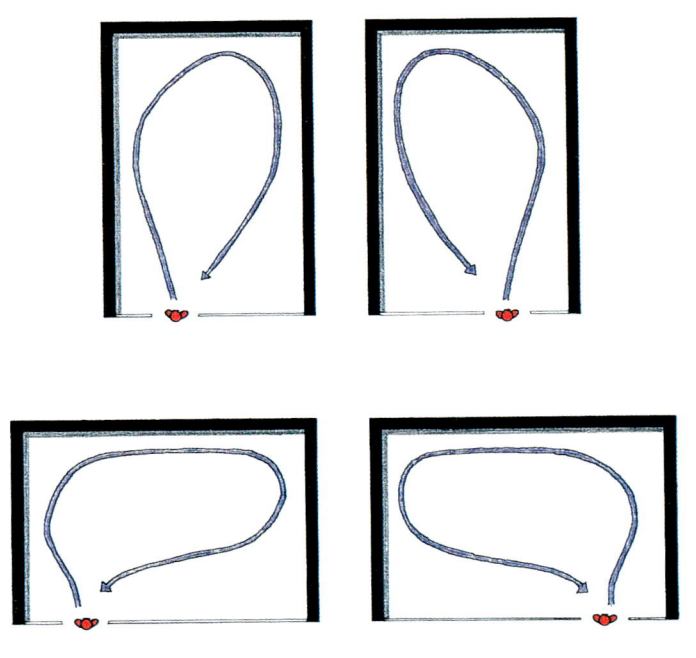

F Kommunikationsmarketing: Die Einladung – Corporate Communications zur Unternehmenskommunikation

F 4 Der Kundenleitweg

Seitlicher Eingang
Die Verlegung des Einganges nach links oder nach rechts verbessert die Raumerschließung entscheidend. Eingang links bedeutet, das Rauminteresse liegt rechts im Sinne des Rechtsdralles.
Eingang rechts bedeutet, das Rauminteresse liegt links.

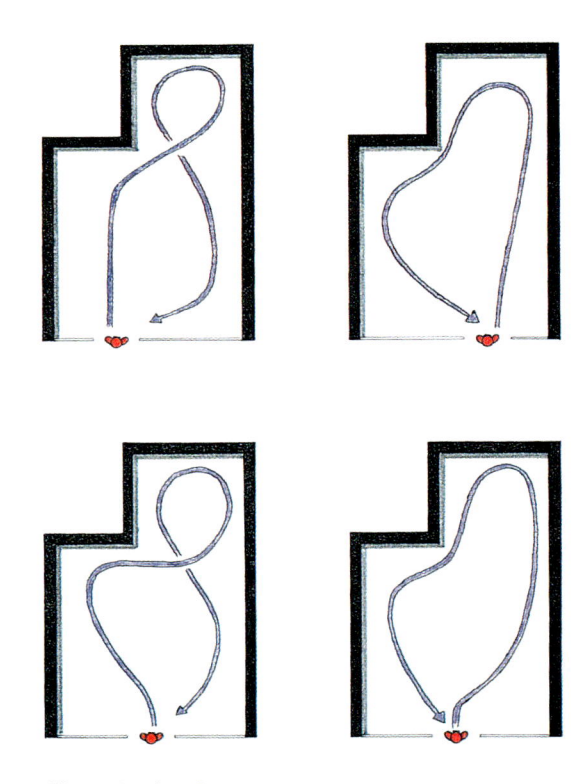

Unregelmäßige Räume
Unregelmäßige Verkaufsräume beeinflussen den Kundenlauf. Raumvorsprünge haben eine hohe Beachtung, ergeben aber auch Sichtschatten. Anbauten, Verkaufsraumerweiterungen sind hiervon besonders betroffen.

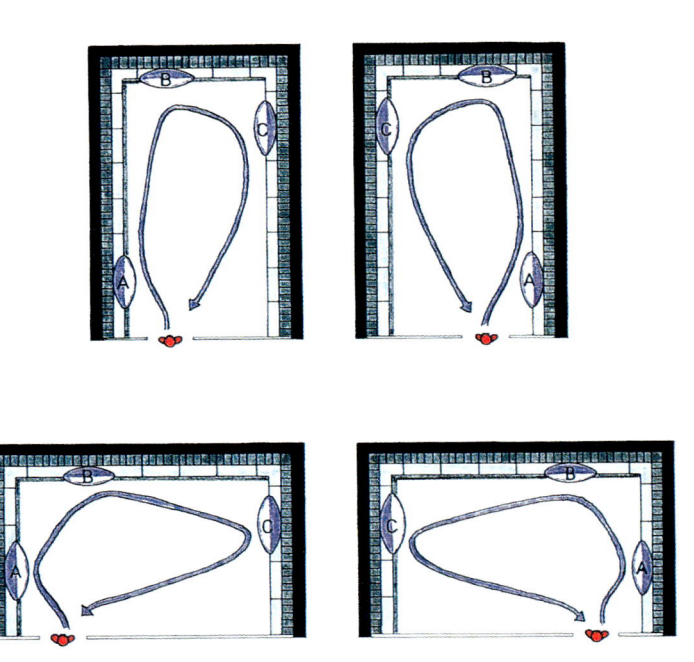

Lösung
Die Steuerung des Loops über deutliche Warenleitbilder sorgt für eine effektive Raumnutzung.

Zusammengesetzte Räume

Zusammengesetzte Räume, oft auch Mehrraumlösung, können ein besonderes Interesse wecken, wenn die Art, die entstandene natürliche Raumgliederung mit der Looperschließung, exakt geplant wurde.

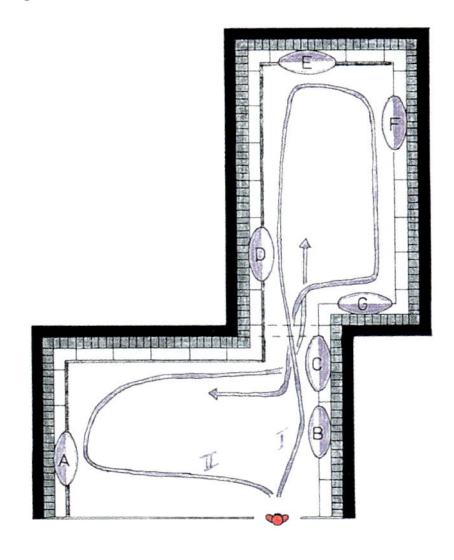

Grundriss 1
Der Eingang sollte rechts sein, damit man schon beim Eintritt in die Tiefe des hinteren Raumes sehen kann, das bedeutet auch, dass dieser Raum zuerst erschlossen wird – daraus ergibt sich der:
Loop I über die Warenleitbilder B, D, E, F, G zu A.
Effektiver muss es sein ein starkes Warenleitbild A zu schaffen und ständig aktuell zu versorgen dann funktioniert der Loop II von A, über C nach D, E, F, G und zurück nach B.

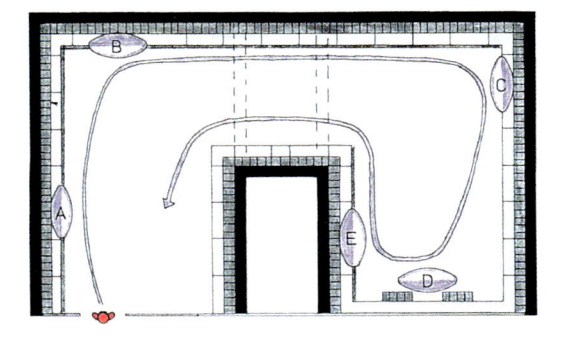

Grundriss 2
Ein Grundriss, der immer wieder vorkommt. Der Verkaufsraum links erhält den Verkaufsraum rechts hinzu, in der Mitte liegt der Hauseingang mit Treppenhaus, der an der Rückseite zu umgehen sein muss.

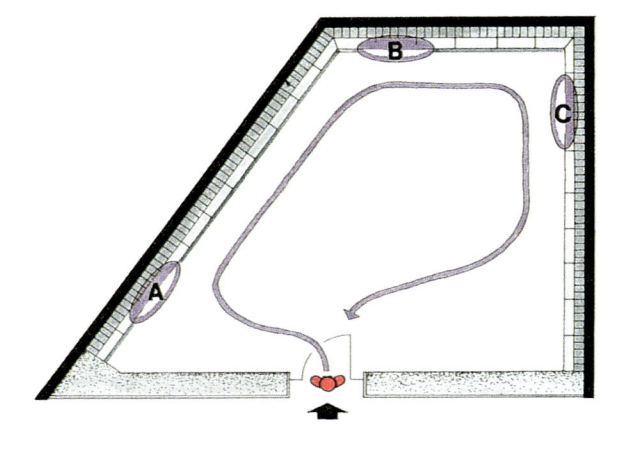

F Kommunikationsmarketing: Die Einladung – Corporate Communications zur Unternehmenskommunikation

F4 Der Kundenleitweg

Zeichnung 1
Die diagonale Wand zur Einführung nutzen.
Die diagonale Einführung ist ein „Geschenk" – gute Einsicht von außen.

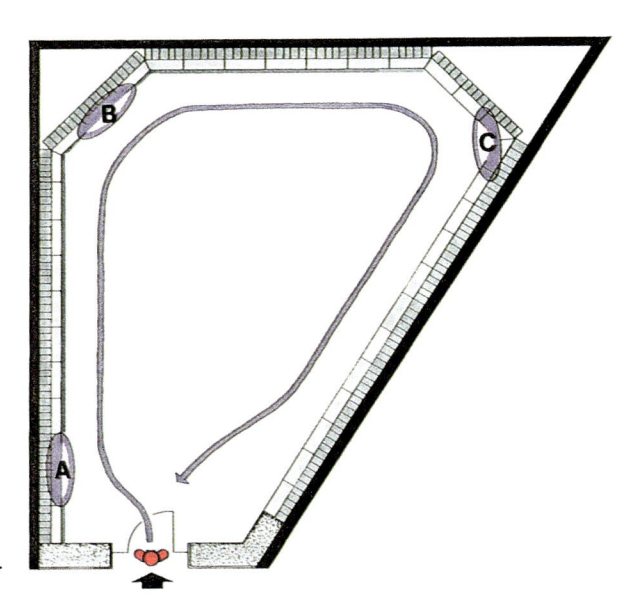

Zeichnung 2
Nur die gerade Wand kann „Einführung" sein
– spitze Winkel vermeiden
– 45°-Abschrägung leitet gut um.

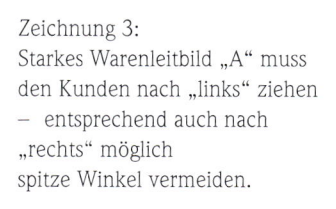

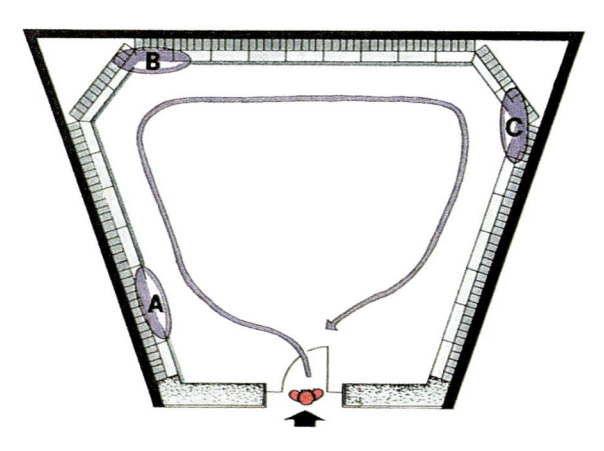

Zeichnung 3:
Starkes Warenleitbild „A" muss den Kunden nach „links" ziehen
– entsprechend auch nach „rechts" möglich
spitze Winkel vermeiden.

Die ungewöhnlichen Raumformen

Keine Angst vor ungewöhnlichen Raumformen! Die Einkaufszentren mit den diagonalen, im Raum eingeordneten Rolltreppenanlagen und den Zickzack-Führungen in den Erschließungsfluren führen besonders in den Eckbereichen zu ungewöhnlichen Raumformen.

Im Zeitalter der individuellen Verwirklichung der Unternehmen müssten eigentlich ungewöhnliche Raumformen willkommen sein. Dennoch, es gibt nicht nur Vorteile, auch Nachteile.

Viele Unternehmen, insbesondere Boutiquen, betrachten ungewöhnliche Raumformen dann als willkommen, wenn sie eine große Fensterfläche ermöglichen, mit wenig Wandflächen im Innern. Es gibt ganz interessante Dreieckslösungen. Die Konsumenten, gewöhnt in rechteckigen Räumen zu denken, vervollständigen den Raum zu einem Rechteck, auf Kosten der Außenfläche. Die Außenfläche wird dann in den Verkaufsraum einbezogen. Das bedeutet große Raumwirkung mit kleiner, angemieteter Raumfläche.

Ungewöhnliche Raumformen haben ohnehin nur dann eine entsprechende Wirkung, wenn sie überschaubar bleiben. Will man also den ungewöhnlichen Zuschnitt erkennen, dann vom Eingangsbereich aus.

Große Verkaufsraumflächen sind fast immer ungewöhnlich im Zuschnitt. Das entsteht schon durch Treppenhäuser, Versorgungsschächte und Nebenräume. Große Verkaufsraumflächen wirken wegen ihrer Größe nicht als ungewöhnliche Raumform.

Die andere Sicht: Den gestalteten Raum und seine Warenbilder mit den Augen des Konsumenten zu sehen, ihn zu begehen, seinen wirkungsvollen Eindruck bereits vom Eingang her zu erfassen und die gleichzeitige Sortiments- und Raumerschließung einzubeziehen muss beim planenden Innenarchitekten eine Sicht für Warenraumbilder erzeugen, die die sonst allgemein vorgefundene Rechteckigkeit eines Verkaufsraumes überflüssig macht. Ungewöhnliche Raumformen sind eine Chance für ungewöhnliche Warenplatzierungen, für ungewöhnliche Ladenplanungen, die am Markt zunehmend gebraucht werden für ungewöhnliche Warenraumgestaltungen.

F 5 Die Kundenleitweg-Planung

5.01 Der kleine Loop

Buchhandlung Paul Curth, Haßloch/Pfalz

Haßloch hat 10 000 Einwohner und ist eine typische pfälzische Kleinstadt. Die Buchhandlung befindet sich in einem denkmalgeschützten Fachwerkhaus.

Der Verkaufsraum für die Buchhandlung ist nahezu quadratisch, mit einem versetzten Anbau für die Papeterie, einem früheren Hauseingang.

Der Eingang wurde diagonal angelegt, sodass der Loop das Leitsortiment A erreicht, dann nach B führt, von dort nach C und D und über die Kasse zurück zum Eingang. Das hintere Innenmöbel um den Pfeiler soll die Drehfunktion im Loop stärken.

Die Besonderheit ist der Anbau für die Papeterie. Hierfür entsteht im Loop ein Orientierungspunkt. Durch einen türbreiten Durchgang erfolgt der Zugang in die Papeterie. Zur Papeterie gehört auch der Leitbereich C.

C soll im Loop der Buchhandlung auf die Papeterie aufmerksam machen, denn das Leitbild E in der Papeterie wird vom Loop aus nicht gut gesehen. E entdeckt man erst, wenn man C passiert hat. Mit C und E entsteht eine sortimentstechnische Brücke. C ist das Schaufenster der Papeterie, die vorgestreckte Hand der Papeterie in den Loop der Buchhandlung hinein.

Straßenfront und Straßenansicht

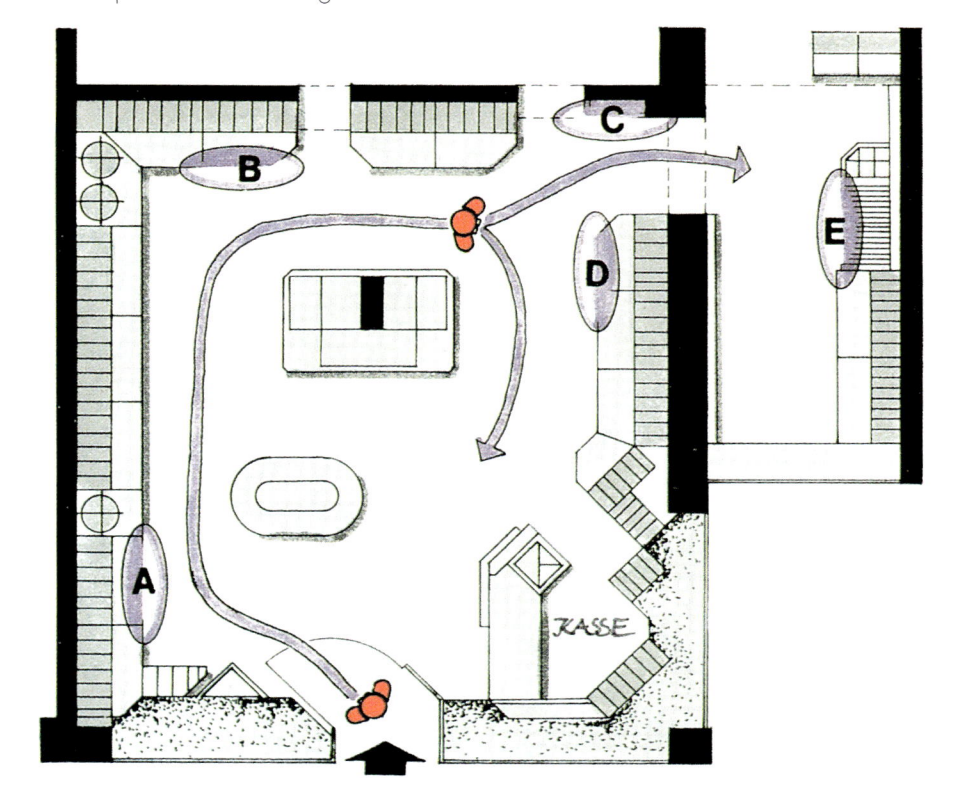

5.02 Die Planung eines Fachgeschäftes für Braut- und Abendmoden

Diplomarbeit von Franz Thies
Fachhochschule Hannover,
Fachbereich Kunst und Design,
Studiengang Innenarchitektur
Betreuung: Burkhard Weinges,
Wilhelm Kreft

Die Kundenleitwegplanung

Die Nutzung des Verkaufsraumes für Braut- und Abendmoden sieht drei sich in die Tiefe staffelnde unterschiedliche Kontaktbereiche für den Konsumenten vor.
– Der Eingangsbereich mit Schaufenster A, Auslagentisch B und festlicher Herrenkleidung C.
– Der Bereich Abendkleidung mit der besonderen Präsentation D.
– Der Bereich Brautkleidung, gleichzeitig Drehbereich für den Loop mit den Präsentationen E, F, G.

Sinn des Kundenleitweges muss es sein, diese drei Bereiche durch Warenleitbilder miteinander zu verbinden und einen interessanten Loop zu erreichen.

Das Schaufenster-Warenbild A wird von Straßenpassanten beachtet. Die eintretenden Konsumenten werden durch das Warenleitbild B schon von außen angezogen. Beim Weitergang in den Verkaufsraum kontakten sie C, dann wird D deutlich und E erkennbar.

D und E auf einen Blick machen die Unterscheidung deutlich: Abendkleidung oder Brautkleider?

Der Konsument wählt nun den entsprechenden Loop, von D aus zurück oder von E nach F und G.

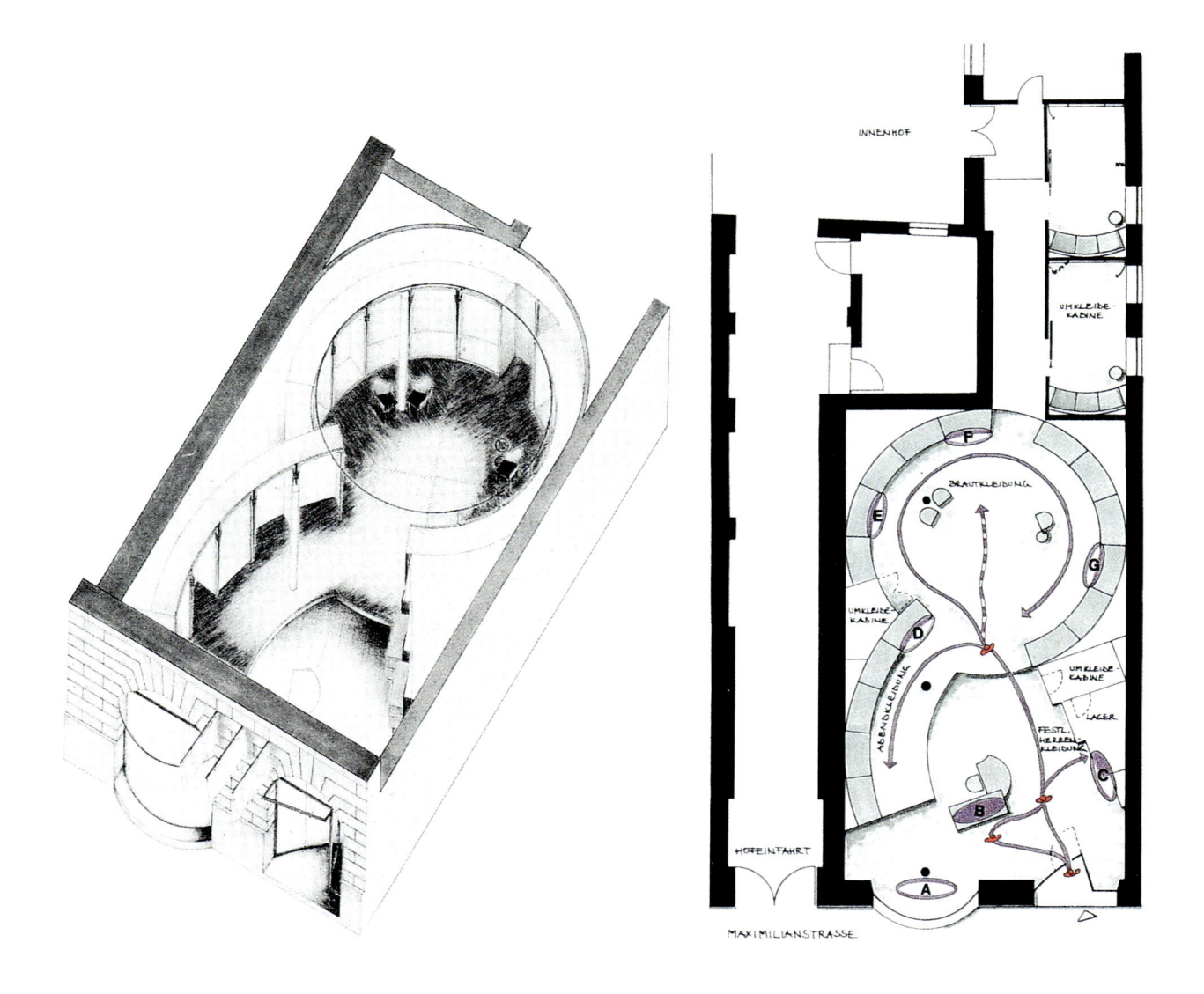

F5 Die Kundenleitweg-Planung

5.03 Der Raum im Raum

Blackwell, Oxford, GB
Planung und Design: Wilhelm Kreft
Olaf Jänel
Kreft-Team
Realisierung: Wilhelm Kreft GmbH, Wedemark

Es kann erforderlich werden, einen „neuen" Raum zu schaffen für das Sortiment.
Rundungen fördern den Rundgang, den Loop, und schaffen die erforderlichen Nebenräume.

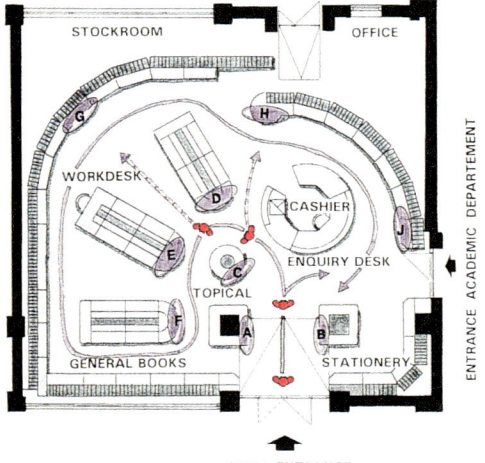

Medizinische Fachliteratur zielgenau präsentiert

Der Aktionstisch für aktuelle Angebote

F Kommunikationsmarketing: Die Einladung – Corporate Communications zur Unternehmenskommunikation

F 5 Die Kundenleitweg-Planung

5.04 Theken im Kundenleitweg

Die Theke – ein Warenleitbild im Kundenleitweg. Zusätzlich zur Theke wird immer mehr abgepackte Ware in Selbstbedienung verkauft, sodass hierdurch schon eine exakte Kundenleitweg-Planung erforderlich ist. Auch die Theke selbst schafft unterschiedliche Warenbilder, die von unterschiedlicher Wichtigkeit für den Konsumenten sind.

Wenn der Innenarchitekt davon ausgehen kann, dass die Theke das wichtigste Warenbild liefern muss, dann ergeben sich Ablauf- und Beachtungswege für den Konsumenten vom Eingang durch das abgepackte Zusatzangebot an Waren zur Theke, zum Kassenplatz, zu den Probiertischen und wieder zum Ausgang.
Dieser Kundenleitweg muss geplant und gestaltet werden.

Eine Fleischerei

Design: Kramer, Freiburg/Br.
Vom eintretenden Kunden muss die Theke übersehen werden können. Die Warenleitbilder A, B und C geben den Überblick über die Theke. Auch dann, wenn ein Warenleitbild durch den Kunden verstellt ist, erkennt der Eintretende die logische Folge der Waren in der Theke und ermöglicht den eintretenden Kunden die Entscheidung, nach rechts zur Theke oder nach links zu den kontrastierenden Warenbildern D und E mit abgepackter Ware zu gehen.
Sie das Kapitel:
B 2.5.4 Die Fleischerei

Eine Bäckerei

Design: Wescho
Die Theke mit der diagonalen Abwinkelung. Das Warenleitbild A schiebt sich in den Blick des eintretenden Konsumenten.
Der Konsument wird links zur Theke geführt:
über die Warenleitbilder A und B erreicht er die Abrechnung C
die Ausgabetheke für Snacks fällt ins Auge und noch deutlicher die Waffeltheke, das Warenleitbild D.
Siehe das Kapitel:
B 2.5.2 Die Bäckerei

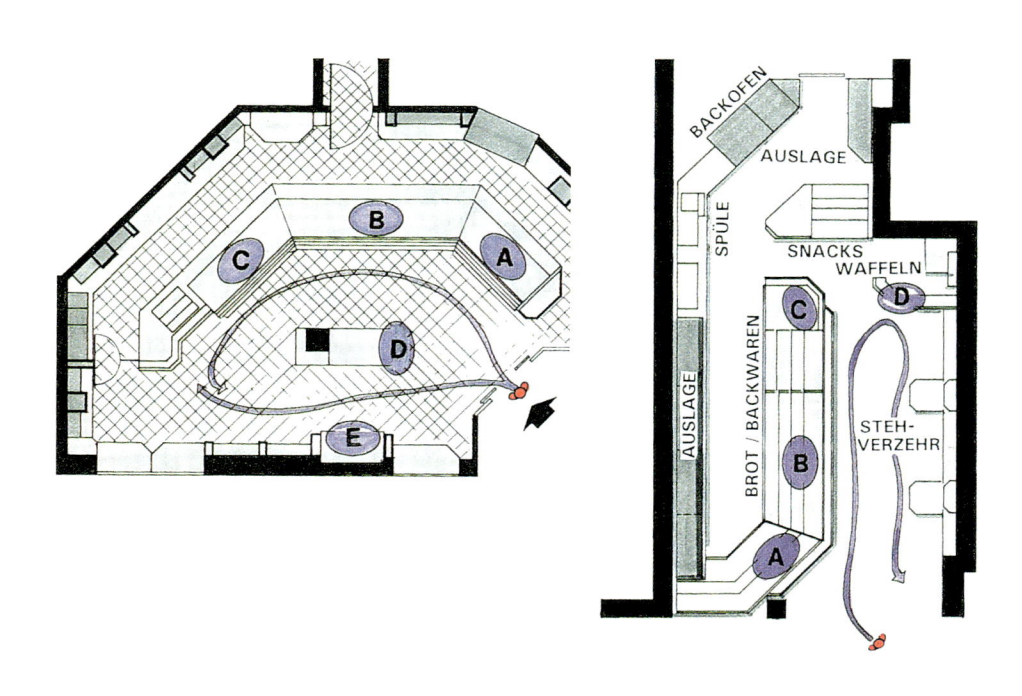

Ein Frischemarkt

Design: Wescho
Der Kundenleitweg von den Rolltreppen bis zu den Kassen ist geplant als großer Loop.
Der Hauptkundenleitweg erschließt das gesamte Frisch-Lebensmittelangebot.
Der Küchenzettel wird im Browsing-Loop zusammengestellt!
Siehe das Kapitel:
B 2.5.5   Der Frischemarkt

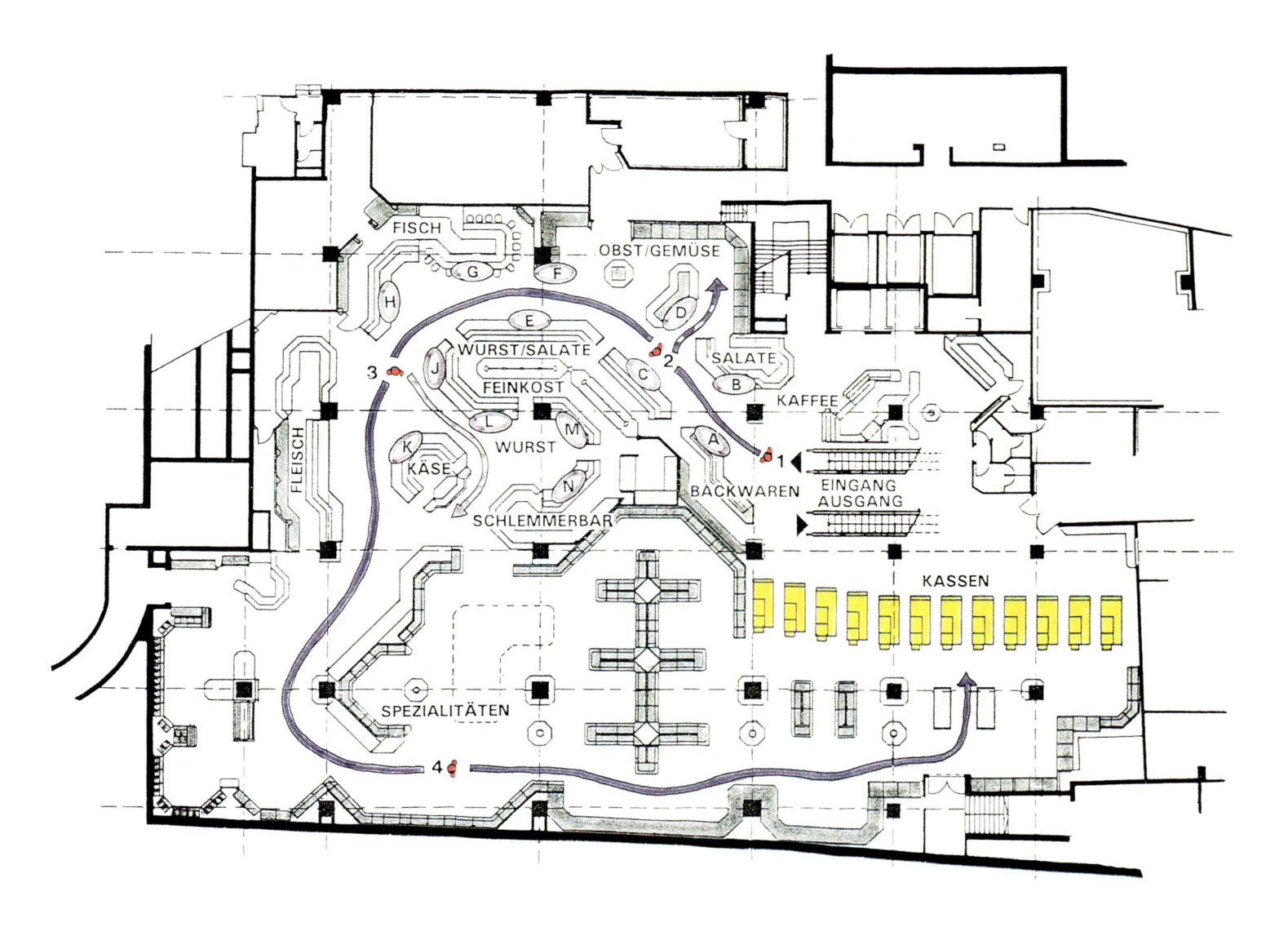

F　Kommunikationsmarketing: Die Einladung – Corporate Communications zur Unternehmenskommunikation

F5　Die Kundenleitweg-Planung

Eine Apotheke

Planung: Wolf-Rainer Schramböhmer
Das große Angebot „vor der Theke" erfordert die exakte Planung des Kundenleitweges als „lange Strecke".
Die Warenleitbilder:
A wird direkt vom Eingang erschlossen
B und C, links vom Orientierungspunkt 2 – dieser Orientierungspunkt entscheidet, ob der Kunde nach links, recht oder geradeaus weitergeht zu den Warenleitbildern
E oder D – die Theken, unterscheidend gestaltet für die verschiedenen Aufgaben
F – erschlossen über den Orientierungspunkt 3
G – erkennbar vom Orientierungspunkt 4.
Siehe das Kapitel:
B 2.5.1　Die Apotheke

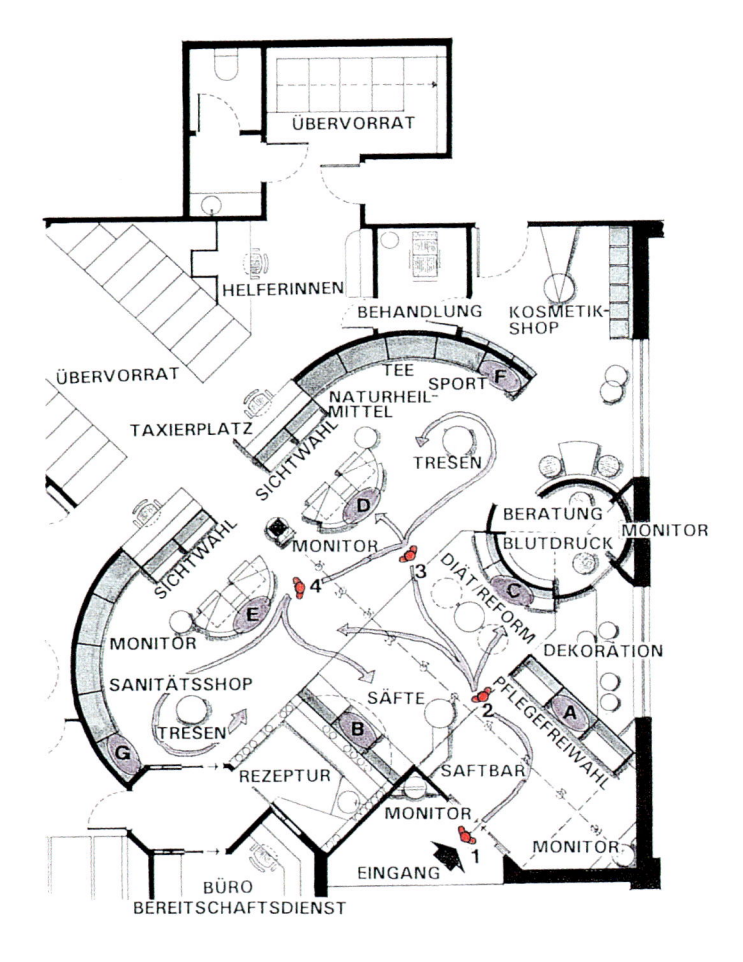

5.1 Der Loop wird geplant

Der Hauptleitweg für den Kunden wird interessanter und in seiner Bedeutung und Effektivität gesteigert, wenn er nicht zu einer Sackgasse wird, sondern in einem Bogen, eben in einem Loop, durch den gesamten Verkaufsraum führt.

Wichtig ist, dass der Loop als Hauptstraße erkannt wird, am Eingang beginnt, alle Sortimentsbereiche des Verkaufsraumes erreicht und insbesondere Kassen- und Treppenbereiche in sich aufnimmt.

Oft besteht die Absicht die Bedeutung des Hauptleitweges durch deutliche Markierungen zu unterstreichen. Hauptleitwege haben deshalb oft einen anderen Fußbodenbelag, markieren den Loop im Fußboden durch eine deutliche Farbunterscheidung oder durch eine Markierung an der Decke zum Beispiel Baldachin.

Andere Unternehmen wollen eine nicht so deutliche Festlegung auf lange Zeit. Sie schätzen die Variation. Das bedeutet auch Variabilität in der Festlegung des Hauptkundenleitweges. Variationen müssen in der Ladenplanung in der Art ihrer Durchführbarkeit vorausbestimmt sein.

Der Loop wird in vielen Branchen als Hauptkundenleitweg bevorzugt, auch in traditionellen Thekenläden. Es entstehen dann Mischformen: Theken-Loopläden oder Loop-Thekenläden, je nach Bedeutung der Loops oder der Theke.

Die Gänge im Hauptkundenleitweg erhalten eine gestalterische Markierung durch:

– eine größere Gangbreite
– Unterscheidungen im Bodenbelag, oft auch im Bodenmaterial – Stein für den Hauptgang, Teppich für die Verkaufsflächen
– Unterstützung durch Lichtrohre an der Decke, sie zeigen und dokumentieren im Kontrast zu anderen Leuchten den Loop in Form einer geschlossenen Linie. Wichtig ist für eine solche Lösung: Das Licht gehört auf die Ware und nicht in den Gang. Treppenstufen sind eine Ausnahme.

Der Loop, der alle Bereiche des Verkaufsraumes als Hauptverkehrsstraße in einem großen Bogen durch das Sortiment erschließt, ist Leistungsbeweis eines Unternehmens geworden. Er kann nur erfolgreich sein, wenn er Teil einer Gesamtplanung, einer Kundenleitweg-Erschließung von Raum und Sortiment im Sinne der Merchandising-Architektur gewesen ist.

Unverkennbar ist die Bedeutung der Loops für die sichtbaren Unternehmensleistungen und für die Unternehmensidentität. Der Loop hat deshalb immer auch eine symbolische Bedeutung für den Verkaufsraum.

Die Konsumenten in einem großen Bogen durch das Sortiment zu führen, hat etwas Faszinierendes. Diese Faszination für das Ziel ‚Inszenierung' zu nutzen, die der Kunde per Loop in allen Teil-

Hier leitet die Farbe blau
Modehaus Klingenberg, Paderborn
Planung: Blocher, Blocher und Partner, Stuttgart

Thomas-Mann-Buchhandlung, Jena
Planung: Wilhelm Kreft,
Kreft-Team: Bernd Fischer, Rainer Kaetz
Realisierung: Wilhelm Kreft GmbH, Wedemark

F   Kommunikationsmarketing: Die Einladung – Corporate Communications zur Unternehmenskommunikation

F5   Die Kundenleitweg-Planung

bereichen ergeht und damit erlebt, ist Sinn und Ziel der strategischen Ladenplanung.

Der funktionierende Loop, als Kundenleitweg geplant, unterstützt das Image des Unternehmens wie kaum eine andere ladenplanungstechnische Maßnahme, denn er schafft die richtige Distanz, Sehweise und Reihenfolge der Warenbilder und erreicht so eine Dramaturgie.

Die Loopplanung ist die strategische Ladenplanung im Sinne der Merchandising-Architektur, die die Ökonomie wie die Ästhetik zusammenführt.

Der Kundenleitweg im Fußboden deutlich markiert!
Galeries Lafayette, Berlin
Planung: Geleries Lafayette, Paris
Realisierung: Dula

Pro Kaufland, Linz/A
Planung und Design: Umdasch Shop-Concept, Amstetten/A

Der Kundenleitweg im Fußboden deutlich markiert!
Karstadt, Mülheim/Ruhr
Material: noraplan stone und noraplan uni

Die Loop-Grundprinzipien

Viele Loopplanungen werden nach Grundprinzipien, oft auch nach bestehenden grafischen Mustern angelegt.

Auch die Führung der Konsumenten im Loop entscheidet über die Aufmerksamkeit und über das Tempo, mit denen sie sich in den Gängen bewegen.
- Lange Gänge sollten vermieden werden.
- Rundungen und Kreuzungen bringen mehr Aufmerksamkeit.
- Plätze und Nischen laden ein zum Verweilen und tragen bei zum Entspannen und damit auch wieder zur Steigerung der Aufmerksamkeit.

Freie Formen und gemischte Prinzipien in abgestimmter Anpassung an das Sortiment, sowohl an die Wichtung als auch an die Menge der Waren, beherrschen die Ladenplanungen.

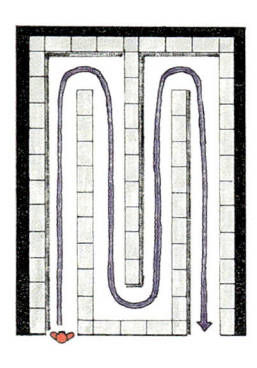

Zeichnung 1
Der Zwangsweg, ein solcher Zwangsweg hat nur noch eine geschichtliche Bedeutung.

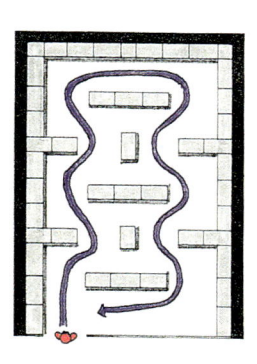

Zeichnung 2
Das Kreuzprinzip, wird sehr oft angewandt – weiterentwickelt in Lebensmittelmärkten.

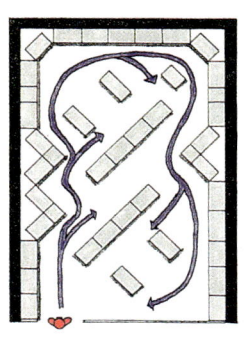

Zeichnung 3
Das Kojenprinzip, ein ausgetüfteltes System mit vielen Kontaktzonen zwischen Konsument und Ware.

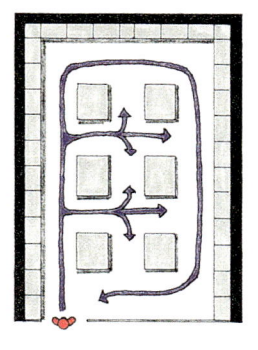

Zeichnung 4
Das Diagonalprinzip, ist immer interessant, erfahrene Ladenplaner proben es bei jedem Grundriss einmal durch, – aber es passt nicht immer.
Siehe die Kapitel:
F 12.5   Diagonal planen
F 12.6   Diagonal erschließen

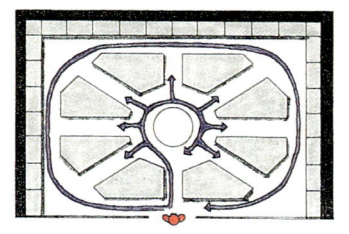

Zeichnung 5
Das Sternprinzip, ermöglicht die Steuerung aus der Mitte, gut geeignet für Fachgeschäfte mit vielen unterschiedlichen Waren. Anwendung auch in Kaufhäusern.

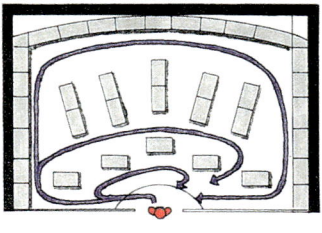

Zeichnung 6
Das Arenaprinzip, bringt gute Übersichten aus einer zentralen Erschließung heraus. Ideal, wenn die Warenträger terrassenartig nach hinten höher werden.

F Kommunikationsmarketing: Die Einladung – Corporate Communications zur Unternehmenskommunikation

F5 Die Kundenleitweg-Planung

5.1.1 Die Verkaufsraumbereiche im Loop

Der Loop als Kundenleitweg verbindet alle Bereiche des Verkaufsraumes.
Die Planung der Bereiche tangiert immer den Loop.
Für die Anlage des Loops in Fachgeschäften gibt es Schemata der Nacheinanderschaltung von einzelnen Bereichen. Es ist angezeigt, die einzelnen Bereiche in Ringe zu legen und wie Olympia-Ringe ineinander greifen zu lassen.
Man stellt so die Berührung dar und legt den Loop darüber mit einem großen Ring und bestimmt gleichzeitig die gewünschte Gehrichtung für die Kunden.
Sicher ist es möglich vom Eingangsbereich sogleich in den Fachbereich hineinzugehen und den Kassenbereich mit einem Marktbereich in den zurückführenden Loop zu legen. Das sind Möglichkeiten, die man mit Beginn der Planung überlegen muss und die sehr stark in die Warenplatzierung und in die Raummöglichkeiten eingreifen.

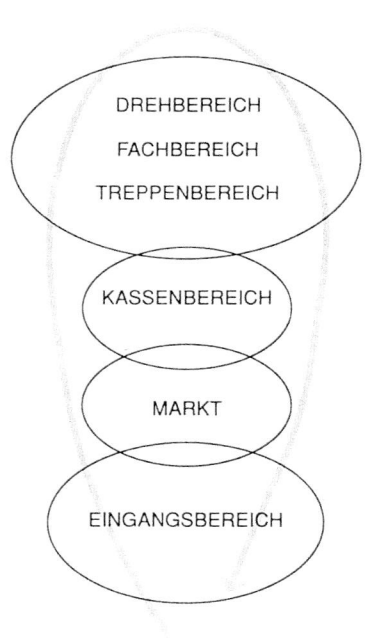

Grafik 1 zeigt den typischen Aufbau: Der Treppenbereich mit dem Drehbereich liegt im großen Fachbereich.

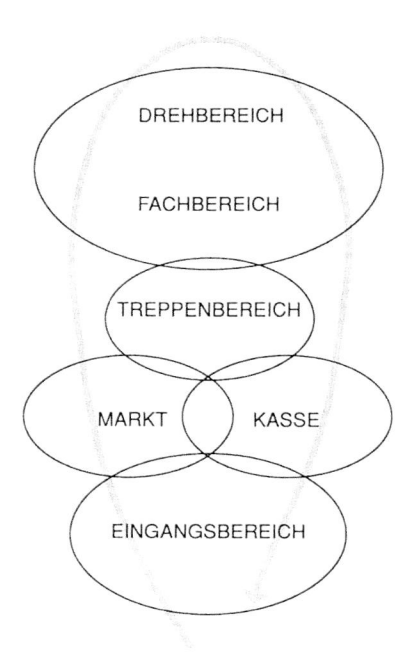

Grafik 2 zeigt, dass über den Markt eingeführt und über den Kassenbereich zurückgeführt wird.

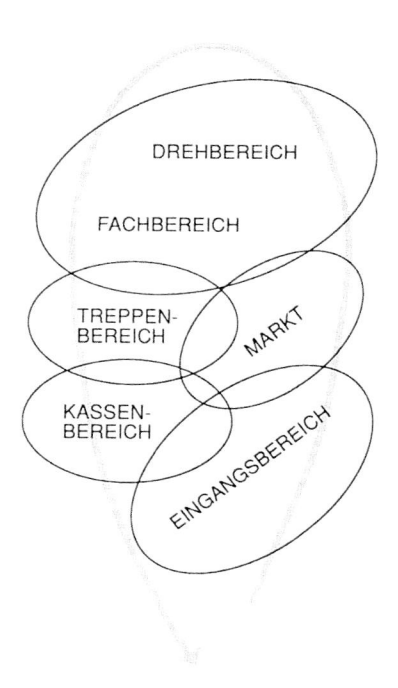

Grafik 3 eine Variante mit starker Diagonale.

Outdoor:
- auffinden
- einladen, informieren
- Werben für das Unternehmen
- Erklären, warum dieses Unternehmen wichtig ist, einfädeln in den Loop, orientieren

Inszenierungen müssen:
- mit den Straßenpassanten flirten
- Überraschungen ermöglichen

Eingangsbereich:
- Empfangen
- Begrüßung durch das Sortiment, Ziele sichtbar machen
- Komplimente an die Besucher, auf die Erwartungen der Kunden eingehen
- Eine Botschaft, ein Versprechen übermitteln
- Das Unternehmen sichtbar machen

Inszenierungen müssen:
- sich auf Nah- und Fernwirkung einstellen
- Typisches für das Unternehmen zeigen
- einladen: „Wir sind offen für Sie!" (Schwellenangst abbauen)
- Neugierde wecken

Die Verkaufsraumbereiche im Loop

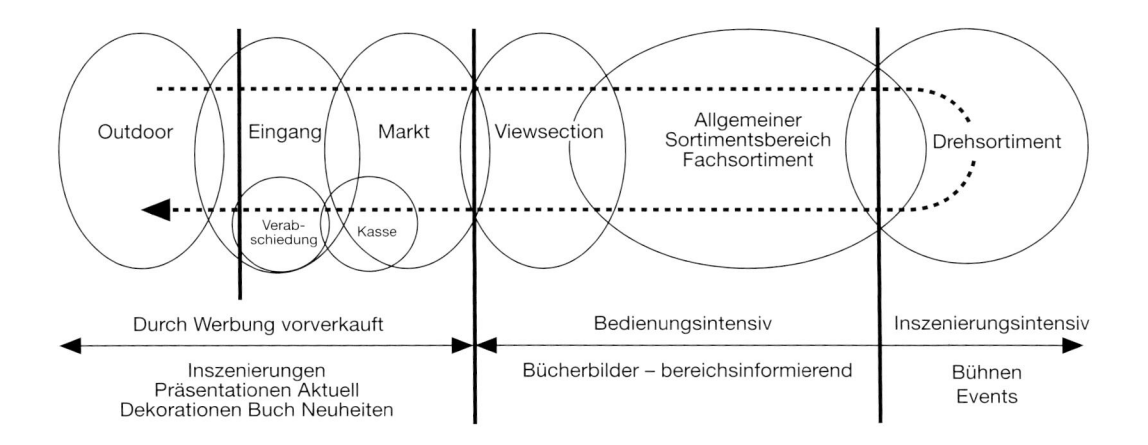

```
Outdoor | Eingang | Markt | Viewsection | Allgemeiner Sortimentsbereich Fachsortiment | Drehsortiment
         Verabschiedung  Kasse
```

Durch Werbung vorverkauft → | Bedienungsintensiv | Inszenierungsintensiv

Inszenierungen
Präsentationen Aktuell
Dekorationen Buch Neuheiten

Bücherbilder – bereichsinformierend

Bühnen
Events

Markt:
zeitaktuell agieren:
– „heute ist das so"
– neueste Meldungen
– Informationen verkaufen
– einfache, aber deutlich Hinweise geben
– Neues und Aktuelles darstellen
– die Frische der letzten Meldungen und Neuheiten darstellen
– Bestseller herausstellen

Inszenierungen müssen:
– immer aktuell sein
– den neuesten Kick haben
– zu den Zeitfragen Stellung nehmen und sich bekennen.

Viewsection:
In diesem Übersichtsbereich soll der Kunde nach dem Passieren des Markt- und Kassenbereichs bereit sein „weiterzuziehen".
– die Möglichkeiten aufführen für Übersichten
– Einladung zu den weiteren Bereichen

Inszenierungen müssen Fragen beantworten:
– Zu den Sortimenten, insbesondere zu denen, die nicht einsehbar sind
– Antworten geben: Die Treppe erschließt welche Sortimente?
– Unübersehbare Hinweise geben
– Tische „als Schaufenster" der nicht einsehbaren Bereiche

Allgemeiner Sortiments- und Fachbereich
Im Fachbereich muss der Zugang zur Ware verbessert werden. Der Kunde muss die Hände aus der Tasche kriegen und die Ware greifen.
Wissen vermitteln
Beweise – Erklärungen
Trends und Gegentrends
Inszenierungen müssen:
– den Verkaufsraum als Milieu vorstellen mit den den Bereichen innewohnenden Erlebnissen
– Trends und Gegentrends deutlich machen
– Verweildauer erreichen – nicht nur sitzen, auch relaxen können
– Leistung zeigen

Drehbereich:
Bis hierher wurde die Geschichte des Unternehmens und des Sortiments in Warenbildern erzählt. Immer hat sich der Eindruck gesteigert, auch in den Inszenierungen. Der Kunde wird praktisch hochgefahren. Er muss die Pointe erfahren im Drehbereich.
– der Höhepunkt
– das Wesentliche
– das Angekommensein vermitteln

F Kommunikationsmarketing: Die Einladung – Corporate Communications zur Unternehmenskommunikation

F5 Die Kundenleitweg-Planung

- Highlights
- Höhepunkte
- das Gefühl vermitteln, am Gipfelkreuz des Sortiments angekommen zu sein
- das Besondere des Unternehmens zeigen
- Ungewöhnliches, aber Begehrenswertes zeigen
- Drehen, Rückführung durch alle Themen

Kassenbereich:
Die Kasse sollte von Ware freigestellt werden, damit entproblematisiert werden.

Der Verabschiedungsbereich:
heißt ausklingen, bedanken, verabschieden
- Erinnerungswerte schaffen
- auf kommende Veranstaltungen und Ereignisse hinweisen
- den nächsten Besuch vorbereiten

Die Abschnitte des Vortrages werden Verkaufsraumbereiche im Kundenleitweg

Es gibt einen klassischen, allgemein genutzten Aufbau eines Aufsatzes, eines Vortrages, einer freien Rede, der von jedem genutzt wird, der anderen etwas sehr Wichtiges mitzuteilen hat. Der Redner teilt seinen Vortrag in logischer Reihenfolge in Abschnitte, sodass der Zuhörer dem Vortrag folgen kann, informiert und überzeugt wird.

Die einzelnen Abschnitte des Vortrages machen aufmerksam, informieren, beweisen und überzeugen. Durch dieses Brain-Skript wird eine sichere Information- und Überzeugungslinie verfolgt.

Das Gleiche gilt für die Vorstellung des Warenangebotes im Kundenleitweg, im Loop.

Die Leitgestaltung für den Konsumenten

Die Bereiche	Konsumentenerwartung	Strategie	Dynamik	Sympathie Anmutung	Leitgestaltung Layout Leitmodifikation	Warenplatzierung	Warenbilder	Verkaufsraumgestaltung Milieu
Kundenleitweg Loop Allgemein	Gute Übersicht für Raum und Sortiment	Das Sortiment und den Raum mit allen Teilen erschließen	Das ständige Aktualisieren durch aktuelle Waren am Kundenleitweg	Die Pflege des Kundenleitweges, Stressabbau	Den Einrichtungsplan auf die Warenleitbilder einstellen	Logischer Sortimentsaufbau zum erschließenden Kundenleitweg	Sortiment mit Warenleitbildern zum Loop orientieren	Der Loop braucht das Gesamtgestaltungskonzept als Leit- und Milieugestaltung
Fassade und Eingang	Informationen, Anregungen, klare Orientierung	Unterscheiden, Charakterisieren, Identifikation	Die Veranstaltung ankündigen	Image nach außen tragen	Einstimmung mit dem richtigen Eingang	Im Schaufenster die Botschaft des Sortiments	Warenbilder im Schaufenster, Informationen als Service	Fassadengestaltung unternehmensprägend
Eingangsbereich	Browsing, Informationen, Anregungen	Vielseitigkeit o. Spezialität des Unternehmens darstellen, Eröffnungsangebote	Immer aktuell, Neuheiten, Sonderangebote als Service	Die Leistungen in der Art des Unternehmens darstellen	Innen und Außen verbinden den Kundenleitweg, logisch einfädeln	Die wichtigen Neuerscheinungen – Das immer aktuelle Eröffnungsangebot	Looperschließung, Warenleitbildbereiche	Einführungsstimmung, Empfangsstimmung
Markt	Neuheiten, Sonderangebote	Impulsangebote	Wechselnde interessante Angebote	Marktmilieu	„Über den Markt" führen	Besonderer Bedarf unproblematischer anbieten	Überraschungen zeigen	Tische für den Markt, Empfangsstimmung
Kassenbereich	Auskunft, Abrechnen, Packen, Verabschieden	Zusatzangebote	organisiert	Deutlich, nicht aufdringlich	Kassenmöbel, ergonomisch, funktional für die richtige Größe	Kassen-Sortiment	Zusätzliche Wareninformationen	„Kasse" deutlich machen
Treppenbereich	Informationen über die Ware der nächsten Geschosse	Die Treppe in das neue Sortiment informativ einbeziehen	Die hohe Frequenz und Informationsmöglichkeit nutzen	Neugierig machen auf das nächste Geschoss	Wichtiger Bereich im Kundenleitweg	Sonderangebote, Hinweise auf andere Sortimente im nächsten Geschoss	Fenster für das nächste Geschoss	Einladende Transparenz - ideale Sichtverhältnisse planen

5.1.2 Die Synkopen

Die übergreifenden Ringe machen deutlich, dass die einzelnen Bereiche nicht exakt mit einem Tisch oder einem Regal enden, sondern übergreifen. Eine bestimmte Warengruppe kann sowohl im Eingangsbereich als auch im Markt liegen und ein Tisch stellt genau diesen Übergang dar.

So entstehen Synkopen, das heißt, ein neuer Bereich wird bereits geboren, ehe der alte Bereich gestorben ist. Die Synkope ist der Übergang von einem Bereich in den anderen Bereich hinein.

Solche Sortimentsübergänge zu erreichen, ist wichtig.

Synkopen werden erforderlich bei Sortimentsgrenzen, bei korrespondierenden Wänden, bei korrespondierenden Sortimenten, zum Beispiel auch zwischen Wand und Tisch.

Ein eintretender Kunde, der den Eingangsbereich passiert und dort auf Waren von allgemeinem Interesse trifft, findet im Übergang bereits Ware des Fachbereichs – um den Gegensatz deutlich zu machen, mit bedienungsintensiver Ware.

In der Praxis sieht das so aus, dass die Innenmöbel, die Tische, die sich in der Mitte des Verkaufsraumes befinden, mit unproblematischer Ware beschickt werden und dass die Wände unmittelbar im Bereich dieses Tisches schon die bedienungsintensive Ware des Fachbereiches aufnehmen.

Wichtig ist es für die Übergänge, dass die Sortimentsgrenzen an den korrespondierenden Wandregalen nicht auf gleicher Höhe zusammentreffen und dass der dazwischen stehende Tisch eine vermittelnde Position einnimmt.

Der Kunde wird so logisch weitergezogen. Er empfindet keine harte Grenze im Sortiment. Noch ehe das interessante Sortiment des Eingangsbereiches vorüber ist, ist bereits ein interessanteres Fachsortiment vorhanden.

Auch gestalterisch mit dem bewussten Umgang der verkaufsraumbereichsbetonten Warenbilder wird der Übergang überspielt.

Die hier aufgeführten Bereiche des Verkaufsraumes repräsentieren deutlich zwei sich wesentlich unterscheidende Verkaufsraumteile:

Eingangsbereich, Markt- und Kassenbereich sind immer der Verkaufsraumteil, der einführen muss,

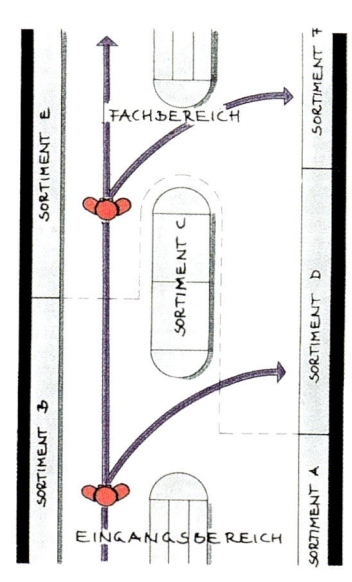

Die Synkope. Bei korrespondierenden Wänden sind die Sortimentsgrenzen versetzt.

der sich öffnet, den Kunden einbezieht, ihn begrüßt, Impulse vermittelt, der aktiv ist, lebendig, hell, lebensfroh, informierend, animierend, verlockend, der mit Überraschungen für alle Zielgruppen aufwartet.

Der andere Teil des Verkaufsraumes ist der Fachbereich, der dominiert. Hier erwartet man Konzentration, Fachkompetenz, Beratung. Der Kunde wird zum Verweilen aufgefordert.

F Kommunikationsmarketing: Die Einladung – Corporate Communications zur Unternehmenskommunikation

F5 Die Kundenleitweg-Planung

5.1.3 Die Loop-Strategien

Die gleichzeitige Erschließung von Raum und Sortiment lässt in der Loopplanung Varianten zu. Immer mehrere Kundenleitwege, Loops planen und dann nach strategischen Gesichtspunkten auswählen:
– beste Raumerschließung-, Raumnutzung
– in welches Sortiment einführen,
– wie groß ist der Markt?
– Kontakt von außen
– Weiterführung im Verkaufsraum,
– in welche Sortimente?
– Kasse, Pool, Beobachtung, Info, wo?

Loop-Erschließungen

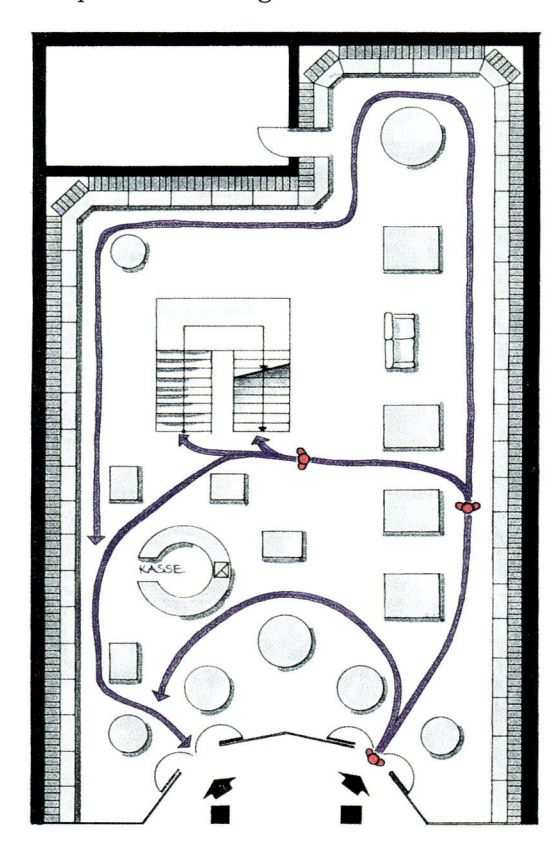

Grundriss 1
Der Verkaufsraum wird durch drei Loop-Ringe erschlossen. Der große Loop wird für die Planung dominieren.

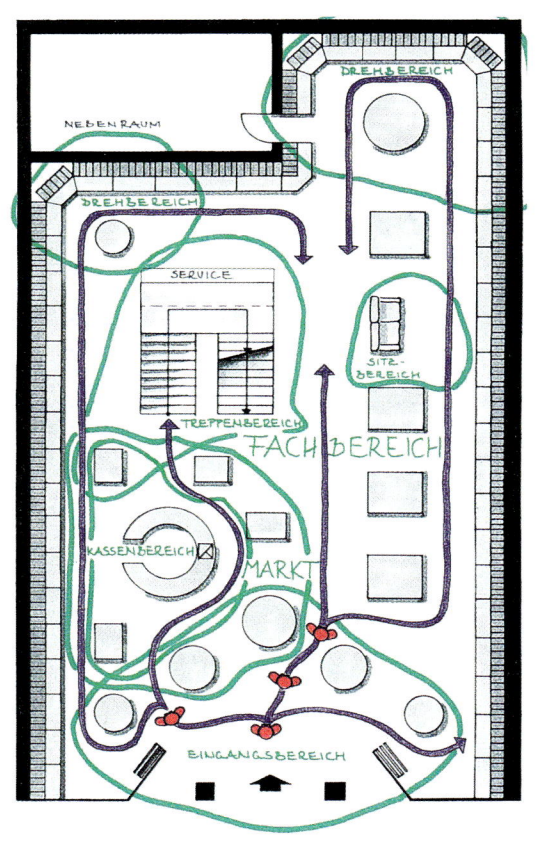

Grundriss 2
Die Verkaufsraumbereiche werden für die Warenplatzierung vorbereitet. Durch die Raumeinengung im hinteren Verkaufsraum entstehen zwei Drehbereiche.

F5 Die Kundenleitweg-Planung

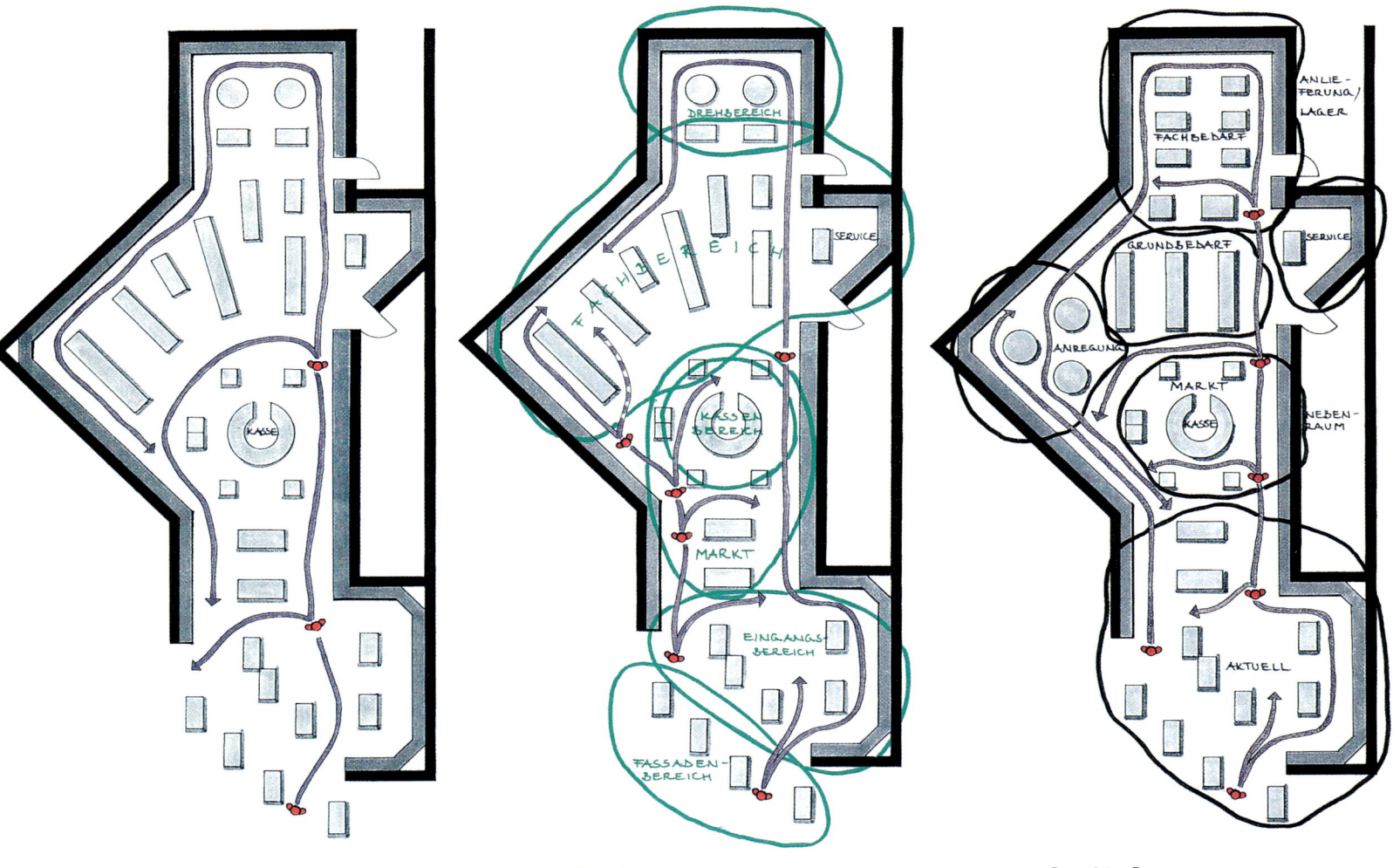

Grundriss 3
Loop-Erschließung: Auch komplizierte Verkaufsräume haben eine Loop-Erschließung.

Grundriss 4
Die Raumformen haben die Warenplatzierung mitbestimmt.

Grundriss 5
Eine Variante zu Grundriss 4

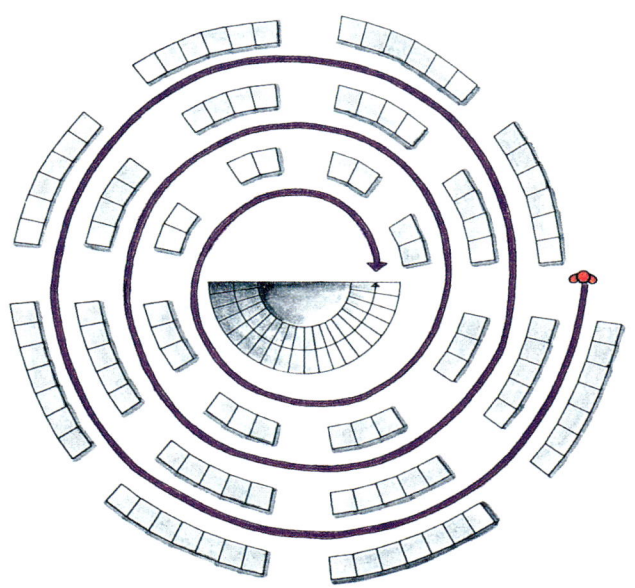

Grundriss 6
Eine Loop-Spirale: Der Traum einer Loopplanung mit Zugang zur Treppe. Der Loop hat etwas mit einem Ring zu tun. Mehrere Ringe, über einen Kundenleitweg erfasst, bilden eine Spirale. Bei der Loopplanung hat man oft die Idee einer Spirale.

F   Kommunikationsmarketing: Die Einladung – Corporate Communications zur Unternehmenskommunikation

F5 Die Kundenleitweg-Planung

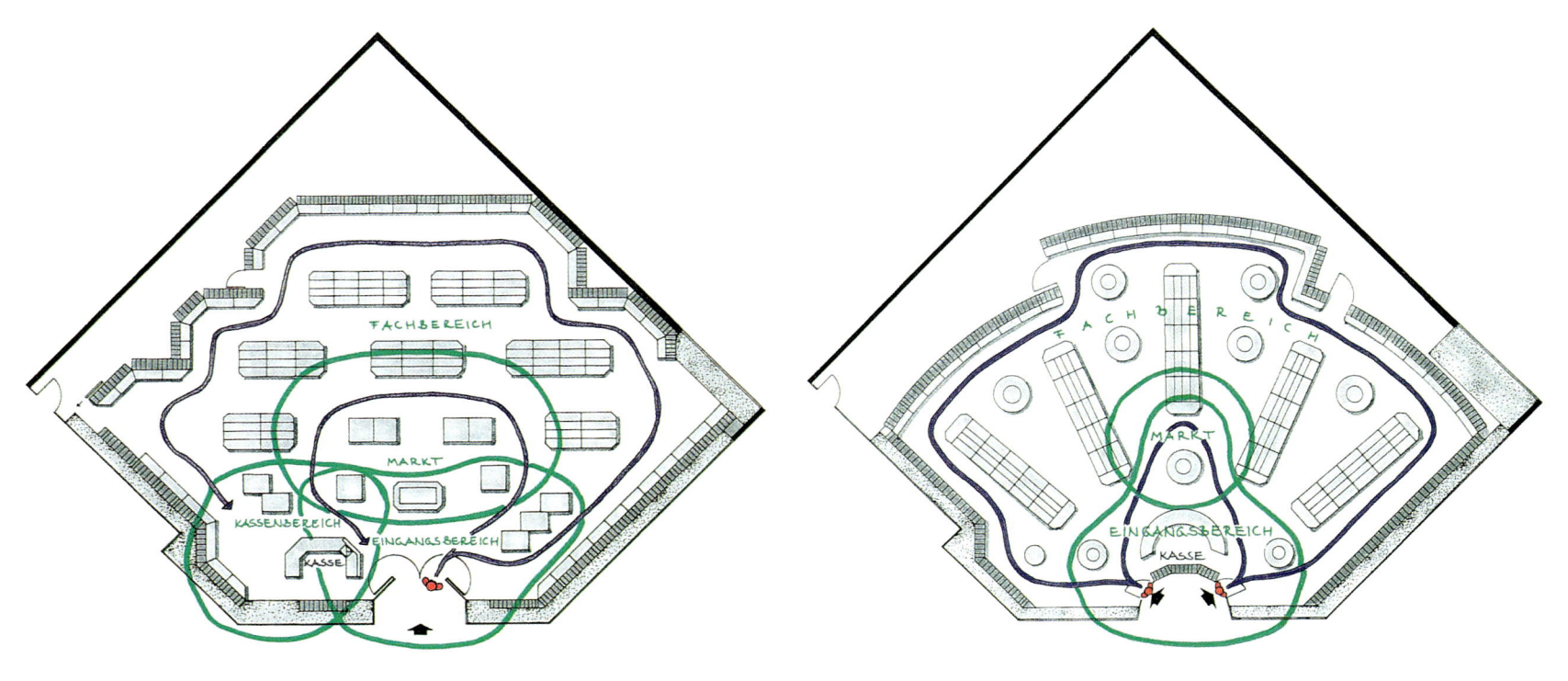

Grundriss 1
Eingangsbereich und Kassenbereich führen klar in den Markt und damit in das Zentrum des Verkaufsraumes.

Grundriss 2
Die Kasse in der Mitte hat eine gute Beobachtungsposition, teilt aber den Eingangsbereich in einen rechten und einen linken Eingang. Fünf Innenregale gliedern den Fachbereich, eine exakte Unterscheidung in Warenbildern und Warenleitbildern ist erforderlich zum Funktionieren der Loops. Auch eine systematische Aufteilung es Fachbereichs in fünf Sortimentsabschnitte ist notwendig.

Loop-Variationen

Die Größe des Verkaufsraumes wird durch Wandregale festgelegt. Die Stellung der Wandregale ist in allen Variationen nahezu gleich. Die Innenmöbel und die Stellung der Kasse bestimmen das Gesicht des Sortimentsraumes:
– den Loop
– die Gänge, die Gangbreiten
– die Verkaufsraumbereiche wie Eingangsbereich, Markt, Kassenbereich und Fachbereich.

F5 Die Kundenleitweg-Planung

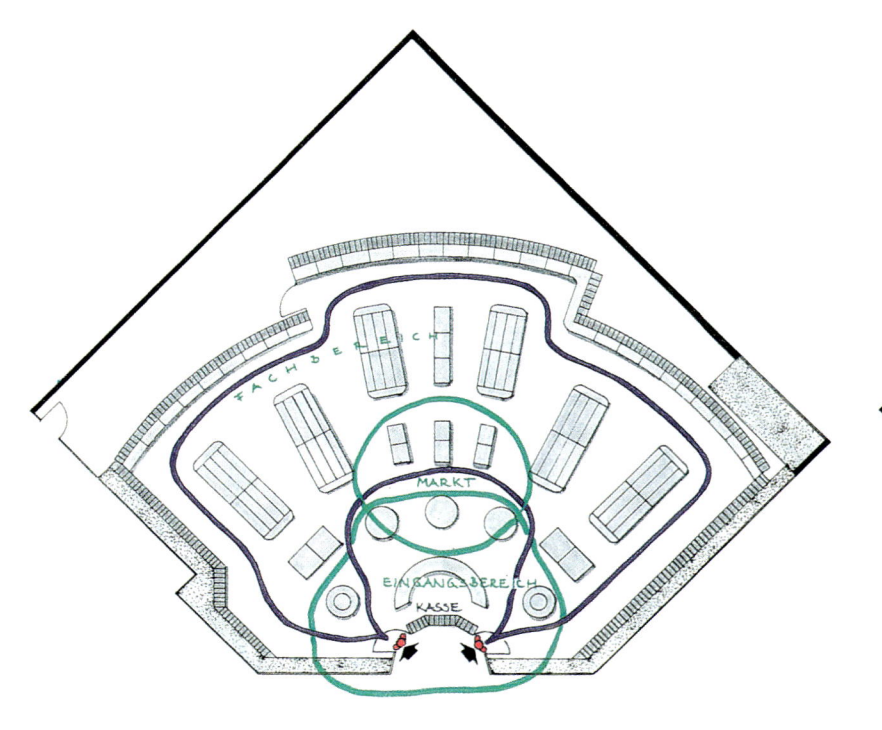

Grundriss 3:
Wie Grundriss 2, jedoch keine Aufteilung in Sortimentsblöcke durch große Innenregale. Eine gute Variabilität wurde erreicht.

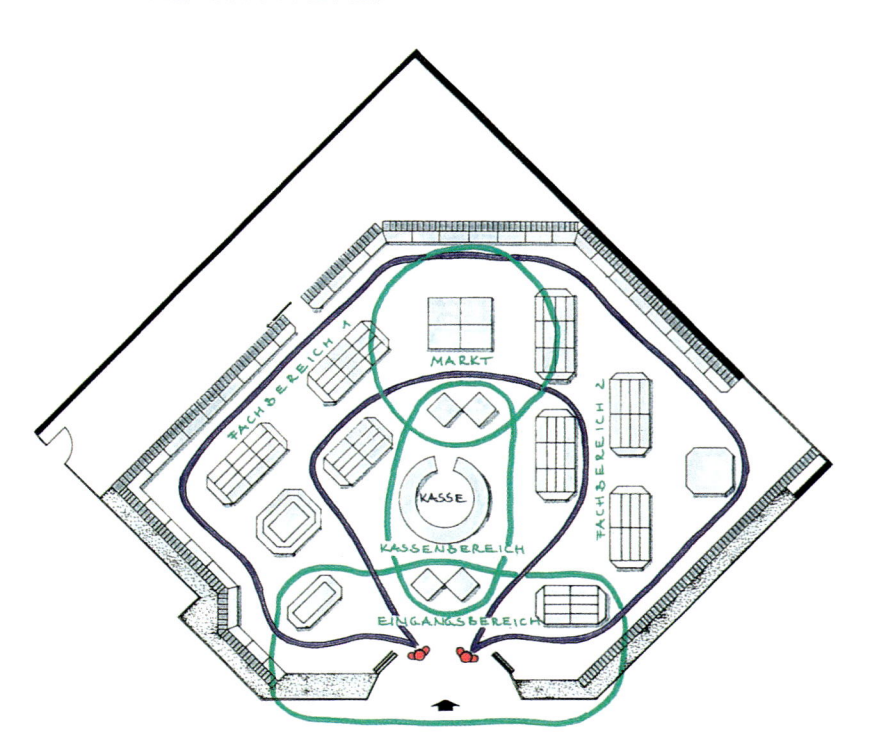

Grundriss 4
Ein großer, starker Marktbereich, in den der Eingangsbereich direkt einführt. Eine sehr dynamische Einführung mit wechselvollen Bildern. Dieses wechselnde Spiel an Warenbildern geht bis in den Fachbereich.

Grundriss 5
Logische Mittelerschließung über den Eingangsbereich. Ein starker, dominierender Kassenbereich, der Auskunfts- und Informationsvielfalt deutlich macht. Hinter dem Kassenbereich der Markt, der gleichzeitig Drehbereich wird. Diese Mittelerschließung gliedert den Verkaufsraum in zwei sich unterscheidende Fachbereiche, die diese Sortimentsunterscheidung auch durch die Stellung er Möbel deutlich machen.

F Kommunikationsmarketing: Die Einladung – Corporate Communications zur Unternehmenskommunikation

F5 Die Kundenleitweg-Planung

5.2 Der Loop im Warenhaus

In den großen Warenhäusern wurde der Loop schon sehr früh angewandt. In den neuesten Planungen der Hauptkundenleitwege ergeben sich interessante Lösungen. Hier Planungen der Designer von der WalkerGroup:

Grundriss 1: Bloomingdale's
Boca Raton, Florida, USA
Grundriss 2: Burdines, Gainesville, USA
Untergeschoss

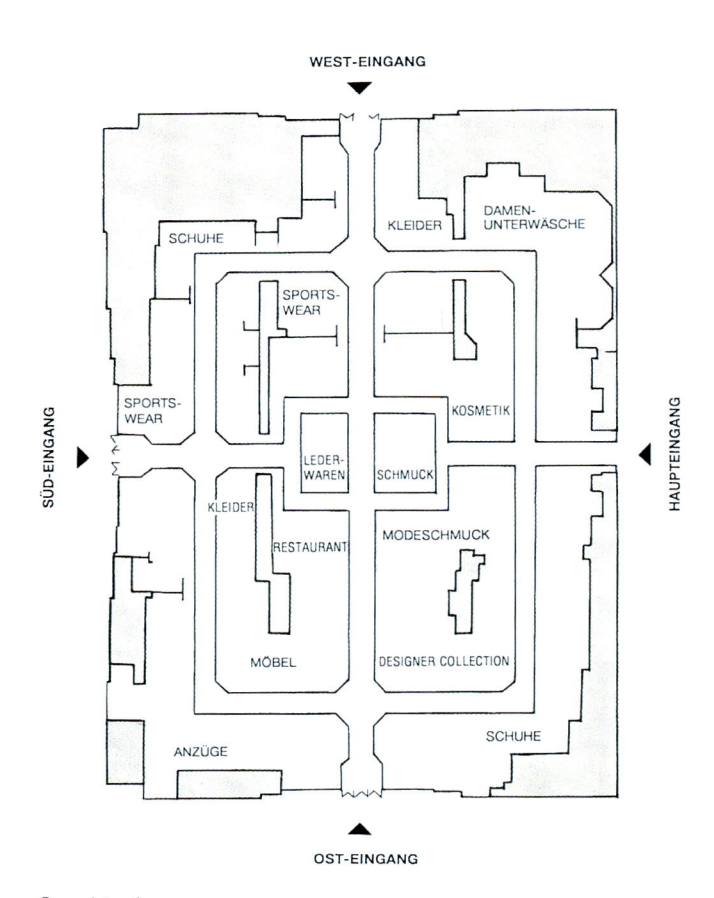

Grundriss 1:
Bloomingdale's
Boca Raton, Florida, USA
Planung: WalkerGroup, New York

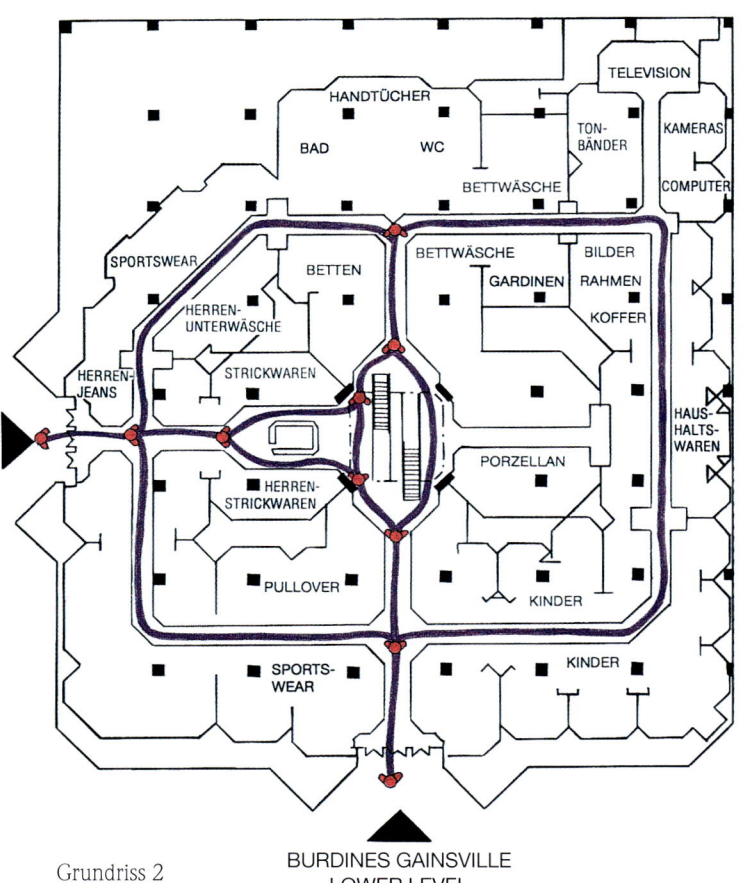

Grundriss 2
Burdines
Gainesville, USA
Untergeschoss
Planung, WalkerGroup, New York

F5 Die Kundenleitweg-Planung

Das Kaufhaus für Mode

Engelhorn & Sturm, das Kaufhaus für Mode mitten in Mannheim
Planung: Blocher, Blocher & Partner, Stuttgart

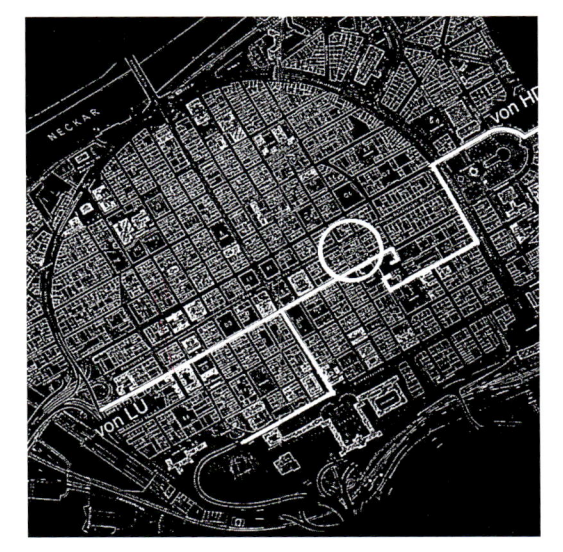

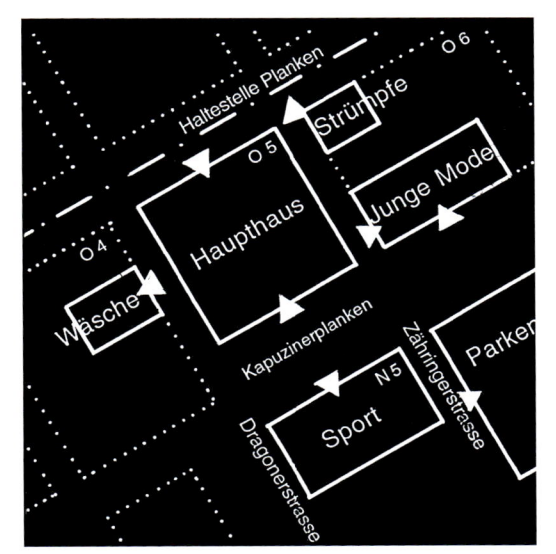

Die Eingangsfassade
Eine nach außen gekippte Glasspange verbindet den Alt- und den Neubau des Mannheimer Traditionsunternehmens und markiert eindeutig den Haupteingang.

Der Windfang im Engelhorn-Haupthaus verbindet Wärme und haptische Materialien auch in diesem Begrüßungsbereich.

F Kommunikationsmarketing: Die Einladung – Corporate Communications zur Unternehmenskommunikation

F5 Die Kundenleitweg-Planung

Die Glasüberdachte Verbindungsachse vermittelt von jeder Perspektive neue Rauminszenierungen und Blickverbindungen zwischen den Geschossen.

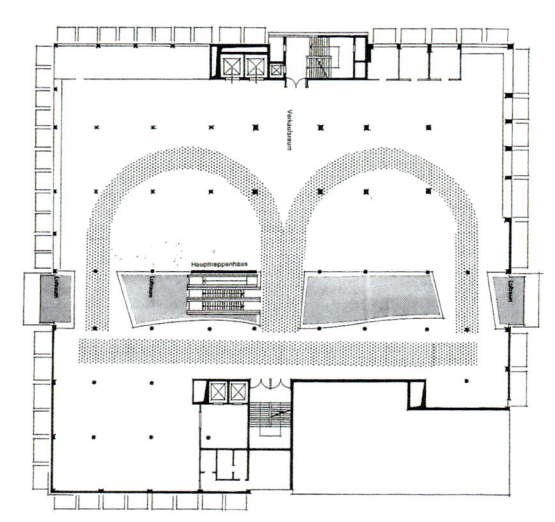

Rechts:
Der typische Grundriss: Belebende Lufträume verbinden Alt- und Neubau.

Blick durch die lichtdurchflutete Halle, welche die Haupterschließungsachse bildet.

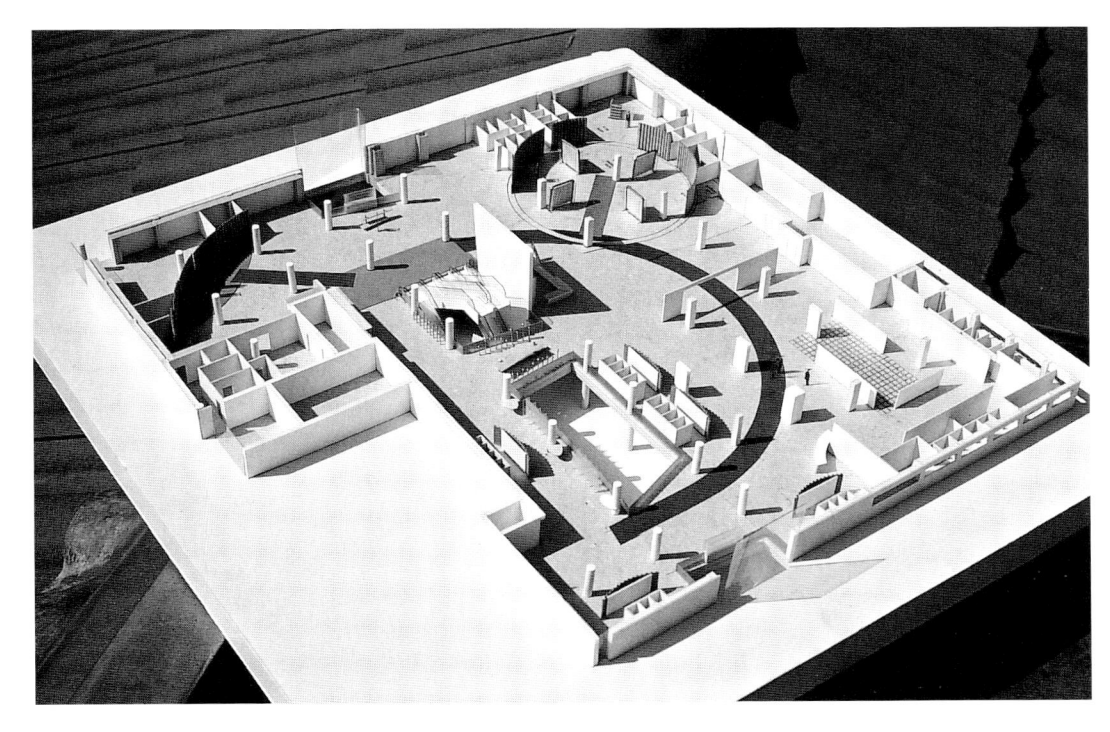

F5 Die Kundenleitweg-Planung

Modell der typischen Etagen-Einrichtungsplanung
Überschaubare Raumfolgen mit unterschiedlichen Milieus werden als fließende, jedoch in sich abgeschlossene Raumfolgen konzipiert. Der Verkaufsraum wird gegliedert wie ein idealisierter Stadtraum; Wege, Verkaufsflächen, Plätze und übergeordnete Raumkanten gliedern belebend dem Raum.

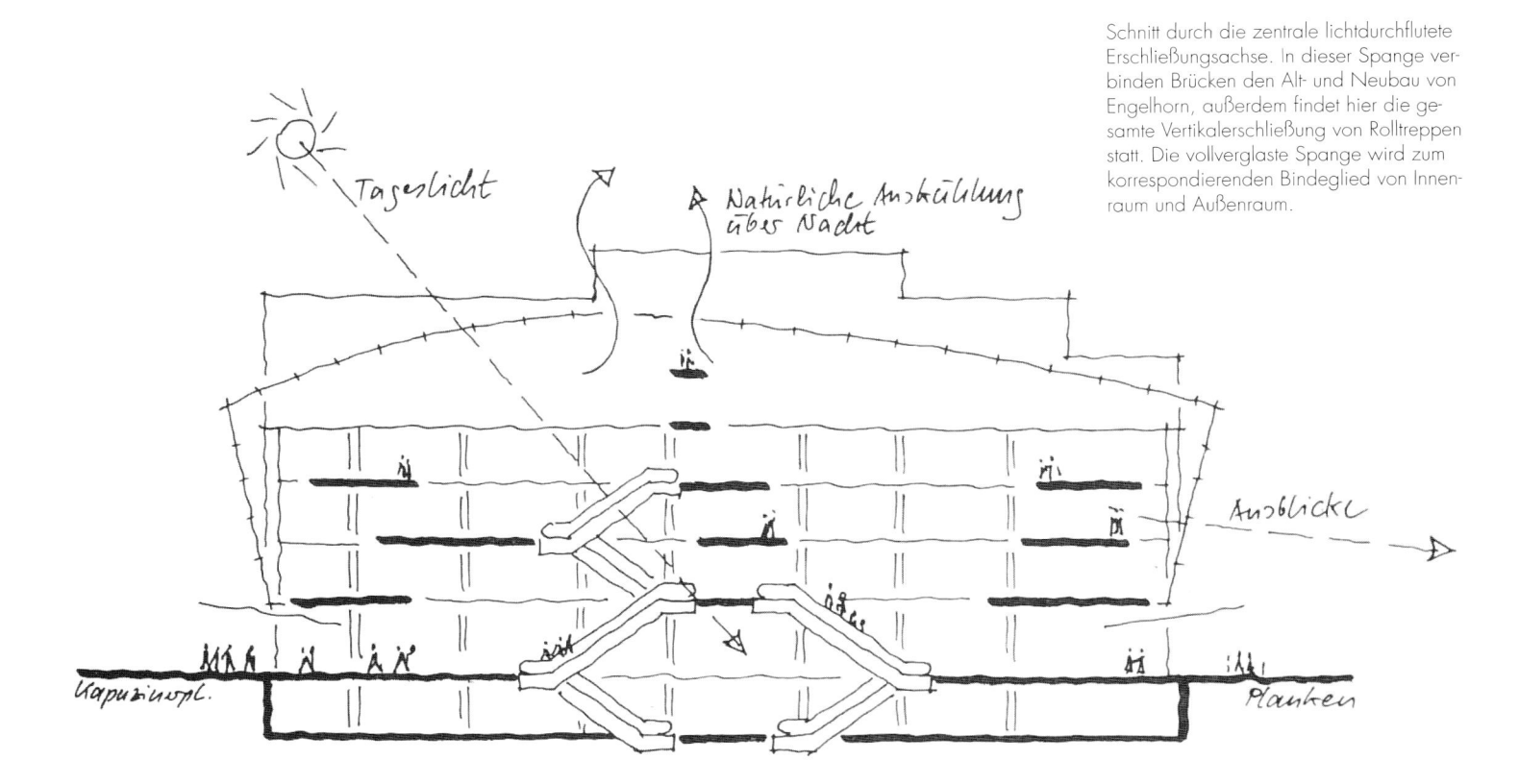

Schnitt durch die zentrale lichtdurchflutete Erschließungsachse. In dieser Spange verbinden Brücken den Alt- und Neubau von Engelhorn, außerdem findet hier die gesamte Vertikalerschließung von Rolltreppen statt. Die vollverglaste Spange wird zum korrespondierenden Bindeglied von Innenraum und Außenraum.

F Kommunikationsmarketing: Die Einladung – Corporate Communications zur Unternehmenskommunikation

F5 Die Kundenleitweg-Planung

1 Kunde
2 Mitarbeiter
3 Hauptleitweg für Kunden
4 Nebenleitweg für Kunden
5 Orientierungspunkt, nummeriert
6 Kundenlauflinie mit Orientierungspunkten
7 Mitte des Sehfeldes
8 Raummitte

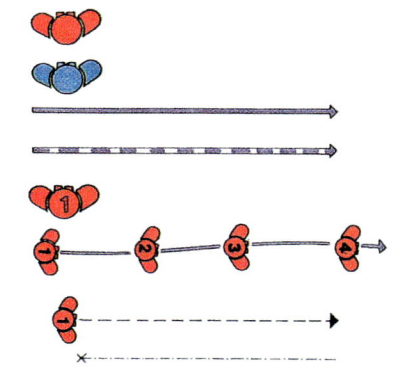

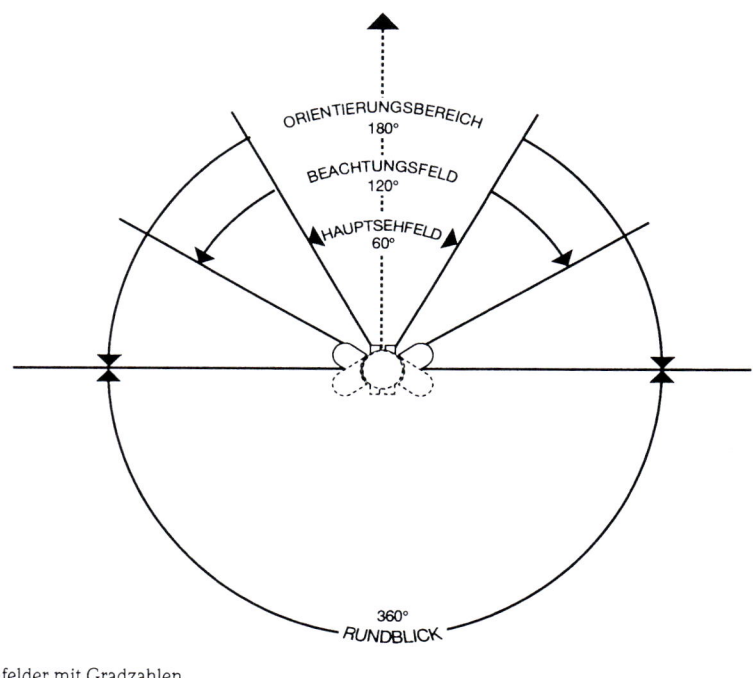

Sehfelder mit Gradzahlen
Hauptsehfeld 60°
Beachtungsfeld 120°
Orientierungsbereich 180°
Rundblick 360°

5.3 Die Orientierung der Konsumenten

Der Weg des Konsumenten durch den Verkaufsraum wird planungstechnisch zu einer gedachten Linie im Grundrissplan.

Die Kundenleitweg-Planung schwankt mit dem Zeichnen der ersten Lauflinie zwischen der natürlichen, logischen Erschließung, also der Linie, die der Konsument voraussichtlich gehen wird, und der Linie, die am zweckmäßigsten wäre, die er gehen soll um ihm durch alle Bereiche des Verkaufsraumes zu führen.

Die Planung des Kundenleitweges wird nur so weit vom natürlichen Kundenleitweg abweichen, wie dieses erforderlich ist, und sie wird die Planung so vollenden, dass der „künstliche" Kundenleitweg wieder als natürlich empfunden wird. Zum logischen Erschließen gehört die Kenntnis von der Aufnahmekapazität und ihre Steigerung durch die Orientierungsmöglichkeiten, ausgehend vom natürlichen Raumerschließen bis hin zu den notwendigen künstlichen Erschließungen durch die gestalteten Kundenleitwege.

Das Kundenleitsystem funktioniert über die Orientierungsmöglichkeiten des Kunden, über das Sehen, über das Erkennen von Leitbildern, die der Konsument als Raum- oder Wareninformation für das Sortiment erfährt. Dem Sehen und Informieren folgt das Gehen und schließlich das Greifen.

Beim Orientieren muss man Beachtungsbereiche erkennen, die sich in die Tiefe des Verkaufsraumes staffeln. So entstehen Beachtungszonen, die zu differenzierten Orientierungsmöglichkeiten für den Konsumenten werden.

Hier werden Richtwerte vermittelt, die zeigen, wie man mit der Orientierung und für die Orientierung des Konsumenten den Kundenleitweg planen kann.

Die Planung erkennt und berücksichtigt die Distanzen zwischen dem Konsumenten und der Ware.

So entstehen für die Augen des Konsumenten Beachtungswerte. Diese sind Orientierungswerte für den Kundenleitweg.

F 5 Die Kundenleitweg-Planung

Zur Orientierung ist Unterscheidung wichtig.
- Der Hauptleitweg ist der natürlichste Kundenleitweg, den der Konsument am wahrscheinlichsten nehmen wird, oder der strategisch geplante, den der Konsument nehmen soll.
- Der Nebenleitweg ist der Kundenleitweg, der abzweigt oder als weitere Möglichkeit angeboten wird.

Der Orientierungspunkt

In den Kundenleitwegen ergeben sich ideale Betrachtungspunkte für Warenleitbilder, das sind Orientierungspunkte.

Der Konsument erfährt hier neue, sich unterscheidende Warenleitbilder, von denen wichtige Informationen ausgehen. Sie können Hinweise geben, Erklärungen, aber auch Impulse wie „Neuerscheinung", „Sonderangebot" oder ein Ereignis ankündigen. Der Konsument orientiert sich und entscheidet sich, wie er weitergeht. Orientierungspunkte sind fast immer Entscheidungspunkte.

Entscheidungspunkte entstehen auch an Leitwegkreuzungen, Gangkreuzungen oder Gabelungen, die mehrere Entscheidungen zum Weitergehen ermöglichen. Die Informationen für den „richtigen" Weg kommen über Warenbilder mit klarem Leitauftrag, den Warenleitbildern.

Nur eine klare eindeutige Leitwegplanung fördert die Übersicht im Verkaufsraum – sie hilft Einkaufsstress abzubauen.

Jeder verirrte Kunde ist ein enttäuschter Kunde!

Das Sehfeld

Das Sehfeld liegt immer vor dem Konsumenten in seiner Laufrichtung. Geht der Konsument nicht in der Mitte des Raumes, dann wird das Sehfeld zum Raum hin korrigiert. Die einsehbare Raummitte spielt deshalb bei der Festlegung des Sehfeldes eine Rolle:
- das Hauptsehfeld ergibt sich bei einem Sehwinkel von 60....003
- das Beachtungsfeld bei 120°
- das Orientierungsfeld bei 180°
- der Rundum-Blick mit eingerechneter Kehrtwendung bei 360°.

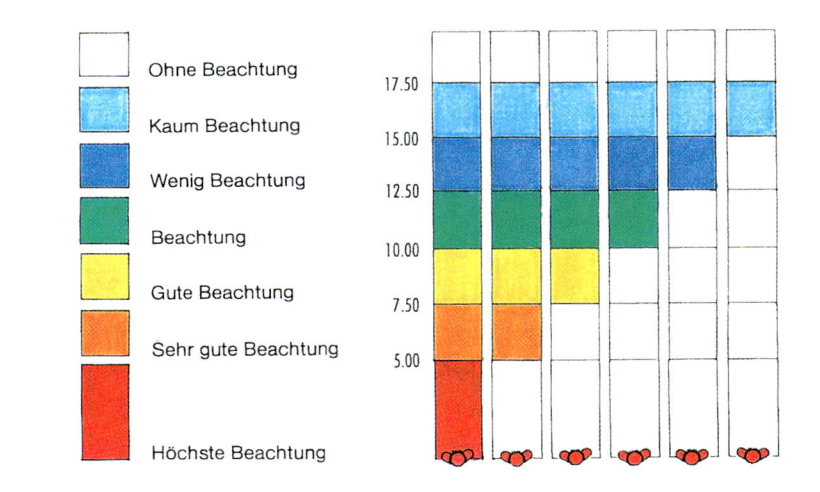

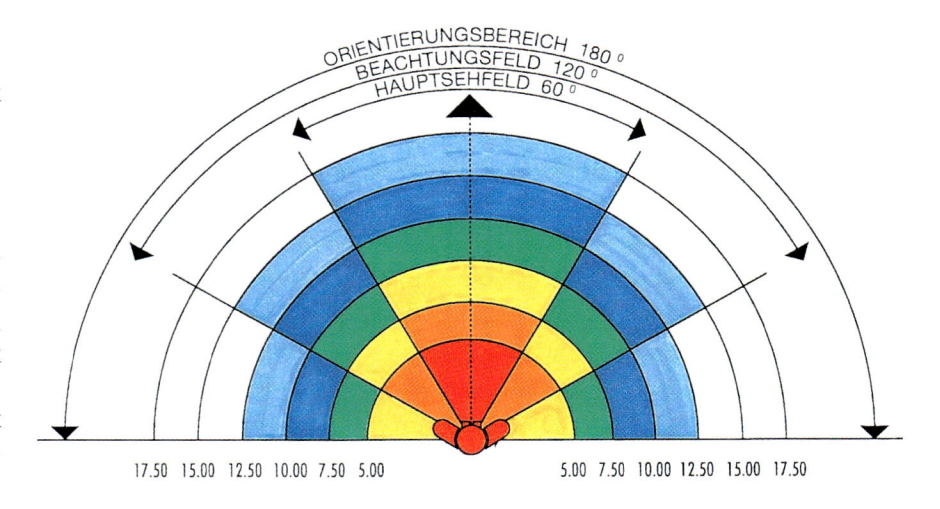

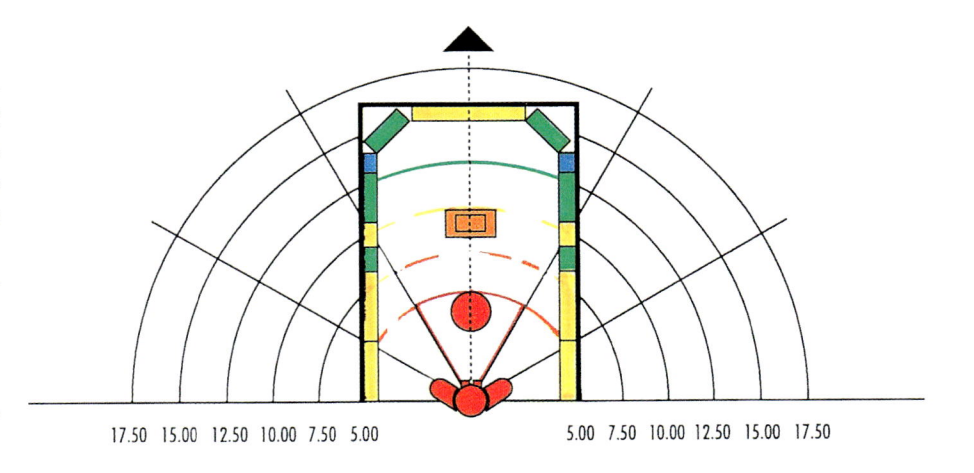

F   Kommunikationsmarketing: Die Einladung – Corporate Communications zur Unternehmenskommunikation

F5   Die Kundenleitweg-Planung

ZULAGEN IN DER WICHTUNG IM HAUPTSEHFELD 60°

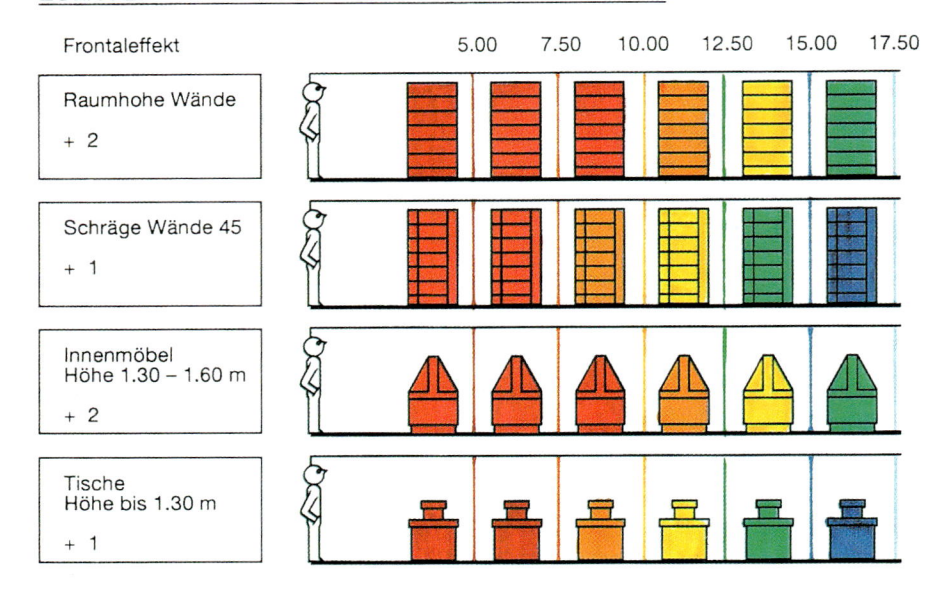

| Frontaleffekt | 5.00 | 7.50 | 10.00 | 12.50 | 15.00 | 17.50 |

Raumhohe Wände + 2

Schräge Wände 45 + 1

Innenmöbel Höhe 1.30 – 1.60 m + 2

Tische Höhe bis 1.30 m + 1

Beachtungszonen
1. Der Konsument geht in der Mitte des Verkaufsraumes mit
   – dem Hauptsehfeld 60°
   – dem Beachtungsfeld 120°
   – dem Orientierungsbereich 180°

2. Der Konsument geht an der rechten Regalseite und schaut in den Verkaufsraum. Sein Hauptsehfeld mit der Mittelachse des Geradeaus-Gehenden erhält eine Korrektur zur Raummitte, die etwa 10 m vom Orientierungspunkt entfernt liegt.
Das bedeutet:
Lauflinie und die Mitte des Sehfeldes sind in diesem Falle abweichend.

3. Der Konsument geht in der Mitte des Raumes. Er betrachtet den Raum und somit sind Lauflinie und Mitte des Sehfeldes identisch.
Erst wenn der Raum sich plötzlich nach links erweitert, erfolgt die Korrektur, die Sehfeldmitte ist nicht mehr die Lauflinie.

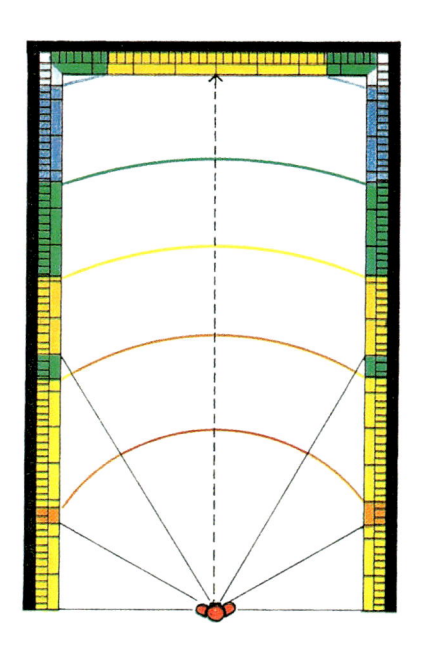

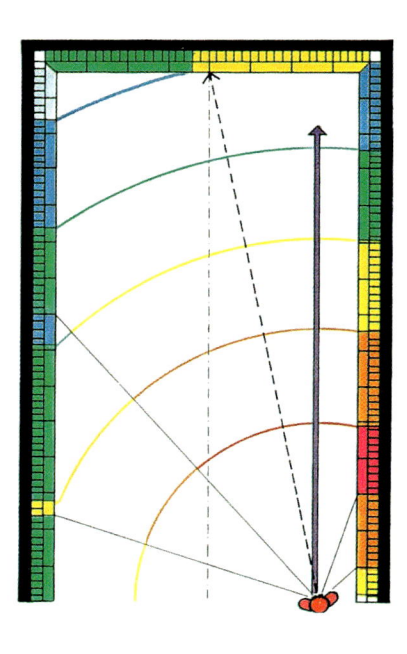

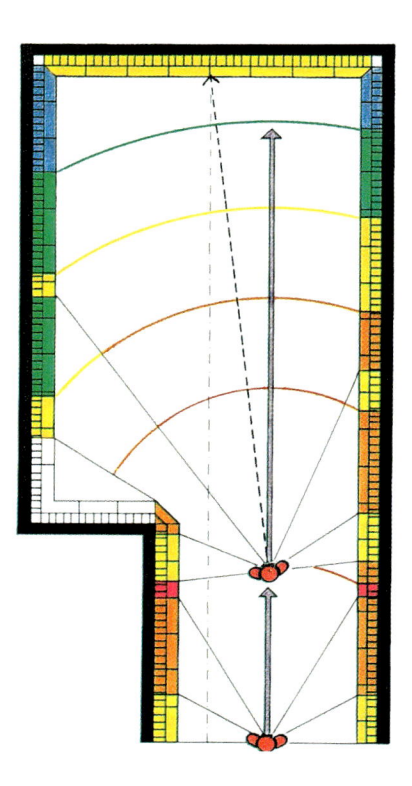

Die Beachtungszonen des Kunden:
- 5 m – rote Zone – höchste Beachtung
  Alles ist für den Konsumenten gut sichtbar.
- 7,50 m – orange Zone – sehr gute Beachtung
  Die Ware ist für den Konsumenten erkennbar.
- 10 m – gelbe Zone – gute Beachtung
  Nicht nur die Entfernung zur ‚Roten Zone' hat sich verdoppelt, das Sehfeld hat sich etwa vervierfacht. Der Konsument sieht in diesem Bereich mehr Ware, die auffallen soll. Ware braucht ein gutes Warenbild.
- 12,50 m – grüne Zone – Beachtung
  Nur die besonderen Warenbilder wirken.
- 15 m – blaue Zone – wenig Beachtung
  Der Konsument hat aus dieser Distanz schon sehr viele Eindrücke, das Sehfeld ist mehr als dreimal so breit und dreimal so hoch wie in der 5-m-Zone. Eine Warenfülle stellt sich dar. Die Ware, die auf diese Distanz wirken soll, muss „leuchten".
- 17,50 m – hellblaue Zone – kaum Beachtung
  Nur besondere Warenbilder mit entsprechendem Frontaleffekt durch Freistellung am Gang wirken noch.
- 20 m – weiße Zone – ohne Beachtung
  Nur Frontaleffekte, größere Gegenstände, Treppen, Kassenpools, wirken noch.

Was sieht der Konsument?

Welche Informationen braucht der Konsument um richtig geleitet zu werden?

Fast alle Verkaufsräume benötigen Abzweigungen und Kreuzungen der Kundenleitwege. Sie brauchen Orientierungspunkte und effektive Informationsbereiche durch Warenleitbilder. So entstehen Orientierungsbereiche mit unterscheidender Beachtung nach Entfernungszonen.

Zur Ladenplanung gehört das Erkennen der Leitbereiche für Leitbilder, für Highlights und Faszinationsbereiche.

Der Frontaleffekt, insbesondere bei freistehenden Möbeln, aber auch Regalbereiche, die direkt im Hauptsehfeld getroffen werden, sind besonders effektiv. Die Beachtung ist hier sehr hoch. Deshalb muss eine Höherwertung zur Zonenwertung gefunden werden.

Eine gleiche Raumgröße zum Vergleich:
Kurze Raumbeschreibung:
Die Eingangsfront Glas, Regale an den Umfassungswänden, Regaltiefe ca. 60 cm, in der Mitte – in einigen Grundrissen – ein Tisch.

4. Der Konsument tritt in der Mitte ein. Stärkste Beachtung hat der Frontaleffekt geradeaus, der Konsument schaut geradeaus auf die Stirnwand.

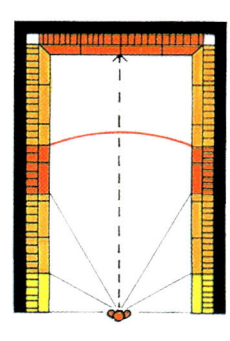

5. Der Konsument tritt seitlich ein. Das Blickfeld verändert sich, er findet andere Beachtungszonen. In der Mitte des Raumes wurde ein flacher Tisch untergebracht.

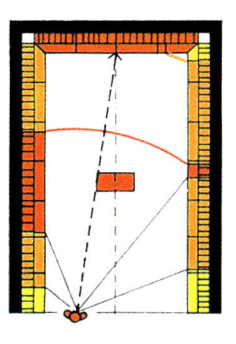

Zwei-Raum-Lösungen:
6. Eine Wandscheibe in der Mitte des Verkaufsraumes. Der Konsument tritt seitlich ein.

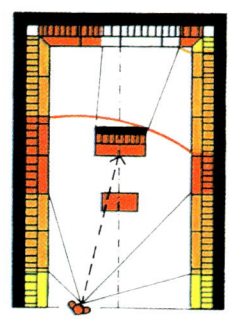

7. Zwei Wandscheiben, eine mittlere Öffnung.
Der Konsument tritt in der Mitte ein.

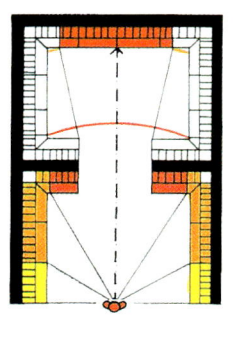

8. Gleicher Raum wie „7.", jedoch der Konsument tritt seitlich ein.

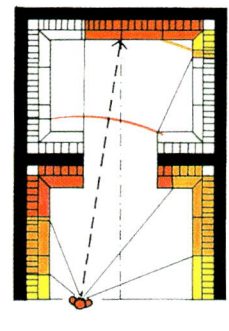

9. Eine deutliche Zwei-Raum-Lösung. Links eine Wandöffnung, der Konsument orientiert sich mit seiner Sehfeldmitte noch auf die Raummitte des ersten Raumes.

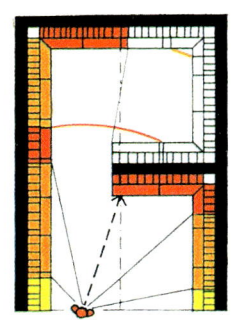

F Kommunikationsmarketing: Die Einladung – Corporate Communications zur Unternehmenskommunikation

F5 Die Kundenleitweg-Planung

Warenleitbilder darstellen

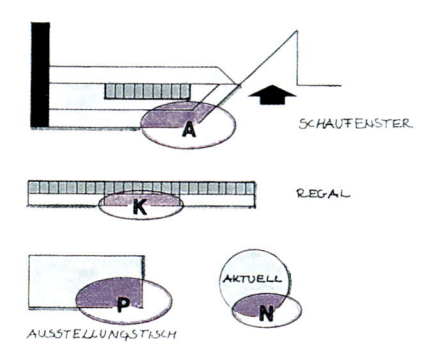

Warenleitbilder mit Unterscheidungs-Buchstaben

Der Orientierungsbereich fordert Entscheidungen vom Konsumenten, die Warenleitbild-Informationen müssen dem Konsumenten hier helfen können den richtigen Weg zu finden.

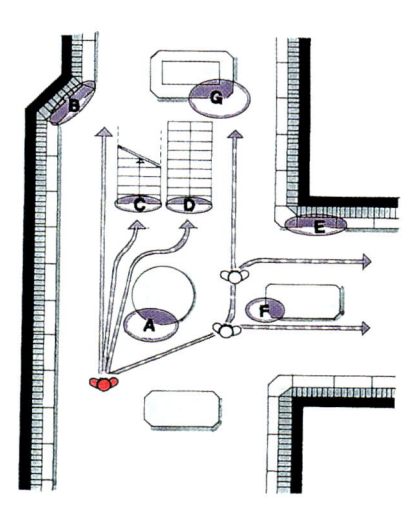

Die Warenleitbild-Strategie

Grundriss 1

Mittiger Eingang. Der Konsument trifft auf das Warenleitbild A und kann nach rechts oder links weitergehen. Er wird angesogen von der Stirnwand. Auf ihn wirkt das Warenleitbild D durch den Frontaleffekt, er geht deshalb nach links. Seitlich erfasst er noch die Warenleitbilder B, C und erkennt E rechts.

Wird der Konsument durch das Warenleitbild H angezogen, so geht er rechts herum. Er erfasst auch noch die Warenleitbilder F, G und E.

Die seitlichen Warenleitbilder B, C und F und G erhalten ihre Bedeutung aus der Stellung der Tische.

Wenn der Konsument das Warenleitbild D passiert hat, wirkt auf ihn sofort G und ein Loop entsteht.

Ebenso entsteht nach Passieren des Tisches mit dem Warenleitbild A die Möglichkeit für den Konsumenten, den Hauptleitweg zu verlassen und nach rechts abzubiegen zum Warenleitbild F.

Geht der Konsument rechts herum, wirkt analog die gegenüberliegende Seite wie zuvor beschrieben.

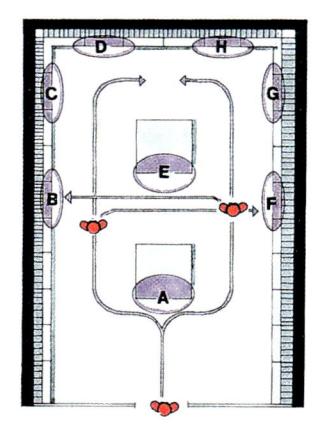

Die Kundenleitweg-Anwendung, ausgehend von einem Eingang in der Mitte und einer Stellung der Tische in der Mitte, bedeutet mit Passieren des Warenleitbildes A eine Unentschiedenheit für den Kunden. Er kann entweder nach rechts oder nach links in den Loop eintreten.

Diese Lösung ist nur dann tragbar, wenn in der rechten und in der linken Verkaufsraumhälfte sich unterscheidende Sortimente aufgebaut werden.

Dann allerdings müsste auf der Höhe des Warenleitbildes A rechts und links an den Wänden ein neues Warenleitbild entstehen, als Einführung, als Highlight. Rechtes und linkes Highlight müssten sich total unter-

F5 Die Kundenleitweg-Planung

scheiden und jeweils signalisieren, um welches Sortiment es sich handelt.

Der Aufbau des Warenleitbildes wird wichtig für den weiteren Ablauf um den Konsumenten jeweils links oder rechts über die Highlights in die Tiefe des Sortiments einzusaugen.

Grundriss 2

Wird der Eingang nach links verlagert, entsteht sofort eine neue Situation.

Eingang links, der Hauptleitweg orientiert sich in der Tiefe des Raumes, die ungehindert angeboten wird. Es wirken sofort die Warenleitbilder A und B und in logischer Folge auch C – D, E – F und B – G, jeweils in diesen drei Loop-Möglichkeiten, dem kleinen, dem mittleren und dem großen Loop. Ein starkes Warenleitbild B garantiert den großen Loop.

Hier wird das Sortiment in einer logischen Folge aneinander gereiht. Der Drehbucheffekt des logischen Nacheinanders entsteht und damit eine gute Raumsortiments-Erschließung, denn man kann davon ausgehen, dass die Konsumenten verstärkt dem Hauptleitweg über A – B, von B nach G folgen werden.

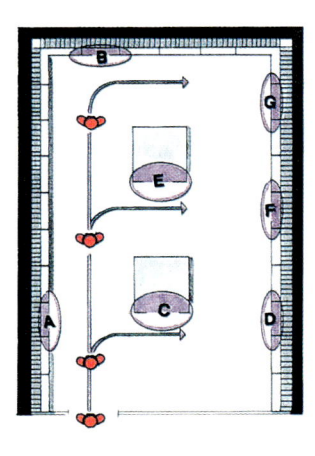

Damit ist die geplante Aneinanderreihung der Warenleitbilder erreicht.

Konkordia-Bühl

Planung: Jürgen Wagner, Reinhard Mann, Kreft-Team
Realisierung: Wilhelm Kreft GmbH, Wedemark

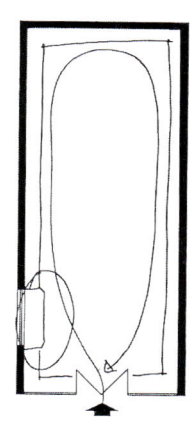

Grundriss 1
Es wird die Einführung links versucht. Das Einführungsangebot liegt im Fenster. Das wird als nicht günstig angesehen.
Der zusätzliche Strich entlang der umfassenden Wände deutet die Regaltiefe an und im Schaufensterbereich die voraussichtliche Tiefe der Ausstellungstische.

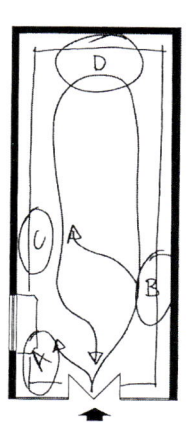

Grundriss 2
Die Einführung über die rechte Wand bedeutet im vorderen Bereich:
Aufbau von Warenleitbildern A, B und C und in der Tiefe das Warenleitbild D.

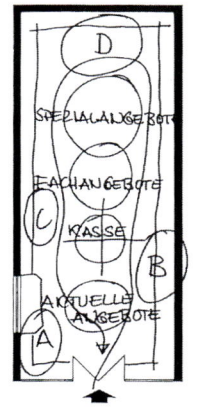

Grundriss 3
Die Kundenleitweg-Planung wird durch Innenmöbel ergänzt. Vier Bereiche entstehen:
– Aktuell
– Kasse
– Fachangebot
– Spezialangebot

Grundriss 4
Die Ware wird in die logische Reihenfolge gebracht. Die Orientierungspunkte ‚Hauptleitweg' und ‚Nebenleitweg' werden festgelegt. Der Drehbereich mit Warenleitbild D wird geplant.

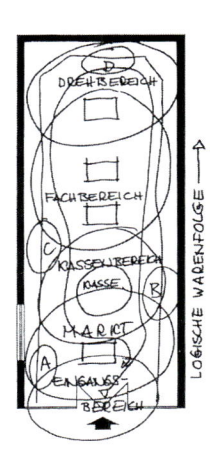

F Kommunikationsmarketing: Die Einladung – Corporate Communications zur Unternehmenskommunikation

F5 Die Kundenleitweg-Planung

5.4 Die Erschließung eines Verkaufsraumes: Papeterie

Papeterie Wedemark
Planung und Realisation: Wilhelm Kreft GmbH, Wedemark
Eine Musterpapeterie bei Kreft im Ausstellungsbereich dient der Information für Einzelhändler und der Erprobung neuer Warenträger.
Dem Musterraum liegen die Bedingungen eines normalen Verkaufsraumes zugrunde.
Die Grundfläche: etwa 5 x 13 m, Front verglast, mittiger Eingang,
im Eingangsbereich ein weiteres Fenster links.

Grundriss 5
Die weitere Überarbeitung!
Die Einfügung des Kassenbereiches in den Grundriss – mit der Durchcheckung aller Funktionen:
– Eröffnungsangebot und Marktangebot
– aktuelles Angebot im Schaufenster
Es erfolgt eine weitere Überarbeitung:
– die Festlegung der Innenmöbel
– die möglichen, aus der Kundenleitweg-Planung bestimmten Warenleitbilder entstehen.
Die Warenleitbilder werden in die Warenplatzierung übernommen.

Das Warenbild A

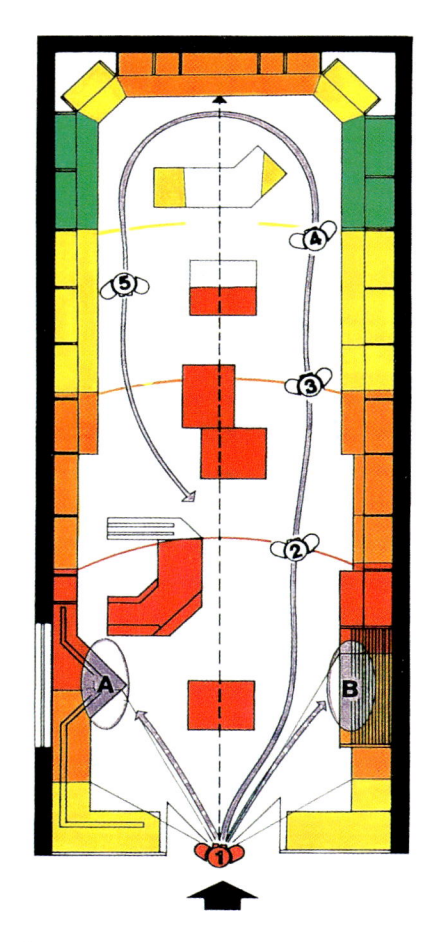

Grundriss 6
Orientierungspunkt 1
Der Verkaufsraum ist vom Eingang voll überschaubar.

Orientierungspunkt 1
Blick in die Tiefe des Verkaufsraumes

F5 Die Kundenleitweg-Planung

Der Blick geradeaus in den Hauptleitweg zum Warenbild D

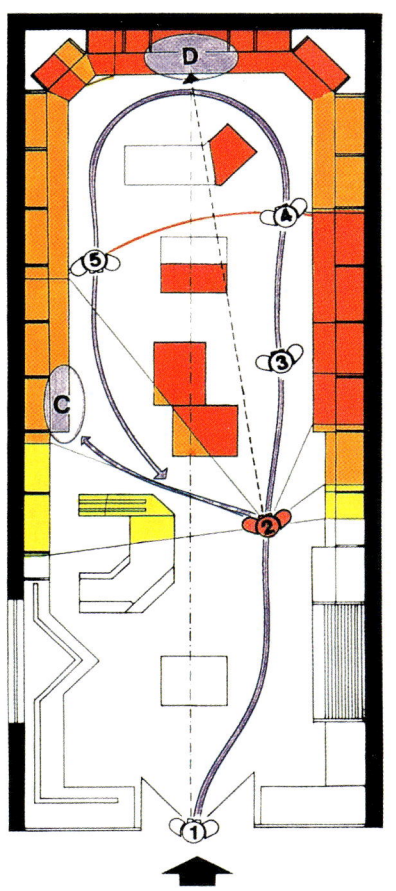

Grundriss 7
Orientierungspunkt 2
Die Kasse ist passiert. Ein Entscheidungspunkt: geradeaus im Hauptleitweg zum Warenleitbild D oder nach links in einem Nebenleitweg zum Warenleitbild C.

Das Warenbild B

Der Blick nach links in den Nebenleitweg zu Warenleitbild C – ein künstliches Warenleitbild. Die unauffälligen Waren ohne eigene Leitfähigkeit erhalten hier einen „Mann" mit Spiegelkopf, der Beachtung finden soll. Diese Beachtung überträgt er auf alle Waren um ihn herum.

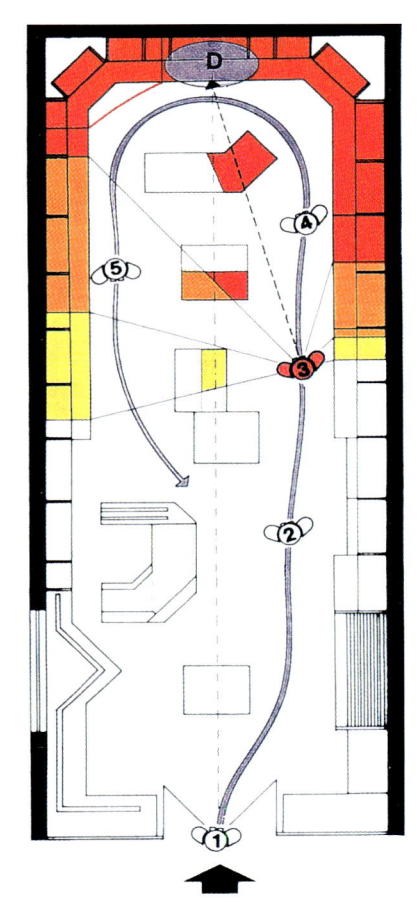

F   Kommunikationsmarketing: Die Einladung – Corporate Communications zur Unternehmenskommunikation

F5 Die Kundenleitweg-Planung

Orientierungspunkt 3
Das Warenleitbild D an der Stirnwand

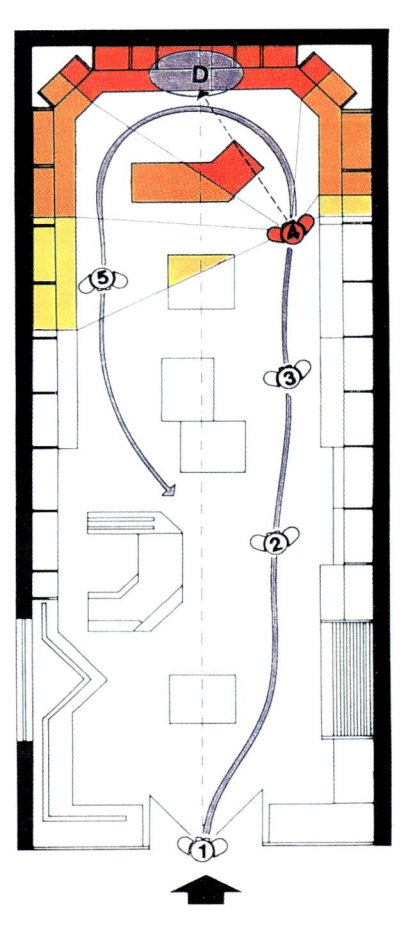

Grundriss 9
Orientierungspunkt 4
Der Drehbereich ist erreicht,
Warenleitbild D jetzt ganz nah.

Grundriss 8
Orientierungspunkt 3
Näher zum Warenleitbild D.

Orientierungspunkt 4
Das Warenbild D, der Drehbereich, jetzt ganz nah

F5 Die Kundenleitweg-Planung

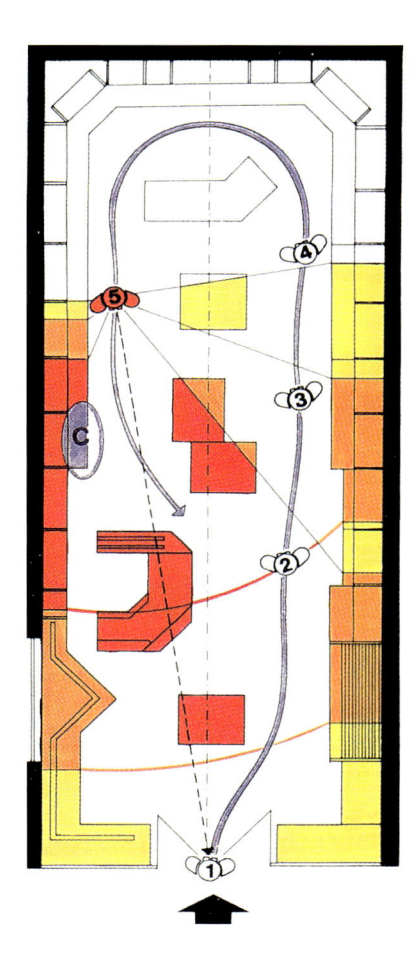

Grundriss 11
Die Gesamtwertung der fünf Orientierungspunkte.
Die Raumbewertung

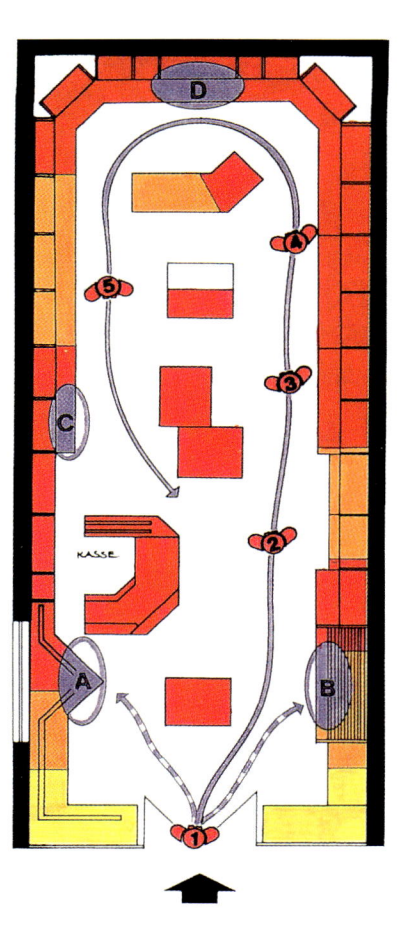

Grundriss 10
Orientierungspunkt 5
gedreht, schon auf dem Rückweg, Warenleitbild C jetzt ganz nahe rechts.

Orientierungspunkt 5
Warenbild C und der Blick zur Kasse und zum Ausgang

F   Kommunikationsmarketing: Die Einladung – Corporate Communications zur Unternehmenskommunikation

F5   Die Kundenleitweg-Planung

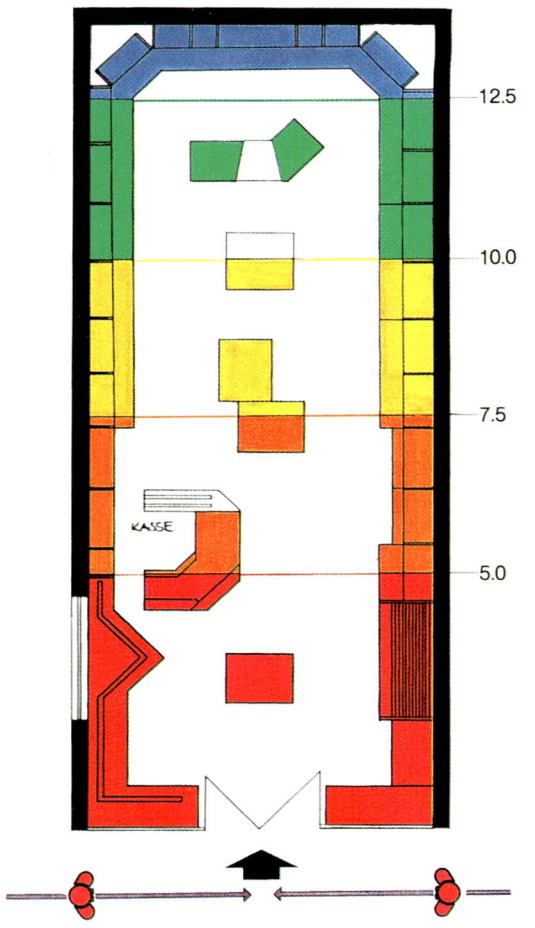

Grundriss 12
Die Raumbewertung aus der Sicht der vorbeigehenden Konsumenten.

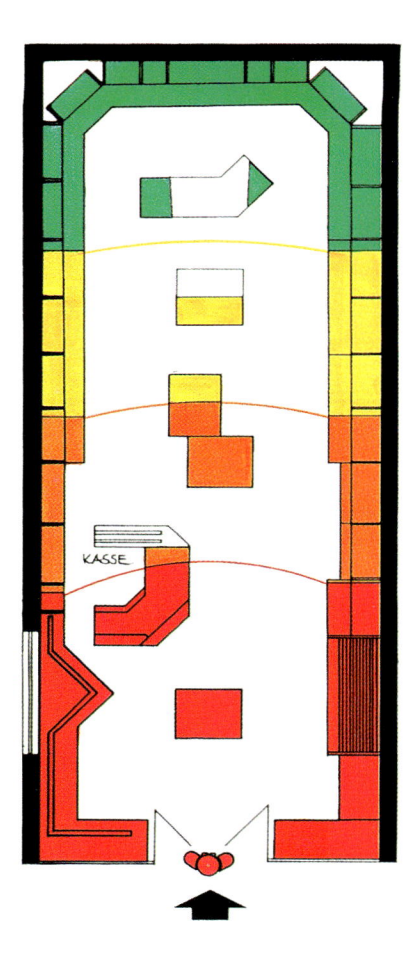

Grundriss 13
Die Raumbewertung aus der Sicht des eintretenden Konsumenten.

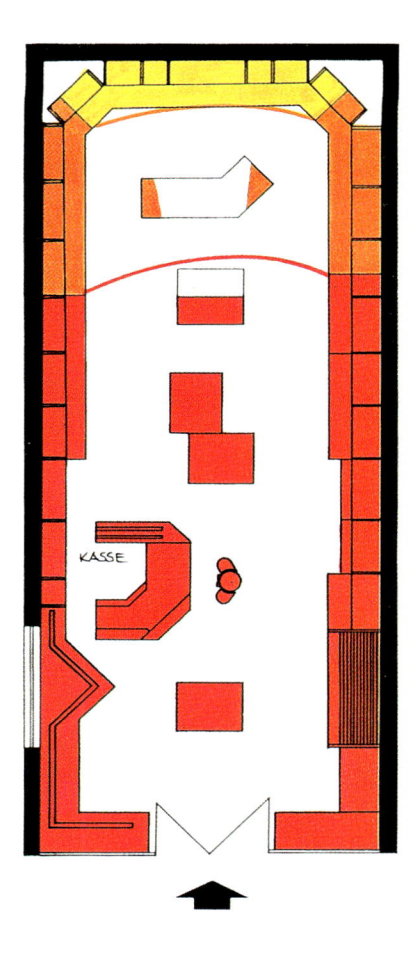

Grundriss 14
Die Raumbewertung vom Kassenbereich aus.

Die Sortimentspolitik

Der Sortimentsplan entsteht im Unternehmen aufgrund der allgemeinen Sortimentsüberlegungen. Auch strategische Überlegungen zum Sortiment, neue experimentelle Schwerpunkte, neue Produkte wirken in den Sortimentsplan.
Der Sortimentsplan geht von einer Mengengrundlage aus und von einer Wichtung dieser Mengen.
Wichtungen können schon vom Standort bestimmt werden. Wichtungen bedeuten eine Qualitätsüberlegung.
Die Sortimentspolitik wird zur Raumstrategie. Die richtige Warenplatzierung entscheidet mit über den Erfolg.
Die Wichtung aus dem Sortiment, die Möglichkeiten, die der Raum liefert, müssen in der Planung zusammengeführt werden.
Die Reihenfolge wird bestimmt und festgelegt, welches Sortiment in den Eingangsbereich gehört.
Das Denken in Warenbildern, das Umsetzen in Warenleitbilder in der Loopplanung hat die Wurzel im Sortiment und in der Sortimentspolitik des Unternehmens.
Eine dynamische Sortimentspolitik ist die Grundlage für aktive Warenleitbilder und für lebendige Inszenierungen.
Siehe das Kapitel:
F 7.1 Die Sortimentseinführung in den Kundenleitweg
Dort wird das Projekt „Blickwinkel" in der Sortimentsplanung beschrieben.

Das Planungsziel: Die Inszenierung als Profilierung

Grundriss 10

Die Inszenierung ist Ziel und Auftrag der Ladenplanung. Sie wird unterstützt durch das Warenträgerdesign und Akzentuierungen, ebenso durch Antiquitäten und szenische Darstellungen: Eine Goethe-Gipsplastik, eine Biedermeier-Standuhr und ein vergoldetes Buddha-Relief.
Eine Aktionsfläche im Mittelpunkt des Verkaufsraumes für temporäre Ausstellungen und Aktionen, verbunden mit einer großzügigen Sitzanlage werden zum Mittelpunkt der Inszenierung, zur Abrundung und Verfestigung des humanen Leistungsangebotes in der Verwirklichung der Unternehmensphilosophie „anders als andere" zu sein.
Besondere Warenleitbilder der Inszenierung – (siehe hierzu Grundriss 9):
für ein Geschenkband-Rundbogenregal
attraktive Säule für Comics
Taschenbuch-Aktuell-Shop
Erker-Vitrine
gerundete Ecklösung mit einer Biedermeier-Standuhr
ein Buddha-Relief in der Esoterik-Abteilung.

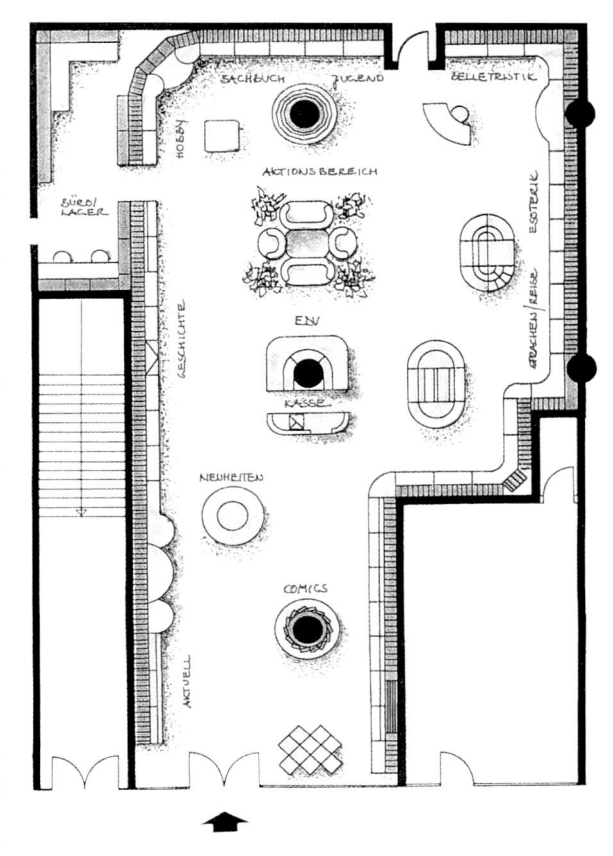

F   Kommunikationsmarketing: Die Einladung – Corporate Communications zur Unternehmenskommunikation

F5   Die Kundenleitweg-Planung

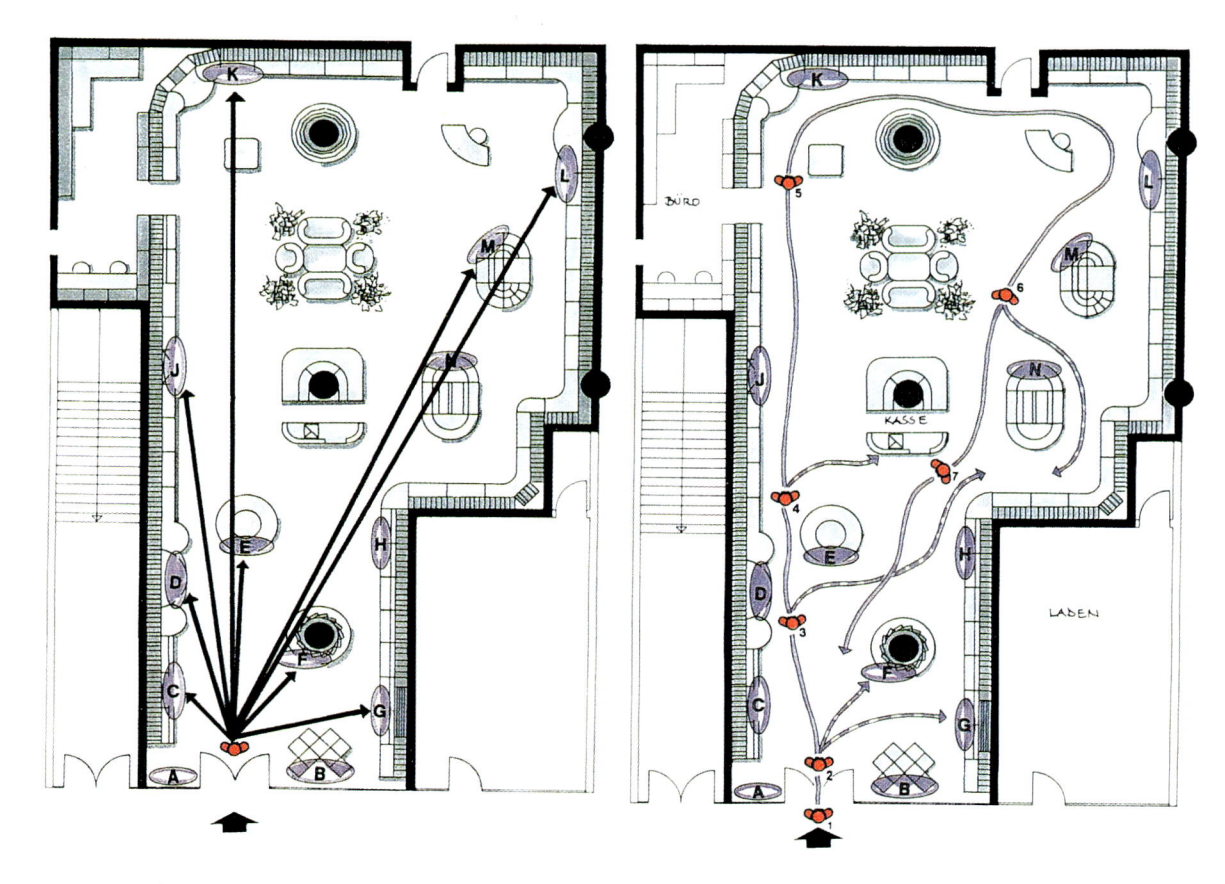

Grundriss 11
Der Orientierungspunkt 2 ist wichtig. Von hier muss man eine gute Übersicht über den Verkaufsraum erhalten können.
Welche unterscheidenden Warenleitbilder sind vom Eingang sichtbar?

Grundriss 12
Dieser Grundriss gibt eine Übersicht über den Loop mit den einzelnen Warenleitbildern.
Die Orientierungspunkte 1–7 dokumentieren den Loop.

F5 Die Kundenleitweg-Planung

Grundriss 13
Der Orientierungspunkt 1
Die Warenleitbilder:

– A und B
  liegen im Schaufenster. Beide Leitbereiche müssen in der Lage sein eine gute Botschaft an die Passanten zu geben. Der Verkaufsraum wird, links beginnend, über sieben Orientierungspunkte erschlossen.

Grundriss 14
Der Orientierungspunkt 2
Die Warenleitbilder:

– C, F und G
  werden vom Orientierungspunkt 2 gut erschlossen. Der Aufbau der Regale und Tische sorgt für ein unterscheidendes Warenbild mit starker Orientierungsabsicht für spezielle Sortimente.

Der Loop und die Warenleitbilder

Mit der Kundenleitweg-Planung wurden die zur Sichtbarmachung der Sortimentsleistung erforderlichen Warenleitbilder geplant.

Die Grundrisse 13–19 zeigen die Sehverhältnisse der einzelnen Orientierungspunkte zur Bewertung und zum Herausfinden von Warenleitbildern für Beratung und Kommunikation mit den Mitarbeitern.
Sie dokumentieren den Loop und zeigen eine Planungsanalyse zur Bewertung und zum Herausfinden des richtigen Kundenleitweges, der Einsetzung von Warenleitbildern.

F   Kommunikationsmarketing: Die Einladung – Corporate Communications zur Unternehmenskommunikation

F5   Die Kundenleitweg-Planung

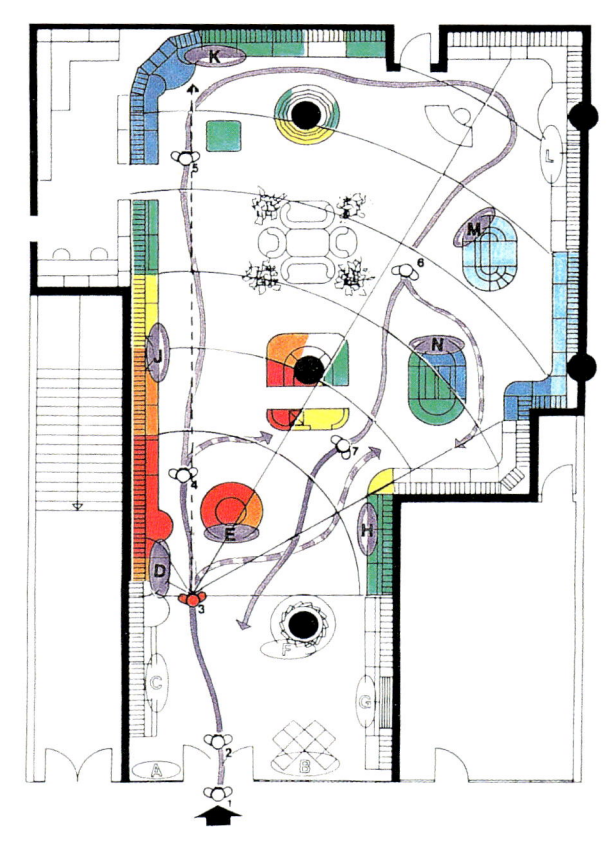

Grundriss 15
Der Orientierungspunkt 3
Die Warenleitbilder:
– D, E und H werden vom Orientierungspunkt 3 erschlossen.

Orientierungspunkt 2
Die Warenleitbilder F und G

Orientierungspunkt 3
Das Warenleitbild E

F5 Die Kundenleitweg-Planung

Grundriss 16
Der Orientierungspunkt 4:
– Im Orientierungspunkt 4 steht der Zugang zur Kasse, zur Information.

Warenleitbild
– J
  schafft ein deutliches Leitbild, eine Vitrine. Die Strecke bis zum Orientierungspunkt 5 und zum Leitbild K ist gut zu überblicken.

Grundriss 17
Der Orientierungspunkt 5:
Warenleitbilder
– von K nach L
  werden nach rechts sofort sichtbar. Davor die starke Akzentuierung durch einen Säulenumbau. Vor L ein Arbeitstisch aus Glas in einem gediegenen, stark kontrastierenden Design. Aber auch hier wurde die Rundung designverbindend eingesetzt.

F   Kommunikationsmarketing: Die Einladung – Corporate Communications zur Unternehmenskommunikation

F5 Die Kundenleitweg-Planung

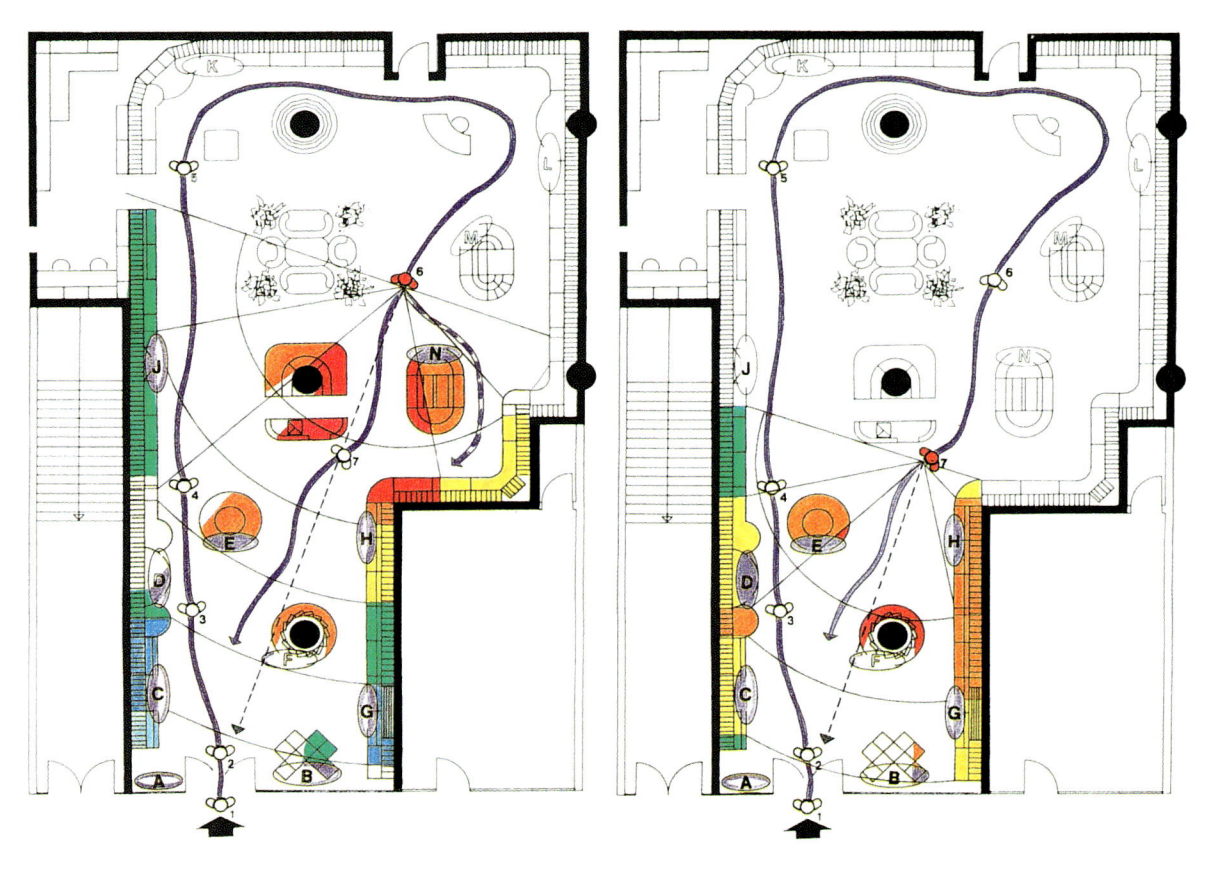

Grundriss 18
Der Orientierungspunkt 6:
Warenleitbilder
– M und N
der Orientierungspunkt 6 ermöglicht die Leitbereiche M und N und den weiteren Zugang zur Kasse, zum Orientierungspunkt 7.

Grundriss 19
Der Orientierungspunkt 7:
Der Loop schließt sich
Die Kasse wird angesteuert und der Rückweg zum Eingang.
Die Warenbilder H, F, E und D werden rückseits erreicht.
Der Loop erschließt die Sitzlandschaft,
die zu bestimmten Anlässen jeweils anders gestellt werden kann, für:
– Dichterlesungen
– Besondere Buchausstellungen
– Kunstausstellungen
– Besondere Attraktionen zur „Kieler Woche".
Diese Variabilität gilt übrigens für alle Innenmöbel, außer für die Säulenumbauten und für die Kasse. Von dieser großen Variabilität wird auch Gebrauch gemacht. Für diese Buchhandlung besteht ein dynamisches Konzept.

Von Orientierungspunkt 5 und 6
Das Warenbild I

5.6 Pfeiler, die leiten
Buchhandlung Gerstenberg, Hildesheim
Planung: Wilhelm Kreft, Manfred Kreft, Rainer Kaetz, Olaf Jänel
Realisierung: Wilhelm Kreft GmbH, Wedemark

Die Buchhandlung Gerstenberg geht mit einem allgemeinen Sortiment mit Aktueller- und Boulevardausrichtung in die Fußgängerzone in die 1a-Lage. Diese hervorragende Lage bestimmt die Planung und auch den Aufwand für den Ausbau.

Grundriss 1:
Die Probleme dieses Raumes werden sichtbar: eine schmale Eingangsfront, zu schmal im Verhältnis zu der Größe des Verkaufsraumes. Zwei Niveauunterschiede, vorne 5 Steigungen, hinten noch einmal 3 Steigungen und eine Pfeilerreihe, die in die Tiefe führt.
Bei der Begehung des Raumes mit dem Bauherrn wurden die Pfeiler als sehr störend empfunden.

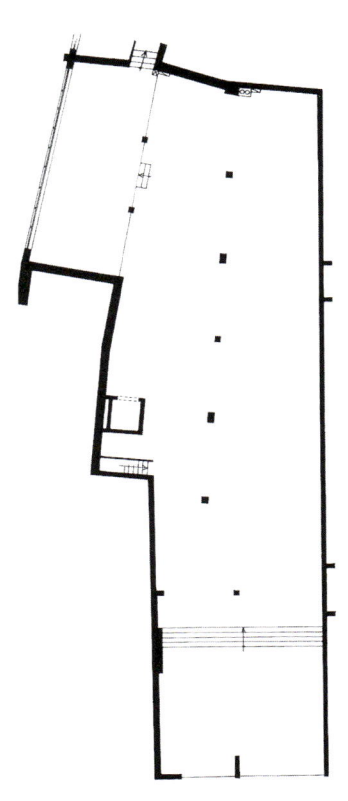

Grundriss 2:
Mir war die Problematik dieses Raums klar, den Kunden aus dem schmalen Eingang in die Tiefe des Raumes zu führen. Hierfür brauchte ich die Pfleiler. Und so entstand aus der einen Pfeilerreihe eine Zweite, die sich mit der ersten Reihe kreuzt. Der Kreuzungspunkt entstand in der Mitte zur Akzentuierung des vorderen und hinteren Ladens. Dort steht die einzige Säule. Hier entstand ein Forum mit einer kleinen Treppe um das wichtige Bediensortiment zuzuordnen. Die drei Steigungen waren unumgänglich. Alles andere konnte durch eine lang gezogene Rampe aufgefangen werden und so wurden diese drei Steigungen in die Mitte des Raumes gelegt, verbunden mit dem Forum, Akzentuierung der Mitte und einer bewussten Teilung des vorderen Teils für den aktuellen unproblematischen Buchverkauf, für die durch Werbung vorverkauften Titel. Nach der Treppe der Bedienungsteil, die eigentliche traditionelle Buchhandlung.

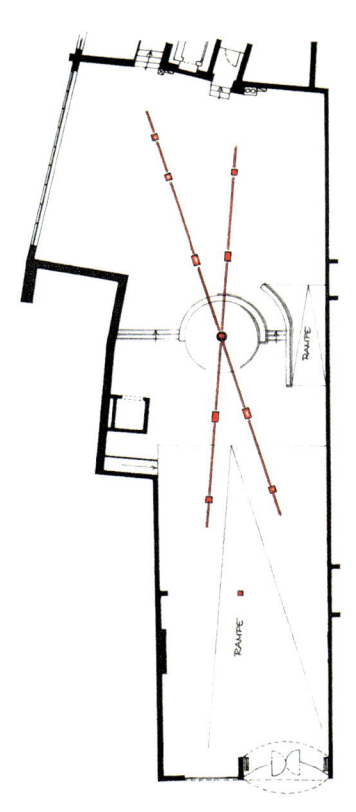

F Kommunikationsmarketing: Die Einladung – Corporate Communications zur Unternehmenskommunikation

F5 Die Kundenleitweg-Planung

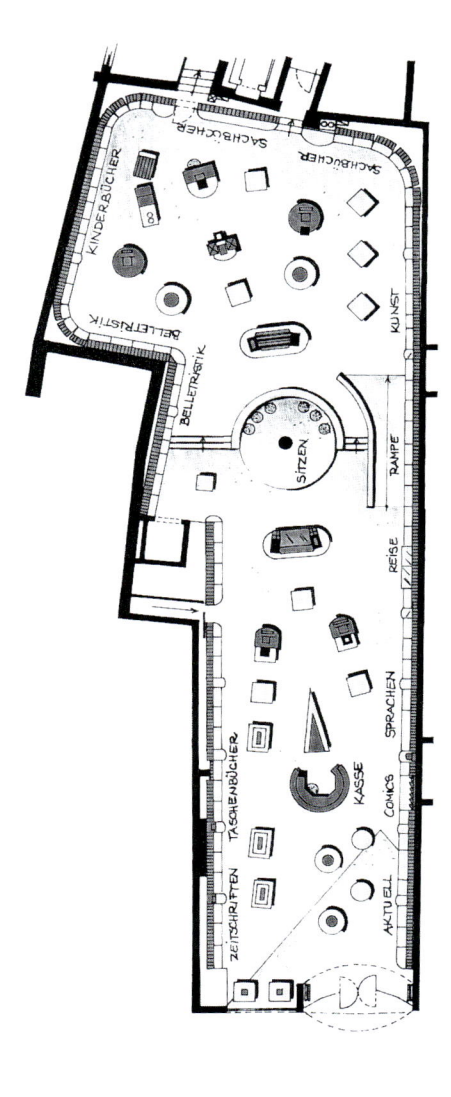

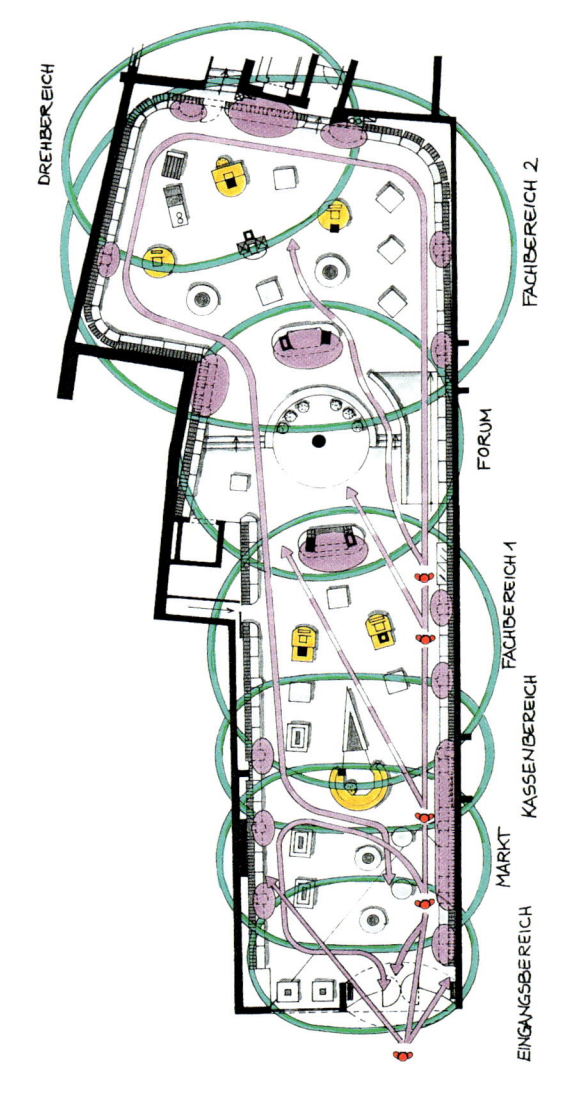

Grundriss 3:

Grundriss 3 zeigt den Abschluss der Planung. Die Ecken im hinteren Bereich wurden durch Regale gerundet um den Kunden besser an den Wänden herumführen zu können und den Drehbereich in den Fachbereich zu integrieren.

Die Steigungsverhältnisse der Fußgängerzone ließen es nicht zu, die Tür nach links zu legen, was ich gern gemacht hätte. Diese rechte Türanlage machte im Innenraum eine Akzentuierung im Fußboden erforderlich. Die Sauberlaufzone wurde weiter geführt und mit einem Granitstreifen eingefasst, sodass durch eine deutliche Pfeilwirkung ein Sog in die Tiefe erfolgt.

Der Mittelraum erhielt Bewusstseinsbarrieren mit einem wichtigen Sortiment. Bewusstseinsstufen haben Leitaufträge, die jeweils funktionieren, wenn der Kunde weiter in den Laden eintritt. Dieses Verschließen des Mittelraumes hat den Sinn den Kunden rechts und links an die Regale zu drücken und damit in den Umlauf, in den Kundenleitweg. In den Regalen sind die Warenbild-Informationen. Der Kunde läuft das Sortiment an den Regalen ab.

Die Innenbereiche, auch die Leitbarrieren, sind Zusatzinformationen und Steuerungsnotwendigkeiten. Z.B. die Kasse ist die erste Barriere, die vom Eingang aus zu sehen ist. Die zweite eine Verbindung zwischen zwei Pfeilern mit hohem, sehr hohem Beachtungswert, fast einem Altareffekt. Dahinter das Forum, das wiederum in der Mitte dem Kunden keinen Durchlass gewährt, sondern der Kunde wird auch hier mit den Treppen, mit der Rampe jeweils an die Wände in den Umlauf gedrückt.

Grundriss 4:
Der Grundriss zeigt die Bereiche Eingang, Markt, Kassenbereich und die Fachbereiche, das Forum, einen weiteren Fachbereich und schließlich den Drehbereich. Der Kundenleitweg ist so gedacht, das er bevorzugt rechts in die Tiefe führt und auf der linken Seite zur Kasse, zum Eingang zurückführt.
Diese zwei Pfeilerreihen können ihren Auftrag zum Leiten, zum Ziehen des Kunden in die Tiefe des Verkaufsraumes nur dann erreichen, wenn sie auffallen und deshalb müssen sie rot sein. Diese zwei roten Pfeilerreihen mit der Säule in der Mitte des Forums, natürlich auch in Rot, „machen den Raum". Sie bestimmen den Raum und die Orientierung des Kunden.

Fazit:
Diese Planung war sehr erfolgreich und hat sehr viel Aufmerksamkeit hervorgerufen, besonders durch die Akzentuierung der roten Pfeilerreihen. Dadurch wurde eine Eigenart dokumentiert, die weit über die Region Hildesheim hinaus bekannt wurde. Die Pfeilerreihen haben somit diese Buchhandlung profiliert und erfolgreich gemacht.

…und am Ende des Verkaufsraumes die Eisenbahn für die Kleinen.

5.7 Kundenleitweg statistisch ausgewertet

Die Überlegungen zum Kundenleitweg, insbesondere zum Loop, basieren auf einem logischen, auf Erfahrung begründeten Verhalten der Konsumenten beim Lauf durch den Verkaufsraum und zur Auswahl der Waren, verbunden mit dem Erfolg der Warenleitbilder.

Die strategische Leitgestaltung basiert auf Warenleitbildern als Orientierungs- und Ordnungsfaktoren, verbunden mit dem Informationsgehalt der Waren, wenn auch zuverlässig unterstützt durch ein prägendes Design als Orientierungshilfe. Die Strategische Leitgestaltung unterliegt ständigen Veränderungen.

Die Aktualisierung der Waren und der Informationen führt zu Veränderungen im Beachtungsgrad durch die Konsumenten und damit zu Änderungen im Verhalten, insbesondere bei Laufschwerpunkten.

„Eine Beobachtung ist gut, eine Kontrolle ist besser". Der Kontrolle unterliegen:
– der Eingangsbereich:
  wie groß ist hier der Unsicherheitsfaktor, stimmt die Orientierung?
– Orientierungspunkte:
  sind sie noch Laufschwerpunkte?
– die „toten Zonen":
  sind wenig frequentierte Flächen entstanden?

Ein anderer wesentlicher Faktor der Beobachtung ist die Einkaufszeit.

Während der Einkaufszeiten ändert sich nicht nur die Frequenz, sondern auch die prozentualen Anteile der Konsumenten bei möglichen Laufrichtungen.

Das Beispiel einer Raumfrequentierung durch Konsumenten:

Der Faktor Tageszeit

Der Grundriss dieser Buchhandlung bringt gute Loop-Voraussetzungen. Fahrstuhl und Treppenhaus liegen in der Mitte des Gebäudes.

Durch die Eintragung von drei verschiedenen Looplinien werden die drei verschiedenen Loop-Möglichkeiten, denen die Kunden folgen können, aufgezeigt.

Durch Beobachtung wurde festgestellt, dass die

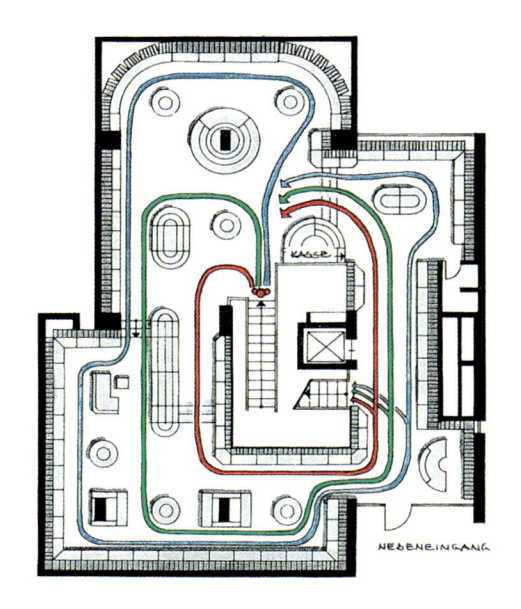

1. Obergeschoss einer Buchhandlung

Tageszeit eine Rolle spielt und die Kunden den eingeschlagenen Loop – also die Looplinie 1, 2 oder 3 – konsequent verfolgen und selten von der einen Loopbahn in eine andere wechseln.

Die nachfolgende Aufstellung ist nicht exakt gerechnet, sondern beobachtet und als wahrscheinlich anzusehen.

So wurden die Loopbahnen von innen nach außen gerechnet, an einem normalen Wochentag morgens, mittags und am späten Nachmittag, die Zeit kurz vor Feierabend. Es ergeben sich folgende prozentuale Anteile an Kunden:

	morgens 9–12 h	mittags 12–15 h	nachmittags 15–18 h
Loopbahn 1 (rot)	17	61	22
Loopbahn 2 (grün)	51	16	33
Loopbahn 3 (blau)	32	23	45

Gewertet wurden nur die Konsumenten, die nach links in den Loop gelaufen sind. Aufgrund der Raumkonstellation waren dies knapp 90%.

5.8 Die elektronische Auswertung

Die Entwicklung der Elektronik zur statistischen Auswertung wird greifbar. Für SB-Läden entwickelte Super-Market-Media, ein schreibendes Medium für Einkaufswagen. Ein Empfänger an Decken und Regalen zeichnet die Wege der Konsumenten exakt auf und speichert sie ab mit Datum und Uhrzeit.

Zu diesen Auswertungen bleiben wichtig: die qualitative Kaufauswertung und die qualitative Konsumentenbefragung.

Uli Scherraus
Leiter Vertrieb und Marketing bei SuperMarket-Media, Puchheim:

Kundenforschung via Infoboard

Das Infoboard ist ein neuartiges, intelligentes Kundenkommunikationssystem für Verkaufsförderung und Kundenforschung am Point of Sale. Die Komponenten dieses InStore-Systems bestehen aus so genannten Infoboards (elektronische Displays) an jedem Einkaufswagen, aus einer gewissen Anzahl an Sendern an der Decke und einer StoreStation (PC für die Kommunikation zwischen Sender und ServiceCenter der SuperMarket Media AG) je Outlet. Das Infoboard-System bedient die Interessen der Abverkaufsförderung (Werbung am POS) einerseits, aber auch die Interessen der Store-Planner und der Marktforscher andererseits.

Das technische Prinzip des Systems: Im ganzen Verkaufsraum werden Sender (Zwischen 30 und 100 Stück, je nach Größe der Verkaufsfläche) an der Decke montiert bzw. aufgehängt. Diese Sender treten in Kommunikation mit einem Infoboard am Einkaufswagen, sobald ein Kunde den Einkaufswagen in das Sendefeld (Durchmesser circa 3,00 Meter) eines Senders schiebt. Das Infoboard am Einkaufswagen meldet sich via Infrarot-Kommunikation bei dem Deckensender mit seiner individuellen Nummer. Im Sender wird dann dieser Einkaufswagen (bzw. der elektronische Kode dieses Infoboards) mit der Uhrzeit des Kontaktes abgespeichert. Der Lauf dieses einen Kunden wird

Das Infoboard am Einkaufswagen

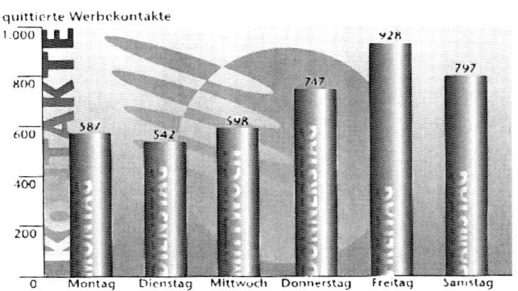

Grafische Auswertung der Kundenfrequenz am Süßwarenregal eines Verbrauchermarktes

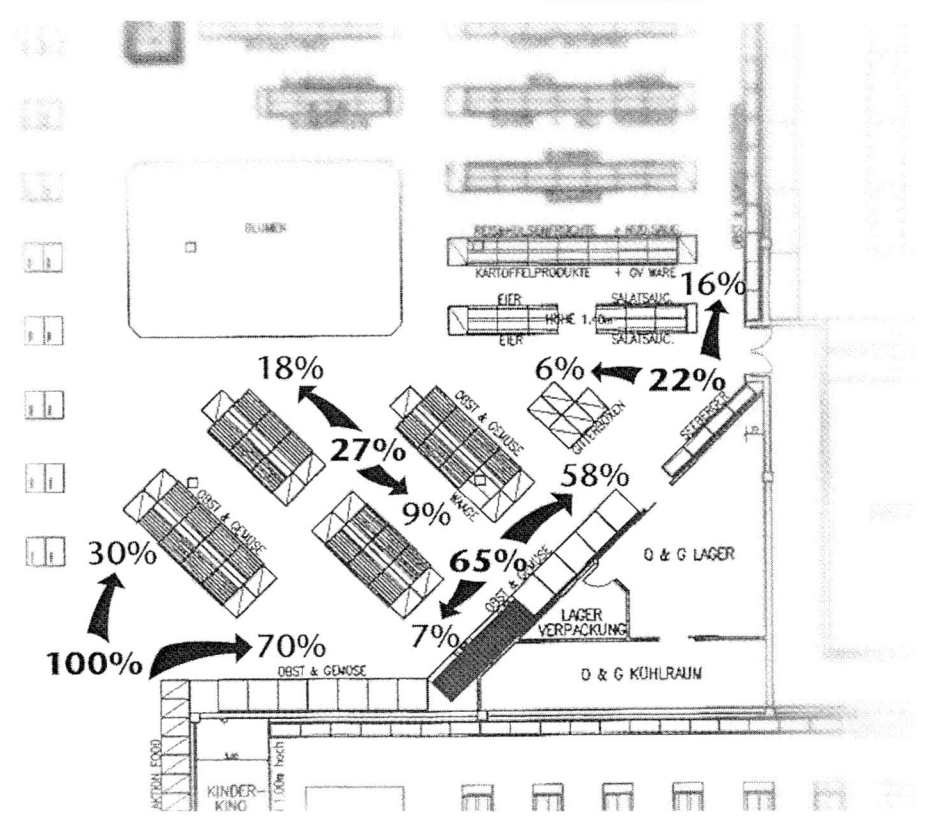

Grafische Auswertung der Kundenströme (Laufrichtungen) in einem Verbrauchermarkt

dann vom Eingang bis zur Kasse elektronisch aufgezeichnet. Per Software-Auswertung lässt sich dann der Lauf eines einzelnen Kunden im Ladengrundriss nachvollziehen. Die Verdichtung von allen Kundenläufen eines Zeitraumes (Tag, Woche oder Monat) ermöglicht dann die exakte tabellarische oder grafische Darstellung der Kundenströme auf der Verkaufsfläche. Hieraus lassen sich Laufrichtungen und Verweildauern in einzelnen Gängen oder Hauptwegen exakt ermitteln. Beispielsweise: Den Gang mit Tafelschokolade frequentieren 34% aller Kunden. 22% der Kunden laufen diesen Gang von links nach rechts und verweilen 2 min 38 s im Gang. 12% der Kunden laufen diesen Schokoladen-Gang von rechts nach links und verweilen im Mittel 1 min 12 s in diesem Gang.

In der Detailanalyse dieser Daten kann der Ladenplaner oder das Category Management sehr hilfreiche Anhaltspunkte über das Laufverhalten der Kunden gewinnen. Die Erkenntnisse hieraus nehmen dann Einfluss auf die Ladenplanung und die Platzierung bzw. Positionierung der Ware innerhalb des Outlets.

5.9 Die Verkaufsraum-Bewertung

Eine Verkaufsraumbewertung kann immer dann wichtig sein, wenn man die Nutzung und Effektivität eines Verkaufsraumes mit der Nutzung und Effektivität eines anderen Verkaufsraumes vergleichen will und hierzu Beachtungskriterien des Kundenleitweges anführen möchte. Die Bewertung erfolgt über:

1. Fassadenbewertung

Im Abstand von 1 m am Schaufenster und Eingang vorbei, in beiden Richtungen jeweils im Beobachtungsbereich von 180°, sonst in der normalen Wirkung.

Das bedeutet Feststellung der Einsicht von außen in den Verkaufsraum. Schmale Pfeiler oder Säulen geben, aus beiden Laufrichtungen gesehen, nur einen Sehschatten.

2. Eingangswertung

Der Eingang – der Orientierungspunkt unmittelbar hinter der Eingangstür im Laden ist wichtig, ebenfalls 180° Beachtungsfeld in der Normalwertung.

3. Kundenleitweg-Wertung

Der Kundenleitweg mit den markanten, konsumentenwirksamen Kassen- und Treppenbereichen.

Hier erfolgt eine Rundum-Wertung mit 360°, weil vom jeweiligen Orientierungspunkt – dem Standpunkt an der Kasse, am Info-Pool oder unmittelbar an der Treppe – auch die Wendung, der Rückgang zum Eingang mitgezählt wird.

4. Gesamtwertung

Die Einzelwertungen aus Fassade, Eingang, Kasse und Treppe werden dann zusammengetragen zu einer Gesamtwertung.

Die Entfernungen vom Eingang zur Kasse oder Treppe spielen eine wesentliche Rolle (siehe hierzu die Tabelle).

Bei größeren Distanzen zum Eingang, auch dann, wenn sich hinter der Kasse die Treppe befindet, entsteht eine Kettenrechnung mit entsprechenden Abschlägen.

Ein Beispiel:
Grundriss 1, 2, 3, 4, 5 und 6:
Die Entfernung vom Eingang zur Kasse beträgt 23,50 m – die Kasse liegt also in der „gelben Zone".

Zum Orientierungspunkt der Kasse beginnt auf 25 m eine geschossverbindende Treppe in die nächste Verkaufsebene.

Vom Eingang bis zum Beginn dieser Treppe liegen also 46 m. Die Treppe ist vom Eingang nicht sichtbar; der Eingang kann demnach diese Treppe nicht werten.

Aber der Kassenpool bewertet diese Treppe, denn man kann davon ausgehen, dass er von vielen Kunden angesteuert wird. Damit erhält dann auch die Treppe eine Bewertung aus „zweiter Hand", diese Bewertung errechnet sich so: Die Treppe liegt, von der Kasse gerechnet, in der „Weißen Zone", jedoch die große Entfernung der Kasse vom Eingang, mit 23,50 m in der „Gelben Zone", zählt hier mit, denn ein Kassenpool müsste immer in der „Roten Zone" zum Eingang liegen, also bis 20 m.

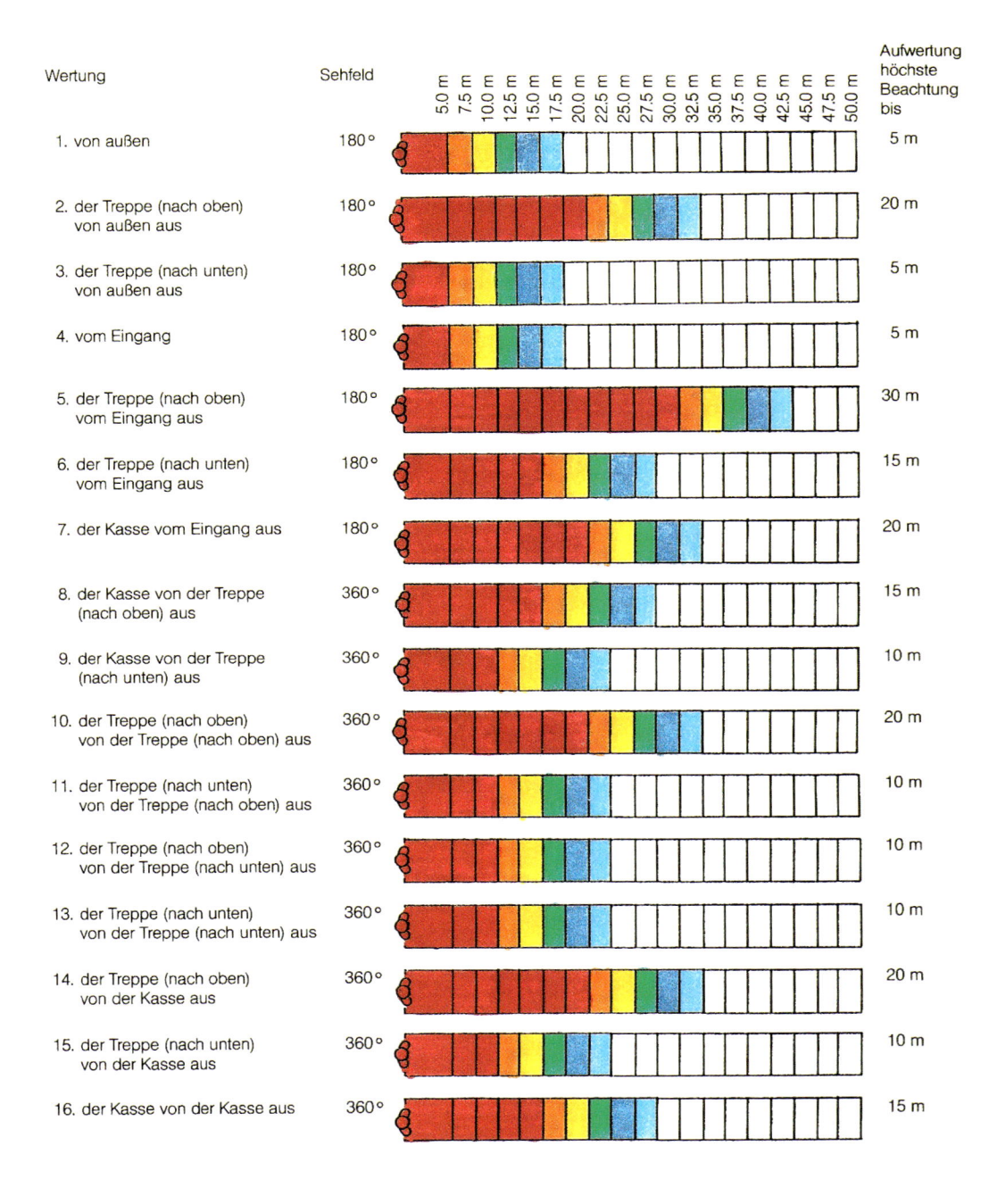

F5 Die Kundenleitweg-Planung

Wertung	Sehfeld	5,0 m	7,5 m	10,0 m	12,5 m	15,0 m	17,5 m	20,0 m	22,5 m	25,0 m	27,5 m	30,0 m	32,5 m	35,0 m	37,5 m	40,0 m	42,5 m	45,0 m	47,5 m	50,0 m	Aufwertung höchste Beachtung bis
1. von außen	180°	rot	orange	gelb	grün	blau	hellblau														5 m
2. der Treppe (nach oben) von außen aus	180°	rot	rot	rot	rot	rot	rot	rot	orange	gelb	grün	blau	hellblau								20 m
3. der Treppe (nach unten) von außen aus	180°	rot	orange	gelb	grün	blau	hellblau														5 m
4. vom Eingang	180°	rot	orange	gelb	grün	blau	hellblau														5 m
5. der Treppe (nach oben) vom Eingang aus	180°	rot	rot	rot	rot	rot	rot	rot	rot	rot	orange	gelb	grün	blau	hellblau						30 m
6. der Treppe (nach unten) vom Eingang aus	180°	rot	rot	rot	rot	orange	gelb	grün	blau	hellblau											15 m
7. der Kasse vom Eingang aus	180°	rot	rot	rot	rot	rot	orange	gelb	grün	blau	hellblau										20 m
8. der Kasse von der Treppe (nach oben) aus	360°	rot	rot	rot	rot	orange	gelb	grün	blau	hellblau											15 m
9. der Kasse von der Treppe (nach unten) aus	360°	rot	orange	gelb	grün	blau	hellblau														10 m
10. der Treppe (nach oben) von der Treppe (nach oben) aus	360°	rot	rot	rot	rot	rot	orange	gelb	grün	blau	hellblau										20 m
11. der Treppe (nach unten) von der Treppe (nach oben) aus	360°	rot	rot	orange	gelb	grün	blau														10 m
12. der Treppe (nach oben) von der Treppe (nach unten) aus	360°	rot	rot	orange	gelb	grün	blau														10 m
13. der Treppe (nach unten) von der Treppe (nach unten) aus	360°	rot	orange	gelb	grün	blau															10 m
14. der Treppe (nach oben) von der Kasse aus	360°	rot	rot	rot	rot	orange	gelb	grün	blau	hellblau											20 m
15. der Treppe (nach unten) von der Kasse aus	360°	rot	rot	gelb	grün	blau															10 m
16. der Kasse von der Kasse aus	360°	rot	rot	rot	orange	gelb	grün	blau	hellblau												15 m

F Kommunikationsmarketing: Die Einladung – Corporate Communications zur Unternehmenskommunikation

F5 Die Kundenleitweg-Planung

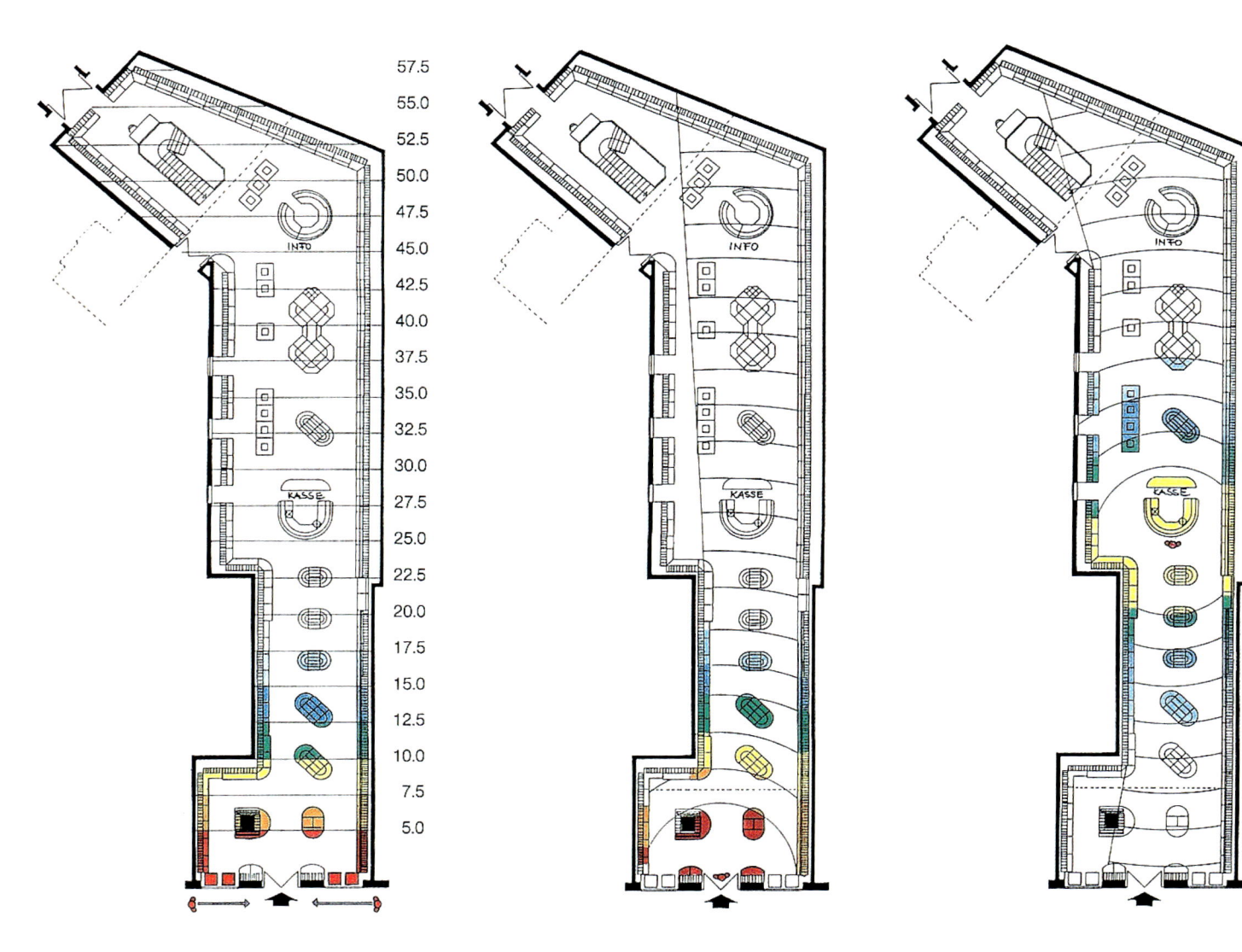

Grundriss 1
Wertung von außen

Grundriss 2
Eingangswertung

Grundriss 3
Kassenwertung:
– von außen ohne Beachtung
– vom Eingang 23,50 m entfernt – gute Beachtung

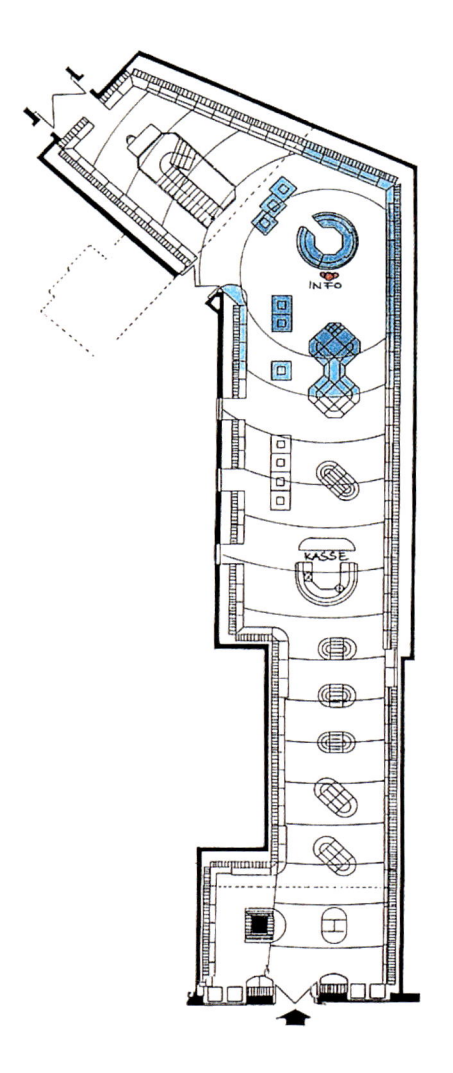

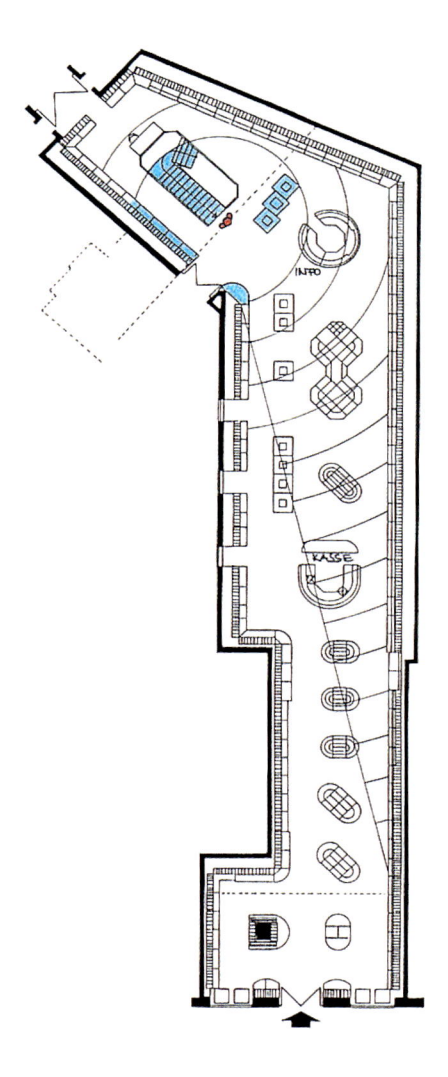

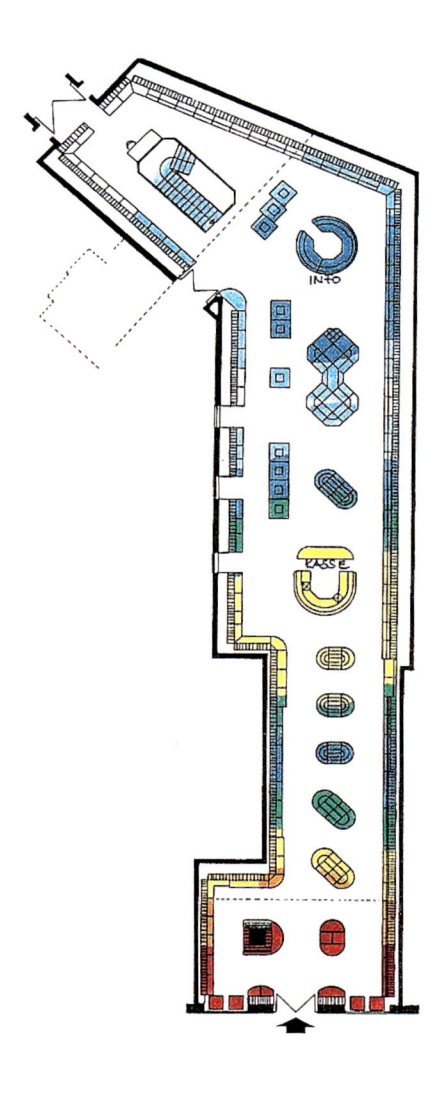

F5 Die Kundenleitweg-Planung

Grundriss 4
Info-Poolwertung:
– von außen ohne Beachtung
– vom Eingang ohne Beachtung
– von der Kasse 19,50 m entfernt – gute Beachtung
    – 2 aus der „Gelb-Position" der Kasse wenig Beachtung

Grundriss 5
Treppenwertung:
– von außen nicht einsehbar
– vom Eingang nicht einsehbar
– von der Kasse 25,0 m entfernt – ohne Beachtung
– vom Info-Pool 7 m entfernt
    – sehr gute Beachtung
    – 4 aus der „Orange-Position" des Info-Pools – kaum Beachtung

Grundriss 6
Die Raumwertung als Gesamtwertung
Die „Gelbe Zone" bedeutet zwei Zonen geringer. Diese Geringer-Bewertung wird an die Treppe weitergegeben. Die Distanz Treppe – Kasse ergibt einen „Gelben Bereich". Drei Zonen geringer bedeutet „Hellblau" für die Gesamtwertung.

F6 Die Kundenleitweg-Planung im CAD

Die Kundenleitweg-Planung ist die zentrale Aufgabe der Ladenplanung, weil sie den Erfolg des Unternehmens sowohl wirtschaftlich wie ideell beeinflusst, von der Profilierung des Unternehmens, vom gestalterischen Auftritt bis zur Kundenakzeptanz durch eine stressfreie erlebnisorientierte Inszenierung des Unternehmens, seiner Waren und Leistungen.

Der Kundenleitweg ist deshalb der Planungsschwerpunkt. Er ist wichtig in der Kommunikation zwischen Innenarchitekt und Unternehmen in der Planungsphase.

Der Kundenleitweg wird in der Planungsphase als „der ideale Weg" des Kunden durch den Raum und durch das Sortiment entwickelt.

Virtuelle Realisation, den Kunden auf den Kundenleitweg durch den fertigen Verkaufsraum schicken, d.h. den fertigen Verkaufsraum per Video sehen, bevor die Planung abgeschlossen ist, ist das „Nonplusultra" in der Planungsphase. Man kann noch ändern, vergleichen. Die endgültige Entscheidung wird schneller, sicherer und überzeugender getroffen.

Willy Flassig, Diplom-Ingenieur und Diplom-Physiker in Aschaffenburg, hat 20 Jahre Erfahrung in selbstständiger Entwicklung und Vertrieb von Software für Bauwesen, Architektur und Innenarchitektur. Vor ca. 15 Jahren spezialisierte er sich mit seinem Software-Haus auf die Entwicklung von Visualisierungssoftware. Er gründete die Firma Pytha Lab GmbH in Aschaffenburg.

Herr Flassig nimmt allgemein zum Thema Stellung und stellt eine abgeschlossene Kundenleitweg-Planung mit Standfotos aus seinem Videofilm vor, den er in seinem Unternehmen produziert hat, im CAD-System Pytha.

CAD unterstützt die Kommunikation

Schon der Entwurf moderner Ladeneinrichtungen stellt hohe Anforderungen an den Ladenplaner und erfordert intensive Zusammenarbeit zwischen ihm und dem Auftraggeber. Konstruktionen müssen geplant und Konzepte erläutert werden, Kommunikation aller Beteiligten ist oberstes Gebot. Komplexe Zusammenhänge lassen sich kaum anhand einfacher Strichzeichnungen vermitteln. Hier bietet sich 3D-CAD als optimales Medium an: Mit einer modernen Software wird ein Verkaufsraum von Anfang an dreidimensional aufgebaut. Eine optimal vorbereitete Ladenplanungs-Bibliothek ermöglicht das passgenaue Zusammenstellen von Elementen mit Drag & Drop. Individuell zu fertigende Komponenten konstruiert man direkt dazu. In kürzester Zeit werden so auch aufwändige Planungen am Computer realisiert.

Konzepte wirkungsvoll präsentieren

Für Gespräche mit dem Auftraggeber lässt man verschiedene perspektivische Ansichten fotorealistisch berechnen und gibt ihm farbige Ausdrucke an die Hand. Um seine Corporate Identity von Anfang an zu vermitteln, werden Original-Logos digital fotografiert oder eingescannt und an der richtigen Stelle angebracht. Selbst die Waren können nachmodelliert und in den Verkaufsträgern platziert werden.

Wenn man bei einer Präsentation des Verkaufsraum-Entwurfes besonderen Eindruck erzielen möchte, zeigt man mit Stereo-Betrachtern den Laden bereits in der Planungsphase räumlich, …

…oder man entführt den Partner in die virtuelle Realität.

Bei einem Gang durch den neu konzipierten Verkaufsraum verfolgt man heute die Kundenleitwege, die früher nur im Plan eingezeichnet werden konnten, so als würde man durch die realen Geschäftsräume laufen. Am Computer lässt sich direkt prüfen, ob die Lichtverhältnisse und das Waren-Arrangement auch auf diese Wege abgestimmt sind. Multimediale Hilfsmittel steigern den Eindruck von Realität: Auf Monitoren im Verkaufsraum lässt man eigene Animationen ablaufen, dem Verkaufspersonal gibt man Stimme: Wenn die Verkäuferin angeklickt wird, fragt sie freundlich „Kann ich Ihnen helfen?", oder man spielt Hintergrundmusik ab. Mit Mikrofon, CD-Player und digitaler Videokamera sind die Möglichkeiten heute schier unbegrenzt.

Kommunikation über Tele-Konferenz

Im Zeitalter der Globalisierung funktioniert die gemeinsame Planung durchaus auch ohne räumliches Zusammentreffen der Partner. Der Planer erstellt eine VRML-Datei des Ladens und schickt diese dem Auftraggeber per E-Mail. Dieser kann sie dann mit seinem Browser auf dem PC betrachten. So inspizieren Planer und Auftraggeber gemeinsam den Laden, testen Farbvarianten, überprüfen die Beleuchtungsplanung und bringen ihn zur gewünschten Perfektion.

Unterstützung in der gesamten Planungsphase
Mit CAD hat der Ladenplaner durchgehenden Nutzen von Anfang an: Immer öfter werden einfache Angebote achtlos beiseite gelegt und nur solche berücksichtigt, die die „künstliche Wirklichkeit" gleich als Farbdruck zeigen. Das Angebot überzeugt wesentlich mehr, wenn ein hochwertiger Druck das Konzept brillant präsentiert und belegt, dass das Ergebnis seinen Preis wert ist. Ist der Auftrag erst einmal erteilt, kann der Planer auf der bereits erarbeiteten Basis aufbauen und diese zusammen mit dem Kunden optimieren. Keine Angst mehr vor Veränderungen in letzter Sekunde! Alle Maße passen sich bei Verschiebungen automatisch an, der geänderte Plan wird sofort gezeichnet, die Stückliste kann neu ausgewertet werden.

Wie arbeitet man mit einem CAD- und Präsentations-System?
Grundlage für Perspektiven, technische Zeichnungen, Stücklisten und Farbdarstellungen ist die 3D-Planung.

Konstruieren
Mit dem Modellierer kann man individuelle Bauteile konstruieren und bei Bedarf eine eigenen System-Bibliothek in die Planung übernehmen. Wenn man selbst konstruieren möchte, stehen von Grundkörpern und freien Formvorlagen zur Verfügung. Für deren verfeinerte Bearbeitung gibt es Werkzeuge zum Verformen, Verrunden und zur Bildung von Summe, Differenz oder Durchschnitt. Durch die einfach zu handhabende Variantenkonstruktion genügt es ähnliche Teile einmal zu erfassen. Die erforderlichen Einzelheiten werden erst in der konkreten Planung festgelegt. Zur Vereinfachung der Arbeit kann man direkt geometrische Werte abfragen, wie Abstände, Längen, Oberflächen, Volumen oder Gewichte.

Technische Zeichnungen und Stücklisten
Für die Auftragsabwicklung werden die konstruierten Grundrisse bemaßt, für Sonderanfertigungen können auch Werkstattpläne erstellt werden. Die Stückliste wird direkt aus den Konstruktionsdaten abgeleitet, für Kalkulation, Angebotserstellung und Warenwirtschaft. Aus derselben Datenbasis sind auch spezielle Anwendungen wie das Zeichnen von Abwicklungen, das Plotten von Schablonen oder die Erzeugung von Fräsdaten möglich.

Fotorealismus
Um ein fotorealistisches Bild zu errechnen, muss man den Objekten der Konstruktion Materialien zuordnen. Dazu kann man auf vorhandene Materialien zurückgreifen oder selbst Materialien definieren, mit Farbe, Rauigkeit, Glanz, Spiegelungen und Transparenz. Über Texturen (TIFF-Grafiken) können natürliche Materialien wie Holzfurniere, Steine oder Stoffbezüge berücksichtigt werden.
Wichtig ist es insbesondere, die Räume gut auszuleuchten, damit die Waren Beachtung finden. Zu diesem Zweck setzt man Lichtquellen als Flächen oder Spots und kontrolliert deren Helligkeit. Mit der Kameraeinstellung kann man die verschiedensten Blickrichtungen simulieren. So vorbereitet, startet man die Berechnung eines Bildes oder einer Animation.

Planungsvarianten
Der wesentliche Vorteil ist, dass man nun den Verkaufsraum in kürzester Zeit verändern kann (sei es die Anordnung der Elemente, die verwendeten Farben, Materialien oder die Beleuchtung). Sofort erhält man eine neue Darstellung, sodass ein bequemer Vergleich verschiedener Varianten möglich ist.

Software für Ladenplaner

Besonderes in der Konzeption und Visualisierung für Planer setzt das deutsche 3D-CAD-System PYTHA. Mit dieser Software hat der Ladenplaner und Ladenbauer die Möglichkeit seine Ideen wirkungsvoll zu präsentieren: Innerhalb eines durchgängigen Systems kann er den Laden konstruieren und zusammenstellen, Pläne zeichnen, Stücklisten ausgeben, fotorealistische Computerbilder und VR-Animationen erstellen. Vergleicht man die Fotografie einer fertigen Einrichtung mit der Computergrafik, ist es frappierend zu sehen, wie gut der Entwurf die Realisierung vorwegnimmt. Farben, die Wirkung der Oberflächen-Materialien, das Erscheinungsbild von Stoffen, Licht und Schatten, all dies kann derart realistisch berechnet werden, dass es dem Betrachter schwer fällt, das Computerbild vom Foto zu unterscheiden.

Für den Einsatz reicht ein handelsüblicher PC aus. Anwender des Systems sind Unternehmen jeglicher Größe, vom selbstständigen Planer, der alleine arbeitet, bis zum mittelständischen Unternehmer mit mehreren vernetzten Zeichenplätzen. Die Bedienung setzt keine Vorkenntnisse voraus und ist in kürzester Zeit zu erlernen.

Wie die Abbildungen entstanden

Die Abbildungen zu diesem Beitrag sind Visualisierungen im Rahmen eines realen Projektes. Den 2D-Grundriss des Buchladens lieferte der Architekt als DXF-Datei. Diese Daten wurden in PYTHA importiert, zu einem dreidimensionalen Raum „hochgezogen" und mit einem Boden und einer Deckenkonstruktion vervollständigt. Die Treppe wurde neu konstruiert. Die Ladeneinrichtung besteht aus Standard-Mobiliar, Paneelen und Spezialanfertigungen. Alle Teile des Standard-Mobiliars sind als Dateien fertig in einer Bibliothek erfasst und mussten nur in den Raum geholt werden. Die Sonderkonstruktionen ließen sich schnell und passgenau modellieren. Besonders ins Auge sticht hier natürlich der Clown mit Luftballons als Gondel in der Kinderbuch-Abteilung. Auch die schräg gestellten Regale an der Wand wurden speziell modelliert. Profilleisten werden dabei exakt auf Gehrung „geschnitten", auch wenn sie, wie hier, in einem beliebigen Winkel aneinander stoßen. Kasse, Straßentisch und Pult wurden in die Szene platziert, die Regale mit Büchern bestückt. Die Materialien wurden den Objekten zugeordnet, z.B. Teppichboden, Holzfurnier oder die Beschriftung der Buchrücken. Dazu griff man auf eine umfangreiche Materialdatei zu, die unterschiedlichste Lackfarben, Texturen für Böden und Wandbeläge und Holzfurniere bietet. Wichtig für Planung und Präsentation war die optimale Ausleuchtung. Dazu wurden Beleuchtungselemente im Raum positioniert. Nach dem Radiosity-Verfahren wurde die Lichtberechnung exakt durchgeführt, auf deren Grundlage dann die fotorealistischen Bilder generiert wurden.

Internet für Ladenplaner und Ladenbauer

Internet-Präsenz für Ladenplaner? Insbesondere zur Neukunden-Akquisition, aber auch zur Image-Pflege, wird die eigene Homepage zu einem unentbehrlichen Muss. Auf zahlreichen Foren und Suchmaschinen bietet sich für Ladenplaner und Ladenbauer Gelegenheit ihre Dienste für potenzielle Neukunden anzubieten. Über einen Link gelangt der Betrachter zur Homepage des Ladenplaners oder Ladenbauers, wo sich dieser ausführlich präsentiert. Besonders interessant sind natürlich Referenzkunden und Fotos von realisierten Projekten. Das i-Tüpfelchen bei der Image-Pflege ist eine Animation, die der Betrachter downloaden und bei sich ablaufen lassen kann. So wird die Animation einer Ladengestaltung angelegt und im Quicktime- oder avi-Format auf die Homepage gestellt. So zeigt man sich gerüstet für die Herausforderungen im nächsten Jahrtausend.

Begriff: elektronische Medien
Siehe Glossar
Siehe auch das Kapitel:
F 8.5 Erweiterung in das Obergeschoss
(Schmidt)

F6 Die Kundenleitweg-Planung im CAD

Glossar zu „Moderne Medien"

Animation	Darstellung bewegter Bilder auf dem Computer
Avi-Format	Unter MS-Windows verbreitetes Datei-Format, in dem Animationen gespeichert werden können
Browser	Computerprogramm, mit dem man im Internet (WWW oder Web) surfen kann
CAD	„Computer Aided Design", Planung mittels Computer
Downloaden	Herunterladen von Informationen aus dem Internet auf den eigenen Rechner
Drag & Drop	Einfache Methode, um Objekte im Computer mit der Maus in einen größeren Raum zu platzieren.
Fotorealismus	Darstellung, die so echt aussieht, als sei die Szene fotografiert
Hompage	Web-Seite
Link	Verweis innerhalb einer Web-Seite auf eine andere Web-Seite
Multimedia	Gleichzeitige Verwendung verschiedener Bild-, Film- und Tonmaterialien innerhalb einer Präsentation
Quicktime-Format	Vom Macintosh stammendes Datei-Format, in dem Animationen gespeichert werden können
Virtuelle Realität (Abk.: VR)	„Künstliche Wirklichkeit", künstliche Nachbildung einer dreidimensionalen Welt im Computer
VRML-Format	Datei-Format, mit dessen Hilfe VR-Szenen im Web dargestellt werden können

Werkstattbericht:
Eine Kundenleitweg-Planung
per Virtual Reality
Planung der Erweiterung der Buchhandlung
Schmidt, Stadthagen
Planung der Schritte
Das Video
Siehe die Bilder 1–15:

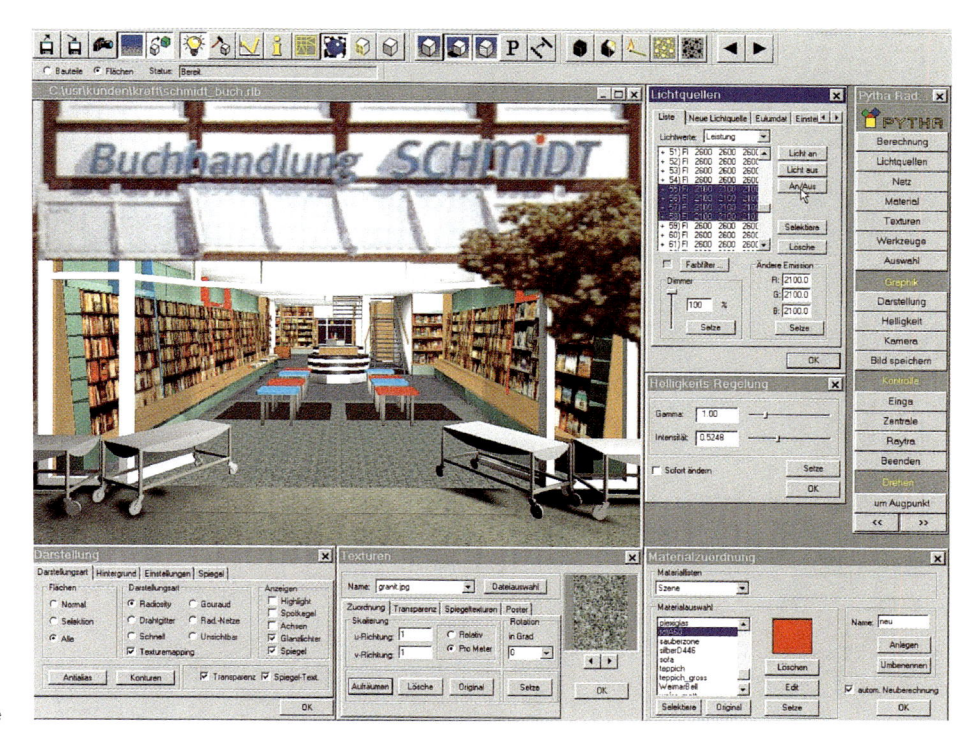

Bild 1:
Das Arbeitsbild, die Maske

F Kommunikationsmarketing: Die Einladung – Corporate Communications zur Unternehmenskommunikation

F6 Die Kundenleitweg-Planung im CAD

Bild 2:
Eingang und Eingangsbereich vom Markt

Bild 3:
Im Verkaufsraum, auf dem Weg zur Kasse

Bild 4:
Wie 3. eine Farbvariante
– Teppich
– Tisch

Bild 5:
Gang weiter in die Tiefe des Verkaufsraumes

Bild 6 (rechts):
Wie 5. eine Farbvariante
– Teppich
– Tisch
– Sofa

F6 Die Kundenleitweg-Planung im CAD

Bild 7:
Wie 5. eine Lichtvariante

Bild 8:
Gang weiter in die Tiefe des Verkaufsraumes

Bild 9:
Weiter im Verkaufsraum zum Kinderbuch

Bild 10:
Auf dem Rückweg zum Eingang Markt

Bild 11:
Eingang von der Parkhaus-Seite in den Kinderbuch-Laden

603

F   Kommunikationsmarketing: Die Einladung – Corporate Communications zur Unternehmenskommunikation

F 6   Die Kundenleitweg-Planung im CAD

Bild 12:
Im Kinderbuch-Laden

Bild 13:
Wie 12. eine Farbvariante
– Teppich
– Gesimsblende

Bild 14:
Gang weiter zum Haupt-Verkaufsraum

Bild 15:
Gang weiter zur Treppe, die zum Haupt-Verkaufsraum führt

F7 Die Warenplatzierung

Die Warenplatzierung bedeutet die Übertragung des distributionspolitischen Sortimentsplanes in den Verkaufsraum. Der Sortimentsplan mit Mengen, Reihenfolge, Wichtung wird im Kundenleitweg in das Raumkonzept übertragen und mit der planungstechnischen Initiative vereint.

Die Warenplatzierung enthält wichtige Überlegungen zur Wirtschaftlichkeit des Unternehmens. Die ständig steigenden Raumkosten machen die Überlegungen: „Zur richtigen Ware am richtigen Platz" erforderlich.

Die Bedeutung der Warenplatzierung wurde erstmals vom Handel mit der Einführung der Selbstbedienung erkannt, als wichtiges absatzpolitisches Instrument angewandt und von da an ständig strategisch verfeinert.

Die Selbstbedienung, in allen Bereichen des Rationalisierungsdranges so erfolgreich, entstand aus unterschiedlichen Interessen:

- Der Handel war in der Lage, eine rationellere, eine sowohl mitarbeiter-sparende als auch Absatz fördernde Warenplatzierung vorzunehmen.
- Die Konsumenten fanden eine soziologische Aufwertung in der Selbstbedienung. Die Emanzipation des Konsumenten für den Käufermarkt wurde eingeleitet.

Die Selbstbedienung entwickelte eine Warenplatzierungs-Logik. Eine gewinnorientierte Platzierungspolitik, ein Platzierungswettbewerb entstand.

Der Einfluss der Hersteller auf den Handel nahm zu im Kampf um Absatzchancen und Spannenverbesserung für das Unternehmen, ein Kampf um Platzierung im Regal, auf Tischen, in Ständern und Theken.

Der Wettbewerb der Verpackungen und der Warenbilder begann. Die Erkenntnis für ein Corporate Design, das zur klaren Unternehmensdarstellung führen muss, entstand.

In der Warenplatzierung gibt es keine allgemein gültigen Regeln, die betriebsindividuellen Situationen erlauben das nicht, hinzu kommt die individuelle Unterscheidung der Unternehmen am Markt.

Die Einheit Warenraum aus Sortiment und Raum wird zum System, zur Strategie der Sortimentspolitik und der Flächenzuteilung für die verschiedenen Verkaufsraumbereiche.
Es entscheidet:
- die Warenauswahl und damit auch die Warenmenge, die geführt werden muss
- die Reihenfolge
- die Wichtung der Ware, die erforderliche Platzqualität und die damit verbundene Wertigkeit für die verschiedenen Verkaufsraumbereiche und die Heraushebung wichtiger Leitsortimente, zum Beispiel für Highlights, die Zuordnung der Waren zu Bedarfsgruppen, korrespondierende Sortimente, Synkopen und zu Shop-in-the-Shop.

Die Auswahl und die Mengen

Die Warenauswahl und die Mengen stehen am Anfang der Überlegungen. Neue Warengruppen erfordern die Konsequenz zu „eine andere raus". Raumgrenzen sind auch Sortimentsgrenzen. Dieses bedeutet, die Mengenvorgaben aus dem Sortimentsplan müssen mit den Raummöglichkeiten abgestimmt werden.

Der Raumabschnitt, der Bereich, die Nische werden Heimat für eine Warengruppe. Der Bereich darf nicht „überlaufen", das hat Konsequenzen für Mengen!

Prospekte

Prospekte und Kataloge für Konsumenten zum Einsehen und zum Mitnehmen sind wichtig! Prospekte und Kataloge, die über Waren Auskunft geben, müssen richtig platziert werden. Sie gehören zur betreffenden Ware, weniger an die Kasse, eher an den Info-Pool.

Empfehlenswert sind Hausprospekte zum Mitnehmen, die per Grundriss die Lage der Sortimente zeigen. Sie helfen der Orientierung und zeigen per Foto die wichtigsten Mitarbeiter, die angesprochen werden können, und deren Telefonnummern.

Dieser Prospekt, DIN A4 zweimal gefaltet auf Longhüllenformat, wird nach Haus mitgenommen. Das ist wichtig für telefonische Rücksprachen und Bestellungen.

Mehrfachplatzierungen

Die strategische Warenplatzierung ist nur dann erfolgreich, wenn sie direkt die Erwartungen der Konsumenten erfüllt. Die Erwartungen sind sowohl bedarfs- als auch anregungsgesteuert. Hieraus ergeben sich Doppel-, oft Mehrfachplatzierungen, die Berücksichtigung finden müssen.

Die Reihenfolge

Es gibt immer eine logische Folge durch das Sortiment, die der Konsument per Brain-Script versteht und die funktioniert wie ein Lexikon. Der Erfolg des Verkaufsraumes wird dadurch gesichert, dass das Kundenleitsystem vom Konsumenten verstanden wird über alle Räume, Treppen und Stockwerke hinweg. Die Warenplatzierung und die Reihenfolge im Sortiment bauen auf dieser Erkenntnis auf.
Der Konsument versteht und begrüßt dieses Leiten. Er erfährt, was in einer Branche, in einer Saison wichtig ist und versteht auch, dass sein gezielter, ungewöhnlicher Kaufwunsch derzeit nicht besonders platziert ist.
Der Konsument, der zum Shopping kommt, der Browsing machen möchte und durch den Laden flaniert, möchte zunächst einmal einen Überblick bekommen. Er braucht eine Richtung, er braucht das richtige, logische Hintereinander, die fühlbare Regie des Kundenleitweges, sichtbar geworden in einer logischen Warenplatzierung.
Da, wo die Reihenfolge der Waren nicht logisch sein kann, müssen entsprechende Informationen gegeben werden.
Ein Nachteil sind unlogische Sortimentsteilungen. Die Unterbrechung und Fortsetzung des Sortiments in einem anderen Bereich kann nur individuell gelöst werden anhand der Raumsituation. Der Raum muss die Verbindung herstellen. Es gibt keine Patentlösung.

Wichtig ist, dass die Ladenplanung sich nicht über eine Unterbrechung als „das muss man schlucken" hinwegsetzt. Eine Lösung gibt es immer, manchmal ist der Hinweis zum anderen Ort der Präsentation so gut, dass die Unterbrechung mehr als ausgeglichen wird.

Die Wichtung

Mit der Bindung der Warengruppe an einen vorbestimmten Platz, dem Standort der Ware, wird die Bedeutung der Ware für das Unternehmen festgelegt. Wenn auch die logische Reihenfolge die Entdeckung einer richtig einsortierten Ware vermag – eine Garantie ist das nicht in einem Verkaufsraum, der mit starken Warenbildern orientiert und sich damit in der Qualität der Anregungen bewegt.
Das Kontaktpotenzial, das die Ware auslösen kann am vorbestimmten Platz, entscheidet.
Das im Marketingkonzept vorgegebene Sortiment mit Mengen, Reihenfolge und Wichtungen muss die Ladenplanung veredeln können durch:
– den Kundenleitweg
– Warenbilder und Warenleitbilder
– die Schaffung ästhetischer Milieus, als Warenraumgestaltung in der Abstimmung der qualitativen Flächenwertigkeit mit dem Wert der Ware und dem Design der Warenträger.

Es ergibt sich eine Wertung der Ware im Raum durch den Kundenleitweg:
– **der Außenflächen**, die im Regelfall höher bewertet werden
– **der Innenflächen** in der Erschließung durch Hauptwege oder Nebenwege
– **in den Verkaufsraumbereichen**, Eingang, Eingangsbereich, Treppen und Aufzüge, Fach- und Drehbereich
– **in den Kontaktzonen**, Kasse, Information, Besprechungsplätze für Kunden und Mitarbeiter, Pulte, Relaxzonen
– **in den Warenverbundplatzierungen**
  – Aktionsbereiche
  – Bedarfsbündelungen
  – Leitsortimente
  – korrespondierende Sortimente
  – Synkopen

– Zwischenzonen
– Shop-in-the-Shop.

Bleibt noch die Frage, wie empfindlich reagieren Warengruppen auf die verschiedenen Wertungen der Verkaufsraumbereiche?

Aktionsbereich

Flächen für Aktionen sind einzuplanen. Besonders hier gilt es, ein Kontaktpotenzial zu erreichen, deshalb nicht „zu eng" planen.

Aktionsflächen mit wechselnden Informations- und Warenangeboten werden im Eingangsbereich – bei größeren, insbesondere bei mehrgeschossigen Verkaufsräumen im Eingang und im Treppenbereich – platziert.

Saisonzeiten für Waren müssen per Terminplan festgelegt werden, ebenso Ersatzwaren.

Ständig neue Produkte an immer gleichen Bereichen im Verkaufsraum auszustellen, bedeutet eine Serviceleistung, die der Konsument beachten wird.

Short-time-seller müssen erkennbar sein.

Aktionen werden in jedem Verkaufsraum gebraucht – sie beleben den Sortimentsalltag.

Aktionen sind zielgruppenabhängig mit der Auswahl der Waren, der Möbel und des Standortes im Verkaufsraum.

Beratungsfreie und beratungsintensive Ware

Die Warenbereichsgliederung ist vorzunehmen nach beratungsfreier, durch Werbung bereits vorverkaufter Ware und nach beratungsintensiver Ware. Entsprechende Platzierungen sind einzuplanen.

Der Sortimentsplan muss diese Warengliederung vornehmen anhand der Warengruppen. Die Verteilung im Verkaufsraum sollte synkopenartig geschehen, damit die Trennung harmonisch bleibt und bessere Übergänge geschaffen werden.

Der Eingangsbereich ist nicht nur Eingang in den Raum – auch in das Sortiment.

Siehe hierzu:

F 5.11   Die Verkaufsraumbereiche im Loop

Die Sortimentsverteilungen beginnen hier, sie müssen vom Konsumenten verstanden werden und in sich logisch sein.

Auch Geschosse brauchen Zuordnungen, Zugpferde. Nicht alle wichtigen Sortimente gehören ins Erdgeschoss. Die Teilung muss nach dem Bedarf, nach der Zielgruppe erfolgen, muss in sich jeweils „komplett sein".

Es ist gut, wenn man den einzelnen Bereichen oder Geschossen zu den Etagenbezeichnungen noch eine auf die Zielgruppe abgefasste Bezeichnung geben kann; zum Beispiel:
– Damenmoden
– Kinderschuhe.

Besser noch sind aktuelle Bezeichnungen wie bei Breuninger in Stuttgart:
– SUBWAY
  für junge Menschen, Mode und Geschenkartikel
– INPUT
  Herrenmode mittleres bis gehobenes Niveau.

Im Stadtgarten in Mannheim gibt es die Geschossbezeichnungen:
– ESPLANADE – für das Erdgeschoss
– TAL – für das Untergeschoss
– LICHTHOF – für das 1. Obergeschoss
– GALERIE – für das 2. Obergeschoss.

Einige Bereiche im Verkaufsraum haben für die Warenplatzierung eine besondere Bedeutung.

Bedarfsbündelung

Die Bedarfsbündelungen spielen in der Warenplatzierung eine zunehmend bedeutendere Rolle. Sie müssen ausgewählt, festgelegt und im Verkaufsraum platziert werden.

Eine Bedarfsbündelung „Geschenk" könnte eine solche Warengruppe sein: eine Geschenk-Boutique für die verschiedensten Anlässe.

Siehe das Kapitel:

D 5.1   Der Sortimentsplan

Leitsortimente

Für größere, wichtige Raumabschnitte werden besondere Leitsortimente, oft als Locksortimente bezeichnet, als Schwerpunkte ausgewählt. Hier wird immer mehr an die Beachtung von Shoppern gedacht, insbesondere Motive für Trends, Hobbys, Freizeit, Gesundheit, Umwelt, aber auch für besondere Zielgruppen wie Kinder und Jugendliche.

Ausgewählte Warenleitbilder unterstützen Leitsortimente und erfüllen einen Hinweisauftrag mit entsprechendem Informationsgehalt, die Leitfunktion.

Korrespondierende Sortimente

Immer bedeutungsvoller werden in den Browsing-Bereichen die korrespondierenden Sortimente. Sortimente, deren Kontakte nicht so eng sind, dass sie in Bedarfsbündelungen zusammengefasst werden können wie der Würfelzucker zum Kaffee.

Korrespondierende Kontakte sollten durch Sicht hergestellt werden können.

Sortimentspläne sind auch zeichnerisch umzusetzen in einem Platzierungsplan. Sie zeigen, dass sich neben der Sortimentsfolge auch räumliche Bezüge herstellen lassen. Man kann festlegen, welche Sortimente korrespondieren sollen – also im Raum einander gegenüber untergebracht werden können – immer so, dass ein Sichtkontakt zwischen den Warenbildern besteht.

Synkopen

Die Synkopenbeachtung ist für die Warenplatzierung wichtig. Die Übergänge von einem Sortimentsbereich in den anderen sollten in den beiden gegenüberliegenden korrespondierenden Wänden versetzt platziert sein. Die Übergänge werden so weicher, vermittelnder und informativer für den Konsumenten.
Siehe das Kapitel:
F 5.12   Die Synkopen

Zwischenzonen

Ruhezonen, so genannte Zwischenzonen, gehören auch zum Warenplatzierungs-Plan.

Das Ringen um die Aufmerksamkeit bedeutet: Einkaufen muss Spaß machen und darf nicht mehr als nötig strapazieren. Die Einkaufslandschaft wie einen Park zu betrachten, gewinnt. Ruhepausen für das Auge sind wichtig. Der Konsument darf nicht überfüttert werden mit Informationen und Präsentationen. Nach der Zwischenzone ist der Konsument aufnahmebereiter.

Shop-in-the-Shop

Shop-in-the-Shop ist eine frühe Überlegung der Verkaufsraum-Strategie, die so populär wurde, dass jeder Verkaufsraum sein Shop-in-the-Shop erhalten musste. Später wurden andere Aktivitäten wie die Bedarfsbündelung interessanter.
Dann entstand Shop-in-the-Shop neu: Unterscheidungsgrenzen zum übrigen, zum Stammsortiment wurden wichtig.
Shop-in-the-Shop ist die Ausweitung des Sortiments in neue, oft auch ergänzende Warengruppen aus anderen Branchen, die zu einer aufeinander abgestimmten Sortimentsleistung führen und somit im Auswahlverbund interessant werden.
Viele Unternehmen neigen dazu, den passenden Partner aufzunehmen
– die Backwaren beim Fleischer
– Käse zur Wurst
– die Lederwaren zur Oberbekleidung
– das Reisebüro in der Buchhandlung.
Shop-in-the-Shop, das ist eine Platzierungsfrage und auch eine Gestaltungsfrage.
Der Verbund funktioniert nur, wenn die Auswahl der Waren durch die Konsumenten zusammen „auf einen Blick" erfolgen kann.
Die Gestaltung sollte den „Shop" als zusätzliche Leistung „in-the-Shop" unterscheiden, damit er als solcher erkannt wird.

Ständig aktuell

Für die Warenplatzierung wurden neue Begriffe geschaffen, die mit der Warenplatzierungs-Strategie einhergehen:
– Stopper vor dem Eingang und dem Eingangsbereich
– Verkaufsstarke Zonen
– Verkaufsschwache Zonen
– Promotionszonen und Impulszonen zum Wünschewecken und zum sofortigen Vollzug
– Sonderangebotszonen
– Zweitplatzierungen
– Wiederholungen und Verbindungen im Angebot
– Stauzonen, überall dort, wo Kunden warten müssen, entstehen besondere Kontakte für Impulskäufe.
Im Gesamtbild des Marktes ergibt sich von nun an eine deutliche Trennung zwischen Discount-

und Fachmarktangeboten und deren Vertriebssystem, Vertriebspolitik und Vertriebspraktiken einerseits und den Bestrebungen der Merchandising-Architektur, der erlebnisorientierten Warenplatzierung des Fachgeschäftes andererseits.

Der Kampf um Stellplätze in den Unternehmen zeigt die Bedeutung der Überlegungen zur richtigen Warenplatzierung und die Bedeutung des Kundenleitweges.

Eine Kontrolle ist erforderlich; die Anordnung des Sortiments im Raum beeinflusst den Erfolg entscheidend:
– Reihenfolge, verbunden mit der Wichtung
– Auswahl der Waren für die Warenbilder
– ständige Aktualisierung der Waren in den dafür vorgesehenen Bereichen.

Siehe das Kapitel:
F 5.1 Der Loop wird geplant

Der humane Käufermarkt setzt sich durch, er überzeugt durch Warenbilder, durch den richtigen Umgang mit Waren, durch Informationen und Erklärungen, Wettbewerben und sinnvollen, logischen Kundenleitwegen mit der überlegten Reihenfolge des Sortimentsplanes und den Wichtungen.

Die sanfte, sinnvolle Warenplatzierung gewinnt überall in den Unternehmen des Fachhandels an Bedeutung. Ausnahmen sind immer Schlussverkaufstermine.

Die Warenplatzierung bedeutet die strategische und deshalb auch die logische und kundenverständliche Aufteilung des Sortiments auf die einzelnen Geschosse und Bereiche in den Verkaufsräumen.

Siehe die Kapitel:
D 5   Das Sortiment
E 4   Gestaltungsbereich: Verkaufsraum
E 5.1   Die Warenbilder
F 4   Der Kundenleitweg

7.1 Die Sortimentseinführung in den Kundenleitweg

Im Sinne der für Ladenplanungen erforderlichen Merchandising-Architektur ist der Kundenleitweg die gleichzeitige Erschließung von Sortiment und Raum.

Der Sortimentsplan mit allen seinen Überlegungen, der Warenplatzierung, den Warenbildern – Warenleitbildern, den Highlights, macht es entsprechend seiner zentralen Bedeutung erforderlich, dass die Warenplatzierung zeichnerisch dargestellt wird, damit wird sie erkennbar, vergleichbar und strategisch einsetzbar.

Die zeichnerische Darstellung erfasst:
– die Mengen, das Mengenverhältnis wird sichtbar
– die Reihenfolge
– die Zusammengehörigkeit für Bedarfsgruppen
– die Abhängigkeit verschiedener Sortimentsbereiche

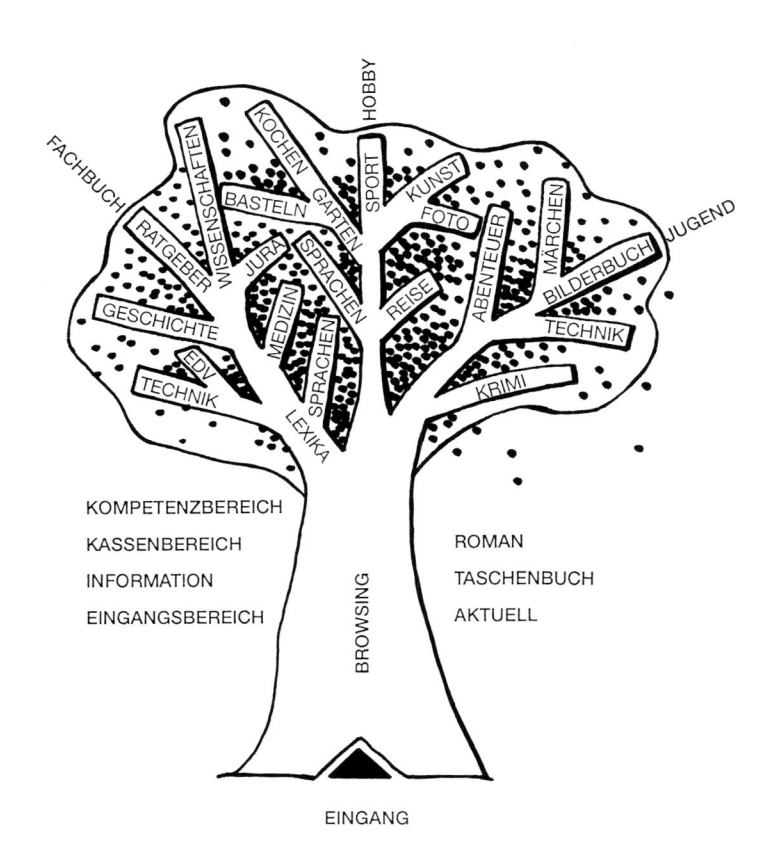

- korrespondierende Sortimente, die nicht in der normalen Reihenfolge liegen, aber Kontakte haben und deshalb gut gegenüber liegen könnten
- Leitsortimente, Wichtungen, Prestige-Sortimente
- Warenleitbilder, Schwerpunkte im Sortiment, als notwendige Vergabe für die Erschließung zur Nutzung der räumlichen Leitmöglichkeiten und zum Finden der gestalterischen Leitfähigkeiten.

Die ersten Sortimentsgedanken, die man räumlich fassen möchte, vom Eingangs- und aktuellen Bereich bis in alle kleinen einzelnen Gebiete, bekommen oft die Darstellung eines Baumes – unten am Eingang mit breitem Stamm, der Eingangsbereich mit Browsing, den unverbindlichen Shoppingbereich, über aktuelle Warenangebote, über Aktionen und Neuerscheinungen, bis hinein in die Verästelung des Sortiments.

Aus dem Eingangsbereich ergeben sich logische Wege in die speziellen Verästelungen.

Der Sachbezug wird immer gezielter, je weiter man aufsteigt. Das Sortiment spezialisiert sich vom Stamm über dicke Abzweigungen zu den großen Bereichen. Von da gehen wieder Zweige ab und immer wieder kleinere Zweige, bis in die kleinsten Spitzen.

Grafik 1

Es ist übersichtlich, den vorhandenen Platzbedarf prozentual aufzuteilen für die Unterbringung des Sortiments in Metern, Quadratmetern, eventuell aber auch in Prozenten – wie hier geschehen.

Mengen kann man dann umsetzen in eine grafische Darstellung. Das schafft einen guten Überblick, schafft Wissen über die Verhältnismäßigkeit der einzelnen Sortimentsbereiche untereinander und gute Korrekturmöglichkeiten.

Eine weitere Dimension wird für die Planung wichtig: die Wichtung für den Platzanspruch, für die verschiedenen Kontaktzonen der Konsumenten.

Wo muss das Sortiment wegen seiner Aktualität und seiner Wichtung untergebracht werden? In welchem Bereich? Dass jeder der einzelnen Sortimentsabschnitte, wie hier bei einer Buchhandlung, auch für den kleinsten Bereich mindestens ein Warenleitbild benötigt, versteht sich.

Für die Wichtung in den Beachtungsbereichen sollte man die gleiche Farbskala anwenden, die man bereits für die Beachtungszonen der Konsumenten gewählt hat. Man kann dann auch gut die Wertungen aus dem Kundenleitweg mit der erforderlichen Sortimentswichtung vergleichen.

Es ist ratsam, den einzelnen Sortimentsbereichen unterschiedliche Beachtungswerte zuzubilligen und festzulegen, dass ein Drittel eine sehr gute Beachtung braucht, ein Drittel nur eine Beachtung und ein Drittel auch mit weniger Beachtung auskommt.

SORTIMENT

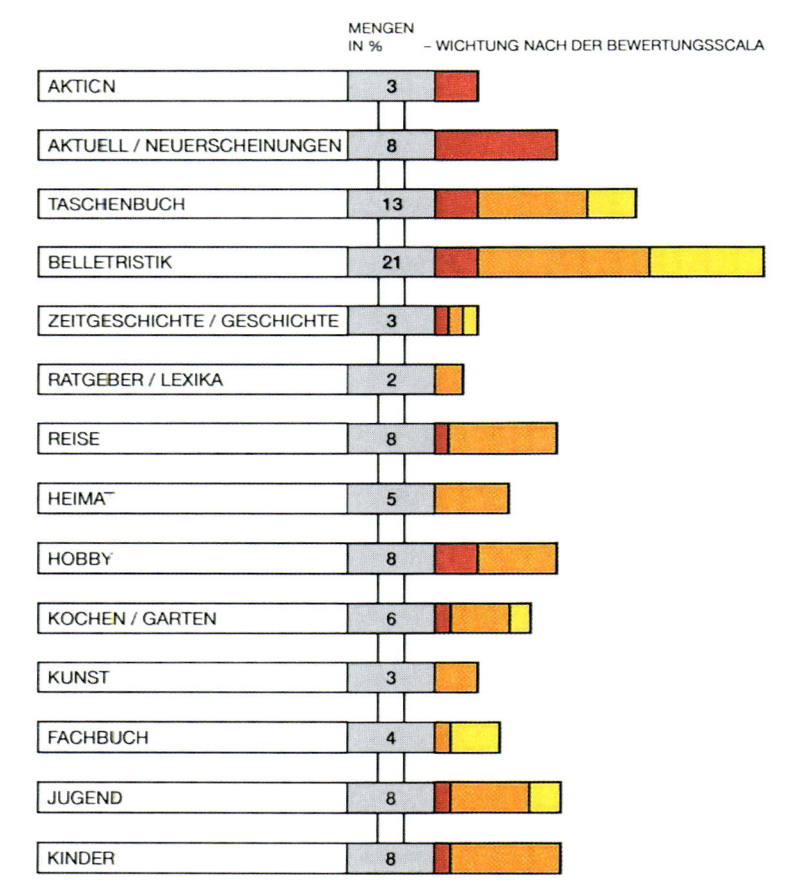

MENGEN IN % – WICHTUNG NACH DER BEWERTUNGSSCALA

Bereich	Menge in %
AKTION	3
AKTUELL / NEUERSCHEINUNGEN	8
TASCHENBUCH	13
BELLETRISTIK	21
ZEITGESCHICHTE / GESCHICHTE	3
RATGEBER / LEXIKA	2
REISE	8
HEIMAT	5
HOBBY	8
KOCHEN / GARTEN	6
KUNST	3
FACHBUCH	4
JUGEND	8
KINDER	8

Grafik 1

F7 Die Warenplatzierung

Grafik 2 und Grafik 3

Für die Wichtung des Sortiments kann man viele Überlegungen anführen: Die Bestimmung der Reihenfolge, die Festlegung der korrespondierenden Sortimentsbereiche, auch nach Kaufanlässen unterscheiden und damit mögliche Kaufanlässe konzipieren, die verschiedene Sortimentsbereiche berühren werden.

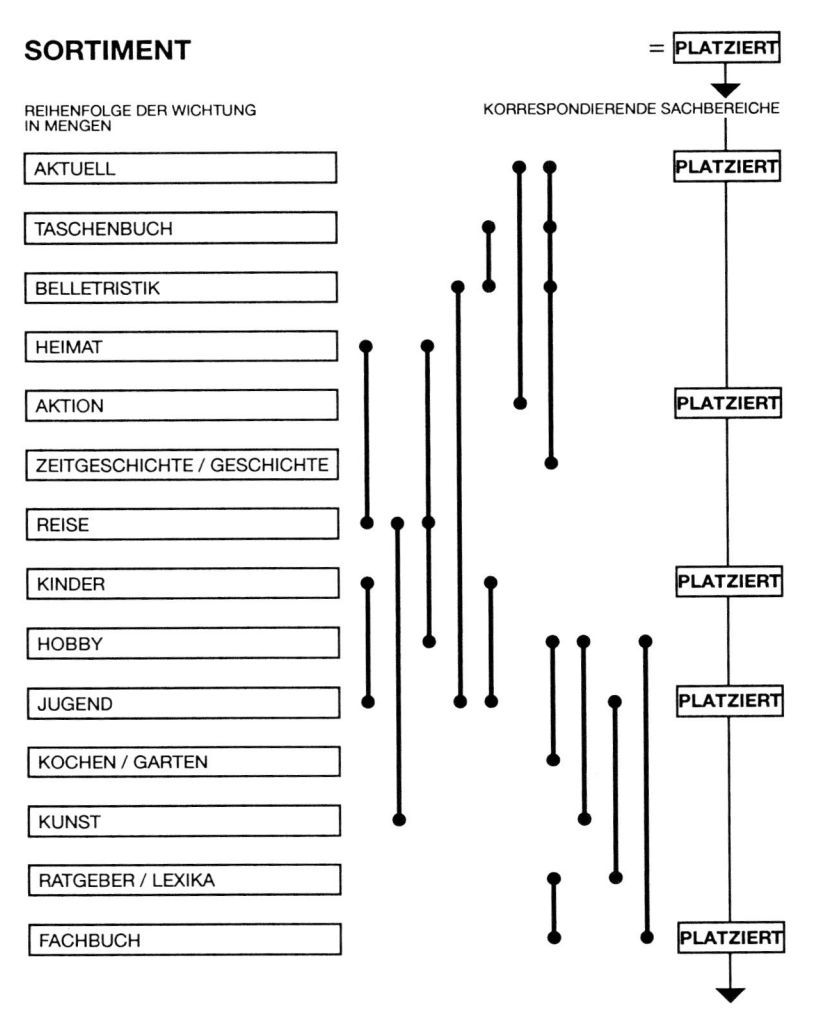

SORTIMENT

REIHENFOLGE DER WICHTUNG IN MENGEN

- AKTUELL
- TASCHENBUCH
- BELLETRISTIK
- HEIMAT
- AKTION
- ZEITGESCHICHTE / GESCHICHTE
- REISE
- KINDER
- HOBBY
- JUGEND
- KOCHEN / GARTEN
- KUNST
- RATGEBER / LEXIKA
- FACHBUCH

Grafik 2

= PLATZIERT
KORRESPONDIERENDE SACHBEREICHE
PLATZIERT
PLATZIERT
PLATZIERT
PLATZIERT
PLATZIERT

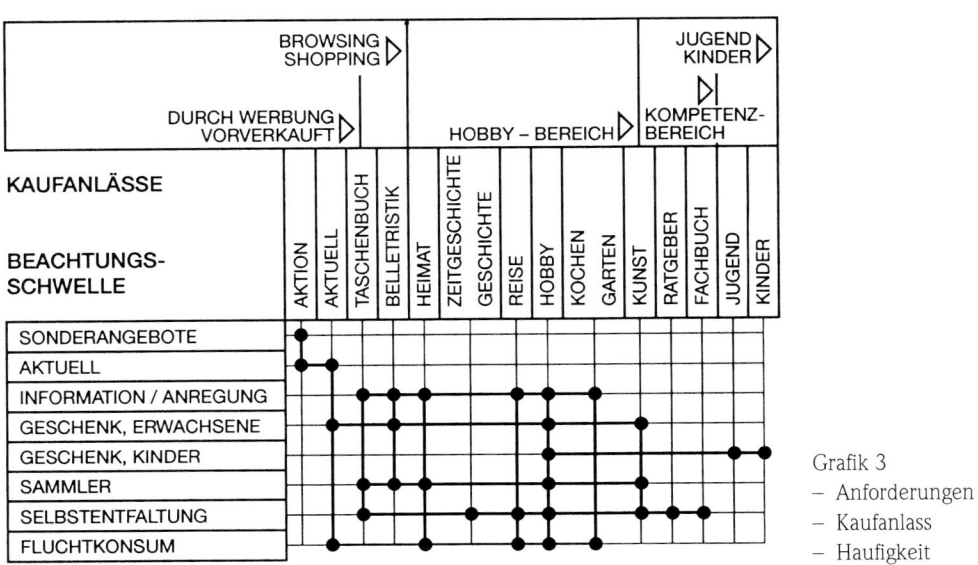

Grafik 3
– Anforderungen
– Kaufanlass
– Haufigkeit

KAUFANLÄSSE / BEACHTUNGS-SCHWELLE	DURCH WERBUNG VORVERKAUFT ▷		BROWSING SHOPPING ▷				HOBBY – BEREICH ▷						KOMPETENZ-BEREICH		JUGEND KINDER ▷	
	AKTION	AKTUELL	TASCHENBUCH	BELLETRISTIK	HEIMAT	ZEITGESCHICHTE	GESCHICHTE	REISE	HOBBY	KOCHEN	GARTEN	KUNST	RATGEBER	FACHBUCH	JUGEND	KINDER
SONDERANGEBOTE	•															
AKTUELL	•	•														
INFORMATION / ANREGUNG		•	•	•		•		•					•			
GESCHENK, ERWACHSENE			•	•								•	•			
GESCHENK, KINDER															•	•
SAMMLER				•								•				
SELBSTENTFALTUNG			•			•	•	•	•	•	•	•	•	•		
FLUCHTKONSUM			•	•												

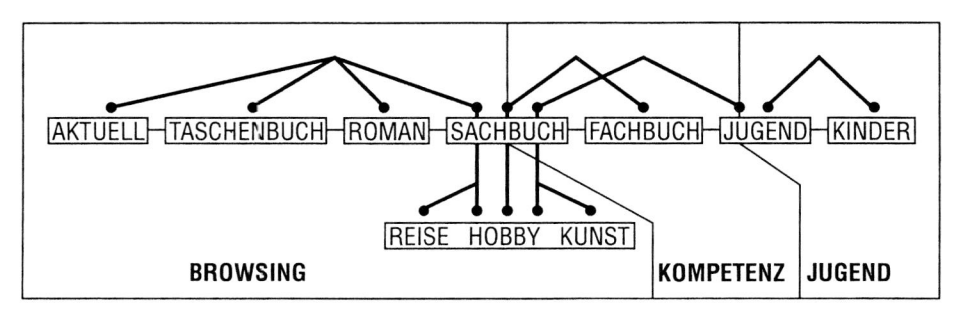

F   Kommunikationsmarketing: Die Einladung – Corporate Communications zur Unternehmenskommunikation

F7 Die Warenplatzierung

Grafik 4
Für die Bestimmung der Reihenfolge im Sortiment ist die Festlegung der Hauptbereiche wichtig, wie:

Browsing:
hier wird Shopping gemacht, unproblematische Ware, bereits durch Werbung vorverkauft.

Kompetenzbereiche der Fachbereiche:
hier wird die bedienungsintensive Ware angeboten.

Der Jugendbereich, oft der Drehbereich:
auch gedacht als ein Bereich, der nicht bedienungsintensiv ist, die jungen Kunden bleiben länger im Verkaufsraum, die Mitarbeiter greifen nur dann ein, wenn es erforderlich ist.

Die Kompetenzverteilung der Mitarbeiter:
im Verkaufsraum werden die Mitarbeiter-Leitbereiche im Dialog zum Kundenleitweg gesteuert. Die Bereiche Browsing, Kompetenz und Jugend entstehen, sie werden unterschiedlich gesteuert.

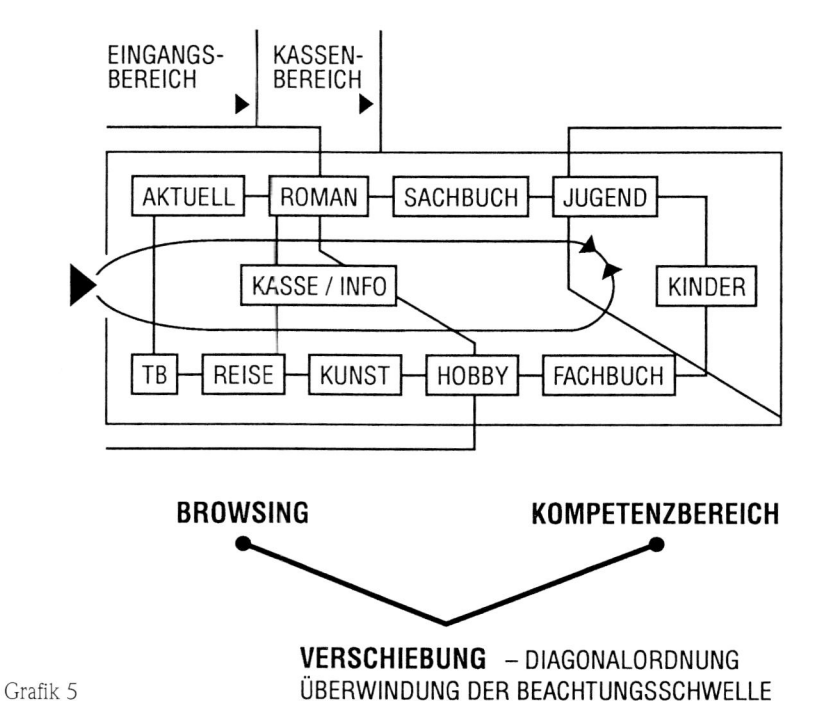

Grafik 5
Die Warenplatzierung wird räumlich umgesetzt, es gibt ein Nacheinander und ein Gegenüber. In das Sortimentssystem werden die Kasse und der Info-Bereich mit eingefügt. Eingang, Kundenleitweg und der synkopenartige Aufbau durch die eingezogene Schräglinie werden deutlich.
Die Synkope soll bewirken, dass gegenüberliegende, korrespondierende Sortimente versetzt angewandt werden, wie ein Mauerwerksband, damit nicht Fuge auf Fuge, das heißt Beginn und Ende eines jeweiligen Sortimentsbereiches, in korrespondierenden Raumbreiten gegenüberliegen. Sortimentsbereiche sollen möglichst mit zwei Sortimenten korrespondieren können, daher versetzte Anordnung der Anfänge und Enden auf gegenüberliegenden Seiten.

Grafik 6

Die räumliche Folge wird jetzt in die natürliche Grundrissform übertragen. Alle bisher erarbeiteten Wichtungen – Browsing-, Kompetenz- und Jugendbereich, aber auch die wichtigsten Kaufanlasswege, die Geschenke – müssen jetzt „räumlich" überprüft werden.

Die Grafik gibt dem Management und dem planenden Innenarchitekten die wichtige Übersicht. Die Angaben in Prozenten sind nach Fläche gerechnet und nicht nach Umsätzen. Die für das Sortiment zur Verfügung stehende Nutzungsfläche ≙ 100%.

SORTIMENT

SORTIMENT
IN RÄUMLICHER UMSETZUNG

– VORSTUFE FÜR DIE LOOPPLANUNG

– WARENPLATZIERUNG

HOBBY-BEREICH

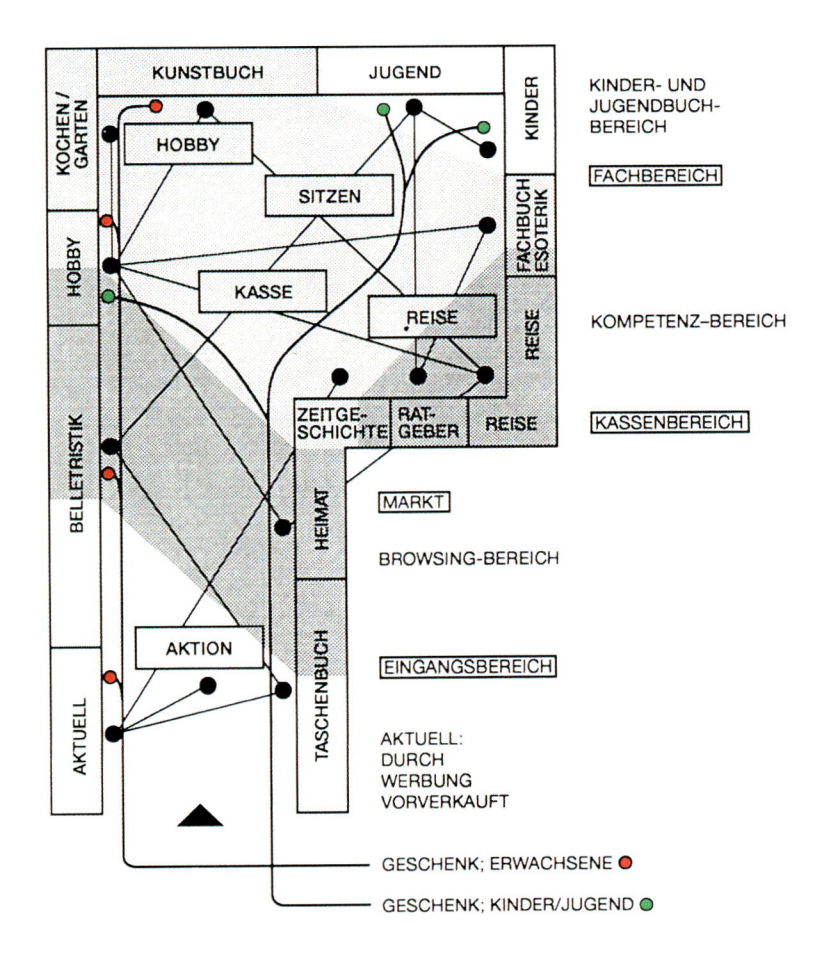

Burdines, Gainesville, Florida, USA
Design: Walker Group, New York

Burdines, Palm Beach, Florida, USA
Design: Walker Group, New York

7.2 Die Warenleitbilder

Wichtige Warenbilder mit Leitauftrag für Konsumenten im Kundenleitweg werden zu Warenleitbildern.

Das Warenbild, auch als Highlight bezeichnet, soll den Konsumenten eine Wareninformation geben. Das Warenleitbild muss deutlich mehr sein, sowohl Wareninformation als auch Rauminformation. Es soll den Konsumenten anziehen und weiterleiten im Kundenleitweg von Warenleitbild zu Warenleitbild.

In der allgemeinen Informations- und Werbeüberflutung muss das Warenleitbild „Merkpunkte" setzen können und ein wirkliches Highlight sein. Zum Funktionieren des Kundenleitweges werden Warenleitbilder zur Steigerung der Aufmerksamkeit mit unterscheidenden Präsentationsformen und unterschiedlichen Wichtungen gebraucht. Unterscheidungen durch Farben, über Beleuchtungseffekte bis zu Glitzereffekten, ziehen die Konsumenten an und orientieren sie.

Warenleitbilder sind der wesentlichste Beitrag zur Orientierung und Steuerung der Konsumenten. Die richtige Orientierung ist sowohl für die effektive Nutzung des Verkaufsraumes in allen seinen Bereichen erforderlich als auch für die Konsumenten zur logischen Warenauswahl, ohne Stress.

Shopping und Browsing als genussvolle Einkaufsqualität bauen auf die richtige, zielgerichtete Orientierung am Point of Sale.

Gute Fachgeschäfte achten besonders darauf, dass Warenleitbilder sich in den verschiedenen Sortimentsabschnitten stark unterscheiden. Jeder Abschnitt erhält so seinen symbolischen Merkpunkt aus dem Zusammenspiel von Warenleitbild- und Warenträgerdesign.

Unterschieden werden die notwendigen Warenleitbilder als:
– raumorientierte Warenleitbilder, die „natürlichen", die der Raum durch eine direkte Sicht des Konsumenten ermöglicht und die er durch die Lage im Raum nicht verfehlen kann
– sortimentsorientierte Warenleitbilder, meist künstliche, die „gemacht werden" durch ein besonderes, für Warenleitbilder und Warenträger entwickeltes Design, zur Findung einer Warengruppe.

Warenleitbilder geben Ferninformationen in absichtlich verschiedener „Deutlichkeit". Diese gestaffelten Aufmerksamkeiten mit verschiedenen Wichtungen aus dem Sortiment sind ein weiterer wesentlicher Faktor der Kundenleitweg-Planung.

Warenleitbilder sind Pointen im Drehbuch, sehr oft „Eye Catcher", Beachtungsgags.

Warenleitbilder sind in der Durchführung einfallsreich, farbenfroh, effektvoll ausgeleuchtet, interessant und gut gestaltet.

Sie sind aktuell, lebensfroh – positiv, informierend, erklärend, unterhaltend, sinnlich, prächtig strahlend.

Ein Beispiel:

Der große Verkaufsraum einer Buchhandlung mit allen Konzentrationsschwächen, die von der Raumgröße ausgehen und von dem einheitlichen Bild der vielen waagerechten Böden, ist ohne Gestaltung von Warenleitbildern, ohne Aussage langweilig und einschläfernd. Hier brauche ich die starke Akzentuierung, die formale Unterstützung durch ein unterscheidendes starkes Design:
– den Trommelwirbel – das Wachrütteln für ein wichtiges Sortiment
– die Anregung für wichtige Toptitel für jeden eintretenden Kunden durch eine unterscheidende Gestaltung.

Hier, am Beginn des Verkaufsraumes, braucht der Kunde Informationen, Anregungen und Erklärungen.

Gleichzeitig muss „Branchenidentität" signalisiert werden. Die Bücher können nicht branchenfremd eingeordnet werden, denn die gewohnte Beziehung zum Buch muss erhalten bleiben: „Sehen und Greifen".

Gebraucht wird eine andere Warenbildlösung, in der sich der Warenträger steigert, um eine deutliche Orientierung zu ermöglichen.

Das gewohnte Bild der waagerechten Böden wird umgedacht in die gegensätzlichen, senkrechten Böden.

Der „Trommelwirbel" der schnell aufeinander folgenden Seiten ist nicht zu übersehen. Die Gegensätzlichkeit wird so zum Warenleitbild.

Warenleitbilder brauchen Ideen, die anziehen. Viele dieser Ideen gehen von der Nutzung der Ware aus. Der Innenarchitekt muss mehreren

F7 Die Warenplatzierung

Niketown, Berlin
Warenleitbilder ordnen das Sortiment für die Kunden, informieren und führen durch das Warenangebot.
Design: Nike Retail Design

Die Warenleitbilder entstehen in der Merchandising-Architektur

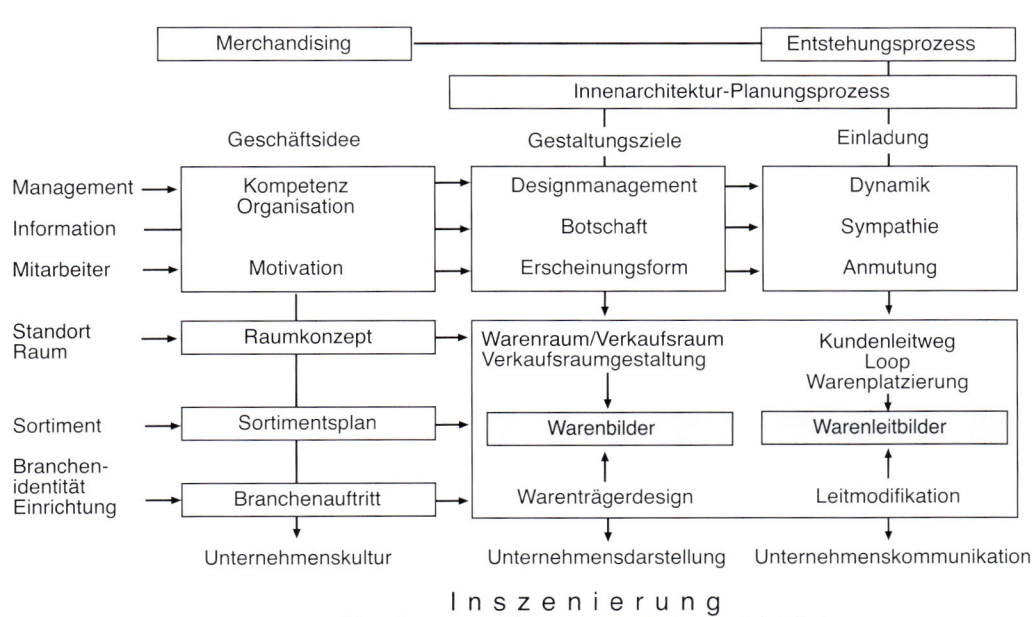

```
                    Merchandising ──────────────────────── Entstehungsprozess
                                      Innenarchitektur-Planungsprozess
                    Geschäftsidee         Gestaltungsziele         Einladung

Management  →   Kompetenz         →   Designmanagement   →   Dynamik
                Organisation
Information →                     →   Botschaft          →   Sympathie
Mitarbeiter →   Motivation        →   Erscheinungsform   →   Anmutung

Standort    →   Raumkonzept       →   Warenraum/Verkaufsraum   Kundenleitweg
Raum                                  Verkaufsraumgestaltung   Loop
                                                               Warenplatzierung
Sortiment   →   Sortimentsplan    →   Warenbilder        →   Warenleitbilder
Branchen-
identität   →   Branchenauftritt  →   Warenträgerdesign      Leitmodifikation
Einrichtung

                Unternehmenskultur    Unternehmensdarstellung   Unternehmenskommunikation

                              Inszenierung
                          Unternehmensidentität
```

F Kommunikationsmarketing: Die Einladung – Corporate Communications zur Unternehmenskommunikation

F7 Die Warenplatzierung

Das Taschenbuch-Topregal
Eine Warenleitbildlösung, durch eng aneinander stehende Regalseiten.
Das gesamte Bild der Waagerechten Böden wird unterbrochen, um die Aufmerksamkeit der Kunden zu erreichen.
Design und Realisierung:
Wilhelm Kreft GmbH, Wedemark

Emotions, Nürnberg
Planung: Blocher, Blocher und Partner, Stuttgart

Ideen folgen können und dann auswählen. Er muss herausspüren können, was im Sortiment, im Raum, im Warenraum steckt für das zu schaffende ästhetische Milieu.

Innenarchitekten sind hierfür die Experten. Sie finden das von der Ware ausgehende Milieu, das sie in die größere Ordnung des Raumes tragen, sie bewegen sich hier künstlerisch in einer Künstlichkeit, die die Leistung des Unternehmens sichtbar macht.

Es geht darum, Merkwürdigkeiten, im wahrsten Sinne des Wortes, zu erreichen.

Durch den Dialog mit dem Konsumenten werden die Aufnahme- und Merkfähigkeit der Warenleitbilder und damit der präsentierten Ware gesteigert. Er ist zum Profilierungsziel geworden.

Der Kundenleitweg führt zur Ware. Die Ware aber braucht Erkennungsmerkmale am Ort ihrer Ausstellung, besondere Blickpunkte, Überschriften, damit die Warengruppe erkannt wird.

Der gesamte Verkaufsraum ist wie die Seite einer Tageszeitung: eine Menge kleiner Buchstaben, die man nur überschauen kann, wenn das Lay-out den Text in Absätzen ordnet durch Überschriften, Zwischenüberschriften, Abbildungen und Querbalken. So erst findet sich der Leser zurecht und kann sich orientieren.

– Warenleitbilder – die Highlights – sind wie Überschriften.
– Faszinationspunkte sind wie grafische Darstellungen oder Fotos auf der Zeitungsseite, auf die der Blick zuerst fällt, die damit ordnen und das Auge des Lesers leiten.

Der Konsument, der die Ware in einem geordneten Zusammenhang finden soll, braucht eine Führung, eine Akzentuierung über die Warenleitbilder.

Die Warenleitbilder bedeuten Dynamisierung des Verkaufsraumes

– Der Auftrag heißt: Die Verbindung zum Konsumenten finden per Warenleitbild; dem Konsumenten eine Idee vermitteln, den Konsumenten einbeziehen, die Warenleitbild-Idee anreißen, die der Konsument durch seine Kreativität vollendet.

- Die Beachtung über das Auge ist der Beginn. Der erste Kontakt zur Ware erfolgt über das Auge.
- Die Erschließung des Verkaufsraumes erfolgt mit den Augen des Konsumenten.
- Das Angebot zeigt sich in einer Bilderfolge.
- Plakate und Beschriftungen sind kein Ersatz für fehlende Warenleitbilder. Das erklärende, überzeugende und greifbare Warenbild gehört dazu.
- Das Design der Warenträger ordnet, ergänzt, betont und hilft in der Warenleitbild-Gestaltung.
- Fotowände oder szenisches Gestalten erleichtert das Planen für starke Warenleitbilder. Beispiel: Die Symbolsprache, mehrdeutige Mythen und Märchen aufnehmen und durch Waren ergänzen.
- Die Unternehmens-Eigenart der Warenleitbilder wird bedeutungsvoller. Das Unternehmen profiliert sich mit seinen Warenleitbildern.
- Interessante, gut gestaltete Warenleitbilder schaffen ein Abheben von den Mitbewerbern.

Die Alleinstellung des Unternehmens am Markt wird durch Bilder dokumentiert.

Die Ergonomie des Warenleitbildes

Warenleitbilder werden in ihrer Wirkung zu einem oder mehreren Orientierungspunkten geplant.

Die Größe, Breite und die Höhe des Warenleitbildes wird zusammen mit der Gestaltung auf den Orientierungspunkt angelegt:
- auf die Fernwirkung
- auf das Zugehen
- auf die Nahwirkung.

Das bedeutet, das Warenleitbild wird aus der Ferne kommend von oben nach unten erschlossen.
Das Warenleitbild muss so entwickelt werden, dass Sehgreifzonen entstehen, dass die Ware gesehen und dann gegriffen werden kann.
Das Begreifen und Prüfen der Ware, im wahrsten Sinne des Wortes, muss erreicht werden und darf nicht durch Verpackung oder Folien verhindert werden!

Adidas-Europe
Design und Realisierung:
Vitrashop, Weil am Rhein

F   Kommunikationsmarketing: Die Einladung – Corporate Communications zur Unternehmenskommunikation

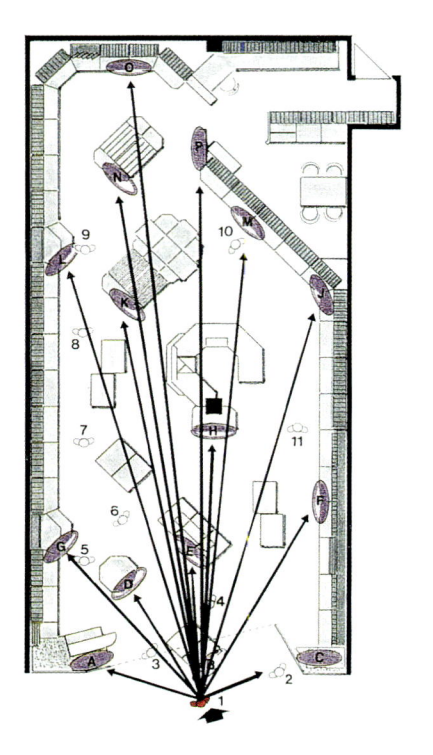

F7   Die Warenplatzierung

Grundriss 1
Blickbereich vor dem Eingang in den Verkaufsraum, die wichtigen Warenleitbilder müssen von den eintretenden Konsumenten gesehen und unterschieden werden können. Diese Warenleitbilder müssen auf den Orientierungspunkt vor dem Verkaufsraum ausgerichtet sein, und zwar in einer Form, dass sie Informationen und Anregungen geben können für jeden einzelnen Sortimentsbereich und gleichzeitig aber auch das aktuelle Buchangebot deutlich machen können.

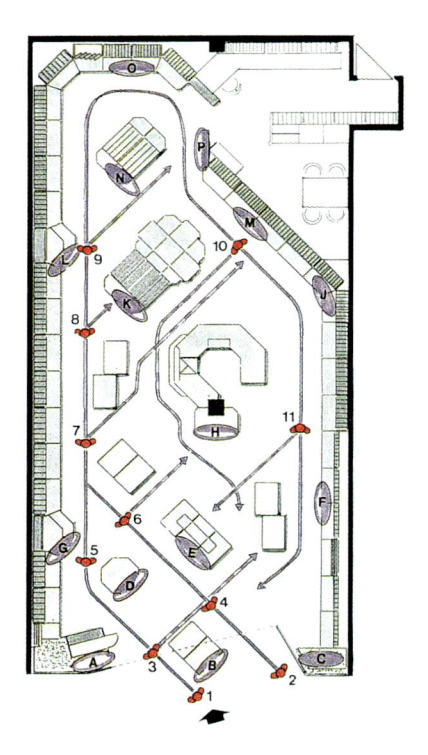

Grundriss 2
zeigt den Gesamt-Kundenleitweg, den Gesamt-Loop.
Siehe das Kapitel:
F 9.2.2 Diagonal planen, Horstmann, Bremen. Es handelt sich um den gleichen Verkaufsraum. Beschrieben wird hier die Loopplanung, die diagonale Erschließung des Verkaufsraumes.

Orientierungspunkt 1
Die diagonale Erschließung nach links wird durch die Stellung der Tische unterstützt.
Die Warenleitbilder A, B und C
Schaufenster, Tische am Eingang

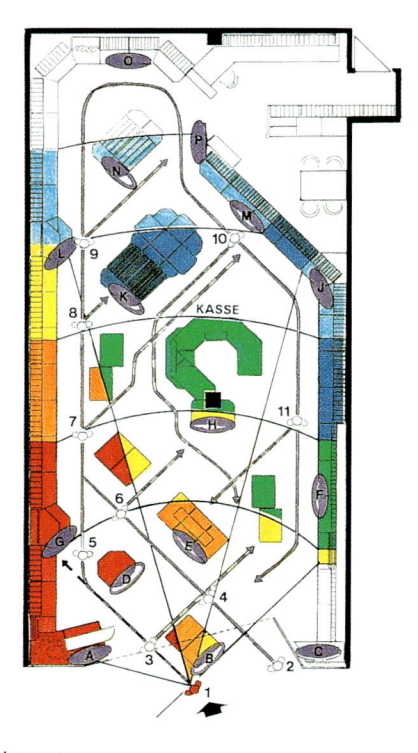

Grundriss 3
zeigt den Orientierungspunkt 1

7.3   Warenleitbilder im Kundenleitweg

Buchhandlung Horstmann, Bremen
Planung: Wilhelm Kreft, Reinhard Mann, Kreft-Team
Realisierung: Wilhelm Kreft GmbH, Wedemark
Roland-Einkauf-Center
Die Buchhandlung soll neu geplant und eingerichtet werden.
Ziel ist es, die Zielgruppen anzusprechen, die dieses Einkaufszentrum am Stadtrand von Bremen für ihre Einkäufe aufsuchen. Das sind insbesondere solche Kunden, die mit dem PKW anreisen, oft einmal wöchentlich, um Waren des täglichen Bedarfs einzukaufen. Die Konsumenten schlendern durch das Einkaufszentrum und zeigen Interesse für viele andere Waren, hierzu gehören auch Bücher.
Buchhandlungen in Einkaufszentren werden vorwiegend von einer Laufkundschaft aufgesucht.

F7 Die Warenplatzierung

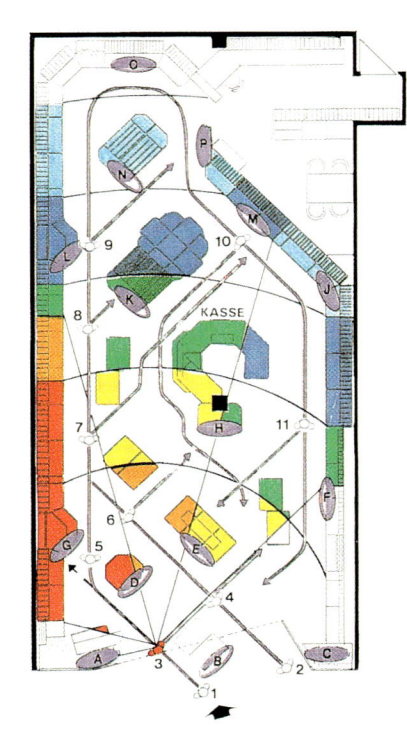

Grundriss 4
zeigt die Orientierungspunkte 3,
3 zu 4 und 6

Warenleitbild D
Der aktuelle Tisch ist greifbar nahe
Warenleitbild G
Die linke Einführungswand mit dem
Warenleitbild „Aktuell in diesem Monat"

Vom Orientierungspunkt 3
zum Orientierungspunkt 4
Der Blick nach rechts auf die Taschen-
buchwand als rechte Einführungswand mit dem:
Warenbild F
Eine Sägezahnwand und das Waren-
bild „King"
Warenleitbild J
Der Gang links „Aktuell" und „Top"

Orientierungspunkt 6
Warenleitbild H
Blick nach rechts zum Kassenpool,
davor eine verspiegelte Säule für
aktuelle Auslagen an der Kasse.

Orientierungspunkt 6
Der Blick nach links rückwärts
Warenleitbild D und G
die Regionalliteratur: Bremensien,
ein wichtiger Bereich, die Bremen-
Skyline steigert die Orientierung

619

F   Kommunikationsmarketing: Die Einladung – Corporate Communications zur Unternehmenskommunikation

F7   Die Warenplatzierung

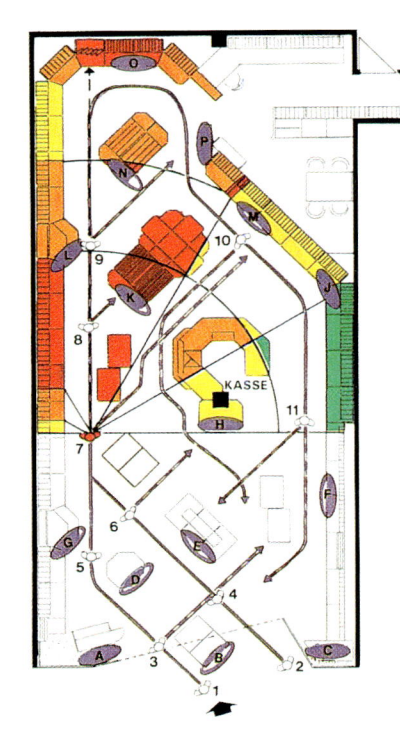

Grundriss 5
zeigt den Orientierungspunkt 7

Orientierungspunkt 7
Der Konsument wird an der linken
Regalwand geführt und blickt von links
nach rechts.
Warenleitbilder K, L und M
werden sichtbar

Orientierungspunkt 7
Abzweigung in einen Nebenleitweg
Warenleitbild R
Reiseliteratur, Landkarten mit Blick
auf das
Warenleitbild M
Reiseführer, Bildbände für Reiseziele

620

F7 Die Warenplatzierung

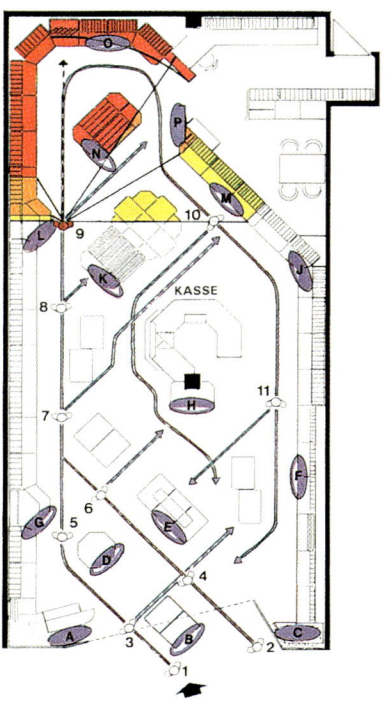

Grundriss 6
zeigt den Orientierungspunkt 9

Orientierungspunkt 9
Der Bereich Kinder- und Jugendbuch, geschmückt durch die „Bremer Stadtmusikanten", mit
Warenbild N
Das Bilderbuch-Innenregal, ein Highlight durch die Bremer Stadtmusikanten sichtbar von überall im Verkaufsraum und im Gang davor. Damit wird optisch auch die Tiefe des Verkaufsraumes erschlossen.
Design: Bremer Stadtmusikanten: Wolfgang Jeske, Hannover

Das heißt für das Sortiment: aktuelle Bücher, Geschenkbücher, Regionalliteratur, Kinderbücher und vor allen Dingen Taschenbücher und Reiseliteratur.
Sehr wichtig sind wirkungsvolle Warenleitbilder, die in der Lage sind, Konsumenten in den Verkaufsraum zu ziehen.
Dieser Verkaufsraum wurde ganz bewusst auf die Wirkung aus den Laufwegen vor dem Verkaufsraum konzipiert.

Diese Grundrisse zeigen deutlich die Bedeutung der Orientierungspunkte, die Vorstellungen für die wirkungsvolle Präsentation der Warenleitbilder.
Alle Warenleitbilder sind noch einmal fotografisch dokumentiert und beschrieben.

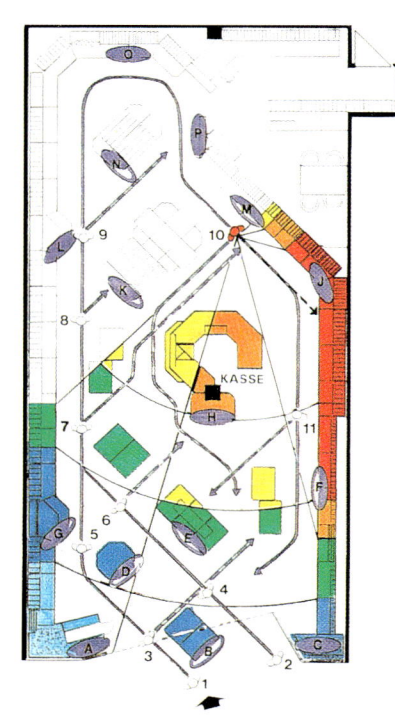

F   Kommunikationsmarketing: Die Einladung – Corporate Communications zur Unternehmenskommunikation

F 7   Die Warenplatzierung

Grundriss 7
zeigt den Orientierungspunkt 10

Orientierungspunkt 10
der Blick zurück auf das Bibliografierpult am Kassenpool und in den Eingangsbereich

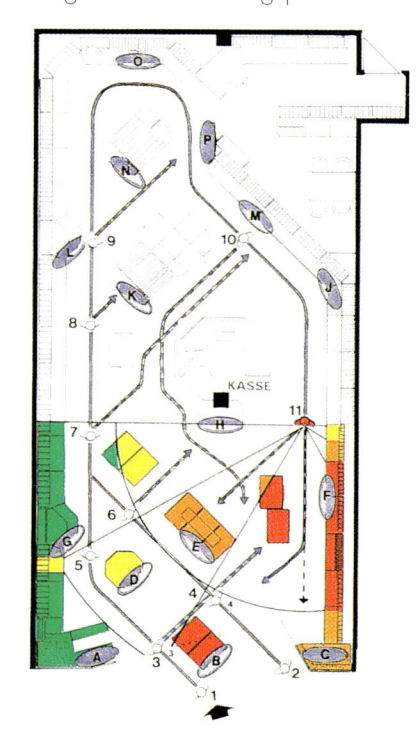

Orientierungspunkt 11
Der Eingangsbereich aus der Sicht eines den Ausgang suchenden Kunden. Der Markt – noch eine letzte Möglichkeit im aktuellen Buchangebot zu wühlen.

Grundriss 8
zeigt den Orientierungspunkt 11

7.4 Dreigeschossige Sortimentsteilung

Planung: Wilhelm Kreft, Kreft Team

Die Sortimentsteilung der dreigeschossigen Buchhandlung:
- Erdgeschoss allgemeines Sortiment
- 1. Obergeschoss Wissenschaften
- 2. Obergeschoss Kunst und Belletristik

Die Ziele:
Die Ladenplanung soll für das Sortiment eine bessere Erschließung des Erdgeschosses erreichen.

Erdgeschoss
- Eröffnungssortimente
- Einbindung des Eingangs in das Sortimentsgeschehen
- Einbindung geschossverbindender Treppen in die aktuellen Sortimente.

1. und 2. Obergeschoss
- Verbesserung der Warenplatzierung in internen Zusammenhängen, Reihenfolge, Wichtung, Bedarfsgruppen
- bessere Warenbilder, Warenleitbilder und Warenraumgestaltung
- die Entwicklung eines sortiments- und raumlogischen Kundenleitweges
- Verbesserung der Gestaltung, die der überregionalen Bedeutung dieses Unternehmens entsprechen soll
- bessere Einbindung der Mitarbeiter in die Sortimentsbereiche.

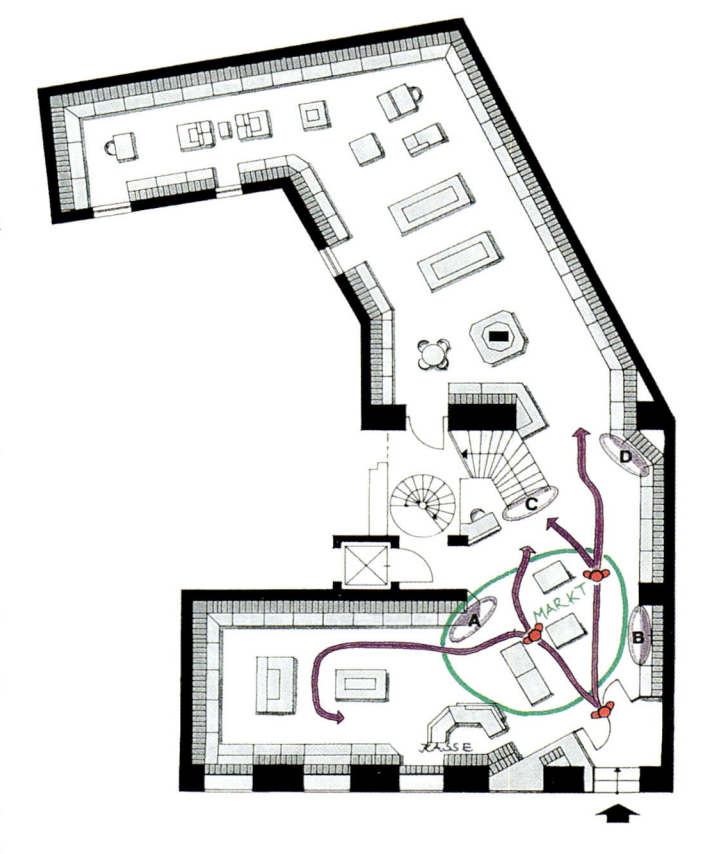

Grundriss 1
Erdgeschoss:
Der Eingang mit den drei notwendigen Steigungen benötigt einen Vorplatz, danach eine diagonale Einführung mit Doppeltür-Anlage und exakter Hinführung zur Treppe. Gleichzeitig müssen sich zwei Hauptleitwege entwickeln.
Das Warenleitbild A eröffnet das Sortiment, die Warenleitbilder B und D sorgen für den Ablauf in die Tiefe des Verkaufsraumes. Die Einführung zur Treppe, C, erfolgt aus dem Marktbereich mit den aktuellen Eröffnungsangeboten zwischen Eingang, Treppe, Kasse und den Warenleitbildern A, B und D.
Es ist wichtig, dass die Einführung der Konsumenten durch eine starke Akzentuierung der Warenbilder A, B und D erfolgt, als stärkere Anziehung, als der lebendige Markt.
Den Konsumenten muss aus beiden Hauptleitwegen heraus die Möglichkeit des Zuganges zur Treppe C angeboten werden.
Erst wenn der Markt passiert ist, wird die Information „Treppe" deutlich. Deshalb müssen beide Hauptleitwege den Zugang zur Treppe C direkt ermöglichen.

F Kommunikationsmarketing: Die Einladung – Corporate Communications zur Unternehmenskommunikation

F7 Die Warenplatzierung

Grundriss 2 und 3
Diese Grundrisse zeigen die Planung A des 1. und des 2. Obergeschosses. Beide Grundrisslösungen gehören sortimentsstrategisch zusammen.

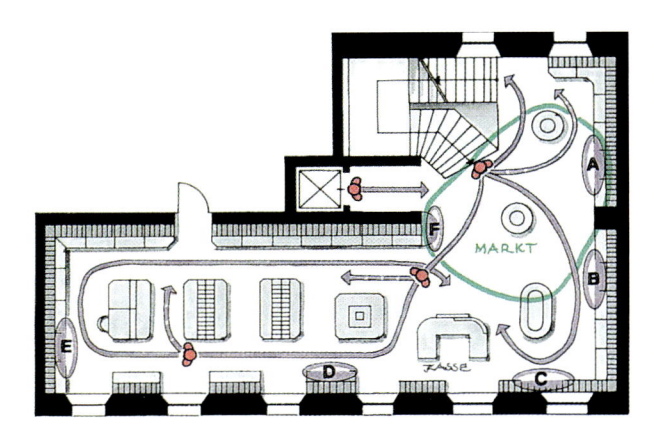

Planung A

Grundriss 2
Es entsteht ein deutlicher Markt an der Treppe. Die Warenleitbilder A, F und auch B schaffen für den Kunden eine Sortimentserschließung über drei Warenleitbilder.
Der Kassenpool ist gut einsehbar. Er bleibt Randbeobachter für das Marktgeschehen. Die Warenbereiche über das Warenleitbild D zu erschließen, gelingt nur schwer. Der Kassenpool teilt und stört den Loop, die Bereiche für die Warenleitbilder D und E liegen in einem deutlich getrennten Verkaufsraumbereich, der auch nur schwer über das Warenleitbild F erschlossen wird.
Der Kassenpool teilt das Sortiment. Die Sortimente werden in ihrem lebendigen „Austoben" an Ausdehnungen gehindert.

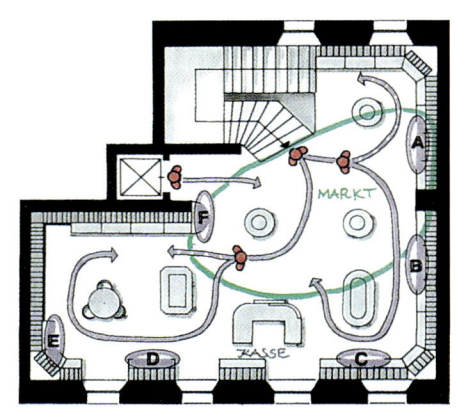

Grundriss 3
Der Grundriss des 2. Obergeschosses. Das für den Grundriss 2 Gesagte gilt analog auch für den Grundriss 3.
Zwei Kundenleitwege über die Leitbilder B und F erschließen jeweils einen Raumbereich. Ein Loop entsteht nicht, der Kassenpool teilt.
Sortimentsüberlegungen, die zu Sortimentsteilungen führen, wie in den Grundrissen 2 und 3 beschrieben, entwickeln sich erfahrungsgemäß anders.
Beabsichtigte Teilungen lassen sich durch deutliche Warenleitbilder, die man variieren und verändern kann, besser durchführen als durch Kassenplätze, die nur schwer zu verändern sind.
Die Erfahrung sagt, dass Sortimente wachsen, sie werden damit größer. Sie können aber auch an Bedeutung verlieren. Das heißt, dass Sortimentsgrenzen immer variabel gehalten werden müssen.
Der Konsument sieht mehr, erlebt mehr durch die logische Aneinanderreihung von Warenleitbildern im Kundenleitweg. Das steigert die Aufnahmefähigkeit in einer Großzügigkeit und vermittelt damit Fachkompetenz und eine Unternehmensprofilierung.

F7 Die Warenplatzierung

Grundriss 4 und 5
zeigen die Planung B des 1. und 2. Obergeschosses. Beide Grundrisse gehören sortimentsstrategisch zusammen.

Planung B

Grundriss 4

Der Kassenpool hat einen zentralen Platz bekommen – unmittelbar an der Treppe. Der Kassenpool ist in der Lage, allen eintretenden Konsumenten Informationen zu geben. Er drückt den Blick der Kunden auf die Wände mit den Warenleitbildern A, B und C.
Die Wände sind umlaufend frei, die Einführung des Konsumenten über die Leitbilder A, B, C, D, E und F ist erreicht.
Der Loop ist entstanden und der Zusammenhang des Sortiments ist hergestellt, der gesamte Verkaufsraum ist erschlossen. Der Konsument kann sich mühelos umhergehend informieren. Gleichzeitig ist die Kasse Raummittelpunkt mit einer guten Beobachtungssituation und damit nicht mitarbeiterintensiv.

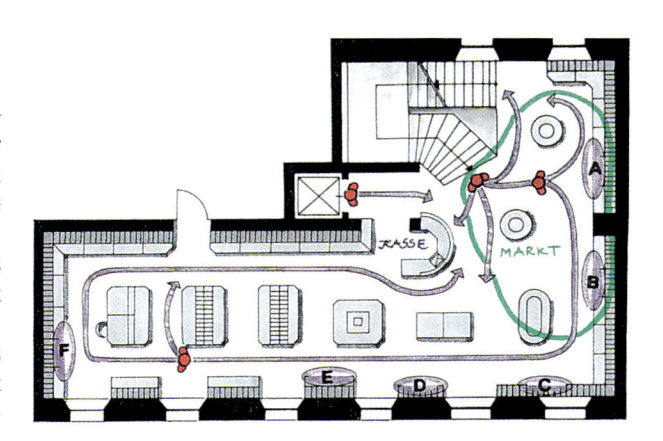

Grundriss 5

zeigt den Grundriss des 2. Obergeschosses. Das für den Grundriss 4 Gesagte gilt analog auch für den Grundriss 5. Eine Mittelpunktkasse erlaubt den Loop und erschließt die Warenleitbilder: A, B, C, D, E und F in einer logischen Reihenfolge.

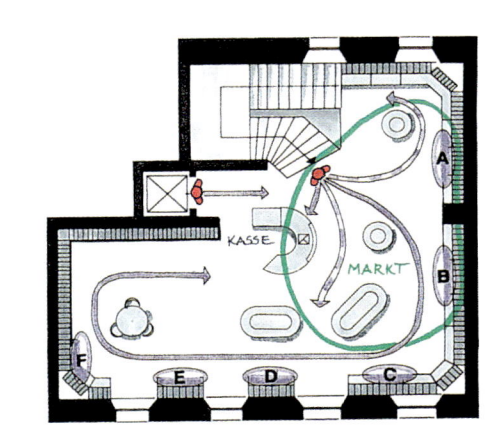

Marowski
Blick vom Haupteingang

Die Passage: der Blick vom hinteren Eingang

7.5 Zwei Eingänge – zwei Sortimentszuordnungen

Für die Sortimentsstrategie und für die damit verbundene Warenplatzierung ist die Zuordnung auf den Eingang, den Raum- und Sortimentsbeginn, aus der Gewissheit hoher Effizienz heraus, besonders wichtig.

Der Vorteil, zwei Eingänge zu haben, die dazu noch an unterschiedlichen Kundenströmen liegen, bedarf einer besonderen Beachtung in der Warenplatzierung.

Mit beiden Eingängen, die etwa 40 m auseinander liegen und nicht voneinander einsehbar sind, soll:
- jeweils eine attraktive Buchhandlung erscheinen
- der Zusammenhang hergestellt werden
- der Kunde veranlasst werden, sich durch die ganze Buchhandlung zu bewegen
- bis auf ein geringes Eröffnungssortiment pro Eingang keine Sortiments-Doppelbestückung entstehen.

Aktivität wird an beiden Eingängen erwartet.
Die unterschiedlichen Kundenströme mit der entsprechenden Zielgruppen- und Trend-Sortierung, die nicht zuletzt auch aus der Nachbarschaft bestimmt wird, müssen für die Sortimentsplanung und für die Warenplatzierung Berücksichtigung finden.

Der Haupteingang

liegt in der Fußgängerzone. Er führt in einen engen „Handtuchladen" von etwa 5 m Breite mit Säulen. Nach etwa 10 m verengt er sich bis auf 3 m und erst danach folgt das große Sortiment.

Der hinterer Eingang

kommt von den Parkhäusern und führt in einen großen, nahezu quadratischen Verkaufsraum mit einer Breite von ca. 15 m. Hier muss der Raum durch Warenleitbilder in seinen Sortimentsbereichen sichtbar werden, ein stark unterscheidender Aufbau der Sortimente rechts und links erfolgen und durch die Warenleitbilder an die Konsumenten vermittelt werden.

Die Gegenüberstellung

Aus dem Abwägen zwischen Haupteingang und Nebeneingang ergibt sich:
- vom Haupteingang ein schmaler, schnell überschaubarer Verkaufsraum mit starkem Sog in die Tiefe, eine Trichterlösung, der Laden wird immer enger und öffnet sich dann in einen Raum mit Looperschließung und vielen Eindrücken
- vom hinteren Eingang direkt ein Verkaufsraum mit den vielen Eindrücken. Hier muss eine starke Orientierung über einen deutlichen Loop mit Warenleitbildern aufgebaut werden. Die Vielfalt, die dieser Raum bietet, auch für den Sog in die Tiefe und zur Einpendelung in den schmalen Ladenbereich des Haupteinganges, muss klar sortimentslogisch definiert und durch Leitbilder erreicht werden.

Der Sortimentsplan für die Warenplatzierung, für die Wahl des Kundenleitweges und für den Aufbau der Warenleitbilder muss als kundenorientierter Gegensatz aufgebaut werden.
- Der Haupteingang bringt mit seiner Enge eine gute Übersicht über schnelle Sortimente, die attraktiv, aktuell, neu, durch Werbung vorverkauft sind und deren Verteilung an den Konsumenten hier vorgenommen wird.
- Der Nebeneingang: ein großer Verkaufsraum mit Loop-Einführung in Raum und Sortiment, über Warenleitbilder und fachkompetenter Betreuung.

Es entsteht im bedienungsintensiven Bereich des Verkaufsraumes stärker der Verweilaspekt mit mehr Warenkontakten – deshalb ist hier die Unterbringung von Sitzmöglichkeiten sowie die

F7 Die Warenplatzierung

WARENBILDER - Planung Marowsky

SORTIMENTS-BEREICHE	BEDEUTUNG WICHTUNG	LAGE IM VERKAUFSRAUM	ZIELE
TASCHENBÜCHER	Aktuell neu	Eingangsnähe Markt	Ständig am gleichen Platz Neuheiten und Tops zeigen
BELLETRISTIK	Aktuell und ruhiger Bereich	Aktuell am Markt innerer Bereich	Neuheiten, Aktuelles und Klassiker in mehreren Warenbildern
SACHBUCH HOBBY	Aktuell Betreuung	Am Markt	Informations-Service durch Erklärungen unterstützen
REISE, KUNST, SPRACHEN	Sichtbare Betreuung	Gute Lage	Deutliche Anregungen geben - neue Reiseziele
HEIMAT	Touristen Sammler	Gute Lage	Vollständig zeigen, auf Sommer einstellen
FACHBUCH	Betreuung Stammkunden	Hinterer Bereich	Neuheiten und Standortwerte zeigen, EDV - aktuell machen
JUGEND	Wichtiges "Zugpferd"	Gesonderter Bereich mit guter Zuführung	Farbenfrohe, lustige Warenbilder
MODERNES ANTIQUARIAT	Guter Zusatzverkauf	Wühltische vor dem Eingang, abgegrenzte Bereiche	Hinweise auf den Preisvorteil, Stapeln
PAPETERIE	Zusatzverkauf	Kassenbereich Eingang	Die wenige, ausgewählte Ware am guten Platz "toll" zeigen, die Ware muß wirken und als "non books" auffallen

Grafik 1

Eine Aufstellung der Sortimentsbereiche mit einer Wertung:
– die Bedeutung und Wichtung des Sortiments im allgemeinen Sortimentsverbund
– Lage und Standort im Verkaufsraum, die idealen Voraussetzungen für die Platzierung
– das Ziel, die visuelle Umsetzung, die Bildwirkung, die Warenbilder, die Bedeutung, auch Warenleitbild-Motive werden wichtig.

So entsteht eine Wichtung des Sortiments, eine Veranlagung der verschiedenen Sortimentsbereiche.

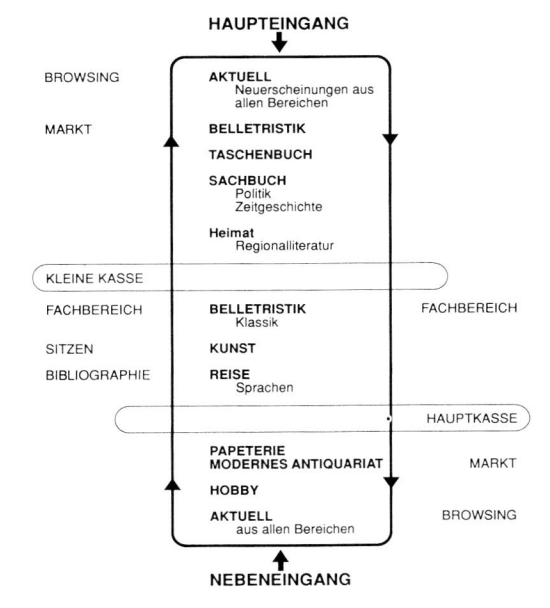

```
                    HAUPTEINGANG
                         ↓
BROWSING          AKTUELL
                  Neuerscheinungen aus
MARKT             allen Bereichen
                  BELLETRISTIK
                  TASCHENBUCH
                  SACHBUCH
                    Politik
                    Zeitgeschichte
                  Heimat
                    Regionalliteratur
KLEINE KASSE
FACHBEREICH       BELLETRISTIK      FACHBEREICH
                    Klassik
SITZEN            KUNST
BIBLIOGRAPHIE     REISE
                    Sprachen
                                    HAUPTKASSE
                  PAPETERIE
                  MODERNES ANTIQUARIAT   MARKT
                  HOBBY
                  AKTUELL           BROWSING
                    aus allen Bereichen
                         ↑
                    NEBENEINGANG
```

Grafik 2

Eine grafische Kundenleitweg-Überlegung. Die Folge entscheidet über die Zuordnung zum Haupteingang und zum Nebeneingang.

DIE MERCHANDISING-ARCHITEKTUR ERREICHT DAS SORTIMENT IN DER
- UNTERNEHMENSKULTUR
- UNTERNEHMENSDARSTELLUNG
- UNTERNEHMENSKOMMUNIKATION

DIE LEISTUNG ZEIGT

```
CORPORATE CULTURE | CORPORATE DESIGN | CORPORATE COMMUNICATIONS
MERCHANDISING-ENTSTEHUNGSPROZESS

SORTIMENT
SORTIMENTSPLAN
      ↓
   WARENRAUM
   WARENRAUM-
   GESTALTUNG
   MILIEU
   WARENBILDER
         ↓
      KUNDENLEITWEG
      WARENLEITBILDER
      WARENPLATZIERUNG
      LOOP

INNENARCHITEKTUR-PLANUNGSPROZESS
UNTERNEHMENSKULTUR | UNTERNEHMENSDARSTELLUNG | UNTERNEHMENSKOMMUNIKATION
UNTERNEHMENSIDENTITÄT
RANG     PROFIL     DIALOG
```

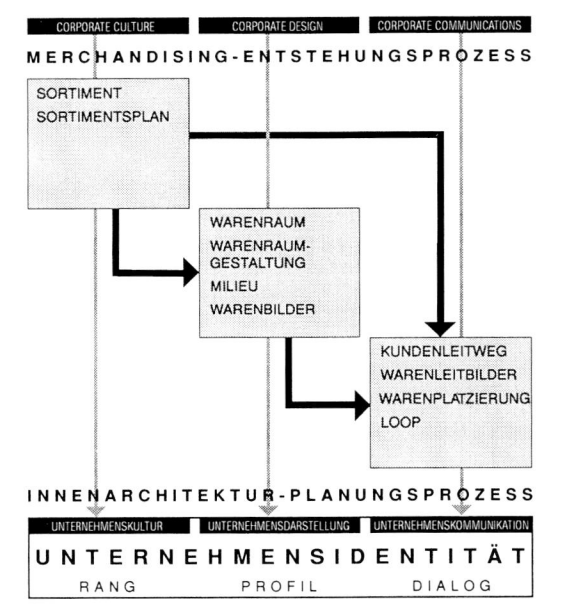

Grafik 3

Zur Sortimentseinführung in den Kundenleitweg gehört die ganzheitliche Beachtung.

Die Entwicklung des Sortiments über den Sortimentsplan zu den Warenleitbildern und zur Warenraumgestaltung erfolgt im Sinne der Merchandising-Architektur.

F   Kommunikationsmarketing: Die Einladung – Corporate Communications zur Unternehmenskommunikation

F7   Die Warenplatzierung

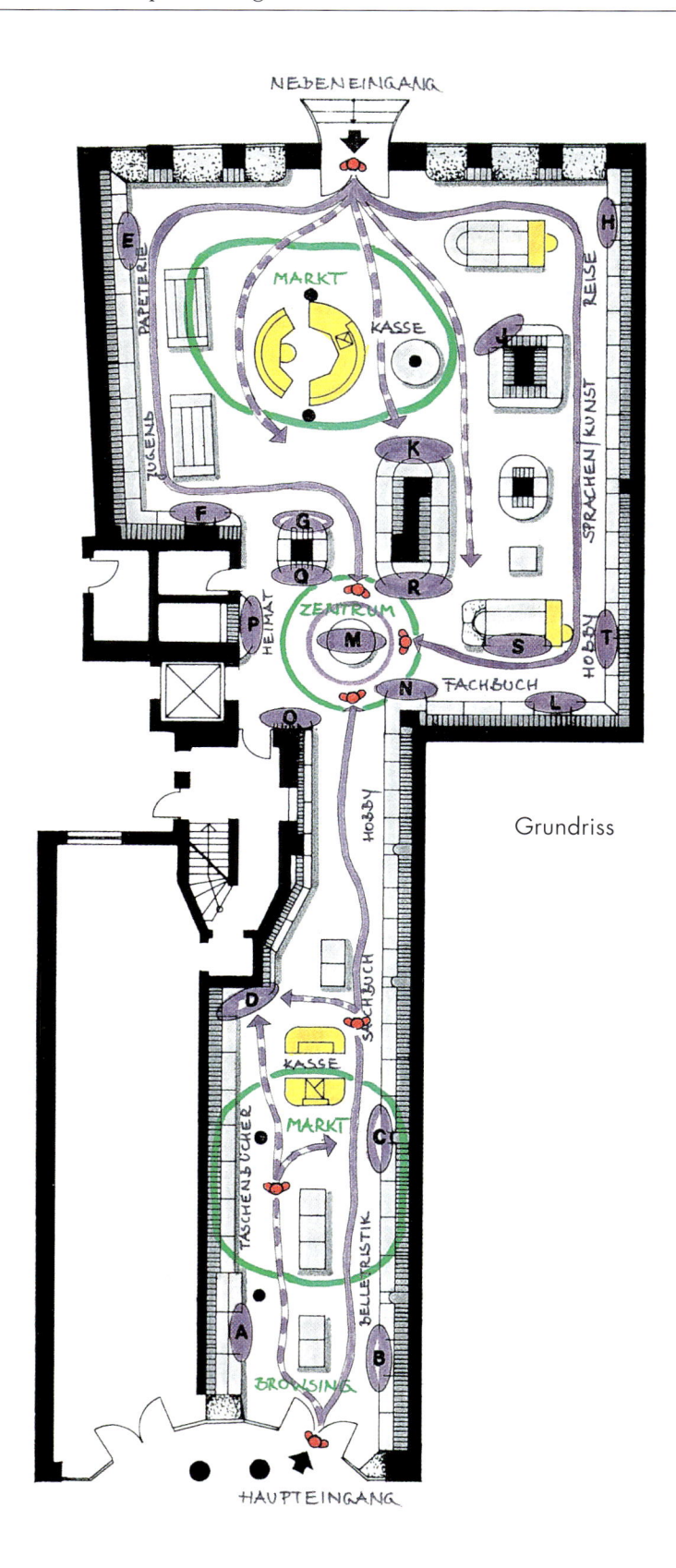

Grundriss

Unterbringung von Sortimenten, die Konzentration und Anregungen brauchen und auch Veranlassung geben zum Verweilen, zum Sitzen, zu empfehlen.

Der große Informationsbedarf braucht das Einsteigen in die Bibliografie. Deshalb gehört hierher ein Service-Center.

Beide Eingänge erlauben für den Bereich Eingang und Kasse – unter Einbeziehung des Kassenbereiches – einen starken Markt für Browsing.

Beide Verkaufsraumbereiche führen weiter in den Verbindungsteil mit der Öffnung des jeweils anderen Verkaufsraumbereiches. Der Aufbau um einen altarartigen Mittelpunkttisch wirkt als Gelenk zwischen den wichtigen Sortimenten der beiden Bereiche.

Der Grundriss bei Abschluss der Planung
Der Grundriss mit dem Kundenleitweg und der Warenplatzierung.

Die Warenplatzierung
Sie konzentriert sich auf zwei Eingänge mit zwei Märkten als Sortiment und dem Zentrum als Verbindungsmarkt durch einen Loop als aktivierende Verbindung zu beiden Verkaufsraumbereichen.

Am Haupteingang
Hier öffnet der rundgeglaste Eingangskreis für den Konsumenten die rechte Wand mit dem Leitbereich B und mit der direkten Zuführung zur Tiefe des Verkaufsraumes.

Die Warenleitbereiche A und D werden gut eingesehen. Das Herüberziehen des Konsumenten in den Leitbereich des Warenleitbildes A schafft einen weiteren Orientierungspunkt für das Warenleitbild C direkt im Kassenbereich.

Die Warenleitbilder B und C liegen im vorderen Browsingbereich, in der unmittelbaren Eingangszone, von außen gut einsehbar. C und die Kasse liegen im Markt. Der Hauptleitweg führt weiter in das Zentrum.

Am hinterer Eingang
Hier bedeutet die Mittellösung für den Eingang das Gegenüber der beiden Eingänge als große Erschließungsachse, auch wenn die Sicht von einem zum anderen Eingang kaum möglich ist.

F7 Die Warenplatzierung

Der Nebeneingang führt in einen großen Marktbereich, mit einer zentralen Kasse, die gleichzeitig die Funktion der Hauptkasse erfüllt.

Die Warenleitbilder E und H, J und R zeigen deutlich jeweils Sortimentsbereiche, sodass der eintretende Konsument hier genau die Sortimentsbreite erkennen kann.

Der Hauptleitweg wird rechts über E dann über F und links über H dann über L weitergeführt in die Tiefe des Verkaufsraumes.

Gestalterisch wird versucht, die Achse der beiden Eingänge Haupteingang und Nebeneingang zu verbinden durch die Akzentuierung der Säulen sowie durch Abhängung einer Lichtdecke und eines Baldachins über dem Kassenpool.

Neben dem Haupt-Kundenleitweg nach rechts oder links ergeben sich drei wesentliche Nebenleitwege, die den Verkaufsraum direkt erschließen. Sie werden entweder durch die Kasse, durch die Information, direkt angezogen oder durch die Kasse mit dem Warenleitbild K. Ein dritter Nebenleitweg führt direkt zwischen den Warenleitbildern K und J hindurch.

Alle Hauptleitwege und Nebenleitwege führen in das Zentrum.

Das Zentrum

um den Mittelpunkttisch M ist kreisrund, um einen Dreheffekt zu erreichen, ohne ein Drehbereich zu sein, zur Rückführung im Loop. Zu diesem Drehpunkt öffnen sich die wichtigen Warenleitbilder N, O, P, Q, R, S und T.

Aus dem Markt in die Kunst- und Reiseabteilungen

Die Passage: der Blick vom Parkhaus-Eingang zum Haupteingang

F Kommunikationsmarketing: Die Einladung – Corporate Communications zur Unternehmenskommunikation

F8 Die Raumerweiterungs-Planung

Wenn Verkaufsräume in Trading-up-Schüben wachsen, dann sind es oft viele Quadratmeter, es wird nachgeholt, angepasst an den Bedarf und an den zukünftigen Bedarf gedacht. Sehr oft sind es auch Gelegenheiten, zum Beispiel: Der Nachbar zieht aus und dann wird eine neue Strategie geboren.

Die Ansprüche in den Unternehmen steigen, die Erwartungen der Konsumenten steigen ständig, die Bedürfnisse erreichen neue Qualitäten und damit oft einen neuen Rang.

Das alles bedeutet, dass die Unternehmen den Ansprüchen der Konsumenten folgen und sich damit in einem ständigen Trading-up bewegen, einer ständigen Anpassung nach oben.

Die Forderung der Merchandising-Architektur nach mehr Visualisierung der Leistungen heißt für viele Unternehmen, eine neue Qualität in den Warenbildern und Warenleitbildern zu erreichen. Mit dem Verlangen nach mehr Präsentation verbindet sich der Ruf nach mehr Fläche.

Der Ruf nach „mehr Klasse als Masse" muss sich auch in mehr Quadratmetern auswirken, denn Warenbilder brauchen Platz.

Es ist somit eine ständige Aufgabe der Ladenplanung geworden, die Probleme, die mit der Flächenerweiterung entstehen, zu erkennen und dafür Ideen zu entwickeln:

– damit der Standort nicht gewechselt werden muss
– damit die Kosten, die immens sein können, wirtschaftlich bleiben
– damit eine Lösung aus einem Guss entsteht.

Raumerweiterungen sind üblich. Auch viele Unternehmen erweitern, die nie daran gedacht haben: Darum sind Ladenplanungen immer mit der Idee der nächsten Raumerweiterung anzulegen. Der Erfolg der ersten Planung fordert die Erweiterungsplanung. Das ist das natürliche Wachstum.

Mit dem größeren Angebot werden neue Konsumenten angesprochen und schon wird der Verkaufsraum bald wieder zu klein, es muss abermals eine Raumerweiterung vorgenommen werden.

Daraus ergibt sich die Frage: Wäre es nun richtig gewesen, gleich die totale Größe zu bauen? Das ist eine Management-Entscheidung im Unternehmen, die der Innenarchitekt in den seltensten Fällen treffen kann.

Wirtschaftlich ist es, die große Lösung bautechnisch anzustreben und durchzuführen, gegebenenfalls zum zeitweiligen Vermieten. Erfahrungsgemäß macht die Erweiterung der Einrichtung, die Neuplatzierung des Sortiments, die geringsten Schwierigkeiten. Die Probleme und die enormen, oft nicht genau vorherbestimmbaren Kosten liegen in der bautechnischen Durchführung des Gebäudeumbaus.

Analyse einer fiktiven Raumerweiterung

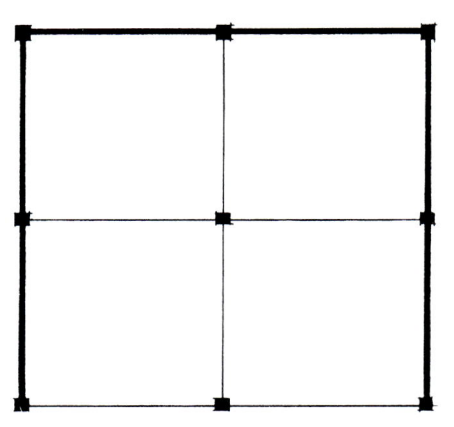

1. Ein Raster 7 x 7 m

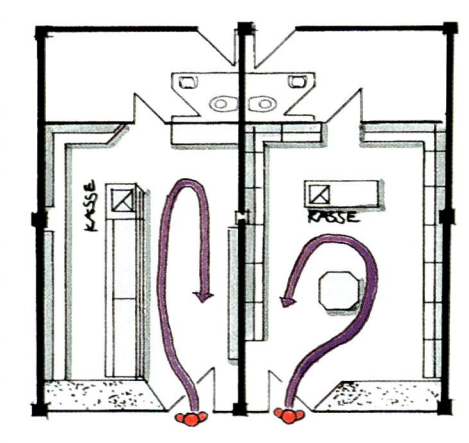

2. Ein Thekenladen
Ein Loopladen

F 8 Die Raumerweiterungs-Planung

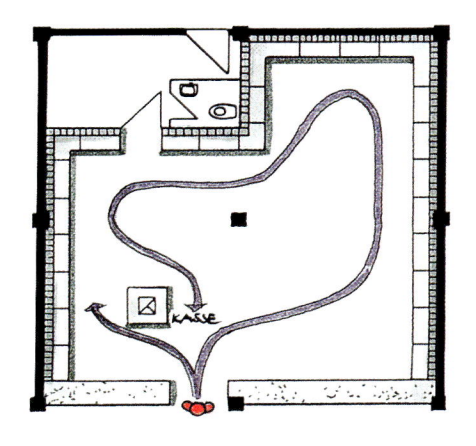

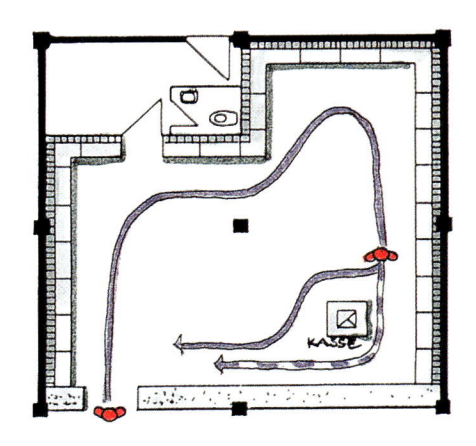

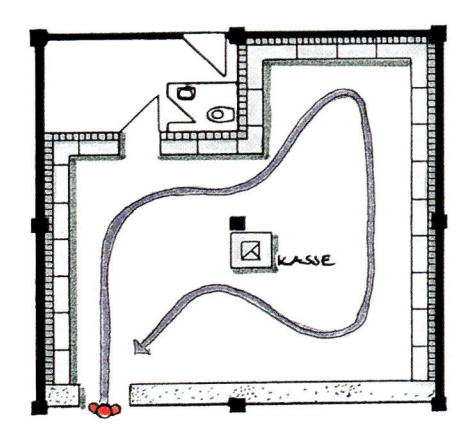

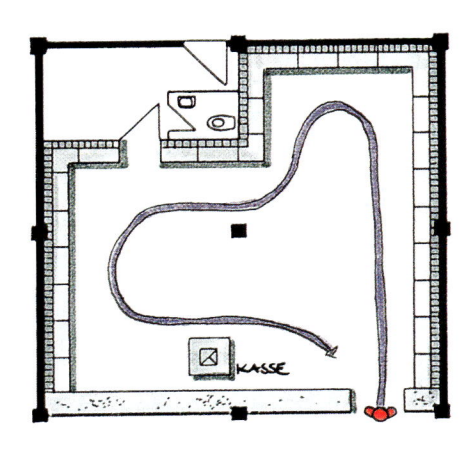

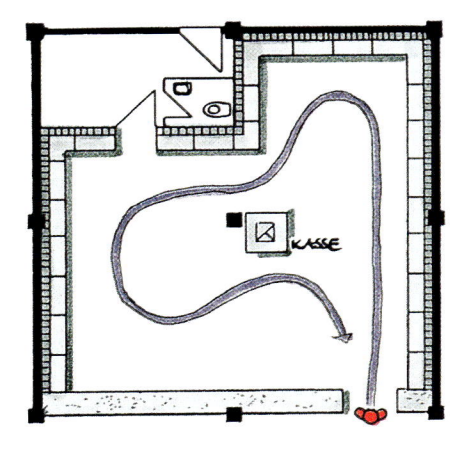

1. Erweiterung:
Vereinigung zweier Läden.
Ein Loopladen wird geplant.
Die Raumleitweg-Planung bestimmt:
— Eingang
— Loop
— Kassenbereich.

F Kommunikationsmarketing: Die Einladung – Corporate Communications zur Unternehmenskommunikation

F 8 Die Raumerweiterungs-Planung

2. Erweiterung:
Vergrößerung der Verkaufsfläche durch einen Anbau für die Nebenräume.
Die Kundenleitweg-Planung bestimmt den Kassenbereich.

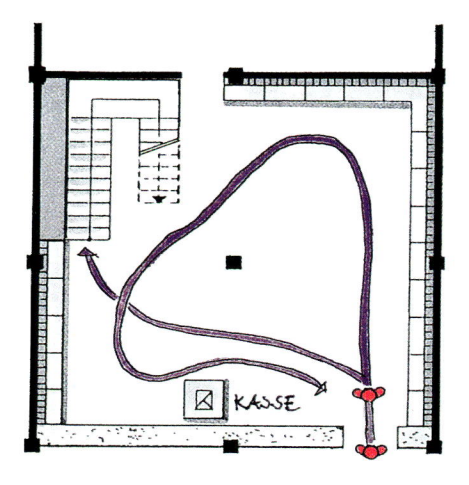

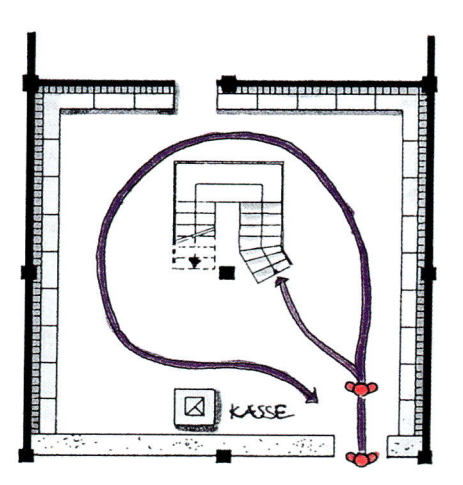

3. Erweiterung:
Die Erschließung des Obergeschosses.
Die Kundenleitweg-Planung findet die richtige Lage der Treppe.

Das schrittweise, ständige Wachsen ist somit empfehlenswert. Auch für Mitarbeiter und Konsumenten ist das Wachsen als imagetragender Faktor der ständigen Anpassung wirkungsvoll. Raumerweiterungen sind besondere Aufgaben an die Kundenleitweg-Planung.
Es ist eine ständige Aufgabe der Ladenplanung geworden, die Probleme, die mit der Flächenerweiterung entstehen, zu erkennen und dafür Ideen zu entwickeln.

8.1 Ein Verkaufsraum wächst

Buchhandlung Adam, Garmisch-Partenkirchen
Planung: Wilhelm Kreft, Kreft-Team, Wedemark

Die Buchhandlung Adam erweitert in mehreren, über Jahre voneinander getrennten Bauphasen Verkaufsraum A mit B und später mit C. Der Raum D bleibt als Nachfasslager erhalten und soll später Treppenraum werden für die Erschließung des Obergeschosses.

Grundriss 1
Der erforderlichen Sortimentsausweitung muss eine Kundenleitweg-Planung vorausgehen.
Geplant wird:
– die Sortimentserweiterung. Das erfordert
– die Raumerweiterung. Das erfordert
– einen neuen Eingang.

Der vorhandene Eingang hat sich als zu schmal erwiesen, ein doppeltüriger Eingang ist erforderlich.

Der Außenbereich vor dem Eckeingang ist eng und durch den starken Straßenverkehr für die Kunden gefährlich. Das erfordert
– die Verlegung des Einganges
– den Aufbau von Warenleitbildern in den einzelnen Sortimentsbereichen
– die Einführung über ein Highlight für wichtige aktuelle Bücher, die sofort mit dem Eintritt erkannt werden
– einen neuen Kassenbereich.

Grundriss 2
Die beiden Möglichkeiten der Erschließung.
Der Kundenleitweg 2 wird bevorzugt:
Der Eingang gibt den Blick frei auf das hervorragende Leitbild A, dann teilen sich die Kundenleitwege
– in einen linken Bereich für das Taschenbuch
– einen rechten Bereich für das allgemeine Sortiment.

Grundriss 3
Die Tür führt von einem weiten Vorplatz außen in den Eingangsbereich.
Aus dem Eingangsbereich ist der L-Laden mit beiden Bereichen gut zu übersehen.
Beide Ladenteile erhalten unterscheidende Funktionen: Der linke Ladenbereich für den unproblematischen Buchverkauf, der rechte Bereich für beratungsintensive Sortimente. So führt der Eingangsbereich mit dem Warenleitbild A in den Markt und den Kassenbereich mit den Warenleitbildern B und C.
Der Fachbereich wird gesteuert über die Innenmöbel und über das Warenleitbild D in der exakten Weiterführung eines Loops in den Drehbereich hinein mit dem Warenleitbild E.
Eine wichtige Funktion in beiden Verkaufsraumbereichen übernimmt das Warenleitbild A.
Die Heranführung der beiden sich unterscheidenden Bereiche an das Warenleitbild A ist wichtig.

F Kommunikationsmarketing: Die Einladung – Corporate Communications zur Unternehmenskommunikation

F 8 Die Raumerweiterungs-Planung

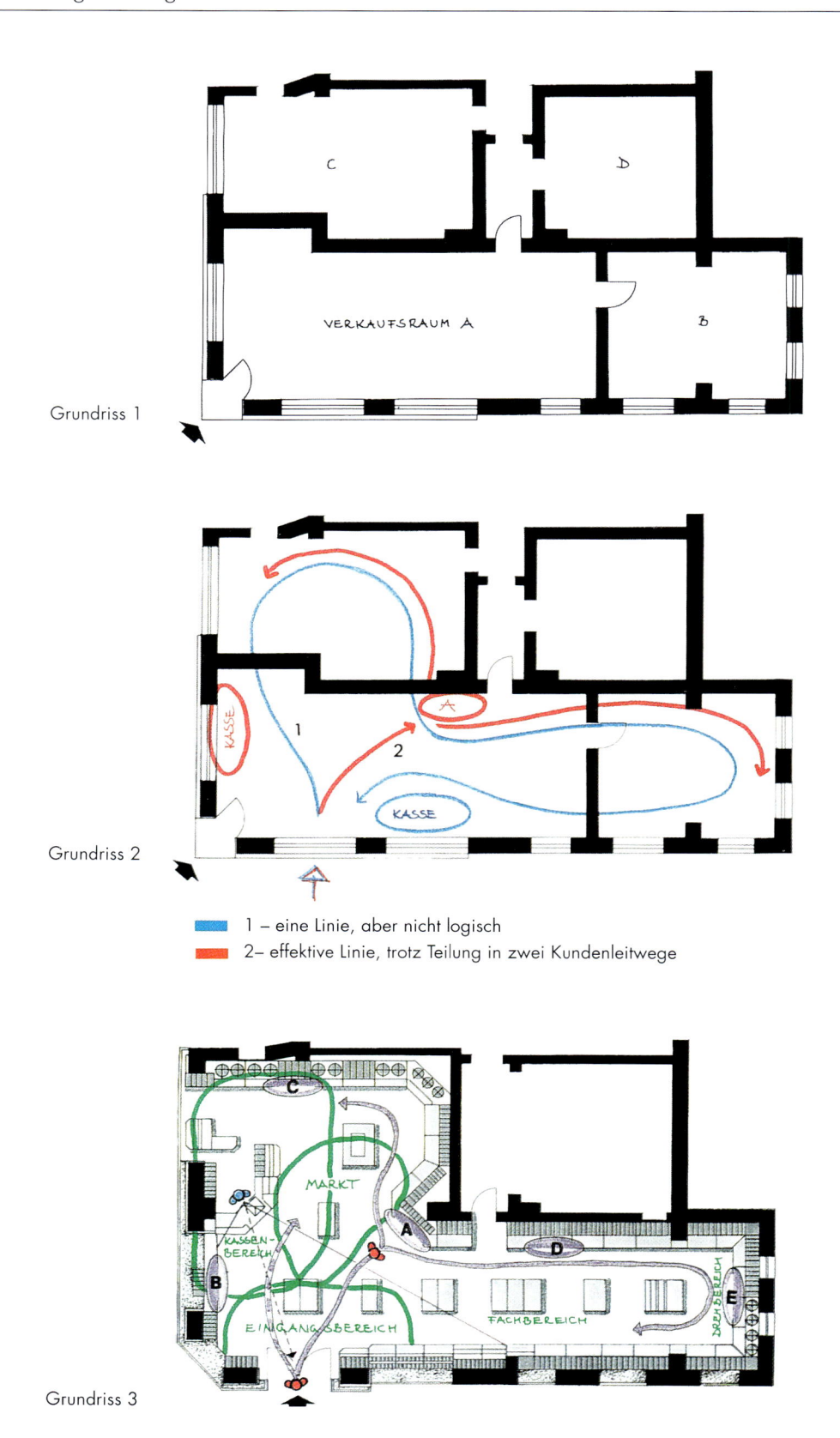

Grundriss 1

Grundriss 2

■ 1 – eine Linie, aber nicht logisch
■ 2 – effektive Linie, trotz Teilung in zwei Kundenleitwege

Grundriss 3

F 8 Die Raumerweiterungs-Planung

8.2 Ein Schneckenhaus

Buchhandlung Dawartz, Kiel,
Planung: Wilhelm Kreft, Kreft-Team, Wedemark

Die Buchhandlung befindet sich im Erdgeschoss eines Wohnhauses, das nach den Richtlinien des sozialen Wohnungsbaus in den 50er-Jahren erstellt wurde.
Typisch für diese Zeit: Mittelerschließung, rechts und links je ein Verkaufsraum. Die Drogerie rechts gibt ihren Verkaufsraum auf. Die Buchhandlung muss erweitern und möchte die Räume der Drogerie für die Buchhandlung.
Eine Schwierigkeit entsteht dadurch, dass sämtliche Wohnungen darüber nur von dem in der Mitte des Hauses liegenden Treppenhauses erreicht werden.
Siehe hierzu Grundriss 1.

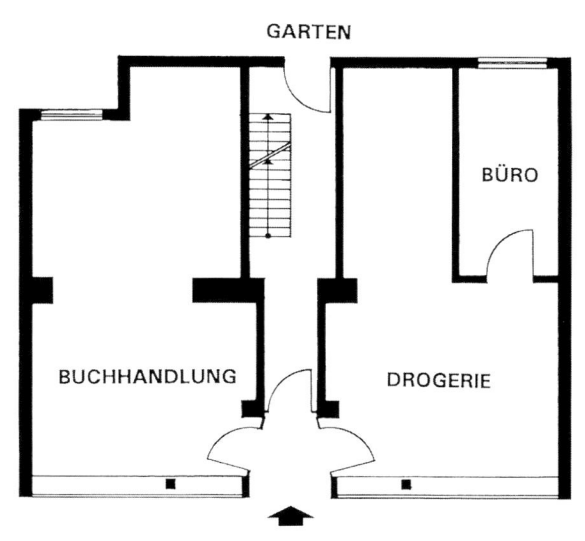

Grundriss 1

Grundriss 2

Die Lösung: Eine Passage rechts erschließt sowohl den Verkaufsraum als auch die Wohnungen. Der Kundenleitweg muss den schneckenhausähnlich um das Treppenhaus gelegten Verkaufsraum erschließen.
Das Warenleitbild A zeigt die Einführungswand. Von dieser führt das Warenleitbild B weiter nach rechts in die Tiefe des Verkaufsraumes, vorbei an dem Warenleitbild C zu D, von da aus weiter zu E und F und im Loop zurück auf G, H und J in den Kassenbereich.

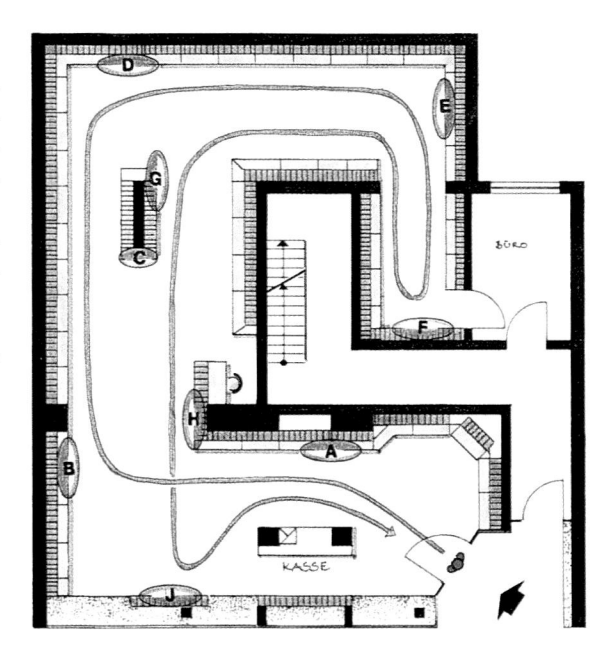

Grundriss 2

F   Kommunikationsmarketing: Die Einladung – Corporate Communications zur Unternehmenskommunikation

F 8   Die Raumerweiterungs-Planung

8.3   Vereinigung zweier Läden

Planung: Kreft, Wedemark

Ein Planungsauftrag an Wilhelm Kreft, Kreft-Team, Wedemark
Die Vereinigung zweier Läden in Westerland, Fußgängerzone
Zwei schmale Handtuchläden sollen vereinigt werden für eine Boulevard-Buchhandlung.

Grundrisse 1 und 2:
Eine Hauswand, auf der eine ganze Außenwand lastet, teilt beide Läden. Ein statisches Büro überprüft, was stehen bleiben muss. Es ergibt sich eine Einrichtungsplanung.

Grundriss 3:
Die Planung ergibt einen Eingang rechts und eine Mittelkassen-Lösung, die einen statisch erforderlichen Pfeiler aufnehmen muss. Die Mittelkasse, die nicht zum Eingang, sondern zum Laden funktionieren soll, wird abgedeckt durch einen Tisch. Hier entsteht das Warenleitbild A.
Die Sortiments- und Raumerschließung erfolgt über die rechte Einführungswand mit den Warenleitbildern B, E, F und G am Ende des Schlauches.
Der Kassenpool hat zu diesem rechten Kundenleitweg einen Informationskontakt. Ein Orientierungspunkt entsteht für den Kunden geradeaus oder nach links um die Kasse herum. Das linke Sortiment wird erschlossen durch das Kundenleitbild D.
Dem eintretenden Kunden wird auch ein Kundenleitweg nach links, in den deutlich kleineren Ladenbereich, angeboten – erschlossen über das Warenleitbild C, das mit einer Apsis zum Kundenleitweg D führt.
Die Kundenleitbilder C und D sorgen für eine starke Beachtung dieses linken Bereichs.
Das Projekt wurde wegen der enormen Baukosten nicht ausgeführt.

Grundriss 1

Grundriss 2   Grundriss 3

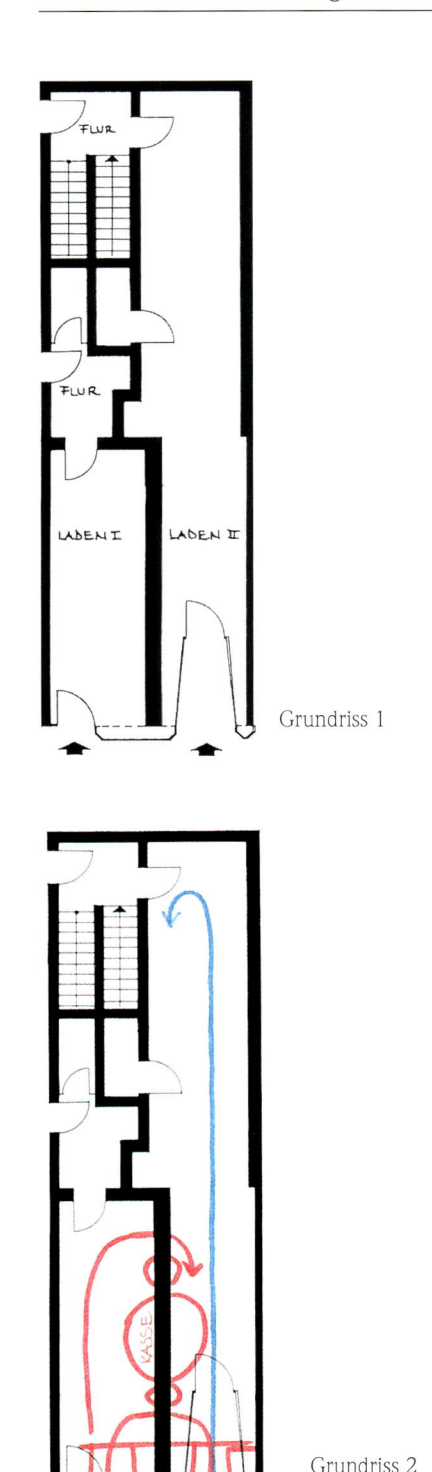

■ Loop für den aktuellen Bedarf
■ Erschließung des speziellen Sortiments

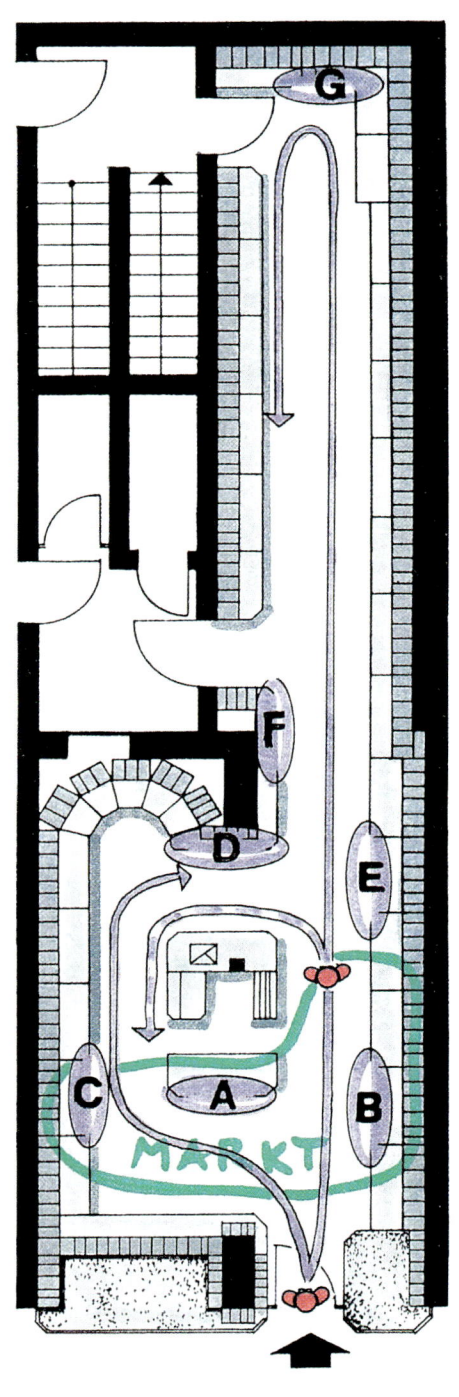

F8 Die Raumerweiterungs-Planung

8.4 Zwei Häuser

Buch-Papierwarenhandlung Athesia,
Brixen/Südtirol I
Architekt: Othmar Barth, Brixen
Innenarchitekt: Wilhelm Kreft, Joachim Debschütz
Realisierung: Wilhelm Kreft GmbH, Wedemark

Athesia muss sich erweitern. Ein Nachbarhaus wurde erworben.

Denkmalschutz und Gewölbe sind erschwerend. Die Durchbrüche ins Nachbarhaus können nicht überall durchgeführt werden.

Grundriss 1 und 2:
Der bestehende Verkaufsraum vor dem Umbau.

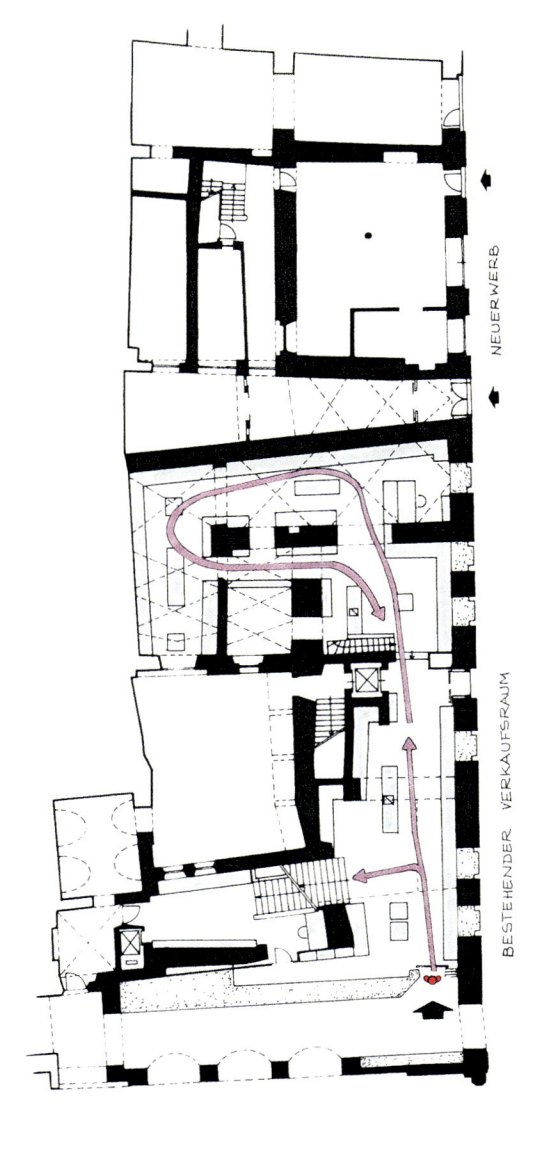

GRUNDRISS 1
ERDGESCHOSS

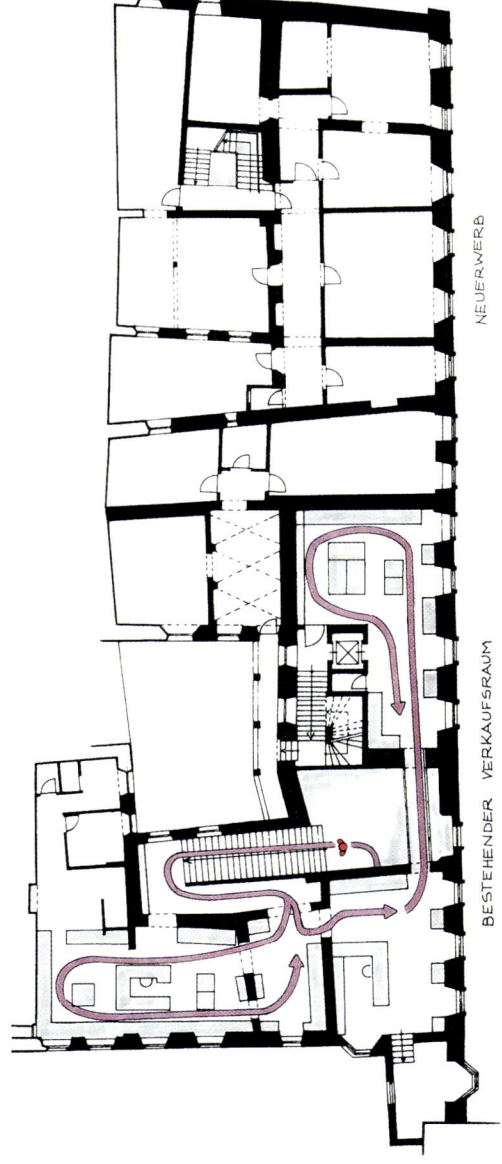

GRUNDRISS 2
1. OBERGESCHOSS

F Kommunikationsmarketing: Die Einladung – Corporate Communications zur Unternehmenskommunikation

F 8 Die Raumerweiterungs-Planung

Grundriss 3 und 4:
Nur an zwei Stellen gelingt der Durchbruch ins Nachbarhaus. Das lassen die Gewölbe und der Denkmalschutz zu.

Der obere Verkaufsraum wird durch eine neue Treppe im erworbene Haus erreicht.

Die Durchgänge vom bisherigen Laden in das Nachbarhaus bedürfen der Steuerung durch den Kundenleitweg.

GRUNDRISS 3
ERDGESCHOSS

GRUNDRISS 4
1. OBERGESCHOSS

F 8 Die Raumerweiterungs-Planung

Athesia, Brixen
Durchblick und Durchgang in den neuen Verkaufsraum

Athesia, Brixen
Der neue Eingang

Athesia, Brixen
Die Treppe nach oben im neuen Verkaufsraum

F Kommunikationsmarketing: Die Einladung – Corporate Communications zur Unternehmenskommunikation

F 8 Die Raumerweiterungs-Planung

8.5 Erweiterung in das Obergeschoss

Buchhandlung Schmidt GmbH, Stadthagen
Innenarchitekt: Manfred Kreft, Rainer Kaetz, Wilhelm Kreft
Kreft-Team
Architektur und Bauleitung:
Udo von dem Berge, Stadthagen
Realisierung: Wilhelm Kreft GmbH, Wedemark

Die Buchhandlung befindet sich in einer sehr guten Lage der Kreisstadt Stadthagen:
Am Markt 2
neben dem Rathaus
nahe einem Parkhaus.

Zielsetzung des Unternehmens als Planungsgrundlage im Marketingkonzept festlegen

Die bisherigen Investitionen waren sehr erfolgreich. Dieser Erfolg fordert mehr Raum. Es musste eine Erweiterung des Sortiments erreicht werden.

Eine größere Bedeutung am Markt sollte erreicht und gefestigt werden durch drei Maßnahmen:

Buchhandlung Schmidt, am Markt Stadthagen

1. Eine Ausdehnung war nur nach oben in das Obergeschoss möglich. Diese Erweiterung ließ die Staffelung zu. Der Einzug einer weiteren Treppe war ursprünglich geplant.

2. Gleichzeitig sollte aber das aktuelle Angebot im Erdgeschoss vergrößert werden und der 1986 durchgeführte hintere Anbau durch eine kürzere Treppe in das Erdgeschoss besser integriert werden.

3. Anpassung des Haupteinganges an die städtische Situation:
   – Fußgängerzone
   – Parkhaus-Parkflächen
   – Außenverkauf vor dem Haupteingang.

Zielsetzung Gebäude:

Übertragung der Unternehmensziele auf den Verkaufsraum, auf das Gebäude:
Ausdehnung in das Obergeschoss, Erschließung durch eine weitere Treppe
Überprüfung der Staffelung, beste Lösung mit der erforderlichen Treppenanlage über den Kundenleitweg zu erreichen.
Bessere Einbindung des hinteren Anbaus
Verbesserung des Eingangs durch mehr Öffnungsfläche und Erreichung einer Außenverkaufsfläche vor dem Eingang am Markt.

Der Planungsprozess

Grundriss: Ist-Zustand nach dem Anbau, Ausgangssituation für die Erweiterungsplanung

Schnitt 1 und Grundriss 1
Die Staffelhaus-Idee will man weiterführen bis in das Obergeschoss: Kurze Treppen, das jeweils nächste Geschoss wird eingesehen, mit dem deutlichen Hinweis für den Kunden: „Der Verkaufsraum geht weiter!"

Nachteil für dieses Projekt:
Der Anbau mit dem zweiten Eingang vom Parkhaus und Rathaus ist wichtig. Aber eine Treppe führt von dort nur nach unten in das Untergeschoss und von dort in das Erdgeschoss und Obergeschoss. Das ist unmöglich!

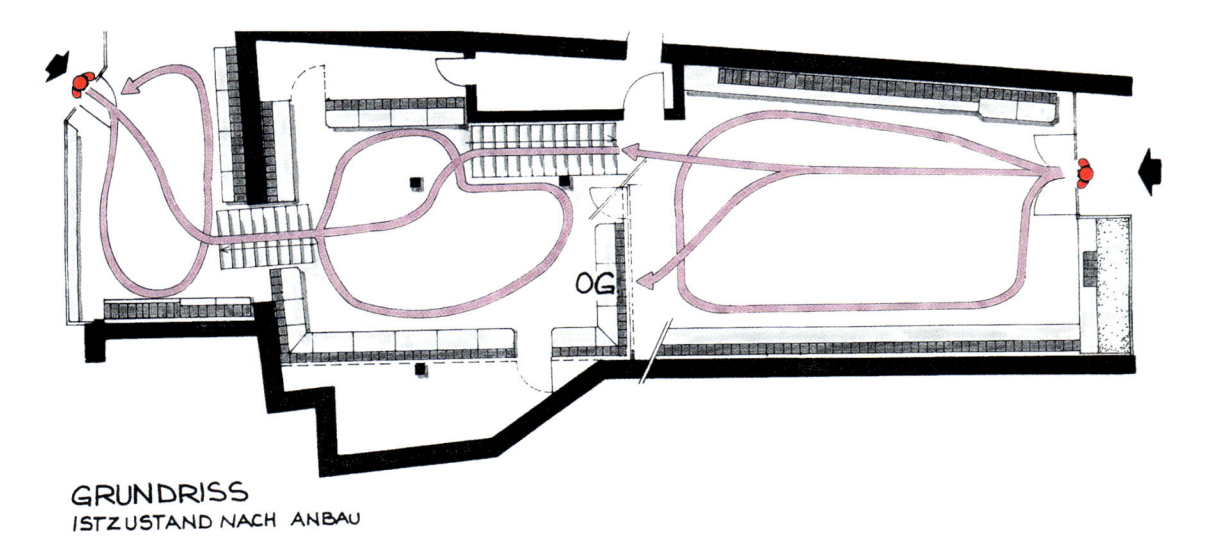

F8 Die Raumerweiterungs-Planung

GRUNDRISS
ISTZUSTAND NACH ANBAU

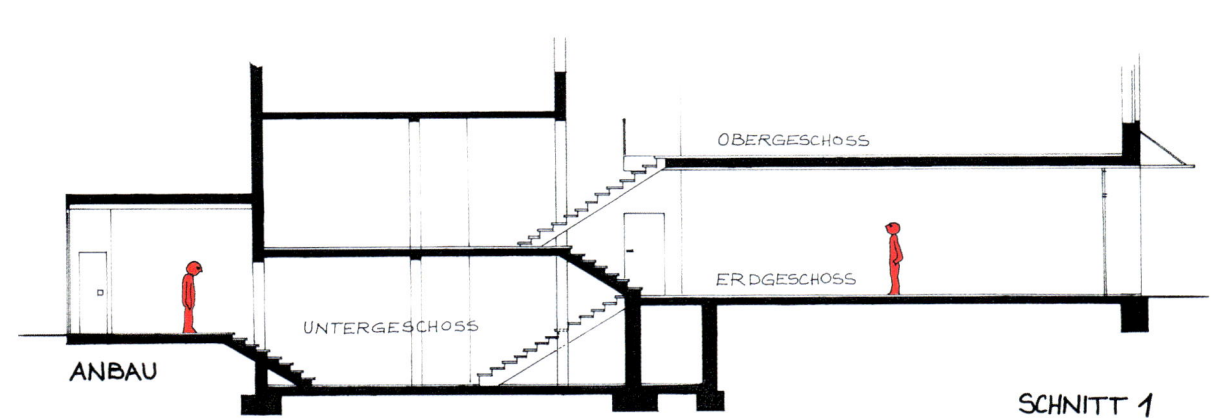

SCHNITT 1

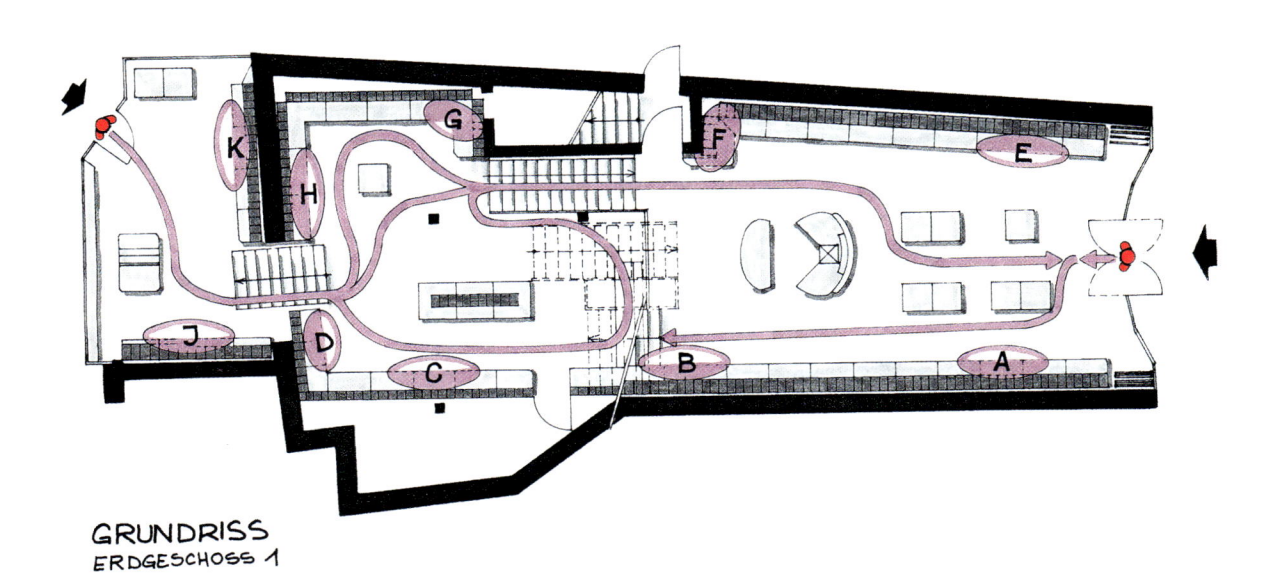

ANBAU — UNTERGESCHOSS — ERDGESCHOSS — OBERGESCHOSS

GRUNDRISS
ERDGESCHOSS 1

641

F Kommunikationsmarketing: Die Einladung – Corporate Communications zur Unternehmenskommunikation

F 8 Die Raumerweiterungs-Planung

Schnitt 2 und Grundriss 2:

Als logische Folge wurde versucht den Unterboden des Untergeschosses im Bereich des Verkaufsraumes auf das Niveau des Anbaus anzuheben.

Vorteil:
- größere Erdgeschossplätze

Nachteil:
- geringe Kopfhöhe in einem Teilbereich des Verkaufsraumes
- Kellerraum unter dem Verkaufsraum nicht mehr nutzbar.

Schnitt 3 und die Grundrisse 3 und 4

So wurde das Projekt ausgeführt. Besonders wichtig wurde die Planung der Treppe:
Sie durfte nicht so viel Platz an der engsten Stelle im Verkaufsraum einnehmen und musste mit einem Podest in zwei Läufen ins Obergeschoss führen: Aktuelle Bilder schmücken die Treppe – Regale waren auf dieser nicht möglich – und signalisieren: „der Verkaufsraum geht über diese Treppe weiter."

Siehe auch das Kapitel:
F 6 Die Kundenleitwegplanung im CAD (Schmidt)

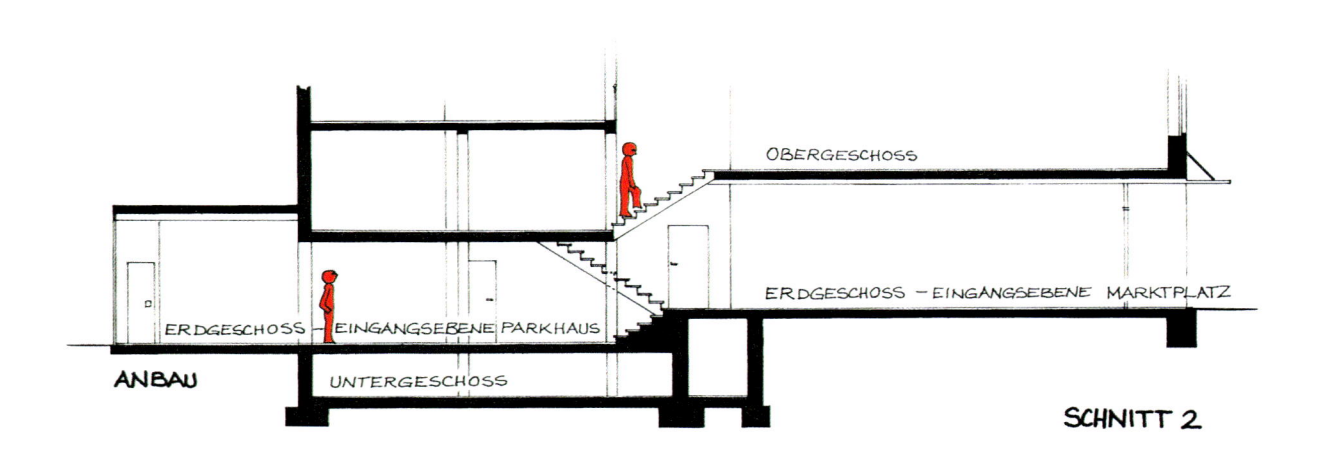

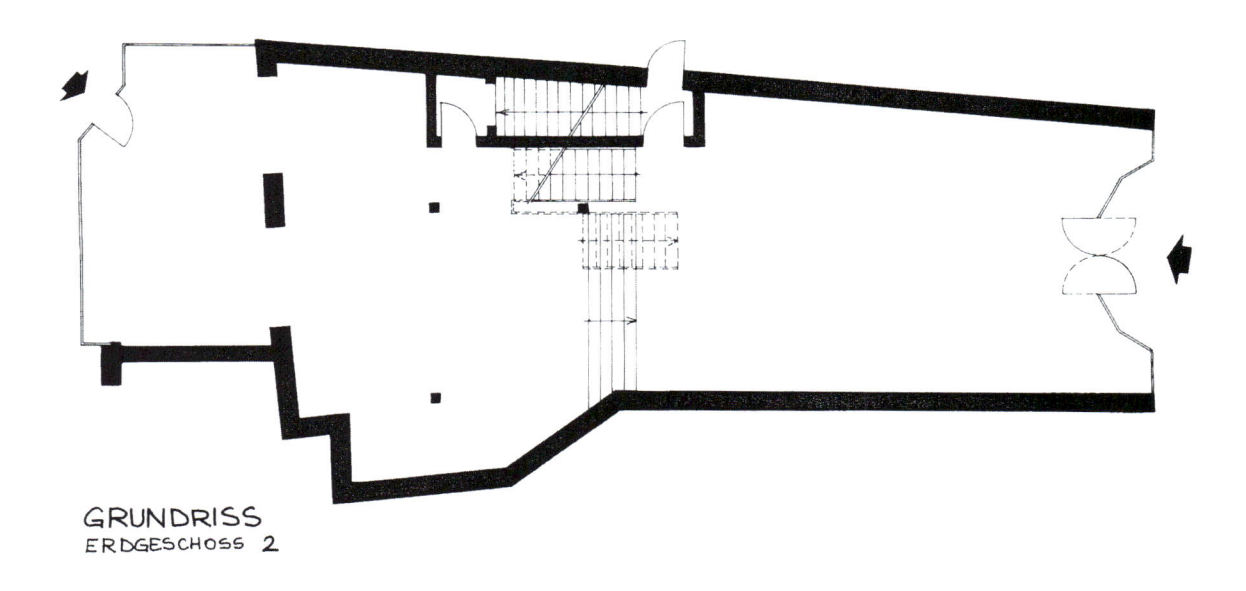

SCHNITT 2

GRUNDRISS ERDGESCHOSS 2

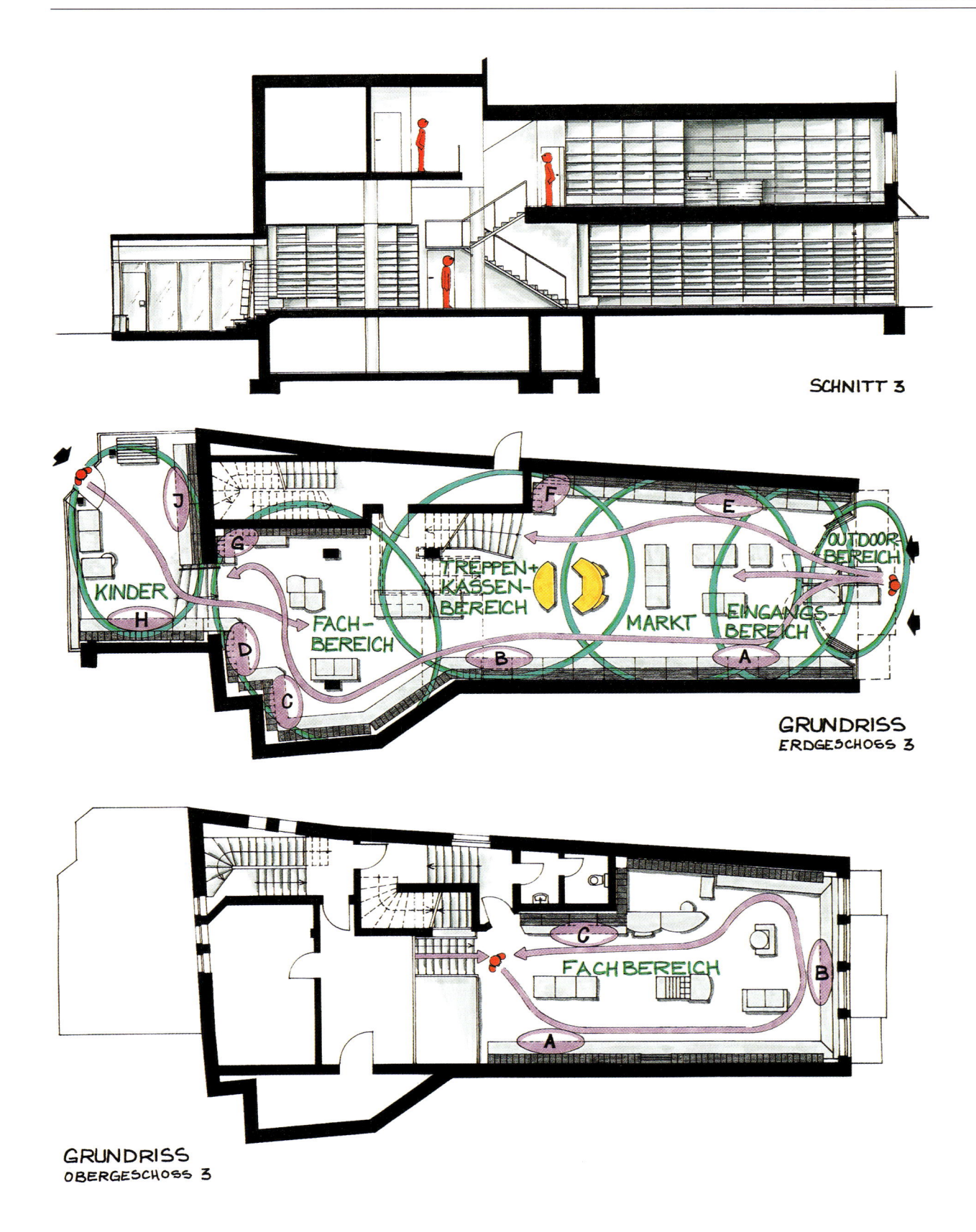

F8 Die Raumerweiterungs-Planung

SCHNITT 3

GRUNDRISS ERDGESCHOSS 3

GRUNDRISS OBERGESCHOSS 3

643

F   Kommunikationsmarketing: Die Einladung – Corporate Communications zur Unternehmenskommunikation

F 8   Die Raumerweiterungs-Planung

Buchhandlung Schmidt, Stadthagen
Der Eingang vom Parkhaus

Buchhandlung Schmidt, Stadthagen
Im Obergeschoss

Buchhandlung Schmidt, Stadthagen
Im Erdgeschoss

F 8 Die Raumerweiterungs-Planung

Buchhandlung Schmidt, Stadthagen
Regionalika sind wichtig!

Buchhandlung Schmidt, Stadthagen
Der Aufgang zum Obergeschoss

F9 Die Leitbereiche der Mitarbeiter

Zum funktionierenden Kundenleitsystem gehört der Kontakt zwischen Kunden und Mitarbeitern. Zur Ladenplanung gehören die beiden korrespondierenden Elemente:
- die Kundenleitweg-Planung zur Leitung des Konsumenten durch das Sortiment und durch den Raum
- die Mitarbeiter-Leitbereichsplanung zur Abstimmung der Mitarbeiterbetreuung auf den Kundenleitweg.

Sinn der Mitarbeiter-Leitbereiche ist es, den genannten Verkaufsraum „im Griff" zu haben, ihn zu beobachten, um jederzeit eingreifen und den Kunden beraten zu können.

Die Mitarbeiter-Leitbereiche decken wie die Kundenleitweg-Planung den gesamten Verkaufsraum ab: Ideale Beobachtungsplätze, Info-Plätze, Besprechungsplätze, Arbeitspulte und Arbeitstische, Kundendienst- und Serviceplätze sowie Kasse und Packbereich bilden Schwerpunkte.

Neben den Sortimentsplan, der die Sortimentsauswahl im Raum platziert, gehört der Organisationsplan der Mitarbeiter, der die Mitarbeiter-Leitbereiche sortiments- und raumorientiert löst.

Den Arbeitsplätzen liegen Arbeitsplatzbeschreibungen zugrunde, der Stellenplan für die Tätigkeit der Mitarbeiter, ihre Aufgaben und Funktionen und ihre Kompetenzen.

Alle Arbeitsplätze des Verkaufsraumes, auch solche, die den Verkaufsraum steuern und die nicht unmittelbar im Verkaufsraum liegen, werden im Organisationsplan Leitbereiche für Mitarbeiter zusammengehalten und verbindlich geregelt.

Der Organisationsplan ist Aufgabe des Managements und wird im Leistungsbereich Mitarbeiter über das Marketingkonzept in die Ladenplanung eingebracht.

Der ladenplanende Innenarchitekt braucht für die Planung die Informationen über die Tätigkeit und Zuordnung der Mitarbeiter zu den Sortiments- und Raumbereichen.

Das Einbringen der Mitarbeiteraufgaben in die Ladenplanung ist erforderlich. Deshalb ist eine Information über Arbeitsplätze, Aufgaben und Ansprüche unvermeidlich. Der Wechsel, saisonal zum Alltags- und Wochenendbetrieb, braucht ebenfalls Berücksichtigung.

Leitende Angestellte führen zum Teil Einkaufsgespräche im Verkaufsraum. Hierfür müssen besondere Arbeitsplätze geschaffen werden mit genügend Platz zum Ausbreiten der Mustermappen. Sehr oft werden noch weitere Angestellte hinzugerufen.

Alle Leitbereiche brauchen Kontakt untereinander und eine Verständigungsmöglichkeit über Sprechanlage oder Telefon.

Die Abstimmung der Leitbereichsplanung mit dem Kundenleitweg ist erforderlich, damit die Schwerpunkte des Sortiments mit den Schwerpunkten der Beratung und Beobachtung zusammenfallen.

Der Kundenleitweg-Plan muss Ergänzung finden durch den Mitarbeiter-Arbeitsplatz-Plan.

Die Mitarbeiter-Leitbereiche bei Aufsichtstätigkeit müssen in die Grundrissplanung mit Beachtungsfeldlinien aufgenommen werden.

Die Funktions- und Betreuungsaufgaben werden so im Grundrissplan sichtbar und somit auch Kompetenzüberschneidungen und ebenfalls die nicht ausreichend organisierten Verkaufsraumbereiche. Der Organisationsplan: Die Mitarbeiter-Leitbereiche werden sichtbar.

In diesem System werden die Funktionsbereiche und die Agitationsbereiche, auch die Aufsichtsfelder der einzelnen Mitarbeiter, berücksichtigt.

Die Leitbereiche müssen in erster Linie kundenwirksam aus der Aufgabe des Kundenleitweges mit der entsprechenden Sortimentswichtung und der Aufenthaltszeit der Kunden in den einzelnen Verkaufsraumbereichen gesehen werden. Erst in zweiter Linie dienen sie der innerbetrieblichen Organisation und der verwaltungstechnischen Hierarchie.

Das Leiten der Kunden über den Kundenleitweg bedarf zum endgültigen Funktionieren neben den Warenbildern, Warenleitbildern und Highlights auch der ständigen fachkompetenten Betreuung und Beratung durch das Gespräch zwischen Kunden und Mitarbeitern am richtigen Ort im Sortimentsbereich. Diese Leitbereiche der Mitarbeiter werden angelegt nach:
- fachlicher Kompetenz in den einzelnen Sortimentsbereichen
- Aufsichtsbefugnis
- Leit- und Informationsauftrag

F9 Die Leitbereiche der Mitarbeiter

- Kontakthäufigkeit mit Kunden
- Organisationsübersicht, Aufsicht über andere Arbeitsplätze, Absicherung der Kasse, Absicherung des Eingangs und des Ausgangs.

Alle Verkaufsraumbereiche werden von Mitarbeitern versorgt. In allen Bereichen brauchen die Kunden eine auf den jeweiligen Bereich abgestimmte Betreuung:
- eine Vertrauensbasis für zwanglose Kontakte zwischen Kunden und Mitarbeitern muss erreicht werden
- der Kunde wird im Verkaufsraum weitergereicht im Sinne der Regie der Mitarbeiter-Leitbereichsaufgaben:
  - Eingang, Empfang
  - Information, Auskunft
  - Service
  - Verkaufsbetreuung und -steuerung
  - Kassieren, Verpacken
  - den Kunden verabschieden.

Arbeitsplätze sind so nicht nur eine Forderung nach guter Ergonomie, nach exakter Arbeitsmöglichkeit und gutem Arbeitslicht, sie sind Bestandteil eines Organisationsplans, die Frage nach dem richtigen Standort im Verkaufsraum, sowohl zum Konsumenten als auch zum Sortiment – sie sind die korrespondierende Bestätigung zum Kundenleitweg.

Vom Aufbau, von der Anlage her, folgt die Mitarbeiter-Leitbereichsplanung der Kundenleitweg-Planung und bestätigt sie.

Der Organisationsplan ist die Mitarbeiter-Leitbereichsfindung, ist Kundenleitsystem.

Die Arbeitsplätze der Mitarbeiter:
- stehen für bestimmte Arbeitsbereiche
- brauchen vorbestimmte Kontakte zu Kunden
- ergeben eine Zuordnung zu Sortimentsbereichen, denen die Mitarbeiter zugeordnet wurden.

Es ist erforderlich, dass die Organisation im Corporate Guiding zusammengeführt wird mit der Warenplatzierung, den Kundenleitwegen.

Der Innenarchitekt muss die Arbeitsplatzbeschreibungen nicht kennen, aber er sollte die Kompetenzen erfahren, die Zuordnung zu einem Sortimentsbereich, die Aufsichtstätigkeit.

Es gibt echte Stress-Plätze, wie der Kassen- oder Packplatz. Hier gilt es, immer besonders freundlich zu sein und den Kunden mit der gebührenden Höflichkeit zu behandeln. Der Innenarchitekt muss in seiner Planung darauf eingehen.

Raumgestalterisch gehört zum Leitsystem die Akzentuierung der verschiedenen Arbeitsplätze. Der Kunde soll erkennen können:
- die Bedeutung
- den Rang des Arbeitsplatzes und damit die Stellung des Mitarbeiters.

Erfahrungsgemäß hilft hier die Kundenlogik:
- freundlich und kenntnisreich
- in Fachbereichen: kompetent, anregungsgebend
- im Service: Reparaturen und Reklamationen, handwerkliche Kenntnisse
- Verkaufsraumleitung: weit hinten, mit guter Übersicht; der Verantwortungstragende wird geschützt
- Kassieren, Packen, Verabschieden: freundlich, stresserfahren, ruhig, auch bei Überlastung.

Die gestalterische Unterscheidung der Bedeutung und der Aufgaben erfolgt durch:
- die Größe des Arbeitsplatzes
- Farbe, Material und Form
- Abgeschlossenheit des Arbeitsplatzes.

Siehe die Kapitel:
F 14   Der Kassenbereich
F 16.1   Die Besprechungsplätze
F 16.2   Die Arbeitstische für Mitarbeiter

F   Kommunikationsmarketing: Die Einladung – Corporate Communications zur Unternehmenskommunikation

F9   Die Leitbereiche der Mitarbeiter

Die Mitarbeiter-Leitbereiche darstellen

Die Bedeutung der Mitarbeiter-Leitbereichsplanung, korrespondierend zur Kundenleitweg-Planung im Corporate Guiding, macht die Darstellung erforderlich. Es ist notwendig, dass der Organisationsplan über den Mitarbeitereinsatz planungstechnisch erfasst wird und zur Erörterung, zu Strategie-Überlegungen, zu Einsatzplanungen sichtbar wird.
Die Konsequenz und die Exaktheit einer Kundenleitweg-Planung erfordert die Mitarbeiter-Leitbereichsplanung.

Mitarbeiter
Arbeitsplatz (nicht ständig besetzt)
Mitte des Sehfeldes zum Beobachtungsfeld

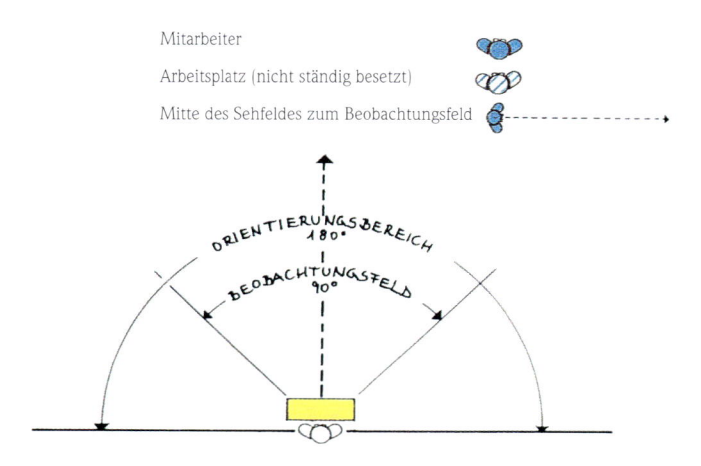

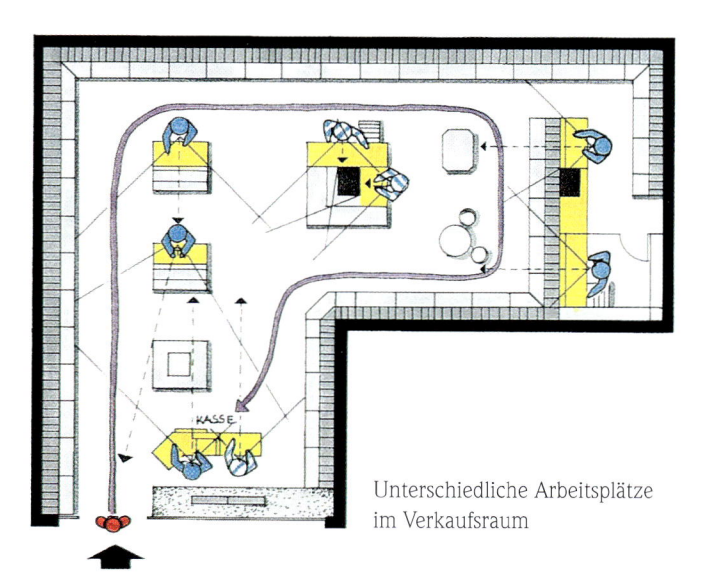

Unterschiedliche Arbeitsplätze im Verkaufsraum

Blickwinkel: Kiel

Buchhandlung Blickwinkel GmbH, Kiel
Einkaufszentrum Sophienhof
Eröffnung 1. März 1988
Hans-Hermann Helmerichs
Jens Helmerichs
Planung: Kreft Wedemark
Team: Wilhelm Kreft, Olaf Jänel

Dieser Grundriss zeigt die Leitbereiche der Mitarbeiter in Gelb und die Kommunikationsplätze für Konsumenten in Rot. Die Begegnungskultur, die Kommunikation im Verkaufsraum, wird hier gezeigt. Die Beachtungsfelder von den drei ständigen Mitarbeiterplätzen aus sind Gegenstand der Planung geworden und so dokumentiert:
– Eine runde, zweiteilige Kassen- und Info-Anlage, mit Baldachin um die Säule gebaut, im Mittelpunkt des Verkaufsraumes. Der vordere Teil des Verkaufsraumes ist vom zentralen Info-Pool voll einsehbar.
– Arbeitsplätze im Laden freistehend, viertelkreisförmig, Ganzglas-Konstruktion.
– Weitere Arbeitsplätze im Lager, zugänglich durch die Regalfront links

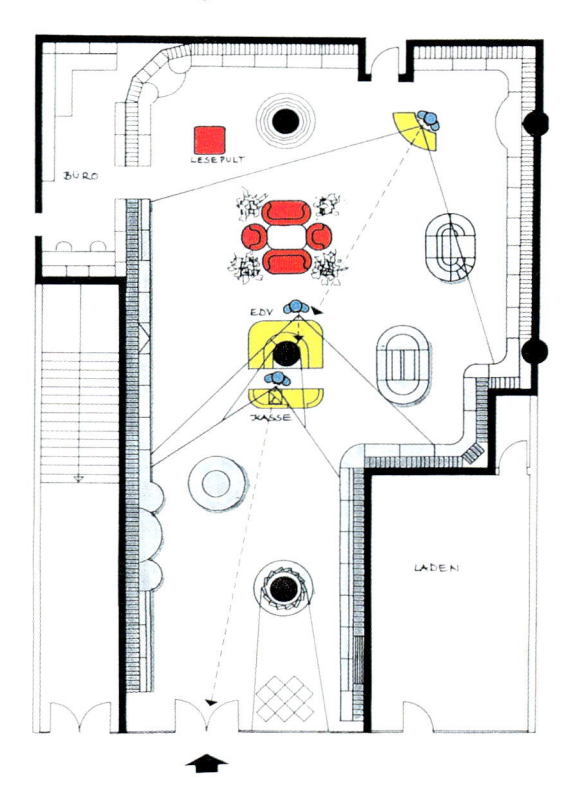

F9 Die Leitbereiche der Mitarbeiter

Buchhandlung Phönix, Bielefeld

Eröffnung 18. November 1987
Geschäftsführung damals:
Hanna Vahle
Armgard Govert

Planung der Treppenanlage und der Einrichtung:
Kreft, Wedemark
Team: Wilhelm Kreft, Manfred Kreft,
Reinhard Mann

Erdgeschoss:
Die geplanten Mitarbeiter-Leitbereiche werden dargestellt. Es wird sichtbar, welche Bereiche die Mitarbeiter an ihren Arbeits- und Kassenplätzen jeweils überschauen können.

Gleichzeitig wurden die Sitzplätze der Konsumenten sichtbar gemacht.
In beiden Grundrissen soll die Kommunikation zwischen Konsumenten und Mitarbeitern, die Planungsgrundlage war, dargestellt werden.

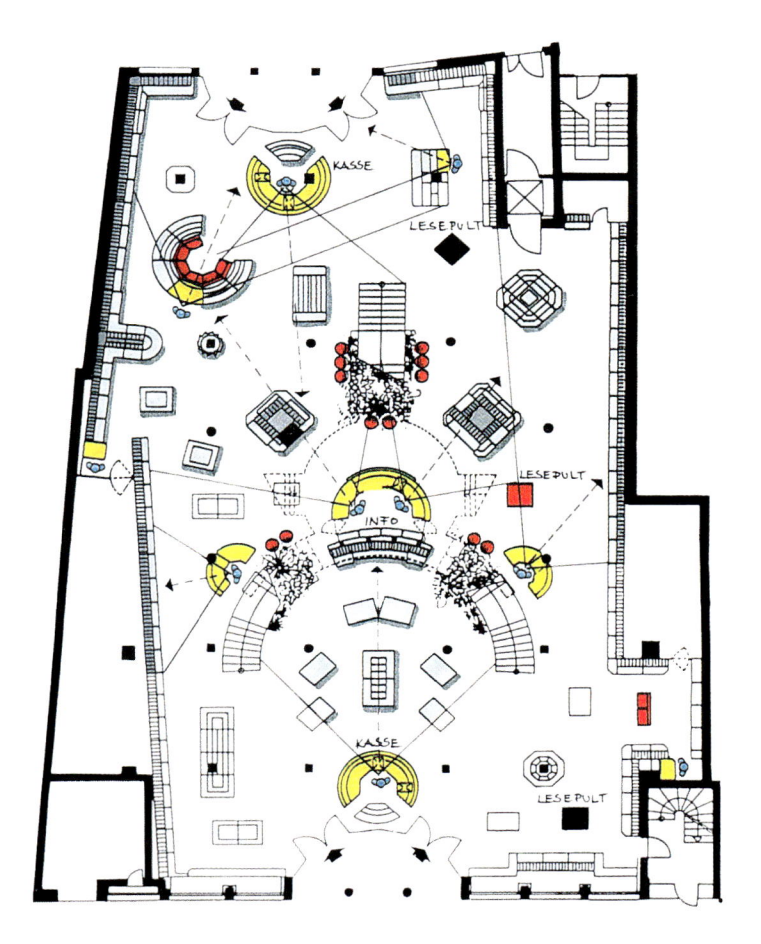

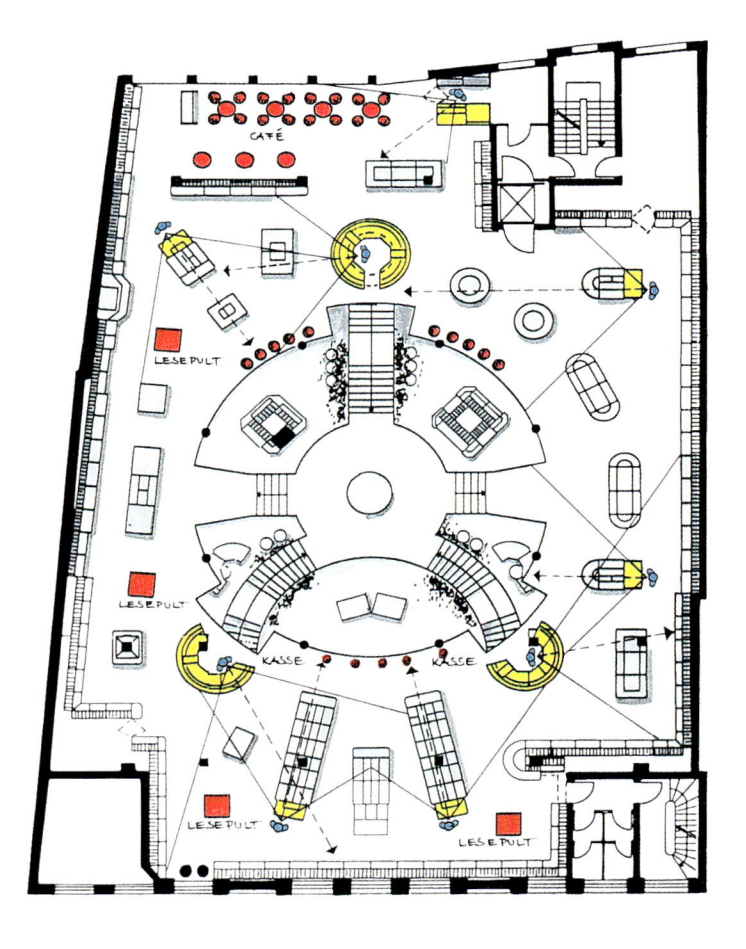

F10 Die Leithilfen

Beschriftungsschild für ein Innenregal

Schriftanwendung: Kiepert, Berlin
Planung: Volker Paulsen, Kreft-Team
Realisierung: Wilhelm Kreft GmbH, Wedemark

Leithilfen sind mehr als Hinweise! Gut geplante Kundenleitwege brauchen Hinweise, Unterstützungen durch Verkehrszeichen, Piktogramme, Beschriftungen.

Beschriftungen sind kein Ersatz für nicht geplante oder nicht erreichte Kundenleitwege. Beschriftungen unterstützen nur Kundenleitwege.

Überall da, wo vom Eingang, vom Informations- oder Kassenbereich, von der Treppe – sowohl vor der Benutzung als auch nach der Benutzung – der Raum oder das Sortiment kompliziert werden, das heißt nicht auf einen Blick überschaubar werden, ist es erforderlich, deutliche Hinweise zu schaffen, die vom Kunden verstanden werden.

Buchhandlungen zeichnen sich dadurch aus, dass die große Sortimentsteilung, zum Beispiel der Sortimentsbereich Taschenbücher, deutlich gemacht wird über Warenbilder, die eindeutig „Taschenbuch" sind und somit ein Warenleitbild werden. Damit werden Bezeichnungen wie „Taschenbücher" überflüssig. Die Unterteilung des Taschenbuchbereiches kann man deutlich machen, zum Beispiel: „Neuerscheinung", aber auch Sortimentshinweise, wie „Autoren-ABC", „Krimi", „Science Fiction". Die nächste Feingliederung bedeutet dann: Beschriftung der Böden mit den Autoren, ggf. auch Hinweise auf Top-Titel.

Eine besondere Beachtung finden Hinweise, die nicht nur Schrift sind, sondern in Bilder umgesetzt werden können. Darunter fallen auch Piktogramme. Diese helfen nur dann, wenn sie eindeutig sind oder als eingeführt gelten können wie die Hinweise auf Fluchtwege.

Grafische oder bildliche Darstellungen sind deutliche Hinweise. Kombinationen aus bildlicher Darstellung und Schrift sind empfehlenswert.

Bildliche Darstellungen sind wichtig. Sie müssen in dem einheitlichen Auftritt des Corporate Design eingefügt sein. Das gilt auch für die Anwendung von Beschriftungen und für die Auswahl der Farben. Beschriftungen können nur dann wirksam sein, wenn sie mit dem Kundenleitweg, mit den Orientierungspunkten der Konsumenten geplant werden.

F10 Die Leithilfen

Die Auswahl der richtigen Schrift, korrekt, eigenwillig oder ungewöhnlich, berührt nicht nur die Gestaltung, die Warenraumbilder, sondern auch Grundauffassungen der Imagedarstellung des Unternehmens, wie die Unternehmensphilosophie. Schriften zeigen für viele Kunden sehr viel deutlicher und schneller die Firmenphilosophie, als das in den Warenbildern und Warenraumbildern sofort sichtbar wird.

Alle Schriften im Verkaufsraum – man kann sogar sagen bis zum Briefbogen und zur Werbung – brauchen Einheitlichkeit im Corporate Design. Sie müssen im Planungsteam mit dem ladenplanenden Innenarchitekten gefunden werden oder ihm zu Beginn der Planung zur Verfügung stehen.

Auch Variationen in der Farbe der Schrift, damit bestimmte Bereiche unterschieden werden können, ist eine Möglichkeit.

Die Variationsmöglichkeiten der Schrift für die Gestaltung sind groß:
- Schriftart
- Größe, Höhe der Buchstaben
- die ausschließliche Verwendung von Versalien
- Kleinschreibung
- Groß- und Kleinschreibung
- die Farbe der Schrift und die Farbe des Untergrundes.

Buchhandlung für Buchhändler, Wedemark
Design: Wilhelm Kreft GmbH, Wedemark

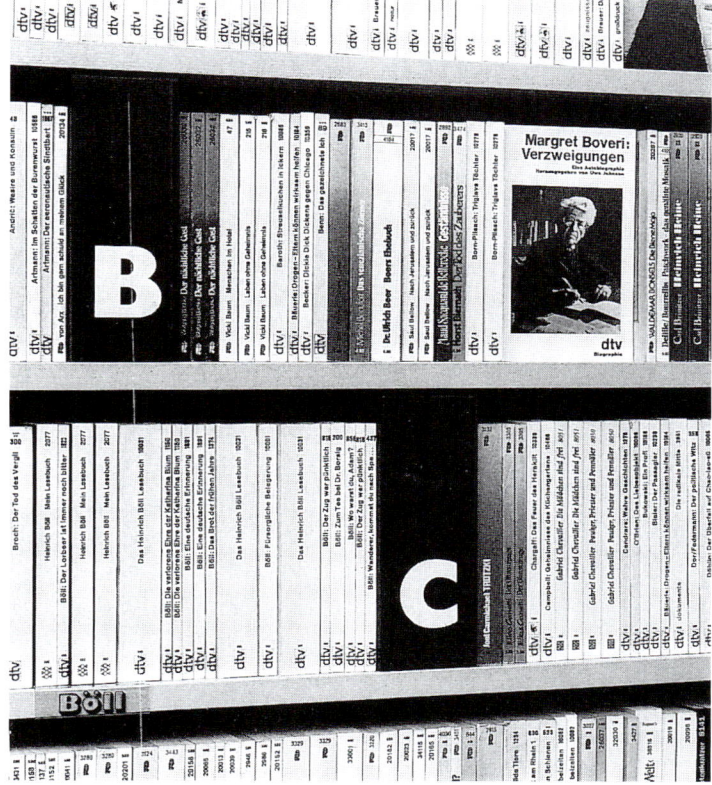

F   Kommunikationsmarketing: Die Einladung – Corporate Communications zur Unternehmenskommunikation

F10   Die Leithilfen

Hugendubel, Nürnberg
Design: Stöter-Tillmann,
Kaiser, München

Dillon's, London, Großbritannien
Design: Fitsch, London
Wilhelm Kreft GmbH, Wedemark

F10 Die Leithilfen

Grundsätzlich gilt: Eine einheitliche Schrift verwenden!
Variationen in der Größe sind nur für bestimmte Aufgaben angebracht.
Ein Wechsel der Schriftart ist nur dann gerechtfertigt, wenn deutliche Unterscheidungen beabsichtigt sind.
Viele Diskussionen werden bei der Auswahl der Schriften darüber geführt, ob nur Versalien oder die Groß- und Kleinschreibung angewandt werden soll.

Grundsätzlich gilt: Die Groß-, Kleinschreibung ist besser zu lesen. Das gilt besonders für lange Texte. „Nur Versalien" haben mehr Verkehrszeichen-Charakter und sind dann sinnvoll anzuwenden, wenn es sich um Hauptbegriffe handelt:
– Sortimentsbereiche
– Stockwerksbezeichnungen.

Beschriftungen neben dem Aufzug sind wichtig.
Schmorl & v. Seefeld, Hannover
Design: Schriften/Grafik
K.-G. Mackensen, Hannover

Beschriftung

Schriftarten				Schrifthöhe in mm
American Typewriter	ABCD	efghij	123	20–500
Brush Script	ABCD	efghij	123	30–650
Carousel	ABCD	efghij	123	50–650
Commercial Script	ABCD	efghij	123	50–650
Fraktur fett	ABCD	efghij	123	30–650
Gill extrafett	ABCD	efghij	123	15–650
Gill konturiert	ABCD	efghij	123	30–500
Gill schattiert	ABCD	efghij	123	30–500
Helvetica breitfett	ABCD	efghij	123	15–500
Helvetica halbfett	ABCD	efghij	123	15–650
Helvetica fett kursiv	ABCD	efghij	123	15–500
Helvetica mager	ABCD	efghij	123	20–650
Helvetica schmal	ABCD	efghij	123	20–650
Pump	ABCD	efghij	123	15–650
Stencil fett	ABCD	efghij	123	30–650
Souvenir fett kursiv	ABCD	efghij	123	20–500
Times fett	ABCD	efghij	123	30–650
VAG-Schrift	ABCD	efghij	123	15–650
Volta halbfett	ABCD	efghij	123	15–500
Windsor schlank	ABCD	efghij	123	30–650

Die verschiedenen Schriftarten ermöglichen individuelle Anwendungen. System RIWI

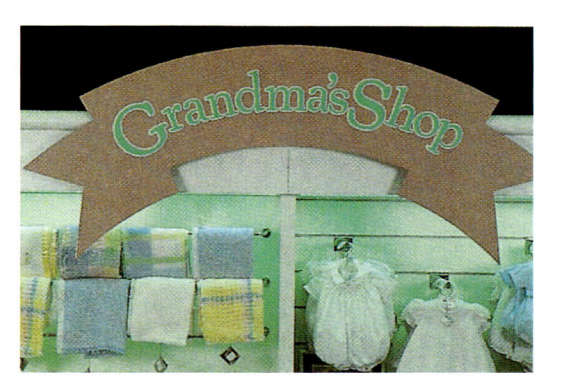

F   Kommunikationsmarketing: Die Einladung – Corporate Communications zur Unternehmenskommunikation

F10   Die Leithilfen

10.1   Beschriftungsvielfalt

FOA Schwarz, New York, USA
Design: Walker Group, New York, USA

Der Shopdesigner Kenneth Walker schuf mit der Beschriftung der verschiedenen Sortimentsabschnitte im Projekt FOA Schwarz, New York, eine beachtungswerte Vielfalt.

FOA Schwarz ist eine der bedeutendsten Spielwarenhandlungen der USA und hat einen der größten Verkaufsräume – und das an der Fifth Avenue in New York.

Hier wurde versucht, Unterscheidungen zu entwickeln, die die Stimmung und die Eigenart der gezeigten Warengruppen spiegeln.

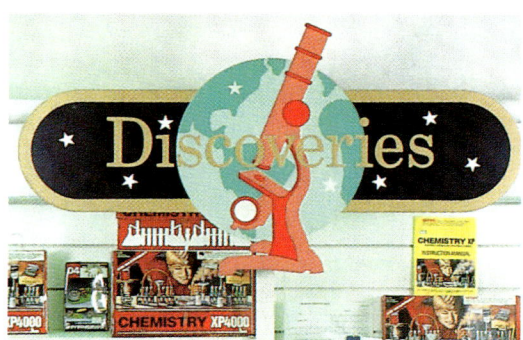

F 10 Die Leithilfen

10.2 Fünf Verkaufsebenen erschließen

Idee: Kreft, Wedemark
Grafische Darstellungen: Rolf Naedler, Hamburg

Treppenhaus und Aufzüge erschließen fünf Verkaufsebenen bei Bücher-Pustet in Ingolstadt.
Figuren, spiegelgestreift auf der verbindenden Treppenhauswand und neben dem Aufzug, tragen Etagen-Sortiments-Informationen.
Diese „Kunden" sind immer auf dem Weg zu „ihrem" Bereich. Konsumenten mit dem gleichen Ziel folgen ihnen.
Alle Sortimentsbereiche sind auf allen Zwischenpodesten der Treppe präsent: Rechts die jeweils oberhalb liegenden Etagen, zu denen man nach oben geht – links die unten liegenden Etagen, zu denen man nach unten geht.

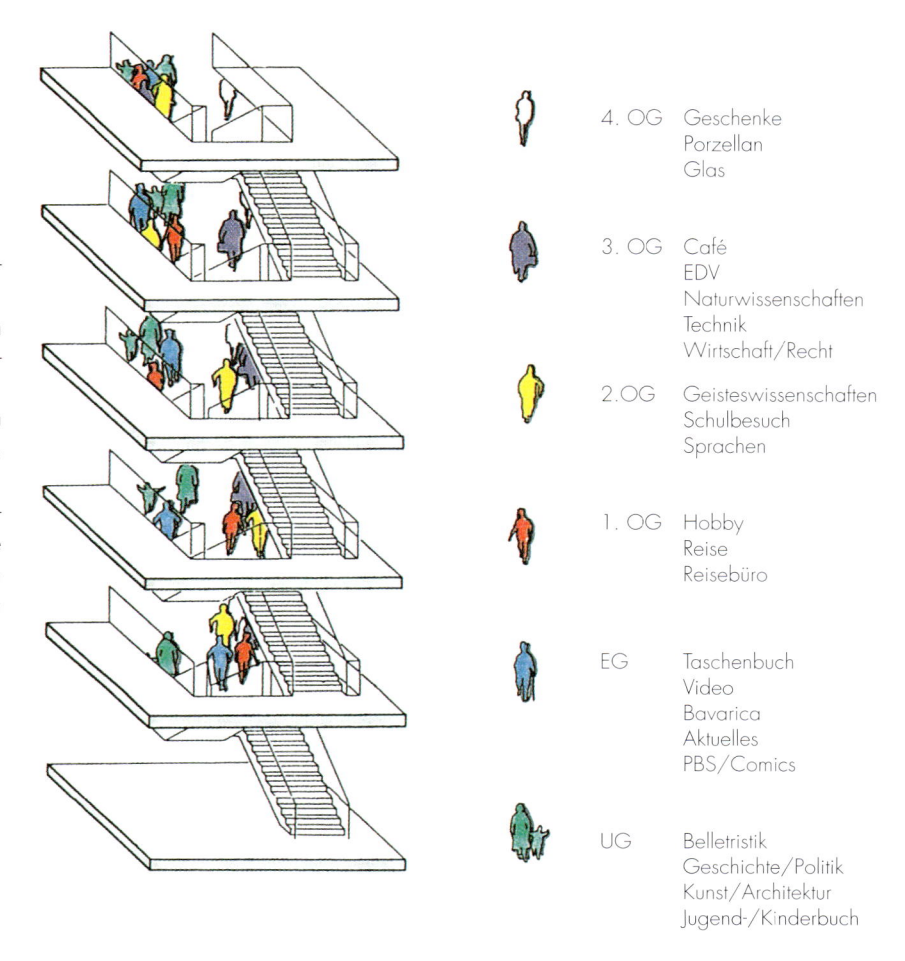

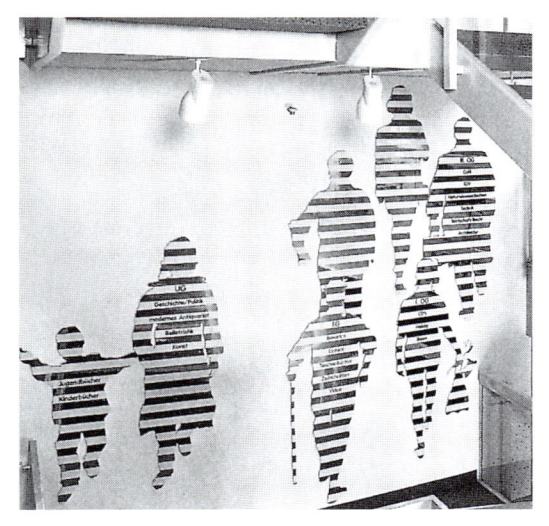

	4. OG	Geschenke Porzellan Glas
	3. OG	Café EDV Naturwissenschaften Technik Wirtschaft/Recht
	2. OG	Geisteswissenschaften Schulbesuch Sprachen
	1. OG	Hobby Reise Reisebüro
	EG	Taschenbuch Video Bavarica Aktuelles PBS/Comics
	UG	Belletristik Geschichte/Politik Kunst/Architektur Jugend-/Kinderbuch

Design: Wilhelm Kreft GmbH, Wedemark
Grafische Darstellungen: Rolf Naedler, Hamburg

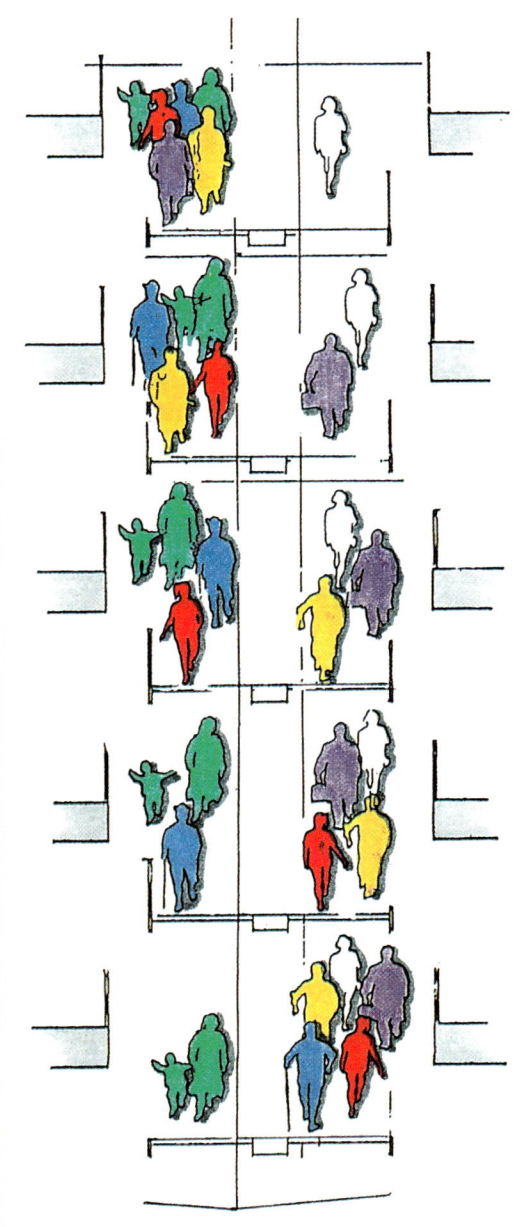

F   Kommunikationsmarketing: Die Einladung – Corporate Communications zur Unternehmenskommunikation

F10   Die Leithilfen

F10 Die Leithilfen

10.3 Führung ins Obergeschoss

Zumnorde, Münster
Design: Max-Erhard Voigt, Hann. Münden
Kunstmaler Antonio Baccileri

Der Innenarchitekt Max-Erhard Voigt hatte die Aufgabe, zwei Verkaufsebenen über eine Treppe zu verbinden.
Die Treppe wird an einer Wand hoch geführt. Um den Treppenraum nicht einzuengen, wurde eine dekorative Malerei mit Vitrinennischen als Leithilfe nach oben gewählt.
Der italienische Maler Antonio Baccileri wurde mit der Ausführung beauftragt.
Der historische Prinzipalmarkt im Zentrum von Münster war Motiv für den Maler.
Die Häuserfassaden mit den Arkadengängen wurden in das Schuhgeschäft geholt und über die Treppe weitergeführt.

Design: Max-Erhard Voigt, Hann. Münden
Kunstmaler Antonio Baccileri

F Kommunikationsmarketing: Die Einladung – Corporate Communications zur Unternehmenskommunikation

F 10 Die Leithilfen

10.4 Eine Treppenwand zur Führung

Das Schuhhaus Marcus in Münster hat einen neuen Anziehungspunkt. Die Umgestaltung hat auch zu einer Neugestaltung des Treppenaufgangs zu den drei Etagen geführt. Vom Untergeschoss über das Erdgeschoss bis in die erste Etage führt eine Bildwand mit Kundenporträts. Das schafft eine hohe Identifikation und zeigt zugleich, dass das Schuhhaus Marcus für jeden Kunden das passende Schuhwerk bereithält. Die Kunden erfreut's, die Verkäufer auch und somit ist eine bisher ungenutzte Fläche – an der jeder Kunde vorbeigeht – mit einer starken Information aktiviert worden.

Architekt: Spangenberg, Münster
Idee: Krüger Kommunikation:
Realisation: Spannfotosystem,
Hinrichts FotoFactory

10.5 Die Erde führt ins Untergeschoss

In der Fachbuchhandlung Gleumes in Köln wird der Besucher über eine Paneelwand – kaschiert mit Großfotos – in das Untergeschoss geführt. Der Bildinhalt:
Die Erde schwebt im All. Der Weg ins Untergeschoss ist eine ständig wachsende Annäherung an die Topografie des Planeten. Im Untergeschoss sind die Kartenwerke zu erwerben.

Architekt: Klaus Riesenbeck, Kreft-Team, Wedemark
Idee: Krüger Kommunikation
Realisation: Hinrichs FotoFactory

10.6 Eine Bilderwelt der Schriften führt
Buchhandlung Graff
Braunschweig

Seit es große Verkaufsräume gibt, macht man sich viele Gedanken über eine sinnvolle Warenplatzierung. Man wusste sehr wohl, dass diese Platzierungen dem Kunden augenfällig mitgeteilt werden mussten.

Die Verkaufsräume waren noch sehr mitarbeiterintensiv, man brauchte sehr viel Personal zur Wegbeschreibung, wie man zu sagen pflegte.

Dann folgte die Selbstbedienung. Nun waren Hinweisschilder erforderlich.

Der Kundenleitweg, der sich dann logisch und strategisch entwickelte mit Warenbildern und Warenleitbildern, den Highlights, brachte eine neue Qualität der Information für die Kunden.

Ganze Bilderwelten mussten einbezogen werden in die kompetente Führung des Kunden, weil mit der Adresse der Waren die Informationen über die Waren erfolgen sollte.

Das alles ist die Entstehung des Shoppings, des Browsings und der Inszenierungen auf der Basis der totalen Öffnung der Verkaufsräume für die Kunden.

Der Kunde ist König, alles ist für ihn zugänglich und er darf und muss alles wissen und er darf alles probieren. Der Kunde braucht dafür den direkten Zugang zur Ware ohne Umwege. Das heißt für das Unternehmen totale Information und klare Kennzeichnung der Ware an ihren Standorten, um den Kunden dort hinzuführen.

Dazu ist es erforderlich, ein wirkungsvolles Führungssystem zu finden, das unmissverständlich, auffällt und einprägsam ist.

In der Buchhandlung Graff in Braunschweig fanden wir im Erdgeschoss und im ersten Obergeschoss wohltuend hohe Räume vor, so genannte Kaufhaushöhen.

Wir, das ist das Kreft-Planungsteam:
Wilhelm Kreft, Volker Paulsen und Sylvia Benthin. Die hohen Wandflächen zwischen der Regaloberkante, der auf Greifhöhe ausgerichteten Regale und der Deckenunterkante sind gut geeignet für eine raumbestimmende Gestaltung. Eine Gestal-

Der Entwurf wird den Bauherren vorgestellt und diskutiert.

Der Kinderbuch-Illustrator Rolf Rettig (Pippi Langstrumpf) wurde für die Blenden des Kinderbuch-Bereiches gewonnen.

Ein Proberegal mit einer gestalteten Wandfläche darüber wird von Herrn Dieter Krüger vorgestellt.

Der Blick vom Eingang, der wichtige Ort der Orientierung

F Kommunikationsmarketing: Die Einladung – Corporate Communications zur Unternehmenskommunikation

F 10 Die Leithilfen

Erdgeschoss: der Bereich „Reise" mit „Braunschweig" – deutlich sichtbar vom Eingang.

Erdgeschoss: ein Teil des Taschenbuchbereichs

tung, die der Orientierung und der Wegführung dienen kann und ein unverwechselbares prägendes Merkmal werden kann, weil diese für eine Buchhandlung ungewöhnlich hohen Flächen überall im Verkaufsraum sichtbar sind und überall hineinleuchten. Sie sind unübersehbar und damit ein Charakteristikum, das zum Imageträger werden muss durch eine raumbestimmende Gestaltung.

Wir haben deshalb den Fotografiker und Künstler Dieter Krüger eingeladen, um über diese Wandflächen oberhalb der Regale für Bilder und Schriften zusammen mit dem Bauherren nachzudenken und zu diskutieren.

Dieter Krügers Gedanken zu diesen Flächen, die er „Banner" nennt und zusammen mit Hinrichs FotoFactory ausführte:

„In Zeiten der Beliebigkeiten und der Oberflächlichkeit kommt es darauf an, sich zu differenzieren. Buchhandlungen sind – mal abgesehen von Spezialisierungen – in ihrem Angebot austauschbar, ja in bestimmten Bereichen durch das Internet obsolet geworden. Wer dennoch den Mut hat, eine neue Buchhandlung einzurichten, die sich zudem in Konkurrenz zu anderen Buchhandlungen befindet, muss dem Verkaufsraum eine eigene, unverwechselbare, emotionale Komponente geben. Der Bücher-User soll sich wohl fühlen – das erhöht seine Verweildauer – er sollte sich leicht orientieren können – das fördert seine Neugier und er sollte das besondere visuelle Profil erleben – das fördert seine Berichterstattung in seinem Sozialkreis.

Lust am Lesen ist die kommunizierte Subheadline der Buchhandlung Graff. Lust am Lesen ist das visuelle Ereignis der Verkaufsräume. Die freien Wandflächen oberhalb und seitlich der Buchregale sind für Text-Bildcollagen genutzt, die den Kunden als Wegweiser durch das vielschichtige Sortiment dienen. Drei Texteebenen mit unterschiedlichen Bedeutungsinhalten wurden jeweils einzeln zunächst manuell und dann digital weiterbearbeitet. Die so entstandenen Ebenen wurden übereinander montiert und mit optischen Zitaten aus dem jeweiligen thematischen Bezug angereichert. Diese synästhetische Collage aus verfremdeten, sich zu Worten verdichtenden Buchstaben und den beziehungsreichen Bildern zieht sich durch alle Etagen der neuen Buchhandlung.

Die Vororientierung des Besuchers wird erleichtert durch die unterschiedliche Farbigkeit der jeweiligen Sortimentsbereiche. Das Gestaltungsprinzip der „Banner", die sich ganz bewusst erst auf den zweiten oder sogar dritten Blick mit all ihren Worten entschlüsseln lassen – wird auf den Informationssäulen an den Rolltreppen und dem Fahrstuhl aufgenommen.

So präsentieren sich die Bücher in einem Bühnenbild aus jenen Zeichen, die wir als Buchstaben kennen. Lust am Lesen, am Entdecken soll geweckt werden. Die besondere Art der Verschmelzung und der Verfremdung der Zeichen und Bilder soll dem Besucher das Gefühl vermitteln, in einer ganz besonderen Welt zu sein, für die die Buchhandlung Graff steht und in der Lust am Lesen aufkommt.

Haben die Buchstaben in den Büchern ganz klar zugewiesene und gelernte Funktion des Gedankentransportes, verlassen sie auf den Bannern diese rein typografische, lineare Ebene und werden selbst zu Bildern, die den Weg zu den Büchern weisen. Dass dies nicht nur partiell für publikumswirksame Bereiche umgesetzt worden ist, sondern sich ganzheitlich durch das gesamte Haus zieht, ist das überraschend Neue an dieser visuellen Konzeption. Zusammen mit der Innenarchitektur des Raumes entsteht so ein einprägsames Gesamtprofil der Buchhandlung Graff, das sich zu einem unverwechselbaren Image verdichten wird.

1. Obergeschoss: die Bereiche „Hobby" rechts „Jugendbuch"

2. Obergeschoss: der Fachbuchbereich

F Kommunikationsmarketing: Die Einladung – Corporate Communications zur Unternehmenskommunikation

F11 Fassade und Eingang

„Visitenkarten mit Fernwirkung: Fassaden und Fenster prägen den entscheidenden Eindruck."
Helmut Riedel

Die Fassade unverwechselbar
Die Fassade soll unverwechselbar das Unternehmen präsentieren. Das liegt im Interesse des Unternehmens und im Interesse der Konsumenten.

Die Fassade öffnet sich
Die Fassade soll sich dem Konsumenten öffnen, ihn einladen. Der Grad dieser Öffnung bleibt branchenspeziell. Damit wird auch die Branche erkennbar.

Die Fassade inszeniert
Die Fassade soll dem Wunsch nach Inszenierungen entsprechen, das heißt in die Aktivitäten des Verkaufsraumes einbezogen sein.

Juwelier Saint Georges, Krefeld
Design: Cöln-Design, Köln

Modehaus Rosa, Schweinfurt
Planung: Blocher, Blocher und Partner, Stuttgart

Die Unternehmensidentiät: Fassade

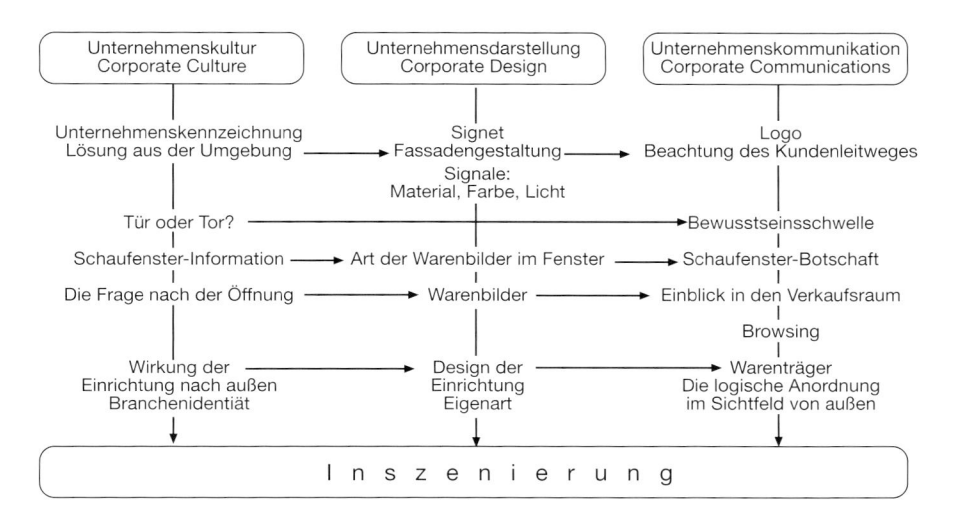

```
Unternehmenskultur          Unternehmensdarstellung        Unternehmenskommunikation
Corporate Culture           Corporate Design               Corporate Communications

Unternehmenskennzeichnung         Signet                         Logo
Lösung aus der Umgebung  ──→  Fassadengestaltung  ──→  Beachtung des Kundenleitweges
                                Signale:
                             Material, Farbe, Licht

Tür oder Tor? ──────────────────────────────────────→ Bewusstseinsschwelle

Schaufenster-Information ──→ Art der Warenbilder im Fenster ──→ Schaufenster-Botschaft

Die Frage nach der Öffnung ──→ Warenbilder ──→ Einblick in den Verkaufsraum
                                                    Browsing
Wirkung der                    Design der               Warenträger
Einrichtung nach außen  ──→   Einrichtung     ──→   Die logische Anordnung
Branchenidentität              Eigenart               im Sichtfeld von außen

                          I n s z e n i e r u n g
```

11.1 Die Fassade unverwechselbar

Die Fassade soll unverwechselbar das Unternehmen, die Branche des Unternehmens zeigen.
Die Unternehmensidentität, die erreicht werden muss, zusammen mit der wichtigen Entscheidung für den Standort bestimmt die Fassade: das Gesicht des Unternehmens in der breiten Öffentlichkeit. Die Fassade wird „Unternehmensverpackung", die „den Inhalt" deutlich macht, und damit Profilierung.
Die Fassade ist der gestaltete Unternehmensauftritt in der Öffentlichkeit. Das Unternehmen tritt dann in einen Fassaden-Wettbewerb. Er entscheidet nicht nur die Fernwirkung, auch die Nahwirkung dieser „Visitenkarte mit Fernwirkung".
Mit der Überwindung des starren Fassadenbauprinzips muss die Fassade ein Unternehmensbild sein und kein Hausbild. Die Fassade eine Marke, der branchenspezifische Wiedererkennungswert – damit kein Zweifel mehr besteht an der Kompetenz dieses Fachgeschäftes.
Die Fassade muss werben und Hoffnung wecken können. Sie muss die wirkliche Bedeutung des Unternehmens, den Rang am Markt, zeigen können.

Fassaden sind viel versprechend. Ein weniger gut sortiertes Sortiment ohne funktionierendes Kundenleitsystem wird von keiner Fassade gerettet.
Die Größe des Unternehmens sollte an der Fassade ablesbar sein und ebenso die Mehrgeschossigkeit.

Zur Ladenplanung gehören die grundlegenden Überlegungen der Fassade:
– Standort und Identität
– Unterscheidungen zu Nachbarn
– Denkmalschutz und Identität

Auch bei denkmalgeschützten Fassaden ist noch viel für eine Eigenart zu erreichen.

– **Die Einheit zwischen außen und innen und zwischen innen und außen.**

Wie fließt der Außenraum in den Verkaufsraum: Was muss außen vom Innenraum gesehen werden? Der von außen einsehbare Bereich des Verkaufsraumes ist auch Teil der Fassadengestaltung. Bodenmaterialien sind auszuwählen, das Außenmaterial muss in den Verkaufsraum einlaufen.
Wie soll sich der Innenraum nach außen verkünden?

F Kommunikationsmarketing: Die Einladung – Corporate Communications zur Unternehmenskommunikation

F 11   Fassade und Eingang

Optik Bruchhaus, Köln
Planung: Cöln-Design, Köln

– **Signet**
Das Signet ist der erste Kontakt. Es ist das Zeichen für die Aktivitäten und Leistungen des Unternehmens: ein Firmenzeichen. Wo überall steht das Signet?

– **Schaufenster**
Größe, Formate, wie wird die Ware am besten ausgestellt, in welchen Formaten entsteht die Konzentration für die Ware?

– **Sonnendach, Regendach**
Verkauf auf der Straße, Straßentische, ein Regendach, ein Sonnenschutz, eine Markise. Den erforderlichen Sonnenschutz nicht verdrängen. Die spätere Anbringung ist schwierig und bedeutet eine Veränderung.

– **Tür oder Tor**
Welche Bedeutung hat der Eingang zur Überwindung der Schwellenangst, für den Kundenleitweg?

Die Fassade muss verbinden zwischen außen und innen und ebenso zwischen innen und außen. Sie ist ein Versprechen, eine Botschaft – wenn das Versprechen „Fassade" durch die Leistung „Verkaufsraum" eingelöst ist, auch eine Marke.

11.2   Die Fassade öffnet sich

Der Auftrag zur Öffnung folgt dem Wunsch der Konsumenten zum Erkennen der Leistungsfähigkeit des Unternehmens und dem Wunsch der Unternehmen zur Einladung zum Eintreten an die Konsumenten.

Die Konsumenten fordern faktisch die Sichtbarmachung der Leistungen des Unternehmens und ideell die Sichtbarmachung der Bedeutung des Unternehmens.

Der Wunsch, viel zu öffnen und das Innere zu zeigen, muss mit den Branchenmöglichkeiten abgewogen werden.

Wichtig für die strategische Ladenplanung ist, dass sich der Fächer individueller Möglichkeiten erweitert hat. Das ist gut für die Konsumenten, für die Unternehmen und für das Stadtbild.

Der Verkaufsraum beginnt mit der Fassade. Hier beginnt die Inszenierung, das Spiel der offenen und geschlossenen Teile für Warenbildleistungen. Die Fassade als Einheit aus Türöffnung, Schaufenster und Wandflächen muss in ihrer Gesamtwirkung ein Teaser sein, also eine Spannungsachse, die Neugier erzeugen kann, die über Botschaften und Erwartungen, die in den Verkaufsraum führen und im Inneren des Verkaufsraumes eingelöst werden. Dr. Mikunda spricht hier von Hänsel und Gretel, die ihre Brotkrümelchen bis in die Tiefe des Verkaufsraumes streuen.

Zu den wichtigen Überlegungen gehört es, festzulegen, wie weit sich der Verkaufsraum zur Fassade öffnen muss. Branchen- und zielgruppenspeziell sollte entschieden werden, wie viel Tageslicht und welcher Sonnenschutz erforderlich ist. Sensibel wird überlegt: Wie viel muss und wie viel darf geöffnet werden und was muss von außen verschlossen bleiben, wie z.B. der Einblick in den internen Abrechnungsbereich der Kasse.

Der Auftrag des Verkaufsraumes und der Warenbilder soll bewusst werden.

F 11 Fassade und Eingang

Die Fassade zeigt den mehrgeschossigen Verkaufsraum

An der Fassade muss die Mehrgeschossigkeit des Verkaufsraumes deutlich werden.
Das zweigeschossige Unternehmen muss mit der Zweigeschossigkeit werben.
Der Konsument braucht diese wichtige Information. Zur Information gehört auch das Erkennen der Warenleitbilder, die den Sortimentsbereich des jeweiligen Geschosses erkennen lassen.
Der Kundenleitweg für die Augen der Konsumenten. Mit den Augen der Konsumenten beginnt er an der Fassade!
Die Geschosshöhen-Anordnung zum Straßenniveau zur Erreichung vorteilhafter Warenleitbilder – abhängig von der Branche – nach Warenart ist wichtig.

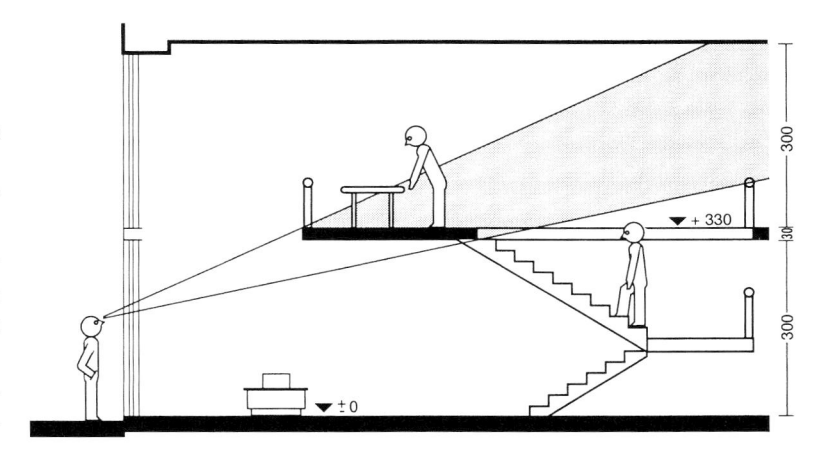

Zweigeschossigkeit nach oben ist schon „normal"

Schaufenster

Fassaden haben Augen, leuchtende Augen, die die Passanten beobachten und anziehen, die eine Botschaft verkünden an alle, die in sie schauen. Schaufenster und Tür prägen im Wesentlichen die Fassade. Das Format der Schaufenster, die Größe und insbesondere die Höhe des Schaufensterbodens haben sich branchenspezifisch entwickelt.
Effektiv sollen die Fenster sein: „immer weniger Ware, immer überzeugender als Botschaft für Lebensart".
Der Passant geht in zwei bis drei Sekunden an einem Fenster vorbei. In diesem Augenblick muss das Warenbild mit seiner Botschaft den Passanten erreichen, ihn interessieren und festhalten.
Die Art der Schaufenster, die Anordnung in der Fassade, die Formate, die technische Ausstattung und die Beleuchtung – tragen zur Beachtung der Schaufenster-Warenbilder bei.
Viele Unternehmen vertreten den Standpunkt, Schaufenster zu reduzieren oder auf Schaufenster ganz zu verzichten. Durch große Türanlagen wird der Verkaufsraum so den Straßenpassanten näher gebracht.

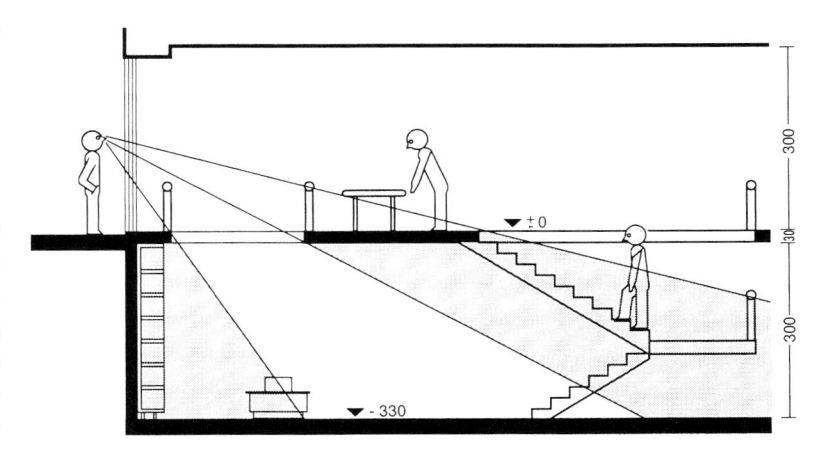

Zweigeschossigkeit nach unten wird „verbessert" durch die Einsicht in das Untergeschoss der Fassade

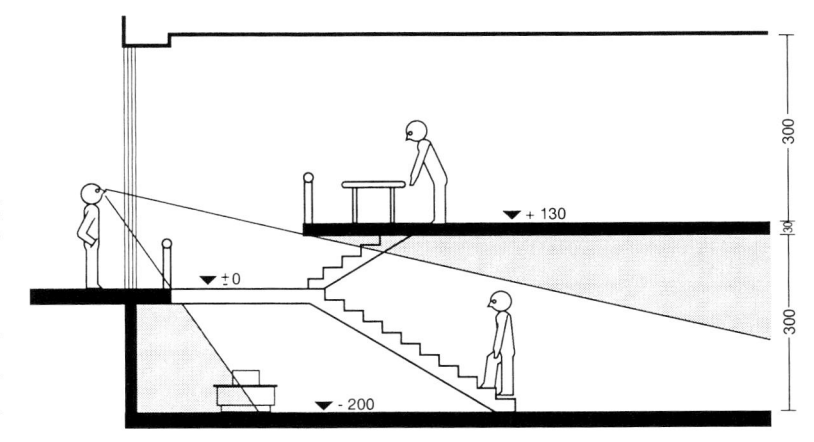

Zweigeschossigkeit nach unten „lebt" von der guten Einsicht von der Fassade. Ein „angehobenes" Erdgeschoss verbessert die Einsicht entscheidend

665

F11 Fassade und Eingang

Die Fassade wird dann als Schwelle aufgelöst, der Konsument soll nicht draußen am Fenster bleiben, sondern ohne sichtbare Schwelle in den Verkaufsraum gelangen. Browsing im Schaufensterbereich zum Anfassen, Prüfen und Kaufen ist wichtig. Diese Lösungen sind typisch für Einkaufszentren.

Der Schutz der Fassade bleibt gegen Klimabelastungen, Lärm, Staub, Diebstahl.

Der Trend zum Öffnen, zum direkten Begehen „der Schaufensterbereiche" durch die Konsumenten, direkt und unmittelbar, ist unverkennbar. Die Verkaufsräume gewinnen dadurch nicht nur an Fläche, sondern auch an sichtbarer Aktivität und Dynamik.

Es gibt auch eine Entwicklung in die entgegengesetzte Richtung. Für viele Unternehmen gilt die große Türöffnung bereits als ausgereizt, denn mit dem höheren Anspruch an Waren, an stilvolles Einkaufen, an Ambiente, an Konzentration beim Einkaufen, wird die Schwelle – das Tor – vorausgesetzt.

Wichtig ist, dass die Bedeutung der Schaufenster für das Unternehmen erkannt und genutzt wird, sowohl für die Unternehmensstrategie als auch für die Darstellung des Unternehmens in der Fassade.

Siehe die Kapitel:
E 5.3   Wo Warenbilder gebraucht werden

Tür oder Tor

Eingänge – die Türen, die Tore – sind nicht nur Begegnungskultur, sie sind auch ein Dialog mit dem Kunden.

Eingänge sprechen eine Sprache. Sie wollen offen als Tür eigentlich nicht vorhanden sein – oder sie schaffen Hoheitszonen, eine Grenze, das Bewusstsein, durch ein Tor in etwas Besonderes einzutreten.

Die Frage, was ist wichtiger in der Darstellung, die Ware oder das Unternehmen, ist auch eine Frage nach dem richtigen Eingang.

Die Entwicklung, Eingänge so groß wie irgend möglich zu planen – je größer, desto besser, um damit Mengenleistung, Warenleistung zu geben – hat eine Gegenbewegung gebracht, eine Besinnung auf mehr Beratung, Fachkompetenz, auf stilvolles Einkaufen.

Tür oder Tor ist die Frage nach einer Bewusstseinsschwelle.

Das Tor soll die Macht und die Kompetenz des Unternehmens zeigen, am Portal deutlich machen „das sind wir".

Tiffany geht mit dem von ihm geprägten Stil von der 5th Avenue auch in die Malls: Geschlossene Fassade, kleine Vitrinen, ein Tresor. Die Konsumenten gehen durch ein enges Tor. Ringsherum in der Mall werden die Fassaden aufgerissen; Tiffany schließt sie und der Verkaufsraum ist ein Tresor. Tiffany hat damit Erfolg. Durch ein solches Tor kann man nicht einfach hindurchgehen, man muss es bewusst durchschreiten. So ist es gedacht. Eine Fertigung steigert den Wert der Ware und wird durch Architektur inszeniert.

Wie auch immer, ob Tür oder Tor, aufklappbare Fassade oder automatischer Eingang, mitten hindurch geht der Kundenleitweg, der in die Ladenplanung vorgedachte ideale Weg für die Konsumenten.

F11 Fassade und Eingang

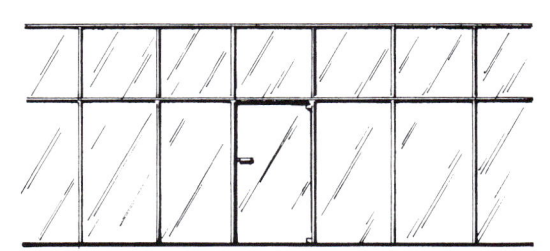

Tür oder Tor – das ist Frage!

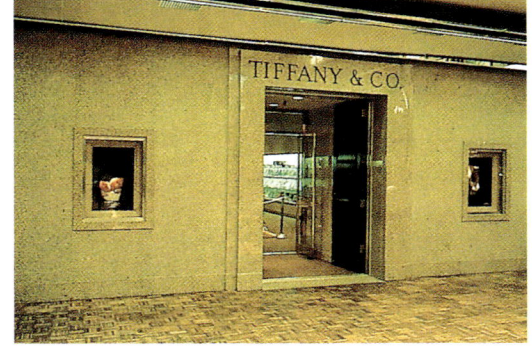

Tiffany in einer Mall
Geschlossene Fassade, kleine Vitrinen wirken als Tresor. Die Fassade vermittelt, dass hier Wertvolles gelagert und bewacht wird

1. Traditioneller Türdrücker

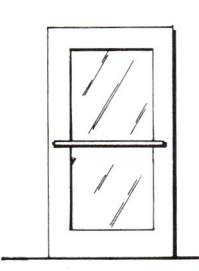

2. Waagerechte Griffstange –
schlicht – orientierungslos – wo muss man drücken – rechts oder links?

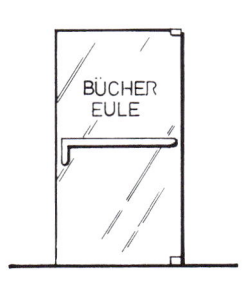

4. Ganzglastür – der Griff schwebt

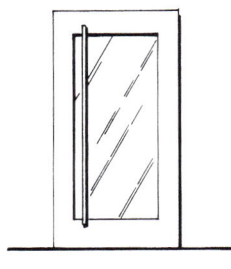

3. Senkrechte Griffstange – praktisch
Groß und Klein können gut „drücken"

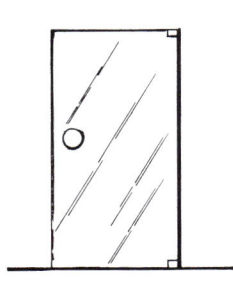

5. Glastüren zeigen Offenheit –
sie brauchen einen Schutz, damit man nicht in geschlossene Türen rennt.

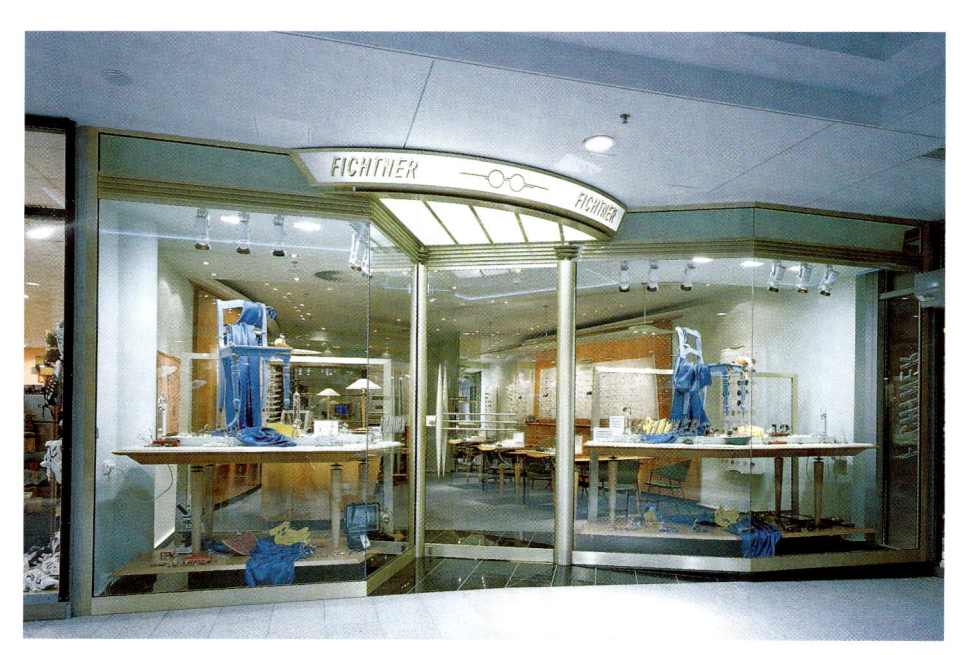

F   Kommunikationsmarketing: Die Einladung – Corporate Communications zur Unternehmenskommunikation

F 11   Fassade und Eingang

Optik Fichtner, Rostock
Planung: Wolfgang Platzer, Nürnberg
Realisierung: Emde Grünberg

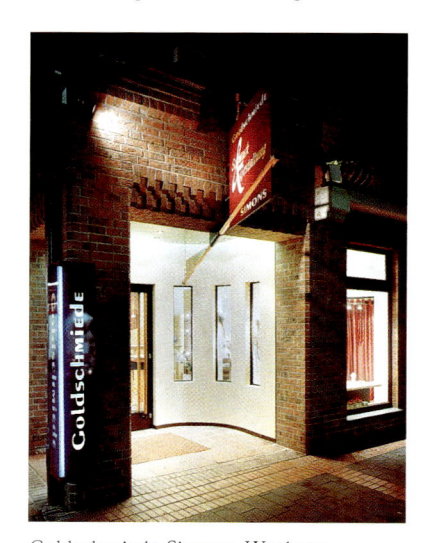

Goldschmiede Simons, Wegberg
Planung: Cöln-Design, Köln

Juwelier Guggenberger, Cham
Planung Wolfgang Platzer, Nürnberg
Realisierung: Emde Grünberg

11.3   Die Fassade präsentiert

Die Fassade wird zum bewegten Teil des Verkaufsraumes. Die Grenze zwischen außen und innen wird fast völlig aufgelöst. Das entspricht dem Shopping-Gedanken, dem Browsing und den Inszenierungen. Schwellenangst besteht nicht mehr.

Zu den Ereignissen, den Events, und die gibt es fast nur noch, wird die Fassade festlich geschmückt. Damit erhält die Fassade eine Titel-Bedeutung. Sie macht sichtbar, was im Verkaufsraum passiert.

Für jede Fassade wird eine ungewöhnliche, mindestens aber eine individuelle Lösung gesucht.

Die Bedeutung der emotionalen prägenden Gestaltung für den Verkaufsraum wird deutlicher auch in die Fassade getragen.

Die Fassade ist nicht mehr in erster Linie die Fassade des Hauses, die es zu bewahren gilt. Die Fassade ist schon Merchandising:

Leuchtwerbung, Logo, Signet, Fassadenmalerei, Fassaden zum Dekorieren, zum Schmücken, Beflaggen oder zu Veranstaltungsankündigungen. Das Unternehmen hat Kompetenz und zeigt sie beim Feiern. Die Inszenierung ist zur Fassade zurückgekehrt. Die Botschaft muss schon vor dem Verkaufsraum verstanden werden.

Es wird erforderlich, dass die Fassaden sich der dynamisch aktuellen Einkaufswelt anpassen.

Der große Vorsprung, den Einkaufszentren durch die Öffnung der Fassaden mitbringen, scheitert zu oft an starren Möbeln, die die Öffnung nicht nutzen. Gerade die Einkaufszentren mit der durchgehaltenen Fassadenähnlichkeit brauchen die Orientierung durch eine Vielfalt an Eingangslösungen.

Die Fassade braucht ein neues Bewusstsein für eine neue Nutzung, für eine neue Ästhetik, für die Merchandising-Architektur.

Die Einbeziehung der Fassade in die informative Bilderwelt, in die kommunikativen Botschaften des Verkaufsraums, ist Bedarf! Es gehört zum Anspruch der Kunden zu wissen, was im Verkaufsraum aktuell angeboten wird, was dort gefeiert wird. Der Erlebniskauf braucht die Fassade.

Die moderne Geschäftshaus-Architektur muss das Schmücken der Fassade als möglich aufgreifen.

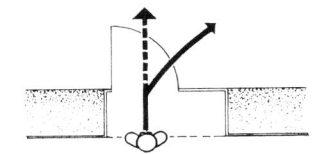

F11 Fassade und Eingang

15. Türnischen dürfen nicht „eng sein"

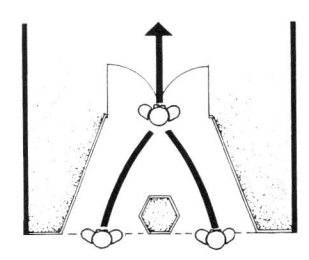

Schrägen verbessern die Laufrichtung zur Tür

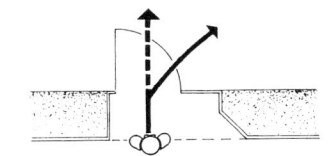

16.

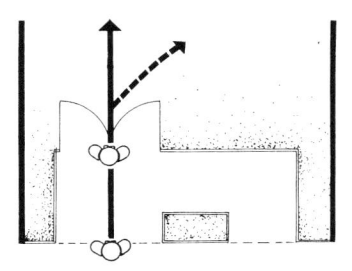

17.

18.

19. Passagen erlauben interessante Eingangslösungen – eine Vitrine verschließt den Eingang

20. Siehe unter 19

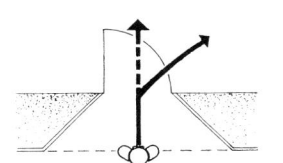

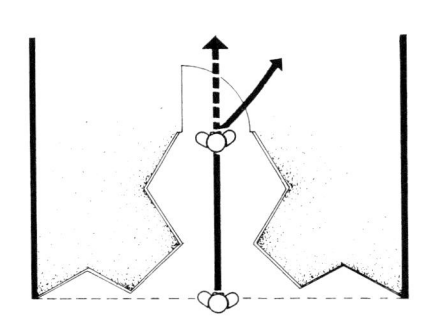

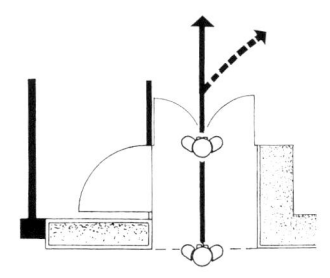

21. Oft sind Passagen erforderlich durch Verdeckung eines weniger wichtigen Hauseinganges

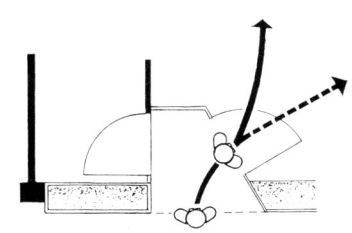

22. Die diagonale Einführung kann die Laufrichtung im Verkaufsraum verbessern

F Kommunikationsmarketing: Die Einladung – Corporate Communications zur Unternehmenskommunikation

F11 Fassade und Eingang

Runde Passagen wirken wie ausgebreitete Arme, einladend – erwartend

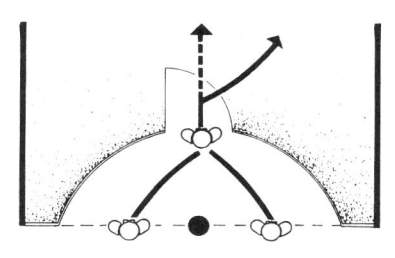

Diagonale Erschließungen sind oft die bessere Lösung

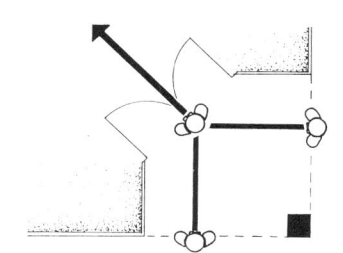

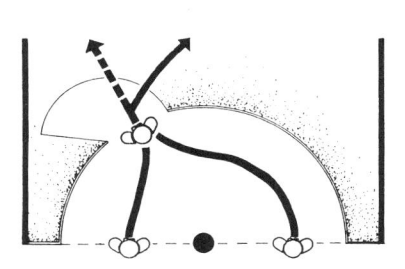

23.

27.

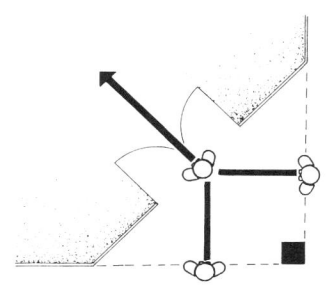

24.

28.

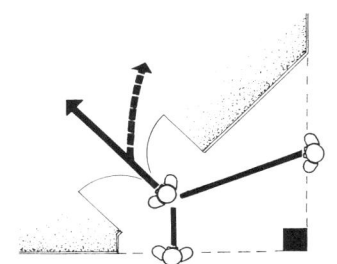

Ecklösungen brauchen immer die besondere Lösung

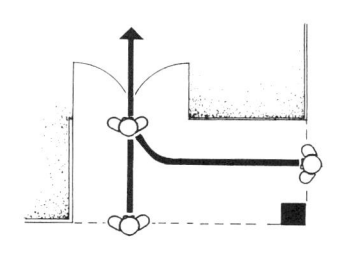

25.

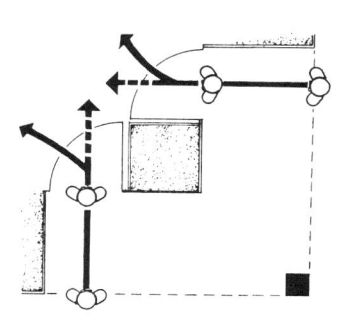

29.

26.

F11 Fassade und Eingang

Drehtüren ohne Probleme

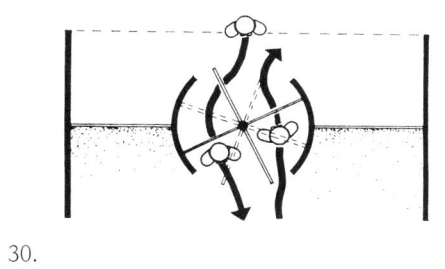

Faltbare und schiebbare Türelemente sind besonders in Einkaufszentren wichtig

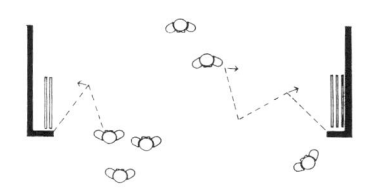

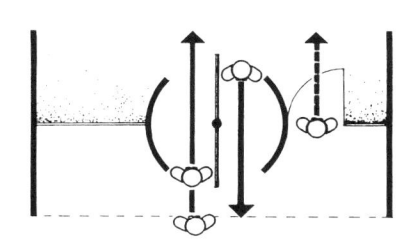

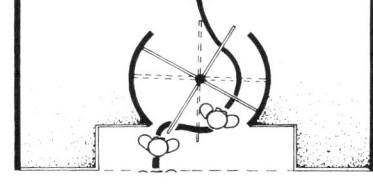

30.

31.

32.

33.

34.

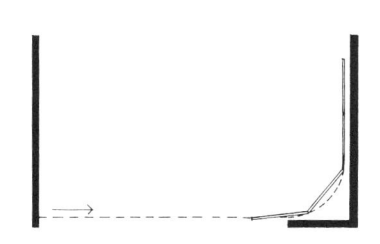

35.

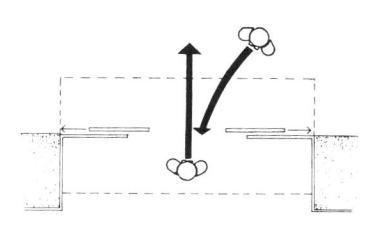

36. Automatische Eingangstüren

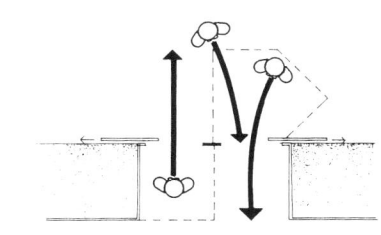

37. Kontaktzonen beachten

F   Kommunikationsmarketing: Die Einladung – Corporate Communications zur Unternehmenskommunikation

F11   Fassade und Eingang

Detail der zusammengeschobenen Schiebewand

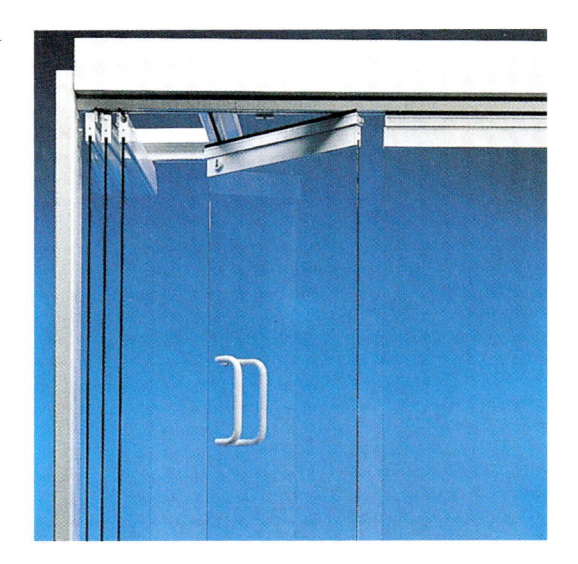

Glasschiebeelemente in einer Einkaufspassage
System: Dorsua, Ennepetal

F11 Fassade und Eingang

Eingang mit historischer Treppe
Scheffel-Apotheke, Löfflingen/Schwarzwald
Planung: Klaus Bürger

F   Kommunikationsmarketing: Die Einladung – Corporate Communications zur Unternehmenskommunikation

F 11   Fassade und Eingang

Adler-Apotheke, Mönchengladbach
Planung: Klaus Bürger
Eine besondere Eingangssituation
Ein zurückgelegter Eckeingang mit zwei Türanlagen und zwei zweistufigen Treppen. Eine Tür vor der Türanlage, die andere im Verkaufsraum hinter der Türanlage.

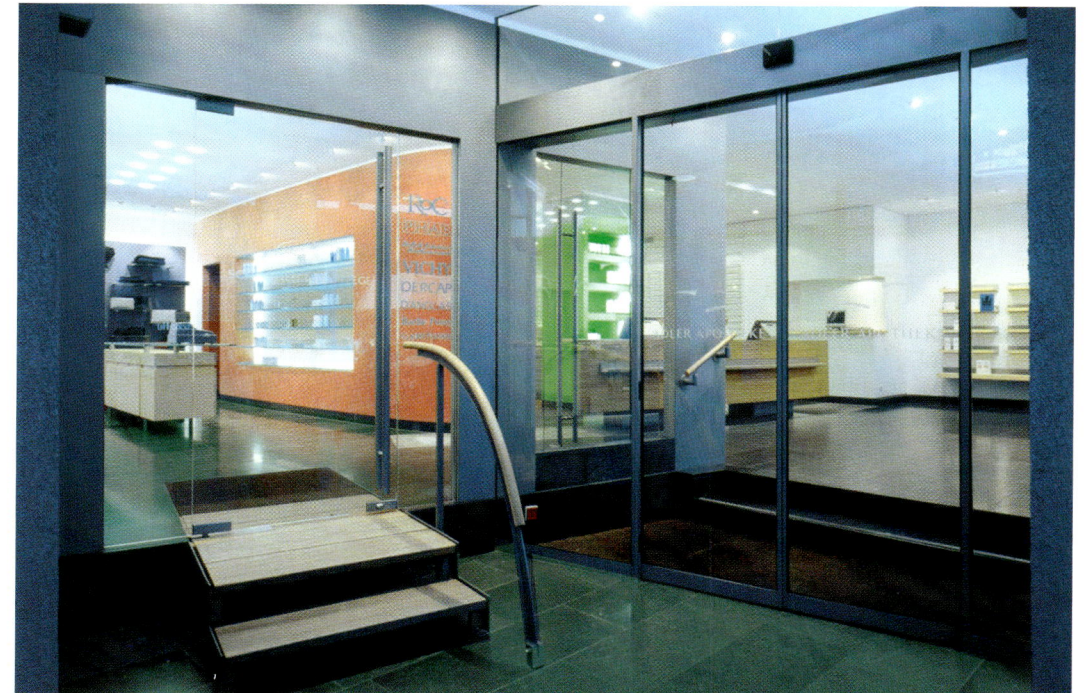

F11 Fassade und Eingang

Eingangsbetonung: Säulen

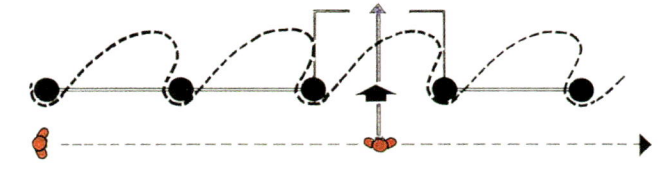

Eingang in der Säulenreihung

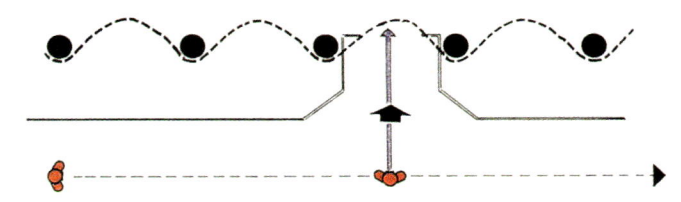

Vorgezogene Schaufenster mit einer Eingangsnische

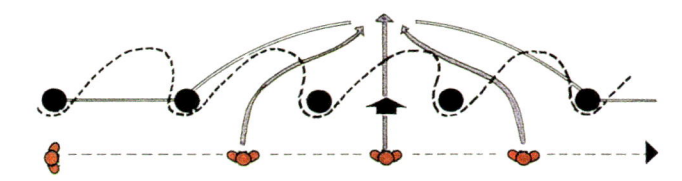

Säulen in der Eingangspassage

Eingangsbetonung: Pfeiler

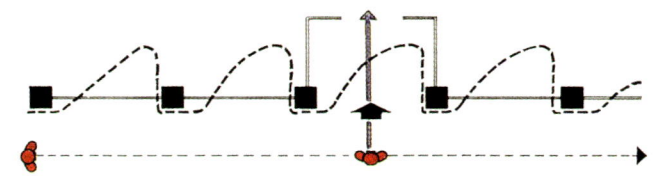

Eingang in der Pfeilerreihung

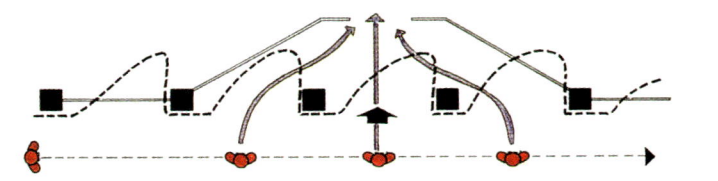

Pfeiler in der Eingangspassage

---------- Gehlinie
────────── emotionaler Kontakt

F   Kommunikationsmarketing: Die Einladung – Corporate Communications zur Unternehmenskommunikation

F 11   Fassade und Eingang

Für Kinder ein separater Eingang in den Verkaufsraum.

F11 Fassade und Eingang

11.4.1 Eingang: I

Buchhandlung Naacher, Frankfurt am Main
Planung: Wilhelm Kreft GmbH, Wedemark

Die Buchhandlung befindet sich im Zentrum Frankfurts in einer gut belebten Fußgängerzone, unmittelbar an einer U-Bahn-Station.
Die Eingangs- und Kassenlösung war für den guten Standort der Buchhandlung untragbar.

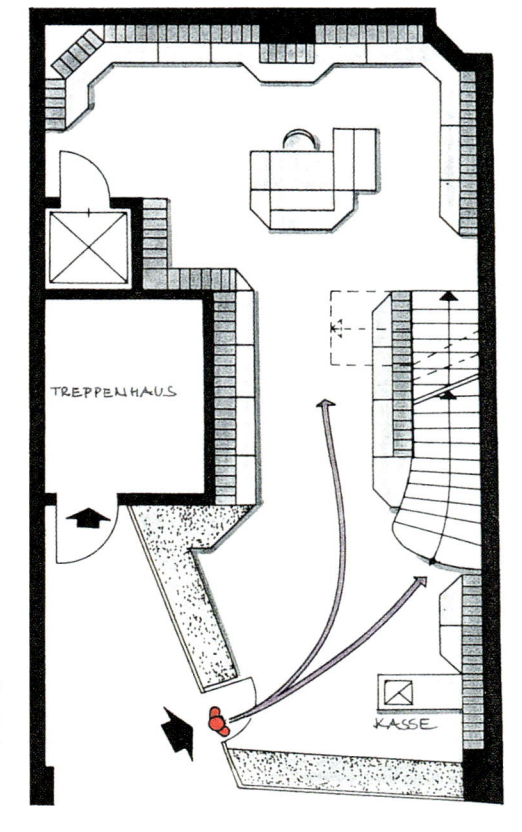

Grundriss 1
Wichtig: Sowohl das Treppenhaus als auch die geschossverbindende Treppe im Verkaufsraum und der Aufzug auf der Rückseite des Treppenhauses lassen sich nicht verändern.

Grundriss 2
Es wird eine Lösung versucht mit einem verdeckten Hauseingang, der die Bedeutung der Buchhandlung deutlich machen soll.
Der verdeckte Hauseingang schafft ein zusätzliches separates Schaufenster. Eine großzügige Eingangslösung mit diagonaler Führung zur Treppe entsteht.
Die Kassenlösung mit Information auf der Schaufenster-Rückseite.
Einspruch der Hausverwaltung: Der Hauseingang muss frontal sichtbar bleiben.

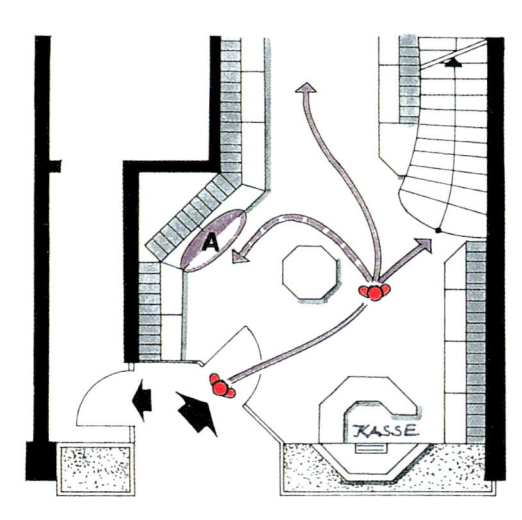

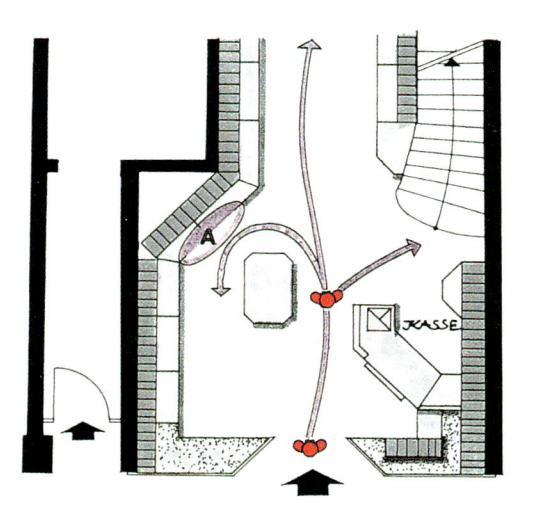

F Kommunikationsmarketing: Die Einladung – Corporate Communications zur Unternehmenskommunikation

F11 Fassade und Eingang

Grundriss 3
Mittiger Eingang:
Ein direkter, schneller Zugang in die Tiefe des Verkaufsraumes.
Nachteile:
- separater, vorderer Eingangsbereich, zugängig über das wirkungsvolle Warenleitbild A
- wenig Warenkontakt im gesamten Eingangsbereich
- starke Kasse behindert den Zugang zur geschossverbindenden Treppe.

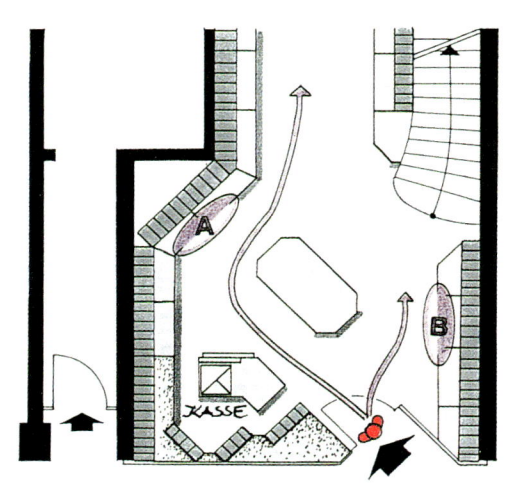

Grundriss 4
Der Eingang wird nach rechts gelegt:
Vorteile:
- diagonale Einführung für den Verkaufsraum
- größerer Eingangsbereich
- guter Zugang über das Warenleitbild B zum Obergeschoss

Nachteil:
- Kassenpool zu klein.

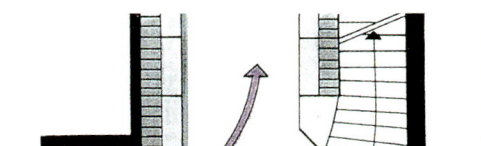

Grundriss 5
Diagonaler Eingang nach links:
- übersichtlicher Eingangsbereich
- große Nutzung des Eingangsbereiches
- gute Warenkontakte
- gute Leitwegeinführung
- sofort Regalkontakt: wirkungsvolles Warenleitbild A
- separate Kasse mit guten Blickkontakten und Abschirmung nach außen
- Warenleitbild B zur wirkungsvollen Einstimmung für den Treppenbereich als Schaufenster für das obere Verkaufsgeschoss
- Akzentuierung durch einen wirkungsvollen Mittelpunkt-Tisch für aktuelle Angebote
- originelle Lösung.

Dieser Vorschlag wurde ausgeführt.

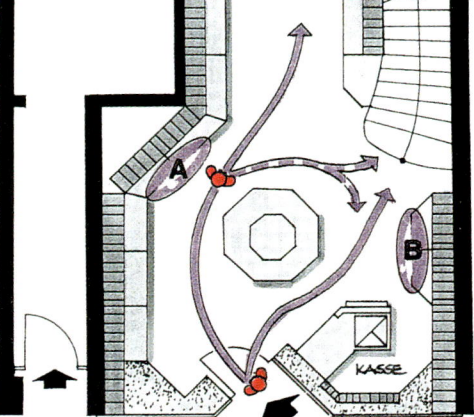

F11 Fassade und Eingang

11.4.2 Eingang: II

Buchhandlung Louis Bäcker oHG, Solingen
Planung: Wilhelm Kreft GmbH, Wedemark

Die Buchhandlung Bäcker befindet sich in Solingen in einer guten Verkehrslage der Fußgängerzone.

Grundriss 1
Die vorgefundene Bausituation mit der Eingangslösung entspricht nicht der Bedeutung der Buchhandlung. Besonders eng ist die Eingangssituation durch die Treppe zum Obergeschoss im Eingangsbereich.

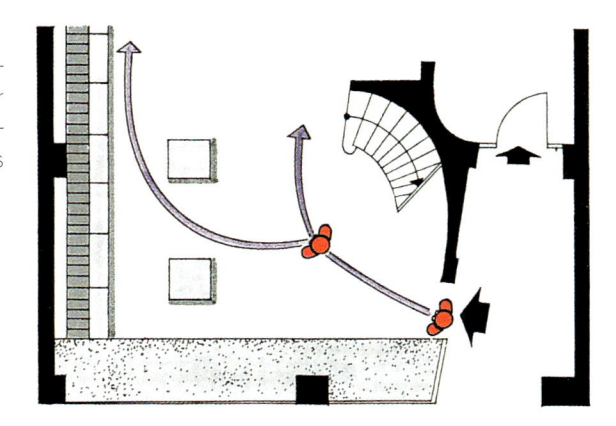

Grundriss 2
Eine Passagen-Lösung wird versucht, getragen von dem Gedanken:
- den Eingang in den Verkaufsraum nach links zu verlagern, um einen klaren Eingang in den Verkaufsraum zu bekommen
- der Eingangsbereich mit der Zuwegung zur Geschosstreppe rechts
- Verdeckung des Hauseingangs
- Viel Schaufensterfläche

Nachteile:
- großer Raumverlust
- wenig Einsicht in den Verkaufsraum.

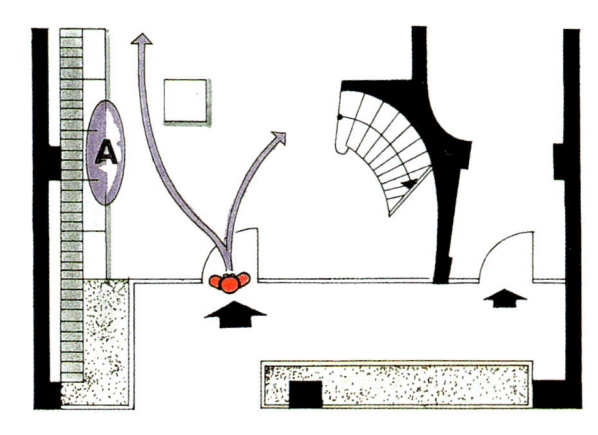

F Kommunikationsmarketing: Die Einladung – Corporate Communications zur Unternehmenskommunikation

F 11 Fassade und Eingang

Das Ergebnis eines Planungsprozesses: der runde, zentrale Eingang (siehe Grundriss 6)

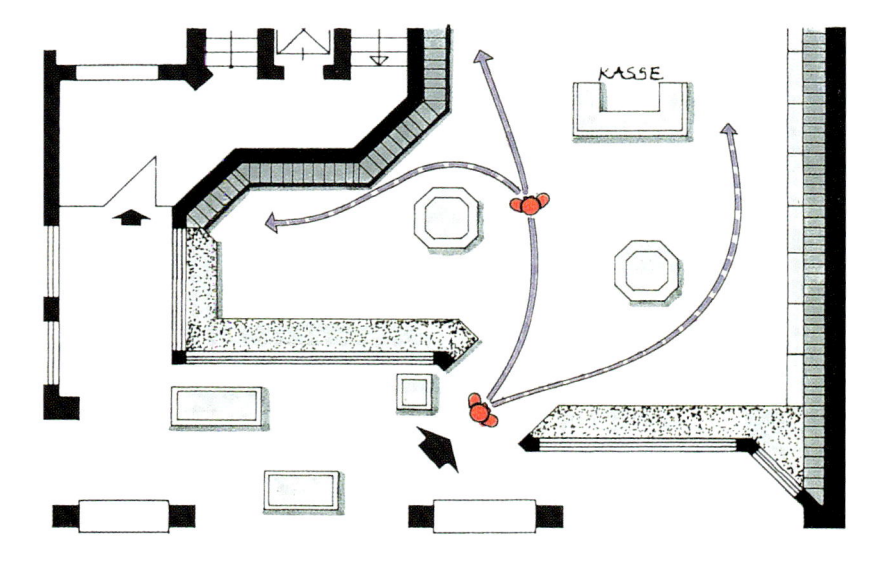

11.4.3 Eingang: III

Buchhandlung Erich Greuter, Singen
Planung und Design: Wilhelm Kreft GmbH, Wedemark

Bei der Planung des Hauses sowie bei der Festlegung des Eingangs konnte mitgewirkt werden. Infolge der komplizierten Passagenlösung mussten verschiedene Möglichkeiten untersucht werden.
Eine Arkadenlösung ist vorgesehen.

Grundriss 1
Der vorgegebene Bauplan, ohne Änderung des Eingangs. Der große Eingang in den Verkaufsraum neben dem Hauseingang läuft direkt auf eine große Anlaufwand, gibt aber den Blick nicht in den Verkaufsraum frei.
Die Arkade bringt die Fußgänger vom Schaufenster weg, weil der rechte Nachbar mit seinem Gebäude noch vorspringt, der Eingang für das Haus und der Eingang für den Verkaufsraum liegen zu dicht zusammen, eine Verwechslungsgefahr besteht.

Grundriss 2
Die große Passagenlösung:
- der diagonale Verkaufsraumeingang liegt jetzt in der Mitte des Verkaufsraumes
- diagonale Erschließung
- großzügige Passagenlösung
- rollbare Straßenmöbel
- zwei Vitrinen an der Front sollen sich an alle Straßenpassanten wenden, die nicht die Arkade benutzen
- der Hauseingang ist in der Wirkung gemindert. Er wird tiefer gelegt und die Verglasung des Verkaufsraumes links in die Eingangspassage des Hauses herumgeführt. Damit wird der Eingangsbereich-Charakter im linken Bereich des Verkaufsraumes wirksam

Nachteil:
- der direkte Zugang zum Haus wird durch eine Vitrine in der vorderen Pfeiler-Front geschlossen.

F 11 Fassade und Eingang

Grundriss 3
Die Passagen-Pavillon-Lösung:
- hoher Glasanteil
- Hauseingang 1 führt in die hinteren Räume der Buchhandlung und führt damit zur Verbesserung der Anlieferung
- Hauseingang 2 führt direkt ins Treppenhaus
- eine Mittellösung des Einganges
- gute Einbindung der Kasse, guter Überblick des Eingangsbereiches

Diese Lösung ist aufwändig.

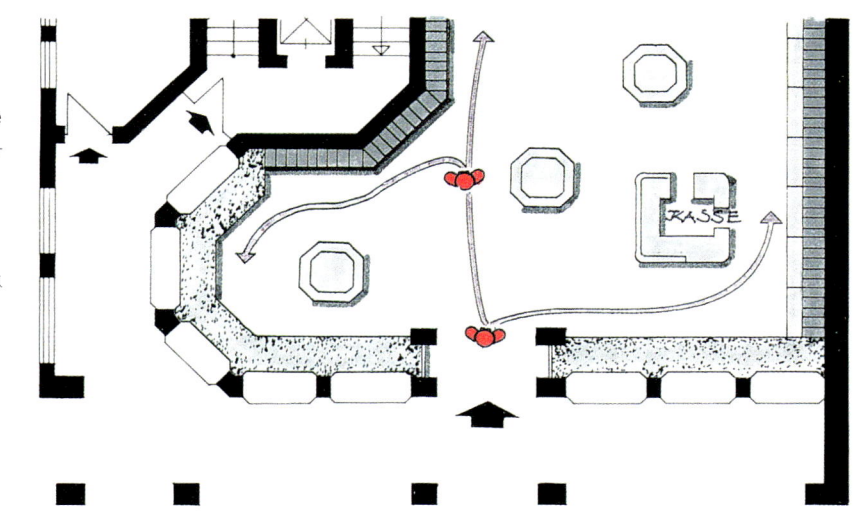

Grundriss 4
Die Eingangspassagen-Lösung mit:
- dem verdeckten Hauseingang
- viele Fensterflächen
- separatem Fenster links für die Buchhandlung
- diagonalem Verkaufsraumeingang, der den Eingangsbereich rechts aktiviert
- Verkaufsraumerschließung links wie Verkaufsraumerschließung rechts
- Mittelkassen-Lösung
- Pfeiler im vorderen Bereich der Tische.

Unterscheidende Leitsortimente und Warenleitbilder für alle drei Erschließungswege sind erforderlich.

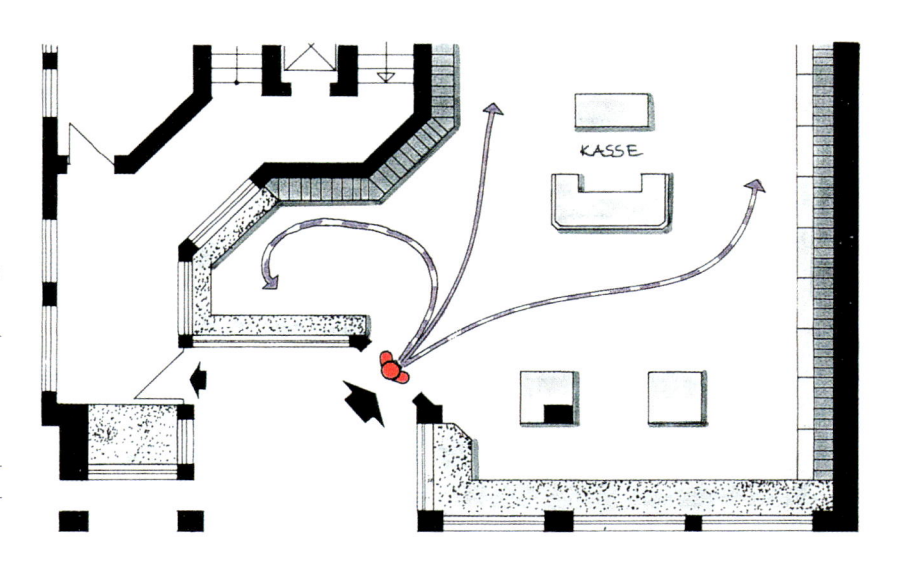

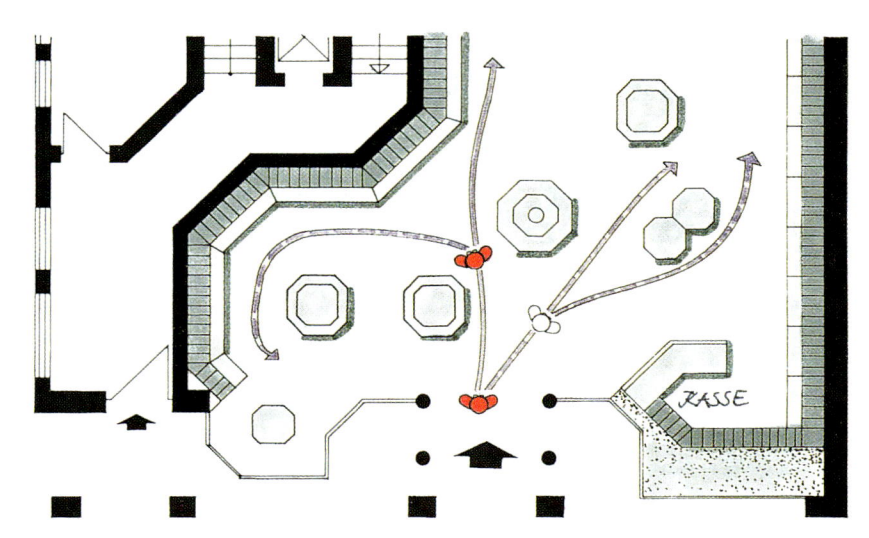

F   Kommunikationsmarketing: Die Einladung – Corporate Communications zur Unternehmenskommunikation

F 11   Fassade und Eingang

Grundriss 5
Der zentrale Eingang, die großzügige Eingangslösung mit starker Akzentuierung des Verkaufsraumes gegenüber dem übrigen Haus:
- optische Einbeziehung des Hauseingangs in die Fensterfront
- Auflösung der Arkade
- gute Einsicht in den Eingangsbereich
- großer, aktueller Shop im linken Verkaufsraumbereich
- sehr gute Erschließungsmöglichkeiten

Nachteil:
- zu enge Kassenlösung für die Größe des Verkaufsraumes.

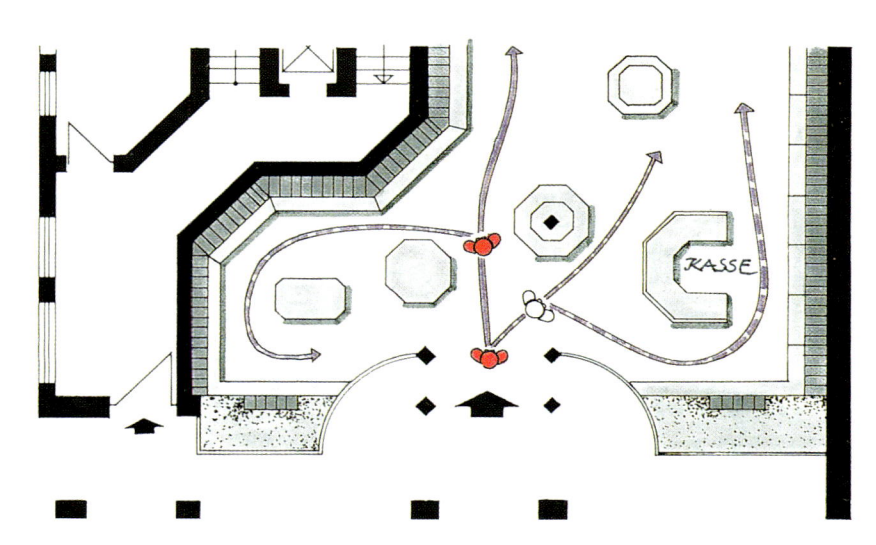

Grundriss 6
Im Eingangsbereich können jetzt nach vielen Verhandlungen die vier Säulen herausgenommen werden und durch zwei Pfeiler links und rechts vom Eingang ersetzt werden.
Runder, zentraler Eingang:
- die notwendigen Pfeiler aus der Arkade werden zur Einführungszeremonie genutzt
- die Rundung zum Eingang schafft eine stärkere Einbeziehung der Konsumenten in das Geschehen des Eingangsbereiches
- gute Einsicht in den Eingangsbereich und in den Markt
- Akzentuierung des Haupt-Kundenleitweges
- gute Beobachtungssituation der Kasse
- gute Übersichten.

11.4.4 Eingang: IV

Buchhandlung Gustav Matthias, Hameln
Planung: Wilhelm Kreft GmbH, Wedemark

Eine große, bedeutende Buchhandlung in dieser Region auf zwei Verkaufsebenen mit 285 m² im EG und 266 m² im OG, mit einer Fassadenbreite von nur etwa 7 m an der stark belebten Fußgängerzone.
Die unter Platznot leidende Buchhandlung braucht ein wirkungsvolles Gesicht nach außen.

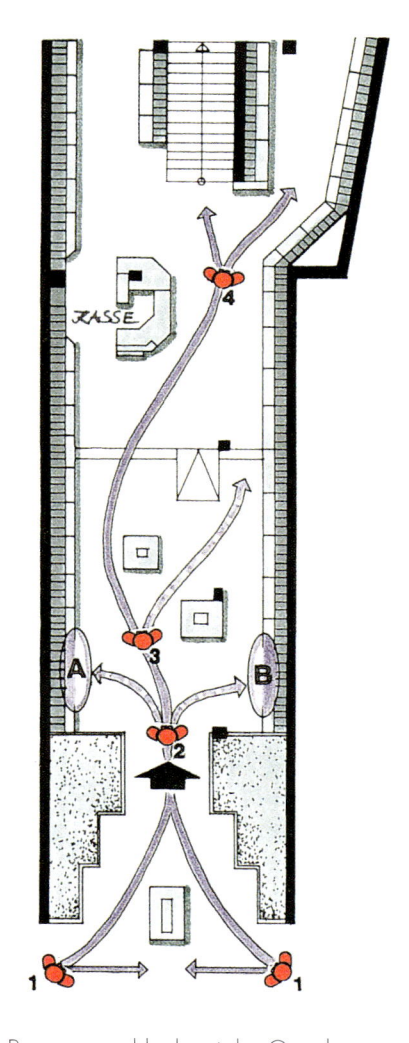

Grundriss 1
Der Bestandsplan:

- Eine Schaufenster-Passage
- automatische Türen
- mittiger Eingang
- rechts und links je drei Teilungen der Großfenster
- in der Mitte der Passage, im Zugang zur Passage, steht oft ein Büchertisch.

Die Passage schluckt viele Quadratmeter. Die Effektivität zwischen außen und innen fehlt. Der Eingangsbereich ist nicht gut einzusehen.
Der mittige Eingang entspricht nicht der Verkaufsraumsituation. Der Konsument muss zum Leitsortiment A gebracht werden. B gilt als Kontrast. Die Regalseite, die durch B erschlossen wird, wird durch eine Säulenformation, die zu dicht am Regal steht, behindert. Die Akzentuierung der rechten und linken Seite wird durch die mittige Eingangsführung erschwert.
Eine Versuchskette für eine neue Eingangsplanung ist erforderlich.

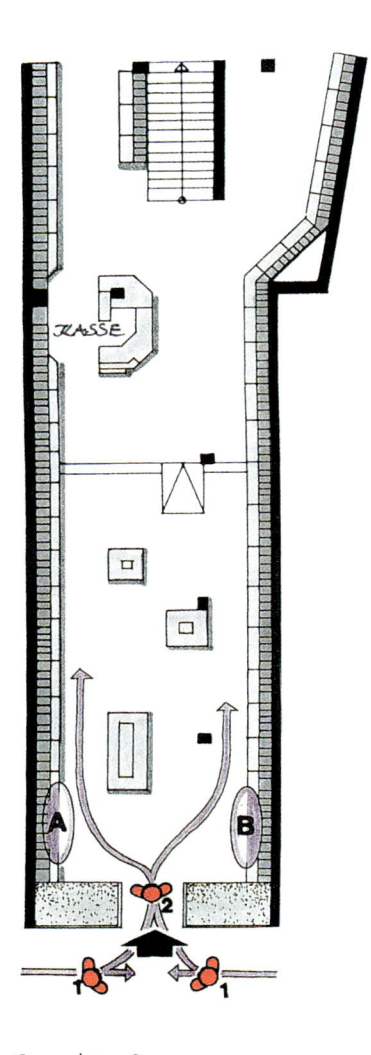

F   Kommunikationsmarketing: Die Einladung – Corporate Communications zur Unternehmenskommunikation

F 11   Fassade und Eingang

Grundriss 2
Die Ausgangslösung:
Mittiger Eingang, geringere Fenstertiefen – zu brav – eine Lösung wie schon tausendmal.

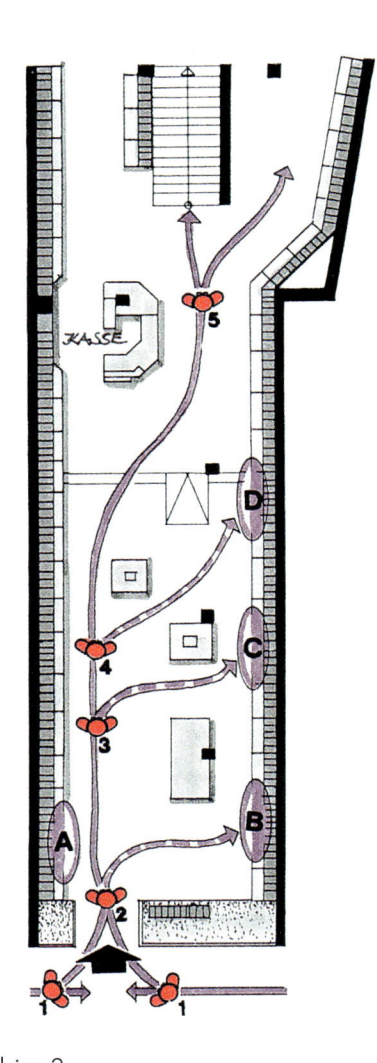

Grundriss 3
Eingang auf die linke, wichtigere Seite verlegt, schafft eine Verbesserung der Eingangssituation. Die Eigenprofilierung des Unternehmens fehlt.

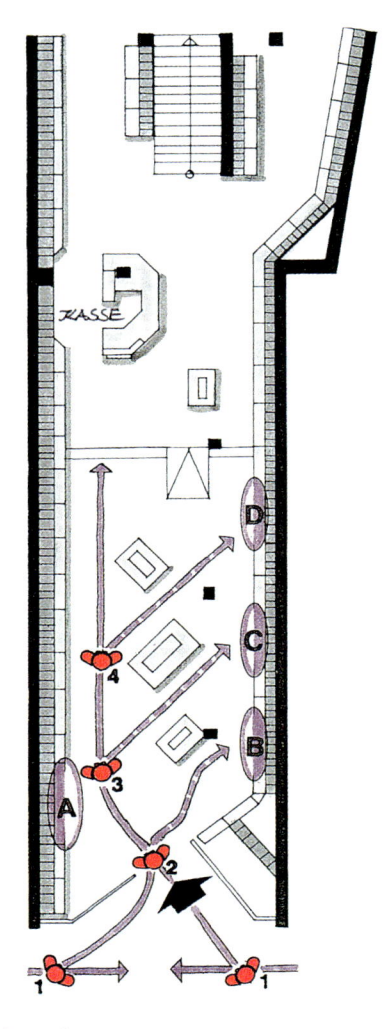

Grundriss 4
Diagonale Einführung
– das Warenleitbild A bringt eine gute Einführung
– Gegendiagonale für B, C und D
– vorteilhafte Nutzung des Eingangsbereiches
– gute Übersicht, Dynamik und Aktivierung werden hier sichtbar.
Eine Lösung mit klaren Prioritäten.
Ein aktiver Eingangsbereich.

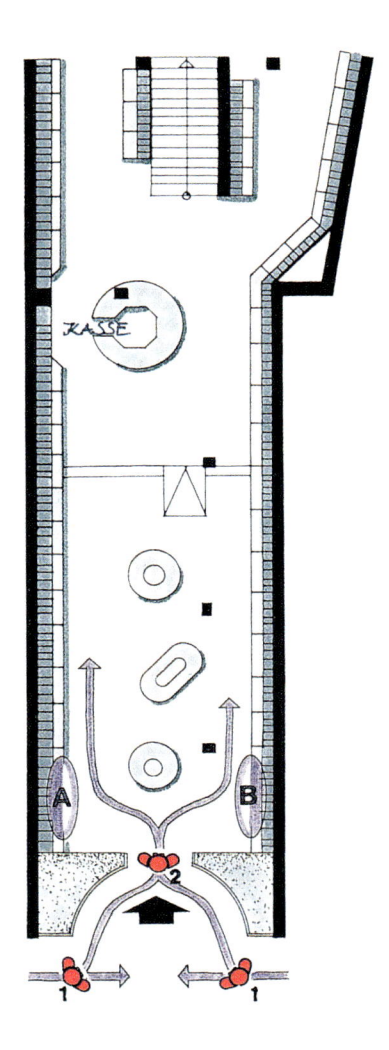

F11 Fassade und Eingang

Grundriss 5
Die Suche nach einer eigenwilligen, größeren Eingangslösung.
Eine Mittelprägung. Die Rundung wird bevorzugt, auch für die Innenmöbel des Eingangsbereiches. Unentschiedene Lösungen zwischen Warenleitbild A und B.

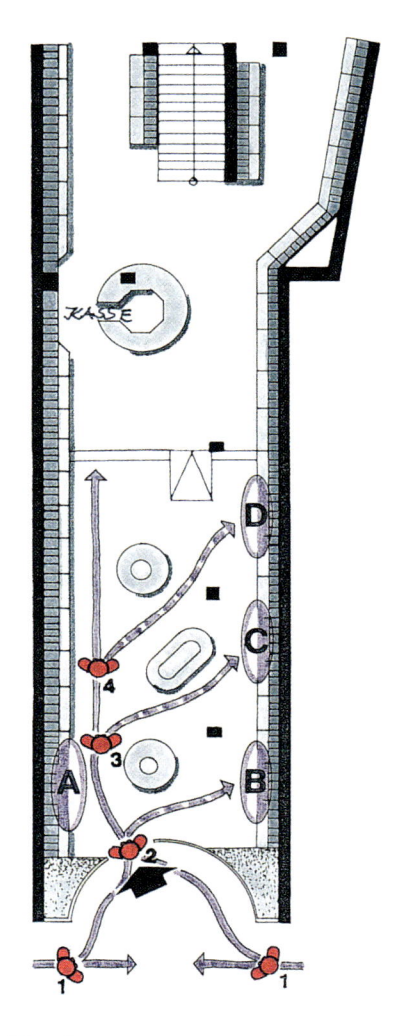

Grundriss 6
Wie 5.,
– jedoch deutliche Akzentuierung durch die diagonale Einführung auf das Warenleitbild A.
– Sonst wie 4., jedoch mit runden Möbeln, die eine besondere Attraktivität vermitteln und durch aktive Warenbilder eine höhere Beachtung durch das Umgehen der runden Möbel erhalten können.

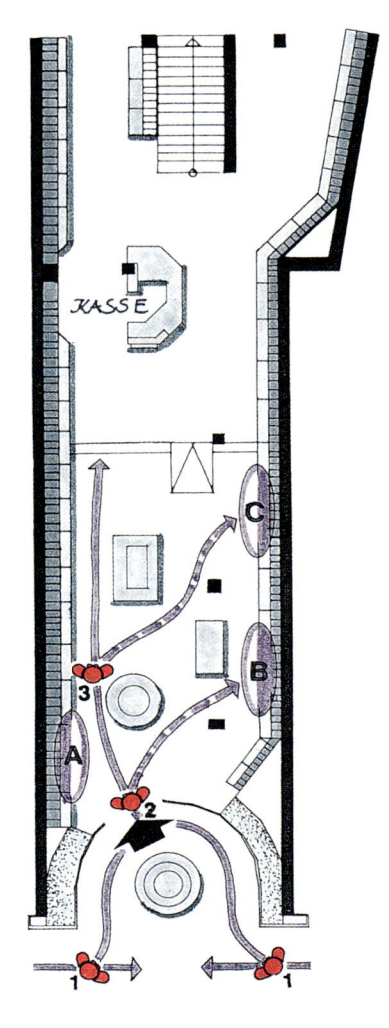

Grundriss 7
Wie 6.,
– die Rundung der Eingangspassage wurde in ein Oval verändert
– ein runder Ausstellungstisch für Sonderangebote entsteht in der Passage
– es bleibt viel Platz für Konsumenten. Der Eingang liegt nicht so weit vom Passantenstrom entfernt wie bei Grundriss 1
– höherer Schaufensteranteil
– mit diagonaler Raumerschließung
– Eingangslösung mit starker Eigenprägung.
Eine interessante Inszenierung für die attraktive Buchhandlung.

F   Kommunikationsmarketing: Die Einladung – Corporate Communications zur Unternehmenskommunikation

F11   Fassade und Eingang

11.4.5   Eingang: V

Buchhandlung Kehrein, Neuwied
Planung: Wilhelm Kreft GmbH, Wedemark

Beide Verkaufsräume im Erdgeschoss sollen zu einem großen Verkaufsraum zusammengelegt werden. Der Verkaufsraum im Obergeschoss wird aufgegeben, damit entfällt die Treppe im Verkaufsraum.

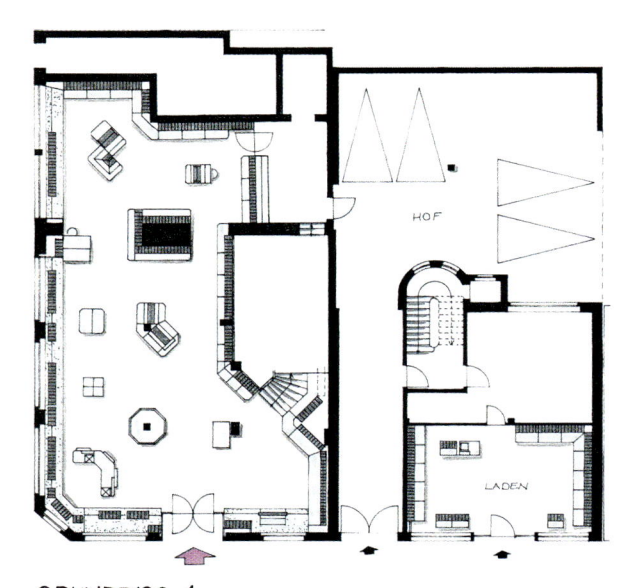

GRUNDRISS 1

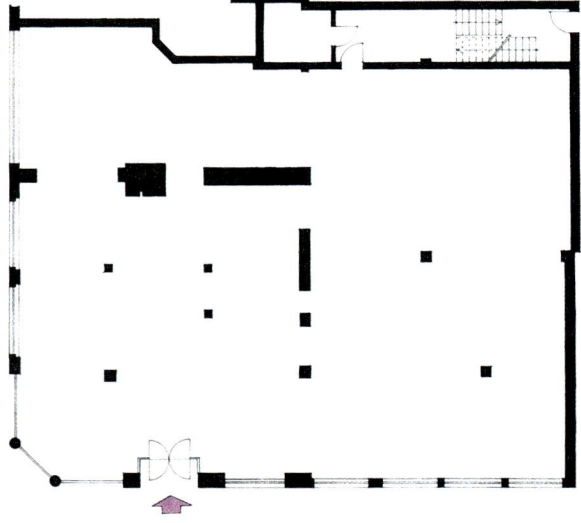

GRUNDRISS 2

Für den großen Verkaufsraum wird ein neuer Eingang gesucht.

Grundriss 1:
Die Ausgangs-Situation zum Beginn der Planung: zwei Verkaufsräume, dazwischen ein Hauseingang.

Grundriss 2:
Das Erdgeschoss ist aufgeräumt. Alles was heraus musste, wurde herausgenommen.

Planung:
Alle Wandscheiben und Pfeiler müssen stehen bleiben.

Die Eingangsplanung

Bewertungskriterien:
Wertung in Punkten von 0 – nicht akzeptabel bis 10 – ideal

Von außen nach innen:
1. Lage in der Fassade, Gestaltung, optische Wirkung, Unterscheidung zu Nachbarn, „natürliche" Lage des Eingangs
2. Verkehrsströme, Übergänge, vis-a-vis, Haltestellen, Straßencafés, Laufrichtung
3. Unterbringung von Outdoor-Möbel für Straßen- und Passagenverkauf, Vordächer, Eingangsnischen

Nach innen und von innen:
Kommunikation im Innenraum, Eingangsbereich, erster Kontakt zu den Tischen, Regalen und Warenangebot – **der Markt**, Kassen und Info von außen nach innen und von innen nach außen

Kundenleitweg – Beginn, Kundeneinfädelung, Informationsaufnahme, Ordnung – Erschließungsachse rechts, möglichst links – besser diagonal, Kontakt zu Säulen, Pfeiler, Wandscheiben, Standortbestimmung der Kasse

F11 Fassade und Eingang

Wertung

Planung A
Grundriss 3
Eingang Ecke

	Bewertung
Natürlicher Eingang	1 = 8
Diagonale Erschließung	2 = 5
Markt gut einsehbar	3 = 3
Wandscheiben gliedern	4 = 6
rechter Verkaufsraum versteckt	5 = 6
	28

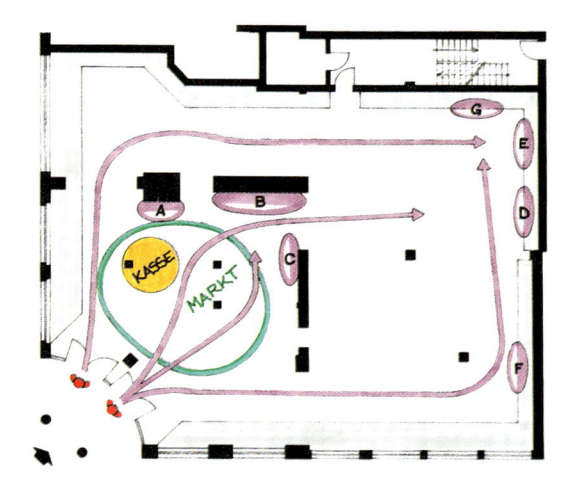

GRUNDRISS 3
PLANUNG A

Planung B
Grundriss 4
Eingang Mitte

Zentraler Eingang	1 = 1
Logische Erschließung beider Verkaufsräume über einen Eingang	2 = 5
	3 = 2
Gute Marktfläche	4 = 9
zwei Kassen	5 = 6
	30

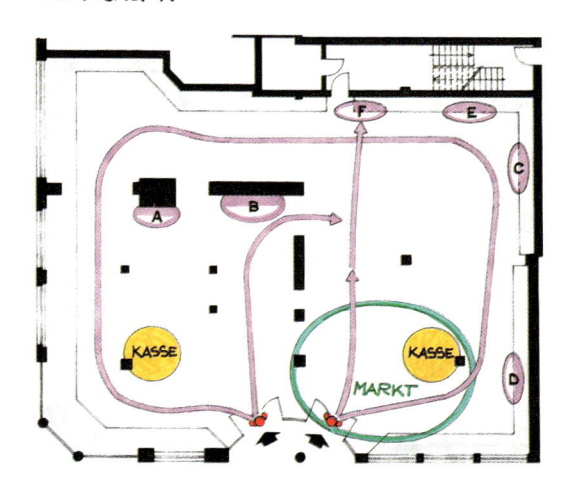

GRUNDRISS 4
PLANUNG B

Planung C
Grundriss 5
Eingang rechts

Ungewöhnlicher Eingang	1 = 9
Teilweise diagonale Erschließung	2 = 4
Ein großer oder 2 Märkte	3 = 3
gute Überwindung der Trennung zwischen den Verkaufsräumen	4 = 8
2 Kassen	5 = 5
	29

Diese Planung wurde nicht ausgeführt. Die Bauarbeiten erwiesen sich als nicht wirtschaftlich. Der Bauherr zog in ein anderes Gebäude.

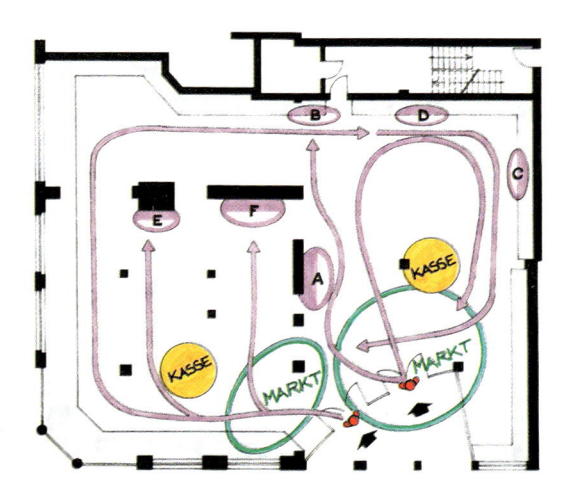

GRUNDRISS 5
PLANUNG C

F   Kommunikationsmarketing: Die Einladung – Corporate Communications zur Unternehmenskommunikation

F11   Fassade und Eingang

11.4.6   Eingang: Variation VI

Buchhandlung Decius, Hannover
Planung: Wilhelm Kreft GmbH, Wedemark

Die Buchhandlung Decius kann den Nachbarladen hinzubekommen. Für die mehrgeschossige Buchhandlung soll ein großzügiger Eingang entstehen.

Die Ecklage mit zwei wichtigen Straßen soll genutzt werden durch eine Passage, zwei Eingänge nebeneinander sollen von der Passage in die Buchhandlung führen.
Die Passage soll den Weg von der Karmaschstraße in die Marktstraße zur Markthalle abkürzen.
Hier werden die Tische aufgestellt mit einem Outdoor-Angebot.

Der Eingangsbereich: Die Grenze zwischen außen und innen wird aufgelöst.
Decius, Hannover
Design: Wilhelm Kreft GmbH, Wedemark

F11 Fassade und Eingang

Grundriss 1:
Zeigt die Situation vor dem Baubeginn, nach einem Brainstorming zwischen dem Bauherrn und dem Planer. Alle Ziele der Vereinigung der Verkaufsflächen sind fest gehalten.

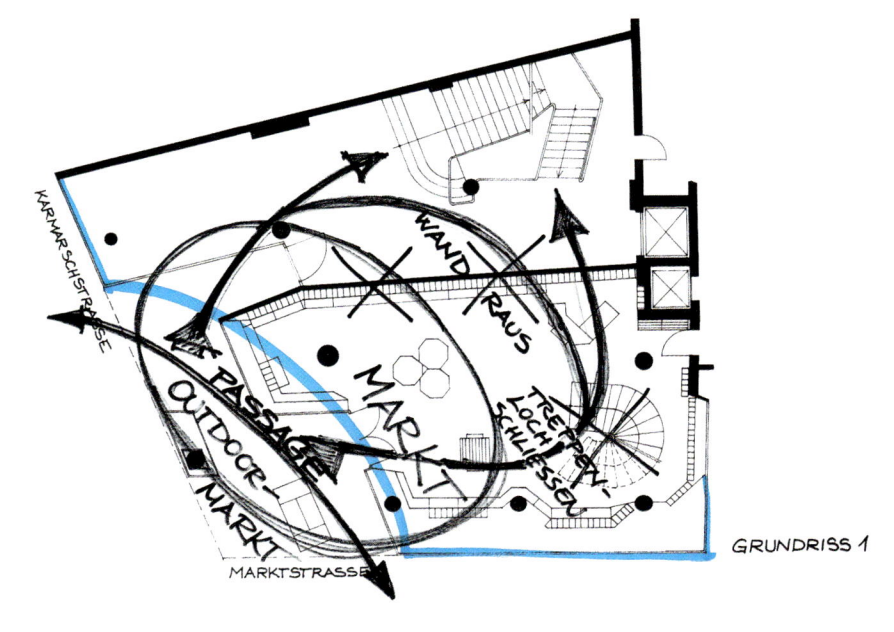

GRUNDRISS 1

Grundriss 2:
Das Ergebnis:
Zwei Märkte sind entstanden, außen und innen
Vier Highlights A, B, C + D sind entstanden und sichtbar für die durchgehenden Kunden von der Passage aus.
Der Treppenbereich zur weiteren Erschließung des oberen Geschosses ist deutlich sichtbar. (Highlight B)

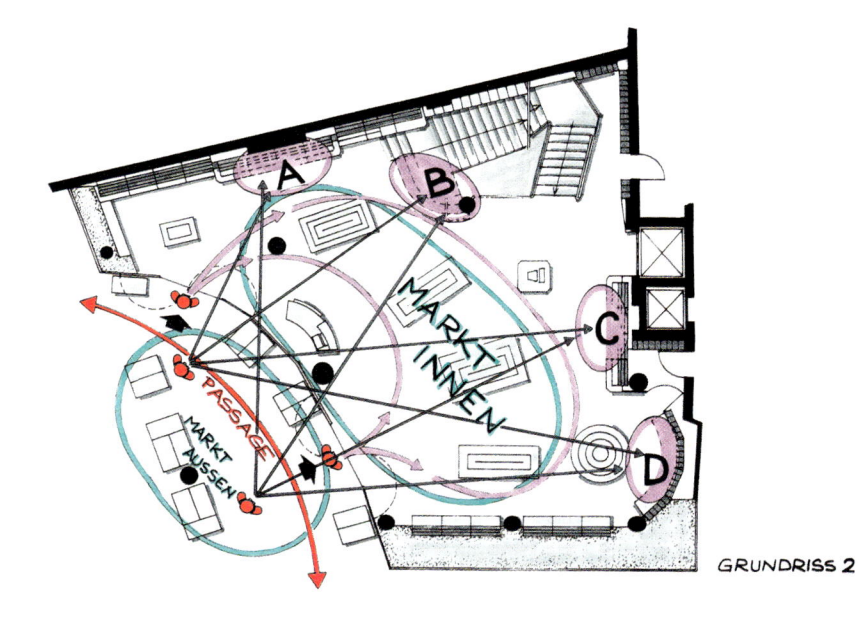

GRUNDRISS 2

Straßentische – Mittler zwischen außen und innen
Straßentische, das bedeutet Warenträger vor dem Verkaufsraum. Die Ware vor die Tür bringen, das bedeutet die Öffnung und Erweiterung des Verkaufsraumes nach außen. Straßentische können für Buchhandlungen in guter Lage wichtig sein. Das moderne Antiquariat hat schon einen festen Platz „auf der Straße".

F Kommunikationsmarketing: Die Einladung – Corporate Communications zur Unternehmenskommunikation

F12 Der Eingangsbereich

Der Eingangsbereich, diese so wichtige Zone am Beginn des Verkaufsraumes, auch als Vorladen oder Browsingbereich bezeichnet, braucht in der Ladenplanung eine besondere Aufmerksamkeit.

Der Konsument begrüßt es, wenn er den vorderen Bereich des Verkaufsraumes von außen überblicken kann.

Fast alle Verkaufsräume werden schon mit dem Blick durch das Schaufenster oder durch die Eingangstür für das Auge erschlossen. Das ist wichtig zur Überwindung der Schwelle.

Die besondere Werbewirksamkeit des vorderen Verkaufsraumbereiches durch den Einblick von außen und durch den aufmerksamen eintretenden Konsumenten muss genutzt werden für informierende Warenbilder.

Viele Eingangsbereiche leiden unter der Überlastung an zu viel Ware und zu viel Information, an niedrigen Deckenhöhen, an fehlenden Wänden, die Rauminformationen tragen könnten. Die Tiefe des Verkaufsraumes flackert undeutlich, das Auge findet keinen Halt.

Der planende Innenarchitekt muss sich darum bemühen, dass der Konsument Sicherheit bekommt und durch klare Informationen empfangen und geleitet wird.

Darum ist Folgendes zu erreichen:
- die „Schiene für den Kunden", den Kundenleitweg, eventuell schon den Loop aufbauen
- deutliche Rauminformation geben, auch für Info-Pools, Selbstbedienungs- und Marktbereiche, Kassen
- Übersichtlichkeit durch klare Tiefenstaffelung
- die Öffnung für eine größere Öffentlichkeit
- einen großzügigen Eingangsbereich, ohne Enge und ohne Stress. Erfolgreiche Unternehmen können gar nicht eng sein
- mehrgeschossige Verkaufsräume müssen sich auch im Eingangsbereich so zeigen. Bei Zweigeschossigkeit sollte der Blick aus dem Eingangsbereich nach oben beziehungsweise nach unten führen
- die Warenbilder und die Warenraumgestaltung im Eingangsbereich sollen eigenartig sein und nicht nur allgemein erwartete Angebote zeigen.

Es gilt, die beste Einführung mit der Leitidee über Warenleitbilder zu finden.

Auch das Platzieren der Ware vor dem Laden sowie der lückenlose Übergang des Gehwegpflasters in den Laden tragen zu einer Bewusstmachung bei, die zur Überwindung der Eingangsschwelle führt.

Alle diese Gedanken sind Kundenleitweg-Gedanken zum Eingangsbereich:
- zum Abbau von Hemmschwellen
- zum Aufbau einer Bewusstseinsschwelle
- zur Einstimmung auf die Verkaufsraumlogik
- zur Information über das Sortiment und über die Warenplatzierung
- zur Beachtung der Konsumenten am Eingang und Ausgang.

Fünf Funktionen muss der Eingangsbereich erfüllen:
- Der Kunde wird begrüßt und empfangen. Im Eingangsbereich muss der rote Teppich symbolisch, gestalterisch ausgerollt sein.
- Das Unternehmen muss sich vorstellen. Der Betriebstyp und die Betriebsform müssen für die Angehörigen der Zielgruppen definiert und von ihnen erkennbar sein.
- Die Wegführung für Konsumenten, der Kundenleitweg, muss vom Eingang her funktionieren. Alle Warenleitbilder und alle Informationen müssen darauf ausgerichtet sein.

Vier Pfeiler und eine Lichtdecke schaffen einen würdigen, selbstbewussten Eingangsbereich. Der runde Tisch mit dem Begrüßungsangebot findet hohe Beachtung.
Planung: Klaus Riesenbeck, Kreft Team
Realisierung: Wilhelm Kreft GmbH, Wedemark

F12 Der Eigangsbereich

- Das Eröffnungs- oder Begrüßungssortiment muss erkannt werden, auch in Form von Aktionen und aktuellen Angeboten.
- Die Verabschiedung der Konsumenten, die nicht nur in anspruchsvollen Fachgeschäften wichtig ist, sondern allgemein zunehmend an Bedeutung gewinnt, muss gewährleistet sein. Denn der Eingangsbereich ist auch Ausgangsbereich.

Das Management weiß, dass im Eingangsbereich fast jede Ware gut verkauft werden kann. Der Eingangsbereich wird darum oft zu voll gepackt und die Wareninformation leidet. Die geplante Profilierung des Unternehmens wird dann nicht mehr erreicht.

Neben den wichtigen Aktionen in diesem Verkaufsraumbereich – die vorteilhaft in kleinen Fachgeschäften oft nur hier durchgeführt werden können – besteht die wesentliche Aufgabe des Eingangsbereiches darin, den Konsumenten zu empfangen und ihn weiterzuziehen in andere Abteilungen. Der Kundenleitweg muss diese Aufgabe mit Warenleitbildern erfüllen.

Auf den ersten Quadratmetern muss das System der Kundenleitweg-Planung „erklärt" werden. Der Kunde muss die Chance haben, in wenigen Sekunden, praktisch im Vorübergehen, die Kundenleitweg-Logik zu verstehen.

Es gibt Eingangssituationen, in denen Leitsysteme nicht wirken können, weil der Eingangsbereich es nicht erlaubt, einen wesentlichen Teil des gesamten Verkaufsraumes zu überschauen. Das Kundenleitsystem muss dann hier durch deutliche Hinweise sichtbar werden. Das gilt besonders für mehrgeschossige Verkaufsräume, verstärkt dort, wo die geschossverbindenden Treppen vom Eingangsbereich nicht sichtbar sind oder nicht als geschossverbindend erkannt werden können.

Eingangsbereiche enden im Prinzip am Kassenbereich – ein weiterer Kontakt zwischen dem Innen und dem Außen des Verkaufsraumes, zwischen Nest und Höhle.

Als Orientierungshilfen sind Beschriftungen schwach, aber in manchen Fällen unerlässlich. Ein Leitsystem in einem Verkaufsraum ist noch nicht erreicht durch das Aufhängen von Wegweisern und durch die Einführung einer Beschriftung am Regal. Oft wird auf Hinweistafeln zu viel gesagt. Hinweisschilder sind keine Werbung für Waren. Je weniger Begriffe, desto besser kann der Konsument sie erfassen.

Bedeutung und Größe des Unternehmens zeichnen sich nicht durch die Menge der Hinweisschilder aus.

Wenn viele Begriffe gegeben werden müssen, dann muss man ordnen in ein Nacheinander von Informationen. Die Frage ist wichtig: Was kann der Konsument wo erfassen?

Große Verkaufsräume können durch eine grafische Darstellung gezeigt werden. Eine Aufteilung der Bereiche und Geschosse ist unerlässlich.

Große Displays an gut sichtbarer Stelle müssen die einzelnen Sortimentsbereiche der Geschosse aufzeigen. Der richtige Ort für die Unterbringung muss erprobt werden.

Es ist vorteilhaft, wenn bestimmte Bereiche des Verkaufsraumes Eigennamen haben, die besser klingen als „Obergeschoss" oder „Damen-Oberbekleidung".

Im Eingangsbereich braucht der Kunde deutliche Hinweise.
Konrad Wittwer, Stuttgart
Planung: Wilhelm Kreft, Reinhard Mann, Kreft-Team
Realisierung: Wilhelm Kreft GmbH, Wedemark

Der Eingangsbereich führt direkt in den Markt
Bücher Pustet, Regensburg
Planung: Kreft-Team
Realisierung: Wilhelm Kreft GmbH, Wedemark

Der ovale Tisch im Eingangsbereich für das aktuelle Angebot ist gut geeignet, wenn es eng wird.
Hubert Schlegl, Weiden
Planung: Klaus Riesenbeck, Gernot Premper, Kreft-Team
Realisierung: Wilhelm Kreft GmbH, Wedemark

Bei Breuninger in Stuttgart heißt die Abteilung für ausgefallene junge Mode „SUBWAY", für Tisch- und Bettwäsche „HARMONY" und die Herrenabteilung „INPUT".
Siehe das Kapitel:
F 10   Die Leithilfen

12.1   Rechts oder links erschließen?

Eine ganze Generation von Beratern schwor auf den Rechtsdrall. Man war der Ansicht, der Konsument ginge in die Tiefe des Verkaufsraumes immer eher auf der rechten als auf der linken Seite. In den Sechzigerjahren habe ich in einem Seminar einen Vortragenden gehört, der erklärte, dass die meisten Konsumenten, soweit sie Rechtshänder wären, die rechte Ladenhälfte bevorzugt aufsuchen würden. Die Konsumenten gingen in einem Selbstbedienungsladen auf der rechten Seite in die Tiefe und auf der linken Seite zurück, die dann nach der Kehre wieder die rechte Seite geworden ist.

Der Vortragende beschrieb den Rechtsdrall so: „Wenn man einen Menschen in der Sahara aussetzt – also in einem unendlichen Raum – ohne jegliche Orientierung und ihm sagen würde, in diese Richtung musst Du gehen, dann kommst Du nach 30 Kilometern zu einer Oase. Der Ausgesetzte würde, wenn er genau in die gezeigte Richtung läuft, rechts an der Oase vorbeilaufen. Sein Rechtsdrall wäre so groß, dass er, in der Meinung geradeaus zu gehen, immer eine Abweichung nach rechts haben würde."

Es ist bezeichnend, dass der Vortragende von einem orientierungslosen Raum sprach. Er gab damit sogleich die richtige Antwort: In einem orientierungslosen Verkaufsraum, dann, wenn die rechte und die linke Seite gleich aussehen, wird der Rechtshänder die rechte Seite bevorzugen und der Linkshänder die linke, vorausgesetzt, der Eingang liegt in der Mitte und bevorteilt keine Seite.

Hat man die Ladenplanung der Sechzigerjahre, insbesondere die SB-Läden vor Augen, dann weiß man, wie orientierungslos diese Läden waren. Der Rechtsdrall hat eine große Rolle gespielt. Stehen auf einem Tisch zwei Flaschen Wein mit gleichem Inhalt, wird der Rechtshänder höchstwahrscheinlich zur rechten Flasche greifen und der Linkshänder zur linken. Handelt es sich aber um eine Flasche Weißwein und um eine Flasche Rotwein, der Weißwein steht links und dem Rechtshänder ist klar, er möchte Weißwein trinken, dann wird er nach links greifen, weil der bestehende Rechtsdrall über die Entscheidung des Auges gestaltet wurde.

Was spricht für rechts

Heinz-Herbert Dustmann:

„Aufgrund der Tatsache, daß die meisten Menschen Rechtshänder sind und ein gewisser Rechtsdrall besteht, wird überwiegend der Linkslauf angestrebt, da so die Käufer sich immer wieder zum Regal hinwenden und beim Herausnehmen der Ware nicht über die Schulter greifen müssen. Da diese Art der Kundenführung den Einkauf erleichtert, hat sie eine positive Wirkung beim rationalen und rationellen Einkauf und insbesondere bei Gütern des täglichen Bedarfs, die gekauft werden müssen. Je strenger jedoch der Kundenfluss vorgeschrieben wird (Extrem-Zwangslauf), umso mehr verleitet er zum schnellen Durcheilen und umso weniger emotionelle Stimuli bietet er. Dadurch werden nicht nur die Verweildauer und Impulskäufe beeinträchtigt, sondern es kann sogar eine negative, nachhaltige Wirkung in der Einstellung der Käufer zu diesem Geschäft entstehen."

Was spricht für links?

Für die Buchhandlung bevorzuge ich die linke Seite zur Einführung in das Sortiment. Gerade für den eingetretenen Kunden ist die linke Seite viel einfacher zu erfassen, wenn man große Sortimente über Schriftfelder „klar" machen muss.

Nur an der linken Seite kann der Konsument die Beschriftung der Regale in gewohnter Weise von links nach rechts lesen.

Bücher und Zeitschriften sind links gebunden oder geheftet und sie werden auch mit der linken Hand gegriffen.

F12 Der Eigangsbereich

Eingangsbereich
Der Kundenleitweg zur Sortiments- und Raumerschließung:

Links:

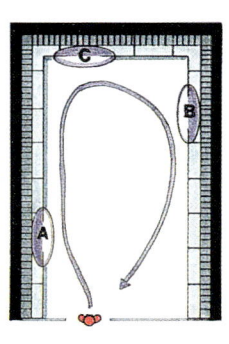

Rechts:

1. Der normale Kundenleitweg gestärkt durch Warenleitbild A und B.

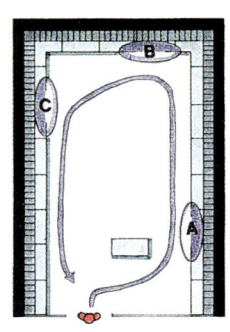

1. Starkes Warenleitbild A zieht den Kunden nach rechts und führt ihn rechts weiter nach B und C.
   – Ein Tisch stärkt den Sog nach rechts.

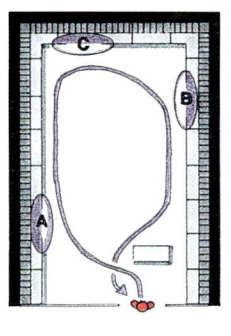

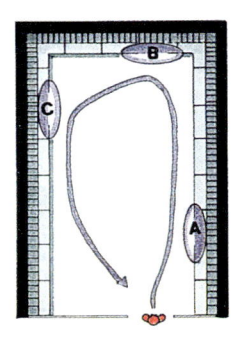

2. Starkes Warenleitbild A zieht den Kunden nach links und führt ihn weiter zu C und B. Ein Möbel, Tisch oder Kasse verbaut zusätzlich den normalen Weg rechts und drückt den Kunden nach links.

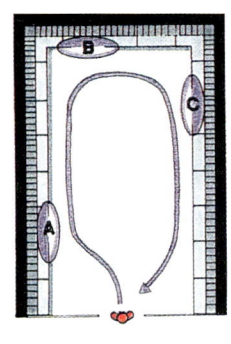

2. Der normale Kundenleitweg gestärkt durch Warenleitbild A und B.

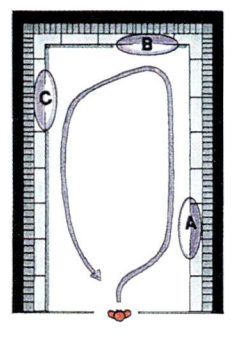

3. Starkes Warenleitbild A bringt den Kunden nach links und weiter zu B und C in den Loop.

3. Starkes Warenleitbild A bringt den Kunden nach rechts und weiter zu B und C in den Loop.

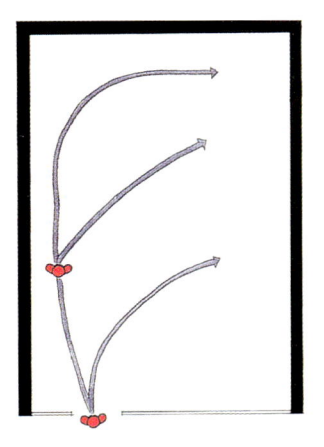

F   Kommunikationsmarketing: Die Einladung – Corporate Communications zur Unternehmenskommunikation

F 12   Der Eingangsbereich

Rechts oder links für eine Treppe
Die Treppe im Kundenleitweg:
Die optische Erschließung einer Treppe, die der Konsument seitlich erkennen kann.

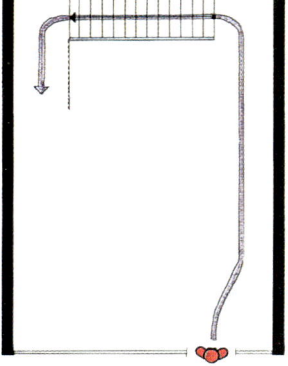

Nach links einführen, weil der Konsumenten nach rechts stärker tendiert.

1. Von rechts nach links aufsteigend:
die Treppe führt von oben nach unten.

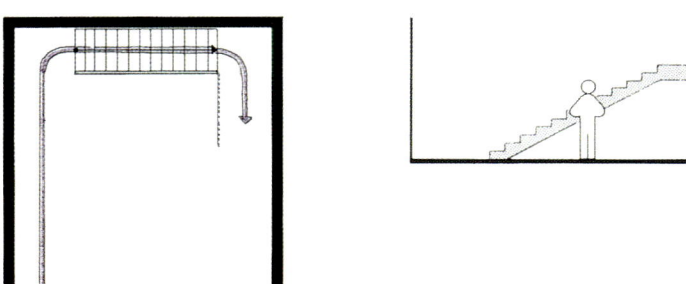

2. Von links nach rechts aufsteigend:
die Treppe führt von unten nach oben.

Wenn ich den Konsumenten links einführe, hat der, der nach rechts tendiert, die rechte Seite in der Beachtung, die linke Seite hat er direkt und groß zusätzlich vor sich.
Dieses Spiel funktioniert nur, wenn das Sortiment und damit die Warenleitbilder sich unterscheiden, sodass der Konsument klar informiert wird über die linke und über die rechte Seite und sich damit klar entscheiden kann.
Nach links einführen, weil der Konsument nach rechts stärker tendiert.

Ein Fazit für die Anwendung

Der Trend, nach rechts oder nach links zu gehen, hängt – so wird oft erklärt – davon ab, ob der Konsument Rechts- oder Linkshänder ist.
Ernst Peter Fischer spricht in „Mein rechtes und mein linkes Ich" von der rechten und der linken Gehirnhälfte, die Rechts- beziehungsweise Linkshändigkeit steuern.
Die rechte und linke Gehirnhälfte, jeweils zuständig für unterschiedliche Funktionen, ergänzen sich und finden zu einer ausgleichenden Balance. Dies überträgt sich meiner Ansicht nach auch auf die gesteuerte Rechts- oder Linkshändigkeit, auch auf den rechten und linken Sehkreis.
Die zwei Gehirnhälften sorgen nicht nur für „rechts oder links", sie haben noch eine weitere Dimension: Sie unterscheiden auch zwischen rational-ökonomisch oder gestalterisch-ästhetisch. „Rechts" oder auch „links" kann man rational begründen. Die Führung über Warenleitbilder als gestalterische Lösung, nach meiner Ansicht die Bessere, überspielt „rechts oder links" gestalterisch eindrucksvoll und gibt dem stärkeren Warenleitbild den Vorzug.
Der Konsument ist es inzwischen gewohnt, aufgrund der verbreiteten Planung „rechts" bei großflächigen Verkaufsräumen – insbesondere bei SB-Läden und Fachmärkten – die Rechtseinführung vorzufinden. Eine Gewohnheit ist entstanden!
Auf Fachgeschäfte trifft diese SB-gewohnte Rechtseinführung nicht zu. Die Linkseinführung als Besonderheit ist geradezu zu einem Statement für das qualifizierte Fachgeschäft geworden in der

idealen Verbindung der diagonalen Erschließung, die dann den auch hier bestehenden Rechtsdrall berücksichtigt.

Die Anwendung für die Ladenplanung:
- neunzig Prozent der Konsumenten neigen nach rechts
- wird der Konsument rechts eingeführt, so bleibt er mit seiner Neigung rechts – das gilt auch für Loopläden, bei denen die linke Seite nach dem Drehbereich zu einer rechten Seite wird – aber auch hier bleibt immer etwas „links liegen"
- vorteilhaft erscheint es, die Rechtsneigung als Sog für die Planung zu nutzen und den Konsumenten links einzuführen, damit er rechts den größeren Verkaufsraum findet
- den Kundenleitweg planen mit Warenleitbildern, die klare Orientierungen an den Konsumenten geben.

Daraus ist abzuleiten, dass in einem Laden mit Kundenleitweg und Warenleitbildern eine klare Orientierung entstehen muss. Der Konsument findet rechts und links ein anderes Angebot und er entscheidet sich „frei", ob er nach rechts oder nach links gehen will.

Der ladenplanende Innenarchitekt muss in der Lage sein, die Mehrzahl der Konsumenten in einem Verkaufsraum dort hinzubekommen, wo sie die beste Einführung in das Sortiment und in den Raum erhalten.

Der Innenarchitekt berücksichtigt einen Rechtsdrall oder Linksdrall in der Leitsystemplanung kaum, weil er mit einem Sortiment Bilder aufbaut, die in der Lage sind den Konsumenten mit optischen Mitteln zu führen.

Hierbei ist zu berücksichtigen, dass die Bilder sich optisch unterscheiden müssen und dass der Kunde vom Eingang weg einen idealen Blick in die Tiefe bekommt und damit den Überblick für ein großes, erschlossenes und geordnetes Sortiment.

Rechts oder links – wichtig ist, dass ein Kundenleitsystem entsteht und dass damit rechts und links sich deutlich unterscheidende Warenleitbilder entstehen, die die Konsumenten auch raumorientierend verstehen.

Die Konsumenten gehen nach rechts oder nach links, immer dorthin, wo etwas Interessantes gesehen wird.

Greifen wird man als Rechtshänder mit der rechten Hand. Dadurch wird immer dann, wenn keine Informationen in der Auswahl zwischen rechts und links entstehen, die Neigung, nach rechts zu greifen und zu gehen größer sein als nach links.

Wenn das so weit feststeht und in den Ladenplanungen darüber diskutiert wird, dann müssen auch die Folgerungen richtig angewandt werden. Denn wenn man weiß, dass der Konsument eher geneigt ist, nach rechts zu gehen, dann muss zur vorteilhaften Nutzung die Eingangstür auf der linken Seite eingebracht werden. Dann hat der Konsument die linke Seite nah, zum rechten Raumteil, zu dem er tendiert, hat er einen guten Überblick.

Informationsstarke Warenleitbilder sind sicher und erfolgreich und stehen in der Beachtung der Konsumenten über „rechts oder links".

F Kommunikationsmarketing: Die Einladung – Corporate Communications zur Unternehmenskommunikation

F12 Der Eingangsbereich

12.2 Rechts oder links planen Buchhandlung, Papierwaren und Reisebüro

Werner Grüttefien, Varel
Planung: Kreft, Wedemark

Sowohl Papeterie als auch Reisebüro und Buchhandlung verfügen über separate Eingänge A, B und C.
Die Verkaufsraumbereiche, die sich über die Eingänge A und B erschließen, sind Alt-Bestand. Der Verkaufsraumbereich, der über den Eingang C erschlossen wird, kommt neu hinzu und liegt in einem anderen Gebäude. Beide Gebäude werden nur durch einen schmalen Durchgang verbunden. Das fördert zum einen die separaten Bereiche, aber der wichtige Durchgang braucht eine starke Beachtung für die Verbindungen im Verkaufsraum.
Der Eingang A liegt direkt an einem Parkplatz.
Der Eingang B in einer Nebenstraße wird als mittlere Zuführung betrachtet, mit nahezu ausschließlichem Reisebüro- und Buchclub-Zugang.
Der Eingang C in der Fußgängerzone ist der wichtigste Eingang.
Die Kundenleitweg-Planung muss deshalb für die Neuplanung vom Eingang C erfolgen und den Eingang A mit erschließen für den Durchgang vom Parkplatz, damit im Verkaufsraum eine Passage entstehen kann.

Ist der Verkaufsraum durch einen Haupt-Kundenleitweg rechts oder links zu erschließen?
Das war die Frage und erforderte eine weitgehende Diskussion. Aus diesem Grunde wurden zwei Kundenleitweg-Planungen vorgestellt: rechts und links!
In der Mitte der Fassade zu Eingang C befindet sich ein Pfeiler, der bleiben muss. Dieser verbietet einen mittleren Eingang, weil sonst der Pfeiler den Eingang optisch schließt. Ein entsprechend breiter Eingangs-Trichter musste vorgesehen werden und der kostet Schaufensterfläche.

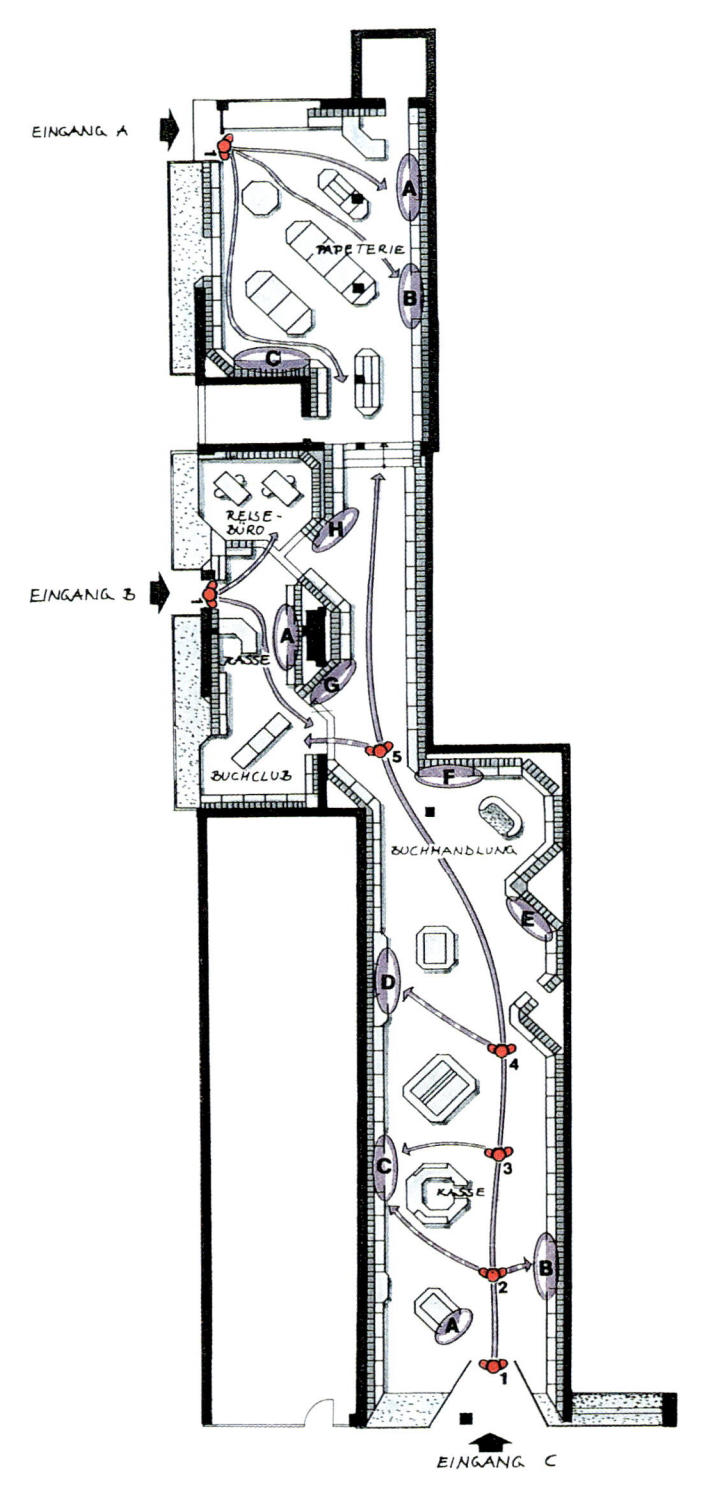

Lösung A: Eingang rechts

F12 Der Eigangsbereich

Rechts neben dem Eingang C befindet sich über die Verkaufsraum-Fassade hinaus eine Vitrine, eine Weiterführung des Schaufensters in gleicher Art.

Lösung A: Eingang rechts
Lösung B: Eingang links

In den Lösungen A und B wurde der Eingang nach rechts beziehungsweise nach links von der Säule geplant und damit der Kundenleitweg rechts oder links vorbestimmt.
Die Unterscheidungen in den Innenmöbeln haben keinen direkten Einfluss auf eine rechte oder linke Erschließung. Sie stellen eine Variation dar. Wichtig für die Beurteilung „rechts" oder „links" ist allein die Tatsache – bei Lösung A – ob der Hauptblick in den Raum hinein durch das Warenleitbild F gefangen wird und der Konsument dann nach links in die Passage zur Papeterie gebracht wird oder ob der Konsument bereits – bei Lösung B – durch den Eingang in die Tiefe des Ladens schauen kann und sich im linken Kundenleitweg auch nach rechts orientiert, um die einzelnen Warenleitbilder übersehen zu können.

In der Lösung B wird dem Rechtsdrall gehorchend ein interessantes wechselvolles Spiel zwischen dem Naheindruck links und der Fernwirkung der Warenleitbilder rechts entstehen. Links wird mit den Schnell-Informationen an Ware über die sehr effektiven Leitbereiche A und B der Sog in den linken Weg gegeben.

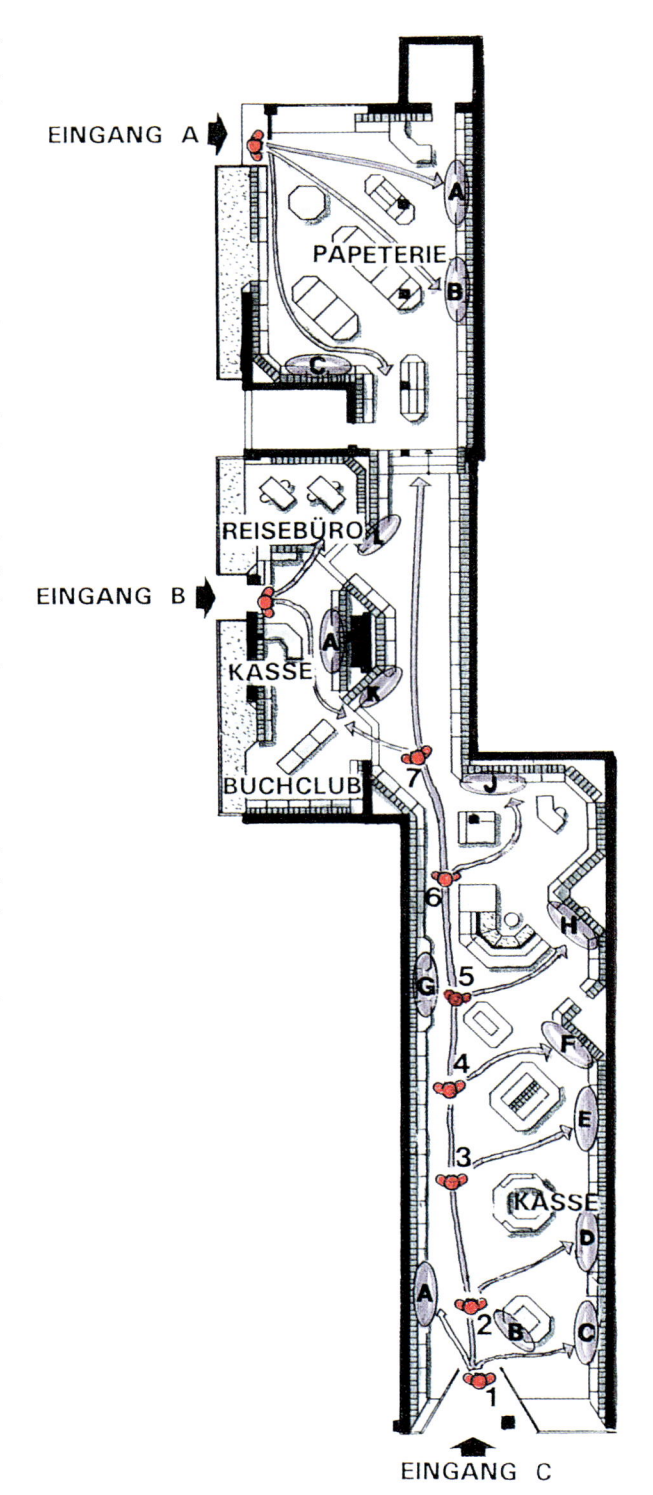

Lösung B: Eingang links

12.3 Die Macht der Diagonale

Die Raumerschließung über die Diagonale ist kein Kompromiss für den Fall, dass man sich nicht entscheiden kann zwischen einer linken, rechten oder mittigen Einführung.

Die diagonale Einführung ist immer eine künstliche, eine warenraumgestalterische Lösung.

Die diagonale Einführung ist nur dann wirkungsvoll, wenn sie „stark" und damit „strategisch" gewollt ist sowie planungstechnisch voll durchgezogen und in der Nutzung verstanden und eingehalten wird. Die diagonale Einführung – eine neue Dimension!

Den Konsumenten in einem Gebäude mit vorgegebener Raumordnung im 90-Grad-Winkel-Grundriss auf etwa 45 Grad zu drehen, ist ungewöhnlich. Die Ladenplanung braucht das Ungewöhnliche auch in der strategischen Raumerschließung. Viel zu oft wird noch normal geplant. Eine Änderung der gewohnten Einführungswege muss Gründe haben, die diese Lösung konsumentenverständlich logisch machen. Diagonal als ungewöhnliche Erschließungsform allein ist nicht ausreichend.

Die neue Sehweise, anders sein als die anderen, muss mit einer besseren Raumnutzung verbunden sein.

Ein Fliesenmuster nicht wandparallel, sondern diagonal zu verlegen, bewirkt Aufmerksamkeit, gibt eine neue Rauminformation. Mit diagonal gestellten Innenmöbeln erziele ich aber erst einen Nutzen, wenn ich den Konsumenten auf diagonale Durchblicke zu neuen Warenleitbildern aufmerksam machen kann.

Die diagonale Erschließung des Raumes ist immer dann sinnvoll, wenn sie eine Antwort findet im Sortiment. Konsumenten spüren die Diagonale nur beim Eintritt in den Verkaufsraum. Der diagonal eingeführte Konsument erfährt auf den ersten Metern im Verkaufsraum mehr Information unter weniger Stress und spürt deutlicher den Sog in die Tiefe des Verkaufsraumes.

Die Macht der Diagonale liegt in der Erweiterung des Sehfeldes für den Konsumenten. Die Diagonale schafft gerade im Eingangsbereich die bessere Übersicht, Einführung über Innenmöbel zur Wegführung des Kundenleitweges über Regale und Treppen.

Diagonale Einführung, wo immer es möglich ist!

Frontale, seitliche oder diagonale Kommunikation

Das Raumdurchschreiten zur Erschließung des Sortimentes. Drei Kontaktmöglichkeiten zwischen Konsument und Mitarbeiter, ebenso zwischen Konsument und Ware.

- Frontaler Kontakt:
  Direkter, kürzester Weg, schneller und klarer, eher ein machtvolles Nähern
- Seitlicher Kontakt:
  Undeutlicher, Umweg, verzögern und täuschen, eher ein verlegenes Nähern
- Diagonaler Kontakt:
  Bewusst, überlegter Weg, anerkennend und höflich, eher ein humanes Nähern
- Die diagonale Kontakteröffnung harmonisiert die Beziehung

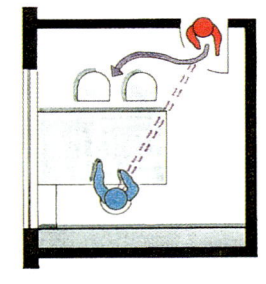

- Die sofortige direkte Konfrontation (Überrumpelung) wird vermieden
- Nach dem diagonalen Augenkontakt folgt die höfliche Aufforderung, Platz zu nehmen
- Die Partner haben genügend Zeit, sich durch Augenkontakt aufeinander vorzubereiten

F12 Der Eigangsbereich

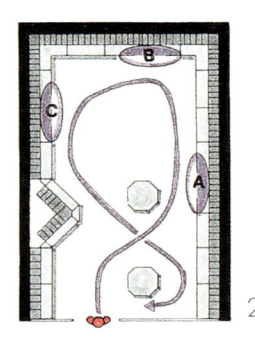

Den Eingangsbereich diagonal erschließen

1. Diagonale Einführung zu Warenleitbild A, Hauptkundenleitweg diagonal durch eine Tischformation erreicht.
2. Die Regalwand links mit Faltung stärkt den Kundenleitweg zum Warenleitbild A. Auf dem Rückweg nach C bringt die Faltung der Regalwand links den Konsumenten wieder auf die rechte Regalseite.
3. Der diagonal gesetzte Eingang bringt ideale Voraussetzungen für eine diagonale Raumerschließung.

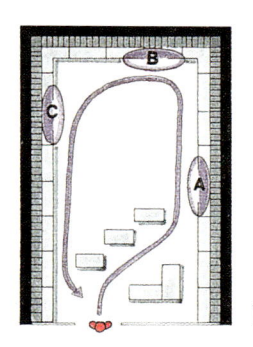

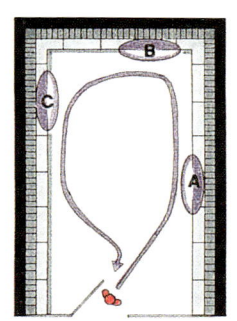

F Kommunikationsmarketing: Die Einladung – Corporate Communications zur Unternehmenskommunikation

F 12 Der Eingangsbereich

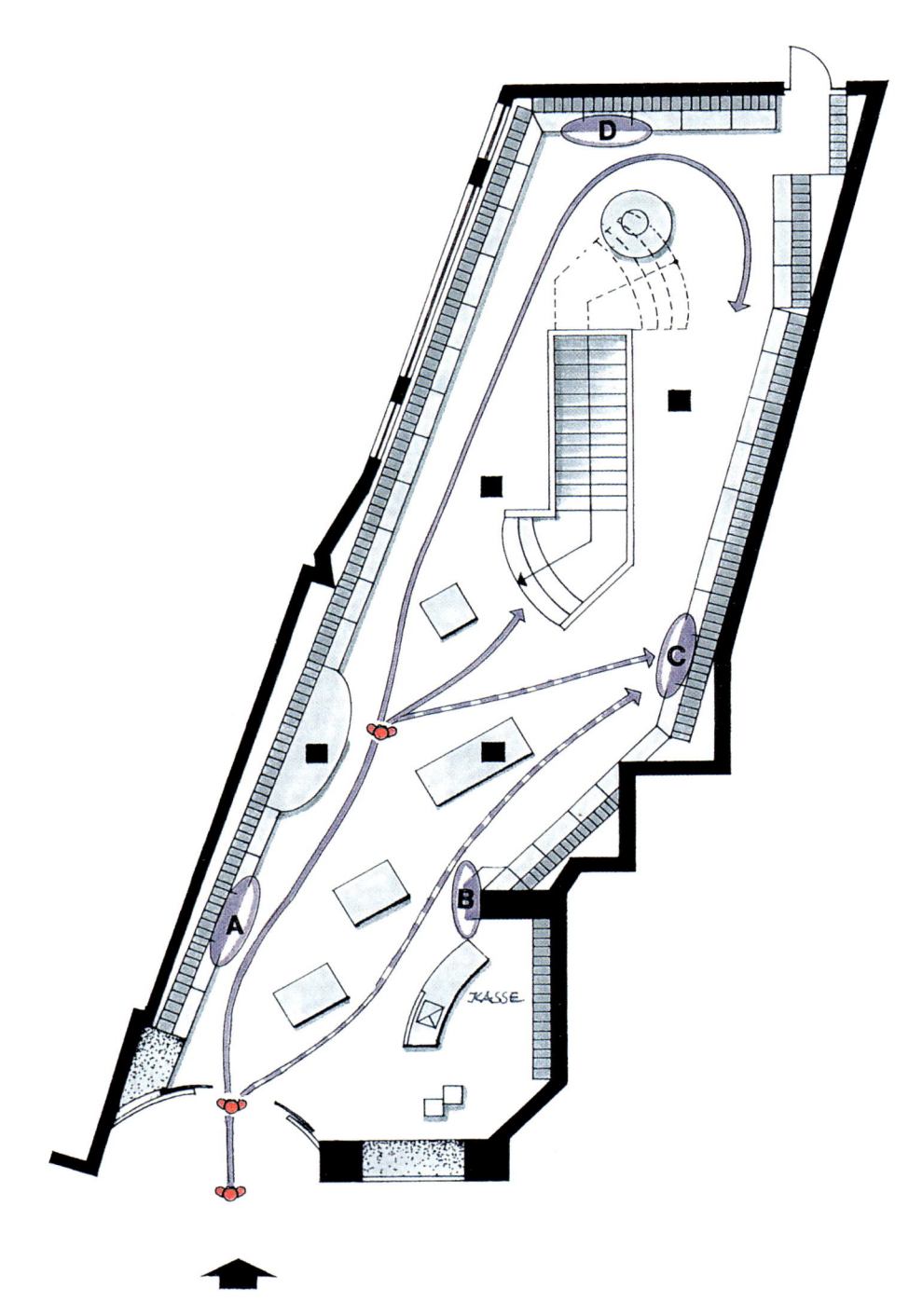

12.4 Eingangsschräge

Academic Bookshop Blackwell, Bristol/GB
Planung: Wilhelm Kreft GmbH, Wedemark

Eine links vom Eingang stehende schräge Einführungswand ist ein Geschenk. Eine natürliche diagonale Erschließung ergibt sich über die linke Wand.
Dieses Geschenk gilt es, zu nutzen und den Eingang entsprechend zu platzieren, sodass eine direkte, gute Sicht in die Warenleitbilder der Schrägwand erfolgen kann.
Die Einführung in das Sortiment ist so stark durch die Schrägwand geprägt, dass die gegenüberliegende Wand kaum Beachtung erfährt. Das muss berücksichtigt werden, wie hier in dieser Planung durch die Aufstellung der Kasse oder durch die Platzierung von Pflichtsortimenten, die durch die Warenleitbilder B und C eröffnet werden.
Der Sog in die Tiefe durch das Warenleitbild A mit dem Sog des auf Fernwirkung abgestellten Warenleitbildes D ist geradezu optimal. Dennoch muss auch hier der Dreheffekt vor D Berücksichtigung finden, denn ein Loop muss entstehen.
Dieser Eingangsbereich durch die ideale Schräge hat den Auftrag, für eine große akademische Buchhandlung zu werben, die sich im Untergeschoss befindet. Die Kunden müssen über eine wirkungsvolle Treppe mit Podestflächen in das Untergeschoss eingeführt werden. Die Gestaltung der Treppe, in der ebenfalls ein diagonaler Einstieg wirkt, soll wie ein Trichter ansaugen und zu einem ungewöhnlich großen Sortiment im Basement führen.

12.5 Diagonal planen

Buchhandlung Horstmann, Bremen
Planung: Wilhelm Kreft GmbH, Wedemark

Die Filiale der Buchhandlung Horstmann aus Delmenhorst soll neu geplant werden.

Siehe das Kapitel zum gleichen Projekt mit ausführlichen Abbildungen:
F 7.3   Die Warenleitbilder planen
           Horstmann, Bremen

Mit der Planung der erforderlichen Warenleitbilder ist auch der Kundenleitweg als Loop geplant worden.

Grundriss 1
Der Verkaufsraum vor Planungsbeginn
Der Verkaufsraum sollte vor allem größer wirken und großzügiger angelegt werden – die Wirkung von Warenleitbildern in einem Loop.
Die Erschließung aus dem Hauptgang des Einkaufszentrums von der Fahrtreppe aus im öffentlichen Bereich vor dem Verkehrsraum wurde wichtig. Der Treppenausgangspunkt und die Mitte des Eingangs ergeben eine Diagonale. Dieses war ein wesentlicher Grund dafür, dass dem Unternehmen eine diagonale Erschließung vorgeschlagen wurde.

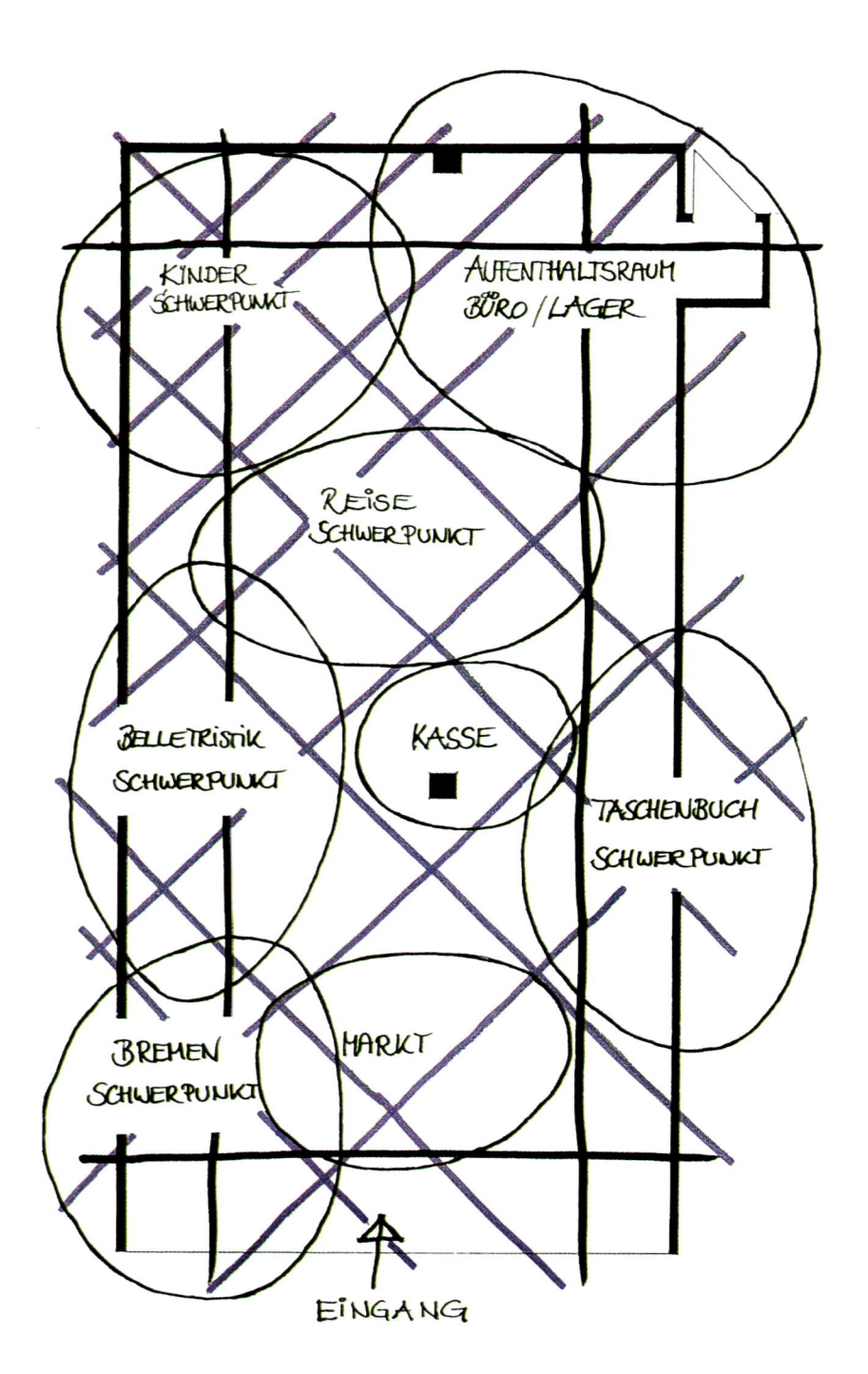

F Kommunikationsmarketing: Die Einladung – Corporate Communications zur Unternehmenskommunikation

F 12 Der Eingangsbereich

Grundriss 2
zeigt das Raster aus der Geraden der Wände und der Diagonalen der Kundenleitwege und der sich daraus ergebenden Gegendiagonalen. In den Grundriss wurden die Schwerpunkte – wie die Kasse, der Aufenthaltsraum, Büro und das Lager – platziert. In diesem diagonalen Netz entstanden die Verkaufsraumbereiche und die Warenplatzierung.

F12 Der Eigangsbereich

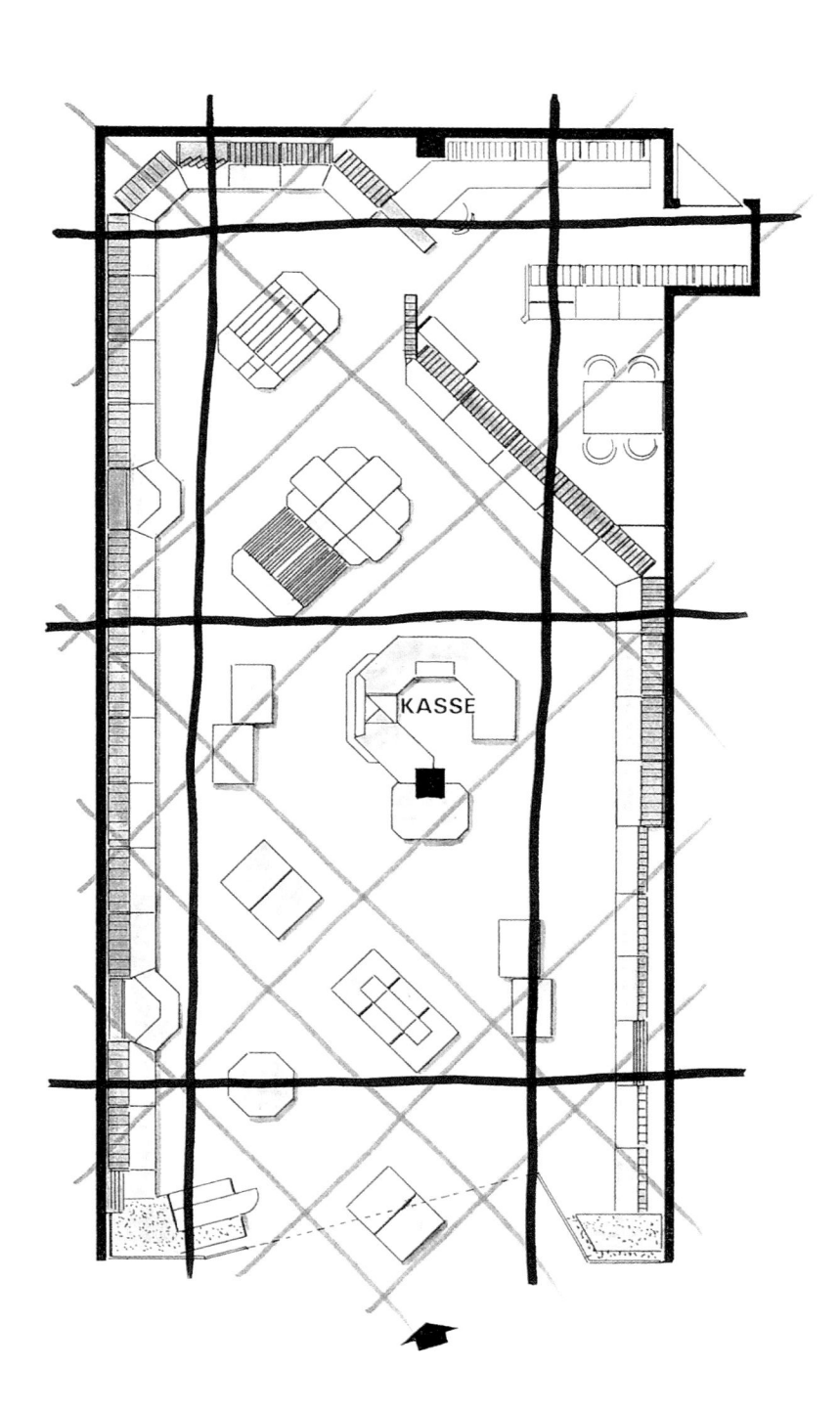

Grundriss 3
Im diagonalen Raster werden die Warenträger eingebracht.

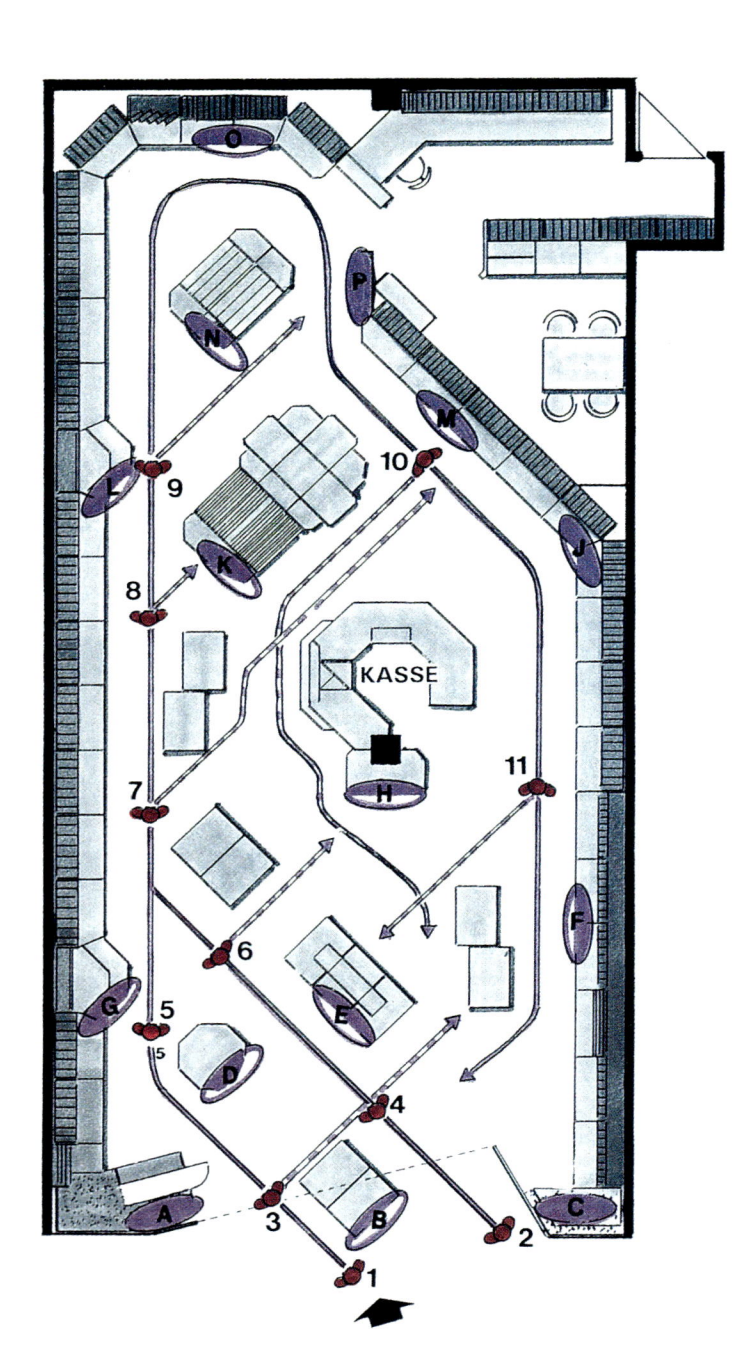

F   Kommunikationsmarketing: Die Einladung – Corporate Communications zur Unternehmenskommunikation

F12   Der Eingangsbereich

Grundriss 4
Der Kundenleitweg, der als Loop angelegt wurde. Die Planung der Warenleitbilder erfolgte exakt in der diagonalen Erschließung, die auch die linke Einführungswand, aus beiden diagonalen Einführungslinien – 1 und 2 – erreicht. Hier wurden die Warenleitbilder G und L geschaffen, um die lange Einführungswand zu unterbrechen und auf besondere Warenleitbilder mit besonderen Sortimenten hinzuweisen. Gleichzeitig sollte ein Schwenk erfolgen, um einen Orientierungspunkt zu ermöglichen mit Blick auf die Warenleitbilder der rechten Seite.

F12 Der Eigangsbereich

12.6 Diagonal erschließen

Bücherstube am Dom, Köln
Planung und Design: Wilhelm Kreft GmbH, Wedemark

Die Buchhandlung mit Erdgeschoss, Empore und Untergeschoss ist praktisch dreigeschossig. Der Auftrag für die Ladenplanung bestand darin, den idealen Platz für eine Treppe zu suchen, die sowohl die Empore als auch das Untergeschoss erschließt und wirkungsvoll von außen eingesehen werden kann. Die dicken Pfeiler in der Mitte des Erdgeschosses verstecken viel von der Treppenanlage, die nur im hinteren Bereich des Verkaufsraumes möglich ist, denn nur dort liegen Empore und Untergeschoss.
Es wird ein logischer Kundenleitweg zwischen Eingang und Treppe gesucht, der in der Lage ist vom Eingang weg eindeutig zur Treppe zu führen. Kasse und Info werden dann an den Kundenleitweg herangeführt.
Erschwerend kommt hinzu, dass das große Untergeschoss quer zum Eingangsbereich liegt und damit eine andere Raumrichtung aufweist als das Erdgeschoss. Die diagonale Treppeneinführung kann hier vermitteln.
Die Entscheidung fiel auf den Eingang rechts, weil er zum alten Standort „Neumarkt" zeigt und weil vermutet wird, dass vom Neumarkt die meisten alten Kunden kommen werden. Die Kunden sollen von hier mit einem leichten Schwenk in den diagonalen Eingang Laden eingeführt und diagonal zur linken Einführungsgeraden gebracht werden.
Der Eingang rechts und die Einführungswand links ergeben die diagonale Einführung mit dem Passieren von Eingangsbereich und Marktbereich, danach der Kassenbereich und der Treppenbereich.
Die Treppe selbst wurde sowohl nach oben zur Empore als auch nach unten in das Untergeschoss in einer Gegendiagonalen angelegt. Der Haupt-Kundenleitweg erhielt so eine Diagonale, eine Gerade und eine Gegendiagonale. Warenleitbilder steuern über massive Säulen, überschaubare, transparente und variable Innenmöbel den Loop über Markt und im Kassenbereich in den Treppenbereich.

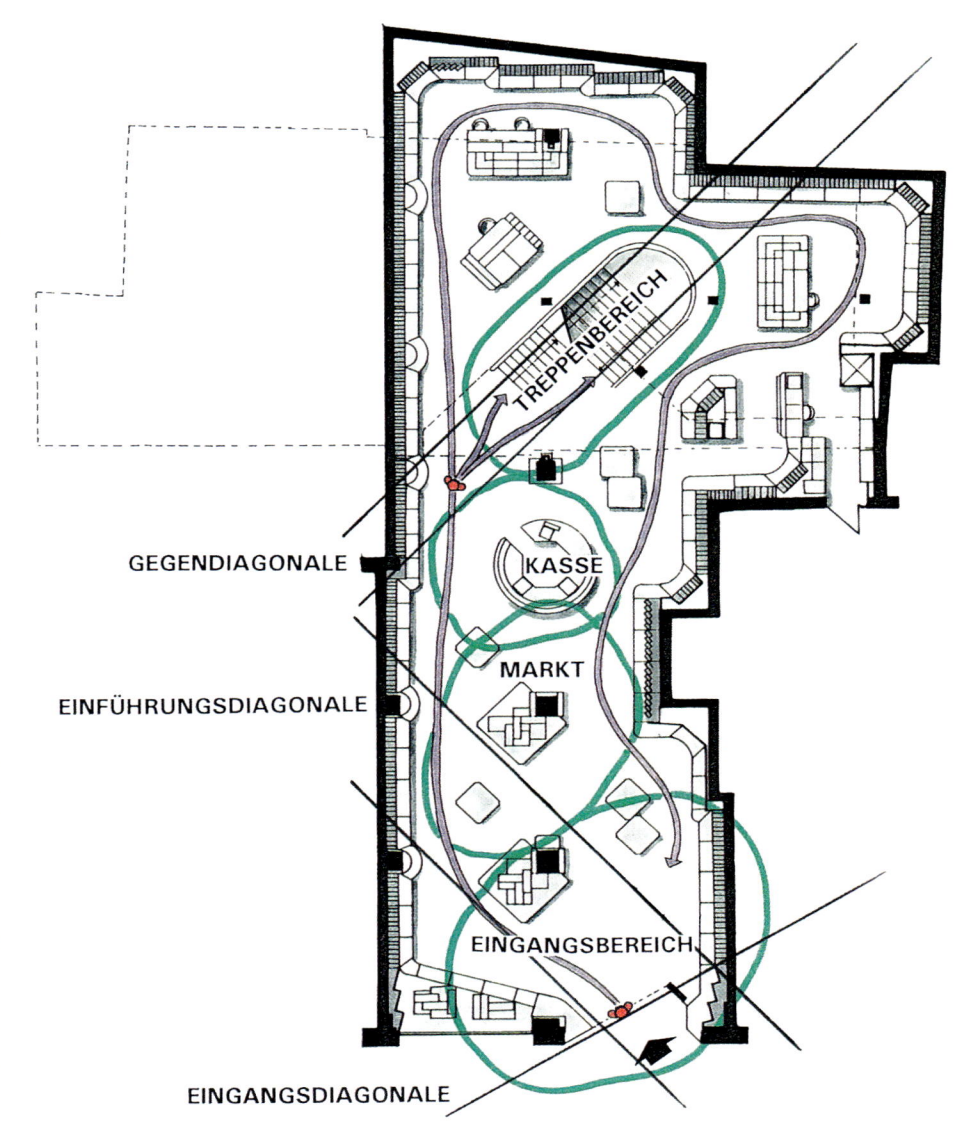

Der diagonale Eingang von der Zeppelinstraße

F   Kommunikationsmarketing: Die Einladung – Corporate Communications zur Unternehmenskommunikation

F12   Der Eingangsbereich

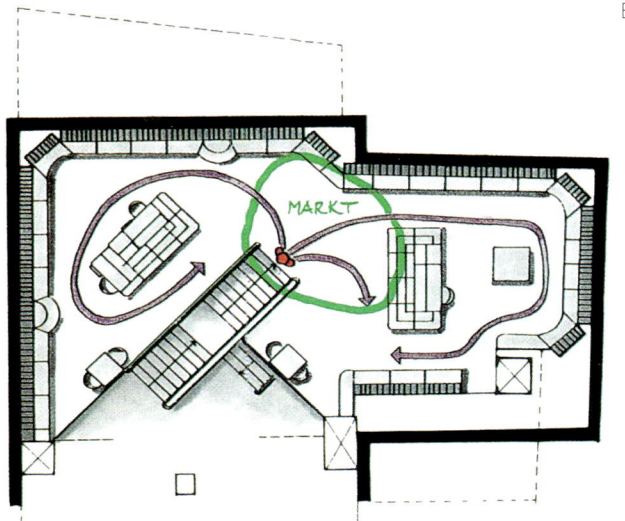

Bücherstube am Dom, Köln

Erdgeschoss:
Nach Passieren des Kassenpools bietet sich primär die diagonale Emporen-Treppe der Gegendiagonalen an und die Treppe zum Untergeschoss wird sichtbar

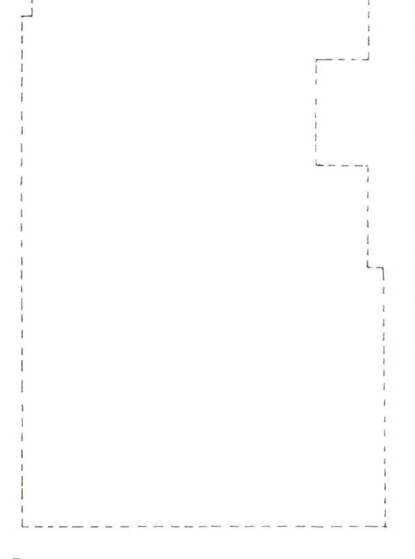

Empore

Erdgeschoss:
Die Treppen nach oben zur Empore und nach unten mit Blick in das Untergeschoss

710

F 13 Der Markt

8. Weit auseinander gezogene Warenbilder führen zu Schlangenlinien.

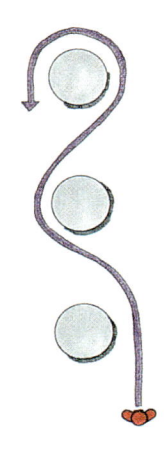

10. Um runde Tische geht man herum.

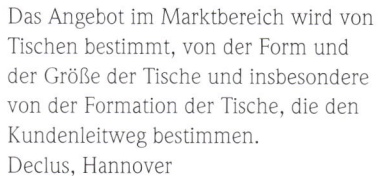

Das Angebot im Marktbereich wird von Tischen bestimmt, von der Form und der Größe der Tische und insbesondere von der Formation der Tische, die den Kundenleitweg bestimmen.
Declus, Hannover
Design: Kreft, Wedemark
Mitarbeiter: Burkhard Weinges

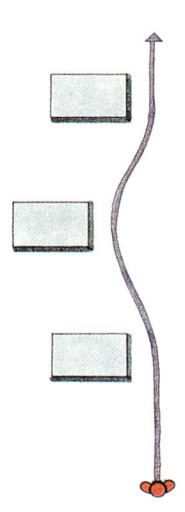

9. Ein eingerückter Tisch zieht den Konsumenten in eine Kurve.

F Kommunikationsmarketing: Die Einladung – Corporate Communications zur Unternehmenskommunikation

F 13 Der Markt

Geordnete Tischgruppen

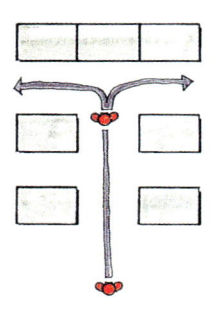

1. Zwei Einführungsangebote führen zu einem bedeutenden Warenbild für ein kompaktes Angebot.

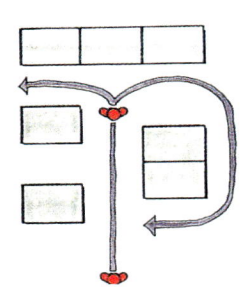

2. Zwei verschiedene Einführungsangebote führen zum wichtigen Warenbild.

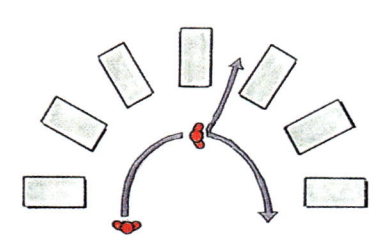

3. Wirkungsvolle Rundgruppe. Der Konsument wird im Zentrum fest gehalten – abhängig von der Durchgangsbreite.

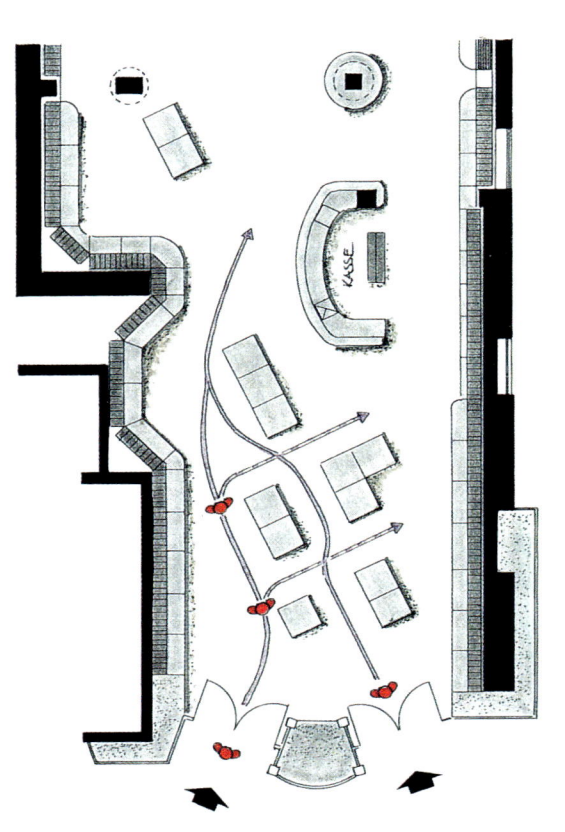

4. Ein Eingangsbereich mit diagonaler Tischordnung.

Chaotische Tischgruppen

Chaotische Tischgruppen gewinnen in größeren Verkaufsräumen an Beliebtheit, sie entsprechen dem freiheitlichen Lebensstil unserer Zeit.
Diese Haufen zeigen eine starke Kreativität. Die Nutzung muss dem Lauf der Konsumenten und natürlich der Botschaft entsprechen.
Die Tischgruppen entstehen in einem geordneten Chaos, einem Chaos, das die Linie des Kundenleitweges ordnet.
Diese Ordnung entspricht der Natur, zum Beispiel einer Elefantenherde – vorn das Leittier, das das Thema trägt – nach hinten wird die Herde dichter.

Im Verkaufsraum wirken oft unterschiedliche Tischgruppierungen für unterschiedliche Aufgaben zusammen.
Tische für unterschiedliche Aufgaben sollten sich im Design und im Format unterscheiden:
(A) Tische mit Ausstellungsaufgaben im Schaufenster.
(B) Eine Gruppe Straßentische für den Verkauf vor dem Eingang.
(C) Tische für den Markt.
(D) Tische im Fachbereich, die thematisch den Regalen zugeordnet werden.
(E) Tische im Fachbereich für das Extra-Angebot.

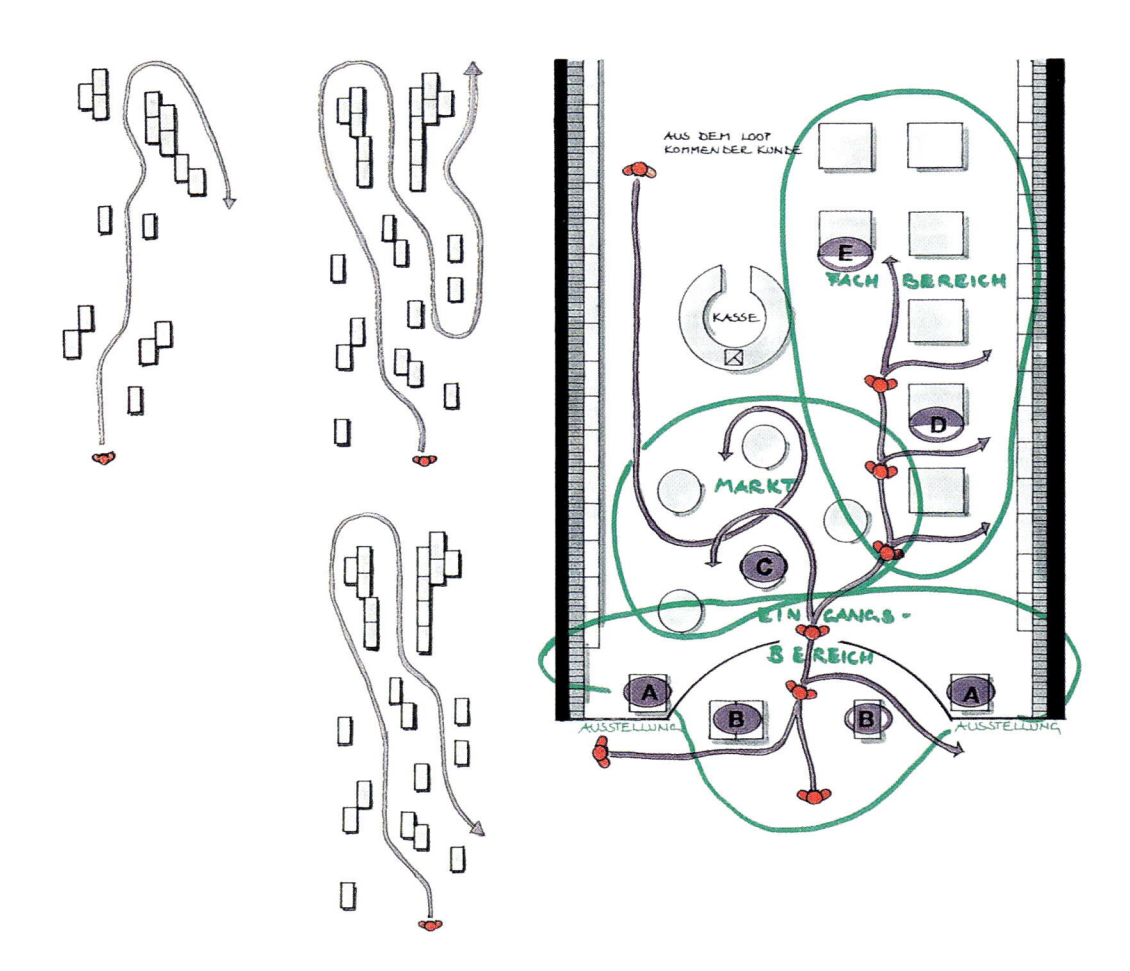

F   Kommunikationsmarketing: Die Einladung – Corporate Communications zur Unternehmenskommunikation

F13   Der Markt

13.2   Tischvariationen

Buchhandlung des Klosters Sint Andriesabdij, Brügge/Belgien Planung und Design: Wilhelm Kreft GmbH, Wedemark. Täglich bringen mehrere Busse Besucher zum Kloster. Die Besucher kaufen Bücher, Postkarten und Andenken. Der Markt: Auf den Tischen werden die verschiedenen Warengruppen in schnell informierenden, unkomplizierten Warenbildern gezeigt.
Die Kasse hat Informations-, Kontroll- und Abrechnungsfunktionen.

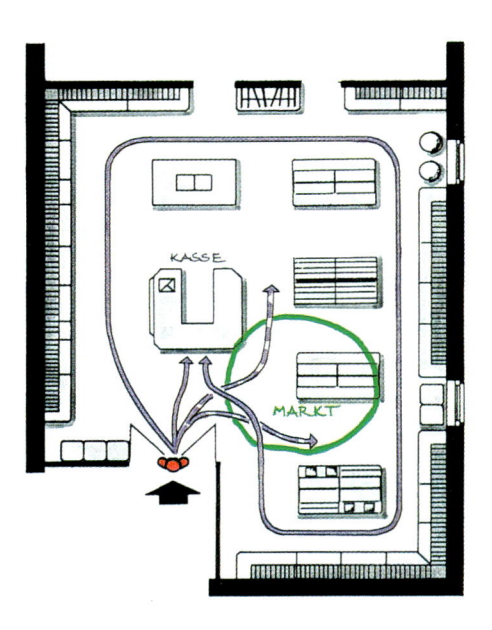

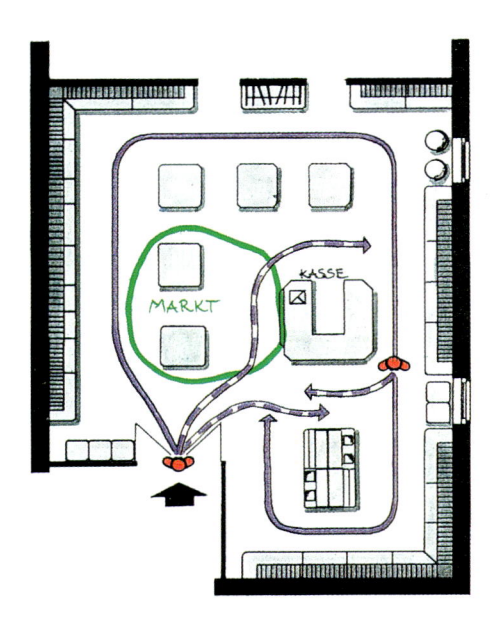

Grundriss 1
Der Kassenpool dominiert: Kontrolle, Sperre und Information stehen im Vordergrund. Im Loop informieren sich die Konsumenten an den Regalen.
Der Markt liegt nicht im direkten Zugang, erschließt aber sehr gut die Tischreihe.

Grundriss 2
Der Konsument tritt in einen Markt ein, die Tischformation des Marktes wurde um den Kassenpool herumgeführt. Der Markt wird durch den Eingang direkt erschlossen.
Der Kassenpool befindet sich im Zentrum des Verkaufsraumes. Eine gute Beobachtungsposition ist gegeben.
Einige Tische sind auch von außen gut zu übersehen.

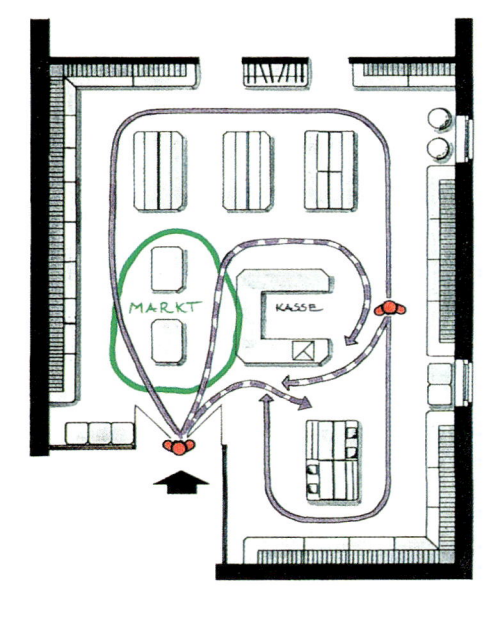

F 13 Der Markt

Grundriss 3
Der Markt wird durch den Eingang direkt erschlossen. Er unterscheidet sich durch besondere Tischformate.
Der Loop eröffnet den Markt und zugleich auch die Tischreihung und einen weiteren Tisch am Kassenpool, der aus dem Eingangsbereich gut zu sehen ist.
Der Kassenpool befindet sich auch hier zentral mit guten Übersichtsmöglichkeiten.
Eine gute Flächenausnutzung.

Die Tischformation prägt diese Buchhandlung.
Design: Wilhelm Kreft GmbH, Wedemark

F14 Der Kassenbereich

Drei Dinge bestimmen den funktionierenden Verkaufsraum: die Lage des Eingangs, die Lage der Treppe und der Standort der Kasse.
Das Kassenmöbel liegt im Schnittpunkt wichtiger Verkaufsraum-Funktionen:
- die Einbindung in den Kundenleitweg, sowohl für den eintretenden Konsumenten als auch für den austretenden Konsumenten
- Anlaufpunkt für Auskunft: Diese Funktion wird in Fachgeschäften oft mit dem Kassenpool verbunden
- der vorgeschobene Mitarbeiter-Arbeitsplatz als Melder an andere Arbeitsplätze im Verkaufsraum
- als Beobachtungs- und Kommandopunkt für den Eingangsbereich
- oft auch Kommandopunkt für den gesamten Verkaufsraum.

Viele Verkaufsräume, insbesondere kleinere Fachgeschäfte, werden vom Kassenpool aus von einer verantwortlichen Mitarbeiterin gesteuert.
Die richtige Wahl des Kassenstandortes und der damit bestimmte Kassenbereich ist von der Funktion, Aufgabe und der Bedeutung im Kundenleitweg abhängig. Bestimmt wird der Kassenstandort zunehmend mehr von der psychologischen Wirkung, sympathisch, informierend und helfend für die Konsumenten zu sein.
Das zeigt deutlich, dass der Kassenpool die alte Funktion des Kassierens zwar nicht aufgegeben hat, aber zusätzliche Aufgaben erhalten hat.
Im Konsumenten steckt ein Bewusstsein für die Lage der Kasse zu Eingang und Ausgang. Konsumenten empfinden den Kassenpool als ein notwendiges Übel. Das hängt damit zusammen, dass viele Kassenmöbel mit ihrem Aufstellungsort dominieren und eine Macht des Unternehmens demonstrieren, die es nicht mehr gibt. Kassenmöbel sind heute wichtige Instrumente der Kommunikation, die Dialogfähigkeit muss auch hier bewiesen werden.
Die beste Kassenlösung für ein Fachgeschäft ist immer die, bei der die Kasse nicht unmittelbar am Eingang angesteuert werden muss, sondern bei der deutlich die Ware mit allen Einführungsfunktionen für den Raum dominiert.
Die Kasse muss spürbar vorhanden bleiben, sozusagen auf den zweiten Blick, um Information aus einer akzeptablen Doppelfunktion heraus geben zu können.

Am Kassenpool ist die Information eingangslogisch. Die Kasse mit der Kontrollfunktion wird erst ausgangslogisch akzeptiert!

Viele Kassen behindern und verhindern aus übergroßer Vorsicht das eigentliche Verkaufsgeschehen, bringen nicht die positive Stimmung, die im Verkaufsraum und besonders im Eingangsbereich gebraucht wird.
Vorteilhaft ist es immer, wenn der Verkaufsraum es erlaubt, die Kasse nicht unmittelbar im Eingangsbereich unterzubringen. Dennoch sollte die Kasse, die vom Konsumenten auf den zweiten Blick gesehen werden muss, so eingerichtet sein, dass von hier der Eingang, insbesondere der Ausgang, beobachtet werden kann.
Wenn nicht gravierende Gründe dagegen sprechen, sollte man versuchen, Kassenpool und Information möglichst weit in den Verkaufsraum hineinzuschieben, sodass der Pool gerade noch vom Eingang sichtbar ist. Damit vermeidet man Staus im unmittelbaren Eingangsbereich. Am Ende des Eingangsbereichs, im Bereich des Marktes, ist die Kasse gut aufgehoben.
Ein Informationspool muss vom Eingang gut sichtbar sein. Viele Unternehmen trennen deshalb Auskunft und Kassenpool. Sie schaffen damit eine deutliche Entlastung des Mitarbeiters an der Kasse. Das ist wichtig für die Stresszeiten.
Es gibt immer wieder Situationen in Verkaufsräumen, insbesondere auch bei kleineren Fachgeschäften, die es erforderlich machen, den Kassenpool unmittelbar neben den Eingang oder Ausgang zu postieren. Ideal sind dann Lösungen, die einen Kassenpool direkt an der Rückseite des Schaufensters möglich machen, ohne dass er von der Straße eingesehen werden kann.
Ein Einblick von außen in den Kassenpool ist indiskret und lockt Diebe an.
Weil die Wege zur Kasse und zum Auskunftsplatz Pflichtwege sind, kann man mit diesen Pflichtwegen solche Sortimentsbereiche erschließen, die ohne Auskunfts- und Kassenpool diese Aufmerksamkeit nicht erreichen würden.
Die Ware im Bereich der Kasse erhält eine höhere Beachtung durch häufigere und längere Kontakte. Der Standplatz an der Kasse wertet die

Ware dadurch auf, dass fast alle Kunden sie gesehen haben, denn zur Kasse muss jeder Käufer.
Der Schnittpunkt Kasse im Kundenleitweg übernimmt gute Leitfunktionen für neue Sortimente.
Zur Funktionsplanung des Kassenplatzes gehört, dass sich eine Warteschlange der Kunden bilden können muss. Der Platz dafür muss geplant werden: – wo stehen diese Kunden – wo kann sich eine Schlange bilden? – welche Waren werden von wartenden Kunden verdeckt?
Eurocheque-Kunden, Kreditkarten-Kunden dürfen das Warten der Nachfolgenden nicht verlängern.
Werden zu Stoßzeiten weitere Kassen benötigt?
Viele Unternehmen, besonders solche für die Waren des täglichen Bedarfs, haben an der Kasse ein spezielles Warenangebot untergebracht. Sie sprechen von einem Kassensortiment: Kleinwaren, Mitbringsel, Kleinigkeiten für nörgelnde Kinder.
Wenn das Kassensortiment zu groß wird, steht ein Tisch oder sogar ein Regal in unmittelbarer Kassennähe für Zeitungen, Zigaretten, Ansichtskarten.
Fachgeschäfte verzichten zunehmend wohltuend auf ein aufdringliches Kassensortiment.
Den Kassenbereich in seiner Bedeutung und Sensibilisierung zu erkennen und ihm die erforderliche Akzentuierung zu geben, ist eine raumgestalterische Aufgabe. Ihn richtig einzubinden in die Funktion und in eine humane Lebensqualität, ist Auftrag für Mitarbeiter und Konsumenten und damit Anspruch an die Kundenleitweg-Planung.
Ein Kassenpool darf nicht dominieren, aber auch nicht versteckt werden.

F Kommunikationsmarketing: Die Einladung – Corporate Communications zur Unternehmenskommunikation

F14 Der Kassenbereich

Grundrissbeispiele

Grundriss 1
Lebensmittelmarkt Neukauf, Soltau
Planung Hansa-Kontor, Köln
Der Grundriss zeigt eine Loopplanung mit deutlicher Kassenzone am Ende des Loops.

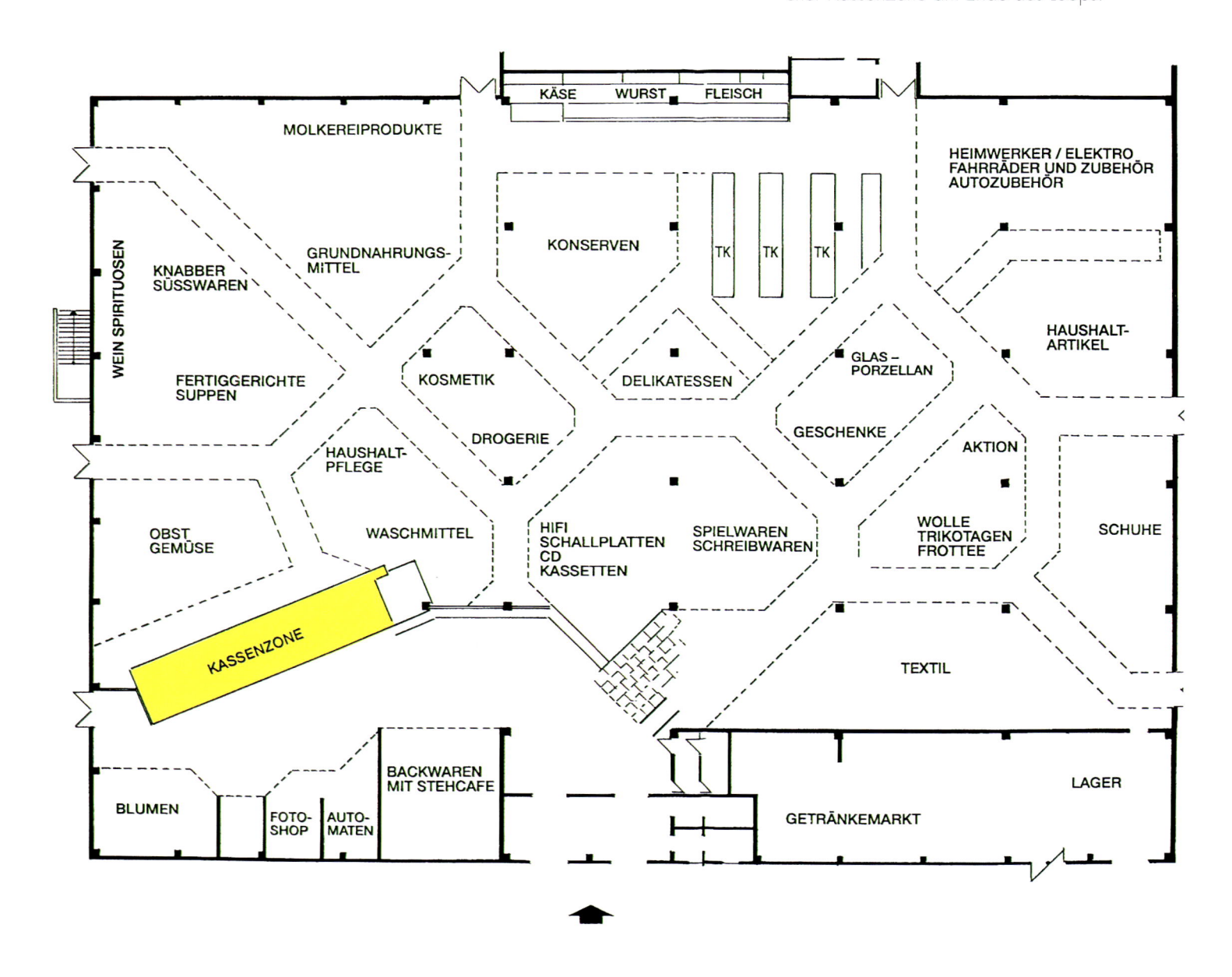

F 14 Der Kassenbereich

Grundriss 2
Lebensmittelmarkt im Warenhaus,
Erdgeschoss
Planung Hansa-Kontor, Köln
Der Grundriss zeigt Ein- und Ausgang. Sechs Scanner-Kassen im Kassenbereich mit einer Kassenaufsicht. Nach den Kassentischen die freistehende Packtischanlage.

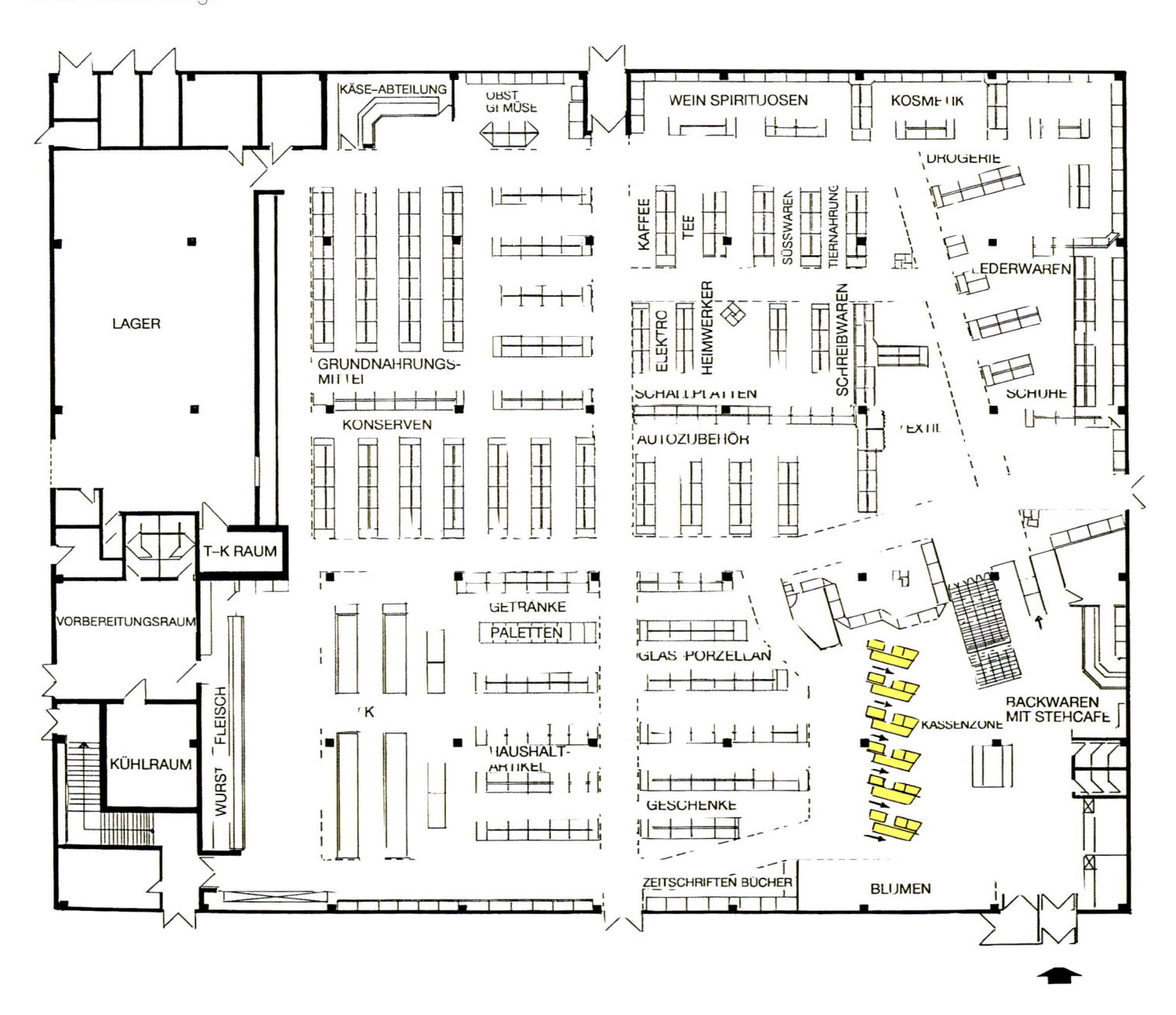

F Kommunikationsmarketing: Die Einladung – Corporate Communications zur Unternehmenskommunikation

F14 Der Kassenbereich

Grundriss 3
Königliche Porzellanmanufaktur, Berlin
Planung Cöln-Design, Köln
Der zentrale Kassentisch mit Informationscharakter und der Aufgabe Kommandobrücke zu sein. Hier wird der Kunde empfangen und im Verkaufsraum weitergegeben, es wird abgerechnet, verpackt und der Kunde wird verabschiedet.

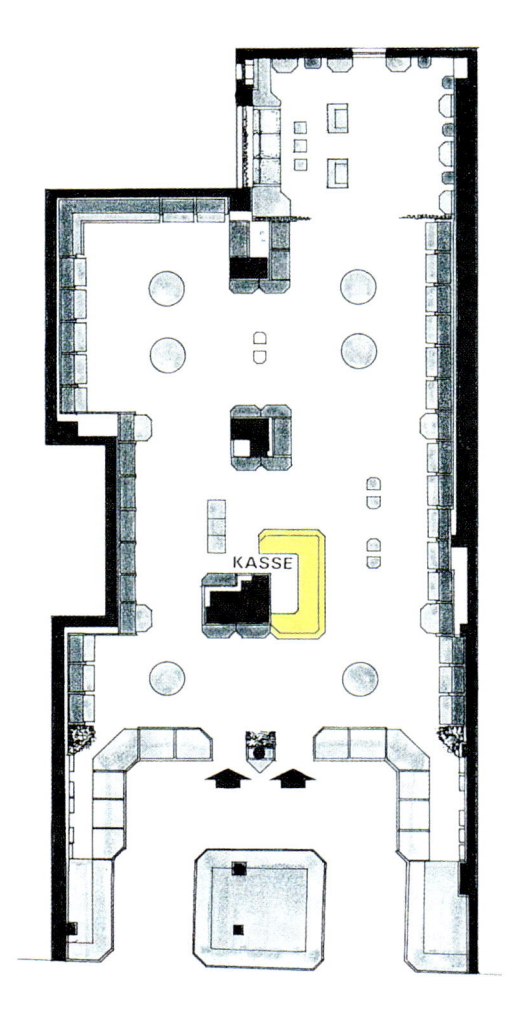

Die Kassenmöbel-Psychologie

Kassen haben mit Abrechnung, mit Bezahlen zu tun und damit mit Geld und Kontrolle.
Muss deshalb die Kasse etwas Negatives sein in den sonst so positiven bis heiteren Verkaufsräumen? Nein, natürlich nicht, aber das Kassenmöbel wird in den Unternehmen zu oft dazu gemacht!
„Bei Geld hört der Spaß auf." Unternehmen und Planer werden hier ernst, obwohl es eigentlich ebenso fröhlich zugehen könnte wie im übrigen Verkaufsraum. Denn dass gezahlt werden muss, hat sich in allen Konsumentenkreisen herumgesprochen. Viele Konsumenten sehen im Bezahlen so etwas wie Anerkennung der Leistung und der überzeugenden Beratung – eben auch Beifall.
In der Warenraumgestaltung, zum ästhetischen Milieu und nicht nur bei der Kundenleitweg-Planung braucht man Gedanken zum Kassenmöbel, zum richtigen psychologischen Standort und zur Wirkung des Kassenmöbels.
Management und Innenarchitekt entwickeln eine Kassenmöbel-Psychologie für jeden Kassenstandort. Geschickt müssen die positiven und notwendigen, aber negativen Wirkungen ausgependelt werden. Was geschieht, ist Unternehmensidentität par excellence.
Viele, viel zu viele Unternehmen, scheitern schon am Aufstellungsort der Kasse.
Auch im Kassenmöbel- und im Kassenstandort müssen die drei tragenden Ebenen der Unternehmensidentität vorhanden sein:
Die Unternehmenskultur regelt das Verhalten und die Strategie und damit die Lage der Kasse im Kundenleitweg als strategischen Punkt zum Raum und zum Sortiment.
Das bedeutet: Auspendeln zwischen großem, öffnendem, breitem Angebot vor der Kasse, also „späte" Kasse oder schnellem, kleinem Angebot mit „früher" Kasse für schnelle Käufer.
Das bedeutet: Auspendeln zwischen dem Extrem der Kassenbetonung, „der Burg", die Darstellung der Unternehmensmacht, demonstrativ und der zurückhaltenden Kasse als Endpunkt des Kundenleitweges mit dem Akzent auf Betreuung und Dienstleistung, dargestellt als Ordnung hinter den Warenbildern.

F14 Der Kassenbereich

Die Unternehmensdarstellung erreicht das Design, das Gesicht des Kassenmöbels, die Umgebung, das ästhetische Milieu als Teil der Warenraumgestaltung.

Die Unternehmenskommunikation erkennt die Kasse als einen der wichtigen Kommunikationsbereiche und fordert die Informationstüchtigkeit und die Dialogfähigkeit der Kasse im Kundenleitweg.

Das bedeutet: Auspendeln zwischen Beobachtungs-, Kontroll-, Informations- und Dialogaufgaben.

14.1 Das Kassenmöbel

Der Arbeitsplatz ‚Kasse' war von jeher problematisch. Kein Wunder, dass sich hier in der Hauptsache die Chefin oder eine wichtige Vertrauensperson aufhielt.

Der große Andrang zu bestimmten Zeiten, der damit verbundene Stress, das Gedränge an der Kasse – dann noch richtig eintippen und addieren. Es versteht sich von selbst, dass hier die moderne Computertechnik bis hin zur Scannertechnik erwartet wurde und schnell gegriffen hat.

Die Entwicklung ist so rasant – Computerkassen oder schon Scannerkassen – dass kein Unternehmen an den neuesten Entwicklungen vorbeigehen kann.

Diese Computerkassen sind Teil eines Computersystems. Moderne Computerkassen stehen mit Hintergrund-Rechnern in Verbindung, die sofort den neuen Warenbestand ermitteln und feststellen, wann die Mindestwarenmenge unterschritten wird. Mit eingegebener Laufzeit der Bestellung bis zur Auffüllung des Lagers stellen sie den Durchschnittsverbrauch fest und drucken das Bestellformular mit der erforderlichen Menge für die errechneten Tage.

Zum Vorteil für die Unternehmensseite kommt auch der Vorteil für die Kundenseite, denn der bargeldlose Einkauf schreitet unaufhörlich voran, ganz gleich, ob Kreditkarte oder Scheck. Die Kassiervorgänge werden verkürzt in der Entwicklung zu einem stressfreien, problemlosen Einkaufen.

Viele Unternehmen tun viel für ihre Kunden. Sie folgen dem System der Merchandising-Architektur zur Visualisierung der Leistung. Die gute Gestaltung, die Hinführung der Warenraumgestaltung zur Inszenierung wird erreicht. Aber die Abrechnung – da „haperts". Hier hört bei vielen Unternehmen das humane Leistungsprinzip auf. Vor Jahren gab es hierfür noch Entschuldigungen – in einem guten Laden müsste man eben immer „anstehen" – heute nicht mehr!

Wenn sich heute Manager in Kassennähe aufhalten, dann nicht, um den Umsatz zu prüfen, sondern um hier Erfahrungen zu sammeln. Die Kassen sind eine bisher nie versiegende Quelle der Kunden-Frustrationen. Eine Analyse dieser Frustration würde der Ladenplanung helfen!

Die geeignete Abrechnungstechnik muss gewählt werden. Dies ist Aufgabe des Managements. Der Innenarchitekt muss über die Daten der Abrechnungsapparaturen informiert werden und über das Funktionieren der Technik zur Konstruktion des Kassenmöbels und der ergonomischen Anordnung, sowohl für die wartenden Kunden als auch für die bedienenden Mitarbeiter.

Das Kassenmöbel wird aus der Stellung im Raum und der Funktion in der Größe und Art bestimmt.

Juwelier Tombrink, Coesfeld
Kasse und Rezeption
Planung: Cöln-Design, Köln

Van Laack, Paris
Planung: C Lemmens, Kleve

F Kommunikationsmarketing: Die Einladung – Corporate Communications zur Unternehmenskommunikation

F14 Der Kassenbereich

Modehaus Gieck, Ludwigsburg
Planung: Cöln-Design, Köln

Das Kassenmöbel ist ein reines Funktionsmöbel. Jede Thekenähnlichkeit sollte vermieden werden. Die oft großen Kassenmöbel, die aufgrund vieler Funktionen, bis hin zum Auskunftgeben, Telefonzentrale, zum massiven Möbel werden, dürfen gestalterisch nicht zu Kolossen werden, zu Burgen, die wieder das Machtpotenzial des Unternehmens dokumentieren. Die Öffnung, die Dialogfähigkeit mit dem Konsumenten muss dargestellt werden. Das bedeutet Funktionen teilen und im übrigen Verkaufsraum verteilen.

Viele Verkaufsräume neigen in der Darstellung der Abrechnungen, die gleichzeitig auch Service, Auskunft, Informations- und Reklamationspunkt sind, zu einer Überbetreuung, die den Konsumenten schreckt.

Gerade hier, wo der Konsument Rat sucht oder zahlt, muss die „unzugängliche Behörde" vermieden werden. Die allseits festgestellte verminderte Kundentreue wird auch auf Gleichgültigkeit im Unternehmen zurückgeführt.

Prof. Dr. O. W. Haseloff, ein sensibler Beobachter am Point of Sale, bemerkt dazu: „In der Tat besteht hier dauernd die Gefahr, dass die funktionelle Rationalisierung die für den Handel vital bedeutende Kommunikation mit dem Kunden einebnet und entpersönlicht. Damit aber wäre genau das im Kundenbewusstsein bisher noch positive Merkmal des Detailhandels gefährdet."

Für die Kassenmöbelplanung muss Klarheit bestehen:

- Wo steht der Kunde?
- Wo sitzt die Kassiererin?
- Beinfreiheit beachten oder wird im Stehen kassiert?
- Wie greift die Kassiererin die Ware? Wird ein Kassenzettel vorgelegt?
- Begleitet die Mitarbeiterin die Kunden mit zur Kasse und verpackt die Ware?
- Muss die Kassiererin verpacken?
- Gibt es eine zusätzliche Packerin?
- Gibt es diese Packkraft nur für Stoßzeiten?
- Gibt es Zusatzkassen für die Saison?
- Wo werden die Eurocheques geschrieben, ohne dass wartende Kunden an der Kasse behindert werden?
- Ist die Kreditkarte eingeführt?
- Müssen Prospekte, Kataloge an der Kasse untergebracht werden?
- Ist der Zusatzverkauf erforderlich, ist der Zusatzverkauf erwünscht, welche Ausweichmöglichkeiten?
- Welche Produkte in welchen Mengen werden an der Kasse untergebracht?

Mittelkassen-Lösungen, so genannte freistehende Mittelkassen, sind sehr beliebt – besonders in Verbindung mit Auskunftsplätzen. Mittelkassen werden gut gesehen und von ihnen aus kann man gut sehen.

F14 Der Kassenbereich

Die Planung hat dafür zu sorgen, dass die Kassiererin nicht von hinten, sondern nur von vorn angesprochen werden kann.

Kassenmöbel müssen deutlich sichtbar sein im Verkaufsraum. Das bedeutet auch eine besondere gestalterische Betonung, eine Akzentuierung, eine besondere Farbe für Kassenmöbel oder ein Baldachin über der Kasse, mit dem man auch Licht oder Lüftung dicht an die Arbeitsfläche heranführen kann. Der Baldachin kann gut sichtbar die Information „Kasse" tragen.

Kassenmöbel, insbesondere solche, die geschlossen sind, sind auch heizungstechnisch zu versorgen. Kassen stehen oft in Türnähe und mit jedem neu eintretenden Konsumenten besteht nicht nur ein Frischluftschub, sondern im Winter auch ein Kälteschub.

Der Arbeitsplatz ‚Kasse' ist ein Stressplatz. Der Innenarchitekt hat die Aufgabe den Kassenplatz zu humanisieren.

Arbeitsplätze unterliegen der „Arbeitsstättenverordnung" (ArbStättV) vom 07.05.1976. Diese Verordnung besagt, dass der Freiraum für die Kassiererin mindestens $1m^2$ zu betragen hat.
Siehe das Kapitel:
G 2   Die Gesetze und Verordnungen zur Ladenplanung

Am Arbeitsplatz Kasse wird Stress vermieden durch gute ergonomische Planung und durch eine Ablaufplanung der Kassier- und Packvorgänge. Das Kassenmöbel muss eine besondere Freundlichkeit, frei vom Stress, erhalten durch eine ergonomische Lösung, damit:
– richtig kassiert und das Wechselgeld richtig herausgegeben werden kann
– der Kassenbon und die Scheckkarte richtig bearbeitet werden können
– die Ware richtig verpackt werden kann
– eine Geschenkverpackung oder Einbeutelung erfolgen kann.

Alles, was am Packplatz gebraucht wird, muss seinen festen geplanten Platz haben. Nichts darf herumliegen. Die Schere für das Band zur Geschenkverpackung, der Quittungsblock, das Abrechnungsbuch im Schub.

Die Planung muss in der Lage sein den Kassenplatz und den Packplatz zu entkomplizieren.

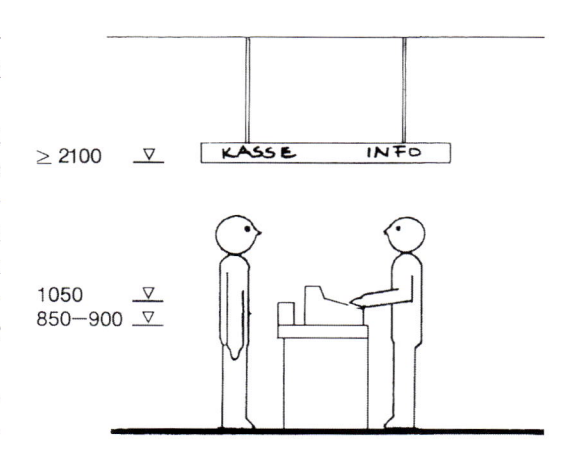

Kasse, Ergonomie

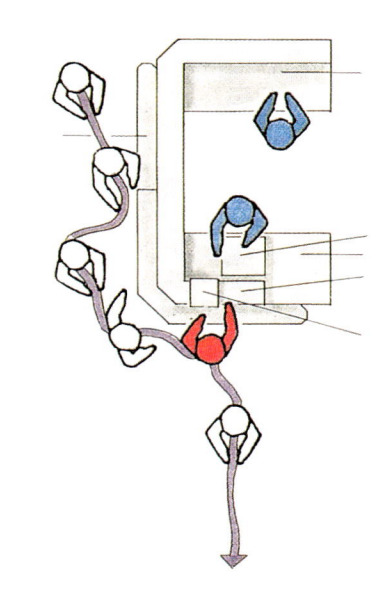

Ablauf an einer Mittelkasse

F Kommunikationsmarketing: Die Einladung – Corporate Communications zur Unternehmenskommunikation

F 14 Der Kassenbereich

1. Die Ware wird gereicht

2. Der Preis wird nachgesehen

3. Die Ware wird gebeutelt

4. Der Preis wird genannt und eingetippt

5. Der Kunde zahlt

6. Der Bon wird gereicht

7. Die Ware wird überreicht

Zum Packplatz ist zu beachten:
- die Papierformate, Bogen oder Rolle
- Tüten
- Hängevorrichtungen für Beutel und Stofftaschen
- die richtigen Vorratsmengen an Packmaterial sind festzulegen
- packt ein Mitarbeiter oder packen mehrere in Saisonzeiten
- Bedeutung des Verpackens für das Unternehmen
- in Branchen mit hohem Geschenkanteil wird das Verpacken zu einem Ritual.

Die Mitarbeiterinnen machen Verpackungskurse. Wahre Kunstwerke aus Papier entstehen. Hierfür müssen besondere Packplätze eingerichtet werden, am besten in Verbindung mit einem Regal, wo die entsprechenden Geschenkpapiere ausgewählt werden können mit passenden Bändern und den geeigneten Glückwunschkarten.

Die besonderen Verpackungen, Bänder und Glückwunschkarten sind zusätzlicher Umsatz.

Der Auftrag ‚Begeisterung durch Inszenierung' setzt sich bis in die Verpackung fort. Die ungewöhnliche Verpackung gewinnt für Geschenke an Bedeutung.

F14 Der Kassenbereich

Kassentischformen

Alle Formen tragen in sich eine Symbolik, die sie an Konsumenten vermitteln. Die Kassenmöbel werden oft zu großen und schweren Möbeln, um alle Funktionen aufzunehmen, denn nicht alle Verkaufsräume lassen es zu, mehrere verschiedene Arbeitsplätze über den gesamten Verkaufsraum zu verteilen.

Runde Formen täuschen über diese Masse hinweg. Sie sind darüberhinaus für Mitarbeiter sehr funktional. Ergonomisch entsteht ein Cockpit. Alles liegt gut im Griff, die runde Form ist ideal für Mittelkassen-Lösungen, die runde Form ist kommunikativ und dialogfähiger.

Gerade Kassenformen brauchen, frei aufgestellt, rückseitig eine Abdeckung. Dieses Möbel muss verhindern, dass die Kassiererin von hinten angesprochen wird.

Gerade Formen wirken sehr „normal". Sehr oft werden Kassenmöbel abgewinkelt oder doppelt abgewinkelt. Als Kassenblock übernehmen sie Verteilfunktionen im Kundenleitweg.

Kassenformen – Symbolik

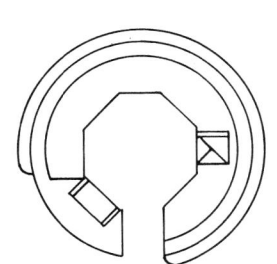

Mittelkasse – Freikasse
rund
kommunikativ
dialogfähig

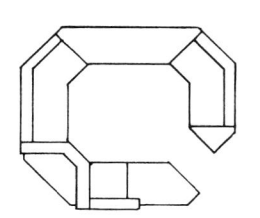

Mittelkasse
eckig
ordnend
wegbestimmend

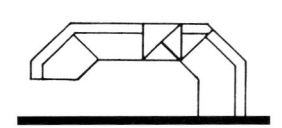

Wandkasse
lenkend
umleitend
bestimmend

Kassentische
Formen und Grundrisse

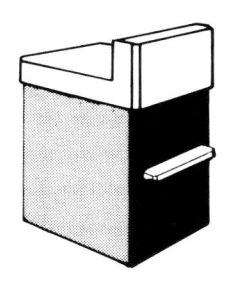

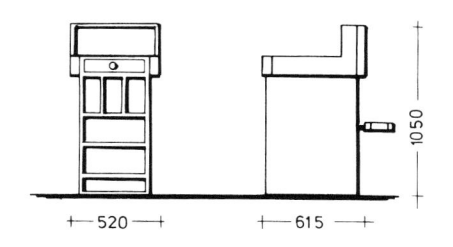

1. Das kleinste Kassentischmaß nur zur Aufstellung einer Registrierkasse – Tütenfächer

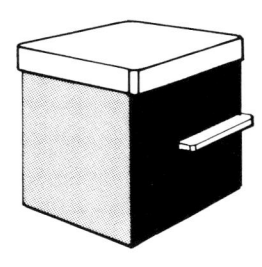

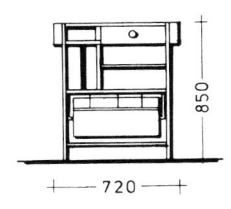

2. Ein Blockkassentisch ohne Aufbau

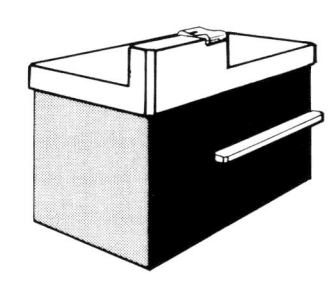

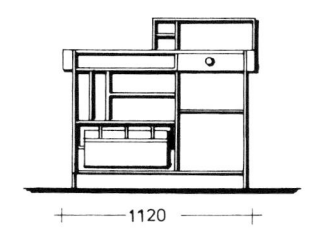

3. Der kleinste „vollständige" Kassentisch

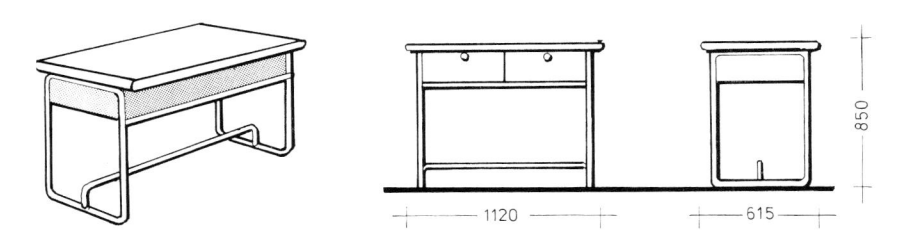

F   Kommunikationsmarketing: Die Einladung – Corporate Communications zur Unternehmenskommunikation

F14   Der Kassenbereich

4. Ein Kassentisch – Stahlrohrgestell, Platte und zwei Schübe. Modell Lusch

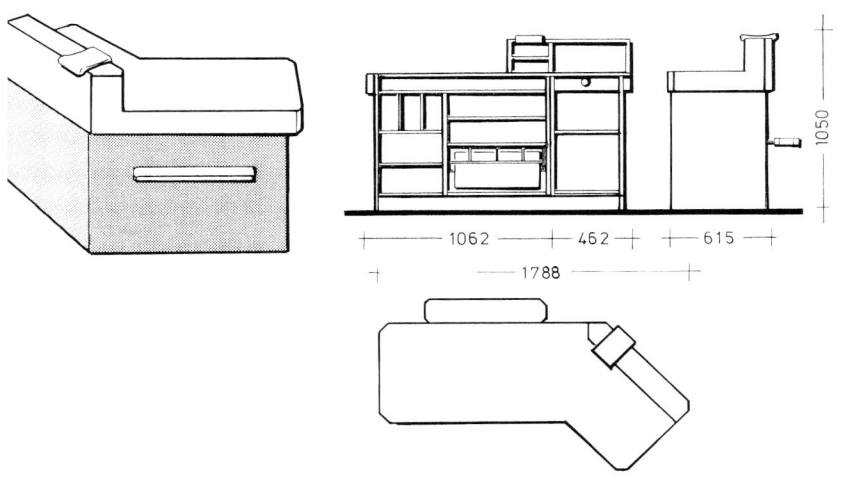

5. Abgewinkelte Kassentische folgen dem Kundenleitweg

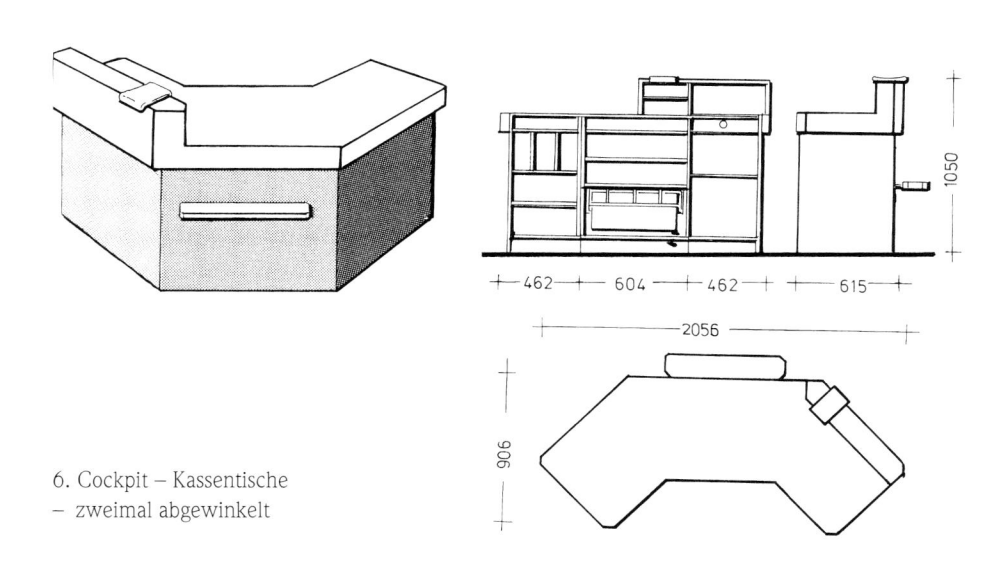

6. Cockpit – Kassentische – zweimal abgewinkelt

F14 Der Kassenbereich

Kassenanlagen

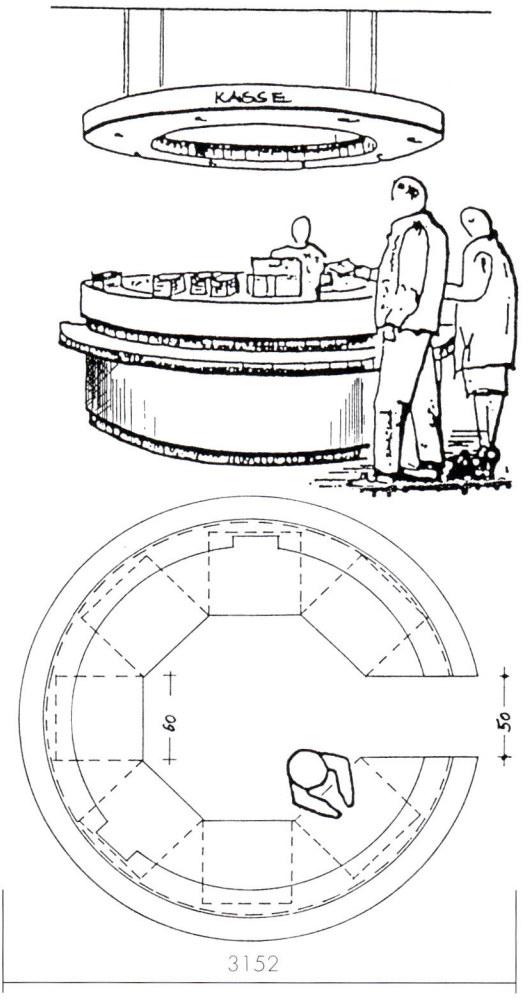

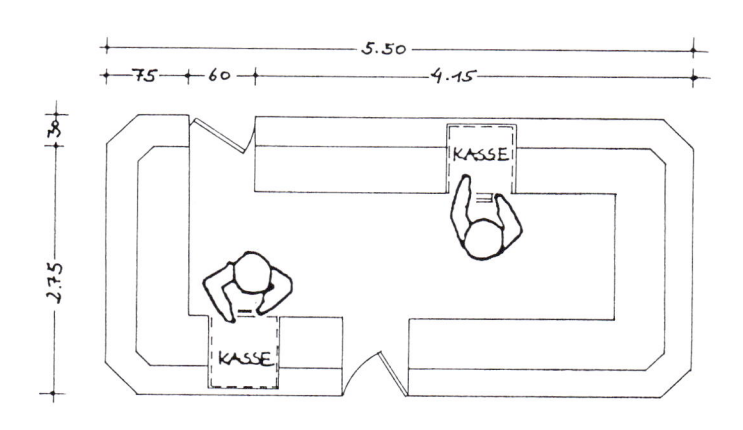

2. Doppelkassen-Anlage mit Warenangabe

1. Rundkassen-Anlage: Als Pool bezeichnet, sind ideal als „freistehend"

Eine gelungene Kassenlösung in einer Boutique mit einer Warenausstellung unter der gläsernen Packfläche. Die Abrechnung erfolgt rückwärts. Gesehen in Kanada

F   Kommunikationsmarketing: Die Einladung – Corporate Communications zur Unternehmenskommunikation

F14   Der Kassenbereich

Kassenmöbel
Beistellmöbel für den Zusatzverkauf

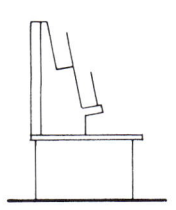

1. für Zeitschriften

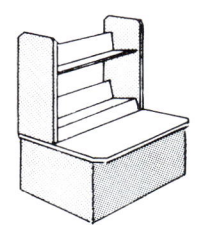

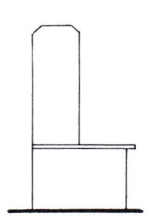

2. für verpackte Ware – Bücher

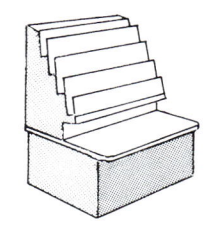

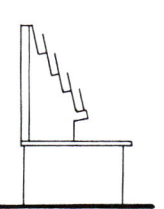

3. für Prospekte

Die Kassenmöbel erhalten Beistellmöbel.
Kassenmöbel mit einem Zusatzangebot.
Buchhandlung für Buchhändler,
Wedemark
Design: Wilhelm Kreft GmbH,
Wedemark

Schmorl & von Seefeld, Hannover
Design: Kreft, Wedemark

F 14 Der Kassenbereich

Check-out-Kassentische

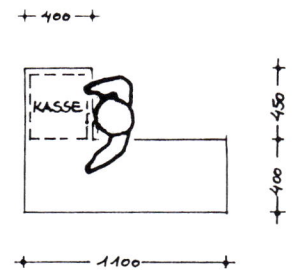

1. Der kleinste Check-out-Kassentisch

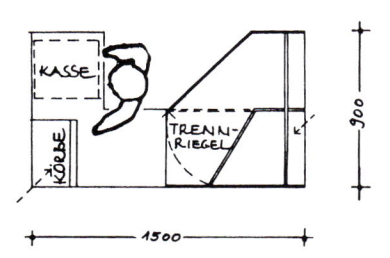

2. Der Kassentisch mit zwei Packplätzen

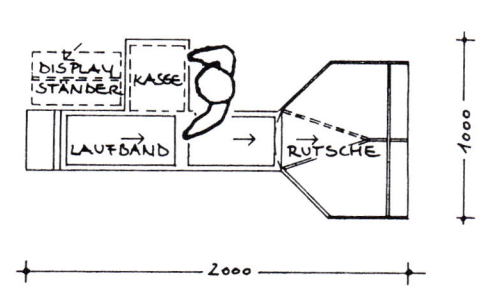

3. Der Check-out-Kassentisch mit Laufband

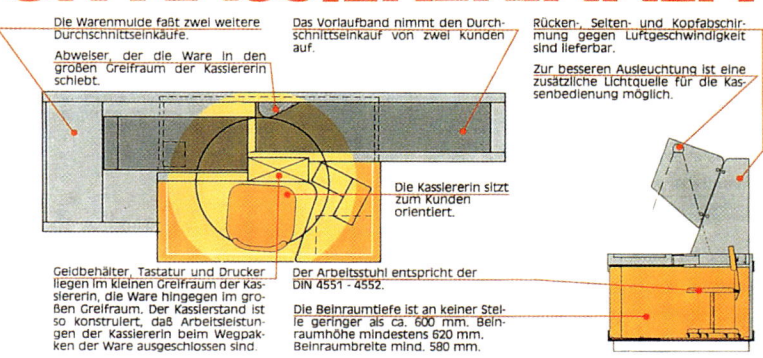

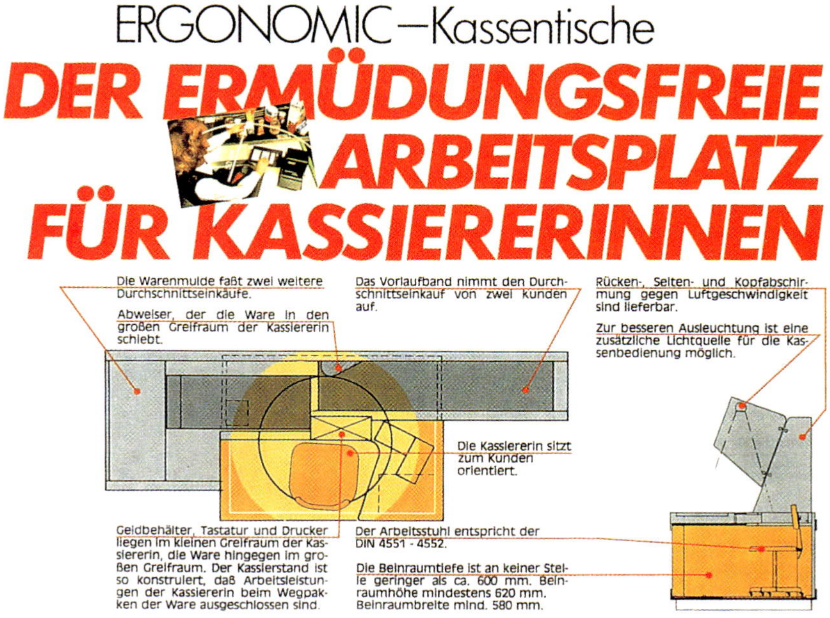

Oben rechts:
Der Check-out-Kassentisch mit Laufband
Penny-Markt, St. Leon, Belgien
Design: Harr, Sindelfingen

ERGONOMIC–Kassentische
DER ERMÜDUNGSFREIE ARBEITSPLATZ FÜR KASSIERERINNEN

Die Warenmulde faßt zwei weitere Durchschnittseinkäufe.

Abweiser, der die Ware in den großen Greifraum der Kassiererin schiebt.

Das Vorlaufband nimmt den Durchschnittseinkauf von zwei Kunden auf.

Rücken-, Seiten- und Kopfabschirmung gegen Luftgeschwindigkeit sind lieferbar.

Zur besseren Ausleuchtung ist eine zusätzliche Lichtquelle für die Kassenbedienung möglich.

Die Kassiererin sitzt zum Kunden orientiert.

Geldbehälter, Tastatur und Drucker liegen im kleinen Greifraum der Kassiererin, die Ware hingegen im großen Greifraum. Der Kassierstand ist so konstruiert, daß Arbeitsleistungen der Kassiererin beim Wegpacken der Ware ausgeschlossen sind.

Der Arbeitsstuhl entspricht der DIN 4551 - 4552.

Die Beinraumtiefe ist an keiner Stelle geringer als ca. 600 mm. Beinraumhöhe mindestens 620 mm. Beinraumbreite mind. 580 mm.

F   Kommunikationsmarketing: Die Einladung – Corporate Communications zur Unternehmenskommunikation

F 14   Der Kassenbereich

Kassenformation
SB-Markt der SPAR-Österreich
Design: Storebest, Lübeck

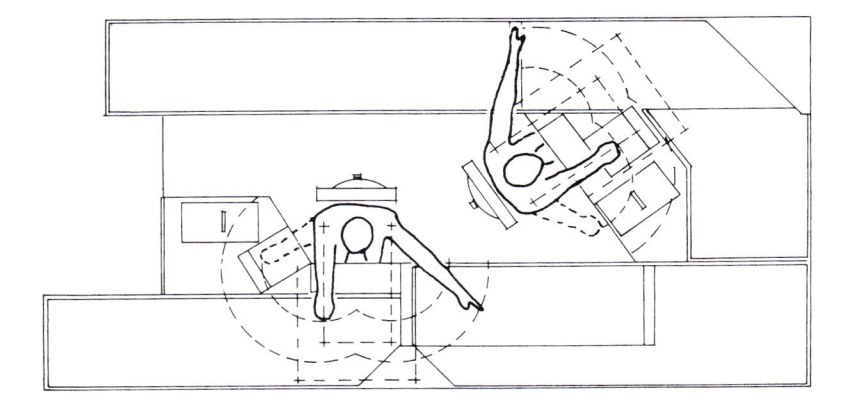

Kassenzone –
ein ergonomischer Arbeitsplatz
für die Kassiererin

Information am Point of Sale ist wichtig!
Eine Kassenanlage mit Info von oben gesehen.
Franz-Mehringhaus, Leipzig
Planung und Realisierung: Wilhelm Kreft GmbH,
Wedemark

Reihenkassen meistern den starken Andrang.
Bücher Kober, Mannheim
Planung: Klaus Riesenbeck, Kreft-Team
Realisierung: Wilhelm Kreft GmbH, Wedemark

F14 Der Kassenbereich

Die Kasse mit Baldachin ist deutlicher.
Athesia Bücher, Bozen/Südtirol I
Planung: Wilhelm Kreft, Kreft-Team
Architekt: Walter Pichler
Realisierung: Wilhelm Kreft GmbH, Wedemark

Kassentisch-Anlage
Storebest, Lübeck

F Kommunikationsmarketing: Die Einladung – Corporate Communications zur Unternehmenskommunikation

F 14 Der Kassenbereich

Kassen im Eingangsbereich sind wichtige Informationsträger, weil die Informationen viele Kunden erreichen.
Bock & Seip, Saarbrücken
Eine Kassenanlage für zwei Kassenplätze
Planung: Jürgen Wagner, Wilhelm Kreft, Reinhard Mann, Kreft-Team
Realisierung: Wilhelm Kreft GmbH, Wedemark

Die Rundkasse
Rückseite = Arbeitsplatz
Design und Produktion: Wilhelm Kreft GmbH, Wedemark

14.2 Selfscanning

Joachim Pinhammer,
WINCOR NIXDORF Retail and Banking Systems, Paderborn:

Keine Schlangen an den Kassen mehr, kein nutzloses Warten, sondern freundliche Beratung, genaue Kenntnis der Kundenwünsche und viel Service – kurz Lust statt Frust: So sieht nach den Wünschen von Planern und Verbrauchern eine schönere Neue Welt des Handels aus. Und sie könnte bald Realität werden. In einigen Unternehmen wird schon daran gearbeitet: Mit neuer Technik soll jeder Einkauf ein Vergnügen sein. Der Schlüssel hierzu heißt „Self-Scanning", genauer „mobiles Self-Scanning".

Die Zeiten, in denen sich die Mitarbeiter an Supermarktkassen beim Eingeben der Preise die Finger wund tippten, gehören schon lange der Vergangenheit an. An das regelmäßige Piepsen der Scannerkassen beim Registrieren der vorgelegten Artikel haben wir uns problemlos gewöhnt. Zu einem Dialog zwischen Kassiererin und Kunden kommt es dabei nur noch selten. Die direkte Kommunikation scheint im Selbstbedienungsmarkt überflüssig geworden. Steigende Personalkosten und längere Öffnungszeiten zwingen zu möglichst effizientem Einsatz der Mitarbeiter. Den Kunden eigenhändig ermitteln zu lassen, was er für seine Waren zahlen muss, ist eigentlich nur eine logische Fortentwicklung des Selbstbedienungsgedankens.

Scannt der Kunde selbst an entsprechend ausgestatteten Kassentischen, kann eine Kassiererin gleichzeitig auf ihrem Bildschirm zwei oder mehr der Self-Scanning-Stationen kontrollieren und abrechnen. Wartezeiten an den Kassen zu Spitzenzeiten entfallen. Kassenarbeitsplätze können eingespart werden.

Kunden scannen gerne

Schon seit einigen Jahren laufen Tests mit verschiedenen Self-Scanning-Systemen in einzelnen Filialen großer Handelshäuser. Die Kunden haben sich ganz überwiegend problemlos auf ihre neuen Aufgaben eingelassen und sind froh lästige Wartezeit zu sparen. Nach einigen Anfangsschwierigkeiten gelten die Systeme heute als ausgereift. Mehrere Unternehmen planen nun mit Erfolg erprobte Lösungen in nächster Zeit filialübergreifend einzusetzen.

Dass bis jetzt in Deutschland erst wenige Supermärkte ihren Kunden Self-Scanning anbieten, hat natürlich auch mit den Kosten zu tun. Nach sieben mageren Jahren, weiter rückläufigen Umsätzen und schmalen Erträgen ist die Investitionsbereitschaft gering, die mögliche Einsparung bei den Personalkosten dagegen nicht hoch genug.

Doch die Möglichkeiten der neuen Technik auf den Aspekt der Kostendämpfung zu beschränken, hieße große Chancen zu verschenken. Ohnehin sind sich zurzeit viele Händler darüber im Klaren, dass sie in ihren Point of Sale (POS) investieren müssen. Die Kassenzonen müssen attraktiver werden und auch unter ergonomischen Aspekten sind Verbesserungen dringend erforderlich.

Mehr Service und Information

Steigender Wettbewerbsdruck, Konkurrenz durch Online-Shops und stagnierender Konsum zwingen heute den Handel sich dem Kunden wieder mehr zuzuwenden. Über Kauf oder Nichtkauf entscheidet oft das klassische Verkaufsgespräch, das die Kundenwünsche berücksichtigt. Das weiß jeder Geschäftsmann und bleibt deshalb mit seinem Kunden möglichst immer im direkten Kontakt. Und er weiß auch: Die Kaufbereitschaft wächst, je persönlicher der Kunde angesprochen wird.

Das war zu Tante Emma's Zeiten einfach. Sie konnte ihre Kunden aufgrund ihrer speziellen Kenntnis über deren Bedürfnisse und Vorlieben binden.

Im Supermarkt ist die individuelle Kundenansprache heute mithilfe der digitalen Revolution wieder möglich geworden. Mit genauer Registrierung aller Artikel am Point of Sale erfassen die Branchenführer schon jetzt das Kaufverhalten der Verbraucher und erstellen standortspezifische Sortimentsanalysen. Der elektronische Bon ermöglicht Rückschlüsse auf die Zielgruppen des Marktes und spiegelt die Einkaufswünsche des einzelnen Kunden wider. Durch bargeldlosen Zahlungsverkehr oder mithilfe von Kundenkarten können die Käufer aus ihrer Anonymität herausgehoben werden. Einem kompetenten (elektronischen) Beratungsgespräch, in dem ihm Produkte offeriert werden, die exakt

F Kommunikationsmarketing: Die Einladung – Corporate Communications zur Unternehmenskommunikation

F 14 Der Kassenbereich

In der Eingangszone des Marktes befindet sich das Rack zur Ausgabe der Handscanner

Am Kartenleser identifiziert sich der Kunde mit seiner Kundenkarte

seinen Interessen entsprechen, steht dann nichts mehr im Wege. Ist der Kunde zufrieden mit der Verkaufsberatung und zusätzlichem Service, kommt er immer wieder gerne zurück. Für den an seinen Wünschen orientierten Dialog mit dem Verbraucher bieten sich neue, mobile Self-Scanning-Systeme als ideales Medium an.

Self-Scanning-Methoden

Bisher wurden in Deutschland vor allem so genannte „stationäre" Self-Scanning-Lösungen getestet. Hier ist der Ablauf dem Kunden weitgehend vertraut. Am Check-Out geht es nur schneller. Der Kunde selbst führt die Ware über einen Hochleistungs-Scanner und wird mittels eines Flachbildschirms angeleitet. Für jeweils zwei Transportbänder ist ein Kassierer zuständig.

In den USA sind Systeme auf dem Markt, bei denen überhaupt kein Kassierer mehr den Erfassungs- und Zahlungsvorgang überwacht. Alles geht vollautomatisch bis zur Bezahlung.

Als Problem hat sich dabei die mangelnde Sicherheit erwiesen. Betrügereien können nicht ausreichend ausgeschlossen werden. Systeme, die nur Wagen zur Kontrolle einsetzen, haben sich in der Praxis nicht bewährt.

Nicht so ideal bei den stationären Lösungen ist außerdem, dass der Kunde alle Artikel aus seinem Einkaufskorb auf das Förderband legen und anschließend wieder einpacken muss. Gegenüber dem üblichen Kassiervorgang hat er durch das Selbst-Scannen also nur eine relativ geringe Zeitersparnis. Außerdem ist der Kunde beim Scannen natürlich langsamer als die geübte Kassiererin. Im Hinblick auf die wichtige bessere Kommunikation mit dem Kunden bietet das stationäre System zudem gegenüber den üblichen Kassenplätzen keinen großen Vorteil.

Mobiles Self-Scanning

Viel versprechender sind dagegen mobile Geräte. Erstmals wurde dieses „Personal Shopping System" von der niederländischen Handelskette Albert Hijn eingesetzt. Inzwischen sind vergleichbare Lösungen in mehreren hundert Märkten vor allem in Belgien (Delhaize) und Großbritannien (Sainsbury und Safeway) in Betrieb. Der Kunde nimmt dabei einen portablen kleinen Hand-Scanner bei seinem Rundgang durch den Laden mit. Schon am Regal oder der Kühltruhe erfasst er jetzt die Ware, bevor er sie in seinen Einkaufswagen legt. Die aufgelaufene Summe hat er stets vor sich und erlebt an der Kasse keine Überraschungen. Die Daten werden an einen Hintergrundrechner übertragen, entweder schon während des Scannens oder erst wenn der Scanner wieder in den Dispenser eingehängt wird. Der Computer vergleicht die erhaltenen Informationen mit den Stammdaten der Artikel und druckt die Rechnung aus, die der Kunde dann direkt an der Kasse oder an speziellen Terminals bezahlen kann. Die Ware muss nicht mehr auf ein Förderband umgepackt werden. Kontrolliert wird nur in Stichproben nach dem Zufallsprinzip. Der Konsument ist persönlich bekannt. Mit seiner Kundenkarte oder einer „Scanny-Card" hat er sich identifiziert, als er den Handscanner entnommen hat. Das verringert das Risiko unehrlicher Einkäufe beträchtlich. Bei der neuesten Generation der mobilen Self-Scanner wird nun die Elektronik genutzt, um wieder mit dem Kunden in einen Dialog zu treten, der sich an dessen Vorlieben orientiert.

Smart-Shopper

Dass mobile Self-Scanning-Systeme viel mehr leisten können, als nur Preise aufzuzeichnen, zeigt eine Weiterentwicklung unter dem Namen „Smart-Shopper TM" von WINCOR NIXDORF (Paderborn) in Partnerschaft mit Symbol Technologies (New York) und dem Softwarehaus Point Of Sale (Herzlia, Israel). Das handliche, leicht zu bedienende Gerät mit Display und Scanner begleitet den Kunden durch den Supermarkt und kommuniziert zugleich über eine drahtlose Funkverbindung mit dem zentralen Filialrechner. So besteht ein direkter Zugriff auf die Preisdatei des Kassensystems und eine Einbindung in alle Kassenanwendungen. Das Display des Gerätes zeigt dem Verbraucher nicht nur Einzelpreise und Gesamtsumme der ausgewählten und eingescannten Artikel an. Der Kunde kann über diese Verbindung auch Sonderangebote, angesammelte Bonuspunkte oder andere Informationen und Ratschläge abrufen. Das System unterstützt darüber hinaus vielfältige Möglichkeiten der Verkaufsförderung. So kann es zu einem erfassten Artikel auf ergänzende Angebote hinweisen, zum Beispiel den passenden Wein zu einem gewählten Gericht.

Der Handscanner kann während des Einkaufs am Einkaufswagen befestigt werden.

Das Erfassen der Ware mit dem Handscanner ist einfach und bequem.

Ideales Marketinginstrument

In dem System steckt ein hohes Entwicklungspotenzial. Es kann Marketingfunktionen unterstützen, die im Moment noch wie Zukunftstheorien klingen. Nachdem der Konsument seine Kundenkarte mit seinem persönlichen Profil am Eingang in das Self-Scanning-Gerät gesteckt hat, „lernt" das System sein Einkaufsverhalten und seine Vorlieben kennen. Damit ist es möglich, den Kunden nicht nur mit seinem Namen anzusprechen, sondern ihm auch Angebote zu offerieren, die genau seinen individuellen Bedürfnissen entsprechen. Wie Tante Emma einst, weiß der Händler (bzw. der Rechner) so genau, was der Kunde haben will. Er kann ihm seinen Lieblingswein oder Spezialkäse anbieten, ohne ihn zugleich mit Werbebotschaften zu überhäufen, die ihn nicht interessieren, im besten Sinne eines One-to-One-Marketings. Sogar individuelle Rabatte und Bonuspunkte werden berücksichtigt. Darüber hinaus kann das Gerät den Konsumenten über einen freien Platz an einer Bedientheke informieren oder mitteilen, dass vorbestellte Ware abholbereit ist. Auf Wunsch zeigt das Display verschiedene Währungen an. Die doppelte Preisauszeichnung mit Einführung des Euro ist also kein Problem mehr. Die Selbstbedienungswaage für Obst und Gemüse ist im System integriert.

Viele dieser Möglichkeiten sind zurzeit aus Sicht der Praxis noch Optionen für die Zukunft; aber mit dem SmartShopper steht dem Handel ein geeignetes Instrument zur Verfügung, dem Kundenwunsch nach besserem Service, umfassender Information und persönlicher Betreuung nachzukommen. Verkaufsdaten, die über die Scanner eingelesen wurden, können darüber hinaus der Marketingabteilung ohne Verzögerung zur Analyse zugehen. Die Wirkung einer Promotionaktion auf den Verkauf eines bestimmten Produktes könnte unmittelbar in die weitere Planung einbezogen werden.

Als zusätzlichen Service sollte die Filiale vielleicht anbieten, die lästigen Routine-Einkäufe des jeweiligen Kunden nach Abruf schon bereits zusammengepackt bereitzuhalten. So hätte König Kunde dann Zeit, sich mit Muße nach Extras umzusehen. Einkaufen könnte zum angenehmen Erlebnis werden. Möchte der Kunde seinen Rundgang im Supermarkt beenden, bezahlt er lediglich ohne Wartezeit und Umpacken die bereits erfasste Ware, am besten auch gleich mit der Kundenkarte. Der „Preis", den er für den umfassenden Service zahlt, besteht allerdings in der Preisgabe zentraler Daten zu seiner Person. Der Kunde wird zum „Gläsernen König". Aber das war ja bei Tante Emma im Grunde genommen auch nicht anders.

Das System wird in seinem Grundkonzept bereits von der britischen Lebensmittelkette Tesco getestet und ist von Mitarbeitern und Kunden mit großer Begeisterung aufgenommen worden. Natürlich braucht es Zeit, die vielen Chancen, die es bietet, zu entdecken und in die Praxis umzusetzen. Mit dem neuen mobilen System machen sich die Märkte ganz im Sinne der digitalen Revolution bereit für das nächste Jahrtausend. Die Einbindung von E-Commerce und anderen elektronischen Medien gelingt ohne größere Probleme. Der bessere Service wird sicher auch in Deutschland in Zukunft mehr Kunden anziehen. Unternehmen, die zu lange abwartend reagieren, werden sich wahrscheinlich schon in wenigen Jahren mit deutlich geringeren Marktanteilen abfinden müssen. Auch hier gilt: Wer zu spät kommt, den bestraft der Wettbewerb.

Zusammenfassung:
Selfscanning-Systeme werden schon seit mehreren Jahren in vielen Ländern getestet. Die Kunden akzeptieren das Selbst-Scannen. Als logische Weiterentwicklung des Selbstbedienungsgedankens wird Self-Scanning in den Handelshäusern der Zukunft andere Kassensysteme mit hoher Wahrscheinlichkeit in erheblichem Umfang ablösen.

Zu unterscheiden sind im Wesentlichen zwei Methoden:
– Stationäres Self-Scanning
– Mobiles Self-Scanning

Das stationäre Self-Scanning verkürzt die Wartezeiten des Kunden in der Kassenschlange, gibt die Chance, Kassenarbeitsplätze einzusparen und verbessert die Ergonomie der Kassentische. Bei mehreren stationären Systemen ist jedoch die Sicherheit nicht zufrieden stellend.

Das mobile Self-Scanning hat gegenüber dem stationären System entscheidende Vorteile: Es verkürzt nicht nur die Wartezeiten an der Kasse, sondern spart darüber hinaus Zeit, weil das Aus- und Einpacken der Ware auf das Förderband entfällt. Auch unter ergonomischen Aspekten ist es als günstiger zu beurteilen. Es besteht ein vergleichsweise geringeres Sicherheits-Risiko, da jeder Kunde persönlich identifiziert wird. Die neueste Generation der mobilen Self-Scanningsysteme wie der „SmartShopper" sind darüber hinaus ständig mit dem zentralen Rechner verbunden und in die Kassenanwendung integriert. Das ermöglicht einerseits eine flexible Preispolitik, gibt dem Kunden aber andererseits eine hohe Preissicherheit und gewährt ihm ständigen Überblick über die Gesamtsumme seines Einkaufs sowie eingesparte Beträge oder Treuepunkte. Der SmartShopper enthält außerdem ausgezeichnete Entwicklungsmöglichkeiten für einen umfassenden Kundenservice mit individuellen Werbebotschaften bis hin zu einem One-to-One-Marketing.

14.3 Die Kassenmöbel im Kundenleitweg

Die Stellung der Kassentische im Kundenleitweg ist bedeutungsvoll durch die Erschließungsachse: Eingang, Kasse, Treppe.
Im Allgemeinen gehören die Kassenmöbel an das Ende des Kundenleitweges, immer davon ausgehend, dass der Konsument erst zur Ware geführt wird und dann mit der Ware die Kasse aufsuchen möchte.
Zur Kundenleitweg-Planung Kasse gehört auch die Einplanung der wartenden Kunden an der Kasse – der Warteschlange.
Auch mehrere Kundenleitwege durch verschiedene Verkaufsraumbereiche müssen an der Kasse enden, und zwar an der Seite, an der sich die Kunden anstellen.

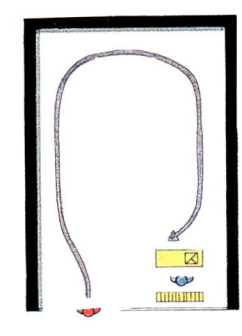

1. Die Kasse am Ende des Loops an der Schaufensterrückwand:
keine Einsicht von außen in die Kasse ermöglichen

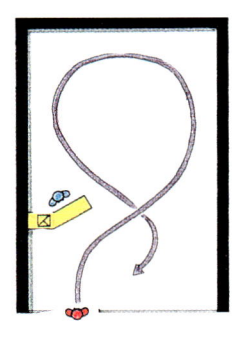

2. Die Wandkasse am Eingang dominiert und behindert den Loop

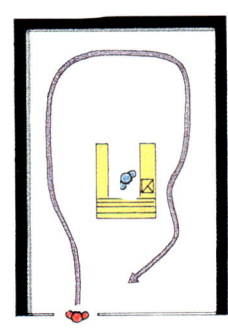

3. Eine Mittelkasse unterstützt den Loop

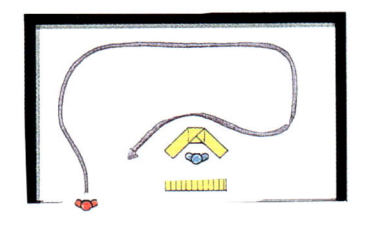

4. Die Kasse am Ende des Kundenleitweges:
an der Schaufensterrückwand mit zugebauter Einsicht in die Kasse

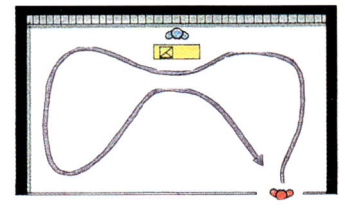

5. Die Kasse verdeckt Regale und teilt den Verkaufsraum

6. Die runde Mittelkasse unterstützt den „Dreh" im Loop

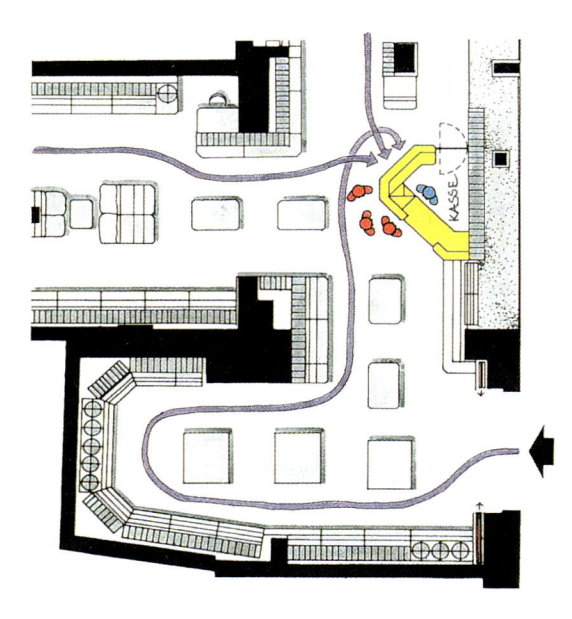

F   Kommunikationsmarketing: Die Einladung – Corporate Communications zur Unternehmenskommunikation

F 14   Der Kassenbereich

7. Die Kundenleitwege können die Konsumenten aus verschiedenen Verkaufsraumbereichen zum Kassentisch führen und zwar zur Warteseite

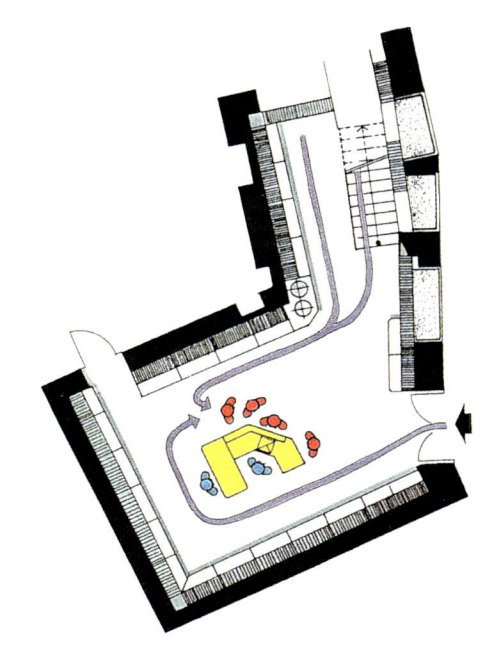

Die Arbeit am Kassenpool
Palm und Enke, Erlangen
Design: Kreft, Wedemark

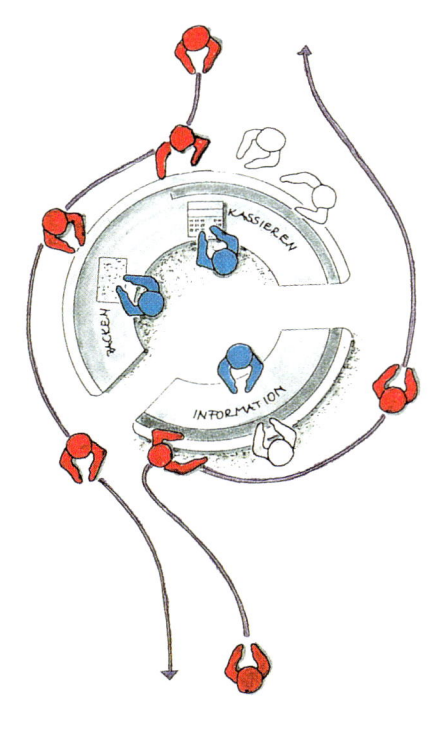

8. und 9. Der Raum zum Anstellen muss geplant werden. Ein freistehender Kassenpool hat viele Kontaktbereiche. Das Anstellen der Kunden erfolgt von links nach rechts. Mitarbeiter im Pool funktionieren von rechts nach links.

14.4 Kassenplätze zur Auswahl

Buchhandlung Gisela Utz, Regen
Planung und Realisierung:
Wilhelm Kreft GmbH, Wedemark

Funktion und Charakter der kleinen Buchhandlung in der bayerischen Kleinstadt werden deutlich durch den Standort des Kassentisches bestimmt.
Die Buchhandlung wird an vielen Wochentagen nur von zwei Personen betrieben. Das heißt, die Kasse übernimmt Steuerungsfunktionen.

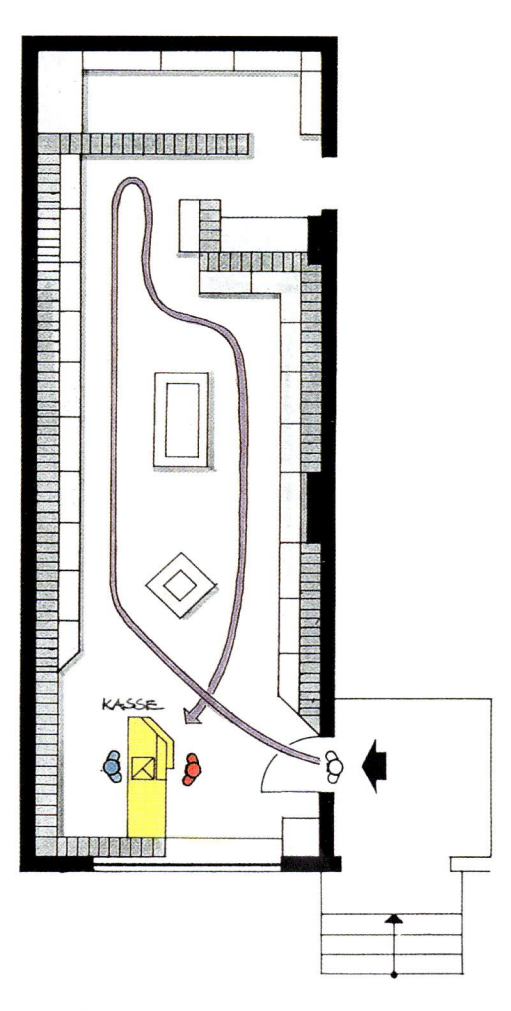

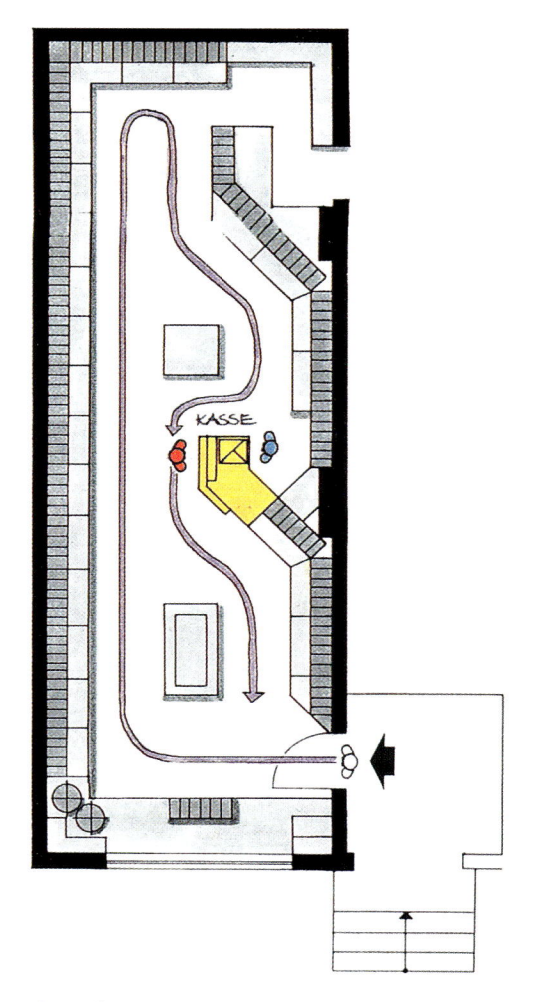

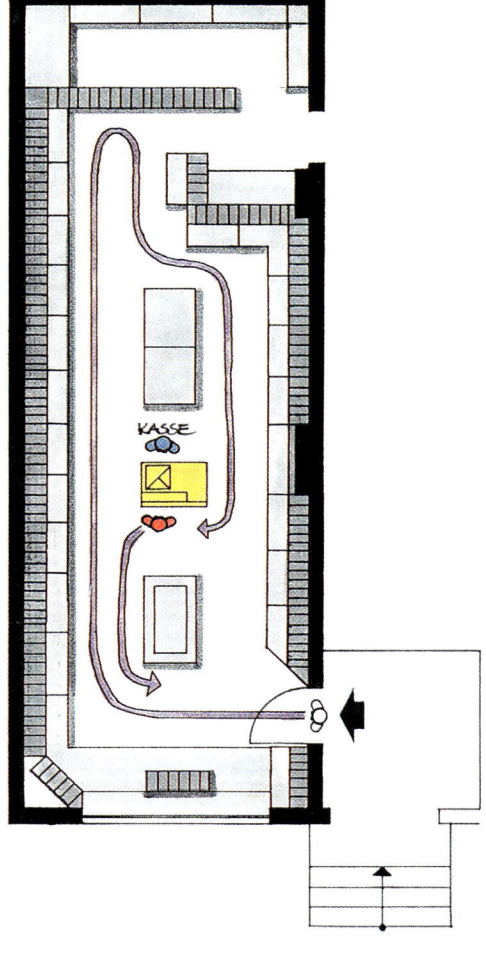

Grundriss 1
Die Kasse befindet sich unmittelbar im Eingangsbereich, vis-a-vis der Eingangstür. Eine starke Kontrollfunktion entsteht.
Wertvolle Regalfläche, die wichtigste vis-a-vis des Eingangs, wird durch den Kassentisch für die Konsumenten verstellt.
Dadurch beginnt der Verkaufsraum erst nach dem Kassentisch.

Grundriss 2
Der Kassentisch befindet sich nun fast am Ende des Kundenleitweges. Die logische, visuelle Erschließung des Raumes durch den Kundenleitweg wurde genutzt.
Der Kassentisch muss sehr aufwändig in ein Regal eingebaut werden. Der Kundenleitweg wird in seinem natürlichen Lauf verändert. Es entsteht auf der rechten Seite eine Trennung der Wandfläche.

Grundriss 3
Ein kleiner, aber ausreichender Kassentisch steht nahezu in der Mitte des Verkaufsraumes. Eine gute Übersicht ist gewährleistet, der Kundenleitweg ist logisch. Der Eingang, der vordere Bereich des Ladens, wird von der Kasse gut überschaut.

F Kommunikationsmarketing: Die Einladung – Corporate Communications zur Unternehmenskommunikation

F 14 Der Kassenbereich

14.5 Kassenplatz-Kommunikation

Joh. Haas, Wels/Österreich
Papier, Schreibwaren und Buchhandlung
Planung und Realisierung:
Wilhelm Kreft GmbH, Wedemark

Das Haus Stadtplatz 34 in Wels (Oberösterreich) war schon vor 200 Jahren Standort einer Druckerei, seit 1860 einer Buchhandlung und später eines Papierfachgeschäftes. Noch immer beherbergt das Haus die Einzelhandelsgeschäfte für Buch und Papier und eine kleine Druckerei.

Grundriss Obergeschoss

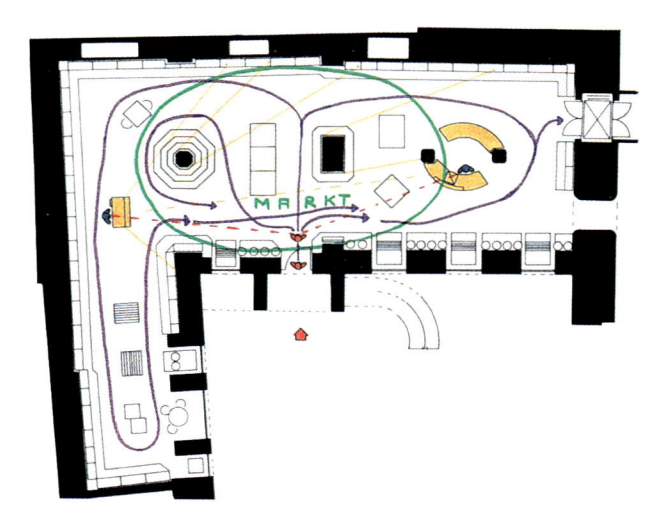

Grundriss Erdgeschoss

Das Kassenmöbel im Erdgeschoss steht im Raum, angelehnt an einen Pfeiler.

F14 Der Kassenbereich

Die Verkaufsräume liegen in einem historischen Hinterhaus. Dieses Haus wird von der Straße durch eine Toreinfahrt und einen stimmungsvollen Innenhof erschlossen.

Der historische Bau wird für die Buchhandlung in zwei übereinander liegenden Geschossen genutzt.

Beide Geschosse haben Gewölbe – getragen von Pfeilern und Säulen. Das bedeutet zum einen ein einmaliges prägendes Milieu für die Buchhandlung, zum anderen Denkmalschutz, die Gewölbe dürfen nicht angekratzt werden für eine geschossverbindende Treppe in der Buchhandlung.

Die Lösung: Ein Aufzug in einer Nische zwischen zwei Häusern und damit eine gleichzeitige Erschließung der Buchhandlung und der Schreibwarenhandlung aus den Etagen und eine Außentreppe vom Innenhof über einen Laubengang.

Das bedeutet ein Eingang von außen im Obergeschoss. Erschwerend kommt hinzu, dass die jeweiligen Hauptverkaufsräume sehr deutlich durch starke Wandscheiben geteilt sind. Somit müssen in jedem Geschoss zwei Räume für den eintretenden Kunden gleichzeitig erschlossen werden.

Man muss im Planungsansatz davon ausgehen, dass die Kasse in den Eingangsbereich gehört, damit würde aber in diesem Falle der jeweils andere wichtige Raum nur noch über das Sortiment zu steuern sein. Die Reihe der erforderlichen Warenleitbilder wäre aus dem Eingangsraum nicht mehr sichtbar, das führt zu „vergessenen" Sortimenten.

Die Lösung heißt: jeweils ein Eingangsraum und ein Kassenraum.

Der Planungsauftrag muss lauten: Kommunikation zwischen Eingang und Kassenmöbel mit einer Informationsstation zwischen Kasse und Eingang.

Zur Sicherung wird im jeweiligen Eingangsraum, separat aber gut sichtbar vom Eingang ein Arbeitsplatz mit Informations- und Beobachtungsqualität installiert.

Der Auftrag, den Kunden zu empfangen, ihn zu betreuen und zu verabschieden konnte so durch eine Leitplanung mit dem Ziel der humanen Dialogfähigkeit (zwischen Kunden und Unternehmen wie auch zwischen Unternehmen und Kunden) umgesetzt werden.

Der stimmungsvolle Innenhof

Das Kassenmöbel im Obergeschoss

F15 Der Treppenbereich

Die Planung des Treppenbereiches wirft die Frage auf: Wie weit müssen und können Warenbilder im Treppenbereich platziert werden?

Die Treppe im Verkaufsraum ist nicht nur ein wichtiger Teil der Architektur, die Treppe ist auch ein wichtiger Teil der Warenraumgestaltung, der Kommunikation und der Orientierung und damit des Kundenleitweges und des Vertriebs – also des Merchandising.

Die Bedeutung der Treppe als Architektur und als Merchandising ist für das Unternehmen gleich wichtig, sie ist Merchandising-Architektur.

Viele, zu viele Verkaufsräume leiden unter dem einseitig geplanten Kunstwerk „Treppe". Die zwar überzeugende, aber nur einseitig als ästhetisches Bauwerk geplante Treppe, die der Ware nicht zu nahe kommen darf, weil sonst das Kunstwerk verstellt wird, zeigt die Selbstverliebtheit des Künstlers in das von ihm geschaffene Kunstwerk Treppe und die Trennung von dem lebendigen, interessanten Milieu und dem Zauber der Warenbilder.

Der Treppenbereich muss durch die Treppe beherrscht werden, aber die Ware muss noch mitspielen.

Die Treppe darf in ihrem Kundenleitauftrag nicht gemindert werden. Aber Ware kann auch leiten und Informationen geben für das nächste Geschoss.

Wesentlich für die Warenbilder ist der hohe Beachtungsgrad im Treppenbereich, am Schnittpunkt, auch für die wichtigsten Orientierungspunkte der Kundenleitwege.

Welche Ware und wie viel davon zulässig ist, um die Treppe nicht zu behindern, muss individuell entschieden werden.

Die Treppen

Eine Treppe ist etwas Vertrautes, etwas Alltägliches und trotzdem ein Wunder. Dies wird klar, wenn man eine Treppe begehen darf.

Der Raum hat eine Öffnung, in der Menschen ruckartig nach unten verschwinden – andere steigen auf, steigen auf in einen neuen Raum mit neuer Verkaufsraumgestaltung einer neuen Warenwelt.

Das Raumangebot, die Übersicht erweitert sich. Der Luftraum, der die Treppe umgibt, schafft die visuelle Verbindung und die Treppe selbst schafft die funktionelle optische Linie in den neuen Raum. Das Auge geht immer voraus in den vom Treppenlauf gezeigten Raum.

Die Treppe ist Erwartung, sie macht neugierig auf ein neues Raumerlebnis.

Die Treppe, die absteigt, braucht ein genaues vorinformiertes Ziel. Die Treppe, die aufsteigt, ist positiv – sie führt in die wertvollen Sortimente. Sie ist ein signifikanter Punkt im Raum. Der ruhige Raum hat eine bewegte Treppe als Gegensatz, als Leitkontrast, den alle sehen, jedem ist deutlich: Der Weg aufwärts führt zum Bedeutendsten.

Die Treppe ist Erlebnis, eine Inszenierung, die anzieht und ständig neue Bilder, Raumbilder und Warenbilder schafft mit mehr Übersicht und Kontakten. Sie bleibt in all ihrer Alltäglichkeit ungewöhnlich und das Besondere, sie gehört zur Identität des Verkaufsraumes und damit zur Identität des Unternehmens.

Die Treppe zieht als Zeichen schon den Blick an und führt ihn nach oben oder nach unten.

In der Ladenplanung muss beachtet werden, dass Treppen gleichzeitig Verkaufsräume und Sortimente verbinden und ordnen.

Die Aktivierung durch eine Fahrtreppe ist oft eine teure Entscheidung, die zunehmend für viele Unternehmen unumgänglich ist.

Das bedeutet, dass immer auch die „normale" Treppe überlegt werden muss – und das ganz positiv als Lebensqualität, als Inszenierung.

F15 Der Treppenbereich

In der Warenraumgestaltung ist die Treppe kein notwendiges Übel mehr. Die Treppe wird als voll akzeptierter und als wichtiger gewollter architektonischer Teil in den Kundenleitweg und in die Inszenierung einbezogen und als Symbol für Größe und Öffnung gefeiert.

Bücher Balmer, Zug/CH
Eine Treppen-Verbindung zwischen zwei Häusern sichtbar von außen wird zu einem interessanten Baudetail.
Innenarchitekt: Jürgen Wagner, Wilhelm Kreft, Kreft-Team
Realisierung: Wilhelm Kreft GmbH, Wedemark

Modehaus Gieck, Ludwigsburg
Planung: Cöln-Design, Köln

Das Aufsteigen in das Tageslicht schafft für die Treppe eine hohe Beachtung.
Greuter, Singen
Planung und Realisierung:
Wilhelm Kreft GmbH, Wedemark
Siehe auch Kapitel:
F 11.3.3 Eingang: Buchhandlung Greuter

Gestaltungen, Stimmungen gehen von Treppen aus, sie werden vom Treppengeländer mit entschieden. Stäbe, Glas, aber auch Warenträger und Sitzflächen werden Bestandteil der Warenraumgestaltung.

15.1 Die Treppe im Kundenleitweg

Die Treppe, die Verkaufsebenen verbindet, ist Kundenleitweg.
Die wichtige Kundenleitweg-Konstellation aus Eingang und Kasse schafft die funktionale Grundlage für den Standort und für den Verlauf der Treppe.
Die Treppenplanung ist somit ein wichtiger Bestandteil der Kundenleitweg-Planung.
Die Treppe ist Kundenleitweg und so zu planen, dass sie mühelos vom Eingang erreicht wird und im Verkaufsraum von möglichst vielen Plätzen zu sehen ist. Große Einzelhandelsunternehmen sind nicht auf einer Ebene unterzubringen und auch kleine und mittlere Unternehmen brauchen die Treppe.
Ein Verkaufsraum, 200 m², ist dann preiswerter anzumieten, wenn 2 x 10 m x 10 m übereinander liegen und nicht 10 m x 20 m auf einer Ebene im Erdgeschoss.
Entscheidend für das Funktionieren dieser beiden Räume übereinander ist die Treppe. Für viele Sortimente sind zwei mal 10 x 10 m auch besser zu überblicken als 10 m x 20 m oder 20 m x 10 m.
Es muss gelingen, den Konsumenten nach oben zu bringen, und das hängt von der Planung, von der Kundenleitweg-Planung mit der Treppe ab.
Treppen sind neue Eingänge in ein neues Geschoss. Treppenplanung ist auch Eingangsplanung für das zu erschließende neue Geschoss.
Die Treppe braucht die richtige Platzierung:
– Die Treppe sollte vom Eingang her zu sehen sein.
– Eingang, Kassenplatz und Treppe bilden eine wichtige Achse im Haupt-Kundenleitweg und haben immer einen Bezug zueinander.
– Eine Treppe im Verkaufsraum, die aus dem vorderen Bereich heraus sichtbar ist, signalisiert dem Konsumenten ein größeres Fachgeschäft auf mehreren Ebenen.
– Der Konsument muss am richtigen Ort im Erdgeschoss auf- oder absteigen und am richtigen Ort im neuen Geschoss ankommen.
– Der Konsument muss durch das Sortiment „gedreht" werden. Es muss erkannt und genutzt werden, dass der Konsument wichtige Sortimentsteile von der Treppe übersehen kann.
– Unbedingt beachten: Der Konsument erhält eine Aufsicht auf die Einrichtungsteile, die für die waagerechte Betrachtung konzipiert sind. Störende Regalaufsichten sind zu vermeiden!

Die Mitteltreppe
Es ist vorteilhaft, wenn Treppen in der Mitte des Raumes geplant werden können und so nach rechts oder links einen Gang in die Tiefe des Verkaufsraumes freilassen.
Siehe das Kapitel:
F 15.7 Drei Verkaufsebenen:
        Kooyker, Leiden, Niederlande

Die Wandtreppe
Auch Treppenwand-Lösungen sind akzeptabel, wenn über die Treppe das Sortiment weitergeführt werden kann.
Siehe die Kapitel:
F 15.11 Fachbuchhandlung mit Reisebüro:
         Wittwer, Stuttgart
F 15.12 Die Staffelhaus-Treppe:
         Schmidt, Stadthagen
F 15.13 Verkauf auf der Treppe:
         Spaethe, Moers

Die Spindeltreppe
Spindeltreppen sind Treppen-Wunderwerke auf kleinstem Raum. Eine geschickte, Raum sparende Verbindung zwischen zwei Geschossen. Spindeltreppen sind oft auch gute Design-Lösungen – aber kundeneinladend sind sie nicht.
Spindeltreppen, auch Wendeltreppen genannt, sind als Geschossverbindung zwischen zwei Verkaufsebenen nicht tragbar. Ihre Aussage und Bedeutung steht für eine interne Benutzung, eine schnelle Verbindung für Mitarbeiter. Um diese Funktion deutlich zu machen, sollten sie mit dem Antritt nicht konsumenten-einladend zum Eingang zeigen.

F 15 Der Treppenbereich

Die Rundtreppe

Wendeltreppen sind erst dann ein humaner Architekturteil, wenn sie einen großen Durchmesser haben und dadurch praktisch gering verzogene Stufen. Große Rundtreppen triumphieren als Architekturteil im Raum und laden ein, das nächste Geschoss zu besuchen.

Treppen muss man mit der Begeisterung planen, mit der die Konsumenten sie begehen sollen!

Treppen kann man so planen, dass der Kunde sie gehen muss, dass er das Gefühl bekommt etwas zu verpassen, wenn er diese Treppe nicht begeht. Die großen Baumeister des Barocks haben den Treppen eine zentrale Bedeutung gegeben. Sie haben mit der Treppe triumphiert und gejubelt.

Die Erschließung von außen

1. Die Zweigeschossigkeit sollte schon von außen sichtbar sein. Neben der Fassade ist eine deutliche Treppe das untrügliche Zeichen für ein großes Angebot.

Der Kundenleitweg beginnt gegebenenfalls schon auf der gegenüberliegenden Straßenseite.

Wie wird die Treppe von außen sichtbar?

2. Verglasungen der Front und niedrige Innenmöbel geben einen großzügigen Blick frei zur Treppe in der Mitte des Verkaufsraumes.

Ist die Treppe von außen noch sichtbar?

Treppen an Wänden verbunden mit Regalen voll mit Waren machen die Treppenanlage erst vom Eingang erkennbar.

Von wo aus muss die Treppe als Geschossverbindung erkennbar sein?

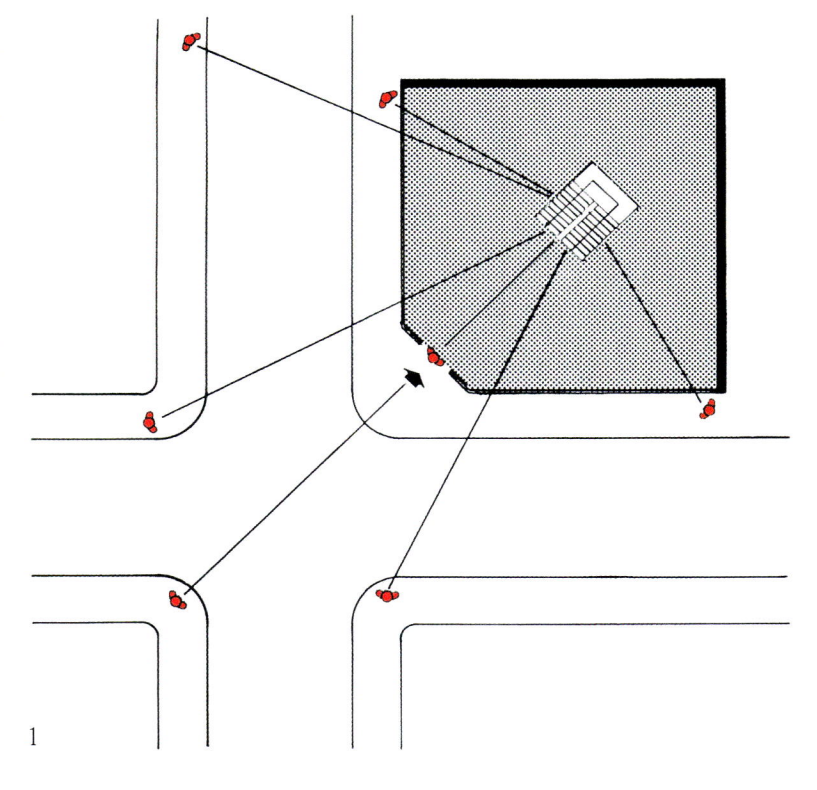

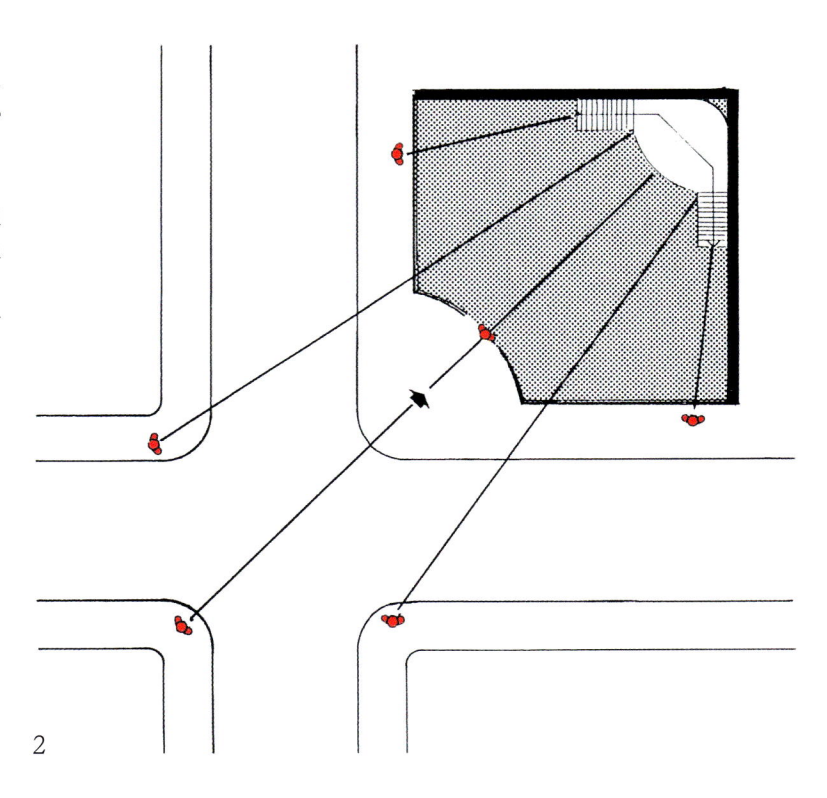

1

2

F   Kommunikationsmarketing: Die Einladung – Corporate Communications zur Unternehmenskommunikation

F 15   Der Treppenbereich

Die Treppe wird geplant

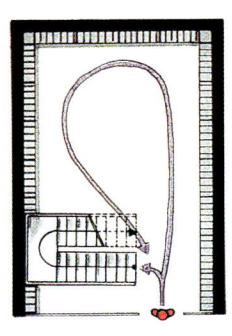

1. Treppen im Eingangsbereich bringen eine oft nicht zu bewältigende Enge.

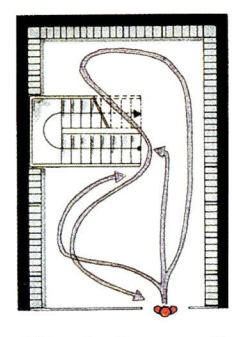

2. Treppen in der Mitte des Raumes teilen – prüfen, ob die Treppe rechts- oder linksläufig sein muss.

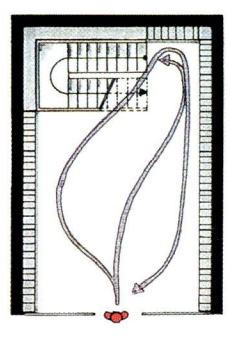

3. Treppen im hinteren Raum müssen sichtbar bleiben – prüfen, ob der Aufgang nach rechts oder nach links erfolgen muss.

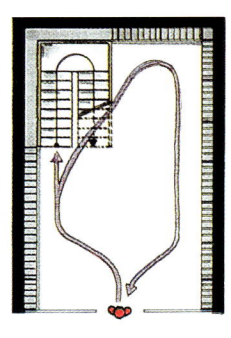

4. Das Regal kann über die Treppe weiter nach oben geführt werden.

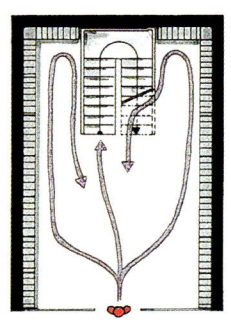

5. Die Mitteltreppe teilt den Raum, interessant wenn man unter dem Podest mit genügend Kopfhöhe durchgehen kann.

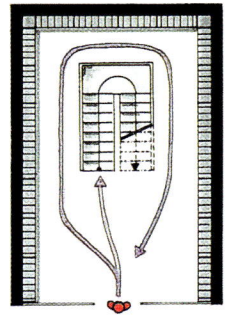

6. Die „freie" Treppe mitten im Raum bestätigt den Loop und schafft viel Wandfläche.

F15 Der Treppenbereich

Die Treppentypen

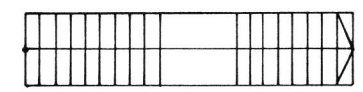

1. Der gerade Treppenlauf mit Podest (gleiche Stufenzahl)

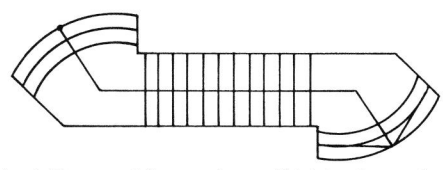

2. Auch Treppen können einen „Trichtereingang" erhalten

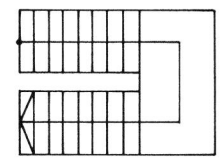

3. Die zweiläufige Treppe, der Konsument dreht sich

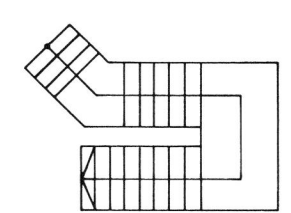

4. Der bessere, kundenleitweg-gerechte Treppenbeginn, wenn er zum Eingang zeigt.

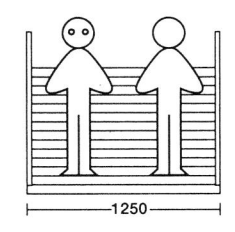

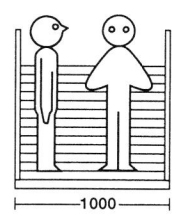

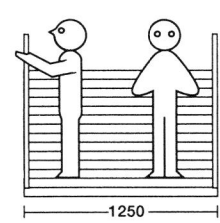

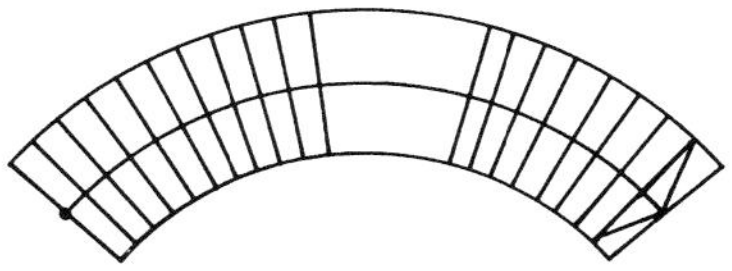

5. Die gerundete Treppe mit Podest

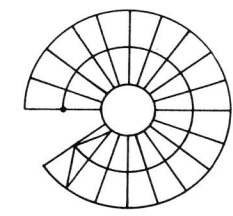

6. Die Wendeltreppe – schon Nachteile für den Konsumenten

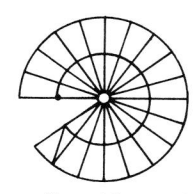

7. Die Spindeltreppe lässt sich nur „intern" verwenden

Die Treppenbreiten

Die Mitte der Gehlinie von der Wand oder vom Geländer = 55 cm

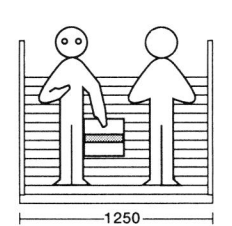

Maßangaben in mm

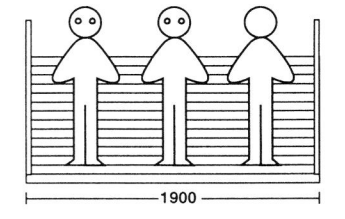

Erforderliche Treppenbreite siehe Neufert: Bauentwurfslehre

F Kommunikationsmarketing: Die Einladung – Corporate Communications zur Unternehmenskommunikation

F15 Der Treppenbereich

Die Podestflächen in den Treppenläufen

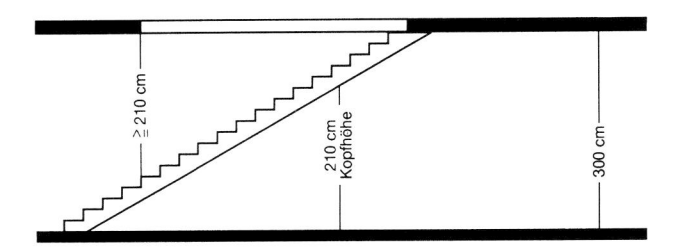

Treppenläufe ohne Podestflächen sind anstrengend

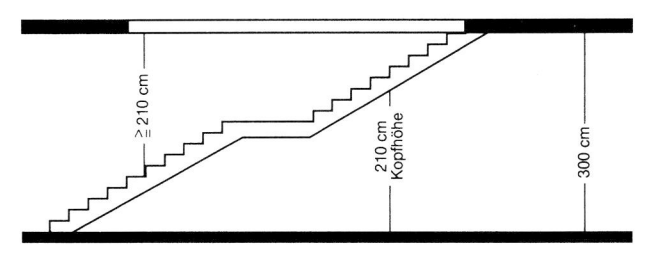

Podestflächen erwünscht im Schritt
ohne Wechselschritt
Kopfhöhe und Deckendurchbruch
beachten

Podest nach vier Steigungen
Ackermann, „la Promenade", Basel
Design: Elke Peper, Basel
Vitrashop, Weil

Treppenpodeste

Transparenz zu wichtigen Warenleitbildern im Treppenbereich

Podest nach zwei Steigungen und nach weiteren zehn Steigungen
Pustet, Augsburg
Planung: Wilhelm Kreft GmbH, Wedemark

Podest nach vier Steigerungen

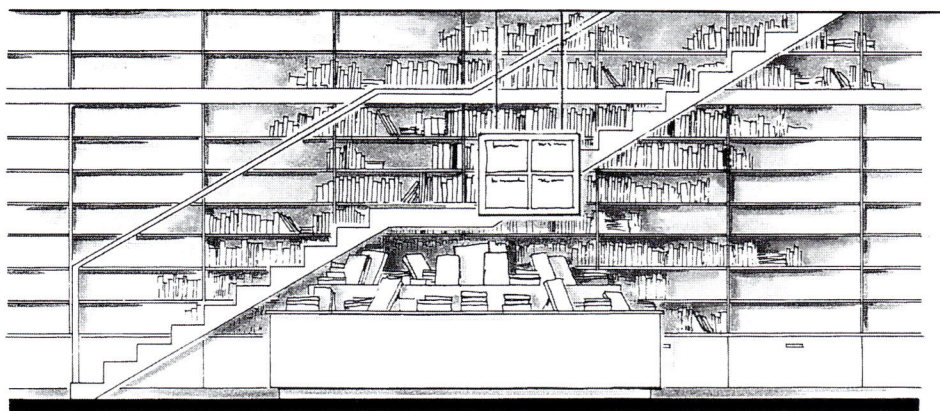

Podest nach zehn Steigerungen

F Kommunikationsmarketing: Die Einladung – Corporate Communications zur Unternehmenskommunikation

F15 Der Treppenbereich

Podest nach fünf Steigungen

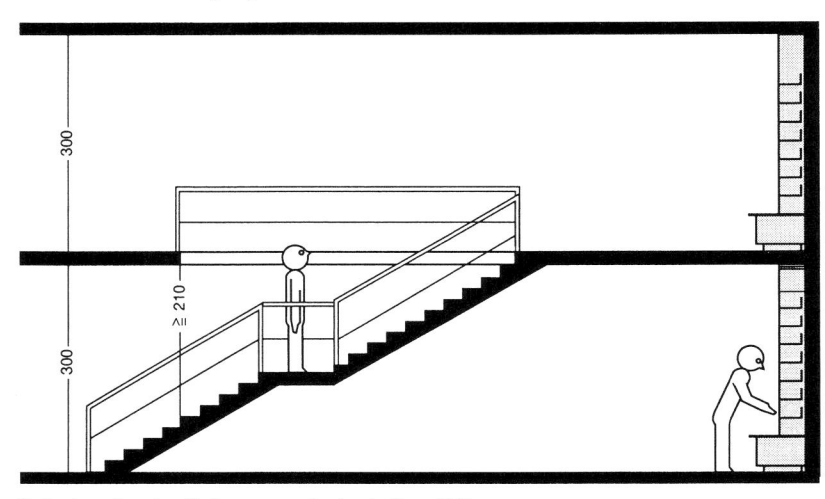

Podest nach zehn Steigungen – in der halben Höhe

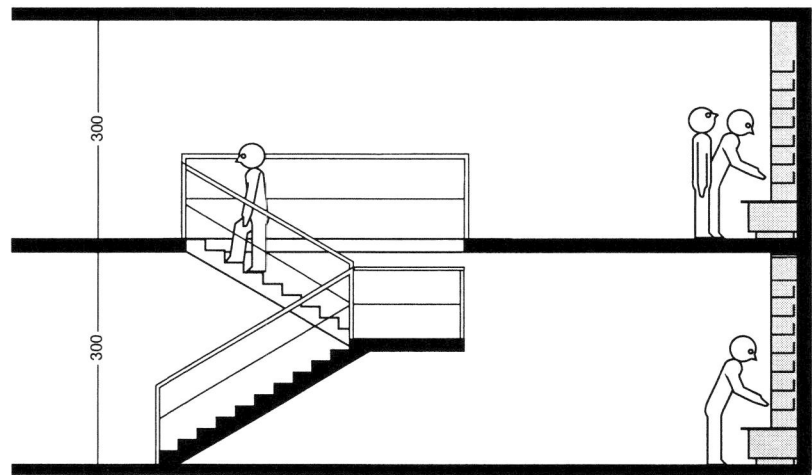

Podeste in der zweiläufigen Treppenlage „drehen" den Kunden

Podestflächen sind auch Raumleitelemente!

Eine Steigung
möglichst vermeiden! Es entsteht eine Stolpergefahr.

Drei Steigungen
ergeben eine Raumpodesthöhe – noch keine Treppenwirkung:
- die Podestfläche ist eine Bühne für Warenausstellungen, zu denen man aufsteigen muss.

Fünf Steigungen
ergeben den wichtigen Bühneneffekt:
- ein neues Sehfeld
- zu den Menschen auf der Bühne besteht noch eine Verbindung
- alles ist überragend sichtbar.

Zehn Steigungen
die Podestfläche wirkt als Zwischenstation:
- als Verschnaufpause
- der Kontakt zu Menschen auf der Podestfläche besteht nicht mehr
- prüfen, ob das Treppenpodest stört und den Blick auf wichtige Warenleitbilder verdeckt. Die Transparenz erhalten!

Feuerbestimmung:
Im Allgemeinen gilt: 2 Ebenen offen
- über zwei Verkaufsebenen ist eine Sprengler-Anlage erforderlich oder die Verglasung des Treppenhauses
- siehe hierzu: Die Landesbauordnung (LBO) und
- DIN 4102 „Brandverhalten von Baustoffen und Bauteilen"

F15 Der Treppenbereich

Eine Wandtreppe sollte das Sortiment nicht unterbrechen.
Buchhandlung Schmidt, Stadthagen
Planung: Manfred Kreft, Rainer Kaetz, Wilhelm Kreft, Kreft-Team
Realisierung: Wilhelm Kreft GmbH, Wedemark
Projektbeschreibung siehe:
F 8.5   Erweiterung in das Obergeschosses

Eine Treppe mit Mittelhandlauf und mit sehr einladenden gerundeten Beginnstufen.
Nievergelt, Zürich-Oberlikon
Planung: Jürgen Wagner, Reinhard Mann, Kreft-Team
Realisierung: Wilhelm Kreft GmbH, Wedemark

Für kleinere Verkaufsflächen ist es wichtig, dass die Beginnstufen der Treppe einladend zum Eingang zeigen, deshalb die Abwicklung des unteren Treppenverlaufs. Neben der Treppe, unter dem oberen Treppenlauf wurde die Kasse platziert. Diese Lösung schafft eine gute Position für die Kasse am Schnittpunkt zwischen Erdgeschoss und Obergeschoss. Gleichzeitig versperrt die Kasse den Durchgang unter der Treppe. Wegen der zu geringen Kopfhöhe ist das erforderlich.
Hugo Schimmel, Uelzen
Planung: Manfred Kreft, Rainer Kaetz, Kreft-Team
Realisierung: Wilhelm Kreft GmbH, Wedemark

Durch die Verbindung mit einem Nachbargebäude ergeben sich oft Staffelungen, mit versetzten Geschosshöhen. Durch eine exakte Kundenleitweg-Planung entstehen interessante verlockende Treppenlösungen, die neugierig machen auf neue Raumerlebnisse.
Kurt Heymann, Hamburg
Planung: Volker Paulsen, Kreft-Team
Realisierung: Wilhelm Kreft GmbH

755

F   Kommunikationsmarketing: Die Einladung – Corporate Communications zur Unternehmenskommunikation

F 15   Der Treppenbereich

Die Treppe zur Empore
Franz-Mehring-Haus, Leipzig
Planung: Wilhelm Kreft, Bernd Fischer,
Kreft-Team
Realisierung: Wilhelm Kreft GmbH,
Wedemark

Treppe und Regal gehören hier zusammen. Ohne Unterbrechung kann so das Sortiment über die Treppen in alle Verkaufsräume fließen ... und die Treppen stehen trotz der versetzten Geschosse mitten im Verkaufsraum.
Bock & Seip, Saarbrücken
Planung: Jürgen Wagner, Reinhard Mann, Kreft-Team
Realisierung: Wilhelm Kreft GmbH, Wedemark

F15 Der Treppenbereich

Es muss nicht immer eine Fahrtreppe sein! Eine geschossverbindende Treppenanlage, die gut gestaltet ist, findet eine hohe Beachtung.
Modehaus Rosa, Schweinfurt
Planung: Blocher, Blocher und Partner, Stuttgart

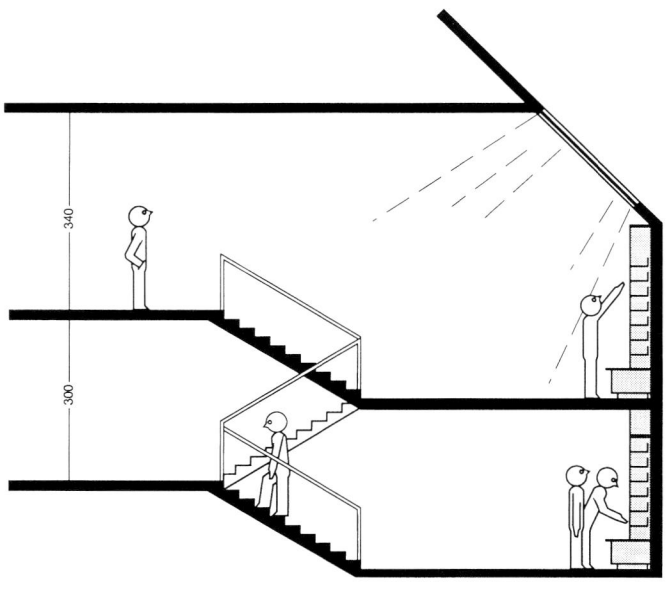

F Kommunikationsmarketing: Die Einladung – Corporate Communications zur Unternehmenskommunikation

F 15   Der Treppenbereich

Die Treppe links oder rechts angehen

Die Staffelung
Siehe auch das Kapitel
F 15.10   Die Staffelungen

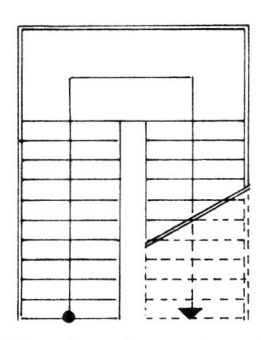

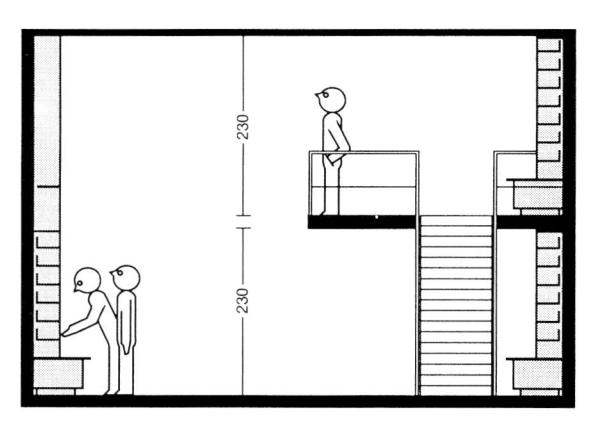

Die Treppe links oder rechts angehen oder austreten
1. links

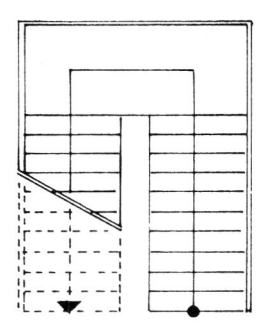

Prüfen, ob der Kunde
– links oder
– rechts austreten muss
2. rechts

Die Empore in einer zweigeschossigen Raumdimension
– zwei ineinander greifende Ebenen
– hoher Eingangsbereich und zwei einsehbare Geschosse mit niedriger Decke schaffen Übersichten und Beziehungen
– dem Kunden muss es möglich werden, über die Geschossgrenze zu sehen
– die Treppe entscheidet mit

Die Beurteilungskriterien:
– die Treppe nach unten darf nicht durch die Treppe nach oben verdeckt werden
– Lage zum oder im Kundenleitweg
– Lage zum Eingang
– den Austritt bewerten – wie geht der Konsument weiter in den Raum?
– Lage zum Kassenpool.
Siehe das Kapitel:
F 12.1   Rechts oder links erschließen?

F15 Der Treppenbereich

Mehrgeschossige Treppenanlage aus dem Erdgeschoss:

empfehlenswert: rechtsläufig nach oben und linksläufig nach unten.

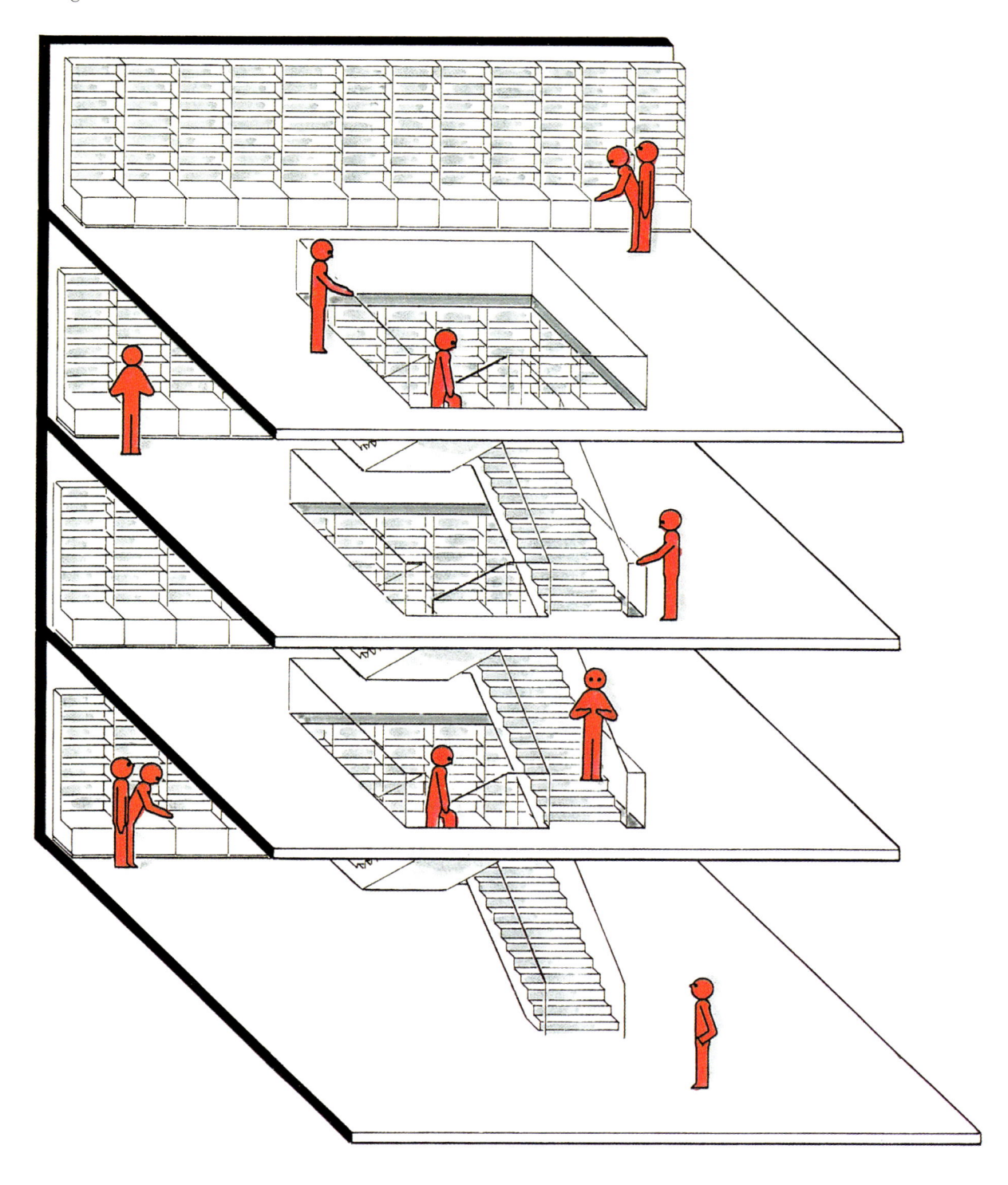

15.2 Eine zentrale oder zwei getrennte Treppenanlagen?

Projekt: Academic Bookshop Blackwell, Sheffield/Großbritannien
Planung: Wilhelm Kreft GmbH, Wedemark

Die Frage, ob das Obergeschoss mit einer zentralen Treppenanlage oder mit zwei Treppenanlagen an den jeweiligen Verkaufsraum-Enden erschlossen werden soll, ist von großer Bedeutung und muss deshalb geprüft werden.
Nicht nur die Unternehmensphilosophie und die Sortimentspolitik spielen bei der Beantwortung eine Rolle.

Grundriss 1
Die zentrale Treppenanlage teilt das Gebäude mittig in zwei Teile.
Die Sortimentsstruktur – besonders die Verbindung zwischen allgemeinem Sortiment und akademischem Sortiment – könnte fordern, dass die zentrale Treppe nicht unbedingt in der Mitte des

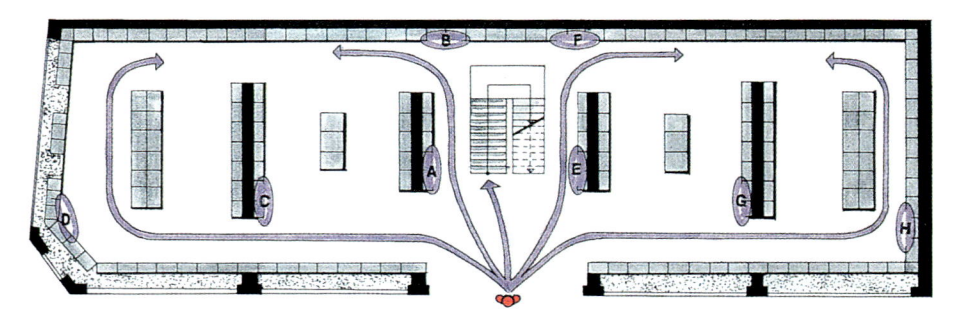

Grundriss 2
Zwei separate Treppenanlagen.

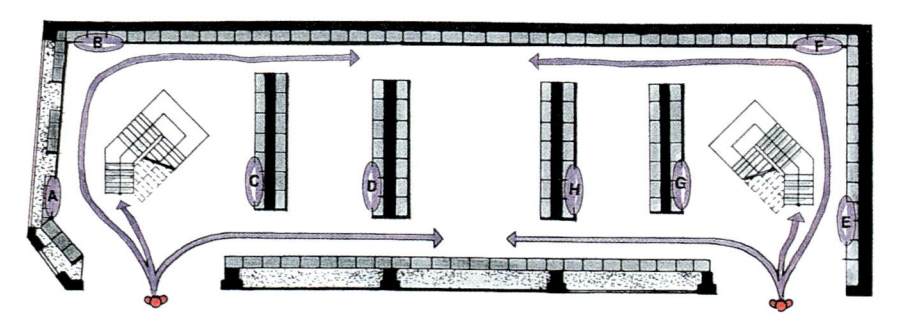

Ein Verkaufsraum in zwei Ebenen mit zwei Treppenanlagen ist dynamischer, schneller, mit der Voraussetzung, dass beide Treppenaufgänge sich unterscheiden, ein anderes Gesicht bekommen, jeweils andere Konsumenten aus einem anderen Bereich in das Obergeschoss bringen und jeweils andere Sortimente erschließen. So könnte beispielsweise das allgemeine Sortiment sowohl im Erdgeschoss als auch im Obergeschoss platziert werden, wenn durch einen Treppenaufgang die unmittelbare Verbindung erreicht ist.
Die andere Treppenanlage steht dann mit einer kontrastierenden Warenraumgestaltung, zum Beispiel mit dem akademischen Sortiment, zur Verfügung.

Gebäudes, sondern einen Abschnitt nach rechts oder nach links untergebracht wird, damit sich das allgemeine Sortiment im Treppenhaus bis oben und unten in einem rechten und linken Verkaufsraum befindet.
Das große, gewaltige, zentrale Treppenhaus – genau vis-a-vis des Eingangs – hat einen Sog zur Treppe. Die statisch notwendigen Mittelwände wurden deshalb rechts und links der Treppe gekürzt, damit der Blick freigegeben wird auf die jeweils nächsten Mittelwände, die dann gute Warenleitbilder abgeben.
Alle Leitbereiche sind aus dem Eingangsbereich sichtbar und bestimmen den Kundenleitweg, wenn es verstanden wird, an diesen Warenleitbereichen sich unterscheidende Highlights aufzubauen.

Die diagonale Einschiebung der Treppenanlage gibt viel Transparenz frei zum Sehen des Warenleitbildes auf der dahinter liegenden Wand. Damit wird der Loop und der Sog in die Tiefe wesentlich bestimmt.
Die Treppendiagonale gibt auch den Blick frei auf Highlights an den Mittelwänden. Damit wird das Funktionieren des Kundenleitweges zusätzlich gesichert, wenn es gelingt, die jeweils angezeigten Highlights als sich unterscheidende Sortimente dem Konsumenten im vorderen Eingangsbereich sichtbar zu machen.

F 15 Der Treppenbereich

15.3 Die Treppe im Eingangsbereich

Eingänge haben die Aufgabe Trichter zu sein, Einfädelungstrichter für den Verkaufsraum. Treppen im Eingang vermitteln Enge. Eine Treppe im Eingang ist in diesem Projekt aber unumgänglich. Die Treppe signalisiert dann, wenn die Enge bewältigt ist, die Größe des Unternehmens, die Mehrgeschossigkeit unmittelbar und direkt nach außen.

Die Erschließungsplanung wird hier in drei Variationen dargestellt: Bezüge zwischen Eingang, Treppe, Kasse und der daraus resultierenden Einfädelung in die Verkaufsräume.

Grundriss 1a und 1b:
Eingang
– Starker, frontaler Effekt
– drei gleich große Vitrinen geben eine gute formale Fassadenlösung
– aber zwei Eingänge: Der rechts liegende Hauseingang wird zu wichtig

Treppe
– die diagonal eingefügte Treppe ist wirkungsvoll

Kassenmöbel
– das Kassenmöbel vis a vis zur Treppe schafft eine gute Kontrolle
– der Eingang wird gut gesehen
– die Einführung in den Eingangsbereich in der Tiefe des Verkaufsraumes ist nicht behindert

Zugang in den Verkaufsraum
– durch den Eingang wird der Hauptblick auf die Treppe gerichtet
– die Regale rechts unter der Treppe ergeben ein erstes Warenleitbild zur Einführung in den Verkaufsraum

Treppenaustritt im 1. OG (Grundriss 1b)
– die Treppe drückt die Kunden in den vorderen Bereich des Verkaufsraumes
– nur ein sekundärer Kundenleitweg erschließt den oberen Verkaufsraum

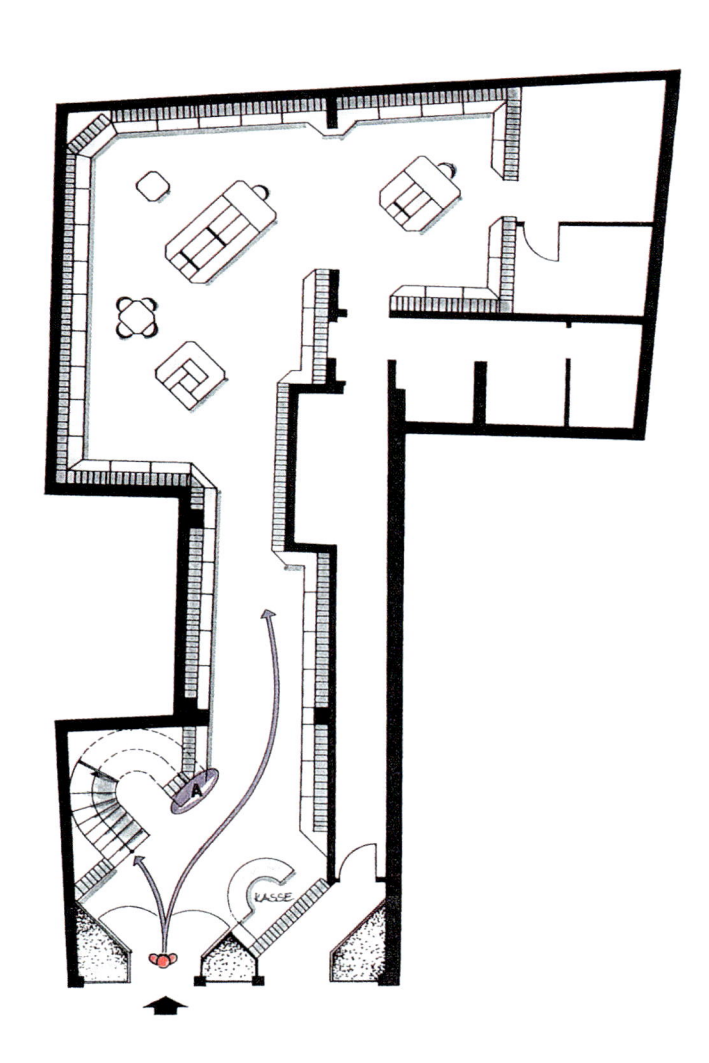

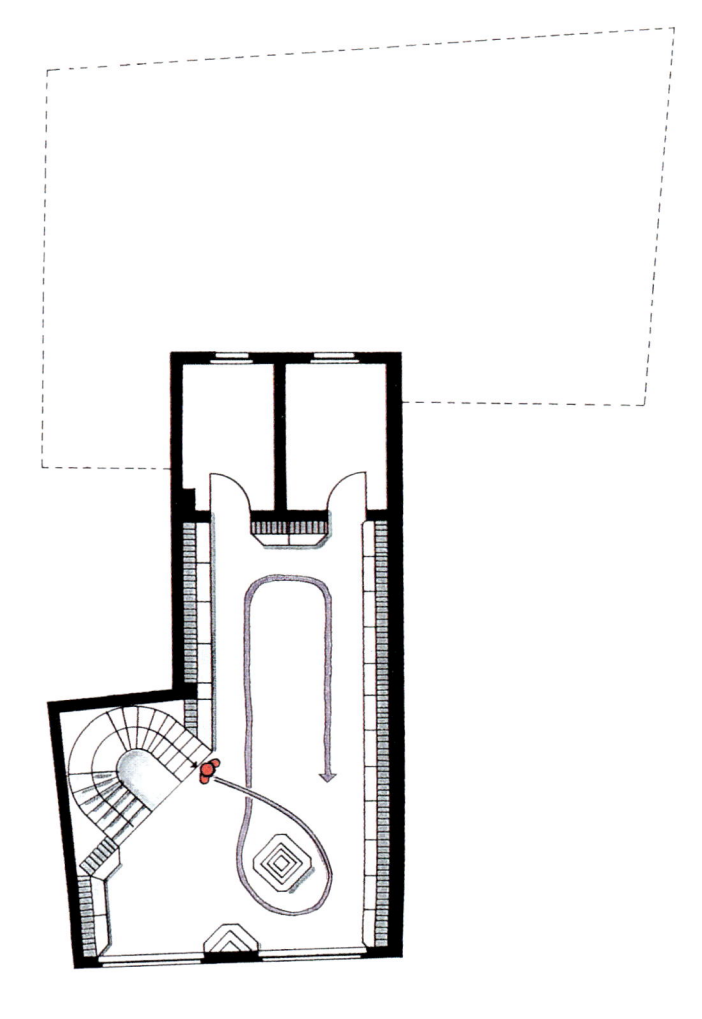

F   Kommunikationsmarketing: Die Einladung – Corporate Communications zur Unternehmenskommunikation

F15   Der Treppenbereich

Grundriss 2a und 2b:

Eingang
- der diagonale Eingang aus einer Passage schafft die Möglichkeit von Außentischen vor dem Eingang
- in der Fassade wird ein großes, zusammenhängendes Fenster erreicht mit guter Transparenz nach innen – in den Eingangsbereich und auf die Treppe

Treppe
- vis-a-vis des Eingangs, am guten Standort
- Treppenführung allerdings kompliziert

Kassenmöbel
- Kassenmöbel direkt angehbar
- eine starke Kontrollposition
- nicht einsehbar beim Rückgang aus dem Verkaufsraum im Erdgeschoss

Zugang in den Verkaufsraum
- es ergibt sich ein Eingangsbereich für schnelle, aktuelle Angebote – noch vor der Treppe
- der Eingangsbereich ist gut von außen einsehbar
- die Einführung in den Verkaufsraum im Erdgeschoss ist gewährleistet
- erste linke Warenleitbilder A und B neben der Kasse
- das erste rechte Warenleitbild C direkt am Eingang

Treppenaustritt oben (Grundriss 2b)
- bessere Einfädelung des Konsumenten, sowohl nach rechts als auch nach links.

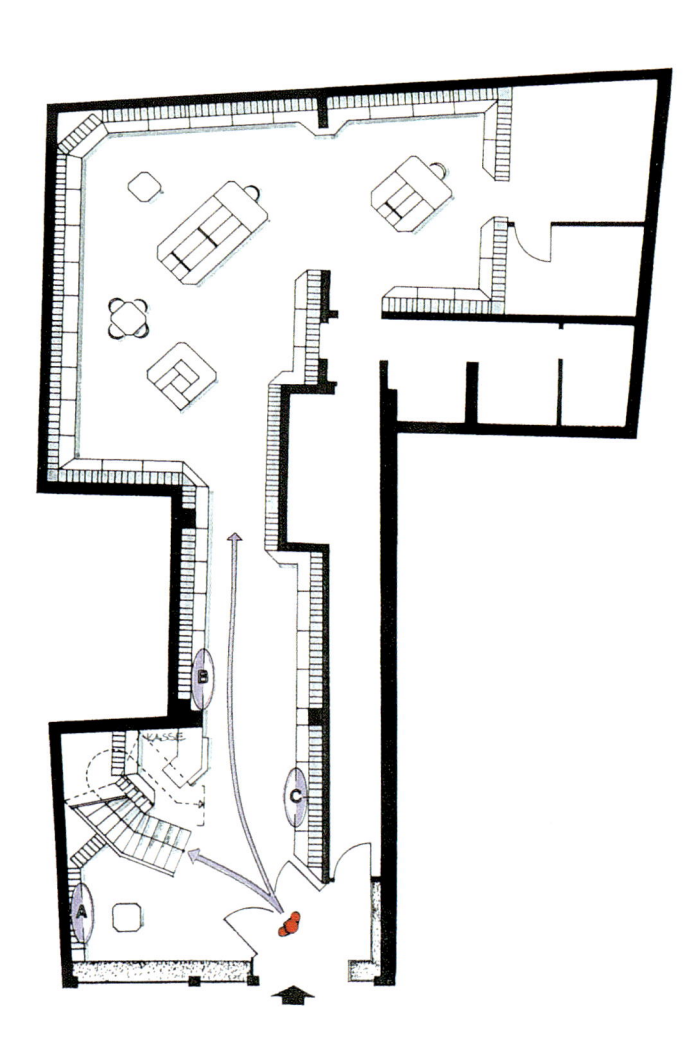

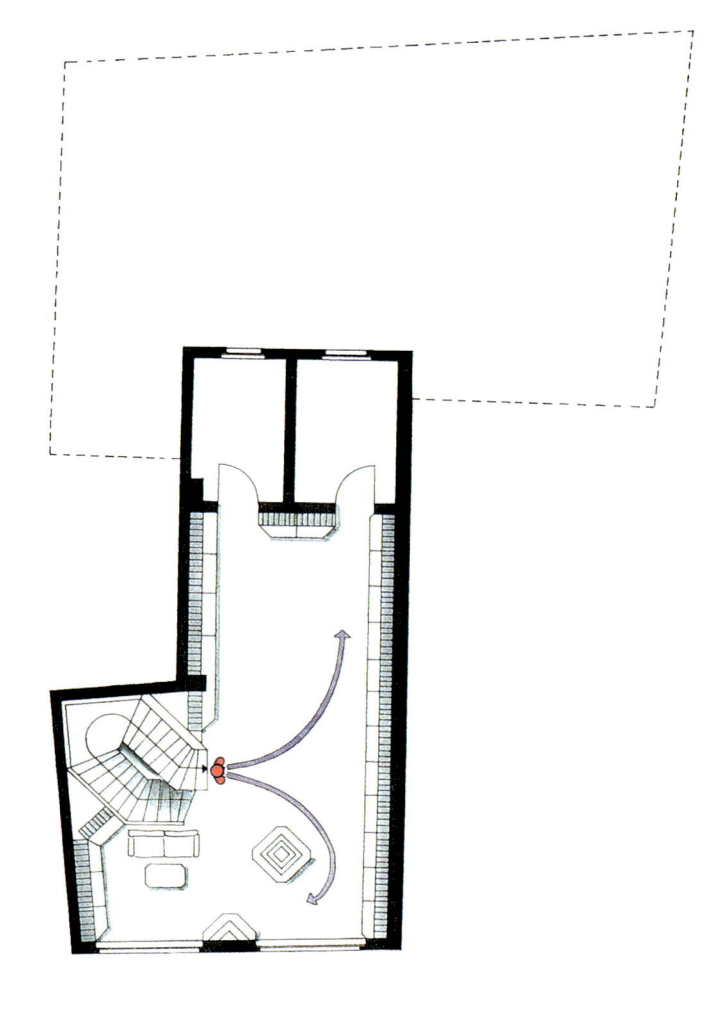

F15 Der Treppenbereich

Grundriss 3a und 3b:
Eingang
Eingang und Schaufenster wie unter 2a

Treppe
- an einem ungewöhnlichen Platz – direkt an der Fassadenwand – mit dem Austritt in der Mitte des Eingangsbereiches
- schafft ideale Voraussetzungen für alle nachfolgenden Funktionen

Kasse
- von außen nicht einsehbar, direkt hinter der Fassade, links vom Eingang
- schafft eine gute Kontrollposition für den unteren Verkaufsraum
- Beobachtung der Treppe
- alle zurücklaufenden Kunden haben direkten Kontakt mit der Kasse

Zugang in den Verkaufsraum
- die Einführung über die Warenleitbilder A und B ist ideal
- zusammenhängende Sortimente links und rechts
- gute Einführung aus Eingang und Treppe
- sehr wirkungsvolle Warenleitbilder parallel zur Treppe, groß genug für ein aktuelles Sortiment

Treppenaustritt oben
- ideale diagonale Erschließung des oberen Verkaufsraumes durch einen Kundenleitweg ist erreicht.

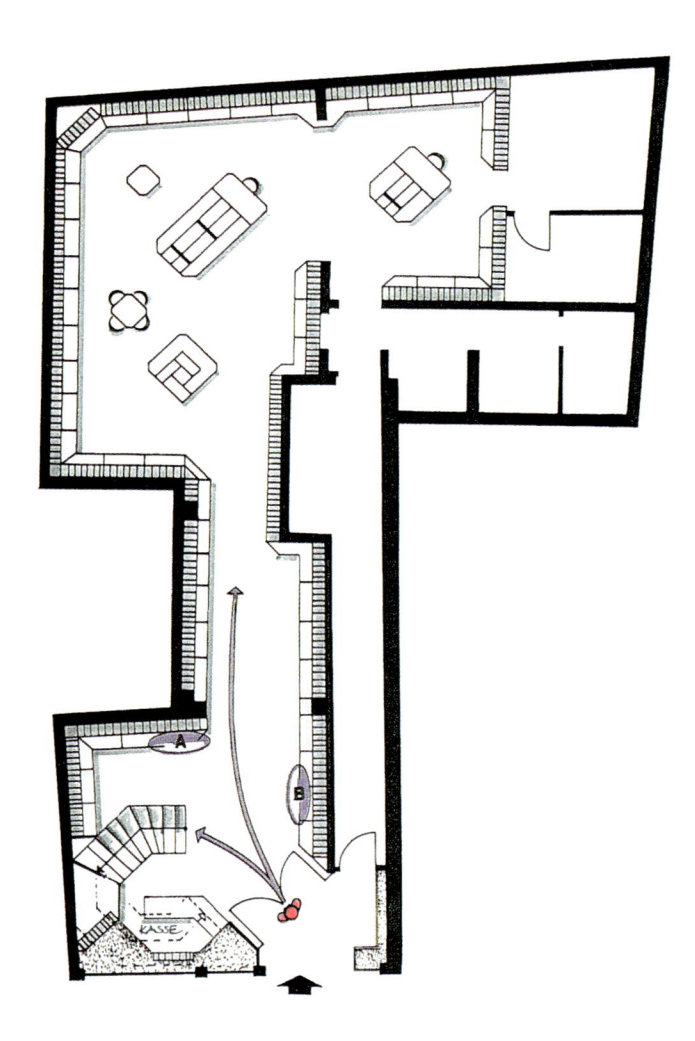

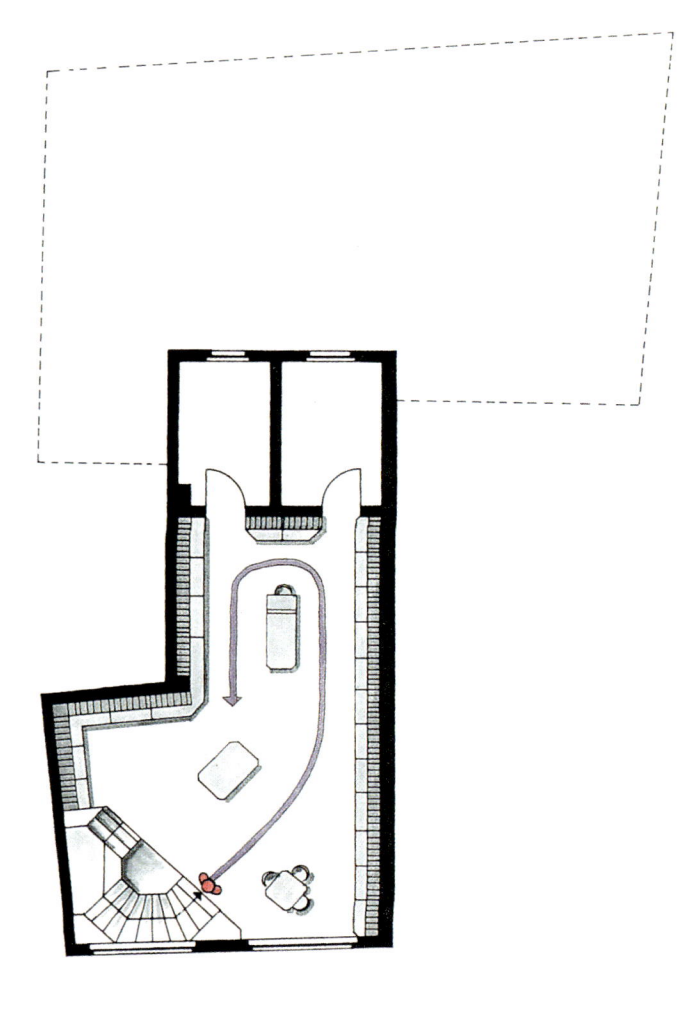

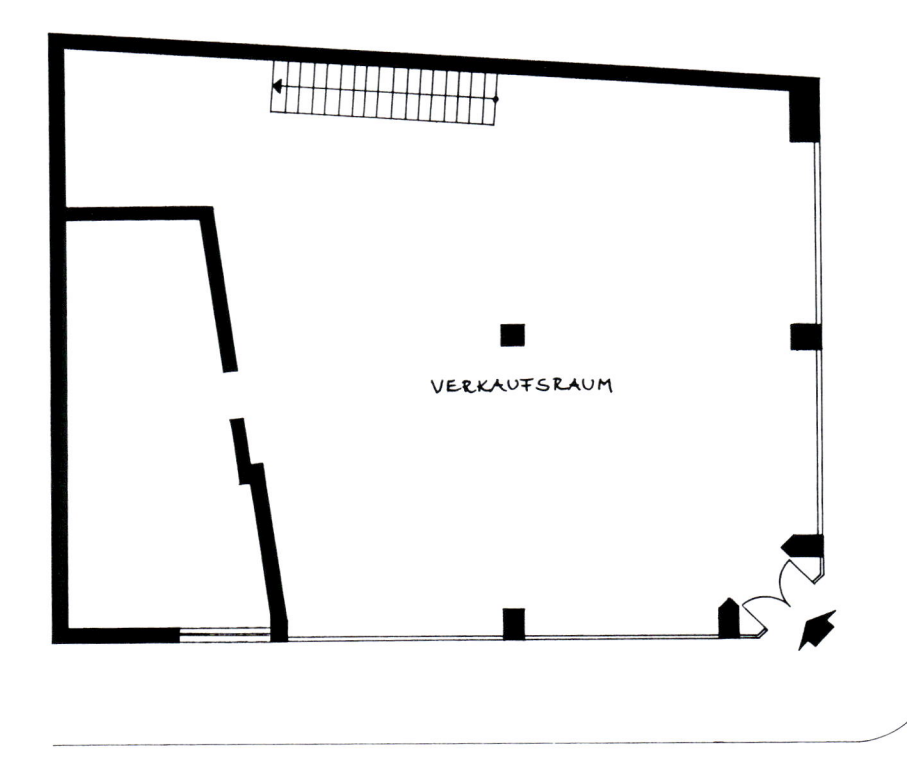

F Kommunikationsmarketing: Die Einladung – Corporate Communications zur Unternehmenskommunikation

F15 Der Treppenbereich

15.4 Eine Treppe erschließt das Untergeschoss

Projekt: Akademische Buchhandlung, August Knodt, Würzburg
Planung und Realisierung:
Wilhelm Kreft GmbH, Wedemark
Die Buchhandlung Knodt zieht in einen Neubau um.

Grundriss 1

Der Plan zeigt die bauliche Situation, in die eingegriffen werden musste: Der Eingang muss nach links verlegt werden aus Standort-Rücksicht. Der Eingang muss zur besseren Kundeneinfädelung größer und einladender werden. Eine diagonale Erschließung des Eckeingangs hätte eine Reihe Probleme und Enge gebracht.
– Die Treppe nach unten – an der hinteren Wand, dazu noch „von hinten" angehend – signalisiert Zugang in Lagerräume.

Die Treppe soll zentral in die Mitte des Raumes gebracht werden. Die statische Berücksichtigung der Mittelsäule war erforderlich.

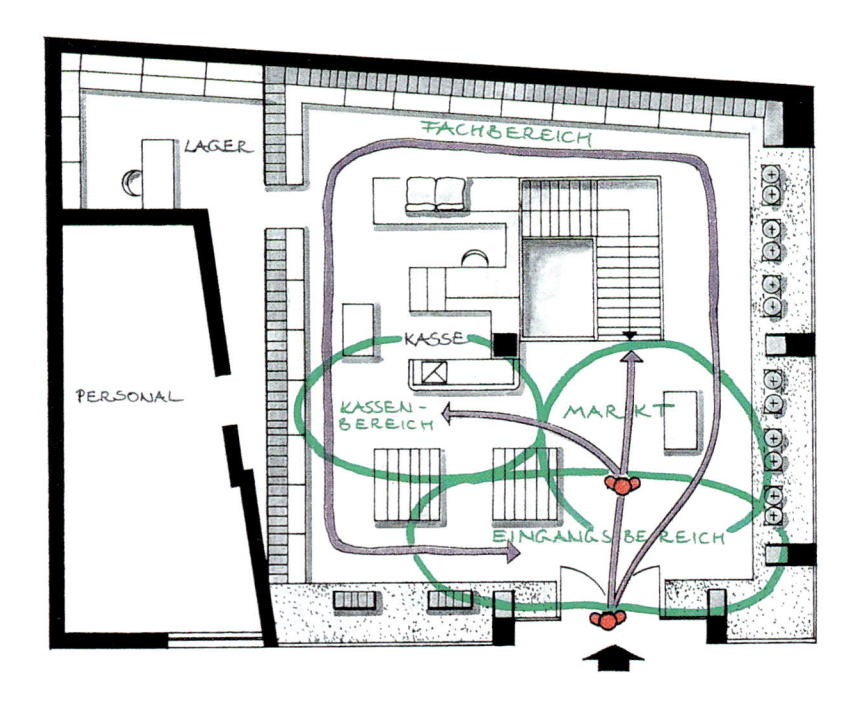

Grundriss 2

Die Lösung des Eingangsgeschosses mit der Erschließung des Untergeschosses.
Die Einführung in den Loop geschieht rechts über eine Taschenbuch-Regalfront und geradeaus zur Treppe in das Untergeschoss.
Die Treppe nach unten wird direkt vis a vis erreicht. Aus dem Eingangsbereich heraus kann das Auge des Konsumenten in das Untergeschoss schauen. Über der Treppe befindet sich eine Schriftinformation mit den Sortimentsbereichen des unteren Geschosses.
Die Kasse in der Mitte des Raumes hat auch Steuerungsfunktion. Die Kasse ermöglicht eine gute Beobachtung und eine gute Information für den Konsumenten, die im akademischen Sortiment von großer Bedeutung ist.

15.5 Die Treppe bestimmt die Nutzung des Verkaufsraumes

Projekt: Papeterie Athesia, Bruneck/Südtirol
Planung: Wilhelm Kreft, Joachim Debschütz, Kreft-Team
Realisierung: Wilhelm Kreft GmbH, Wedemark

Die Buch- und Papierwarenhandlung Athesia in Bruneck muss wachsen, deshalb soll versucht werden die Papeterie in ein zu erwerbenes Haus neu zu installieren, sodass die Papeterie und die Buchhandlung getrennt wachsen können.

Die Findung der besten Nutzung aus vier Planungen zum Vergleich.

Es gibt vier verschiedene Grundlösungen für die vorteilhafte Nutzung des Verkaufsraumes. Die Nutzung des Verkaufsraumes wird im Wesentlichen von der Lage der Treppe bestimmt.
Für die Planung wird festgelegt:

- Die Mengen des Sortimentplanes mit der (Regaleinteilung nach Warengruppen: Bestand/Bedarf bedeuten, dass alle Wandflächen für das Sortiment zur Verfügung stehen müssen und außerdem gute Marktflächen erreicht werden müssen. Treppen und Aufzüge in der Mitte des Raumes sind zu bevorzugen.
- Durchgänge und Abstände zum Regal sollten immer 1 m erreichen, zwischen Regal und Tisch und 1,20 m zwischen Regal und Treppengeländer. Eine „gewisse Enge" ist für kleinformatige Sortimente von Vorteil.
- Für die Wandregale ist die Frage, was zusammenhängend dargestellt werden soll. Das Sortiment überzeugt und läuft besser, wenn es an den Wänden umlaufend dargestellt wird und wenn sich der Kunde in der Mitte des Raumes einen Überblick über das Angebot verschaffen kann. Die Funktionalität wird nicht von den Durchgängen bestimmt.
- Die Erschließung des 2. OG über die Treppe ist erforderlich. Es ist voraussehbar, dass das 2. OG bald gebraucht wird. Diese Ladenplanung schafft mehr Beachtung und damit Erfolg. Das 2. OG muss gleich für den Kunden zugänglich geplant werden.
- Mit vier Planungen soll die beste Nutzung gefunden werden. Die Planungen 1 und 2 waren vorgegeben.

Bewertung
Der Raum und Sortimentserschließung
Fakten zum Finden der besten Lösung, Nutzungsfaktoren für eine Bewertung/Auswahl:

1. Nutzung:
   Nutzungs- und Wandflächen, Menge, Logik und Zusammenhänge
2. Kundenleitweg:
   Das Zusammenwirken der Punkte 1–6 als Marketing
3. Treppe:
   Lage, Anordnung, Erschließung
4. Aufzug:
   Lage, Anordnung, Erschließung
5. Eingang:
   Eingangsbereich
6. Außenwerbung:
   Fenster, Kontaktfenster nach innen, Outdoor-Plätze
7. Markt:
   Erschließungsfläche für besondere Angebote, für den Raum, besonders Treppe, Kasse und Infoplatz

F Kommunikationsmarketing: Die Einladung – Corporate Communications zur Unternehmenskommunikation

F15 Der Treppenbereich

Planung 1

1. Nutzung
Wandflächen und Zusammenhänge bleiben erhalten, die Raumlogik ist nicht gestört, laufende Meter Regalfläche Wandregale in EG und OG = 65 m.

2. Kundenleitweg
Die Anforderungen werden nur mäßig erfüllt.

3. Treppe
Gute klare Architektur-Lösung. Die Bedeutung des OG wird klar durch die Lage der Treppe im Raum und ihrer Öffnung zum Eingang.
Nachteil: Die Treppe mündet im OG im engen hinteren Raum.

4. Aufzug
Keine gute Lage; der Aufzug kostet wertvolle Wandfläche.

5. Eingang
Verdeckt hinter der Vitrine, wenig Kontakt zum Außen und Innen.

6. Außenwerbung
Aufwändige Vitrine, wenig Einsicht in den Verkaufsraum.

7. Markt
Geringe Marktfläche für Sonderangebote und zur Einfädelung in das Sortiment.

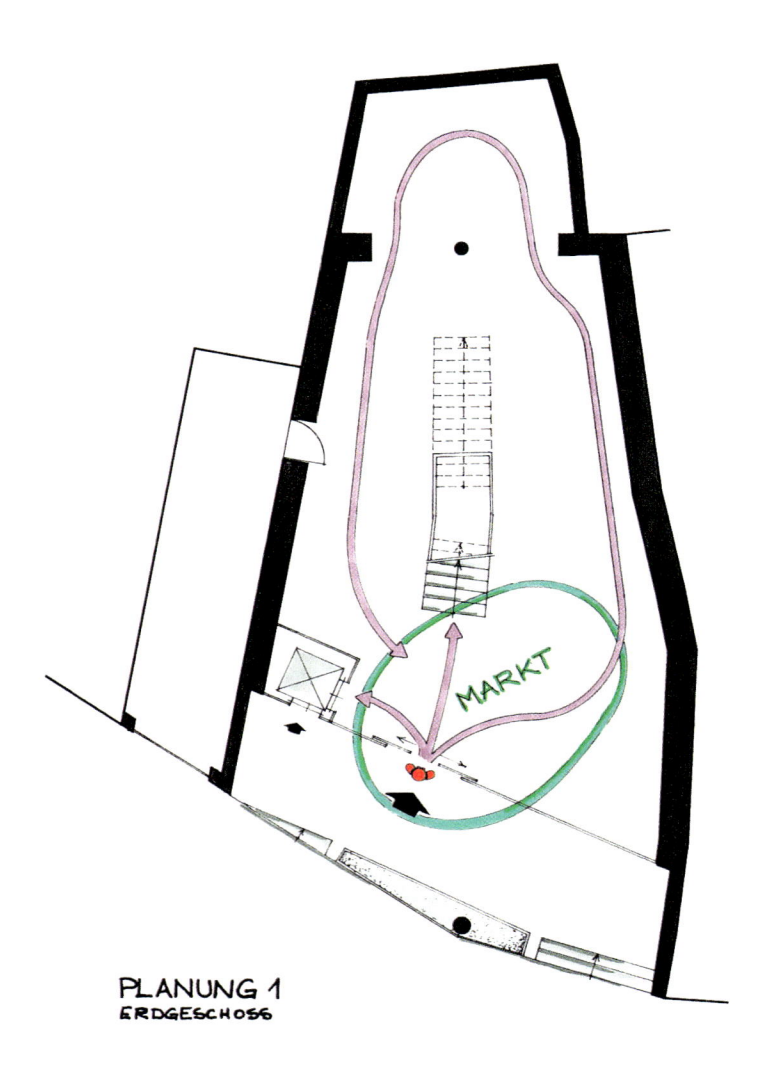

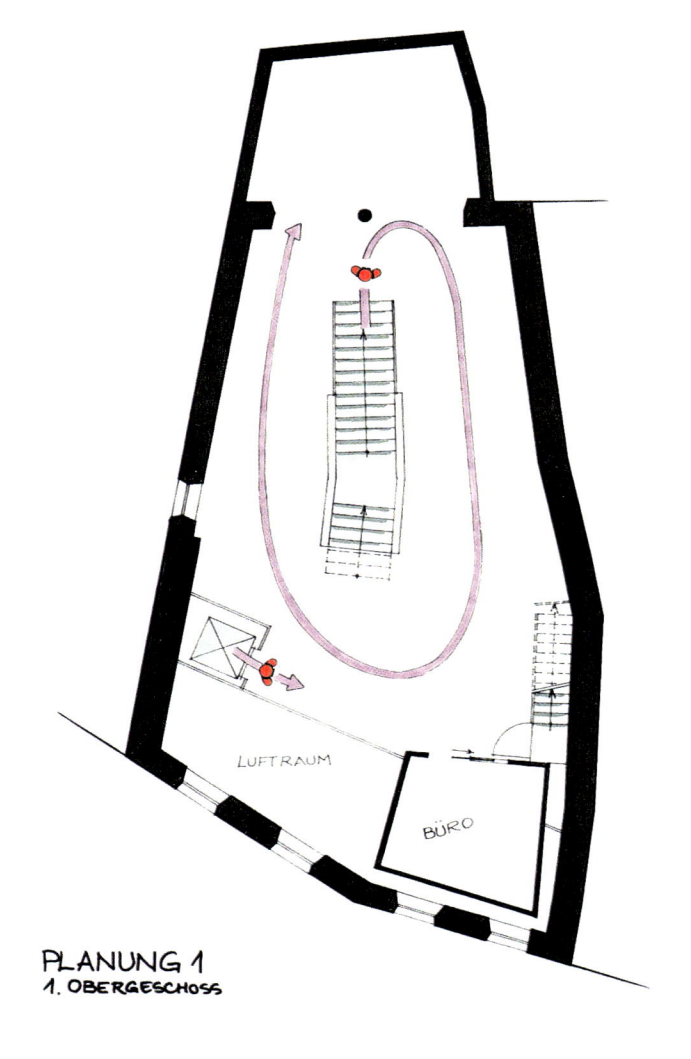

PLANUNG 1
ERDGESCHOSS

PLANUNG 1
1. OBERGESCHOSS

F15 Der Treppenbereich

Planung 2
Die Treppe rechts vorn

1. Nutzung
Treppe und Aufzug kosten viel Wandfläche und fordern eine Sortimentsreduzierung; laufende Meter Regalfläche Wandregale in EG und OG = 55 m;

2. Kundenleitweg
Verwirrender Beginn, weil die Entscheidungspunkte Aufzug, Treppe und Eingang in den Markt des Erdgeschosses auf engstem Raum am Eingang zusammenfallen.

3. Treppe
Treppe rechts unmittelbar am Eingang ist „zu früh". Sie wird noch nicht vom Angebot erwartet und ist damit unlogisch. Die Erschließung des Obergeschosses ist gut.

4. Aufzug
zu früh.

5. Eingang
Logisch, aber ohne einen lukrativen Eingangsbereich.

6. Außenwerbung
Eine nur schwer zu dekorierende Vitrine; Treppe und Aufzug isolieren den Innenraum von der Außenwelt.

7. Markt
Lässt sich gut aufbauen, wenn auch spät; ist von außen schwer einsehbar.

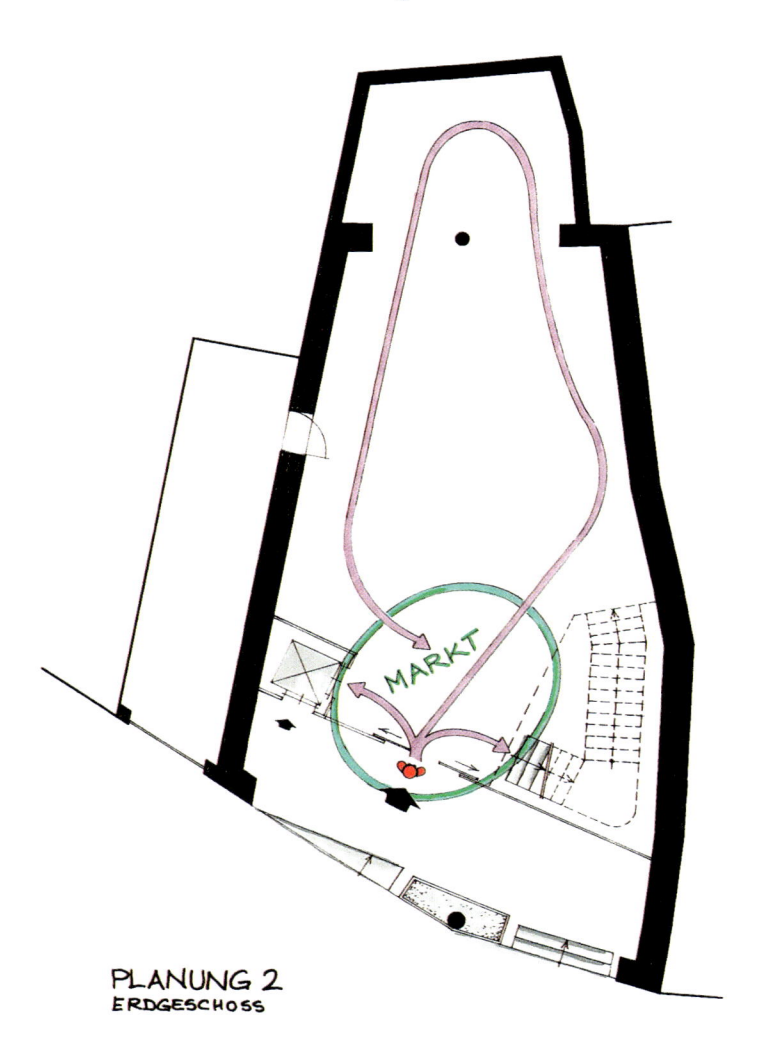

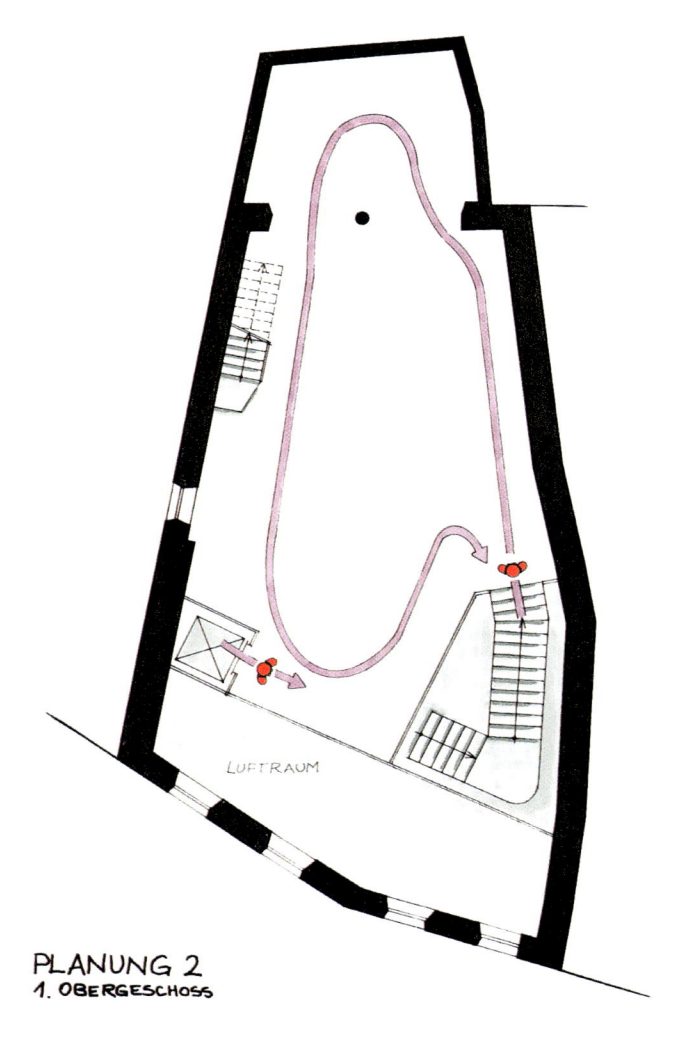

PLANUNG 2
ERDGESCHOSS

PLANUNG 2
1. OBERGESCHOSS

F Kommunikationsmarketing: Die Einladung – Corporate Communications zur Unternehmenskommunikation

F15 Der Treppenbereich

Planung 3
Treppe Mitte – zweiläufig

1. Nutzung
Es entstehen zusammenhängende Wände und die größte Wandnutzung. Nachteile können im 1. OG zwischen Treppengeländer und Regal entstehen. Hier muss die Regaltiefe und das Sortiment abgestimmt werden. Kassenplatz gut platzierbar; laufende Meter Regalfläche Wandregale in EG und OG = 80 m.

2. Kundenleitweg
Kundenleitweg ist gut erreicht, gute Raum- und Sortimentserschließung.

3. Treppe
Die schöne gerade Treppe aus der Planung 1 soll zweiläufig werden, um sie einmal kürzer zu machen für mehr Marktfläche. Im Wesentlichen aber kommt die Treppe im 1. OG besser an und erschließt das 1. OG ideal.
Der Durchgangsbereich zwischen Treppengeländer und Regal mit normaler Tiefe siehe hierzu die Zeichnungen „Durchgangsbreiten" Erdgeschoss und 1. Obergeschoss.

4. Aufzug
Der Aufzug liegt ideal in der Eingangsfront.

5. Eingang
Eingang liegt ideal schräg und drückt so auf die Beginnregale und den Markt, der unmittelbar zugänglich ist; Outdoor-Verkauf möglich, bei Wegfall der Vitrine an der Straße.

6. Außenwerbung
Die gewölbte Eingangsfront schafft eine gute Verbindung und Sicht zwischen Innen und Außen; Vitrine vor dem Aufzug.

7. Markt
Gute Lage zwischen Eingang, Treppe, Fahrstuhl und Kasse.
Nachteil: Kasse in der Treppenlösung eingebunden, schafft trotz guter Übersicht eine Enge.

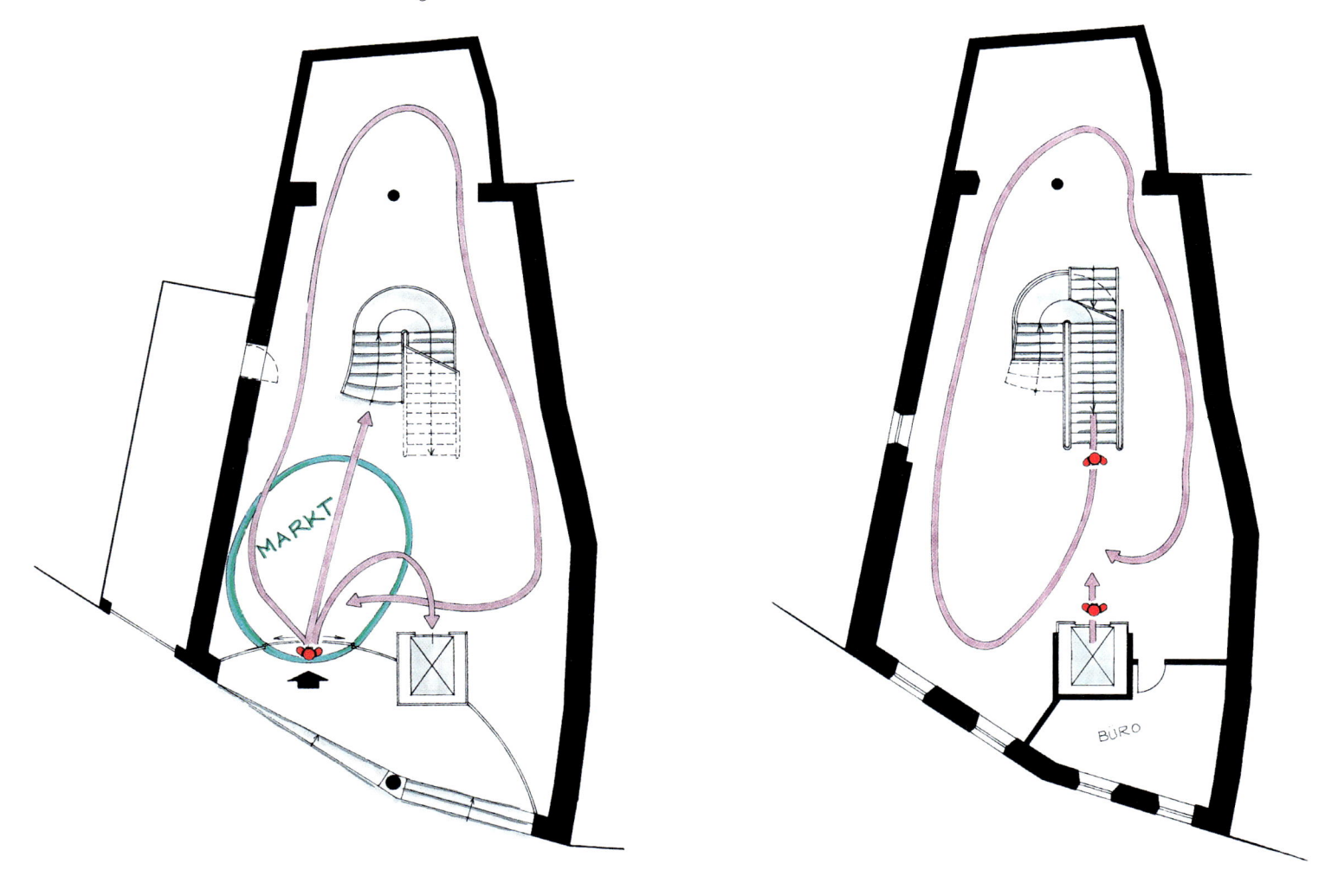

F15 Der Treppenbereich

Planung 4
Treppe hinten mit Raumpodest

1. Nutzung
Es entstehen zusammenhängende Wände, die interessant durch Podesttreppen in der Aufmerksamkeit gesteigert werden. Der Innenraum erfährt seine größte zusammenhängende Nutzung; laufende Meter Regalfläche Wandregale in EG und OG = 78m.

2. Kundenleitweg
Kundenleitweg ist ideal erreicht, beste Raumnutzung und Sortimentserschließung.

3. Treppe
Die Nachteile der Lösung 3 sollten überwunden werden, deshalb ein Raumpodest in Bühnenhöhe, also gut einsehbar. Das Podest sollte eine Holzkonstruktion sein als Aufbau über den durchgehenden Boden. Durchgangsbereich zwischen Treppengeländer und Regal mit normaler Tiefe. Siehe hierzu die Zeichnung „Durchgangsbreiten" Erdgeschoss und 1. Obergeschoss. Die Durchgangsbreiten sind steuerbar durch das vorziehen des Podestes. Gute Erschließung des 2. OG über die Treppe im 1. OG siehe Schnitt.
Das Podest, die bühnenartige Aushebung des hinteren Ladenbereichs fördert die Ausstellungsfähigkeit und macht den hinteren Bereich zu einem Highlight. Das Podest selber kann in der Höhe gesteuert werden, einstellbar durch die Anzahl der Stufen.

4. Aufzug
Aufzug liegt ideal in der Eingangsfront.

5. Eingang
Eingang liegt ideal schräg und drückt auf die Beginnregale und den Markt, der unmittelbar zugänglich ist; Outdoor-Verkauf möglich bei Wegfall der Vitrine an der Straße.

6. Außenwerbung
Die gewölbte Eingangsfront schafft eine gute Verbindung und Sicht zwischen Innen und Außen, Vitrine vor dem Aufzug.

7. Markt
Gute Lage zwischen Eingang, Treppe, Aufzug und der Einbeziehung der Kasse, die ideal im Markt und Ablauf platziert werden kann.

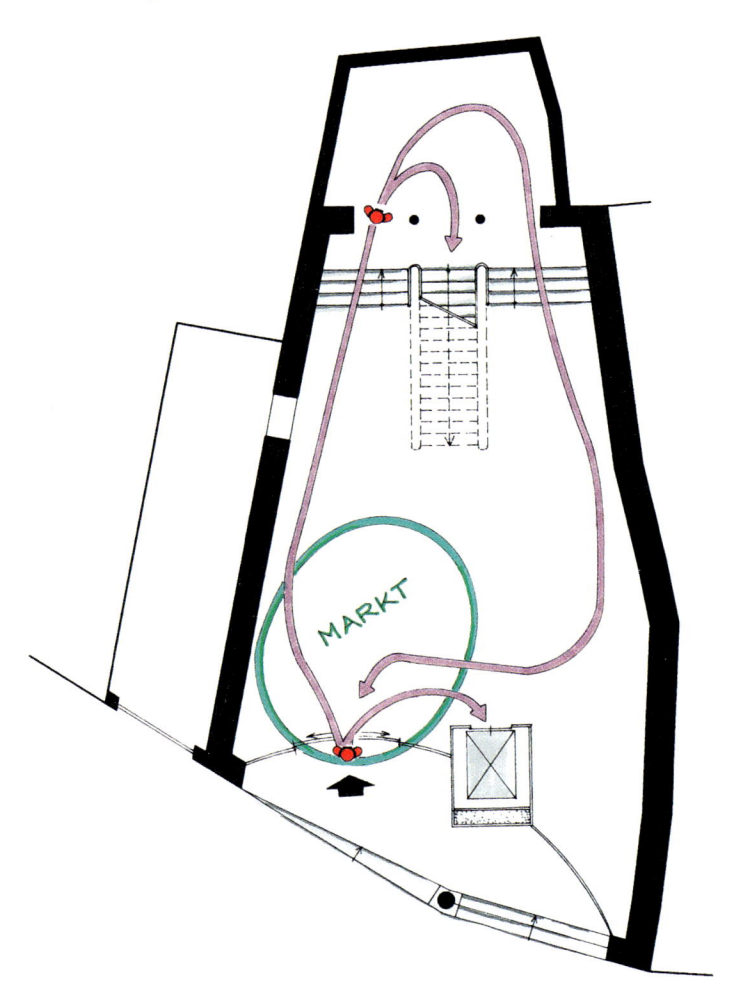

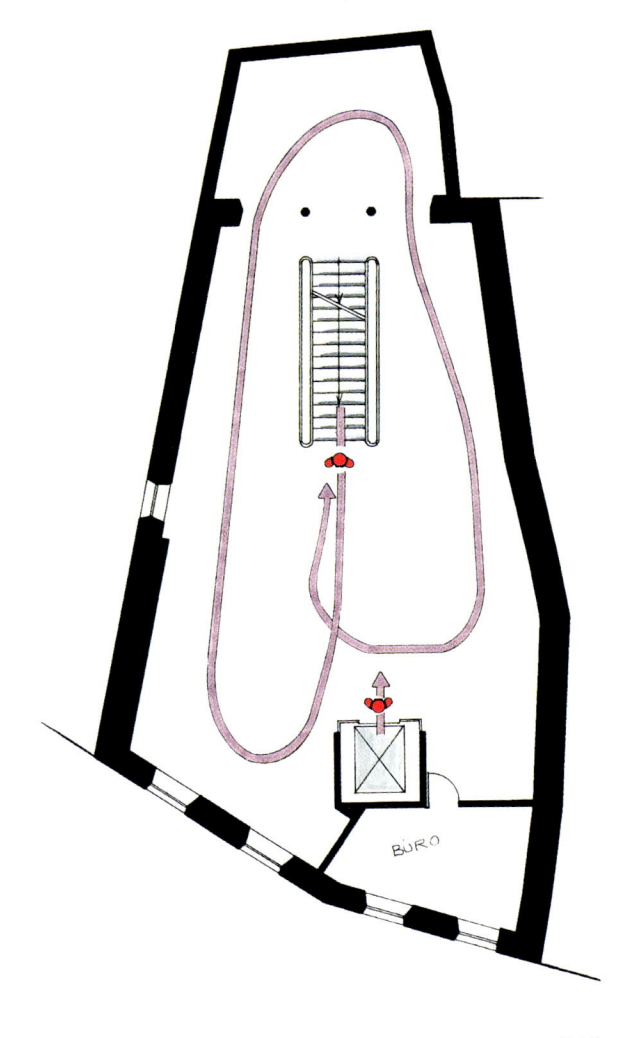

15.6 Die Treppe in der Mitte des Raumes

Buchhandlung Gustav Roth, Offenburg
Planung Hochbau: Norbert Rutschinski, Architekt UDA
Planung Treppe und Einrichtung: Wilhelm Kreft, Gernot Premper, Olaf Jänel, Kreft-Team
Realisierung: Wilhelm Kreft GmbH, Wedemark

Der Verkaufsraum soll erweitert und übersichtlicher werden durch die Hinzunahme des Obergeschosses. Eine neue Treppe, die das Obergeschoss optimal erschließt muss gefunden werden.

Buchhandlung Roth, Offenburg

F15 Der Treppenbereich

Grundriss 1:
Der Verkaufsraum vor dem Umbau
Eine Terrassen-Buchhandlung mit einem Treppenzugang in das Obergeschoss. Über diese Treppe wird ein Teilbereich des Obergeschosses erschlossen.

Grundriss 2:
Die bauseitige Vorgabe
Ein großer freier Verkaufsraum mit vier statisch notwendigen Pfeilern und der Treppenzugang in das Obergeschoss hinten links.
Eine ovale Treppenanlage mit Podest: Optisch interessant und auffallend, aber die Treppe in der Ecke braucht viel Wandfläche. Neben diesem Mengenverlust wird die Funktion der umlaufenden Regale erforderlich und für den Sortimentszusammenhang tragisch unterbrochen.

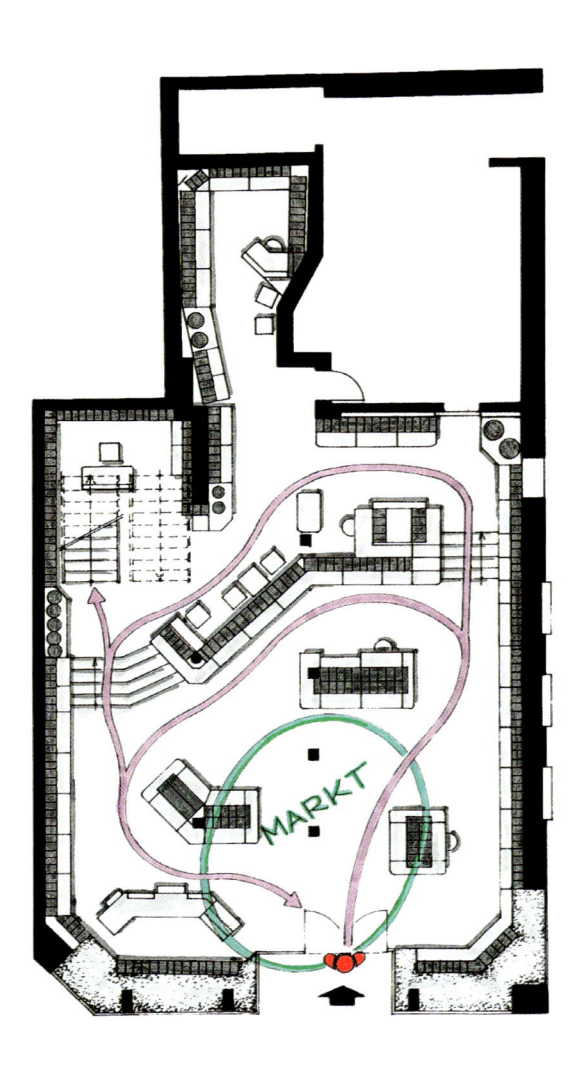

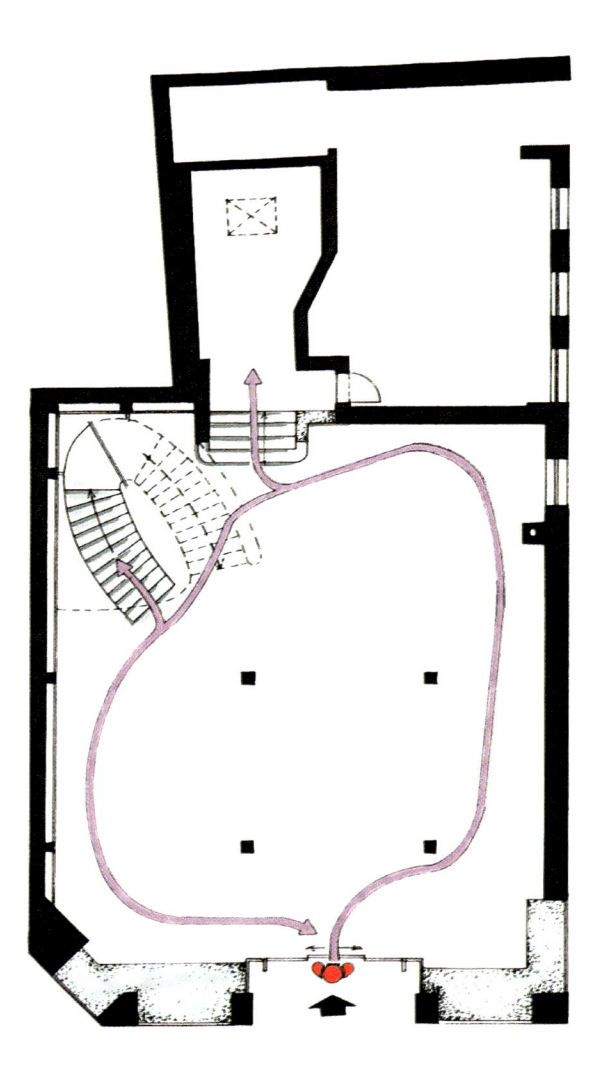

F Kommunikationsmarketing: Die Einladung – Corporate Communications zur Unternehmenskommunikation

F15 Der Treppenbereich

Grundriss 3 und Grundriss 4:
Die Mitteltreppe bringt die Lösung:
- Die Treppe wird entsprechend ihrer Bedeutung mittig platziert,
- unmittelbarer Zugang zum Obergeschoss,
- Blick vom Eingangsbereich, Markt innen, durch das Treppenauge in das Obergeschoss mit der Botschaft: „Die Buchhandlung ist auch im Obergeschoss"
- Umlaufende Regale im Erdgeschoss und im Obergeschoss.
- Die gute Platzierung der Kasse im mittleren Treppenbereich, schafft eine gute Übersicht.
- Durch die dreimal über Podeste gewendelte Treppe erhält der Kunde, dadurch dass er gedreht wird, gute Informationen über das Sortiment.
- Die Treppenanlage ist prägend und damit zum Image der Buchhandlung Roth geworden.

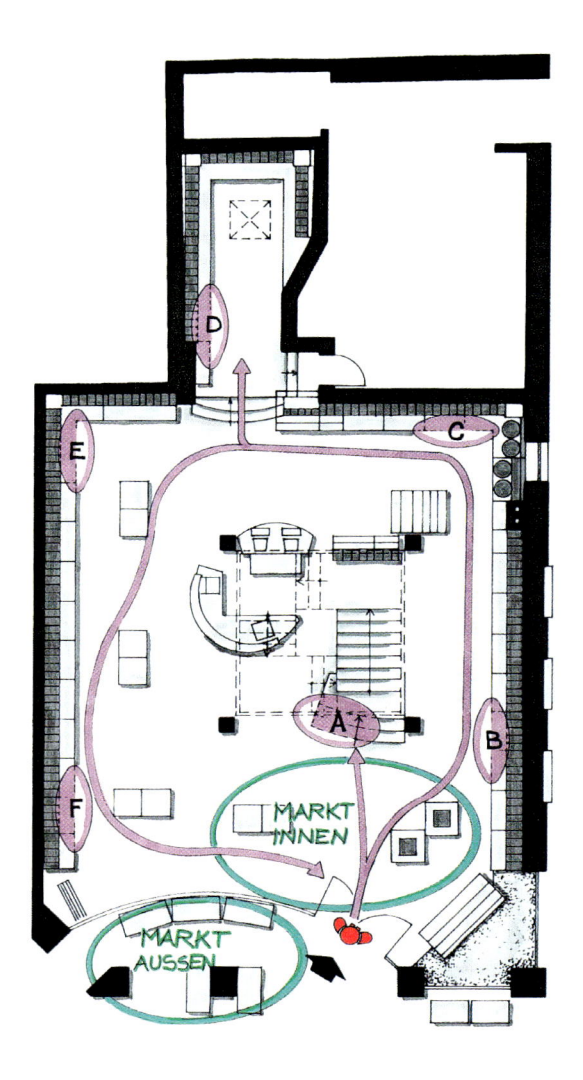

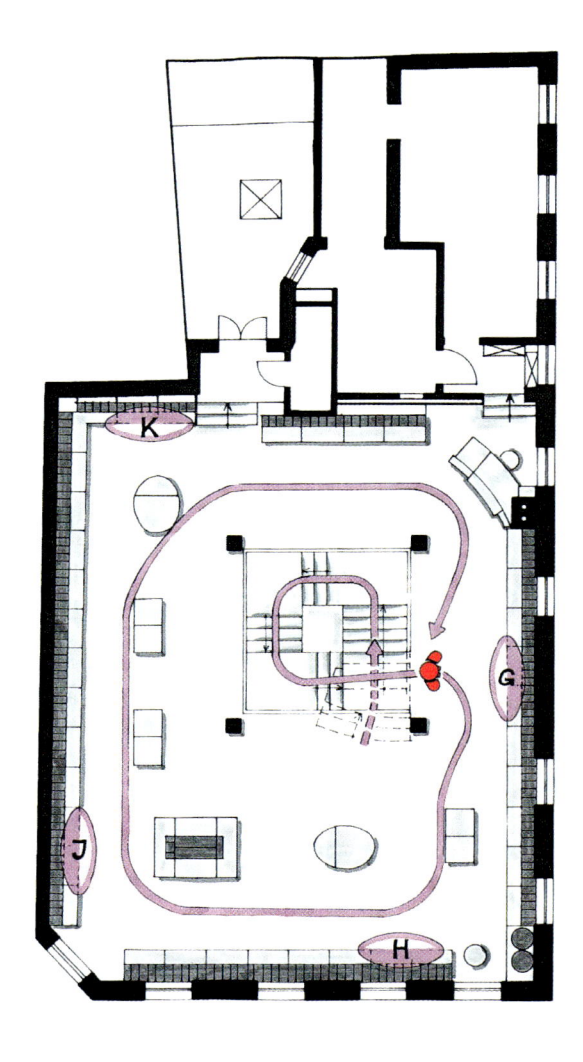

15.7 Drei Verkaufsebenen

Projekt: Boekhandel C. Kooyker, Breestraat, Leiden/Niederlande
Planung und Realisierung:
Wilhelm Kreft GmbH, Wedemark

Die Buchhandlung C. Kooyker bezieht ein neues Haus in der Breestraat, um die bisher getrennten Sortimente ‚allgemein' und ‚wissenschaftlich' in einem Haus zu vereinen und um der verstärkten Nachfrage nach einem großen Sortiment an einem bedeutenden Universitätsort der Niederlande zu folgen.

Der Kundenleitweg

Bei der Planung des Kundenleitweges war die Überprüfung der bestehenden Treppe beziehungsweise die Planung der richtigen Lage der Treppe zentrales Anliegen.
Mit der Gegenüberstellung der Grundrisse 2 und 3 werden Vorentwürfe vorgestellt.

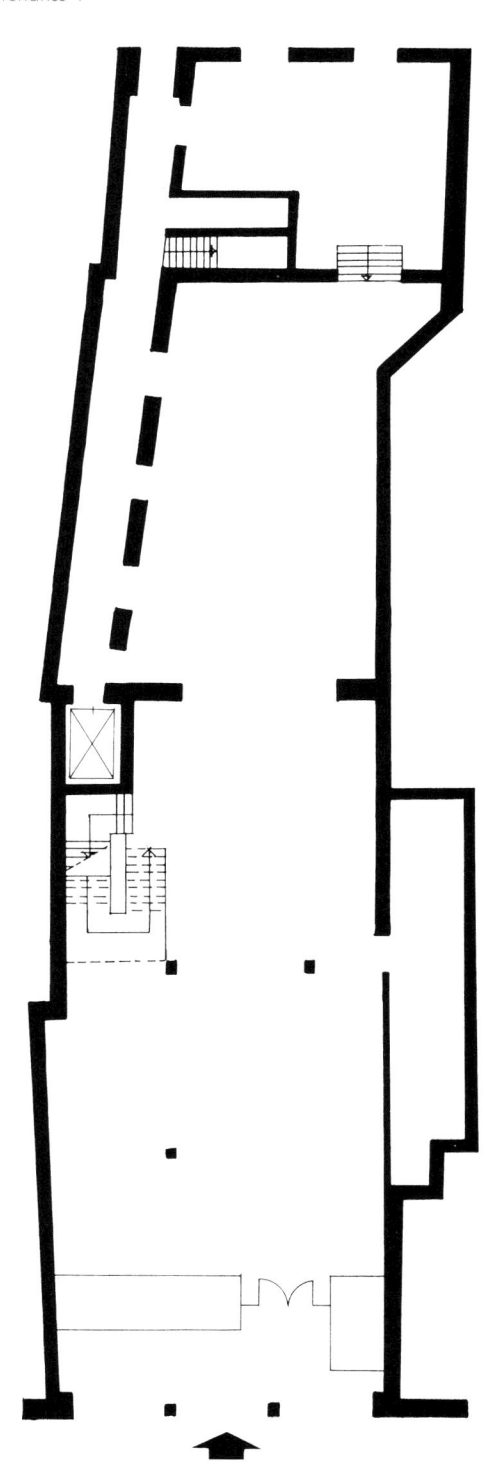

Grundriss 1

C. Kooyker vor dem Umbau

Grundriss 1
Der Grundriss des Erdgeschosses als Bestandsplan und als Planungsgrundlage für die Kundenleitweg-Planung.

F Kommunikationsmarketing: Die Einladung – Corporate Communications zur Unternehmenskommunikation

F 15 Der Treppenbereich

Grundriss 2
Der Grundriss für die geplante Nutzung, ohne jegliche bauliche Veränderung. Hier werden die Nachteile deutlich.
- Die geschossverbindende Treppe nimmt viel Wandfläche weg.
- Die Nische rechts kann nur als Nachfasslager genutzt werden.
- Warenaufzug und Anlieferungsgang von der hinteren Anlieferung zum Aufzug verkleinern den Raum empfindlich.
- Niveau-Unterschiede stören und müssen durch Treppen anders bewältigt werden.

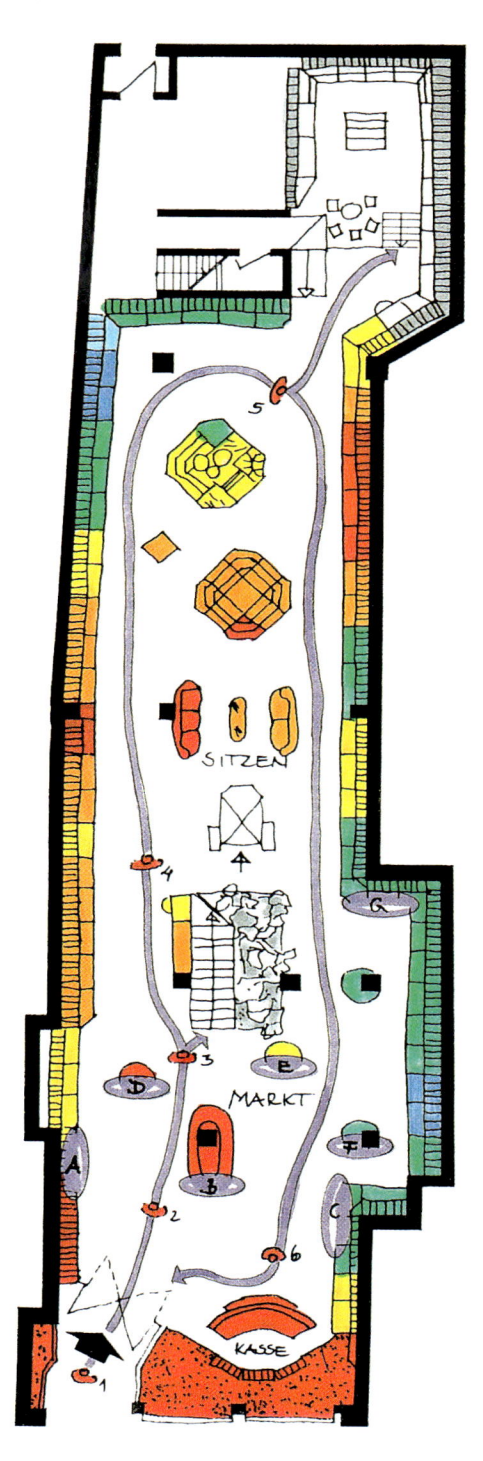

Grundriss 3
- Der Eingang wurde nach links verlegt.
- Die Treppe ist in der Raummitte platziert. Dadurch entstehen eine größere Transparenz im hinteren Verkaufsraum, der Kundenleitweg als Loop und größere Regalnutzungsflächen.
- Die Nische rechts wurde in den Verkaufsraum integriert.

Gute, effektive Nutzung des Verkaufsraumes, lediglich im hinteren Bereich der Nische zur Anlieferungsstraße ergeben sich noch Stufen.

774

F15 Der Treppenbereich

Grundriss 4
Es wurde versucht, den Vorschlag 3 noch zu verbessern.
– Die runde Form des Eingangs, der Eingangspassage, entsteht.
– Die Mitteltreppe wird beibehalten.

Zwischenzeitlich wurde festgestellt, dass auch ein Keller zu erschließen ist. Dadurch entsteht ein weiterer Treppengang, der im Antritt auch zum Eingang zeigen muss. Dieser Zugang zum Keller war nicht unter die geplante geschossverbindende Treppe zu legen.

Die Keller-Zuführung konnte nur über den vorhandenen Treppenlauf zum Keller erfolgen. Der Keller steht unter Denkmalschutz, die bestehenden Gewölbe durften nicht angeschnitten werden. Die geschossverbindende Treppe über die Keller-Zuführung zu legen, hätte zur Folge gehabt, dass die linke Erschließung aufgegeben werden müsste. Zwischen Regal und aufführender Treppe wäre der Durchgang zu gering gewesen.
– Ein Aufzug für Kunden wurde eingeplant.
– Die Geschoss-Nivellierung erfolgte mit harmonischen, in die Einrichtungsplanung hineinkomponierten Stufen mit drei Steigungen und einer Schräge für Behinderte. Der Zugang zur hinteren Ladennische wurde damit weiter und offener. Somit wurde eine ideale Nische für das Kinder- und Jugendbuch geschaffen.

Die Grundrisslösung 4 wurde für die weitere Ausführungsplanung befolgt.

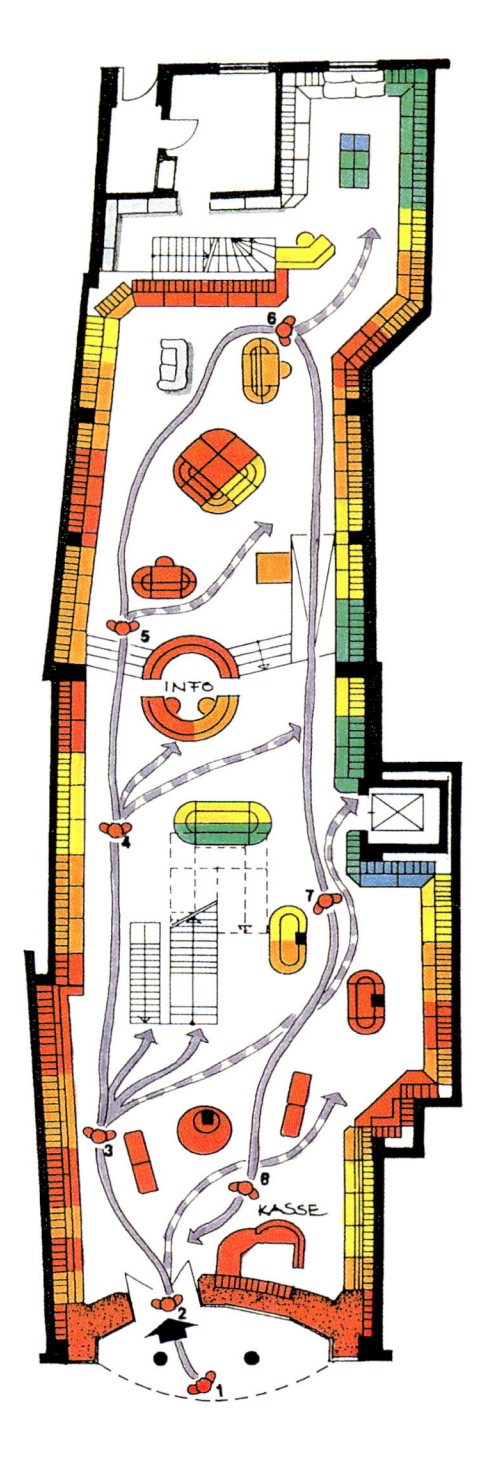

F   Kommunikationsmarketing: Die Einladung – Corporate Communications zur Unternehmenskommunikation

F 15   Der Treppenbereich

Vom Orientierungspunkt 2
Im Eingang der Blick auf die linke Wand C und auf das Warenleitbild D.

C. Kooyker nach dem Umbau
Die Eingangsbucht sperrt hinter Warenleitbild B den Einblick in die Kasse durch eine hoch gezogenen Nutzwand. Dadurch wird auf der linken Seite der Blick frei in den Verkaufsraum.

Vom Orientierungspunkt 3
Ein wichtiger Entscheidungspunkt:
– geradeaus
– die Treppe nach oben
– die Treppe nach unten
– die Passage in den rechten Verkaufsraumbereich mit
– den Warenleitbildern F, G und H.

Schnitt
Der Schnitt durch das Gebäude im Bereich der Treppe.
– Erdgeschoss für allgemeine Literatur
– Untergeschoss für besondere Bücher – für Buchausstellungen.
1. und 2. Obergeschoss: Wissenschaftliche Bücher

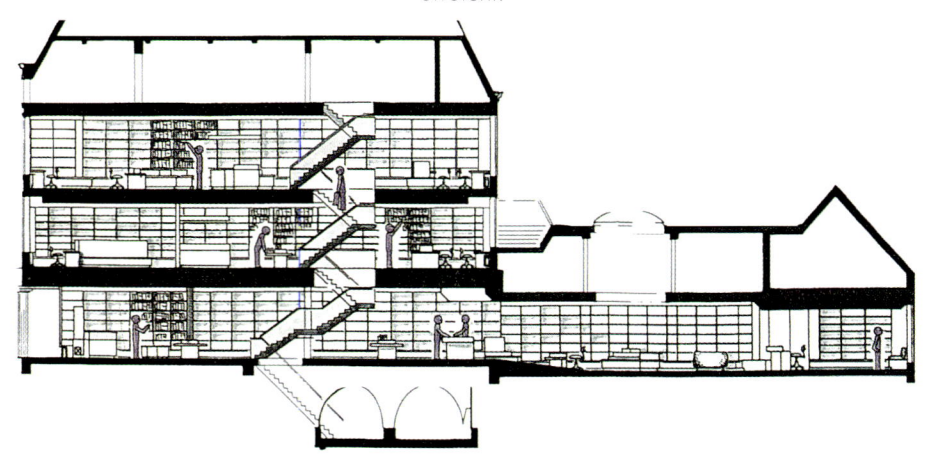

Grundriss 5
Die Bereiche des Verkaufsraumes, die der Loop erreicht.

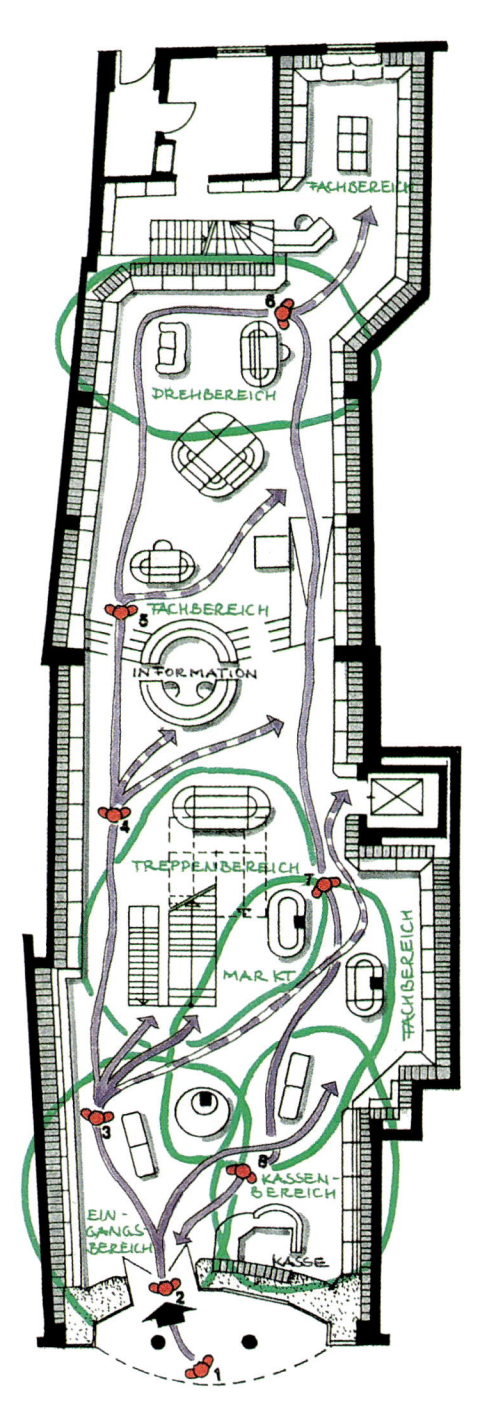

776

F15 Der Treppenbereich

F   Kommunikationsmarketing: Die Einladung – Corporate Communications zur Unternehmenskommunikation

F 15   Der Treppenbereich

Grundriss 6
1. Obergeschoss
mit den Warenleitbildern zeigt die interessanten Plätze für die Warenleitbilder.

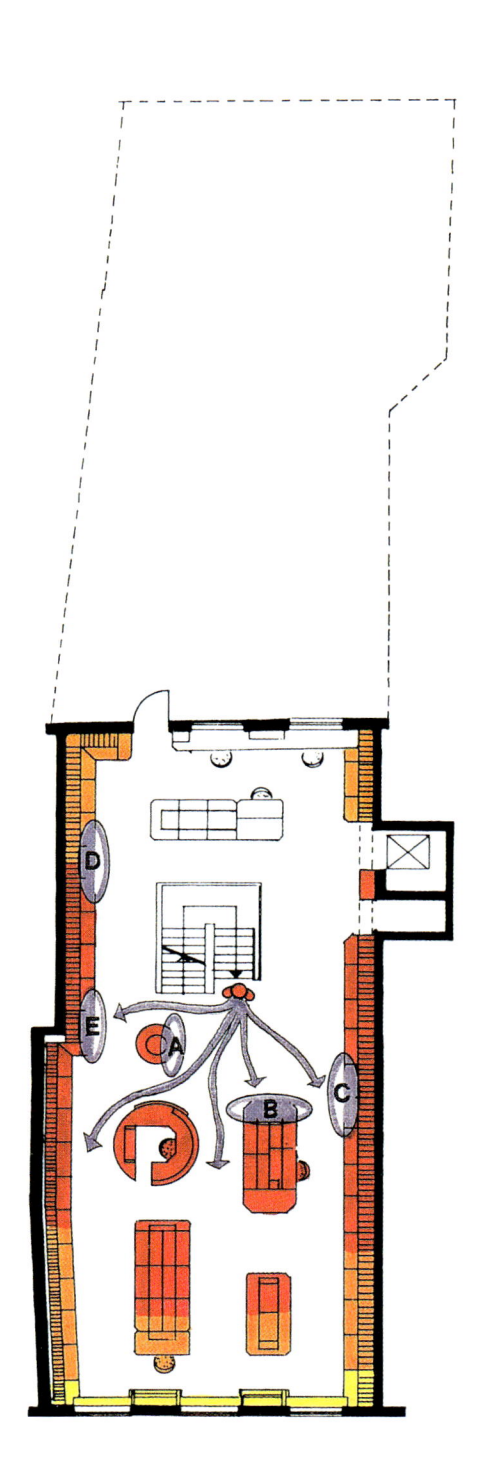

Im 1. Obergeschoss
Blick von der Treppe in den Verkaufsraum

Im 1. Obergeschoss die weiterführende
Treppe in das 2. Obergeschoss

F15 Der Treppenbereich

Grundriss 7
2. Obergeschoss
macht deutlich, wo Warenleitbilder platziert werden.

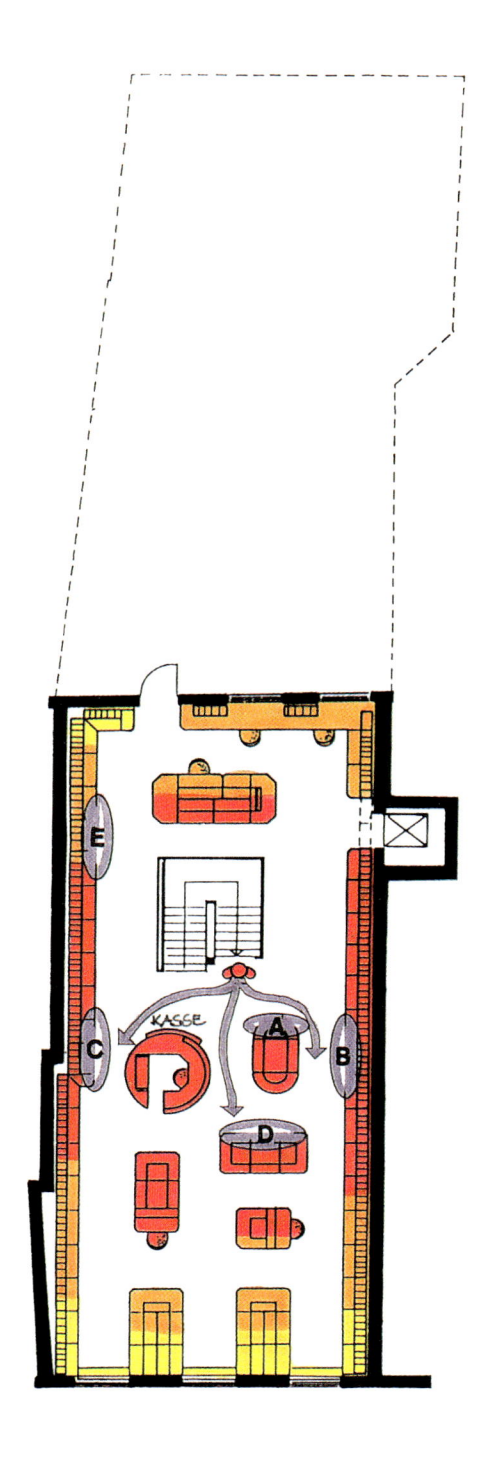

Im 2. Obergeschoss
Blick von der Fensterfront in den Raum

F Kommunikationsmarketing: Die Einladung – Corporate Communications zur Unternehmenskommunikation

F15 Der Treppenbereich

Vom Erdgeschoss ins Obergeschoss
Die vertikalen Verbindungen im Eingangsbereich:
- die zweiläufige Treppenanlage mit dem Pfeilerwerk in der Mitte
- die gläsernen Aufzüge

15.8 Die vertikale Erschließung

Schmorl & von Seefeld, Hannover
Planung:
Architekt: Treppe und Aufzüge:
Bertram, Bünemann, Partner GmbH, Hannover
Realisierung Aufzüge: Hein, Langenhagen
Innenarchitektur: Manfred Kreft, Rainer Kaetz, Wilhelm Kreft, Kreft-Team
Realisierung Einrichtung: Wilhelm Kreft GmbH, Wedemark

Die waagerechte Erschließung in die Geschosse erfolgt über ein rotes Pfeilerwerk mit den ebenfalls roten Verbindungen. Unterzügen in der Mitte des Raumes vom Haupteingang „Bahnhofstraße" zum Eingang: „Kleine Packhofstraße". Ein deutlicher und klarer roter Kundenleitweg, der zum Wahrzeichen geworden ist. Genau an diesem Pfeilerwerk zum Haupteingang liegen die Geschossverbindungstreppen und zwei kreisrunde Aufzüge.

Die Aufzüge im Obergeschoss mit Blick in das Erdgeschoss

F15 Der Treppenbereich

Die wichtige Treppe vom Erdgeschoss in das 1. Obergeschoss.

Das Erdgeschoss: links die Treppe in das Obergeschoss mit Blick und Treppe in das Untergeschoss.

Im Obergeschoss, gedreht mit Blick zurück zum Haupteingang.

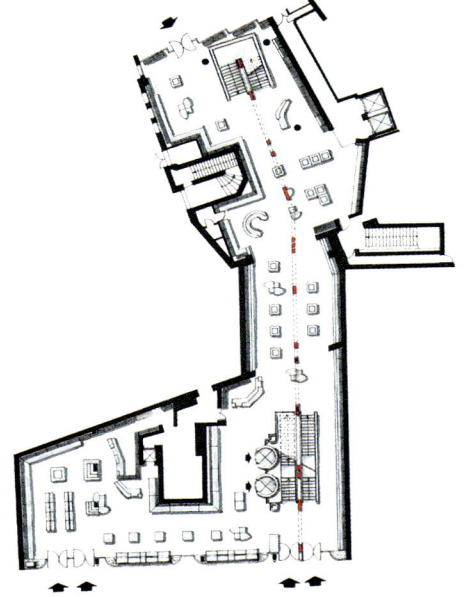

Die wichtige Treppe aus dem Eingangsbereich führt auf beiden Seiten des roten Pfeilerwerkes zweiläufig in das 1. Obergeschoss.
Die vertikale Erschließung verbindet drei Verkaufsebenen durch die Treppenanlage und durch zwei gläserne Aufzüge: das Erdgeschoss mit dem 1. Obergeschoss und das Erdgeschoss mit dem Untergeschoss.

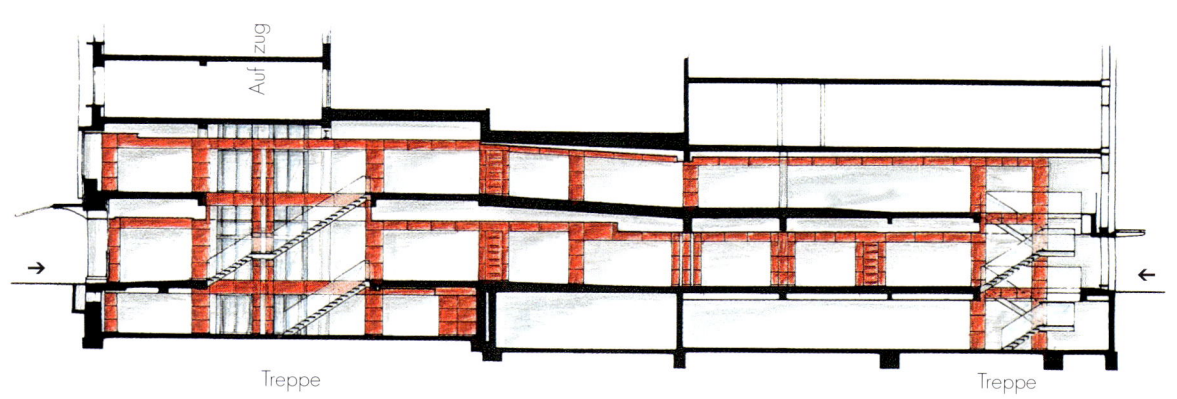

Treppe   Treppe

F Kommunikationsmarketing: Die Einladung – Corporate Communications zur Unternehmenskommunikation

F15 Der Treppenbereich

15.9 Eine Treppen-Inszenierung

Universitätsbuchhandlung Phönix GmbH, Bielefeld
Eröffnung 18. November 1987
Geschäftsführung damals:
Hanna Vahle und Armgard Goverts
Planung der Treppenanlage und der Einrichtung: Wilhelm Kreft, Manfred Kreft,
Reinhard Mann, Kreft-Team
Realisierung: Wilhelm Kreft GmbH, Wedemark
Die Buchhandlung Phönix zieht 1987 in ein neues Haus.

Vor dem Umzug firmierte Phönix zweimal in Bielefeld am Jahnplatz. Die Großbuchhandlung Phönix war auf zwei Häuser verteilt.
Ein Gebäude wurde gesucht, das sowohl die Vereinigung der Sortimente als auch die Erweiterung der Sortimente gewährleisten konnte.
Die Eröffnung des Medienhauses „Gemini" des Warenhauskonzerns Kaufhof AG 1986 in Bielefeld verschärfte die Konkurrenz enorm. Auf einer Verkaufsfläche von 2300m², dazu noch in bester Fußgängerlage, präsentierte sich Gemini mit einem Vollsortiment auf zwei Etagen, dazu noch eine Verkaufsebene für CD's und Schallplatten.
Ein Umsatzrückgang blieb nicht aus. Die bisherige marktführende Situation von Phönix war in Gefahr.
Dieses dritte Argument für einen Umzug ließ das Phönix-Management nicht ruhen. In unmittelbarer Nachbarschaft, am Oberntorwall, wurde das Astoria-Kino geschlossen.
Das ehemalige Astoria-Kino wird umgebaut zur Buchhandlung. Das Kino besteht aus zwei Häusern an den beiden Straßen mit einem Zwischentrakt. Der Zwischentrakt zwischen beiden Häusern entsteht neu, – zweigeschossig mit Flachdach sowie einer Lichtkuppel als Mittelpunkt und zur Akzentuierung der Treppenanlage. Parallel zu der Planung der Gebäude entwickelt sich die Ladenplanung. Zwischen Management

Der Eingang Oberntorwall: aus der Fassade „Astoria" wurde die Fassade „Phönix"

und Innenarchitekt entsteht in enger Zusammenarbeit ein Marketingkonzept mit Sortimentsplan, Raumkonzept, Kundenleitwegen.

Dann werden die Planungsvorgänge des Architekten und des Innenarchitekten zusammengeführt.

Einen Planungszeitraum nimmt die Treppe in Anspruch, sowohl vom Architekten als auch vom Innenarchitekten werden Vorschläge unterbreitet. In der Auswahl der Vorschläge wird die Treppenplanung erfolgreich, die mit der Kundenleitweg-Planung durch den Innenarchitekten als Lösung erarbeitet wurde.

Diese Treppenanlage wurde zu einem Statement für die Buchhandlung Phönix.

Für einen Buchverkauf ohne Stress, zum Image und zur Profilierung hat die Treppenanlage wesentlich beigetragen.

Die Treppenanlage hat die Buchhandlung Phönix weltweit bekannt gemacht.

Auch die Eingänge wurden durch den gefundenen Kundenleitweg bestimmt.

Auf einer Verkaufsfläche von etwa 1450 m² wurden die Erwartungen der Konsumenten mehr als erfüllt.

Eröffnung der neuen Phönix am 18. November 1987.

Die Forderungen an die Ladenplanung

– Transparenz

Der neue Verkaufsraum sollte in der ganzen Großzügigkeit und in seiner Weite transparent erhalten bleiben. Der Eindruck der großen Buchhandlung sollte sich in ihrer vollen Raum- und Sortimentsleistung von allen wichtigen Orientierungspunkten aus zeigen.

In dieser Zielsetzung liegt ein wesentlicher Grund für die mittlere Treppenanlage mit einer großzügigen Podestfläche.

– Treppenanlage

Die Bedeutung der Treppenanlage für die zwei übereinander liegenden großen Verkaufsflächen soll durch eine großzügige, raumbestimmende Gestaltungslösung deutlich werden.

Die Mitte des Verkaufsraumes zwischen Oberntorwall und Ritterstraße, im zweigeschossigen Treppenhaus-Zwischenbau, sollte die Treppenanlage aufnehmen.

Die natürliche Trennung der Geschosse soll durch die mittige Treppenanlage in einem großen, freien Luftraum überwunden werden. Durch die Öffnung des Raumes nach oben soll eine hohe Beachtung durch viel Transparenz entstehen und damit der Eindruck eines bewegten Raumes.

Die Treppenanlage soll der Kristallisationspunkt des Verkaufsraumes werden für alle Aktivitäten und soll selbst Aktivität und Dynamik ausstrahlen.

Nicht eine Fahrtreppe wurde gefordert, sondern bewusst eine romantische, mühelose, optimistische Treppenanlage.

– Kundenleitweg

Der Kundenleitweg soll alle Bereiche und Sortimente in der Buchhandlung erreichen und erschließen.

Eingänge, Treppe, Kassen, Servicestation sollen kundenleitweg-geplant sein und Bestandteil eines Loops werden.

– Warenbilder-Warenraumgestaltung

Der Anspruch an Warenbilder, Warenleitbilder und an die gesamte Warenraumgestaltung soll dem dynamischen Konzept: „Phönix" entsprechen. Das bedeutet, das Engagement für Bücher muss deutlich werden.

Die Buchhandlung soll mit hellen Farben freundlich sein und verbunden mit dem Phönix-Blau zur Unternehmensdarstellung, zur Unternehmensidentität, beitragen.

– Eingangsbereich

Der neue Auftritt Phönix soll sich auch nach außen dokumentieren. Die Eingangssituationen sollen großzügig und transparent gestaltet werden, sodass die Schwellenangst abgebaut und das Raumerlebnis ‚Phönix' schon von außen sichtbar wird.

– Logo

Ein neues Phönix-Logo wird geschaffen, das vielseitig verwendbar ist – für Verpackungsmaterial, Geschäftspapiere, in der Werbung, unter Einbeziehung der Hausfarbe – Blau – und natürlich als Signet über den Eingängen.

F Kommunikationsmarketing: Die Einladung – Corporate Communications zur Unternehmenskommunikation

F 15 Der Treppenbereich

Eine Kundenleitweg-Treppenplanung

In Grundrissen erzählt:

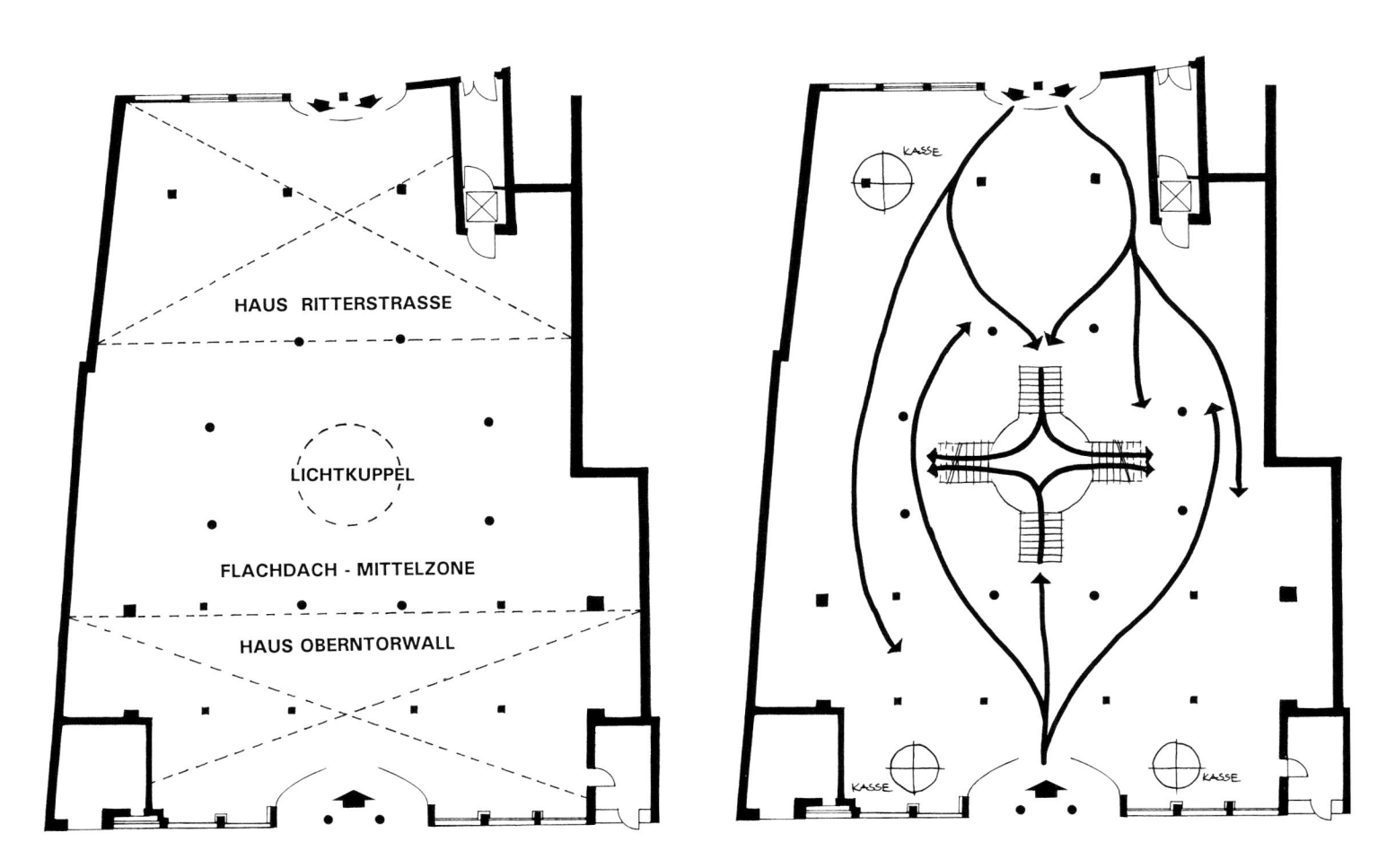

Grundriss 1
Mit diesem Grundriss begann die Ladenplanung und die Treppenplanung.

Grundriss 2
Der erste Versuch, die Kundenleitweg-Planung, das Zusammenspiel von Eingängen, Kassenpools und Treppen beginnt.
Zwei gegenüberliegende Eingänge werden mit Kassenpools gesichert.
Die möglichen und direkten Kundenleitwege zu einer mittigen Treppenerschließung für das Obergeschoss entstehen und der Loop, der Umlauf um die Treppe herum.

F15 Der Treppenbereich

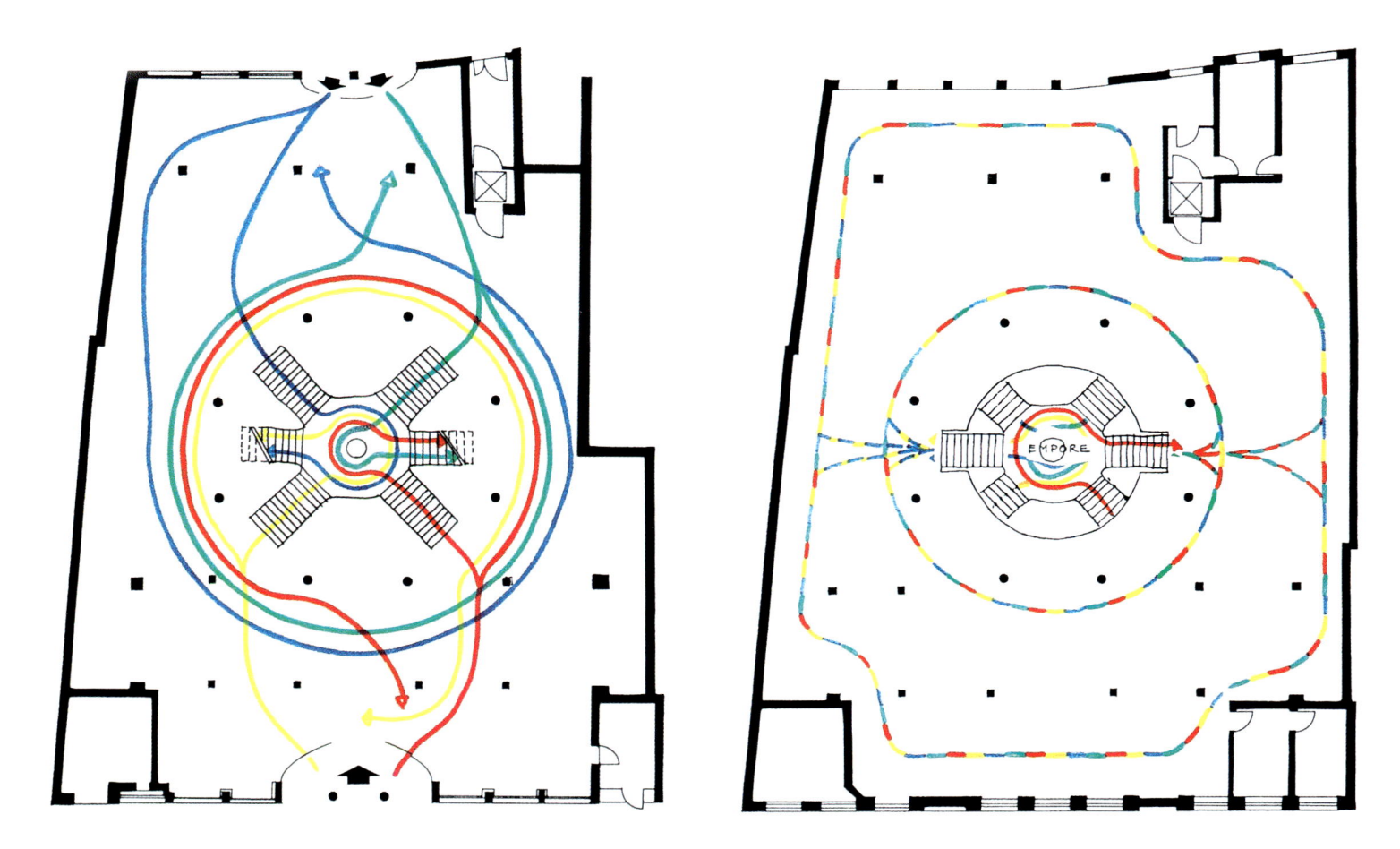

Grundriss 3
Der Versuch einer diagonalen Treppenführung. Mit jeder Eingangstür entsteht ein eigener Loop.

Grundriss 4
Die diagonale Treppenführung wird über die Empore weitergeführt.
Der Kundenleitweg ermittelt die beste Einführung in einen inneren und in einen äußeren Loop jeweils seitlich auf die langen Wände zu, die die Einfädelung in den Loop über Warenleitbilder am wirkungsvollsten vollziehen können.

785

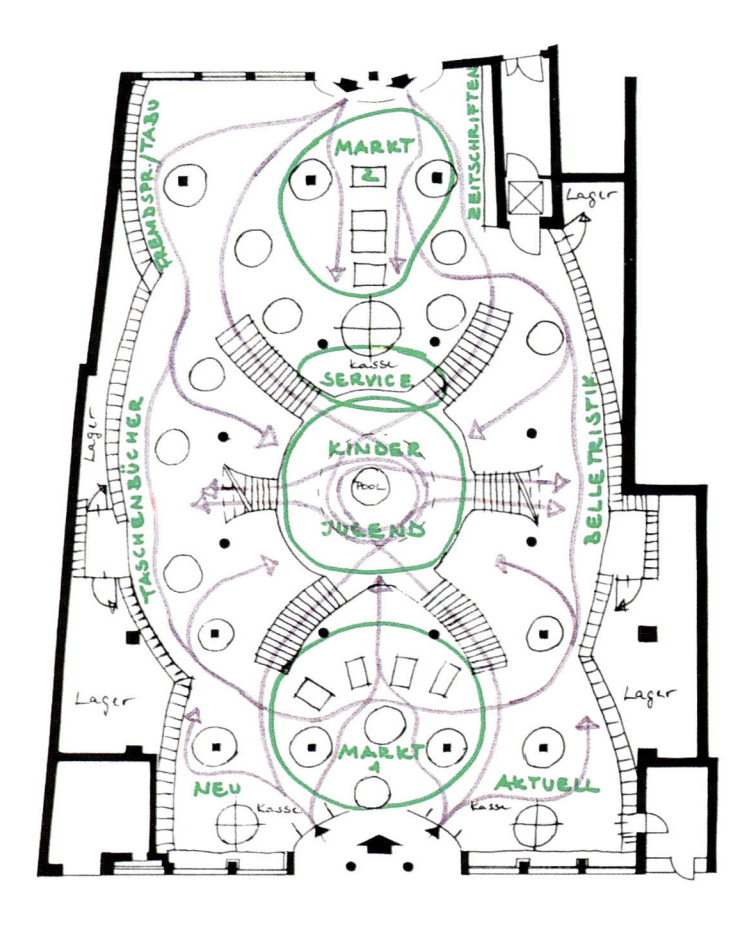

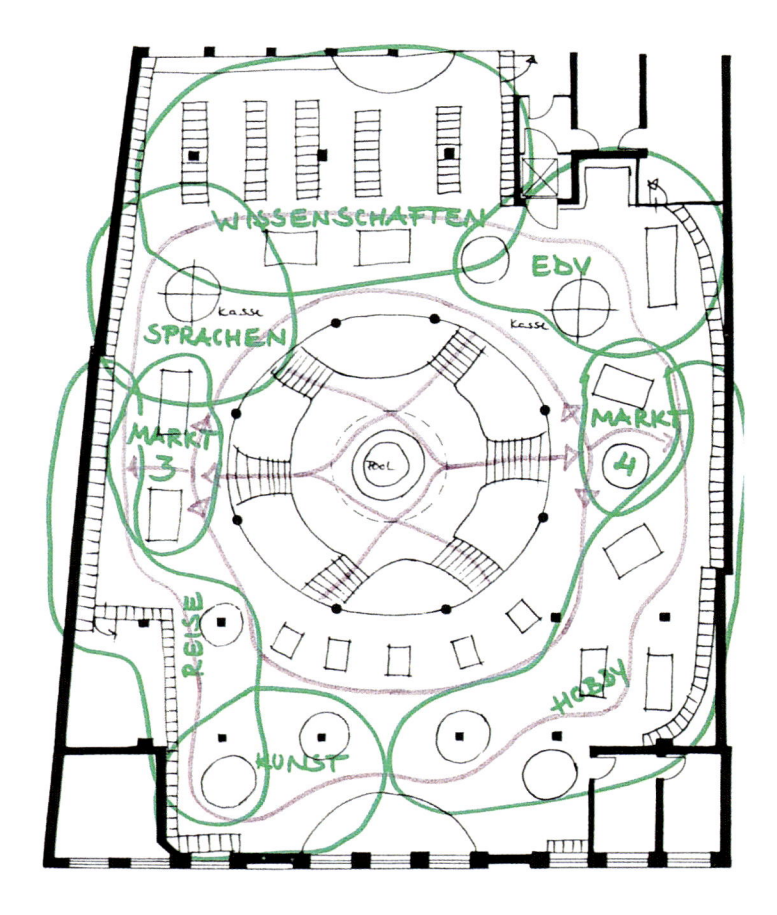

F Kommunikationsmarketing: Die Einladung – Corporate Communications zur Unternehmenskommunikation

F15 Der Treppenbereich

Grundrisse 5 und 6
Die Verkaufsraumbereiche mit den Warengruppen, die durch den Loop erschlossen werden sollten, werden in die Kundenleitsystem-Planung eingeführt.
Die ersten Überlegungen für das Sortiment entstehen.

Die Warenträger finden eine erste Berücksichtigung:
– die Regale werden an den Kundenleitweg „herangeschoben"
– die Tische werden in Form von Kreisen und Rechtecken eingefügt
– die Kassenmöbel bekommen einen Standort
– die Treppenanlage wird den Verkaufsraumbereichen „angepasst" und bekommt einen Auftrag zum Erschließen und Ordnen.

F15 Der Treppenbereich

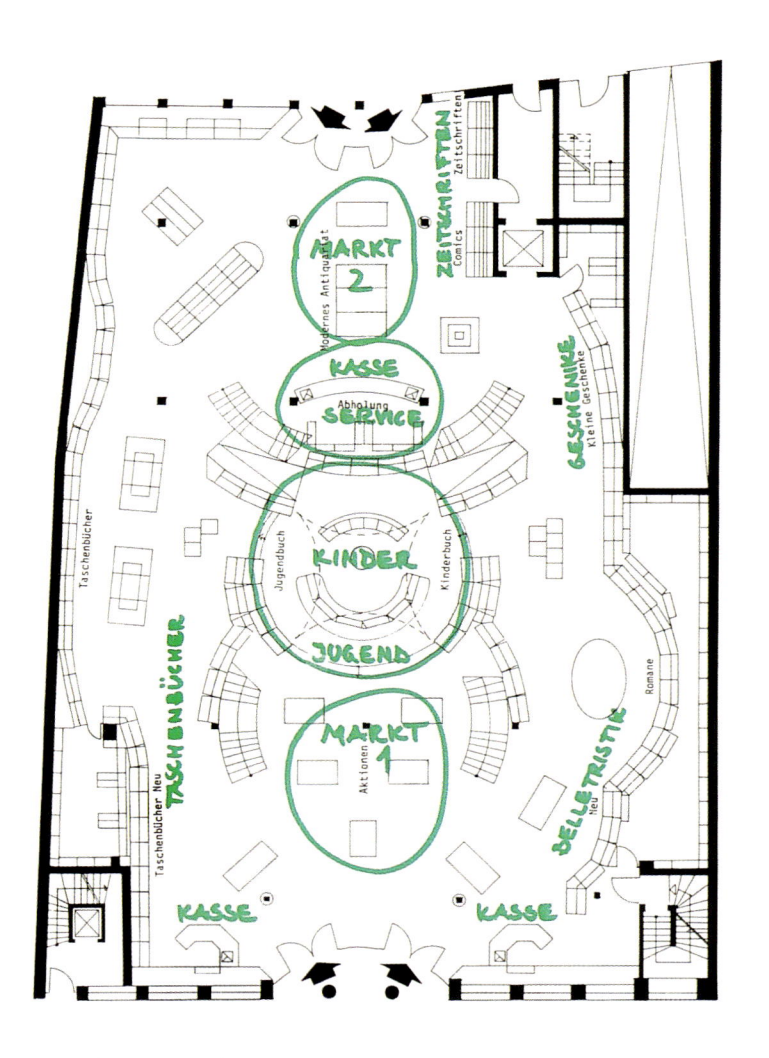

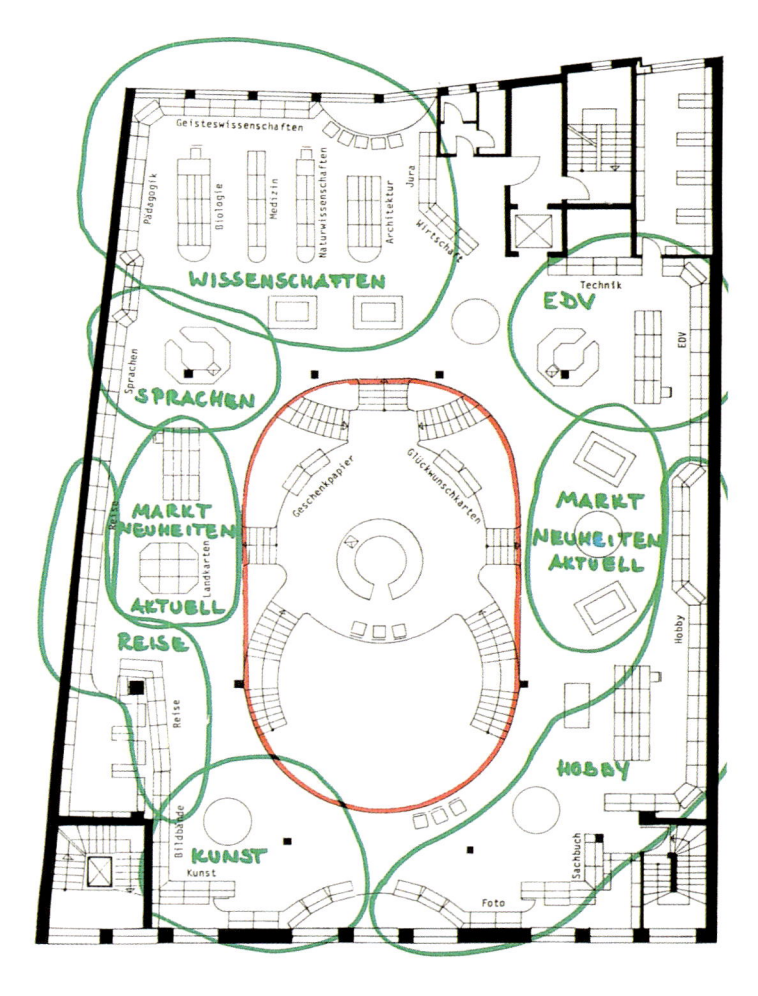

Grundrisse 7 und 8
Die ersten vollständigen Grundrisspläne mit dem übernommenen Sortimentsplan.
Die Treppenanlage wurde auch technisch überarbeitet.
Unter der Empore in einer 35 cm tiefen Mulde: Das „Kinder- und Jugendbuch" mit einer Sitzlandschaft, erreichbar über zwei Treppen und zwei Schrägen.

F   Kommunikationsmarketing: Die Einladung – Corporate Communications zur Unternehmenskommunikation

F 15   Der Treppenbereich

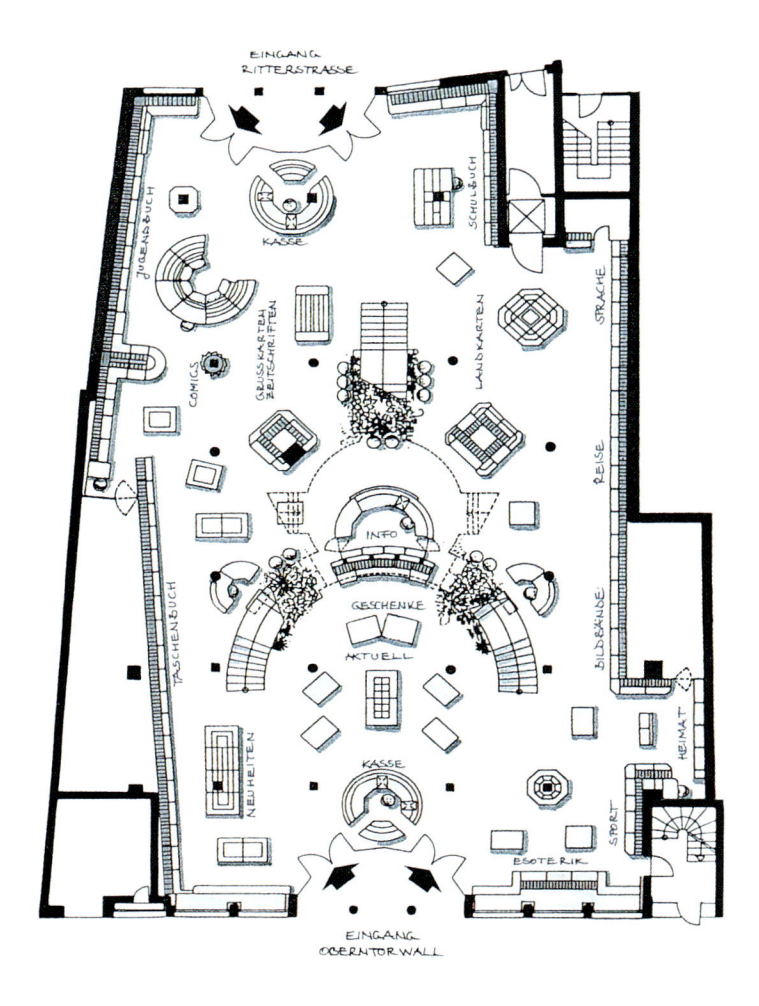

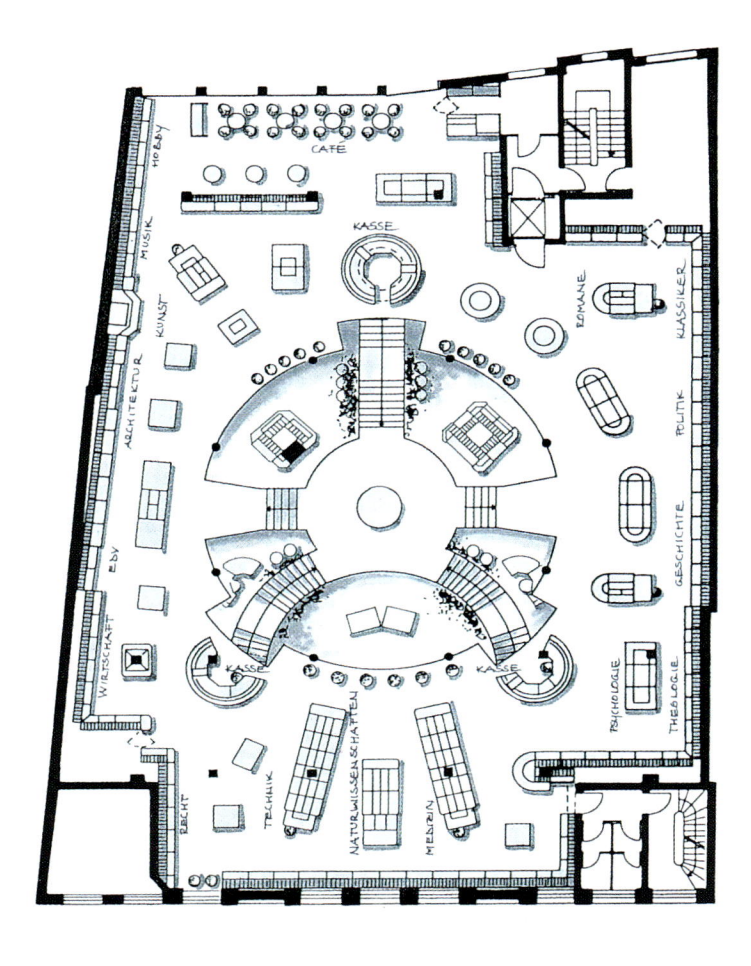

Grundrisse 9 und 10
zeigen die Planung, die ausgeführt wurde.
Die Kundenleitweg-Planung bewirkte die Änderungen:
- der Eingang Ritterstraße musste zur besseren Raum- und Sortimentserschließung verlegt werden
- die Treppen zum Obergeschoss, aus Richtung Ritterstraße, wurden ersetzt durch eine Mitteltreppe. Diese Entscheidung sollte auch der besseren Orientierung dienen und die Bedeutung des Hauptzugangs vom Oberntorwall unterstreichen
- die Kassenpools erhielten einen neuen Standplatz, jeweils zwischen den beiden Eingängen, Ausgängen
- der Info-Pool mit einem Servicecenter im Bereich unter der Empore
- das Sortiment und die Loop-Bereiche folgten neuen Überlegungen.

Siehe hierzu die Grundrisse 11 und 12.

F15 Der Treppenbereich

Die Treppenanlage

Der Kundenleitweg erschließt das Obergeschoss. Die Isometrie zeigt die Treppenläufe, die Linien der Kundenleitwege. Sie werden ohne Bruch als logischer Kundenleitweg mit in die Höhe genommen. Eine Ausstellung, ein Mittelpunkttisch auf der Empore reguliert den Kundenlauf als Kreisverkehr.
Die Empore ist für Ausstellungen vorgesehen.
Die Schnittzeichnung durch Treppe und Gebäude bringt die Übersicht.

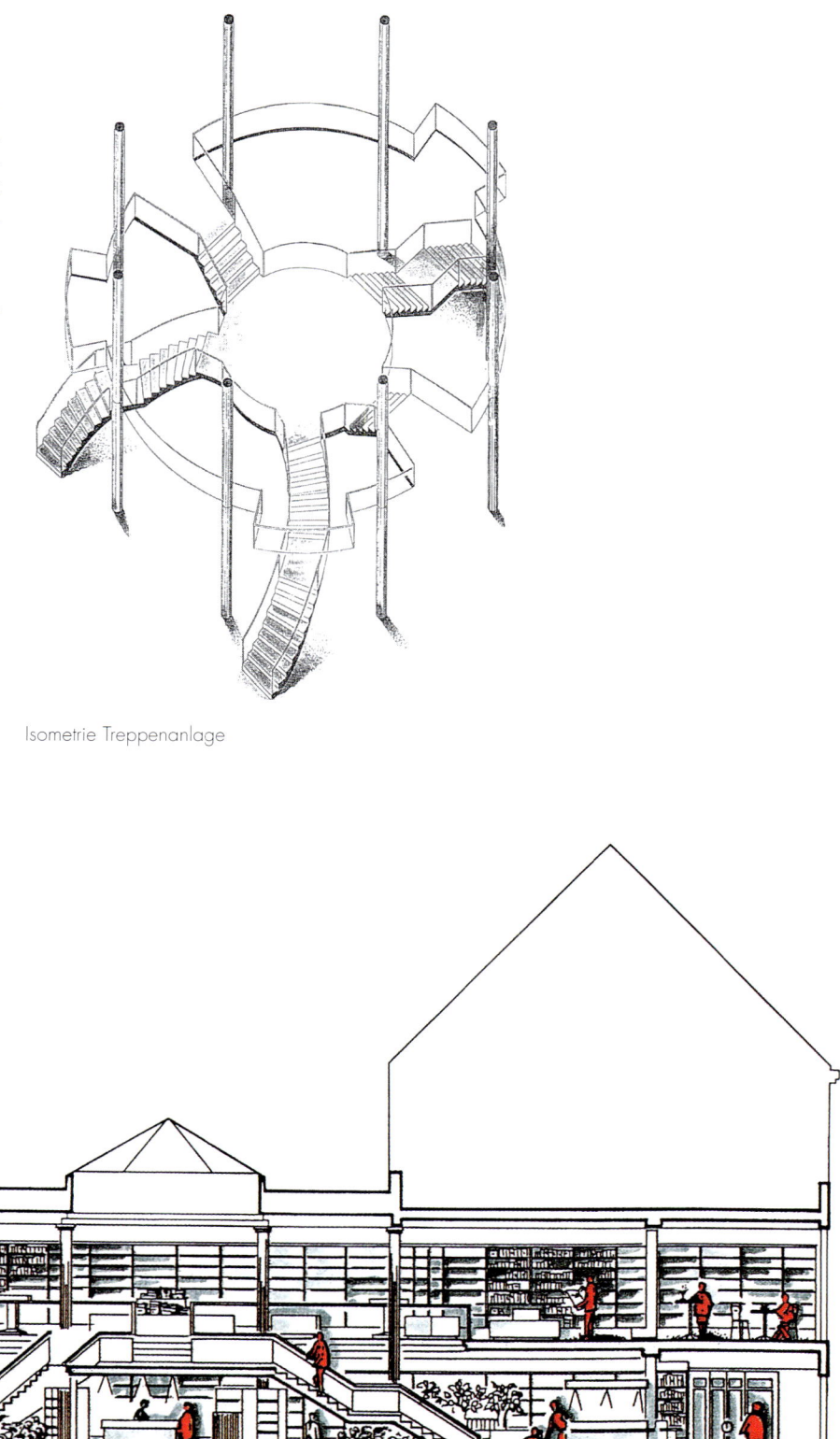

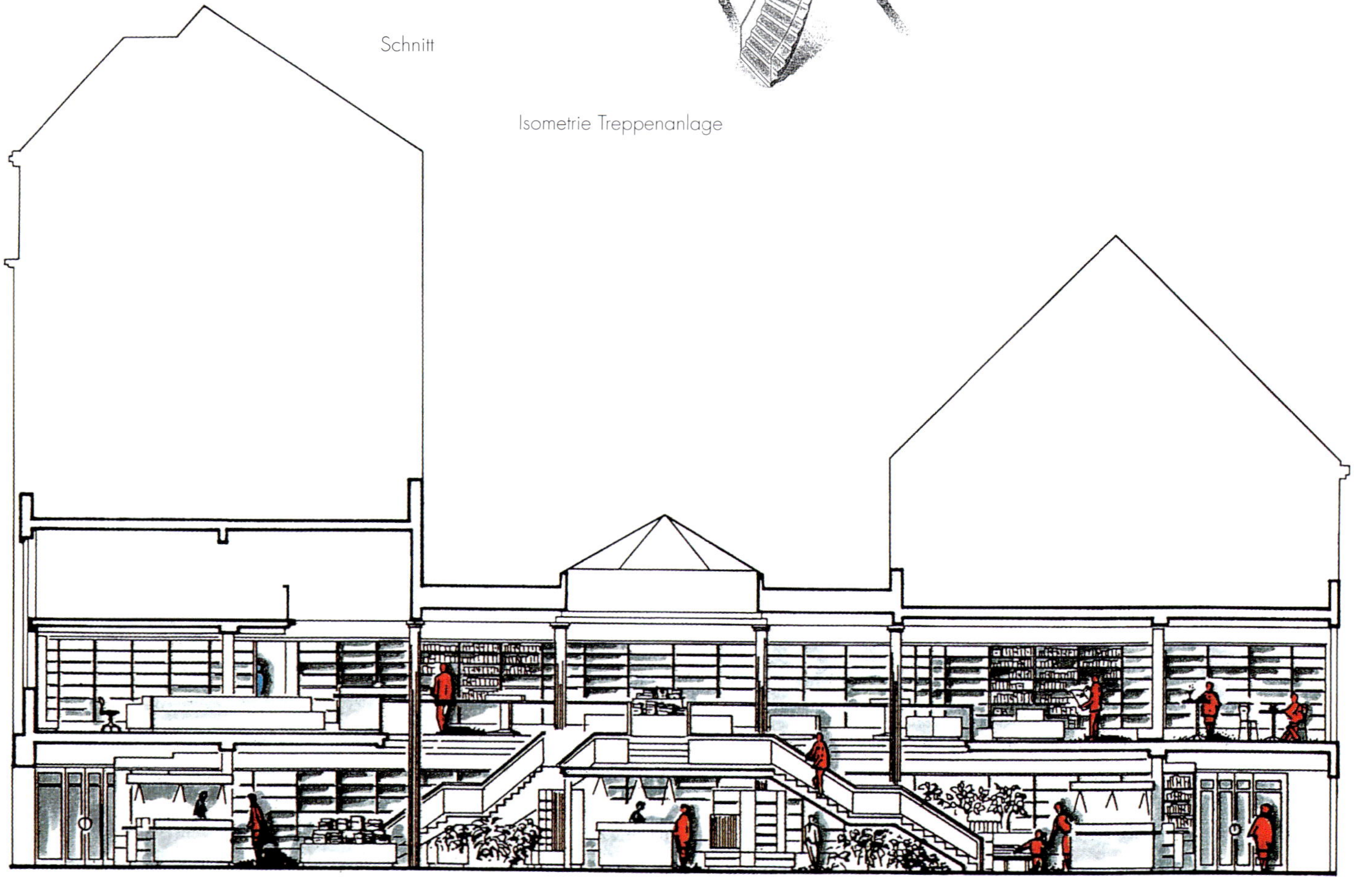

Schnitt

Isometrie Treppenanlage

F   Kommunikationsmarketing: Die Einladung – Corporate Communications zur Unternehmenskommunikation

F15   Der Treppenbereich

Wenige Tage nach der Eröffnung wird die Treppenlandschaft bestaunt.

Rechte Seite:
Der Blick über die Empore in den Sortimentsbereich Wirtschaft.

Der Blick von oben in den Markt.

Eine Inszenierung: „ein Ballon ist schon gelandet"

F15 Der Treppenbereich

F   Kommunikationsmarketing: Die Einladung – Corporate Communications zur Unternehmenskommunikation

F15   Der Treppenbereich

Der Loop und die Verkaufsraumbereiche

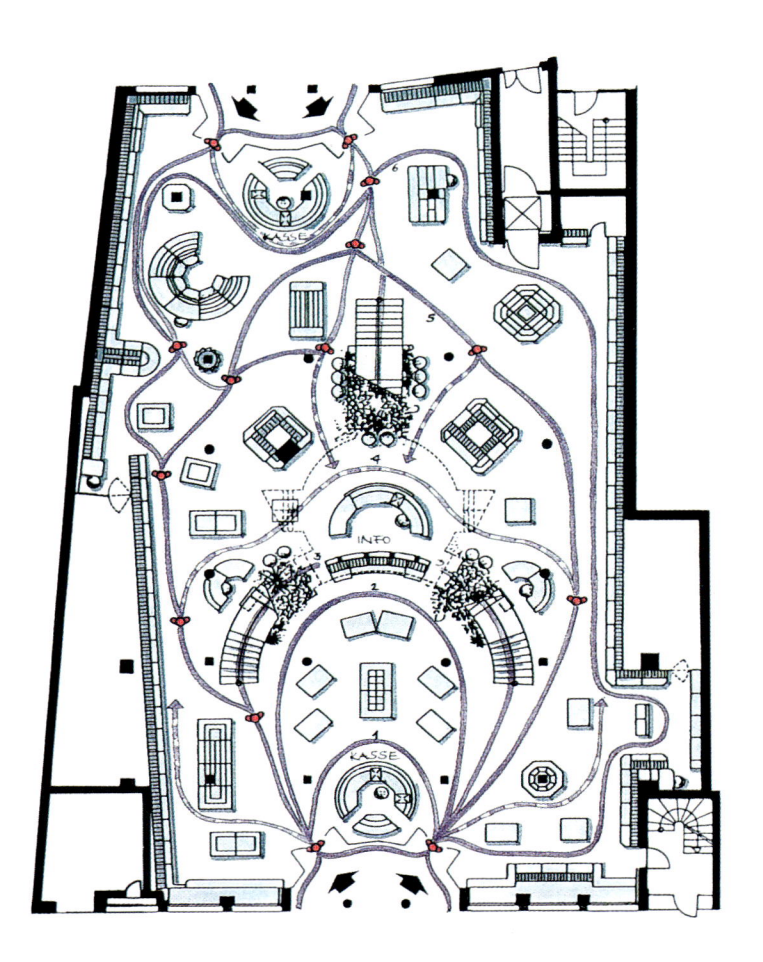

Grundriss 11
zeigt zum Eingang Oberntorwall sechs hintereinander liegende Loops, die über den Eingang rechts oder links erschlossen werden:
- Loop 1, der Informations-Loop, umschließt den Informations- und Kassenpool und tangiert den Markt
- Loop 2, der Markt-Loop, führt durch die interessanten Marktbereiche
- Loop 3, der Treppen-Loop, schafft die Verbindung in das Obergeschoss. Er verläuft parallel zum Markt-Loop
- Loop 4 berührt die Fachbereiche. Er tangiert drei Info-Theken mit unterschiedlicher Kompetenz
- Loop 5 führt nah an den Eingang Ritterstraße heran
- Loop 6 ist der totale Loop. Er erschließt alle Wände im Erdgeschoss und deckt sich zeitweilig mit dem von der Ritterstraße ausgehenden Loop.

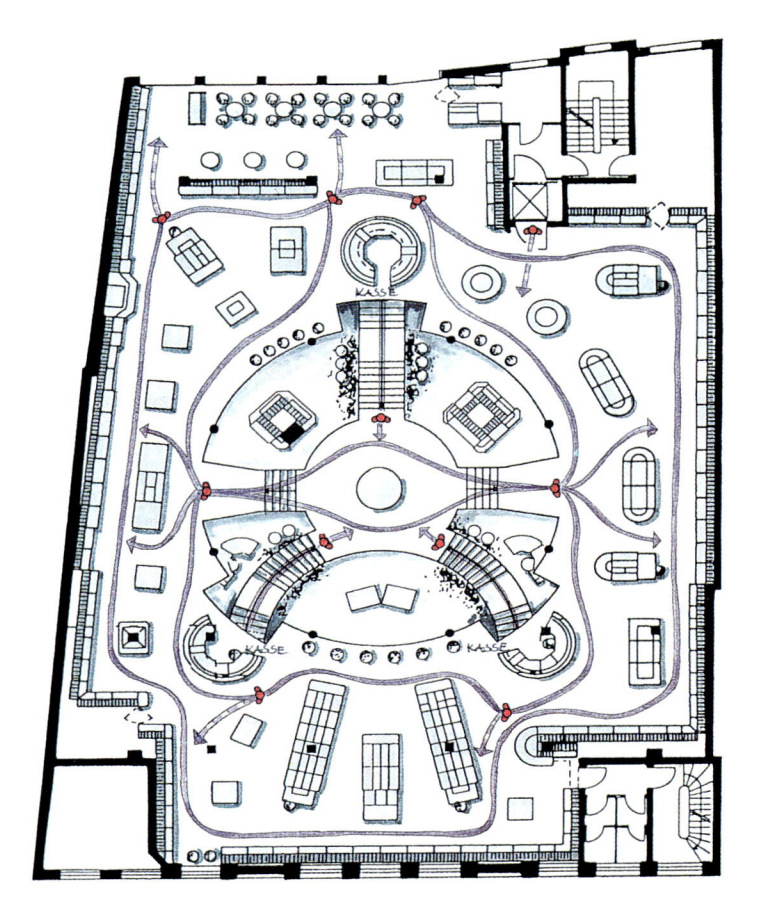

Grundriss 12
zeigt deutlich die erreichte Großzügigkeit im Obergeschoss. Die Einführung über eine Empore, die raumumfassenden Wände bleiben im Obergeschoss erhalten, der Konsument steigt in der Mitte des Raumes auf und erhält die Übersicht über die gesamte Buchhandlung.

Das Obergeschoss wird durch einen inneren und einen äußeren Loop erschlossen.

Der innere Loop verbindet alle Kassen- und Informationspools und dient der Einführung in die Fachbereiche, jeweils ausgehend von einem Marktbereich.

Der äußere Loop erschließt die Regalwände direkt und reiht die Regalwände an den raumbegrenzenden Wänden des Obergeschosses zu einem großen Loop aneinander.

F15 Der Treppenbereich

Die Warenleitbilder

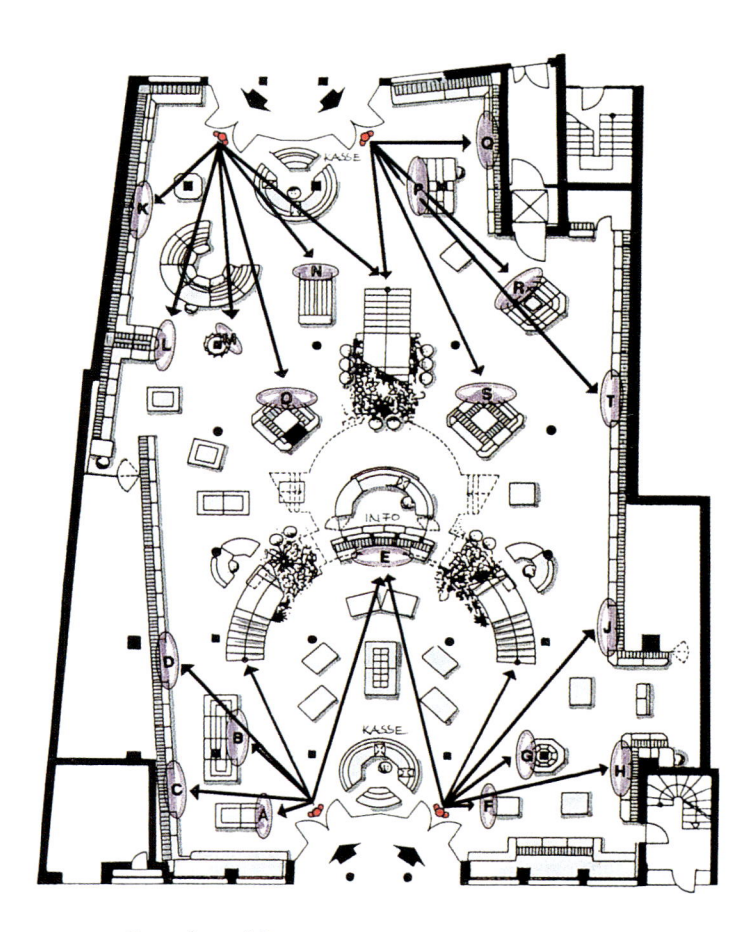

Grundriss 13

Warenleitbilder, sichtbar von den Eingängen:
Der Grundriss 13 zeigt in einer einfachen Übersicht die Warenleitbilder, die der Konsument jeweils erkennt und überschauen kann, wenn er durch eine der vier Türen die Buchhandlung betritt.

Zum Funktionieren des Kundenleitweges gehört es, diese Warenleitbilder unterscheidend zu gestalten.

Die Unterscheidung schafft die zum Leiten der Konsumenten notwendige Information.

F Kommunikationsmarketing: Die Einladung – Corporate Communications zur Unternehmenskommunikation

F 15 Der Treppenbereich

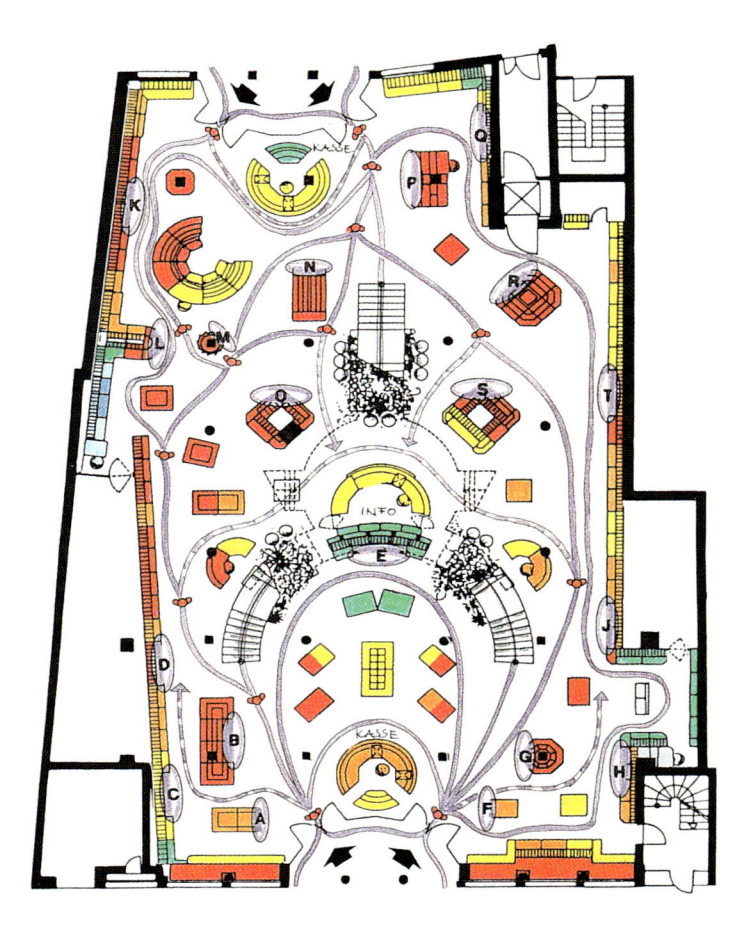

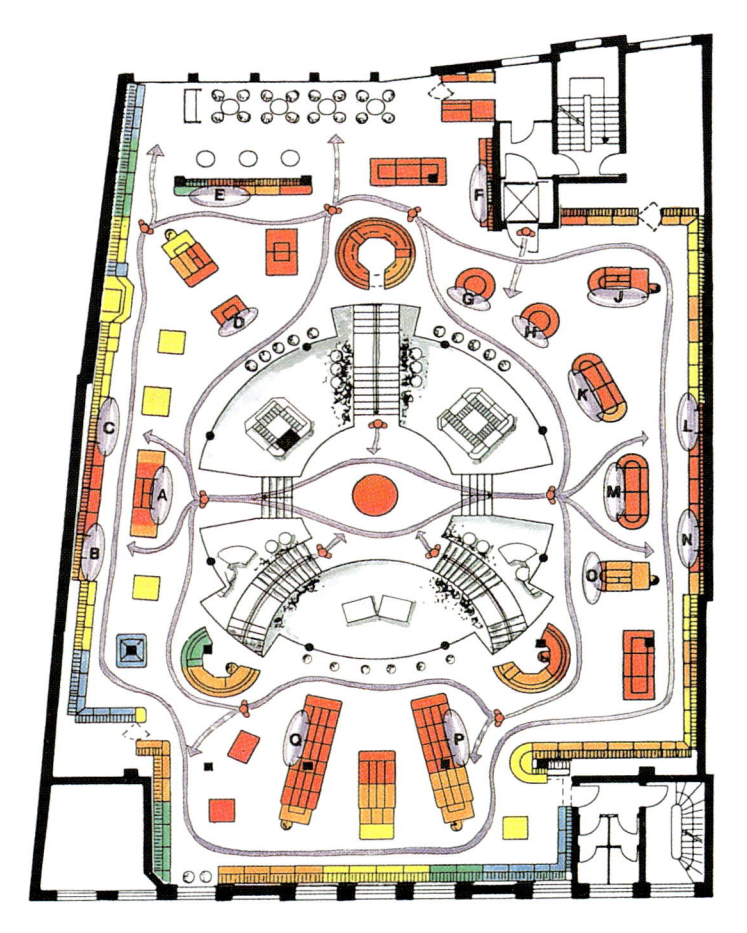

Die Grundriss-Erschließung wird fortgesetzt.
Die gleichzeitige Sortiments- und Raumerschließung aus den jeweiligen Eingängen macht die Grundforschungen für den Kundenleitweg sichtbar.

- Die Raumerschließung muss sowohl rechts als auch links erfolgen, jeweils über deutliche Warenleitbilder.
- Es muss von dem Kundenleitweg links und rechts eine kundenleitweg-gerechte Treppe gefunden werden, die über eine Empore weiterführt ins Obergeschoss. Vom Eingang Oberntorwall muss eine Mittelerschließung entstehen mit guter Übersicht vom Eingang in einen Markt.
- Dieser Markt muss interessantes Warenraumbild sein und über genügend Faszinationskraft verfügen, sodass im Loop 4 und 5 die vorbeigeführten Kunden diesen Markt noch wahrnehmen können.

- Zu jedem Eingangs-, Ausgangsbereich wird ein Kassenpool benötigt.
- Die zentrale Service-Station und die Abholung im Erdgeschoss, etwas versteckt, aber dennoch zentral untergebracht.

Grundrisse 14 und 15

Kundenleitweg-Bewertung mit Warenleitbildern: Die Grundrisse 14 und 15 zeigen die Warenleitbilder, die durch die Loops erschlossen werden.
Die Warenleitbilder, als Teil der Kundenleitwege, sorgen mit immer neuen, sich unterscheidenden Bildern für die Sichtbarmachung des Sortiments.

15.10 Die Staffelungen

Staffelungen, zunehmend auch als „Split-Level" bezeichnet, sind sehr interessante Treppen- und Raumlösungen. Sie entsprechen einer natürlichen Sehfelderweiterung. Nicht ein komplettes Geschoss, sondern versetzt ein halbes Geschoss wird dem Konsumenten angeboten. Der Konsument überwindet jeweils nur eine halbe Geschosstreppe und hat eine großartige Übersicht aus seiner Ebene in zwei weitere Ebenen nach unten und nach oben.

Der Zusammenhang des Sortiments von Ebene zu Ebene bleibt so logisch als zusammenhängende Warenraumgestaltung vorhanden. Das Raummilieu ist einheitlich. Die Geschlossenheit des großen, aber sinnvoll geteilten Sortiments wird für alle Konsumenten sichtbar.

Diese ideale Verkaufsraumverbindung über Staffelungen in weitere Ebenen zu gelangen wird zu wenig praktiziert, obwohl der Erfolg für mehr Anwendung spricht.

Staffelungen sind immer gute Lösungen, da das Auge die geordneten Geschäftsabschnitte gut erfassen kann. Aber man darf auch den Nachteil nicht verschweigen: Anbauten und damit Erweiterungen in nächste Geschosse oder in Nachbarhäuser sind nahezu unmöglich.

Bei Erweiterungen ist der Umzug in ein neues Projekt vorprogrammiert.

Siehe die Kapitel:

F 15.11 Fachbuchhandlung mit Reisebüro: Wittwer, Stuttgart
F 15.12 Die Staffelhaus-Treppe: Schmidt, Stadthagen
F 15.13 Verkauf auf der Treppe: Spaethe, Moers

Diese Beispiele konnten nur deshalb als Staffellösung durchgeführt werden, weil hier die Zusammenarbeit vor Erstellung des Gebäudes zwischen den Architekten und dem Innenarchitekten erfolgte. Jede Stufenhöhe wurde sorgfältig in die Planung einbezogen, auf die Sichthöhe des Konsumenten ausgewogen.

Staffellösungen werden deshalb so wenig angewandt, weil immer erst Häuser gebaut werden und dann der Verkaufsraum.

15.11 Fachbuchhandlung mit Reisebüro

Buchhandlung Konrad Wittwer und Reisebüro Hetzel, Stuttgart
Planung und Realisierung:
Wilhelm Kreft GmbH, Wedemark

Die Buchhandlung Wittwer in der Hauptgeschäftsstraße, der Königstraße in Stuttgart, wird im gleichen Haus, zum Kleinen Schlossplatz hin, erweitert.

Die Einführungswand in die Linguistik und die gestalteten Warenleitbilder D und E.

Aus der Buchhandlung Wittwer bestehen direkte Zugänge aus dem allgemeinen Sortimentsbereich und aus dem wissenschaftlichen Sortiment von der Königstraße zum Kleinen Schlossplatz. Im Erdgeschoss wird eine Fachbuchhandlung für Linguistik und eine Filiale des „Reisebüros Hetzel" untergebracht und im Ober- und Untergeschoss ein technischer und naturwissenschaftlicher Fachbereich.

Ziel der Planung war es, über einen großzügigen Eingang vom kleinen Schlossplatz einen weiteren wichtigen Zugang für die große Buchhandlung zu bekommen. Die bauseits vorgegebene Staffelung sollte genutzt werden.

In den einzelnen Sortimentsbereichen soll die Großbuchhandlung sichtbar bleiben – als Gesamtgefüge – aber es sollen auch überschaubare interne Bereiche entstehen, die die erforderliche Konzentration an die Konsumenten vermitteln können.

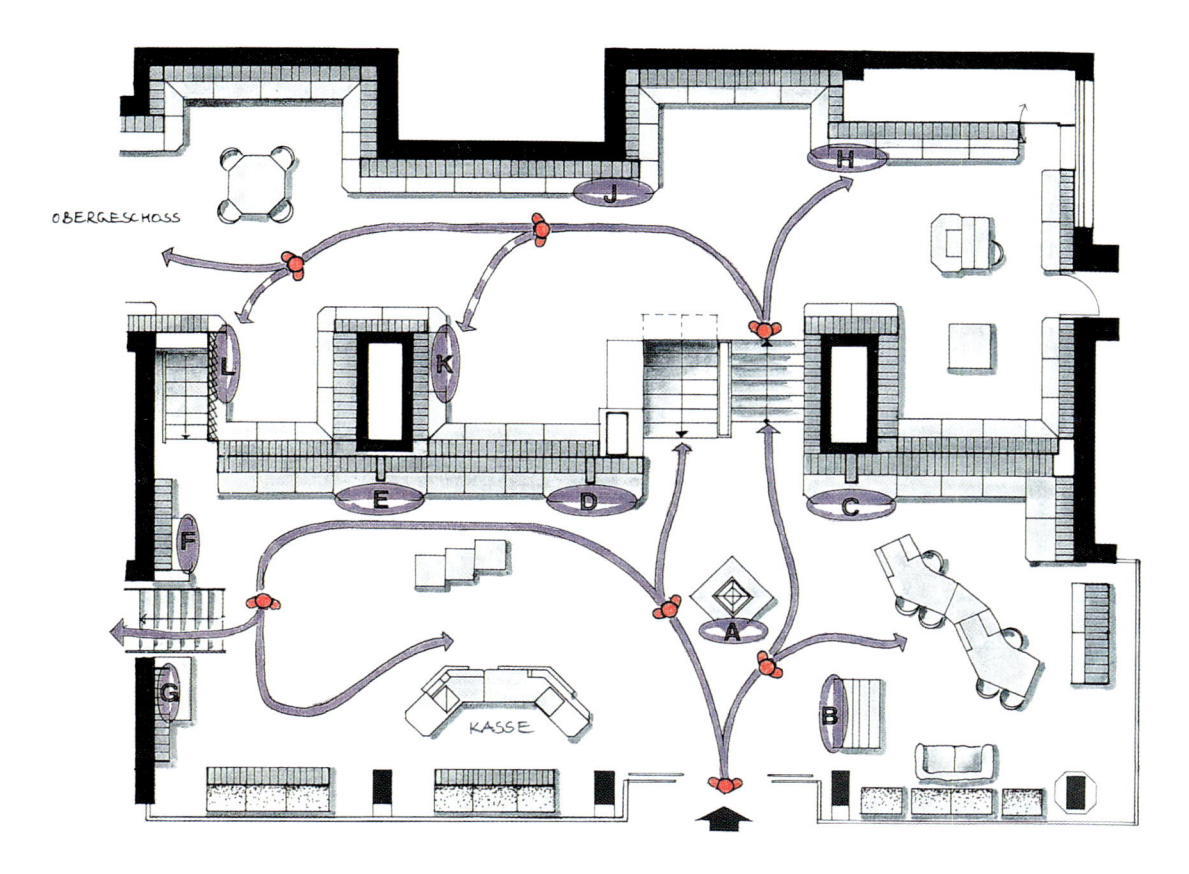

F15 Der Treppenbereich

Grundriss 1
Das Erdgeschoss und das Obergeschoss

- Im Kundenleitweg vis-a-vis vom Eingang, gut von außen sichtbar: die Treppen in das Obergeschoss und in das Untergeschoss.
- Gebremst wird der unmittelbare Zugang durch das Warenleitbild A: ein Obelisk mit dem Namenszug „Wittwer".
- Vom Obelisk nach links führt der Kundenleitweg zum Warenleitbild D. Es erschließt die aktive Einführungswand mit dem Warenleitbild E und führt weiter zu F und G im Loop zur Kasse.
- Gleichzeitig erschließt D die Treppe zum Untergeschoss (weiter Grundriss 2).
- Vom Obelisk nach rechts führt der Kundenleitweg über die Warenleitbilder B und C zum Reisebüro.
- C erschließt gleichzeitig die Treppe zum Obergeschoss. Der Kundenleitweg führt zu den Warenleitbildern H und J, die dann weiterführen zu K und L.

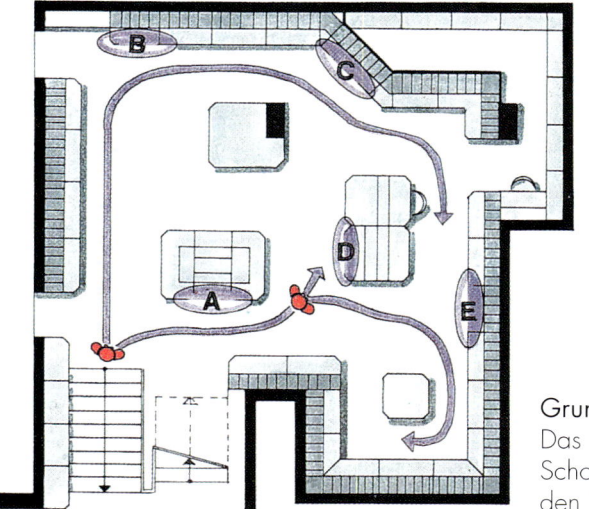

Grundriss 2
Das Untergeschoss

Schon von der nach unten führenden Treppe werden die Warenleitbilder A, B und C gut sichtbar.
Unmittelbar nach der Treppe werden die Warenleitbilder D und E deutlich, sodass der Konsument sofort nach dem Eintreten in den Raum einen guten Überblick bekommt.

F   Kommunikationsmarketing: Die Einladung – Corporate Communications zur Unternehmenskommunikation

F 15   Der Treppenbereich

Schnitt

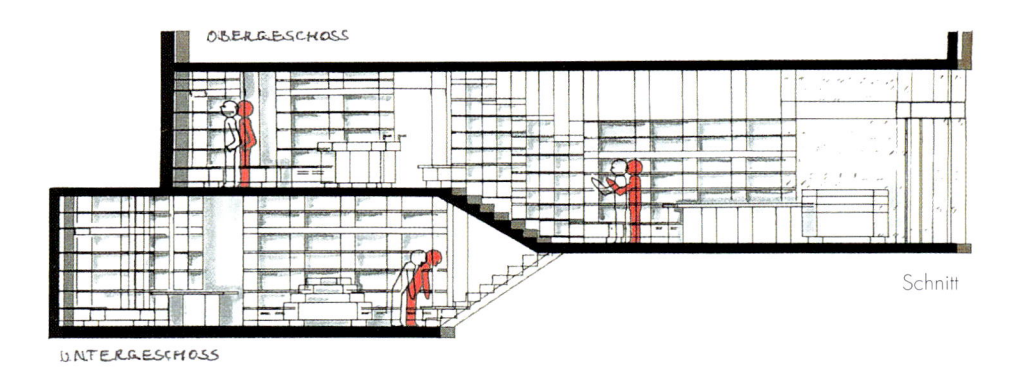

Der Blick vom Eingang in das Reisebüro.

Der Blick in den Bereich Linguistik aus dem Bereich Reise. Deutlich wird die gestalterische Akzentuierung der Warenleitbilder jeweils mit einem flachen klassischen Giebeldreieck.
Diese schwebenden blauen Dreiecke wurden sofort in ihrer Bedeutung akzeptiert – sie heißen inzwischen „Schwalben".

15.12 Die Staffelhaus-Treppe

Buchhandlung Hans-Jürgen Schmidt KG, Stadthagen
Planung und Realisierung:
Wilhelm Kreft GmbH, Wedemark

Die Buchhandlung befindet sich in bester Lage, am Marktplatz, direkt neben dem Rathaus der Kreisstadt. Die Buchhandlung verbindet ein allgemeines Sortiment mit einer Papeterie.

Das Geschäftshaus Schmidt, ein mittelalterliches Fachwerkhaus, musste wegen Baufälligkeit abgetragen werden. Die Fassade wurde wegen des Denkmalschutzes erhalten, sie wurde nur renoviert.

Die Planung der Buchhandlung begann mit der Planung des Kundenleitweges. Die erarbeitete Konzeption wurde dem hausbauenden Architekten als Idee übertragen.

Grundriss

Der Verkaufsraum ist schmal und lang gestreckt. Verkaufsräume dieser Art werden allgemein als Handtuchläden bezeichnet. Erschwerend kam hinzu, dass sich der Verkaufsraum nach hinten verbreitert. Das bedeutet, dass die rechte Wand zum Eingang in einem stumpfen Winkel steht, sich also vom eintretenden Konsumenten abwendet.

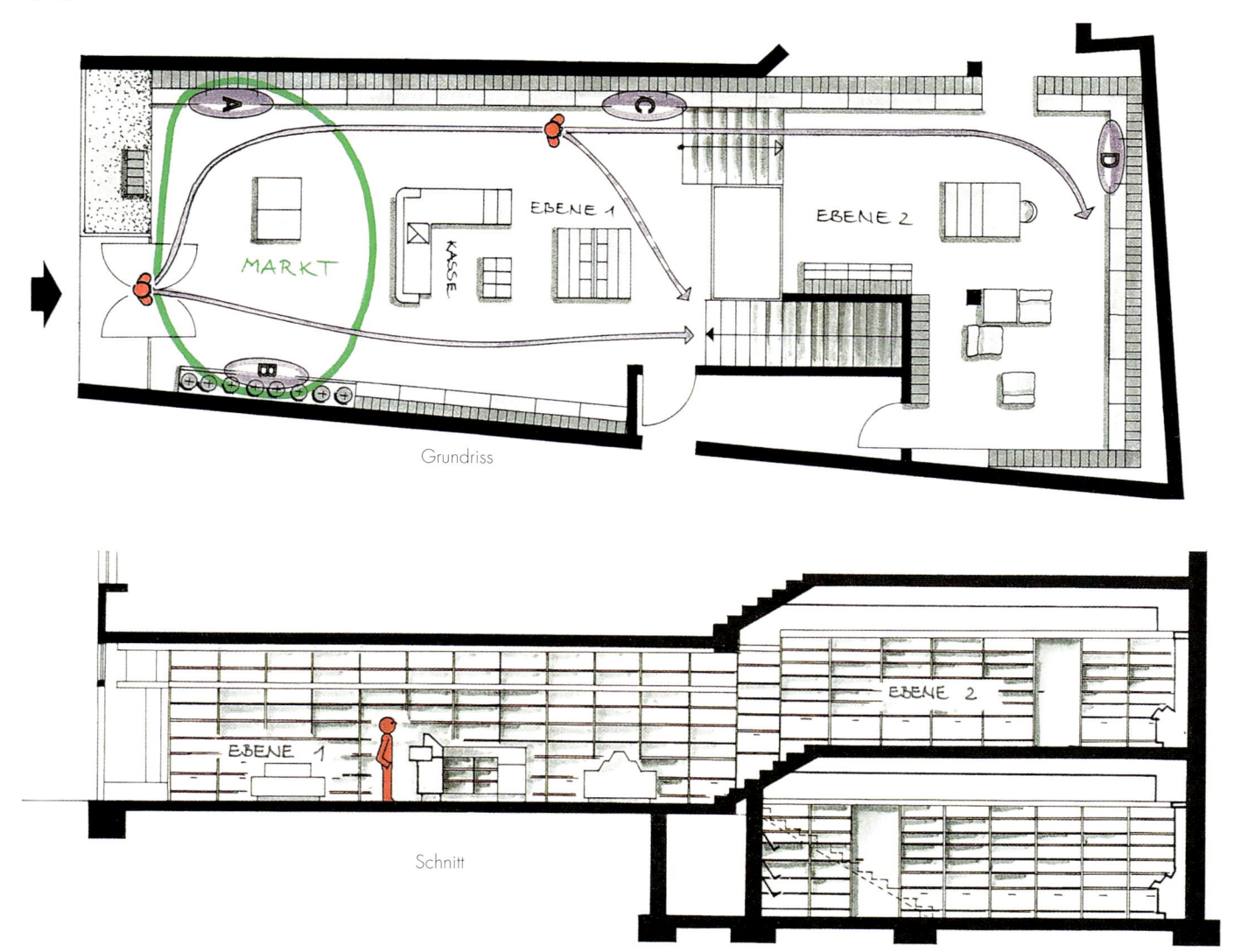

Grundriss

Schnitt

F   Kommunikationsmarketing: Die Einladung – Corporate Communications zur Unternehmenskommunikation

F 15   Der Treppenbereich

Dieses hat zur Folge:
- Eingang rechts
- diagonale Einführung zum Warenleitbild A
- Kontrast zu Warenleitbild B an der rechten Eingangsseite
- die linke Erschließung führt über Warenleitbild A weiter zu C, dann über acht Steigungen in die Ebene 2 zum Warenleitbild D.

Als Kassenmöbel wurde ein Mittelpool gewählt, vis-a-vis in guter Distanz zum Eingang, davor zwei Markttische.

Charakteristikum der Buchhandlung Schmidt ist die Staffelung. Die gehobene Ebene 2 führt weiter in das Obergeschoss, in Büroräume und in Wohnungen. (Siehe Schnitt)

Das Untergeschoss wird über die rechte Wand erschlossen, beginnend mit dem Warenleitbild B.

Die Staffelung wurde gewählt:
- um den schmalen Handtuchladen zu kürzen
- um von den wichtigen Entscheidungspunkten, Eingang und Kasse, den Blick zu verbessern in den hinteren Verkaufsraum
- um eine bessere Nutzung der hinteren Verkaufsraumbereiche zu erhalten, einen besseren Blick zur gehobenen Ebene 2 zu bekommen und um den Blick in das untere Geschoss zu erreichen.

Diese Lösung wurde erreicht durch eine konsequente Kundenleitweg-Planung mit der Frage:
- wie kann man eine Übersicht im Verkaufsraum am besten erreichen
- wie kann man das Sortiment wirkungsvoll inszenieren?

Die Buchhandlung ist in Grün ausgeführt, der Bereich des Untergeschosses in Rot. Diese Farbe wurde gewählt, um das Sortiment im Untergeschoss, Kinder- und Jugendbuch, deutlich zu machen. Außerdem sollte die unterscheidende Farbe und insbesondere das Rot das untere Geschoss deutlich zeigen.

Die Kundenleitweg-Planung mit den Warenleitbildern wurde konsequent weitergeführt in eine Warenraumgestaltung.

Siehe auch das Kapitel:

F 8.5   Erweiterung in das Obergeschoss

Blick von der Eingansebene (Ebene 1) nach oben in die Ebene 2 und nach unten in die Ebene 1.

F15 Der Treppenbereich

15.13 Verkauf auf der Treppe

Buchhandlung Spaethe GmbH, MoersPlanung und Realisierung: Wilhelm Kreft GmbH, Wedemark

Die Staffelhaus-Idee der Buchhandlung Schmidt, Stadthagen (Kapitel F 15.12) wurde Modell für die Buchhandlung Spaethe.
Das Geschäftshaus Spaethe ist in der Grundfläche kleiner, die Längsrichtung liegt parallel zur Straße: Das Haus hat sechs Verkaufsebenen. Wichtig wird hier der Verkauf auf der Treppe.
Typisch für dieses Staffelhaus wurde, dass die Treppe nicht eine Unterbrechung im Raum oder eine Unterbrechung im Sortiment bedeutet. Der Kundenleitweg läuft wie eine Spirale über alle Treppen durch den ganzen Verkaufsraum nach oben.
Die Regale befinden sich direkt an der Treppe. Mit der Verfolgung des Kundenleitweges, beim Weitergehen direkt am Regal, erreicht der Kunde die Treppen und wird so hochgezogen bis in die oberste Ebene. Lückenlos reiht sich Regal an Regal in der Spirale nach oben.

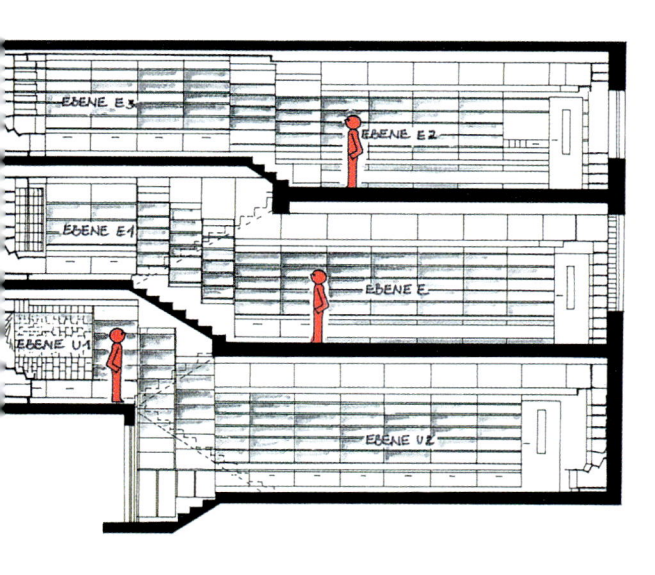

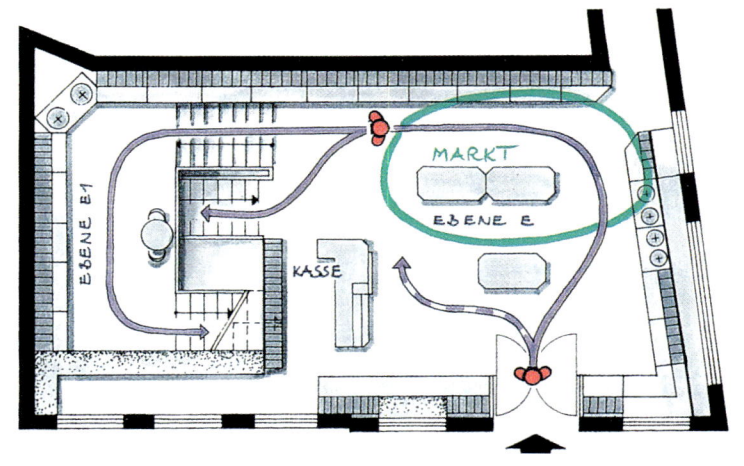

Die Eingangsebene E

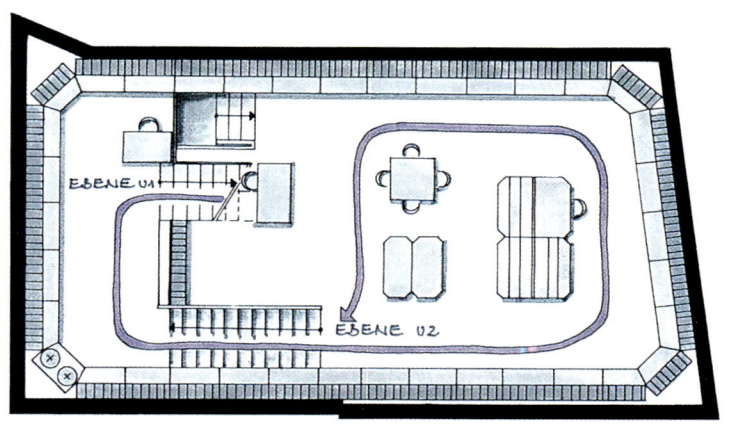

Der Weg nach unten: die Ebenen U1 und U2

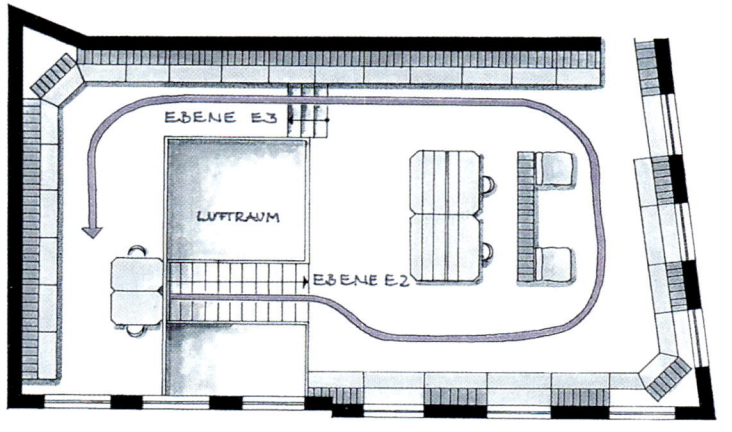

Der Weg nach oben: die Ebenen E2 und E3

F Kommunikationsmarketing: Die Einladung – Corporate Communications zur Unternehmenskommunikation

F 15   Der Treppenbereich

15.14   Die Fahrtreppen

Für Kaufhäuser und kaufhausgroße Fachgeschäfte, die mehrgeschossig angelegt sind, ist die Fahrtreppe – früher als Rolltreppe bezeichnet – eine Notwendigkeit.
Fahrtreppen werden auch gebraucht, um Größe deutlich zu machen.
Raumgestalterisch gesehen sind sie dick, massiv, gewaltig, aber sie sind auch ständige Bewegung und sie befördern die Konsumenten angenehm nach oben oder nach unten. Viele Konsumenten überlegen erst gar nicht lange, sie fahren einfach nach oben. Das ist bequem und informativer.
Die Shopper fahren erst einmal hoch bis in das oberste Stockwerk und dann gehen sie durch das Sortiment über die Treppe zurück. Die Erschließung der Verkaufsräume von oben nach unten erreicht nur die Fahrtreppe.
Unternehmen haben nach dem Einbau der Fahrtreppe festgestellt: „Wir haben mehr Besucher in die oberen Geschosse bekommen."
Ob die Fahrtreppe zur Erschließung nur eines Obergeschosses erforderlich ist, muss man überlegen und auch durchrechnen. Durch die Fahrtreppenanlage geht Stellfläche verloren, die Statik muss die schwere Fahrtreppe zulassen, die Deckenhöhen müssen trotz der Bauhöhe die erforderliche Kopfhöhe erreichen.
Bei der Erschließung eines zweiten oder dritten Obergeschosses sollte man nicht mehr über eine Fahrtreppe nachdenken, sie sollte sein, wenn immer das möglich ist.
Fahrtreppen gehören wie die Treppen in die Kundenleitweg-Planung. Zu oft scheitern erhoffte Vorteile an der Nichtbeachtung des Kundenleitweges.
Auf einer normalen Treppe hat der Konsument länger Zeit sich zu informieren. Für eine Fahrtreppe müssen die Informationen schneller und früher eingespielt werden, denn der Konsument fährt, und er muss wissen:
– wohin führt die Fahrtreppe
– wie geht es weiter?
Die Geschossinformationen am Beginn der Fahrtreppe genügen selten. Angekommen, sucht der Konsument einen bestimmten Bereich.
Der Stau, der Frust am Ende der Fahrtreppe ist bei Nichtbeachtung des Kundenleitweges und bei fehlenden Informationen vorprogrammiert.
Fahrtreppen aufwärts brauchen auch die Fahrtreppe oder die „normale" Treppe abwärts. Rückführungslösungen am Ende des Verkaufsraumes, die so genannten After-Lösungen, sollten im Sinne einer humanen Leistung für den Konsumenten vermieden werden.

City-Point, Bochum
System: Flohr Otis

F15 Der Treppenbereich

Kaufhaus Weipert, Kiel
System: Otis

F   Kommunikationsmarketing: Die Einladung – Corporate Communications zur Unternehmenskommunikation

F 15   Der Treppenbereich

KulturKaufhaus Dussmann, Berlin
Planung: Wilhelm Kreft, Volker Paulsen,
Kreft-Team
Realisierung: Wilhelm Kreft GmbH,
Wedemark

Glasaufzug und Fahrtreppe im KaDeWe, Berlin
Systeme OTIS

Fahrtreppe Hennes & Mauritz, Karlsruhe
System OTIS

15.15 Die Mobilitätsgarantie

Wichtige Hinweise für die Planung von Fahrtreppen und Aufzüge im Verkaufsraum.

Dipl.Ing. Georg Schreiber
Otis, Berlin:

Die vertikale Erschließung wird dabei zu einem wesentlichen Bestandteil der Architektur und der Innenarchitektur. Der Planer hat bereits im Entwurf eine Fülle von technischen Abhängigkeiten, aber auch von gestalterischen Chancen zu berücksichtigen.

Bei der Anordnung von Aufzügen und Fahrtreppen in Verkaufsräumen treffen zwei Statements den Kern der planerischen Überlegungen: Zum einen muss – je nach Art der Gebäudenutzung – eine bestimmte Anzahl von Personen und Gegenständen in einem angemessenen Zeitraum transportiert werden können. Zum anderen kann diese Aufgabenstellung nur durch die durchdachte Anordnung, angepasste Dimensionierung und quantitative Festlegung geeigneter Fördermittel gelöst werden. Der neue Trend Warenhäuser attraktiver zu machen führt die Planer von heute jedoch dazu, die Fördertechnik nicht nur rein pragmatisch zu betrachten, sondern vielmehr die gestaltende Komponente hervorzuheben.

Kundenakzeptanz

Ein wichtiges Kriterium für den Erfolg eines Verkaufsraumes und seine Anziehungskraft ist zunächst einmal eine gute Erreichbarkeit. Die Anbindung an öffentliche Verkehrsnetze ist in jedem Fall von Vorteil; von essenzieller Bedeutung sind großzügig angelegte Pkw-Abstellplätze. Ein weiterer Faktor ist die behindertengerechte Einrichtung der Beförderungsmittel und Verkehrswege, um zum Beispiel Rollstuhlfahrern alle Gebäudeebenen sicher und barrierefrei zu erschließen. Unter Berücksichtigung dieser Grundsätze bringt das Warenhaus die Voraussetzungen mit, als Einkaufsquelle angenommen zu werden. Ist jetzt die Gestaltung des Gebäudes rein zweckbezogen, ist die Wahrscheinlichkeit hoch, dass der Kunde das Haus nach nur kurzer Verweildauer wieder verlassen wird. Es bleibt dann für den Kunden kaum genügend Zeit, um das gesamte Warenangebot auf sich wirken zu lassen. Spontane, ungeplante Käufe erfolgen nicht.

Publikumswirksame Gestaltung

Woran mangelt es also dem pragmatischen Konzept? Es fehlen visuelle Attraktionen, die Lust zum Verweilen hervorrufen. Hierunter sind jegliche Details in der Ausstattung zu verstehen, die beim Kaufhauskunden sowohl Neugierde wecken als auch für besonderen Komfort stehen – im besonderen Maße auch Aufzüge und Fahrtreppen, die bei transparenter Anordnung beziehungsweise Ausführung durch ihre Bewegung das Gebäude zum „Leben" erwecken. Eindrucksvolle Beweise für die publikumswirksame Gestaltung von Warenhäusern gibt es in zahllosen Städten der USA. Ganze Familien verbringen in den so genannten Shopping Malls viele Stunden. Dabei geht es nicht vordergründig um das Kauferlebnis, sondern vielmehr um die Lust am Schauen.

Aufzug und Fahrtreppen als Erlebnisraum

Bei der architektonischen Konzeption von Verkaufsräumen und Einkaufsgalerien gilt auch für die Gestaltung von Aufzügen und Fahrtreppen die Forderung nach erhöhter visueller Anziehungskraft. Hinweisschilder und Piktogramme gehen in Warenhäusern in der Farbenvielfalt von Exponaten oft unter. Wenn Verkehrsströme jedoch zuverlässig gelenkt werden sollen, ist eine optische Signalwirkung der Fördermittel unverzichtbar. Die Bewegung der Fahrtreppen und Aufzüge selbst ist es, die die Kunden anzieht und sie dazu veranlasst, sich komfortabel von Etage zu Etage befördern zu lassen. Sie lässt sich durch geeignete optische Akzente zusätzlich betonen.

Ein Stichwort, das in diesem Zusammenhang in den vergangenen Jahren verstärkt von sich reden gemacht hat, ist die Erhöhung der Transparenz. Dies trifft sowohl auf Fahrtreppen zu, deren Glasbalustraden schon seit den frühen 70er-Jahren auf Erfolgskurs sind, als auch auf Panoramaaufzüge, die gezielt Technik und Ambiente zur Schau stellen. Wenn Technik einlädt und nicht mehr purer Selbstzweck ist, wird die Fahrt zum Erlebnis. Speziell bei der Ausstattung von Warenhäusern ist hierbei ein wesentlicher Erfolgsfaktor die strategisch ausgewogene Mischung von Aufzügen und Fahrtreppen im Gebäude.

Frühzeitige Planung

Gerade für Verkaufsräume ist eine reibungslose Bewältigung des vertikalen Personenverkehrs von entscheidender Bedeutung und hat einen wesentlichen Einfluss auf die Attraktivität des Objekts. Deshalb empfiehlt es sich, bereits in einem frühen Stadium gemeinsam mit einem Planungsexperten festzulegen, welche Personenströme wohin und womit transportiert werden sollen. In komplexen Fällen ist darüber hinaus der Einsatz einer computergestützten Verkehrsanalyse angeraten. Mit ihrer Hilfe lassen sich die wichtigsten Eckdaten für die Planung der Anlagen exakt bestimmen und einzelne Parameter – so zum Beispiel ein unerwartet hohes Personenaufkommen – am Bildschirm durchspielen.

Grundsätzlich gilt: Sind große Förderhöhen zu überwinden, werden Aufzüge eingesetzt. Klassische Anwendungsbeispiele sind Büros, Geschäftshäuser und Hotels. Sind hingegen viele Personen über geringe Förderhöhen zu transportieren, werden überwiegend Fahrtreppen und Fahrsteige eingerichtet. Dies ist vor allem in Kaufhäusern, Bahn- und Flughäfen sowie auf Messegeländen der Fall. Für die Beförderung von Behinderten und Kinderwagen sollten hier jedoch zusätzlich Aufzüge bereitgestellt werden.

Ermittlung der Förderleistung

Bei der Festlegung der erforderlichen Aufzugs- oder Fahrtreppenkapazität ist darauf zu achten, dass diese nicht allein auf der Basis der theoretisch maximalen Förderleistung getroffen wird. So orientieren sich die Benutzer von Aufzügen zunächst an den Fahrkorbwänden und vermeiden Körperkontakt mit anderen Fahrgästen. Große Einkaufstaschen und zum Teil sperrige Gegenstände nehmen speziell in Warenhäusern zusätzlichen Raum in Anspruch. Realistische Füllgrade von Personenaufzügen liegen deshalb zwischen 60 und 70 Prozent. Auch bei Fahrtreppen ist die Förderleistung vom Nutzerverhalten abhängig. Diese wird stark beeinflusst durch die konstruktiven Gegebenheiten wie Stufenbreite und -tiefe, Nenngeschwindigkeit sowie ausreichender Stauraum vor den Landestellen der Anlagen. Je nach Ausführung und Umfeld der Fahrtreppe ist die tatsächliche Förderleistung aus diesem Grund bei circa 80 Prozent des theoretischen Maximalwertes anzusiedeln.

Technische Standardwerte von Fahrtreppen

Bei der Installation von Fahrtreppen in Verkaufsräume hat sich die Einhaltung von Erfahrungsrichtwerten für die einzelnen Parameter als sinnvoll erwiesen. Fahrtreppen sind Stetigförderer und haben mit theoretisch bis zu 9000 Personen je Stunde eine beträchtliche Förderleistung vorzuweisen. Zur Realisierung einer optimalen Förderleistung liegt in Warenhäusern üblicherweise eine Geschwindigkeit von 0,5 Meter pro Sekunde zugrunde. Höhere Geschwindigkeiten lassen ältere oder behinderte Personen nur zögerlich die Fahrtreppen betreten und führen hierdurch zu Stauungen in den Zugangsbereichen.

Generell wird ein Neigungswinkel von 30 Grad bevorzugt. Einerseits entsteht zwar bei einer alternativen Neigung von 35 Grad durch eine kleinere Stützweite der Fahrtreppen zusätzliche Verkaufsfläche, andererseits ist jedoch entgegenzuhalten, dass der stumpfere Neigungswinkel – besonders bei größeren Förderhöhen oder bei Fahrten in Abwärtsrichtung – das Wohlbefinden der Fahrgäste einschränken kann. Hinsichtlich der Stufenbreite hat sich ein Maß von 1000 Millimeter als üblicher Standard für Warenhäuser durchgesetzt.

Anordnung im Gebäude

Die räumliche Anordnung der Fahrtreppen ist ein entscheidender Schritt in der Planungsphase, bei der die Anforderungen an die Umgebung mit berücksichtigt werden müssen. In Warenhäusern findet sich überwiegend die gekreuzte Anordnung von Fahrtreppen. Sie bietet den Kaufhauskunden einen guten Überblick über das Angebot in den einzelnen Etagen. Je größer der Abstand zwischen den einzelnen Anlagen ist, desto besser ist der Verkehrsfluss.

Die Parallelanordnung wird dort gewählt, wo das Platzangebot großzügiger ist. Da sich der Fahrgast zur Weiterfahrt in die nächste Etage um das Treppenauge herumbewegen muss, wird er auf dem Weg dorthin an ausgesuchten Warensortimenten vorbeigeführt. Entsprechende Platzierungen der einzelnen Artikel können umsatzentscheidende Bedeutung haben. Darüber hinaus fällt der verfügbare Platz an den oberen Landestellen großzügiger aus, was einen besseren Verkehrsfluss bedingt.

Positionierung der Gruppen

Unabhängig von der Anordnung der einzelnen Fahrtreppen zueinander sind die Fahrtreppengruppen als Ganzes vorzugsweise im Gebäudezentrum zu positionieren. Ist die Entfernung vom Warenhauseingang bis zum zentralen Verteilerpunkt verhältnismäßig groß, empfiehlt sich die Einrichtung mehrerer kleinerer Gruppierungen. Sogwirkung haben Fahrtreppen insbesondere dann, wenn sie fast unmittelbar nach Betreten des Gebäudes für den Fahrgast verfügbar sind. Diese Wirkung kann durch eine attraktive Balustraden- oder Sockelbeleuchtung zusätzlich verstärkt werden, sodass die Benutzer durch eine Synthese von Licht und Bewegung angezogen werden.

Wirtschaftlichkeit von Fahrtreppen

Wirtschaftlichkeitsberechnungen spielen bei der Planung von Fahrtreppenanlagen in Warenhäusern und Einkaufszentren ebenfalls eine wesentliche Rolle. Sie basieren hauptsächlich auf zwei Faktoren: der zur Verfügung stehenden Nettoverkaufsfläche und der zur Gewährleistung eines profitablen Betriebes erforderlichen Verkehrsdichte. Fahrtreppen als attraktive Stetigförderer sind dazu in der Lage, große Verkehrsströme sicher und zügig zu lenken.

Die Verkehrsdichte schwankt mit den Waren, die traditionellerweise in den einzelnen Etagen großer Kaufhäuser angeboten werden. Um die Laufkundschaft anzuziehen, sind Artikel des täglichen Bedarfs sowie Kleidung, Schmuck und Sonderangebote in der Regel in den unteren Etagen untergebracht. Langlebige und teurere Güter, wie Unterhaltungselektronik oder Einrichtungsgegenstände, sind meistens den oberen Etagen zugeordnet. Die Verkehrsdichte ist dort entsprechend niedriger.

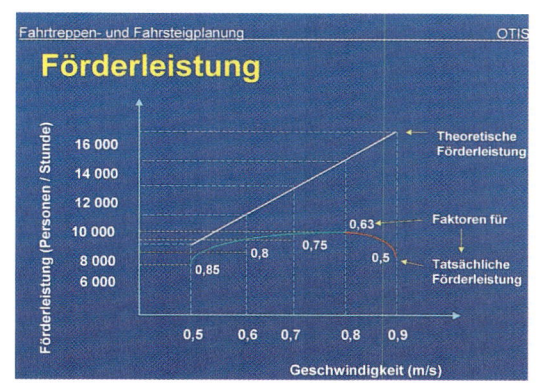

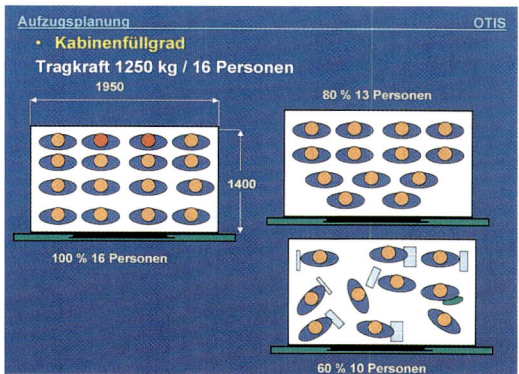

Ohne Aufzüge geht es nicht

Ganz gleich wie leistungsfähig die in einem Verkaufsraum installierten Fahrtreppen sind: Für den reibungslosen Transport von Rollstuhlfahrern, Kinderwagen sowie Personen mit unhandlichen Lasten ist der Einsatz von Aufzügen ebenfalls zwingend notwendig. Ähnlich wie für Fahrtreppen stellt sich hier die Frage, welche Konstruktionsmerkmale beziehungsweise Anordnung der Aufzüge im Gebäude der Verkaufslandschaft Warenhaus am besten gerecht werden.

Ein zunehmend wesentlicher Aspekt bei der Aufzugsplanung ist eine behindertengerechte Ausstattung. Als Planungsgrundlage gilt im öffentlichen Bereich die DIN 18024/18025. Sie fordert eine Mindesttürbreite von 900 Millimetern. Für schnelles, bequemes Ein- und Aussteigen jedoch bietet sich eine Breite von 1100 Millimetern an. Für ein behindertengerechtes Fahren ist eine lichte Fahrkorbbreite von 1100 Millimetern und die entsprechende Tiefe von 1400 Millimetern mindestens erforderlich. Außerdem ist auf eine rollstuhlfahrerfreundliche Positionierung der Bedienungselemente zu achten.

Antriebssystem und Ausstattung

Für die Ermittlung eines geeigneten Antriebssystems schafft bereits in der Planungsphase eine projektbezogene Studie Aufschluss. Hydraulische Systeme haben den Vorteil, dass der Maschinenraum auch vom Aufzugsschacht entfernt angeordnet werden kann. Hierdurch erhöht sich die Flexibilität bei der Raumeinteilung. Treibscheibenaufzüge hingegen zeichnen sich durch eine höhere Leistungsfähigkeit im Hinblick auf Förderhöhe, Geschwindigkeit und Motorstarts pro Stunde aus. Gerade Seilaufzüge können bei der Forderung nach sichtbarer Technik eine interessante Variante darstellen.

Bei der Ausstattung der Aufzugsanlagen sind den individuellen Wünschen der Kunden prinzipiell keine Grenzen gesetzt. In Hotels, Banken und Warenhäusern werden Aufzüge häufig gezielt als Gestaltungselement verwendet und spiegeln die Repräsentativität des Gebäudes wider. Neben den vielfältigen und hochwertigen Ausführungsvarianten der Serienmodelle sind Sonderanfertigungen nach Kundenvorgaben jederzeit möglich, die allerdings eines entsprechenden Budgets bedürfen. Vor allem mit Panoramaaufzügen wird in Hotels, Banken und Warenhäusern häufig die repräsentative Ausstrahlung des Gebäudes erhöht. In Warenhäusern gelten sie darüber hinaus als attraktives Verkehrsmittel, das die Besucher zum Ausprobieren und somit zu nicht zweckgebundenen Aufzugsfahrten einlädt. Da hierdurch auch die oberen Etagen öfter von Laufkundschaft angefahren werden, lassen sich mithilfe von Panoramaaufzügen Umsatzsteigerungen erzielen.

Das Auge fährt mit

Die Konzeption von Warenhäusern verlangt von den Architekten die Berücksichtigung zahlreicher Faktoren, die von der Nutzungsart des Gebäudes abhängig, das heißt kaufhausspezifisch sind. Auch die Fördermittel sind ein wesentlicher Bestandteil des architektonischen Gesamtkonzeptes: Neben der Beachtung fördertechnischer Notwendigkeiten wie Anordnung und Dimensionierung einer geeigneten Anzahl von Aufzügen und Fahrtreppen sind vor allem visuelle Aspekte von tragender Bedeutung.

Eine Ausstattung, die die Aufmerksamkeit der Kaufhauskunden auf sich zieht, regt zur Benutzung dieser beiden Verkehrsmittel an und kann für profitablere Umsätze sorgen. Der Trend geht zur Lust am Schauen, das Auge fährt mit, Aufzüge und Fahrtreppen, die dies berücksichtigen, können deshalb einen nicht zu unterschätzenden Beitrag zum Erfolg eines Warenhauses leisten.

15.16 Die Aufzüge

Aufzüge ersetzen keine Treppen. Sie sind ein zusätzlicher von den Konsumenten lebhaft begrüßter Service. Sie sind erforderlich für Behinderte, für ältere Menschen und für Mütter mit Kinderwagen oder Kleinkindern.

Der Aufzug ist das zusätzliche Angebot in ein anderes Geschoss zu kommen – bequem, aber ohne Augen.

Ein bedeutender Wandel zeigt sich. Die Entwicklung gläserner Aufzüge hat begonnen. Gläserne Aufzüge bringen Stimmung, Popularität für das Unternehmen. Der Kunde ist sehend geworden und fühlt sich nicht als Ölsardine in der Dose.

Gläserne Aufzüge sind interessant für alle Konsumenten, sie bleiben mit dem Raumerlebnis ‚Verkaufsraum' verbunden. Sie fördern Shopping und Browsing, sie fördern das Einkaufserlebnis. Sie sind attraktiv, nicht nur für Kinder.

Allerdings brauchen sie Platz zum Rausschauen, zum Anschauen und sind immer noch eine große Investition. Auch gläserne Aufzüge in der Fassade sind möglich.

Der Kundenleitweg endet an der Tür zum Aufzug und beginnt neu, wo der Konsument aus

F15 Der Treppenbereich

Der runde Glasaufzug, Berlin
System OTIS

dem Aufzug tritt. Dazwischen steckt der Kunde in einem Kasten, getrennt vom Sortiment. Bestenfalls hört er die Geschoss- und Warenbereichsansage des Aufzugführers. Für die Hinweise im Aufzug muss die Sortimentsaufteilung auf die Geschosse beachtet werden.

Die Informationen sollten kurz und bündig sein und mit Ankündigungen öfter wechseln. Vom Konsumenten kann man nicht erwarten, dass er den Aufzug mehrmals benutzt, um alles gelesen zu haben.

Die Gestaltung der Aufzugkabinen gehört zur Ladenplanung. Sie darf nicht ausgelassen werden.

Glasaufzug
Hennes & Mauritz, Karlsruhe
System OTIS

F Kommunikationsmarketing: Die Einladung – Corporate Communications zur Unternehmenskommunikation

F16 Der Fachbereich

Der Fachbereich ist im Fachhandel Herz und Ziel des Verkaufsraumes. Hier befindet sich die Ware, die das Unternehmen als fachkompetent auszeichnet und die bedeutungsvoll ist für den Konsumenten.

Hier wird neben Fachkompetenz auch Branchenidentität und Branchenfortschritt gezeigt und das nicht nur im Sortiment und in Warenbildern, auch in Inszenierungen und in Beratungen direkt für die Konsumenten auf der Suche nach neuen Kontakten.

Die immer mehr stattfindenden Unternehmenskonjunkturen gegenüber den Branchenkonjunkturen werden im Fachbereich dargestellt und entschieden.

Vor zwanzig Jahren bestand im Fachhandel das Unternehmen im Verkaufsraum nur aus diesem Fachbereich. Alle anderen Bereiche – Eingang, Markt und Kassenbereich – haben ihre spezielle Bedeutung erst im stärkeren Wettbewerb, im Käufermarkt erhalten, als Zusatzsortimente und Zusatzinformationen auf dem Weg in und aus dem Fachbereich.

Der Konsument ist am Ziel. Das deutlich zu machen, ist wichtig.

Die Warenbilder müssen signalisieren, dass der Konsument angekommen ist. Die Gestaltung und die Warenordnungs-Prinzipien müssen hier die Konzentration des Konsumenten für das intensive Fachgespräch ermöglichen.

Die Gestaltung hat gerade im Fachbereich, in dem der Konsument die höchste Leistung vom Unternehmen erwartet, die Aufgabe, diese Leistungen sichtbar zu machen.

Die Profilierung des Unternehmens, den Verkaufsraum als Marke auszuweisen und unverwechselbar zu machen, entscheidet sich für den Fachhandel im Fachbereich.

Viele Fachbereiche sind Thekenbereiche oder Besprechungstisch-Bereiche. In anderen Fachgeschäft-Branchen ist es das bedienungsintensive Fachsortiment, immer mit der davor liegenden Selbstauswahl.

Der Fachbereich wird spürbar durch die geordnete Warenfülle und zeichnet sich aus durch eine hohe Zahl an Mitarbeitern, an Servicebereichen und zunehmend auch durch Sitzzonen.

Die Erkenntnis, den Fachbereich noch anzuheben in einen Drehbereich, ist eine Erfahrung aus dem Loop, mit spezieller Auswahl an Waren, die sich für den stark beachteten Drehpunkt besonders eignen. Mehr und mehr wurde dieser Drehbereich, der sortimentspolitisch in den Fachbereich gehörte, zu einer besonderen Akzentuierung mit hochwertiger Ware.
Siehe hierzu das Kapitel:
F 17   Der Drehbereich im Verkaufsraum

16.1 Die Besprechungsplätze

Beim Juwelier werden die wertvollsten Stücke nicht an einer Theke gezeigt. Für die wertvollen Stücke zieht man sich zurück in eine intime Besprechungszone, die im hinteren Bereich des Verkaufsraumes liegt.

Eine wichtige Besprechung – an deren Ende gegebenenfalls nicht nur Ware den Besitzer wechselt, sondern auch viel Geld – bedarf der sensiblen Inszenierung.

Die Zeremonie des Empfangens, der Weiterführung bis zum Sitzplatz am Besprechungstisch ist nicht nur funktional, sondern auch gestalterisch zu lösen. Der Wert der Ware kann hier eine Steigerung erlangen oder gemindert werden. Die Intimität und Diskretion, die ungestörte Auswahl, die Steigerung der Konzentration stellt gestalterische Anforderungen.

Der Kunde muss ungestört sitzen. Die Betrachtung und Auswahl der teuren Stücke erfordert Zeit, braucht Ruhe und Konzentration. Zur Anlage dieser Besprechungsplätze ist zu bedenken, dass ein Konsument oft nicht allein kommt. Hocker sind für diesen Anlass nicht angebracht.

Die Größe solcher Besprechungsplätze muss richtig geplant werden, vor allem auch die Größe der Besprechungstische, die keineswegs zu groß sein dürfen, sonst wird die erforderliche Konzentration nicht vermittelt.

Bewährt hat sich die Besprechungstischgröße, an der zwei Kunden mit einem Mitarbeiter gegenübersitzen können. Es muss dann noch genügend Platz sein, damit:
– sich der Kunde Notizen machen kann

- er in Ruhe eine Erfrischung, einen Kaffee trinken kann
- auch der Teller mit Keksen und ein Aschenbecher Platz haben
- der Mitarbeiter Platz für einen Notizblock, für einen Katalog findet.

Blumen stören auf dem Beratungstisch, auch dann, wenn sie weggestellt werden können. Die Zeremonie der Einführung läuft bereits, sie darf durch nichts unterbrochen werden.

Mit dem Ausrollen der Samtunterlage nimmt die Spannung zu. Sie ist wichtig um sich zu sammeln. Vom Mitarbeiter wird der Samt glatt gestrichen, die Kundin holt tief Luft zur Konzentration.

Ein anderer Mitarbeiter hat den wertvollen Schmuck aus dem Safe geholt und legt das Tablett mit dem Schmuck, vorsichtig gebückt, auf den Besprechungstisch. Dieser Mitarbeiter verschwindet nun rückwärts mit einer kleinen Verbeugung.

Man spürt, dieser Mitarbeiter wird nicht ganz verschwinden, er wird auf ein Handzeichen neue Stücke aus dem Safe holen und er wird diesen Besprechungstisch, wie andere Besprechungstische, diskret, nicht spürbar, beobachten. Das stört nicht, sondern erhöht den Wert der Ware, weil es höflich und sensibel geschieht.

Nun werden vom beratenden Mitarbeiter die wertvollen Stücke vom Tablett auf den Samt gelegt. Die Zeremonie, das Ritual läuft ein in die Inszenierung: in Faszination, die nur so stattfinden kann, so vorbereitet von der Ladenplanung.

Zu den Besprechungsplätzen gehört ein exzellentes Licht. Nur die Ware braucht Licht, das fördert die Konzentration auf die Vorlage.

In vielen Verkaufsräumen wird nicht mehr geraucht. Ausnahmen gibt es lediglich an solchen Besprechungsplätzen, an denen im hinteren Bereich des Verkaufsraumes eine gewisse Abgeschiedenheit, Ruhe und Konzentration erreicht wird. Viele Kunden brauchen zu dieser Konzentration eine Zigarette. Das bedeutet, es muss hier für gute Lüftung gesorgt werden, damit die Luft nicht in den vorderen Bereich des Ladens zieht und dort den Wunsch nach Rauchen sehr schnell verbreitet oder störend wird für leidenschaftliche Nichtraucher.

Am Besprechungsplatz beim Optiker muss die Brille angepasst werden. Das geschieht im Allgemeinen nicht vor aller Augen, auch nicht in separaten Kabinen, sondern an besonderen Besprechungsplätzen im hinteren Bereich des Verkaufsraumes.

Auch ein Kamerakauf sollte am Besprechungstisch erfolgen. Hier müssen Prospekte, Kataloge liegen können und Preise gerechnet werden. Der eigentliche Platzbedarf muss durchgespielt werden.

Gerade beim Kamerakauf stehen oft mehrere Kameras, Objektive und Blitzgeräte auf dem Tisch. Sehr oft muss auf Zubehör hingewiesen werden, Besprechungstische haben im Fotohandel deshalb eine Glasplatte und darunter eine Ausstellung. Für die Kamera wird dann eine Samt- oder Lederunterlage benötigt.

An einem Kamera-Besprechungstisch wird der Sucher für Nahaufnahmen probiert. Es empfiehlt sich, an der Wand auf dem Tisch oder auch unter der Glasplatte Gegenstände unterzubringen, die sich gut „scharf stellen" lassen.

Vitrinen kann man als Zwischenwände aufstellen, besonders dann, wenn mehrere Beratungsplätze geteilt werden müssen. So lassen sich an diesen Beratungsplätzen Warenbilder aufbauen, die keine korrekte Trennung, aber dennoch eine Abschirmung erreichen.

Zu den Besprechungsplätzen wird immer eine separate Garderobe gebraucht. Kunden, die sich auf Besprechungsplätze einstellen, werden ihren Mantel und Hut ablegen wollen.

F　Kommunikationsmarketing: Die Einladung – Corporate Communications zur Unternehmenskommunikation

F16　Der Fachbereich

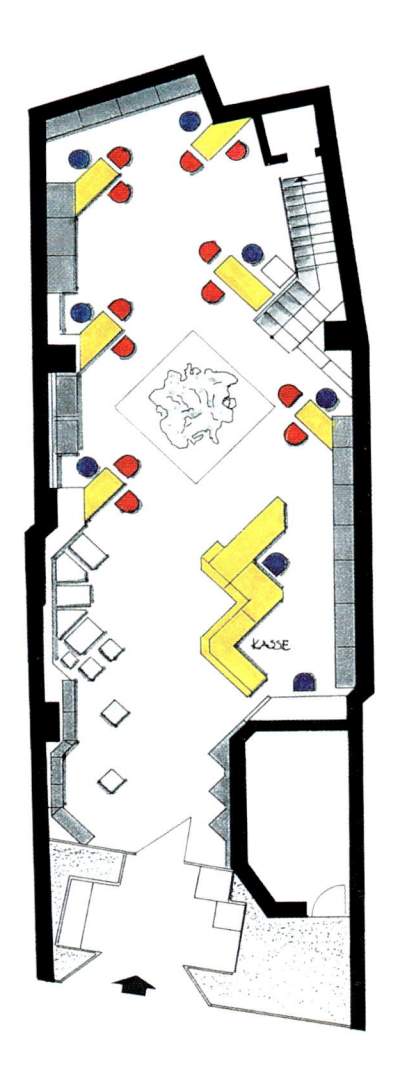

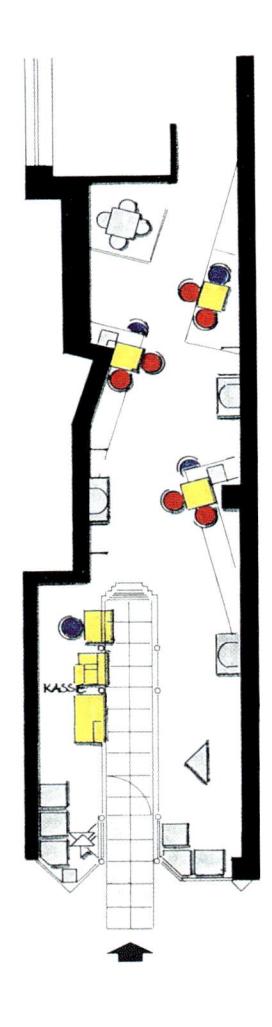

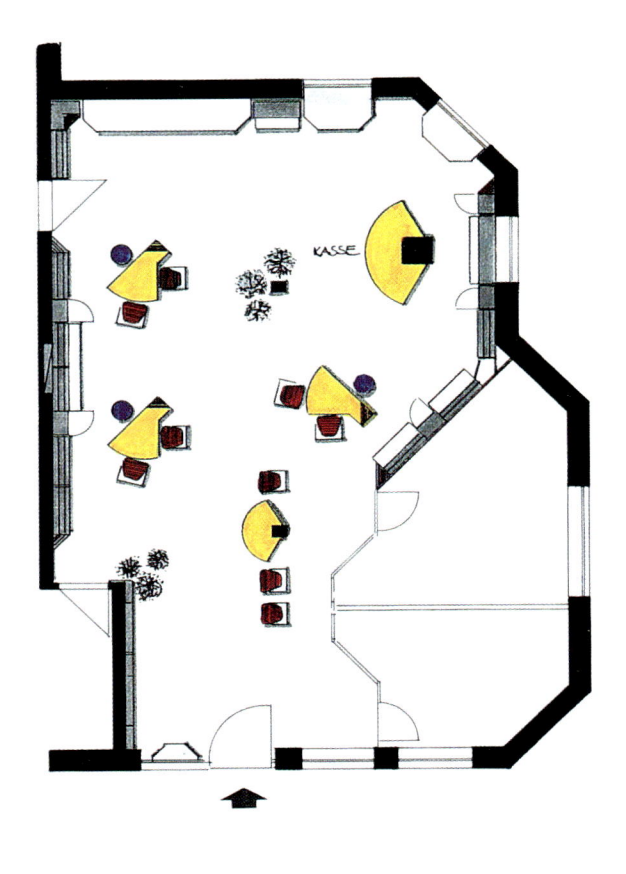

Grundriss 1
Projekt: Optik Niehoff
Planung: Emde
Verteilung der Besprechungsplätze in die hintere Hälfte des Verkaufsraumes. Die gewählte Anordnung vermeidet störende Einflüsse aus benachbarten Besprechungsplätzen.

Grundriss 2
Projekt: Optikfachgeschäft
Planung: Cöln-Design, Köln
Geschickte Eingangsführung von außen nach innen durch einen akzentuierten Fußboden.
Die Akzentuierung reicht bis in den Kassenbereich, die „Rezeption" erfüllt auch die Information und Eingangsbetreuung.
Die Verteilung der Besprechungsplätze in einer interessanten Raumlösung vermeidet eine monotone Reihung.

Grundriss 3
Projekt: Die Brillenmacher
Planung: Firma Asmus, Rinteln
Großzügige Verteilung der Besprechungsplätze, Einführung von Warteplätzen im Eingangsbereich.
„Kassentresen" im hinteren Bereich des Verkaufsraumes.

F 16 Der Fachbereich

Grundriss 4
Projekt: Optiker
Planung: Cöln-Design, Köln
Ein deutlicher Kassenbereich führt in eine interessante Besprechungsplatz-Lösung.

Grundriss 5
Projekt: Optik Magnus
Planung: Emde
Der Grundriss zeigt deutlich, dass der gesamte Verkaufsraum von den Besprechungsplätzen beherrscht wird.
Die zentrale Kassenanlage steuert die Besprechungsplätze.

813

F   Kommunikationsmarketing: Die Einladung – Corporate Communications zur Unternehmenskommunikation

F16   Der Fachbereich

Heitkamp Goldschmiedekunst, Kassel
Planung: Cöln-Design, Köln

Heitkamp Goldschmiedekunst, Kassel
Planung: Cöln-Design, Köln

Klaus-R. Weber, Diplom-Designer – Cöln-Design:

Entwicklung Besprechungsinsel für das Optikfachgeschäft

Die Entwicklung für die 3-Tisch-Besprechungsinsel war die logische Folge der Marketingstrategien.

Wenn der freie Zugang der Kunden zur szenisch dekorierten Warenpräsentation möglich sein soll, so ist es andererseits zwingend notwendig, die Beratungselemente in der Raummitte zu konzentrieren. Üblicherweise sind in konventionellen Optikfachgeschäften die Beratungstische im Wandbereich angeordnet – zum Vorteil des Optikers nach hergebrachter Art. Er konnte dann schnell mit dem Rollhocker sein viel zu großes Warenlager in Schubladen abfahren und Brillengestelle aussuchen.

Der moderne und selbstbewusste Kunde lässt sich das in der Regel nicht mehr gefallen, er will selbst auswählen.

Die selbst gestellte Aufgabe war nun, eine möglichst große Anzahl von Besprechungstischen auf möglichst kleinem Raum zu komprimieren.

Die ideale Lösung bot eine 3er-Insel, die in ihrer Struktur kreisförmig ist und somit beliebig in allen Richtungen gedreht werden kann.

Gestellte Planungssituationen zeigten, dass miteinander verbundene Tische wesentlich weniger Platzbedarf haben als Einzeltische.

Es war wirklich eine lang währende und intensive Entwicklungsarbeit notwendig, um über mehrere Vorgängermodelle und etliche 100 Meter Skizzenpapier zu dem bestehenden Ergebnis zu kommen.

Folgende Anforderungen an das Möbel haben wir gestellt und so gut wie möglich erfüllt:

1. Unterbringung von drei kompletten EDV-Anlagen auf engstem Raum mit Monitor, Tastatur und Rechner, komplett verkabelt und über einen Hauptschalter zu bedienen. Die Tastatur ist auf einem Tablarauszug ausziehbar und entspricht vollständig den ergonomischen Anforderungen an einen Bildschirmarbeitsplatz.

2. Drei Tische, die optisch total voneinander getrennt sind, jeweils mit Platz für Optiker, Kunde und Begleiter. Um keine Konfrontationssituation

F16 Der Fachbereich

In-Optik Metzger, Birkenfeld
Planung: Cöln-Design, Köln

Optik Bruchhaus, Köln
Planung: Cöln-Design, Köln

Optik Fichtner, Rostock
Planung: Wolfgang Platzer, Nürnberg
Realisierung: EMDE, Grünberg

Besprechungsplätze müssen den besonderen Anforderungen gerecht werden. Die EDV wird für viele Plätze wichtig. Design: Cöln-Design

aufzubauen, sitzt man sich nicht als „Käufer" und „Verkäufer" gegenüber, sondern man sitzt als gleichberechtigte Partner in einer lockeren Gesprächsrunde.

3. Die quer gestellten Spiegelscheiben erfüllen gleichzeitig mehrere Funktionen. Der Kunde kann sich auf ca. 1,50 m Entfernung mit der neuen Brille als Oberkörper sehen. So sieht er im Zusammenhang mit seiner Kleidung die Brille und somit verankert sich der modische Bezug. Der stark fehlsichtige Kunde sieht sich direkt im seitlich angeordneten Spiegel. Der Begleiter kann den Kunden durch die Schräge des Tisches ebenfalls beobachten, wenn dieser in den Spiegel sieht.

Der Optiker hat die Möglichkeit den Kunden direkt anzusehen, aber auch gleichzeitig im Spiegel den seitlichen Sitz der Brille zu prüfen. Zudem sind sämtliche Spiegel von vorn über die Kante mit senkrecht stehenden, blendfreien Leuchtstoffröhren beleuchtet.

Die drei Spiegelscheiben wirken bei sitzenden Kunden als Paravents, die die Gesprächsgruppe optisch und akustisch voneinander total trennen. Die vordere Schräge der Spiegel ermöglicht den drei bedienenden Optikern untereinander Blickkontakt zu haben, aber die Kunden können sich nicht gegenseitig sehen.

Praxistests zeigten klar, dass an dieser 3er-Insel eine Abschirmung der Kundengespräche möglich ist, wie sie mit einzelnen Tischen nicht gegeben wäre. Die Spiegel sind bewusst auf 1,50 m Höhe begrenzt, sodass sie beim stehenden Menschen unter Augenhöhe bleiben und beim Betrachter kein raumbildendes Monument entsteht. Ebenfalls ist Platz für drei Gegensprechanlagen, Schubladen, Schränke und offene Fächer vorgesehen.

So entstand in erster Linie durch klare Aufgabenstellung und reine Funktionserfüllung ein ganz eigenwilliges Möbelobjekt, das in seiner Gesamtheit wohl nur im Grundriss zu erfassen ist. Neue Marketing-Überlegungen führten zu einer völlig neuartigen Selbstdarstellung von Optikfachgeschäften, wie es sie in dieser Art und Weise noch nie gab.

Dies ist nicht mehr nur die Frage des „Ladenbaus", sondern eines interdisziplinären Teams von Spezialisten. Der Designer als „Selbst-Denkmal-Setzer" hat hier nicht die geringste Chance etwas völlig Neues allein zu schaffen. Er kann nur Bestehendes schöner machen.

Die Praxis hat in der Zwischenzeit die theoretischen Überlegungen bestätigt. Mittlerweile sind fast 200 Fachgeschäfte mit diesem Konzept eingerichtet und der Erfolg und wohl auch die mehr oder weniger schlechten Kopien sprechen für sich.

F16 Der Fachbereich

Draufsicht
Besprechungstische
Optikfachgeschäft
Cöln-Design

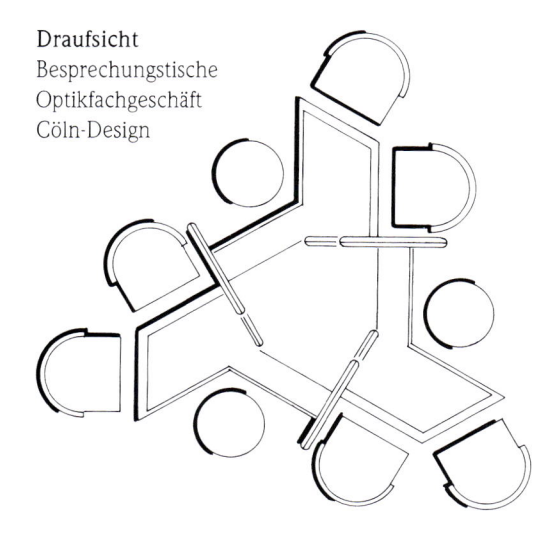

Besprechungsplätze werden auch im Design anspruchsvoller.
Design: Cöln-Design, Köln

16.2 Die Arbeitstische für Mitarbeiter

Mit der festen Integration der Mitarbeiter-Arbeitstische in den Verkaufsraum als Folge einer konsequenten Kundenleitweg-Planung und der dazu korrespondierenden Mitarbeiter-Leitbereichsplanung wird im Fachbereich ein Leistungsversprechen eingelöst.

Der Buchhandel ist in der konsequenten Einplanung der Mitarbeiter-Arbeitstische im Verkaufsraum Wegbereiter für den Einzelhandel.

Die Zeit der Selbstverwirklichung: Der Konsumenten, der Mitarbeiter und der Unternehmen ist die Zeit der Individualisierung. Individuell, das ist die Zeit des Lifestyles und der Inszenierungen. Individuell sind die Leistungen und konsequent, das erfordert Arbeitstische im Verkaufsraum. Die Arbeitstische, ganz gleich ob für sitzende oder für stehende Mitarbeiter, bedeuten humaner Leistungsbereich und Dienstleistung für den Kunden. Die Einführung der EDV in den Verkaufsraum machte solche Arbeitsplätze erforderlicher. Gleichzeitig änderte sich die Gewohnheit vom Sitzarbeitsplatz zum Steharbeitsplatz, also zum Pult. Es ist zu bedenken, dass der stehende Kunde den Bildschirm sehen möchte.

Arbeitstische entwickeln sich zu privaten Oasen, zur „Heimat" der Mitarbeiter. Die Arbeitstische werden technisch funktional und ergonomisch anspruchsvoller, aber auch romantischer im Sinne von Lifestyle und Selbstverwirklichung.

Alle Arbeitstische müssen positiv sein und Fröhlichkeit ausstrahlen. Die individuelle Nutzungsqualität muss eine Variante sein zu der erforderlichen Designvorgabe durch die Raumgestaltung.

Arbeitstische werden überall da bedeutungsvoller, wo es keine kommunikativen Theken gibt und die Mitarbeiter eine Besprechungs- und Anregungsaufgabe übernehmen. Zur Bewältigung der Aufgabe der Kundenbetreuung gehören auch die Katalogarbeit, Auszeichnungsarbeit, Bestellvorgänge, Kartei- oder Fortsetzungsarbeit.

Die Arbeitstische in den wichtigsten Sortimentsbereichen dürfen in ihrer Bedeutung für die Konsumenten und Mitarbeiter nicht unterschätzt werden.

Arbeitstische symbolisieren für Konsumenten die Mitarbeiter-Kompetenz, Service und Beratung; für Mitarbeiter Arbeitsklima, persönliches Wohlbefinden und damit auch Leistungssteigerung; für das Unternehmen das Verhalten und die sichtbare Organisation – als Leistungsversprechen – eine Unternehmenskultur.

Die arbeitsfunktionalen und humanen Aspekte der Unternehmenskultur:
Standortbestimmung für Funktionsaufgaben, Kontrolle, Information, Organisationsaufgaben im Verkaufsraum.

Die Design-Aspekte der Unternehmensdarstellung:
die Bedeutung des Arbeitsplatzes im Design umsetzen, die Erscheinungsform, die gestalterische Akzentuierung.

Die kommunikativen Aspekte der Unternehmenskommunikation:
Beteiligung und Mitwirkung im Kundenleitweg, Steuerung der Leitbereiche, Dialogfähigkeit, Besprechungen.

Die Mitarbeiter-Leitbereichsplanung verteilt die Kompetenz der Mitarbeiter in die einzelnen Sortimentsbereiche des Verkaufsraums und stationiert so Mitarbeiter direkt in den zu betreuenden Sortimentsbereiche.

- Der Mitarbeiter befindet sich direkt in seinem Bereich. Er sieht, was dort vorgeht, er überblickt und steuert seinen Bereich.
- Für den Konsumenten wird die Wichtigkeit des Sortimentsbereiches durch die Anwesenheit eines Arbeitsplatzes unterstrichen.
- Der Mitarbeiter ist an seinem Arbeitstisch, in seinem Sortiment direkt ansprechbar.
- Für die Konsumenten weist sich der Mitarbeiter als „für diesen Bereich zuständig" aus.

Der Einzug der EDV in den Verkaufsraum ist nicht mehr aufzuhalten. Es ist wichtig, dies bei der Planung der Arbeitsplätze zu berücksichtigen, denn die EDV erleichtert die Arbeit der Mitarbeiter; die Lieferfähigkeit und der Lagerbestand der Ware wird jederzeit sofort sichtbar.

Unterscheidende Arbeitsplätze für unterschiedliche Aufgaben

Der Auskunfts- und Informationsplatz

Eine Reihe von Unternehmen, insbesondere solche, die über ein vielseitiges Angebot verfügen und mehrräumig sind, installieren Auskunfts- oder Informationsplätze im vorderen Bereich des Verkaufsraumes und in den Geschossen.

Auskunftsplätze sind erfolgreicher als anonyme Verkehrstafeln, aber sie ersetzen diese Tafeln nicht.

Der Kunde will oft mehr wissen, als Schrifttafeln vermitteln können. Auch wenn Informationsplätze nur zeitweilig besetzt werden, muss ein so wichtiger Imageplatz eines Unternehmens gut eingeplant sein, das heißt, sichtbar vom Kundenleitweg.

Wenn sich dieser Arbeitsplatz wieder zunehmender Beliebtheit erfreut, dann deswegen, weil das Management längst festgestellt hat, dass dann andere Mitarbeiter beim Kassieren, Packen oder während der Beratungen nicht durch eine Auskunft unterbrochen werden.

Der Arbeitstisch im Verkaufsraum wird immer mehr gefordert.

Bei Arbeitstischen, die Schreibtische bleiben, aber funktionell so geplant werden, dass sie auch Besprechungsplätze mit Kunden werden können, dürfen Unterlagen aus Organisationsarbeiten, die auch noch erledigt werden müssen, nicht stören. Viele Mitarbeiter leisten in der bedienungsschwachen Zeit Arbeiten am Schreibtisch. Die Größe und Organisation der Arbeitsplätze richtet sich nach den auszuführenden Arbeiten und nach der Kompetenz.

Arbeitstische im Verkaufsraum werden von der Planung immer klein gehalten, auf Mindestgröße beschränkt, sie sollen im Allgemeinen nicht über die Ware dominieren.

Arbeitstische
für die Arbeit im Sitzen

Höhen — Breiten

1. der „normale" Arbeitstisch — 800 mm

2. der kleine Aufbau schafft eine Begrenzung — 1100 mm

3. der Aufbau mit der Ablage
– noch gut zu überschauen — 1300 mm

4. der Mitarbeiter darf sich verstecken — 1600 mm

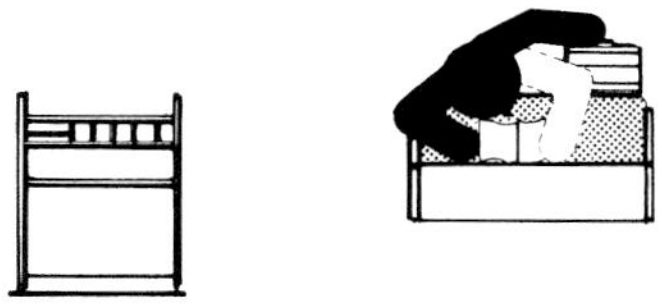

EDV im Einsatz und zwar dort, wo der Kunde fragt.

Lothar Gnoth, Mühlheim/Ruhr
Planung: Klaus Riesenbeck, Kreft-Team
Realisierung: Wilhelm Kreft GmbH, Wedemark

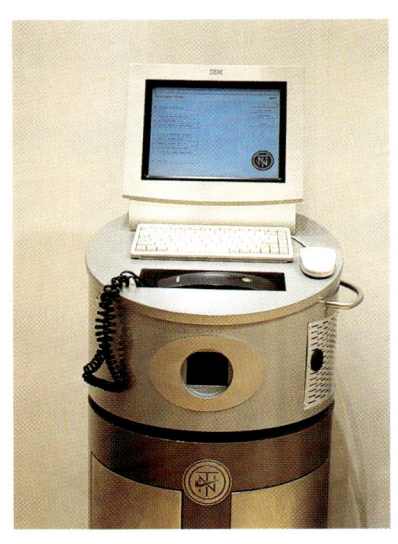

Niketown, Berlin
Design: Nike Retail Design

Auch kleine Arbeitsplätze müssen:
- ergonomisch exakt sein
- viele Fächer unterbringen können
- mit einem Rollcontainer für eine Schreibmaschine, für Fortsetzungskarteien ausgestattet sein
- Telefon, gegebenenfalls auch EDV-Anschluss enthalten
- exakt ausgebucht sein.

Bestell- und Abholplätze im Verkaufsraum

Die Funktion bestimmt die Größe und Ausstattung. Bestell- und Abholplätze sollten mit einer Kassiermöglichkeit ausgestattet sein, mit einem Anschluss an die EDV, Katalog, Fernauskunft.
Es handelt sich hier also um Arbeitstische mit einer speziellen Auslegung, sehr oft kombiniert mit der Abholung der bestellten Ware.
Durch die Verlagerung der Bestell- und Abholplätze in den hinteren Bereich des Ladens wird eine Aktivierung der hinteren Verkaufsfläche erreicht.

Arbeitsplätze für Reparaturannahmen und -Service

Reparaturen-Service wird für den Fachhandel immer bedeutungsvoller.
Diese Leistungen gehören ins Marketingkonzept und sind heute mehr als nur Kundendienst, sind Kundenbindung.
Die Arbeitsplätze werden je nach Anforderungen platziert, sehr oft im hinteren Bereich des Verkaufsraumes. Wichtig ist, diese Plätze gut kenntlich zu machen und sie nicht zu verstecken.

Steharbeitsplätze

Bibliografierplätze siehe das Kapitel:
F 16.3   Die Pulte im Verkaufsraum
Alle Arbeitsplätze brauchen das richtige blendfreie Arbeitslicht – EDV-geeignet. Arbeitsplätze müssen deshalb in der Ladenplanung fest eingeplant werden.
Die Einstellung auf einen Bildschirm am Arbeitsplatz darf nicht vergessen werden.
Siehe das Kapitel:
G 2   Die Gesetze und Verordnungen zur Ladenplanung

16.3   Die Pulte im Verkaufsraum

Pulte für Kunden und Mitarbeiter im Verkaufsraum – oft auch als Stehtische bezeichnet – gewinnen eine zunehmende Beliebtheit.

Das Pult wurde wiederentdeckt

Von vielen berühmten Leuten weiß man, dass sie es vorzogen, stehend am Pult zu schreiben und zu lesen, von Schiller weiß man, dass er unter dem Pultdeckel den faulen Apfel aufbewahrte, der ihn beim Schreiben stimulierte.
Die Pultbefürworter sagen, dass sie im Stehen aktiver sind, nicht so eingeklemmt, es „fließt" besser vom Kopf in die Hand.
Arbeitsplätze zum Sitzen sind etwas allzu Selbstverständliches, über das man nicht mehr nachdenkt – genau genommen wurde nur der Büroplatz in den Verkaufsraum verlegt.

Das Pult ist verkaufsraumgerechter!

Es ist humaner und mit weniger Stress verbunden, einige Arbeitsplätze für das direkte Gespräch mit dem Kunden „zum Stehen" einzurichten. Dadurch entsteht mehr Gleichberechtigung zwischen Kunden und Mitarbeitern, die Augen sind auf einer Höhe, die Dialogfähigkeit wird dadurch erhöht.
Beim Verkauf an der Theke kann man sich gar nicht vorstellen, dass die Mitarbeiterin sitzen würde.
Entscheidend für ein Pult ist die Beweglichkeit der Mitarbeiter und auch der Kunden. Zum Gespräch kann man sich schnell die Ware holen und wieder austauschen.

Bibliografierplätze

Sie werden stehend genutzt, sie dienen der Unterbringung von Bildschirmen, Tastaturen, Katalogen, Karteien, Hängeregistratur.
Sie werden so angelegt, dass der Kunde mit in den Bildschirm oder Katalog sehen kann.

F 16 Der Fachbereich

Bibliografier-Station in einer Buchhandlung

Pulte
Arbeitstische zum Stehen (Maßangaben in mm)

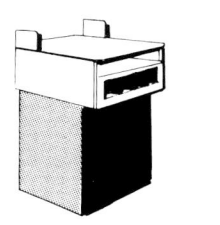

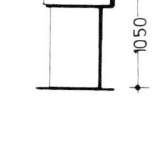

1. Podest mit Pultaufsatz
unsichtbarer Schub für Kataloge, Formulare

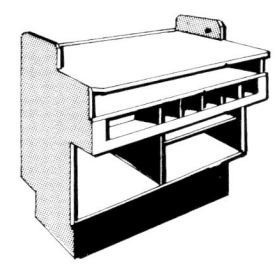

2. Kastenpult

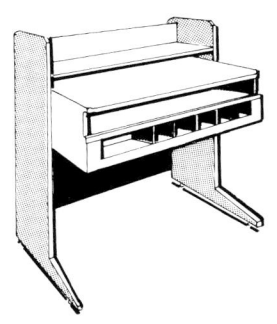

3. Systempult

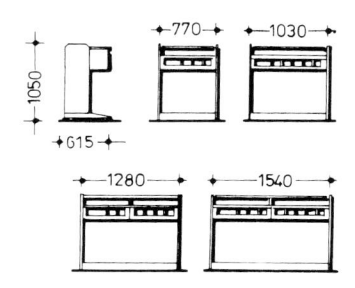

Stehtische für Kunden

Viele Waren – Bücher, Schallplatten, Videokassetten, auch Lederwaren und Taschen – sollten auf einem Stehtisch bewundert werden können.

Diese Stehtische bieten auch Halt zum Verschnaufen.

Mit einem Stehtisch wird ein Besprechungsbereich dokumentiert, Kunde und Mitarbeiter können hier über eine Ware plaudern. Die Ware kann richtig, in Augenhöhe, betrachtet und ausgewählt werden.

Viele Kunden, die im Winter mit einem dicken Mantel in den Verkaufsraum kommen, wollen nicht sitzen, aber sie benötigen eine Bequemlichkeit. Sie bevorzugen einen Stehtisch.

Stehtische sind in einer Buchhandlung unersetzbar

821

16.4 Relaxzonen: Sitzplätze für Kunden

Es muss wieder über den Wertewandel, die Priorität des Konsumenten, die Unternehmensphilosophie und über wichtige Leistungen für den Konsumenten gesprochen werden, die nicht vorrangig dem Verkauf dienen, um ein Plädoyer für das Sitzen der Konsumenten im Verkaufsraum zu halten.

Alle Unternehmen im Einzelhandel sprechen heute über Sitzplätze für Kunden, der Gedanke „wir haben nicht mal genügend Platz für die Ware, Sitzplätze für Kunden müssen wir uns leider schenken" wird selten. Denn aus Beobachtungen und aus eigenen Erfahrungen weiß man, wie angenehm Sitzplätze im Verkaufsraum sein können und dass in vielen Unternehmen die Sitzplätze „die besten Verkaufsregale" sind. Aber dies darf nicht allein der Grund sein.

Das Festhalten und die Entspannung des Konsumenten sind Aufgabe der Verkaufsräume geworden.

Relaxzonen sind geplante Sitzzonen für Konsumenten im Verkaufsraum. Sie dienen zur Entspannung und Erholung der Konsumenten. Sitzzonen sind dann Relaxzonen, wenn sie bewusst diesen Zweck erfüllen und frei sind von Beratungen und Informationen über Waren.

– Aquarien, Pflanzen oder Vogelbauer steigern die Erholung und damit die Aufnahmefähigkeit für alle Warenbilder nach der Erholungspause.

Eine Relaxing-Strategie ist wichtig – die Planung muss den geeigneten Standort für die Sitzlandschaft finden.

Relaxzonen sind das besondere Service-Angebot zum Ausruhen und Entspannen mit:
– der Aufbewahrung der Garderobe einem Münztelefon, siehe hierzu das Kapitel D 7.3
– einem Bargeld-Service durch Scheckeinlösung per Automat
– einem Glückwunschkarten- und Ansichtskarten-Service
– einem Geschenkdienst
– einem Treffpunkt

Die Sitzzone, hier zum Anprobieren der Schuhe
Zumnorde, Münster
Design: Max Erhard Voigt, Hann. Münden

– einer Cafeteria mit Erfrischungsgetränken, Kaffee und Tee.

Der Kunde will sitzen! Das bedeutet für das Unternehmen: Der Kunde muss sitzen können!

„Sitzen können" gehört mit zu den wichtigen, immer wieder vorgetragenen Forderungen der Konsumenten.

Die Sitzlandschaften – Sofas mit Pflanzen umstellt – haben einen Hauch von Gemütlichkeit. Wenn auch Tageslicht mit eingebracht werden kann, erfüllt die Sitzlandschaft höchste Ansprüche.

Wo soll man verweilen? Beispielsweise vor Umkleidekabinen, damit der Gatte das neue Kleid bei einem Kaffee oder bei einem Cognac bewundern kann.

Shopping kann zum Stress werden, deshalb werden Ruhepausen vom Konsumenten gesucht. Solche Unternehmen, die dieses ermöglichen, sind nicht nur sympathisch, sie werden zielgerichtet öfter aufgesucht, sie sind dadurch erfolgreicher.

Welche Anforderungen an die Ladenplanung ergeben sich?
– Der Konsument sollte sich wirklich entspannen können.
– Der Konsument sollte nicht zu bequem und nicht zu steif sitzen, er sollte wieder aufstehen können – ohne Mühe.

Die Sitzanlagen dürfen nicht zu groß sein, nicht zu üppig, man muss nicht immer von einer Sitzlandschaft sprechen, aber Sitzgruppen müssen mehr als eine Minimal-Forderung erfüllen, ein Sparprogramm ist hier nicht angebracht.

Die Sitzmöbel müssen tip-top sein und tip-top bleiben, pflegeleicht ist wichtig!

Die Philosophie des Unternehmens bestimmt das Verhalten, die Unternehmenskultur ‚Komfort als Leistung' ist hier entscheidend: Sofas oder Sessel, Stühle mit oder ohne Armlehne; Hocker lassen sich kaum noch verwenden. Zweisitzige Sofas sind sehr beliebt. Zusammengestellt zu einer Gruppe machen sie deutlich, dass man sich hier dem Konsumenten besonders verpflichtet fühlt.

Zum Design der Sitzmöbel ist wichtig zu wissen:
– will man Gemütlichkeit oder nur Ruhe
– braucht man Sitz- oder Verweilatmosphäre
– muss im Sitzen auch gearbeitet werden können
– gibt es Getränke
– sind sie nur für Kinder ausgelegt?

Sitzgruppen können eine Lebendigkeit signalisieren, eine angenehme Unterbrechung, eine Orientierung oder eine Verschnaufpause sein.

Sitzmöbel sind oft willkommene Farbakzente. Im Verkaufsraum braucht es nicht „brav" zu sein. Auch Muntermacher sind oft gefordert.

Die Überlegung, künstliche Pflanzen, echte Pflanzen oder lebende Tiere im Verkaufsraum unterzubringen, muss früh erfolgen und rechtzeitig in die Ladenplanung einfließen. Die Durchführung muss mit Fachleuten, mit Gärtnern beziehungsweise Tierhändlern oder einem Tierarzt besprochen werden.

Hierbei muss geklärt sein:
– richtige Pflege, auch bei außerhäusiger Betreuung sollte im Unternehmen jemand mit guten Kenntnissen zuständig sein
– Kontakte des Konsumenten zu Pflanzen und Tieren
– Gefahren für Pflanzen, Tiere und Konsument
– das richtige Licht
– der Platzbedarf
– die Anordnung und Platzierung im Verkaufsraum
– die Lebensdauer, Austauschbarkeit, Ruhezeit.

Der Umgang mit lebenden Pflanzen ist genauso problematisch wie der Umgang mit lebenden Tieren im Vogelbauer oder in einem Aquarium. Die Fütterungsgefahr muss abgestellt werden.

Bequeme Stühle für Kunden.
Die Stühle sind leicht, die Kunden können sie in alle Bereiche des Verkaufsraumes mitnehmen.
Pustet, Landshut
Design: Wilhelm Kreft GmbH, Wedemark

F Kommunikationsmarketing: Die Einladung – Corporate Communications zur Unternehmenskommunikation

F16 Der Fachbereich

Sitzen in der Buchhandlung
Huber, Frauenfeld, Schweiz
Design: Wilhelm Kreft GmbH, Wedemark

Sitzen, mitten im Verkaufsraum
Kurt Heymann, Hamburg
Planung: Volker Paulsen, Kreft-Team
Realisierung: Wilhelm Kreft GmbH, Wedemark

Rote Sofas
Kober, Mannheim
Planung: Klaus Riesenbeck, Kreft-Team
Realisierung: Wilhelm Kreft GmbH, Wedemark

Goldschmiede Flogans, Düsseldorf
Planung: Cöln-Design, Köln

824

Genauso müssen auch lebende Pflanzen geschützt werden.

Wenn das alles nur Absicht bleibt, während der Planung und der Service nicht aufrechterhalten werden kann, ist der positive Gedanke etwas Lebendiges in den Verkaufsraum aufzunehmen eher ein Nachteil. Die Konsumenten verbünden sich mit leidenden Tieren und leidenden Pflanzen gegen das Unternehmen.

Aus Erfahrung weiß ich, dass die Unterbringung von lebenden Pflanzen in den Unternehmen größere Probleme bereitet als erwartet. Interessante exotische Pflanzen bedürfen einer ständigen Wartung.

Imitationen sind zu oft leider die bessere Möglichkeit!

Sitzen, im Raum verteilt

Über das Sitzen haben sich neue Erfahrungen entwickelt. Leichte Stühle, die in Verkaufsraumnischen oder in Treppenbereichen, wo sie auffallen, platziert werden, können vom Konsumenten leicht mitgenommen werden wie ein Tragekorb – und dort, am Regal oder Auslagetisch, wo der Konsument es möchte, genutzt werden.

In Buchhandlungen werden Regale so konstruiert, dass man auf den vorderen Auslagen für Bücher auch sitzen kann. Das ist besonders interessant für Konsumenten, die überall dort sitzen wollen, wo sie Interessantes gefunden haben. Sitzende Konsumenten, in Bücher vertieft, tragen bei zur Sympathie der kompetenten und interessanten Buchhandlung.

Die Cafeteria im Verkaufsraum

Viele Unternehmen neigen zu Cafés, zu kleinen Cafeterias für den alkoholfreien Ausschank, ohne dabei all die anderen notwendigen Sitzmöglichkeiten zu vernachlässigen.

Cafés haben auch einen Zielaspekt zur Durchwanderung aller Verkaufsebenen. Sie befinden sich deshalb am Ende des Verkaufsraumes, oft in der obersten Etage, weit weg vom Eingangsbereich.

Cafés gehören auch zum Image des Unternehmens. Es muss deshalb überlegt werden, ob es

Der Tisch als Mittelpunkt mit Stühlen zum Ausruhen!
Pegasus, Stuttgart-Möhringen
Planung: Jürgen Wagner, Reinhard Mann, Kreft-Team
Realisierung: Wilhelm Kreft GmbH, Wedemark

F   Kommunikationsmarketing: Die Einladung – Corporate Communications zur Unternehmenskommunikation

F 16   Der Fachbereich

Ein Wiener Café inszeniert mit Bilderwelten
Buchhandlung Graff, Braunschweig
Planungsteam: Wilhelm Kreft, Volker Paulsen,
Sylvia Bentheim
Realisierung: Wilhelm Kreft GmbH, Wedemark

Nolte, Gifhorn
Planung: Manfred Kreft, Rainer Kaetz, Kreft-Team
Realisierung: Wilhelm Kreft GmbH, Wedemark

dem Ansehen des Unternehmens genügt, Kaffee-Automaten aufzustellen.

Falls man sich jetzt noch nicht für den Einbau eines Kaffeeautomaten entscheiden kann, sollte die Möglichkeit zum Nachrüsten bestehen, d.h. das Verlegen der Leitungen sollte bereits eingeplant werden. Den Kaffeeautomaten werden ihre Kunden bald fordern. Kaffeeautomaten in Fachgeschäften nehmen zu.

Die Bewirtung von Gästen ist Grund genug ein Café zu betreiben, auch dann, wenn man mit Sicherheit davon ausgehen kann, dass man solche Cafés wirtschaftlich, als separate Kostenstelle gesehen, nicht rechnen kann.

Siehe hierzu das Kapitel:
D 7.6   Getränkeautomaten

Das Café für große Verkaufsräume
Kiepert KG, Berlin
Planung: Volker Paulsen, Kreft-Team
Realisierung: Wilhelm Kreft GmbH,
Wedemark

F17 Der Drehbereich im Verkaufsraum

Der Drehbereich ist der Bereich im Verkaufsraum, in dem der Konsument in aller Regel die größte Entfernung vom Eingang zurückgelegt hat und im Loop gedreht werden muss. Der Konsument wird auf einem neuen Weg zurückgeführt.
Sortimentspolitisch gehört der Drehbereich in den Fachbereich. In der Warenplatzierung ist er oft der Höhepunkt für ausgesuchte Waren des Fachbereichs.
Der Drehpunkt im Drehbereich braucht eine besondere Aufmerksamkeit in der Planung. Hier muss ein besonders wichtiges Warenbild entstehen, man muss schon von einem Warenleitbild sprechen.

Der Drehbereich muss den Konsumenten locken können, förmlich ansaugen, um ihn „drehen" zu können.

Der sich so ergebende sortimentstechnische Höhepunkt muss auch ein gestalterischer Höhepunkt werden.

Drehbereiche haben den Auftrag:
– zu faszinieren
– Status zu vermitteln, Träume zu verwirklichen, noch ehe man im Verkaufsraum die Rückreise antritt
– zum Verschnaufen einzuladen
– Anregungen zu geben mit einem deutlichen Aspekt an die Zukunft, für den zukünftigen Besitz
– das Unerreichbare, das man jedes Mal wieder neu bestaunt, die edelsten unerreichbaren Stücke – hier ganz nah zu sehen.

Die Verkaufsräume brauchen diesen Anstieg im Anspruch. Sie brauchen den hohen Anspruch, das hohe Ziel in Ware und Gestaltung an einem Punkt konzentriert, am Drehpunkt mit der hohen Beachtung.

Die unerreichbaren Stücke sind so wichtig, auch dann, wenn sie niemals verkauft werden. Hier wird noch einmal die Kompetenz des Unternehmens, die Fachkompetenz und die Zukunftssicherheit des Unternehmens, bis hin zum Branchenfortschritt, ganz klar und deutlich dokumentiert.

Der Drehbereich im Kundenleitweg
Der Loop dreht den Konsumenten:

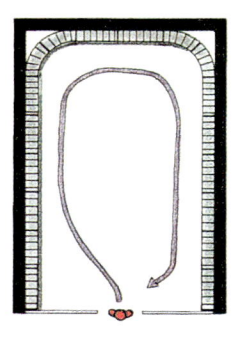

1. Das in den Ecken gerundete Regal dreht den Konsumenten

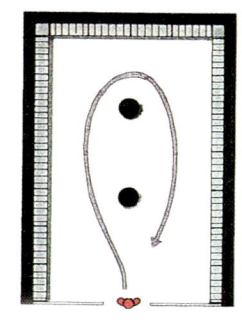

2. Die hintere Säule dreht den Konsumenten

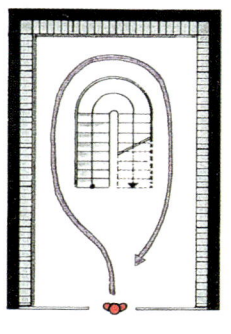

3. Die Treppe in der Mitte des Raumes dreht den Konsumenten

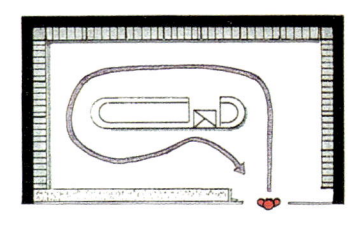

4. Ein kompaktes Innenmöbel dreht den Konsumenten

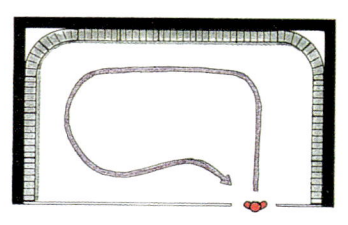

5. Das in den Ecken gerundete Regal dreht auch hier den Konsumenten

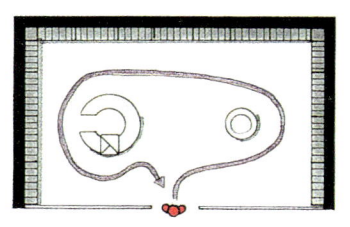

6. Der runde Tisch und der runde Kassenpool drehen die Konsumenten

F Kommunikationsmarketing: Die Einladung – Corporate Communications zur Unternehmenskommunikation

F17 Der Drehbereich im Verkaufsraum

Die Säule und der Tisch als Drehpunkt
Joh. Haas, Wels, Österreich
Design: Wilhelm Kreft GmbH,
Wedemark
Mitarbeit Klaus Riesenbeck

Vielleicht schon in der nächsten Saison rücken die edlen Stücke weiter in die Verkaufsraummitte, werden selbstverständlich und neue, heute nur geahnte Produkte nehmen ihren Platz ein.
Der Gestaltungsanspruch an den Drehbereich muss das Besondere, den Altar-Effekt auslösen.
Vielleicht schon in der nächsten Saison rücken die edlen Stücke weiter in die Verkaufsraummitte, werden selbstverständlich und neue, heute nur geahnte Produkte nehmen ihren Platz ein.
Der Gestaltungsanspruch an den Drehbereich muss das Besondere, den Altar-Effekt auslösen.

Ein Informationspool als Drehpunkt
Pustet, Landshut
Design: Wilhelm Kreft GmbH,
Wedemark

F17 Der Drehbereich im Verkaufsraum

Eine im Quadratraster geführte Mittelachse als Kundenleitweg führt zum Vorlagetisch im Zentrum der Rotunde. Der Vorlagetisch wird zum Mittelpunkt im Drehbereich.
Pro Fashion Modevertriebsgesellschaft mbH, Essen
Design: Klaus Bürger, Krefeld

F   Kommunikationsmarketing: Die Einladung – Corporate Communications zur Unternehmenskommunikation

F17   Der Drehbereich im Verkaufsraum

Witsch, Köln
Design: Wilhelm Kreft GmbH
Mitarbeit Klaus Riesenbeck

G Zu guter Letzt

G1 Glossar
G2 Gesetze und Verordnungen zur Ladenplanung
G3 Experten-Beiträge
G4 Quellennachweis
G5 Fotonachweis

G Zu guter Letzt

G 1 Glossar

Animation
EDV-Begriff:
Darstellung bewegter Bilder auf dem Computer.

Anmutung,
in bestimmter Weise wirken, einen positiven belebenden Eindruck machen, insbesondere durch die Mitarbeiterleistungen für den Konsumenten. Sie enthält das gekonnte motivierende Animieren und eine Anregungskompetenz.
Die Anmutung wird vom Konsumenten als Betreuung und zur Erreichung einer Wahrnehmungsqualität erwartet; überall dort, wo Waren durch eine → Inszenierung sympathisch,
aktivierend und anregend
angeboten werden.
Die Anmutung ist die hohe humane Mitarbeiterleistung der Unternehmen für die Konsumenten im bedeutender werdenden Wettbewerb um Sympathie.
→ F 3   Die Anmutung

Architektur,
die gestalterische Leistung beim Aufbau eines Gebäudes. Die Erreichung einer bestimmten Wirkung von Gebäuden und Räumen. Die Darstellungen von Gebäuden, Fassaden und Räumen.

Avi-Format
EDV-Begriff:
Unter MS Windows verbreitetes Datei-Format, in dem Animationen gespeichert werden können.
(Willy Flassig)

Beachtungszonen,
die mit dem → Kundenleitweg ermittelten Beachtungszonen zum Beispiel zu einem → Warenleitbild.
Planungstechnisch die einzelnen Beachtungszonen-Ringe mit 2,50 m vom → Orientierungspunkt, ab 5 m gerechnet:
- bis   5,00 m höchste Beachtung
- bis   7,50 m sehr gute Beachtung
- bis 10,00 m gute Beachtung
- bis 12,50 m Beachtung
- bis 15,00 m wenig Beachtung
- bis 17,50 m kaum Beachtung
- über 17,50 m keine Beachtung.

Warenleitbilder, die nicht die erforderliche Beachtung von einem Orientierungspunkt erhalten, müssen gestalterisch entsprechend „angehoben" werden.
→ F 4   Der Kundenleitweg
→ F 5.3 Die Orientierung des Konsumenten

Bedarfsbündelung,
ist die Zusammenführung von Waren quer durch alle Warengruppen unter einem Bedarfsmotto, Gesichtspunkt oder Anlass. Die Bedarfsbündelung ist ein wirkungsvolles Instrument der strategischen Sortimentspolitik.
→ D 5.1 Der Sortimentsplan, dort unter Bedarfsbündelung

Bedürfnis,
die Feststellung eines Mangels. Das, was der Konsument zur Erhaltung und Entfaltung braucht.
Das Bedürfnis verlangt nach Befriedigung durch Beseitigung. Bedürfnisse werden zu Erwartungen am Point of Sale.
→ B 1.1 Die steigenden Bedürfnisse

Bedürfnishierarchie,
die hierarchische Ordnung der Bedürfnisse des Menschen. Abraham H. Maslow unterscheidet nach Mangelmotivation und Wachstumsmotivation in Bedürfnisstufen. Mit der Befriedigung der Bedürfnisse einer Stufe wird die nächste Stufe angestrebt.
Diese Bedürfnisstufen bestimmen auch das Anspruchsniveau am Point of Sale.
→ B 1.1 Die steigenden Bedürfnisse

Beleuchtungsstärke,
ein Ausdruck der Lichttechnik, Abkürzung E, das auf einer Fläche auftreffende Licht in Lux.
→ E 10.1 Die Lichttechnik

Betriebsformen,
„Betriebsformen stellen Klassifikationen bzw. Kategorien von Handelsbetrieben dar, die in ihren konstitutiven Merkmalen so weit übereinstimmen, dass sie von den Marktteilnehmern als gleichartig angesehen werden.
Je nachdem, ob z.B. ein Handelsbetrieb jeweils eines der Merkmale, Sortimentsbreite, Sortimentstiefe, Fremdbedienung, Service, Innenstadtlage, hohes Preisniveau etc. aufweist oder nicht, gehört er einer spezifischen Betriebsform an." (Dr. Gerrit Heinemann)
→ C 3   Der Rang

Bildgestaltung,
→ Bilderwelten
→ Warenbilder → Warenleitbilder → Verkaufsraumgestaltung

Bilderwelten
Bei der Gestaltung von Verkaufsräumen werden Bilder eine immer stärkere Rolle spielen. Bilder, die nicht Abbild von etwas sind, sondern für das Image des Produk-

tes, der Dienstleistung oder des herstellenden Unternehmens stehen.

Bilder markieren Zugehörigkeiten und kommen so dem Bedürfnis nach der Gruppe, nach der Identifikation mit der Szene entgegen. Bilder senden Signale und positionieren, sie verlängern die Kommunikationskette, die in den elektronischen und Printmedien als Erstkontakt geknüpft wurde.

→ E 6   Gestaltungsmittel: Bilderwelten

Blickfang,
auch als Eyecatcher bezeichnet → Warenbilder
→ E 5   Gestaltungsmittel: Ware

Botschaft,
eine bedeutende Information anspruchsvoll auf den Weg zum Konsumenten gebracht. Eine Information ist nur dann eine Botschaft, wenn sie eine wichtige Mitteilung enthält, eine Leistung, die das Unternehmen dem Konsumenten verspricht.

Das Unternehmen gibt Botschaften über seine Leistungen und über sich selbst. Auch die Art, wie das Unternehmen mit der Botschaft informiert, bestimmt das Profil, das Image.

→ D 2.1 Die Botschaft
→ E 2   Die Designbotschaft

Brainscript,
die abrufbaren oder im Gehirn gespeicherten Erfahrungen über eine Sache oder Situation, die wieder als Erinnerung vom Gehirn abgerufen wird, wenn die gleiche Sache oder Situation wieder vorkommt.

Ein Brainscript gilt als gespeicherte Erfahrung bei den Konsumenten für die Benutzung eines Verkaufsraumes. Das Brainscript spielt eine wichtige Rolle bei der Planung des Kundenleitweges. Konzentration und Aufmerksamkeit nehmen zu, wenn der Kundenleitweg auf eine allgemein verbreitete Logik, ein abgespeichertes Brainscript für diese Branche und für diese Raumgröße zurückzuführen ist.

Andere, neue Kundenleitwege brauchen eine starke Überzeugungskraft, um erfolgreich sein zu können. Der Konsument gibt die neuen Erfahrungen mit seiner Wertung an das Brainscript.

Brainstorming,
die innovative Konferenztechnik zur Förderung von kreativen Einfällen, um herauszufinden, was drinsteckt. Ein Ziel ist vorgegeben und die Teilnehmer aus verschiedenen Fachbereichen und auch vom Ziel Betroffene diskutieren:
– was wollen wir wann erreichen
– was müssen wir und was können wir erreichen.

Wichtig ist, dass alles fest gehalten wird, was „in den Kopf" kommt:
Die entwickelten Ideen werden fest gehalten, protokolliert und später auf ihre Durchführbarkeit hin ausgewertet. Brainstorming wurde von dem amerikanischen Werbefachmann Alex F. Osborn als ein Verfahren entwickelt.

Branche,
der Wirtschafts- oder Geschäftszweig, ein Fachgebiet; z.B. die Branche der Bäcker, der Frisöre; – die Textilbranche.

Die Branchen gewinnen für Fachgeschäfte weiter an Bedeutung. Ein Branchenfortschritt wird mit jeder neuen Ladenplanung von führenden Unternehmen erwartet.

→ B 2.3   Die Branche

Branchenauftritt,
die Darstellung der Branche, des branchentypischen Verhaltens und die branchentypische Darstellung.

→ B 2.4   Der Branchenauftritt: Einrichtung

Branchenidentität,
in der Unternehmensidentität ein wichtiger Bestandteil der Unternehmenskultur. Die Branchenkompetenz sichtbar und identifizierbar, als „typisch" für die Branche.

→ B 2.3   Die Branche

Branchenkompetenz,
die Fachkompetenz zur Bewältigung aller Konsumentenerwartungen an eine Branche. Die Branchenkompetenz muss zur Branchenidentität führen.

→ Branchenidentität

Branchenmix,
sind die verschiedenen aufeinander abgestimmten Branchen zu einer allgemeinen Einkaufskomplettierung in einem Einkaufszentrum oder einer Einkaufsgegend, so dass nicht nur die Branchen vertreten sind, sondern auch die verschiedenen Konsumentenerwartungen von „preiswert" bis „Luxus" erfüllt werden können.

Briefing,
ist eine Einweisung, mit Strategie und Ziel aufgrund der augenblicklichen Lage. Dieser Ausdruck wurde aus dem amerikanischen Militärjargon (Koschnick) in das Marketing übernommen.

Briefings sind die Plattform für Interaktionen zwischen Auftraggebern und Ausführenden, zum Beispiel zwischen dem Unternehmen und den Innenarchitekten über das Marketingkonzept mit den Marketingzielen zum Merchandising-Architektur-Konzept.

G Zu guter Letzt

G 1 Glossar

Browser,
EDV-Begriff:
Computerprogramm, mit dem man im Internet (www oder Web) surfen kann.
(Willy Flassig)

Browsing,
gehört zum aktiven Shopping und bedeutet das unverbindliche Informieren, In-die-Hand-nehmen und Prüfen von Waren.
Browsing ist eine Erwartungshaltung der Konsumenten. Browsing ist eine besondere Leistung des Einzelhandels, in der Öffnung des Angebotes, das durch eine gute Zugänglichkeit angeboten wird. Die Prüfung der Ware und das Zurückstellen ohne Gesichtsverlust des Konsumenten gehört zum Standard.
Ein Browsingbereich ist besonders erfolgreich im Eingangsbereich der Verkaufsräume. Er wird mit extra leuchtenden Warenbildern inszeniert.

Browsingrang,
die besondere Einstellung des Unternehmens auf Browsing im Verkaufsraum als Bewusstseinsrang und als Leistungsqualität des Unternehmens.
→ C 3.4   Der Erlebnisrang

CAD
EDV-Begriff:
„Computer Aided Design", Planung mittels Computer.

Cocooning,
ist ein starker amerikanischer Trend, der auf Europa übergeschwappt ist. Der Begriff wurde übernommen von der Seidenraupe, die sich in einen Kokon einspinnt. Der Trend bedeutet Rückzug auf die eigenen „vier Wände". Die Amerikanerin Faith Popcorn hat diesen Trend mit ihrem Buch: „Der Popcorn Report – Trend für die Zukunft" bekannt gemacht:
„Wir tauchen ab, wir vergraben uns, wir verstecken uns unter den Decken ... wir sind zu Hause."
„Heute spinnen wir uns in einen Kokon ein um zu überleben."

Corporate,
der Verbund, der Denk- und Arbeitsbereich mit dem definierten Ziel. Das Streben, Handeln und Sicheinsetzen für eine Sache, ein Anliegen, eine Strategie. Der Weg zum Ziel einer bedeutenden Unternehmensleistung, zu dem mehrere Marketinginstrumente aufeinander abgestimmt und zusammengefasst werden eben dem Corporate und die Verteidigung dieser Zusammenfassung.

Corporate Communications,
ist die Abstimmung aller Kommunikationsmaßnahmen, die im Unternehmen nach außen und nach innen wirken – zum Beispiel: die Presse- und Öffentlichkeitsarbeit, die Einladung der Konsumenten, die Kundenleitwege mit den Warenleitbildern – zur Erreichung der Unternehmenskommunikation.
Die Corporate Communications verbindet sich mit der Corporate Culture und dem Corporate Design in der Corporate Identity zur Erreichung der Ziele der Unternehmensidentität.
→ F   Kommunikationsmarketing:
   Die Einladung – Corporate Communications zur Unternehmenskommunikation

Corporate Culture,
ist die Abstimmung aller Maßnahmen zur Erreichung der Unternehmenskultur, zum Beispiel: das Verhalten der Mitarbeiter und des Managements im Unternehmen, die Normen und Wertvorstellungen, die Interaktionen, die Sortimentsauswahl und die Sortimentsstrategie.
Die Corporate Culture verbindet sich mit der Corporate Communications und dem Corporate Design in der Corporate Identity zur Erreichung der Ziele der Unternehmensidentität.
→ D   Grundleistungsmarketing:
   Die Geschäftsidee – Corporate Culture zur Unternehmenskultur

Corporate Design,
ist die Abstimmung aller Maßnahmen der Design- und Raumgestaltung zur Erreichung der Unternehmensdarstellung. Corporate Design verbindet die Gestaltungsarbeiten des Innenarchitekten, die Planung des Geschäftshauses durch den Architekten sowie das gesamte Grafikdesign, vom Signet über die Warenbilder und die Warenraumgestaltung bis hin zur Stellenanzeige und sorgt so für das einheitliche Erscheinungsbild.
Durch das Corporate Design, das Streben nach einem einheitlichen Erscheinungsbild entsteht der Wiedererkennungseffekt, die Unverwechselbarkeit, die Identität in der Darstellung des Unternehmens.
Das Corporate Design verbindet sich mit der Corporate Communications und der Corporate Culture in der Corporate Identity zur Erreichung der Ziele der Unternehmensidentität.
→ E   Designmarketing:
   Die Gestaltungsidee – Corporate Design zur Unternehmensdarstellung

Corporate Guiding,
vereint alle Bemühungen und Ideen für das Kundenleitsystem während der Planungsphase und bei der späte-

ren Nutzung des Verkaufsraumes, zur Erreichung der Warenleitbilder als kommunikative Grundlage des Kundenleitweges als Basis der Leitgestaltung zur Warenraumgestaltung.
→ F 4   Der Kundenleitweg

Corporate Identity,
alle Maßnahmen zur Erreichung der Unternehmensidentität. Das Erscheinungsbild einer Firma in der Öffentlichkeit: Warenzeichen, Form- und Farbgebung der Produkte, Verpackungen u. Ä. (lt. Duden).
Das Band, das alle Corporates mit den Zielen zur Unternehmensidentität zu einer Einheit verbindet. Das strategisch geplante und operativ eingesetzte Konzept zur Erreichung der Unternehmensidentität, die Art und Weise der Aufgabenlösung durch das Unternehmen. Die Corporate Identity vereinigt alle Corporates, die wesentlichen:
→ Corporate Culture
→ Corporate Communications
→ Corporate Design
→ C   Das Ziel: Corporate Identity zur Unternehmensidentität

Corporate Image,
die angestrebte Sympathie, die das Unternehmen mit all seinen Aktivitäten bei den Konsumenten, Lieferanten, Banken, Mitarbeitern sowie in der gesamten Öffentlichkeit erhalten soll.
→ Reimaging
→ Sympathie
→ F 2   Die Sympathie

Corporate-Lifestyle,
die Bemühungen zur Inszenierung der Waren und des Raumes in der Qualität eines erstrebenswerten Lebensstils. Corporate Lifestyle will alle Aktivitäten und Leistungen verbinden, die den Lifestyle im Verkaufsraum verkörpern.
→ F 4   Der Kundenleitweg

Database-Marketing,
Marketing auf der Basis erforschter Käufer-Daten. Der so veranlagte Käufer schafft mit den von ihm erfassten Daten seiner Kaufgewohnheiten die Basis für individuelle, auf ihn zugeschnittene Angebote.

Degustivstände,
eine Theke, ein Stand an dem Kostproben angeboten werden.

Design,
die ergonomisch-funktionale und formal-ästhetische Gestaltung eines Produktes, eines Objekts oder eines Ablaufes. Die Designqualität ist für viele Produkte zunehmend kaufentscheidend. Design bedeutet Lebensqualität!
→ Corporate Design
→ E 7   Gestaltungsmittel: Warenträger

Designbotschaft,
die notwendigen und vom Konsumenten zur Orientierung erwarteten Informationen in Bildern, die der Gestaltung, des Designs bedürfen.
→ E 2   Die Designbotschaft

Designmanagement,
ist die Aufgabe für das Management das Design zu leben, zu fördern und zu verteidigen.
Das Design ist Chefsache!
→ E 1   Designmanagement

Designmarketing,
der Marketingbereich der Designmarketinginstrumente, die die Leistungen des → Grundleistungsmarketing visualisieren und ihnen eine Designqualität geben.
→ Grundleistungsmarketing
→ Kommunikationsmarketing
→ B 2.2   Das Marketingkonzept
→ D   Grundleistungsmarketing: Die Geschäftsidee Corporate Culture zur Unternehmenskultur

Dialog,
das Zwiegespräch zwischen Konsumenten und Unternehmen sowie Unternehmen und Konsumenten zum Wissensausgleich. Die zunehmende Bedeutung der Kommunikation in allen Bereichen des Marketings macht es erforderlich die Dialogfähigkeit zu erreichen und zu fördern. Der Dialog wird ständig bedeutungsvoller.
→ C 2   Der Dialog

Downlight,
ein Begriff der Lichttechnik. Das Licht, das nach unten gerichtet ist.
→ E 10.1   Die Lichttechnik

Downloaden
EDV-Begriff:
Herunterladen von Informationen aus dem Internet auf den eigenen Rechner.

Drag & Drop,
EDV-Begriff:
einfache Methode, um Objekte im Computer mit der Maus in einer größeren Szene zu platzieren.
(Willy Flassig)

G Zu guter Letzt

G 1 Glossar

Dynamik,
die Erstellung und Befolgung eines ständig aktuellen Aktionsplanes. Die ständige Erfüllung der Konsumentenerwartung erfordert ein ständiges dynamisches Anpassen an die ständig fließenden Trends.
Die Dynamik ist im Wettbewerb eine wichtige Leistung, die Kompetenz, Zuverlässigkeit und Aktualität signalisiert.
→ Reimaging
→ F 1   Die Dynamik

Einrichtung,
die Summe der Warenträger. Die Basis für Warenbilder, für die Warenraumgestaltung und für die Inszenierungen.
→ E 4   Gestaltungsfeld: Verkaufsraum
→ E 7   Gestaltungsmittel: Warenträger

Emotionalität,
„ein inneres, gefühlsmäßiges Beteiligtsein an etwas." (Duden)
Die Emotionalität gehört zu den grundsätzlichen Konsumentenerwartungen wie Waren und Informationen.
Ein emotionales Warenraumerlebnis ist die Inszenierung. Sie entsteht durch die Ansprache der Sinne.
→ Inszenierung
→ C 4.5 Die Milieus
→ E 4   Gestaltungsfeld: Verkaufsraum
→ F 4   Der Kundenleitweg

Erfa-Gruppe,
die gebräuchliche Abkürzungsform für Erfahrungsaustauschgruppe. Einzelhändler der gleichen Branche und der gleichen Betriebsgröße aus verschiedenen Städten – um die Konkurrenz auszuschließen – treffen sich regelmäßig zum Erfahrungsaustausch über alle wichtigen Daten, Erfahrungen und Informationen. Oft werden unter Leitung eines Betriebsberaters wirtschaftliche Ergebnisse analysiert und untereinander ausgetauscht.
Erfa-Gruppen sind im Einzelhandel wichtig, ihre Mitglieder sind erfolgreicher als der Durchschnitt.

Ergonomie,
„Die Wissenschaft von den Leistungsmöglichkeiten und -grenzen der arbeitenden Menschen sowie von der optimalen, wechselseitigen Anpassung zwischen den Menschen und seinen Arbeitsbedingungen." (Duden)
Die Ergonomie findet bei der Entwicklung der Warenträger, Theken und Arbeitsmöbel Anwendung.
Die Ergonomie ermittelt die Sehgreifhöhe bei Warenträgern als den bedeutungsvollsten Bereich.
→ E 8.1 Die Ergonomie

Erlebnis,
Anspruchsvolle wünschen zunehmend Erlebnisse im Verkaufsraum. Das gilt besonders für Verkaufsräume mit längerer Verweildauer.

Erlebnisinszenierung,
die Unternehmen inszenieren Erlebnisse für die Konsumenten. Für die Konsumenten sind es Erlebnisse, für die Unternehmen Inszenierungen.
→ Inszenierung
→ C 4   Inszenierungen

Erlebnis-Konzept,
sorgt für eine reibungslose termingerechte Durchführung der Erlebnis-Inszenierungen.

Erlebnis-Marketing,
die Emotionalisierung der Angebotsform. Verstand und Gefühl in der Darstellung der Leistungen im Verkaufsraum bringen für die Ware und Dienstleistungen mehr Kundennähe und sind Grundlage für die Inszenierung des Verkaufsraumes. Das Erlebnis-Marketing hat eine besondere Bedeutung für hochwertige Waren mit langer Auswahl-Verweildauer im Verkaufsraum. Durch die große Kunden-Akzeptanz werden Waren-Inszenierung zunehmend in allen Branchen durchgeführt, auch in den Lebensmittel-Märkten.

Erlebnisrang,
der verwirklichte erlebnisorientierte Qualitätsanspruch im Verkaufsraum. Der Erlebnisrang ist eine Bewusstseinsstufe.
→ C 3.4 Der Erlebnisrang

Erwartungen,
die Erwartungen des Konsumenten entstehen aus den → Bedürfnissen und aus den → Trends. Zur Erfüllung der Erwartungen in den Unternehmen gehört es immer etwas mehr zu leisten, als die Konsumenten im Schnitt erwarten. Die Erwartungen werden von den Unternehmen erforscht und beachtet für das Marketingkonzept.
→ Marketingforschung
→ B 1   Der Konsument und seine Erwartungen
→ B 2.2 Das Marketingkonzept

Eskapismus,
die Flucht vor der Wirklichkeit in eine imaginäre Scheinwirklichkeit. Als Trend: Zerstreuungs- und Vergnügungssucht, auch als Fluchtkonsum bezeichnet.
→ Fluchtkonsum

G 1 Glossar

Eventmarketing,
das zielgerichtete Gestalten eines Ereignisses mit einem emotionalen Anspruch, wie beispielsweise Modenschauen, besondere Ausstellungen, Inszenierungen zu besonderen Anlässen, wie Jubiläen, Symposien, Dichterlesungen, aber auch Dauerpräsentationen, die über den direkten Warennutzen informierend und imagefördernd hinausführen.
→ C 4.7 Events – Feste feiern, auch wenn sie nicht fallen

Eyecatcher,
auch als Blickfänger bezeichnet.
→ Warenbilder

Feng Shui,
Die uralte chinesische Harmonielehre für die Gestaltung von Lebensräumen findet immer mehr Anhänger und Kritiker.
→ B 3.1.1 Feng Shui – Alternative Architektur oder Aberglaube
→ D 4.2 Feng Shui: Positive Botschaften für die Raumnutzung

Faszinationsbilder,
auch Fascinations-Points.
→ Warenbilder

Fluchtkonsum,
gewinnt an Bedeutung: Wichtiger werden alle Einkäufe, die Ersatzbefriedigung sind, der Konsum derjenigen Produkte, die vitale Befriedigung versprechen.
Nicht nur Alkohol, Süßwaren, Gewürze, auch elektronische Medien und sicher auch Bücher und modische Kleidung können ein „Ausgleich" für Frustration, für Lebensbenachteiligung, für Stimmungstiefs und Depressionen aller Art sein.
→ B 1 Der Konsument und seine Erwartungen

Fotorealismus,
EDV-Begriff:
Darstellung, die so echt aussieht, als sei die Szene fotografiert. (Willy Flassig)

Freestyle,
„Eine Reihe von Architekten und Designern führte eigenständige und vom Postmodernismus so ganz verschiedene Experimente durch. Anstatt die historischen Bauwerke der Vereinigten Staaten oder Europas zu zitieren, stöberten die Architekten Gehry, Morphonis, Moss und andere im eigenen Hinterhof nach der architektonischen Erbschaft." (Pilar Viladas)
Zum Freestyle gehört der überraschende Einfall, die Kreativität genauso wie der Pioniergeist. In Europa wird ähnlich empfunden, wie bei der Design-Gruppe Memphis, jedoch stehen handwerkliche Aspekte zusammen mit den Design-Aspekten im Vordergrund.
→ C 4.5.4 Lifestyle

Ganzheitliches Denken,
das übergreifende Denken in verschiedenen, oft gegensätzlichen Wissensgebieten. Dieses auf Merchandising und Innenarchitektur bezogene ganzheitliche Denken und das Handeln daraus ist die Merchandising-Architektur.
Das Lernen und Begreifen des jeweils anderen Gebietes in der Merchandising-Architektur schafft die Voraussetzungen für die Ladenplanung und für die spätere Ladennutzung.

Grundleistungsmarketing,
der Marketingbereich der Grundleistungen: Sortiment, Information über das Sortiment, Service und Betreuung.
Das Grundleistungsmarketing ist die Grundlage für das → Merchandising und für das → Designmarketing sowie für das → Kommunikationsmarketing.
→ B 2.2 Das Marketingkonzept

Hauptleitweg,
ist der wichtigste → Kundenleitweg.

Highlights,
auch als Warenleitbilder bezeichnet.
→ Warenbilder

Homepage,
EDV-Begriff:
Web-Seite.

Humanprinzip,
Humanes Leistungsprinzip.
→ Unternehmensethik

Image,
→ Corporate Image
→ Reimaging
→ Sympathie

Information,
über die Leistungen des Unternehmens und über das Unternehmen selbst an den Konsumenten.
Die Information ist eine vom Konsumenten erwartete Leistung.
→ D 2 Die Information

G Zu guter Letzt

G 1 Glossar

Informations-Marketing

Informationsmarketing stillt den Wunsch der Konsumenten nach besseren zielgerichteten Informationen insbesondere zur Erklärung der Ware, aber auch auf Neuerscheinungen und auf Sonderangebote. Wegen der allgemeinen Informationsüberlastung der Konsumenten soll das Informationsmarketing eine bessere Qualität erreichen, um die notwendigsten Informationen rüberzubringen. Dafür sind auch Unterstützungen erforderlich. Das Einsetzen von Großfotos ist nützlich. Das bedeutet auch, dass die Informationen mit den Waren-Inszenierungen überbracht werden können.

Innenarchitekt,

der Facharchitekt für den Innenraum.
Für den ladenplanenden Innenarchitekten ergeben sich zunehmend mehr Aufgaben und immer größere Spielräume für Gestaltungsmöglichkeiten.
→ B 3   Der Innenarchitekt und seine Aufgabe

Innenarchitektur,

die Raumgestaltung zur Erreichung einer Lebensqualität. Unter Innenarchitektur in der Ladenplanung verstehen sich alle Leistungen des Unternehmens, die eher darstellungsbezogen, ästhetisch kommunikativ ausgerichtet sind.
Die Aufgabe der Innenarchitektur ist es die Merchandising-Leistungen in Warenbildern zu planen und zu gestalten. Die Merchandising-Leistungen, der „Inhalt", wird konsumentenwirksam als Innenarchitektur gestaltet.
→ Merchandising
→ Merchandising-Architektur
→ B 3.1 Die Merchandising-Architektur

Inszenierung,

Die Verkaufsraum-Gestaltung nach den neuesten Kenntnissen mit der geplanten Organisation des Verkaufsraumes braucht den bewussten Kick, die individuelle emotionale Erlebnis-Mehrleistung über die selbstverständliche Warenanbietung hinaus. Das emotionale Erleben der Warenbotschaft als Inszenierung zieht den Konsumenten an und bindet ihn an das Unternehmen.
Die Inszenierung ist die besondere bewusste emotionale Leistung des Unternehmens, die der Kunde als Erlebnis begrüßt.
→ C4   Die Inszenierung

Internet,

Weltumspannendes Netz mit allgemein gültigen Standards, das die (Tele-)Kommunikation aller Computer von Unternehmen und Privathaushalten untereinander ermöglicht. Das WWW-WorldWideWeb stellt den multimedialen Teil des Internets dar. Das WWW ermöglicht dem Handel unter anderem eine multimediale Warenpräsentation und den elektronischen Versandhandel („Online-Shopping"). (Harald Jansen)

Käufer,
→ Konsument

Käufermarkt,

im Zuge des Wertewandels veränderte sich der Markt vom Verkäufermarkt zum Käufermarkt.
„Ein Markt, der dadurch charakterisiert ist, dass die Käufer im Vergleich zu den Verkäufern einen Einfluss auf die Preise ausüben können, weil das Angebot die Nachfrage übersteigt." (Wolfgang J. Koschnick)
„Der Wandel vom Verkäufer- zum Käufermarkt und damit einhergehend die Verlagerung der existenziellen Probleme für die Unternehmung von einer Produktion der Güter zu einer ‚Produktion der Nachfrage', führt zum Grundgedanken des Marketings."
(Prof. Hans-Christian Pfohl)

Kommunikation,

die Verbindung zum Konsumenten, die Verständigung mit dem Konsumenten.
Die Öffnung des Unternehmens und die Einladung an die Konsumenten. Von der Führung des Konsumenten durch den Warenraum zum Dialog mit ihm.
→ F   Kommunikationsmarketing:
       Die Einladung – Corporate Communications
       zur Unternehmenskommunikation

Kommunikationsmarketing,

alle Marketingleistungen, die nach außen und innen die Kommunikation betreffen und das Grundleistungsmarketing sowie das Designmarketing als Inhalt und Darstellung aufnehmen.
→ Designmarketing
→ Grundleistungsmarketing
→ Kommunikation
→ F   Kommunikationsmarketing:
       Die Einladung – Corporate Communications
       zur Unternehmenskommunikation

Kompetenzrang,

verkörpert die Aktivitäten des Unternehmens in der Erreichung der Konsumenten. Mindestens die Marketinginstrumente Sortiment, Mitarbeiter und Warenträger sind Grundlage des Kompetenzranges. Das Unternehmen kennt die Bedeutung der fachkompetenten Darstellung.
→ C 1.2   Der Kompetenzrang

Konsument,

der Letztverbraucher von Waren und Leistungen.

Der Konsument ist Käufer in einem Unternehmen, er ist aus der Sicht dieses Unternehmens ein Kunde. Als Käufer, Kunde und Verbraucher tritt der Konsument zur Befriedigung seiner individuellen Bedürfnisse in Erscheinung.

Der Konsument ist der Partner am Point of Sale, seine Bedürfnisse und Trends definiert er als → Erwartungen. Diese Erwartungen bestimmen die Ladenplanung und die Ladennutzung.

→ B 1   Der Konsument und seine Erwartungen

Konsumentensouveränität,

die Konsumentensouveränität besteht darin, dass die privaten Haushalte mit ihrer Kaufkraft Bedürfnisse und Trends entwickeln.

Die Bedürfnisse werden als Erwartungen an die Unternehmen herangetragen und überall dort zu Kaufentscheidungen, wo die Erwartungen erfüllbar werden. Die Erwartungen der Konsumenten prägen den Einzelhandel.

Die Konsumentensouveränität erreichte den Wandel vom Verkäufermarkt zum Käufermarkt.

Konsumgesellschaft,

die breiten Bevölkerungskreise, die konsumorientiert in einem relativ hohen Wohlstand leben. Konsumorientiert bedeutet, den Markt informativ erforschen zum Zweck der Sicherung, der Individualisierung und der Emotionalisierung des Konsums zur Befriedigung der Bedürfnisse mit der Absicht, diese ständig steigern zu wollen.

Korrespondierende Sortimente,

Sortimente, die von einander abhängig sind oder bedarfsorientiert zueinander in Verbindung bleiben sollten, müssen immer dann zu korrespondierenden Sortimenten werden, wenn sie nicht zusammengelegt werden können. Dann muss eine Blickverbindung über Warenleitbilder hinüber und herüber bleiben, über Warenleitbilder, die miteinander korrespondieren.

Kunde,

→ Konsument

Kundenleitweg,

der für den Konsumenten geplante Erschließungsweg durch den Verkaufsraum.

Der Kundenleitweg ist der ideal geplante Weg, den der Konsument zur Sortiments- und Raumerschließung im Verkaufsraum zurücklegen soll und wird.

Die Aufgabe der Kundenleitweg-Planung besteht darin, einen logischen, für den Konsumenten verständlichen Weg zu finden, der die höchstmögliche Aufnahmefähigkeit und Information gewährt, um den Einkaufsstress abzubauen.

Dem Unternehmen gelingt damit die gleichzeitige Erschließung von Raum und Sortiment in einem Loop, der gewährleistet, dass kein Verkaufsraumbereich unbeachtet bleibt.

→ F 4   Der Kundenleitweg

Ladenplanung,

das zukunftsbezogene, systematische Durchdenken, Vorbereiten und Erarbeiten von Zielen für den Verkaufsraum, die Kontrolle darüber und das Entscheiden über die Maßnahmen und Mittel. Die Ladenplanung ist der große Augenblick in der Geschichte eines Einzelhandel-Unternehmens mit den Zielen:

- den Konsumenten die Leistungen des Unternehmens deutlich zu machen
- die Zukunft zu planen und zu sichern
- den Mitbewerber einzuholen oder zu überflügeln
- alle Engpässe zu beseitigen
- die Kommunikation mit den Konsumenten zu verbessern
- eine Warenraumgestaltung zu erreichen
- das Image, die Sympathie für das Unternehmen zu verbessern
- die Konsumenten und die Mitarbeiter an das Unternehmen zu binden.

Laminat,

aus Kunststoffen und Kunststoffharzen aufgebaute Schichtstoffpressplatte.

Lay-out,

auch Laden-Lay-out, die Entwurfsidee, der Entwurf, Entwerfen, Probieren, der Grundriss, der Aufriss, die Darstellung.

→ F 5   Die Kundenleitweg-Planung

Leitbereiche,

für Mitarbeiter. Zum funktionierenden Kundenleitsystem gehört der Kontakt zwischen Konsumenten und Mitarbeitern. Zur Kundenleitsystem-Planung gehören die beiden korrespondierenden Elemente:

- die Leitung des Konsumenten durch das Sortiment und durch den Raum
- die Mitarbeiter-Leitbereiche zur Abstimmung der Konsumentenbetreuung durch die Mitarbeiter.

→ F 4   Der Kundenleitweg
→ F 9   Die Leitbereiche der Mitarbeiter

Leitgestaltung,

die kognitive Gestaltung aller Maßnahmen zum Leiten und Funktionieren der Ladenplanung. Wesentliche Teile sind:

- Lay-out

G Zu guter Letzt

G 1 Glossar

– Kundenleitweg
– Warenplatzierung
– Leitmodifikation
– Inszenierung.
Auftrag der Leitgestaltung ist es eine kommunikative Raumkomposition zu erreichen.
→ F 5   Die Kundenleitweg-Planung

Leitmodifikation,
das Anpassen des Kundenleitweges und der Warenträger an Trends oder an eine geänderte Sortimentsstrategie.
→ F 4.5   Die Leitmodifikation

Leitsortiment,
das wichtige Sortiment, das Nebensortimente nachzieht. Das Leitsortiment übernimmt Leitaufgaben durch
→ Warenleitbilder

Lichtrohre,
ein Begriff der Lichttechnik für abgependelte Rohrsysteme zur Aufnahme von Leuchtröhren.
→ E 10.1   Die Lichttechnik

Lichtstärke,
ein Begriff der Lichttechnik, das Maß für die Lichteinstrahlung in einer bestimmten Richtung.
Abkürzung I
Maßeinheit Candela (cd)
→ E 10.1   Die Lichttechnik

Lichtstrom,
ein Begriff der Lichttechnik,
Abkürzung F
die gesamte Leistung der Lichtquelle
Maßeinheit Lumen (lm)
→ E 10.1   Lichttechnik

Loop,
die Führung des Kundenleitweges in einem Bogen durch den Verkaufsraum.
Das Zeigen der Gesamtleistung des Unternehmens im Verkaufsraum durch einen → Kundenleitweg, der als Umlauf geplant wurde vom Eingang mit der Rückführung zum Eingang Ausgang.
→ F 5   Die Kundenleitweg-Planung

Management,
die Unternehmensleitung oder die von der Unternehmensleitung beauftragte Leitung, die Führung, Strategie, Durchführung, Kontrolle und Zuverlässigkeit bedeutet.
→ D 1   Das Management

Marke,
der Anspruch mit den Leistungen des Verkaufsraumes unverwechselbar zu sein und diese Leistungen und Erscheinungsbilder festzuschreiben als Leistungsversprechen, als Marke.
→ C   Das Ziel: Corporate Identity zur Unternehmensidentität
→ C 1   Das Profil

Marketing,
„die mit konsequenter Ausrichtung aller mittelbar und unmittelbar den Markt berührenden Entscheidungen an den evidenten Erfordernissen und Bedürfnissen der Verbraucher".
(Robert Nieschlag/Erwin Dichtl/Hans Hörschgen)

Marketinginstrumente,
die Leistungsbereiche für Maßnahmen und Politik zur Erreichung der Marketingziele.

Marketingkonzept,
„die dem Marketing zugrunde liegende unternehmerische Denk- und Geisteshaltung, deren Ausgangspunkt die Überzeugung ist, dass einerseits die Konsumenten durch ihr Verhalten ihre Wünsche und Bedürfnisse bzw. ihren Bedarf darüber entscheiden, welche Güter und Dienstleistungen Aufnahme auf dem Markt finden, und aus der andererseits die Schlussfolgerung abzuleiten ist, dass alle Denk- und Entscheidungsprozesse und alle Aktivitäten der Unternehmung systematisch und planmäßig auf die Bedürfnisse der Abnehmer und die Möglichkeiten potenzieller Märkte ausgerichtet sein müssen." (Wilhelm Hill)
Das Marketingkonzept muss das Marketingziel, das Ziel der Verkaufsrauminvestition auch in Kosten, Wirtschaftlichkeit und im Termin erreichen.
Die Merchandising-Architektur gibt die Möglichkeit, die Merchandising- und die Innenarchitektur-Leistungen als gemeinsame einheitliche Ziele festzulegen.
→ B 2.2   Das Marketingkonzept

Marketingmix,
die koordinierte Aktion, die geplante, optimale Kombination, die durch Abstimmung der Marketinginstrumente zueinander erreicht wird.
→ Marketinginstrumente

Marketingplanung,
der Teilbereich in der Gesamtplanung des Unternehmens, der den Einsatz der marktwirksamen Instrumente zur Erreichung der Marketingziele für das Marketingkonzept plant.

Marketingziele,
die im Rahmen der Marketingplanung aus den Gesamtzielen des Unternehmens abzuleitenden Ziele, die durch Marketing erreicht werden sollen.

Megatrends,
die Haupttrends, die Trends, denen sich niemand entziehen kann, das ist zum Beispiel die Gesundheitswelle, die Reiselust. Die Megatrends tragen in sich mehrere verschiedene Trends.
→ Trends
→ B 1.2   Die Trends

Memphis,
bedeutendes italienisches Design der Avantgarde-Gruppe Memphis, 1981 gegründet von Ettore Sottsass in bewusster Doppeldeutigkeit zur ägyptischen Stadt und zur Heimatstadt des Rock and Roll.
Gestalterische Eskapaden mit deutlicher, prägender Symbolsprache: Respektlos und heiter.
„Memphis-Möbel, das ist ein grellbunter, effektvoll gemixter Cocktail aus den verschiedensten Materialien, Farben und Mustern." (Dorothee Müller)

Merchandising,
die Absatz- oder Vertriebsförderung.
„Steuerung von Vertrieb und Verkauf, Absatzvorbereitung durch Vertriebsplanung, Absatzförderung, Förderung der Verkaufspolitik, Präsentation der Waren im Einzelhandelsgeschäft." (Eichborn)
Unter „Merchandising" verstehen sich alle absatzfördernden Leistungen des Unternehmens, die eher nutzungsbezogen, ökonomisch ausgerichtet sind und somit hauptsächlich sortiments- und mitarbeiterbezogen.
Das Merchandising fordert das Warenbild zur Sichtbarmachung der Leistungen. Im Innenarchitektur-Planungsprozess entsteht die Aufnahme in die → Innenarchitektur, aus dieser Verbindung entsteht die → Merchandising-Architektur.
→ B 3.1   Die Merchandising-Architektur

Merchandising-Architekt,
der ladenplanende Innenarchitekt, der den Verkaufsraum ganzheitlich plant auf den zwischen Ökonomie und Ästhetik ausgewogenen Zielen des Marketingkonzeptes.

Merchandising-Architektur,
die Doppelkodierung aus → Merchandising und → Innenarchitektur soll die Bezeichnung: Merchandising-Architektur tragen, für die besondere, ganzheitlich ausgewogene Qualität der Ladenplanung.
Die Merchandising-Architektur schafft den Einklang zwischen Ware und Raum, Warenbild und Raumgestaltung, Ökonomie und Ästhetik.
Die Merchandising-Architektur ist die wichtige Garantie dafür, dass die Merchandising-Leistungen und die Innenarchitektur-Leistungen gleichberechtigt in die Ladenplanung eingeführt werden. Die Merchandising-Architektur basiert auf dem Marketingkonzept, das die Marketingziele festgelegt hat.
→ B 3.1   Die Merchandising-Architektur

Milieu,
die besondere, eindrucksvolle Warenraumgestaltungsleistung, die Stimmungen auslösen kann.
Die Milieugestaltung fördert die besondere Stimmung und die Eigenart, die der Ware und dem Raum innewohnen, zum Milieuerlebnis.
→ C 4.5   Die Milieus

Minimalismus,
Minimalismus ist eine Einrichtungs-Philosophie: Ökonomie, Ökologie und Ästhetik: gutes Design, umweltfreundlich zu einem Niedrigpreis. Neue Werte finden, eine neue Nachdenklichkeit mit Ergebnissen: aus dem Willen zum bewussten und stolzen, weil ethisch fundierten Abheben vom unbekümmerten Verbrauch, von der Verschwendung und vom Luxus.
Gerade aus der Reduzierung als Ergebnis einer ethischen Selbstsicherheit erwächst der missionarische Auftrag und der Wille zur Prozession. Damit werden Warenträger preiswerter und das Design dieser Warenträger wichtiger.

Mitarbeiter,
ihre Aufgaben und ihre Kompetenz sind ein wesentlicher Faktor der Ladenplanung.
Die Aufgaben werden festgelegt im Marketingkonzept und die Mitarbeiter werden zur Mitarbeit an der Ladenplanung motiviert.
→ D 3   Die Mitarbeiter

Motivation,
der Mitarbeiter mit Aufgaben, um die erforderliche Innovation für die Ladenplanung und für die spätere Nutzung zu erhalten.
→ D 3.1   Die Motivation der Mitarbeiter

Multimedia,
Interaktive Kommunikation über elektronische Datenverarbeitung, die die simultane Kombination der (digitalisierten) Gestaltungselemente Schrift, Bild (bewegt und unbewegt), Ton (Sprache und Musik) ermöglicht. (Harald Jansen)

G Zu guter Letzt
G 1 Glossar

Die gleichzeitige Verwendung verschiedener Bild-, Film- und Tonmaterialien innerhalb einer Präsentation. (Willy Flassig)

Mythen,
ahistorische und historische Zitate, die als Symbole im Unternehmen benutzt werden. Die damit vorgestellte Idealisierung schafft die Verbindung zur Idealisierung in der Unternehmenskultur in ihrer emotionalen Wirkung auf Mitarbeiter und Konsumenten.

Nebenleitweg,
der Kundenleitweg, der abzweigt oder als weitere Möglichkeit zum Hauptleitweg angeboten wird.
→ Kundenleitweg

Neophile,
die neu in den Markt tretenden Jugendlichen (20–25 Jahre) mit dem ersten selbst verdienten Geld.
(Bezeichnung nach Prof. Dr. O. W. Haseloff)

Opportunität,
die bereitwillige Anpassung an die jeweiligen Trends aus den reinen Erwägungen heraus, für das Unternehmen einen Gewinn zu erzielen durch eine schnelle Erfüllung der Konsumentenerwartungen.
→ F 4.5 Die Leitmodifikation

Orchestration,
die Anpassung der Interpretation einer Komposition für eine bestimmte Orchesterbesetzung.
Im übertragenen Sinne:
das Abstimmen eines Designs, einer Architekturidee, eines Konzeptes auf die vorhandenen Ressourcen, auf das Kundenumfeld, auf ein Sortiment.

Orientierungspunkte,
die Entscheidungspunkte im → Kundenleitweg. Der Konsument erfährt hier verschiedene neue → Warenleitbilder zur Auswahl, von denen wichtige Informationen ausgehen. Sie können Hinweise geben, Erklärungen, aber auch Impulse, wie „Neuerscheinung", „Sonderangebot" oder ein Ereignis ankündigen. Der Konsument orientiert und entscheidet sich.
→ Kundenleitweg

Outdoor-Angebot,
die Außenwerbung, das Angebot auf Tischen vor der Eingangstür der Verkaufsräume.

Paneel-Licht-Struktur,
ein Begriff der Lichttechnik, quer gespannte Gitterträger mit der Möglichkeit des Einbaus von Stromschienen oder mit dem Anbau von Lichtrohrsystemen.
→ E 10.1 Die Lichttechnik

Point of Sale,
der Verkaufsort. Kennzeichnet das Geschehen und die Situation am Ort des Verkaufens im Verkaufsraum, an dem der Konsument über den Kauf entscheidet.

Popart,
aus popular art – volkstümliche Kunst.
„Die moderne, besonders amerikanische und englische Kunstrichtung, gekennzeichnet durch Bevorzugung großstädtischer Inhalte, bewusste Hinwendung zum Populären bzw. Trivialen und realitätsbezogene Unmittelbarkeit." (Duden)

Präsentationsrang,
die vom Sortiment ausgehenden Leistungen werden realisiert und in Warenbilder umgesetzt.
Der Präsentationsrang entstand aus der kontinuierlichen Weiterentwicklung des → Kompetenzranges im Wettbewerb.
Die Präsentation mit der Absicht der Umsatzsteigerung muss einen Informationsgewinn für den Konsumenten beinhalten.
→ C 3.3 Der Präsentationsrang

Profilierung,
bedeutet sich zu unterscheiden, abzuheben von der Masse der Mitbewerber, eine Einzigartigkeit erreichen, die die Konsumenten oder die Angehörigen mindestens einer Zielgruppe verstehen, als Besonderes oder Einmaliges und als unverwechselbar erkennen.
Die Profilierung des Unternehmens muss an die Erwartungen der Konsumenten nach oben angeglichen werden.
→ C 1 Das Profil

Quicktime,
EDV-Begriff:
Von Macintosh stammendes Datei-Format, in dem Animationen gespeichert werden können.

Rationalrang,
verkörpert die Rationalform des Warenverkaufes. Im Rationalrang steckt noch deutlich das Lagerprinzip.
→ C 3.1 Der Rationalrang

Raum,
neben dem Sortiment die wichtigste Grundlage der Unternehmensleistungen im Einzelhandel.
Die Merchandising-Leistungen, die eher sortimentssortiert sind, brauchen die Visualisierung im Raum und damit die Warenraumgestaltung und das Milieu.
→ Verkaufsraumgestaltung
→ D 4   Der Raum
→ E 4   Gestaltungsfeld: Verkaufsraum

Raumbewertung,
kann immer dann wichtig sein, wenn man die Nutzung und Effektivität eines Verkaufsraumes mit einem anderen Verkaufsraum vergleichen will und hierzu Beachtungskriterien des Kundenleitweges anführen möchte.
→ F 5.9   Verkaufsraum-Bewertung

Raumgestaltung
→ Verkaufsraumgestaltung

Raumkonzept,
die Raumordnung, Raumverteilung für die verschiedenen Verkaufsraumbereiche, Eingänge, Treppen und Nebenräume.
Das Raumkonzept wird damit neben dem Sortimentsplan ein wichtiges Element in der Marketingplanung des Unternehmens.
→ Verkaufsraumgestaltung

Reimaging,
ist die Initiative, die Sympathie der Konsumenten für das Unternehmen zu steigern, den Mitbewerber durch die ständige Arbeit am eigenen Image zu überflügeln.
→ Corporate Image
→ F 2   Die Sympathie

Relaxzonen,
die bewusst geplanten Zonen im Verkaufsraum zum Sitzen und Entspannen.
→ F 16.4   Relaxzonen: Sitzplätze für Kunden

Scanning,
die Bildabtastung, die Strichcodeabtastung. Der Scanner ist das Lesegerät, mit dem ein Laserstrahl die Strichcodes erkennen kann. Die Scannerkassentechnik gewinnt an Bedeutung.
→ Selfscanning

Sehfeld,
das Sehfeld des Konsumenten liegt planungstechnisch immer vor dem Konsumenten in seiner Laufrichtung. Geht der Konsument nicht in der Mitte des Raumes, dann korrigiert sich das Sehfeld.

Die Beachtung der Sehfelder ist wichtig für die Planung des Kundenleitweges.
→ Kundenleitweg
→ F 4   Der Kundenleitweg

Sehgreifhöhe,
die Zone, in der die Waren so präsentiert werden, dass sie sowohl im Hauptsehbereich als auch im Hauptgreifbereich der Konsumenten liegen. Die Sehgreifhöhe ist die qualitativ beste Ausstellungszone für Waren.
→ Ergonomie
→ E 7.1   Die Ergonomie

Selfscanning,
ist die Scannertechnik, mit der der Konsument selbstständig die Ware zur Abrechnung über den Scanner führt.
→ F 14.2   Selfscanning

Shop-in-the-Shop,
der „Laden im Laden". Großflächige Verkaufsräume neigen zum „Shop-in-the-Shop".
Die Angebotsform in den Warenbildern ändert sich zu der allgemeinen Angebotsform, unterstützt durch unterscheidende Warenträger.
Shop-in-the-Shop dient der Orientierung und damit dem Kundenleitweg. Im Wesentlichen wird er als besonderer Akzent in der Warenplatzierung gebraucht – ein neues oder wichtiges Sortiment wird besonders auffallend platziert.
Shop-in-the-Shop bedeutet Unterscheidung im Sortiment und wird deutlich durch die Freistellung im Raum und durch die besondere unterscheidende Gestaltung.

Shopping,
einkaufen, einkaufen gehen, der Einkaufsbummel, auch sich informieren über Waren im → Browsing.
Die besondere Art die Einkaufswelt zu erleben und zu genießen. Warenbilder, Kundenleitwege, Warenraumgestaltungen und Inszenierung folgen den Erwartungen nach interessanten Waren, Information und nach Emotionalität.
→ Windowshopping

Short-time-seller,
Innenmöbel, insbesondere Tische für „schnelle" Waren, die aktuell oder neu sind oder in einer Aktion besonders beworben werden sollen.
Die vielseitige Verwendbarkeit der Warenträger für die verschiedensten Waren, auch für Bedarfsbündelungen ist wichtig.
Short-time-seller bringen Überraschungen und fördern den Impulskauf.

G Zu guter Letzt

G 1 Glossar

Softnomics,
ist das Informationsprodukt über das Produkt, die Ware veredeln durch Information über die Ware. Diese Informationen sind nur dann wirkungsvoll, wenn sie den Nutzen, die Anwendung und den Vorteil für den Konsumenten erklären können.
Softnomics bestätigen das soziale Prestige, das der Ware innewohnt.

Sortiment,
die Summe aller Waren im Verkaufsraum.
Der Leistungsbereich Sortiment hat nichts von seiner zentralen Bedeutung verloren.
→ D 5   Das Sortiment

Spiegelrasterleuchten,
ein Begriff der Lichttechnik, die Auf-, Einbau- und abgependelten Leuchten sind mit Spezialreflektor ausgestattet und mit Leuchtstofflampen.
→ E 10.1 Die Lichttechnik

Split-level,
die gebräuchliche, englische Bezeichnung für Geschoss-Staffelung bzw. für Zwischenstockwerke.
→ F 15.1 Die Staffelungen

Standort,
die Lage des Unternehmens im Konsumenten- und Verkehrsstrom. Der Standort ist für die Bedeutung des Unternehmens in der Öffentlichkeit wichtig.
→ D 4.4   Der Standort

Store-Erosion,
ist die Bezeichnung für die Abnutzung der Einrichtung, sowohl für die physische Abnutzung durch Verschleiß als auch die psychologische Veralterung wie das Unmodernwerden.
Die Nutzungsdauer der Einrichtung muss zu Beginn der Investition gefunden werden um eine Wirtschaftlichkeitsrechnung aufstellen zu können. Nicht nur die technische Abnutzung und der allgemeine Verschleiß zählen, sondern auch die Einflüsse aus Sortimentsveränderungen. Veränderungen in der Bedeutung des Standortes und die erforderliche Umstellung für Warenbilder, Browsing und Bedienungsformen bewirken in der Hauptsache die Store-Erosion.

Sympathie,
in den Unterscheidungen am Markt wird es wichtiger die größere Sympathie der Konsumenten zu erreichen und zu erhalten.
Zwischen den konkurrierenden Unternehmen läuft ein Sympathiewettbewerb.
→ Corporate Image
→ Reimaging
→ F 2   Die Sympathie

Synkopen,
ein Begriff aus der Musik wurde in die Warenplatzierung übernommen. Die Übergänge von einem Sortimentsbereich in den anderen sollten in den beiden gegenüberliegenden, korrespondierenden Wänden versetzt platziert sein. Die Übergänge werden so weicher, vermittelnder und informativer für Konsumenten.
→ Korrespondierende Sortimente
→ F 5.1 Der Loop wird geplant

Szenisches Gestalten,
der Aufbau von Szenen im Verkaufsraum oder im Schaufenster.
Menschengruppen, durch Puppen nachgestellt, spielen in einer Szene den Bezug zur Ware. Der Verkaufsraum eine Bühne! Die Inszenierung läuft!
→ C 4   Die Inszenierung

Trading-up,
die ständige „Anhebung der Unternehmensleistungen" aufgrund steigender Konsumentenerwartungen.
→ Reimaging

Trends,
„Die von Zufallsschwankungen unabhängige Grundrichtung" (Koschnick)
Die Trends sind ständig in Fluss, viele Trends lösen Antitrends aus. Der Markt belebt sich durch ständig neue Trends. Sie sind oft vorhersehbar, einige sind logisch in der Entwicklung, aber der genaue Zeitpunkt ist schwer vorhersehbar.
Unternehmen, die Trends spüren oder auslösen können, haben einen überproportionalen Erfolg am Markt.
→ Megatrends
→ B 1.2   Die Trends

Unternehmensethik,
das humane Geschäftsprinzip zu Konsumenten und Mitarbeitern, das gerechte Preisleistungsverhältnis, Umweltfreundlichkeit und eine Begegnungskultur erreichen zum ständigen Dialog. Der Unternehmensethik liegt die Idee zur humanen Unternehmensführung der Unternehmensphilosophie zugrunde.
Die Ladenplanung muss die Pflicht zur ehrlichen Darstellung der wirklichen Leistungen des Unternehmens als Aufgabe erkennen.
→ Unternehmensphilosophie
→ B 2.1 Die Unternehmensphilosophie

Unternehmensidentität,
die Unternehmenswirklichkeit, die Summe aller tatsächlichen Leistungen nach außen und nach innen.
Die Unternehmensidentität ist der Istzustand des Unternehmens im Gegensatz zum Sollzustand der Unternehmensphilosophie.
Die Unternehmensidentität besteht aus den drei wesentlichen im Rang aufeinander abgestimmten Ebenen:
→ Unternehmenskultur
→ Unternehmensdarstellung
→ Unternehmenskommunikation.
Die Corporate Identity verbindet die aufeinander abgestimmten Maßnahmen in Richtung Verbesserung der Unternehmensidentität.
→ Corporate Identity
→ C   Das Ziel: Corporate Identity zur Unternehmensidentität

Unternehmensdarstellung,
die gesamte Darstellung des Unternehmens, die in den meisten Fällen einheitlich aufeinander abgestimmt sein soll mit allen Erscheinungsformen.
Das Corporate Design verbindet die aufeinander abgestimmten Maßnahmen zur Unternehmensdarstellung.
→ Corporate Design
→ E   Designmarketing:
    Die Gestaltungsidee Corporate Design zur Unternehmensdarstellung

Unternehmenskommunikation,
alle Maßnahmen, mit denen sich das Unternehmen nach außen öffnet und nach innen verständigt, über sich berichtet, einlädt und den Dialog fördert. Die Corporate Communications verbindet die aufeinander abgestimmten Maßnahmen zur Unternehmenskommunikation.
→ Corporate Communications
→ F   Kommunikationsmarketing:
    Die Einladung Corporate Communications zur Unternehmenskommunikation

Unternehmenskultur,
das Handeln und Verhalten im Unternehmen, die Sortimentsauswahl und die Bedarfsbündelung, die Interaktionen, der Führungsstil und der Einsatz der Mitarbeiter.
Die Corporate Culture verbindet die aufeinander abgestimmten Maßnahmen zur Unternehmenskultur.
→ Corporate Culture
→ D   Grundleistungsmarketing: Die Geschäftsidee Corporate Culture zur Unternehmenskultur

Unternehmensphilosophie,
die Basis, das Glauben und Denken im Unternehmen, das Soll, die Idee des Unternehmens. Die Marketingziele, das Marketingkonzept, die geforderte Befriedigung der Konsumentenerwartungen folgen der Unternehmensphilosophie.
Im Gegensatz dazu die Unternehmensidentität, die Summe der tatsächlichen Leistungen im Unternehmen.
→ Unternehmensethik
→ B 2.1   Die Unternehmensphilosophie

Unternehmensziel,
die → Marketingziele des Unternehmens.

Uplights,
ein Begriff der Lichttechnik. Wand-, Stativ- oder Stehleuchten, die mit einem Reflektor zur Decke oder Wand gerichtet sind.
→ E 10.1   Die Lichttechnik

Vagabundierende Kaufkraft,
Konsumenten, die mehreren Bedarfsgruppen bzw. Zielgruppen mit sich widersprechenden Erwartungen gleichzeitig angehören, entwickeln eine vagabundierende Kaufkraft, die von der Marketingforschung schwierig zu veranlagen ist.
Die vagabundierende Kaufkraft trifft auf immer mehr Konsumenten zu, sie verdient daher mehr Beachtung in den Unternehmen.

Verkaufsraum,
die zunehmend öfter benutzte Bezeichnung für Laden.

Verkaufsraumgestaltung,
die gleichzeitige Gestaltung von Ware und Raum für die gleichzeitige Wirkung von Ware und Raum.
Die Warenraumgestaltung ist die logische Fortsetzung des Denkens und Handelns in Warenbildern unter Einbeziehung von Raumbildern. Sie basiert auf den Erkenntnissen der Merchandising-Architektur.
Die Warenraumgestaltung ist im Zusammenspiel von Ware und Raum die wesentliche Grundlage für Milieus und Inszenierungen.
→ D 6   Der Verkaufsraum entsteht
→ E 4   Gestaltungsfeld: Verkaufsraum

Viewsection,
im Verkaufsraum der Bereich, von dem man weitere Bereiche übersehen kann.

Virtuelle Realität (Abk.: VR),
EDV-Begriff: „Künstliche Wirklichkeit", künstliche Nachbildung einer dreidimensionalen Welt im Computer.

Visual Merchandising,
die aus Amerika stammende Bezeichnung, die zuneh-

G Zu guter Letzt

G 1 Glossar

mend auch in Europa verwandt wird für „die optisch wirksame Verkaufsförderung" durch Warenbilder.

Visual Presentation,
die aus Amerika stammende Bezeichnung für die „bildliche Darstellung" der Waren, die Präsentation der Ware in bewusst gestalteten Warenbildern.

VRML-Format,
EDV-Begriff:
Datei-Format, mit dessen Hilfe VR-Szenen im Web dargestellt werden können.

Wandfluter,
ein Begriff der Lichttechnik, die Ein- und Aufbau- sowie gependelte Leuchte, im Wesentlichen bestückt mit Leuchtstofflampen.
→ E 10.1 Die Lichttechnik

Wandscheibe,
das frei im Raum oder vor einer Wand stehende Wandteil, das so breit ist, dass man es nicht mehr als Pfeiler bezeichnen kann.
→ F 4.3.4 Die Wandscheiben

Warenbilder,
Warenbildgestaltung,
die Warenbilder sind der Denkprozess in der Visualisierung der Sortimentsleistungen, gepaart mit Informationen und Erklärungen, mit Anregungen und Hinweisen. Das Denken in Warenbildern ist die Basis der Merchandising-Architektur und damit einer erfolgreicheren Ladenplanung.
In Warenbildern denken und handeln bedeutet das Sortiment für den Konsumenten in „sprechenden" Bildern zu ordnen.
Warenbilder haben unterschiedliche Aufgaben:
– Blickfänge, Eyecatcher, Pointierungen, Akzente für wichtige Waren
– Warenleitbilder, Highlights im Kundenleitweg mit besonderen Leitaufgaben. Die auffallenden Warenleitbilder geben Signale zur Kundenführung
– Faszinationsbilder, Fascinations-Points, Überraschungen und Impulse geben
– Lebensstilbilder, Lifestyle-Points, die Status zeigen und den Lebensstil praktizieren.
→ E 5 Gestaltungsmittel: Ware
→ E Gestaltungmittel: Bilderwelten

Warenleitbilder,
auch als Highlights bezeichnet.
→ Warenbilder
→ F 7.3 Die Warenleitbilder im Kundenleitweg

Warenraum,
die ideelle und tatsächliche räumliche Einheit von Sortiment und Raum im Verkaufsraum.
→ D 6 Der Verkaufsraum entsteht

Warenträger,
sind die Einrichtungsteile, die die Ware aufnehmen und organisieren wie Regale, Ständer, Tische, Theken. Warenträger müssen die Ware ordnen und die richtige ergonomische Beziehung zum Konsumenten herstellen.
→ E 7 Gestaltungsmittel: Warenträger

Warenplatzierung,
die Übertragung des distributionspolitischen Sortimentsplanes in den Verkaufsraum.
Die logische, kundenverständliche Aufteilung des Sortiments auf die einzelnen Bereiche im Verkaufsraum.
→ F 7 Die Warenplatzierung

Wellness,
ist ein Trend amerikanischen Ursprungs.
Begriffdeutung:
„Der anspruchsvolle Konsument möchte in Harmonie mit sich und seiner Umwelt leben, dabei genießen und anerkannt werden."
(Bolke Behrens – Wirtschaftswoche 51/1990)

Wertewandel,
→ Käufermarkt

Windowshopping,
oder Schaufensterbummel. Der Schaufensterbummel wird wieder zunehmend wichtiger.
→ Shopping

Zielgruppen,
Zielgruppen kristallisieren sich durch gleiche oder ähnliche Erwartungshaltungen im Marketingforschungs-Prozess.
Die Unternehmen stellen fest, dass bestimmte Erwartungen an Waren und Dienstleistungen sich auf Gruppen konzentrieren. Diese Gruppen werden zur Marketingzielorientierung und somit Zielgruppen.
Zielgruppen sind immer Momentaufnahmen wie ein Blitzlichtfoto. Morgen hat sich schon wieder einiges verschoben.
Die Zielgruppen werden als marketingpolitischer Faktor gebraucht. Auch hier gilt, je spezieller, desto exklusiver ist die erwartete Ware, desto kleiner ist die Zielgruppe und desto präziser muss diese Zielgruppe in ihren Wünschen definiert werden.
→ B 1.3 Die Zielgruppen

G2 Gesetze und Verordnungen zur Ladenplanung

Eine Aufstellung, alphabetisch geordnet, der wichtigen Gesetze, Verordnungen und Bestimmungen für die Ladenplanung und für den Ladenbau entstanden unter Mitwirkung des RA Dr. Wolfram Krause, Geschäftsführer des Deutschen Ladenbau-Verbandes.

Arbeitsschutzgesetz:
Gesetz zur Umsetzung der EG Rahmenrichtlinie; es handelt sich um das neue Grundgesetz des Arbeitsschutz in Deutschland. Als Rahmengesetz ist es die Rechtsgrundlage für alle nachgeordneten bisherigen Arbeitsschutzverordnungen und Richtlinien, die weiterhin Gültigkeit haben.

Arbeitsstätten-Verordnung, Arbeitsstättenrichtlinien (ASR)
Sind als Vorschriftenwerk zur Verbesserung des Arbeits- und Gesundheitsschutzes ein wichtiger Schritt zur Humanisierung des Arbeitslebens.
Wichtige Beispiele sind:
– ASR 7/3   künstliche Beleuchtung
– ASR 8/4   lichtdurchlässige Wände
– ASR 13/1,2 Brandschutz an Arbeitsplätzen
– ASR 18/1–3 Fahrtreppen/Fahrsteige
– ASR 34/1–5 Umkleideräume
– ASR 37/1   Toilettenräume

Verordnung über Aufzugsanlagen Aufzugsverordnung (AufzV)
Gilt für die Einrichtung und den Betrieb von Aufzuganlagen. Sie wird ergänzt durch die Technischen Regeln für Aufzüge (TRA).

Arbeitssicherheitsgesetz (AsiG)
Gesetz über die Betriebsärzte, Sicherheitsingenieure und andere Fachkräfte für Arbeitssicherheit.

Baugesetzbuch (BauGB)
(Baugesetzbuch ist die Bezeichnung für das erweiterte Bundesbaugesetz [BBauG])
Es beinhaltet:
– Allgemeines Städtebaurecht
– Besonderes Städtebaurecht
– sonstige Vorschriften
– Überleitungs- und Schlussvorschriften

Baunutzungsverordnung (Bau NVO) Verordnung über die bauliche Nutzung der Grundstücke
Hierin sind geregelt:
– Art der baulichen Nutzung
– Maß der baulichen Nutzung
– Bauweise, überbaubare Grundstücksflächen
– Überleitungs- und Schlussvorschriften
Die BauNVO ist bei Neu- und Umplanungen zu beachten, weil sie die Art der baulichen Nutzung regelt, d.h. wo Läden errichtet werden dürfen.

Bauordnungen,
die Landesbauordnungen (LBO) fassen alle gültigen Baugesetze für ein Land zusammen,
zum Beispiel:
– Landesverordnung Nordrhein-Westfalen (BauONW)

(Bauordnungsrecht Nordrhein-Westfalen, Baugenehmigungsverfahren, Rechtsgrundlagen von A–Z).
Die Landesbauordnung fasst alle gültigen Baugesetze für Nordrhein-Westfalen zusammen.
Empfehlenswert für alle Bundesländer!
– Landesbauordnung, Niedersachsen
Niedersächsische Bauordnung [NBauO]
Gesetzestext und Verordnungen über:
– das Grundstück und seine Bebauung
– allgemeine Anforderungen an Baumaßnahmen und bauliche Anlagen
– Baustoffe, Bauteile und Bauarten
– den Bau und seine Teile
– besondere bauliche Anlagen und Baugestaltung
– Verantwortliche Personen
– Behörden
– Genehmigungsverfahren
– sonstige Vorschriften über die Bauaufsicht
Die LBO wird ergänzt durch Allgemeine Verordnungen zur Landesbauordnung (AVOBauO).

Baustoffe
Die Verwendung vieler Baustoffe unterliegt gesetzlichen Regelungen hinsichtlich ihrer Güte und Ausfertigung. In der so genannten Baurgeliste des Deutschen Instituts für Bautechnik sind für viele Gewerke Anforderungen hinsichtlich der Prüfung, Zertifizierung und Überwachung von Baustoffen, die in Gebäuden eingesetzt werden, geregelt. Es handelt sich hierbei um Bauprodukte, die von besonderer Bedeutung für Standsicherheit, Gesundheitsschutz und Brandschutz in einem Gebäude sind. Im Einzelnen ist festgelegt, auf welche technische Norm die Beschaffenheit von und in welcher Weise die Baustoff- bzw. Bauproduktgüte überwacht werden muss. Die benannten Baustoffe/Bauprodukte müssen ein Ü-Zeichen aufweisen, aus dem die Zertifizierungsstelle sowie die jeweilige technische Norm erkennbar sind. Fehlt das Ü-Zeichen auf einem Bauprodukt (bzw. im Lieferschein), obwohl es gefordert ist, darf das betreffende Bauprodukt in Deutschland nicht verwendet werden. Die Verantwortung hierfür trägt u.a. der Planer.

Betriebsverfassungsgesetz (Betr.VG)
Zweiter Abschnitt: Mitwirkungs- und Beschwerderecht des Arbeitnehmers.
§81. Unterrichtungspflicht des Arbeitgebers:
(2) „Über Veränderungen in seinem Arbeitsbereich ist der Arbeitnehmer rechtzeitig zu unterrichten."
§82. Anhörungs- und Erörterungsrecht des Arbeitnehmers:
„Er ist berechtigt, zu Maßnahmen des Arbeitgebers, die ihn betreffen Stellung zu nehmen sowie Vorschläge für die Gestaltung des Arbeitsplatzes und des Arbeitsablaufes zu machen."

Bildschirmarbeitsverordnung (BildschArbV)
ist gültig für alle Bildschirmarbeitsplätze, die Beschäftigten sowie für die Gestaltung der Bildschirmarbeitsplätze

– EU-Richtlinien
z.B. Bildschirmarbeitsplätze,
sind verbindliche Gesetze, welche sich an die Regierungen der Mitgliedstaaten richten, und von diesen umgesetzt werden müssen.

Brandschutz
Zahlreiche Vorschriften regeln den Brandschutz an Arbeitsplätzen (z.B. Anzahl der bereit zu haltenden Feuerlöscher) im Betrieb. Wichtig sind Brandschutzvorschriften bei der Bauausführung, z.B. Brandschutz bei Schweißarbeiten (vorbeugende Maßnahmen gegen Funkenflug, Bereithalten von Feuerlöschern). Wichtig sind schließlich planerische Kenntnisse über stationären Brandschutz in Gebäuden: Der Gesetzgeber sieht z.B. in der Verkaufsstätten-Verordnung vor, dass durch technischen Brandschutz – z.B. Sprinkler-Anlagen – kostenträchtige Maßnahmen für baulichen Brandschutz – z.B. Brandwände, Brandschutz-Tore und -Türen – eingespart werden können. Dies ist beim Architekten nicht bekannt. Viele Verordnungen regeln z.B. bauliche Maßnahmen zur Entrauchung, zur Freihaltung von Zufahrtswegen für die anrückende Feuerwehr oder der Gestaltung von Flucht- und Rettungswegen; Planungsfehler lassen sich vermeiden, wenn frühzeitig mit der örtlichen Bauaufsicht – Abteilung vorbeugender Brandschutz – bzw. die Feuerwehr Kontakt aufgenommen wird.

Bürgerliches Gesetzbuch (BGB)
Im BGB ist ein Teil des Privatrechts, das „bürgerliche Recht", geregelt. Hier interessiert vorrangig das Dritte Buch „Sachenrecht" (über: Besitz, Grundstücke, Eigentum, etc.)

Datenschutz
siehe „Schutzansprüche"

Denkmalschutzgesetz
Zum Beispiel Nieders. Denkmalschutzgesetz, Gesetzestext zur Erhaltung schützenswerter Bausubstanz; insbesondere zu beachten bei Umbauten, Renovierungen, Fassadenveränderungen, etc. sowie Nutzungsveränderungen.

DIN-Normen
werden herausgegeben von DIN – Deutsches Institut für Normung e.V., Berlin. DIN-Normblätter gibt es für die unterschiedlichsten Bereiche, wie zum Beispiel Zeichnungswesen, Ausbautechnik und Innenraumgestaltung, für den Möbelbereich, Gestaltung von Kassenarbeitsplätzen, für Bodenlegearbeiten, Fliesen- und Plattenarbeiten, elektrische Kabel- und Leitungsarbeiten, Holzschutz, Brandschutzmaßnahmen, Baustoffe, Wärmeschutz.
Beispiele wichtiger, den Ladenbau betreffender DIN-Normen:
DIN 276 Kosten im Hochbau
DIN 1053 Mauerwerksbau
DIN 4102 Einordnung von Baustoffen und Bauteilen hinsichtlich ihres Brandverhaltens

DIN 4108 Wärmedämmung
DIN 4109 Schallschutz im Hochbau

Energieeinsparungsgesetz
Gesetz zur Einsparung von Energie in Gebäuden
Gaststättengesetz (GastG) Verordnung zur Durchführung des Gaststättengesetzes (DVOGastG)
Hier sind in Abschnitt II die Mindestanforderungen an die Räume geregelt.

Gebrauchsmuster-Schutz,
Arbeitsgerätschaften, Gebrauchsgegenstände oder Teile davon, die eine neue Gestaltung, Anordnung, Vorrichtung oder Schaltung aufweisen und auf einer Erfindung beruhen. G. können nach dem Gebrauchsmusterrecht geschützt werden.
(Gabler, Wirtschaftslexikon)

Gebrauchsmuster, Gebrauchsmustergesetzt (GebrMG),
gewerbliches Schutzrecht, das neben dem Patent Schutz für technische Erfindungen gewährt. G. werden auf der Grundlage des Gebrauchsmustergesetzes (GebrMS) i. d. F. vom 28.8. 1986 (BGBl I 1455 m. spät. Änd.) eingetragen, sind einfacher und preiswerter zu erlangen als Patente und bieten nicht nur den kleinen Alltagserfindungen, für die der Gebrauchsmusterschutz ursprünglich gedacht war, sondern auch bedeutenden Erfindungen einen wirksamen Schutz.
G. sind beim → Deutschen Patentamt (DPA) anzumelden (§4 GebrMG), auch die internationale Anmeldung ist möglich (Art. 2, 43 → Patent Cooperation Treaty (PCT). Liegt eine ordnungsgemäße Anmeldung vor, wird das G. ohne Prüfung auf seine materielle Schutzfähigkeit eingetragen und bekannt gemacht (§8 GebrMG), die Offenlegung unterbleibt bei → Geheimgebrauchsmustern (§9 GebrMG). Prioritätsrechte aus einer früheren in- oder ausländischen Patent- oder Gebrauchsmusteranmeldung können beansprucht werden. Mit der Eintragung erwirbt der Anmelder ein Ausschließlichkeitsrecht (§11 GebrMG), es sei denn, der Gegenstand der Anmeldung ist nicht gebrauchsmusterschutzfähig, bereits Gegenstand eines älteren Rechts oder geht über den ursprünglichen Inhalt der Anmeldung hinaus, sodass das G. auf Antrag von jedermann, ganz oder teilweise zu löschen ist (§13 I, §15 I,III GebrMG).
Die Schutzdauer ist auf drei Jahre befristet, beginnt mit dem Tag zu laufen, der auf den Anmeldetag folgt, und kann gegen Zahlung entspr. Gebühren auf insgesamt 10 Jahre verlängert werden (§23 GebrMG).
(Auszug aus Gabler: Wirtschaftslexikon)

Gerätesicherheits-Gesetz
regelt die technische Sicherheit von technischen Arbeitsmitteln. Wichtigste Rechtsgrundlage zur technischen Betriebssicherheit von Gerätschaften und Einrichtungen, wie sie auch sehr häufig im Ladenbau vorkommen. Angehängt sind Verordnungen und Verweise auf viele technische Vorschriften, die den so genannten Stand der

G Zu guter Letzt

G2 Gesetze und Verordnungen zur Ladenplanung

Technik darstellen; erst durch den Verweis auf diese Normen (z.B. DIN-Normen) werden diese zu unmittelbar geltendem Recht. Die Anhänge und Verordnungen mit den Verweisen auf technische Vorschriften werden vom Bundesarbeitsministerium veröffentlicht.

Geschäftshausverordnung (GhVO) oder Verordnung über Waren- und Geschäftshäuser (früher Warenhausverordnung [WaV]) Ist eine Länderverordnung, welche nicht in allen Bundesländern erlassen wurde; gilt für Waren- und Geschäftshäuser mit mehr als 2000 m² Nutzfläche, die in anderen Geschossen als dem Erdgeschoss und dem Obergeschoss liegen.
Inhalt dieser Verordnungen:
I. Anwendungsbereich
II. Bauvorschriften:
– Lage und Zugänglichkeit der Verkaufsräume
– Verkaufsräume
– Wände und Decken
– Dächer und Anbauten
– Brandabschnitte, Gänge und Flure
– Treppen, Treppenräume
– Ausgänge, Türen, Schaufenster
– Elektr. Anlagen, Beheizung, Lüftung
– Abfallagerung
– Feuermelde- und Löscheinrichtungen
III. Betriebsvorschriften
IV. Ordnungswidrigkeiten

Geschmacksmuster, Geschmacksmustergesetz (GeschmMG)
Vorlage für Massenwaren (gewerbliche Erzeugnisse), verwendbares Muster (Vorlagen für Flächen mit zweidimensionalen Gestaltungen) oder Modell (Vorlagen für dreidimensionale Gestaltungen), das der Gestaltung der äußeren Form dient. Schutz nach Geschmacksmusterrecht.

Geschmacksmusterrecht,
gewerbliches Schutzrecht auf urheberrechtlicher Grundlage für schöpferische Gestaltungen gewerblicher Erzeugnisse, geregelt im Geschmacksmustergesetz vom 11.1. 1876 (RGBl S. 11, zuletzt geändert durch Gesetz vom 25.10. 1994, BGBl I 3082 GeschmMG). Schutzobjekt ist eine neue Formgebung für gewerbliche Erzeugnisse, in der eine persönliche schöpferische Leistung zum Ausdruck kommt. Gewerbliche Erzeugnisse sind einheitliche, selbstständig verkehrsfähige Gegenstände, die auch ein Zwischenerzeugnis oder ein selbstständig verkehrsfähiger Teil eines Erzeugnisses sein können.
(Auszug aus Gabler: Wirtschaftslexikon)

HOAI
Ist die Honorarordnung für Leistungen der Architekten und Ingenieure. Hierbei ist für Honorarfragen im Ladenbaubereich von Bedeutung:

Teil I: Allgemeine Vorschriften und
Teil II: Leistungen bei Gebäuden, Freianlagen und Innenräumen

Kassenarbeitsplätze
Von der Berufsgenossenschaft für den Einzelhandel in Zusammenarbeit mit den Landesämtern für Arbeitssicherheit geschaffene neue Empfehlung (Stand Oktober 1999); bezeichnet als „Handlungsanleitung zur Beurteilung der Arbeitsbedingungen an Kassenarbeitsplätzen – LV 20); nach dieser Empfehlung werden die Ladenbauer künftig Kassenarbeitsplätze gestalten, es sei denn, es sind im Einzelfall abweichende Sondervereinbarungen getroffen.

Ladenschlussgesetz
Regelt die Öffnungszeiten von Verkaufsstätten etc.
Gesetz über den Ladenschluss vom 28.11. 1956 mit aktuellen Änderungsgesetzen dieses Gesetz ist im Fluss, es gibt nicht wenige Stimmen, die auf Sicht den Wegfall des Gesetzes erwarten als eine heute nicht mehr zeitgemäße Einflussnahme des Staates auf den Einzelhandel.

Lebensmittel- und Bedarfsgegenständegesetz
Findet Berücksichtigung bei Lebensmittelgeschäften, Supermärkten, Gaststätten und Cafés, Warenhäusern etc.

Luftreinhalte-Verordnungen
Verordnung der Länder für Arbeitsplätze und Innenräume der TA der Technischen Anleitung zur Reinhaltung der Luft mit VW-Vorschriften zum Bundes-Immissionsschutzgesetz und die 4. BImSchV).
→ D 7.2.1 Dr. Dirks: Duftstoffe, Duftstoffmarketing

Nachbarrechtsgesetz (NachbG)
(Nach Bundesländern getrennt, zum Beispiel das Nieders. NachbG). Regelt die Belange der Nachbarwand, Grenzwand, Fenster- und Lichtrecht, Einfriedungen, Grenzabschnitte für Pflanzen, Waldungen und Gebäude im Außenbereich.

Örtliche Gestaltungssatzungen
Sind zusätzliche, von Stadt oder Gemeinde festgelegte Satzungen zur Einhaltung bestimmter örtlicher Gegebenheiten, zum Beispiel einheitliche Fassadenfarbe, Verwendung gleichartiger Baumaterialien, einheitliche Dachform etc.

Patent, Patentgesetz PatG
gewerbliches Schutzrecht, das neben dem Gebrauchsmuster für den Schutz technischer Erfindungen gewährt wird. P. werden auf der Grundlage des Patentgesetzes (PatG) i.d.F. vom 16.12.1980 (BGBl. 1981 I S.1, m. spät. Änd.) erteilt und unterscheiden sich in den Schutzvoraussetzungen von den Gebrauchsmustern dadurch, dass P. auch für Verfahrenserfindungen erteilt werden können, höhere Anforderungen an die Erfindungshöhe gestellt werden und der Erteilung ein Prüfungsverfahren vorausgeht, sodass ein qualifiziertes Schutzrecht hoher Bestandskraft entsteht.
– 1.Grundzüge: Patentfähig sind alle neuen und gewerblich anwendbaren Erfindungen, die auf einer erfinderischen Tätigkeit beruhen. Erfasst werden alle Arten technischer Erfindungen.
– 2. Verjähren: Um Erteilung eines P. ist durch Anmeldung der Erfindung nachzusuchen. Über das Gesuch wird im Erteilungsverfahren vor dem Deutschen Patentamt (DPA), im Beschwerdegericht (BpatG) und im Rechtsbeschwerdeverfahren vor dem Bundesgerichtshof (BGH) entschieden.
– 3. Schutzdauer: Der Schutz ist auf 20 Jahre befristet, beginnt mit dem auf den Anmeldetag folgenden Tag zu laufen (§ 16 PatG) und setzt jährlich Zahlung der laufenden Gebühren voraus.
– 4. Verletzung: Wer ohne Zustimmung des Rechtsinhabers Gegenstände nach der geschützten Lehre herstellt, anbietet, in Verkehr bringt, gebraucht oder ein geschütztes Verfahren ausführt, verletzt die Rechte aus dem Patent, sofern nicht ein Ausnahmefall nach § 11 PatG vorliegt.
(Auszug aus Gabler: Wirtschaftslexikon)

Richtlinien der Deutschen Veterinärmedizinischen Gesellschaft
Muss berücksichtigt werden bei Planungen von zoologischen Abteilungen in Warenhäusern und bei Zoohandlungen.

Schallschutz,
meist regional geltende Richtlinien zum Schallschutz; z.B. technische Baubestimmungen zum Schallschutz in einzelnen Bundesländern.

Schutzansprüche
– siehe Gebrauchsmuster
– siehe Geschmacksmuster
– siehe Patent

Sicherheitsregeln
gibt es zum Beispiel für:
– Büroarbeitsplätze ZH 1/535
– Bildschirmarbeitsplätze im Bürobereich ZH 1/618

Städtebauförderungsgesetz (StBauFG)
Richtlinien zur Förderung städtebaulicher Sanierungs- und Entwicklungsmaßnahmen nach dem Städtebauförderungsgesetz (Städtebauförderungsrichtlinien [R-STBauFG]).

Tierschutzgesetz
Muss berücksichtigt werden bei Planungen von zoologischen Abteilungen in Warenhäusern und bei Zoohandlungen.

Umweltschutz
Zahlreiche Bestimmungen, die den umweltgerechten Umgang mit Bau- und Betriebsstoffen regeln. Beispiele sind Chemikalien-Verbotslisten des Bundesjustizministeriums, Richtlinien über die Bewertung und Verwendung PCB-haltiger Baustoffe des Deutschen Instituts für Bautechnik, Richtlinien zum Umgang mit asbesthaltigen Baustoffen (u.a. Gefahrstoff-Verordnung, technische Richtlinie Gefahrstoffe TRGS 519) bzw. mit Maschinen und Geräten, die Asbest emittieren können.

Unfallverhütungsvorschriften
Regeln die Sicherheit der beschäftigten Personen am Arbeitsplatz.

VDE-Bestimmungen
Sind Sicherheitsbestimmungen der Vereinigung Deutscher Elektroingenieure. Alle zum Gebrauch bestimmten elektrischen Teile und Geräte, Leuchten etc. müssen mit einem VDE-Sicherheitszeichen versehen sein.

Verdingungsordnung für Bauleistungen (VOB)
Die VOB beinhaltet das Bauvertragsrecht zwischen Auftraggeber und Auftragnehmer, die Ermittlung, Ausschreibung, Vergabe und Abrechnung von Bauleistungen, Mängelhaftungsrecht.

Verkaufsstätten-Verordnung
Neues Länderrecht: Verordnung über Bau- und Betrieb von Verkaufsstätten, löst bisherige Geschäftshaus-Verordnungen o. Ä. (siehe Stichwort dort) ab, ohne dass aber inhaltlich wesentliche Abweichungen vorliegen. Generell gilt: Diese Verordnung fällt in die Zuständigkeit der Länder und ist eine so genannte Sonderbau-Verordnung (ähnlich wie Garagen-Verordnungen, Versammlungsstätten-Verordnung, Gaststätten-Verordnung etc.). Solche Sonderbau-Verordnungen gibt es in allen 16 Bundesländern, die sich aber von Bundesland zu Bundesland erheblich unterscheiden können. Grundlage jeglicher Sonderbau-Verordnung ist die jeweilige Landesbau-Ordnung.

Wärmeschutzverordnung – WSVO (WärmeschutzV)
Verordnungen zu Energiesparung und Wärmeschutz

Warenverordnung
siehe „Geschäftsverordnung"

Anmerkung:
Das gesamte Baurecht von Bund und Ländern sowie Gesetze, Verordnungen und Vorschriften gibt es bei diversen Fachverlagen auf CD-ROM und in Form von themenorientierten Praxishandbüchern.

G 3 Experten-Beiträge

Arnold, Britta
München
→ C 5.6 Kreft, Wilhelm:
Die Oper im Untergeschoss

Bartels, Hans-Joachim
Dula-Planung
Dortmund
→ C 5.1 Exklusive Schuhmode zwischen Tradition und Moderne

Blocher, Dieter
Blocher, Blocher & Partner,
Stuttgart
→ C 5.2 Erlebniswandel praktiziert am Beispiel von Engelhorn in Mannheim

Boerner, Helmut
Lipzcinsky, Margrit
Boerner Consulting,
Konstanz
→ D 4.2 Feng Shui: Positive Botschaften für die Raumnutzung

Brinkers, Peter M.
Amsterdam NL
→ D 5.2 Das Beispiel: Die Mammutbuchhandlung

Bürger, Klaus-Richard
Krefeld
→ C 5.3 Aurelia Apotheke, Baden-Baden

Carmellini & Magnoli
Milano I
→ C 5.4 Gianni Versace, New York USA

Dirks, Dr. H-Peter
Hannover
→ D 7.2.2 Duftstoffe und Gesundheit

Der Einzelhandelsberater
Zeitschrift, Köln
→ C 4.7 11/1994
Event-Marketing zur Verkaufsförderung
→ B 3.2.1 01/97
Stolperstein Umbau
→ C 4.3 05/2000
Internet als Mitbewerber
Virtueller Showroom

Emer, Klaus
Backnang
→ C 5.5 Juwelier Wagner, Limburg

Flassig, Willy
PYTHA GmbH
Aschaffenburg
→ F 6 Die Kundenleitweg-Planung im CAD
Die Kundenleitweg-Situation
Virtual Reality in der Kundenleitweg-Planung

Jansen, Harald
Retail Projects & Consulting
Feldkirchen-Westernham
→ C 4.3 Internet als Mitbewerber
Ladeninszenierung und Internet – ein Widerspruch nicht seine Auflösung

Kaltenleitner, Anton
Ratingen
→ D 7.7 Das Problem der Inventurdifferenzen

Krause, Dr. Wolfram RA
Geschäftsführer des DLV
Deutscher Ladenbau-Verband,
Würzburg
→ G 2 Gesetze und Verordnungen zur Ladenplanung

Krüger, Dieter
Georgsmarienhütte
→ E 61 Imagefaktor: Bilderwelten

Mensch und Büro
Baden-Baden
→ B 3.1.1 10/98
Feng Shui – Alternative Architektur oder Aberglaube

Mikunda, Dr. Christian
Wien
→ C 4.6.1 Dramaturgie der Inszenierungen

Möller, Karl-Heinz
Ahrensburg
→ C 2.1 Zeit der Eloquenz

Overmars-Kampers, Willem
Vries, Jos de:
Maarssen NL
→ C 5.9 Migros Genossenschaft Zürich-Limmat CH

Pappenheim, Herbold von
NCS-Color-Centrum, Berlin
→ E 9.3 Die Verständigung über Farbe. NCS

Peneder, Reinhard
Schaflinger, Robert
Amstetten A
→ C 5.8 Eine Inszenierung für den Sport

Pinhammer, Joachim
Wincor-Nixdorf,
Paderborn
→ F 14.2 Selfscanning

Rennes, Ernst Christian
Zudphen NL
→ C 5.7 De Brukkery, Middelburg NL

Schreiber, Georg
OTIS, Berlin
→ F 15.15 Fahrtreppen und Aufzüge: Die Mobilitätsgarantie

Stimmel, Wolfgang
Unternehmensberatung für Duftmarketing
Reichling/Landsberg
→ D 7.2.1 Der beduftete Verkaufsraum

Weber, Klaus-Richard
Cöln-Design, Köln
→ C 5.10 Dom-Optik, Limburg

Weinges, Prof. Dr. Ing. Burkhard
Hannover
→ A 1 Geleitwort:
Schöne Läden lächeln immer

wir-design GmbH
Grafiker-Team
Braunschweig
→ E 2.2 Anzeigen und Plakate zur Eröffnung der Buchhandlung Graff, Braunschweig

G 4 Quellennachweis

Den Beitrag der Experten finden Sie unter (...)
Sammlung = (G 3)

Ammelburg, Gerd, Unternehmensberater, Frankfurt am Main
Autor des vielbeachteten Buches:
„Die Unternehmerzukunft",
Haufe-Verlag, Freiburg 1985, aus dem Vortrag im MMM-Club am 20. November 1989

Anders, Hans-Jürgen,
GfK-Analytiker, Nürnberg
im Artikel: „Luxus in Bescheidenheit" von Bolke Behrens

Arnold, Britta, München,
Journalistin (C 5.6)
Wirtschaftswoche Nr. 51,
14.12.1990

Bachinger, Richard, Berater für Corporate Identity und Öffentlichkeitsarbeit in Frankfurt am Main,
Herausgeber: „Unternehmenskultur" Verlag „Blick in die Wirtschaft"
FAZ – Frankfurt am Main

BAT Freizeit-Forschungsinstitut,
Hamburg
Prof. Dr. Horst Opaschowski
BBE – Unternehmensberatung für den Einzelhandel GmbH,
Köln

Bartels, Hans-Joachim,
Dula-Planung, Dortmund (C 5.1)

Behrens, Bolke
in der Wirtschaftswoche Nr. 51,
14.12.1990
„Luxus in Bescheidenheit"

Bembé, Carl-August, Architekt
Autor: „Von der Linie zum Raum – Gedanken zur heutigen Architektur",
Verlag Callwey, München 1958

Berekoven, Prof. Dr. oec. Ludwig
Autor: „Erfolgreiches Einzelhandelsmarketing"
Beck-Verlag 1990

Bergen, Hans von
Autor: „New Markting, die Zukunft inszenieren"
Haufe-Verlag 1990

Bingen, Hildegard von
Benediktinerin, gründete das Kloster Riepertsberg bei Bingen
leistete auch medizinische und naturwissenschaftlich Außergewöhnliches.

Bleicher, Prof. Knut, Leiter des Instituts für Betriebswirtschaft an der Hochschule St. Gallen, Schweiz
in „Unternehmenskultur" Herausgeber Alexander *Demuth*
Econ Verlag 1990

Blocher, Dieter, Blocher, Blocher & Partner, Stuttgart (C 5.2)

Boerner, Helmut, Boerner Consulting, Konstanz (D 4.2)

Brigitte, Kommunikations-Analyse, Gruner & Jahr, Hamburg 1986

Brinkers, Peter M., Sortimentsleiter, Amsterdam
Busch, Wilhelm, Maler, Zeichner und Dichter (1832–1908) aus „Maler Klecksel" (1884), (D 5.2)

Büren, Thilo von

Bürger, Klaus-Richard, Architekt, Krefeld (C 5.3)

Busse, Rido
busse design, Ulm
im Vortrag vor dem Deutschen Ladenbau-Verband
am 8. März 1991 in Heidelberg

Capital – Das Wirtschaftsmagazin, Hamburg
Heft 12/88, Seite 242

Capra, Fritjof
Autor: „Wendezeit – Bausteine für ein neues Weltbild", Scherz-Verlag, Bern 1983

Carmellini & Magnoli,
Architekten, Milano I, (C 5.4)

Daidalos, Berlin Architectual Journal, Berlin
Heft 19, 15. März 1986

DeBeCo „China-Reisebüro, Kiel"
aus dem Katalog für Chinareisen

Demuth, Alexander
Inhaber und Geschäftsführer der Alexander Demuth GmbH,
Frankfurt am Main
im „Handbuch des Marketing"
Herausgeber Prof. Dr. Manfred Bruhn
Beck-Verlag, München 1989

DIN Deutsches Institut für Normen e.V.

Dirks, Dr. H-Peter, Facharzt,
Hannover (D7.2.2)

Duden Deutsches Universalwörterbuch. Bibliographisches Institut Mannheim

Dustmann, Heinz-Herbert, lic. oec. HSG
Geschäftsführer der Dula-Werke, Dortmund
aus „THEXIS" Heft 1/88

DVK, Vitalisierung
ein Beduftungssystem der Firma Diotima vom Kempski, Düsseldorf

Eichborn, Reinhart von:
„Der kleine Eichborn"
Wirtschaft und Wirtschaftsrecht – Englisch – Deutsch,
Deutsch – Englisch
Siebenpunkt Verlag, Burscheid 1980

„Der Einzelhandelsberater"
interessantes und wichtiges BBE-Magazin für das Management im Einzelhandel

Emer, Klaus, Innenarchitekt BDIA, Backnang (C5.5)

Ernst, Heiko
Chefredakteur der Zeitschrift „Psychologie heute"

Fischer, Dr. Ernst Peter, Konstanz
in „LEADER" Heft Juli/August 1986

Flassing, Willy, PYTHA GmbH, Aschaffenburg (F 6)

Fördergemeinschaft gutes Licht,
Stresemannallee 19,
Frankfurt am Main

Fonatti, Franco, Professor für Gestaltungslehre und Gestaltungstheorie an der Akademie für bildende Künste in Wien.
Autor: „Elementare Gestaltungsprinzipien in der Architektur"
Verlag der Akademie, Wien 1982

Ford, Henry (1863–1947); Präsident der Motor Company bis 1919 und von 1943 bis 1945
aus „Spiegel" Heft 13/1991,
Henkell-Werbung

Gerken, Gerd
Institut für Trend-Forschung Muditas GmbH, Worpswede
Aus verschiedenen Mitteilungen und Vorträgen

Gerken, Gerd und Luedecke, Günther A.
Autoren: „Die unsichtbare Kraft des Managers"
Econ-Verlag, Düsseldorf 1988

GfK Gesellschaft für Konsumforschung, Nürnberg

Gruber, Titze & Partner
aus „Blick in die Wirtschaft"
22.5.1990
„Abschied von der uniformierten Ladengestaltung"
von Holger Bellino

Haseloff, Prof. Dr. med. Otto-Wilhelm (1918–1989)
SIGMA KG – Institut für angewand-

G4 Quellennachweis

te Psychologie und Marktforschung GmbH & Co, Berlin
aus verschiedenen Vorträgen und persönlichen Gesprächen

Heinemann, Dr. Gerrit
aus „Betriebstypenprofilierung und Erlebnishandel"
Gabler-Verlag, Wiesbaden 1989

Heinhold, Ehrhardt
Betriebsberater für Verlage, Eulenhof, Hardebek in „*Buchmarkt*"
Heft 4/88 „Die Bedürfnispyramide nach Maslow"

Herlt, Rudolf
in „Die Welt" Nr. 221, 21.9.1988 „Babyboomdynamik"

Hill, Wilhelm, unter „Marketingkonzept" im „Standard-Lexikon für Marketing, Marktkommunikation, Markt- und Mediaforschung" von Wolfgang J. Koschnick

Höhler, Prof. Gertrud
namenhafte Publizistin, ist als Beraterin für Politik und Wirtschaft in Berlin tätig.
Zahlreiche Bücher und Vorträge

Hollein, Hans (*1934), Architekt
Professor an der Hochschule für angewandte Kunst in Wien

Horx, Matthias
Trendforscher mit „Trendbüro" in Hamburg.
Zahlreiche Bücher und Veröffentlichungen Vorträge

Immken, Johannes
Betriebsberater für den Buchhandel, Hannover
in Buchreport Nr. 21, 10.05.1980

Jansen, Harald, Ratail Projects & Consulting
Feldkirchen-Wederhain (C 4.3)

Kaltenleitner, Anton, Autor, Sensormatic, Ratingen (D 7.7)

Kapferer, Choldwig
im „Standard-Lexikon für Marketing, Marktkommunikation, Markt- und Mediaforschung"
Saur-Verlag, München 1987

Keller, Bernd, Grafik-Designer
Inhaber und Geschäftsführer von Keller Assoziierte,
Frankfurt am Main
aus „Unternehmenskultur" Herausgeber Richard Bachinger

Kirch, Prof. Werner, Universität München
auf der 15. Deutschen Marketing-Tagung

Klee, Paul
Bedeutender Maler (1879–1940)
1921 Professor am Bauhaus in Weimar, dann in Dessau,
1931 Professor an der Akademie in Düsseldorf

Koschnick, Wolfgang J.
Autor: „Standard-Lexikon für Marketing, Marktkommunikation, Markt- und Mediaforschung"
Saur-Verlag, München 1987

Krause, Dr. Wolfram RA Geschäftsführer des DLV
Deutscher Ladenbau-Verband, Würzburg, (G 2)

Krüger, Dieter, Hinrichs FotoFactory, Georgsmarienhütte (E 61)

Kruppa, Prof. Dipl. Ing, Dietrich, Architekt
in „Deutsches Architektenblatt" Heft 3/91

Küthe, Prof. Dr. Erich, Köln
Autor des Buches: „Marketing mit Farben"

Lasanov, Prof. Dr. Georgi, Sofia

Lipzcinsky, Margrit, Boerner Consulting, Konstanz (D 4.2)

Lorenz, Prof. Konrad
Verhaltensforscher, Nobelpreisträger in seiner Schrift: „Gestaltungswahrnehmung als Quelle wissenschaftlicher Erkenntnis"

Maslow, Abraham H. (1909–1970)
wichtiger Vertreter der „Humanistischen Psychologie" „Motivation und Personality",
Hapers-New York 1954

Meffert, Prof. Dr. Heribert, Münster
Autor: „Marketing-Einführung in die Absatzpolitik"

„*Mensch und Büro*", Zeitschrift für Design und Organisation im Büro (B 3.1.1)

Meves, Wolfgang
„Die kybernetische Managementlehre (EKS)"
Wolfgang Meves Verlag, Frankfurt am Main

Michalls, Duane
in Otto Hofreiter: „Im Zeichen des Janus"
Ariadne-Verlag, Wien 1986, Seite 185

Mikunda, Dr. Christian,
Autor des Buches
„Der verbotene Ort oder die inszenierte Verführung",
Wien, (C 4.6.1)

MMM Club
zur Pflege des Erfahrungsaustausches über moderne Markt-Methoden, Frankfurt am Main

Möller, Karl-Heinz, Journalist, Ahrensburg (C 2.1)

Mohn, Reinhard, machte das Traditionsunternehmen Bertelsmann zu einen Medienunternehmen an der Weltspitze
Autor des Buches: „Menschlichkeit gewinnt", eine Strategie für Fortschritt und Führungsfähigkeit

Müller, Dorothee
Autorin: „Lust am Design"
TR-Verlags-Union, München 1988

Müller, Heiner
Schriftsteller, Dramatiker,
1929–1995 lebte in Berlin

Mues, Franz-Josef
Geschäftsführer der PPD Marketing Services GmbH in Bad Homburg

NCS Natural Colour System
Informationen: Institut für Farbe Pappenheim,
Herbold von Cleeborn, Berlin (E 9.3)

Nieschlag, Robert, Erwin Dichtl, Hans Hörschgen unter „Marketing, Marktkommunikation, Markt- und Mediaforschung" von Wolfgang J. Koschnick
Saur-Verlag, München 1987

Nordhoff, Prof. Heinrich (1889–1968)
leitete von 1948–1968 das Volkswagenwerk in Wolfsburg:
in seiner berühmten Rede vor der IHK Braunschweig 1966

Noverre, Jean Georges

Oberascher, Dr. Leo,
Designberater, Farbgestalter und Psychologe, setzt sich für die NCS-Farbmustersammlung ein.

Oehme, Dr. Wolfgang
Geschäftsführer der Edeka Verlag GmbH in Hamburg
in „Blick durch die Wirtschaft"
5. Juni 1990
Artikel:
„Neue Produkte als Antwort auf ein neues Verbraucherverhalten"

Osborn, Alex F., amerikanischer Werbefachmann
entwickelte 1939 Brainstorming in seiner Werbeagentur
Prof. Dr. Hans-Peter Liebmann im „Lexikon der Betriebswirtschaft"

G 4 Quellennachweis

Herausgeber Prof. Dr. Lück
Verlag moderne Industrie AG & Co,
Landsberg am Lech 1983

Overmars-Kampers, Willem,
Maarssen NL (C 5.9)

Pappenheim, Herbold von,
NCS-Color-Centrum, Berlin (E9.3)

Peneder, Reinhard, Umdasch,
Amstetten (C 5.8)

Peters, Thomas und Watermann,
Robert H.
Autoren: „Auf der Suche nach
Spitzenleistung" Seite 321
Verlag moderne Industrie AG & Co,
Landsberg am Lech

Pfohl, Prof. Dr. Hans-Christian,
Technische Hochschule Darmstadt
im „Lexikon der Betriebswirtschaft"
Herausgeber: Prof. Dr. Wolfgang
Lück unter „Marketingansatz"
Verlag moderne Industrie AG & Co,
Landsberg am Lech 1983
PLS Lernstudio
Verlag, GmbH Bremen

Pinhammer, Joachim, Wincor-Nixdorf, Paderborn (F 14.2)

Pleteski, Friedrun
Journalistin, lebt in Wien und in
Kärnten.
Autorin des Buches: „Wohnen mit
allen Sinnen"
Das Leben im Dialog mit der Natur.

Popkorn, Faith
amerikanische Trendforscherin,
Autorin des Buches: „Der Popkorn-Report, Trends für die Zukunft"

Preußler, Otfried, Kinderbuch-Autor

Rennes, Ernst Christian Zudphen
NL (C 5.7)

Respondek, Ines
Veröffentlichung in der FAZ,
Frankfurter Allgemeine
Zeitung, Frankfurt am Main

Riedel, Helmut
im dfz-Wirtschaftsmagazin 2/1990

Robert, Hubert
in „Daidalos" Nr. 19, 15.03.1986,
Seite 41

Rosenthal, Philipsen
früherer Leiter der Rosenthal AG,
Selb

Saint-Exupéry, Antoine de,
(1900–1944)
französischer Schriftsteller

Schiffner, Dr. & Partner, Unternehmensberatung in München

Schreiber, Georg
OTIS, Berlin (F 15.15)

Schulze, Prof. Gerhard
Professor für Methoden der
empirischen Sozialforschung
an der Universität Bamberg.
Autor des Buches: „Die Erlebnisgesellschaft"

Sokrates, griechischer Philosoph

Sottsass, Ettore
bedeutender und einflussreicher
Mailänder Designer,
1981 Mitbegründer von „Memphis"

Staff, Lemgo
Überarbeitete Aufstellung nach Staff
(Deutsches Architektenblatt, 7/88)

Starck, Philippe,
Designer, lebt in Paris

Stores & Shops, Das internationale
Handelsmagazin für Ladenbau,
Einrichtung und Schauwerbung des
Euro-Handelsinstituts e.V. und der
Messe Düsseldorf GmbH.

Stimmel, Wolfgang, Unternehmensberater für Duftmarketing
Reichling/Landsberg (D 7.2.1)

Tietz, Prof. Dr. Bruno,
Inhaber des Lehrstuhls für allgemeine Betriebswirtschaft an der
Universität des Saarlandes.
Versierter Autor für den Bereich des
Einzelhandels-Situations- und
Zukunftsanalysen.

Tostmann, Dr. Thomas
„Werbung 2000", Frankfurt am
Main
Vortrag am 15.10.1990 Marketing
Club, Hannover

Vandenhove, Charles, Architekt,
Lüttich
in „HÄUSER"

Viladas, Pilar
in „Freestyle" Tim Street-Porter
DuMont, Buchverlag, Köln 1990

Walker, Kenneth
Präsident, WalkerGroup/CNI
New York, NY/USA

Walter, Prof. Norbert
in „Die Welt" Nr. 221, 21.09.1988,
im Artikel:
„Babyboom-Dynamik" von Rudolf
Herlt

Warhol, Andy (1928–1987)
Amerikanischer Künstler, Hauptvertreter der Pop Art

Weber, Klaus-Richard
Dipl.-Designer, Innenarchitekt
AKNW
Cöln-Design, Köln (E 5.10)

Weinges, Prof. Dr. Burkhard,
Architekt DWB
lehrt Innenarchitektur an der Fachhochschule Hannover (A 1)

Wilde, Oskar
Hochbegabter britischer Dichter,
irischer Herkunft
(1856–1900)

wir-design GmbH
Grafiker, Braunschweig,
Anzeigen und Plakate zur Eröffnung
(E 2.2)

G5 Fotonachweis

Seite	
11	Andreas Ahnefeld, Stadthagen
18	Andreas Ahnefeld, Stadthagen
23	Andreas Ahnefeld, Stadthagen
25	Nikolaus Koliusis, Stuttgart
26	Valentin Wormbs Stuttgart
27	Andreas Ahnefeld, Stadthagen; Friedhelm Krischer, Duisburg
28	Vitrashop, Weil am Rhein
29	Lill, Hannover; Andreas Ahnefeld, Stadthagen
31	Ruppel, Lauda
37	SUHAN, Duisburg
38	Andreas Ahnefeld, Stadthagen
39	Michael Meschede
41	Andreas Huber, Berg/Starnberger See
45	Nikolaus Koliusis, Stuttgart; Michael Meschede; Umdasch Shop-Conzept
47	Nikolaus Koliusis, Stuttgart; Lill, Hannover
48	Kreft; Lill, Hannover
49	Schweitzer, Naturns/Südtirol; Andreas Ahnefeld, Stadthagen
50	Nikolaus Koliusis, Stuttgart; Michael Meschede; Friedhelm Krischer, Duisburg; Peter Deussen, Düsseldorf
51	Lill, Hannover
64	Schweiger, Lahr
65	Thomas Riedel, Köln
66	Thomas Riedel, Köln; Cöln-Design, Köln
67	Betina Meckel, Osnabrück
68	Maier, Bad Peterstal
69	Klaus Mecklenborg, Haren; Wiedemann, Kassel
70	Maier & Pistor, München
71	Michael Peters, London
72	Andreas Ahnefeld, Stadthagen
73	Leysiefer, Osnabrück
74	AKF GmbH & Co. KG, Augsburg
75	AKF GmbH & Co. KG, Augsburg; ALKÜ, Kreiensen
76	AKF GmbH & Co. KG, Augsburg; Wiedemann, Kassel; Schweitzer, Naturns/Südtirol
77	SUHAN, Duisburg; de Vries, Maarsen/NL; Schweitzer, Naturns/Südtirol
78	Peavo Ruch, Stuttgart; Schweiger, Lahr
79	Thomas Dietz
80	Cöln-Design, Köln
81	Maier, Bad Peterstal; Cöln-Design, Köln
82	Michael Peters, London; Jürgen Hohl, Nieder-Olmen
83	Cöln-Design, Köln
84	Jürgen Hohl, Nieder-Olmen; Cöln-Design
85	Nikolaus Koliusis, Stuttgart; Däumler GmbH, Kirchberg/Sachsen
86	Jacinto Esteban; Himmel, Scott & Parcy Chicago
87	Cornelia Gottwalt; Luthe, Rinteln
88	Nikolaus Koliusis, Stuttgart
89	Thomas Riedel, Köln; Michael Meschede; Vitrashop, Weil am Rhein
90–91	Nikolaus Koliusis, Stuttgart
90–92	Michaela Ordner, Mülheim/Ruhr
93	Friedhelm Krischer, Duisburg; Ruedi Steiner, Roggwill CH
94	Niki Wagner; Friedhelm Krischer, Duisburg; Linde AG
95–96	Nikolaus Koliusis, Stuttgart
97	Arno Aigner; Vitrashop, Weil am Rhein; Michael Meschede
98	SUHAN, Duisburg; Robert Lichius
99	Andreas Ahnefeld, Stadthagen
100	Michael Meschede; SUHAN, Duisburgn/Südtirol
101	Michael Meschede; Schweitzer, Naturns/Südtirol
102	Cöln-Design, Köln
103	Walker-Group, New York; SUHAN, Duisburg
104	Michael Meschede; Schweitzer, Naturns/Südtirol; Umdasch Shop-Conzept
104	Nikolaus Koliusis, Stuttgart
106	Ruppel; Cöln-Design, Köln
107	Himmel, Scott & Parcy Bonner; Dula, Dortmund
108	Vitrashop, Weil am Rhein; Nikolaus Koliusis, Stuttgart; Andreas Huber, Berg/Starnberger See
109	Nikolaus Koliusis, Stuttgart
110	Michael Meschede
111	Andreas Huber, Berg/Starnberger See
112	Friedhelm Krischer, Duisburg
113	Ruedi Steiner, Roggwill CH; SUHAN, Duisburg; Arno Aigner
114	Wolfgang Grub, Hecherndorf
115	Ruppel, Lauda-Königshofen; Luthe, Rinteln
116	Sanford B Stein, Kris Maifelt, USA
117	Vitrashop, CH; Jürgen Hohl, Nieder-Ohmen; Luis Paterno + Manfred Aigner
118	KREFT
119	Michael Meschede; Luis Paterno; de Vries, Maarssen
120	Nikolaus Koliusis, Stuttgart; Michael Meschede; Umdasch Shop-Conzept
121	de Vries, Maarssen NL
122	de Vries, Moorssen NL; Engelhardt & Sellin; Vitrashop, CH
123	
124	Walker Group, New York USA
126	Nikolaus Koliusis, Stuttgart
144	Bürger, Krefeld
150	KREFT
151	Lill, Hannover
164	SUHAN, Duisburg
165	Maier, Bad Peterstal-Griesbach
166	SUHAN; Duisburg
167	Luis Paterno und Manfred Aigner; Manfred Aigner
168	Cölner-Design, Köln
169	Lill, Hannover
172	KREFT
174–175	Cöln-Design, Köln
176	KREFT
177	Lill, Hannover
179	Krischer, Duisburg
186–187	KREFT
189	KREFT; Vitrashop, Weil am Rhein
197	Lill, Hannover
199–201	Lill, Hannover
204	Lill, Hannover
210	Gerstenberg, Hildesheim
211	Karl-Heinz Poll, Stadthagen
215	Nike International, Niederlassung Deutschland, Mörfelden
216–222	Andreas Ahnefeld, Stadthagen
224–225	Dula-Werkfotograf
226–228	Nikolaus Koliusis, Stuttgart
230–232	Betina Meckel, Osnabrück
234–237	Studio ASSOCIATO, Milano
240–241	Frank Hermann, Stuttgart
243–245	Andreas Ahnefeld, Stadthagen

G 5 Fotonachweis

Seite		Seite		Seite		Seite	
246–249	Kees de Grovue, Oort-Souburg NL	372	Hinrichs FotoFactory Michael Meschede	415	Vitrashop, Weil am Rhein Cedic, Heilbronn	522	Lill, Hannover Andreas Huber, Berg/ Starnberger See KREFT Peter Deussen
251–252	Arno Aigner	373	Andreas Ahnefeld, Stadthagen	416	Cedic, Heilbronn Vitrashop, Weil am Rhein		
254–255	de Vries, Maarssen NL	374	Lill, Hannover	417	Cedic, Heilbronn SAMSONITE, Werkfoto	530	Andreas Ahnefeld, Stadthagen Lill, Hannover
256–257	Cöln-Design, Köln	376	Andreas Ahnefeld, Stadthagen	419	KREFT		
259	Lill, Hannover	377	Jaciuto Estebau	421	Lill, Wedemark	531	Cöln-Design, Köln
263	Krischer, Duisburg	378	e:max – Textilhandel	422	Zegna, Mailand I Franke und Franke, Hannover Lill, Hannover	533	Betina Meckel, Osnabrück
275	Krischer, Duisburg	379	KREFT			535	KREFT
281	Krischer, Duisburg	380	KREFT			536	Arno Aigner
286–295	KREFT	381	Lill, Hannover			537	Studio ASSOCIATO Milano
316	Siemens-Landris	382	Cedic, Heilbronn	423	Lill, Hannover KREFT		
319	Lill, Hannover	386	KREFT			541	Krischer, Duisburg Lill, Hannover
321	Musack, Düsseldorf	387	Lill, Hannover	425	Bürger, Krefeld		
323	Kraft, Jacobs Suchard, Bremen	389	Orchler, Stockstadt	427	Peavo Ruch, Stuttgart	547	KREFT
324–328	Sensormatic, Ratingen	390–392	Lill, Hannover	428	Engelhard Gelien, Rsshon	549	Beacksoell, Oxford
329	Thomas Riedel, Köln	393	KREFT Lill, Hannover QUATTROCHIHO, Alessandria I	430	Schmidtjansen, Überlingen	553	Nikolaus Koliusis, Stuttgart Lill, Hannover
332	Cöln-Design, Köln			431	Betina Meckel, Osnabrück Freudenberg, Weinheim der Kluth, Hilden		
334	Lill, Hannover					554	Michael Meschede Manfred Aigner Freudenberg, Weinheim
334–337	Krischer, Duisburg						
338	KREFT			433			
340–341	Wirdesign, Braunschweig	394	Andreas Ahnefeld, Stadthagen Lill, Hannover	434	Koch-Akustik-Bau, Velbert		
343	Lill, Hannover			435	Betina Meckel, Osnabrück		
344	Andreas Ahnefeld, Stadthagen			436	Andreas Huber, Berg/ Starnberger See Lill, Hannover	565–567	Nikolaus Koliusis, Stuttgart
		395	Bürger, Krefeld			574–577	Lill, Hannover
345	Krischer, Duisburg Andreas Ahnefeld, Stadthagen	396–397	Vitrashop, Weil am Rhein			586	Lill, Hannover
		398	Ruppel, Lauda-Königshofen			588	Lill, Hannover
		399	Vitrashop, Weil am Rhein	437	Thomas Riedel, Köln Cöln-Design, Köln	589	Lill, Hannover
346	Cornelia Gottwold	400	Trendstore			591	Lill, Hannover
347	Hausarchiv, Dorfen	401	Andreas Ahnefeld, Stadthagen	439	Betina Meckel, Osnabrück	601–604	Willy Flassig
349	Vitrashop, Weil am Rhein			443–447	aus Itten, Johannes „Kunst der Farbe", E.A. Seemann Verlag, Leipzig	614	Walker Group, New York/USA
350	Cornelia Gottwold	402	Nikolaus Koliusis, Stuttgart Vitrashop, Weil am Rhein				
351	Cornelia Gottwold					615	Andreas Ahnefeld, Stadthagen
352–356	Hausarchiv, Dorfen	403	Lill, Hannover	449–451	KREFT		
357	Hinrichs FotoFactory Andreas Ahnefeld, Stadthagen	404	Lill, Hannover Cöln-Design, Köln	453–455	NCS	616	Lill, Hannover Nikolaus Koliusis, Stuttgart
				456–457	Zumtobel-Staff		
		405	Lill, Hannover Cöln-Design, Köln Jürgen Hohl, Nieder-Ohmen	458–459	Grub, Hecherndorf	617	Vitrashop, Weil am Rhein
358	Lill, Hannover Walker Group, New York USA			460	Pimer, Rd, Harrow GB	618–622	Lill, Hannover
				461	Zumtobel-Staff Bürger, Krefeld	626	Lill, Hannover
						629	Lill, Hannover
359–360	Lill, Hannover	408	KREFT	462	Welonda, Darmstadt	633	KREFT
361	Westphalen, Flensburg	410	Lill, Hannover Vitrashop, Weil am Rhein Andreas Huber, Berg/ Starnberger See	463	Zumtobel-Staff	639	Krischer, Duisburg
362	KREFT Cornelia Gottwold			470	Zumtobel-Staff Erco	640	Andreas Ahnefeld, Stadthagen
363	Cornelia Gottwold			473	Zumtobel-Staff	644–645	Andreas Ahnefeld, Stadthagen
367	Bernd Rittmann	411	Cöln-Design, Köln Pimer, Rd, Harrow GB	478–479	Lill, Hannover		
368	Nikolaus Koliusis, Stuttgart Hausarchiv Akademie Dorfen			481	KREFT	650	Krischer, Duisburg
		412	Vitrashop, Weil am Rhein	485	Nikolaus Koliusis, Stuttgart	651	KREFT Lill, Hannover
		413	Lill, Hannover				
369	Vitrashop, Weil am Rhein	414	Lill, Hannover Ruppel, Lauda-Königshofen	491	Andreas Ahnefeld, Stadthagen	652	KREFT Dillons, London
370	Krischer, Duisburg						
371	Hinrichs FotoFactory			503	Hinrichs FotoFactory	653	Lill, Hannover

G5 Fotonachweis

Seite		Seite		Seite		Seite	
654	Walker-Group, New York/USA	695	Lill, Hannover Krischer, Duisburg Photo-Hübner, Weiden	752	Vitrashop, Weil am Rhein	809	OTIS, Berlin
655–656	Lill, Hannover			753	Lill, Hannover	814	Cöln-Design, Köln
657	Voigt, Hannover-Minden	709–711	Lill, Hannover	755	Andreas Ahnefeld, Stadthagen	815	Cöln-Design, Köln Jürgen Hohl, Nieder-Ohmen
658	Hinrichs FotoFactory	719	Lill, Hannnover		Krischer, Duisburg		
659	KREFT Hinrichs FotoFactory	725	Cöln-Design, Köln Lemmens, Kleve		Lill, Hannover	816–817	Cöln-Design, Köln
660–661	Hinrichs FotoFactory	726	Cöln-Design, Köln	756	Lill, Hannover Andreas Ahnefeld, Stadthagen	819	Lill, Hannover
662	Cöln-Design, Köln	731	KREFT			820	Lill, Hannover Andreas Ahnefeld, Stadthagen
670	Jürgen Hohl, Nieder-Ohmen Cöln-Design, Köln	732	Lill, Hannover KREFT	757	Nikolaus Koliusis, Stuttgart		
668	KREFT Zegna, Milano	733	Harr, Sindelfingen	770	Andreas Ahnefeld, Stadthagen	821	Lill, Hannover
670	Hinrichs FotoFactory KREFT	734	SUHAN, Duisburg Lill, Hannover Valentin Wormbs, Stuttgart	773	KREFT	822	Voigt, Hannover-Minden
				776–779	Lill, Hannover	823	Lill, Hannover
676	DORSUA; Emepetal	735	Lill, Hannover SUHAN, Duisburg	780–781	Franke und Franke, Hannover	824	KREFT Krischer, Duisburg Cöln-Design, Köln Robert Memheim
677	Thomas Riedel, Köln			782	Lill, Hannover		
678	Betina Meckel, Osnabrück	736	Andreas Ahnefeld, Stadthagen	790–791	Lill, Hannover		
				796	Lill, Hannover	825	Lill, Hannover
680	KREFT	738–739	Siemens Nixdorf, Paderborn	798	Lill, Hannover	826	Hinrichs FotoFactory Krischer, Duisburg
681	Lill, Hannover			800	KREFT		
684	Lill, Hannover	742	Lill, Hannover	802–803	OTIS, Berlin	828	Lill, Hannover
692	Lill, Hannover	744–745	Lill, Hannover	804	Andreas Ahnefeld, Stadthagen OTIS, Berlin	829	Uwe Hasenbein, Essen
694	Lill, Hannover	747	Cöln-Design, Köln Lill, Hannover			830	Lill, Hannover

Bücher in der Verlagsanstalt Alexander Koch

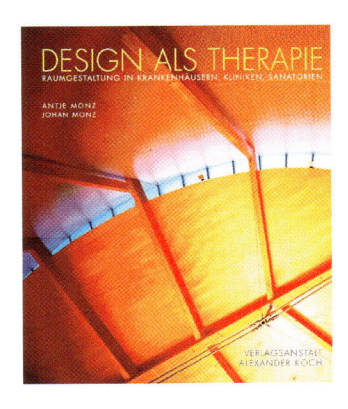

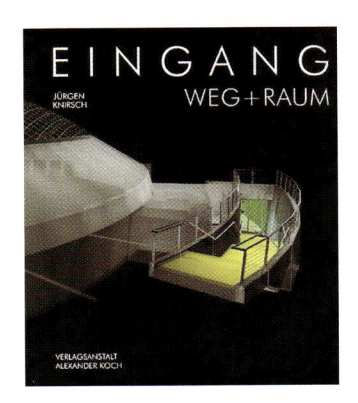

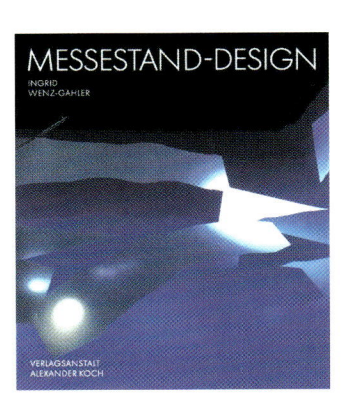

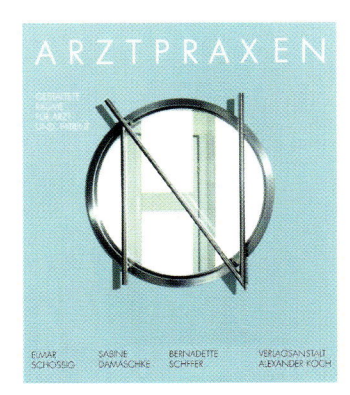

Design als Therapie
Raumgestaltung in Krankenhäusern, Kliniken, Sanatorien
Von Antje Monz und Johan Monz
176 Seiten, 388 Abbildungen, davon 272 in Farbe.
24,5 x 28,5 cm. Gebunden.
ISBN 3-87422-627-1

Eingang
Weg + Raum
Von Jürgen Knirsch
184 Seiten, 249 Fotos, davon 115 in Farbe, 171 Pläne/Zeichnungen. 24,5 x 28,5 cm.
Gebunden
ISBN 3-87422-626-3

Hotels
Planen und Gestalten
Von Jürgen Knirsch
252 Seiten, 402 Abbildungen, davon 182 Pläne, Zeichnungen und 220 Fotos (132 in Farbe).
Format 24,5 x 28,5 cm.
Gebunden.
ISBN 3-87422-610-7

Messestand-Design
Temporäres Marketing- und Architekturereignis
Von Ingrid Wenz-Gahler
244 Seiten mit 552 z. Teil farbigen Fotos, Plänen und Zeichnungen, Format 24,5 x 28,5 cm.
Gebunden.
ISBN 3-87422-622-0

Barrierefrei Bauen für Behinderte und Betagte
Hrsgg. von Axel Stemshorn
4. völlig überarbeitete und erweiterte Auflage. 512 Seiten, 864 Abbildungen, Format 21,5 x 28,5 cm.
Gebunden.
ISBN 3-87422-637-9

Arztpraxen
Gestaltete Räume für Arzt und Patient
Von Elmar Schossig – Sabine Damaschke – Bernadette Scheffer
200 Seiten, 373 Abbildungen, Format 24,5 x 28,5 cm.
Gebunden.
ISBN 3-87422-619-0